Klaus Goebel · Dörpfeld

Wie aber konnte dieser Mann so in Vergessenheit geraten? Die Deutschen sind schon ein seltsames Volk.

Eugen Rosenstock-Huessy über Dörpfeld
(an Georg Müller, 24.1.1962)

Von Friedrich Wilhelm Dörpfelds menschlicher Erscheinung wird jeder beeindruckt, der seine Lebensgeschichte kennt.

Wilhelm Flitner
(an den Herausgeber, 25.4.1970)

Klaus Goebel

Dein dankbarer und getreuer F.W. Dörpfeld

Gesamtausgabe der Briefe Friedrich Wilhelm Dörpfelds (1824—1893) mit Erläuterungen und Bilddokumenten

1976

Hans Meyer Verlag Wuppertal

1. Auflage 1976

Hans Meyer Wuppertal 1976

Druck: Hans Meyer, Wuppertal-Barmen
Buchbinderei: Werner Berenbrock, Wuppertal-Barmen

ISBN 3-921597-00-5

Zuwendungen nachstehend genannter Persönlichkeiten und Institutionen ermöglichten die Drucklegung: Landschaftsverband Rheinland, Köln; Klaus H. Tesch in Firma Ernst Tesch KG, Wuppertal-Vohwinkel; Cläre Dörpfeld †, Rottach-Egern; Stadt Wuppertal; Rhein-Wupper-Kreis, Opladen (jetzt: Rheinisch-Bergischer Kreis, Bergisch Gladbach); Stadt Wermelskirchen; Dr. Hans Borgs-Maciejewski †, Wuppertal-Elberfeld. Ihnen sei herzlich gedankt. Gleichfalls gedankt sei für besondere Unterstützung: Archivar Dr. Gerhard Fischer, Berlin-Charlottenburg; Ltd. Stadtverwaltungsdirektor Werner Fischer, Wuppertal-Barmen; Alt-Landrat Wilhelm Helf, Langenfeld; Agnes Kaufmann geb. Carnap, Gummersbach; Alt-Landrat Reinhard Kaufmann †, Bergneustadt; Professor Dr. Gustav Adolf Rein, Hamburg-Hochkamp; Dr. Helene Sauer †, Wuppertal-Barmen; Dr. Hellmut Trüper †, Altenbeuren/Inn, ehemals Jena; Konsul Professor Dr. Johannes C. D. Zahn, Düsseldorf.

Verlagsdruckerei Hans Meyer
Bockmühle 2, 5600 Wuppertal-Barmen
Bundesrepublik Deutschland

Inhalt

Abkürzungen 6

Einleitung 8

Reihenfolge und Herkunft der Briefe 12

Die Briefe mit Erläuterungen 21

Verzeichnis der Briefempfänger 647

Verzeichnis der an Dörpfeld gerichteten Briefe Wilhelm Reins 650

Verzeichnis der Handschriftenbesitzer 650

Zeittafel zum Leben Dörpfelds 659

Kurzbiographien 669

Personen- und Ortsregister 685

Verzeichnis der Abbildungen 713

Abkürzungen und Zeichen

a.a.O.	am angegebenen Ort
Abb.	Abbildung
Abg.	Abgeordneter
Abschr.	Abschrift
Archiv EKU	Archiv der Evangelischen Kirche der Union, Berlin
Aufl.	Auflage
Bd., Bde.	Band, Bände
Ca	Anna Carnap, Friedrich Wilhelm Dörpfeld. Aus seinem Leben und Wirken. Gütersloh [1]1897. Die 2. Auflage (ebd. 1903) weist gegenüber der hier zitierten 1. Auflage Seitenumstellungen und Textänderungen auf, so daß die Seitenbezifferungen nicht übereinstimmen. Die Ziffern hinter Ca bezeichnen die Seiten.
D., D.s	Dörpfeld, Dörpfelds
ebd.	ebendort
EvSchBl	Evangelisches Schulblatt, Gütersloh 1857 ff.
f.	folgende Seite
ff.	folgende Seiten
GesSchr	Friedrich Wilhelm Dörpfeld, Gesammelte Schriften, 12 Bde., Gütersloh 1894 ff.
Hrsg.	Herausgeber
Hs	Handschrift
Jg.	Jahrgang
Kurzbiogr.	Kurzbiographie
Lettau	Lettau, Erinnerungen an F.W. Dörpfeld, insbesondere an sein verdienstvolles Wirken als Mitglied des Evangelischen Schulvereins. In: EvSchBl 38 (1894), S. 353–377.
N. B., n. b.	nota bene bzw. Nachbemerkung
o. D.	ohne Datum
pädag.	pädagogisch

Pre	Carl Louis Albert Pretzel, Hrsg. der in „Die Deutsche Schule" 28 (1924), S. 113–116 aus A. Carnaps Biographie abgedruckten Briefe. Ziffern = Seitenangaben.
privB	privater Besitz
P.S., PS	Postskriptum = Nachschrift unter dem Brief
R., R.s	Wilhelm Rein, Reins
Reg	Regest
S.	Seite
s.	siehe
s. auch	siehe auch
s. ds.	siehe diesen, dieses
Sp.	Spalte
Trü	Johannes Trüper, Friedrich Wilhelm Dörpfelds Sociale Erziehung in Theorie und Praxis. Gütersloh 1901. Ziffern = Seitenangaben.
unveröff.	unveröffentlicht
unvollst.	unvollständig
vgl.	vergleiche
ZSTAM	Zentrales Staatsarchiv Merseburg
[ ]	Zusätze des Herausgebers bzw. Auslassungen
⊂⊃	von Dörpfeld gestrichene Stellen
44 (1900)	44. Jahrgang 1900

Einleitung

Dörpfeld als Briefschreiber

Die Briefe Dörpfelds würden in der Reihe der Gesammelten Schriften den 13. Band ausmachen. Doch die zwölf Bände in Fraktur und braunem Einband, vor und kurz nach der Jahrhundertwende veröffentlicht, erscheinen uns heute fern und fremd. Was Dörpfeld damals an Schriftlichem hinterlassen hat, wurde schon bald nach dem 1893 erfolgten Tod in rascher Abfolge erneut (oder in wenigen Fällen erstmals) zum Druck gebracht. Verehrung und Freundschaft überwog bei den Herausgebern, so daß die so notwendige historisch-kritische Ausgabe nicht zustandekam. Der Leser findet darum in den vielen tausend Seiten kaum eine Orientierung, kaum Wegmarken, die ihm den Zugang zu Dörpfelds Werk erleichtern.

Die hier gesammelten Briefe können diesen Dienst tun. Die uns entrückte Problematik mancher Sache, der Dörpfeld etwa in einem Aufsatz nachgegangen ist, wird in den Briefen entschlüsselt und aus dem Leben des Menschen Dörpfeld eine Antwort erteilt. Probleme, die mit bestimmten Ereignissen oder Strukturen der Bismarckzeit verknüpft zu sein schienen, verwandeln sich in Fragen an uns und unsere Zukunft, sind sie erst ihrer Zeitbedingtheiten entkleidet.

Dörpfeld schrieb seine Briefe nicht im Elfenbeinturm einer von ihrer Mitwelt nicht mehr berührten Seele, sondern im Dialog mit einem stets genau ins Auge gefaßten Gegenüber. Zeit seines Lebens suchte er Gemeinschaft und Partnerschaft, und in steter Auseinandersetzung mit Tatbeständen und Personen entwickelte er sein Konzept einer „Sozialistik" und „sozialen Erziehung". Die von ihm erkannten Mängel im Erziehungs- und Schulwesen seiner Zeit teilte er andern mit. Er suchte das Gespräch und das Forum, und seine Sorgen verwies er nicht ins stille Kämmerlein, auch wenn wir annehmen können, daß ihn Zweifel und Verzweiflung über die Erfolglosigkeit seiner Anrede oft genug zum einsamen Gebet drängten.

Die publizistische Plattform, ja den Kampfplatz, seine Auffassungen einem größeren Kreise bekanntzumachen, fand er im Evangelischen Schulblatt. Die Gründung der anfangs mit dem Beinamen „für Rheinland und Westphalen" erscheinenden Zeitschrift ging mit auf seine Initiative zurück. Er redigierte sie, von Krankheitspausen unterbrochen, von 1857 bis 1893. Seine Bücher sind überwiegend hier in Fortsetzungen zuerst gedruckt worden, ebenso die meisten Aufsätze.

In Konferenzen und Arbeitsgemeinschaften ergriff schon der Schulgehilfe und junge Lehrer die Chance, sein Wort zu sagen. Später organisierte er Zirkel und Gruppen auf freiwilliger Basis oder im Rahmen des seit 1848 bestehenden evangelischen Lehrervereins. Durch die briefliche Anrede hielt er diese Freundeskreise zusammen. In Briefen pflegte er das Zwiegespräch mit dem Freund, dem Kollegen, dem Zweifler, dem Ratsuchenden und dem Ratlosen, dem schulpolitischen Gegner, nicht zuletzt auch mit den Angehörigen der Familie. Der Brief blieb diesem Mann, dessen rhetorisches Talent und dessen Einfluß mittels des gesprochenen Wortes immer wieder hervorgehoben worden sind, die stete Gelegenheit, Fragen zu stellen, einen Standpunkt darzulegen, Kritik anzubringen, seine tiefsten und besten Gedanken zu Papier zu bringen.

„Den Hauptteil meiner Arbeit nehmen freilich die Korrespondenzen in Anspruch", schrieb Dörpfeld am 19. Juni 1886. Damals lebte er im Ruhestand. Doch hat ihn das Briefeschreiben schon in den Berufsjahren in wachsendem Maße beschäftigt, vor allem, seit er im Sommer 1857 die Schriftleitung des bereits erwähnten Evangelischen Schulblattes übernommen hatte. Er zählte einmal die „Bescherung an Gefälligkeitskorrespondenzen" auf, die auf den Redakteur zukämen (Ca 469 f). Dörpfeld sah aber auch bestimmte

Grenzen, wenn er ein andermal schrieb: „In der Privatkorrespondenz kann ich nicht viel leisten, weil meine Kräfte ohnehin fast über das Maß in Anspruch genommen sind" (Ca 333 f). So vereinfachte er sich gelegentlich die Arbeit, beispielsweise in einem Glückwunsch zur Hochzeit eines Freunde 1851, als er den Briefempfänger bat, den Brief an ein anderes Brautpaar weiterzugeben. Die Anrede an beide hatte er sich gespart. „Ein Wort von Herzen geht nur einmal leicht heraus", begründete er diese ungewöhnliche Art, zu gratulieren.

Sammlung der Briefe

Wenn Dörpfeld von seinem Amtsantritt in Barmen im Januar 1849 bis zu seinem Tode im Oktober 1893 jeden zweiten Tag einen Brief geschrieben hätte, wären es 8000 geworden. Es ist anzunehmen, daß es viel mehr waren, vielleicht sogar im Durchschnitt täglich einer. Daß die Rekonstruktion der brieflichen Hinterlassenschaften nur einen Bruchteil aller Briefe zutage förderte – wenn auch vermutlich die wichtigsten darunter sind – liegt im Fehlen eines systematisch gesammelten Nachlasses begründet. Lediglich A. Carnap und J. Trüper haben für ihre Buchveröffentlichungen 1897 bzw. 1901 eine größere Anzahl von Briefen berücksichtigt, die sie zum Teil von den Empfängern bekommen hatten. Von Ausnahmen abgesehen, hat Dörpfeld keine Kopien zurückbehalten, und selbst diese Ausnahmen sind oft nur dadurch zustandegekommen, daß der Briefautor sich verschrieb, Fehler machte oder kleckste, so daß er von vorn anfing. Solche Konzepte sind meist nicht vollständig und entsprechen im Wortlaut häufig nicht dem tatsächlich abgegangenen Brief.

Im Nachlaß A. Carnap fanden sich einige Handschriften wieder, die sowohl A. Carnap wie J. Trüper als Vorlagen gedient hatten. Letzterer hatte eine Reihe ihm wiedergegebener Briefe offensichtlich von Dörpfelds Tochter entliehen. In A. Carnaps Biographie wurden 189 Briefe, in J. Trüpers Buch 47 Briefe vollständig oder in Auszügen mitgeteilt, darunter sechs Schreiben in beiden Werken. Etwa 80 Briefe lassen sich mit erhaltengebliebenen Handschriften vergleichen. Neben den Nachlässen von Anna Carnap und Wilhelm Dörpfeld, die u.a. die nahezu vollständigen Korrespondenzen Dörpfelds mit seinem Sohn Wilhelm und mit P. Diehl (Frankfurt a.M.) enthielten, traten als weitere Handschriftenbestände 44 Schreiben an A. Hollenberg, 42 Schreiben an W. Rein, einige Briefe aus wiederaufgefundenen Papieren des Evangelischen Lehrervereins für Rheinland und Westfalen sowie Einzelstücke (Nachlaß Trüper, Zentrales Staatsarchiv Merseburg, Archiv der Evangelischen Kirche der Union Berlin-Charlottenburg) und weitere, bereits veröffentlichte Schreiben zutage (in: Gesammelte Schriften; Evangelisches Schulblatt). An anderer Stelle ist näher berichtet, wie die Handschriftensammlung zustandekam[1]. In einer gleichzeitig angelegten Bibliographie wurde die vollständige Erfassung aller Druckschriften angestrebt[2].

Die Wiedergabe

Angefangen bei der für die Eltern bestimmten Fingerübung des Elfjährigen aus der Schule (Brief 1), stellen die Briefe Quellen zur Biographie, aus dem Schulleben, für die politischen und kirchlichen Verhältnisse, kurz, eine Dokumentation der Zeit aus der Sicht eines mitdenkenden und mithandelnden Zeitgenossen dar. Die damalige Schulpolitik ist unter politischen, religiösen und pädagogischen Aspekten zu sehen; soziale Tatbestände bedeuteten häufig zugleich Fakten des kirchlichen Lebens. So ergaben sich Überschneidungen und mancherlei Wiederholungen. Eine nach speziellen Fragestellungen und sachlichen Gesichtspunkten geordnete Einteilung der Briefe wird dem vielseitigen Geist Dörpfelds daher kaum gerecht. Sind seine Briefe allein pädagogisch, allein schulpolitisch, allein theologisch motiviert? Vielerlei Linien laufen zusammen, und unsere erste Aufgabe bestand darin, eine chronologische Reihenfolge herzustellen. Inhaltliche Wiederholungen ließen sich nicht vermeiden, denn die verschiedensten Briefpartner erwarteten oft ähnliche oder gleiche Antworten. Längen und Abschweifungen, die zu den Eigenheiten des Dörpfeldschen Stils zählen, finden sich in den Briefen ebenso wie in den Aufsätzen. Einige Episteln lesen sich wie Abhandlungen, andere sind als Verteidigung oder Interpretation bestimmter Schriften gedacht, die unversehens zu einer Weiterführung der darin ausgesprochenen Gedanken gerieten. Nicht wenige Schreiben enthalten Kurzfassungen bestimmter Aufsätze und Bücher.

Angesichts des Umfangs der Sammlung stellte sich die Frage nach Kürzungen und Einschränkungen. Sie ließen sich allein bei jenen Briefen vertreten, deren Inhalt sich kaum über Tag und Anlaß hinaus als bedeutungsvoll erwies[3]. Solche Briefe sind in Regestenform wiedergegeben, wobei vorkommende Fakten und Namen in jedem Fall aufgeführt sind.

Kürzungen ergaben sich ohne Zutun des Herausgebers bei solchen Brieftexten, die in unseren Druckvorlagen bereits unvollständig abgedruckt worden sind und aus Handschriften nicht wieder vervollständigt werden konnten. Nur diese fehlenden und wohl für immer verlorenen Stellen wurden durch Auslassungspunkte zwischen eckigen Klammern [. . .] gekennzeichnet. In den Fällen, in denen die gedruckten Briefe mit wiederaufgefundenen Handschriften verglichen werden konnten, wurde darauf zurückgegriffen. Aus dem Briefverzeichnis S. 12 ff geht hervor, welche Quellen den einzelnen Briefen zugrundeliegen. Immer ist die Druckvorlage, soweit bekannt, aufgeführt, also auch bei den handschriftlich erhaltenen Briefen, die bereits gedruckt worden sind.

Datierung und Schreibweise

Einige der in Handschriften und Druckvorlagen fehlenden Empfängernamen und Zeitangaben konnten erschlossen werden. Briefe und Briefteile, bei denen der Tag der Abfassung jedoch nicht festzustellen war, erscheinen am Ende des Monats, soweit er bekannt ist. Fehlt auch der Monat, finden sich die Briefe am Ende des jeweiligen Jahres. Gar nicht datierbare Briefe wurden daran anschließend nach der alphabetischen Reihenfolge der Empfänger aufgeführt. Briefe, von denen außer dem Datum auch die Empfänger unbekannt sind, wurden am Schluß nach Themenzusammenhängen geordnet.

Soweit es sich nicht um Eigennamen oder zeitgemäße Ausdrücke handelt, sind Rechtschreibung und Zeichensetzung den heutigen Regeln angepaßt. Beispiele: ‚thun' wurde zu ‚tun', ‚Dinstag Abend' zu ‚Dienstagabend', ‚Allerlei' zu ‚allerlei'.

Offenkundige Verschreibungen wurden stillschweigend korrigiert. Abkürzungen sind meist aufgelöst, wobei selbstverständliche Ergänzungen (u. = und) nicht weiter gekennzeichnet sind und alle andern Vervollständigungen als Zusätze des Herausgebers in eckige Klammern gesetzt wurden. Auch längere Abschnitte ohne Absatz sind so aufgelöst, daß Gedankenstriche, die bei Dörpfeld häufig den Schluß eines zusammenhängenden Gedankengangs bilden, durch einen Absatz ersetzt wurden.

Die von Dörpfeld sowohl an den Beginn wie an das Ende eines Briefes gestellte Orts- und Datumsangabe ist einheitlich vor den Brief oben rechts gesetzt worden. Anreden und Grußformeln bleiben unverändert.

Dank

Der Herausgeber dankt denen, die ihn auf der Suche nach Briefen Dörpfelds unterstützten. Frau Dr. med. Helene Sauer (†), Wuppertal-Unterbarmen, eine Enkelin von Adolph Hollenberg, machte 1963 den Beginn, als sie die Briefe Dörpfelds an ihren Großvater zur Verfügung stellte. Dörpfelds Enkelin Agnes Kaufmann geb. Carnap, Bergneustadt und seine Urenkelin Cläre Dörpfeld geb. Schlameus (†), Rottach-Egern, steuerten sorgfältig gehütete Sammlungen aus Familienbesitz bei. Wertvolle Ergänzungen boten ebenfalls aus alten Familienpapieren Prof. Dr. phil. Gustav Adolf Rein, Hamburg-Nienstedten, mit dem Briefwechsel zwischen seinem Vater Prof. Dr. Wilhelm Rein und Dörpfeld sowie Dr. phil. Hellmut Trüper (†), Altenbeuren/Inn mit Dörpfeld-Briefen an seinen Vater Johannes Trüper. Aus Archivbeständen konnten Schreiben Dörpfelds an den Evangelischen Oberkirchenrat in Preußen (Archiv der Evangelischen Kirche der Union, Bereich Bundesrepublik und West-Berlin, Berlin-Charlottenburg) und an den preußischen Kultusminister (Zentrales Staatsarchiv Merseburg, Bezirk Halle a. Saale) ergänzt werden.

Einige Spuren führten leider nicht zum Ziel, so die Bemühungen um die Korrespondenzen Dörpfeld–Diesterweg, u.a. in Ost-Berlin, mit Riehl, Müller (Pforzheim), Lange, Ziller, G. von Vincke u.a. Auch die Briefwechsel mit zahlreichen Kollegen in Rheinland-Westfalen und darüber hinaus im Deutschen Reich müssen als verloren angesehen werden. Trotzdem erscheint es möglich, daß der eine oder andere Brief noch hier und da auftaucht. Angesichts dieser lückenhaften Überlieferung lohnte sich die Mühe, die von Anna Carnap, Trüper und Lettau in ihren Büchern und Arbeiten mitgeteilten Briefauszüge zu rekonstruieren und wiederzugeben, zumal es sich meist um Kernstellen handelte.

Dank sei auch denen gesagt, die Fragen des Herausgebers beantworteten, zur Klärung von biographischen und textlichen Problemen beitrugen und das Entstehen der Edition mit ihrem Rat begleiteten: Prof. Dr. Karl-Hermann Beeck (Wuppertal-Ronsdorf), Prof. Dr. Hugo Gotthard Bloth (Münster i.W.), Archivar Dr. Gerhard Fischer (Berlin-Charlottenburg), Prof. Dr. Wilhelm Flitner (Tübingen), Stadtarchivdirektor Dr. Hanns Klein (Saarbrücken), Dr. Paul Rausch (Wuppertal-Elberfeld), Prof. Werner Reininghaus (Reutlingen), Prof. Dr. Albert Reble (Würzburg), Ltd. Stadtarchivdirektor Dr. Günther von Roden (Duisburg) und Kgl. Konsul Prof. Dr. Johannes C.D. Zahn (Düsseldorf).

Zu den Erläuterungen

In den Erläuterungen des Herausgebers unter den Briefen ist auf biographische Notizen zu den Briefempfängern und den in den Briefen behandelten Persönlichkeiten verzichtet worden, um Wiederholungen zu vermeiden. Entsprechende Angaben finden sich in den Kurzbiographien am Schluß.

Die Erläuterungen wollen im allgemeinen einer Interpretation nicht vorgreifen; in einigen Fällen wurden jedoch zum Verständnis des Briefes notwendige Erklärungen erforderlich, die über bloße Fakten und Namen hinausreichen. Hinweise auf Bücher wurden bibliographisch fixiert, zeitgeschichtliche Zusammenhänge kurz aufgewiesen.

Anmerkungen

1 K. Goebel, Friedrich Wilhelm Dörpfeld (1824–1893). Forschungsbericht und Bestandsaufnahme. In: Pädagogische Rundschau 26 (1972), S. 332–338.

2 Ders. (Hrsg.), Biobibliographie Friedrich Wilhelm Dörpfeld. Wuppertal 1975.

3 Emanuel Hirsch sagt in der Einleitung zu den von ihm herausgegebenen Briefen S. Kierkegaards: „Nicht alle Briefe, die ein geistig bedeutender Mensch schreibt, sind wert, von den Nachlebenden gelesen zu werden" (Gesammelte Werke, 35. Abt.: Briefe. Düsseldorf 1955, S. V).

Reihenfolge und Herkunft der Briefe

	Empfänger	*Datum*	*Herkunft*	*Seite*
1	*J.W. und A.W. Dörpfeld*	*1.1.1836*	*Hs (privB). Unveröff.*	21
2	*W. Hollenberg*	*1843 oder 1844*	*Druck: Ca 67 f.*	25
3	*W. Hollenberg*	*1844*	*Druck: Ca 82*	25
4	*A. Hollenberg*	*9.7.1845*	*Hs (privB). Unveröff.*	25
5	*J. Rohs*	*Febr. 1848*	*Druck: Ca 86 ff.*	26
6	*J. Rohs*	*März 1848*	*Druck: Ca 91*	28
7	*Schulvorstand Wupperfeld*	*Nov. 1848*	*Druck: Ca 100 f.*	29
8	*A. Hollenberg*	*19.11.1848*	*Hs (privB). Unveröff.*	29
9	*A. Hollenberg*	*28.12.1848*	*Hs (privB). Unveröff.*	30
10	*A. Hollenberg*	*3.1.1849*	*Hs (privB). Teildruck: Ca 98*	31
11	*J. Hagemann*	*10.1.1849*	*Hs (privB). Teildruck: Ca 98 f.*	32
12	*J. Hagemann*	*5.2.1849*	*Hs (privB). Unveröff.*	33
13	*(Reg) J. Hagemann*	*30.11.1849*	*Hs (privB). Unveröff.*	34
14	*Ch. Keller*	*4.1.1851*	*Hs (privB). Unveröff.*	34
15	*Ch. Keller*	*13.1.1851*	*Hs (privB). Unveröff.*	38
16	*J.W. Keller*	*13.1.1851*	*Hs (privB). Teildruck: Ca 182 f.*	40
17	*Ch. Keller*	*21./23.1.1851*	*Hs (privB). Unveröff.*	41
18.	*Ch. Keller*	*28./30.1.1851*	*Hs (privB). Teildruck: Ca 175 ff.; Pr 113 f.*	46
19	*Ch. Keller*	*5.2.1851*	*Hs (privB). Unveröff.*	55
20	*Ch. Keller*	*10.2.1851*	*Hs (privB). Teildruck: Ca 183*	57
21	*Ch. Keller*	*19.2.1851*	*Hs (privB). Teildruck: Ca 183 f.*	59
22	*Ch. Keller*	*3.3.1851*	*Hs (privB). Unveröff.*	61
23	*Ch. Keller*	*11.3.1851*	*Hs (privB). Unveröff.*	63
24	*Ch. Keller*	*12.3.1851*	*Hs (privB). Teildruck: Ca 186 ff.*	65
25	*Ch. Keller*	*19.3.1851*	*Hs (privB). Unveröff.*	68
26	*Ch. Keller*	*15.4.1851*	*Hs (privB). Teildruck: Ca 189 ff.*	69
27	*A. und W. Hollenberg*	*25.4.1851*	*Hs (privB). Teildruck: Ca 191 ff.*	71
28	*Ch. Keller*	*21.5.1851*	*Hs (privB). Unveröff.*	73
29	*Ch. Keller*	*2./3.6.1851*	*Hs (privB). Teildruck: Ca 194 ff.*	77
30	*Ch. Dörpfeld*	*14.9.1852*	*Hs (privB). Unveröff.*	83
31	*(Reg) Ch. Dörpfeld*	*1.8.1853*	*Hs (privB). Unveröff.*	84
32	*(Reg) Ch. Dörpfeld*	*2.9.1853*	*Hs (privB). Unveröff.*	84
33	*Ch. Dörpfeld*	*24.9.1854*	*Hs (privB). Unveröff.*	85
34	*A. Hollenberg*	*31.1.1855*	*Hs (privB). Unveröff.*	86
35	*A. Hollenberg*	*28.2.1855*	*Hs (privB). Unveröff.*	87
36	*Th.v. Thrämer*	*25.7.1857*	*Druck: Lettau 356*	87
37	*unbekannt*	*etwa 1857*	*Druck: Ca 413 f.*	87
38	*J.H. Schüren*	*etwa 1857*	*Druck: Ca 412 f.*	88
39	*W. Stern*	*etwa 1857*	*Druck: Ca 409*	89
40	*Zirkularkorresp.*	*etwa 1857*	*Druck: Ca 376 f.; Lettau 357 f.*	89
41	*P. Diehl*	*21.2.1858*	*Hs (privB). Unveröff.*	90
42	*D. Horn*	*6.5.1858*	*Abschr. (Nachlaß Trüper). Unveröff.*	109
43	*Ch. Klug*	*25.6.1858*	*Hs (privB). Teildruck: Ca 474 f.*	109
44	*unbekannt*	*1858*	*Druck: Ca 346 f.*	110
45	*K.A. Auberlen*	*etwa 1858*	*Druck: Ca 410 ff.*	112
46	*unbekannt*	*19.1.1859*	*Druck: Trü 41 f.*	113

47 unbekannt	6.3.1859	Druck: Trü 33 ff.	113
48 (Reg) Ch. Dörpfeld	13.9.1859	Hs (privB). Unveröff.	115
49 unbekannt	1859	Druck: Ca 238 f.	116
50 unbekannt	Ende 1859	Hs unvollst. (privB). Unveröff.	117
51 unbekannt	Frühjahr 1860	Hs unvollst. (privB). Druck: Ca 124 ff.	119
52 A. Hollenberg	11.4.1860	Hs (privB). Unveröff.	120
53 Zirkularkorresp.	1860	Druck: Ca 377, Lettau 366 ff.	121
54 Zirkularkorresp.	1860	Druck: Ca 380 f.; Lettau 374 f.	124
55 Zirkularkorresp.	1860	Druck: Lettau 361 ff.	125
56 unbekannt	1860	Druck: Trü 228 ff.	126
57 A. Hollenberg	22.1.1861	Hs (privB). Unveröff.	144
58 F.W. Winkel	2.3.1861	Hs unvollst. (privB). Teildruck: Ca 313	146
59 (Reg) Ch. Dörpfeld	Frühjahr 1861	Hs (privB). Teildruck: Ca 253	147
60 (Reg) Ch. Dörpfeld	8.9.1861	Hs (privB). Unveröff.	147
61 (Reg) Ch. Dörpfeld	9.9.1861	Hs (privB). Unveröff.	147
62 Ch. Dörpfeld	25.9.1861	Hs (privB). Unveröff.	147
63 (Reg) Ch. Dörpfeld	26.9.1861	Hs (privB). Unveröff.	148
64 (Reg) Ch. Dörpfeld	27.9.1861	Hs (privB). Unveröff.	148
65 (Reg) Ch. Dörpfeld	4.10.1861	Hs (privB). Unveröff.	148
66 (Reg) Ch. Dörpfeld	5.10.1861	Hs (privB). Unveröff.	149
67 Zirkularkorresp.	Okt. 1861	Druck: Lettau 374	149
68 Zirkularkorresp.	1861	Druck: Ca 377 ff.; Lettau 370 ff.	149
69 Ch. Dörpfeld	12.2.1862	Hs (privB). Unveröff.	151
70 (Reg) P. Diehl	Febr. 1862	Hs (privB). Unveröff.	152
71 unbekannt	1862	Druck: Ca 402 f.	153
72 Ch. Dörpfeld	23.2.1863	Hs (privB). Druck: Romerike Berge 20 (1970), S. 84 ff.; Teildruck: Ca 19 f.	154
73 P. Diehl	13.6.1863	Hs unvollst. (privB). Ergänzt durch Ca 410	155
74 F.A. Lange	26.10.1863	Druck: Trü 250 ff.	157
75 Zirkularkorresp.	1863	Druck: Lettau 363 ff.	159
76 F.A. Lange	19.3.1863	Druck: Trü 256 ff.	161
77 (Reg) unbekannt	Herbst 1864	Druck: Ca 256	168
78 (Reg) P. Diehl	Nov. 1864	Hs (privB). Unveröff.	169
79 (Reg) P. Diehl	Nov. 1864	Druck: Ca 375	169
80 (Reg) unbekannt	17.12.1864	Hs (privB). Unveröff.	169
81 W. Dörpfeld	etwa 26.12.1864	Druck: Ca 267	169
82. F.A.W. Diesterweg	Anf. Jan. 1865	Druck: Ca 43 ff., 416 f., 527 ff.	170
83 (Reg) unbekannt	Anf. 1865	Druck: Ca 436 f.	175
84 L.E. Mathis	9.2.1865	Hs (Archiv EKU). Unveröff.	175
85 P. Diehl	25.2.1865	Hs (privB). Unveröff.	176
86 L.E. Mathis	20.3.1865	Hs (Archiv EKU). Unveröff.	181
87 F.L. Zahn	etwa 31.3.1865	Druck: Ca 437	183
88 (Reg) P. Diehl	3.7.1865	Hs (privB). Teildruck: Ca 472	183
89 P. Diehl	4.7.1865	Hs (privB). Unveröff.	183
90 P. Diehl	10.7.1865	Hs (privB). Unveröff.	184
91 W. Dörpfeld	24.10.1865	Hs (privB). Teildruck: Ca 271 f.	185
92 (Reg) unbekannt	Herbst 1865	Druck: Ca 257 ff.	187
93 (Reg) E. Höfler	Herbst 1865	Druck: Ca 256 f.	187
94 (Reg) P. Diehl	19.1.1866	Hs (privB). Unveröff.	187
95 H.v. Mühler	9.2.1866	Hs (ZSTAM). Unveröff.	188
96 L.E. Mathis	10.2.1866	Hs (Archiv EKU). Unveröff.	189
97 (Reg) Ch. Dörpfeld	14.6.1866	Hs (privB). Unveröff.	191
98 (Reg) Ch. Dörpfeld	17.6.1866	Hs (privB). Unveröff.	191
99 (Reg) Ch. Dörpfeld	23.6.1866	Hs (privB). Unveröff.	192

100 Ch. Dörpfeld	27.6.1866	Hs (privB). Unveröff.	192
101 Ch. Dörpfeld	7.7.1866	Hs (privB). Unveröff.	195
102 (Reg) Ch. Dörpfeld	10.7.1866	Hs (privB). Unveröff.	196
103 unbekannt	19.7.1866	Druck: Trü 98 f.	196
104 J. Hagemann	29.7.1866	Druck: Trü 163 f.; Teildruck: EvSchBl 47 (1803), Sonderbeilage zu Heft 8, S. 37	198
105 (Reg) P. Diehl	14.8.1866	Hs (privB). Unveröff.	198
106 P. Diehl	2.9.1866	Hs (privB). Unveröff.	199
107 P. Diehl	2.10.1866	Hs (privB). Unveröff.	200
108 (Reg) A. Hollenberg	31.12.1866	Hs (privB). Unveröff.	201
109 L.E. Mathis	6.2.1867	Hs (Archiv EKU). Unveröff.	201
110 P. Diehl	21.3.1867	Hs (privB). Unveröff.	202
111 W. Dörpfeld	19.5.1868	Hs (privB). Teildruck: Ca 272 f.	203
112 W. Dörpfeld	28.7.1868	Hs (privB). Teildruck: Ca 273 f.	208
113 Ch. Dörpfeld	7.9.1868	Hs (privB). Unveröff.	209
114 Ch. Dörpfeld	9./12.9.1868	Hs (privB). Unveröff.	210
115 Ch. Dörpfeld	18.9.1868	Hs (privB). Teildruck: Ca 263 f.	211
116 J. Dörpfeld	19./20.9.1868	Hs (privB). Druck: Ca 264	212
117 A. Dörpfeld	21.9.1868	Hs (privB). Druck: Ca 265 ff.	213
118 Ch. Dörpfeld	22.9.1868	Hs (privB). Druck: Ca 265	214
119 A. Dörpfeld	27.11.1868	Hs (privB). Unveröff.	214
120 Lettau	1868	Druck: Ca 477 f.; Lettau 376	215
121 A. Dörpfeld	19.1.1869	Hs (privB). Unveröff.	216
122 P. Diehl	20.1.1869	Hs (privB). Unveröff.	217
123 (Reg) A. Dörpfeld	2.2.1869	Hs (privB). Unveröff.	219
124 M. Schlichting	Nov. 1869	Druck: Trü 104 ff.	220
125 (Reg) Ch. Dörpfeld	1.4.1870	Hs (privB). Unveröff.	227
126 (Reg) Ch. Dörpfeld	7.4.1870	Hs (privB). Unveröff.	227
127 (Reg) Ch. Dörpfeld	7.4.1870	Hs (privB). Unveröff.	227
128 P. Diehl	30.4.1870	Hs (privB). Unveröff.	227
129 Ch. Dörpfeld	20.6.1870	Hs (privB). Unveröff.	229
130 (Reg) Ch. Dörpfeld	25.6.1870	Hs (privB). Teildruck: Ca 278 f.	230
131 (Reg) Ch. Dörpfeld	Juni/Juli 1870	Hs (privB). Unveröff.	231
132 (Reg) Ch. Dörpfeld	1.7.1870	Hs (privB). Unveröff.	231
133 (Reg) Ch. Dörpfeld	3.7.1870	Hs (privB). Unveröff.	231
134 (Reg) Ch. Dörpfeld	4.7.1870	Hs (privB). Unveröff.	231
135 (Reg) Ch. Dörpfeld	6.7.1870	Hs (privB). Unveröff.	231
136 (Reg) Ch. Dörpfeld	13.7.1870	Hs (privB). Unveröff.	232
137 H.W. Riehl (?)	Nov. 1870	Hs unvollst. (privB). Unveröff.	232
138 G.v. Vincke (?)	Winter 1870/71	Druck: Trü 185 ff., 219.; EvSchBl 44 (1900), S. 110 ff.	235
139 J.W. und A. Keller	30.5.1871	Hs (privB). Druck: Ca 279 f.	243
140 Todesanzeige	30.5.1871	Hs (privB). Einzeldruck	248
141 G. und J. Kellermann	31.5.1871	Hs (privB). Unveröff.	248
142 unbekannt	Juni 1871	Druck: Ca 291	249
143 A. Hollenberg	27.7.1871	Hs (privB). Unveröff.	249
144 (Reg) D. Horn	Juli 1871	Druck: Ca 291	251
145 (Reg) W. Dörr	Juli 1871	Druck: Ca 325	251
146 verschiedene Adressaten	17.11.1871	Hs (privB). Unveröff.	251
147 (Reg) unbekannt	Winter 1871/72	Druck: Ca 291	254
148 W. Rein	24.3.1872	Hs (privB). Teildruck: Ca 126 ff.	254
149 A. Falk	1.6.1872	Hs (ZSTAM). Unveröff.	256
150 D. Horn	3.6.1872	Abschr. (privB). Unveröff.	257
151 (Reg) W. Dörr	Anf. Juni 1872	Druck: Ca 292 f.	258

152 Geschw. Dörpfeld	9.6.1872	Hs (privB). Teildruck: Ca 293 f.; Pr 115 ...	258
153 Geschw. Dörpfeld	13.6.1872	Hs (privB). Teildruck: Ca 294 f.	260
154 Geschw. Dörpfeld	16.6.1872	Hs (privB). Teildruck: Ca 295 f.; Pr 115 ...	262
155 Geschw. Dörpfeld	19.6.1872	Hs (privB). Teildruck: Ca 296	263
156 Geschw. Dörpfeld	28.6.1872	Hs (privB). Unveröff.	263
157 Geschw. Dörpfeld	2.7.1872	Hs (privB). Unveröff.	264
158 unbekannt	etwa Juli 1872	Druck: Ca 296 f.; Pr 115 f.	265
159 Geschw. Dörpfeld	12.8.1872	Hs (privB). Unveröff.	265
160 Geschw. Dörpfeld	August 1872	Hs (privB). Unveröff.	266
161 A. Falk	22.10.1872	Hs (ZSTAM). Unveröff.	266
162 D. Horn	28.3.1873	Abschr. (privB). Unveröff.	267
163 W. Rein	6.7.1873	Hs (privB). Unveröff.	268
164 (Reg) A. Hollenberg	16.9.1873	Hs (privB). Unveröff.	271
165 Ch. und J. Klug	23.9.1873	Druck: Ca 291 f.	271
166 W. Dörpfeld	25.10.1873	Hs (privB). Teildruck: Ca 298 ff.	271
167 W. Dörpfeld	5.12.1873	Hs (privB). Teildruck: Ca 222 ff.	273
168 unbekannt	1873	Druck: Ca 204 f.	278
169 (Reg) A. Hollenberg	30.3.1874	Hs (privB). Unveröff.	279
170 W. Dörpfeld	4.4.1874	Hs (privB). Teildruck: Ca 83 f.	279
171 (Reg) A. Dörpfeld	9.9.1874	Hs (privB). Unveröff.	282
172 (Reg) P. Diehl	2.11.1874	Hs (privB). Unveröff.	282
173 P. Diehl	26.11.1874	Hs (privB). Unveröff.	283
174 A. Hollenberg	21.1.1875	Hs (privB). Unveröff.	284
175 unbekannt	1875	Druck: EvSchBl 58 (1914), S. 68 ff.	286
176 unbekannt	etwa 1875	Druck: Ca 354 ff.	289
177 unbekannt	etwa 1875	Druck: Ca 356 ff.	290
178 unbekannt	6.1.1876	Abschr. unvollst. (privB). Unveröff.	292
179 W. Berchter	20.1.1876	Hs Konzept (privB). Unveröff.	295
180 unbekannt	8.2.1876	Hs Konzept (privB). Unveröff.	297
181 W. Rein	19.2.1876	Hs (privB). Unveröff.	298
182 (Reg) P. Diehl	15.4.1876	Hs (privB). Unveröff.	299
183 A. Hollenberg	29.5.1876	Hs (privB). Unveröff.	300
184 W. Rein	26.7.1876	Hs (privB). Unveröff.	301
185 W. Rein	7.10.1876	Hs (privB). Unveröff.	302
186 P. Diehl	19.12.1876	Hs (privB). Unveröff.	303
187 (Reg) unbekannt	1876	Druck: Ca 420 f.	304
188 unbekannt	1876	Druck: EvSchBl 50 (1896), S. 489 f.	305
189 A. Hollenberg	8.1.1877	Hs (privB). Unveröff.	306
190 (Reg) P. Diehl	10.3.1877	Hs (privB). Unveröff.	309
191 (Reg) P. Diehl	26.3.1877	Hs (privB). Unveröff.	309
192 (Reg) A. Hollenberg	29.3.1877	Hs (privB). Unveröff.	309
193 (Reg) P. Diehl	31.3.1877	Hs (privB). Unveröff.	309
194 (Reg) A. Hollenberg	10.5.1877	Hs (privB). Unveröff.	309
195 P. Diehl	3.7.1877	Hs (privB). Unveröff.	310
196 (Reg) P. Diehl	9.7.1877	Hs (privB). Unveröff.	313
197 (Reg) P. Diehl	13.9.1877	Hs (privB). Unveröff.	313
198 (Reg) P. Diehl	3.10.1877	Hs (privB). Unveröff.	313
199 A. Hollenberg	15.11.1877	Hs (privB). Unveröff.	314
200 (Reg) P. Diehl	29.11.1877	Hs (privB). Unveröff.	315
201 W. Dörpfeld	9.12.1877	Hs (privB). Teildruck: Ca 503 f., 556 f.; Trü 89 f.; EvSchBl 47 (1903), Sonderbeilage zu Heft 8, S. 29 f.	315
202 (Reg) A. Hollenberg	3.1.1878	Hs (privB). Unveröff.	317
203 (Reg) P. Diehl	18.1.1878	Hs (privB). Unveröff.	318
204 (Reg) P. Diehl	6.3.1878	Hs (privB). Unveröff.	318

205 W. Dörpfeld 12.3.1878 Hs unvollst. (privB). Unveröff. 318
206 (Reg) P. Diehl 31.3.1878 Hs (privB). Unveröff. 319
207 P. Diehl 4.4.1878 Hs (privB). Unveröff. 320
208 (Reg) A. Hollenberg 16.4.1878 Hs (privB). Unveröff. 322
209 W. Rein 29.4.1878 Hs (privB). Teildruck: Ca 300 f. 322
210 A. Dörpfeld 2.5.1878 Druck: Ca 556 ff. 325
211 (Reg) P. Diehl 1.6.1878 Hs (privB). Unveröff. 326
212 A. Dörpfeld 28.6.1878 Hs (privB). Unveröff. 326
213 P. Diehl 10.10.1878 Hs (privB). Unveröff. 327
214 A. Hollenberg 16.11.1878 Hs (privB). Unveröff. 329
215 (Reg) unbekannt Dez. 1878 Hs (privB). Unveröff. 331
216 F.A. Finger 1877 oder 1878 Druck: Ca 333 f. 331
217 (Reg) G. Klingenburg 1878 Druck: Ca 475 331
218 (Reg) G. Klingenburg 1878 Druck: Ca 475 f. 332
219 W. Rein 22.1.1879 Hs (privB). Unveröff. 332
220 W. Rein 23.3.1879 Hs (privB). Unveröff. 332
221 P. Diehl 25.3.1879 Hs (privB). Unveröff. 339
222 W. Dörpfeld 31.3.1879 Hs (privB). Teildruck: Ca 40 341
223 W. Dörpfeld 15.4.1879 Hs (privB). Teildruck: Ca 432 ff. 343
224 W. Rein 2.6.1879 Hs (privB). Teildruck: Ca 30 f. 347
225 W. Rein 3.9.1879 Hs (privB). Unveröff. 349
226 W. Dörr Sept. 1879 Druck: Ca 509 351
227 D. Horn Sept. 1879 Druck: Ca 509 f. 351
228 W. Rein 18.10.1879 Hs (privB). Unveröff. 352
229 (Reg) G. Klingenburg etwa 10.11.1879 Druck: Ca 512 354
230 (Reg) A. Dörpfeld Mitte Nov. 1879 Hs (privB). Unveröff. 354
231 (Reg) unbekannt Ende Nov. 1879 Druck: Ca 521 f. 354
232 W. Dörpfeld 8.12.1879 Hs (privB). Teildruck: Ca 512 354
233 P. Diehl 12.12.1879 Hs (privB). Unveröff. 356
234 (Reg) W. Dörr etwa Dez. 1879 Druck: Ca 518 358
235 unbekannt 1879 Druck: EvSchBl 40 (1894), 491 ff. ... 358
236 unbekannt etwa 1879 Druck: Trü 4 ff. 360
237 W. Rein 22.1.1880 Hs (privB). Teildruck: Ca 354, 562 ff. 362
238 (Reg) A. Hollenberg 11.2.1880 Hs (privB). Unveröff. 368
239 A. Hollenberg 12.4.1880 Hs (privB). Unveröff. 368
240 (Reg) P. Diehl 15.4.1880 Hs (privB). Unveröff. 370
241 (Reg) A. Hollenberg 1.5.1880 Hs (privB). Unveröff. 370
242 W. Rein 15.5.1880 Hs (privB). Unveröff. 370
243 (Reg) A. Hollenberg 17.6.1880 Hs (privB). Unveröff. 372
244 P. Diehl 20.7.1880 Hs (privB). Unveröff. 373
245 (Reg) A. Hollenberg 29.7.1880 Hs (privB). Unveröff. 374
246 W. Rein 31.7.1880 Hs (privB). Teildruck: Ca 387 375
247 W. Rein 24.8.1880 Hs (privB). Unveröff. 378
248 A. Israel Herbst 1880 Druck: Ca 564 ff. 382
249 (Reg) A. Hollenberg 23.11.1880 Hs (privB). Unveröff. 384
250 W. Dörpfeld 10.12.1880 Hs (privB). Teildruck: Ca 504 f.; Trü 45 f.; EvSchBl 47 (1903), Sonderbeilage zu Heft 8, S. 34 f. 384
251 J. Dörpfeld 13.12.1880 Hs (privB). Unveröff. 386
252 H. Schröer Dez. 1880 Druck: Trü 46 ff. 388
253 (Reg) unbekannt 1880 Druck: Ca 509 391
254 (Reg) unbekannt etwa 1880 Druck: Ca 522 391
255 unbekannt etwa 1880 Druck: Ca 562 391
256 W. Rein 5.1.1881 Hs (privB). Unveröff. 391
257 P. Diehl 22.1.1881 Hs (privB). Unveröff. 394

258 H. Schröer	21.2.1881	Druck: Trü 128 f.	396
259 W. Rein	5.3.1881	Hs (privB). Unveröff.	397
260 (Reg) P. Diehl	14.3.1881	Hs (privB). Unveröff.	399
261 W. Rein	18.3.1881	Hs (privB). Unveröff.	399
262 W. Dörpfeld	29.3.1881	Hs (privB). Unveröff.	401
263 W. Dörpfeld	25.4.1881	Hs (privB). Teildruck: Ca 59	402
264 (Reg) A. Hollenberg	21.5.1881	Hs (privB). Unveröff.	405
265 H. Schröer	2.6.1881	Druck: Trü 129	406
266 W. Rein	6.7.1881	Hs (privB). Unveröff.	406
267 W. Rein	15.7.1881	Hs (privB). Unveröff.	408
268 W. Rein	26.7.1881	Hs (privB). Unveröff.	409
269 (Reg) P. Diehl	5.8.1881	Hs (privB). Unveröff.	417
270 A. Hollenberg	13.8.1881	Hs (privB). Unveröff.	417
271 W. Rein	29.8.1881	Hs (privB). Teildruck Ca 75 f.	419
272 W. Rein	18.9.1881	Hs (privB). Unveröff.	422
273 P. Diehl	28.10.1881	Hs (privB). Unveröff.	425
274 W. Dörpfeld	15.11.1881	Hs (privB). Teildruck: Ca 501 ff.; Trü 130 f., 165; EvSchBl 47 (1903), Sonderbeilage zu Heft 8, S. 38 f.	427
275 (Reg) H. Schröer	16.11.1881	Druck: Trü 181 ff.	431
276 W. Rein	1.12.1881	Hs (privB). Unveröff.	431
277 unbekannt	1881	Druck: Trü 58 f.	434
278 H. Schröer	etwa 1881	Druck: Trü 25 ff.	435
279 H. Schröer	12.1.1882	Druck: Trü 7	438
280 unbekannt	April/Mai 1882	Druck: Trü 69 ff.	438
281 J. Dörpfeld	19.6.1882	Hs unvollst. (privB). Unveröff. Schluß ergänzt durch Ca 244 (nur 2. Aufl.!)	441
282 W. Rein	1.9.1882	Hs (privB). Unveröff.	456
283 (Reg) A. Hollenberg	15.12.1882	Hs (privB). Unveröff.	462
284 W. Rein	16.12.1882	Hs (privB). Unveröff.	462
285 J. Trüper	1882	Druck: Trü 50 f.; EvSchBl 44 (1900), S. 236 ff.	469
286 W. Rein	3.1.1883	Hs (privB). Unveröff.	470
287 W. Rein	30.1.1883	Hs (privB). Unveröff.	480
288 H. Schröer	1.2.1883	Druck: Trü 53 ff.	486
289 (Reg) A. Hollenberg	5.2.1883	Hs (privB). Unveröff.	488
290 W. Dörpfeld und A. Adler	10.2.1883	Druck: Ca 551 f.	488
291 (Reg) A. Dörpfeld	10.2.1883	Hs (privB). Unveröff.	489
292 H. Schröer	12.2.1883	Druck: Trü 56 ff.	489
293 O. Boodstein	8.7.1883	Hs (privB). Unveröff.	491
294 W. Rein	8.8.1883	Hs (privB). Teildruck: Ca 54 f.	492
295 W. Rein	30.8.1883	Hs (privB). Unveröff.	501
296 W. Rein	30.10.1883	Hs (privB). Unveröff.	503
297 (Reg) H. Rolle	21.11.1883	Druck: Trü 195 ff.	506
298 W. und A. Dörpfeld	20.12.1883	Hs (privB). Unveröff.	506
299 (Reg) P. Diehl	24.12.1883	Hs (privB). Unveröff.	507
300 unbekannt	1883	Druck: Trü 78 f.	507
301 G. Heine	etwa 1883	Druck: Ca 571 f.	508
302 H. Rolle	3.5.1884	Druck: Trü 42	509
303 W. Rein	5.5.1884	Hs (privB). Teildruck: Ca 572	510
304 W. Rein	30.5.1884	Hs (privB). Unveröff.	526
305 W. Rein	30.7.1884	Hs (privB). Unveröff.	528
306 W. Rein	5.9.1884	Hs (privB). Unveröff.	530
307 (Reg) W. Rein	6.10.1884	Hs (privB). Unveröff.	534

308 J. Dörpfeld	31.10.1884	Hs (privB). Unveröff.	535
309 H. Rolle	29.11.1884	Druck: Trü 211 f.	537
310 W. und A. Dörpfeld	18.12.1884	Hs (privB). Teildruck: Ca 205 f., 505 f., 554 f.; EvSchBl 47 (1903), Sonderbeilage zu Heft 8, S. 35 f.	540
311 unbekannt	1884	Druck: Ca 476	543
312 A.v. Rohden	Anfang 1885	Druck: Ca 558 f.	543
313 W. Rein	16.1.1885	Hs (privB). Teildruck: Ca 570 f.	544
314 (Reg) P. Diehl	17.2.1885	Hs (privB). Unveröff.	547
315 A. Hollenberg	22.2.1885	Hs (privB). Unveröff.	547
316 (Reg) A. Hollenberg	30.4.1885	Hs (privB). Unveröff.	548
317 (Reg) A. Hollenberg	9.5.1885	Hs (privB). Unveröff.	548
318 (Reg) unbekannt	1885	Druck: Ca 571	548
319 (Reg) Th. Vogt	etwa 1885	Druck: EvSchBl 38 (1894), S. 190 ff.	548
320 unbekannt	etwa 1884/1885	Druck: Ca 382 f.	549
321 W. Rein	26.4.1886	Hs (privB). Unveröff.	549
322 M. Rade	Sommer 1886	Druck: Ca 540 ff.	552
323 H. Witt	etwa 1886	Druck: Trü 164 f.; Teildruck: EvSchBl 47 (1903), Sonderbeilage zu Heft 8, S. 37 f.	553
324 (Reg) W. Dörpfeld	etwa Sept. 1887	Druck: Ca 593	554
325 A. und G.v. Rohden	15.12.1887	Druck: Ca 578 f.	554
326 (Reg) A. Hollenberg	18.11.1888	Hs (privB). Unveröff.	555
327 (Reg) A. Hollenberg	22.11.1888	Hs (privB). Unveröff.	556
328 W. und A. Dörpfeld	15.12.1888	Hs (privB). Teildruck: Ca 574 ff.	556
329 H. Witt	etwa 1888	Druck: Trü 65 ff.	558
330 (Reg) unbekannt	Herbst 1889	Druck: Ca 638 ff.	559
331 M. Müller	Sept. 1889	Druck: Ca 585 f.	559
332 W. und A. Dörpfeld	16.12.1889	Hs (privB). Teildruck: Ca 581 ff.	561
333 (Reg) A. und G.v. Rohden	Dez. 1889	Druck: Ca 580	563
334 unbekannt	1889	Druck: Ca 480 f.	563
335 unbekannt	1889	Druck: Ca 585	563
336 G. Heine	etwa 1889	Druck: Ca 584 f.	564
337 Lettau	etwa 1889	Druck: Ca 581 ff., GesSchr XI, S. XII ff.	564
338 O. Flügel	16.3.1890	Abschr. (privB). Teildruck: Ca 399 ff.	566
339 (Reg) A. Hollenberg	19.4.1890	Hs (privB). Unveröff.	568
340 Th. Vogt	24.5.1890	Hs (privB). Teildruck: Trü 7 f., 20 f.	568
341 unbekannt	Frühjahr 1890	Druck: Ca 315	572
342 unbekannt	18.8.1890	Hs (privB). Unveröff.	572
343 J. Trüper	8.9.1890	Druck: Trü 159 ff.	576
344 W. Rein	3.11.1890	Hs (privB). Unveröff.	578
345 L. Keller	Nov. 1890	Druck: GesSchr VI, S. 212; EvSchBl. 56 (1912), S. 8 ff.	579
346 W. Dörpfeld	15.11.1890	Hs unvollst. (privB). Druck: Trü 156 f. (mit Ergänz. der Hs); Teildruck: Ca 390 ff., GesSchr VI, S. 210 ff.	581
347 A. Hollenberg	13.12.1890	Hs (privB). Unveröff.	586
348 W. Dörpfeld	19.12.1890	Hs (privB). Unveröff.	586
349 O. Flügel	etwa 1890	Druck: Ca 590	588
350 W. Rein	17.1.1891	Hs (privB). Unveröff.	588
351 W. Rein	März 1891	Hs (privB). Unveröff.	589
352 W. Dörpfeld	12.5.1891	Hs (privB). Unveröff.	591
353 (Reg) A. Hollenberg	18.8.1891	Hs (privB). Unveröff.	592
354 Ch. und W.v. Rohden	25.8.1891	Hs (privB). Unveröff.	592
355 (Reg) P. Diehl	23.9.1891	Hs (privB). Unveröff.	593
356 (Reg) W. Hollenberg	etwa Okt. 1891	Druck: Ca 595	593

357 (Reg) A. Hollenberg	27.11.1891	Hs (privB). Unveröff.	593
358 J. Trüper	1891	Druck: Ca 497, Trü 155	594
359 A. Hollenberg	29.1.1892	Hs (privB). Unveröff.	594
360 unbekannt	etwa Ende Jan. 1892	Druck: Ca 344 f.	596
361 W. Rein	19.2.1892	Hs (privB). Unveröff.	597
362 W. Dörpfeld	29.2.1892	Hs (privB). Teildruck: Ca 595	598
363 (Reg) W. Hollenberg	Frühj. 1892	Druck: Ca 596 f.	602
364 A. Hollenberg	17.8.1892	Hs (privB). Unveröff.	602
365 unbekannt	Anfang 1893	Druck: Ca 620	603
366 (Reg) unbekannt	Jan. 1893	Druck: Ca 613 f.	604
367 L. Landfermann	Frühj. 1893	Druck: Ca 334	604
368 Ch.v. Rohden	etwa Frühj. 1893	Druck: Ca 593	605
369 (Reg) W. Hollenberg	Juli 1893	Druck: Ca 615	605
370 (Reg) W. Hollenberg	19.8.1893	Druck: Ca 615	605
371 M. Müller	Herbst 1893	Druck: Ca 331 f.	605
372 K.S. Cornelius	o.D.	Hs unvollst. (privB). Unveröff.	606
373 W. Dörr	o.D.	Druck: Ca 325 f.	610
374 (Reg) W. Dörr	o.D.	Druck: Ca 327	610
375 (Reg) W. Dörr	o.D.	Druck: Ca 326	610
376 (Reg) W. Dörr	o.D.	Druck: Ca 326 f.	611
377 (Reg) W. Dörr	o.D.	Druck: Ca 327	611
378 (Reg) W. Dörr	o.D.	Druck: Ca 325	611
379 F.A. Finger	o.D.	Druck: Trü 216 ff.	611
380 J. Hülsmann	o.D.	Druck: Ca 337	613
381 unbekannt	o.D.	Druck: Ca 339 f.	613
382 G. Klingenburg	o.D.	Druck: Trü 33	614
383 (Reg) G. Klingenburg	o.D.	Druck: Ca 409	615
384 M. Müller	o.D.	Hs unvollst. (privB). Unveröff.	615
385 E.v. Sallwürk	o.D.	Druck: Ca 387	616
386 E.v. Sallwürk	o.D.	Druck: Ca 388	617
387 H. Witt	o.D.	Druck: Ca 542 ff.	617
388 unbekannt	o.D.	Druck: Ca 56	619
389 unbekannt	o.D.	Druck: Trü 52 f.	620
390 unbekannt	o.D.	Druck: Ca 149 ff.	621
391 unbekannt	o.D.	Druck: Ca 343	622
392 unbekannt	o.D.	Druck: Ca 369	622
393 unbekannt	o.D.	Druck: Ca 383	622
394 unbekannt	o.D.	Hs (privB). Unveröff.	623
395 unbekannt	o.D.	Druck: Ca 72 f.	624
396 unbekannt	o.D.	Druck: Ca 363 ff.	625
397 unbekannt	o.D.	Druck: Ca 361 ff.	626
398 unbekannt	o.D.	Druck: Ca 546	627
399 unbekannt	o.D.	Hs unvollst. (privB). Unveröff.	628
400 unbekannt	o.D.	Hs unvollst. (privB). Unveröff.	630
401 unbekannt	o.D.	Druck: Ca 172 f.	630
402 unbekannt	o.D.	Druck: Ca 469 f.	631
403 unbekannt	o.D.	Druck: Ca 588 f.	631
404 unbekannt	o.D.	Druck: Ca 335 f.	632
405 unbekannt	o.D.	Druck: Ca 465 ff.	633
406 unbekannt	o.D.	Druck: Ca 464; GesSchr VI, S. 218 ff.	636
407 unbekannt	o.D.	Druck: Ca 2	636
408 unbekannt	o.D.	Druck: Ca 338	636
409 (Reg) unbekannt	o.D.	Druck: GesSchr VI, S. 146 ff.	637
410 unbekannt	o.D.	Hs unvollst. (privB). Unveröff.	637

411 unbekannt *o.D. Druck: Ca 476 f.* 638
412 unbekannt *o.D. Druck: Ca 329 f.* 639
413 unbekannt *o.D. Druck: Ca 473* 640
414 (Reg) unbekannt *o.D. Druck: Ca 473 f.* 640
415 unbekannt *o.D. Druck: Ca 211 f.* 641
416 unbekannt *o.D. Druck: Ca 523* 642
417 unbekannt *o.D. Druck: Ca 591* 642
418 unbekannt *o.D. Druck: Ca 328 f.* 642
419 unbekannt *o.D. Druck: Ca 215* 643
420 unbekannt *o.D. Druck: Ca 231 f.* 644
421 unbekannt *o.D. Druck: Ca 231* 644
422 unbekannt *o.D. Druck: Ca 401* 644
423 unbekannt *o.D. Druck: Ca 406 f.* 645
424 unbekannt *o.D. Druck: Ca 270 f.* 645
425 unbekannt *o.D. Druck: 221* 645
426 unbekannt *o.D. Hs unvollst. (privB). Unveröff.* 646

Die Briefe

1

An Johann Wilhelm und Anna Wilhelmine Dörpfeld, Sellscheid

Burg a.d. Wupper, 1. Januar 1836

Liebe Eltern.

Ein bedeutender Zeitabschnitt, ein Jahr, ist wieder dahingeschwunden.

Wenn ich an das viele Gute denke, was ich in demselben nächst Gott von Ihnen erhalten habe, an die Erinnerungen und Ermahnungen, die mir durch Sie zuteil wurden, an so manche Freude, welche Sie mir zu machen suchten, so fühle ich mich zu dem lebhaftesten Danke für so viele geistige und leibliche Wohltaten gegen Sie verpflichtet.

Zwar weiß ich es nur zu gut, daß ich mich derselben nicht immer würdig aufgeführt und Ihnen oft durch meinen jugendlichen Leichtsinn Verdruß gemacht habe; auch fühle ich es, daß ich nicht imstande bin, Ihnen den kleinsten Teil wieder zu vergelten. Deswegen soll es mein eifrigstes Bestreben sein, in Zukunft durch Fleiß, Gehorsam und ein gesittetes Betragen Ihnen sowie anderen guten Menschen Freude zu machen. Möge unter Gottes Beistand und Ihrer fernern liebevollen Leitung dieser Vorsatz immer mehr in Erfüllung gehen und möge der Allgütige Ihnen in dem Neuen Jahre alles das geben, was zu Ihrem wahren Glücke am dienlichsten ist.

Dies wünscht von Herzen Ihr dankbares Kind

Friedrich Dörpfeld

Das älteste erhaltene Schriftstück D.s stellt einen in der Schule geschriebenen „Neujahrsbrief" dar, wie er in jener Zeit im Bergischen Land und darüber hinaus von den Schülern an ihre Eltern gerichtet wurde.

Lehrer R. vom Werth in Burg hatte den Brief wahrscheinlich einheitlich allen Kindern diktiert, um den Eltern die Fortschritte im Schreiben zu demonstrieren und gleichzeitig einen Einblick in den gesinnungsbildenden Unterricht zu geben.

Mit Tinte auf Bleistiftlinien. Aufschrift von fremder Hand auf der vierten Seite „An meine lieben Eltern".

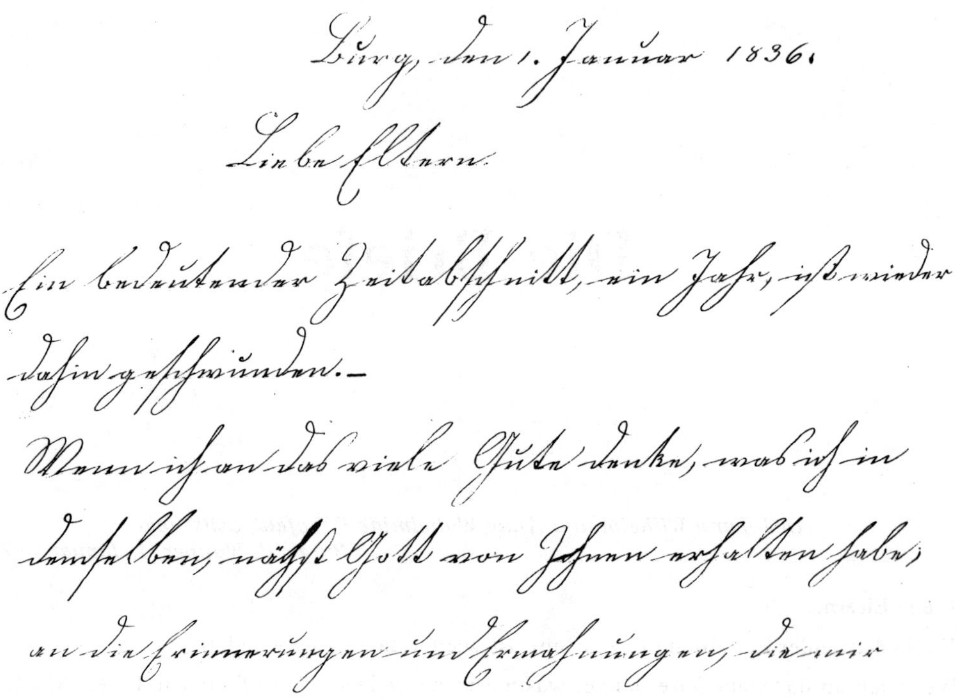

Burg, den 1. Januar 1836.

Liebe Eltern.

Ein bedeutender Zeitabschnitt, ein Jahr, ist wieder dahin geschwunden. –

Wenn ich an das viele Gute denke, was ich in demselben, nächst Gott von Ihnen erhalten habe; an die Erinnerungen und Ermahnungen, die mir durch Sie zu Theil wurden; an so manche Freude, welche Sie mir zu machen suchten; so fühle ich mich zu dem lebhaftesten Danke für so viele geistige und leibliche Wohlthaten gegen Sie verpflichtet.

Abb. 1: Brief 1 vom 1. Januar 1836

Zwar weiß ich es nur zu gut, daß ich mich
derselben nicht immer würdig aufgeführt, und
Ihnen oft durch meinen jugendlichen Leichtsinn Verdruß
gemacht habe; auch fühle ich es, daß ich nicht im
Stande bin, Ihnen den kleinsten Theil wieder
zu vergelten; dagegen soll es mein eifrigstes
Bestreben sein, in Zukunft durch Fleiß,
Gehorsam und ein gesittetes Betragen Ihnen,
so wie andern guten Menschen Freude zu machen.
Möge unter Gottes Beistand und Ihrer ferneren
liebevollen Leitung dieser Vorsatz immer mehr
in Erfüllung gehen, und möge der Allgütige

Ihnen in dem neuen Jahre alles das geben, was zu Ihrem wahren Glücke am dienlichsten ist. —

Dies wünscht von Herzen

Ihr dankbares Kind
Friedrich Dörpfeld.

2

An Wilhelm Hollenberg, Moers

Sellscheid, 1843 oder 1844

[...] Hast Du, haben mich andere in Moers je mit der Frische, der Lebendigkeit, der Energie denken, sprechen und handeln sehen, die sie hier im Lande der Berge bei mir fanden? Daher das seichte Urteil der Flachköpfe, die mich hier sahen, und durchaus nicht begreifen konnten, daß mit einer körperlichen Schadhaftigkeit und Schwäche geistige Frische und Gesundheit wohl vereinbar sei, und diese über jene auch zuweilen den Sieg erringen könne [...]

[F. W. Dörpfeld]

D. mußte krankheitshalber den Unterricht im Lehrerseminar Moers, das er von September 1842 bis August 1844 besuchte, mehrfach für Wochen unterbrechen. In diesen Zeiten hielt er sich im Elternhaus auf.

3

An Wilhelm Hollenberg, Moers

Sellscheid, 1844

[...] Auch ich gedenke ‚des' Zieles. Jetzt bin ich Elementarlehrer, und jetzt will ich es auch bleiben. Als solcher ist die Schule und das ihr zunächst liegende Leben mein Element, das Prinzip, die Bedingung meiner Existenz. Halte ich nun auf der einen Seite an dem auch auf diesem Gebiete seine Geltung findenden ‚Alles ist euer', ‚Es muß alles zum besten dienen' fest, so werde ich auf der andern mich hüten, meinen Kräften in ferne Weiten eine Richtung zu geben, woselbst die Verirrung so leicht und das Zurückkehren in die rechte Sphäre so schwer ist. Dort vor Pedanterie und hier vor seichter Vielwisserei uns zu bewahren, bleibt immerhin eine Hauptbedingung des Strebens. Dieses mir mit Klarheit vorzustellen und hiernach meine Handlungen zu ordnen, ist meine Absicht gewesen und wird es auch bleiben. Erinnere Dich hierbei an das, was ich in B. gesagt habe, so wird Dir mein Plan, nämlich ‚der heranwachsenden Lehrergeneration eine gebührende Aufmerksamkeit zu schenken', in dem gehörigen Lichte erscheinen. Ohne zu weit mich von dem angewiesenen Terrain zu entfernen, bewahre ich meinem Geiste die frische Lebendigkeit, halte die Aussicht in höherliegende Gebiete der Erkenntnis frei und offen, komme anderweitig der solidarischen Verpflichtung gegen Amtsgenossen nach und kann so mit Zuversicht sagen: es wird alles zum besten dienen [...]

[F. W. Dörpfeld]

W. Hollenberg beabsichtigt, sich nach dem Examen in Moers auf die Gymnasiallehrerlaufbahn vorzubereiten.

4

An Adolph Hollenberg, Burg a. d. W.

Fild, 9. Juli 1845

Mein Lieber.

In beikommendem Paquet erhältst Du die Bücher aus der Leihbibliothek, die Du, wie schon besprochen, gef. umtauschen und dann mir wieder übermachen wirst. Du mußt das Paquet öffnen und die inliegenden Bücher herausnehmen. Den eingeschlossenen Brief nebst dem übrigen schickst Du dann nach Sellscheid und lässest Dir dann ,natürlich' das Porto ersetzen. Die Bücher, welche ich wünsche, sind: die neueren Werke von Bulwer, Cooper, Boz, James. Im Falle deren keine vorhanden sind: Der Altertümler von W. Scott, Devereux und P. Clifford von Bulwer, Der Tümmler der Meere von Cooper, Die Pickwicker und Humphreys Wanduhr von Boz. Cheveley der Mann von Lady Bulwer. Je eher Du sie mir besorgst, desto lieber.

Die Seminaristen (im Vertrauen gesagt, ich auch) zählen schon die Tage bis zum Abgange. Die Abit[ur]-Prüfung wird den 6. und 7. August stattfinden.

Damit Du jedoch bei diesem Briefe an Nachrichten aus einer edlern Welt nicht ganz leer ausgehst, will ich in Ermangelung eigener Erfahrungen Dir doch fremde vorführen aus Jean Pauls Levana betreffend den Kinderglauben (fides implicita): „Am reichsten offenbart sich dieser Glaube, wenn sein Gegenstand zugleich sittlich ist. Hier erquickt sich das Herz am wahren, seligmachenden Glauben. Denn im gelehrten Reiche glaubt man mehr Dir, im sittlichen mehr an Dich. Wie Liebende aneinander glauben, wie der Freund an den Freund glaubt und der edle Geist an die Menschheit und der Gläubige an die Gottheit – dieses ist der Petrusfels und feste Platz der Menschenwürde. Alexander, der die verdächtige Arznei trank, war größer als der Arzt, der sie bloß heilsam anstatt giftig machte; es ist erhabener, ein gefährliches Vertrauen zu hegen als es zu verdienen, aber worin liegt das Göttliche dieses Vertrauens? Antwort! Darum ist, wenn dieses Glauben der heil[ige] Geist im Menschen ist, die Lüge die Sünde gegen diesen Geist, da wir fremdes Wort so hoch stellen, über unser inneres sogar, daß (nach Pascal) ein Mensch, dem jeder Verrückung zuschriebe, so zuletzt glauben und realisieren würde".

Damit kannst Du vorläufig zufrieden sein.

Gedenke meiner!

F. W. Dörpfeld

N. B. m[it] Gruß an die Bekannten!

Von E. L. Bulwer waren damals zahlreiche deutsche Ausgaben auf dem Büchermarkt (siehe Chr. G. Kayser, Vollständige Bücherlexikon, 9. Teil, 1841 - 1846, A–K, Leipzig 1848, S. 156), ebenso von J. F. Cooper (ebd., S. 189 f.), von Boz (= Charles Dickens, ebd. S. 133 f.), von G. P. R. James (ebd. S. 469 f.) und von W. Scott, dessen Roman „Der Altertümler" in den Ausgewählten Werken, Stuttgart 1840/41, als Bd. 24 - 26 erschienen war. Die genannten angelsächsischen Schriftsteller erfreuten sich einer außerordentlichen Beliebtheit bei einem breiten Lesepublikum.

Das Zitat von Jean Paul in: Levana oder Erziehlehre, Stuttgart/Tübingen ³1845, S. 108 f.

Mit Aufschrift und Poststempel.

5

An Johann Rohs, Ronsdorf

Fild, Februar 1848

Mein Lieber!

Dein Brief hat mich, wie Du richtig vermutetest, nicht wenig überrascht, zumal ich Dir bei unserm letzten Zusammensein auch mit keiner Silbe zu verstehen gegeben, daß ich innerlich so disponiert sei, um auf einen derartigen Antrag eingehen zu können.

Ohne weit auszuholen, will ich Dir kurz einige Gedanken pro und contra vorführen.

Innerlich habe ich mich nie von der Elementarschule losgesagt, der ich ja nach Recht und Herkommen angehöre, vielmehr bin ich stets mit den Elementarlehrern in dem genauesten Rapport geblieben, so daß mich von dieser Seite nichts abhält, eine solche Stelle sogleich zu übernehmen. Ferner bin ich auch in meiner praktischen Wirksamkeit dem Unterricht in der Volksschule nicht entfremdet worden, da ein gut Teil unserer Zöglinge dem Alter nach der Volksschule angehören. Auch würde ein mehrjähriges Arbeiten an einer Elementarschule mich für eine etwaige Stelle am Seminar nicht absolut untauglich machen, das hat mir auch Zahn zugestanden. Wenn ich aber eine Elementarlehrerstelle annähme, so würde ich vor der Hand alle meine Kräfte in diesem engern Kreise konzentrieren und möglicherweise den Gedanken an etwas anderers mit der Zeit ganz aufgeben. Von seiten meiner innern Stellung würde also nichts hindern, auf den Antrag einzugehen. Für denselben spricht nun ganz besonders das Vertrauen, mit dem das Wahlkollegium mir entgegenkommt, wiewohl das zuletzt noch schmeichelhafter für Dich als für mich ist; denn das kann doch nur im Vertrauen auf eine Empfehlung von Dir geschehen sein, da die Männer mich entweder gar nicht oder nur ganz oberflächlich kennen. Für ein solches Entgegenkommen bin ich nun auch nichts weniger als unempfänglich, und ist es hauptsächlich dieses gewesen, was mich für die Sache geneigt gemacht hat.

Die Bedenken dagegen sind ungefähr folgende. Fürs erste habe ich hier eine solche Stellung, daß mein Weggehen namentlich in dem gegenwärtigen Zeitpunkt bedenkliche Störungen herbeiführen könnten. Dieses und die persönlichen Beziehungen, in denen ich zum Herrn Direktor stehe, scheinen mir hier einige Verpflichtungen aufzulegen, über deren Umfang ich im jetzigen Augenblicke noch nicht ganz im reinen bin und über welche rücksichtslos wegzuspringen mir ein schweres Unrecht deucht. Im Laufe dieses Frühjahrs wird das Seminar hier nach Fild verlegt. Es muß daher auch eine Seminar-Musterschule eingerichtet werden, wozu alle Anstalten schon soweit getroffen sind, als bis dahin nötig ist. Zahn wünscht nun, ich möchte neben einem Teile meiner jetzigen Arbeit auch die Einrichtung und Leitung dieser Schule übernehmen, solange wenigstens, bis die Schule in sehenswerter Ordnung sei oder so lange es mir beliebe. Ich habe mich darüber noch nicht entschieden, da die Entscheidung so ganz besondere Eile nicht hat. Nun gestehe ich offen, daß ich für diese Herkulesarbeit keine absonderliche Neigung verspüre. Abgesehen davon – worauf ich vorderhand wirklich kein besonderes Gewicht lege – daß der Seminarfonds in einem zu desperaten Zustande ist, um zwischen dieser Arbeit und dem Lohn ein einigermaßen vernünftiges Verhältnis einzurichten, so kommt mir die Leitung einer sogenannten Musterschule, in der die Seminaristen herumpfuschen, halbwegs wie eine Danaidenarbeit vor, mindestens als eine solche, wobei viel Sorge, aber wenig Ehre und noch weniger Freude zu erwarten. Ich habe nun gerade nicht die Untugend oder Tugend, mir in Sachen unseres Faches zu wenig zuzutrauen, aber vor einer Danaiden- oder Sisyphus-Arbeit habe ich doch zu großen Respekt. Man hat mich glauben machen, ich sehe Gespenster; möglich, daß dem so ist und ferner möglich, daß mich die Leute vom Aberglauben zu einem vernünftigen Glauben bringen. Zahn stellte mir weiter vor, wie ich auf diese Weise ganz sachte mit dem Seminar in Verbindung träte und um wieviel segensreicher eine Wirksamkeit als Seminarlehrer sein müsse, die auf der breiten Grundlage einer mühevollen Erfahrung ruhe. Da kommt Dein Antrag.

Wäre der Antrag von Deiner Seite nicht gekommen, so würde ich wohl zuletzt die Seminarschule übernommen haben, jedenfalls hätte ich mich zu keiner andern Stelle gemeldet, sondern wäre an der Anstalt geblieben.

Ich komme nun zu deinem Antrage selbst. Aus dem Vorhergegangenen wirst Du ein geheimes Hinneigen dazu nicht undeutlich entnehmen können. Für etwas mehr kann ich auch nicht einstehen. Der Antrag ist zudem formell zu ungenügend, als daß ich daraufhin bei den beschriebenen Verhältnissen erst nur einmal innerlich alle Bande, die mich an hiesige Menschen und Dinge knüpfen, so mit einem Schlage und nach kurzer Überlegung resp. unüberlegt zerreißen könnte. Es ist doch immerhin möglich, ich bitte, mich nicht mißzuverstehen, daß der Antrag eben nichts weiter als eine bloße Anfrage ist – formell ist er auch nichts mehr – und „Zwischen Mund und Kelches Rand schwebt der höhern Mächte Hand!" Ich denke, Du verstehst mich recht. Von Mißtrauen ist hier gar keine Rede, nur von meinem Nichtwissen. Wie schon gesagt, daß schon ist ein Grund, weshalb ich innerlich nicht zur Entscheidung kommen kann. Selbst wenn ich für meine Person zu dem Entschluß gekommen wäre, den Antrag anzunehmen, würde es nicht eine tadelnswerte Rücksichtslosigkeit gegen Zahn sein, mich sofort, ohne ihm auch Zeit zu lassen, sich zu besinnen, hier loszureißen und dort zu binden, da ich doch weiß, wie ungern mich Zahn entlassen würde.

Ich denke, Du wirst hieraus dem verehrlichen Wahlkollegium darlegen können, wie ich zu der fraglichen Sache stehe. Was die lieben Leute nun zu tun für gut finden, muß ich abwarten. Eine bestimmtere Erklärung als meine innere und äußere Stellung, wie ich sie dargelegt, selbstrebend gibt, kann ich für diesen Augenblick nicht geben [. . .]

[F. W. Dörpfeld]

J. Rohs war vom Schulvorstand Anfang 1843 an die Heidter Schule in Ronsdorf berufen worden und jetzt im Begriff, eine andere Stelle anzutreten. Er gehörte zu den älteren Freunden, denen der junge D. viel Förderung verdankte, so während der Hilfslehrerzeit in Burg 1841 bis 1848. Hierüber berichtete D. noch 1892: „Von Burg aus besuchte ich wöchentlich zweimal den Lehrer Rohs, um, seiner Einladung folgend, mit ihm Philosophie zu treiben. Wir lasen und besprachen ein Lehrbuch aus der Kantischen Schule, in welchem in gemeinverständlicher Weise Logik, Psychologie, Ethik und Metaphysik behandelt wurden [. . .] Da hat mich Rohs zum Philosophen geschult [. . .] Da Rohs ein eifriger Schüler Diesterwegs war, so beeinflußte er mich auch nach dieser Seite hin". (Ca 56)

Rohs hatte die Wahlberechtigten des Schulbezirks Heidt auf den Präparandenlehrer in Fild aufmerksam gemacht, der am 8. März 1848 sein 24. Lebensjahr vollendete.

Rohs' Antwortbriefe vgl. Ca 89 f.

Der „Direktor" ist F. L. Zahn, dessen volles Vertrauen D. besaß. Freundschaftlich war D. auch mit Zahns Familie verbunden.

6

An Johann Rohs, Ronsdorf

Moers, März 1848

[. . .] In Gottes Namen sei es gewagt.

Hoffentlich wird die bis dahin bewiesene Einhelligkeit des verehrlichen Wahlkollegiums sich auch in der Wahl bewähren. Für den Fall also hier die feste Zusage, daß ich dem Rufe folgen und den Beruf annehmen werde. Ich ermächtige Dich hierdurch, dem wohllöbl. Wahlkollegium in meinem Namen diese Erklärung abzugeben.

Das entscheidende „Ja" kommt freilich nicht umgehend, aber es kommt doch. Teilweise ist die Verzögerung eine sehr unfreiwillige zu nennen. Ihr hattet mir für den Geburtstag ein hübsches Geschenk zugedacht mit Eurer Anfrage. Wie Du siehst, habe ich es willkommen geheißen und danke dafür, wiewohl es erst am 11. März abends in meine Hände gekommen ist [. . .]

[F. W. Dörpfeld]

D. erklärt sich bereit, einer auf ihn fallenden Wahl Folge zu leisten.

Rohs' Antwortbrief vgl. Ca 91 f.

Zur Schule Heidt: W. Wolff, Geschichte der Stadt Ronsdorf. Mülheim/Ruhr 1850, S. 120 ff.

7

An den Schulvorstand Wupperfeld

Ronsdorf, November 1848

[. . .] Der Absprache gemäß erhalten Sie hier den gewünschten Bescheid.

Sie sind hierdurch ermächtigt, dem verehrlichen Wahlkollegio zu erklären, daß ich bereit und willig bin, den Beruf für die Schul- und Organistenstelle in Wupperfeld anzunehmen. Wenn das Vertrauen mich ruft, so folge ich.

Zwei Bemerkungen resp. Bedingungen muß ich jedoch hinzufügen. Fürs erste bin ich entschlossen, nie in eine solche Gemeinde zu ziehen, wo die Meinungen und Parteien in bezug auf meine Person sich schroff gegenüberstehen, sei nun der Zwiespalt im Wahlkollegium selbst oder zwischen den Wahlmännern und den übrigen Interessenten. Wenn nur ein Teil mich mit Vertrauen beruft, der andere aber mit entschiedenem Mißtrauen mir entgegensteht, dann kann ich dem Rufe nicht folgen.

Fürs zweite möchte ich im Fall meiner Abberufung von hier meine jetzige Stelle, wenn eben möglich, so lange verwalten, bis der neue Lehrer hier einziehen kann. Es würde für die hiesige Gemeinde gar zu unangenehm sein, wenn der Schulunterricht in einem Jahre zweimal auf längere Zeit unterbrochen werden müßte [. . .]

Sie wollen gern die beiden Stellen vereinigt halten, und darin muß ich Ihnen vollkommen Recht lassen. Ich möchte gern mein Gewissen rein halten. Meiner Gemeinde habe ich zugesagt, keinen selbstichen Schritt in der Sache zu tun; die Zusage werde ich halten und habe sie bis dahin gehalten. Über meine Wirksamkeit in der Schule hat sich das Wahlkollegium informieren können; über mein Orgelspiel freilich nicht. Wäre nun jenes abgemacht, d.h. hätte ich den formellen Beruf für die Schulstelle erhalten, so würde ich rücksichtlich der andern Stelle offen, ehrlich und ungeniert zu Werke gehen können. Für diesen Fall nun bin ich erbötig, am kommenden Sonntag oder an irgendeinem andern hier in Lüttringhausen die Orgel zu spielen. Sollte das den Ansprüchen des Presbyterii nicht genügen, so gebe ich es dem Wahlkollegium ganz anheim, den Beruf für die Schulstelle zurückzunehmen: wir sind dann geschiedene Leute. Sie sehen, dies ist der äußerste Punkt, bis wohin ich gehen kann und daß ich meinerseits bereit bin, alles zu tun, um in Ordnung und in Ehren die Sache zu Ende zu führen [. . .]

[F. W. Dörpfeld]

Der Schulvorstand der evangelisch-lutherischen Elementarschule Barmen–Wupperfeld hatte D. gefragt, ob er eine Berufung zum Hauptlehrer annehmen würde. Nach Eingang des vorliegenden Schreibens erfolgte die Wahl mit 28 Stimmen gegen 5 Stimmen für A. Engstfeld, Mettmann (Hauptstaatsarchiv Düsseldorf, Reg. Düss. Nr. 2721).

8

An Adolph Hollenberg

Ronsdorf, 19. November 1848

Lieber Adolph.

Dank für Deine Teilnahme! „Wir wollen in ähnlichem Falle wieder tun, was wir können". Deinen Brief habe ich erst Dienstagabend bekommen; Du erwartest Mittwoch oder Donnerstag schon Antwort. Jetzt, indem ich schreibe, haben wir Donnerstagmittag. Indessen, da ich getan habe, was ich konnte, so denke ich an dem Vorwurfe der Saumseligkeit noch vorbeizukommen.

Das Liederheft hätte ich Dir schon vor 14 Tagen schicken sollen und schicken können. Ich habe leider nicht viel Genuß daran gehabt. Gründe warum? Es fehlte mir die Zeit und die Ruhe. Eine unruhige Zeit habe ich durchgemacht seit den Ferien. Die nächsten Wochen werden wohl nicht besser sein. Da hast Du also das Buch zurück: doch behalte ich mir vor, in besseren, müßigeren Zeiten wiederkommen zu dürfen.

Über die Fragen in betreff der hiesigen Stelle will ich mich einmal nicht wundern, aber darüber wundere ich mich, wie Du die Keckheit hast, mich über meine Stelle hier zu befragen, da Du vor kurzem noch selbst Gelegenheit gehabt hast, Dir eigenäugig von dem Ding Kenntnis zu verschaffen, diese Gelegenheit aber aus Behämigkeit, Apathie oder aus was für einem Grunde immer nicht benutzt hast. Von rechtswegen sollte ich also sagen: komm und sieh es! Indes will ich doch noch einmal Gnade vor Recht ergehen lassen.

Schulpflichtige Kinder sind hier 170; das Schulgeld ist per Jahr zwei Thaler fürs Kind (ohne Heizungsgeld). Rechne das Schulgeld von 140 Kindern als durchschnittliche Einnahme, macht 140 x 2 = 280 Thaler. Normalgehalt 65 Thaler, macht 345 Thaler. Geschenke circa 20 Thaler = 365 Thaler. Außerdem habe ich noch sechs französische Schüler und sechs Zeichenschüler. Erstere zahlen monatlich 15 Silbergroschen, letztere zehn Silbergroschen, zusammen jährlich sechzig Thaler. Summe: 425 Thaler. Die Stelle gehört zu den sogenannten guten Landstellen des Bergischen. Ob ich Dir zu der Stelle raten kann? Darüber kann ich Dir gar nichts sagen, will auch nichts in den Wind sagen.

Ob Du etwa besondere Aussicht haben könntest für die Stelle, falls Du Dich melden wolltest, kann ich umso weniger sagen, da ich mich sehr wenig um die Wahlangelegenheiten bekümmere und bekümmern werde, aus sehr vielen Gründen. Indessen abgesehen davon, daß einige schon hier bekannt sind, würdest Du doch mit jedem in gleicher Linie stechen. Magst es also bedenken.

Willst Du Elementarlehrer bleiben, so wäre eine solche Stelle ein sehr guter Anfang, da sie nicht bloß den einzelnen Mann, sondern auch eine Familie ernähren kann.

Ich will den Schluß machen, damit Du endlich die Sachen doch bekommst. Es ist heute Montagmorgen, da ich das Ende mache.

Dir und allen Bekannten den herzlichsten Gruß aus den Bergen

von Deinem getreuen
F. W. Dörpfeld

Adolph Hollenberg, der D. in Burg als Hilfslehrer gefolgt war, hatte sich für die Heidter Stelle interessiert. D. gibt ihm einen Einblick in die finanzielle Dotation. Eine Empfehlung will er nicht aussprechen.

9
An Adolph Hollenberg

Ronsdorf, 28. Dezember 1848

Lieber Adolph.

Im Auftrage des hiesigen Wahlkollegiums, dem ich über Deine frühere Anfrage in bezug auf diese Stelle und über eins und anderes in bezug auf Deine Person Mitteilung gemacht, fordere ich Dich hiermit auf, zu erklären, ob Du geneigt bist, die hiesige Stelle anzunehmen. Ich bin zwar nicht bevollmächtigt, Dir die bestimmte Versicherung zu geben, daß man Dich einstimmig wählen würde, falls Deine Erklärung bejahend ausfallen sollte. Es liegt dies aber lediglich daran, daß man noch nicht über alles und jedes instruiert ist, was man in bezug auf Deine Person zu erfahren wünscht. Man wird zu diesem Ende die nötigen Erkundigungen einzuziehen suchen, vielleicht wirst Du sogar von hier aus Besuch bekommen.

Nun überlege! Einen bestimmten Rat mag und darf ich Dir nicht geben. Das ist Deine Sache.

Willst Du eine Elementarschule übernehmen, so kann ich Dir nur anraten. Der Bezirk ist in vielfacher Beziehung angenehm. Der Lehrer steht in jeder Hinsicht unabhängig, wenn er nur selbständig ist. Übrigens antworte bald. Man wartet mit jeder Stunde auf Deine Antwort. Ich meine, am künftigen Sonntag oder am Neujahrstage könnte Deine Antwort hier sein. Lege mindestens Deine Seminarzeugnisse bei.

In bekannter Gesinnung einen Gruß an Dich und die Deinigen

von Deinem
F. W. Dörpfeld

Auf der Rückseite findet sich folgender Entwurf von A. Hollenbergs Hand:

Einem Wohllöblichen Wahlkollegium zu Heyd bei Ronsdorf.

Nach einem Briefe meines Freundes, des Lehrers Dörpfeld, wünschen Sie, daß ich Ihnen meine Zeugnisse einschicken möge. Indem ich dieses hiermit tue, bitte ich, bei Besetzung der betreffenden Lehrerstelle, mich gefälligst berücksichtigen zu wollen.

Mit vollkommener Hochachtung empfiehlt sich Ihnen

Ihr ergebener
A. Hollenberg

10
An Adolph Hollenberg

Ronsdorf, 3. Januar 1849

Lieber Adolph.

Es ist mir nicht ganz geläufig, wie Du in religiösen Dingen denkst, indessen glaube ich doch annehmen zu dürfen, daß Du jetzt begriffen hast: „Es liegt nicht an jemandes Wollen oder Laufen" – wenn der Nachsatz Dir auch noch minder klar sein sollte. Jetzt hat es hier just so gegangen, wie damals bei mir. Manche haben in mancherlei Weise sich Mühe gegeben um die Stelle und es schien die Wahlangelegenheit geschlichtet und gerichtet zu sein, und doch wurde nichts daraus. Du vor den andern wirst gewählt werden, wenn Du Dich gut hältst. Am Mittwoch wirst Du Besuch bekommen von zwei Wahlmännern. Der eine, H[err] Rottsieper, ist Schulvorsteher, der andere ein Junggeselle und Bruder des zweiten Schulvorstehers, H[err] Vorberg.

Ein klein wenig lasse Dich instruieren, damit Du weißt, auf welchem Boden Du gehst oder gehen wirst. Es ist nicht die Absicht dabei, Dir in etwa anzugeben, wie Du es anzufangen hättest, um zu gefallen, dazu halte ich mich selbst und Dich für zu gut. Eine Orientierung ist aber allerwege gut.

In der Schule wird hier vor allen Dingen auf Zucht und Ordnung gesehen, weil man glaubt – ganz recht! – das am besten sehen und beurteilen zu können. Es versteht sich von selbst, daß man lieber hat, wenn der Lehrer diesen Zweck auf anständige Weise erreicht, als wenn er zu korporalmäßigen Mitteln seine Zuflucht nehmen muß. – Wie alle Bergischen, so liebt man auch hier einen selbständigen, offenen, ehrlichen Charakter, ein freies, fröhliches Benehmen, ohne Scharlatanerie und Geckigkeit. Am Lehrer liebt man den gemäßigten Ernst, aber keinen Murrer und Eigensinn. Wie auch die Ansichten in religiösen Dingen hier gemischt und gemengt sein mögen – ein Radikaler in diesen wie in politischen Dingen ist auf dem Heidt aber durchaus „unmöglich". Und wehe dem Spötter!

Die beiden Herren, die Dich besuchen werden, sind ehrliche, biedere, resolute Leute (Kaufleute), mit denen Du, falls sie in der Schule befriedigt werden, gut zurecht kommen wirst. Sie werden gerne mit Dir nach Meiderich gehen. Am Donnerstag wollen sie zurück und nachmittags in Wupperfeld sein, um noch ein Stück von meiner Einzugsfestlichkeit mitzumachen.

Halte Dich gut und dann Glückauf! Meinen herzlichen Gruß an Dich und die Deinigen aus den kalten Bergen.

In bekannter Gesinnung
Dein
F. W. Dörpfeld

Die beiden Abgesandten des Schulvorstandes Heidt hatten den in Aussicht genommenen Kandidaten „abzuhören" und den stimmberechtigten Schulgemeindemitgliedern gegenüber ein Urteil abzugeben. Näheres über die bergischen Schulgemeindeschulen und ihre Lehrerwahlen in: Willy Potthoff. Die Idee der Schulgemeinde. Heidelberg 1971, S. 78 ff. D. wurde am 4. Januar in festlichem Zuge abgeholt und in einer Feierstunde in sein Wupperfelder Amt eingeführt. Vgl. Ca 101 ff.

11

An Johannes Hagemann, Duisburg

Barmen, 10. Januar 1849

Lieber Hagemann.

So sehr wie Ihr habe ich es auch bedauert, daß ich am dritten Christtage nicht habe unter den Vereinsgenossen sein können. Es kann zu nichts führen, wenn ich die Ursachen meines Ausbleibens, die lediglich in den äußeren Verhältnissen gelegen, ausführlich angeben wollte. Daß mich innerlich nichts abgehalten hat, konntet Ihr schon denken und werdet Ihr auch wohl schon gedacht haben.

Euer Aufruf kam mir ganz recht. Die politischen Treibereien und Parteitreibereien matten einen ab und zehren einen aus. Kurzum: dieselben sind mir ziemlich leid. Bei dem, was Ihr wollt, läßt sich noch ein bestimmtes Ziel absehen und man gewinnt am inneren Menschen, statt zu verlieren. Darum sage ich dazu Ja und Amen! Ich bedaure nur, daß Ihr kein ausführliches Protokoll gemacht oder Du ein solches nicht mitgeteilt hast. Wann wird die nächste Zusammenkunft sein? Hoffentlich kann ich dann zugegen sein.

Wie geht es Dir denn noch im allgemeinen? Ist aus dem Projekt in Schlesien nichts geworden? Lebt die Konferenz am Bahnhof unter Pastor Brandt noch? Was sagen die Lehrer dort über die Verfassung in bezug auf die Schule? Wie gestaltet sich das Verhältnis der Lehrer zu den Geistlichen? Weißt Du etwas näheres über Düsselthal und das projektierte Seminar? Von wem ist das Projekt ausgegangen? Wie steht Zahn und seine Anstalten? usw.

Nun zu dem, was ich von meiner Person weiß. Mit dem alten Jahre habe ich eine Wirksamkeit auf dem Heidt geschlossen. Es war für mich in manchen Stücken eine gesegnete Zeit, in manchen Stücken eine böse, in allen aber eine wunderliche und wunderbare Zeit.

Meinen Beruf faßte ich mit dem Feuer der ersten Liebe, wurde aber durch häusliches Unglück und körperliches Leiden zuweilen bis zum Erkalten mit kaltem Wasser begossen; dagegen wurde ich wieder von den Verhältnissen innerhalb der Schulgemeinde derart begünstigt, daß ich mir kaum ein besseres Terrain hätte wünschen [mögen]. Allerseits fand sich ein Verlangen nach Wahrheit, ein reges Interesse für die Schule und was mit ihr zusammenhängt. So war mein Wirken ein gesegnetes, gesegnet für mich, das habe ich erfahren, durch die Achtung und die Liebe der Eltern und Kinder; ob gesegnet für die Schulgemeinde, das wird hoffentlich die Zukunft noch dartun.

Aus einem solchen Arbeitsfelde bin ich herausgerissen worden und in das Feld an der Wupper verpflanzt. Meine Aufnahme hier war nur, wie ich sie wünschen konnte. Ein weiteres aber weiß ich noch nicht; man muß es abwarten. Soviel aber weiß ich doch: Arbeit mehr, als Menschenkraft zu leisten vermag. Gott wird wohl helfen. Ich will es mit ihm einmal wagen.

Eine Haushälterin habe ich jetzt und kann mir kaum eine bessere wünschen. Früher bin ich um eine solche in Verlegenheit gewesen, und damals habe ich auch an Fr[au] Keil, die ich durch H[er]rn Kielmann kannte, gedacht. Da ich aber nicht wußte, daß sie sich von K.th. wegsehnte, sondern vielmehr glaubte, sie sei dort am rechten Platz, so kam ich nicht zum Schreiben. Es ist aber noch nicht sicher, ob ich meine jetzige Haushälterin behalten werde. Innerhalb vier Wochen wird es aber entschieden sein. Sollte es, was ich nicht hoffe, dahin kommen, daß sie ausziehen muß, dann werde ich auf Fr[au] Keil einmal losgehen, wenn sie dann noch ohne Stelle ist. Vorher würde ich mich natürlich nach ihr erkundigen.

Gehab Dich wohl und antworte recht bald, wie ich es auch getan, Deinem

F. W. Dörpfeld

Am 27. Dezember („dritten Christtage") 1848 war in Duisburg durch eine Gruppe evangelischer Lehrer der Evangelische Lehrerverein für Rheinland und Westfalen als Reaktion auf die demokratisch-liberale Lehrerbewegung gegründet worden. J. Hagemann hatte an der Gründung entscheidenden Anteil.

Vgl. K. Goebel, Wilhelm Cremer in Unna und die Gründung des evangelischen Lehrervereins für Rheinland und Westfalen 1848. In: Jahrbuch d. Vereins f. Westfäl. Kirchengeschichte 64 (1971), S. 66 ff. Vereinsakten 1848 - 1891 im Besitz des Herausgebers. Veröffentlichung vorgesehen.

12

An Johannes Hagemann, Duisburg

Barmen, 5. Februar 1849

Lieber Hagemann.

Die Zeit hat es mir nicht erlaubt, Deinen Aufsatz so genau anzusehen, um zu einer Kritik desselben berechtigt zu sein. Darum erhältst Du ihn ohne Randglossen zurück. Bemerken muß ich jedoch, daß mir die Veröffentlichung desselben so große Eile nicht zu haben scheint, wenigstens nicht so große, daß Du nicht noch warten könntest bis zu unserer Zusammenkunft in Düsseldorf, die ja im Laufe dieses Monats stattfinden soll. Dort könntest Du den Aufsatz vorlesen und wir ihn gemeinschaftlich besprechen. Das alte ‚nonum prematur in annum' darf auch heutzutage noch beachtet werden.

Auch bin ich gegen die sofortige Veröffentlichung der Statuten. Fürs erste hat die Hühnermanier, gleich nach dem Legen des Eies zu gackern, für mich etwas Widerwärtiges; und zum andern: ich denke an den berühmten Dortmunder Verein, an sein Gelärm und an sein mutmaßliches Ende.

Für die Witwe Wöckners habe ich noch nichts getan, hoffe aber doch, bei der nächsten Zusammenkunft Dir etwas einhändigen zu können. Zu diesem Ende wünschte ich, daß Du mir einige spezielle Notizen über diese Familie zukommen ließest, z.B. wieviel Witwengehalt sie bekommt, wieviel Kinder da sind usw.

In bekannter Gesinnung Dein
F. W. Dörpfeld

Hagemann hat in einem an mehrere Amtskollegen gerichteten Rundbrief vom 23. Januar 1849 (Vereinsakten 1848 - 1891) D. besonders angesprochen: „Dörpfeld, Du besonders könntest uns aus Deinem früheren und jetzigen Arbeitsfeld manche nette Erfahrung mitteilen. Dich bitte ich aber auch vorzugsweise um Dein Urteil über den beiliegenden ‚Glockenruf der Volksschule!' Der Öffentlichkeit habe ich ihn zugedacht. Säume mir darum nicht damit! Im Februar soll er noch gedruckt werden".

Der genannte Aufsatz liegt nicht mehr vor. Die erwähnten Statuten beziehen sich auf die Vereinsgründung vom 27. Dezember 1848. Sie wurden am 10. April 1849 angenommen, und bei der gleichzeitigen Vorstandswahl wurde D. zum 1. Rendant (Kassenwart) gewählt.

Nonum prematur in annum = Bis ins neunte Jahr muß sie (d.h. eine Schrift, die gelingen soll) verborgen bleiben. Horaz-Zitat. Statt dieser Übersetzung nach Georg Büchmann, Geflügelte Worte, ließe sich auch „gekeltert werden" oder „gepreßt werden" vertreten.

13

An Johannes Hagemann, Duisburg

Barmen, 30. November 1849

D. übersendet drei Taler für Lose und entschuldigt sich, zu einem Fest am 12. Dezember und zu Weihnachten nicht kommen zu können. Er wendet sich erneut dem Projekt „Blätter für die Familie" zu, für das man reifliche Überlegungen anstellen müsse. Sein Gelingen bedeute ein besonderes Lebenszeichen des Lehrervereins.

14

An Christine Keller, Burg a.d.W.

Wupperfeld, 4. Januar 1851

Ich kann natürlich nicht genau wissen, was Sie darüber denken mögen, daß ich es wage, so frisch weg an Sie zu schreiben; ich kann natürlich auch nur darüber raten und meinen, was Ihr Herz bewegen mag, wenn diese Zeilen Ihnen zu Gesicht kommen. Wohl ist mir das nicht gleichgültig: gerade dies ist es ja, was ich durch mein Schreiben zu erfahren wünschte.

Zwar ist es sonst wohl Sitte, sich höflich zu entschuldigen, wenn man den Leuten Knall und Fall etwas plump mit der Tür ins Haus fällt; aber das kann und darf ich eigentlich nicht, da ich eben keine andere Weise gefunden habe, um zu Ihnen zu kommen. Es ist mir einmal nicht gegeben, um eine Sache, die ich im Auge habe, lange herumzustreichen: soll es einmal sein, so gehe ich gerade drauf los, komme auch, was da kommen mag.

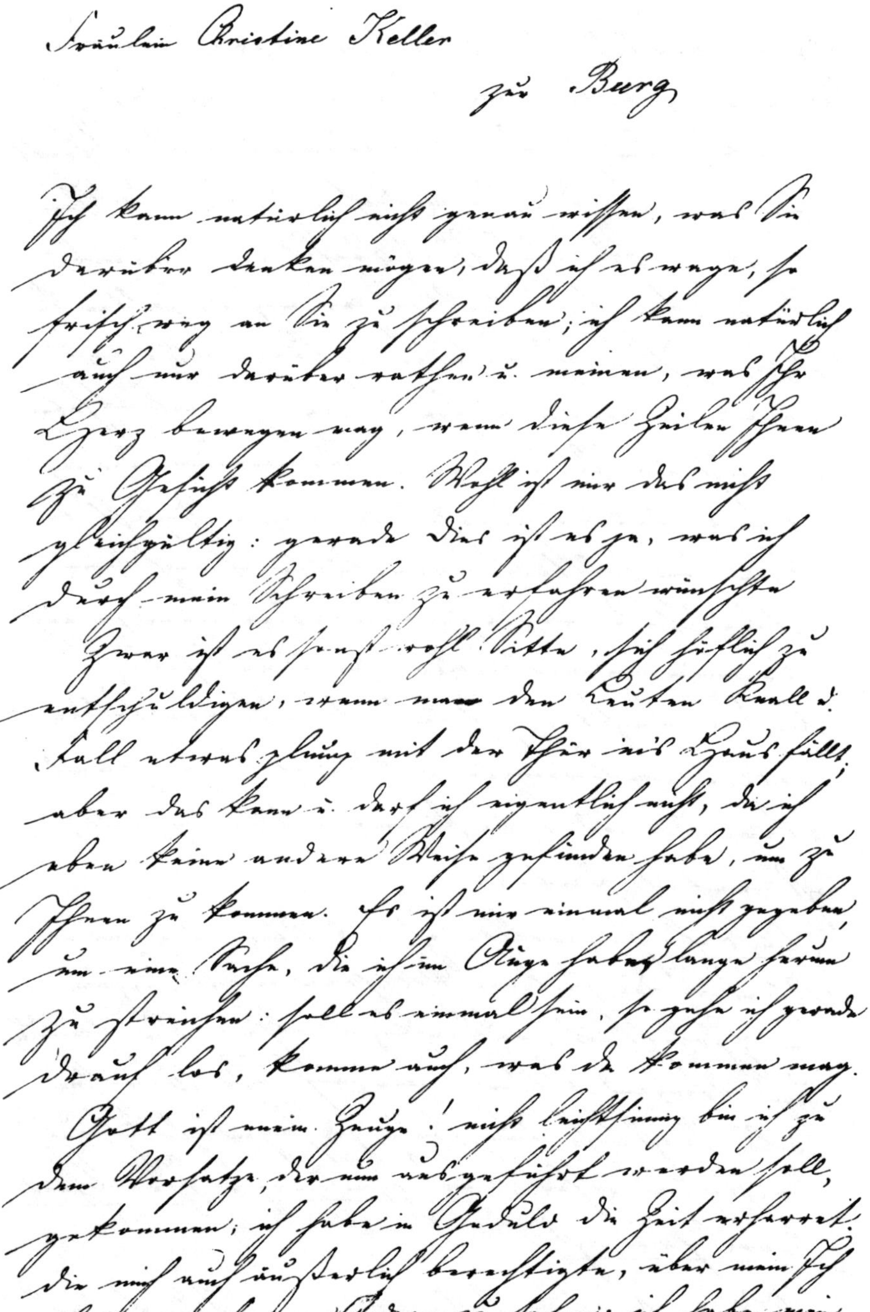

Fräulein Christine Keller

zu Berg

Ich kann natürlich nicht genau wissen, was Sie darüber denken mögen, daß ich es wage, so frisch weg an Sie zu schreiben; ich kann natürlich auch nur darüber rathen u. meinen, was Ihr Herz bewegen mag, wenn diese Zeilen Ihnen zu Gesicht kommen. Wohl ist mir das nicht gleichgültig: gerade dies ist es ja, was ich durch mein Schreiben zu erfahren wünschte.

Zwar ist es sonst wohl Sitte, sich höflich zu entschuldigen, wenn man den Leuten knall u. fall etwas gleichsam mit der Thür ins Haus fällt; aber das kann u. darf ich eigentlich nicht, da ich eben keine andere Weise gefunden habe, um zu Ihnen zu kommen. Es ist mir einmal nicht gegeben um eine Sache, die ich im Auge habe, lange herum zu streichen: soll es einmal sein, so gehe ich gerade drauf los, komme auch, was da kommen mag.

Gott ist mein Zeuge, nicht leichtsinnig bin ich zu dem Vorsatze, der nun ausgeführt werden soll, gekommen; ich habe in Geduld die Zeit verharret, die mich auch äußerlich berechtigte, über mein Ich hinaus nach einem Andern zu sehen; ich habe mein

Abb. 2: Brief 14 vom 4. Januar 1851

Herz vor Gottes Angesicht geprüft, und den Herrn gebeten mein Herz auch hierin fest zu machen – und so bin ich wenigstens zu dem Schritt gekommen, der nun in diesen Zeilen vor Ihnen liegt. – Wie auch Ihre Gefühle u. Herzens Gedanken sich durchkreuzen mögen: halten Sie ruhiges Gemüth; besorgen u. fürchten Sie nichts, was, worauf ich freilich nicht gerechnet habe, zunächst nur Verwunderung, Verwirrung oder doch etwas das vorherrschende erste Gefühl bei Ihnen sein sollte. Zwar hätte ich mich dann etwas sehr verrechnet, aber es wäre ja auch nur mein eigener Fehler, den ich auch selbst büßen müßte. – Ich habe Sie nicht überfallen wollen, noch weniger wollte ich Sie zu Etwas überreden oder bestimmen. Was ich will, ist einfach dieses:

<u>Für's Erste</u> wollte ich als Mann u. zwar als Mann in den heiligen Schranken eines Christen in Ehrlichkeit, aufrichtig u. offen Sie freundlich und dringend bitten, mir auf Ihr Gewissen als christliche Jungfrau zu sagen ehrlich, aufrichtig und offen, <u>ob Ihr Herz u. Ihre Hand noch frei ist.</u>

Ich weiß nicht, ob Sie es meinen Worten abfühlen mögen: ich schreibe ruhig, ohne eigene

Gott ist mein Zeuge! Nicht leichtsinnig bin ich zu dem Vorsatze, der nun ausgeführt werden soll, gekommen; ich habe in Geduld die Zeit erharret, die mich auch äußerlich berechtigte, über mein Ich hinaus nach einem andern zu sehen; ich habe mein Herz vor Gottes Angesicht geprüft und den Herrn gebeten, mein Herz auch hierin fest zu machen – und so bin ich wenigstens zu dem Schritt gekommen, der nun in diesen Zeilen vor Ihnen liegt. Wie auch Ihres Kopfes und Herzens Gedanken sich durchkreuzen mögen: halten Sie ruhiges Gemüt, besorgen und fürchten Sie nichts, wenn, worauf ich freilich nicht gerechnet habe, zunächst nur Verwunderung, Verwirrung oder sonst etwas das vorherrschende erste Gefühl bei Ihnen sein sollte. Zwar hätte ich mich dann etwas sehr verrechnet, aber es wäre ja auch nur mein eigener Fehler, den ich auch selbst büßen müßte.

Ich habe Sie nicht überfallen wollen, noch weniger wollte ich Sie in etwas überreden oder bestürmen. Was ich will, ist einfach dieses:

Für's erste wollte ich als Mann und zwar als Mann in den heiligen Pflichten eines Christen in Ehrlichkeit, aufrichtig und offen Sie freundlich und dringend bitten, mir auf Ihr Gewissen als christliche Jungfrau zu sagen ehrlich, aufrichtig und offen, ob Ihr Herz und Ihre Hand noch frei ist. Ich weiß nicht, ob Sie es meinen Worten abfühlen mögen: ich schreibe ruhig, ohne irgend welchen Rausch und Schwärmerei; aber es ist mir ernst um das, was ich sage. Komme auch, was kommen mag: ich hoffe mich zu fassen; hab ich doch Gott meine Sache heimgestellt. Können Sie bald kurze und gute Antwort geben, so säumen Sie nicht: es verlangt mich sehr darnach. Können Sie's nicht, so prüfen Sie sich selbst ernst und aufrichtig in Ihrem Kämmerlein vor Gottes Angesicht; das können Sie allein, ohne Mitwissen und Mitraten eines unberufenen Andern, es handelt sich ja noch nicht um meine Person, sondern nur darum, ob Sie selbst in bezug auf einen Dritten freies Herz und freie Hand haben.

Sind Sie nicht mehr frei – was Gott wolle verhütet haben – so sagen Sie es frei heraus, offen, ehrlich und ungeniert, wie ich auch gesprochen und meinen Brief werfen Sie ins Feuer: dann war meine Liebe wohl fleischlich und sie muß, wenn auch mit Schmerzen, von einem heiligen Feuer verzehrt werden; dann war mein Glaube und meine Hoffnung ein Traum, der mit dem Papierrauch auf immer verwehen muß.

Fällt Ihre Antwort – wie ich zu Gott hoffe – anders aus, ist Ihr Herz noch frei, so ist dann wohl die Reihe an mir, dann kommt meine zweite Bitte; aber auch sie soll nicht fangen oder bestürmen. Ich bitte nur einfach darum, mir offen und ehrlich und ausführlich, wie Sie und was Sie denken, zu sagen, ob Sie mir gestatten wollen, zum zweiten Male zu schreiben.

Sie werden merken, die Bitte ist schwer und leicht, wie man will; schwer, wenn Sie es ernst nehmen und an das dritte, vierte Mal und an das denken, was aus den vielen Malen folgen kann oder muß; – leicht, wenn Sie denken, was ja in Ihrer Macht liegt, Sie könnten das zweite oder dritte Schreiben zum letzten machen. Ich muß es Ihnen nun überlassen, die Sache zu nehmen, wie Sie wollen oder können.

Nur eins wünschte ich noch, nämlich, daß Sie die Antwort auf dies erste Schreiben bloß mit sich selbst abmachen, ohne Mitwissen irgend eines Dritten. Zwar kann ich mir denken, (und es ist am Ende auch Kindespflicht, ohne Wissen der Eltern keinen Schritt zu tun, der möglicherweise für das ganze Leben entscheidend sein kann) – daß Sie wenigstens der Mutter gern Mitteilung machen möchten. Ich kann auch nicht gewillt sein, Sie daran zurückzuhalten, falls Sie es für durchaus recht und notwendig erachten; nur meine ich, so nach meiner unmaßgeblichen Meinung, Ihre Eltern würden mir und Ihnen in der Art, wie die Verbindung zwischen uns angeknüpft werden soll, nicht wehren wollen; zum andern habe ich viele Gründe, die mich gleichsam nötigen, ein derartiges Verhältnis vor der Hand geheimzuhalten; selbst dem vertrautesten Freunde würde ich es jetzt nicht sagen, da ein gesprochenes Wort nicht ungesprochen gemacht werden kann und ein kleines Feuerchen oft einen großen Wald anzündet. Darum also möchte ich Sie nochmals bitten, verschweigen Sie, was Sie verschweigen können und dürfen, und wenn und wo Sie sprechen müssen, da tun Sie wenigstens das Ihre, damit die große und oft böse Welt mit den bösen Mäulern aus dem Spiel bleibt. Zuletzt aber noch einmal: können und dürfen Sie schweigen, so behalten Sie das Geheimnis wie auch die Freude in Ihrem Herzen.

Das Weitere wird sich schon finden.

Wollen Sie mir die Antwort schicken, so frankieren Sie den Brief nicht; dann können Sie ihn auch auf die einfachste Weise auf der Post los werden. Meine Adresse ist, wenn Sie dieselbe nicht genau wissen sollten: F. W. D., Lehrer in Wupperfeld.

Sie werden aus dem Verlauf des Briefes merken, daß ich annehme, Ihre Antwort auf die erste Frage wie auch auf die zweite könne nur ausfallen, wie mein Herz wünscht; ich gestehe auch zu guter Letzt, daß dies nicht bloß meine Hoffnung und mein Glaube ist, sondern daß es mir fast zur Gewißheit geworden. Doch lassen Sie sich dadurch nicht irremachen. Ich sage das ohne alle Absicht; es war mir Bedürfnis, es noch auszusprechen, ich mußte es vom Herzen haben. Halten Sie nun auch nicht zurück, wir wollen ja keinen Spaß treiben, auch kein romanhaftes Liebesspiel aufführen, wie es der leichtsinnigen Welt gefällt. Unser Denken, Fühlen und Sprechen sei unter uns vor Gott offen und nur der Welt verborgen; liegt es dann nicht in Gottes Rat, daß unser erster Schritt eine Quelle der Freude für uns sein soll, wie ich hoffe und bitte, so kann er doch auch nichts sein, dessen wir uns vor uns selbst zu schämen hätten. Könnten wir einander in Liebe nicht angehören, so würden wir doch die Achtung gegenseitig nicht versagen dürfen.

Ich schließe. Der Herr segne Sie und behüte Sie auch in dem neuen Jahre und lenke unser beider Herzen, wie es zu unserm zeitlichen und ewigen Frieden dient.

F. W. Dörpfeld

Erster von vierzehn „Brautbriefen" an Christine Keller, D.s spätere Frau. Christine war zu dieser Zeit im Haushalt des fast achtzigjährigen Pfarrers Reuter in Burg a.d. Wupper beschäftigt. D. fühlt sich nach genau zwei Jahren Hauptlehrertätigkeit in Wupperfeld in der Lage, einen eigenen Hausstand zu gründen. Schon am 8. Januar antwortete Christine aus Burg. Es sei ihr unmöglich, „auch nur den kleinsten Schritt in einer so wichtigen Angelegenheit ohne das Wissen meiner lieben Eltern zu tun". Daß sie wegen „Frau Pastorins Krankheit" jetzt nicht nach Hause käme, sähe sie als Fügung an. Denn nun könne sie ihr Herz allein vor Gott ausschütten. „Gott wolle uns beiden den Weg zeigen, den wir zu gehen haben."

15

An Christine Keller, Burg a.d. Wupper

Wupperfeld, 13. Januar 1851

Liebe Dinchen.

Muß ich mich noch entschuldigen, daß ich jetzt schon nach den einmal gewechselten Briefen auch in der Überschrift meinem vollen Herzen einen Ausdruck gebe? Ich denke nicht; kommt es Ihnen aber noch etwas zu früh, so wollen Sie meine Hast verzeihen: wenn es einmal losgehen soll, so kann ich nicht gut hinter dem Berge halten. Es ist mir ja keine Spiegelfechterei, sondern eben barer Ernst; verliebte Überschwenglichkeiten werden Sie doch nie von mir zu hören bekommen, denn ich habe nicht viele Romane, Histörchen von Liebenden etc. gelesen, noch bin ich von Natur zur Romantik geneigt. Wo ich nun für irgend einen Gedanken meines Herzens ein einfaches Wort hinsetze, da nehmen Sie es getrost nach seinem ganzen vollen Werte, Sie sollen nicht getäuscht werden.

Kann Sie das über die obige Anrede noch nicht beruhigen, so halten Sie dem ungestümeren Mann etwas zugute, und verzeihen, wenn Sie es nicht vorziehen sollten, sich in der Art zu rächen, daß Sie mich mit gleicher Münze bezahlen. Das wäre einmal eine Rache, die auch vom Christentum nicht verurteilt wird.

Absichtlich hatte ich in meinem ersten Briefe derartige Ausdrücke vermieden, nicht etwa darum, weil sie mir nicht nahe gelegen, oder weil ich meiner Sache nicht gewiß zu sein glaubte, sondern um Ihnen die Antwort zu erleichtern. Diese Ihre Antwort ist im Ganzen auch nicht anders ausgefallen, als ich wünschte und erwartete – oder vielmehr hoffte und glaubte. Dem Herrn sei Lob und Dank, der mein Gebet – das nicht erst von gestern und ehegestern, auch nicht von diesem und dem vorigen Jahr war – erhöret hat: Ihre Hand ist frei und Ihr Herz ja auch. Sie haben es gesagt, das ist mir genug – der Sorgenstein ist abgewälzt. Aber nun weiter? !

Nachdem Sie meine erste Frage zu meiner Freude frischweg ohne Dreinreden eines Dritten beantwortet haben, kommt die bestimmte Bemerkung, daß Sie ohne Wissen und Willen Ihrer Eltern einen weitern Schritt in der Sache nicht tun könnten. Ich muß das nur respektieren. Eine Verbindung gegen den Willen der Eltern halte ich auch in jedem Falle für ein Unglück; denn nun der Eltern Segen bauet den Kindern Häusern, aber der Mutter Fluch würde ein eigenwillig gebautes Haus wieder niederreißen. Den Grundsatz selbst habe ich auch in meinem ersten Schreiben, wie ich glaube, hinreichend anerkannt, und nur eine äußere Rücksicht gebot mir, einige Bedenken dabei auszusprechen. Diese Bedenken sind auch heute noch aus guten Gründen die gleichen, und ich vertraue, daß Sie ebenfalls, so viel an Ihnen ist, dieselben respektieren werden, und alles werden zu vermeiden suchen, was unser Verhältnis dem klatschsüchtigen Publikum überliefern könnte. Alles Zarte gedeiht und reift am besten in der Stille; zudem hat es für mich, der ich eigentlich von Natur zu den Verschwiegenen gehöre, noch einen besonderen Reiz, ein Geheimnis, eine Freude oder desgleichen etwas nur für mich zu haben, wenigstens so lange, als es mir beliebt. Wenn ich nun auch annehme, daß Sie jetzt von Ihrem Teil ähnlich denken mögen, so sehe ich freilich doch noch nicht recht ein, wie wir unser Geheimnis bewahren wollen, und wenn Sie keinen bessern Rat wissen als ich, so müssen wir nur laufen lassen, was läuft. Also: überlegen Sie einmal!

Meine zweite Bitte ist nun freilich durch Ihren Rückzug auf die Eltern so sachte in den Hintergrund geschoben worden; Sie meinen zwar genug gesagt zu haben, und ich will mir das auch gesagt sein lassen. Aber Sie werden es auch begreiflich finden, daß ich doch gern noch ein paar Wörtlein mehr gesehen hätte, namentlich darüber, ob Sie wenigstens mir gestatten wollen, einen zweiten Schritt weiter zu tun. Dieser zweite Brief sagt freilich schon an und für sich durch sein pures Dasein, was ich zwischen den Zeilen gelesen habe; aber das „Zwischen den Zeilen lesen" bleibt doch immer ein unsicher Ding. Oder hab ich diesmal nicht viel riskiert und den Sinn getroffen?

Wenn Sie weiter in betreff des zweiten Punktes noch anführen, daß Sie mich eigentlich noch nicht recht kännten, so finde ich das auch ganz vernünftig geredet; ein blindes Zugreifen frommt hier auch nicht, obwohl es mit dem Kennenlernen doch eine schwere Sache sein muß, wenn die Araber mit ihrem Sprüchwort Recht haben, wonach man einen erst dann kennen kann, wenn man wenigstens einen Becher Salz mit ihm verzehrt hat. Da fällt mir unser kluger Hausknecht in Moers noch ein, der mir weiland einmal sagte, als er auf gewissen Fahrten begriffen war, er würde die Mädchen nur an Werktagen besuchen, um sie in ihrem Alltagsstaat zu sehen; wenn sie ihm dann noch gefielen, so sei er für die Zukunft umso sicherer; im Sonntagskleid würde sie ihm dann gewiß gefallen, das allein aber sei nur wenig, dieweil der Mann mit seiner Frau wöchentlich doch nur einen Sonntag habe, dagegen sechs Werktage mit ihr verleben müsse. Nicht wahr, das war ein Pfiffikus? Und doch hat er bei seinem vorsichtigen Greifen zuletzt doch noch einen Fehlgriff getan.

Nun wollen Sie noch gütigst und weislich bedenken, daß Sie mich sehr selten und dann nur in meinem allerbesten Sonntagsstaat werden zu sehen bekommen, dagegen mein Alltagshabit vor der Hand nie zu sehen kriegen! Was dann? Sehen Sie sich vor! Doch nichts für ungut – wie unsere Wermelskircher Leute zu sagen pflegen – Sie können ja wohl ein Späßchen vertragen! Sie haben ganz recht, und wir wollen sehen, wie wir mit der Zeit einander etwas näher rücken mögen.

Um dieses Näherkommen aber einmal buchstäblich, wörtlich und tatsächlich in Ausführung zu bringen, hatte ich mir vorgenommen, Ihnen am nächsten Sonnabend – so Gott will und wir leben! – einen Besuch auf Freiersfüßen zu machen, und hoffe ich, dann nicht wieder ein leeres Nest zu finden, wie in den Weihnachtsferien. Also: nicht desertiert, auf dem Posten geblieben! Doch, um im Ernst zu sprechen, so wollte ich eigentlich anfragen, ob Sie gegen einen solchen Besuch nichts einzuwenden haben. Am nächsten Freitag gehe ich ohnehin wegen einer Kindtaufe nach Sellscheid; bei der Gelegenheit könnte ich dann auch einen Spaziergang nach W[ermelskirchen] machen. Diesen Brief werde ich zugleich mit einem andern an Ihren Herrn Vater schicken und darin bittend anfragen, ob Ihre Eltern mir gestatten wollen, Ihre nähere Bekanntschaft zu suchen und ob sie mir zu diesem Behufe ihr Haus öffnen mögen. Nachdem ich so auf diese Weise getan, was rechtens ist, und wenn auch Sie werden mit Ihren lieben Eltern Rücksprache genommen haben – wobei ich mit Zuversicht auf einen gewünschten Erfolg rechne – so liegt dann das Weitere nächst Gott in unserer Hand. Nun möchte ich gern noch vor Freitagmittag von Ihnen Nachricht haben, ob Sie am Samstag meinen Besuch annehmen können oder nicht. Glauben Sie nicht bis zum Freitag Ihre Antwort hier in Wupperfeld haben zu können, so schicken Sie dieselbe unter der Adresse F.W.D. poste restante in Remscheid, dann kann sie doch bis zum Freitagmittag in R[emscheid] sein; dort könnte ich dann auf meiner Durchreise den Brief in Empfang nehmen. Wollen oder können Sie das nicht, so muß ich mich gedulden, es sei denn, daß es Ihnen gelänge, denselben auf gute Weise nach Sellscheid zu befördern. Das letztere würde mir auch recht sein. Auf alle Fälle möchte ich nicht gern als ein unberufener Gast in Ihr Haus kommen.

Wie freue ich mich auf die nächste Tour und auf unser Zusammentreffen und Zusammensein! Freudiger habe ich den Weg von hier dorthin nie gemacht; möchte nur die Rückkehr nicht minder freudig sein! Und das liegt in Ihrer Hand. Doch ich bin getrost; der Herr hat's mit mir bis hieher so wohl gemacht, er wird es auch ferner nicht böse machen. Ihm sei alles befohlen! Möchten Sie meiner gedenken, auch in Ihrem Gebet, wie auch Ihrer so lange, lange stets gedenkt

der Ihrige: F. W. Dörpfeld

(Es schlägt eben 12 3/4 Uhr nachts).

poste restante = postlagernd.

Aus dem Brief geht hervor, daß D. noch im alten Jahr Christine Keller in Wermelskirchen aufzusuchen gedachte, aber ein „leeres Nest" vorfand. Christines Brief veranlaßte D. nun, ihre Eltern in seine Absicht einzuweihen und gleich den ersten Besuch „auf Freiersfüßen" anzukündigen.

16

An Johann Wilhelm Keller, Wermelskirchen

Barmen, 13. Januar 1851

Geehrter Herr Pastor.

Aus dem Munde Ihrer lieben Christine werden Sie wohl jetzt schon erfahren haben, daß ich ohne Ihr Wissen es mir erlaubt habe, an sie zu schreiben. Ich würde, als es in mir zu einem bestimmten Entschlusse gereift, ihre nähere Bekanntschaft förmlich zu suchen, jedenfalls, wie es mir recht und billig dünkt, vorher Sie und Ihre liebe Frau um Ihre Erlaubnis und Ihren Segen dazu gebeten haben, wenn ich nur einigermaßen gewußt hätte, welches die Herzensstellung Ihrer Tochter überhaupt und speziell in bezug auf mich sei. So habe ich also zuerst gewagt, an Fräulein Christine selbst zu schreiben, und soviel wenigstens erfahren, daß ich weiß, woran ich bin, und daß ich zunächst vor Ihrer Tür anzuklopfen habe.

Das soll denn hiermit freundlich geschehen: rufen Sie auch jetzt in aller gewohnter Freundlichkeit und neuer Liebe: herein! so fehlt mir zunächst nichts mehr, wünsche auch nichts mehr, als daß der treue Herr, den ich eigentlich zunächst durch Sie und unter Ihrem Dache habe kennen und lieben gelernt und der mich von jeher über alles Bitten und Verstehen freundlich geleitet, daß dieser treue Herr auch zu diesem Schritte sich bekennen und ihn segnen wolle.

Mit herzlichem Gruß an Sie und die lieben Ihrigen schließt erwartungs- und hoffnungsvoll

Ihr treu ergebener
F. W. Dörpfeld

Von diesem Schreiben berichtete D. am gleichen Tag Christine (Brief 15). D. bezieht sich hier auf den Konfirmandenunterricht, den er bei Pastor Keller vier Jahre bis zur Konfirmation am 20. September 1837 besuchte (Das Datum, dem Konfirmationsregister der evangelischen Gemeinde Wermelskirchen entnommen, korrigiert die Angabe bei A. Carnap, S. 47).

17

An Christine Keller, Burg a.d.W.

Wupperfeld, 21. bis 23. Januar 1851

Liebe Dinchen.

Da bin ich wieder seit zwei Tagen an meinem Posten und an meiner Arbeit, und die seligen Stunden vom Abend des wunderlichen Feiertages liegen hinter mir. Ich hatte, wie mein voriger Brief das auch schon sagte, von unserm Zusammenkommen viel Freude erwartet – in der Hauptsache habe ich auch nichts vermißt oder entbehrt, und was ich weiter hoffte, ist auch gekommen: es ist eine Ruhe und ein Friede in mein Gemüt eingekehrt, wie ich es seit langen Jahren, wohl seit den Tagen der Kindheit nicht gekannt habe. Davon später mehr!

Eins aber ist mir seit dem letzten Sonnabend auch noch einmal wieder recht zum Bewußtsein gekommen: „Scheiden und Meiden tut weh!" Es kommt mir jetzt so vor, wie wenn von jedem Tage, an dem ich nicht mit Ihnen habe sprechen können, und wäre es auch nur schriftlich, für mich etwas verloren gegangen sei. So nahm ich mir auf dem Rückwege hieher vor, stets einen Briefbogen zurechtliegen zu haben und täglich mindestens ein paar Worte hinzuzufügen, bis er abgeschickt würde. Am Sonntag schon wollte ich mich hinsetzen und einem übervollen Herzen Luft machen; aber eine Einladung zum Abendessen, die ich bei meiner Ankunft vorfand, raubte mir diese Freude. Ebenso wieder gestern. Nachdem ich von morgens 8 bis abends 8 Uhr durch Unterrichten, Besuche, Sitzungen etc. beschäftigt gewesen, mußte ich wieder zu einem festlichen Abendessen, wo es zwar an und für sich recht gemütlich herging, aber doch für mich langweilig war, da ich jetzt, wenn ich nicht in bestimmter Arbeit bin, immer etwas vermisse, und meine Gedanken mit meinem Herzen über die Berge eilen. Heute Dienstagmittag bin ich nun bei einiger Muße, die also, wie Sie hier sehen, Ihnen gehört. Heute abend hoffe ich gleichfalls, da ich einen versprochenen Besuch zurückgenommen habe, ein Stündchen ungestört mich mit Ihnen beschäftigen zu können.

Dienstagabend, 10 Uhr, [21.1.1851] Nun, liebe D[inchen], was soll ich Ihnen jetzt zuerst sagen? Was könnte es anders sein, als Ihnen wieder und wieder zu sagen, daß ich Sie liebe wie mein eigen Herz, daß es mein innigster Wunsch ist, auch Ihre Liebe zu verdienen und mich derselben versichert halten zu können, daß es mir ruhelosem Gesellen vergönnt sein möchte, durch Sie dem stillen, gemütlichen Familienleben wiedergewonnen zu werden. Ich muß es nur gestehen, seit langem, langem bin ich dem traulichen Leben der Familiengemeinschaft ganz fern gekommen, ihm fast entfremdet worden. Meine Schule, mein Studierzimmer und ernste Männergesellschaften waren die Welt, in der ich lebte, mit Damen habe ich eigentlich nie verkehrt. Daher mag es gekommen sein, daß mein äußeres Wesen etwas Hartes und Strenges angenommen hat und daß ich auch ein weiblich Gemüt vielleicht nicht zart genug zu behandeln verstehe. Sie wollen es mir darum nicht übel deuten, wenn ich am vergangenen Sonnabende etwas rücksichtslos mich Ihnen aufgedrungen und Sie gedrängt haben sollte. Es war aber gewiß gut gemeint: ich tat nur, was ich eben nicht lassen konnte. Wenn ich zu weit gehe, so weisen Sie mich nur in die gehörigen Schranken zurück; ich will es schon auf mich nehmen und tragen, ein wenig Geduld werde ich auch hierbei wohl noch lernen müssen. Wenn Sie darin mein Lehrmeister sind, so hoffe ich, Sie werden auch noch Freude an Ihrem Schüler erleben, ihn mindestens nicht störrig finden. Wiewohl ich Ihre Zurückgehaltenheit etwas bedaure, indem sie mir es noch schwerer machte, meine durch langjährige Verschlossenheit tief verborgenen Gefühle und Gedanken des Herzens mündlich auszusprechen, ja mir fast die Kehle zuschnürte, so fällt es mir doch im geringsten nicht ein, Ihnen darin etwas vorhalten zu wollen; im Gegenteil, ich nehme die Schuld ganz auf mich, auf meine nur mit Mühe gedämpfte Leidenschaftlichkeit, die nicht warten gelernt hat. Ich bin jetzt auch wieder etwas ruhiger, lassen Sie sich also nicht aus Ihrem Gleise bringen, ich traue Ihnen in dem Stücke mehr als mir selber. Ich kann mir denken, ein Weib springt nicht gern, sondern geht vorsichtiglich Schritt vor Schritt, und ein frommes weiblich Gemüt fragt dann vor allen Dingen, ob der Herr sich auch zu jedem Schritt bekennen könne und bekennen werde. Daß auch Sie in Ihrem Herzen so stehen, das ist besonders meine Freude, meine Hoffnung für die Zukunft, ja auch mein Trost, da es mir leider noch nicht gegeben ist, mit aller Freudigkeit der Zukunft entgegen zu sehen und -zu gehen. (Vielleicht komme ich weiter unten darauf zurück). Sie äußerten letztlich, Sie hofften, es werde nach Gottes Willen sein, daß Sie den ersten Schritt getan; wo nicht, so werde er Ihnen wohl die nötigen Fingerzeige geben. Was möchte ich lieber, als daß Sie zu dieser Überzeugung recht bald gelangten! Aber wie dazu kommen? Die Schrift gibt den Weg: Bittet (den Herrn), so wird euch gegeben; suchet (in der Schrift), so werdet ihr finden; klopfet an (bei andern einsichtsvollen und uns zugewiesenen Personen), so wird euch aufgetan (die Tür zur richtigen Erkenntnis)! – Ich an meinem Teile glaube meiner Sache gewiß zu sein; für's erste: Sie sind mir lieb und wert gewesen nicht etwa seit gestern und ehegestern, nein, seit den Tagen meiner Kindheit; ich sage das offen und ohne Scheu, ohne Furcht, Sie möchten es lächerlich, kleinlich oder wie sonst noch finden. Hätte ich später nie etwas Übleres oder Lächerlicheres getan als dieses; ach! wie würde die Erinnerung an meine Vergangenheit eine tröstlichere sein! Es war das damals in der Zeit, wo wir in dem „Wiedenhofe" zu den Füßen Ihres lieben Vaters saßen. Wie waren das so selige Tage, wo zuerst mir ein Gefühl für die Geheimnisse und Kräfte der zukünftigen Welt aufging! War es zufällig und war es sündlich, wenn der Knabe sich schon als Jüngling und Mann träumte, der um Sie werben würde? Verfrüht mochte es sein, sündlich aber war es gewiß nicht; frühreif bin ich freilich in manchen Stücken gewesen, in einigen wohl zu meinem Heile, in andern aber auch zu manchem Leid und Weh! Jene Verfrühung indes zähle ich nur zu denen, die mir eine Quelle der Freude nicht nur, sondern auch des Heiles geworden. Ohne dies, ohne Sie wäre ich wohl nicht in die Bahn gekommen, die ich später betreten, weder im Geistlichen, noch im Irdischen, ohne Sie möchte ich leicht, ach leider! wie leicht! dem kindlichen und allein selig machenden Glauben entfremdet worden sein, ohne Sie wäre ich wohl – das Nähere muß ich hier überlegen – nie ein Schulmeister geworden. So knüpfte sich mir an die Zeit der ersten Liebe zum Herrn, der mich zuerst und so sehr geliebt, auch die kindliche Liebe zu Ihnen:

eins war mir mit dem andern verwachsen, eins erinnerte mich immer an das andere – und leider gibts auch eine Zeit in meinem Leben, die ich gern mit meinen Tränen und mit meinem Herzblut auslöschen möchte, wo ich eines mit dem andern fast vergessen konnte. Sinnlichkeit. Vorwitz und Stolz ließen auch mich, wie unsere ersten Eltern aus der ersten Gnade fallen und verschlossen mir das liebliche Paradies der Kindheit; die Mächte der Welt, Augenlust, Fleischeslust und hoffärtiges Wesen trieben mich fort und jagten mich um und um, wenn auch die Sehnsucht nach meinem verlorenen Paradiese und nach Ihnen, meinem verlorenen Engel, nimmer aus meinem Herzen schwand. In Verblendung, Vermessenheit wollte ich selbst die verborgene Weisheit finden, und mußte doch immer wieder erfahren, wie die Weisheit der Weisen nur Torheit ist; in eigener Gerechtigkeit wollte ich vor Gott bestehen und mußte doch gestehen, daß nur des gnädigen Gottes Bewahrung mich vor großen Lastern behütet hat; in Hochmut und Ehrgeiz, diesem Männer-Teufel, wollte ich des eigenen Glückes Schmied sein, wollte mir Ehre, Stellung, Wohlleben erstreben und verdienen und mich dann hinsetzen und sagen: Siehe da, die große Babel, die ich erbauet habe zu Ehren meiner Herrlichkeit! und mußte doch zuletzt erkennen und bekennen, daß ich nichts von dem, was ich erreichen wollte, erreicht habe, daß dagegen die Wege, die ich wider Willen gehen mußte, die richtigen waren, und alles Glück, alles Gute, dessen ich mich nachher erfreute und rühmte, ohne mein Verdienst, aus lauter Gnade und Güte mir zugefallen ist, und auch der Stand, den ich eigentlich von Haus aus und von Natur nicht mochte, wurde mir teuer und wert, gerade er wurde mir zu einem Born der Genesung, zu einem Quell der Freude und des Heils. Freilich, alles erst nach und nach! Die alte Liebe mochte nicht verrosten, die Sehnsucht nach dem genossenen Glück und Frieden in Eden mochte nicht ersterben: da knüpfte sich auch die neue Liebe wieder an und lehrte mich auf die Verheißung schauen, die dem Pilger in der Wüste das Kanaan der Ruhe vorhält.

Nachdem die Welt mich lange umgetrieben,
da schenkte der Herr mir wahre Ruh;
die Ruh, mit der nichts zu vergleichen,
der alle Königskronen weichen,
die uns den Himmel offenzeigt.
Ach! Daß ich ganz in Lieb zerflösse
vor deiner Liebe Wundergröße,
die alles Denken übersteigt!

So lernte ich mit dem alten Liede singen und mit dem Psalmisten den 103. Psalm beten, der nun mein Lieblingsgebet geworden, mit dem ich aufstehe und zu Bette gehe; auch dafür lobe den Herrn, meine Seele!

Wie gesagt, es ging das alles so nach und nach, aber im engsten Anschluß an die ersten Eindrücke der Jugend. Ihr liebes Bild aus der Kinderzeit war es immer, was meine äußeren Sinne festhielt und von ihnen festgehalten wurde; die äußere, aber nicht unheilige Liebe zu diesem Engel meines Jugendlebens erweckte dann wieder das schlummernde Heimweh zu dem verlassenen Vaterhause Gottes, die Sehnsucht nach der seligen Gemeinschaft mit dem, dem der angehende Jüngling einst ewige Treue gelobet. Es wuchs und erstarkte eines mit dem andern; und wenn ich nun den Herrn lobte für alles, was er an mir getan, auch für den überschwenglichen Segen über Bitten und Verstehen, mit dem er mich in meinen äußerlichen Standesverhältnissen überschüttet, wenn ich ihn bat, mir seine Gnade auch ferner nicht zu entziehen, wie hätte ich da des Engels vergessen können, durch den ich, wenn auch ihm selbst vielleicht unbewußt, zum Sohne gezogen wurde, damit der Sohn mich zum Vater ziehe – wie hätte ich, sage ich, dieses Engels vergessen können in meinem Gebete? ! Nun werden Sie auch verstehen, wie ich im vorigen Briefe sagen konnte, Sie möchten meiner in Ihrem Gebete gedenken, wie ich Ihrer so lange, lange schon gedacht hätte!

Nun werden Sie auch verstehen, wie ich zu der sichern, seligen Überzeugung gekommen bin, der Herr werde sich in Gnaden zu dem Schritte bekennen, den ich getan, und auch zu dem, den ich noch vor mir habe. Oder ist es anders? Habe ich Sie gesucht? Ach, daß es so wäre! Nein, ehe ich wußte und wissen konnte, was Teufel, Welt, was ihre Künste und wie meine Schwachheit war, da hat Gott der Herr Sie mir zum Wächter bestellt und in kindlicher Einfalt habe ich gelobt, ihm treulich nachzusehen und zu folgen. Aber ich, ich konnte das vergessen, ich habe nicht Treue gehalten, ich habe sie gebrochen, nicht einmal, ach! hundert- und tausendmal! Mochten Sie es auch nicht wissen, vor Gottes Angesicht war ich Ihnen verschuldet. Wenn Tränen – und Mannestränen sind doch bittere Tränen – die Schuld und Schmach der gebrochenen Treue abwaschen könnten, so möchte ich wohl rein sein. Noch in diesen Tagen besonders sind ihrer nicht wenige geflossen, und ich habe ihnen auch nicht gewehret: es waren ja nicht bloß Tränen des Schmerzens und der Reue, es waren auch Tränen der Freude, des Lobes und Dankes gegen den Herrn, der alle meine Sünden vergeben und alle meine Gebrechen heilen will, der mein Leben vom Verderben erlöset und mich krönet mit Gnade und Barmherzigkeit; der das Stammeln des Kindes mit dem Gebet des Jünglings und Mannes erhöret und nach langen Jahren es gefüget, daß ich Ihnen einmal die Hand drücken, Ihnen in's Auge sehen und – wenn auch mit stummem Munde – Ihnen sagen durfte, wie sehr mein Herz das Ihre liebt, wie es nach diesem Tage, nach diesem Augenblicke sich gesehnet hat. Gedenken auch Sie nicht der Sünden meiner Jugend, der gebrochenen Treue! Vergebung! Vergebung!! bitte ich, tausend- und tausendmal! Das werden Sie tun, um dessenwillen, der auch Ihre Sünden getragen und gesagt: Vergebet, so wird euch vergeben! Auch dies, daß ich diese Bitte Ihnen tun kann, daß ich meine Verirrungen Ihnen bekennen darf, daß ich aus Ihrem Munde hören soll, wie alles vergeben und vergessen ist – das machte mein Herz tränenschwer und wieder leicht: ein Händedruck soll es mir sagen und besiegeln!

O, wenn Sie es wüßten, was in mir vorging, als ich neben Ihnen saß in der letzten Stunde, wie alle die seligen Hoffnungen aus alter und neuer Zeit sich wieder vor meine Seele drängten, wie ich mir sagen durfte: Siehe, all dein Sehnen und Verlangen, dein Harren und Warten, dein heißes Kämpfen und Wünschen, dein Gebet und deine Tränen sollen erfüllt und zu Ende sein, dein ruheloses Gemüt soll nun zur Ruhe kommen, und was dir am innern und äußern Frieden noch fehlt, soll dir bald werden – die, welche dir auf Gottes Erde das Liebste und Teuerste ist, der du gern alles, was du hast, zum Opfer bringen möchtest, um sie zeitlich und ewig glücklich zu wissen, um ihr einmal ja nur einmal sagen zu können, was du ihr dankst, wie du sie lieb hast – diese liebe, liebe Seele hast du neben dir, du darfst ihr Auge in Auge sehen, du darfst ihr endlich endlich einmal die Hand reichen und deine Hand in die ihre legen! Ja, Sie haben es wohl nicht gewußt, wie mir war, als ich Ihnen etwas unscheinbar die Hand hinreichte und Sie mit einigem Widerstreben die Ihrige hineinlegten? Aber Gott im Himmel und seine lieben Engel haben es gewußt und gesehen, unsere Schutzengel haben hinter uns gestanden und Freudentränen geweint über ein armes Menschenherz, das nun endlich zur Ruhe und zum Frieden gekommen, das endlich nach mancherlei Irrgängen durch die Wüste der Welt sein verlorenes Paradies und seinen guten Engel, der ihm zur Seite gesetzt war, wiedergefunden; sie haben wieder einen Blick tun dürfen in das große Geheimnis. Er hat alles beschlossen unter die Sünde, auf daß er sich aller erbarme! Gewiß, sie haben, wie der Psalm sagt, den Herrn gelobt; lobe den Herrn, meine Seele!

So nimm das arme Lob auf Erden,
mein Gott, in allen Gnaden hin.
Im Himmel soll es besser werden,
wenn ich bei deinen Engeln bin.
Da sing ich dir im ewgen Chor
viel tausend Hallelujah vor!

Jetzt werden Sie auch verstehen, wie ich eingangs sagen konnte, es sei eine Ruhe und ein Friede in mein Gemüt eingekehrt, wie ich es seit langen Jahren, wohl seit den Tagen der Kindheit nicht gekannt hätte. Bitten Sie den Herrn, daß dieser Friede nicht von mir weiche. Ich fühle es nur gar zu gut, daß der böse Feind ihn mir nicht gönnt, er bestürmt mich mit allerlei Anfechtungen, wie er auch den ersten Adam berücket hat und den zweiten hat versuchen wollen, aber zu Schanden geworden ist, durch Sinnlichkeit, Vorwitz und Stolz. Er zeigt mir allerlei Reiche der Welt, zeigt mir Geld und Geldeswert, wenn ich hierhin oder dorthin gehen wollte, ja, gestern abend brachte er mich so weit, daß ich aufhörte zu schreiben und zu Bette ging; denn er weiß wohl, der Arge, wo ich Ihrer vergäße und nach Reichtum und guten Tagen liefe, so hätte ich auch meine Erstgeburt verkauft und wenn ich dann wie Esau bereuen wollte, so würde ich keinen Raum mehr zur Buße finden, obwohl ich sie mit Tränen suchen möchte. Da dachte ich aber an den Spruch eines lieben Mannes hier, meines Freundes Selbach:

Des Morgens danke deinem Gott,
des Mittags iß vergnügt dein Brot,
des Abends denk an deinen Tod,
des Nachts verschlafe alle Not!

Und heute morgen war alle Teufelsnot verschlagen und der Spuk verschwunden. Aber ich weiß wohl: „Sei nicht sicher und fürchte dich!" Darum gedenken auch Sie meiner in dem Stücke; des Gerechten Gebet vermag viel, wenn es ernstlich ist. Ich weiß, wie sehr ich Ihrer auch fernerhin bedarf, und der treue Herr wird Ihnen vergelten, was Sie an mir tun.

Sie haben gewiß auch gestern in Ihrem Kämmerlein meiner gedacht und darum bin ich heute so fröhlich und vergnügt, obwohl es jetzt schon spät in der Nacht ist – die Glocke schlägt eben 2 3/4 Uhr, während Sie wahrscheinlich schon längst in guter Ruhe schlafen. Der Herr wird Sie durch seine Engel bewachen und behüten, daß Sie morgen frisch und fröhlich aufstehen mögen, wie ich es heute getan und hoffentlich auch morgen tun werde.

Ich wollte eigentlich noch viel sagen, aber ich muß doch endlich schließen.

Schlaf wohl! schlaf sanft! der Herr sei mit Dir und mit mir! und sein Friede, der höher ist denn alle Vernunft, der bewahre unsere Herzen und Sinne in Christo Jesu, unserm Herrn. Amen.

Der Ihrige
F. W. Dörpfeld

P.S. Donnerstag, morgens 7 1/2 Uhr. [23.1.1851] Guten Morgen liebe Dinchen. Da bin ich wieder. Ich hatte geglaubt, um 7 Uhr englische Stunde geben zu müssen; da aber meine Buben ausgeblieben sind, weil sie die Stundenangabe für heute nicht genau verstanden haben mögen, so habe ich bis 8 Uhr wieder einige Muße, die ich denn benutzen will, mich mit Ihnen zu unterhalten.

Gestern habe ich einmal recht mein Herz vor Ihnen ausgeschüttet, bisher war nie etwas davon über meine Lippen gekommen, selbst dem vertrautesten Freunde ist nie auch nur das Geringste von diesem Gange meines innern Lebens anvertraut worden. Es war mir eben unmöglich, irgend einem außer Ihnen das Geringste kundwerden zu lassen. Es sind „Zeugnisse aus dem verborgenen Leben". Ihnen mußte ich sie jetzt anvertrauen, und mein Herz leicht machen; ich meine schon, Sie wären mir nicht mehr fremd und ich Ihnen nicht, obwohl wir erst einmal freundlich und zutraulich miteinander gesprochen haben. Es sind freilich „Zeugnisse aus einem verborgenen Leben", und als solche werden Sie dieselben auch gewiß behandeln, sie gehören zu den Schampflanzen, die auch die leiseste fremde Berührung knickt und zerstört. Wie ich denn überhaupt hoffe, daß Sie meine Briefe, die nur für Sie geschrieben sind, auch nur für sich halten. Sie merken leicht, daß ich im Punkt der Verschwiegenheit etwas empfindlich bin; nehmen Sie es nicht übel und schonen Sie meine schwache Seite!

Nun, wie ist's Ihnen beim Lesen des Ganzen geworden? Habe ich irgend etwas in Ihren Augen verloren? Sind Sie weniger zum Vertrauen gegen mich geneigt als bisher? Können Sie mich weniger achten und lieb haben, als Sie es schon tun mochten? Ich hoffe: nein! Ich hoffe vielmehr, es wird Ihnen ein Fingerzeig mehr sein für ein richtiges Verhalten, wonach Sie etwa noch fragen mögen. Wohl mag Ihr inneres wie Ihr äußeres Leben weniger rast- und ruhelos, weniger irr und wirr sich entwickelt und verlaufen haben als das meinige; wohl Ihnen dabei! Es kann mich nur freuen!

Damit soll es nun doch genug sein. Ich habe Ihnen bisher nur die Umstände meines innern Lebens dargelegt und absichtlich fast jede Berührung der äußeren Verhältnisse vermieden. Mit Nächstem soll auch an diese pflichtgemäß die Reihe kommen und hoffe ich darin eben so treulich die wahre und wirkliche Sachlage darzulegen, wie ich es im Vorigen versucht habe.

Dem Herrn befohlen!

Der Obige

Ob D. tatsächlich Christines „liebes Bild aus der Kinderzeit" stets festgehalten und schon als Jüngling davon geträumt hat, um sie später zu werben, läßt sich durch andere Quellen nicht belegen. Aus der Zeit nach der Konfirmation ist nicht einmal bekannt, daß die beiden überhaupt miteinander gesprochen hätten.

Die Sonntagsvisite in Wermelskirchen hatte D., der für seinen Brief drei Tage benötigte, in seiner Neigung bestärkt, auch wenn es so schien, daß Christine noch etwas Zurückhaltung an den Tag legte. Der erste ausführliche der Brautbriefe wird von theologischen Reflexionen beherrscht. Friedrich Paulsen hat in einer Besprechung von Anna Carnaps Biographie diese Seite D.s so charakterisiert: „D. lebt und atmet im Element des Religiösen, sein Herz ist voll davon, darum geht sein Mund davon über; in jeder frohesten und in jeder bittersten Stunde seines Lebens findet er in einem Worte der Schrift, der Psalmen, in einem Liedvers die Fassung und Aussprache seines Gefühls und stillt darin sein Herz" (Die deutsche Schule 1, 1897, S. 30).

18

An Christine Keller, Burg a.d.W.

Wupperfeld, 28. bis 30. Januar 1851

Liebe Tinchen.

So ist's recht; frisch vom Herzen gesprochen, so gehen die Worte auch wieder zu Herzen, und das eigene wird leicht, und statt der ängstlichen Freude zwischen Hangen und Bangen kehrt inniges, seliges Freuen ein: es ist ein Geben, wobei man selbst reich wird; wie man denn überhaupt nicht vom Nehmen, sondern vom Geben reich wird. Kommt Ihnen der Lehrsatz etwas wunderlich und für den Hausgebrauch etwas unpraktisch vor so fragen Sie einmal Ihren H[errn] Vater; der wird mir recht geben und Ihnen aus dem Worte Gottes und aus der Erfahrung die wunderliche Wahrheit, daß im Reiche Gottes das „Subtrahieren" zum „Addieren" wird, klärlich zu beweisen wissen.

Nebenbei mache ich Sie auf den in der vorstehenden Schlußbemerkung liegenden Umstand aufmerksam, wonach die vier Species, wie sie in der schulmeisterlichen Arbeit traktiert werden, von den vier Species, wie sie der Geistliche zu lehren hat, so sehr verschieden sind, wie der Himmel von der Erde, oder, daß das, was hier auf den Beinen steht, dort umgekehrt auf den Kopf zu stehen kommt. Sie, als auf geistlichem Boden erwachsen und großgezogen, haben also alle Ursache, sich vorzusehen, ehe Sie sich mit einem Schulmeister gar zu tief einlassen! Auf dem Schulboden und in der staubigen, schwülen Schulluft gedeiht nicht jeder; mancher hat sich mehr als den Schnupfen dabei geholt. Doch darf ich vielleicht auch noch den andern Umstand, der ebenfalls in obiger Bemerkung liegt, wieder für mich und meinen Stand anführen, wonach es auch, wie Sie sehen, Schulmeister gibt, die neben der gemeinen Rechenkunst auch die vier Species der höheren, göttlichen Arithmetik gelernt haben und lehren. Das etwas zum Spaß über den Schulmeisterstand – weiter unten auch etwas im Ernst.

Das ist eine Betrachtung, die mir bei Ihrem lieben Briefchen aufgestoßen, doch war es nicht die erste; diese schloß sich vielmehr an die beiden letzten Worte, mit denen Sie unterschrieben haben, an. Da steht als Ausgang des letzten Satzes „Ihre Tinchen". Sie erlauben, daß ich die beiden Wörtchen sowohl zum besseren Verständnis, wie zu meinem Plaisir nochmals dahin setze und mir, wie Ihnen, vor die Augen führe. Zu allererst mußte es mir zum Bewußtsein kommen, daß ich bisher Sie, will eigentlich sagen: Ihres Namen (übrigens sagen die Gelehrten: „Name" ((Nahme)) kommt von „nehmen" und gibt an, wie man eine Sache nimmt) falsch gefaßt, falsch gesprochen und falsch geschrieben habe, wodurch Sie bald neben Ihrem Tauf- und neben Ihrem Tätschelnamen noch einen zweiten Streichelnamen bekommen hätten. Ich denke aber, Sie werden mir das in Anbetracht meiner Unwissenheit und in Anbetracht des Sprüchwortes, nach welchem nur liebe Kinder viele Namen haben, nicht in mein Schulbuch, falls Sie schon ein solches führen, eingetragen haben. Dagegen verspreche ich auch, (und wie Sie sehen, habe ich mein Versprechen schon zu Anfang und zum Voraus erfüllt) Sie forthin so zu nehmen, d.h. zu nennen, wie all die lieben Leute, von denen Sie geliebt sind und von denen Sie zunächst den hübschen Namen haben, es auch tun. Das ist eins! Aber nun weiter! Wenn Sie sich auch die beiden Wörtchen gef[älligst] noch einmal genau besehen wollen, so wird es Ihnen nicht entgehen können, daß in denselben der End- und Zielpunkt all unseres Schreibens und Verhandelns ausgedrückt ist. Oder finden Sie das nicht? Das letzte Wörtchen sind Sie, das erste, ein Fürwort, steht für mich da und drückt zugleich das Verhältnis des einen zum andern aus: nämlich, daß einer dem andern zuhört. Somit wäre ich nach Logik und Grammatik in meinem guten Recht, wenn ich hinfort nicht mehr „l.T.", sondern „meine liebe T." sage und schreibe. Da Sie aber möglicherweise an meine schulmeisterliche Auslegerei, an Logik und Grammatik nicht gedacht haben und Sie auch vielleicht ihren Schrecken vor solchen, Ihnen bisher unbekannten, schulmäßigen Ungeheuerlichkeiten noch nicht ganz quittiert haben mögen, so will ich vor der Hand Gnade und Billigkeit für Recht ergehen lassen und auf die Eigentumsberechtigung, auf das „Mein" verzichten. Aber, das sage ich Ihnen, aufgeschoben ist nicht aufgehoben, ich gebe Ihnen noch Frist bis zu Ihrem nächsten Brief; wenn Sie dann nicht auf's Ausdrücklichste und Energischste protestieren, so nehme ich mein volles Eigentumsrecht in Anspruch, dann sage ich „mein", und Sie sind mein, mit Ihrer Freiheit ist's dann zu Ende, Sie gehören dann mir ganz und gar, ohne Klausel und Vorbehalt. Bis zu diesem Termin, während welcher Zeit Sie Ihre Freiheit und Eigengehörigkeit nach Möglichkeit genießen können, will ich mich an die gelindere Auslegung der beiden Schlußwörter halten, nach welcher Sie darauf hindeuten wollen, daß, wie nach den Kreuz- und Querfahrten Ihres lieben Briefes die beiden Wörter, d.h. eigentlich unsere beiden Namen, so friedlich und lieblich nebeneinanderstehend den Schluß machen, so könnten auch einst nach den Kreuz- und Querfahrten unserer Freierschaft unser beider Personen zum Schluß des Ganzen in nicht minderer Friedlichkeit und Lieblichkeit nebeneinander zu stehen kommen.

Will Ihnen aber auch diese Auslegung oder Deutung der beiden Worte nicht ganz richtig dünken oder nicht zusagen, so muß ich Sie sehr bitten, selbst eine bessere oder die richtige zu geben; denn ich bin mit meiner Weisheit am Ende, auch sehe ich keinen Grund ein, warum ich mich um eine andere Deutung bemühen soll, da ich an den obigen weder etwas auszusetzen noch dabei etwas mehr zu wünschen hätte. Ich bin „halt" zufrieden und wünsche nur, daß Sie es auch wären.

Ich muß mich eigentlich sehr darüber wundern, wie ich zu dieser selbstgenüglichen Geschwätzigkeit in meinem Briefe komme, wie jetzt überhaupt so gern und so lange Briefe schreibe. Ich merke daran, wie irgendetwas mit mir vorgegangen sein muß, wenn ich es sonst nicht wüßte. Die brieflichen Plaudereien, Mitteilungen und Neuigkeiten etc. waren mir zwar nicht gerade zuwider, aber doch so wenig nach meinem Geschmack und nach meinen Grundsätzen, daß ich seither mit meinen vielen Freunden und Bekannten nie eine eigentliche freundschaftliche Korrespondenz unterhalten habe. Mein Briefwechsel beschränkte sich eigentlich nur auf Geschäftliches; zwar bekomme ich noch immer viele Briefe, aber ich antworte erst dann, wenn mir die Kohle auf dem Fuße liegt. Wenn meine guten alten Freunde oder „Gesellen", wie Luther sagt, erführen, ein wie eifriger Briefsteller ich geworden, und welch excellente Briefe – nicht wahr? – ich zu schreiben wüßte: wie würden die verwunderten Jungen sich gebärden! Was die Liebe nicht tut! Die geht mit unserm Geschmack, mit unsern Lieblingsmeinungen und -grundsätzen in der Art um, daß sie nicht selten ins gerade Gegenteil umschlagen, wie mir es mit meiner Antipathie gegen die gewöhnliche Briefschreiberei gegangen, aus der eben eine Sympathie geworden.

Und doch komme ich Ihnen leider noch nicht bei. Am Freitag einen Brief erhalten – am Samstag schon die Antwort geschrieben und abgeschickt: daß heiß ich korrekt sein! Am Sonntagmorgen um 9 Uhr war sie schon in meiner Hand; dafür sollen Sie nächstens ein Kußhändchen haben. Mit dem Dank müssen Sie sich dann einstweilen zufrieden geben, da es mir nun einmal nicht möglich ist, im Beantworten Ihrer Briefe eben so schnell und korrekt zu sein wie Sie. Zwar hatte ich mir am Sonntag fest vorgenommen, gleich zum Antworten zu schreiten: von ein bis vier Uhr nachmittags sollte es gelten, um 4 Uhr wollte ich in ein Männerkränzchen gehen, und um 8 Uhr mußte ich einen Besuch machen. Als ich mich nun eben zum Schreiben zurechtgesetzt hatte, kommt ein alter Jugendfreund herein. Wiewohl der gute Mann mir sonst zu jeder Zeit willkommen gewesen wäre, so hätte ich doch heute beinahe ein verdrießlich Gesicht gemacht. Indem ich jedoch erwägen mußte, daß es ein alter Kamerad aus der schönen Jugendzeit war, aus der Zeit gerade, wo wir den „Wiedenhof" besuchten, in Erwägung dessen, daß wir den Herrn auch in seinen geringsten Brüdern ehren müssen – und mein lieber Müller, so heißt er, ist wohl in der Welt gering, in unseres Herrn Augen mag er aber vielleicht einen höheren Rang haben und ein lieberer Bruder sein, als ich selbst – in Erwägung ferner, daß ich ihn seit der bösen Cholerazeit, wo er behufs der Krankenpflege als Diakon im Elberfelder Krankenhause war, nicht mehr gesehen hatte; in Erwägung alles dessen also bezwang ich mich und hieß ihn auch herzlich willkommen. Aber auch der letzte Rest von Knurrigkeit, der sich etwa noch in einer Falte des Herzens versteckt halten mochte, mußte bald, trotzdem, daß mein ehrenwerter Freund ein feierliches Gesicht machte, einem herzhaften Lachen Platz machen, als er sich endlich mir als Heiratskandidaten präsentierte, der in seinem und Pastor Bräms Namen mich in Rat zu nehmen gekommen war. Er ist nämlich in Diensten des „Erziehungsvereins für verwahrloste Kinder" in Neukirchen bei Moers und wirkt als Hausvater in einer Herberge für solche Kinder. Da die seitherige Helferin in dem Hause weggeht, so hat Pastor Bräm ihm bedeutet, er müsse sich nach einer Frau umsehen, wenn er seinen Posten behalten wollte. Was war zu tun? Sein Ämtchen lag ihm sehr an, gegen das Heiraten hatte er vielleicht auch nichts Besonderes einzuwenden. Also ging er auf Reise, um sich eine Frau zu suchen. Freilich lief er doch nicht so ganz auf's Geratewohl. Eine brave Person, die hier in Wupperfeld einer Kleinkinderschule vorsteht, war ihm empfohlen worden. So kam er dann zu mir, um sich zu erkundigen und um mich um Vermittelung und um Rat zu bitten. Da geriet er bei mir ganz vor die rechte Schmiede, da ich, wie Sie nicht abstreiten werden, seit drei Wochen ein Mann von Erfahrung bin; wenn er nun später seine Sache nicht gut gemacht hat, so mag er selbst die Last und die Schuld tragen, ich habe es an weisen, sehr weisen Ratschlägen selbstredend nicht fehlen lassen. Das war ein Intermezzo und eine Geduldsprobe; kommt es Ihnen etwas langweilig vor zu lesen, so haben Sie auch einen kleinen Nachgeschmack davon, wie mir zumute gewesen, als ich am Sonntag durch diesen Zwischenakt vom Schreiben und von meiner eigenen Brautwerbung abgehalten wurde, wozu ich nun endlich auch einmal wieder kommen will.

Ich bin zuletzt stehen geblieben bei meinem gewiß löblichen Vorsatze, mir Ihre Korrektheit im Beantworten der Briefe zum Muster zu nehmen. Aber es scheint wohl, wie wenn ich es nicht weiter als bis zu einem guten Vorsatze bringen sollte. Heute – Mittwoch – sollte es wieder recht gelten; da muß ich diesen Morgen um 5 Uhr heraus und mit der Eisenbahn nach Düsseldorf, um für einen meiner Gehülfen, der irgendwo bei einer Lehrerwahl konkurriert, mit dem Regierungsrat zu sprechen. Um 8 Uhr war ich schon an Ort und Stelle, aber leider der Herr Schulrat nicht, der war verreist. Nachdem ich dann bis 5 Uhr abends in D[üsseldorf] herumgestelzt war, kam ich endlich zum Ziele und um 9 Uhr wieder hier an, in stiller Hoffnung auf ein paar stille Abendstündchen. Aber siehe! „Zwischen Mund und Glases Rand kann herunterfallen noch allerhand!" Mein guter Brautwerber vom Sonntag, der inzwischen eine Reise ins Ravensbergische gemacht, ist wieder da und hat schon den ganzen Abend auf mich gewartet, um mir weiter zu erzählen und zu beichten, was er am Sonntag auf seiner Brautwanderschaft erlebt, getan und nicht getan, gesagt und nicht gesagt, aber gewollt hat. Ich muß wieder standhalten (werden Sie nicht ungeduldig), und Sie auch! Soeben, um halb 12 Uhr, habe ich ihn zu Bette gebracht – und nun gehöre ich Ihnen! Doch darf es nicht wieder so spät werden, wie vor acht Tagen; das war doch eine zu kurze Nacht, obwohl mir heute mein lieber Freund Kellermann in Düsseldorf sagen wollte und seine Frau dabei zum Zeugen nahm, daß es im gelobten Ehestand zuweilen noch kürzere Nächte gebe. Ich denke aber, man darf sich nicht bange machen lassen. Was meinen Sie?

Sie werden, wenn Sie mein Geschreibe bis hieher gelesen haben, vielleicht bald hoffend oder fürchtend fragen: „Wo bleibt der denn mit seinem Vorsatze, daß er auch noch von seinen äußeren Verhältnissen etwas sagen wollte? ! Es scheint ja fast, wie wenn auch das ein guter Vorsatz bleiben sollte". Geduld! meine Liebe, Sie müssen halt mit mir Geduld haben, und wenn Sie sie nicht haben, müssen Sie dieselbe lernen, auch dabei, daß ich Ihnen so viel von Geduld vorpredige.

Aber fürchten Sie auch nichts! Besorgen Sie nicht, daß ich mich so weit vergessen und so gering von Ihrem Charakter denken könnte, um es zu wagen, eine kaufmännische Bilanz meiner Einnahme und Ausgabe vor Ihnen aufzuführen. Ich würde vor mir selbst und vor Ihnen erröten, wenn mir das nur einmal in den Sinn gekommen wäre. Ich weiß wohl, daß liebende und besorgte Eltern, die die Prosa des Lebens sattsam kennengelernt haben, an dergleichen Dinge wohl denken und nach Elternpflicht denken müssen; aber das geht unsere Liebe nichts an: die glaubt, vertraut, hofft – und duldet auch, wenn's nach Gottes Rat nötig sein sollte. Sie haben zu meiner innigsten Freude in meinem letzten Briefe ganz schön und richtig gesagt, Sie vertrauten mir, daß ich Ihnen keine geringeren (häuslichen) Verhältnisse anbieten würde als die sind, an welche Sie durch Geburt und Erziehung gewöhnt sind. Ja, wenn der gütige Gott, der bis hieher geholfen, auch ferner in Gnaden segnend helfen wird, worauf ich fest vertraue, so sollen Sie in Ihrem Vertrauen nicht getäuscht werden. War es dieser Grundsatz doch, der mich zurückhielt, wenn auch unter schweren inneren Kämpfen, daß ich Ihnen nicht schon längst mein Herz und meine Liebe offenbarte. Gelobt sei der Herr, der mich nicht versucht hat über Vermögen, sondern gemacht, daß die Prüfung so ein Ende gewann, daß ich sie habe ertragen mögen.

Was ich mit dem Ausdruck „äußere Verhältnisse" meinte, das ist eben der Stand und was da drum und dran hängt. Darüber will und muß ich noch etwas sagen. Zwar hat es mir am Innersten der Seele wohlgetan, was Sie in Ihrem Briefe darüber sagen; auch bezweifle ich nicht im geringsten weder Ihre Aufrichtigkeit, noch die Wahrheit, wenn Sie sagen, daß Sie eine frühere Abneigung oder Antipathie gegen den Lehrerstand jetzt überwunden, ganz überwunden hätten. Nichtsdestoweniger kann und darf ich mich nicht dabei beruhigen, nichtsdestoweniger muß ich Sie noch einmal in den Kampf zurückführen: es würde sonst ein Stein auf meinem Herzen und Gewissen liegen bleiben, schon darum, weil ich nicht schon vor dem letzten Briefe die nackte, reine, ungeschminkte Wahrheit der Sache Ihnen vorgelegt habe. Aber mein Herz war zu schwach oder vielmehr zu stark, es ging mit dem Kopfe und dem Gewissen durch. Ich habe Sie bestürmt, überstürmt, und mir so den Sieg

Glieder des ganzen Standes fühlen, müssen sie auch die gemeinschaftliche Last von Urteil und Vorurteil des großen Haufens tragen. Und weiter: Wenn der vornehme Pöbel, der sich selbst gebildet nennt, dem Lehrerstande die gebührende Achtung verweigert, was ist dann vom gemeinen Pöbel erst zu erwarten?

So stehen die Sachen. Darum ist es nicht kindisch zu nennen, wenn jemand den Stand der Schulmeister nicht besonders liebenswürdig und präferabel findet. Es ist rein menschlich, rein natürlich, der landläufigen Ordnung der Dinge ganz angemessen, und ich wüßte von diesem Standpunkte aus kaum etwas gegen die Beschuldigungen zur Entschuldigung zu sagen. Zur Zeit geht es uns wie dem Volke Gottes nach dem Auszuge aus Ägypten. Um unseres Unglaubens, um unserer Sünden, um unserer Herzenshärtigkeit willen müssen wir in der Wüste herumwandern. Wie lange? Wer mag es sagen? Aber sicher nicht auf immer: es ist auch noch eine Ruhe vorhanden diesem Stande.

Ich merke eben, daß ich etwas zu weit ins Unbestimmte gekommen und Ihnen dadurch wahrscheinlich nicht ganz klargeblieben bin. Ich will sehen, daß ich wieder auf die rechte, deutliche Spur komme! Also: unser Stand ist mit Reichtum, Ehre und Macht spärlich ausgestattet, unsere Arbeit dünkt vielen gering und verächtlich, unsere Person erscheint nicht selten unansehnlich, gering, pedantisch, und doch wohl gar eitel; dazu drückt nicht selten ängstliche Sorge um ein anständiges Auskommen des Lehrers Gemüt; gesuchte, gehoffte, aber nicht gefundene Ehre bei Menschen verbittert ihm das Herz; Unart, Leichtsinn, Rohheit und Grobheit der Jungen und der Alten machen dann durch ihr Ärgernis das Maß der Unannehmlichkeit vollends voll. Denken Sie nicht, liebe Tinchen, ich wäre hier geneigt zu übertreiben. Ach, daß es Übertreibung wäre! Nein, es ist bittere Wahrheit, ich habe es leider teils an mir selbst, größenteils freilich an andern erleben und erfahren müssen; und ich habe schon lange nicht alles gesagt, was hier zu sagen wäre: die schmerzlichsten Klagelieder werden wohl nur in der Stille gesungen.

„Aber", fragen Sie wohl nun, „wie bist du denn in diesen Stand gekommen? Wie kannst du sagen, du habest denselben lieb gewonnen, er sei deine Ehre und dein Stolz? " Ja, und wenn Sie hinzusetzten (wiewohl mir eine innere Stimme sagt, daß Sie es nicht tun werden): „Wie hast du mir ein solches Los anbieten mögen? !" Ich könnte die Frage nicht zurückweisen. Aber ich kann sie beantworten und will es auch, selbst auf die Gefahr hin, den Schein auf mich zu nehmen, daß ich zuletzt doch noch Ihr ruhiges Urteil bestehen wollte. Ich fange unten, d.h. mit den geringsten Gründen, an. Fürs erste paßt obige Schilderung, wie ich bereits gesagt, nicht ganz und voll auf alle Lehrer und auf alle Orte. Unser Wupperthal und namentlich Barmen macht in vielen Stücken eine bemerkenswerte Ausnahme. Davon könnte ich mancherlei Beispiele anführen, wenn ich nicht zu langstilig zu werden fürchtete.

Zum andern habe ich meiner bessern Überzeugung gegenüber nicht ganz richtig gesagt, daß die oben beschriebene Auffassung des Lehrerstandes eine rein menschliche, natürlich-menschliche sei. Denn, um einmal nur rein menschlich die Stände anzusehen, so scheint von vornherein nicht recht einzuleuchten, warum die Arbeit des Offiziers, wenn er Gewehr auf! und Gewehr ab! kommandiert; oder die des Arztes, wenn er an schmutzigen Krankenbetten herumkriecht und riecht, nach dem Pulsschlag etc. fühlt; oder die des Kaufmanns, der mit seinem Paket unterm Arm an den Türen herumläuft und sich Kundschaft erbettelt, mit der Elle in der Hand hinterm Ladentisch steht, an seinem Pulte sitzt, Taler, Silbergroschen und Pfennige zusammenzählend und Mahnbriefe schreibend; oder warum die Arbeit des Juristen, der als Richter hartköpfige, prozeßsüchtige Bauern vereinigen, bettelnde Handwerksburschen verurteilen und betrunkenes Gesindel, die einander die Köpfe entzweigeschlagen, verhören und darüber trockene, langweilige Akten schreiben soll, – oder der als Notar in rauchigen Wirtsstuben Verkäufe abhalten, Obligationen machen und Geld zählen soll – kurz warum die Arbeit dieser Leute, die zwar mehr Geld einbringt als manche andere, an sich höherer, edlerer, noblerer sein soll als die des Lehrers, wenn er seine Kinder lesen, sprechen und vertragen, schreiben und zeichnen, rechnen, messen und richtig denken, schön singen, kindlich beten und christlich leben lehrt.

leicht gemacht. Vergeben Sie mir, und rechnen Sie dem Charakter nicht an, was doch nur die Liebe verbrochen hat.

Wie schwer es mir auch wird, es muß vom Herzen herunter und heraus! Mein liebes, liebes Mädchen! geliebt im stillen, geliebt heut, ja geliebt bis in Ewigkeit! Aber mein Beruf und Stand gilt mehr. Ich möchte vieles, ich möchte alles Erdengut und Glück missen um Ihretwillen, um Sie glücklich zu machen und glücklich zu wissen. Ach! was sollte aus mir werden, wenn ich Sie missen sollte! Aber den Stand geringschätzen, in den der Herr mich gestellt hat, das kann ich nicht. Man sagt wohl, die Frau ist des Hauses Ehre und des Gatten Krone – es mag das richtig sein, – aber des Mannes höhere Ehre ist doch gewiß sein Amt und seine Arbeit: die Liebe zum Amt, die Treue in der Arbeit. Das Weib aber kann nur in des Mannes Ehre ihre Ehre suchen; will es sie anderswo suchen, so ist die Ehe gebrochen, und es wäre besser, sie wäre nie geschlossen. Darum, liebes Mädchen, stehen Sie noch einmal still, um meiner Liebe willen, stehen Sie still; Sie haben noch freie Hand und sollen sie haben: Wählen Sie! Ich will alles vergessen – doch nein! das kann ich nicht; aber ich will es verschweigen. Aber meine Liebe gehört mir mit den seligen Augenblicken, und sind es auch erst wenige, die sie mir schon gebracht; diese Liebe soll man auch mit mir ins Grab legen, nur der Tod soll mich von ihr scheiden! Aber von Ihnen? Soll der Stand uns scheiden oder der Tod, der zeitliche Tod?

Ich muß hier wieder abbrechen! Es schlägt wieder 2 1/4 Uhr; es wird doch besser sein, daß ich zu Bette gehe. Schlaf wohl, meine Teure! Der Herr sei mit Ihnen durch seine heiligen Engel in der düstern Nacht, auch mit mir.

Soll diese Nacht die letzte sein
In diesem Prüfungsthal,
So führ uns Herr zum Himmel ein,
Zur auserwählten Zahl! Amen!

Donnerstag, den 29. Jan[uar]. Ich will versuchen, da fortzufahren, wo ich gestern aufgehört habe. Sie sagen in Ihrem letzten Schreiben, wenn Sie früher am Lehrerstande Anstoß genommen, so sei das wohl eine kindische Auffassung oder Anschauung gewesen. Nein, meine Liebe, kindisch war das nicht, es war nur menschlich, natürlich menschlich. Nach dieser Auffassung hat der Lehrerstand, wenigstens der Elementarlehrerstand etwas an sich, was den bloß danach urteilenden Menschen wenig einnimmt, wohl gar abstößt. Dem Lebe- und Weltmann erscheint der Schulmeister steif, ängstlich, schüchtern, ein Pedant und Kleinigkeitskrämer oder etwa zu „geistlich". – Mit den Reichen dieser Welt vermag der in der Regel mittelmäßig oder dürftig besoldete Lehrer nicht in Reihe und Glied treten. Weder er noch seine Frau können in Samt und Seide gehen und müssen daher hinter jenen stets einen Schritt zurückbleiben.

In der Staatsbeamtenschaft ist er auch ohne Namen und Stand; der Schulmeister rangierte eigentlich bis jetzt mit dem Unteroffizier und Gens'darmen, die vornehmen Beamten halten ihn für ein ;„klein Männchen", das man nicht sonderlich zu beachten habe. Die gelehrten Leute nennen den Lehrer einen Halbgebildeten, der die Natürlichkeit des gemeinen Mannes geopfert habe, ohne dafür die Kultur gebildeter Leute zu erlangen. Dem geistlichen Stande gegenüber als dem herrschenden in der Kirche zählt der Lehrer zu den dienenden Brüdern; und da er neben den geistlichen Dingen auch weltliche zu treiben hat, so muß er noch obendrein den Vorwurf hören, er sei nichts recht und nichts ganz, er sei weder Fisch noch Fleisch.

Die vorstehenden Sätze mögen zwar der Kürze halber etwas prägnant und piquant ausgefallen sein: sie sind aber wahr. Wie die Welt jetzt steht und läuft und seit langen schon läuft, so ist das die Stellung des Lehrerstandes zu den vornehmen Leuten, und so ist das Urteil dieser über jenen. Ausnahmen daran infolge persönlicher oder lokaler Verhältnisse finden sich allerdings; sie sind aber eben Ausnahmen, und, insofern sie sich als lebendige

Zudem kommt noch in Erwägung, daß, wenn es etwa gilt, ein Prinzen-Erzieher zu sein oder zu werden, die tüchtigsten jungen Leute, auch wohl ältere, sich eine Ehre daraus machen, einen solchen Posten zu erhalten. Und doch ist ein Prinz an sich nichts anderes als ein Bettelkind, des Erziehers Arbeit an beiden ist dieselbe. Ist die Arbeit an jenem keine Schande, sondern eine ehrenvolle, dann ist sie es an diesem auch. So sagt die einfache, menschliche Vernunft.

Zum dritten muß der Lehrer in den gegenwärtigen Zeitläuften noch manches entbehren und manches tragen, wovon eine künftige bessere Zeit ihn gewißlich erlösen [wird]. Wie vieles ist seit 50 Jahren schon besser geworden. Hatte doch vor etwa 70 oder 80 Jahren, um ein kleines Beispiel anzuführen, ein Gymnasial-Direktor in Duisburg ein Gehalt von kaum 300 Talern und die übrigen Lehrer nicht einmal 200; wogegen jetzt dieselben Stellen mit 1200 – 800 und 600 Talern dotiert sind. Es ist eben ein Exempel aus rein äußerlichen Dingen; auch in anderer Beziehung wäre viel anzuführen.

Wann nun diese bessere Zeit kommen wird, wo die drückende Prüfungszeit oder gar die noch schlimmere der Wüstenwanderung ihr Ende findet, ist wohl kaum zu ahnen. Gewisser als der Zeitpunkt sind wohl die Mittel und Wege, durch welche und auf welchen sie kommen muß. Nicht durch Menschen aus den höheren Regionen des Staates oder der Kirche, nicht auf dem Wege der Klugheit und der Berechnung, sondern allein auf die Weise, wie in der heutigen Bibellektion des Z[ahn]schen Bibelkalenders: Matth. 6, 24 – 34 (besonders Vers 33) geschrieben steht.

Damit komme ich zum letzten und Hauptgrunde, zum vierten. Ein Lehrer, der auf die drei vorhergehenden Gründe sein Amt gewählt und darin seinen ganzen Halt suchen wollte, der wäre doch immerhin ein armer, weil ein betrogener Mann. Es wäre nur ein Amt bloß von Menschen und dadurch Menschen, von der Erde und für die Erde, dem der echte Klang und Gehalt, die Weihe und die Krone fehlt. Es wollte wohl mehr sein als Alltagsarbeit und müßte doch notwendig leerer, trostloser, elender und jämmerlicher als diese sein. Ein Schmied, der sich bescheidet, eben nur Schmied, nur Handwerksmann zu sein, mag doch einen ganzen Mann noch darstellen; ein Schulmeister aber, der auf Menschenwort, in Menschenkraft, für Menschenlohn und Menschenlehre nur Menschenweisheit lehren will, der ist, tut ers unwissend, ein armer, elender Wicht, tut er es gegen besseres Wissen, ein Schalksknecht, dem auch noch genommen wird, was er hat, wie im Evangelio steht.

Ach! wie liegt unser Stand, wie liegen wir an dieser Armseligkeit und Schalkheit so krank darnieder! Daher der Jammer, das Klagen; es ist eine Armut, die nicht reich werden kann, ein Leidtragen, das keinen Trost findet, ein Hungern und Dürsten, das nicht satt werden will, weil es keine Zukunft, keine Verheißung, keinen Himmel, keine Hoffnung hat, weil es irdisch ist. O, daß ich diesen Jammer und Tod nicht sehen, daß ich ihn nicht noch selbst in meinen Gebeinen fühlen mußte. Könnten wir alle von Herzensgrund sagen: Der Herr will und hat uns all unsere Sünde vergeben, er hat unsere Gebrechen geheilet und vom Verderben uns erlöst und krönet uns mit Gnade und Barmherzigkeit. Könnten wir sagen: Lobe den Herrn, meine Seele! so würden wir wieder jung werden und als Jünglinge auffahren mit Flügeln wie die Adler, als Männer laufen und nicht matt werden und auch als Greise noch wandeln und nicht müde werden. So würden wir rechte Leiter, Bildner, Erzieher und Hirten der Jugend sein! was sollte uns da noch fehlen, was sollte uns da nicht alles von selbst zufallen? Hier schon würden wir selig, dort aber in der Fülle selig und herrlich sein nach des Herrn Wort (Daniel 12, 3), und das kann nicht gebrochen werden.

Nun, meine Teure, würden Sie jetzt noch fragen, falls Sie früher es vielleicht getan, wie ich den verachteten Schulmeister- (den Galiläer- oder Nazarener-) Stand hätte wählen und liebgewinnen, wie ich die Arbeit an den Kleinen für etwas Großes, das Leben mit und unter ihnen als etwas Schönes hätte halten und ausgeben können, wie ich gar auf meinen bestaubten Schul- oder Lehrerrock (das Ehrenkleid unsers himmlischen Herrn und Königs während seines Wandels im Fleisch) ebenso stolz sein könnte als der Staatsmann und Offizier auf die prächtige Hoflivree seines Königs, und als der „Geistliche" auf den Staatsrock der sichtbaren Kirche?

Bin ich auch nicht der einzige, der so denkt und fühlt; auch von solchen, die nicht meinem Stande angehören, könnte ich solche Zeugnisse beibringen. So von Dr. Luther, was ich Ihnen nächstens vielleicht einmal vorführen kann. Dann aus einer Schrift, die gerade vor mir liegt, worin Angelegenheiten der Schule besprochen werden, von Dr. Liebetrut, derzeit Pfarrer bei Treuenbrietzen. Ich will die Stelle hersetzen. Dieser Mann, dessen Vater auch ein Lehrer war, sagt: „Auch darf ich fast für mehr als für einen bloßen Schulmeistersohn gelten. Denn eben als ein solcher mußte ich schon während meiner Studienjahre meine Zeit in Lern- und Lehrstunden teilen, um einen Teil meines Unterhalts zu erwerben. Dann folgte eine Reihe von sieben Jahren, in denen das Lehramt mein Beruf war, in denen ich es zwar nicht bis zur Meisterschaft gebracht zu haben mich rühmen darf, wohl aber habe ich darin das Lehramt so kennen, üben und lieben gelernt, daß es mein Herz auf immer dahin hat, daß ich auch heute nach fast 20jähriger Führung des Pfarramts kein köstlicheres, lieblicheres, gesegneteres Amt kenne als das Schulamt. Ja, es würden auch die mannigfachen Vorteile und Vorzüge des Pfarramts mich nicht gehalten haben, und ich wäre längst der Sehnsucht nach den grünen Weiden der holden Jugend gefolgt und wäre mit Herzenslust ein eigentlicher Schulmeister geworden – im Dienst des einigen Meisters – falls das Pfarramt nicht auch zugleich Raum genug für die süße, segensvolle Lust der Jugendunterweisung böte. Also ich habe wohl ein Herz und Sinn für das teure Schulamt. Aber, wer seine Schuhe nimmer auszog beim Eintritt in das Heiligtum der Schule, nicht getragen und gekostet ihre heilige Last und Lust, nicht mitgearbeitet, gebeten und gerungen in ihrem Dienst, um ihren Segen – der kann wenig Beruf und Berechtigung haben, über die großen Fragen mitzureden, deren Lösung über Wohl und Wehe der Schule entscheiden soll und zugleich über einen grundwesentlichen Teil des kirchlichen und Staatswohles entscheiden wird". – So Dr. Liebetrut. Und Luther sagt's wo möglich noch deutlicher und kräftiger. Kann das bloß Phantasiebild sein, was solche Männer sagen? Und wenn ich selbst diese Erfahrungen an mir gemacht habe, kann es mich dann anfechten, daß es noch Leute gibt, die den Schulmeister über die Schulter ansehen? Und ist nicht auch das schon etwas Großes, unbeachtet und ungestört von dem Getriebe und Getümmel da draußen auf dem Theater der Welt ein ruhiges und stilles Leben führen zu können in Gottseligkeit und Ehrbarkeit? Mag auch dabei noch dies und das, „was das Herz sich wünscht und was der Sinn begehrt", entbehret werden müssen, so sage ich mit Tersteegen in dem schönen Liede: „Kommt, Kinder, laßt uns gehen" etc.

5. „Man muß wie Pilger wandern,
frei, bloß und wahrlich leer;
viel sammeln, halten, handeln
macht unsern Gang nur schwer.
Wer will, der trag sich todt:
wir reisen abgeschieden,
mit Wenigem zufrieden,
was man gebraucht zur Noth."

Nun, meine Teure, was sagen Sie zu solcher Auffassung des Schulamtes? Es mag sein, daß Ihnen dabei noch manches dunkel ist, da vielleicht Ihre eigene Schulzeit wenig Erinnerungen aufzuweisen hat, die das dunkele Wort erhellen und erklären könnten. Leider müssen noch so viele den unberechenbaren Segen eines christlichen Schulunterrichts und Schullebens entbehren! Aber Sie werden doch wenigstens fühlen und ahnen können, was gemeint ist und wo ich hinauswill. Später wird sich auch wohl noch Gelegenheit finden, ein mehreres darüber zu sprechen. Für jetzt mag es genug sein; ich komme wieder zum Anfang. Ich habe Ihnen dargelegt das eine wie das andere: jetzt ist die Reihe an Ihnen. Ich bin in meinem Entschlusse sicher und fest, weil ich meiner Liebe sicher bin. Sie halten mir zwar in Ihrem Briefe entgegen, zu bedenken, ob Sie in Ihrer Person das bieten könnten, was ich in Ihnen suchte. Seien Sie darüber ruhig; ich weiß, was ich suche, und wo ichs finden muß, wenn ich es hinieden finden soll. Ich frage nach einem Herzen, das meine Liebe annehmen und sie erwidern kann und will, das meinen Stand und meinen Namen, Bürde und Würde, Leid und Freud mit mir teilen will, alles in Gottes Namen zu unserm Heil, aber zu Gottes Ehre.

Drum prüfe, wer sich ewig bindet,
Ob sich das Herz zum Herzen findet:
Der Wahn ist kurz, die Reu ist lang.

Doch geprüft haben wir ja auch schon; man darf es aber immer wieder tun; so lange das Band nicht auf ewig gebunden ist. Wohl haben wir uns einmal schon die Hand gegeben; wenn auch nur auf einen Augenblick; aber im Herzen wohl seitdem noch öfterer. Ein Band ist also schon um die Herzen geschlungen; soll es fester werden, oder kann es noch reißen?

Mag der Stand uns noch scheiden? Oder soll's der Tod nur tun? Hier ist mein Wort: Nur der Tod soll mich und Dich scheiden!

In des Herrn Namen auf ewig der Ihrige, nur wie es ihm gefällt. Dessen treuer Hut empfiehlt auch Sie zuletzt noch

Ihr getreuer
F. W. Dörpfeld

Auf baldiges Wiedersehen, so Gott will. Nur wieder recht bald Antwort!

Schon wieder 1 Uhr: Gute Nacht!

Die Asiatische Cholera suchte die Wupperstädte im 19. Jahrhundert mehrfach heim und führte zu spürbaren Bevölkerungsverlusten. – Pastor Bräm hatte 1845 den Neukirchener Erziehungsverein am Niederrhein (Kreis Moers) gegründet. – Der Bibelkalender von D.s Seminardirektor in Moers, Franz Ludwig Zahn, erschien erstmals 1839. Er war als Wegweiser für das Bibellesen gedacht und sollte für Hausandacht und Schulunterricht eine eine Hilfe sein.

D. geht zum erstenmal ausführlicher auf seine ökonomische Lage ein. Zwar hatte Vater Keller seiner Tochter nach Burg geschrieben, was D. an Stand und Namen nicht bieten könne, würde er ihr durch seine Liebe ersetzen. Aber Christine hat weit von sich gewiesen, daß die äußeren Verhältnisse für sie überhaupt eine Rolle spielten. Doch zugleich wird der Standesunterschied offenkundig. Der Elementarlehrer freit um die Tochter des Pfarrers, der Niedere heiratet in eine höhere Gesellschaftsschicht. Für unser Beispiel ist einzuräumen, daß die Dotation der Stelle D.s wie anderer Hauptlehrerstellen in Wuppertal weit über dem rheinischen oder gar preußischen Durchschnitt lag. D. selbst schrieb einige Jahre später, heiratswilligen Lehrern stünden im Bergischen Land Bürger- und Bauernhäuser bis hin zu den wohlhabendsten offen. So hätten vier Lehrer seiner Nachbarschaft Frauen mit einem Vermögen zwischen 6000 und 10 000 Talern erheiratet (Brief 56). Ein gewisser Aufstieg jener Elementarlehrergruppe der späteren Rektoren läßt sich damit belegen. Trotzdem gehörten standesverschiedene Heiraten wie die zwischen D. und Christine Keller noch zu den Ausnahmen. Daß Liebe Unterschiede des Einkommens und Familienranges zu überbrücken vermochte, wie es Pastor Keller meinte, war noch längst keine selbstverständliche Auffassung.

D. selbst sucht in und durch Erziehung Rangunterschiede zu überwinden, wenn er schreibt, des Erziehers Arbeit an einem Prinzen und an einem Bettelkind sei die gleiche. Änderungen der pädagogischen Wirklichkeit, die er in dunklen Farben malt, erwartet er erst von einem Wandel der öffentlichen Auffassung von der Erziehung; dann werde auch der Schule der ihr zukommende Platz in der Gesellschaft eingeräumt. Die später von D. entwickelte Lehre von der Autonomie der Schule klingt hier bereits an.

Auch in diesen Gedankengängen wird D.s religiöse Grundposition sichtbar. Alle Mühe, die allein auf Menschenwort, -kraft und -weisheit basiere, sei vergeblich. Erst der Lehrer, der sich der Führung Gottes anvertraue, würde zum wahren „Leiter, Bildner, Erzieher und Hirten der Jugend, dem seine ‚Arbeit an den Kleinen für etwas Großes', das Leben mit und unter ihnen als etwas Schönes" gelten könne. Wilhelm Flitner sagt von D.s Ausführungen über Amt und Beruf des Lehrers in diesem Brief, darin sei Gold enthalten (an den Herausgeber, 29.7.1970).

19

An Christine Keller, Burg a.d.W.

Wupperfeld, 5. Februar 1851

Grüß Dich Gott! sagen die süddeutschen Christenleute, wenn sie einander begegnen; Grüß Dich Gott! das ist das beste Wort, was auch ich Ihnen, meine geliebte Tinchen, als Eingang zum Gruß zurufen kann. Es liegt mir in den Worten im Vergleich zu unserm ledernen „Guten Morgen!" oder „Guten Tag!" etwas so Herzliches, Frommes, Gottseliges, daß ich eine fast kindische [kindliche] Freude hatte, wenn ich es hörte, und was möchte ich drum geben, daß sich wenigstens dieses Zeichen schwäbischer Gemütlichkeit und Innigkeit auch in unsern rauhern Norden verpflanzen ließe. Ich habe es wenigstens, wie Sie sehen, jetzt einmal versucht, und darum nochmals: Grüß Dich Gott, meine Teure!

Hat mein letzter Brief glücklicherweise einen Ansatz zum „Schmollen", was, nebenbei gesagt, manche Männer an den Weibern ganz besonders reizend und interessant finden wollen – sowie auch eine ersonnene „Rache" noch so eben zu beseitigen vermocht, so fürchte ich freilich, der jetzige, welcher leider notgedrungen viel kürzer ausfallen wird, möchte durch die vorhergegangene Verwöhnung eine kleine „Rache" und ein „Bösewerden" fast herauszufordern den Anschein haben. Dieweil das aber eben nur Schein ist, und dieweil mir weder jene ersonnene „Rache" besonders zusagt noch auch ein schmollender Mund einladender als ein lächelnder ist, so habe ich mittlerweile auf Mittel gesonnen, wie die drohenden Gewitterwolken an meinem bis dahin freundlichen Horizont der Liebe zu verscheuchen sein möchten und bin dabei auf den, wie mich dünkt, nicht ganz zu verwerfenden Ausweg verfallen, den Versuch zu machen, ob sich nicht das, was dem Geschriebenen abgeht, mündlich ergänzen ließe. Was meinen Sie zu einem solchen Ersatz? Würde Ihnen eine mäßig lange Unterredung ebenso lieb sein als ein unmäßig langer Brief? Würden Sie den, wie Sie leider erfahren, in Ihrer alleinigen Gegenwart etwas herz- und mundbeklommenen, wo nicht gar mundtoten Mann ebenso freundlich empfangen, als einen plauderhaften Liebesbrief? Ich will einmal, da ich Ihre Antwort nicht gut abwarten kann, selbst auf die Gefahr hin, wieder eine nicht ganz authentische Auslegung Ihrer Worte gefunden zu haben, das Beste annehmen und mich auf einen nicht schmollenden, sondern lächelnden Mund freuen. Sie brauchen nun in Erinnerung an den letzthin versprochenen Osterbesuch nicht erst nach dem Kalender zu greifen, um sich zu vergewissern, ob Ostern wirklich schon so nahe vor der Tür sei; Ostern ist freilich noch nicht da; aber das Fest scheint mir auch in diesem Jahre mir zum Trotz so entsetzlich langsam heranzukommen, und dazu hat der kalenderverbessernde Papst, dem ich darob fast gründlich bös werden möchte, es für dieses Mal noch so gar spät fallen lassen. Seit meinem letzten Besuch bei Ihnen sind es doch erst drei Wochen, und dennoch kommt es mir wie eine halbe Ewigkeit vor. Ich meine fast, wir würden uns kaum mehr kennen; ich komme mir sogar viel anders vor, als hätte ich in der Zeit so viel gesehen, erlebt, getan und gewartet. Was soll das werden! Wenn irgendein schöner Tag kommt, wie wir denn seit drei Wochen einige recht hübsche gehabt haben, wozu auch der Sonntag gehörte, an welchem ich hieher ging, so ist mirs, wie wenn ich es im Tal nicht mehr aushalten könnte. Ist es kaltes, trübes, feuchtes Wetter, so ziehe ich mich auf mein Zimmer zurück und denke dann: „Wie lange mußt Du noch allein hier sitzen? "

Schöner Frühling, komm doch wieder!
Schöner Frühling, komm doch bald!
Bring uns wieder Laub und Lieder,
Schmücke wieder Feld und Wald!

Tritt nun dann und wann ein freundlicher Tag, so ein Vorbote des Frühlings ein, dann wird mir das Zimmer und das Herz zu eng, und das Heimweh regt sich ungestüm wie bei den Vögelchen, die aus der Fremde wieder in die Heimat ziehen, um sich ein Pärchen zu suchen und ein Nest zu bauen. So halte ich's bis Ostern nicht wohl aus. Ich muß meinem Pärchen auch noch einmal in die Augen und in's Herz schauen, so weit es geht, ob sich darin noch kein Frühlingsgefühl und Frühlingssehnsucht regt. Nun, mein Liebchen, wie steht's damit? So Gott will, nun, und wir leben und wenn das Wetter hübsch einladend ist, so nehme ich am Samstag oder Sonntagmittag meinen Wanderstab zur Hand und mache mich auf den Weg: einen Nachmittag kann ich mir allenfalls erobern. Wenn ich um 1 Uhr in Lennep bin, so kann ich von da, wie man mir gesagt hat, mit der Post nach W[ermelskirchen] fahren. Des Abends um 9 1/2 Uhr führe ich dann wieder mit der Post zurück. Eine Hauptsache ist übrigens, wie gesagt, die Witterung; ist die schlecht, so möchte ich lieber bis zu einem gelegeneren, schöneren Tage warten. Doch auch für den besseren Fall kann ich kein festes Versprechen geben; es kann mir immer dies und das in den Weg kommen, so daß ich ein festes Versprechen eigentlich nur erst dann geben könnte, wenn ich schon auf dem Wege bin. Machen Sie also auf jeden Fall keine gar zu feste Rechnung! Gott befohlen!

Wie Ihr „Weiber" doch schlau seid! Da hatte ich mir mit Müh und Not aus Ihrer Unterschrift ein Fangnetz von Worten, und Begriffen und Sätzen zusammengesponnen, da sollte mir das Vögelchen ganz sicherlich gefangen sein – aber siehe! Es war doch noch eine Lücke, und meine Sorge und Mühe ist so weit umsonst. Ich glaubte, mein unbestreitbares Recht an eine gewisse liebe Person unumstößlich dargetan zu haben, aber siehe da! Mit ein paar Worten muß ich mir beweisen lassen, daß ich auf jenen gewissen teuern Schatz gar keine besondern Ansprüche zu machen habe, indem noch viele andere Leute aus denselben Gründen ganz dasselbe beanspruchen können. Da hätten Sie sehen müssen, was für ein langes Gesicht der Magister machte, da er sich auf einmal aus seinem Traumhimmel wieder in seine einsame arme Wirklichkeit versetzt sah und mit Goethes Faust aufseufzte: „Da steh ich nun, ich armer Tor und bin so klug als wie zuvor!"

Nun, ich bin eigentlich doch etwas klüger wie zuvor; ich habe eben begreifen lernen, daß, wenn wir Männer uns mit Euch auf dem Gebiete der Klugheit oder Pfiffigkeit in einen Kampf einlassen, wir allemal den kürzern ziehen; – oder kurz für meinen Fall: daß ein Mädchenherz eine Festung ist, die nicht mit List und auf Umwegen, sondern nur auf dem allerdirektesten Wege und durch Sturm erobert und in Besitz genommen werden kann. Auf Kriegslisten werde ich daher fortan verzichten und mich auf die Taktik beschränken, für die wir Männer besser geeignet sind. Also, sehen Sie sich auch vor! In den nächsten Tagen sollen die Laufgräben, um in der Kriegssprache zu bleiben, eröffnet und dann Sturm gelaufen werden. Wenn ich Ihnen hiermit den Kampf gegen Ihre Eigengehörigkeit auf Tod und Leben, auf Fallen oder Ergeben angekündigt habe, so wollen Sie das doch nicht als prahlerische Vermessenheit auslegen; nein, ich schätze meinen Gegner nicht gering und überschätze auch meine Kräfte nicht, da ich mich doch gar zu sehr als Neuling auf diesem Gebiet weiß; sondern es ist nur altdeutsche oder wie andere wollen, mittelalterliche Ehrlichkeit und Ritterlichkeit, die jede Fehde, welche nicht vorher offen angekündigt war, als unritterlich und undeutsch verwarf. Die Ehrenpflicht habe ich also erfüllt, also: Sehen Sie sich vor!

Über eins muß ich schließlich noch Ihnen meine besondere Freude bezeigen: darüber nämlich, daß Sie so fröhlich und guter Dinge sind. Psalm 50, 23. Möchten Sie nur immer dabei bleiben dürfen: das ist der herzlichste Wunsch und das Gebet Ihres treu ergebenen

F. W. Dörpfeld

Der „kalenderverbessernde Papst": Gregor XIII., der 1582 die Kalenderreform durchführte. – Psalm 50, 23: Wer Dank opfert, der preiset mich; und da ist der Weg, daß ich ihm zeige das Heil Gottes.

Zum letztenmal redet D. Christine mit „Sie" an. Bei dem Zusammensein am Samstag, dem 8. Februar, das er in diesem Brief ankündigt, findet die Verlobung statt.

20

An Christine Keller, Burg a.d.W.

Wupperfeld, etwa 10. Februar 1851

Meine liebe, liebe Tinchen.

Ist es denn wahre Wirklichkeit, was wir am Sonnabend erlebt? Bist Du jetzt mein, ganz und gar? Sind wir vor Gott und Menschen erklärte und verlobte Brautleute? Ja, Gott sei Lob und Dank, es ist so! Wiewohl ich mich doch oft frage, ob ich wirklich wach bin oder bloß schön träume. Zwar habe ich oft, ehe ich in Wirklichkeit Dir nahetreten und Dir sagen durfte, wie sehr und wie lange ich Dich geliebt, Deiner in meinen Träumen gedenken können und in so lieblicher Weise; aber wenn ich erwachte, so war es nur ein Traum gewesen, und es war nichts davon wahr, als was mein liebendes Herz fühlte und was ein hoffender Glaube mir für die Zukunft vorhielt. Alles, alles aber ist nun nicht mehr Traum, nicht mehr gehoffte Zukunft: es ist Wirklichkeit und Gegenwart und darum die Zukunft doch nicht leerer, sondern voller. Ich habe in Wirklichkeit Dir, meiner, wie ich jetzt gewiß bin, von Gott bestellten Reisegefährtin zunächst für dieses zeitliche Leben – ich habe Dir meine Liebe schriftlich und mündlich gestehen, habe Dir Herz und Hand, alles, was ich bin und habe, antragen dürfen: und Du hast mich nicht verschmäht, Du kannst und willst mich lieben vor allen andern, Du willst Vater, Mutter, Geschwister, Heimat, alles verlassen und mit mir gehen, mir anhangen, meinen Namen zu dem Deinigen und meine Heimat zu Deiner Heimat machen; das alles willst und kannst Du, das hat unser Verlobungskuß besiegelt, das haben unsere Gebete gelobt und geweiht und der teuere Elternsegen bestätigt. Wie soll ich das fassen? Das ist zuviel auf einmal. Daß ich so reich gesegnet, so mit Glück überschüttet von Dir, aus Deinem Hause weggehen würde, das hatte ich auf dem Hinwege nicht denken können. Wie hat der Herr die Leute so lieb!

Ob es in meiner Natur liegt oder ob es mein jahrelanges, förmliches Einsiedlerleben mit sich bringt: eine Fülle reiner, seliger Freude überwältigt mich und macht mich, wenigstens in einer mäßig großen Gesellschaft, fast stumm. Ich muß dann erst mit mir selbst allein gewesen sein, muß mein Herz im Gebet vor dem Herrn ausgeschüttet und durch Tränen der Freude und des Dankes erleichtert haben; ohne Leid und Trauer über mich selbst geht es aber auch nicht ab, darf es auch nicht abgehen. Ich muß das erwähnen, Du möchtest mich sonst am Sonnabend etwas wunderlich gefunden haben oder in Zukunft so finden. Dann weißt Du doch, woran Du bist, wenn mein Mund auch für einen Augenblick schweigen sollte.

Dazu kommt noch zweierlei: Erstens ist meine Lebensführung so gewesen, daß trotz aller Ausschreitungen von meiner Seite der allbarmherzige Gott doch treu geblieben und mich nicht durch den Stab „Wehe", sondern durch seine Güte zur Buße geleitet hat; seine Überfülle von Langmut, Geduld, Freundlichkeit und Güte mußte mich mit allem etwa geträumten Scheinverdienst zu Boden drücken. Wann mir nun, wie am herrlichsten der Tage: am verwichenen Sonnabend, eine solche Segensfülle vor Augen tritt, so erwacht gleich das Gefühl meiner eigenen Gebrechlichkeit. Vergessenheit und Undankbarkeit und tritt mir auch vor Augen, und so kann ich dann nicht sogleich die nötige Ruhe und den Herzensfrieden finden, um innerlich ganz ungestört mit den Fröhlichen mich freuen zu können.

Zweitens kam dazu am Samstag noch das Plötzliche und eine noch besondere Ängstlichkeit um Deinetwillen; ich muß offen gegen Dich sein, darum muß ich es sagen, wiewohl bisher die Offenherzigkeit gegen andere nicht zu meinen guten oder bösen Eigenschaften gehört hat. Also: da stieg mir immer der fragende Gedanke auf: Kannst du es denken, daß die Tinchen Dich wirklich lieb hat? Darfst du es glauben? Kannst du es verantworten, daß du sie so bestürmt, daß du ihr nicht Zeit gelassen, dich so kennenzulernen, wie du wirklich bist? Ob sie dich dann noch liebhaben könnte, wenn sie alles, alles wüßte, wie es in und mit dir ist? Bist du einer solchen Liebe wert? Und da sie nun, sagte mir ein anderer Gedanke, dich ja wirklich lieben will und liebt, wie es ihr schweigender Mund es doch vornehmlich genug gesagt – und dieser Mund kann ja nicht trügen – kannst du deine Liebe gegen die ihrige setzen? Ist deine Liebe die ihrige wert? Hast du auch genug daran gedacht, dein Herz in diesem Stück reinigen zu lassen von dem, was von der Welt ist, von Augenlust, Fleischeslust und hoffärtigem Wesen?

Zwar hatte ich wohl daran gedacht, aber gewiß nicht genug! und daher kam auch die Lähmung. Gott sei Dank ist das alles nun vorüber; aber gestern war ich, trotzdem daß der Grundton der Stimmung Freude und Wonne war, durch das Durcheinander der Gedanken, die sich aus Mangel an Ungestörtheit gar nicht sammeln und zur Ruhe kommen wollten, so zerschlagen und geängstigt wie kaum je. Aber der Herr hat wieder gezeigt, daß er ein geängstigtes und zerschlagenes Herz nicht verachtet.

Mit dankbarem Aufblick auf den gütigen Herrn, der mich nun das Köstlichste, was es auf dieser Welt gibt, ein getreues Herz, hat finden lassen, kann ich mich so recht seelenvergnügt unserer Liebe freuen, kann mit Rührung und Wonne an die seligen Augenblicke denken, wo wir am Abend des nun nie wieder vergessenen 8. Februar allein zusammensaßen und Herzen, Mund und Hände den Bund schlossen, den nur der zeitliche Tod noch lösen darf. Dein liebes Bild schwebt so deutlich vor meiner Seele, wie wenn ich Dich vor mir sähe, so vergnügt, fröhlich und zufrieden, wie ich Dich zuletzt sahe. Zuversichtlich und getrost könnte ich nun Dein Herz an das meine drücken und Deine Hand in die meine legen; sind die meinigen an sich auch weder schuldlos noch fehlerfrei: Gottes Gnad und Christi Blut haben allen Schaden gut gemacht. Ich weiß, Du nimmst mich, wie ich bin und liebst mich, wie ich bin. Wenn Dein Vater in jenem Briefe sagte, meine Liebe würde Dir dies und das ersetzen, so weiß ich, daß er die Wahrheit gesagt. Habe ich Dich vor dem 8. Februar liebgehabt, wie ein Jüngling ein Mädchen lieben kann, so bin ich überzeugt, jetzt, nachher, habe ich Dich noch lieber. Es war früher doch immer noch etwas Fremdes, Störendes, wohl auch etwas Ängstliches dazwischen; jetzt ist das fort, die Schranken sind gefallen, und Eins kann sich ungescheut am Andern freuen. Ja, muß meine Liebe Dir so vieles ersetzen, was Du um meinetwillen lässest, so halte Dich nur an dem Wort, was ich Dir sage: An meiner Liebe, an mir soll es nicht liegen, wenn Du nicht fröhlich und zufrieden sein könntest. Ich habe jetzt nur einen Wunsch, Dich glücklich zu sehen, Dich glücklich zu machen, soweit das Menschensache ist, und Du einst, wenn andere Tage und andere Jahre kommen, so Gott sie uns erleben läßt, sagen könntest: Du hast Wort gehalten; Deine Liebe war der meinigen wert; alles ist alt geworden, nur Deine, nur unsere Liebe nicht. Das gebe Gott!

In treuer, unverbrüchlicher Liebe

Dein Friedrich

NB: Kommt der Brief etwas spät, so hoffe ich desto früher kommen zu können: vor Mittwochabend schreibe nicht zurück.

Der undatierte Brief dürfte etwa am Montag nach dem Samstag (8. Februar) geschrieben worden sein, an dem in Wermelskirchen die Verlobung stattgefunden hatte.

21

An Christine Keller, Burg a.d.W.

Wupperfeld, 19. Februar 1851

Mein herzlich geliebtes Bräutchen.

Es ist doch ein glücklicher Stand, der Stand der Verlobten; selbst der Verschlossene möchte nun aller Welt sagen, (wenn man es ihm nicht schon ansieht) wie glücklich er sei. Es ist, wie wenn man in einen Zauberspiegel sähe, worin alle Gegenstände, Menschen und Dinge, Wetter und Zeiten verschönert zurückstrahlen. Die Menschen, selbst sonst gleichgültige Menschen, kommen einem jetzt freundlich, interessant, wo nicht gar liebenswürdig vor. Selbst der Winter und seine traurige Erscheinung, der mir sonst nie besonders am Herzen gelegen hat, verliert sein Unangenehmes für mich und trägt nur dazu bei, mir die Freude auf den nahenden Frühling zu erhöhen; selbst das schlechteste Wetter würde allein mich nicht abhalten, wenn es gelten sollte, mein liebes kleines Bräutchen auf einige Stunden ans Herz zu drücken und ihm in die Augen zu schauen. Es ist das alles die Erscheinung, die das Verslein beschreibt:

Wer ein Herz am Herzen hält,
umarmt in ihm die ganze Welt!

Von einem andern höhern Standpunkt aus mag das Verslein nicht ganz richtig sein, es mag ihm die volle Wahrheit fehlen; aber zum Teil und für gewisse Zeiten ist es doch wahr, und diese Zeit wollen wir auch genießen und sie uns nicht verkümmern lassen. Es liegt ja keine Sünde darin, daß Mann und Weib sich liebhaben, sofern sie nur in dem Herrn sich lieben und des Danks nicht vergessen, den sie dem Geber aller guten Gaben schuldig sind. „Wer Dank opfert, der preiset Gott und das ist usw."

Es kommt vor (ich habe es schon gesagt, aber ich muß es immer wieder sagen), wie wenn Du mir von Tag zu Tage lieber würdest; ob das möglich ist, ob es wirklich ist, vermag ich freilich nicht genau zu erkennen, da Du mir nicht erst seit gestern und heute, sondern seit langem ein lieb Kind gewesen bist. Mag ich nun auch nicht gern sagen, das Bräutchen sei mir als die Tinchen, da ich noch äußerlich etwas kalt an ihr vorbeiging und meine alte Liebe, die nie gerostet ist und nie rosten wird, mehr zu verbergen als zu offenbaren suchte, so ist mir das Bräutchen doch, wie man schön und recht zu sagen pflegt, mehr ans Herz und ins Herz hineingewachsen; und wenn es jetzt von mir sollte gerissen werden, so würde mir das ein Teil meines Herzens und Lebens kosten. Wachse nur immer noch besser und fester und inniger hinein, mein Bräutchen, bis wir ganz ein Herz und eine Seele werden!

Wie zwei Tropfen erst sich küssen
und dann ineinander fließen:
so wird Weib und Mann,
fängt mit Gott mans an.

Am besten kann ich dies Zusammenwachsen und Zusammenfließen daran spüren, daß ich jetzt fast immer in Gedanken bei Dir sein muß. Da denke ich an unser glückliches Plätzchen, (ich brauche es Dir nicht näher zu beschreiben), an unsere Spaziergänge, an unsere Tour nach Sellscheid; an die Freude meiner Eltern über Dich, mein einzig Mädchen, und wer weiß, an was alles noch. Fast muß ich fürchten, wenn das noch schlimmer wird, daß meine Arbeit darunter leidet: ich bin gar zu zerstreut dabei. Auch meine Freunde, mit denen ich den einen oder andern Abend in ernsten Gesprächen zubringe, müssen fast zu dem Glauben kommen, daß ich für derartige Dinge keinen Sinn mehr habe, so schlecht kann mich ihr Diskür in Bewegung bringen. Nun endlich kommt die Nacht noch mit ihren Träumen, wo ich auch wachend und schlafend mit meinem Herzenskinde beschäftigt bin. Und wenn ich des morgens aufstehe, so ist mein erster Gedanke Dein liebes Bild, und mein erst Gebet, daß der Herr Dich bis zum fröhlichen Wiedersehen bewahren möge.

So den ganzen Tag hindurch denk ich, was mag jetzt Dein Bräutchen machen? wo mag sie sein? was mag sie denken? ob sie jetzt auch an dich denkt? Am Abend, wenn ich zu Bette gehe, dann weiß ich bestimmt, was Du tust: wie das Verslein sagt

Jetzt bei der Lampe Dämmerschein
geht sie wohl in ihr Kämmerlein
und schickt ihr Nachtgebet zum Herrn
auch für den Liebsten in der Fern.

Und das ist mir eben das Erfreulichste, Erhabenste bei unserm Bunde, zu wissen, daß wir beide dem Herrn angehörten, ehe wir einander angehörten, daß einer den andern auf einem fürbittenden Herzen trägt, daß jeder von uns bestrebt ist, sein Herz reinigen zu lassen und zu reinigen von allem, was der wahren Liebe Tod ist; von Augenlust, Fleischeslust und hoffärtigem Wesen. Wohl habe ich meine Lust an Dir und bin stolz auf Dich, auf Deinen Besitz und eifersüchtig auf Deinen ganzen Besitz; aber ich achte das auch für keine Sünde, da ich Gott von Herzen für dieses Glück danken kann: es ist alles gut, was mit Danksagung genossen wird, sagt der Apostel. Aber man muß doch sein Herz bewahren, selbst dann bewahren, wenn man es reinhalten sollte, wie die ersten Eltern auch ihr Paradies bebauen und bewahren mußten; wie viel mehr nun ein arges Herz, wie wir von Natur es haben. Bauen wir und bewahren wir unsere Liebe nicht, so mag leicht der Böse ihr etwas anhangen, und was nicht vorwärts geht, das geht zurück. Geht es vorwärts mit unserer Liebe, so wird sie zu einem himmlischen Bande verklärt, mit dem der Herr uns beide zu sich zieht. Was kann dann schöner sein, was kann mehr erfreun, als unser Brautstand und unser einstiger Ehestand?

O selig Haus, wo Mann und Weib in einer,
in deiner Liebe eines Geistes sind,
als beide eines Heils gewürdigt, keiner
im Glaubensgrunde anders ist gesinnt;
wo beide unzertrennbar an dir hangen
in Lieb und Leid, Gemach und Ungemach,
und nur bei dir zu bleiben stets verlangen
an jedem guten wie am bösen Tag!

O selig Haus, wo du die Freude theilest,
wo man bei keiner Freude dein vergißt!
O selig Haus, wo du die Wunden heilest
und aller Arzt und aller Tröster bist;
bis jeder einst sein Tagewerk vollendet
und bis sie endlich alle ziehen aus
dahin, woher der Vater dich gesendet,
ins große, freie, schöne Vaterhaus!

Damit genug für heute. Ist's nicht viel, so ist es doch wohl einer kleinen Antwort wert, die ich so herzlich erbitte, als ich sie sehnlich erwarte und die, wenn Du sie bis Samstagmorgen richtig und bar überlieferst, nicht mit einem Kußhändchen, wie vor alten Zeiten, sondern mit Kuß und Hand reichlich bezahlt werden soll. Wenn Du dafür etwas tun willst, dann rühr Dich; willst Du aber noch andere Bedingungen stellen, so tu's nur, wir wollen dann sehen, wie wir einig werden. – Wann ich kommen werde, weiß ich noch nicht genau; möglich, daß ich mich besser für den Samstagnachmittag losmachen kann. Doch kann ich nichts Festes versprechen, es kommt auch immer etwas auf's Wetter an. Bleibe aber doch am Samstag zu Hause.

Soviel Stern am Himmel stehen,
soviel Schäflein, als da gehen
in dem grünen, grünen Feld;
soviel Vöglein, als da fliegen,
als da hin- und wiederfliegen,
soviel mal sei Du gegrüßt

von Deinem Friedrich

In diesem wie in anderen Briefen an die Braut fallen die Dichterzitate besonders ins Auge. Es ist anzunehmen, daß D. hier auf den Literatur- und Religionsunterricht im Seminar zurückgriff. Im bezug auf Choralstrophen und geistliche Lieder schöpfte er wohl in erster Linie aus dem von Samuel Elsner herausgegebenen „Geistlichen Liederschatz" (Berlin 1832). Er war ein Geschenk von Anna Zahn, der Frau seines Direktors in Moers und späteren Patin seines ersten Kindes Anna, zu seinem 20. Geburtstag 1844. Anna Carnap erzählte, ihr Vater habe daraus nach und nach Hunderte von Liedern auswendig gelernt (A. Carnap, S. 185). Er hat die Verse in diesen Briefen also in den wenigsten Fällen im Gesangbuch gesucht, sondern aus dem Gedächtnis niedergeschrieben. Eine besondere Vorliebe läßt sich für Tersteegen, Claudius und Gerhardt erkennen. Trotz aller Verehrung für den Mülheimer Mystiker und einiger Bedenken hinsichtlich der „Fleischeslust" hatte D. mit Tersteegens mönchischem Ideal der Ehelosigkeit jedoch wenig im Sinn. Neben den Gesangbuchstrophen zitierte er gern volkstümliche Sprüche, außerdem Schiller (Die Glocke), Goethe (Faust), Natur- und Liebeslyrik.

22

An Christine Keller, Wermelskirchen

Wupperfeld, 3. März 1851

Mein herzlich geliebtes Bräutchen.

Deine Drohung über mein gewöhnlich verspätetes Schreiben scheint doch einige Wirkung gehabt zu haben; denn ich bin schon heute (Montag) mittag am schreiben, um einmal zu probieren, ob ich mit Benutzung aller Viertelstunden, die mir etwa heute frei bleiben, für dieses Mal auch zur rechten Zeit mit meinem Briefe komme. Damit Du übrigens Deinen Drohungen für die Zukunft nicht zuviel Gewicht beilegst, will ich Dir doch die ganze Wahrheit sagen: nämlich ich glaube eigentlich, Du würdest am nächsten Freitag doch Gnade für Recht ergehen lassen und Antwort schicken.

Der Grund für mein eiliges Schreiben ist zur Hauptsache aus meinem Herzen selbst gekommen: für's erste dauerte es mir doch zu lange, wenn ich vor Samstag nichts von Dir hören sollte; und zum andern dachte ich unterwegs darüber nach, wie ich Dir eine Freude machen könnte, wie ich es jetzt und künftig anfangen wollte, um Dir nur Freude zu machen. „Etwas kaufen und ihr schenken? " Nein, sagte ich, denn was mein ist, das gehört auch ihr, und da mag sie selbst sagen, was sie haben will, da ich in der schönen Kunst, ihre Wünsche ihr an den Augen abzusehen, noch etwas dumm oder unerfahren bin. „Ich will diese Woche recht brav und fleißig sein!" Das, sagte ich wieder, versteht sich von selbst; zudem ist sie ja nicht bei dir und kann also auch nichts davon sehen. „Ich will bald, recht bald wieder hingehen und ihr mit Wort und Kuß zum 99sten oder 100sten Male sagen, daß ich sie von Grund der Seele lieb habe". Ja, sagte ich mir, gut und schön, auch für dich selbst, aber – Geduld! erst abgewartet, was Zeit, Wetter und Gesundheit macht! – Aber was denn nun? „Ich will schreiben; bald, heute, heut mittag noch, so viel es geht; heute soll und muß er fertig sein, so Gott will".

Vorab könnte ich Dir nun einiges erzählen von meiner Tour hieher, von meinem Warten auf den Wagen und von meinem sauern Gesicht über die verlorene Zeit, – bis zum Aufstehen heut morgen im Berliner Hofe um 5 Uhr, wo mir der Kellner halbkalten Kaffee in einem ganz kalten Saal auftrug und ich, um nicht ans Zähneklappern zu kommen, machen mußte, daß meine Beine ans Marschieren kamen. Da aber ging die Kälte erst recht an, daß einem, ob der Ungewohnheit, Finger, Nase, Ohren und Mund hätten erfrieren können, obwohl ich auch, wie der Knabe in der jüngsten Fabel, mir eine Zigarre anmachte, um mir wenigstens den Mund zu wärmen und für etwelche gewisse Dinge tauglich zu erhalten. Das ist denn auch zum guten Glück geraten, wie denn auch alle übrigen Teile meines lieblichen Gemeinwesens wohlbehalten hier angelangt sind. Und wenn Du etwa einmal befürchten solltest, die Kälte möchte auf solchen Touren an einem frühen Morgen von den Extremitäten bis zum Herzen dringen und dasselbe auch kalt machen, so kann ich Dir dabei auf Grund guter alter und neuer Erfahrung die tröstendste Beruhigung geben:

Mein Herz schlägt warm in kalter Nacht,
Wenn es ans treue Weib gedacht!

Als ich nun gegen 7 1/2 Uhr hier anlangte und ins Haus trat, da wurde mir auf einmal wunderlich zumute; das Haus und seine Räume waren so still, so leer – natürlich an sich nicht stiller und leerer, als vordem auch, aber es fiel mir jetzt erst auf: zwischen früher und heute liegt der Samstag, wo Du und Deine Lieben das Haus schön und lebendig machten. Mein Haus kommt mir jetzt nicht mehr wie meine Heimat vor, es ist mir fast fremd geworden, es sieht mich nicht mehr so freudig und lächelnd an, es sieht den verlassenen Bräutigam mit einem Gesicht an, so wie er es selbst hat. Es streckt, wie ich, die Arme weit aus, um seinen Schatz und Liebling aufzunehmen, aber umsonst, der kommt nicht, und so müssen Haus und Hausherr sich gedulden und harren der bessern Zeit, die kommen soll. Jetzt fange ich an, mir diese bessere Zeit recht auszumalen, wo Dein freundlich Gesicht mir Räume, Zeiten und Wetter heiter und schön machen wird. Doch darf ich wohl dieser Gedankenmalerei nicht zu stark nachhängen, es möchte mir sonst förmlich hier verleidet werden, wo es mir bisher aus guten Ursachen gut gefallen hat. Du und die Deinigen, Euer gesamtes Familienleben ist es, was mir die Stunden in W[ermelskirchen] so angenehm macht. Es ist etwas so echt Pastorales in Eurer Familie, nicht dem Schein, sondern dem Wesen nach; da hört man kein hartes Wort, kein Murren und Schmollen; da ist der Ernst und die sinnige Heiterkeit des Vaters, das stille Walten der Mutter, die scherzenden Reden und das wetteifernde Lachen der Mädchen, und dann die sorglosen Kleinen – ein schönes Bild einer schönen Familie!

Und nun noch mitten in dieser Familie ein glückliches, die Welt vergessendes Brautpaar. Das ist fast mehr, als die Erde zu tragen vermag. Was Wunder nun, daß ich jetzt, nachdem ich ein solches Familienleben habe kennengelernt, mein seitheriges einförmiges Einsiedlerleben nicht weiter begehre und mich fort und fort nach den traulichen Plätzchen und traulichen Stunden im Wiedenhof sehne oder nach denselben Plätzchen und Stunden im eigenen Hause. Es wird mir fast zu lang bis Pfingsten!

Als etwas für mich ganz besonders Erfreuliches vom letzten Sonntag ist ein Wort, welches in der Gesellschaft bei Vorländers vorfiel; ich weiß nur nicht mehr, von wem. Es hieß: „Die Tinchen muß doch eine glückliche Braut sein; seit einigen Wochen ist sie auffallend heiter und vergnügt." So ungefähr mochten die Worte lauten. Du wirst Dich ihrer auch noch erinnern; die Frau Doktorin erzählte dann noch von den Brauttagen und Brautstimmungen ihrer Bertha etc. Jene Worte über Dein jetziges fröhlich Gemüt, über Dein wonniges Brautgefühl hätten mich fast rühren mögen; es ging mir ganz und gar zu Herzen und tat ihm so recht wohl. Es war das schon ein erster Lohn der Liebe, zu wissen, so weit hast du ein Mädchen glücklich gemacht; denn das ist des Bräutigams Stolz, eine glückliche, fröhliche Braut zu haben, und das ist sein Glück, zu wissen, die Braut denkt und wünscht ebenso für ihn.

Darin wolle der heilige und barmherzige Herr uns stärken und immer tiefer gründen und immer mehr heiligen: daß Eins nur für das Andere, um des andern willen, zu des andern Glück und Ehre lebt und stets zuletzt an sich selber denkt. So uns das immer mehr gelänge, was müßte das für einen Ehestand geben: gesegnet für Zeit und Ewigkeit.

Denn:
wo zwei Herzen liebend sich verbinden,
kann man das Paradies leicht wiederfinden!
Aber:
Kanaan wird nicht gefunden,
wo man nicht hat überwunden!
Darum:
Halte fest (an Gott) und leide dich!

O möchten vor der Stunde,
wo man zum ew'gen Bunde
die Händ' zusammenlegt,
wir auch, dein Werk zu treiben,
recht fest zusammenbleiben,
bis man zu Grab uns trägt!

Immer der Deinige: Friedrich

Das undatierte Schreiben verfaßte D. am Montag nach dem Besuch Christines mit ihrer Mutter, der am Samstag, dem 1. März in Wupperfeld erfolgt war. A. Carnap berichtet darüber S. 188: „Einige der damaligen Schülerinnen erzählten gern später von diesem Besuch, wie ihr Lehrer seine Braut an der Hand in die Klasse geführt und sie seinen Schulkindern vorgestellt habe. Wie sie so lieblich ausgesehen und so schüchtern vor all den Kindern gewesen sei. Er begleitete sie nach Wermelskirchen zurück" und übernachtete Sonntag im Berliner Hof in Lennep.

23

An Christine Keller, Wermelskirchen

Wupperfeld, 11. März 1851

Mein herzliebes Bräutchen.

Wo magst Du jetzt wohl sein? Was magst Du machen, denken, sprechen? Ich sitze jetzt – Dienstagabend – an dem auch Dir jetzt bekannten Plätzchen und denke und schreibe an mein herziges Kind. Ich habe Dich heute auf Deiner ganzen Reise, so gut es gehen wollte, in Gedanken begleitet. Als ich aufstand diesen Morgen, dachte ich: jetzt ist Deine Tinchen schon am Rüsten zur Reise; 8 Uhr dachte ich: jetzt werden sie abfahren; um 11 Uhr: jetzt werden sie in Opladen sein; um 1 Uhr: nun gehen sie bald zur Eisenbahn. Von da an wollte es nicht recht mehr gehen, denn nun hatte ich Weg und Spur verloren. Gegen 6 Uhr fand ich mich wieder zurecht; ich dachte: jetzt sind sie an gewünschtem Ort und gewünschter Stelle. Leider aber konnte ich mir diesen Ort und diese Stelle drin nicht vorstellig machen, wie sehr ich auch meine Einbildungskraft anstrengen mochte. Es ging mir jetzt, wie es Dir früher mit meinem Ort und meiner Stelle ging. Habe ich nun auch erst meinen Besuch in Kamphausen gemacht, so wird es besser gehen. Ihr seid, wie ich hoffe und wofür ich mehr getan als gehofft, dort glücklich angelangt, und „ich hoffe auch" – wie die Soldatenbriefe anzufangen pflegen – „daß dies mein Schreiben Dich in guter Gesundheit antreffen wird". Übrigens ist es doch so übel nicht, wenn man einen Brief so anfängt, wenn es auch etwas hölzern oder ledern klingt, so man sich nur etwas Rechts dabei denkt.

„Gesund an Leib und an Geist und an Herz" – das will viel sagen, und in dem Sinn wollt' ich es gesagt und gemeint haben. Gesund, gesund am Leibe – was schließt das nicht schon in sich! Gegenüber all den leiblichen Krankheiten und Gebrechen, wovon unterm Monde doch so viel zu sehen und zu hören ist; von den Aussätzigen und Blinden an, die da auch heutzutage noch schreien mögen: Herr Jesu, du Sohn Davids, erbarme dich unser! bis zu dem Kranken, der 38 Jahre krank gelegen und gern wieder gesund werden wollte. Wohl uns armen gebrechlichen, kranken oder krankhaften Menschenkindern, daß wir einen haben, der unsere Krankheiten getragen und unsere Schmerzen auf sich geladen und durch dessen Wunden wir mögen heil werden! Daß wir beten können:

O Gott, du frommer Gott,
du Brunnquell aller Gaben!
Ohn den nichts ist, was ist,
von dem wir Alles haben!
Gesunden Leib gib mir,
und daß in diesem Leib
ein unverletzte Seel
und rein Gewissen bleibt!

Ja, eine unverletzte Seele und ein rein Gewissen – ein reines Herz und ein neuer gewisser Geist gehören zu einem gesunden Leibe; dieser ist ohne jene nie vorhanden, hat auch ohne jene keinen Wert. Darum: in einem gesunden Leibe ein gesunder Geist und ein gesundes Herz, das ist des Christen Hoffnung, Ziel und Verheißung. Dazu hat der Herr sich in unser armes Fleisch und Blut verkleidet, damit er in unserm vom Teufel verdorbenen, aber von Gott doch geliebten Welt-Hospital einen Gedanken darstelle, „gesund an Leib und Geist und Herz", durch dessen Wort, Fleisch und Blut Mann und Weib, Individuum und Volk gesunden mögen. An uns ist es, diesem Wort zu glauben, an ihm ist es, (und er läßt nimmer auf sich warten: er kommt, wenn er den verlorenen Sohn von ferne sieht, ihm schon entgegen) seine Verheißung zu erfüllen: d[as] i[st] Geist, Kraft, Weisheit, kurz alles zu geben, was ein neues Herz und einen neuen gewissen Geist in uns schafft und auch des Leibes Krankheit und Gebrechen fortträgt.

An uns ist es, zu glauben und glaubend zu beten:

> Gott sei mir gnädig nach deiner Güte und tilge
> meine Sünde nach deiner großen Barmherzigkeit!
> Wasche mich wohl von meiner Missethat und reinige
> mich von meiner Sünde! Schaffe in mir, Gott, ein
> neues Herz, und gib mir einen neuen, gewissen Geist!

An ihm ist es, seine Verheißung zu erfüllen, wie er sie David erfüllte: Alles, was ihr bittet im Gebet, glaubet nur, so werdet ihr's empfangen.

Das ist die Ordnung, die Heilsordnung, Gottes Ordnung, wie er sie in seinem Wort geoffenbaret und an seinen Heiligen bewiesen, bewähret und uns zur Lehre aufgestellt hat; so werden wir wiedergeboren, so werden wir in Christo eine neue Kreatur.

Der Same ist das Wort Gottes; der Acker ist die Welt, des Menschen Gemüt; das Gute am guten Lande ist der an- und aufnehmende Glaube und wäre er auch noch kleiner als ein Senfkorn; das Wort Gottes aber, sagt Petrus in seinem Briefe, ist der Same der Wiedergeburt. Dabei magst Du Dich an das Gespräch vom vorigen Sonntag erinnern.

O, daß wir zum „guten Lande" gehörten, daß mein Brief in solcher guten Gesundheit, „gesund an Leib und Geist und Herz" antreffe. Was fehlte dann noch?

Ach, daß ich solches von mir sagen könnte! „Ich armer, elender Mensch, wer wird mich erlösen von dem Leibe dieses Todes? Ich danke Gott, durch Jesum Christ, unserm Herrn". Römer 7, 24. 25. (Das sind die drei Stücke des Heidelb[erger] Katechismus: Von des Menschen Elend, von des Menschen Erlösung, von des Menschen Dankbarkeit). Gott sei Dank, der mich gewürdigt hat, diese Wahrheit zu lernen von meinem ersten Gange zum Wiedenhofe an bis an den heutigen Tag: daß es nur nicht heiße von mir, er ist nicht bestanden in der Wahrheit!

Du liebes Kind, des gerechten Gebet vermag viel, wenn es ernstlich ist; so bete dann auch für mich – ich vergesse Deiner ja auch nicht in dem meinigen. Wir Männer, die wir gerne so groß tun und so hoch einherfahren vor der Welt und uns gebärden, wie wenn wir alle Welt belehren und bekehren könnten und müßten, wie tun wir doch täglich, wie Luther sagt, so viel Sünde und haben wohl eitel Strafe verdient und des Dichters Wort ist ganz eigens für uns gesagt:

> Wir stolze Menschenkinder
> sind eitel arme Sünder
> und wissen gar nicht viel;
> wir spinnen Hirngespinste
> und suchen viele Künste
> und kommen weiter von dem Ziel.

Was für ein eitles, nichtiges Ding ist es doch um all unsere äußere Selbständigkeit, scheinbare Sicherheit und Festigkeit, so sie eben nur eine scheinbare und äußere ist. „Wenn der Wind darüber gehet, so ist sie nimmer da". Wohl ist es ein köstlich Ding, daß das Herz fest werde, und wohl dem, der ein einsames Plätzchen weiß, wo er seine stolzen Knie beugen lernt und beugt vor dem Heiligen, Gerechten und allein Weisen und schreien kann: Herr, erbarme dich meiner!

Ich will nicht prahlen mit meinen Fehlern, Sünden und Gebrechen, da sei Gott vor; aber Du, mein einzigliebes Kind, bist gewiß im Grunde des Herzens besser als ich: das habe ich immer gefühlt, das ist's besonders, was mich zu Dir gezogen hat, das fühle ich, so oft ich bei Dir bin (ich will Dir nicht schmeicheln, da sei Gott auch vor): darum vergiß des Dir anvertrauten, wenn auch noch nicht getrauten Mannes nicht in Deinem Gebet; es tut ihm gewiß not! Bitte den Herrn, daß Er ihn wollte behüten und bewahren, daß der Teufel, die Welt und sein Fleisch ihn nicht betrüge noch verführe! Daß er täglich immer mehr gesunde an Leib, Geist und Herz, daß er vor allem in reiner, unbefleckter Liebe Dir zugetan sei, rein und unbefleckt von allem, was Augenlust, Fleischeslust und hoffärtiges Wesen auch der besten Liebe stets anhangen, daß er immer mehr Dich lieben lerne nicht um seinetwillen, sondern um Deinetwillen. Die Liebe, die sich gründet und erwächst auf Wollust, Ehrsucht und Gewinn, ist eitel, denn sie ist von der Welt, und die Welt vergeht mit ihrer Lust: alle Liebe um unser selbst willen also ist eitel, sie vergeht, sie hat keinen Bestand; die Liebe aber um des andern willen, die nicht das Ihre sucht, sondern was des andern ist, die dem andern dient, dem andern lebt, den andern erfreut, ihn hebt und trägt und nur in des andern Freude und Fröhlichkeit ihre Freude findet – die Liebe ist nicht eitel, „die lebt, wenn auch alles vergeht und zerfällt, wie ein Strahl des Himmels aus besserer Welt", die baut eine Hütte Gottes bei den Menschenkindern, sie ist ewig wie der, der sie gegeben und geheiligt hat.

Ja, so müssen, so wollen wir uns liebhaben, darauf nochmals Kuß und Handschlag. Gott segne und behüte uns!

Es ist jetzt 12 Uhr. Da wirst Du wohl schon in guter Ruhe sein, ja in guter Ruhe, die wünsche ich Dir!

Es folgen die Strophen 6 - 8 des Chorals von Paul Gerhardt „Nun ruhen alle Wälder".

Nochmals Gruß und Kuß zur guten Nacht von Deinem getreuen Friedrich.

24

An Christine Keller, Wermelskirchen

Wupperfeld, 12. März 1851

Geliebte Tinchen.

Es kann doch nicht anders gehen, als daß ich heute nochmals die Feder ansetze, um ein Weilchen mit Dir zu plaudern. Ich habe diesen Nachmittag vor der Kirche gerade einige freie Zeit; wärst Du zu Hause, so wäre ich auch wohl dort, und wir säßen jetzt wieder traulich zusammen und freuten uns in die Wette unserer gegenseitigen Liebe. Das kann nun heute freilich nicht sein; aber wenn ich nun so allein für mich dasitze, dann will das Arbeiten auch nicht so recht vonstatten gehen: ich denke zu viel an Dich, an Vergangenheit und Zukunft. Was kann ich also Besseres und Vernünftigeres tun, als ganz allein und ausschließlich mich mit Dir zu beschäftigen, indem ich Dir schreibe. Der Brief von gestern wird freilich noch nicht in Deinen Händen sein, aber morgen wirst Du ihn doch wohl erhalten, und dieser kommt dann wohl auch noch vor Samstag.

O Samstag, o Samstag! komm bald und bringe mich wohlbehalten in meines Liebchens Arme! Die Hälfte der Zeit oder des Weges dahin ist ja auch schon zurückgelegt; wir sind bereits in der Mitte der Woche; wir schlafen noch einmal, zweimal, dreimal – wie die Kinder sagen – dann bin ich da.

Was für ein schönes Ding ist es doch, in späterem Alter wieder ein Kind zu werden! Ich glaube, dies gerade macht das absonderliche Schöne der Brauttage und des Brautstandes aus. Man denkt, fühlt, spricht wie ein Kind; man freut sich über Kleinigkeiten, macht sich auch wohl Sorge über Kleinigkeiten. „O daß sie ewig grünen bliebe, die schöne Zeit der ersten Liebe!" Zu diesem in uns selbst liegenden Grunde, aus dem das Schöne der bräutlichen Zeit entspringt, kommt noch ein zweiter außer uns, in den Leuten, mit welchen wir umgehen. Freund Garschagen machte mich heute mittag in scherzender Weise darauf aufmerksam. Als ich nach dem Essen ihn zum Spazierengehen abrufen wollte, lag er gemächlich und gemütlich auf dem Sopha und las die Zeitung. „Nicht wahr", sagte er, „es ist hier gar schön und behaglich; Sie kriegen mich heute nicht mit". „Draußen ist's auch schön, und nach dem Gange wird's nicht minder behaglich ruhen sein, der Kaffee aber noch besser schmecken. Nur mal aufgestanden!" Als nun seine Frau hereinkommt und von meiner Braut anfängt, die sie an bewußtem Samstage so gern gesehen, aber nicht zu Gesicht bekommen habe, als sie mich bedauert, daß ich des Morgens so früh durch Sturm und Kälte laufen müßte und was sonst die gute Frau noch mehr sagte – da springt der Behagliche auch auf: „Da hätt' ich beinah etwas vergessen, Sie sind ja Bräutigam, wie könnte ich Ihnen etwas abschlagen. Ein Bräutigam ist einmal ein glücklicher Mann und damit er es vollständig sei, muß man ihm vollständig zu Willen sein. Ja, ja, ich muß mit! Frau! meinen Hut und Rock!"

Und damit spazierten wir ab unter herzhaftem Lachen der Hausfrau, die mir noch einen „vergnügten Nachmittag" und „freundlichen Gruß an Ihre liebe Braut!" mit auf den Weg gab. „Wie aber kommen Sie zu der mir so günstigen Philosophie? " frug ich meinen Spaziergangsgesellen weiter, „zu der außerordentlichen Willfährigkeit gegen einen Bräutigam? " „Das wissen Sie, gelehrter Mann, noch nicht? Einmal aus Neigung und Natur, zum andern aus Grundsatz. Ein neues Brautpaar ist für die ganze geheiratete Welt ein Gegenstand besonderer Freude, besonderer Aufmerksamkeit und besondern Wohlgefallens. Indem jedes Ehepaar die Wichtigkeit dieses Schrittes gut übersieht und ermißt und sich der selbsterlebten fröhlichen, seligen Zeit der Verlobung noch bewußt ist, sich sehr gern darin erinnert und erinnern läßt, lebt es in dem neuen Brautpaar diese Freude noch einmal mit und durch; man sucht dessen Freude zu mehren, um desto mehr davon teilen zu könne, fühlend, daß geteilte Freude auch wieder doppelte Freude ist". – „Gut, das verstehe ich, wie man von Natur und aus Neigung gegen einen fröhlichen Bräutigam aufmerksam und willfährig sein kann; aber warum denn aus Grundsatz? " „Darüber wollen wir einmal in spätern Zeiten reden; genießen Sie jetzt, was Ihnen Gott beschieden, und philosophieren Sie nicht darüber!" Da hast Du auch zugleich ein Stück meiner heutigen Tagesgeschichte und Tagesgedanken; sie drehen sich, wie Du siehst, alle um Dich und mich.

Wie hat der Herr doch seine Menschenkinder so lieb; muß er sie auch manchmal um ihrer Sünden willen strafen, um ihrer Besserung willen züchtigen und um ihrer Heiligmachung willen dulden und um ihrer Herrlichmachung willen leiden lassen; neben alle dem, das auch nur geschieht, weil er uns lieb hat, weiß er seine Zeit und Stunde, wo er durch Darreichung irdischer Freude als Vorgeschmack der ewigen himmlischen Seligkeit uns zur Buße leiten und zur Arbeit des Glaubens, zum Werk der Liebe und zur Geduld der Hoffnung reizen und tüchtig machen will. Wohl uns, wenn seine Güte uns zur Buße leitet! so würde uns die Erde kein Jammertal und Fegefeuer, sondern ein Vorhimmel sein.

Mein ganzer Geist, Gott, wird entzückt,
wenn er zu jenem Himmel blickt,
den du für uns bereitet;
wo deine milde Vaterhand
aus neuen Wundern wird erkannt,
die du daselbst bereitet.
Mächtig
fühl ich
mich erhoben,
dich zu loben,
der zum Leben
droben
dort will mich erheben.

Wie herrlich ist die neue Welt,
die Gott den Frommen vorbehält!
Kein Mensch kann sie erwerben;
o Jesu, Herr der Herrlichkeit,
du hast die Stätt' auch mir bereit',
hilf sie mir auch ererben!
Laß mich
eifrig
danach streben,
also leben
auf der Erde,
daß ich
dort ein Erbe werde.

Heute hatten wir, wenigstens hier, einen recht schönen, sonnigen Tag. Es ist fast merkwürdig, wie ich mich über solch schönes Wetter so herzlich freuen kann. Trübes Wetter macht mich immer etwas mit trübe, wogegen heiteres Wetter mich in der Regel und unter gleichen Umständen heiter stimmt. Es scheint mir aber auch fast so natürlich zu sein, und ich meine in meiner Einfalt, es müßte wohl allen Leuten so gehen. Von Natur oder von Haus aus bin ich mehr zur Heiterkeit geneigt, wenn auch zur stillen, als zum Trübsinn, zum Knurren und Murren, jedoch mit einer starken Neigung zur inneren Beschaulichkeit. Wenn mich andere zu gewissen Zeiten oder auch dauernd ernst oder mehr und anders noch als ernst wollen gefunden haben, so mag das immerhin sein: das Amt und seine Mühen und Sorgen, die Zeit und ihre Not, vor allem aber der Druck der eigenen Schuld, die ja der Übel größtes ist, können gewiß Einem etwas antun und neben dem heitern Gesicht noch ein anderes anbilden. Wenn ich aber wirklich von der natürlichen Fröhlichkeit manches verloren haben sollte, so ist das gewiß vor allem eine Folge meines einsamen, einsiedlerischen Lebens; ich glaube, der fröhlichste Mensch muß in der Einsamkeit endlich zum Murrkopf werden. Ein Gemüt, das nur auf den Verkehr mit sich selbst angewiesen ist, daß weder Freud noch Leid andern mitteilen und mit andern teilen kann, ist gewiß zuletzt ob aller Selbstgenügsamkeit übel dran: die Freud wird da kleiner, das Leid aber größer; das Herz wird unzugänglich und verschlossen und der Umgang mit einem solchen Menschen zuletzt unerquickt. Ich habe der Einsiedelei auch meinen billigen Zoll bezahlen müssen; unter anderm auch dadurch, daß mich zuzeiten, selbst in ganz hübscher Gesellschaft, wofern sie mir nicht ganz zusagt, eine lästige Schweigsamkeit befällt, über die ich auch nicht Herr werden kann. In all dies innere und äußere trübe Wetter bricht jetzt der helle Glanz einer neuen Sonne hinein: meines lieben Bräutchens helles Gesicht und heiteres Gemüt. Möchte doch nie ein Wölkchen mir diese Sonne verdecken oder verhüllen! Kommt dann einmal stürmisches, kaltes, trübes oder nasses Wetter in Natur- und Menschenwelt um uns herum und wollen dann des Herzens Sinne und Gedanken sich auf und in sich selbst zurückziehen und auch die innere Welt des Geistes nach der äußern umstimmen, so ziehe ich mich in meines Bräutchens Kämmerlein zurück und sehe, ob da nicht doch noch die Sonne scheint, die die düstern Nebel verscheuchen kann. Mag auch der Ehe Glück und ihre Sonne als ein teilweise irdisches, zeitliches Gut auch dem irdischen, zeitlichen Wechsel unterworfen sein, so bleibt sie doch immer ein Gut, sie hat doch immerhin ein Glück und eine Sonne, und die Ruhe in des Bräutchens Armen in ihrem Kämmerlein nach des Tages Mühe und Plage ist auch noch ein schönes Bild der höheren Ruhe, von der der Dichter singt:

Herz, freu dich, du sollst werden
vom Elend dieser Erden
und von der Sündenarbeit frei.

Wenn aber draußen die Sonne hell und freundlich scheint, wenn Busch und Blumen freundlich stehn, wenn die Vöglein ihrem Gott mit Singen Dank für Leben und Nahrung bringen, wenn der blaue Himmel so heiter über diesem Rest und Nachklang vom einstigen Paradiese sich wölbt, das der Menschen Sünde und Jammer zum Jammertal gemacht, dann komme ich wieder, in Bräutchens Kämmerlein und nehme es bei der Hand und führe es in den großen Hochzeitssaal, den Gott selbst uns ausgeschmückt hat; dann brauche ich nicht mehr stumm durch unseres Gottes Haus zu gehen, wo auch die geringste Lilie besser gekleidet ist als Salomo in aller seiner Herrlichkeit; dann singen oder sagen wir mit dem selben Dichter:

Eingeschoben sind die Strophen 1, 9 und 14 des Chorals „Geh aus, mein Herz" von Paul Gerhardt.

So ist es also in unseres Gottes Hause immer schön; wenn wir nur immer drin blieben! Herr, wer wird wohnen in deiner Hütte? Wer wird bleiben auf deinem heiligen Berge? Psalm 15 gibt die Antwort. Aber es geht uns oft wie dem verlorenen Sohne; wir wollen unsere eigenen Herren sein, uns unser eigenes Haus bauen und nicht glückliche Kinder im Hause unseres himmlischen Vaters bleiben. Daß wir es nur nicht draußen suchen!

„Es ist nicht draußen, da sucht es der Tor, es ist in dir, du bringst es ewig hervor" – das Reich Gottes ist zunächst inwendig in uns! Inwendig in uns muß es seinen Anfang nehmen; in dem Sinne auch bitten wir: Zu uns komme dein Reich; wir selbst müssen zuerst Gottes Tempel sein; dann gilt es, das eigene Haus zu einer Hütte Gottes bei den Menschenkindern zu machen und den Kreis, in den Gott der Herr uns gestellt hat; dann gilt es nach den ewigen Wohnungen sehen, die der Herr uns bereitet hat und nach dem Jerusalem zu reisen, das droben ist. Wie schön auch wieder, daß wir das zu zweien können, wo eins das andere baut, ermuntert, eins am anderen sich freut, eins das andere hebt und trägt!

Es folgt Strophe 9 des Liedes „Kommt Kinder, laßt uns gehen" von Gerhard Tersteegen.

So sei es; so werden wir bleiben im Hause des Herrn immerdar. Leb wohl mit Gott! Auf baldiges Wiedersehen in den Armen

Deines getreuen Friedrich.

Über D.s Freund Garschagen läßt sich nichts Näheres feststellen. Dem Wupperfelder Presbyterium gehörten 1845 C. F. Garschagen als Provisor und 1854 F. Garschagen als Kirchmeister an. – Das Datum trägt den Zusatz „Mittwochnachmittag 4 Uhr".

25

An Christine Keller, Wermelskirchen

Wupperfeld, 19. März 1851

Geliebte Tinchen.

Es wird mir fast schwerer zu schreiben, als dies sonst der Fall ist, da ich nicht recht weiß, wo ich Dich augenblicklich habe. Durch die wenngleich noch kurze Gewohnheit ist es mir zum Bedürfnis geworden, bestimmt zu wissen oder doch einen bestimmten Ort zu denken, wo Du Dich aufhältst. Für heute geht das nicht gut an, da ich nicht recht weiß, ob Ihr gestern oder erst heut morgen von Kamphausen abgereist seid. Dadurch bin ich denn etwas verwirrt geworden: es geht mir wie einer Magnetnadel, die die Richtung zum Nordpol nicht recht finden kann.

Magst Du denn sein, wo Du willst, wenn mein Brief nach W[ermelskirchen] kommt, so findet er Dich doch, wenn anders alles gutgegangen ist, zu Hause, in den gewohnten Räumen, wo Du und unsere Liebe geboren, gepflegt, gehegt und besiegelt worden sind. Da denke ich Dich mir, und da sehe ich Dich vor allem gern; ich meine so, da wärest Du mir am besten verwahrt, wo Du mir bisher so gut verwahrt worden bist. Und wenn wir in Zukunft, so Gott will, einmal geruhiglich hier in Wupperfeld zusammen wohnen und von hier aus gemeinschaftliche Touren nach Ost oder West machen, so wird das immer mein liebster Gang bleiben, den ich jetzt schon öfterer und auch für die nächste Zeit noch allein mache, den Weg nach dem Hause, wo meine liebe Tinchen wohnt oder gewohnt hat. Wohl habe ich auch in Kamphausen vergnügte Tage gehabt, und was da gefehlt hat, das hat im Grunde nur an mir gelegen. Es waren dort liebe Leute, die uns gewiß keine Freundlichkeit mehr erweisen konnten, von der guten alten Tante an bis zum Jüngsten hin. Alle unverdiente Freundlichkeit, die ich nicht gut wieder vergelten kann, pflegt mir sonst etwas drückend oder genant zu sein; hier aber war sie es doch nicht, da mir nur Deinetwillen all das Gute und Liebe erwiesen wurde und ich es auch jeden Moment mit Dir teilen konnte, und alles war mir nur eine liebe Mahnung, nicht zu vergessen, was ich an meinem Schätzchen besitze und was ich ihr und um ihretwillen schuldig bin. Was mir weiter die paar Tage im Jülicherlande bei den Verwandten so angenehm machte, war der Gedanke an vergangene Zeiten, der Gedanke, daß Du früherhin dort so manchen vergnügten Tag zugebracht hast, als Kind und Jungfrau dort herumgegangen und gesprungen, gescherzt und gelacht hast. In dem Maße, als es mir früher wohl wie ein Stich ins Herz gewesen, wenn ich etwa in den Ferien nach Wermelskirchen in die Kirche kam und Dich nicht fand, weil Du nach Kamph[ausen] oder anderswohin verreist warst: in dem Maße ist es mir jetzt wohltuend zu wissen, daß und wo Du Deine harmlose Jugend fröhlich und schuldlos verbracht; und ich bin unwillkürlich allein denen dankbar, die Dir gut gewesen und Dir Gutes und Liebes erwiesen haben. Nur der Gedanke quält mich jetzt manchmal mehr als mir lieb ist, ob ich nicht dadurch, daß ich meine Liebe als Geheimnis in mir verschlossen gehalten, nicht vor Gott doch eine Sünde und eine Schuld auf mich geladen; doch ich will den Gedanken nicht weiter verfolgen, denn wenn ich gegen Dich dadurch gefehlt, so hast Du gewiß längst vergeben. Ich will mich auch bemühen, durch Treue, Wahrheit und Innigkeit meiner Liebe Dir zu ersetzen, was ihr an Zeitdauer abgehen sollte.

Wie aber bist Du am Montag durch den Regen nach Hause gekommen? Ich hoffe nicht, daß Du Schaden genommen haben wirst! Mir hat es recht wohl gegangen. Ich kam noch eben vor Ankunft der Post in Giesenkirchen an; ich war an den Kleidern etwas naß geworden, hatte aber dadurch noch die Freude, zu sehen, wie die gute Marie beflissen war, Dir Deinen Bräutigam gut zu bewahren, indem sie aus Leibeskräften meine Kleider abzutrocknen suchte. Ich trank noch ein Glas Wein, tat mich dann bestens bedanken und wünschte ihr und ihrer Familie alles Gute. So kam ich nach und nach in den Wagen und mit dem Wagen nach Düsseldorf. Am andern Morgen war ich um 9 Uhr zu Hause und wieder in Arbeit.

Seit der Zeit bin ich aber auch kaum zu Atem gekommen; eine Stunde jagt die andere. Ist das auch insofern unbequem, als ich keine Zeit zusammenfinden kann, um diesen Brief fertigzumachen, so vergeht doch die Zeit umso rascher und der Sonntag ist damit, wenigstens in der Einbildung, eher da. Ist das Wetter am Sonntag gut, so mache ich den Weg zu Fuß über Lüttringh[ausen], Remscheid und Preyersmühle und würde dann gegen 3 Uhr an letzterm Orte sein; ist das Wetter ungünstig, so komme ich über Lennep.

Für dieses Mal mußt Du es verzeihen, wenn der Bogen nicht voll wird. Es fehlt mir durchaus an Zeit, wenn er heute – Donnerstag – noch mit Post abgehen soll, worauf Du doch rechnen wirst. Damit also wenigstens in diesem Stück Deine Erwartung erfüllt würde, muß ich für jetzt den Schluß machen und das Weitere auf einen zweiten Brief oder bis zur sonntägigen mündlichen Unterhaltung versparen. Kann ich dann noch mit irgendetwas die leer gebliebene Seite ersetzen, so kannst Du mit aller Vollmacht verfügen über Hand und Mund

Deines getreuen
Friedrich

26

An Christine Keller, Wermelskirchen

Wupperfeld, 15. April 1851

Liebe Tinchen.

Um viel zu schreiben, dafür habe ich für dieses Mal keine Zeit; aber ein paar Worte sollst Du doch haben, da Du es gewünscht hast. Ihr habt gewiß herzhaft über mich gelacht, daß ich so viel von der Nachtstour am Sonntag gesprochen habe und so wenig meine Gedanken zusammenhalten konnte, um den Hausschlüssel nicht zu vergessen. Der liegt wohl noch geduldig auf meinem Schlafzimmer und wartet der Zeit, wo es mir noch einmal einfallen wird, die vorgesetzte, aber nicht ausgeführte Nachts-Fußreise nochmals mir vorzunehmen und dann auch des jetzt Vergessenen zu gedenken. Laßt also den Schlüssel ruhig liegen; im Laufe dieser Woche kommt, wenn nichts besonderes dazwischentritt, H[er]r Selbach nach Euerm Hause; der kann ihn dann mit hieher nehmen.

Es ist mir etwas wunderlich auf der Sonntags-Abendstour ergangen. Als ich unterwegs im Wagen gewahr wurde, daß ich den Schlüssel zurückgelassen und ich also nicht gut von Lennep aus weitergehen konnte, wenn ich meine Hausleute nicht im Schlaf stören wollte, ging mir im ersten Augenblick der Gedanke durch den Kopf, es möchte dieses Vergessen des Schlüssels als Hindernis der Nachtsreise so gar zufällig nicht sein. Es war aber bloß so ein durchziehender Gedanke, der mir aber doch mehrmals wiederkehrte: doch setzte ich mich bald in meinem Vorsatze wieder fest, nicht in Lennep zu bleiben, sondern weiterzumachen. Da muß mir aber in L[ennep] etwas so Auffallendes, mir bisher nie Vorgekommenes begegnen, durch Zusammentreffen mit einem fremden Mann, daß ich bewogen wurde, von meinem Vorsatze abzugehen und die Nacht, die nach altem Sprüchwort „keines Menschen Freund ist", unter sicherm Dache zu verschlafen. Das habe ich dann auch getan und bin am andern Morgen wohlbehalten hier angelangt. Das Nähere muß ich der mündlichen Erzählung vorbehalten, auf die Du, so Gott will, nicht lange mehr nach Empfang des Briefes zu harren brauchst. Genau weiß ich übrigens noch nicht, wann ich hier aufhören kann; es kommt darauf an, wie ich mit dem Zeugnisschreiben fertig werde. Komme ich heute und morgen früh damit zustande, so höre ich morgen (Mittwoch) mittag auf, im andern Falle erst Donnerstagmittag. Am Mittwochnachmittag bin ich ohnehin gebunden wegen Hollenbergs Trauung. Wann Du mich also erwarten darfst, kann ich eigentlich nicht sagen, zumal ich mich vielleicht etwas nach Selbach, der auch nach W[ermelskirchen] will, richten werde; auch hängt es etwas vom Wetter ab. Aber nimm Dich in acht, daß wir Dich nicht schon am Donnerstagmorgen aus dem Bette klopfen müssen; denn meinem dicken Freunde mußt Du ein klares, fröhliches Gesicht zeigen, aber keins, das wegen Schlafstörungen halbweges verdrießlich ist. Have you understand?

Indem ich jetzt schreibe, es ist Dienstagnachmittag, scheint sich das schöne Wetter verlieren zu wollen; möglichenfalls auch, welchen Fall ich gern annehme, will es sich erst noch ausregnen, um uns in den Feier- und Ferientagen ungetrübten Himmel und hellen Sonnenschein bieten zu können. Der schöne Sonntag, den wir verlebt, an dem der Himmel uns so freundlich anlachte; die nahenden Ferien, wo man einmal auf mehrere Tage des Amtes und des Hauses Sorgen und Mühen abwirft und dann in diesem Rahmen Dein schönes, freundliches Bild: die haben mich fast zum Kinde, zu einem fröhlichen Kinde gemacht. Ich bin durch und durch, über und über vergnügt, so daß ich Dir, wenn mir anders kein Wasser in den Wein geschüttet wird, einen muntern Bräutigam für die Ferienzeit versprechen kann. Es ist jedoch nichts Ausgelassenes dabei, nein, ich bin so herzinniglich froh, wie ich mir eine Braut denke, die ihr Brautkleid macht oder wie ein Kind, das sich aufs Christkindchen freut. Oh, daß ich mir diese Stimmung bewahren könnte! Aber das geht nun einmal nicht; es ist nur das Sabbathgefühl, und der Sabbath kommt nur alle sieben Tage einmal. Sechs Tage lang ist Arbeitszeit, Werktagsarbeit, und darum zumeist Werktagsstimmung. Wohl sollen wir alle Tage Sabbath halten und den ewigen Sabbath schon in diesem Leben anfangen. Leider gerät das uns schwachen Menschen, wenigstens mir, noch schlecht. Aus der Tagesarbeit wird doch oft eine Sündenarbeit und wieder aus der Sonntagsmuße ein Fleischesmüßiggang; und das hängt auch im Grunde genau zusammen: arbeitet man nicht recht, so weiß man auch nicht recht zu ruhen, und hat man keinen rechten Sonntag gehabt, so folgen in der Regel auch keine rechten Werktage. Der vorige Sonntag machte mir wieder eine liebliche Ausnahme; ich kann Dir kaum sagen, wie vergnügt ich dabei gewesen bin. Möchte ich mir ein Vorbote und Bürge für die nun kommenden Feier- und Ferientage sein. Wie überhaupt die Bedeutung eines Momentes, eines Tages nicht genug gewürdigt werden kann, so werden uns noch besonders die nächstfolgenden Tage etwas zu bedeuten haben. Sie sind in dieser ihrer Art die ersten und letzten, wo uns vergönnt ist, ungestört uns mit- und aneinander zu freuen und für die kommende Lebenswoche zu bauen oder zu erbauen. Daß es nur recht vor der Seele stände von der ersten Stunde an bis zur letzten, daß wir des hohen Glückes und Segens ganz und recht eingedenk blieben, daß die stille Muße uns nicht zum gedankenlosen oder gedankenbösen Müßiggang, daß die kindliche Freude durch keinen Sündenhauch getrübt werde: mit welcher Wonne möchten wir dann in späteren Tagen uns dieser Frühlings-, Braut- und Ferientage erinnern, als einer Zeit, wo die Engel Gottes uns gedient, wo wir still feiernd und kindlich bittend unsern Braut-Sonntag gehalten, wo wir den ewigen Sabbath und die ewige Ruhe schon in diesem Leben angefangen und seine Seligkeit im voraus geschmeckt haben.

Darum laß uns anhalten im Gebet und mit Flehen, so lange anhalten, bis wir seines, des Herrn Segen, gewiß sind.

Ringe mit Gebet und Flehen,
halte damit feurig an!
Laß dich keine Zeit gereuen,
sei's auch Tag und Nacht getan.

Eins habe ich noch am vorigen Sonntag vergessen, Dir zu sagen oder Dich zu fragen, wiewohl ich kaum begreife, wie es geschehen konnte. Ich möchte nämlich so gern in diesen Feiertagen (am liebsten am Freitag, doch würde mir auch der erste Ostertag recht sein) zum heiligen Abendmahl gehen, und zwar mit Dir.

Ich weiß nun nicht, wie Du darüber denkst; das zu erfahren, muß ich nun warten, bis ich zu Dir komme; auch muß ich jetzt machen, daß der Brief fertig wird.

Es verlangt mich aber sehr, die so heilige Handlung mit Dir zu begehen; bist Du nur darauf vorbereitet und steht sonst nichts im Wege, so sage es nur dem Vater. Ich weiß nicht, woher mir das Gefühl kommt, aber ich meine, wir müßten es tun.

Lebe wohl, mein Kind und sei Gott und seinen Engeln befohlen bis zum baldigen Wiedersehen Deines getreuen

F. W. Dörpfeld

Wilhelm Selbach ist mit dem Kaufmann und Presbyter identisch, den A. Carnap S. 314, 318 f und 322 ff. erwähnt. – D.s Hausleute sind seine Mitbewohner. Im Lehrerhaus neben der Wupperfelder Schule wohnten vor der Verlobung drei Lehrer, eine Lehrerin, D.s 14jähriger Bruder Albert, der in Elberfeld die Gewerbeschule besuchte, ein 13jähriges Mädchen, das ihm zur Erziehung bis zur Konfirmation anvertraut war, eine Haushälterin und ein Dienstmädchen (Carnap S. 174).

27

An Adolph und Wilhelmine Hollenberg, Ronsdorf-Heidt

Wermelskirchen, 25. April 1851

Eigentlich hatte ich mir vorgenommen, Euch liebe Eheleute, auf den gestrigen Tag, der „hohen Zeit" Eures Lebens, einige Worte zuzuschicken, da es mir nicht vergönnt war, den frohen Tag mit Euch zu begehen und Euch mit gutem deutschen Händedruck und einfachem Glückwunsch zu sagen, was ich für Euch denke, hoffe und wünsche. Wie es mir aber gewöhnlich mit meinen Korrespondenz-Vorsätzen zu gehen pflegt, so auch diesmal wieder. Damit nicht aber noch ein solch holpriger Pflasterstein, wie die unausgeführten Vorsätze sind, auf meinem Wege zum Mahnzeichen liegen bleibe, will ich sehen, ob sich heute wenigstens in etwa das Versäumte nachholen resp. wieder gut machen läßt. Doch will ich auch offen darüber sein, was mich eigentlich alles zum Schreiben treibt: Für's erste möchte ich Euch gerne etwas Schönes und Gutes sagen, wenn ich auch gerne annehme, daß Ihr Euch die Zeit ohnehin schön genug verbringen werdet und ich daher nicht hoffen kann, noch einen besonderen Mehr-Beitrag zu liefern, zum andern habe ich an meinem lieben Kinde einen gar zu lästigen Mahner an der Seite, zum dritten weiß ich ein schönes Sprüchlein, das ich so gerne an den Mann bringen möchte, wie das bei uns lehrhaften Leuten der Fall zu sein pflegt. Viertens noch kann ich mir selbst dadurch etwas vorsagen, was ich gern höre oder zu hören nötig hätte.

Vorab mein Sprüchlein: der erste Teil desselben kommt freilich nicht ganz zur Zeit, wohl Euch aber, wenn Ihr ohne meine Spruchweisheit zurechtgekommen seid, der andere Teil aber kommt recht zur Zeit, heut und morgen und allerwege, so lange es Gott gefällt, Euch zusammenzuhalten. Nun kommt es:

„Bis daß euch scheide der Tod,
Drum tut Euch Vorsicht not.
Es tut Euch Vorsicht not,
Bis daß Euch scheide der Tod".

Damit könnt ich eigentlich aufhören mit einer Ehepredigt – denn, wie ich meine, ist sie kurz und doch gut und weist deutlich genug darauf hin, worüber es nottut, die Augen offen zu halten. Wir als Schulleute wissen ja, daß nichts Edles in der Welt von selber wächst, sondern je edler es ist, desto sorgfältigere Pflege und Wachsamkeit zu seiner fortgehenden Entwicklung bedarf. So ist es auch mit dem bräutlichen und ehelichen Verhältnis, mit dem, was wir bräutliche und eheliche Liebe nennen. Sie wird nicht gepflanzt von Menschenhand, sondern sie ist durch Gottes Wort in der Menschen Natur gelegt; aber sie muß gewartet, gehütet, gepflegt werden, vor allen Dingen auf betendem Herzen getragen werden. Dann, und auch nur dann kann aus diesem seinem Ursprung nach natürlichem Verhältnis etwas werden, dessen Früchte ins ewige Leben reifen; nur dann kann es werden, was nach dem tieferen Gotteswillen daraus werden soll, eine Hütte Gottes bei den Menschenkindern, wo man in Frieden zu Gottes Wohlgefallen lebt.

Noch bedeutender erscheint mir aber die Sache in unserm Stande. Wie ich keinen Stand kenne und anerkenne, der an innerer Bedeutung über dem unsrigen steht, so hat meines Erachtens keine Hausfrau einen höhern Beruf als die eines Lehrers. Da müßte sich vor allem Sirachs Wort erfüllen: Ein gottesfürchtig Weib kommt vom Herrn, und sie wird dem zuteil, der Gott fürchtet; sie ist eine köstliche Perle und machet ihn allezeit fröhlich. Der Lehrer, wie er besonders dermalen steht, muß sich nicht etwa nur mit so unendlichen Kleinigkeiten, die die Kraft verzehren und lähmen, befassen, sondern vielmehr noch mit allen möglichen Sünden, Peccadillen und Verkehrtheiten, die kleinen und großen, alten und jungen Menschenkindern anhaften oder innewohnen, sich zu schaffen machen, wodurch auch das beste natürliche Gemüt leicht in Verdrießlichkeit und Grämlichkeit sich verlaufen kann, gegen die zwar das Bewußtsein von der Höhe und von den Verheißungen unseres Standes helfen können, aber bei unserer schwachen Fleischlichkeit nicht immer ausreichend schützen. Da ist die Frau nun ganz an ihrem Platze. Wohl dem Manne, dem Schulmanne, der ein Weib zur Seite hat, die ihn ausfüllen mag durch stillen, vergnügten, friedsamen Sinn und freundlichen, fröhlich machenden Wandel.

Weiter ist selten dem Lehrer ein mehr als bescheidenes Teil von Gut, Ehre usw. beschieden; in der Regel bleibt es unter dem Mittelmaß. Wehe! dreimal wehe! dem Manne, der durch seine Ehegefährtin verleitet werden möchte oder mit verleitet werden möchte, an dem bescheidenen Teil in Stand und Namen, in Geld und Gut sich nicht genügen zu lassen; seine Ruhe, sein Standesfriede wäre dahin, eine Hauptquelle der Freude ihm auf immer verstopft, wohl gar seine Standesehre in Gefahr. „Davor behüte uns, lieber Herr Gott!"

Wohl dem, zehnfach wohl dem, dem der Herr Gott eine Gattin beschieden hat, die nicht etwa nur weiß, selbst mit dem bescheidenen Teil genüglich auszukommen, sondern es auch versteht, den Mann mit dieser Genüglichkeit zu erhalten, die namentlich das dem natürlichen Mannessinn tief innewohnende Streben nach Ruhm und Ehre auf die rechte

Weise in den rechten Wegen und Geleisen zu erhalten weiß, wo Gottes Ehre und Menschen Ehre im letzten Ende zusammentreffen, und Standesehre und Standesfrieden sich küssen können. „Das hilf uns, lieber Herr Gott!" Dir und mir!

Und endlich: Wie die Frucht Gottes aller Weisheit Anfang ist, so ist sie auch die Grundlage und der Anfang aller Kunst, auch der Schulkunst, auch der Lebenskunst, auch des häuslichen Glückes. „Vom rechten Glauben abgetrennt, bleibt auch die Lieb ohn Fundament." Selig der Mann, dessen eheliche Liebe in der Gegenseitigkeit dieses Fundamentes nicht entbehrt, selig im Hause, in der Schule, in der Gemeinde und dereinst in der Ewigkeit. Selig der Mann, der zu seiner Seite einen hat, der ihn immerdar „ ‚durch stillen Wandel ohne Worte' " auf diesen Anfang zurückzuführen weiß, zu neuer Gründung und neuem Wachstum. Gesegnet ist der Mann, er hat es gut. Mag es überhaupt gelten, daß die Welt von der häuslichen Kinderstube aus regiert wird. Die Schule wird auch von der Wohnstube aus regiert. Wohl dem Lehrer, wohl der Schule, wohl der Gemeinde, wohl dem ganzen Stande und dem ganzen Lande, wenn in seiner Wohnstube ein Quell sprudelt, der lebendiges Wasser hat, das ins ewige Leben quillt. Davon mag er trinken alle Tage, und er wird in seinen jungen Jahren auffahren mit Flügeln wie ein Adler, in seinen reiferen Mannesjahren laufen und nicht matt werden, und in seinem Alter wandeln und nicht müde werden. Ja, gesegnet ist der Mann! Dazu hilf uns, lieber Herr Gott! Dir und mir und allen, die deiner harren in unserm Stande!

Seid so gut und schickt den Brief auch an Ricken und die Seinige. Er wird es nicht übel deuten, daß mir auf diese Weise die Mühe des Abschreibens erspart und ich der Pein des Neuschreibens überhoben bin. Ein Wort von Herzen geht nur einmal leicht heraus.

F. W. Dörpfeld
Christine Keller

Zur Hochzeit am 24. April 1851.

28

An Christine Keller, Wermelskirchen

Wupperfeld, 21. Mai 1851

Meine teure Tinchen.

Noch keinen Tag bin ich aus Euerm Hause, aus Deiner mir am Herzen wohltuenden Nähe und aus Deinen Armen weg, so meine ich noch wieder, ein freies Stündchen müßte ich allein damit hinbringen, um an Dich zu denken. Wenn ich aber einmal lediglich an Dich denke, so kann ich auch ebensogut an Dich schreiben: womit ich denn hier begonnen habe. Da es nun auch nicht in dem Sinn geschieht, um mir für den Mittwoch einen Gang zu ersparen, sondern nur aus einem Bedürfnis des eigenen Herzens hervorgeht, mit dem zweiten Gedanken, Dir noch eine kleine Freude mehr zu machen, so wirst Du auch wohl nichts dagegen haben, daß ich am Schreiben bleibe.

Übrigens sind es mehr Gedanken und Gefühle ernster und schwerer als von leichter Art, die mir heute, wie alle Tage, wenn ich von Dir weggegangen bin, im Kopfe und Herzen herumgehen und zu Papier gebracht sein wollen. Ich will versuchen, ob ich mich Dir verständlich machen kann, was natürlich sehr schwer ist, da ich selber nicht klar darin bin. Eine Stelle aus einem Gratulationsschreiben, das ich heute bekommen, soll Eingang und Text meiner Epistel abgeben. Das erwähnte Schreiben ist von meinem Freunde Kellermann und Frau in Düsseldorf. Nachdem darin erwähnt, wie der Brautstand und seine Zeit bis zur Hochzeit hinauf die hohen Zeiten des Lebens wahrhaft genannt werden können, kommt der Satz: so bedürfen eigentlich Brautleute keines Wunsches zum Glücke mehr (zumal jedermann, der den Brautstand hinter sich hat, zu sagen pflegt: es war doch eine glückliche Zeit, die Brautzeit); wohl aber der Fürbitte.

So weit hatte ich früher schon geschrieben; es ist der Anfang zu einem Briefe, von dem ich Dir früher schon gesagt, daß ich ihn angefangen, aber nicht vollendet hätte, daß Du ihn aber doch noch haben solltest. Heute morgen nun, auf dem Wege hieher, nahm ich mir fest vor, ihn heute abend zu vollenden, um einesteils mein Herz in etwa zu erleichtern – das Ich (ego) kommt wieder vorauf! – und andernteils Dein Herz womöglich auch etwas leichter zu machen.

Was für ein greulich Ding ist es doch um diese vermaledeite Ichsucht, Egoismus! Das hängt sich an alles an, mischt sich in alle Neigungen und Stimmungen ein und macht uns endlich gar weis, wir sorgten für andere, wo wir doch für uns selber sorgen. So auch wieder dieses Mal. Gestern abend, die vergangene Nacht, heute morgen, wo mir das „Liebchen Ade, Scheiden tut weh, wenn ich dich droben nur wiederseh!" so sehr in den Sinnen und Gliedern lag, war ich eben nicht sehr heiter gestimmt, und allerhand Gedanken, die bei den Sorgen und Freuden der Arbeit wie bei dem ganzen Lärm des Tages nicht aufzukommen pflegen, konnten sich in der stillen Nacht auf dem einsamen Wege durch Kopf und Herz jagen. Von welcher Art die waren, brauche ich kaum zu sagen, da dieselben stets von der Stimmung des Gemüts abhängig sind: ist das Gemüt heiter, so sind die Gedanken leichter und fröhlicher Art, ist es trübe, so sind die Gedanken ernst und sorgenvoll. Also: Herz und Kopf waren schwer, und ich wollte schreiben. Was für ein anderer Grund, was für eine andere Triebfeder konnten also dahinterstecken als das Verlangen, davon loszuwerden? Und das nun noch in der Weise, daß ich sie Dir auf den Hals werfe. Das sieht doch der Selbstsucht ähnlicher als der sorgenden, dienenden Liebe! Trotzdem aber wollte ich mir vorreden, ich täte noch ein recht gutes Werk damit; um Dir einen Dienst und Gefallen zu tun, aus purer, reiner Liebe zu Dir wollte ich schreiben. Und wie ist es doch in Wahrheit so ganz anders. (So weit war ich vorgestern gekommen; ich will sehen, ob ich heute fortfahren kann).

Man kann sich solches vorsagen und sagt es sich vor, aber es ist eben nicht wahr. Wie soll man die Sache nun ansehen? Ich will versuchen, mir durch ein Wort Luthers zu helfen. Der sagt bei einer Gelegenheit: „Es gibt Leute, die meinen, man dürfe doch nicht sagen, der Ehestand sei ein Gott wohlgefälliger Stand, da doch so viel Verkehrtes und Sündliches drin geschehen; man täte besser, ehelos zu bleiben. Diese Leute vergessen, daß es überhaupt keinen reinen, heiligen Stand gibt; welchen Stand und Beruf wir nehmen mögen, Prediger oder Laie, Obrigkeit oder Untertan, Mann oder Jüngling, Weib oder Jungfrau, da ist keiner, der darin ohne Tadel wäre. Und wollte man einen Stand nicht erst antreten, bis man ihn heilig führen könne, so würde man bei keinem anfangen können. Man fängt eben an, so gut es geht und sieht dann, wie man unter Gottes Hülfe und Segen weiterkommt."

Es ist mir das ein liebes Wort gewesen, dies Lutherwort. Der Mann Gottes hat recht, ich will sehen, ob ich es mir zunutze machen kann.

Gott ist mein Zeuge, und ich lüge nicht, ich habe Dich lieb und so lieb, als irgendein natürlicher Mensch seine Braut hat lieben können. Dabei aber habe ich doch nicht können ruhig sein; ich wußte, diese natürliche Zuneigung hält nicht aus, warum spräche sonst die Welt vom überglücklichen Brautstand und von Flitterwochen? Ja, die Welt weiß, was sie sagt, sie sieht sehr wohl, daß zwischen der ersten Liebe und den späteren ein Unterschied ist und tröstet sich, da sie keinen Ersatz für das erste Strohfeuer kennt, es wäre das einmal so die natürliche Ordnung; ein verständiger Mann müsse sich da hineinschicken und nicht über Dinge klagen, die nicht zu ändern seien. Ich frage mich nun: „Wie steht es um Deine Liebe? Du hast dem Mädchen ein ‚Ja' gegeben auf Leben und Tod? War das Wahrheit, die volle, die reine, die ganze Wahrheit? Weißt Du auch, was Du da gesagt hast? Ist Deine Liebe mehr als eine bloß fleischliche, sinnliche? Würdest du sie auch so lieb haben, wenn sie armer, geringer Leute Kind wäre? Wirst du sie dann auch noch von Grund des Herzens lieb und wert halten, wenn auch an ihrer leiblichen Schöne das Wort in Erfüllung geht „Alles Fleisch ist wie Gras und alle Herrlichkeit der Welt wie des Grases Blume; das Gras verdorret und die Blume fällt ab?" Und wenn nun der erste Sinnenrausch vorüber, wenn die Süßigkeit der Oberfläche abgenascht, wenn die interessante Neuheit der Alltäglichkeit Platz gemacht, wenn statt eines geträumten Wesens ohne Mängel ein armes Menschenkind mit den gewöhnlichen Mängeln vor Dir stände, wenn Du Geduld, Sanftmut, Freundlichkeit beweisen sollst, wo Du auf ungetrübte paradiesische Freude und kummerlosen Genuß gerechnet hast – würde deine Liebe all das überdauern, den Zahn der Zeit und die Stürme des Lebens aushalten?" Weiter: „Wenn nun offenbar früher oder später der eine oder andere der wirklichen oder erträumten Reize aus dem ehelichen Verhältnis schwinden, würden aus ihm selbst dann neue Freuden geboren werden, die das Verhältnis ein köstliches sein lassen, wenn auch seine äußere Gestalt sich wandelt? Bist du danach geschaffen und angetan, daß du darauf gegründete Hoffnung setzen dürftest?"

Was sollte ich auf solche Fragen antworten? Heute antwortete ich so, morgen so und am dritten Tage wieder anders. Heute warf ich die Fragen ganz weg, es deuchten mir Dämonen zu sein, die mir mein Köstliches, meine Liebe rauben wollten. Dann klammerte ich mich umso fester an sie an und an das, was dem Herzen gelüstet und den Augen gefällt, suchte in allem noch aufzuhelfen in Gedanken und in der Wirklichkeit, wo ich noch nachhelfen, verbessern und verschönern konnte.

Aber da kamen zwei Klippen, Steine des Anstoßes. Entweder das verbessernde Planmachen wollte keine Grenzen finden, während meine geringen Kräfte längst zu Ende gekommen, da wollte sich dieses und jenes nicht in die idealisch-paradiesische Ordnung fügen, und ich wurde dann verdrießlich, kleinmütig, verzagt. Oder aber ich schwelgte in der Hoffnung der Herrlichkeiten, die da kommen würden, erging mich in den Lustgängen der Freude, eilte von Genuß zu Genuß, bis nach und nach und unversehens das Gebiet der neutralen Sinnlichkeit verlassen und das der Sündlichkeit weit überschritten war. Dann lag der arme Sünder auch am Boden – es kam der nüchterne andere Morgen. Dann hieß es: Weißt du auch, daß dich Gott um dies alles wird vor Gericht führen, wenn du so dahingehst und tust, was deinem Herzen gelüstet und deinen Augen gefällt? Weißt du nicht, daß alles eitel ist unter der Sonne? Du Narr, der du dein Haus und dein Hausleben ausschmückst und sorgst für morgen und übermorgen, du Narr, heute vielleicht noch wird man deine Seele von dir fordern, und wie mag es dich trösten, was du gesammelt und gesorget hast? Mache dich frei von all diesen irdischen Dingen, sie sind eitel und hemmen unsern Gang oder machen ihn doch schwer. Mache dich los von deinen Sünden durch Gerechtigkeit und ledig von deiner Missetat duch Wohltat an den Armen! Schaffe deine Seligkeit mit Furcht und Zittern!

Nun hätte ich mögen allem entsagen, womit ich am ersten Tage gebuhlt und all meine Habe den Armen geben und meinen Leib brennen lassen, wollte das äußere Fleisch kreuzigen, um dadurch die Lüste und Begierden zu töten.

Aber was war das? War das ein Zittern vor der Sünde wie vor einer Schlange oder das Zittern der Teufel, die auch an Gott glauben, aber ihn fürchten? War das Gerechtigkeit, die vor Gott gelten mag, oder war es eigene Gerechtigkeit, die in Stolz hintreten möchte und sagen: Ich danke es mir selbst, daß ich nicht bin wie andere Leute? War das Nüchternheit oder Ratlosigkeit und Verzweiflung? Wohl konnte ich bald merken, was es war; oder aber, ich wollte Hand ans Werk legen und merkte dann bald, wie hier kaum das Wollen da war, ein Vollbringen aber nicht gefunden ward.

Dann lag ich wiederum schachmatt am Boden und seufzte. So lag ich denn im Kampf und Streit mit mir selbst, vollständig Luthers betrunkenem Bauer gleichend, der nicht gerade auf seinem Pferde sitzen kann; heut fiel ich links herunter und morgen rechts. Wie lernte ich da rufen: „Es ist ein köstlich Ding, daß das Herz fest werde" – aber die Gnade konnte ich nicht finden.

Wie ging's nun endlich am dritten Tage? Dann war ich geistig abgespannt und matt, oder aber ich suchte mich wieder im Sattel zurechtzusetzen und das Gleichgewicht wiederzubekommen; aber – aber! Die Ruhe der Abspannung konnte natürlich nur wieder größere Aufregung zur Folgen haben; und die wahre Ruhe wollte sich und will sich noch nicht finden. Es wird wahr sein, was Augustinus sagt: „Unser Herz ist ruhelos, bis es in Gott ruht"; und diese Ruhe muß sich bedingterweise auch hier schon finden lassen, sie fällt zusammen mit dem „Festwerden des Herzens".

Eigentlich muß jeder diesen Kampf wie noch manche anderen Kämpfe durchmachen; auch wird er nicht auf einmal ausgekämpft. Er wiederholt sich auch in jedem neuen Verhältnis, in jedem neuen Stande, in jedem neuen Lebensalter, weil dann immer neue Versuchungen an den Menschen herantreten. So glaubte auch ich vor unserer Brautzeit damit ziemlich fertig zu sein und einen annehmbaren Frieden gefunden zu haben. Mit dem neuen Stande aber, mit seinen neuen Pflichten, Rechten und Hoffnungen stellten sich Prüfungen und Versuchungen ein, die ich noch nicht kannte, und das wird so fortgehen bis zum letzten Kampf und Strauß.

Eigentlich hätte ich hier nicht etwas besonderes zu klagen und zu sagen; es ist ja der gewöhnliche Gang des Christenlebens, des Glaubenskampfes; das Besondere bei mir wäre etwa dies, daß Gottes Güte sich so reich an mir bewiesen, aber meine Buße nicht gleichen Schritt gehalten; daß ich mit – Gott sei Dank! – geschärftem Auge die Sünde sehen und erkennen kann, aber nicht in gleichem Maße des Trösters und des Trostes vergewissert bin; dazu kommt eine zwar äußerlich etwas verdeckte, aber innerlich desto ungestümere, zügellose Leidenschaftlichkeit meiner Natur und der Umstand, daß ich bis zur heutigen Stunde keinen vertrauten Menschen gehabt habe, der mir mit Rat und Tat in den tiefsten Nöten zur Seite gestanden und mich auf fürbetendem Herzen getragen hätte. Natürlich war ich an letzterem Umstande wieder selbst schuld; ich wollte keinen Vertrauten haben. Wohl habe ich oft darauf geseufzt, aber ich konnte meinen Stolz und was sonst im Wege war, nicht überwinden. Wohl habe ich auch in frühern Briefen an Dich nach Deinen fürbetenden Händen gegriffen, wenn mir das Wasser an die Seele ging; ein andermal aber meinte ich wieder, sie nicht nötig zu haben.

Wie Du siehst, bin ich endlich ganz mürbe geworden und auf gutem Wege, meine Verschlossenheit ganz zu beseitigen; der Anfang ist heute gemacht. Ob ich damit weiterkomme, muß ich abwarten. Durch muß ich, im Wanken und Schwanken kann ich nicht steckenbleiben. So hilf denn, mein liebes Kind, hier kannst Du mithelfen; mache mir die Offenheit leicht und hilf mir beten, wie ich's selber tue; dann muß der feste, ewige Grund sich finden, in dem allein das Herz fest ruhen kann, von dem aus alles Wandeln und Vergehen selbst von Himmel und Erde ohne Furcht wie ohne Trauer angesehen werden kann:

Es folgen die Strophen 1, 2 und 5 des Liedes „Ringe recht" von Johann Joseph Winckler.

Ja, laß uns halten feurig an, sei's auch Tag und Nacht getan! (Fortsetzung folgt)

Immer der Deinige
F. W. Dörpfeld

29

An Christine Keller, Wermelskirchen

Wupperfeld, 2. und 3. Juni 1851

Meine herzlich geliebte Tinchen.

Da säße ich also zum letzten Male, um als Bräutigam an Dich, mein liebes Bräutchen, zu schreiben; das gegenwärtige Blättchen soll wohl das letzte sein, das Dein Bräutigam Dir über die Berge zuschickt. Wenn ich so an den Schluß denke, den unser glücklicher Brautstand nehmen soll, so wird mir eigentümlich zu Mute.

Zuvörderst freue ich mich auf den Lebensabschnitt, der nun beginnen soll. Zum andern beschleicht mich so ein Anflug von Abschiedsweh bei dem Gedanken an die drei bis vier Monate unseres Gott sei Dank! so gesegneten Brautstandes. Zum dritten ist mein Kopf – was wollte ich, mein Herz wäre es auch – voll des Erinnerns an alles das, was der Herr Großes an mir getan hat; und viertens steigen in mir verklagende, quälende Gedanken, daß die vielen Güter und Gaben jener gesegneten Zeit nicht verwendet sind, wie ich sie hätte nehmen und verwenden sollen; daß ich nicht kindlich glauben und vertrauen kann, wo ich doch nicht anders sehen und sagen darf, als daß der Herr mich über Bitten und Verstehen geliebt, getragen und geführet hat.

Indem ich nun im Begriff bin, meine Brautstandsrechnung abzuschließen, mit meinem Gott, mit Dir, mit mir abzurechnen, da weiß ich eben nichts Besseres zu tun, als an der Hand obiger vier Punkte mein Herz vor mir und Dir auszuschütten. Wovon soll ich auch außerdem sprechen? Es gibt wohl viel Schönes und Gutes in der Welt, wovon auch mir ein bescheiden Teil zugefallen; wovon sich auch ohne Prunk und Prahlerei, Gott zu Lobe, etwas erzählen ließ. Wer weiß, über was alles sonst ich noch schreiben könnte! Aber ich meine nun einmal, das Beste, das Allerbeste, das Schönste und Allerschönste, das Wertvollste und Allerwertvollste, was ich Dir anbieten könnte, sei Dein Herz, mit der Liebe drin – ein Ding, so klein, daß man's mit einer Hand bedecken mag und doch größer als die Welt und was drinnen ist; das zwar in der Zeitlichkeit zum Leben kommt, aber dauern soll von Ewigkeit zu Ewigkeit; das leider die Geburtsstätte sein kann aller bösen Gedanken und im Haß mehr verderben kann als das verzehrendste Feuer, aber auch ein Wohnplatz für alles, was lieblich ist und wohllautet, werden kann; ein Kämmerchen, wo der Herr Jesu selbst, der Heilige, Reine und Herrliche, drin wohnen mag; das in seiner Liebe des andern Herz und Sinn fröhlich machen, ihn trösten, ermuntern, ziehen, treiben, seine Fehler und Gebrechen tragen, geduldig, ohne Murren, ohne Ärger, ohne Vorwurf in Wort Miene tragen; das der Sünden Menge zudecken und in sanftmütigem, stillen Wandel ohne Wort den andern bessern kann, das eigenen Kummer und Sorgen um des andern willen still und schweigend, ja guten Mutes tragen, kurz: das in Gebet und Arbeit, im Tun und Leiden sein eigen Leben, sein eigen Herzblut drangeben und dem andern hingeben kann. Was gibt's Reicheres, Größeres, Lieblicheres als ein Herz, worin Liebe, wahre, reine, aufrichtige, ungeheuchelte, ungefärbte Liebe wohnt? !

Ja, und wäre die Liebe drin so klein wie ein Senfkorn, so könnte sie auch schon Berge abtragen und Täler ausfüllen, Berge von Mühen und Sorgen wegnehmen und Untiefen von Fehlern und Gebrechen bedecken und eben machen! Was wäre der Liebe unmöglich, mit Gott unmöglich? Was ließ und läßt sich nicht von der Liebe sagen, von ihren herrlichen Eigenschaften, von ihrem Guten und Schönen, das sie hervorbringt! Davon läßt sich schreiben und wieder schreiben und schreibt sich doch nicht aus.

Was könnte ich also auch jetzt zum letzten Male Dir Schöneres sagen und schreiben als von dem inneren Leben eines Herzens, das in reiner Liebe für Dich schlagen, für Dich leben möchte?

Sei es also; ich fange mit dem vierten Punkt an und gehe von dem aus rückwärts bis zum ersten.

Ich sehe also rückwärts auf die vergangene Zeit, auf unsere Brautstandszeit, nicht darüber hinaus, auf einen Zeitraum von vier Monaten. Kurz freilich ist sie, diese Zeit, im Vergleich zu der, die wir noch vor uns zu haben wünschen; und doch wie lang, wie reich, wie groß, wenn ich denke an all das einzelne, was darin vorgefallen, an die Gedanken, Worte und Werke, die ihren Inhalt ausmachen; wenn ich denke an meine Besuchsreisen von der ersten am 18. Januar an bis zur letzten am 1. Juni, an ihre Freuden und an ihre Mühen; wenn ich denke an unsere gemeinschaftlichen Touren und Spaziergänge und Kirchgänge in Wermelskirchen, in Kamphausen, an der Burg; wenn ich denke an den ersten Händedruck und ersten Verlobungskuß bis zum letzten Abschiedskuß unter Hast und Eile; an das trauliche Sitzen im Familienkreise, an Deinen ersten Besuch zu Sellscheid und in Wupperfeld; an das freudestrahlende Brautgesicht, das mich immer beim Empfang willkommen hieß und an das Scheideweh des Abschiedes; an den ersten Elternsegen und an den ersten Abendmahlsgang und an so vieles andere. Und rechne ich nun zu diesem Getanen und Geschehenen die Worte, welche über unsere Lippen gegangen, die Gedanken, Wünsche, Lüste, Begierden, die durch meinen Kopf und mein Herz gezogen sind, so muß einem Angst und Bangigkeit ankommen, wenn es heißt: wisse, daß dich Gott um dies alles wird vor Gericht führen, daß du Rechenschaft abgeben mußt von jedem unnützen Worte, das aus dem Munde gekommen, daß es einen gibt, der Herz und Nieren prüft. Ach! Wie manches, das ich getan und dessen ich mich rühmen wollte, geschah nur zum Schein, nicht aus ungeteiltem Herzen! Wie manches, das ich getan, kann das Sonnenlicht nicht ertragen, und doch ist einer, vor dem auch die Finsternis Licht ist! Wie manches ruhmredige, prahlerische, unbesonnene, harte, trotzige Wort ist aus meinem Munde gegangen; wie manches Wort der Klage, der Sorge, wo es hätte Lob und Dank sein sollen; wie viel habe ich geredet für mich, mir zur Freude, mir zur Ehre, mir zur Liebe, wo ich Gott hätte sollen die Ehre lassen und Dir zu Nutz, zu Liebe und zur Freude hätte reden sollen; und nun endlich gar die Worte, die nicht bloß aus trotzigem und verzagtem, sondern aus unreinem Herzen gekommen sind, die nicht rein sein konnten, wie sie sich auch gebärden mochten!

Und nun endlich das Heer der Gedanken, der Wünsche und Begierden! Wo sollte ich da anfangen und wo aufhören, wenn ich sie wollte vor meinem Geist vorübergehen lassen! Welch ein Heer von frommen Wünschen und Vorsätzen, die nimmer zur Ausführung gekommen sind, von heldenmütigen Entschlüssen, die die Zeit des Vollführens nicht erlebt haben und nicht erleben werden; wie bin ich so fruchtbar und so reich an solchen Vorsätzen und Entschlüssen und wie arm, wie blutarm, wenn man aufs Vollbringen sieht! Und nun die klugen und törichten Wünsche – Wünsche ohne Berechtigung, ohne Verstand, ohne Glauben! Und nun die Lüste und Begierden, wann ich bei Dir oder wann ich allein war. Da saß mir der Pfahl im Fleisch; wie manchmal habe ich bei Dir gesessen und wollte gern fröhlich und guter Dinge sein, aber dann kam dieser Satansengel, und ich schrie und mußte schreien: Herr, hilf mir, ich verderbe! Da hab ich mich innerlich gekrümmt und gewunden unter seinen Schlägen; hätte Dir gern ein fröhlich und freundlich Gesicht gemacht und konnte nicht; hätte Dir gern gesagt: Kind, hilf mir beten! und durfte nicht und mußte allein rufen aus der Tiefe: Ach, Gott, verlaß mich nicht! Herr Jesu, erbarme Dich! Ja, ja, hätte ich es Dir können sagen und hätten wir zusammen die Hände gefalten, es wäre der Satan gleich verschwunden; denn der Herr hat's gesagt: wo zwei versammelt sind in meinem Namen, da bin ich unter ihnen; aber ich konnte, ich durfte nicht. O, hätte ich früher, beizeiten in meiner Jugend besser angefangen, diesen alten Menschen zu kreuzigen samt den Lüsten und Begierden, so hätte ich nun nicht rufen müssen: Mein Gott, mein Gott, warum hast du mich verlassen? Aber anstatt das Fleisch zu kreuzigen, habe ich auf's Fleisch gesäet; darum mußte ich nun, wo der Herr durch seine Güte mich hinführen und mir eitel Freude und Wonne geben wollte, das selbstgesäte Unkraut mit aufschießen sehen; wenn ich ein Blümchen pflücken wollte, so mußte ich's (wie oftmals!) stehenlassen, da unter seinen Blättern die Natter der Sünde schlief.

Und was soll ich nun sagen? Ist das alles vorbei? Ach, daß es so wäre! Der alte Adam wird noch immer mitherumgetragen, die Sündenarbeit ist noch nicht getan; der Sieg ist noch nicht errungen.

„Gott, sei mir gnädig nach deiner Güte und tilge meine Sünde nach deiner großen Barmherzigkeit! Wasche mich von meiner Missetat und reinige mich von meiner Sünde! Ach, Herr, siehe, ich bekenne es vor dir, ich habe auch meinen Brautstand, in den du mich aus lauter Liebe und Güte geführt, nicht unbefleckt erhalten mögen, ich habe ihn verunreinigt und besudelt in Gedanken, Worten und Werken; ich habe die Lust gesucht und bin die Last geflohen; habe gesorgt und gezagt, wo ich hätte loben, danken und dir vertrauen sollen; ich habe gelobt und die Gelübde nicht erfüllt; ich habe gekämpft gegen Fleischeslust, Augenlust und hoffärtiges Wesen – das weißt du, Herr – aber ich habe nicht recht gekämpft, nicht treu, nicht ausdauernd; so stehe, lieber Herr Gott, mir bei, daß ich kämpfe, recht kämpfe und den Sieg erringe!"

Ich merke, meine Gedanken sind da etwas weit gekommen – nun, es macht nichts, Du darfst das auch lesen. Also: erstes Gefühl ist Armut, Leid und Reue, daß ich das Hauptkleinod meines irdisches Lebens, meine Liebe zu Dir, meiner Verlobten von Jugend an, nicht reiner und makelloser habe halten können! Aber ich trug auch diesen Schatz in einem irdenen Gefäß, das leicht zerbrechen kann; das weiß der getreue Herr, der auch dann noch getreu bleibt, wenn wir ihn verleugnen, und hat schon vor dem Fall an unsern Fall gedacht und eine Erlösung gestiftet und verheißen: Selig sind, die Leid tragen, denn sie sollen getröstet werden! Der Verheißung getröste ich mich; er hat's gesagt, dessen Wort nicht kann gebrochen werden; geht auch durch Fallen und Aufstehen: es geht doch weiter. So hilf Du mir, liebe Tinchen, daß ich mich stets dieser Verheißung getrösten möge; ich will Dir auch helfen. Strafe mich, wo ich fehl gehe, strafe in alter Liebe und Sanftmut, die mir stets so köstlich gewesen; ja, nimm es nur genau bei mir, mein Seelenheil wird Dir mit auf Deine Seele gebunden, und die Sünde ist immer der Leute Verderben, früher oder später; trage mich stets auf Deinem liebenden, fürbittenden Herzen und halte mir vor die Verheißungen, wenn mein Mut wanken sollte; halte mir vor den schönen 103. Psalm, des ich mich so oft schon gefreut habe, mit dem ich auch den ersten Punkt schließen will. Lobe den Herrn, meine Seele und was in mir ist, seinen heiligen Namen! Lobe den Herrn, meine Seele, und vergiß nicht, was er Dir Gutes getan hat! usw.

2. Ja, Gott sei Dank! Ich habe Ursache und kann auch noch loben und danken. Wohl vergesse ich's manchmal und sehe mehr auf das Widerwärtige als auf die Segnungen, die ich tagtäglich genieße; und doch bleibt es wahr: Wer Dank opfert, der preiset Gott, und das ist der Weg, daß Du ihm zeigest dein Heil. Wer denkt, der erkennt und glaubt Gottes Güte und Liebe und vertraut ihr; wer nicht denken kann, dem ist die Erkenntnis und der Glaube getrübt, wo nicht gar tot; er kann nicht vertrauen; Sorge, Furcht, Angst ist sein Leben und gar die Verzweiflung sein Ende. Davor behüte uns, lieber Herr Gott! Und wie könnte ich ein so großes Übel tun und wider Gott sündigen, daß ich seine Gnaden und Wohltaten vergäße?

Wie hat er mich getragen von meiner Jugend an, mit all meinen Fehlern und Verirrungen; hat es gut gemacht, wo ich gedachte, es böse zu machen; hat frühe schon mich gezogen und mir Augen und Ohren für die Wahrheit geöffnet; ist auch da mit seinem Ruf mir nachgegangen, als ich ihn nicht mehr hören, nicht mehr suchen wollte, bis ich wieder beten lernte: „Herr, zeige mir deine Wege und lehre mich deine Steige; leite mich in deiner Wahrheit und lehre mich; denn du – nicht ich – bist der Gott, der mir hilft; täglich harre ich deiner!"

Auch in meinen äußeren Lebenswegen muß ich die Hand des Herrn erkennen, der die Seinigen wunderlich führet, aber immer so, wie es für sie dienlich ist; ich bin in meinen Stand gekommen und weiß kaum, wie. Ich bin von einem Ort zum andern gekommen und wußte nicht, warum. Jetzt sehe ich manches schon ganz deutlich, wie eins meiner Lebensereignisse das andere hervorgerufen, sei es nach innen, sei es nach außen. Schon als Knabe mußte ich nach Moers gehen und dort eine Nahrung für mein inneres, geistiges Leben zu empfangen, wie ich es nach den ersten Anregungen, die ich in Wermelskirchen erhalten, die aber leider schon bedeutend abgestumpft waren, bedurfte. Später mußte ich in Moers bleiben, damit die höhere Richtung des Geistes erstarken konnte; auf dem Heidt mußte ich auf kurze Zeit eine Probe bestehen und innewerden, was mir an rechter Gläubigkeit und an rechter Erkenntnis noch fehlte, um dann in das vielfach gesegnete Wupperthal zu kommen, das gerade für mich zu einer hohen Schule und zu einem Bethel und Eben Ezer werden sollte, wo ich so recht von Herzen sagen kann: Bis hieher hat der Herr geholfen! Ja, so hat er auch geholfen nach außen hin; so konnten sich meine Jugendträume und Jugendgebete erfüllen, wo ich mir nichts Lieblicheres denken konnte, als dereinst um Dich, geliebte Tinchen, werben zu können; in Deiner lieben Eltern Hause ein Kind zu heißen; mit Dir die schöne Umgebung Deines Vaterhauses zu durchstreifen, die mir lebendige Zeugin meiner innigsten geheimen Wünsche gewesen war; an Deiner Seite im freundlichen Gotteshause zu sitzen, in dem immer und immer wieder die alte Liebe erfrischt und alte Wünsche neu belebt wurden; mit Dir fröhlichen Brauttage zu durchleben und in derselben Kirche, wo wir so oft stumm gegenüber gesessen, als solche, „die in den Stand der heiligen Ehe treten wollen", der Gemeinde bekanntgemacht zu werden, und endlich aus dem Munde unsers teuern Vaters Gottes Segen durch die Kirche zum ehelichen Bunde zu empfangen. Weiter hinaus gingen meine Wünsche und Träume wohl nicht, konnten auch nicht füglich weitergehen. Diese Wünsche alle konnten sich nun erfüllen; ich durfte es wagen, um Dein Herz und Deine Hand zu werben; und wie ich es konnte und durfte, da mußte ich es tun. Und nun ist alles erfüllt vor meinen Augen, daß ich oft, wenn ich es recht überdenke, noch immer nicht weiß, ob ich wache oder träume. Es ist alles gekommen und nichts zurückgeblieben. Wie soll ich es fassen? Wie soll ich genugsam danken? Ach, daß ich das so immer vor Augen halten könnte, daß ich lernte, ganz der Führung des Herrn zu vertrauen im Kleinen und Großen, daß ich nicht mehr mich selbst gürten und wandeln wollte, wohin ich wollte, sondern meine Hände ausstrecken lernte und mich gürten und führen ließ, wie der Herr es will; daß ich immer sänge:

Halleluja, Gott zu loben, bleibe meiner Seelen Freud!
Ewig sei mein Gott erhoben, meine Harfe ihm geweiht!
Ja, solang ich leb und bin, dank', anbet' und preis' ich ihn.

(Fortsetzung am 3.6.1851)

3. Ich habe oben gesagt, bei dem Gedanken an die nun hinter uns liegende, Gott sei Lob und Dank! gesegnete Brautzeit beschliche mich ein Anflug von Abschiedsweh. Es ist das vollständig wahr und hat wohl einen doppelten Grund, eine zwiefache Quelle.

Jeder Tag, jede Jahreszeit, jeder Ort und jeder Stand hat immer eine zwiefache Seite: am Dorn sind Rosen, an der Rose sind Dornen; oder: auf Gottes Erde ist überall und zu jederzeit Gottes Güte und Freundlichkeit, aber auch des Teufels Neid und Tücke zu spüren. Neben und unter der guten Frucht trägt der Acker auch Disteln und Dornen; dicht neben der Lust wohnt die Last, neben der Freud das Leid; in jede Siegesfreude mischt sich der Schmerz des Schlangenstichs. So auch im Brautstand. Wie hoch man ihn auch mit Recht und nach Gebühr stellen mag, Widrigkeiten bleiben auch da, weil wir noch auf der alten Erde sind und den alten Menschen mit herumtragen. Da gibt's Unbequemlichkeiten wie zu jeder andern Zeit im Leben, wie gering man sie auch taxieren mag: schlechtes Reisewetter, nüchterne Morgentouren bei Regen, Schnee und Kälte etc.; allerhand kleine Störungen, die einem den Kopf verstimmen können wie Mücken und Fliegen zur Sommerzeit etc.; und endlich: Kämpfe mit Sünde, Welt und Teufel, Obsiegen und Unterliegen, Fersenstiche und eigene böse Verschuldung. Ist das alles dann vorüber, so atmet man im Gedanken daran einmal frei auf und sagt: Gott sei Dank! Das liegt hinter uns. Aber es geht einem auch dabei wie der Wärterin oder den Eltern mit einem kränklichen, lästigen Kinde: die Liebe, die Zuneigung scheint mit der Last zu wachsen, und wie sie sich auch beim Tode eines solchen Kindes trösten mögen, der Trennungsschmerz ist drum nicht minder groß. So geht es mir mit unserer Brautzeit, gerade die Mißlichkeiten und Widrigkeiten, wie viel und wie wenig ich auch dahin rechnen mag, geben meinen Gedanken daran etwas Wehmütiges, natürlich vermischt mit ganz andern Gefühlen und wieder verbunden mit der zweiten Quelle des Scheide- und Meidewehs. Mit diesem zweiten Grunde verhält es sich so. Meine eigentliche Heimat war bisher Wermelskirchen, da war Vater und Mutter, Vater- und Mutterhaus, Vater- und Mutterliebe; da lebte ich meine schöne Jugendzeit, meine Jugendfreude und Jugendliebe; die schönsten Tage des Jahres, hohe Feste, Ferienzeiten wurden da verlebt: da feierte ich Sonntag, während die heißen Arbeitstage anderswo verbracht wurden. In dem neuen Jahr, das, wie Sehlbach prophezeite, eine Verlobungskarte bringen würde, ward mir W[ermelskirchen] zur doppelten Heimat: alte Träume wurden zur Wirklichkeit, langjährige Hoffnung ging in Erfüllung, hier war das Bethel, wo der Herr mich hörte, hier fand ich ein zweites Ich, ein zweites Herz, das mich liebt, wie es keine andere Liebe auf Erden gibt, da fand ich ein zweites teures Elternpaar und liebe Geschwister, da hab' ich die schönsten Stunden und Tage verlebt, die ich bisher gekannt – während ich hier nur in der Fremde auf Posten stand, und nach des Tages Arbeit mich nach der Liebsten in der Fremde sehnte, dachte und verlangte und mit Sehnen der Stunde entgegenharrte, da ich den Staub von Rock und Füßen schüttele und dem Zuge des Heimwehs und der Liebe folgen konnte, der mich dann immer glücklich und wohlbehalten in meines Liebchens offene Arme führte.

So mußte mir Deine Heimat zu der meinigen werden, die Bande, die Dich an Vater und Mutter und Geschwister, an Haus und Kirche knüpfen, auch mich mit umschließen; Du gehst nun nicht bloß mit mir, ich gehe auch mit Dir in die Fremde; wo Du einmal ein Heimweh bekämst, da würde ich's mitbekommen, und wenn Du ja und gerne an die alte Heimat denken und davon erzählen wolltest, da könnte ich nur mit Freuden süßer Erinnerung mit daran denken und davon sprechen; denn Deine alte Heimat ist ja auch die meinige, und die neue Heimat kann erst dann die meine werden, wenn sie erst die Deinige geworden ist: wo Du lebst, da will ich auch leben, wo Du stirbst, da will ich auch sterben, da will ich auch begraben werden: nur der Tod soll mich und Dich scheiden.

Nun begreifst Du ja leicht, wie auch mich ein Scheideweh anwandeln kann bei der Erinnerung an die Zeiten, an Orte, Dinge und Menschen, die bald hinter uns liegen werden.

4. Aber auch Freude und Wonne, wenn auch immer nicht ganz unvermischt, erfüllt mein Herz, wenn ich der kommenden Tage gedenke; ich freue mich des Lebensabschnittes, der nun beginnen soll. Und wie sollte ich nicht, wenn ich Dich ansehe, die mir der Herr zur Lebensgefährtin geben will, wenn ich denke, wie der treue Hirt mich, sein Schäflein, gesucht und geführt, wenn ich denke, wie nun zwei Herzen und Hände zu ihm aufheben in seinem Namen, um seinen Segen zum Fortgang und Ausgang des Werkes zu erflehen, wie sie auch in seinem Namen den Anfang gemacht, wenn ich gedenke an die Verheißungen des Ehepsalms (128) und an das Wort: Seid getrost, ich habe die Welt überwunden!

Gott sei Dank! die quälenden Sorgen, die Gewissensskrupel bei diesem und jenem, was mir im ehelichen Leben unklar war, sind jetzt so ziemlich hin; wie es gekommen, weiß ich selbst nicht recht. Dein liebes Wort: kommen zu lassen, was und wie es kommt – hat gewiß gute Dienste getan. Ich denke nun: was der Ehestand bringt an Lust und Freude, will ich und wollen wir annehmen als Gottes Ordnung Gabe und zu Lieb und zur Freude; das wir nehmen und gebrauchen, um getroster, freudiger, fröhlicher auszuhalten bei dem Beruf und bei der Arbeit, worin wir jeder an seinem Teil gestellt; und somit alles in das letzte Ziel zusammenlaufe: Gottes Ehre und unser und anderer Glück und Heil. – Und stellte auch, wie wir's ja wissen, das Kreuz sich ein, so mögen wir uns stärken, wie ich mich jetzt getröste:

Herr, du bist weise, du schenkest nicht immer uns Freuden;
Um uns zu bilden, zu ziehen nach dir, schickst du Leiden,
Beugst unsern Sinn,
Trübst wohl reichen Gewinn,
Doch nicht – um von uns zu scheiden.

Hast du für uns denn der Leiden auch manche erkoren,
Damit wir würden für dich und den Himmel geboren,
Dann, Herr, gib Kraft!
Du bist ja, der sie uns schafft;
Laß sie nicht gehen verloren.

So werden Freuden und Leiden mit Segen uns krönen,
Und wir dir danken, o Heiland! am Ziel einst mit Tränen,
Daß du's erhört,
Daß du's aus Gnaden gewährt,
Und was wir erflehten mit Sehnen.

Oder mit Paul Gerhardts Worten:

Es folgen aus dem Choral „Wie schön ist's doch, Herr Jesu Christ" von Paul Gerhardt die 6. und 7. Strophe.

Ja, so wollen wir hineingehen in den neuen Stand, so kann ich jetzt freudig und getrost hineinsehen. Ich habe abgerechnet und bin fröhlich und guter Dinge. Die Tage von Sonntag, vom letzten Reisetag an, sind mir außergewöhnlich lang geworden, der Sinn ist auch bei der Arbeit ruhelos und zerstreut, und das hoffende und sehnende Herz schaut immer auf nach dem nahen Hafen der Ruh, dem das Schifflein zusteuert und meint, die Fahrt ginge doch so außergewöhnlich langsam. Dein liebes Bild, mein herziges Bräutchen, das so still, sanft und vergnügt, heiter und getrosten Mutes die Dinge und die Menschen anschaut, steht immerdar vor meiner Seele und macht mich mit fröhlich. Ich sehe, wie Du mit verlangendem und klopfendem Herzen die Stunden zählst, wie Du sehnend den Weg hinaufschaust, auf dem ich so oft rüstigen, beflügelten Schrittes Dir entgegengeeilt, wie Du, so Gott will, zum letzten Male strahlenden Auges und fröhlich lächelnden Gesichts mich willkommend empfangen wirst mit Herz und Hand und Mund, dem dann, so Gott gibt, kein Scheiden und Meiden mehr folgen soll.

Auch die häuslichen Räume hier scheinen mir immer mehr eine wohnliche Miene anzunehmen, wie wenn sie sich sehnten und sich rüsten wollten auf die, welche nun bald ihre Zierde und ihre Ehre sein muß.

Auch Amt und Arbeit scheinen mir für die Zukunft einen andern Charakter gewinnen zu wollen; zwar nicht weniger mühevoll, aber weniger sorgenvoll und mehr lohnend und dankbar. Ich freue mich auf die Arbeit als auf eine Lust, weil Du sie mit mir teilst; auf die Feierstunden als auf die tägliche Wiederholung und Wiederkehr der hinter uns liegenden Brautstandszeit. Ich denke an die Freude der Eltern und Geschwister, wenn sie uns besuchen und das Glück, den Frieden und die Zufriedenheit ihrer Kinder sehen; ich sage ihnen im Herzen tausend und tausendmal Dank für alles Liebe und Gute, was sie mir erwiesen, was ich nimmer vergelten kann! O, wie ist Kopf und Herz so voll, ich kann nichts mehr sagen! Herr hilf, Herr, laß wohlgelingen!

„O du heiliger Gott, der du den heiligen Ehestand selbst gestiftet und gesaget hast: Es sei nicht gut, daß der Mensch allein sei, sondern daß er eine Gehülfin habe, die um ihn sei; siehe, nach solcher deiner heiligen Ordnung erscheinen wir auch vor deinem Angesichte und danken dir, daß du uns zu diesem Stande ordentlicherweise berufen hast, mit demütiger Bitte, du wollest uns im selbigen von Anfang bis zu Ende gnädig schützen, beschirmen und bewahren. O Herr Gott, himmlischer Vater, neige deinen Himmel und fahre herab und segne uns an Leib und Seel. O Herr Jesu Christe, unser himmlischer Bräutigam, erscheine bei unserer Hochzeit mit deiner Gnade, wie du auf der Hochzeit zu Kana erschienen bist. O Herr Gott, Heiliger Christ, entzünde unsere Herzen mit dem Feuer der keuschen, inbrünstigen, ehrlichen Liebe und mache Wohnung in uns. O getreuer Gott, einig in Wesen, dreifaltig in Personen, bewahre und segne unsern Ausgang und Eingang; denn was du, Herr, segnest, das ist und bleibet gesegnet ewiglich. Amen!"

O selig Haus, o unverrücktes Leben,
Das wie ein Kranz die Gottesfurcht umflieht,
Es strömen seine Wellen sanft und eben
Bei Sturmensdunkel wie bei Sonnenlicht,
Denn vor dem stillen Zauber, der ihm eigen,
Beginnt der Sturm selbst ehrfurchtsvoll zu schweigen.

Kann je ein Herz sich recht zum zweiten finden,
Wo nicht zumal an Gottes Herz sie ruhn?
Der Geister Vater muß die Geister binden,
Soll sich vermählen Denken, Wollen, Tun.
Zwei Knospen ja sich nur herzinnig küssen,
Wenn sie an einem Stengel beid' entsprießen.

Fürwahr, das Haus muß stiller Friede zieren,
Darin Ein Wille ganz allein gebeut,
Hier die Befehle selbst, dort das Vollführen,
Und zu dem allen auch die Kraft verleiht!
Da sieht man in der Erde Regionen
schon jetzt wie Engel beieinanderwohnen!

O selig Haus, o unverrücktes Leben,
Das wie ein Kranz die Gottesfurcht umflieht,
Laßt uns zuerst dem Herrn das Herz ergeben,
Eh es an Menschen sich in Liebe schmiegt;
Und stünd' in uns der Quell der Liebe stille,
So liebt man sich aus Seiner Liebe Fülle!

Darauf nochmals Hand und Wort zum ehelichen Bunde

als Dein ewig getreuer
F. W. Dörpfeld

Dies ist D.s letzter Brief vor der Vermählung zu Pfingsten 1851. In schlichten Worten gibt er seiner Liebe noch einmal Ausdruck. Ausführlich zitiert er Bibelworte und Gesangbuchstrophen und macht damit das Fundament des gemeinsamen Ehestandes deutlich.

30
An Christine Dörpfeld, Barmen

Bremen, 14. September 1852

Meine herzlich geliebte Tinchen.

In der Eile muß ich suchen, meinem Versprechen, Deinem Wunsche und auch meinem Verlangen nachzukommen, Dir einige Worte aus der Reichsstadt Bremen zu schreiben.

Wir, d.h. Herr Selbach, Herr Grote und ich sind am Sonntagmorgen um 9 1/2 Uhr glücklich und wohlbehalten hier angekommen. Auch die Nachtstour ist mir besser bekommen, als ich erwartet habe. Den ganzen Sonntag hindurch war ich ganz frisch und munter, wozu natürlich die freundliche Aufnahme und Behandlung, die uns in der Familie Bagelmann zuteil wurde, nicht wenig beitrug. Gegen 12 Uhr mittags fuhr die ganze Gesellschaft in einem eigens gemieteten Omnibus hinaus nach dem eine Meile entfernten Landhause. Dort wurde die Mittagsmahlzeit gehalten und dann am Nachmittage der Einweihung eines neuen Rettungshauses beigewohnt, das in der Nähe jenes Landhauses liegt. In letzterm wurde dann der Abend mit Gespräch, Singen und Musizieren zugebracht und gegen 9 Uhr die Rückfahrt zur Stadt angetreten. Herr Bagelmann hat im ganzen sieben Gäste; außer den drei genannten sind noch hier die Herren Keuchen, Vater und Sohn aus Unterbarmen, Pastor Balke aus Rheydt und Stefann aus Lemgo. Der gestrige Tag wurde mehr in gemütlicher Weise in der Familie verbracht; am Nachmittag haben wir uns die Stadt und ihre Merkwürdigkeiten etwas näher angesehen.

Heute, am Dienstag, fingen die Verhandlungen des Kirchentages an. Pastor Mallet von hier hatte die Festpredigt; Text: Ev[angelium] Joh[annis] 17, 19–20. Teile: 1. Umfang, 2. Inhalt, 3. Segen dieses Gebetes des Herrn für seine Gemeinde. Darauf kam der Bericht des Vorstandes durch von Bethmann Hollweg – dann eine Besprechung über das Wesen und die Ordnung des Hauptgottesdienstes in der evangelischen Kirche – dann über die Einführung oder vielmehr Wiedereinführung der Privatbeichte als Vorbereitung zur Abendmahlsfeier. In der Besprechung über diesen Punkt kamen die Lutheraner und Reformierten in Streit. Die letztern wiesen, durch Mallet, Treviranus und Ball vertreten, Beichte, Absolution und Beichtvatertum vom reformierten Boden weg. Mallet sagte unter anderm: Es ist ein Mensch auf der Welt, der sich Heiliger Vater nennt. Man kann nur sagen, Gott vergebe ihm die Sünde. Wenn jemand in der evangelischen Kirche sich einen Beichtvater nennt, so scheint's mir, als ob da auch etwas vergeben werden müsse.

Das waren die Verhandlungen des heutigen Tages, und damit muß auch meine Mitteilung zu Ende gehen. Ich sitze jetzt mit Pastor Dürselen und Grote auf einem Zimmer im Gasthofe; jeder schreibt an seine Frau. Dürselen ist bereits fertig und drängt zu Eile. Da will [ich] nur noch sagen, daß ich nicht mehr mit solcher Ruhe und Gemächlichkeit die Tage verbringen kann, als ich es in Stuttgart konnte. Mir fallen immer meine liebe Tinchen und meine kleine Anna ein. Daß Du an mich denkst, weiß ich ja auch. Nun, so Gott will, bin ich bald wieder bei Euch und in der Heimat.

Der liebe Gott sei mit Euch und den Angehörigen und mit mir. Wahrscheinlich reise ich am Samstag wieder zurück. Die andern wollen zwar nach Hamburg, ich werde aber wahrscheinlich nicht mitgehen. Ich habe schon jetzt fast das Heimweh zu Dir und meiner Kleinen.

Seid mir herzlich gegrüßt, auf baldiges Wiedersehen.

Dein getreuer
F. W. Dörpfeld

NS: Der junge Herr Ufer reist morgen nach Hause und nimmt mehrere Briefe bis Barmen mit.

D., der bereits an den Kirchentagen in Stuttgart (1850) und Elberfeld (1851) teilgenommen hatte, gehörte zu den etwa tausend meist in Bremer Privatquartieren untergebrachten Kirchentagsbesuchern. Er vertrat den Evangelischen Lehrerverein, der dem Centralausschuß für Innere Mission korporativ angehörte. Die I. M. wiederum zählte zu den Hauptträgern der 1848 ins Leben gerufenen Kirchentage (Vgl. Kurd Schulz, Die Kirchentage des 19. Jahrhunderts bis zum Kirchentag in Bremen im September 1852. In: Hospitium Ecclesiae, Forschungen zur bremischen Kirchengeschichte Bd. 1, Bremen 1954, S. 99 ff.; F. A. Toel (Hrsg.), Verhandlungen des fünften deutschen evangelischen Kirchentages, Berlin 1852). Ein Antrag der evangelischen Lehrerschaft, in Bremen von Franz Ludwig Zahn und Philipp Wackernagel vorgetragen, einen Verhandlungstag der Kirchentage der Schule und ihren Problemen zu reservieren, wurde abgelehnt. Das Interesse für die Kirchentage nahm bei den Lehrern, auch bei D., daraufhin spürbar ab. (Vgl. Geschichte des Vereins evangelischer Lehrer und Schulfreunde für Rheinland und Westfalen. Düsseldorf 1898, S. 19). Die Schulfragen wurden in der Folgezeit meist in Sonderkonferenzen der Lehrer erörtert. Siehe Brief 33. – Briefbogen mit Blindprägung „Stadt Frankfurt J.F.K. Bremen". Ohne Datum, nur mit der Angabe „Dienstagabend 6 Uhr".

31

An Christine Dörpfeld, Wermelskirchen

Barmen, 1. August 1853

D. kündigt seiner mit dem Töchterchen Anna bei den Eltern weilenden Frau an, sie am nächsten schulfreien Mittwochnachmittag abzuholen.

32

An Christine Dörpfeld, Kamphausen

Wermelskirchen, 2. September 1853

D. nützt die Kartoffelferien zu Besuchen und Wanderungen im Niederwuppergebiet und will seine Frau am kommenden Wochenende aus dem Jülicher Land heimholen.

33

An Christine Dörpfeld, Wermelskirchen

Frankfurt, den 24. September 1854

Liebe Tinchen.

Wie mag es Dir und den lieben Kinderchen gehen? Hoffentlich seid Ihr alle zusammen recht wohl. Ich selbst bin auch ganz wohl und gesund. Auf dem Wege hierher wurde hie und da von der Cholera gesprochen; hier am Orte hört man nichts mehr davon. Meine Herreise ist im ganzen gut abgelaufen, nur habe ich der leidigen Stiefel wegen einiges leiden und anderes entbehren müssen.

Als ich am Mittwoch in Opladen ankam, war mein Fuß wieder mit Blasen versehen. Nichtsdestoweniger habe ich aber in Köln noch den Dom gesehen in Gesellschaft Herolds, den ich auf der Eisenbahn traf und der eine Tour ins Siebengebirge machen wollte. Auf dem Dampfschiffe, das um acht Uhr von K[öln] abfuhr, traf eine gute Zahl Kirchentagsleute zusammen: Zahn, Dürselen und noch viele andere vom Niederrhein. Um drei Uhr nachmittags (Donnerstag) kam ich in Frankfurt an und wurde von Löwenstein am Bahnhofe in Empfang genommen. Mein erster Gang war in einen Schuhladen, wo ich mir ein Paar neue Schuhe kaufte, die mir nun sehr gute Dienste tun. Daß ich keinen neuen Unterrock gekauft, hat mir noch nicht leid getan. Es ist hier so mildes Wetter, daß niemand einen Unterrock anzieht. Auch auf dem Rhein habe ich gar nicht gefroren.

Es ist jetzt Sonntag. Zwei Tage sind um, zwei folgen noch nach. Gestern wollte ich schreiben, bin aber leider nicht dazu gekommen; und jetzt ist's schon Sonntagmittag zwei Uhr. Da wirst Du gewiß auf einen Brief gewartet haben. Es tut mir nur jetzt auch recht leid, daß ich nicht gleich nach meiner Ankunft wenigstens eine kurze Notiz über die glückliche Reise Dir zugeschickt habe. Doch hoffe ich, Du wirst Dir durch ängstliches Sorgen um mich die Ferien nicht haben verderben lassen: Sorget nicht! spricht die Schrift; alle eure Sorgen werfet auf Ihn, Er sorget für euch!

Das Alleinreisen behagt mir gar nicht mehr; in den schönen Rheingegenden mußte ich immer denken: könnte doch Deine liebe Tinchen die schönen Aussichten auch genießen, so hättest du dreimal soviel Freude! Ich glaube jetzt auch, daß ich nicht mehr ohne Dich eine größere Reise machen werde. Kannst Du nicht mitgehen, so gehe ich auch nicht. Ich habe auch schon wieder das Heimweh. Im Gewühl des Tages fällt es mir freilich nur dann und wann ein; sobald ich aber allein bin, so fällt es mir so schwer aufs Herz, daß ich meine, ich müßte sogleich schon aufbrechen. Leider kann ich vor dem letzten Tage nicht fortkommen; die Lehrerkonferenz ist gerade auf den letzten Morgen verlegt. Solange muß ich aber wohl aushalten; Du also auch. Gedenke mein in Deinem Gebet, so werde ich unter Gottes Schutz und Schirm sicher zu Dir heimkehren und zu meinen lieben Kinderchen. Der Herr segne und behüte Euch allezumal.

Gruß und Kuß von Deinem getreuen

F. W. Dörpfeld

Auf der andern Seite ist etwas, das Du dem Vater vorlesen kannst! Von den drei Hauptvorträgen, die aber sämtlich in ihrer Art ausgezeichnet waren, namentlich der erste von Hoffmann, will ich über den letzten von Prof. Steinmeyer über die Kindertaufe ein paar Punkte anführen. Der Vortragende brachte so eigentümliche und neue Ansichten über die Bedeutung, d.h. über das Wesen, die Wirkenskraft der Taufe vor, daß alle Welt fast stutzig wurde.

„Der alte Bund hatte nur Zeremonien, Symbole, der neue hat keine Symbole, sondern Sakramente; dort ist nur Bild und Schatten, hier Wirklichkeit, Wesenheit, wirkliche Kräfte. Die Beschneidung war Symbol und Siegel, die Taufe ist weder Symbol noch

Siegel; sie hat zwar eine symbolische Seite, ist eine zeremonielle Predigt, aber das ist nicht ihr Wesen. Siegel ist sie ganz und gar nicht, so wenig wie das Abendmahl ein solches ist. Nur der heilige Geist wird Siegel genannt. Alle Stellen der Heiligen Schrift, die von der Taufe reden, bringen das Absterben des alten Menschen damit in Verbindung, nicht aber das Auferstehen des neuen Menschen. Die lutherische Dogmatik ist falsch, die in der Taufe eine Mitteilung des Geistes sieht; die reformierte ist falsch, die darin ein Siegel sieht. Die Taufe ist bloß das Töten des alten Menschen, nichts mehr; der Geist wird erst den Glaubenden gegeben, für die auch das Abendmahl ist usw."

Der im Mittelalter nicht vollendete Kölner Dom wurde zwischen 1842 und 1880 fertiggestellt. – Als Unterrock ist hier ein unter dem Mantel (Gehrock oder Paletot) zu tragendes Jackett gemeint. – Vgl. die Verhandlungsprotokolle des Frankfurter Kirchentages und Brief 30. – Christine D. weilte bei ihren Eltern in Wermelskirchen.

34
An Adolph Hollenberg, Holthausen

Wupperfeld, 31. Januar 1855

Lieber Hollenberg.

Glücklicherweise habe ich einen Stellvertreter für August. Ein junger Mensch, der Lehrer werden will, ist hier in meinem Bezirk und war bis dahin mein Schüler. Er ist im ganzen gut vorgebildet, wenn auch in bezug auf die Praxis noch ungeübt. Von Statur ziemlich groß und kräftig und von seinem Charakter ein offener, unbefangener, ehrlicher Mensch, dazu sehr braver Leute Kind. Bei der nächsten Gehilfenprüfung wird er wohl sein Gehilfenzeugnis holen können. Ich hatte schon mit Hindrichs die Verabredung getroffen, daß er im nächsten Sommer dorthin ziehen soll. Da man aber nicht wissen kann, was der liebe Gott mit unserm guten H. vorhat, so würde es mir auch recht sein, falls Ihr Euch beiderseits verstehen könnt, wenn er bei Dir bliebe. Ich glaube, daß aus dem Jungen ein wackerer Mann werden kann, darum möchte ich ihn gerne in guten Händen haben, wo er etwas Tüchtiges lernen kann und vor schädlichem Einfluß möglichst bewahrt wird. Ich würde Dir schon am Dienstag geschrieben haben, aber gestern wurde unser Fräulein Geibel ernstlich krank. Mein Aspirant mußte also vor der Hand deren Stelle vertreten. Da es sich mit jener aber gebessert hat, so glaube ich, ihn Dir hiermit zusagen zu können. Schreibe nur flugs wieder, wann er eintreten soll.
Sein Vater wird ihn Dir also dann selbst zuführen. Sollte er vielleicht durch verzögerte Genesung des Fräulein Geibel ein paar Tage später kommen, was ich übrigens nicht hoffe, so wird Dich das doch nicht so sehr in Verlegenheit setzen.

Mit herzlichem Mitgefühl habe ich die beiden üblen Nachrichten über August und über Deine liebe Frau erfahren. Ersterer muß wohl in Geduld sein Geschick tragen; wohl ihm, wenn er in Josephs Sinn sein Joch in der Jugend tragen lernt; es hat eine große Verheißung. – In Ansehung des Letzteren kann ich Dir nur das Wort in Erinnerung bringen: Der Herr hat Gefallen an denen, die ihn fürchten und auf seine Güte hoffen. Darum: Opferet Gott Dank und bezahlet dem Höchsten Eure Gelübde und rufet ihn an in der Not, so wird er Euch erretten, und Ihr werdet ihn preisen.

Mir und meiner Familie geht es Gott sei Dank wieder.
Gott zum Gruß!

Dein
F. W. Dörpfeld

Mein Klient heißt: Friedrich Rumscheidt. Der Vater Caspar R. ist Sattler, ein echter Markaner, mit gottesfürchtigem Sinn ohne viele Worte.

Hollenberg hatte D. nach einem Schulgehilfen (Aspirant) gefragt, der vor seinem Eintritt ins Seminar eine Zeitlang an seiner Schule tätig sein könnte.

D. nannte Friedrich Rumscheidt, der gerade sein 16. Lebensjahr vollendet hatte. Sein Vater, ein „echter Markaner", stammte aus der Grafschaft Mark.

35

An Adolph Hollenberg, Holthausen

Wupperfeld, 28. Februar 1855

Lieber Hollenberg.

In Eile muß ich mir eine kurze Anfrage erlauben. Infolge Deines letzten Briefes habe ich mit dem fraglichen jungen Mann gesprochen und ihn zur Übernahme des angebotenen Postens willig gemacht. Da ich voraussetze, Du würdest in der Lage sein, diese Aushilfe willkommen heißen zu müssen, so hat er sich auf meinen Wunsch zu einer baldigen Abreise bereit gemacht und wartet jetzt tagtäglich auf nähere Nachricht. Sie bleibt aber aus. Du mußt nur so gut sein, baldmöglichst zu antworten, wie es mit der Sache steht, ob Du ihn gebrauchen kannst, also ob Du bereits anderweitige Hilfe gefunden hast.

Wie geht es Deiner Frau? Hier in meinem Hause ist zur Zeit alles wohl. Am Sonntag war Grunerts hier. Er ist etwas besorgt für seinen neuen Posten, da man ihm von mehreren Seiten mit den Mülheimer Redensarten: Ech schnitt dich den Hals af; schmiet dich in die Ruhr usw. Angst gemacht hat. Ich habe nur immer gedacht, die Mülheimer seien zwar etwas rauh, aber doch gutmütig. Wie geht's Dir mit ihnen?

Mit herzlichem Gruß

Dein
F. W. Dörpfeld

F. Rumscheidt ist bereit, die Aushilfsstelle bei Hollenberg anzutreten. Siehe Brief 34.

36

An Theodor von Thrämer, Halle a.d. Saale

Barmen, 25. Juli 1857

D. teilt dem Vorsitzenden des Deutschen Evangelischen Schulvereins mit, daß er im neuen EvSchBl gelegentlich auch von der Zweckbestimmung dieses Vereins, der „Kräftigung deutscher Volksart auf christlicher Grundlage", zu schreiben gedenke. Er bittet, dabei die Zirkularkorrespondenz des Vereins verwenden zu dürfen, „ohne die Quellen zu nennen".

37

An unbekannt

Barmen, etwa 1857

[. . .] Sollten Sie vielleicht noch fragen, wie mein persönlicher Standpunkt, außer meiner Redakteurstellung, beschaffen sei, so will ich auch darauf, so gut es in der Kürze geht, mit deutscher Offenheit Antwort geben. Mit Taulerus und Thomas von Kempen bin ich gut katholisch, mit Dr. Luther und Johann Arndt gut lutherisch, mit Tersteegen gut reformiert und mit Melanchthon, Spener, Bengel und Oetinger gut unionistisch; kurz: ein guter deutscher evangelischer Christ.

Es könnte wohl sein, daß gerade diese meine hinsichtlich der historischen Bekenntnisse nicht scharfe, übrigens aber klare und entschiedene persönliche Stellung, die den nächstverbundenen Mitarbeitern bekannt war, unter des großen Gottes Barmherzigkeit mit dazu beigetragen hat, daß so verschiedene Geister zu einem gemeinsamen Werke sich haben zusammenfinden lernen und daß dieses Werk bisher unter Gottes Segen so wohl gediehen ist. Wir Menschenkinder sind freilich arme Sünder und wissen gar nicht viel; aber mit Gott können auch wir Taten tun [. . .]

[F. W. Dörpfeld]

Die Briefstelle wird oft zitiert, wenn D.s Ablehnung einer engen konfessionellen Ausrichtung gekennzeichnet werden soll. Am Schluß Bezugnahme auf das „Abendlied" von Matthias Claudius.

38
An Johann Heinrich Schüren, Osnabrück

Barmen, etwa 1857

[. . .] Ein Blatt, das so angelegt ist wie das unsrige, hätte unter diesen Umständen eine große Aufgabe. Auch sind – wenn ich von meiner Person absehe – alle Bedingungen zu einem gesegneten Erfolge vorhanden. Es ist in den Händen eines praktischen Lehrers und ganz frei nach allen Seiten hin; praktische Lehrer, sofern sie anders tüchtig sind, können nach Bedürfnis zum Wort kommen. Die Mitarbeiterschaft ist mannigfaltig: Die Universität und das Gymnasium, die Realschule und die höhere Töchterschule, die Schulverwaltung und die Kirche, das Lehrer- und Lehrerinnenseminar und die Elementarschule sind in würdiger Weise vertreten. Mit des Herrn Wort: „So ihr nicht umkehret und werdet wie die Kinder etc." ist dem Schulstande, der berufsmäßig die Aufgabe hat und tagtäglich die Mahnung empfängt, umzukehren und wie die Kinder zu werden, für die Entwickelung des Reiches Gottes eine große Verheißung gegeben. Sporadisch ist diese Verheißung wohl hie und da zur Erfüllung gekommen z.B. beim Präzeptor Bengel, der schwerlich in einer pfarramtlichen Wirksamkeit das geworden wäre, was er im Präzeptorat geworden ist. Aber im großen und ganzen ist die Schule und speziell die Volksschule in eine originale Wirksamkeit für die Kirche noch nicht eingetreten. Die moderne Volksschule hat sich von den traditionellen Ideen und Gewohnheiten ihrer rationalistischen Jugendzeit und den zweideutigen Umarmungen des Staates noch nicht los und frei machen und auf ihre ureigene Aufgabe samt Verheißung besinnen können. Wenn einmal dieser Prozeß vollzogen und die Schule in dem Kern ihrer Diener innerlich mit Haus und Kirche stets vereinigt sein wird, kraft der innersten Vereinigung mit dem „Haupte der Gemeinde", dann wird die Verheißung des Herrn über die Schule allen sehenden Augen offenbar werden; dann werden, um nur eins zu nennen, die Väter der Kirche einsehen lernen, daß sie mit ihrem „Religionsunterricht" seit fast 200 Jahren so gut wie nichts gelernt haben, dann werden auch die Herzen dieser Väter sich zu den Kindern bekehren und sich erneuern, erfrischen, verjüngen lernen. Vermöge dieser Anschauung ist es bisher meine Hauptsorge gewesen, das Schulblatt so zu dirigieren, daß es an seinem geringen Teil dahin wirke, damit einmal ein Kern im Lehrerstande sich auf seine originale Aufgabe und deren Verheißung besinnen und mit klarem Blick und festem Willen dafür eintreten möge. Darum habe ich die peripherische Schulpraxis etwas zurücktreten lassen und möglichst solche Arbeiter zu bekommen gesucht, die sich in der Nähe des Zentrums halten und da Licht verbreiten helfen. Mögen manche derselben nach Form und Inhalt noch vielen Lehrern an den Ohren vorbeigehen oder nicht genug handliches Material darbieten. Das darf mich nicht anfechten: ich bin wenigstens dem guten Willen nach auf dem sichern Wege, den „Meister" Spener angepriesen und den der noch größere Meister (welcher nicht mit viel Volks, sondern mit seinen Siebzigen und Zwölfen angefangen hat, „alle Welt" zu lehren), klärlich vorgewandelt hat, nämlich auf dem: eine ziemliche Anzahl von wahrhaft nach Christo gesinnten tüchtigen Lehrern zu einem Kern sich zusammenfinden zu lassen. [. . .]

[F. W. Dörpfeld]

D. äußert eine häufig wiederkehrende Vorstellung über eine Schule, die Religionsunterricht in pädagogischer Verantwortung erteilt. In der Ablehnung der „Umarmungen" von Staat und Kirche und Hinwendung zur wahren Botschaft des Evangeliums glaubt er mit dem Osnabrücker Seminardirektor und Schulinspektor Schüren einer Meinung zu sein. Er hofft, ihn zur Mitarbeit am EvSchBl zu gewinnen.

39
An Wilhelm Stern, Karlsruhe

Barmen, etwa 1857

[. . .] Fürs erste möchte ich Sie herzlich und dringend bitten, mir in meiner Eigenschaft als Redakteur mit einigen Winken und Ratschlägen aus Ihrer reichen Erfahrung zu Hilfe zu kommen. Ich habe den Redaktionsposten nicht gesucht, er ist mir von den mitverbundenen Freunden aufgedrängt worden; nach langem Sträuben habe ich endlich in Gottes Namen die Sache in die Hand genommen. Des „kleinen Knaben" Salomo Gebet ist mir dabei gut zustatten gekommen. Der Herr hat auch bis dahin gnädiglich geholfen. Aber ich sehne mich doch manchmal recht sehr danach, auch einmal Urteil und Rat von ferner stehenden, einsichtigen Schulmännern vernehmen zu können. Aus dieser Sehnsucht heraus bitte ich denn: Sagen Sie mir gütigst Ihr Urteil über unser Werk! Sagen Sie, wo wir nach Ihrer Ansicht den rechten Weg eingeschlagen haben! Tadeln Sie, wo die Richtung verkehrt ist, wo wir bessern müssen [. . .]

[F. W. Dörpfeld]

In der Osterzeit 1857 nahm der Plan des Evangelischen Lehrervereins für Rheinland und Westfalen, eine eigene Zeitschrift zu gründen, feste Formen an. Damals trafen sich in Duisburg Provinzialschulrat Landfermann, Hauptlehrer Kötter und Oberlehrer Hülsmann (als Gastgeber) mit D. und redeten ihm zu, die Redaktion zu übernehmen. Die erste Nummer erschien im Juli 1857 (Ca 337 f., 407).

40
Briefwechsel (Zirkularkorrespondenz) des Deutschen Evangelischen Schulvereins

Barmen, etwa 1857

[. . .] Ich fühle mich durchaus außerstande, über die vorliegenden Thesen [betr. „deutsches Gemüt und Gewissen", „das innere Wort", durch das der Herr sich dem Menschen bezeuget und worin v. Thrämer gewissermaßen den Mittelpunkt oder die Spitze des deutschen Seelenwesens, der deutschen Volksnatur fand!] mir ein genügend klares Urteil zu bilden. Der Gegenstand dünkt mich so kolossal – und die §§ sind so kurz! Riehl hat über die Eigentümlichkeit der deutschen „Familie" ein ganzes Buch geschrieben, und hier sollen die Besonderheiten des ganzen deutschen Volkslebens bzw. Volkssinnes in einige Sätze zusammengedrängt werden! Das Streben selbst, den deutschen Volkssinn sich begrifflich klarzumachen, ist natürlich nicht zu tadeln; es ist an sich berechtigt und hat überdies in der Erziehung ein praktisches Ziel. Aber mir gefällt es nicht, wenn es auf „Satzungen" darüber hinaus soll; das ist gefährlich, leben- und freiheitsmörderisch, selbst in den besten Händen.

[Es folgt hierauf eine längere Bemerkung, wie auch die „Satzungen der kirchlichen Symbole" und der Dogmatiker, wenn sie auch beschützend und bewahrend gewirkt haben mögen, doch bei weitem mehr wirkliches Leben erstickt und verkümmert haben.]

Alles Leben ist viel zu beweglich, vielgestaltig und mannigfaltig, als daß es je gelingen sollte, es in einem Netze von Begriffen zu fangen und zu umspannen. Also: Keine deutsch-psychologisch-pädagogischen „Satzungen"! Eine Sammlung echt deutscher Lebensbilder von Männern und Frauen aus den verschiedensten Ständen und Zeiten würde ein sicherer und besserer Lehrer, Spiegel und Pfleger deutschen Sinnes sein als die rundesten, wahrsten, toten Thesen und Paragraphen einer deutschen Pädagogik [. . .]

[F. W. Dörpfeld]

Der Deutsche Evangelische Schulverein wurde im Anschluß an den evangelischen Kirchentag in Berlin 1853 gegründet, wo sich der Gymnasiallehrer und Theologe Theodor von Thrämer für eine „entschieden nationale wie evangelische Erziehung" der deutschen Jugend ausgesprochen hatte. Das Programm gründete sich „auf das Bewußtsein von dem weltgeschichtlichen Berufe des deutschen Volkes" und forderte die Bewahrung eines schriftgemäßen Bekenntnisses, Unterstützung der Lehr- und Missionsarbeit an fremden Völkern sowie das Studium des „eigentümlichen deutschen Elementes". D. wurde 1855 Mitglied.

Th. v. Thrämer war bis zu seinem Tode am 30.9.1859 Ordner, d.h. Vorsitzender und leitete eine „Zirkularkorrespondenz" unter den Mitgliedern, die die Stelle einer Vereinszeitschrift einnehmen sollte. D., von 1860 bis 1893 Vizeordner des Vereins, befürchtete 1857 Gefahren von dem Versuch v. Thrämers, bestimmte Aussagen über das deutsche Gemüt und Gewissen in „Satzungen" zu pressen. Leben und Freiheit erschienen ihm dadurch gefährdet. An anderer Stelle (Brief 46) setzt er diese Kritik fort, indem er den Verein solidarisch mit bestimmten Richtungen des Konservativismus und der Reaktion sieht. Eine geistes- bzw. sozialgeschichtliche Würdigung des Vereins fehlt. Die oben wiedergegebenen Zitate sind dem von einem ungenannten Autor verfaßten „Beitrag zur Kenntnis des Vereinswesens auf dem Gebiet der Erziehung und der Schule", in EvSchBl 15 (1871), S. 159 ff, entnommen. Vgl. Lettau, von dem auch die Einfügung in eckige Klammern stammt.

41

An Peter Diehl, Dortelweil

Barmen, 21. Februar 1858

Geehrter Herr Kollege.

Ihr Aufsatz über die Wahrsagerin von Endor ist mir im Laufe des vorigen Monats zugegangen. Sie wollen gütigst entschuldigen, daß ich erst jetzt Bescheid gebe.

Ihre Arbeit habe ich mit Interesse gelesen und zwar mit umso größerem – bitte, meine Worte im reellen Sinne zu nehmen –, als das Endresultat der Erörterung mit meiner Anschauung von der Sache nicht übereinstimmt. Aus meinen gelegentlichen Äußerungen im ‚Schulblatt' werden Sie entnommen haben, daß ich ein Feind aller Uniformierung und Nivellierung bin, aber ein Freund des Originellen und der Originale, versteht sich: der

Originale, die aus dem Urbild der Menschheit gezeugt und geboren sind. So bin ich gelehrt. Unter den Pflanzen, die der himmlische Vater gepflanzt hat, ist Verschiedenheit und Mannigfaltigkeit nicht trotz, sondern wegen des einen Ursprungs ein charakteristisches Kennzeichen. Wenn alle Leute just dächten wie ich, so wäre mir die Welt über die Maßen langweilig. Überdies freue ich mich auch in der Erwartung, daß Ihr Aufsatz die Geister und Gedanken recht kräftig regen und eine förderliche Verhandlung in unserm Blatte veranlassen wird.

Wann Ihr Manuskript in die Druckerei wandern wird, kann ich einstweilen noch nicht sagen. Als Redakteur muß ich allerlei berücksichtigen. Hier kommt hauptsächlich in Betracht, daß der Leserkreis sich noch nicht gehörig abgegrenzt hat und darum auf die andersgesinnten Leser einige Rücksicht genommen werden muß. Überdies ist vom Religionsunterricht bis dahin nur peripherisch die Rede gewesen. Wollte ich nun mit einem Aufsatz kommen, der – nach seinem Ausgangspunkt – das Zentrum des christlichen Schulunterrichts nicht berührt, so würden manche Leser, gelinde gesagt, etwas stutzig werden. Darum werde ich ihn vorderhand noch zurückhalten; aber, so Gott will und wir leben, soll er Platz finden. Ich denke, Sie werden damit zufriedensein, zumal Sie sich versichert halten dürfen, daß nicht die Scheu vor irgendwelcher Nachrede – die kümmert mich wenig – sondern nur die Rücksicht auf eine möglichst gesegnete Einwirkung der Zeitschrift mich leitet.

Ihr Anerbieten zu gelegentlicher Mitarbeit an unserm Schulblatt nehme ich mit Dank entgegen und glaube nach der ersten Probe versichern zu dürfen, daß Ihre Beiträge willkommen geheißen werden können. Wie ich den Lehrerstand und ein Schulblatt ansehe, muß ich denken, daß jeder Schulmann, dem ein Ohr für die Wahrheit von oben und ein Auge für die Beobachtung dessen, was während seiner Arbeit im besonderen und während seines Lebens im Amt überhaupt vorgeht, geworden ist und der seine Gedanken erträglich richtig zu Papier bringen kann, recht fruchtbare Beiträge für ein Schulblatt zu liefern imstande ist. Umso mehr, wenn noch besondere Begabung in irgendeinem Grade und besonders geeignete Umstände dazu finden. Erneuern Sie also recht bald Ihre Zusendung.

Damit es Ihnen aber nicht wieder begegne, daß eine Arbeit auf längere Zeit des Abdruckes harren müsse, erlaube ich mir, Ihnen noch einige Bemerkungen und Bitten zu geneigter Erwägung anzuführen.

Meine Losung als Schulmann und Redakteur ist: Rückkehr resp. Fortschritt von der Pädagogik der Phrasen zu der Pädagogik der Erfahrung und der Kraft. Der Geist der naturalistischen, formalistischen pädagogischen Redensarten fährt aber vor andern Redensarten, und wären es auch christliche, nicht aus; er fürchtet sich nur vor christlichen Geistern und ihren Taten. Dadurch ist indiziert, daß in der Literatur die Mitteilung von Tatsachen, von wirklichen Erfahrungen und Beobachtungen von höchstem Werte und entscheidender Bedeutung sind. Zu näherem Verständnis dessen, was ich meine, erlaube ich mir, auf den Schluß des ‚Semester-Schlußwortes' in Nr. 1 d.J. zu verweisen. Die Form solcher Mitteilungen aus der Erfahrung kann sehr mannigfaltig sein. Vergleiche die Proben in Nr. 1 und die ‚Kleinigkeiten' von Brandt in Saarbr[ücken]. Je kürzer und abgerundeter solche Aufsätze sind, desto besser können sie verwertet werden. Langstilige Abhandlungen der H[ochwürdigen] H[erren] Methodenreiter, der Lehrgangs- und Schulbuchfabrikanten und ähnlicher Skribenten sind für eine Redaktion eine wahre Pein und Plage. Solch Material ist im Überfluß zu haben. Umso teurer und seltener ist das gewünschte. Möchten Sie mit solchem uns erfreuen können: ich würde es dreimal willkommen heißen. Sie müssen indessen den Terminus ‚Mitteilungen aus der Schularbeit' nicht gar zu eng fassen. Ich verstehe darunter das Lehrerleben nach seinen verschiedensten Beziehungen: das Leben unter den Kindern, in der eigenen Familie, das Verhältnis zu den Eltern der Schüler, zu den Kollegen (Konferenzen), zu den Schulbehörden (Pastoren) etc. Die ‚Mitteilung' fasse ich ebenfalls nicht als trockene Darstellung einer Tatsache, sondern denke mir je nach Belieben des Verfassers noch allerlei Bemerkungen und Reflexionen hinzu.

Als wertvolles Material nenne ich in zweiter Linie: Thesen und Fragen aus dem unmittelbaren, frischen, warmen Leben herausgeboren; Fragen, die einem auf dem Wege der Schriftforschung, in der Schularbeit, bei psychologischen Beobachtungen etc. aufgestoßen sind. Derartiges wird immer bei mir die freundlichste Aufnahme finden. Machen Sie recht bald die Probe.

Das sind meine Bemerkungen. Nun die Bitten. Die erste + geht auf eine Beschreibung des dortigen Schulwesens, seiner rechtlichen Verhältnisse und seiner faktischen Zustände. Beispielsweise erinnere ich an die Aufsätze im vorigen Jahrgang über ‚die Schulverhältnisse in der Provinz Sachsen' und an die Mitteilungen aus Amerika, deren Fortsetzung in der nächsten Nummer folgen wird. Jener Bericht ist in seiner Art musterhaft; da es aber viele Leser gibt, die für eine Vergleichung der Schulverhältnisse noch kein Sensorium haben, so ist es geraten, solche Beschreibungen durch eingestreute kurze Bemerkungen, anekdotenartige Vorfälle etc. zu illustrieren und zu veranschaulichen. Sie wohnen auf einem Territorium, das in dieser Hinsicht ganz besonders gelegen ist. Einerseits haben Sie das Frankfurter Schulwesen, wie in Stadt und Land sich scheidet, vor Augen, und dann können Sie auch auf Darmstädtisches, Nassauisches und kurhessisches Schulgebiet vergleichende Blicke tun. Ich bitte herzlich und dringend, eine solche Arbeit ins Auge fassen zu wollen. Ich habe Grund, auf derartige Berichte ein bedeutendes Gewicht zu legen. Sie brauchen sich nicht sofort Feder und Papier bereitzulegen. In einigen Tagen werde ich Ihnen eine Zusammenstellung von Fragen als Winke und Anhaltspunkte für das, was ich zu wissen wünsche, zuzusenden mir erlauben. Sobald diese Ihnen zugegangen sind, wollen Sie sich baldmöglichst an die Arbeit machen. Damit Gott befohlen!

Entbieten Sie gef. einen freundlichen Gruß an Ihren Kollegen H[er]rn Loewenstein und seinen H[er]rn Vater. Sagen Sie ersterem, es würde mich freuen, wenn er bald etwas von sich hören ließe.

Mit freundlicher Begrüßung
Ihr
F. W. Dörpfeld

+ die andern verspare ich bis zur nächsten Gelegenheit

Der Brief eröffnet eine Korrespondenz, die erst mit D.s Tod endet. Von D. sind 43 Schreiben, von Diehl 24 erhalten. Außerdem befinden sich in diesem Briefwechsel der Prospekt vom Mai 1857, mit dem das EvSchBl angekündigt wird, ein gedrucktes Anschreiben, das Werbeexemplaren beigefügt wurde, mit einem Verzeichnis aller Mitarbeiter (1864) sowie das umfangreiche Rundschreiben „An die geehrten Mitarbeiter und Freunde des Ev. Schulblattes" (1865).

Ähnliche Hinweise finden sich in diesem Brief, in dem D. Vorstellungen zum Inhalt des EvSchBl entwickelt. Diehl gehört von nun an zu den regelmäßigen Autoren und nimmt sich besonders des Religionsunterrichts und der Schilderung des hessischen Schulwesens an.

Abb. 3: Dörpfelds Geburtshaus in Sellscheid. Aus dem Album der Tochter Anna zur Vollendung des 60. Lebensjahres.

Abb. 4: Das alte Schulhaus in Pohlhausen.

Abb. 5: Evangelische Kirche Wermelskirchen. Aus dem Album der Tochter Anna zur Vollendung des 60. Lebensjahres.

Abb. 6: Anna Dörpfeld pflückte diese Pflanzen vom Schulweg des Vaters und nähte sie in ihr Geburtstagsalbum von 1884 ein.

Abb. 7: Das evangelische Lehrerseminar in Moers. Aus dem Album der Tochter Anna zu Dörpfelds 60. Geburtstag.

Abb. 8: 1848 war Dörpfeld Lehrer in der Schule auf dem Heidt. Das ehemalige Schulhaus ist heute in Privatbesitz (Dörpfeldstraße 28, Wuppertal-Ronsdorf).

Abb. 9: Von 1849 bis 1860 war Dörpfeld auch Organist an der Alten lutherischen Kirche Wupperfeld.

Abb. 10: Der junge Dörpfeld etwa 1848/1849.

Abb. 11: Alte Wupperfelder Kirche. Rechts die Schule, die Dörpfeld von 1849 bis 1879 leitete.

Abb. 12: Bevor die Schwebebahn gebaut wurde, hatte man diesen Blick von der Werther Brücke nach Wupperfeld.

Abb. 13: Christine Dörpfeld geb. Keller.

Abb. 14: Dörpfeld etwa 1856.

Abb. 15: Agnes Sibylla Keller geb. Beckers 1878.

Abb. 16: Pastor Johann Wilhelm Keller 1878.

Abb. 17:
Von links: Anna (6 Jahre), Christine Dörpfeld, Agnes (einige Monate), Friedrich Wilhelm Dörpfeld, Wilhelm (5 Jahre) 1858.

Abb. 18: Der Vorstand des Rheinisch-Westphälischen Jünglingsbundes 1858. Sitzend von links Klug (erster), Grote (dritter), Dürselen (vierter), Haasen (fünfter) und Dörpfeld (sechster).

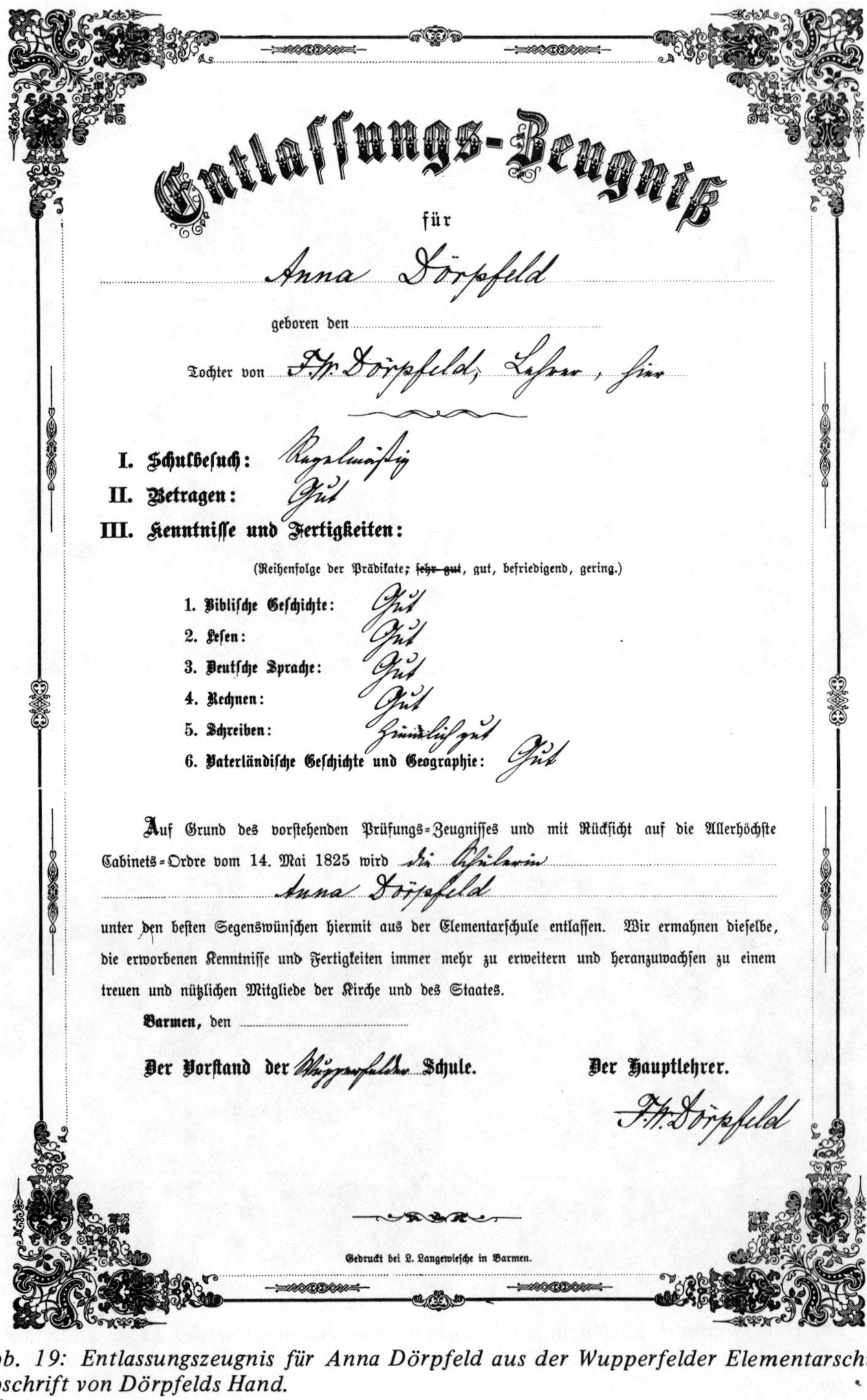

Entlassungs-Zeugniß

für

Anna Dörpfeld

geboren den ....

Tochter von F. W. Dörpfeld, Lehrer, hier

I. Schulbesuch: Regelmäßig

II. Betragen: Gut

III. Kenntnisse und Fertigkeiten:

(Reihenfolge der Prädikate: ~~sehr gut~~, gut, befriedigend, gering.)

1. **Biblische Geschichte:** Gut
2. **Lesen:** Gut
3. **Deutsche Sprache:** Gut
4. **Rechnen:** Gut
5. **Schreiben:** Gründlich gut
6. **Vaterländische Geschichte und Geographie:** Gut

Auf Grund des vorstehenden Prüfungs-Zeugnisses und mit Rücksicht auf die Allerhöchste Cabinets-Ordre vom 14. Mai 1825 wird die Schülerin Anna Dörpfeld unter den besten Segenswünschen hiermit aus der Elementarschule entlassen. Wir ermahnen dieselbe, die erworbenen Kenntnisse und Fertigkeiten immer mehr zu erweitern und heranzuwachsen zu einem treuen und nützlichen Mitgliede der Kirche und des Staates.

Barmen, den ....

Der Vorstand der Wupperfelder **Schule.** **Der Hauptlehrer.**

F. W. Dörpfeld

Gedruckt bei L. Langewiesche in Barmen.

Abb. 19: Entlassungszeugnis für Anna Dörpfeld aus der Wupperfelder Elementarschule. Abschrift von Dörpfelds Hand.

Filder Erziehungs-Anstalt.

Zeugniß für den Zögling Wilhelm Dörpfeld

letztes Quartal 1867.

Die Prädikate sind: 1) Sehr gut. 2) Gut. 3) Ziemlich gut. 4) Genügend. 5) Kaum genügend. 6) Ungenügend.

Betragen: Gut

	Leistungen.	Fleiss.	Klasse.
Religion	Sehr gut		II.
Deutsch	Gut.		II.
Latein	Sehr gut.		II.
Französisch	Gut.		II.
Griechisch. ~~Englisch~~	Sehr gut.		+II
Geschichte	Gut	Sehr gut	II
Geographie	Gut.	Sehr gut.	II.
Naturkunde	Gut.		II
Geometrie	Gut.		I
Arithmetik u. Algebra	Gut.		I
Rechnen			
Schreiben			
Zeichnen	Gut.	Sehr gut	
Gesang	Gut.		
Turnen	Ziemlich gut.	Gut.	
Klavier.	Gut.		
Finger-Uebungen:	Sehr gut		

Fild, den 21. Decbr. 1867.

Für das Lehrer-Collegium:

Unterschrift der Eltern oder Stellvertreter derselben:

F. V. Zahn. H. Steins

Abb. 20: Quartalszeugnis der Zahnschen Erziehungsanstalt Moers-Fild mit den Unterschriften von Franz Volkmar Zahn und Hermann Steins.

Abb. 21: Dörpfeld um 1865.

Abb. 22: Dörpfeld um 1876. „Sie können sich nicht denken, wie sehr ich mich über Ihre Zeilen und Ihr Bildnis gefreut habe. Freilich mußte ich mich erst ein wenig hinein finden, denn der englische Bart war mir ungewohnt", schrieb Rein an Dörpfeld am 20. März 1876.

Abb. 23: Georg Röder zeichnete Dörpfeld inmitten von Schulkindern für den Wuppertaler Kirchenkalender 1928.

Abb. 24: Wilhelm Dörpfeld in Berlin etwa 1873.

Abb. 25: Wilhelm Dörpfeld in Berlin etwa 1877.

Abb. 26: In Gerresheim 1879 bis 1887. Aus dem Album der Tochter Anna zu Dörpfelds 60. Geburtstag.

Abb. 27: Dörpfeld 1887.

Abb. 28: Dörpfeld 1887.

Abb. 29: Sein „Waldesheim" nannte Dörpfeld das Wohnhaus, das ihm der Schwiegersohn Johann Sebulon Carnap erbaute und wo er starb. Heute bewohnt es Carnaps Enkelin Magdalena Kreitz.

Abb. 30: Dörpfeld mit der Tochter Anna 1887.

Heute früh entschlief sanft und ruhig nach langem, schweren Leiden in seinem 70. Lebensjahre unser lieber Vater

Friedrich Wilhelm Dörpfeld,

Rektor a. D.

Er ging heim im Frieden Gottes und in der getrosten Hoffnung des ewigen Lebens.

Ronsdorf, den 27. Oktober 1893.

Anna Carnap, geb. **Dörpfeld**
J. S. Carnap } in Ronsdorf.
Dr. **Wilhelm Dörpfeld,** Professor
Anne Dörpfeld, geb. **Adler** } aus Athen.
Agnes von Rohden, geb. **Dörpfeld**
Dr. **Gustav von Rohden,** Pastor } aus Helsingfors.
Christine von Rohden, geb. **Dörpfeld**
Wilhelm von Rohden, Ober-Grenz-Controleur } aus Norden.
Hans Dörpfeld, Königl. Reg.-Bauführer aus Berlin.

Die Beerdigung findet Sonntag Nachmittag auf dem alten lutherischen Kirchhof in Wupperfeld statt. Trauerfeier in Ronsdorf im Carnap'schen Hause pünktlich $1^1/_2$ Uhr. Abholung von Barmen aus im Fischerthal um 3 Uhr.

D. B. Wiemann, Barmen.

Abb. 31: Todesanzeige der Familie.

42
An Dietrich Horn, Pohlhausen

Barmen, 6. Mai 1858

[. . .] Gestatten Sie mir nun mit ein paar eiligen Worten meine Gedanken darüber zu sagen, unter welchen Hauptbedingungen nach meiner Anschauung das Wirken und Leben eines Lehrers – sei er Haupt- oder Hilfslehrer – sich freuden- und segensreich gestalten kann. Sie reduzieren sich in meinem Urteil auf drei Stücke.

1. Einem unzufriedenen Lehrer, der irgendeine sogenannte Durchgangsstelle übernimmt, begegnet es leicht, daß nicht nur die äußere Stellung, sondern auch seine Arbeit ihm unter diesem Gesichtspunkt gereut, will sagen: daß er mit seinem Arbeiten nicht eng genug verwächst oder aber sie mehr in dem Sinne tut, eine gute Zukunft sich zu erwerben, als mit innerer Berufsfreudigkeit. Das ist nicht gut. Den Kindern geht in allen Fällen der Segen verloren, auf den sie doch ein Recht haben; auch der Lehrer tut sich Abbruch, selbst wenn er den zunächst erstrebten Vorteil erlangen sollte. Treue Arbeit und uneigennützige Sorge für andere, ist der beste und sicherste Weg, für die Zukunft zu sorgen. Es ist aber schwer zu glauben und noch schwerer zu tun. Ich erinnere mich noch wohl, daß ich zu seiner Zeit darüber gestutzt habe, als mir ein Prinzipal einmal etwas ähnliches sagte; ich habe es zwar nicht von mir gestoßen, aber ich glaube doch, daß eine geraume Zeit darüber ins Land gegangen ist, bis ich mit dieser Wahrheit innerlich zum Frieden kam und sie mir selber vorhalten konnte. Durch Gottes Güte bin ich gut mit ihr gefahren. Möchte Ihnen diese Erfahrung auch zuteil werden.

2. Das zweite Stück hat eine Ähnlichkeit mit dem vorigen, ist aber doch nicht das gleiche. Wer in ein neues Lebensverhältnis tritt [. . .], tritt mit dem bestimmten Vorsatz ein, andern nur Liebes zu erweisen und kein Leid, wird vielleicht auch viel Liebes erfahren. Ich enthalte mich des Kommentars. Es gibt auch Texte, über die man nicht predigen darf.

3. Endlich fordere ich von einem Lehrer, – der dafür gehalten sein will – daß er wisse, was das Amt ist und soll, daß er stets und andauernd auf seine Fortbildung bedacht sei. Wohl weiß ich, daß manche abgehenden Seminaristen vermöge ihrer Familienverhältnisse dahin gewiesen sind, sich durch Privatstunden einigen Nebenerwerb zu suchen. Es gibt aber auch immer solche, die ohne Not ihre freie Zeit dem Gelderwerb opfern, auch solche, die sie in Nichtstun oder nichtsnutziger Leserei verschwenden. Jene sind zu beklagen, diese aber zu tadeln; es steht mit ihnen nicht bloß übel: sie sind ein Übel. Unser Stand würde in der Entwicklung aller Seiten seiner Stellung viel weiter fortgeschritten sein, wenn er diese Faulenzer nicht wie ein Bleigewicht mitzuschleppen hätte. Es ist gut, daß ich in öffentlichen Schulangelegenheiten nichts zu sagen habe, sonst würde niemand eine selbständige Stellung erhalten, der sich nicht darüber ausweisen könnte, daß er seine Gehülfenzeit nach dem Seminar auch zu seiner Fortbildung nutzbar verbracht hätte [. . .]

[F. W. Dörpfeld]

43
An Christian Klug, Elberfeld

Barmen, 25. Juni 1858

Lieber Klug.

Wenn ich in früheren Briefen einmal sagte: Gott unser Herr müsse wohl etwas Gutes für Euch zuvor versehen haben, daß er so manche Hoffnung auf eine andere auskömmliche Stellung vernichte, so habe ich damals allerdings nicht gedacht, daß es sich in der Weise erfüllen würde oder könnte, wie es nun am Tage ist. Die Stelle im Waisenhause ist doch gewiß so, daß 9/10 der Lehrer sie gern mit der ihrigen vertauschen würden. So wünsche ich Euch denn von Herzen, daß der „Durchbrecher aller Bande" Euch auch weiter Bahn breche und Euer Ausgang und Eingang für Euch und andere reichlich gesegnet sei.

Unter den hiesigen Freunden ist in den letzten Tagen viel von Dir die Rede gewesen. So auch gestern wieder in der Bibelkonferenz bei Franke. Alle Waisenhausväter oder Anstaltsleute, wie wir sie unter uns haben (Franke, Klietsch, Busch), waren darin einig, daß Deine zukünftige Stellung ausnehmend angenehm, oder ausnehmend unangenehm und beschwerlich sei, je nach dem Wortlaut eines einzigen Punktes in der Vokation: nämlich in Betreff der Anstellung und Entlassung der Dienstboten. Klietsch wählt und entläßt die Dienstleute nach seinem Ermessen; Busch desgleichen; im Wupperfelder Waisenhause war es nicht so. Franke aber bestand bei seiner Herkunft darauf, daß er die Helfer wählen und dem Presbyterio präsentieren dürfe, bei der Entlassung aber ganz unabhängig verfahren könne. Alle gingen bereitwillig auf seinen Wunsch ein, mit Ausnahme des Pastors Kirschstein. Der wollte das nicht. Franke weiß interessante Sachen aus seinen Verhandlungen mit ihm zu erzählen. Endlich aber mußte auch er einwilligen. Früher haben die Hausväter hier viele Unannehmlichkeiten mit dem helfenden Personal gehabt. Seit Franke hier ist, hat alles gut gegangen. Er schreibt es aber nächst Gottes Gnade und Segen hauptsächlich dem Umstande zu, daß er nicht bloß die Aufsicht, sondern wirklich und in Wahrheit die hausväterliche Gewalt über die untergebenen Leute habe.

Heute morgen kam Franke wieder zu mir. Er sagte, er habe sich die ganze Nacht deinetwegen beunruhigt und bat mich, Dir doch sofort darüber zu schreiben. Er hatte die Eingabe, die er vor seinem Eintritt ans Presbyterio gerichtet, abgeschrieben, und meint, Du möchtest doch vor Deiner festen Zusage einen ähnlichen Schritt tun. Das erwähnte Schreiben liegt hier bei. Vielleicht kann es Dir einige Dienste tun. In Deinem Schreiben, das natürlich nur die Form der Bitte haben kann, könntest und müßtest Du Dich auf die Erfahrung in den Barmer Anstalten und die dort eingeführte Ordnung berufen. Sobald Du kannst, komme einmal herunter. Die Freunde können Dir gewiß noch guten Rat geben.

Steht Deine Frau noch vor ihrer Stunde, so wolle der Herr gnädig durchhelfen, wie Er bisher getan.

Gott zum Gruß!
Dein
F. W. Dörpfeld

Klug war zum Hausvater des städtischen Waisenhauses in Elberfeld berufen worden. Zur Voraussetzung einer solchen Stellung gehörte die Befähigung zum Lehrer, da im Waisenhaus Schulunterricht erteilt wurde. Drei Jahre später stand er im Mittelpunkt öffentlicher Auseinandersetzung um die sogenannte Kindererweckung (vgl.: Zeugnisse von sieben evangelischen Pastoren über die Erweckung im städtischen Waisenhause zu Elberfeld nebst einer Beleuchtung derselben in einer Anzahl von Artikeln aus dem Kirchlichen Anzeiger. Elberfeld 1861). In der Einleitung des von „T." verfaßten Aufsatzes ‚Die Vorgänge in dem Elberfelder Waisenhause und die Verhandlungen darüber' nennt A. Diesterweg die Kindererweckung „ein pädagogisches Nachtstück" (Rhein. Blätter, VIII neueste Folge, 1861, S. 3). Klug hatte diese Erweckung unter den Anstaltszöglingen zusammen mit dem Vorsitzenden der Direktion des Waisenhauses und Gründer der Freien evangelischen Gemeinde, Hermann Heinrich Grafe, geleitet.

44

An unbekannt

Barmen, 1858

[. . .] Bis vor kurzem habe ich geglaubt, und als Regel halte ich es auch noch fest, daß die Seminarlehrer, wenigstens die Direktoren, studierte, gründlich durchgebildete, mit weitem, freiem Blick begabte Leute sein müssen. Im vergangenen Herbst habe ich mich aber bei einem Besuch in Osnabrück überzeugt, daß Männer wie der Ober-Schul-Inspektor und Seminar-Direktor Schüren (der bekanntlich ein Soester Seminarist ist und von der Pike auf gedient hat) ganz andere Seminar-Direktoren und Schul-Inspektoren sind, als solche, die frisch aus dem Pfarramte herkommen. Ich hätte nicht nötig gehabt, die Unterrichtsstunden zu besuchen; schon die ganze bauliche Einrichtung des Seminars (die unter dem Stüveschen Ministerium bis ins kleinste genau nach Schürens Vorschlägen ausgeführt worden), die Haus- und Lebensordnung, von den Studier- und Schlafzimmern an bis zum Laboratorium (!!) hin, bekundeten zur Genüge, daß hier der Geist eines Mannes vom Fach, eines „barmherzig gewordenen" ehemaligen Seminaristen, eines mit ganzem Gemüt und allen Kräften den Jünglingen sich hingebenden „Vaters" waltete. Die Wohnräume der Seminaristen (für je drei oder vier), desgleichen die Schlafstuben (ebenfalls für je drei oder vier), das Essen etc., alles war einfach, schlicht, aber gemütlicheinladend, wie es für ein Seminar für Landschulen paßt, aber auch darauf berechnet, den wohlgesinnten jungen Leuten den Aufenthalt angenehm zu machen.

Die Haus- und Lebensordnung oder besser: das Leben der Seminaristen (25 mit dreijährigem Kursus) war so frei und satzungslos, daß Herr Stiehl und ähnliche preußische Schulräte ob solcher Anarchie die Hände über dem Kopfe zusammenschlagen würden. Und doch konnte Herr Schüren behaupten, daß er in sechs Jahren keinen ernstlichen Diszipinarfall hinsichtlich der Lebensordnung zu rügen gehabt hätte. Schüren aber ist kein Libertiner, sondern ein sehr ernster Mann, ein echter christlicher Liberaler, der sich selbst aufs strengste bindet, aber andern gern viele Freiheit läßt. Sein Arbeitszimmer ist das unruhigste im ganzen Hause, unmittelbar an der Hoftür, wo man durch das von allen Seiten hereintönende Orgel-, Klavier- und Geigespiel zur Verzweiflung kommen sollte. Neben der Leitung des Seminars hat der Mann auch noch sämtliche Landschulen des Fürstentums Osnabrück zu inspizieren und den Sitzungen des Land-Konsistoriums in Schulangelegenheiten beizuwohnen. Es ist mir unbegreiflich, wie dieser Mann das aushalten und leisten kann; freilich ist er auch vor der Zeit alt geworden. Mir ist ganz weh ums Herz, wenn ich daran denke, daß unser Preußenland solche Leute nicht gebrauchen kann, während ein Land, wo ein einseitiges Luthertum dominiert, sich seiner Dienste dankbar freut, freilich auch vielfach hemmt. Was für ein Segen, wenn wir den Mann im Regierungsbezirk Düsseldorf hätten! Wenn der seinen Einzug als Direktor in Moers oder als Schulrat in Düsseldorf hielte, ich glaube, daß ich vor seinem Wagen hertanzen müßte wie David vor der Bundeslade [. . .]

[F. W. Dörpfeld]

Obwohl Westfale nach Herkunft und Geburt, ist Johann Heinrich Schüren in Westfalen kaum noch bekannt. Wilhelm Schulte zählt ihn nicht zu den 300 bedeutendsten Söhnen der „roten Erde". (W. Schulte, Westfälische Köpfe. 300 Lebensbilder aus Westfalen. Münster 1963.) Auch in der schulgeschichtlichen Forschung hat Schüren kaum Spuren hinterlassen. Sollte das Persönlichkeitserlebnis so stark gewesen sein, daß ein Nachruf des Osnabrücker Seminarlehrers Wehner zwar „Einem Altmeister in der Lehre, einem treuen Hirten der Jugend, einem sorgenden Freunde der Lehrer" (EvSchBl 21, 1877, S. 217 ff.) überschrieben sein konnte, aber das Andenken dann doch bald verblaßte? Zum 100. Geburtstag erschien noch einmal ein überschwenglicher Aufsatz im gleichen Blatt (J. H. Schüren, ein Schulinspektor nach dem Herzen Gottes, von H. F. Landwehr, EvSchBl 44, 1900, S. 159 ff.), der die persönlichen Eindrücke, die von Schüren ausgegangen waren, spüren ließ. D.s Würdigung und sein abschließender Ausruf dürften kaum übertrieben gewesen sein. Dadurch, daß Schüren nur wenige im Druck erschienenen Arbeiten hinterließ, blieb sein Einfluß bei denen, die ihn selbst kennengelernt hatten, am größten. Zu ihnen zählte D. Über Sch. zuletzt: Jürgen Melchert, Erziehungs- und Schulwirklichkeit im 19. Jahrhundert. Johann Heinrich Schüren und seine Bedeutung für das Osnabrücker Volksschulwesen. Osnabrück 1972.

45

An Karl August Auberlen, Basel

Barmen, etwa 1858

[. . .] Die Gelehrten, welche ihre Wissenschaft zu Gottes Ehre treiben und namentlich diejenigen, welche die Wissenschaft vom Himmelreich pflegen, sollten sich an den Kindern der Welt in Ansehung der Klugheit ein Beispiel nehmen. Seid klug wie die Schlangen, aber ohne Falsch. Von Rechts und Klugheits wegen sollte es keinen gläubigen Professor geben, der nicht seine gewonnenen Einsichten auch der ganzen Gemeinde in möglichst verständlicher Form zum besten gäbe. Welch einen Damm würde der teure Bengel dem einbrechenden Rationalismus entgegengestellt haben, wenn er seinen „Gnomon" statt den Gelehrten in lateinischer Sprache der Gemeinde in verständlichem Deutsch gegeben hätte. Nicht in Sauls Rüstung, sondern in seinem Alltagskleide hat David die Philister überwunden durch Gottes Kraft. Nicht die Waffen der Gelehrten, sondern zumeist das übriggebliebene Häuflein der lebendigen Christen hat den Rationalismus aus der Kirche vertrieben, soweit er eben vertrieben ist. Die Gelehrten sind dann hinterhergekommen und haben in ihrem Kämmerchen auch etwas aufgeräumt. Es wird freilich den alten Menschen hart angehen, wenn ein Professor ob solches Heruntersteigens zu den Niedrigen von seinen Zunftgenossen nicht mehr für „voll" angesehen wird. Der liebe Schubert hat auch diese Schmach getragen, dafür aber auch die Ehre, von vielen als der rechte Wegweiser zum Brothause geehrt und gesegnet zu werden. Welchen Einfluß hat Leo durch seine Artikel im Volksblatt ausgeübt!

Nach einem Bedünken dürfte aber einem Professor der Theologie und der nächstverwandten Fächer kein Mittel zur Verwertung seiner Gaben näherliegen als gerade die pädagogischen Zeitschriften. Der Schulstand, namentlich in der Elementarschule, ist verhältnismäßig noch jung, ohne eigentliche Geschichte, ohne traditionelle Versessenheiten. Es ist etwas „Amerikanisches" in ihm. Da, wo er schon von Herzen dem Evangelio zugewandt ist, trägt er offenkundig mehr den Charakter des Jüngerhaften, der Unbefangenheit und der Empfänglichkeit. Dazu kommt ferner die günstige Stellung, die der Elementarlehrer hat, um mittelbar durch die Kinder wie im unmittelbaren Verkehr in die Familien hinein wirken zu können; eine Stellung, die auf den ersten Blick erkennen läßt, daß eine gesunde Einwirkung auf diesen Punkt sich in dreißig-, sechzig- und hundertfältiger Richtung segnend ausbreiten kann.

Endlich noch eins. Die Elementarschule oder genauer der Elementarlehrerstand hat als Stand bisher in der Geschichte der Kirche noch keine Rolle gespielt. Einmal, weil er überhaupt noch jung ist und dann, weil sein jetziger Charakter vorwiegend ein Produkt des Staates und der modernen naturalistischen Pädagogik ist. Sobald einmal die Mehrzahl oder der Kern seiner Glieder bewußt in den Dienst des Reiches Gottes und in den Besitz seiner Kräfte eingetreten sein wird, so wird die Lage der Dinge sich merklich ändern.

So ihr nicht umkehret und werdet wie die Kinder etc. – darin liegt eine große, noch wenig erkannte Verheißung. In dem Umgange mit den kleinen Reichserben in ihrer Unterweisung für das Leben in diesem Reiche liegt etwas eigentümlich Herzerfrischendes und Augenstärkendes. Die wesentlichen, die Ur-Grundgesetze des Wachstums himmlischer Pflanzen erschließen sich da viel leichter und werden nicht so bald wieder verdunkelt. Wenn von irgend einer Seite her ein erfrischender, verjüngender Luft- und Lebensstrom in die alternde Kirche hineingeleitet werden soll, dann muß es von der Kinderstube, von der Kinderschule, von der Beschäftigung mit den Kindern her geschehen [. . .]

F. W. Dörpfeld

Der frühverstorbene Auberlen zählte zu den ersten Theologen von Rang, die beim EvSchBl mitarbeiteten. D.s Aufforderung zur Mitarbeit bezweckte dreierlei:

1. *sollte die Hochschultheologie ihre Aufgabe erkennen, den fachtheologisch nicht vorgebildeten Gemeinden wie Lehrer die „Wissenschaft im Himmelreich" in verständlicher Weise nahezubringen;*

2. *galt es rationalistischen und theologisch-liberalen Einflüssen zu widerstehen, deren Ausgangspunkt häufig die Universität selber war, so daß die Auseinandersetzungen um die Lehre notwendigerweise in die Gemeinde getragen werden mußten;*

3. *bedurfte es einer verstärkten Hinwendung der Universitätslehrer zu den Elementarlehrern, deren von D. als „amerikanisch" empfundener Emanzipationsprozeß auch eine stärkere Verwissenschaftlichung anstrebte. Auberlen ist diesen Ansprüchen entgegengekommen, wie die in den ersten Jahrgängen abgedruckten Beiträge zeigen.*

46
An unbekannt

Barmen, 19. Januar 1859

[. . .] Der evangelische Schulverein ist in eine üble Lage gekommen. Das erste, jedoch kleinere Übel liegt darin, daß unter seinen Mitgliedern zu viele Pastoren und Schulbeamte sind. An sich möchte dieser Umstand eher günstig als ungünstig zu nennen sein. Zur Zeit aber ist er ein Hemmnis, weil er den Verein behindert, seine Originalaufgabe als Schulverein zu erkennen und zu lösen und zugleich eine Mitursache der weiter zu nennenden Übelstände. Sollte diese Hemmung Ihnen nicht ganz klar sein, so kann ich leider nur sagen: die Zukunft wird's deutlich machen, vielleicht schon die Unterhandlungen über den Religionsunterricht. Wäre er ein reiner Schulmännerverein, so würde die Ausgleichung mit dem Süden und Westen hergestellt sein. Das zweite Übel stammt daher, daß der Schulverein in eine Art solidarischer Allianz mit dem norddeutschen politischen Konservatismus und der pastoralen lutherisch-kirchlichen Restauration, so nennt man's hierzulande, gekommen ist. Für den Verein ist dies darum ein Übel, weil er vergessen hat, daß die stille Schularbeitsstube nicht in der Nähe des Marktes und der Heerstraße liegen darf und dann, weil die genannten Parteien nicht bloß politische Fehler, sondern schwere Sünden sich haben zuschulden kommen lassen [. . .]

[F. W. Dörpfeld]

D.s Urteil über den Deutschen Evangelischen Schulverein ist im Zusammenhang mit früheren Äußerungen zu sehen (Brief 40). Hier nennt er unumwunden die staats- und kirchenpolitischen Hemmnisse einer wirkungsvollen Entfaltung.

47
An unbekannt

Barmen, 6. März 1859

Lieber Freund.

[. . .] Ein alter Gedanke, mit dem ich mich über 10 Jahre lang herumgetragen habe, scheint endlich zur Geburt kommen zu sollen, wenigstens drängt er immer kräftiger darauf hin. Dieses Schreiben selbst ist ein Hülferuf, den mir die Wehen auspressen. Wenn das Kindlein gesund zur Welt kommt, so muß es eine Zeitschrift für die deutsche Familie sein, etwa unter dem Titel „Blätter für Familienleben und Kinderzucht".

Im Anfang der fünfziger Jahre, als Zahns Schulchronik einging und im Ev. Lehrerverein fort und fort von der Gründung eines neuen Schulblattes die Rede war, habe ich mit

Pastor Bräm in Neukirchen bei Moers wiederholt über meinen Lieblingsgedanken verhandelt und auch später noch. Wir konnten uns aber nie ganz verständigen, weil jeder von uns noch einen Neben- oder Hintergedanken im Auge hatte. Er wollte das „Familienblatt" äußerlich in den Dienst seines „Erziehungsvereins für verwahrloste Kinder" stellen, was mir nicht behagte. Ich hatte den Nebenplan, mit dem Familienblatt zugleich ein Schulblatt herauszugeben, und da letzteres nach damaliger Lage der Dinge nicht Aussicht hatte, sich selbst erhalten zu können, so sollte ersteres gleichsam Vorspanndienste tun, was aber eben dem Herrn Pastor nicht behagte. So kamen wir zu nichts.

Das Bedürfnis eines Evangel. Schulblattes habe ich immer sehr lebhaft gefühlt, aber der Wunsch nach einem Familienblatte hat meinem Herzen doch stets näher gelegen. Irre ich nicht, so hat uns der Herr einen guten Weg gezeigt und geführt. Das Schulblatt ist jetzt da und kann bestehen. Durch seine Leser ist unter Gottes Segen das Mittel geboten, auch das Familienblatt unter die Leute zu bringen. Gelingt dies mit einigem Erfolge, so bietet sich wieder die Aussicht, durch das Familienblatt der Schulblattkasse zur Hülfe zu kommen, in der Art, daß der Preis des Schulblattes ermäßigt oder bei demselben Preise die Bogenzahl vermehrt werden könnte.

Daß eine solche Zeitschrift einem tiefen und großen Bedürfnisse begegnen würde, lasse ich mir nicht ausreden; ein anderes ist's freilich, ob dieses Bedürfnis wirklich allgemein und lebhaft gefühlt werde. Unsere Literatur schwillt immer riesenmäßiger an; es ist fast kein Fleckchen menschlichen und natürlichen Gebietes, dem nicht Blätter und Bücher gewidmet sind und werden. Nur allein das eigentliche Hausgebiet, das des Hausbedürfnisses liegt so gut wie ganz unbebaut. Unter den Büchern sind fast nur die trefflichen Werke von Thiersch und Riehl von namhafter Bedeutung; sie stammen aber erst aus jüngster Zeit und kommen nur in die Hände gebildeter Leute. Für den gemeinen Mann ist nichts Rechtes vorhanden; auch ist speziell für diesen eine kleine Zeitschrift dienlicher als ein Buch. Eine Zeitschrift für das Familienleben in dem Sinne, wie ich das letztere samt seinen Bedürfnissen fasse, ist gar nicht da. Diejenigen, welche dies Gebiet mit ins Auge fassen, geben doch zu wenig: „Erbauung" im speziell religiösen Sinne, etwas Politik, Zeichen der Zeit usw. ist bei ihnen doch die Hauptsache oder sie sind, wie O. v. Horns „Maje" und ähnliche, noch schlechtere Blätter, lediglich der Familienunterhaltung, dem Pläsier gewidmet, was ganz das Gegenteil von dem ist, was mir vor der Seele steht. Nicht vom Überflüssigen, sondern vom Notwendigen soll unser Familienblatt zunächst handeln; nicht Dessertbackwerk soll es bringen, sondern das gute tägliche Brot. Die Familiennot nach Länge, Breite und Tiefe soll zur Sprache kommen, aber noch mehr die Fülle des Reichtums von Lebensfreuden, Lebensmitteln usw., die Gott der Herr in seine Ur-, Lebens- und Erziehungsanstalt für seine Kinder beschlossen hat. Dabei ist es für christliche Leserkreise ebenso wichtig, die natürliche Seite des Familienlebens zu ihrem Recht kommen zu lassen, als den andern gegenüber zu zeigen, daß die natürliche Seite erst da zur vollen Entfaltung kommt, wo sie sich durch Christum und seinen Geist weisen, erlösen und heiligen läßt.

Vergegenwärtige ich mir im Überblick, was eine Zeitschrift in den angedeuteten Sinne für Erde und Himmel nützen könnte und denke dann daran, wie in aller Welt der eine noch lauter als der andere ruft: die Familie ist das Zentrum des sozialen, staatlichen und kirchlichen Lebens, das Fundament, auf dem alle göttlichen und menschlichen Ordnungen ruhen, so weiß ich mir die Tatsache, daß noch niemand dazu gekommen ist, zur Pflege und Pflanzung dieses „guten Landes" auch durch geeignete zeitschriftliche Literatur Handreichung zu bieten, schier nicht zu erklären. Doch dem sei, wie ihm wolle. Ich will in Gottes Namen den Versuch wagen.

Das als Mitteilung. Nun zu meinen Wünschen und Bitten an Sie.

1. Ich bitte nicht bloß, ich setze es selbstverständlich voraus, daß Sie mit Freuden nach Kräften an dem schönen Werke mithelfen werden.

2. Möchte ich Ihre Ansicht in betreff der äußeren Ausstattung des Blattes erfahren. Meine Ansicht ist diese: da es in erster Linie für die mittlern und niedern Stände (soweit die letztern zu erreichen sind) bestimmt ist, ohne jedoch die höhern Bürgerklassen gleichsam auszuschließen, so muß es von kleinem Umfange und nicht kostspielig sein. Ich meine, alle zwei Monate einen Bogen, geheftet, mit Umschlag. Auf der ersten Seite des Bogens ein Holzschnitt, eine Szene aus dem Familienleben darstellend. Preis jährlich 12 1/2 Sgr. (Monatsblättchen a 1/2 Bogen ist zu unansehnlich, tagblattartig; solche Blättchen werden leicht verschleudert und zerrissen, auch leichthin nur flüchtig gelesen. Ein Heftchen dagegen ist würdevoller, ernster und fordert zu ernsterem Lesen auf).

3. Wie würden Sie etwa einen Vertrag mit dem Verleger abschließen, d.h. welche Hauptstücke würden Sie darin aufgenommen wünschen? (Aus dem im Eingange Vermerkten wollen Sie sich erinnern, daß es sich in diesem Betracht vor allem darum handelt, a) im Interesse armer Lehrer das Schulblatt billiger zu machen, b) desgleichen im Interesse armer Familien das Familienblatt auf die Dauer auf möglichst niedrigen Preis zu bringen.

4. Welche Männer oder Frauen wissen Sie zu nennen, die man zur Mitarbeit am Familienblatte auffordern dürfte, mit Vertrauen auf ihre Tüchtigkeit und Bereitwilligkeit?

5. Ich habe noch mehreres zu fragen und zu bitten, will aber einstweilen schließen. Das Vorliegende gibt Ihnen schon Stoff genug zur Antwort. Nur eins noch. Bevor wir zur Herausgabe schreiten, muß wenigstens ein Reservemanuskript für einen ganzen Jahrgang (6 Bogen) vorrätig sein. Dies könnte vorwiegend aus gutem alten, nicht veraltendem Stoffe bestehen. Für ein Familienblatt, wo es nicht darauf ankommt, etwas neues, sondern das bewährte Richtige zu sagen, ist das „Sammeln der übrigen Brocken" nicht sowohl berechtigt als vielmehr eine Pflicht. Sie wollen daher gütigst die Ansammlung von Reservemanuskripten ohne Säumen in Angriff nehmen. Ich möchte dabei bitten, sich zuvor eine rubrizierte Übersicht von alledem zu machen, was in einem Familienblatte Platz finden kann oder muß, Ihre Sammlung nach diesem Schema zu ordnen und in ein Inhaltsverzeichnis zu bringen.

In Liebe
Ihr F. W. Dörpfeld.

D.s Auffassung von der Familie als der Quelle der Jugenderziehung zielt konsequenterweise auch auf eine Zeitschrift, die Anleitung und Hilfe für die Erziehung geben sollte. So entwickelt er ein Programm, daß selbst das äußere Gewand nicht außer acht läßt. Seit zwei Jahren hatte er sich ja beinahe täglich mit Fragen seines Schulblattes zu beschäftigen. F. L. Zahns „Dorf-Chronik", ab 1846 zunächst gemeinsam mit der „Schul-Chronik", dann selbständig erschienen, dürfte ein Vorbild für diesen Plan abgegeben haben, obwohl sie nicht ausdrücklich Erwähnung findet. Dies wird bei der vorgesehenen Gestaltung (Punkt 2 der Wünsche und Bitten) deutlich, wo D.s Entwurf der Dorf-Chronik ziemlich nahe kommt. D.s Planungen sind nicht verwirklicht worden.

48

An Christine Dörpfeld, Düsseldorf
Bornau bei Osnabrück, 13. September 1859

D. berichtet seiner Frau, die sich mit den Kindern bei ihren Eltern in Düsseldorf aufhält, von seiner Reise zu J. H. Schüren nach Osnabrück. Er bedauert, ohne Christine unterwegs zu sein und schlägt ihr vor, nach der Rückkehr ein paar Tage mit ihr „nach Erkrath oder Leichlingen oder Mülheim oder den Rhein hinaus oder wohin Du willst" zu fahren. In Gütersloh gedenkt er den Verleger Bertelsmann zu treffen.

Der Brief schließt mit dem Paul-Gerhardt-Vers „Auch euch, ihr meine Lieben, soll heute nicht betrüben [. . .]".

49
An unbekannt

Barmen, 1859

[. . .] Was ich am dringlichsten wünsche, läßt sich ziemlich deutlich durch die Fragen bezeichnen: Was kann die Musik dem Hause bieten? Was ist Familienmusik? Diese Fragen denke ich mir durch eine Reihe mäßiger Aufsätze, es könnten etwa 5 - 6 sein, behandelt. Die Einleitung würde etwa das Gebiet der Musik in großen Blicken und Schritten durchmessen und dartun, daß ein edler Teil (vielleicht der edelste?) desselben dem Familienleben angehöre.

Näher auf den eigentlichen Gegenstand übergehend, würde nun zu untersuchen sein, was von der holden Musik dem Hause von Gottes und Rechts wegen zukomme, und was dieses daran haben könne. – Diese Untersuchung und Darstellung würde sich bald spalten je nach den verschiedenen Ständen, d.i. je nach den Mitteln und Bedürfnissen, welche in musikalischer Hinsicht in den Häusern vorhanden sind; und, wenn das Vorstehende in einem Aufsatz abgemacht wäre, so würde der zweite sich nun speziell den Familien zuwenden, deren Musikinstrumente lediglich die gut oder übel gestimmten Kehlen sind. Sie bilden die Mehrzahl unsers lieben deutschen Volkes und in mancher Hinsicht auch den Kern desselben. Hier muß die Untersuchung einen besonderen Ernst annehmen und mit hingebender Liebe fleißig und sorgfältig nachforschen, was mit den geringen Mitteln zur Belebung, Verzierung, Veredlung und Verklärung des Familienlebens in dem kleinen Häuschen ausgerichtet werden kann. Nicht minder sorgfältig muß dabei aber das wirkliche Bedürfnis bei der Hausandacht, an der Wiege, im traulichen Abendstündchen, am stillen Sonntag usw. von jedem künstlich von außer her erdachten und gemachten unterschieden werden. Dann gilt es, das, was die musikalische Literatur für das kleine deutsche Haus darbietet, einer Prüfung zu unterwerfen; alles, was nicht nach Wert und Melodie edles Gold ist, muß unbarmherzig über Bord geworfen und das wirklich Gute in eine kleine Sammlung zusammengebracht werden. (Ob es möglich ist, eine solche Sammlung zugleich allen deutschen Gauen mundgerecht zu machen, kommt mir fast zweifelhaft vor. Die Volkstümlichkeit hat auch ihr Recht, und die ist im Bergischen entschieden anders als in Thüringen oder am Oberrhein). Im Aufsatze selbst können freilich nur die Grundsätze hierfür entwickelt, in der Kritik einige Exempel statuiert und eine mäßige Zahl guter Hauslieder namhaft gemacht und, wie sie zu finden sind, angegeben werden.

Dann wäre noch zu erwägen, auf welche Weise und durch welche Mittel der Lehrer in und außer der Schule den rechten Gang und Klang in den kleinen Häusern mehren und pflegen könne.

Wenn das erforderliche Geschick zu Gebote steht, so würde in einem dritten Aufsatze ein kleines Genrebild einer singenden Hausgemeinde zu malen sein, poetisch zwar, aber doch wahr und einfach, unverziert und unverkünstelt, wie sie regelmäßig ihr Tagewerk ein- und ausläutet, wie sie je und dann an einem Winter– oder Sommersonntage ihr kleines Heim und seine Umgebung durch Lied und Wort und Spiel noch heimischer macht, wie sie ihr Frühlings- und Erntefest feiert, wie sie die großen Kirchenfeste in den engen Rahmen ihres Stübchens bringt, wie sie die besonderen freud- und leidvollen Stunden des Familienlebenslaufs durch die Gottesgabe des Gesanges heiligt und innerlich segensreich macht usw.

Der vierte und fünfte Aufsatz würden sich mit den Familien aus den mittleren und höheren Ständen beschäftigen, denen außer dem Naturorgan noch ein Klavier (oder ein ähnliches Instrument) zu Gebote steht.

Hier bietet sich zunächst ein saures Stück Arbeit dar, nämlich die schonungsloseste, eingehendste, das Übel in seinen verschiedensten Verzweigungen verfolgende Kritik des landläufigen Klavierunfugs mit nichtsnutzigen, Herz und Geschmack verderbenden Dudel- und Duseleien, Tänzen, Märschen, Liedern der seichtesten und schlechtesten Art.

Der positive Teil der vierten Abhandlung hätte sich darüber zu verbreiten, wie das Klavier als das eigentliche Hausinstrument in der verschiedensten Weise des Familienlebens verschönern, bereichern und veredlen könne. Die Ausführung hat ziemlich ins Detail einzugehen, wie oben beim bloß singenden Hause.

Soweit ich mir bis jetzt die Idee einer „Hausmusik" in den vorbezeichneten Grenzen habe klarmachen können, vermag ich reine Klaviermusik ohne Gesang nur als Nebenbestandteil derselben zu fassen; den Kern bildet nach meiner Anschauung der Gesang mit Klavierbegleitung. Einmal, weil dadurch für diese Stufe musikalischer Ausbildung die Musik erst recht Sinn und Bedeutung gewinnt, dann, weil nun die Beteiligung anderer oder aller Familienmitglieder möglich wird. Die reine Instrumentalmusik mag für den Spielenden selbst so unterhaltend wie bildend sein; aber ich habe noch nie gesehen, daß sie auf dieser Stufe einen sonderlichen und guten Einfluß auf das Leben der Gesamtfamilie ausgeübt hätte. Auf einer höheren Stufe und bei besonders günstigen Bedingungen kann es sich anders stellen. Ich kenne hier eine Kaufmannsfamilie, wo der Vater mit seiner „Herde" Kinder ein ziemliches Orchester darstellt. Ein schöneres, geschlosseneres Familienleben, als dieses Haus zeigt, ist mir selten vor Augen gekommen. Das sind aber Raritäten, damit hat es die Hausmusik in meinem Sinn nicht zu tun.

Als Inhalt des sechsten Aufsatzes denke ich mir Winke und Ratschläge für den Klavierlehrer, d.h. für den Lehrer der Hausmusik im Mittelbürgerstande. In kleinen Städten und Dörfern, zum Teil auch in größeren Städten, fällt diese Arbeit dem Elementarlehrer zu, und eine solche Wegweisung halte ich für wichtig und heilsam.

Die vorstehenden hingeworfenen Gedanken sind zwar Resultate mehrjährigen Überlegens. Sie würden mich aber sehr mißverstehen, wenn Sie dieselben als mein alleinseligmachendes Symbolum der „Hausmusik" fassen wollten. Ich habe weiter nichts beabsichtigt, als mich verständlich zu machen und weiß wohl, daß ich nach Gottes Willen in der Musik ein „Laie" heißen soll [. . .]

[F. W. Dörpfeld]

D. erwartet von gemeinsam ausgeübter Hausmusik eine Festigung des Familienlebens und Stärkung ihres Bewußtseins, Hausgemeinde zu sein. Er ersuchte um entsprechende Mitarbeit im EvSchBl, wo 1860 (S. 221 ff) z.B. eine Abhandlung über die Klaviersonate erschien, motiviert durch die eingangs getroffene Feststellung, die Sonate sei „für die Hausmusik insbesondere von der höchsten Bedeutung". Wir können hinter dem ungenannten Verfasser den Briefempfänger vermuten.

50
An unbekannt

Barmen, Ende 1859

Lieber Freund!

Vorab meine herzliche Teilnahme bei dem schmerzlichen Verluste, der Dich und die Deinen getroffen hat. Ich habe auch nur einen einzigen Sohn und fühle wohl, was es kosten würde, wenn ich ihn missen sollte, nachdem vor zwei Jahren uns ein liebes Mädchen entrissen wurde. Es ist ein eigenes Ding um Blut und Familie. Wenn da ein Zweig abgerissen, wenn ein Plätzchen leer wird, so greift das tief ein. Der Geist kann auch da wohl triumphieren, aber die Natur leidet doch eben. Wenn mich jemand fragt, wieviel Kinder ich habe, so sage ich: vier; drei auf Erden und eins im Himmel.

Die Rede- und Betrachtungsweise hat mir gute Dienste getan. Ich darf sie Dir empfehlen.

Unser Gott betrübet wohl, aber nicht von Herzen. Seine Güte – ach, daß wir es stets glauben und sagen könnten – Seine Güte währet ewiglich!

Der„Evangelische Lehrer-V[erein]" ist, wie Du weißt, seit langem nicht mehr nach meinem Sinne gewesen. Ich möchte zwar nicht sagen, daß er wenig geleistet habe; aber seit Jahren hat [er] doch wirklich nichts [mehr] geleistet. Er ist kein Verein mehr; er ist ein Haufen und zwar ein sehr kleiner Haufen. Die Unnaer Abteilung nimmt nicht zu; die niederrhein[ische] nimmt ab; die Ravensbergische desgleichen. Wir Bergischen haben glücklicherweise in den Bibelkonferenzen den rechten Boden gefunden. Wenn [man] anderwärts sich auf diesen Boden nicht stellen will, so kann man in Gottes Namen den „Ev[angelischen] L[ehrer]-V[erein]" schlafen gehen lassen.

Die Bibelkonferenzen dürfen aber nicht mit dem „Ev[angelischen] L[ehrer]-V[erein]" vermengt werden. Jene sind eine stille Gemeinschaft; diese ein öffentlicher Verein. Jene haben ihren Zweck in sich selber, in ihrem bloßen Dasein; das einzelne Glied soll in ihnen wachsen. Der „Ev[angelische] L[ehrer]-V[erein]" hat auch eine Aufgabe nach außen hin; er soll Zeugnis ablegen, wo es nötig ist. Dazu ist er freilich jetzt unfähig; er würde sich nur lächerlich machen, wenn er es versuchen wollte. Er muß erst wieder zeugnis- und zeugungsfähig werden. Da⟨nn⟩s kann einzig nur so geschehen, daß er sich innerlich kräftigt und dies wieder nur so, daß sich einzelne kleine, stille Gruppen bilden.

Wie steht es mit dem Anfang oder Ansatz zu einer Bibelkonferenz in dortiger Gegend? Im vorigen Sommer oder Herbst ist, wie ich meine, der Anfang einer solchen in Oberhausen gemacht worden. Oder ist dieser Anfang zugleich das Ende gewesen? Ich kann es mir kaum anders denken. Eine Bibelkonferenz mit solchem Umfang, wie diese angelegt war, ist ein Unding. Eine solche Gemeinschaft muß vor allem gemütlich sein, und damit sie dieses sein könne, muß sie klein anfangen. Kommen dann auch später noch mehrere hinzu, so verliert sie darum ihren Charakter nicht; die neuen schließen sich an den alten Kern an. Könntest Du und Klingenburg mit etwa noch einem dritten zu einer solchen kleinen Gruppe zusammentreten? Nun einmal angefangen; ist der Anfang gemacht, so läßt sich der Fortgang erbeten. Ich habe wenig Zeit zum Reisen; aber sobald Ihr eine kleine Gemeinschaft zusammengebracht habt, so laßt michs nur wissen, ich werde mich beeilen, baldmöglichst einen Nachmittag in Eurer Mitte zubringen zu können. Das Schulblatt liegt mir auf; die Bibelkonferenzen liegen mir an.

Um noch einmal auf den „E[vangelischen] L[ehrer]-V[erein]" zu kommen: Er ist eine Form; ich glaube, wir müssen sie einstweilen beibehalten, um zu sehen, ob sie sich mit Inhalt erfüllen läßt. Erweisen sich die Versuche als nutzlos, dann mag die Form hinfallen. Ich gehe in diesem Jahr, so G[ott] w[ill], noch einmal mit nach Unna und hoffe, bei der Gelegenheit mit Kötter, von der Heydt, Steins und Cremer usw. ein vertrauliches, ernstes Wort sprechen zu können. Wollen und können sie nicht ernstmachen mit dem, was dem Verein nottut, so will ich mit den bloßen jährlichen Zusammenkünften, die viel Geld kosten und wenig Segen schaffen, nichts mehr zu schaffen haben. Wir Bergischen haben soviel Konferenzen in unserm Revier, daß uns nach mehr kaum gelüsten kann. Außer den einzelnen Bibelkonferenzen (ich bin bei vieren derselben beteiligt: Barmen, Vohwinkel, Lennep und Hagen) haben wir jährlich eine gemeinsame Bibelkonferenz am Ostersamstag in Hochdahl und dazu noch die allgemeine Bergische Konferenz im Herbst. Wie kann man da den einzelnen, die nicht besonders einträgliche Stellen haben, noch zumuten, die teure Reise nach Unna zu machen? Und cui bono?

Ich würde auch für die große allgemeine Konf[erenz] des „E[vangelischen] L[ehrer]-V[ereins]" eine andere Ordnung als die bisherige vorschlagen. Bisher hat man diese Versammlungen für eine Art Werbe-Institut angesehen. Aber was haben sie uns erworben? Nichts von Belang. Ich kehre die Sache um. Die kleinen Bibelkonf[erenzen] stehen bei uns jedem offen; wer will, kann als Gast zuhören. Im kleinen Kreise kann ein Gast nicht stören. In der jährlichen gemeinsamen Bibelkonf[erenz] aber – sie dauert einen ganzen Tag – haben nur diejenigen Zutritt, welche einer kleinen Gruppe als wirkliche Mitglieder angehören. Diese große Versammlung soll also nicht Werbeanstalt sein, sondern [. . .]

[F. W. Dörpfeld]

Der Brief bricht unvermittelt ab; das Anschlußblatt fehlt.

Für den seit Mitte der fünfziger Jahre einsetzenden Rückgang der Aktivität des Evangelischen Lehrervereins sind manche Gründe anzuführen. Die Regulative von 1854 warfen viele Widersprüche auf und mußten auch konservativ gesinnte Lehrer angesichts ihrer pädagogischen Reglementierungen enttäuschen. Die Reaktionsperiode wirkte sich auch auf das Leben der Lehrervereine lähmend aus; die den fortschrittlichen und liberalen Kräften fernstehenden Vereine wurden davon nicht ausgenommen. Die reservierte Haltung der rheinischen und der westfälischen Synode gegenüber Anregungen aus dem Lehrerverein (sie betrafen das Verhältnis des Religionsunterrichts in der Schule zum Konfirmanden-Unterricht sowie die Zugehörigkeit der Lehrer zu den Presbyterien und Synoden) hatte Resignation zur Folge, ebenso der vergebliche Versuch, beim deutschen evangelischen Kirchentag und bei der mit ihm verbundenen Inneren Mission größeres Interesse für Schulfragen zu wecken.

Eine „staatskirchlich-administrative Vormundsherrschaft" (Karl Kupisch) begegnete den Lehrerzusammenschlüssen mit Mißtrauen, ja mit Ablehnung. Bibelkonferenzen mochten noch am ungefährlichsten erscheinen. Sie entsprachen zugleich einem Bedürfnis bergischer Lehrerkreise, so daß sich in diesem Bezirk bald der eigentliche Schwerpunkt der Vereinstätigkeit bildete. D.s Bemühungen galten ihrer Ausbreitung darüberhinaus in ganz Rheinland und Westfalen.

51
An unbekannt

Barmen, Frühjahr 1860

[. . .] Es handelte sich mir keineswegs um eine Kritik der Regulative, sondern vielmehr um eine Kritik des traditionellen Religionsunterrichts in den niedern und höheren Schulen und in der sog. Kinderlehre der Pastoren auf Grund der regulativischen Grundsätze.

Auf eine solche Kritik, auf ein in heiligem Zorn gesprochenes Wort, das den allbekannten traditionellen Unfug auf dem heiligen Boden des Religionsunterrichts mit dem Namen benennt, der ihm gebührt, lege ich in dem Streit um die Regulative das meiste Gewicht. Es handelt sich hier nicht etwa um Irrtümer, sondern um Sünden, um schwere und große Sünden. Unser Herr und Heiland hat mit den Zöllnern und Huren stets nur freundlich geredet; aber die Pharisäer und Schriftgelehrten, welche Minze, Dill und Kümmel verzehnteten, aber das Schwerste im Gesetz dahinten ließen, haben die härtesten Worte hören müssen, die je aus seinem Munde gegangen sind. Solche Unterscheidung, solches Gericht muß wieder in Gang kommen. Die Welt wird zwar dadurch nicht bekehrt, aber die Luft wird reiner, die Gewissen werden freier.

Doch ich muß meine Gedanken etwas ordnen, sonst werden Sie am Ende doch noch nicht wissen, was der langen Rede kurzer Sinn ist.

Alles, was ich bisher im Schulblatte geschrieben habe – die Anzeige von Bengels Gnomon, das pädagogische Original, die Beiträge zur Theorie der Schule, die Bemerkungen über die Regulative – ist (abgesehen von untergeordneten Nebenzwecken) durchaus von dem Gedanken getragen, nach und nach mein kleines Auditorium so weit zu präparieren, daß ich endlich meine Ansicht von einem christlichen Religionsunterricht im weitesten Sinne ganz und rund und ohne befürchten zu müssen, ohne Prozedur zu dem verdammten Ketzerhaufen geworfen zu werden, darlegen kann. Dieser Gedanke, d.h. sein Inhalt, treibt und gärt in mir wie ein Feuer aus der andern Welt. So wurde ich zur Errichtung der Bibelkonferenzen getrieben (es sind ihrer jetzt sechs auf bergischem Boden) und zu dem Dringen auf die endliche Herausgabe des lange projektierten Schulblattes.

Sie wollen diesen eilfertig und leichtfertig hingeworfenen Gedanken nicht so verstehen, als ob ich so etwas Seltsames erkannt zu haben glaubte, was andere Leute nicht auch wüßten. Sie müssen es lediglich als eine Privatsache betrachten, die nur mich angeht, die um meinetwillen erledigt sein will. Meine religiöse Anschauung und so auch meine Ansicht von der christlichen Unterweisung ist in ihrem Kern etwas, was sich mir nicht als ein Ertrag von Gehörtem und Gelesenem, sondern wesentlich als das Resultat innerlichen Durcharbeitens bei allerlei Gewissen- und Verstandesnot ergeben hat. Nicht weil ich meinte, mehr zu wollen als andere, sondern weil das, was ich weiß, ein Erlebtes, ein Erfahrenes, mein Leben, mein Ich ist, darum muß es heraus; ich müßte aufhören zu leben, wenn ich nicht davon zeugen wollte. Von Kindesbeinen an habe ich in den bessern Zeiten und Momenten nach Wahrheit gedürstet, nach der Wahrheit, wovon man leben kann, nicht nach „Formeln" von dem, was andern für Wahrheit gilt.

Haben auch Sie jemals an den dogmatischen Formeln über Inspiration, Dreieinigkeit, Versöhnung, Sakrament, Kirche etc. sich abgewürgt und bis zum Dumpfwerden des Kopfes, bis zur Hypochondrie sich daran „verdaut", so wissen Sie, was ich sagen will. Meine „Weisheit" läuft nicht auf neue Formeln aus; alles Beginnen, das Wesen und Wirken dessen, der „Wundersam" heißt, in menschliche Begriffe und Worte fassen zu wollen, die für andere zwingend sein sollen (seligmachend), erscheint mir als gotteslästerlich. Ich fasse nur das, was lebendig ist, dem man die Lebens-, die Blutwärme noch anfühlt; das da zeugt, weil es lebt. Jetzt kümmert mich die Inspirationsfrage nicht mehr. Der Geist zeuget, daß Geist Wahrheit ist, und wer aus der Wahrheit ist, der höret seine Stimme. Um all die Fragen, welche die Kritiker über die Komposition oder Echtheit dieses oder jenes biblischen Buches aufgebracht haben, zerbreche ich mir den Kopf nicht mehr. Ob hundert oder tausend oder zehntausend Fehler oder Widersprüche in den heiligen Schriften aufzufinden sind, ist mir ganz gleichgültig, d.h. gleichgültig für mein religiöses Leben. Dafür suche ich Nahrung, Lebensmittel. Ist das innere Leben vom Haupte aus durch den Geist geregelt, durchwirkt, was tut es, ob man gelegentlich ein Schock menschlicher Irrtümer hinunterschluckt? Sie werden auf natürlichem Wege früher oder später ausgeworfen. Und sollte nicht des Herrn Wort „Und wenn ihr etwas Tödliches trinken werdet, so wird es euch nicht schaden" auch für den höheren Organismus gelten dürfen? Ich meine: Ja und glaube, daß Hengstenberg auch einmal wider Willen geweissagt hat, als er schrieb (mit Bezug auf die römische Kirche): Das Gebet, wo es lebendig ist, bricht etwaigen Irrtümern die Giftzähne aus [. . .]

F. W. Dörpfeld

Zwar beteiligte sich der Evangelische Lehrerverein öffentlich nicht an der scharfen Opposition vieler Lehrervereinigungen gegen die im Oktober 1854 erlassenen Regulative. Doch Fürsprecher fand der Kultusminister bei Dörpfeld und seinen Freunden ebensowenig. Vor allem Beiträge mit religionsdidaktischer Thematik ließen im EvSchBl viele Fragen und eine wachsende Kritik spürbar werden, so durch den Duisburger Gymnasialprofessor Jakob Hülsmann („Der Religionsunterricht nach den Regulativen", 1858, S. 134 ff.) oder durch D. selbst („Bemerkungen und Wünsche etc.", 1860, S. 80 ff., wiederabgedruckt in: Gesammelte Schriften III, 1. Gütersloh 1895 – einem Aufsatz, der D. „in mehrfacher Hinsicht sehr schwer geworden" sei (S. 101). Hier deuten sich D.s später entwickelte Gedanken vom „didaktischen Materialismus" schon an. Der Brief dürfte sich auf diesen Aufsatz beziehen und ist an einen nicht namentlich genannten Professor gerichtet.

52

An Adolph Hollenberg, Holthausen

Wupperfeld, 11. April 1860.

Lieber Freund.

Die Errichtung einer Gehülfen-Konferenz, wozu ich mich in unbewachter Stunde habe verleiten lassen, hat mir die saure Pflicht auferlegt, alte halbvergessene Studien wieder auffrischen zu müssen. Ich habe mich nämlich verbindlich gemacht, in der erwähnten Konferenz regelmäßig einen Vortrag über Psychologie zu halten.

Nun ist mir aber leider meine Hauptquelle für diese psychologischen Exkurse unzugänglich geworden, d.h. Benekes Hauptwerk, die „Psychologischen Skizzen", ist mir abhanden gekommen, und ich weiß augenblicklich auch nicht, wo ich sie requirieren soll.

In dieser Verlegenheit, da ich das Buch nicht gern neu wiederkaufen möchte, fiel mir ein, daß Du vielleicht aus Deines sel. Oheims K. Nachlassenschaft die Psychologischen Skizzen bekommen haben könntest. Trifft meine Vermutung zu, so möchte ich Dich bitten, mir dieselben auf einige Zeit leihen und möglichst bald zusenden zu wollen. Oder, falls Du das Werk nicht besitzest, kennst Du vielleicht einen andern, bei dem ich es leihweise für eine Zeit lang haben könnte?

Die augenblickliche Verlegenheit hat mir wieder recht lebhaft meine Nachlässigkeit beim Verleihen von Büchern unter die Augen gestellt. Ich habe früher sämtliche Werke Benekes besessen. Jetzt findet sich nichts mehr davon vor, als die zwei Bände „Logik" und zwei Bände „Erziehungs- und Unterrichtslehre". Das sei Dir, falls es nötig ist, zur Lehre geschrieben.

Mit der kürzlich begonnenen Gehülfen-Konferenz ist die Zahl der verschiedenen Konferenzen, die ich monatlich zu besuchen habe, auf sieben gestiegen. Darunter sind fünf Lehrer-Bibelkonferenzen. Ich komme immer mehr in die Lage eines Packesels, auch in den Schritt eines solchen. Da aber Schultern und Beine noch gesund sind, so will ich nicht klagen. Darf ich doch auch die Verheißung erfahren: daß der Ackersmann, der den Acker baut, der Frucht am ersten genießen soll.

Könnt Ihr dort noch keine kleine Bibel-Konferenz zustande bringen?

Mit herzlichem Gruß in Eile

Dein
F. W. Dörpfeld

Friedrich Eduard Benekes „Psychologische Skizzen" erschienen Göttingen 1825/27. Weitere wichtige Schriften, die D. wahrscheinlich besessen hat: Erfahrungsseelenlehre als Grundlage alles Wissens, Berlin 1820. – Erkenntnislehre nach dem Bewußtsein der reinen Vernunft, Jena 1820. – Neue Grundlegung der Metaphysik, Berlin 1822. – Über das Verhältnis von Seele und Leib, Göttingen 1826. – Lehrbuch der Psychologie als Naturwissenschaft, Berlin 1833. – Erziehungs- und Unterrichtslehre, 2 Bde., Göttingen 1835/36. – Unsere Universitäten und was ihnen not tut. In Briefen an den Herrn Dr. Diesterweg als Beitrag zur „Lebensfrage der Zivilisation", Berlin 1836. – Grundlinien des natürlichen Systems der praktischen Philosophie, 3 Bde., Göttingen 1837/41. – System der Logik als Kunstlehre des Denkens, 2 Bde., Göttingen 1842. – Die Reform und die Stellung unserer Schulen. Ein philosophisches Votum, Berlin 1848. – Pragmatische Psychologie oder Seelenlehre in der Anwendung auf das Leben, 2 Bde., Göttingen 1850.

Neben den Bibelkonferenzen waren Gehilfenkonferenzen, von den Hauptlehrern als Fortbildungseinrichtungen für Hilfslehrer eingerichtet, entstanden. Die Hilfslehrer arbeiteten nach ihrem Seminarbesuch als Unterlehrer an einer mehrklassigen Schule und wurden nach längerer oder kürzerer Tätigkeit gewöhnlich selbständige Lehrer an einklassigen Systemen.

53
Briefwechsel (Zirkularkorrespondenz) des Deutschen Evangelischen Schulvereins

Barmen, 1860

[. . .] In welches Deutsch soll der Schüler der deutschen Volksschule eingeführt werden, in die Schriftsprache der literarisch gebildeten Welt oder in die Sprache des übrigen Volks, die zugleich die Sprache der lutherischen Bibel ist? Daß die deutsche Sprache, die die Schule lehrt, nicht die eigentliche Muttersprache, nicht die Sprache der Familie und des täglichen Verkehrs des Schülers ist, ist ein viel zu wenig gewürdigtes Hindernis ihrer fruchtbaren Behandlung auf Schulen.

Es mag 50 Jahre her sein, seitdem die Frage nach dem zweckmäßigen Unterricht in der Muttersprache durch die Schullehrer-Konferenzen und Schulblätter hindurchgegangen ist und die Arbeit dieses Faches in der Schule, wie eifrig sie auch immer wieder von neuem in Angriff genommen wurde, wie ein wahres pädagogisches Kreuz auf den Lehrern gelastet hat. Ihrer viele, besonders die strebsamen, sind bei diesem Nachfragen von Heyse zu Diesterweg, von diesem zu Wurst, dann zu Otto und Kellner, dann zu Wackernagel und Völter und endlich zu den Regulativen gekommen. Das Bedürfnis nach weiterer Umfrage ist geblieben; mit oder ohne Grammatik. Das Schulkreuz ist kaum leichter geworden; denn bei viel Mühe, seitens der Lehrer und Schüler bleibt das Resultat auffallend gering. Eine kleine Minderzahl, im günstigsten Falle ein Drittel oder Viertel, nimmt eine leidliche Sicherheit im schriftlichen Gedankenausdruck aus der Schule mit ins Leben; die weitaus größere Zahl lernt kaum so viel schreiben, um sich dadurch verständlich machen zu können, selbstredend mit ureigner Orthographie. Das ist nach meiner Erfahrung das höchste Ziel, das durchschnittlich in der deutschen Volksschule in der Sprachkunst erreicht worden ist, und zwar sonderbarerweise bei einem treuen, tüchtigen Lehrer, so gut nach Heyse oder Diesterweg wie nach Otto oder Kellner. Es mag sein, daß manche Schule am Examentage ein höheres Ziel erreicht zu haben schien. Könnte man aber die Schüler 5 - 10 Jahre nach dem Austritt aus der Schule examinieren, so würde zweifelsohne nirgend auch nur unser vorhin genanntes Mittelresultat sich finden. So steht's in der Sprachkunst; was in und mit der Sprache an Sachkenntnis und Denkfähigkeit gewonnen sein mag, lasse ich einstweilen außer Betracht. Das Resultat dort wird ziemlich richtig als Maßstab für das Ergebnis hier gelten können.

Woher dieser unbefriedigende Ertrag? Woher die große Mühe und der geringe Lohn? Wurst und seine Freunde sagten einst: Es liegt an der schlechten alten Grammatik und ihrer unmethodischen Behandlung; hier ist beides besser. Otto und Kellner sagten: Es liegt daran, daß man die Grammatik und Sprachkunst an einzelnen leeren Sätzen lernen läßt, beides muß ans Lesebuch angeschlossen werden. Wackernagel und Völter behaupten endlich: Es liegt daran, daß man überhaupt hat Grammatik treiben wollen, es ist nach J. Grimm eine Absurdität, an der Muttersprache Grammatik zu lehren; man lasse tüchtig lesen, sprechen, schreiben – es mag dann werden, was werden kann. Die letztere Ansicht ist dann mit einigen Modifikationen in den Regulativen zur Geltung gekommen. Diejenigen praktischen Schulmänner, die nicht davon lassen mögen, richtiges Sprechen und Schreiben als einen Hauptzweck des deutschen Sprachunterrichts anzusehen, wollen es sich aber nicht einreden lassen, daß dieses ohne planmäßige Übungen und ohne alle grammatische Hülfsexercition erreicht werden könne. Nichtsdestoweniger haben alle in etwa die dunkle Ahnung, über das alte unzulängliche Schulziel komme man immer noch nicht hinaus; und darum wird das Schulkreuz noch empfindlich gefühlt. Den nachdenksamen Praktikern ist aber auch die dunkle Ahnung gekommen, daß beim Lehren und Lernen der deutschen Sprache in der Volksschule ein geheimnisvolles, verborgenes Hindernis im Spiele sei, dem man noch nicht auf die Spur gekommen ist. In neuster Zeit hat sich das Geheimnis etwas aufgeklärt; es gehen den Schulleuten die Augen auf. Die Aufklärung hängt aber aufs engste zusammen mit der erwachten Aufmerksamkeit der Geister auf das Volk und die Volkstümlichkeiten. Da ist man denn inne geworden, daß man bisher in der deutschen Volksschule nicht Unterricht in der Muttersprache, sondern in einer fast fremden Sprache erteilt hat. Beim niederdeutschen Kinde ist es gewiß, daß es die hochdeutsche Sprache fast wie eine fremde lernen muß. Ich brauche mich hier nicht darauf einzulassen, zu untersuchen, was und wieviel man früher über dies Hindernis gewußt und gesagt hat. Genug, es liegt jetzt zu Tage. Nun ist klar, daß der berühmte Ausspruch J. Grimms von der Absurdität des grammatischen Unterrichts in der Muttersprache die Volksschule eigentlich nicht getroffen hat, wenigstens diejenige nicht, deren Schüler vor, außer und nach der Schulzeit nur ihre plattdeutsche Mundart sprechen; ferner: daß die alten Praktiker, die mit einer Art von pädagogischem Instinkt einige grammatische Exercition festhielten, nicht so ganz unrecht hatten. Einige von denen, welchen über das Haupthindernis ein Lichtschimmer aufgegangen war, forderten in Verzweiflung alle Mächte der Erde, Schule, Kirche, Verwaltung, Polizei auf, durch vereinte Kraftanstrengungen die plattdeutschen Mundarten, diese Mächte der Finsternis, von der Erde zu vertilgen. Einsichtsvollere Leute, wie Ph. Wackernagel, haben vorgeschlagen, in den Volksschulen das Hochdeutsche über Bord zu werfen, das Plattdeutsche zur Schulsprache zu machen, und nur Bibel, Katechismus und Gesangbuch in der Schriftsprache beizubehalten. Dagegen wird bemerkt: diese Forderung hat doch ihre großen Bedenken. Wenn Bibel, Gesangbuch, Katechismus, Lesebuch in der hochdeutschen Mundart geschrieben sind, wenn in ihr gepredigt wird, muß nicht die Jugend dann derselben mächtig werden? Das schließt nicht aus, daß der Lehrer mit den in die Schule Eintretenden erst in der ihnen geläufigen Mundart redet und somit ans Haus anschließt. Im mittleren Deutschland sind allerdings die meisten Kinder mit dem Hochdeutschen nicht unbekannt. Dies liegt wohl daran, daß die Dialekte Mitteldeutschlands (insbesondere Thüringens) entsprechend dem von Riehl so treffend gezeichneten Charakter des Landes, das zwischen Flachland und Gebirgsland eine, wenn man will, unentschiedene Mitte behauptet, und eine Verwaschung und Vermittlung jener Grundsätze durchführt, im Vergleich zum Hochdeutschen mehr wie eine Verderbung klingen, die im Vokalismus und Konsonantismus ihre eigenen, zwischen den berechtigten Forderungen des Hochdeutschen und dem Belieben des Heimatortes schwankenden Wege geht. Ganz anders steht das Plattdeutsche da. Entsprechend der ein größeres einheitliches Ganze bildenden norddeutschen Tiefebene tritt es schon in betreff des Gebietes seiner Herrschaft mit ganz andern Ansprüchen auf, als die Mundarten des sich weder steil emportürmenden, noch flach lagernden, sondern gleichmäßig auf- und abwallenden Mitteldeutschlands; das darf als eine selbständige Sprache angesehen werden, die sich nicht bloß erlaubt, einige Vokale und Konsonanten zu ändern, hier und da ein anderes Wort aus frühern Zeiten oder aus einem ganz andern Wortschatz sich anzueignen und in Deklination und Konjugation manches Neue zu lernen. Thüringische und fränkische Mundart haben den Charakter manches althochdeutschen Schriftstücks seiner konsequenten Norm entkleidet und sein reines Gepräge verwischt, selbständig ist keine von ihnen in so ausgearbeiteter Gestalt aufgetreten, als die plattdeutsche und die schwäbische, alemannische oder oberdeutsche. Diese beiden sind den Gesetzen der Lautverschiebung und ähnlichen grammatischen Erscheinungen treuer geblieben, sie haben eine selbständige Literatur aufzuweisen, die in Hebels alemannischen Liedern und Klaus Groths Quickborn über den Umfang ihres eignen Gebietes sich Anerkennung und Wertschätzung erworben hat. Deswegen schon steht das schwäbische und hannoversche Kind ganz anders da, als das thüringische oder fränkische. Während in der Heide oder auf der rauhen Alp auch den Gebildeten, wenn ihnen das Herz recht voll ist, der Mund in ihren heimatlichen Klängen übergeht, und im engsten Familienkreise des pommerschen Edelmannes oder des württembergischen Pfarrers das Recht der Kirchenpatrone oder der Platz des geprüften Sohnes auf der Kandidatenliste in einem Dialekt besprochen wird, daß auch der Knecht und die Magd an der Unterhaltung teilnehmen könnten, während die Patrizier in Basel sich im Gebrauch des Hochdeutschen zuweilen wie in einer Zwangsjacke befinden, schämt sich der mitteldeutsche Kaufmann oder Gelehrte des Dialekts auf der Gasse, deswegen geht dem niederdeutschen Kinde das Herz auf, wenn der Lehrer redet wie seine Freunde von der Straße.

Es ist ein richtiger Grundsatz, daß man in eines Menschen Herz nur durch seine eigene Sprache kommt; deswegen haben die Hermannsburger plattdeutschen Bibelstunden, in denen die stets hochdeutsch gesprochenen Schriftstellen nur einen um so feierlicheren, imponierendern Eindruck machen, so ungemeine Teilnahme, weil der gemeine Mann sich das alles nicht erst in sein geliebtes Deutsch zu übertragen braucht, sondern den Strom des lebendigen Wassers ungehindert sich in die Seele ergießen und das Land bewässern lassen kann. Der Mangel an abgezogenen Begriffen, der geringe Umfang des Ideenkreises, die plastische Anschauungs- und die konkrete Ausdrucksweise zwingen den plattdeutsch redenden Prediger, den Leuten nicht über die Köpfe weg zu predigen. Der gemeine Mann selbst hat eine solche Sicherheit im Gebrauche seiner Mundart, daß er sich fast nie verspricht, weil ihm die Reflexion, das Sichbesinnen nicht so störend in den Weg tritt wie dem Gebildeten, der sich durch lauter Abstraktionen durcharbeiten muß.

Zwar gibt es noch eine Landschaft in Deutschland, die durch den größten Gebirgswall Mittel- und Norddeutschlands von den angrenzenden Ländern geschieden ist und an dem Charakter der weiten norddeutschen Tiefebene in einem großen Teile ihrer Ausdehnung Anteil hat, die also für ihre Mundart auch eine selbständige Geltung beanspruchen durfte – die schlesische; allein hier tritt diesen sonst günstigen Bedingungen das noch nicht verdrängte und nicht leicht zurückzuschiebende slawische Element entgegen, das die Ausbildung einer schlesischen Mundart nur in den von ihm nicht berührten Gebirgsgegenden zugelassen hat, deren Idiom sich daher auch Holtei und Tschampl in ihren nicht unbedeutenden schlesischen Gedichten bedient haben. Wo das polnische Element mit dem deutschen untermischt wohnt, wird in den Städten des Gegensatzes wegen meist ein ziemlich richtiges Deutsch gesprochen, dem die Schule bloß nachzuhelfen hat (in der Festung Posen spricht man sehr gut deutsch) oder die Landbevölkerung hat sich einen deutschpolnischen Jargon gebildet, auf den der Lehrer um keinen Preis eingehen darf. So wäre das Resultat der Untersuchung: daß sich für niederdeutsche und oberdeutsche Schulen der Gebrauch der heimatlichen Mundart sehr empfiehlt, für die schlesischen nur in den Gebirgsdörfern, wo auch in der Tat durch denselben für die Kinder die Schule enger an den häuslichen Kreis angeknüpft wird. Indes ist diese volkstümliche Richtung im deutschen Sprachunterricht auch für Thüringen nicht von der Hand zu weisen. Mit gutem Erfolg werden die vereinsamten Spuren des Mittelhochdeutschen in unsern alten, Gott sei Dank! wieder ausgegrabenen Kernliedern durch die Volksmundart den Kindern nähergebracht und erklärt werden können. Dahin gehören Wörter und Ausdrücke wie: mein (meinem), han (haben), stahn (stehen), die Kirchen (acc. sing.), das indeklinable, nicht zu apostrophierende, besitzanzeigende Fürwort (sein Mutter); führe mich in Himmelssaal (in den), vor's Teufels Gewalt, von's Himmels Thron usw. [. . .]

[F. W. Dörpfeld]

54
Briefwechsel (Zirkularkorrespondenz) des Deutschen Evangelischen Schulvereins

Barmen, 1860

[. . .] Das Heiligtum des Volkslebens ist die Familie, sie ist die Wurzel und das Vorbild aller andern, der kirchlichen, der bürgerlichen, der staatlichen Gemeinschaft; freilich nicht so, daß diese etwa nur erweiterte, vergrößerte Familien wären, sondern so, daß diese die Grundzüge ihres Wesens in jener zu suchen haben und damit sich nie in Widerspruch setzen dürfen. Nun ist die Schule zwar keine Gemeinschaft, aber ein Institut, das als solches dicht neben dem Hause steht und stets als eine Hilfsanstalt der Familie gefaßt werden muß. Deswegen hat sie noch mehr als jene Gemeinschaften sich die Familie, ihr Leben und ihre Verfassung zum Vorbild zu nehmen. Daraus folgt: die einklassige und zweiklassige Schule (letztere mit einem Hauptlehrer und Gehilfen) ist als Volksschule Normalanstalt. Die vier- und mehrklassigen sind ein Afterbild der höheren Schulen und sollten von Rechts wegen auf den Aussterbe-Etat gesetzt werden. Die noch großartigen Schulanstalten, wie sie namentlich in Nord- und Mitteldeutschland in den Städten sich finden, mit 5, 8 und noch mehr Klassen mit allen künstlichen Sonderungen: Parallelklassen, Mädchen- und Knabenklassen, Fachunterricht etc., die wohl gar in öffentlichen

Blättern als deutsche Muster-Volksschulen gepriesen und von ausländischen Schulreisenden vorzugsweise besucht zu werden pflegen, sind in meinen Augen leibhafte Schulungeheuer, pädagogische Kasernen, Bildungsfabriken, über die man nur fragen kann: Was hindern sie das Land? Auf einem Bauernhofe und bei einem Handwerker von echtem alten Schlage wohnen die mitarbeitenden Leute im Hause, sie sind Angehörige der Familie. Ein Volksschulinstitut soll sich nicht anders darstellen. Bringen die örtlichen Verhältnisse es mit sich, daß z.B. die Schule zwei- oder dreiklassig sein muß, so dürfen die Lehrer der unteren Klassen nicht selbständig leben und nicht außer der Familie des Hauptlehrers wohnen. Die Lehrerschaft muß auch dann als ein familienhaft geschlossenes Ganzes sich präsentieren und der Hauptlehrer nicht bloß Lehrer der Oberklasse, sondern väterlicher Leiter und Pfleger der ganzen Schule sein. Er geht zu gewissen Stunden in die Unterklasse und der Gehilfe in die Oberklasse, nach Bedürfnis und Wohlermessen, nicht aber im Sinne des Fachunterrichts.

Zu einer volkstümlichen, nach dem Vorbilde des Hauses gestalteten Schule gehört ferner die Vereinigung der Geschlechter. Daß zur Zeit der Reformation sich Schulfrauen und Mädchenschulen fanden, beweist so wenig etwas für die Volkstümlichkeit dieser Einrichtung, als Robinsons steinerner Hammer gegen die Zweckmäßigkeit des eisernen [. . .]

[F. W. Dörpfeld]

55

Briefwechsel (Zirkularkorrespondenz)
des Evangelischen Schulvereins

Barmen, 1860

[. . .] So gewiß der Religionsunterricht des sechsjährigen Knaben der Form nach ein anderer ist als der des zwölfjährigen, so gewiß muß der für den fünfzehn- bis achtzehnjährigen wieder anders geformt sein, sonst gibt es „geistliche Krüppel.“ Obwohl es für diesen Unterricht nur ein Objekt gibt, den Herrn und sein Reich, so ist doch nach Luk. 12, 42 jedem zu rechter Zeit seine Gebühr zu geben, nach 2. Tim. 2, 15 das Wort der Wahrheit recht zu teilen. „Den Kindern gebührt Milch, den Gereifteren stärkere Speise“. Also nach dem Inhalt, d.h. dem Umfange des Inhaltes nach muß auf der höheren Stufe der Religionsunterricht ein anderer sein; den Größeren muß mehr geboten werden, wobei auch die Qualität desselben sich einigermaßen ändern muß. Der „Schriftgelehrte zum Himmelreich“, der das Wort der Wahrheit recht teilt, hat das Quid, Quale, Quantum gebührlich zu bestimmen und Altes und Neues aus dem guten Schatz seines Herzens hervorzulangen.

Nach meiner aus Beobachtung und Erfahrung gewonnenen Überzeugung muß, wie überhaupt im Verfolg des Schulunterrichts der Kreis der Lehrgegenstände an Umfang gewinnt, in demselben Maße auch das besondere Gebiet der Lehre vom Himmelreich sich ausdehnen, 1. damit dem Schüler tatsächlich und wirksam bezeugt werde, daß auch in der Himmelswissenschaft der Gelehrteste nicht auslernt, weil sonst der Schüler den Religionsunterricht leicht unterschätzt oder gar gering schätzt, 2. damit die auf diesem Gebiete erworbene positive Kraft der Erkenntnis mit dem übrigen Wissen in der richtigen Proportion stehe und nicht eine Bildung erzielt werde, die einem Menschen mit einem verkürzten Beine ähnlich. Hiermit habe ich das vom Ordner Gesagte nur noch mehr betonen wollen.

Über den Ordner hinaus gehe ich noch 1. mit der Forderung einer größeren Stundenzahl für den Religionsunterricht in Gymnasien und Realschulen und 2. mit der Behauptung, daß zur Entchristlichung der Stände, die durch höhere Bildungsanstalten oder Fachschulen hindurchgegangen sind, mancherlei Umstände zusammengewirkt haben, von denen der eine der ist, daß der Religionsunterricht dem Bedürfnis der Schüler auf den höheren

Stufen in mehrfacher Hinsicht nicht genügt oder gar, wie auf den Fachschulen, ganz gefehlt hat. „Große Unwissenheit in christlichen Dingen ist ein Hauptgrund der Unchristlichkeit."

Wie weit der Religionsunterricht auf den höheren Stufen eine systematische Form anzunehmen habe und wieweit dabei die Form des (kleinen oder großen) Katechismus maßgebend sei, will ich als Elementarlehrer nicht in ihrem ganzen Umfange erörtern, sondern nur darauf hinweisen: 1. Was die Grammatik gegenüber der lebendigen Muttersprache und ihrer Literatur ist, das ist die Dogmatik (Katechismus) in Beziehung auf das christliche Leben und die Geschichte des Reiches Gottes, wie sie die heil. Schriften erzählen. Ist das richtig, so folgt daraus: Entweder sind die Angreifer des grammatischen Unterrichts („daß er die gesunde Entwicklung des Sprachgefühls, der Sprachfertigkeit und der Sprachschönheit störe, abstrakte Köpfe und altkluge Schwätzer bilde, die Jugend aushöhle") vom Anfang an im Irrtum oder sie haben die Gedanken nicht zu Ende gedacht, d.h. auf alle Unterrichtsgegenstände angewandt, so auf den Religionsunterricht, der es doch mit mehreren und zarteren Seiten der menschlichen Natur zu tun hat und bei dem viel größere Werte auf dem Spiele stehen als bei dem Sprachunterricht! 2. Gleichwie z.B. der Wurstsche Sprachunterricht gewiß auch Sprachfertigkeit in gewissem Maße erzielt, zumal bei nebenhergehender Lektüre und anderen Hülfsmitteln, aber gewiß nicht der normale oder allein richtige Sprachunterricht ist, da er einen gewissen Grad von Sprachkenntnis und Sprachkunst beim Schüler schon voraussetzt (er gibt diese Voraussetzungen nicht), ebenso ist es mit dem systematischen Religionsunterricht, und hier sind die Voraussetzungen offenbar noch ganz andere, feinere, tiefergehende, seltenere (vergl. Augsburger Konfession 20: Die ganze Lehre von der Rechtfertigung bezieht sich auf den Kampf des erschrockenen Gewissens und kann ohne jenen Kampf nicht verstanden werden!). Dieweil nun dieses Verständnis für diese wie für viele andere Stücke der Dogmatik bei der Schuljugend im allgemeinen nicht vorausgesetzt werden kann, so schlägt Roth als Ersatz mit Recht die heil. Geschichte vor. Damit ist nicht der Stab über allen Katechismusunterricht, über alle Lehre oder gar über die Predigt gebrochen. Es fragt sich eben, wann, wo, unter welchen Voraussetzungen der Katechismus nützlich und dienlich ist, wie die Lehre im Christentum erteilt, wie die Predigt gehalten wird, die Heilsgeschichte ist die erste und älteste Heilslehre, und die Predigten sind ja keine dogmatischen Vorlesungen. Der Herr Jesus, seine Apostel und Propheten haben alle gepredigt und gelehrt, mündlich und zum Teil auch schriftlich und mit gutem Erfolg; aber niemand unter ihnen hat den Katechismus oder ein System der Dogmatik für den Jugendunterricht ediert. Der Katechismus- und überhaupt der dogmatisch-systematische Unterricht ist gut und nicht verwerflich, wenn er mit Danksagung, d.h. mit Verständnis empfangen wird. [. . .]

[F. W. Dörpfeld]

56

An unbekannt

Barmen, 1860

[. . .] Deuten Sie es gütigst möglichst zum besten, daß ich schon wieder mit einer belästigenden Zuschrift an Ihre Tür klopfe. Der Bericht über die Sitzung des Abgeordnetenhauses am 10. Mai d.J., die Erklärung des Herrn Kultusministers, daß er gegen die Aufnahme der Lehrer in den Schulvorstand sei, hat meine Gedanken über Schule, Schulregiment und die Person des Herrn von Bethmann Hollweg so in Verwirrung gebracht, daß ich aus meinem Eigenen heraus nicht zurecht kommen kann. Bei Ihrer großen Arbeitslast würde ich Sie gern unbelästigt gelassen und lieber an Herrn Prof. H[ülsmann?] geschrieben haben, aber sein leidender Zustand schien mir eine Beschwerung mit meinen Klagen noch weniger zu gestatten.

Mit welchen Gedanken Sie jene Äußerung des Herrn Ministers gelesen haben, kann ich nicht genau wissen. Vielleicht sind Sie dadurch nicht einmal überrascht worden oder wenn doch, so werden Sie dieselbe wenigstens mit kaltem Blute gelesen haben. Bei Ihrer Kenntnis des Lehrerstandes wird es Ihnen aber auch nicht überraschend sein, wenn ich sage, daß bei mir und ohne Zweifel bei allen Kollegen, soweit sie nicht durch Nahrungssorgen, Privatstundenjagd und dgl. des Standesgefühls beraubt sind, durchaus das Gegenteil der Fall gewesen ist. Wenn jemand für einen guten Freund in die Schranken träte und in dem Augenblick, wo er auf den Feind losgehen will, von eben diesem guten Freunde einen Schlag ins Genick bekäme, der ihn wehrlos vor den Gegner hinstreckte, so könnte er nicht bestürzter sein, als ich es beim Lesen jener Worte von der Ministerbank geworden bin.

Der Minister v. B.H. ist bei seinem Amtsantritt von allen wohlgesinnten rheinischen Lehrern im stillen mit Vertrauen und Freude begrüßt worden. Das Ev. Schulblatt hat diesem Vertrauen auch zu wiederholten Malen Ausdruck gegeben. Daher, d.h. aus dem guten Glauben an die lehrerfreundliche Gesinnung des Herrn Ministers ist es auch nur zu erklären, daß in diesem Jahre, soviel ich weiß, keine einzige Petition gegen die Regulative aus dem rheinischen Schulstande an das Abgeordnetenhaus geschickt worden ist. (Daß bei den Nachdenksamen auch die Erwägung des Wortes „Zertritt es nicht, es ist ein Segen drin!" entscheidend mitgewirkt hat, versteht sich von selbst.) Man hat an sich gehalten; man wollte dem Minister in seiner schweren Stellung nicht noch mehr Verlegenheiten bereiten, um mit seinen wahren Intentionen vorgehen zu können. Der unglückselige Erlaß vom 19. November v.J. hat leider dieser Position der wohlgesinnten Lehrer und dem Zutrauen in die Einsicht des Ministers einen starken Stoß gegeben. Er hat mir auch die „Bemerkungen zu den Regulativen" im Schulblatte abgenötigt. Sie hätten freilich noch ganz anders lauten müssen, wenn sie als der vollständige Ausdruck dessen gelten sollten, was Leute, die auf Ehrlichkeit und Geradheit etwas halten, über jenen Erlaß denken. Ich glaubte aber, bei diesen Auslassungen einstweilen stehen bleiben zu dürfen, einmal, weil der Minister, der die Schularbeit und Schulzustände unmöglich genau kennen kann, für das Detail des Erlasses nicht verantwortlich zu machen ist, und dann, weil die Regulative, wenn auch ohne ihr Verdienst, nach mehreren Seiten hin zu trefflichen Diensten benutzt werden können, wie meine „Bemerkungen" auch schon angedeutet haben. Über dem Herrn Kultusminister scheint aber in Ansehung der Elementarschule ein wahrer Unstern zu schweben. Er hat noch fast nichts sagen und nichts tun können, was geeignet gewesen, mißtrauische Lehrer anzuziehen oder zu beruhigen; aber viel oder vielmehr genug hat er gesagt, um im Lehrerstande aller Sympathien beraubt zu werden oder wenigstens diejenigen, welche noch Zutrauen haben, zur Verteidigung unfähig zu machen. Empfindlicher hätte er das Gefühl des Lehrerstandes nicht verletzen können, als es durch die betreffende Erklärung am 10. Mai geschehen ist. Die Frage, ob der Lehrer Mitglied des Schulvorstandes sein könne und von Rechts wegen sein solle, ist seit 25 Jahren in dem Schulstande Rheinlands und Westfalens, die Hochlutherischen im Ravensbergischen eingerechnet, zum Schibboleth geworden, woran man Feind und Freund erkennen zu können glaubte. Und meines Erachtens nicht mit Unrecht. Doch ist das nicht die Meinung, es sei die Aufnahme des Lehrers in den Schulvorstand das Erste und Nötigste, was ein schulfreundlicher Minister vornehmen müsse. Auch glaubt meines Wissens niemand, daß mit der Verleihung dieser Mitgliedschaft an und für sich eine besondere augenfällige Veränderung in der sozialen Stellung des Schulstandes verbunden ist. Mit dem Schibboleth verhält es sich vielmehr so.

Seitdem der Elementarschulstand einigermaßen über sich selbst zum Bewußtsein gekommen, wohnt ihm nach einem ganz richtigen Gesetze, das sogar dem kleinsten Nagel einen Kopf anerschafft, der Wunsch und das Bestreben bei, zu einer Art von Selbständigkeit, zu einem „Köpfchen" zu gelangen, oder anders gesagt: in irgendeinem Maße bei der Leitung des Schulwesens ordnungsmäßig mitwirken zu können, kurz: aus der Stellung eines „pädagogischen Unteroffiziers" herauszukommen. (Das sog. „Emanzipationsgelüst" war, obwohl die Gegner das vorhin bezeichnete Streben oft fälschlich auch so benannt haben, eine Verirrung der unkirchlichen und unchristlichen Pädagogik und eine Dummheit dazu; die „Scholarchie" und ähnliche Schreckbilder des Prof. Stahl sind aber meines Wissens pure Verleumdung). Diesem Wunsche des Lehrerstandes steht eine andere Anschauung gegenüber, die den Elementarschulmeister nur als Gehülfen, Diener, Handlanger des Pastors oder als Unteroffizier der Université de Prusse, gebildet, besoldet und behandelt sehen will. Diese letztere Ansicht kann selbstverständlich dem Lehrer die Mitgliedschaft im Schulvorstande nicht einräumen; und wenn es dem Prinzip nach noch zulässig wäre, so würde es wenigstens unklug sein, ihm diesen Brocken von Selbständigkeit hinzuwerfen und so seinen Appetit nach einem nicht zu erlangenden Mehr rege zu machen. Nach der Anschauung, welche allen nachdenkenden würdigen Lehrern von der wünschenswerten Stellung ihres Standes eigen ist, müssen sie von Rechts wegen Sitz und Stimme im Schulvorstande haben; auch läßt sich von diesem Standpunkte kein Grund absehen, der es unrätlich machte.

Soweit meine Erinnerung über mein schulmeisterliches Bewußtsein zurückreicht, ist mir der Anspruch des Lehrers auf die Mitgliedschaft im Schulvorstande nicht zweifelhaft gewesen. Der von dem Herrn Kultusminister bestrittene Satz war mir selbstverständlich, ein Axiom, und das Gegenteil so absurd, daß ich eigentlich niemals über die Gründe, wodurch man die Gegner etwa widerlegen könnte, ernstlich nachgedacht habe. Hier im Bergischen, wo es glücklicherweise noch vorkommen kann, daß gute Sitten mehr gelten als schlechte Gesetze, ist die soziale Stellung des Lehrers, insonderheit des tüchtigen, treuen und fleißigen, derart, daß er in dieser Beziehung nach der Mitgliedschaft im Schulvorstand kein sehnliches Verlangen zu haben braucht. Sie würde ihm nichts gewähren, wenigstens nichts zur Hebung seiner sozialen Stellung, was er nicht ohnehin schon besitzt. Darum ist die sog. Schulvorstandsfrage hierzulande seit dem Jahre 1846 (das Jahr 1848 rechne ich nicht) eigentlich nicht mehr verhandelt worden. Man sah sie als eine solche an, die im Prinzip ausgemacht und von der Sitte bereits tatsächlich beantwortet ist und die darum mit der Zeit gleichsam von selbst die gesetzliche Erledigung finden wird. Auch war man, d.h. der Lehrerstand, des zuversichtlichen Glaubens, daß die Pfarrer und die Schulpfleger durchweg diese Sache ebenso ansähen.

In andern Gegenden, wo die soziale Stellung der Lehrer eine weniger günstige ist, wird diese Frage lebhafter besprochen, darum aber auch eine gesetzliche günstige Regulierung um so lebhafter gewünscht und erharret worden sein. Im Lippischen z.B. wollten die Lehrer im vorigen Herbst eine Petition in diesem Sinne an den Minister v. Oheimb einreichen. Einer derselben, ein Mitglied des dortigen Evangelischen Lehrervereins, der mit der Abfassung der Eingabe beauftragt war, ersuchte mich damals um einige Ratschläge. Ich habe ihm eigentlich die Eingabe widerraten; einmal, weil es meines Erachtens für sie dringendere Wünsche gebe, und dann, weil sie schwerlich zum Ziele kommen würden, solange das benachbarte Preußen hierin nicht, wie es sein Beruf sei, mit gutem Beispiele vorangehe.

Für die vorhin ausgesprochene Behauptung, daß wir im Bergischen in der Schulvorstandsfrage schon weiter seien, will ich ein Beispiel anführen. Vor etwa 2 bis 3 Jahren sprach ich mit unserm Herrn Oberbürgermeister Bredt über diese Angelegenheit. Er war mit meiner Auffassung durchaus einverstanden. Auf meinen Vorschlag, er möge diese Sache in die Hand nehmen und zunächst für Barmen an die Schulbehörden den Antrag stellen, daß den Hauptlehrern Sitz und Stimme im Schulvorstande und 2 bis 3 Lehrern Sitz und Stimme in der städtischen Schulkommission eingeräumt werde, erwiderte er, er würde das sehr gern tun, aber bei den bekannten Anschauungen und Tendenzen des Ministers v. Raumer sei ein günstiger Erfolg nicht zu erwarten; hoffentlich komme bald ein anderes Schulregiment in Preußen auf, dann werde er gern zu derartigen Anträgen die Hand bieten. Im Laufe der Zeit tat doch der Herr Oberbürgermeister, was er konnte. Bei wichtigen Sachen, die in der Schulkommission zur Sprache kommen mußten, ordnete er vorher eine Konferenz der Hauptlehrer unter seinem Vorsitz zur Besprechung über dieselben an, wobei jeder je nach Zeit und Gelegenheit auch andere Angelegenheiten zur Sprache bringen konnte. Auf diese

Weise ist schon manches Gute hier zustandegekommen oder angeregt und angebahnt worden. Für weniger wichtige Fragen tritt seit einiger Zeit nicht mehr die Gesamtheit der Hauptlehrer, sondern ein Ausschuß mit dem Herrn Oberbürgermeister zusammen. Vor kurzem hat der letztere in der Schulkommission auch die Vertretung der Lehrer in derselben zur Sprache gebracht, jedoch nur gelegentlich, nicht im Sinne eines förmlichen Antrages. Die Mehrzahl der Stimmen hat sich jedoch mehr ablehnend geäußert, namentlich aber unter Hinweis darauf, daß die von dem Herrn Oberbürgermeister begonnenen Besprechungen mit den Lehrern diesen dasselbe gewähren, was sie durch eine Vertretung in der Schulkommission zu erreichen hofften. Letzteres ist nach meinem Dafürhalten allerdings richtig; ich glaube sogar, wir erreichen auf diesem Wege viel mehr als durch ein paar Stimmen in der Schulkommission; der bisherige Erfolg spricht wenigstens dafür. Aber dieser Weg ist unsicher; er ist gleichsam nur ein Privatweg, der jeden Augenblick gesperrt werden kann. Die Existenz dieser Einrichtung hängt lediglich an der Person des trefflichen Oberbürgermeisters und ebenso ihr Erfolg. Wir geben uns aber der Hoffnung hin, daß mit der Zeit auch weiterer Rat sich finden werde.

Da fährt aber die Erklärung des Herrn Ministers vom 10. Mai wie ein Blitz aus heiterm Himmel in unsere und aller Lehrer Hoffnungsblüten hinein. Es ist gut, daß Herr v. B. H. nicht alles hören kann, was jetzt in den Lehrerkreisen über ihn gesprochen wird, obwohl es doch auch vielleicht gut wäre, wenn er einiges davon erführe. Im Gleichnis gesprochen, nehmen gerade die besseren Lehrerkreise seit jenem Tage sich aus wie ein Buchweizenfeld zur Blütezeit, das schwarz und abgesengt da steht, als ob eine Feuerflamme darüber hingefahren wäre, wovon der Landmann sagt: „Das hat der Blitz getan".

„Jetzt ist endlich der Kern der Regulativ-Tendenzen ans Licht gekommen", heißt es, wohin man horcht. Was soll ich sagen? Ich kann mich allerdings des Eindrucks nicht erwehren, daß zwischen dem 1. Okt. 1854 und dem 10. Mai 1860 ein sehr enger Zusammenhang besteht, ein Zusammenhang, den ich freilich zunächst in der Sache, in der Idee suche; oder in den Personen (Stiehl) ist er doch auch noch sichtbar vorhanden. Als ich zuerst das Regulativ vom 1. Oktober las, war es mir, als ob ich einen Stich ins Herz bekäme. Wenn, so mußte ich mir sagen, wenn auf Grund einer solchen allgemeinen Bildung, wie sie die Volksschule nach dem 3. Regulativ liefert, eine Fach-Bildung in dem Sinne des 1. Regulativs aufgebaut werden soll, so kann diese nichts anders sein als Dressur zu einem pädagogischen Unteroffizier. Zum andern. Wenn, wie es ja nicht anders sein kann, die soziale Stellung des Elementarlehrerstandes sich nach dem Bildungsstand seiner Glieder normiert und sich nun nach der aus den Regulativen resultierenden allgemeinen und Fachbildung normieren soll, dann muß ich nicht nur meine Hoffnungen auf Belebung und Veredlung des Schulkörpers durch Aufnahme des Lehrerstandes in den Schulvorstand, in die Schulkommissionen, in den Organismus der Kirche usw., in Hoffnungen, die einstmals auch von Herrn v. B. H. als berechtigt anerkannt worden sind, ins Grab versenken, sondern der Lehrerstand im Bergischen und fast am ganzen Niederrhein wird eines guten Teils der gesellschaftlichen Achtung, in die er im Verfolge seiner historischen Entwicklung hineingewachsen ist, jämmerlich beraubt. Dem Anfange nach ist dies schon durch die bloße Veröffentlichung des 1. Regulativs geschehen. Die Wirksamkeit der Regulative, die Not- und Hülfs-Seminare, der Lehrermangel, die erleichterten Lehrerprüfungen und die bereits erfahrenen und noch zu erwartenden Maßregeln und Äußerungen der Schulbehörden werden den Anfang sicher zum Ende führen.

Es bleibe einstweilen dahingestellt, ob die Editoren und Lobpreiser der Regulative das, was, wie vorstehend gesagt, der Gegenstand meiner Furcht und Trauer ist, mit vollem Bewußtsein beabsichtigt haben. In der Sache selbst ist das, was ich fürchte, wohl begründet. Einen vollständigen Beweis dafür kann ich hier nicht führen; aber einige erläuternde Notizen will ich doch beibringen.

Nach meiner Ansicht würde ein wohleingerichteter Lehrerbildungsgang so zu ordnen sein: Vom 16. bis 18. Jahre ein zweijähriger Kursus zur Vertiefung und Erweiterung der allgemeinen Bildung; darauf folgt ein zweijähriges praktisches Arbeiten als Gehülfe; dann ein einjähriger Kursus, als dessen Hauptzweck theoretische und praktische Fachbildung anzusehen ist. Weder der letzte einjährige Fach-Kursus noch der erste zweijährige allgemeine Bildungs-Kursus darf obligatorisch sein; wer für den zweiten oder für beide nicht die erforderlichen Mittel hat, muß Nebenwege gehen können. Aber für die, welche sich zu jenen Kursen melden, muß der Staat vollaus Raum und die bisher übliche Unterstützung schaffen. Dadurch ist für einen wohl ausgerüsteten Kern im Lehrerstande gesorgt. Ein Mehreres ist nicht nötig; aber mit weniger darf auch niemand, der es mit dem Volke und seinen Lehrern wohlmeint, zufrieden sein. In betreff der genaueren Ausführung dieser meiner Ansicht darf ich wohl an eine frühere Zuschrift, die Sie so gütig waren entgegenzunehmen, erinnern. Nach meiner festen Überzeugung empfehlen sich meine Vorschläge nach allen Seiten, und nach nun fünfzehnjährigem Nachdenken über diese Frage getraue ich mir auch, dies objektiv nachzuweisen. Für den Niederrhein oder genauer; für die Gegenden, wo die altbergische Schuleinrichtung besteht, empfehlen sich meine Vorschläge aber nicht bloß; sie beziehen sich und bezeichnen vielmehr etwas, was durchaus not ist. Unsere Schuleinrichtung, insonderheit das Gehülfenwesen, konnte bei der alten und kann auch bei der neuregulierten Weise des Lehrerbildungsganges auf die Dauer nicht bestehen. Eine der beiden Einrichtungen, sei es die unserer Schulen oder die der Seminarien, muß weichen. Der bisherige Notstand, wonach ungebildeten und unerfahrenen Aspiranten die Leitung einer ganzen Schulklasse anvertraut werden mußte, hat das Gehülfenwesen merklich in Mißkredit gebracht. Ihm muß abgeholfen werden. Weiter ist leicht begreiflich, daß diejenigen Lehrer, welche an der Spitze einer mehrklassigen Schule stehen sollten, sowohl hinsichtlich der Schulleitung an sich wie den untergebenen Lehrern gegenüber und behufs würdiger Repräsentation der gesamten Schule einer höheren Bildung bedürfen als die, welche nur für eine einklassige Schule oder überhaupt für eine Klasse zu sorgen und zu stehen haben. War gleich bei dem vorregulativischen Bildungsgange dieses letztgenannte Bedürfnis nicht ernstlich berücksichtigt, so war doch mehr Gelegenheit vorhanden, ein höheres Maß von Bildung sich zu erwerben als dies jetzt der Fall ist. Die treffliche bergische Schuleinrichtung war, und ich klage die Schulbehörde vor Gott und Menschen dafür an, ohnehin leise am Zerbröckeln; die Regulative und was notwendig oder zufällig damit zusammenhängt, werden sie unfehlbar vollends zertrümmern, auch wenn das in Aussicht stehende allgemeine preußische Schulgesetz wider Erwarten sie noch leben lassen sollte.

Ich sagte vorhin, daß schon die bloße Publikation des 1. Regulativs den bergischen Lehrern einen ziemlichen Teil der bisher genossenen, von den Schulvätern mühsam erworbenen gesellschaftlichen Achtung geraubt habe. Diese Anklage wird, so Gott will, seiner Zeit öffentlich und laut erhoben und dann auch rechtskräftig erwiesen werden. Hier nur einige Beispiele zur Erläuterung.

Mein Schulbezirk grenzt an sechs andere. Von den um mich herum wohnenden sechs Hauptlehrern haben zwei vor ihrer Seminarzeit das Gymnasium bis in Sekunda hinein besucht, zwei andere Sekunda einer Realschule absolviert, einer eine höhere Stadtschule durchgemacht und der sechste endlich nur eine Elementarschule besucht. Diese Lehrer stehen also, mit alleiniger Ausnahme der letzten, hinsichtlich ihrer Schulbildung neben den bestgebildeten Bürgern unserer Stadt, sofern sie nicht sogenannte Studierte sind, vollständig ebenbürtig da, weil bisher nur höchst selten ein Kaufmannssohn, der eben nur Kaufmann werden sollte, auch Prima der Realschule durchmachte. Und selbst diesen seltenen Fällen gegenüber wird man mit gutem Gewissen annehmen können, daß der zweijährige Seminarkursus bei den in Rede stehenden Personen in seinem Bildungsresultat den ein- oder zweijährigen Kursus in Prima der Realschule einigermaßen aufwiegt. Diese hinsichtlich der allgemeinen Schulbildung ebenbürtige Stellung der Lehrer wird aber im Leben auch durchaus anerkannt; oder vielmehr: es kann niemandem einfallen, sie anzweifeln zu wollen. (Das könnte mit Tatsachen belegt werden, wenn der Raum dazu da wäre.) Lehrer, die vor dem Seminar eine Realschule oder ein Gymnasium bis Sekunda besucht haben, sind freilich auch im Bergischen nicht zahlreich; aber unter denen, welche früher die Moerser Präparandenanstalt oder auch nur die Elementarschule absolvierten, gibt es viele, die vermöge ihres Fleißes und treuen Strebens in ihren reifern Jahren jenen gar nicht nachstehen. Der Gewerbsmann, welcher natürlich den Lehrerbildungsgang nicht genau kennt, urteilt nun von den tüchtigeren Lehrern aus und zwar so, daß er denkt: der Lehrerstand wird eben angehalten, etwas Ordentliches zu lernen. Allerdings merkt er auch einen Unterschied zwischen Lehrern und Lehrern, den er sich aber so erklärt, daß der eine seine Lektion gut und der andere minder gut gelernt habe. So standen die Sachen bis zum 1. Okt. 1854. Da wurde man durch die öffentlichen Blätter belehrt, daß von einem Elementarlehrer hinsichtlich der allgemeinen Bildung nur gefordert werde, daß er eine gute Volksschule (und zwar die regulativische) durchgemacht habe und daß im Seminar der Bildungsstand nicht eigentlich erhöht, sondern der Seminarist nur befähigt werden solle, das früher Gelernte den Schülern in guter Manier mitteilen zu können. Über dieses mußte man hören, daß die Synoden die Regulative mit Freuden begrüßten, daß der Minister und sein Rat in den Kammern ins Allgemeine hinein behaupteten, die Regulative forderten mehr, als die Lehrer bisher geleistet hätten und jetzt noch leisten könnten, was dann schließlich der neue Kultusminister aus- und nachdrücklich bestätigte, ja man mußte hören (aus dem Munde des Konsistorialrats Sack!), „daß die Elementarschule durch die Regulative aus einem wahrhaft grauenvollen Zustande errettet worden sei."

Was mußten nun nachdenkende Barmer Bürger und unsere bergischen zeitungslesenden Leute überhaupt über ihre Elementarlehrer denken? Muß ihnen die bisherige gute Meinung, die sie von denselben gehabt haben, nicht als auf Täuschung beruhend erschienen sein? Zumal sie, wie bemerkt, den bisherigen Bildungsweg und die Bildungsanstrengungen der einzelnen Lehrer nicht kannten, wie ich denn überzeugt bin, daß von Hunderten der hiesigen Kaufleute nicht einer weiß, daß die oben erwähnten fünf Lehrer meiner Nachbarschaft gerade dieselbe allgemeine Schulbildung genossen haben, die ihnen zuteil geworden ist. Und nun noch all das Gerede, was in den Kammern und in den Zeitungen über die Halb- und Afterbildung, über den Hochmut und Wissensdünkel der Lehrer gelegentlich zutage kam! Eine Art der Leser legte das alles freilich dahin aus, daß die Bildung der Lehrer und des Volkes heruntergedrückt werden sollte; die andern aber und vielleicht gerade die in ihrer Art Verständigen merkten sich vieles aus der ministeriellen Doktrin und wurden infolgedessen an ihrer bisherigen Taxierung der Lehrerbildung gründlich irre. Da ich die hiesigen sog. „Gesellschaften" so gut wie gar nicht besuche und nur mit befreundeten Familienkreisen verkehre, so ist es mir erspart worden, die verschiedenen Diskurse über die regulative Lehrerbildung usw. vollaus anzuhören; ich habe aber hier und anderswo genug gehört und erfahren, um mit allem Nachdruck sagen zu können: die zentralisierenden „Regulative" haben unbescholtene Leute an den Pranger gestellt.

Manches von dem, was mit und neben den Regulativen über den niederrheinischen Lehrerstand ergangen ist, ist glücklicherweise nicht überall allgemein kundgeworden, z.B. die Errichtung des Not- und Hülfs-Seminars in Zoppenbrück, die verhältnismäßig große Zahl von Kandidaten, welche neben dem Seminar durch die weite Pforte der Lehrerprüfungen zwar mit halben Zeugnissen, aber doch mit vollen Segeln in den Schulhafen einfahren. Einige Exempel von wahrhaftem Schund, der in den letzten Jahren in unsere Gehülfenstellen hineingekommen ist, habe ich Ihnen, wie Sie sich erinnern werden, mündlich bezeichnet. Vor kurzem noch wurde ein jämmerlich unwissender, aber eminent hochmütiger Geselle, der vor ca. zwei Jahren in Moers seine Lehrerprüfung bestanden hatte und seitdem mit Ach und Krach eine hiesige Gehülfenstelle versah, an die Oberklasse einer benachbarten zweiklassigen Schule (in der Mark) gewählt, weil er den Wählern durch Prahlhansereien zu imponieren wußte.

Wir Lehrer ältern und mittlern Alters von ci-devant haben seit dem Erlaß der Regulative und ihrem Gefolge das Gefühl, wie wenn wir einem Stande angehörten, den die Behörde behandelt wie das Mädchen seine Puppe, die je nach Belieben so oder so angekleidet wird. Das Reden von historischer Entwicklung, von bewährtem Alten, wie es zur Verteidigung der Regulative geführt wird, klingt in unsern Ohren in Absicht auf die Lehrerbildung fast wie Spott und Hohn. Zu Diesterwegs Zeit ließ man in der allgemeinen Lehrerprüfung in Moers selbst die tüchtigeren Leute durchfallen, um sie zu nötigen, ins Seminar zu treten. Unter Zahn hatte die allgemeine Lehrerprüfungs-Kommission fast nichts mehr zu tun. Seitdem sind durch die Nebentüren: Zoppenbrück, Düsselthal und durch die allgemeinen Prüfungen in Moers, Neuwied und Soest mehr Leute (mit und ohne Zeugnis) in das Schularbeitsfeld gelassen worden als durch das historisch-legitimierte Königliche Seminar. Vielleicht wird aber dieses letztere doch den guten Ruf des niederrheinischen Lehrerstandes aufrechthalten, zumal es nach den untrüglichen Grundsätzen des ersten Regulativs geleitet wird und der Ministerial- wie der Provinzial-Schulrat die soliden Resultate von jetzt gegenüber den hohlen „Geistreichigkeiten" von ehemals laut gerühmt hat? Daß es so wäre! Ich habe auch einige Erfahrungen. In einer hiesigen Gehülfen- (Seminaristen-) Konferenz, die ich leite, befinden sich auch vier Zöglinge württembergischer Seminarien. Die übrigen sind Moerser Seminaristen. (Von den in hiesigen Schulen arbeitenden Zöglingen des Zoppenbrücker und Düsselthaler Seminars und von solchen, die ohne Seminar-Unterricht die Lehrerprüfung gemacht haben, hat sich bis jetzt noch niemand eingefunden.) Die letzteren (Moerser) sind in Ansehung der Gesinnung und Haltung empfehlenswerte Leute; aber hinsichtlich ihrer Bildung stehen sie, wenn ich zwei ausnehme, allesamt hinter den württembergischen merklich zurück. Dies tritt bei allem, was in der Konferenz vorkommt, im Auffassen, Sprechen und in den schriftlichen Arbeiten so auffallend hervor, daß ich immer mit einem Gefühl der Scham nach Hause gehe.

Es ist gut, daß die Gemeinden von den Veränderungen, welche durch den neuen Anwuchs seit vier Jahren im Lehrerpersonal vorgegangen sind, noch kein deutliches Bewußtsein haben. Die Pastoren wissen es wohl und sie verstehen auch zu reden und zu schweigen, je nachdem es ihrem Interesse angemessen ist. In den Augen des Staates rangieren von jeher der Elementarlehrer mit den Unteroffizieren und Gendarmen. Unser Volk hatte von dieser staatlichen Abschätzung keine Ahnung oder nahm keine Notiz davon; es taxierte eben anders. Wenn ein junger Lehrer im Bergischen eine selbständige Stelle hat, die allenfalls eine Familie ernährt, so stehen ihm, wenn er freien will, in seiner Schulgemeinde und wo er bekannt ist, Bürger- und Bauernhäuser bis zu den wohlhabendsten hin offen, vorausgesetzt, daß seine Persönlichkeit und seine Haltung in jedem Betracht mit seinem Berufe in Einklang sind. Unter den oben angeführten sechs Lehrern meiner Nachbarschaft sind vier, die mit ihren Frauen ein Vermögen von 6–10 000 Thlrn. erheiratet haben. Dieser Beispiele würden im bergischen Lande noch viel mehr sein, als jetzt der Fall ist, wenn die jungen Leute nicht so häufig schon vor ihrer Anstellung sich verlobten. Wenn aber der Entwicklungs- oder vielmehr Verkrüppelungsprozeß, in den seit 1854 der niederrheinische Lehrerstand hineingezogen worden, so weit zum Abschluß gekommen ist, daß das Resultat dem Publikum klar vorliegt, so wird auch der letztbezeichnete bedeutsame Zug aus der sozialen Glanzperiode des bergischen Schulstandes bald verloren sein. Denn nach der Ehre, einen Königlich preußischen pädagogischen Unteroffizier zum Schwiegersohn zu haben, würde ein ehrsamer bergischer Fabrikant, Handwerker oder Bauer nicht geizig sein.

Der Herr Minister scheint getrieben zu sein, den Abschluß dieses Prozesses, der mit dem 1. Oktober 1854 begonnen hat, baldmöglichst herbeizuführen. Seine Erklärung vom 10. Mai wird ihre Wirkung nicht verfehlen. Sie hat, wenn es erlaubt ist, so zu reden, den bergischen Lehrerstand zu einem Kampf auf Leben und Tod hinsichtlich seiner sozialen Stellung herausgefordert. Ohne Zweifel wird der Minister siegen.

Wie möchten wohl andere Stände sich verhalten, wenn die Behörde ihren Besitzstand an Bildung und gesellschaftlicher Achtung so empfindlich antasten wollte, als es das frühere und jetzige Kultusministerium mit dem bergischen Lehrerstande getan hat? Gesetzt, in betreff der Geistlichen könnte man einmal vom Ministertisch sagen hören, was in den vergangenen Maitagen hinsichtlich der gewünschten höheren Lehrerbildung gesagt wurde, und es würde demzufolge vorgeschlagen, junge Leute, etwa jüngere Lehrer, in einem schnellarbeitenden Prediger-Seminar á la Zoppenbrück für den Kirchendienst vorzubereiten oder sogar ihrer selbsteigenen Vorbereitung mit einem einladenden Examen entgegenzukommen: würden dann nicht sämtliche Pfarrer, Superintendenten und Professoren der Theologie wie ein Mann sich erheben und schon bloße Vorschläge dieser Art als „Kirchenschändung" verdammen? Und was würden die Offiziere zu ähnlichen Vorschlägen in Ansehung ihres Standes sagen?

Mit dem Elementarschulstande ist es freilich auch etwas anderes. Der darf nicht gegen Verletzung seines geistigen und sozialen Besitzstandes protestieren: das wäre revolutionär. Wenn andere Leute auf Standesehre etwas halten, so ist das recht und gut; wenn der Lehrerstand dafür eintreten wollte, so würde die ihm gebührliche Demut zu sehr Schaden leiden. Für andere Stände kann der Staat nicht genug Titel und Bänderchen erfinden, um dem Eifer und Streben die wohlverdiente Anerkennung zu gewähren; aber dem Elementarlehrerstand muß, wie Herr v[on] B[ethmann] H[ollweg] vor einiger Zeit verfügt hat, auch noch das letzte Ehrentitelchen (Rektor), das ihm in einigen Gegenden übriggeblieben war, genommen werden. Dagegen soll der verdienstvolle Lehrer es sich vor wie nach zur Ehre rechnen, wenn ihm vergönnt wird, am Ordensfeste mit dem Unteroffizier und Polizeidiener in einer Reihe stehen zu dürfen. Für den Lehrerstand gelten eben besondere Gesetze in Absicht auf natürliche menschliche Entwicklung der Lebenskraft.

Beim ersten Lesen der Regulative kam es mir vor, als ob nicht nur der eigentliche Inhalt, sondern auch die gesamte Ausdrucksweise von dem Gedanken getragen sei: der Schulmeister ist nach seiner Bildung und sozialen Stellung ein armer Wicht, und daß er das ist, muß ihm begreiflich gemacht und eingeprägt werden. Fast denselben Eindruck machen sie auch heute noch. Man braucht nur das neueste Regulativ für Realschulen mit unsern Regulativen zu vergleichen, um den verletzenden Stil der letztern deutlich zu empfinden. Nach demselben Stil hat der Herr Minister am 19. Nov. v. J. reden und bis zur Beleidigung verletzend reden müssen. Die herben, kränkenden Ausdrücke, deren Herr Stiehl sich gelegentlich in den Kammerverhandlungen bedient hat, will ich nicht einmal erwähnen. Summe: Das 1. Regulativ ist ein Reglement zur Bildung pädagogischer Unteroffiziere; damit stimmt fast alles, was von seiten der Schulbehörden seit dem 1. Oktober 1854 getan oder unterlassen worden ist. Wem dieser Sinn der Regulative bisher noch zweifelhaft gewesen sein sollte, für den hat die Erklärung des Ministers am 10. Mai nunmehr allen Zweifel gelöst. Sind für gewisse Gegenden oder Provinzen oder für gewisse Schulen in allen Gegenden nur pädagogische Handlanger erforderlich; gut, so habe ich nichts dagegen zu sagen, wenn nur für die andern Gegenden, welche andere Lehrer haben und bezahlen wollen, auch angemessen gesorgt wird und wenn die Lehrer, welche in Wahrheit etwas anderes als Handlanger sind, nicht mit jenen zusammengeworfen und also in den Ruf gebracht werden, daß sie nur in ihrem eigenen Dünkel, mehr zu sein, prätendierten. Will jetzt ein Lehrer nach der Seminarzeit sich noch fortbilden, „um sich für städtische Schulen tüchtig zu machen", so wird ihm das zwar huldreich gestattet, aber wie er auch arbeite und strebe, solange er bei den Kindern des gemeinen Mannes aushält, muß er dennoch nach dem Staatsmaß mit dem letzten, schwächsten Gliede seines Standes in einer Reihe bleiben. Wenn Männer wie Kötter in Ruhrort, Eickhoff in Gütersloh, Cremer in Unna u.a. sich in ihren jüngern Jahren, wie andere ihresgleichen, eine Weile auf das Studium einzelner Wissenszweige geworfen und die höhere Lehrerprüfung gemacht hätten, so würden sie jetzt mit Ehren „Rektor" heißen können; nun sie aber jahrelang unermüdeten Fleiß darauf verwandt haben, sich für den Dienst des gemeinen Mannes nach der Länge und Breite des Elementarunterrichts tüchtig zu machen, haben sie auch nach v. Bethmann'schen Grundsätzen für die Zeit ihrer Amtswirksamkeit keine andere Ehre zu erwarten, als die, mit dem unzulänglichsten Kollegen ein schlichter „Schulmeister" heißen zu dürfen und nur beim Ausscheiden etwa noch die Anerkennung, daß sie würdig befunden worden seien, einem dekorierten Polizeidiener gleichgeachtet zu werden.

Muß ich um Entschuldigung bitten, daß ich auch auf das Kapitel von der „Ehre bei Menschen" geraten bin? Ich meine nicht. Es handelt sich mir gar nicht um „eitle Ehre" an sich, sondern um Gerechtigkeit. Ungleiches Maß und Gewicht ist vor Gott ein Greuel, darum darf es mir auch ein Anstoß und Ärgernis sein.

Aber es handelt sich auch eigentlich nicht einmal um Gerechtigkeit und Billigkeit in den Ehrbezeugungen, sondern vornehmlich darum, daß die mannigfachen guten Kräfte, welche auch im Elementarlehrerstande sich kenntlich offenbarmachen, nicht brachliegenbleiben und verkümmern, sondern in allerlei Weise, wie es eben gehen will, nutz- und dienstbar gemacht werden oder mit andern Worten: daß die würdigen Glieder dieses Standes von den Banden und der Unehre einer pädagogischen Unteroffizierkaste befreit werden und in das Lehrerleben mehr Zug und Schwung komme. Ein Lehrer, der sich als treu und tüchtig bewährt hat, ist nach meiner Auffassung nicht nur ein gutes, sondern das erste und beste Glied des Schulvorstandes; hat er weiter in seiner Schularbeit und in seinem Wandel als erleuchteter und gegründeter Christ sich bewiesen, so ist er in meinen Augen auch als einer der solidesten Pfeiler und Vertreter der kirchlichen Gemeinde legitimiert. Und wo sich solche finden, welche die Tüchtigkeit erworben und bewährt haben, jüngere Glieder in den Lehrerberuf einweisen zu können, sollte ich sie nicht empfehlen, gelegentlich einen derselben zum Seminarlehrer, Schulinspektor oder Seminardirektor zu machen? Von alle dem erkennt das preußische Schulregiment nichts an. Mitglied des Schulvorstandes kann nach Herrn v. B. H. der Lehrer nicht werden; darnach versteht es sich von selbst, daß er auch qua Lehrer nicht im Presbyterium und in der Synode Sitz und Stimme haben kann. Wohl werden auch Elementarlehrer als Seminarlehrer angestellt; aber die kümmerliche Besoldung dieser Stellen verrät deutlich genug, daß nur die Not diese Einrichtung hervorgerufen hat. Theologen, die das Elementarschulwesen fast nur durch die Erinnerung aus ihrer eigenen Jugendzeit kennen und Geistliche, die verbluten würden, wenn man ihnen die weltliche Ader aufschnitte, können in Preußen Seminar-Direktoren werden; aber Minister wie Schüren, die imstande sind, sämtliche Seminar-Direktoren aus dem Sattel zu heben, werden dem Auslande überlassen. Von den Schulinspektoren und Schulräten will ich lieber nichts sagen. Offiziere, Pfarrer, studierte Lehrer usw. haben das tröstliche Bewußtsein, in ihren Behörden durch alle Instanzen hindurch von Männern ihres Fleisches und Blutes beaufsichtigt und vertreten zu sein; der Elementarlehrerstand muß dies schon in Betracht der untersten Instanz entbehren. Für ihn hat die Stelle im allgemeinen Kirchengebet, die da vom Beherrschtwerden durch „Fremde" spricht, noch einen besonderen Sinn.

Es könnte mir nun die Frage entgegengehalten werden: ob nicht die Maßnahmen der Minister von Raumer und von Bethmann Hollweg im Gebiete der Elementarschule bei fast allen einflußreichen Korporationen, Schichten und Ständen in unserm Lande, bei der Kirche, bei den Gemeinderätskollegien, bei Rittergutsbesitzern, Kaufleuten, Bauern usw. entweder laute oder doch stillschweigende Anerkennung gefunden hätten? Und ob ich im Ernst glaubte, für meine Ansichten vom Schulstande und seiner Stellung bei dem großen Publikum Propaganda machen zu können? Darauf antworte ich unbedenklich: die ministeriellen Ansichten und Maßnahmen sind in den meisten einflußreichen Kreisen des Gesamtstaates in demselben Grade populär, als meine Ansichten unpopulär sind. Ein Minister, der auf Popularität spekuliert, kann nichts Besseres tun, als auf dem seit dem 1. Oktober 1854 eingeschlagenen Wege vorwärtsgehen. Ich frage dagegen: Wenn die Landesvertretung oder ein Minister einmal darauf verfiele, den Rittergutsbesitzern oder den Offizieren oder den Advokaten oder den großen Fabrikanten oder den Geistlichen kräftig am Zeuge zu flicken oder gar ins Fleisch zu schneiden, würde eine solche Maßregel an einem dieser Stände nicht bei allen andern stillen oder lauten Beifall finden? Man müßte keine Geschichte kennen oder nicht wissen, was für ein Gemächte die Menschen sind, um über die Popularität solcher Maßregeln zweifelhaft sein zu können. In Ansehung des Elementarlehrerstandes kommt aber noch ein besonderer Umstand hinzu. Der Elementarschulstand, wie er heutzutage sich darstellt, ist ein Neuling, ein Parvenü, das betone ich, und: er ist zum Dienst der untersten, der an Gut und Einfluß ärmsten Schichten der Gesellschaft berufen. Mit diesen beiden Tatsachen sind die meisten der ungünstigen Urteile und Geschicke, die je und je, da und dort über diesen Stand ergehen, ausreichend zu erklären.

Bevor der moderne Elementarschulstand auftrat, war die Welt in ihrer Art ordentlich verteilt, ein Stand gegen den andern durch langjähriges Herkommen leidlich abgegrenzt. Der „Schulmeister" alten Stils zählte bei dieser Teilung der Erde gar nicht mit. Da versuchten seinerzeit wohldenkende Staatsmänner, Geistliche und Lehrer an höhern Schulen aus dem, was in sozialer Beziehung noch nichts war, aus dem Schulmeister, etwas zu machen. Der Versuch ist gelungen; der moderne Schulstand ist als wirklicher Stand da. Die Gemeinden, welche Schulhäuser bauen, Normalgehälter auswerfen, das Schulgeld erhöhen mußten usw., wissen davon zu sagen. Ebenso die Kirche. Des „knechtlichen" Küsterdienstes hat sich die in der „Pension" des Staates vorgebildete Tochter meistens zu entledigen gewußt; ist sie auch noch nicht rechtlich für mündig erklärt, so fängt sie doch immer mehr an, tatsächlich Kopf und Mund zu gebrauchen. Auch in den Familien- und geselligen Kreisen hat der Parvenü Neuerungen veranlaßt. Der Vater oder Großvater, welcher noch recht gut sich erinnert, daß man in seinen jungen Tagen vor dem „Schulmeister" nicht viele Komplimente machte, hat sich nach und nach daran gewöhnen müssen, vor dem „Herrn Lehrer" die Mütze oder den Hut abzunehmen. In Bürger-, Bauern- und Pastorenhäusern, wo der Schulmeister vor 50 Jahren die Magd freiete, darf der Lehrer von heutzutage schon um die Tochter werben, wiewohl bei solcher Werbung hier und da auch jetzt noch allerlei Schwierigkeiten zu überwinden sind, welche bekunden, daß in solcher Gegend der neue Lehrer aus dem alten Schulmeisterstadium noch nicht völlig herausgekommen ist. Man braucht nur ein wenig unter allerlei Leuten gewesen zu sein und sich nur ein wenig auf die chemische Analyse der Volksurteile und Volksstimmungen zu verstehen, um bald inne werden zu können, einmal, daß der moderne Lehrerstand bei allen bevorzugten Ständen keine persona grata ist und zum andern, daß fast überall auch nur sein Parvenü-Charakter diese Antipathien hervorruft. Tritt nun obendrein in den persönlichen Eigenschaften der Lehrer selbst diese Neulingsnatur noch etwas stark hervor, wie es denn kaum anders sein kann, so gibt das den Antipathien neuen Anlaß und Nahrung. Daneben kann man die Beobachtung machen, daß der einzelne Schulbezirk für seinen Lehrer, falls dessen Persönlichkeit dazu angetan ist, ungewöhnliche Achtung, Anhänglichkeit und Opferwilligkeit bezeigt, während dieselben Leute für den Lehrerstand als solchen nicht so sehr eingenommen sind. Dem Lehrer, welchen sie den ihrigen nennen, gewähren sie gern, was sie dem Stande überhaupt verweigern. (Dieser letztere Zug des Volkssinnes, der die dermalige Situation des Lehrerstandes deutlich bezeichnet, ist für die Schulgesetzgebung ungemein wichtig.)

Der andere erwähnte Umstand, welcher auf den Lehrerstand schwer drückt, besteht darin, daß die öffentliche Elementarschule namentlich in den größeren und mittleren Städten fast nur die Kinder der geringeren Leute zu unterrichten hat. Die reicheren und wohlhabenderen Bürger schicken auch die kleineren Kinder nicht mehr in die öffentliche Elementarschule; sie halten sich zu den Vorbereitungsklassen der höhern Schulen, zu Privatschulen oder helfen sich durch Privatunterricht. Zwischen ihnen und den öffentlichen Volksschulen besteht also kein direktes Verhältnis mehr. Gerade die Quelle, aus welcher dem Lehrerstande die Verstärkung seines Kredits, die Hebung seiner sozialen Stellung herfließen muß, nämlich die direkte Verbindung zwischen Schule und Haus, ist für die städtische Elementarschule hinsichtlich der einflußreichsten Familien vollständig abgegraben. Während nun der Landschullehrer vorwiegend das, was mit der Neulingsnatur seines Standes zusammenhängt, zu tragen hat, lastet auf den städtischen Elementarschulen hauptsächlich der letztgenannte Übelstand, und man kann die Nachwirkungen beider Mißstände nicht bloß in den Gemeinderats-Sitzungen verspüren, sondern sehr deutlich bis in die Synodal- und Landtags-Verhandlungen hinein verfolgen.

Im Verlauf der Zeit, d.h. in dem Maße, wie der Schulstand eine Geschichte und Tradition erhält und in dem Maße, wie durch ernstliches Streben der besseren Lehrer und durch treue Pflege seitens der leitenden Behörden diese Geschichte und Tradition eine gesunde und gehaltvolle wird, muß die Neulingsart und die Antipathie des Volkes gegen diese Art immer mehr schwinden. Das andere Hemmnis aber, die Entfremdung der höheren Stände, wird forthin nicht nur bleiben, sondern sich ohne Zweifel noch steigern. Was also bisher der Elementarschule nötig war und wodurch sie vorzugsweise gehoben worden ist, daß nämlich sich einflußreiche Männer fanden, die ein Herz für die Schule hatten und je nach ihrer Stellung den Lehrerstand innerlich tüchtiger machen oder das öffentliche Gewissen in bezug auf seine äußeren Bedürfnisse wach und scharf erhalten helfen, das wird auch ferner nicht minder notwendig bleiben. Wenn seine berufenen Vormünder und Vertreter, vom Minister bis zum Schulinspektor hinab, ihn, der seine Sache selbst nicht führen kann, den Antipathien oder der Gleichgültigkeit des großen Hauses preisgeben, so ist er eben verlassen. Darin beruht auch die ungemein niederschlagende Wirkung, welche die Erklärung des Kultusministers vom 10. Mai auf die Lehrer ausgeübt hat.

Schon seit dem 1. Oktober 1854 war Niedergeschlagenheit die vorwiegende Stimmung auch in den besseren Kreisen des niederrheinischen Lehrerstandes; in den von Diesterweg beeinflußten Zirkeln kam natürlich auch noch eine böse Verbitterung hinzu. Als ein neues Ministerium auftrat und ein Mann mit der Schulleitung betraut wurde, dessen Name unter den ernst-christlich gesinnten Schulleuten am Rhein einen guten Klang hatte, da belebte sich unter diesen die Hoffnung wieder, wenngleich die andern nichts Gutes prophezeiten. Der Erlaß vom 19. Nov. v. J. hat jene gewiesen, ihre Hoffnungen um ein Bedeutendes herabzustimmen und hat diese in ihrem Mißtrauen bestärkt. Er zeigte zu deutlich, daß der Herr Minister selbst hinsichtlich des Religionsunterrichts nicht die Einsicht und das selbständige Urteil hat, worauf man bei ihm gerechnet hatte; in Ansehung der Seminarien und der sozialen Stellung des Lehrerstandes ließ sich auch nicht herauslesen, daß er den Wünschen der Lehrer in Rheinland und Westfalen entgegenzukommen gedenke. Im Gegenteil mußte die Befürchtung Raum gewinnen, daß der Schulstand der westlichen Provinzen, dem einigen uniformierten Preußen zulieb, seine in vieler Hinsicht bevorzugte Stellung zum Opfer bringen solle. Seit dem 10. Mai muß er mit Hiob sprechen: „Was ich befürchtet habe, ist über mich gekommen, und das ich besorgte, hat mich getroffen." Zu der Niedergeschlagenheit ist nun auch das Gefühl gänzlicher Verlassenheit getreten, und die Gegner rufen uns höhnisch zu: da habt ihr die Bescherung dafür, daß ihr euch auf einen vornehmen Kirchentagsmann und reichen Gutsbesitzer verlassen habt.

Seit dem 1. Oktober 1854 hat in dem Lehrerstande die Lust und Liebe nicht zum Schulamte, aber zum preußischen Schuldienste in bedenklicher Weise abgenommen. Ich habe gegen den Unmut, der auch mich seit jener Zeit beschleichen wollte, nach Kräften angekämpft. Wenn verschiedene Kollegen meiner Bekanntschaft gelegentlich sich dahin aussprachen, sie würden keinen ihrer Söhne in irgendeiner Weise veranlassen, Lehrer zu werden, würden es sogar lieber sehen, wenn sie einen andern Beruf erwählten, so konnte ich ihnen stets erwidern: Ich habe nur einen einzigen Sohn, aber wenn er sich nicht für den Lehrerberuf entscheidet, so werde ich sicherlich daran nicht schuld sein. Aber seit dem 19. Nov. v. J. habe ich bei solchen Gelegenheiten die Hand auf den Mund gelegt: seit dem 10. Mai muß ich denken, wie jene Kollegen, wenn ich es auch öffentlich noch nicht aussprechen mag.

Meine Liebe zur Schularbeit ist Gott sei Dank noch frisch und warm wie am ersten Tage oder vielmehr noch inniger, aber das v. Raumer-Bethmannsche Ideal eines nach dem Reglement vom 1. Oktober 1854 einexerzierten Königlich Preußisch pädagogischen Unteroffiziers ist mir im Innersten der Seele zuwider. Solange das Regulativ vom 1. Oktober auch für den Niederrhein zu Recht besteht und solange Herr v. B. H. an dem diesem Regulativ zu Grunde liegenden schulregimentlichen System festhält, kann ich für den preußischen Schulstand keine Rekruten werben. Wenn einer meiner Schüler aus freiem

Entschluß sich dazu meldet oder ein Handwerksgeselle aus innerm Trieb sich für den Lehrerberuf entschließt und meinen Rat und Dienst in Anspruch nimmt, so werde ich dem einen wie dem andern nach wie vor nach Kräften zur Vorbereitung behülflich sein; aber mit meinem Willen wird keiner von ihnen Zögling in einem nach Stiehlscher Norm regulierten Seminar werden. Die derzeitige Lehrerbildungs-Praxis habe ich an augenfälligen Exempeln kennengelernt.

Bei dieser meiner inneren Stellung zu den ministeriellen Anschauungen und Bestrebungen wird mir, wie Sie erkennen werden, die Redaktion des Evangelischen Schulblattes gar drückend. Wenn es hinfort dabei bleibt, daß die Lehrer Rheinlands und Westfalens und sogar die in Jülich, Cleve, Berg und Mark mit denen in Pommern, Brandenburg usw. nach einer allgemeinen Staatsregel gebildet und behandelt werden sollen, so muß ich mit oder wider Willen gegen dieses Bethmann-Stiehlsche Schulregierungs-System in meiner Weise ebenso entschieden Opposition machen, als es der Herr v. B.H. seinerzeit gegen das Staatsregierungs-System Manteuffels getan. Es wird mir aber schon übel zumute und weh ums Herz, wenn ich nur daran denke. Wie könnte die stille Schularbeit bei solchem Lärmen und Kriegen gedeihen? Und was für ein Erfolg ließe sich auch von der Opposition versprechen, selbst wenn sie mit mehr Weisheit und Geschick geführt würde, als mir zu Gebote steht? Auf der gegnerischen Seite ist zur Zeit alles, was im öffentlichen Leben Macht und Ansehen hat, durch Interesse oder Überzeugung aufs engste verbunden: das Ministerium, die Schulbeamtenschaft, das Kirchenregiment, die Geistlichkeit, die Rittergutsbesitzer, die „Herren", die reichen Bürger und Bauern, die Lehrer der höheren Schulen und sämtliche politischen Parteien mit alleiniger Ausnahme etwa der reinen Demokratie. So käme unsereiner mit Diesterweg, den Reform-Juden und den von Gott losen Dissidenten in einer Reihe zu stehen. Da ist also kaum etwas anderes abzusehen, als daß man über den Kämpfen für ein gesundes Schulwesen Schaden an der eigenen Seele nehme.

Aber was soll man tun? D.h. was soll ich auf meinem Posten als Redakteur tun? Der Lehrerstand gleicht einer Herde ohne Hirten: alles rennt, wie verblendet, verwirrt durcheinander. Seitdem Diesterweg Abgeordneter geworden, haben seine Rheinischen Blätter mehr Leser gewonnen als sie vielleicht je gehabt haben. Ein Lehrer meiner Bekanntschaft und zwar ein solcher, der mehr christliche Redensarten zu verbrauchen pflegt, als mir zu Gebote stehen, äußerte neulich: „Diesterwegs religiöse Ansichten teile ich nicht, aber ich muß doch sagen, daß mir die Rheinischen Blätter unter allen pädagogischen Zeitschriften noch immer die liebsten sind." Die Schulpfleger und Pastoren suchen meistens, wenn sie überhaupt etwas tun, das Brandenburger und Schlesische Schulblatt in die Lehrer-Lesezirkel zu bringen. Das ist wenigstens klug gehandelt. Diese Blätter leisten das Gebührliche und Ungebührliche, um den Lehrern die von den Regulativen beabsichtigte Weisheit und Bescheidenheit beizubringen; sie sind so fromm und gut und machen niemals Opposition; namentlich fällt es ihnen nicht ein, an den Geistlichen pädagogische Mängel sehen zu wollen. Die Lehrer lassen sich um des lieben Friedens willen diese Lektüre gefallen; gegen etwaige Unverdaulichkeiten, die dabei vorkommen können, tun die nebenher eingenommenen Diesterwegschen Abführpillen die benötigte Wirkung. In diesen Lehrerkreisen Rheinlands und Westfalens fällt es natürlich keinem ein, unser Schulblatt für sich zu halten; das Schulblatt kann froh sein, wenn es neben andern im Lesezirkel geduldet wird. Eine Wirkung kann es auf so bestelltem Boden ohnehin nicht ausüben. Unser Blatt sucht mit dem Christentum nach allen Seiten hin Ernst zu machen, dringt nicht bloß auf pädagogische und christliche Einsicht, so vor allem auf ein christliches Gewissen. Die Masse der Lehrer, wie sie einmal ist, ließe sich die gebräuchlichen christlichen Redensarten vielleicht noch gefallen, wenn das Gewissen dabei in Ruhe gelassen wird.

Die Stimmung dieser Leute kann ich an einem Beispiel anschaulich machen. Ein Kandidat, der an seinem früheren Wohnort mit dem dortigen Lehrer das Evangelische Schulblatt gemeinsam gehalten hatte, traf diesen vor kurzem wieder. Es entspann sich folgendes Gespräch. Kandidat: „Was sagen Sie zu dem Aufsatze im Ev. Schulblatt über die Regulative? " Lehrer: Ich lese das Ev. Schulblatt nicht mehr. – K.: „Warum nicht? " – L.: Es behandelt zu viel die religiösen Sachen, es ist zu theologisch. K.: „Den Eindruck habe ich nicht. Sie haben wohl einen frühern Jahrgang zur Hand; lassen Sie uns einmal die religiösen Artikel zählen! Nicht wahr, deren ist doch eine kleine Zahl? " L.: O ja, das ist wahr; aber in den andern Artikeln kommt doch immer das Religiöse mit vor. K.: „Freilich, aber das finde ich eben sehr recht. Ist denn die Religion bloß für den Sonntag da? Ist es nicht viel mehr das Rechte, alles mit christlichem Sinne zu betrachten und zu tun? " L.: Aber das Ev. Schulblatt betrachtet alles von einem so einseitigen christlichen Standpunkte. K.: „Da finde ich gerade das Gegenteil. Es lassen sich doch gewiß sehr verschiedenartige Stimmen im Schulblatt vernehmen; Strenge Lutheraner, Unierte, Schleiermacherianer, ein Theologe aus der Beckschen Schule, schlichte Pietisten, Menkenianer und wer weiß was sonst noch für -isten und -aner, und der Redakteur selbst ist doch so weitherzig und so wenig dogmatisch zugerüstet als möglich."

Da haben Sie ein Exemplar aus der großen Majorität des Lehrergeschlechts, das die schwere regulativische Rüstung tragen und die biblischen Geschichten „erlebt" und „erleben" lassen soll, in nuce. Wie soll man einem solchen, in der Irre gehenden Geschlechte beikommen, zumal der Gang des heurigen Schulregiments die Köpfe noch verwirrter und die Herzen noch verdrehter und unzugänglicher machen hilft. Nach der Auffassung dieser Leute ist an allem, was sie in ihrer Stellung drückt oder hemmt oder geniert, kurz, an allem Übel die Kirche, das einseitige dunkelmännische Christentum, das Pastorenregiment schuld; die „Pfaffen" und ihre „Schleppenträger", wie der Dörpfeld in Barmen und Konsorten, die sind es, welche ein frisches, freies, fröhliches Schulleben durch ihre Verschrobenheit aufhalten. Seit der Einführung der Regulative und was darauf gefolgt, steht diese Ansicht vollends felsenfest. Es ist mir unbegreiflich, wie die Schulbehörden von dem Ministerialrat bis zu den Pastoren über die irren und wirren Gedanken, welche da unten in der Tiefe des Elementarschulstandes umlaufen und gären, so gar keine Kenntnis zu haben und zu glauben scheinen, wenn man auf den siedenden Topf den Deckel fest aufdrückt, so sei alles wohlgemacht. In manchen Regierungsbezirken, z.B. in der Grafschaft Mark, im Oberbergischen, im Jülichschen und Clevischen, in Aachen und Trier sieht es wahrhaftig böse und traurig aus; im Regierungsbezirk Merseburg soll, wie mir sichere Leute berichtet haben, vielfach eine wahrhaft furchtbare Erbitterung unter den Lehrern herrschen.

Freilich müssen die zahlreichen, auch von Lehrern unterschriebenen Petitionen für die Regulative auf der einen Seite und das Schweigen der übrigen Lehrer z.B. in der Rheinprovinz die Behörden in ihrer Meinung vollends sicher gemacht haben. Ich halte auch die meisten der vorbezeichneten Lehrer nicht für innerlich schlecht, sondern mehr für irregeleitet und kopfverdreht, namentlich verdreht und verwirrt durch die faulen, geistlich toten kirchlichen Zustände in ihrer Umgebung. Wie mögen sie aber aus der Irre zurückgebracht werden? Über das „Wie" und besonders über das ungesunde kirchliche Klima wäre viel zu sagen. Ich erlaube mir nur auf die eine Hauptbedingung zu verweisen, welche die Staatsregierung wenigstens teilweise erfüllen kann: der Geist des Mißtrauens, der diese Leute gefangen hält und die fast alle schief sehen läßt, muß verbannt werden. Wenn die Schuloberen dazu nichts beitragen können oder wollen, nicht einmal um den bösen Geist in der Tiefe sich bekümmern mögen, so wird es ihnen ergehen, wie es auch unserm Barmer Kirchentum und seinen Oberen auf die Dauer ergehen muß, die ebenfalls, ohne nach unten zu sehen, eifrig am Kirchengiebel bauen, während das vielgelesene „Barmer Bürgerblatt", das krasseste Demokratenblatt, was in der Rheinprovinz existiert, im Sinne der Berliner „Volkszeitung" tagtäglich die kirchlichen Fundamente untergräbt. Meines Wissens sind in keiner politischen Zeitschrift so heftige Artikel gegen die Regulative erschienen als in dem „Barmer Bürgerblatte" und zwar bis in die jüngste Zeit hinein; die Pastoren bleiben aber stumm, sie petitionieren dagegen in der Stille, daß der Herr Minister für sie die Regulative schütze und aufrecht halte.

Daß zur Belebung eines besseren Sinnes im Schulstande wenigstens etwas, ja viel geschehen kann, wenn die Umstände d.h. die kirchlichen Zustände und die soziale Stellung der Lehrer nicht gar zu ungünstig sind, dafür liegen beweisende Tatsachen vor.

Der im Jahre 1848 entstandene „Evangelische Lehrerverein" hat, namentlich im Regierungsbezirk Düsseldorf, manches Gute gewirkt, besonders in seiner Jugendzeit. Seine Geschichte zeigt aber doch, daß er das rechte Gleis und den rechten Nahrungsstoff zur Aufbauung und Erhaltung einer gesunden evangelisch-christlichen Lehrergemeinschaft nicht gefunden hat. Seit fünf Jahren stellt er weiter nichts dar, als eine jährliche, ziemlich jämmerlich aussehende Konferenz, einen Haufen Volks, der so wenig den Namen „Verein" verdient, als ein Steinhaufen ein Gebäude heißen kann. Würde der „Evangelische Lehrerverein" nicht ehrenhalber noch aufrecht erhalten, besonders vom Bergischen aus, so wäre sein Name bald verschollen.

Wir bergischen Lehrer haben Gott sei Dank! einen besseren Weg gefunden. Vor etwa fünf Jahren vereinigten sich drei Lehrer dahin, daß sie alle 14 Tage zusammenkommen und den ganzen Nachmittag dazu verwenden wollten, nach und nach ein genaues biblisches Buch miteinander durchzusprechen. Die drei haben ihr Vornehmen treulich ausgeführt, obwohl sie jedesmal einen Weg von fast zwei Stunden hin und her zurücklegen mußten. Anfänglich wollten sich keine anderen Teilnehmer herzufinden. Fast ein ganzes Jahr lang blieben sie allein. Mittlerweile gelang es einem unter ihnen, in einem andern Distrikt auch mit einigen Kollegen zu einer solchen Gemeinschaft zusammenzutreten. Seitdem ist die Sache still, aber stetig gewachsen, besonders seit dem Erscheinen des Schulblattes. Aus den drei Personen sind nun sechs Haufen von acht bis fünfzehn Mitgliedern geworden, die sich wie ein Netz über das niederbergische Land ausbreiten. Jährlich kommen sämtliche Bibelkonferenzen auf einen ganzen Tag im bekannten Neanderthale zusammen. Es ist mir im Laufe der Zeit mehr und mehr zur Gewißheit geworden, daß in diesen kleinen Gemeinschaften ein treffliches Mittel zur Erzielung und Erhaltung eines gesunden festen Kernes im Lehrerstande gefunden ist. Man könnte sie wohl „Konventikel" heißen, obwohl sie in der äußern Form und Haltung von den hergebrachten Konventikeln sehr abweichen. Eine Schule zur Erlernung christlicher Phrasen sind sie durchaus nicht. Auf große, zahlreiche Versammlungen ist's nicht abgesehen, auch nicht auf eine Wirksamkeit nach außen, in die Öffentlichkeit hinein. Sie haben ihren Zweck in sich, in ihrem Bestande. Wachstum des einzelnen in der Erkenntnis des Wortes der Wahrheit ist gemeint. Wir gehen von der Überzeugung aus, daß die Schriften der Apostel und Propheten in Luthers deutscher Mundart die wahren und echtesten Klassiker des deutschen Volkes und namentlich des nicht-gelehrten deutschen Lehrerstandes sind, daß der letztere nicht nur in ihren Wahrheiten die Richtschnur seines christlichen Sinnes und Lebens, sondern in einer eingehenden Beschäftigung mit ihnen das Zentrum seiner Bildungsmittel zu suchen habe. Mit diesen Grundsätzen wollen wir nach besten Kräften Ernst machen. Die Beweise guten Erfolges liegen schon vor, wovon aber hier insonderheit nichts zu sagen ist. Nur von dem, was vor Augen liegt, will ich noch bemerken, daß im Laufe der Jahre bei allen Mitgliedern die Liebe zu diesen Bibelkonferenzen, zu der Schriftforschung daheim und zu dem Schulunterricht in göttlichen Dingen immer mehr zugenommen hat. Die Konferenzgenossen wohnen zum Teil weit auseinander und müssen sich daher weite Wege gefallen lassen. Zu der am stärksten besuchten Konferenz in Vohwinkel bei Elberfeld müssen die Freunde von der Niederwupper einen Weg von 3 bis 3 1/2 Stunde hin und zurück zu Fuß machen, und doch fehlen sie auch zur Winterzeit selten seit nun ca. vier Jahren. Das zeugt doch von einem Eifer, wie er selten angetroffen wird. Auch das ist noch zu sagen: In unserer Wupperthaler Konferenz sitzen strenge Ravensberger Lutheraner, Reformierte, Unierte, süddeutsche „Pietisten", und andere, die, wie der Schreiber dieses, sich alle dogmatischen Systeme vom Leibe zu halten suchen, friedlich nebeneinander und sind so zusammengewachsen, daß, wenn irgendein beliebiges Glied aus dem bunten Kreise scheiden sollte, alle andern ihm nur mit Schmerz nachsehen würden. Auch mehrere Pastoren, namentlich jüngere, und Kandidaten nehmen an diesen Bibelkonferenzen teil. Diese Lehrergemeinschaften sind freilich auch im Bergischen etwas Neues unter der Sonne. Wie bereits bemerkt, geht unser Streben aber nicht dahin, irgendwie mit vereinten Kräften nach außen in die Öffentlichkeit hineinzuwirken. Doch ist auch ohne vorgefaßte Absicht in dieser Beziehung etwas geschehen. Es bestand nämlich eine alte allgemeine bergische Lehrerkonferenz und zwar von den Zeiten des alten Daniel Schürmann her. Anfänglich wurde sie von diesem und dessen Freunden und Schülern geleitet. Nach Errichtung des Moerser Seminars nahm sie nach und nach den damaligen Diesterwegschen Charakter an. In den vierziger Jahren wurde sie von lichtfreundlich-demokratischen Elementen beherrscht. Im Jahre 1846, als in dieser Konferenz die „Wünsche bergischer Lehrer" beraten werden sollten, ging ich von Fild aus hin und opponierte den Wortführen auf eigene Faust nach Leibeskräften, hatte aber, wie mir später nachgesagt wurde, von Glück zu sagen, daß ich nicht zum Fenster hinausgeworfen wurde. Seitdem die Bibelkonferenzen ins Leben getreten und stark geworden sind, ist die Leitung jener alten bergischen Konferenz faktisch und förmlich in unsere Hände übergegangen. Von ganz besonderer Bedeutung sind diese kleinen Bibelkonferenzen noch für die heranwachsenden jungen Lehrer. Diejenigen, welche, wenn auch nur leise, sich zu dem „Schönsten unter den Menschenkindern" und seinen geheimnisvollen Reden hingezogen fühlen, finden in diesen Zusammenkünften die beste Gelegenheit, jenem Zuge ihres Herzens ungeniert folgen zu können. Hier wird den neuen, nach Wahrheit suchenden Ankömmlingen kein fertiges dogmatisches System über den Kopf geworfen. Jeder darf ohne Scheu alle seine Bedenken, Zweifel, Verständnisse und Mißverständnisse frei aussprechen. Es wird ihnen nichts weiter zugemutet als zu kommen, zu hören, zu fragen und am Lernen zu bleiben. In diesem Betracht haben wir an den Bibelkonferenzen ein Institut, wie es in meinem Gesichtskreise noch nicht dagewesen, obwohl, wie mich dünkt, eine Gelegenheit, wo man freimütig fragen kann, in der christlichen Kirche gerade so nötig ist, wie die, wo ungefragt nur geantwortet, „gepredigt" wird. Ich weiß aus eigener Erfahrung zu gut, wie übel ein junger Mensch beraten ist, der einen inneren Zug zur biblischen Wahrheit hat, aber keinen Menschen, keine Gemeinschaft finden kann, wo er seine Bedenken offen sagen und klagen darf, um nicht, so viel an mir ist, dafür sorgen zu helfen, daß unsere Bibelkonferenzen auch hierin ihrer guten Art treu bleiben.

Daß also zur Belebung eines besseren Sinnes im Lehrerstande noch vieles möglich ist, davon kann mein liebes Bergisches Land Zeugnis geben. Doch ist im Vorigen noch nicht alles gesagt, was gesagt werden könnte. Schrieb ich dieses an Herrn Diesterweg, der vor dem dummachenden Bibelstudium warnt und dafür die Naturforschung empfiehlt, so würde ich ihn auffordern, mir aus dem Haufen der Lehrer, welchen seine Warnung gefällt, mir so viel Freunde und Kenner der heimatlichen Natur und Geschichte aufzuweisen, als sich deren unter den Genossen unserer bergischen Bibelkonferenzen befinden, und ihn schließlich fragen: welche Naturbetrachtung die edlere und ergiebigere zu sein behaupten dürfe, die, welche das Haupt und das Ziel der Schöpfung kennt oder die, welche beides ignoriert oder gar, soviel an ihr ist, die Natur und die Menschheit enthaupten möchte?

Leider sind Boden und Klima für solche Institute nicht überall so günstig wie im „Lande der Berge". Unter den Gliedern des „Evang. Lehrervereins" an der Niederruhr, im Jülichschen, im Moersischen und in der Mark haben einzelne auf mein anhaltendes dringendes Anmahnen auch wohl Versuche gemacht, aber nichts zu dauerndem Bestande gebracht. Auch bin ich bemüht gewesen, den Freunden und Bekannten in den verschiedensten Gegenden unseres deutschen Vaterlandes die Errichtung solcher kleinen Herde zum Warmhalten eines würdigen christlichen Lebens und Strebens ans Herz zu legen. Meine Vor- und Ratschläge wurden stets mit freudigster Zustimmung aufgenommen. Aber von fast allen norddeutschen Freunden erhielt ich nach Zeit und Weile die traurige Nachricht, daß alle ihre Versuche zu keinem erfreulichen Ergebnis gelangen wollten; Boden, Klima und Wetter seien noch zu ungünstig. Also nicht nur zur Errichtung der erforderlichen Seminare ist der Preußische Staat zu arm; für die beschriebenen Fortbildungs-Seminarien, die ihm keinen Heller kosten, fehlt es sogar an der benötigten Lebensluft.

Die letztgenannten betrübenden Tatsachen konnten natürlich für mich als Redakteur eines Evangelischen Schulblattes wenig ermunternd sein. Immer mehr hat sich in mir die Überzeugung befestigt, daß eine Schulzeitschrift, wie ich sie wünsche, nur da Boden hat, wo solche kleinen Bibelkonferenzen (oder ähnliche Institute) wenigstens moralisch möglich sind. Unser Evangelisches Schulblatt hat zur Zeit etwa 450 Abonnenten. Davon wohnen etwa ein Viertel außer Rheinland und Westfalen. Von den übrigen kommt ca. ein Viertel allein auf das kleine niederbergische Land. Darnach ist klar, daß hier im Bergischen der Weltlauf auf eine kräftige Gegenströmung stößt, sonst müßte sich doch wiederholen, daß ein Prophet in seinem Vaterlande nicht viel gilt und zumal ein Schulprophet, der von dem Schulrat, den Schulpflegern und den meisten Pastoren seiner Heimat auch nicht der geringsten Unterstützung sich zu erfreuen hat. Unter welchen Bedingungen, menschlich zu reden, eine solche kräftige Gegenströmung möglich ist, das könnten die preußischen Schuloberen an der Geschichte und Einrichtung unseres bergischen Schulwesens studieren, wenn sie wollten. Es scheint aber den Verlauf nehmen zu wollen, daß dieses lehrreiche Stück deutscher Schulgeschichte immer unlesbarer werde. Herr v. B.H., der so lange am Rhein gelebt hat, scheint vom Bergischen Lande nichts mehr zu kennen als einige Pastoren und was er von diesen gelegentlich erfahren hat, sonst hätte er am 10. Mai das Schibboleth nicht in so fremdländischem Dialekt ausgesprochen. Eine Zeitlang habe ich leise gehofft, der Herr Minister werde durch die Lobpreisungen ob seines Festhaltens an dem v. Raumer'schen Schulregierungssystem gerade von der politischen Partei, die ihn im übrigen aufs heftigste bekämpft, an diesem System etwas irre werden. Diese leise Hoffnung ist durch d. 19. Nov. vorigen Jahres begraben worden. Zu dem, was nach meiner Ansicht nötig ist,

zu einer ernsten Korrektur des 3. Regulativs in betreff des Religionsunterrichts;

zu einer Aufhebung des 1. Regulativs in denjenigen Gegenden, wo man keine pädagogischen Unteroffiziere brauchen kann und wo eine Reform der Seminarien nach den oben erwähnten Vorschlägen so nützlich wie nötig ist;

zu der Anbahnung einer solchen sozialen Stellung des Lehrerstandes, wonach er auch in den Augen des Staates nicht mehr mit dem Polizeidiener und Gendarmen rangiert;

zur Vorlage einer solchen Schulordnung, nach welcher wenigstens dem erfahrenen und bewährten Lehrer erlaubt ist, auch einen Kopf zu haben;

zu einer Freimachung d.h. zu einem „in Dienst nehmen" der tüchtigeren Kräfte im Schulstande für weitere Kreise ihres Gebietes, z.B. so, daß für die Hauptlehrerstelle an einer drei- und mehrklassigen Schule ein besonderes Examen gemacht werden müsse und den Lehrern dieses Ranges nach offenkundiger Bewährung der Titel „Rektor" verliehen werde; daß hier und da ein tüchtiger Lehrer für eine Stadt oder einen Kreis als selbständiger Schulinspektor oder ein anderer da und dort zum Seminar-Oberlehrer oder Seminar-Direktor ernannt werde; daß in jedem Regierungsbezirk ein Lehrer-Ausschuß gebildet werde, der über die vorhandenen oder neu einzuführenden Schulbücher, über zu erlassende wichtige Verordnungen usw. gutachtlich sich zu äußern hätte und seinerseits Anträge an die Regierung stellen könnte;

endlich zur Verwendung seines Einflusses als Minister dahin, daß der niedere und höhere Lehrerstand in den kirchlichen Organismus eingeordnet werde;

zur Anbahnung solcher Reformen, kurz, zu einem Bruch mit dem v. Raumer-Stiehlschen System wird der Herr v. B. H. nach dem, wie er sich bisher ausgesprochen hat, sich nie entschließen. Von seinen „Vermittlungen" und Berichtigungen von „Mißverständnissen", die in der Geschichte der Regulative bereits sprichwörtlich geworden sind, kann ich nur das Gegenteil von dem erwarten, was er wohlmeinend davon hofft. „Klar und wahr" ist allezeit meine Losung gewesen und wird es, so Gott hilft, auch bleiben; darum will ich mit der Geschichte der Regulative unverworren sein, Herr v. B. H. weiß es nicht, aber seinem klugen Rate kann es nicht verborgen sein, daß in der Verteidigung der Regulative früher und noch am 19. Nov. vorigen Jahres Behauptungen mit untergelaufen sind, die jeden ehrlichen Mann, der das Schulgebiet ein wenig kennt, in der Seele entrüsten mußten und dem preußischen Schulregiment viele Gemüter im Lehrerstande entfremdet haben. Kann selbst ein Herr v. B. H. den Schulangelegenheiten nicht auf den Grund sehen und von alten, langbeklagten Übelständen Abhülfe schaffen, so liegt es auf der Hand, daß die rheinischen Lehrer und sonderlich wir niederrheinischen für die Klärung und Verbesserung ihrer Stellung von der Zentralregierung nichts zu hoffen haben, da kein Grund vorliegt, der auf einen einsichtigeren und würdigeren Kultusminister, als wir jetzt haben, hoffen ließe.

Ich begreife freilich nicht, wie ein Staatsmann es für eine weise Politik halten kann, einen durch den ganzen Staatsleib verzweigten, in den wichtigsten Funktionen gar nicht kontrollierbaren Stand, wie der Schulstand ist, in einer so isolierten Stellung und in dieser auf Einseitigkeit und Egoismus angelegten Stellung frei agieren zu lassen. Mir zeigen sich für die Behandlung des Lehrerstandes auf die Dauer nur zwei Wege: entweder muß der Elementarlehrer ganz und gar wie der Unteroffizier gehalten und behandelt und müssen wie in Baden seit der Revolution alle freien wie alle größeren amtlichen Konferenzen verboten werden; oder aber der Lehrerstand muß in irgendeinem Maße in den staatlichen wie kirchlichen Organismus so eingereiht werden, daß sein isoliertes, einseitiges und egoistisches Denken und Streben durchkreuzt und gebrochen und damit innerlich potenziert und dem Allgemeinen dienstbar gemacht werde. Mit der Errichtung der Seminarien und was damit zusammenhing, hatte seinerzeit das preußische Schulregiment den letzteren Weg dem Anfange nach betreten. Auf diesem Anfangspunkte stehenbleiben konnte man nicht, fortgehen wollte man nicht; darum mußte der Rückweg angetreten werden. V. Raumer und Stiehl haben ihn endlich mit Energie und Erfolg eingeschlagen und das preußische Schulwesen wieder auf den ersten Weg gebracht. Herr v. B. H. hat das Werk eines Vorgängers als ein treffliches anerkannt und gedenkt es mit Hülfe seines getreuen Rates in der eingeschlagenen Richtung fortzuführen. Der rheinische Lehrerstand weiß nun, wohin er sich mit seinen Hoffnungen und Bitten nicht wenden darf. Es bleibt ihm nun noch der einzige Ausweg übrig, sich mit einer deutlichen und dringlichen Appellation an die zweite Kammer zu wenden, Dies wird ohne Zweifel auch im Laufe dieses Jahres mit dem möglichen Nachdruck geschehen. Der Herr Minister hat das Schweigen der rheinischen Lehrer nicht verstanden. Es ist ein böses Ding um verschmähtes Vertrauen. Eine Appellation an die Kammern und somit an die politischen Parteien kommt mir ungemein hart an. Aber was ist zu machen? Man muß in Gottes Namen aus der Not eine Tugend machen. Soviel an mir ist, werde ich dahin trachten, daß die Abgeordneten in jeder Beziehung klare, deutliche Rede zu hören bekommen, namentlich über die ausgezeichnete Fürsorge, deren sich das niederrheinische Elementarschulwesen von seiten seiner berufenen Versorger zu erfreuen gehabt hat (z.B. 15 Seminaristen werden jährlich ausgebildet, während beinahe die doppelte Zahl nötig ist) über Seminarbildung, Religionsunterricht usw. Wenn bei dem runden, ehrlichen Protest gegen die offenkundigen Mängel der Regulative und gegen das die gesamte Stellung des bergischen Schulstandes empfindlich kränkende Schulleitungs-System des Raumer-Bethmannschen Ministeriums auch nur einer der bergischen Lehrer dahinter bleibt, so wird es meine Schuld nicht sein. Zunächst werde ich auf die Abfassung einer, auch für die Öffentlichkeit bestimmten Denkschrift bedacht sein; das Weitere wird sich dann finden.

Was soll aber aus dem „Evangelischen Schulblatte" werden? Nachdem ich mir die Finger müde geschrieben, um Leser und brauchbare Mitarbeiter zu gewinnen und auch so viele zusammengebracht habe, daß das Blatt wenigstens ein leidliches Aussehen hat, nachdem ich für sein Bestehen in einer Weise mit persönlichen Opfern eingetreten bin, wie es nicht leicht ein anderer tun würde, muß ich am Ende die niederschlagende Erfahrung machen, daß Zeit und Kraft und Geld an ein törichtes, zukunftsloses Unternehmen verschwendet worden sind. Das preußische Staatsschulregiment und die Kirche verfolgen in der Bildung der Lehrer und in der Gestaltung des Schulwesens ein Ziel, dem ich innerlich nicht zustimmen und zu dem ich mich also auch nicht öffentlich bekennen kann. Mein Widerspruch beruht, so weit ich zu sehen vermag, keineswegs meinerseits auf so etwas wie Idealismus und Phantasterei, während auf der andern Seite vorzugsweise die nüchterne

Anschauung der wirklichen Lebensverhältnisse vertreten wäre. Es ist mir niemals in den Sinn gekommen, zu wünschen, daß alle Lehrer nach demselben Maßstabe gebildet werden möchten; ein idealistisches Hinaufschrauben des Lehrerstandes ohne Rücksicht auf die lokalen Bedürfnisse habe ich nie befürwortet, Im Gegenteil würde ich solche Tendenzen gern nach Kräften bekämpfen; aber wie kann ich? Das von dem Geheimrat Stiehl erfundene Prokrustesbett, wohinein nun der gesamte preußische Lehrerstand ohne Rücksicht auf lokale Bedürfnisse und historisch gewachsene Zustände gezwängt werden soll, legt mir zunächst die saure Pflicht auf, gegen das neupreußische, undeutsche und unmoralische Zentralisierungssystem Protest zu erheben, und solange ich im Evangelischen Schulblatte reden darf und solange das preußische Schulregiment dem niederrheinischen Schulwesen nicht vollständig gerecht werden will, werde ich bei diesem Proteste beharren müssen. Können Ew. Hochwohlgeboren einer solchen antiministeriellen Richtung des Schulblattes nicht zustimmen, so räume ich den Redaktionsposten gern einem andern ein. Zur Verwendung der Zeit und Kraft, welche mein Amt mir übrig läßt, bietet meine bergische Heimat hinlänglich Raum dar.

Ein vernünftiger Gottesdienst und preußischer Herrendienst, sind sie für mich vereinbar oder nicht? Das ist die Frage in Ansehung des Schulblattes.

Verzeihen Sie gütigst, wenn ich im Vorstehenden über Personen und Verhältnisse nicht immer in geziemender Weise geredet habe. Ich wollte mein Herz ausschütten, und darum habe ich herausgeschüttet, was und wie es darin war. Wenn meine Hoffnung sich erfüllt, dann wird dieses die letzte Beichte dieser Art sein, die ich Ihnen aufdränge.

Gott zum Gruß!

Ew. Hochw[ohlgeboren]
hochachtungsvoll und dankbar
ergebener

F.W. Dörpfeld

Dem umfangreichen Schreiben gibt Trüper die Überschrift „Herr von Bethmann Hollweg und die soziale Stellung des preußischen Volksschullehrers (Brief an einen Geheimrat)" (Trü 228). Dieser Geheimrat dürfte der Geh. Provinzialschulrat D.W. Landfermann in Koblenz sein, der mit dem Duisburger Gymnasialprofesser J. Hülsmann zum Herausgeberkreis des EvSchBl zählt. D. bezieht sich im ersten Abschnitt wohl auf Hülsmann. Daß es sich bei dem Adressaten um Landfermann handelt, kann auch damit begründet werden, daß D. hier einen gegen den Kultusminister und die Regulative gerichteten Kurs der Zeitschrift verteidigt.

In der 49. Sitzung des Hauses der Abgeordneten vom 10. Mai 1860 kam es zu einer Schuldebatte, in die u.a. Minister von Bethmann Hollweg und Diesterweg eingriffen. Der Kultusminister äußerte Vorstellungen zum geplanten Unterrichtsgesetz und wandte sich gegen eine Zugehörigkeit von Lehrern zu den Schulvorständen. „Was die Stadtschulen betrifft, so ist durch die Instruktion vom 26. Juni 1811, gegründet auf die Städteordnung des Jahres 1808, Vorsorge getroffen, daß technische Elemente, also Mitglieder des Lehrerstandes, in den städtischen Schuldeputationen oder Kommissionen ihre angemessene Stelle finden". (Stenographische Berichte des Hauses der Abgeordneten 1859 f, Bd. 1, S. 1011).

Ein halbes Jahr zuvor, am 7. November 1859, hatte das Abgeordnetenhaus den Kultusminister aufgefordert, die immer zahlreicher werdenden Klagen über die Belastung der Elementarschulen mit religiösem Memorierstoff auf Grund der Regulative zu berücksichtigen. Bethmann Hollweg milderte daraufhin am 19.11.1859 in einer Verfügung die Regulative, wodurch 30 Kirchenlieder und 180 Bibelsprüche als Grenze des auswendig zu lernenden Stoffs festgelegt wurden. (Centralblatt 1859, S. 691, Nr. 86).

Mit Bethmann Hollweg als dem Kultusminister der „neuen Ära" hatten besonders die gemäßigt liberalen Lehrerkreise Hoffnungen verknüpft, die sehr bald enttäuscht werden sollten. Denn der „Geist der Regulative" blieb unangetastet. Kein zweitesmal hat D. so zugespitzt die Stiehl-Raumerschen Regulative angegriffen.

D.s Überlegungen zur Neuordnung der Lehrerbildung, die an dieser Stelle politische Aktualität beanspruchen, sind in späteren Schriften und Aufsätzen wiederholt worden. Noch in seinem letzten Buch, dem „Fundamentstück" (1892/93) spricht er davon und von der Notwendigkeit, die demokratischen Tendenzen der alten bergischen Schulverfassung zu erhalten. Ebenso läßt sich sein Einsatz für die Berücksichtigung von Lehrern bei der Besetzung von Seminardirektor-, Schulinspektor- und Schulratsstellen, die ein Privileg der Theologen waren, über Jahrzehnte hin verfolgen.

Der Brief ist eine Abrechnung mit der preußischen Schulpolitik der Reaktionszeit, die zudem von einem Autor stammt, der nicht grundsätzliche Opposition betreibt, sondern den konservativen Schulpolitikern viel Kredit einzuräumen bereit war.

D. bleibt allein die Verzweiflung, sich in einer Reihe mit „Diesterweg, den Reform-Juden und den von Gott losen Dissidenten" zu sehen. Trotzdem sucht er am Schluß nach zukunftsweisenden Möglichkeiten in den bewährten Elementen des bergisch-niederrheinischen Schulwesens.

ci-devant = ehemals, früher.

57

An Adolph Hollenberg, Holthausen

Wupperfeld, 22. Januar 1861

Lieber Freund.

Zur Zeit bin ich noch nicht wieder recht schreibselig noch schreibfertig. Aber es liegt mir doch ein Gedanke im Kopfe, den ich loswerden muß und Dir mitteilen muß, damit wir, wenn ich bei dem hoffentlich recht bald eintretenden Frühlingswetter nach Mülheim ausfliege, darüber mit Erfolg mündlich verhandeln könnten. Das mündliche Besprechen ist eigentlich, was ich wünsche; aber vorher muß ein wenig mit der Feder verhandelt werden.

Wie Du weißt – oder vielleicht auch nicht weißt – habe ich mich in den letzten Jahren viel mit Naturkunde, namentlich mit Naturgeschichte beschäftigt. Dadurch ist dann immer mehr der alte Plan wieder lebendig geworden, über den wir weiland schon ein wenig konferiert haben, der nämlich, für meinen Gebrauch einen geordneten Unterrichtsplan und „Gang in der Naturgeschichte" auszuarbeiten. In meinem Kopfe habe ich mir die Sache ziemlich zurecht gelegt; aber bei meinen vielen Arbeiten komme ich ohne Freundeshilfe nicht zur Ausführung. Meinen ehemaligen Gehilfen Horn, jetzt in Pohlhausen, habe ich bereits an die Arbeit gebracht, für die Botanik nämlich. Nun wünschte ich, daß Du nach den weiter unten angegebenen Gesichtspunkten ebenfalls das Material für einen Lehrgang in der Zoologie oder Botanik oder für beide Zweige planmäßig zusammenstelltest und, sobald Du damit fertig bist, mir zuschicktest. Wenn so zwei oder drei Entwürfe zusammenkommen, so werden wir hoffentlich durch Vergleichung und Besprechung zu einem brauchbaren Resultat gelangen.

Also: Skizze zu einem Lehrgange in der Botanik (Zoologie) für die Elementarschule.
Besondere Gesichtspunkte:

1. Drei Stufen a) vom 8. – 10. Jahre
b) vom 10. – 12. Jahre
c) vom 12. – 14. Jahre.

Jede Stufe umfaßt also 2 Jahre. In jedem Jahre wird etwa ein Quartal der Botanik, der Zoologie usw. gewidmet, d.h. in jeder Woche gehört eine Stunde dem exakten Unterricht in der Naturkunde, also etwa jährlich 10 bis 11 Stunden der Botanik usw.. Hier ist von dem abgesehen, was das Lesebuch leistet. In der erwähnten einen Stunde (wöchentlich) soll der Lehrer lehren, nicht ein Buch.

2. Die zwei Jahre jeder Stufe sollen sich so zueinander stellen: Im ersten Jahr der Unterstufe lernt das Kind etwa 6 verschiedene Tiere (Pflanzen) auf dem Wege genauer Betrachtung und etwa 6 bis 8 nach dem äussern Habitus kennen und nennen; im zweiten Jahr dagegen wird hauptsächlich das früher Gelernte wiederholt und dann noch dazu gelernt: 3 Tiere mit genauer Betrachtung und 3 bis 4 nach dem Habitus.

So geht es dann weiter durch die zwei Jahre der Mittel- und die zwei Jahre der Oberstufe durch. Da jedoch im Verlauf immer mehr Material zu wiederholen ist, so wird das Neugelernte immer geringer werden müssen und im ganzen (in Summa) möchten etwa 20 Tiere für genaue Betrachtung und etwa 36 bis 40 für ein äußerliches Kennenlernen in Aussicht zu nehmen sein.

3. Das Material muß sich die 6 Jahre (3 Stufen) hindurch in konzentrischen Kreisen erweitern; also jeder Kursus (Jahr) alle resp. mehrere Tierklassen vorführen und nicht etwa auf der untersten Stufe bloß Säugetiere, auf der folgenden bloß Vögel usw.

4. Indem die Skizze zu dem Lehrgang für jeden Jahreskursus die näher zu betrachtenden wie die äußerlich zu fassenden Tiere genau festzustellen hat, muß dann weiter wenigstens kurz angedeutet werden, welche Eigenschaften (Merkmale) bei jenen gemerkt werden und wie die Vergleichungen zwischen dem ersten und zweiten, dann zwischen dem ersten und dritten Tier usw. angestellt werden sollen.

Du wirst nun hoffentlich so ziemlich wissen, wie ich mir die Ausführung denke. Gib Dich also bald frisch ans Werk, wenn Du anders Zeit und Lust dazu hast und laß dann bald etwas von Dir hören.

Mit meiner Gesundheit geht es wieder ziemlich gut. Doch bin ich seit ca. 5 Wochen noch nicht wieder in der freien Luft gewesen. Wenn ich einmal wieder hinausfliegen kann, so wird auch die noch mangelnde leibliche und geistige Frische bald wiederkehren.

Mit herzlichem Gruße in Eile

Dein

F.W. Dörpfeld

A. Carnap hebt den Botanik-Unterricht ihres Vaters hervor: „Da hatte im Sommerhalbjahr jedes Kind ein Heftchen, in welches es die von ihm selbst gefundenen und mitgebrachten Pflanzen einschreiben durfte [. . .] Die fleißigsten Kinder hatten dann wohl an 300–400 Pflanzen aufgeschrieben." (Biographie S. 142) Die Elementarschüler seien in der heimischen Pflanzenwelt damals besser kundig gewesen als die höheren Schüler.

1861 knüpfte D. grundsätzliche Ausführungen an eine Rezension der Schrift „Der naturgeschichtliche Unterricht" von E.A. Roßmäßler, Leipzig 1860 in seinen „Bemerkungen über den Unterricht in der heimatlichen Naturkunde" (EvSchBl 5, S. 86 ff; auch in: GesSchr 4, Gütersloh 1895). „Über den naturkundlichen Unterricht in der Volks- und Bürgerschule" verfaßte er eine mehrteilige Aufsatzserie (EvSchBl 16, 1872, S. 1 ff; auch in: GesSchr 4). In dem Aufsatz „Die unterrichtliche Verbindung der sachunterrichtlichen Fächer" (EvSchBl 19, 1875, S. 3 ff; auch in: GesSchr 2, Gütersloh 1898), in den „Grundlinien einer Theorie des Lehrplans" (Gütersloh 1873; auch in: GesSchr 2) sowie in publizistischen Auseinandersetzungen mit den Allgemeinen Bestimmungen vom 15. Oktober 1872 berührt D. ausführlich didaktische und methodische Fragen der Schulbiologie (Naturgeschichte). 1870 erschien sein „Repetitorium des Realunterrichts", 1873 verändert zum „Repetitorium des naturkundlichen und humanistischen Realunterrichts".

58

An Friedrich Wilhelm Winkel, Berleburg

Barmen, 2. März 1861

[. . .] In Absicht auf Ihre Mitwirkung am E[vangelischen] Schulbl[att] ist es ein tief innerliches Bedürfnis, welches diesen Wunsch erzeugt, nicht ein äußerer Umstand.

Unter der nicht geringen Zahl von Pfarrern in Rh[einland]-W[estfalen], die mir bekannt oder befreundet sind, habe ich gar wenige gefunden, mit denen ich mich in der gesamten christlichen Anschauung eins weiß. Bei meiner Neigung zur christlichen Spekulation geht doch mein Anschauen auf lebendiges Erfassen der Himmelswissenschaft (Theologie) in der leibhaftigen Person des HErrn und in den Persönlichkeiten, die von Ihm gezeugt waren und sind. Die Zugehörigkeit zu der Einen unsichtbaren Kirche kann ich nur fassen und prüfen an der christlichen Blutwärme und an der Einen ewigen Muttersprache. Darnach stoßen die ‚Konfessionalisten' mit ihrem mechanischen Lehrfundament der Kirche mich ab, und doch finde ich mich enge mit ihnen verwandt, wenn mir das Blut des Einen Hohenpriesters in ihnen spürbar wird; darnach fühle ich mich zu den ‚Unionisten' hingezogen, sofern sie nach der Einigkeit im Geiste trachten, aber auch empfindlich abgestoßen, wenn sie diese Einigkeit bloß durch mechanisches Subtrahieren von Bekenntnisparagraphen suchen und gar den Dialekt ihres Ortes oder ihres Clubs für die Sprache Jerusalems, die unser aller Mutter ist, gehalten wissen wollen.

Schon früh bin ich gelehrt worden, nur die Lehre zu schätzen, welche auch Leben erzeugt und an keiner Erkenntnis mir genügen zu lassen, die nicht zum allseitig scheinenden Licht in mir geworden ist. Ich lerne von Menschen, um von Gott gelehrt zu werden; solange mich jemand dafür halten muß, daß ich eines Menschen Anhänger sei, hieße er nun Luther oder Calvin, Paulus oder Jakobus, daß ich eines Menschen Sprache nachrede, solange muß ich mit meinem Denken und Reden ins Gericht gehen, bis das Erkennen ein Licht und das Sprechen ein Strahlen dieses Lichts wird, kurz, bis das himmlische Original sich in mir abspiegelt.

Echte Originale gibt es nur im Reiche Gottes. Aber da gelten auch nur Originale, nicht Kopien. Wenn die Kinder Gottes ausgeboren und zur Mannesreife gelangt sind, dann werden sie alle Originale sein.

Da begegnet es mir nun nicht selten, daß ich bei den Lutheranern ein Reformierter, bei den Reformierten ein Lutheraner und bei gewissen Unierten gar ein Ketzer heißen muß. Der HErr aber kennt die Seinen. Müßte ich einmal vor Menschen ein Bekenntnis ohne Hörner und Zähne ablegen, so wüßte ich kein besseres als das, welches einst ein Sektierer gelegentlich formuliert hat: Apostelgeschichte 24, 14–16. [. . .]

[F. W. Dörpfeld]

D.s Mißtrauen gegen die überspitzte Betonung des Bekenntnisses begegnete uns bereits in Brief 37. Mit gleicher Deutlichkeit distanziert er sich hier von jenen evangelischen Chri-

sten, die das Addieren von Reformierten und Lutheranern bereits für eine Union halten; zugleich legt er einige Kennzeichen der unsichtbaren, in allen Konfessionen vorhandenen Kirche fest.

Abschrift von D.s Hand. Das Einzelblatt stammt aus einem Heft oder Kopierbuch, das vollständig nicht mehr erhalten ist.

59

An Christine Dörpfeld, Düsseldorf

Barmen, Frühjahr 1861

Christine hält sich krank bei ihren Eltern in Düsseldorf auf. D. ermuntert sie, noch ein paar Tage dort zu bleiben. Ihr Bruder, der Elberfelder Arzt Dr. Wilhelm Keller, will am Wochenende kommen und die kranke Hand (die schon mehrfach operiert war) untersuchen. Trost mit Luthers „Und ob es währt bis in die Nacht . . .“ („Aus tiefer Not“, Strophe 4).

60

An Christine Dörpfeld, Kamphausen

Düsseldorf, 8. September 1861

D. hatte Frau und Kinder an ihrem Erholungsort Kamphausen besucht und berichtet von seiner Rückreise von Rheydt über Düsseldorf nach Wupperfeld. In Düsseldorf sei er mit dem Kollegen Kellermann zusammengetroffen. Eine Erkältung habe zu Atembeschwerden geführt. Wenn sie sich so besserten, wie es den Anschein habe, gehe er morgen oder übermorgen nach Sellscheid und von da wieder nach Düsseldorf, um seine Frau am Freitag in Empfang zu nehmen.

61

An Christine Dörpfeld, Düsseldorf

Barmen, 9. September 1861

D.s Gesundheitszustand habe die Inanspruchnahme eines Arztes erforderlich gemacht. Daher sei es ungewiß, ob er seine Frau am Freitag in Düsseldorf abholen könne.

62

An Christine Dörpfeld, Düsseldorf

Velbert, 25. September 1861

Liebe Mama!

In der vergangenen Nacht habe ich Gott Dank gut geruht. Der Wirt hatte dafür gesorgt, daß die Kegelbahn um 10 Uhr leer war, und in dem untern Zimmer ließ er auch die Gesellschaft sich entfernen. So habe ich dann, wenn auch nicht ganz fest, doch ohne Belästigung geschlafen. Heute morgen fühle ich mich viel wohler als gestern. Gott helfe gnädig weiter!

Als Du gestern fort warest, fühlte ich mich gar einsam; doch der HErr hat mein Herz gestillet. Mir fiel Sein Wort ein: „Ich will euch trösten, wie einen seine Mutter tröstet." Davon habe ich etwas gespürt. Hoffentlich bist Du sicher und wohl dort angekommen. Der HErr sei Dir auch nahe mit seinem Troste, daß Du Dein Herz vor ihm stillen kannst.

„Ach, mein Herr Jesu, Dein Nahesein
Bringt großen Frieden ins Herz hinein;
Und Dein Gnadenblick macht uns so selig,
Daß auch's Gebein darüber fröhlich
Und dankbar wird."

Gestern mittag konnte ich etwas schlafen, und der Schlaf ist mir auch gut bekommen, so daß ich mich zum Abend hin immer wohler fühlte.

Gott sei nun auch mit Dir und den Kindern und gebe, daß Dir ebenfalls die Ferien Geist und Gebein stärken. Grüße die Kinder und die Deinigen! und sei als meine liebe, liebe Mama, die ich so gar schwer auf lange entbehren kann, herzlich gegrüßt und geküßt von

Deinem dankbaren und getreuen
F. W. Dörpfeld

Morgen schreibe ich wieder – vielleicht aber erst um Mittag.

D. befindet sich in den Herbstferien bei der befreundeten Familie Dörr in Velbert und erhofft gesundheitliche Besserung. Einzige Zeitangabe ‚Mittwoch 9 1/2 Uhr', kein Datum. Die Daten für die Briefe 62 bis 66 wurden aus Brief 64 erschlossen.

63

An Christine Dörpfeld, Düsseldorf

Velbert, 26. September 1861

Gesundheitszustand unverändert. Geschrieben, wie im vorhergehenden Brief angekündigt, ‚Donnerstag 12 Uhr'.

64

An Christine Dörpfeld, Düsseldorf

Velbert, 27. September 1861

In der Nacht wieder asthmatische Beschwerden. Christines Bruder Wilhelm möchte „auf ein Stündchen" aus Elberfeld herüberkommen, um D. ärztlich zu untersuchen. Zitat am Schluß: „Er hat noch niemals was versehn in seinem Regiment . . ." (P. Gerhardt, Ich singe dir mit Herz und Mund, Strophe 17).

65

An Christine Dörpfeld, Düsseldorf

Velbert, 4. Oktober 1861

Wenn die Luft nicht milder werde, will D. am Sonntagmorgen nach Hause zurückkehren.

66

An Christine Dörpfeld, Barmen

Velbert, 5. Oktober 1861

Milde Witterung ist D.s Gesamtbefinden zugutegekommen, so daß er seinen Aufenthalt um einige Tage verlängern will. Er könne erwarten, daß die Hilfslehrer die Schule zufriedenstellend führten.

67

Briefwechsel (Zirkularkorrespondenz) des Deutschen Evangelischen Schulvereins

Barmen, Oktober 1861

[. . .]Eine Verständigung über die Zweckmäßigkeit irgendeines mathematischen Lehrbuches ist erst dann möglich, wenn man sich über das Quid, Quale und Quantum des propädeutischen Kursus vollkommen geeinigt hat. Auf die Gefahr hin, daß der Ordner nochmals entschieden Protest einlegt, muß ich dagegen nochmals behaupten, daß gerade der traditionelle systematische Religionsunterricht und der systematische mathematische Unterricht am wenigsten mit den bereits allgemein rezipierten pädagogischen Grundsätzen in Übereinstimmung sind. Ohne Zweifel wird unser Verein auch darin das rechte Licht finden, wenn anders die erste These des ersten Lutheraners (von der steten, unaufhörlichen Buße!) unter uns in Bekenntnis und in lebendiger Übung bleibt [. . .]

[F. W. Dörpfeld]

68

Briefwechsel (Zirkularkorrespondenz) des Deutschen Evangelischen Schulvereins

Barmen, 1861

[. . .] Die Klage über die geringe Teilnahme der Schüler beim reinen mathematischen Unterricht ist alt; und die Ursachen dieser Erscheinung liegen auch zumeist so, daß hier im wesentlichen nichts zu ändern sein dürfte. Die Natur des Gegenstandes läßt sich nicht veredeln und die Natur des Menschen resp. des jungen Menschen auch nicht. Aber in betreff der Behandlung dieses Unterrichtsfaches möchte ich den Brüdern einen bestimmten Vorschlag zu eingehender Prüfung anheimgeben. Der Vorschlag – er hat es zunächst mit Geometrie zu tun – ist kurz dieser; „Der elementare (propädeutische), kurz, der mit Anschauung gerierende Teil des Lehrganges in der Geometrie muß bedeutend erweitert werden, nicht in die Breite, sondern in die Länge, d.h. in die Länge der Schulzeit hinein, so daß die exakte wissenschaftliche Form der Behandlung erst auf den obern Stufen auftritt. Dabei könnte noch in Frage bleiben, ob diese beiden Behandlungsweisen in den Mittelklassen nicht eine Zeitlang nebeneinander hergehen dürften.

Gründe: 1. Die Erfahrung lehrt, daß nichts das Interesse der Schüler so sehr schwächt, als das zu frühe Verlassen des Anschauungsbodens oder das zu frühe Auftreten der abstrakten Denkformen. Die mindere oder größere Strenge der Wissenschaftlichkeit ist dabei weniger von Bedeutung. Das hat die Erfahrung gezeigt bei der grammatistischen Behandlung der Muttersprache in den Volksschulen, wo keine fremden Sprachen in Vergleichung treten; und das zeigt der landläufige abstrakte Religionsunterricht bei den Konfirmanden (nach einem Katechismus) bis auf den heutigen Tag. Die Persönlichkeit des Lehrers und die

Behandlung im einzelnen, z.B. durch fleißige Heranziehung von Beispielen, Gleichnissen etc. kann zwar ausgleichend eintreten; aber der Grundfehler bleibt mit seinen übelsten Folgen.

2. Die Erfahrung lehrt, daß nichts die Geistesenergie des Schülers und die edelsten Geisteskräfte so sehr lähmt als die verfrühte (systematische) förmliche Einführung in das abstrakte Denken.

3. Die Psychologie lehrt auch, warum das ist. Der Kürze halber sei jedoch auf ein Gleichnis, auf die Vorgänge bei Ernährung und Gestaltung der menschlichen Physis hingewiesen. Wenn man bei der Jugend für gute ausreichende Nahrung und dann für die nötige Bewegung sorgt, so fällt die Umwandlung der Nahrungsstoffe in die verschiedenen leiblichen Gebilde einem von selbst zu. Was hier die Bewegung tut, das leistet bei der unterrichtlichen Ernährung der Seele der Lehrer dadurch, daß er die aufgenommenen Anschauungen stetig auffrischt, sie vergleichen, unterscheiden etc. läßt; kurz, daß er sie in Fluß bringt und in Bewegung erhält. Dieses Tun des Lehrers, nicht das Vorführen der Anschauungen, ist die eigentliche Propädeutik für das spätere abstrakte Denken.

4. Psychologie und Erfahrung lehren, daß der sogenannten Phantasie eine viel größere Bedeutung beim Unterricht eingeräumt werden muß, als es die gewöhnlichen Lehrbücher der Pädagogik tun. Die meisten Leute denken bei dem Wort „Phantasie" sofort und fast nur an so etwas wie Gefühlsschwärmerei; in ihren Köpfen steht es gewöhnlich bloß mit Poesie, Redekunst etc. in Verbindung. Und doch haben der Mechaniker, der Jurist, der Mathematiker und ähnliche Fachleute die Phantasie so nötig wie irgend eine andere ausgebildete Geisteskraft, Viele, vielleicht die meisten Erfindungen verdanken mehr der Phantasie als dem Denken ihr Dasein. Jene gleicht den leichten Truppen, den voreilenden Vorposten, die das Terrain untersuchen, damit das schwere nachfolgende Gros der Armee wisse, wohin der eigentliche Angriff zu richten ist. So werden auch die Gegenden der Wissenschaft erobert. Wie soll diese wichtige Kraft nun ordnungsmäßig gebildet werden? – gebildet werden auf dem religiösen, naturkundlichen, mathematischen etc. Gebiete? Eine Verfrühung der Abstraktion schneidet ihr die Sehnen durch, ertötet sie. So muß die eigentliche Pflege der Phantasie im (elementaren) propädeutischen Kursus auf dem Boden der Anschauung geschehen; darum muß diesem Kursus mehr Zeit eingeräumt werden, d.h. wie schon bemerkt in die Länge der Schulzeit hinein. Ist hier das Notwendige getan, so werden ganz gewiß bei dem späteren wissenschaftlichen Kursus so viele Schüler nicht mehr kreuzlahm und stumpf sich zeigen. Der gute Erfolg in diesem Kursus fällt der rechten Behandlung auf der Unter- und Mittelklasse von selbst zu. „Trachtet am ersten etc." gilt auch hier.

Nebenbei sei noch bemerkt, daß für die Ausbildung der Phantasie auf dem mathematischen Gebiete eine fleißige Heranziehung des Zeichnens erforderlich ist.

5. An dieser Stelle, d.h. in unserm Verein, darf wohl auch noch ein allgemeiner Grund leise erwähnt werden. Sehe ich recht, so beherrscht der Teufel den ihm zugänglichen Teil der heutigen intelligenten Welt samt den betr. Nachläufern vorzugsweise durch die Machwerke der eignen Intelligenz, gerade wie er die stumpfe Heidenwelt durch die Gebilde ihres ungebildeten Geistes, ihres Aberglaubens, knechtet. Jene Erzeugnisse der Intelligenz, deren sich Se. teuflische Majestät als Regierungsinstrumente bedient, sind zumeist hochliegende Abstraktionen, allgemeine Ausdrücke und Redensarten. Auf dem politischen Gebiete ist diese Herrschaft der Abstraktionen längst dem gesunden Menschenverstande offenbar. Wie werden doch die Menschen von den gespensterhaften Begriffen Freiheit, Gleichheit, Naturrecht, Konstitution, Fortschritt etc. hin- und hergetrieben. Noch niemals haben abergläubische Vorstellungen auf die Gemüter der Menschen so zauberhaft gewirkt, als diese Gebilde der abergläubisch gewordenen Intelligenz es tun. Sie werden besungen, durch Rhetorik und Musik gefeiert, sie haben ihre Feste und Gedenktage, ja man opfert ihnen Leib und Seele, natürlich nicht ihnen, sondern den Teufeln, wie St. Paulus sagt. Von solcher Knechtschaft gibt es nur eine Errettung, die im Sohne des lebendigen Gottes,

im leibhaftig gewordenen Sohne, im Leibe Jesu Christi. Vorarbeit und Bedingung ist aber doch überhaupt: die Scheu vor allem Gespensterhaften, Abstrakten, das hoch über die Wirklichkeit erhaben sein will, das den Boden unter den Füßen verloren hat; und dann die Schulung der fünf Sinne, die sorgsame Pflege des sensus communis im gewöhnlichen und im höhern Sinne (Hamann). Also: Reaktion gegen die Herrschaft der Abstraktionen zum Heil für die Politik. Auf dem naturwissenschaftlichen Gebiete herrscht das Übel auch, nur aus naheliegenden Gründen in geringerem Maße oder weil die falsche Richtung im Materialismus sich gleichsam überschlagen hat, in einer schwerer erkennbaren Form. Ich erinnere hier nur daran, daß bei vielen ungeschulten Köpfen die sog. Naturkräfte Schwere, Elektrizität etc. für wirklich existierende Wesen gelten, da sie doch lediglich Abstraktionen, die (als unbekanntes etc.) supponierten Ursachen gewisser Naturerscheinungen sind. Ihre Existenz läßt sich durch nichts erweisen; was man besehen kann, sind Erscheinungen, Zustände an den Körpern und die Ordnung, wie diese nach- und auseinander folgen. Nichtsdestoweniger sind jene Abstrakta („Kräfte" genannt) für viele Leute gleichsam wirklich lebende Untergötter, die mit souveräner Gewalt im Namen des Obergottes, der sich zur Ruhe begeben hat, den Kosmos regieren. Die Materialisten ängstigen sich bekanntlich vor diesen abstrakten Untergöttern nicht mehr, natürlich auch nicht mehr vor dem Obergott; sie haben einen andern Souverän etabliert, obschon sie das Wort nicht gebrauchen; es ist aber wieder ein Abstraktum, nicht die leibhaftige Materie! ein Werk ihrer Hände, d.h. ihres Verstandes, aber so fein, daß man es noch nicht einmal benennen kann. Kaum minder, vielleicht noch mehr, herrscht die Abstraktions-Liebhaberei in den Kirchen, in der Theologie (ich meine nicht vorzugsweise die gelehrte); und zwar ganz besonders in den Kirchen und Sekten der Reformation. Die katholische Kirche hat sich vermöge ihrer Richtung auf das Sinnliche (Äußere) von jenem Übel viel freier erhalten; man braucht nur eine Jesuitenpredigt mit einer unserer gerühmtesten Pastoren zu vergleichen, so kann man den Unterschied mit Händen greifen. Freilich ist die Kirche Roms auf ihrem Wege in andern Götzendienst verfallen. Doch ich breche hier ab. Das stille Denken über die Sache kann vorderhand mehr nützen als das Reden. Schluß: Bekämpfung der Abstraktionsmanie, die den Boden unter den Füßen verliert (Antäus!), auf allen Punkten, wo man ihr beikommen kann, auch durch die Mathematik, das möge auch eine Aufgabe unseres Vereins sein! [. . .]

[F. W. Dörpfeld]

In der Sektion für Mathematik und Naturwissenschaften des Schulvereins war als Grundsatzfrage gestellt: „Wie sind diese Wissenschaften mit der deutschen Jugend zu treiben, damit sowohl die Eigentümlichkeit deutscher Gemütsart gewahrt bleibe als auch mit der Erkenntnis des lebendigen Gottes gewährt werde?" Im Anschluß daran war für die Mathematik nach größerer Teilnahme, günstigeren Erfolgen, Lösung aus isolierter Unterrichtsweise und Zweckmäßigkeit propädeutischen Unterrichts gefragt worden. D. sieht sich veranlaßt, entschieden gegen jegliche Art von Abstraktionen Front zu machen. Am Schluß vergleicht er die notwendige Anschaulichkeit, die Schulung der Sinne, die Achtung des Leiblichen mit dem Riesen Antäus aus der griechischen Sage, der durch die Berührung mit seiner Mutter, der Erdgöttin Gäa, stets neue Kraft empfing.

sensus communis = gesunder Menschenverstand.

69

An Christine Dörpfeld, Düsseldorf

Barmen, 12. Februar 1862

Liebe Mama!

Groß und klein ist emsig beschäftigt, an groß und klein in Düsseldorf einen schriftlichen Gruß zu senden. Anna schreibt an Agnes und ich und Wilhelm an die Mama.

Wie auch die Kleinen einstimmig berichten, geht es uns hier noch wohl. Wenn beide auch einstimmig bemerken, sie könnten Euch nicht gut missen und möchten Euch gern wieder hier sehen, so muß ich ebenfalls mit einstimmen, setze aber auch hinzu, was jene nicht bedenken konnten, daß wir uns noch mehr freuen würden, wenn Du Dich in Düsseldorf recht erholst und recht gestärkt wieder heimkehren kannst. Hoffentlich tut Dir diese laufende Woche besser gut, als es die erste getan zu haben schien.

Mir ist die Reise nach Düsseldorf wohl bekommen; doch freue ich mich nicht wenig, daß die Kälte nachzulassen beginnt. Auch sehne ich mich sehr nach dem Frühling und seiner milden Luft, um wieder nach alter Weise Spaziergänge machen zu können. Die würden Dir auch wohl gut tun; daher habe ich den guten Vorsatz gefaßt, bei demnächstiger milderer Witterung fest darauf zu halten, daß wir beide täglich einen hübschen Ausgang machen. Wenn Du Dich anstrengst, auch einen guten Vorsatz zustande zu bringen, so wird er dann hoffentlich auch zur Ausführung kommen. Gestern war die Frau des Lehrers Pack bei Steele hier, um sich namens ihres Mannes nach der neuen Stelle zu Dickerstraße zu erkundigen. Vor zwei Jahren war ich an ihrem Hause an einem Nachmittag, als sie ihren 4. Sohn taufen lassen wollten. (Du erinnerst Dich noch wohl daran.) Die Frau sah jetzt so wohl aus, daß ich sie anfangs nicht wiedererkannte; aber sie klagte dennoch sehr über Nervenschwäche. Da dachte ich, daß ein anscheinend gesunder und starker Körper eine Frau nicht vor Nervenleiden und Schwäche schützt.

Gott stärke Dich, liebes Kind, daß Du die auferlegte Beschwerde ertragen magst; Er segne auch die ruhigen Tage in Düsseldorf und führe Dich gekräftigt und wohlgemut wieder in unsere Arme und in unsere Mitte.

Wenn es bei Deinem Vernehmen bleibt, so finde ich Dich, so Gott will, am Samstag bei meiner Rückkehr von Hagen wieder an gewohntem Platze. Hältst Du es aber für rätlich, noch einige Tage dort zu bleiben, so tue es ja; schreibe aber dann vorher, dann komme ich am Sonntag wieder hin.

Sage dem Vater, daß Rumscheidt schon eifrig mit Abschreiben seines Manuskriptes beschäftigt ist.

Seid alle herzlich gegrüßt, sonderlich Du mit der Kleinen von Deinem getreuen

F. W. Dörpfeld

Christine befindet sich mit der jüngsten Tochter Agnes bei ihren Eltern in Düsseldorf.

Die Schule Diecker Straße, später Am Diek (im Brief: Dickerstraße) wurde am 26.6.1862 eingeweiht.

Erste Schulleiter waren die mit D. befreundeten Emanuel Höfler (1862–68) und Dietrich Horn (1868–70). Bei diesen Stellenbesetzungen dürfte D. seinen Einfluß geltend gemacht haben.

70

An Peter Diehl, Dortelweil

Barmen, Februar 1862

D. fragt den „Bruder im Schuldienst", ob er in einem Beitrag für das EvSchBl einmal die Frage untersuchen wolle, wie man durch Behandlung der biblischen Geschichte bei den Schülern Sinn für die Mission erwecken könne.

Über die Entwicklung der Lehrer-Bibelkonferenzen berichtet D., am Niederrhein und im westlichen Teil der Grafschaft Mark gebe es jetzt neun solcher Zusammenkünfte. Außer-

dem rege es sich in dieser Beziehung in Ostpreußen, wohingegen die Sache in andern Teilen Deutschlands noch keine Nachahmung finden wolle. Die Konferenzen trügen dazu bei, die Geister zu prüfen und zu scheiden. Denn es gebe Lehrer, die kirchlich zwar alles mitmachten und auf jedem Missionsfest und Kirchentag zu finden seien, sich in einem engeren Kreis aber nicht dem Spiegel des Wortes Gottes aussetzten.

Aus der raschen Veröffentlichung von Diehls Aufsatz „Aus der Geschichte des Schulwesens der Stadt Frankfurt am Main (Von P.D. in D. bei Frankfurt)" im EvSchBl 5 (1861), S. 553 ff. möge der Autor ersehen, wie willkommen auch ein neuer Beitrag sei.

Der Brief trägt weder Ort noch Datum; die Datierung ist aus Hinweisen auf Nummern des EvSchBl erschlossen.

71
An unbekannt

Barmen, 1862

[...] Ihrer Bemerkung über die dornige Außenseite meiner schriftlichen Darstellungen kann ich leider nicht widersprechen; auch haben Sie wohl nicht mit Unrecht die Folgerung daraus gezogen, daß jene Eigenschaft der Aufnahme meiner Idee vielfach Eintrag tun werde.

In der Erklärung meiner Schreibweise haben Sie sich jedoch geirrt, wenn ich anders mich selber ein wenig kenne. Von Verbitterung gegen Verhältnisse, Personen und Stände fühle ich mich so frei, wie es bei meiner Anschauung vom Schulwesen, die leider nach fast allen Seiten hin Front machen muß, vielleicht wenigen möglich sein würde; nach meinen persönlichen Verhältnissen gehöre ich in der Tat zu den wirklich zufriedenen Schulmeistern, deren es nach alter Sage bekanntlich nicht viele geben soll. Über gescheiterte Pläne und vereitelte Hoffnungen persönlicher Natur brauche ich nicht zu klagen, denn da mir eine sonderliche Liebe zur Freiheit angeboren und anerzogen ist und ich demzufolge schon frühzeitig den Grundsatz befolgt habe, von Menschen möglichst wenig zu begehren, so bin ich auch in der glücklichen Lage gewesen, von Menschen wenig betrübt worden zu sein. Aus solchen Quellen kann also die Widerhaarigkeit meiner Aufsätze nicht entsprungen sein. Auch leide ich nicht an überreizten Nerven oder an Überhast in Gedanken, Worten und Entschlüssen; vielmehr wird man mich in der Regel für einen Mann von ruhigem Gemüt und Geblüt passieren lassen. Ihre Hinweisung auf die hiesigen landschaftlichen Verhältnisse und Zustände hat jedoch etwas Richtiges getroffen, obgleich die Gegensätze nicht so geschärft sind, wie Sie es sich zu denken scheinen. Die Rheinfranken, welche übrigens nicht mit den leichtblütigen Oberrheinländern, von Köln an aufwärts, verwechselt werden dürfen, haben allerdings die Unart an sich, daß sie gern frei und frank ihre Meinung sagen; das ist denn auch mein Erbteil. Dazu kommt, daß ich von der Zeit an, wo mein selbständiges Denken erwachte, vor Majoritäten als solchen keinen sonderlichen Respekt hegte und als 23jähriger Jüngling vor zahlreichen Lehrerversammlungen just dieselben Anschauungen einsam und ohne Sekundanten vertreten mußte und vertrat, für die ich heute im Schulblatte einstehe.

Weiter habe ich ja zu beichten, daß ich an die Erbsünde glaube und dazu auch die Denkfaulheit rechne und darum, wo mein Denken mit ihr zusammenstößt, mich für verpflichtet halte, sie je zuweilen recht derb vor den Kopf zu stoßen, weil eine 6000jährige Geschichte lehrt, daß ihr sonst nicht beizukommen ist. Natürlich kann das ohne verdrießliches Murren und Knurren für den ersten Moment nicht abgehen; allein, was schadet das? Die Wahrheit ist nicht an den Moment, nicht einmal an eine Generation gebunden. Das derzeitige Lehrergeschlecht, wozu Sie und der Schreiber dieses auch gehören, wird ohne Zweifel als ein solches, das des verheißenen Landes nicht würdig ist, in der Schulwüste sterben müssen. Offen zu reden, hat es jedoch mit meiner dornigen Schreibweise noch eine besondere Bewandtnis. Warum mag die „Königin der Blumen" auch mit Dornen versehen sein? Ich habe mir immer gedacht, es sei darum geschehen, damit „böse Buben" sie nicht als einen Raub davontrügen und uns andern die Freude an der schönen Gottesgabe ungeschmälert bleiben möchte. Sie werden mein Gleichnis auch ohne Deutung verstehen und, falls Sie Vater sind, auch gern gestatten, daß ich mein Kind mit etwas eifersüchtiger Liebe lieben und meine Idee für eine rosa centifolia halten und behandeln darf, wenn sie in den Augen anderer auch nur eine rosa canina sein sollte.[. . .]

[F. W. Dörpfeld]

D. antwortet einem Kritiker, dem die polemische und direkte Aussage mancher seiner Artikel nicht gepaßt hatte, mit einer Verteidigung seiner eigenen Art, zu schreiben und zu argumentieren.

Die „6000jährige Geschichte" bezieht sich auf eine bis ins 20. Jahrhundert festgehaltene biblische Zeitrechnung, nach der die Erschaffung der Welt um das Jahr 4000 v.Chr. erfolgte. – rosa centifilia = Moosrose, rosa canina = Hundsrose.

72

An Christine Dörpfeld, Barmen

Sellscheid, 23. Februar 1863

Liebe Tinchen.

Wie Du denken wirst, habe ich heute morgen einen schweren Gang gemacht. Wiewohl mir nach dem letzten Brief die Krankheit des Vaters ernst und bedenklich erscheinen mußte, so war ich doch nicht darauf gefaßt, ihn nicht mehr lebend anzutreffen. Ich hätte ihn doch gern noch einmal gegrüßt und noch einmal gern in sein treues Auge gesehen. Im Postwagen im Vorbeifahren den Tod eines lieben Vaters erfahren zu müssen, wenn auch nicht ganz unvorbereitet, ist in der Tat etwas hart.

Beim Eintreffen hatte ich doch noch die Freude, die lieben wohlbekannten Gesichtszüge des Großvaters noch ganz unverstellt sehen zu können. Die Mutter ist sehr gefaßt oder, sage ich lieber, getröstet. Das durfte ich auch im voraus hoffen. An leichten Sachen trägt sie mitunter etwas schwer, aber schwere Dinge werden ihr desto leichter. Gestern morgen hatte der Vater selber zu ihr gesagt, daß seine Krankheit schnell zu Ende gehen werde und dabei bemerkt, er freue sich, daß er ihr voraus gehen könne. Sie erzählte mir, sie habe im Laufe der letzten Nacht, namentlich gegen Morgen hin, gemerkt, daß das Ende mit schnellen Schritten heranrückte; da man jedoch keinerlei Atembeschwerden gesehen – wie denn der Vater in der ganzen Krankheit keine eigentlichen Schmerzen gehabt – so hätte sie den Abschied doch noch nicht in allernächster Nähe geglaubt. Sie habe nun Gott den Herrn im Herzen flehentlich angerufen, er wolle dem sterbenden Vater gnädig und nahe sein, sonderlich im letzten Augenblicke. Nicht eine Minute war das Gebet geendet, da sah sie ihren lieben Mann wie im Schlummer einschlafen zum Wiedererwachen in einem besseren Leben, wo keine Tränen und kein Schmerz mehr sein werden. Albert habe nun bitterlich angefangen zu weinen, und sie habe auch geweint, doch mit keiner Spur von Trauer, sondern vor lauter Freude, daß der Herr ihr Gebet so gnädig und sobald erhört hatte. Und in dieser Freude ist sie nun getrost und wohlgemut: die Freude am Herrn ist ihre Stärke. An der schwachen Frau habe ich mich aufrichten können.

Die Beerdigung des Großvaters wird am Donnerstagnachmittag 3 Uhr stattfinden, d.h. um 15 Uhr geht man vom Sterbehause fort.

Ich wollte eigentlich morgen herüberkommen. Nach der Rückkehr der beiden jungen Leute habe ich mich anders besonnen, zumal die Mutter gern hat, daß ich bis zum Donnerstag hierbliebe.

Die Großmutter hätte natürlich auch gern, daß Du herüber kämest; Du wirst es ja ohnehin auch gern tun wollen. Es fragt sich nun, wie und wann Du am besten reisen willst und kannst und wie und wann wir wieder nach Wupperfeld zurückkehren sollen.

Ich muß es Dir nun überlassen, selbst zu überlegen, wie es am angemessensten ist. Ich würde gern am Donnerstag wieder zurückgehen, einmal, weil ich dann am Freitag wieder die Schule anfangen könnte, und dann, weil wir am Donnerstagabend auf Sellscheid doch in lauter Unruhe wären. In diesem Fall gingen wir von Wermelskirchen aus zurück, was auch ganz gut geht, da man dort einen Hauderer haben kann. Zwischen 9 und 10 Uhr würden wir dann wieder zu Hause sein.

Wenn dies auch Dir passend ist, dann würdest Du vielleicht aber schon am Mittwoch hierherkommen müssen, falls Du vielleicht auch gern bei Röschen in Wermelskirchen einen Besuch machen willst. Schreibe aber, sobald Du entschlossen bist, ein paar Worte an den Schwager in Remscheid; dann hole ich Dich dort ab (Adresse: H. Wagner p. Adr. Herrn Albert Böker in Remscheid). Ich werde, weil mir das Gehen doch gut tut, in jedem Falle nach Remscheid kommen am Mittwoch und schon um 13 Uhr an der Post sein. Kannst Du dann auch, so ist es gut; wenn nicht, so erfahre ich dann aus dem Briefe, ob Du vielleicht um 16 Uhr oder aber am Donnerstag früh oder endlich, ob Du vielleicht über Lennep zu kommen gedenkst. Du hast also durchaus freie Wahl; auch wenn Du meinst, daß wir am Donnerstagabend in Wermelskirchen bleiben und erst am Freitag zurückkehren wollen.

Hältst Du es vielleicht für gut, daß auch die Anna und der Wilhelm hierherkommen? Ich habe daran gedacht, sie möchten vielleicht gern den letzten Gang mit dem Großvater machen. Beschwerlich wäre nur die Hierherreise; zurück könnten wir in allen Fällen den Hauderer nehmen.

Für Schlafen kann hier gesorgt werden. Doch Du wirst es gut überlegen; das verstehst Du besser als ich.

Mit herzlichen Grüßen von allen und sonderlich von

Deinem getreuen

F. W. Dörpfeld

P.S. Wenn ein Korrekturbogen von Gütersloh kommt, so muß Rumscheidt sofort nach Gütersloh schreiben, daß und warum er erst am Freitag wieder abgehen kann. Rumscheidt mag ihn schon einmal durchsehen.

73

An Peter Diehl, Dortelweil

Barmen, 13. Juni 1863

Lieber Freund und Bruder.

Gott zum Gruß und unsern HErrn Jesum Christum zum Trost!

Endlich gelange ich dazu, Ihnen den seit langem schuldigen Gruß und das zurückgewünschte Manuskript zu übersenden. Der Aufsatz über die zehn Jungfr[auen] könnte recht gut in unserm Schulblatte stehen und würde ohne Zweifel bei denen, die ihn mit Bedacht lesen, einen guten Segen zurücklassen. Daß er hat zurückgelegt werden müssen, beruht auf mehr äußern Rücksichten, die den Aufsatz selbst nichts angehen; es drängt sich fort und fort eine Menge anderes Material auf, das aus diesem oder jenem Grunde den Vortritt beansprucht, und da dieses nicht einmal ganz Platz finden kann, so müssen erbauliche Betrachtungen leider einstweilen zurückstehen. Ob ich jemals dahin kommen werde, was ich wünschte, jede Nummer mit einer kurzen biblischen Betrachtung eröffnen zu können, ist fast fraglich; Zahns Schulchronik ist seinerzeit gerade an dieser Einrichtung gestorben und zwar seltsamerweise, weil die gläubigen Lehrer namentlich im Ravensbergischen sich zurückzogen, indem sie meinten, jetzt sei das Blatt kein rechtes Schulblatt mehr, eine erbauliche Betrachtung gehöre in eine kirchliche Zeitschrift.

Wir sind jetzt Gott Dank! weiter, aber noch nicht am Ziel, ich meine an dem Ziel, wo unser Schulblatt die vorbezeichnete Einrichtung annehmen dürfte.

Ihre Abhandlung ist übrigens, wie ich vermute, für den Hessischen Schulboten zu umfangreich; er müßte fünf- bis sechsmal darüber abbrechen.

Ihre Bemerkungen über den Past[or] V. in F. in N. waren mir dem Inhalte nach nicht fremd. Ich weiß wohl, daß da etwas fehlt, hoffte jedoch, daß durch einen Mitarbeiter aus Nassau der Weg für das Schulblatt in die dortigen Schulhäuser ein wenig offener werden und dann auch noch der eine oder andere Mitarbeiter mehr sich finden würde. Solange ich keine Auswahl habe, muß ich zusehen, wie man mit dem einen zurechtkommt. Auf Weisung des Kirchenrats Dietz in Wiesbaden und des Bischofs Wilhelmi hatte ich an eine ganze Reihe angegebener Adressen geschrieben, unter denen auch der Past[or] V. war. Allein die Lehrer waren bis heute nicht mobilzumachen, vielleicht sind sie zu bescheiden. Unter den Pastoren wollte sich auch niemand für den Schulmissionsdienst willig finden. Nur zwei meldeten wenigstens ihre freundliche Teilnahme an: Dekan Ninck und Past[or] Voemel. Ersterer hat jedoch zur Mitarbeit keine Zeit; der letztere hat peu a peu begonnen. Vielleicht gelangt er nach und nach auch in das rechte Gleis. Die nassauischen offiziellen Kirchenzustände sind, wie ich glaube, in der Tat auch so verknotet, daß wohl ein wenig ‚Gewalt tun' dazugehört, um zu einem geraden Wuchs durchzubrechen.

Sie hatten seinerzeit angefangen, Erfahrungen aus dem Schul- und Lehrerleben zu sammeln. Wollen Sie nicht fortfahren? Es wäre mir lieb, wenn Sie dabei unter anderm Ihr Augenmerk darauf richteten, an anschaulichen Beispielen die innere Abhängigkeit der Schule von dem kirchlichen Leben darzustellen, eine Abhängigkeit, die natürlich durch äußere Abhängigkeit in ihren Wirkungen noch verstärkt wird.

Ich kenne hier Distrikte, wo in einer ganzen Reihe volkreicher Gemeinden kein geistliches Leben in die Schulhäuser dringen kann, weil sie durch die ungeistliche Kirchenluft wie von einer chinesischen Mauer gegen andere Einwirkungen von außen abgesperrt werden. Zuerst werden nur solche Lehrer zu den vakanten Stellen berufen, die in die Atmosphäre passen: die Wahlmänner folgen ihren Führern, den Geistlichen; sodann werden aus den Konferenzen christliche Themata ferngehalten, die christlichen Schulblätter draußengelassen oder solange bekrittelt, bis niemand sie mehr ansehen mag usw. Sie werden dergleichen Erfahrungen in Ihrer Umgegend, zumal bei den verschiedenen landeskirchlichen Territorien, ohne Zweifel ebenfalls gemacht haben, und so auch die Kehrseite, daß, wo in einer Gemeinde christliches Leben erwacht und vom geistlichen Amte gestützt und gepflegt wird, auch die Schule sich bald diesem Einflusse nicht mehr entziehen kann.

Es tut not, daß auch dieser innere Konnex zwischen dem Zustande der Kirche und der Schule einmal deutlich gemacht werde. Unserm Schulblatte z.B. steht nichts mehr im Wege als das tote rationalistische oder schlafende orthodoxe Pastorentum, das sich vor dem andringenden geistlichen Regen im Lehrerstande fürchtet wie vor dem Weltbrande. Und nicht so ganz mit Unrecht; denn es ist gewiß, daß ein christlich belebter Lehrerstand auf die Dauer einem auf Ruhepolstern liegendem Kirchentum viel unbequemer wird als Diesterweg und sein Anhang je gewesen ist. Gegen letzteren hat die Orthodoxie immer noch Wehr und Waffen, gegen die erstere Beunruhigung aber nicht, sie müßte denn zu Verdächtigungen und Verleumdungen ihre Zuflucht nehmen.

Unser Schulblatt z.B. hat in seinem engeren Bereiche (in Rheinl[and] und Westf[alen]) einen viel schwereren Stand als der neue Hessische Schulbote in dem seinigen. Er und seine Freunde aus dem Lehrerstande stützen sich und können sich stützen auf eine geschlossene kirchliche Fraktion, die ihrerseits sich wieder auf Kirchenordnung, Geschichte, Tradition usw. stützen kann und auch solche Fraktion an sich zu ziehen vermag, denen mehr an den Schläuchen als am Most gelegen ist. Eine solche Stütze muß unser Schulblatt entbehren, einmal weil eine alte freie Kirchenverfassung für entschiedene Fraktionsbildungen nicht günstig ist, alles geht einen langsameren, konservativeren Gang; zum andern ist unser Blatt als ein freies zur Welt gekommen und muß dies sein Privilegium wohl bewahren: es dient allen guten Mächten, die Gott dienen wollen, aber es macht sich von keiner äußeren Macht abhängig; ob nun diese oder jene „neue Ära" in Staat oder Kirche anbricht, ist ihm zwar nicht gleichgültig, aber es bleibt von jeder Modeströmung frei. Endlich noch gilt das Bestreben unseres Blattes der Entwicklung eines in berechtigter Eigentümlichkeit sich darlebenden Schulstandes. An einem solchen wird die Kirche einst eine bessere Hilfsmacht haben als an einem, der ein Stand heißt, aber nicht auf seinen Beinen stehen kann. [. . .]

[F. W. Dörpfeld]

D. setzt seine Bemühungen fort, dem EvSchBl in Hessen-Nassau Resonanz zu verschaffen. Die Grundsätze des Schulblattes erläutert und verteidigt er unter Hervorhebung seiner gefährlichsten Gegner: Rationalisten, Orthodoxe, machtbewußte kirchenpolitische Fraktionen und Geistliche, die den ihnen unterstellten Lehrern keine Bewegungsfreiheit lassen.

Die Schul-Chronik (Hrsg. F.L. Zahn) erschien 1844 bis 1851.

Die Unabhängigkeit des EvSchBls von staatlichen und kirchlichen Einflüssen verknüpft Dörpfeld mit der Forderung nach einem aktiven, nach vorn drängenden Lehrerstand, der ein „auf Ruhepolstern" liegendes Kirchentum bekämpft.

Zur Situation der nassauischen Kirche und Schule siehe: Heinrich Steitz, Geschichte der Evangelischen Kirche in Hessen und Nassau, 3. Bd., Marburg 1965; Heinrich Theodor Kimpel, Geschichte des hessischen Volksschulwesens im 19. Jahrhundert, 2. Bd., Kassel 1900; Karl Strack, Geschichte des deutschen Volksschulwesens, Gütersloh 1872.

74
An Friedrich Albert Lange, Duisburg

Barmen, 26. Oktober 1863

Geehrter Herr Oberlehrer!

[. . .] Herr H[ülsmann] hat Ihnen wohl mitgeteilt, warum ich gerade eine Besprechung resp. Anzeige des Buches in der Köln[ischen] Zeitung wünsche. Mein Absehen geht auf die katholischen Lehrer. Auf anderem Wege ist ihnen das Buch nicht nahezubringen. Ich habe aber guten Grund zu glauben, daß gerade auch manche kath. Lehrer meine Aufsätze mit Nutzen und Interesse lesen können. Sie sitzen noch mehr in der Klemme zwischen Kirche und Staat als die evangel. Lehrer, und in der Tat ist auch bei einer hierarchischen Kirchenverfassung keine Stellung für das öffentliche Bildungswesen zu erdenken, die nicht bloß den Interessen jener Mächte, sondern auch der Natur des Schulwesens und der Gebühr der Schularbeiter gerecht wird. Auf dem Boden einer freien evangel. Kirche inmitten eines wahrhaft freien Staates kann jedoch jene wünschenswerte Stellung für das Schulwesen gefunden werden, wie meine Schrift mit guten, hellen Gründen zeigt. Schon im Blick auf die katholische Hierarchie und die unter ihr seufzenden Gemeinden und Lehrer ist es daher sehr zu bedauern, daß unsere evangel. Kirchen- und Staatsmänner so wenig geneigt sind, das zu tun, was ihnen doch möglich ist, nämlich der Natur des Bildungswesens gerecht zu werden. Ein recht verfaßtes Schulwesen auf protestantischem Boden würde dem evangelischen Volksleben einen eminenten, augenfälligen Vorsprung vor dem katholischen gewähren und damit der römischen Hierarchie eine tatsächliche Kritik entgegenhalten, die ihr zumal bei der gesteigerten Unzufriedenheit des Lehrerstandes höchst unbequem werden müßte.

Mein Wunsch, „Die freie Schulgemeinde" in der Köln[ischen] Zeitung angezeigt zu sehen, hat allerdings auch noch einen andern Grund. Solange die Staatsmänner sich nicht eingehender mit der Schulverfassungsfrage beschäftigen, als dies bisher geschehen zu sein scheint, kommt das Schulwesen, namentlich das Volksschulwesen, aus seiner unbehaglichen Lage „zwischen Tür und Angel" nicht heraus. Wie der Wert meiner Schrift auch zu taxieren sein mag, jedenfalls glaube ich, daß sie einem unbefangenen Leser zeigen kann, die Schulverfassungsfrage biete noch andere Seiten dar, als die landläufigen Parteien zu betrachten und zu besprechen gewohnt sind. Ohne besondere Veranlassung wird aber ein Staatsmann, der das Vielerlei, was seine Stellung ihm vorführt, beachten muß, schwerlich der literarischen Produktion eines obskuren Schulmeisters sonderliche Beachtung schenken, und gewiß nicht mit Unrecht. Wenn daher Ihre Besprechung auch nur einen der vielen Politiker, welche die K[ölnische] Zeitung lesen, veranlassen könnte, die Aufsätze über die freie Schulgenossenschaft näher anzusehen, so würde ich Ursache genug haben, mich zu freuen und Ihnen für diese Freude dankbar zu sein. Die Schulgeschichte ist nun einmal nicht pressiert und wird es auch niemals werden.

[...] Mit meiner Auffassung der Schulverfassungsfrage ist, wie Sie finden werden, auch eine ziemlich abgegrenzte politische und kirchliche Ansicht verbunden. Hoffentlich stört es Sie nicht zu sehr, wenn Ihnen da und dort Differenzen in unsern Ansichten aufstoßen sollten. Ich glaube umsomehr Grund zu dieser Hoffnung zu haben, da meine politische Ansicht zur Zeit unter den agierenden politischen Parteien gar nicht vertreten ist und meine religiöse Überzeugung durchaus in der heimischen Kirche und ihrer Geschichte wurzelt, in einem Boden, der bekanntlich gar mancherlei Pflanzen zu Gottes Preise getragen hat und noch trägt.

Wollen Sie schließlich noch erwägen und einrechnen, wie sauer es mir in meiner Stellung geworden ist, eine neue und befremdliche Auffassung der Schulverfassungsfrage klar und bestimmt darzulegen und doch auch so zu reden, daß sie nicht zu viel Anstoß erregen möchte, so werden Sie bei einiger Nachsicht an etlichen Stellen, die Ihnen sonst etwas anstößig klingen möchten, doch leicht und ohne Mißverständnis vorbeikommen. Ich will mir erlauben, beispielsweise auf eine dieser Stellen hinzudeuten. Bei dem, was meine Schrift über die „innige Verbindung" von Schule und Kirche und namentlich über das Verhältnis des höhern Lehrerstandes zur Kirche sagt, haben selbst die Freunde Hollenberg und Hülsmann meinen Sinn resp. meine Absicht ein wenig mißverstanden. Sie haben eben etwas nicht mit hinzugedacht, was ich doch hinzugedacht, aber mit Absicht nicht ausdrücklich ausgesprochen hatte. Gewiß, wenn die Kirche durchaus bliebe, was und wie sie dermalen ist, so könnte eine noch innigere Verbindung zwischen ihr und der Schule der letzteren leichtlich unbequem werden. Ich frage aber einfach: kann eine Kirche, welche den Lehrerstand in ihre Vertretung und damit die treibende Bewegung auf dem Schulgebiet in ihren Organismus aufnimmt, auf die Dauer das und so bleiben, was und wie sie in der Isolierung war? Unmöglich. Was dann noch Unbequemes für die Schule bleibt, das mag sie geduldig auf ihr eigenes Schulkonto schreiben. Auch bei dem über den höhern Lehrerstand Gesagten muß ein Hintergedanke ergänzt werden. Die Elementarschule befindet sich in Kriegsnot; sie ruft den höhern Lehrern in dieser Bedrängnis ein „Burschen heraus!" zu. Ob die, an welche dieser Notruf gerichtet ist, ihn vernehmen und verstehen werden, weiß ich freilich nicht; er wird aber nichtsdestoweniger seine Dienste tun und der Erfolg der bedrängten Elementarschule zugute kommen. Können Sie auch diese Kriegslist mit Nachsicht aufnehmen, so will ich's bestens verdanken [. . .]

In Hoffnung auf die Ehre und Freude einer zukünftigen näheren Bekanntschaft empfiehlt sich mit aller Hochachtung

Ihr ergebener

Fr. W. Dörpfeld.

Hülsmann hatte Lange am 21.10.1863 brieflich vorgeschlagen, D.s Buch ‚Die freie Schulgemeinde' in der Kölnischen Zeitung zu besprechen. Hülsmanns Brief an seinen ehemaligen Kollegen am Duisburger Gymnasium ist abgedruckt in: F.A. Lange, Über Politik und Philosophie. Briefe und Leitartikel 1862 bis 1875. Hrsg. Georg Eckert. Duisburg 1968, S. 121 ff. In dem vorliegenden Brief bezieht sich D. darauf und begründet selbst diesen Wunsch.

Lange antwortete am 4.12.1863 (abgedruckt bei Trü 252 ff. sowie in der genannten Lange-Edition, S. 123 ff.). Er kritisierte D.s nach seiner Auffassung falsche Sicht der Schweizer Schulverfassung. Außerdem hielt er ihm entgegen, „daß wir eine freie Kirche nicht haben", sondern vielmehr eine Geistlichkeit, die „von staatlichen Behörden Ämter, Würden und Anerkennung hofft". Vor allem jedoch zog Lange D.s Konzeption der freien Schulgemeinde in Zweifel: „Der Begriff der freien Schulgemeinde scheint mir vorauszusetzen, daß sich dieselbe a) frei bildet. Die Glieder müssen es auch unterlassen können. b) frei und nach eigenem Gutdünken organisiert. (Sie kann sich der kirchlichen Organisation anschließen oder auch nicht.) c) frei verwaltet und der Oberleitung des Staates nur soweit unterworfen ist, als der Staatszweck es unbedingt fordert".

Ferner lehnte Lange die propagandistische Absicht ab, die mit der Rezension in Anbetracht der katholischen Adressaten verbunden sei. Er könne nicht einsehen, was gerade die Katholiken aus dem Buche lernen sollten. Schließlich weist er auf seine eigene Auffassung von der Rolle des Staates im Schulwesen hin, wie er sie in dem Artikel ‚Errichtung und Erhaltung von Schulen' (in: K.A. Schmid, Enzyklopädie des gesamten Erziehungs- und Unterrichtswesens, 2. Bd., Gotha 1860, S. 197 ff.) zum Ausdruck gebracht habe.

75
Briefwechsel (Zirkularkorrespondenz) des Evangelischen Schulvereins

Barmen, 1863

[. . .] Nach meinen didaktischen Grundsätzen in Sachen des christlichen Religionsunterrichts, die freilich auf die Natur des kindlichen Geistes und die Natur des Unterrichtsgegenstandes sich gründen, nicht aber auf das „Preußische Regulativ", das in dieser Beziehung eine nicht zu billigende Kombination des psychologisch-schulmäßigen Verfahrens darstellt, sind obige Fragen gar nicht zu stellen. Da ich somit nicht in der Lage bin, in ihre Beantwortung eintreten zu können, so will ich, damit das Blatt nicht leer von hier gehe, die Hauptgrundsätze meines Lehrganges mitteilen:

1. Die biblische Geschichte ist als das Feld anzusehen, auf dem die Elementarschule ihre christliche Aufgabe hauptsächlich zu lösen hat.

2. Der christliche Religionsunterricht muß ein einheitlicher sein, einheitlich nicht bloß hinsichtlich der aufeinanderfolgenden Kurse, sondern auch innerhalb jedes einzelnen Kursus hinsichtlich des zu verarbeitenden Materials: biblische Geschichte, Kirchenlied, Bibelspruch, Katechismus. (Daraus folgt schon, daß das Kirchenlied, der Bibelspruch und was

sonst noch hinzukommt, sich an die biblische Geschichte eng anschließen, von dort seine Beleuchtung, seine Erklärung zu empfangen hat und wiederum zur Beleuchtung, zur Verinnerlichung der biblischen Geschichte mithelfen muß. Damit ist der althergebracht und von den Preußischen Regulativen wieder sanktionierte dreifache Kursus, nämlich a) der geschichtliche durch die ganze Bibel, b) der des Katechismus und c) der perikopische aus dem Neuen Testament als unberechtigt, unzweckmäßig abgewiesen. Es ist fast unbegreiflich, wie das Regulativ durch das Festhalten dieses dreiteiligen Kursus seiner sonst so betonten Forderung der Konzentration und Vereinfachung geradezu ins Gesicht schlagen konnte.)

3. Der Unterrichtsgang hat sich an das Kirchenjahr anzuschließen. Daraus folgt, daß der biblische Geschichtskursus einjährig sein muß. Da nun nach 1 die Geschichte Zentrum, Grundlage und Norm für das übrige religiöse Material ist und nach 2 für dieses keine gesonderten Kurse zulässig sind, so muß es an die konzentrisch sich erweiternden einjährigen Kurse der biblischen Geschichte passend verteilt werden. Bei dieser Verteilung ist darauf zu sehen, daß Lied, Spruch, Katechismus zu denjenigen Geschichtslektionen zu stehen kommen, die ihnen am besten zur Veranschaulichung dienen können. Die gegenseitige Beleuchtung der Werke und der Worte Gottes und das von daher in das Herz des Kindes scheinende Licht ist der „Schriftbeweis", den die Schule anzustreben hat.

4. Zum wörtlichen Memorieren eignen sich nur solche religiöse Stücke, die zugleich einen liturgischen Charakter haben, d.h. die in das sinnige Bedenken, in die Andacht, sei sie einsam oder gemeinsam, eingehen können. Wie der gesamte Schulertrag an memoriertem Material im letzten Schuljahre den Grund der täglichen Schulandachten (nach Wochen verteilt) ausmachte, so soll er auch das ganze spätere Leben hindurch den Grundbestand der täglichen stillen (privaten) Andachten, wo möglich auch der Familienandachten, wenigstens bilden können. Nach diesem Gesichtspunkte ist die Auswahl zu treffen. Bei allem andern religionsunterrichtlichem Material ist höchstens ein judiziöses, will sagen: ein Memorieren dem Inhalt nach am Platze.

Nach meiner auf die heil. Schrift, auf Erfahrung und Beobachtung gestützten pädagogischen Anschauung ist ein nach den vorbezeichneten Grundsätzen normierter Lehrplan nicht nur für die Elementarschule, sondern auch für höhere Schulen der richtige. Nötigenfalls können auch Zeugnisse bewährter Männer dafür angeführt werden, beispielsweise erinnere ich nur an Hamann, C.L. Roth, Zahn etc. Übrigens kann dieser wie auch jeder andere Lehrplan nur dann die rechte Frucht bringen, wenn einerseits das Haus in seiner täglichen Andacht im wesentlichen denselben Gang verfolgt und andererseits auch die Kirche im Konfirmandenunterricht und in den Hauptgottesdiensten das grundlegende Werk des Hauses und der Schule tatsächlich anerkennt, darauf sich stützt und so dem Ganzen das Siegel aufdrückt, worüber aber an dieser Stelle nicht weiter zu reden ist [. . .]

[F. W. Dörpfeld]

Der Brief beantwortet die an die Teilnehmer der Zirkularkorrespondenz gerichtete Frage „Ist der Katechismus in einem Jahreskurs oder im Zeitraum von zwei Jahren in der Schule zu behandeln und wie wäre er im letzteren Falle zu teilen?" Dörpfeld entfaltet hier seine religionsdidaktische Auffassung. Im EvSchBl hat er „anderthalb Jahrzehnte hindurch in lebhaftem Kampfe wider die Anhänger und Vertreter der alten preußischen Regulative" stehen müssen, wie er 1877 in Frankfurt erklärte (EvSchBl 21, 1877, S. 252).

76
An Friedrich Albert Lange, Duisburg

Barmen, 19. März 1864

Geehrtester Herr Oberlehrer!

[. . .] In betreff Ihrer Ausstellungen wird es angemessen sein, zunächst auf diejenigen, welche auch Ihr Brief voraufstellt, einiges zu bemerken.

Meine Anschauung von den schweizerischen Verhältnissen fußt hauptsächlich auf den genauen und umfangreichen Mitteilungen, welche Dr. Mager in der „Pädag. Revue" in den Jahren 1840–48 darüber gemacht hat. Der Reichtum der von Mager beigebrachten Tatsachen scheint mir nicht minder schätzenswert zu sein als die Korrektheit seines Urteils. Jedenfalls darf sein Urteil für unparteiisch gelten, da er bekanntlich sich lange in der Schweiz aufgehalten hat und lieber dort als in Deutschland wohnen wollte; auch sind in der Revue die deutschen Verhältnisse stets viel schärfer beurteilt worden als die schweizerischen. Was ich später anderswo aus Schriften oder durch briefliche und mündliche Mitteilungen über die Schweiz erfahren habe, hat sich mit dem durch Mager Erfahrenen wohl vereinigt, weil es mir durch letzteres verständlich geworden war. Auch nach Ihren Äußerungen kann ich mich noch nicht überzeugen, daß in meinem Buche etwas Unrichtiges über die Schweiz gesagt sei. Allerdings hat wohl meine Darstellung, die sich auf knappem Raum bewegen mußte, nicht streng genug gesondert, was als Bericht über wirkliche Vorgänge gelten soll und was als Räsonnement anzusehen ist. Sie mögen recht haben, daß ein sog. Systemwechsel in den Schweizer Republiken nicht weniger glatt oder gar noch glatter verläuft als in den deutschen Monarchien, zumal in den Großstaaten; allein hier bleibt doch noch zu untersuchen, wie viel von diesem glatten Verlauf dem gesetzlichen Sinn und wieviel den kleinen Kantonal-Verhältnissen zuzuschreiben ist.

Ich habe nicht behauptet, daß eine ans Ruder gekommene politische Partei wirklich schon einmal für ihre Zwecke die Preßfreiheit aufgehoben hätte; es ist dies nur als ein möglicher Fall hingestellt und daß auch dieser ungeheuerliche Fall dort möglich werden könnte, geht mir aus andern Ungeheuerlichkeiten zur Genüge hervor. Die Verfolgungen, welche die „momiers" (Pietisten) in den dreißiger Jahren im Waadtlande erduldet haben, teils auf gesetzlichem Wege, teils wider das Gesetz, die Freischarenzüge in den vierziger Jahren, die Aufhebung der Klöster im Aargau, J. Fazy's Wirtschaft in Genf usw. zeigen hinlänglich, daß die Schweizer in dem Genre der gesetzlichen und ungesetzlichen Ausschreitungen mindestens ebensoviel leisten können, als in Deutschland darin geleistet worden ist. Und was speziell die Aufhebung der aargauischen Klöster betrifft, die allerdings auf legalem Wege (NB. durch Verbindung der evangelischen Hälfte des Kantons mit einem kleinen Bruchteile der Katholiken und nachdem erst die Verfassung für den Zweck zugeschnitten war) sich vollzog und namentlich den Schulen zugute kommen sollte, so hat Mager, der (als Gymnasialprofessor in Aargau) die Vorgänge in nächster Nähe besehen konnte, mehr als einmal behauptet, daß genau nach weiland Karl Theodors und Konsorten Beispiel ein gut Teil des Inhalts der ausgenommenen Nester gar nicht in den Schulseckel gelangt sei. Bei der von mir supponierten Beschränkung der Orden liegt also, wie Sie sehen, nicht bloß die Möglichkeit, sondern die nackte Wirklichkeit vor; und die üble Behandlung der Altlutheraner in Preußen durch die sog. „Liberalen" ist von den Liberalen im Waadtlande weit übertroffen worden. An die Vertreibung der Jesuiten habe ich nur nebenbei gedacht; sie würde mir auch nur dann gerechtfertigt erscheinen, wenn man allerwege gleiches Maß und Gewicht gebraucht, d.h. überhaupt keine geheimen Gesellschaften duldet, also den Freimaurerbund formell nicht anders behandelt als den Jesuitenorden.

Die künstliche Handhabung der Schule zu politischen Parteizwecken halten Sie in der Schweiz für sehr erschwert. Ich halte sie überall für leicht, wo kirchliche und Schulangelegenheiten in die politischen Ordnungen hineinverflochten sind, überall nämlich auf dem europäischen Kontinent, weil sich hier gar nicht sagen läßt, wo die Politik aufhört und die

Theologie und Pädagogik anfängt: der Staat hält sich eben auch für die Kulturpolitik und damit zugleich für kirchliche und pädagogische Aufgaben berufen. Scherr in Zürich hoffte seiner Zeit durch seine Schulbücher und seinen Seminarunterricht ebensogut politisches Kapital für seine Politik zu erwerben wie Stiehl durch seine „Regulative". Diese würden an sich gar nicht so übel sein, wenn sie nicht aus einer getrübten Quelle kämen; soll man aber mit dem Zeigefinger die Ingredienzien nachweisen, welche die Stiehlsche warme Politik und marmorkalte Dogmatik hineingewebt hat, so wird einem das sehr schwer. Darum ist es auch schwer, den Einfluß einer politischen Partei abzuwehren, wenn diese am Staatsruder sitzt und zugleich das Schulregiment führt, in der Schweiz nicht minder als in Deutschland.

Sie tadeln mit Recht, daß in meiner Schrift die Ausdrücke „Synode" und „Konferenz" als historisch festgewordene Bezeichnungen für differente Begriffe gebraucht sind. In Rheinland-Westfalen ist dieser Sprachgebrauch in der Tat so weit legitimiert, als jeder Lehrer wenigstens versteht, was als Differenz gemeint ist. Synoden kennt man als Versammlungen, die erstens auf Grund von Wahlen eine Genossenschaft vertreten, die zweitens nicht bloß aus Fachmännern bestehen, und denen drittens weitreichende Funktionen beigelegt sind; Konferenzen kennt man auf dem kirchlichen und Schulgebiet hier nur in der Form, wo die vorgenannten drei Merkmale fehlten. (Vgl. in betreff der beiden Ausdrücke z.B. M. Goebel, Geschichte des christlichen Lebens, Band I, S. 409). Der Wunsch, durch meine Ausdrucksweise den Lesern auf dem kürzesten Wege verständlich zu werden, hat mich allerdings zu einer Inkorrektheit verleitet.

Die neue Kodifikation des Zürich[er] Schulges[etzes] vom Jahre 1859 war mir bekannt, d.h. ich hatte das Gesetz seiner Zeit irgendwo gelesen. Mit Bezug auf die Punkte, welche an der betreffenden Stelle meiner Schrift hervorzuheben waren, hatte ich jedoch keine wesentlichen Veränderungen gegen früher darin gefunden; darum gab ich mir auch keine Mühe, das neue Gesetz wieder zu Gesicht zu bekommen, obwohl mir dies durch Züricher Freunde sehr leicht gewesen wäre. Die Gemeinde- und Bezirksschulpflege im Kanton Zürich habe ich übersehen; wie mir Ihre Bemerkung zeigt, habe ich aber unrecht getan, sie zu übergehen. Mir kam es nur darauf an, in aller Kürze zu zeigen, daß die Züricher (und Berner) Schulsynoden nicht das sind, was die Konsequenz meiner Idee der freien Schulgenossenschaft fordert: nämlich Versammlungen, welche in ihrem Bereiche alle Angelegenheiten der Schulgenossenschaft rechtlich vertreten und vertreten können, im Sinn der oben bezeichneten drei Qualitäten, entsprechend unsern rhein.-westf. Gemeinde-, Kreis- und Provinzial-Presbyterien (Synoden), natürlich mit Abrechnung der Beschränkungen, welche „der Preuße" in unserer Kirchenordnung angebracht hat. Daß die Züricher Schulsynoden aber diese Stellung und Bedeutung nicht haben, liegt auf der Hand, selbst wenn auch ihre Funktionen gegenüber der Schulregierung in manchem Betracht weiter reichen sollten als die der hiesigen kirchlichen Synoden; auch ist unschwer zu beweisen, daß das Züricher Schulwesen darum ein (relativ) unfreies bleibt.[1)] Mit einem intelligenten Fabrikanten aus dem Kanton Zürich, der sich zu Anfang des vorigen Jahres mehrere Monate hier aufhielt, habe ich manchen Abend über die züricherischen Verhältnisse und Zustände verhandelt, namentlich über Kirchen- und Schulangelegenheiten. Bei aller Übereinstimmung unserer Gesinnung und Denkungsart konnten wir uns doch anfänglich über das Wesen der Züricher Kirchen- und Schulverfassung schwer verständigen. Meiner Behauptung, daß sein heimisches Kirchen- und Schulwesen unfrei sei, glaubte er einfach die andere entgegenstellen zu können, daß sein Kanton durchaus nach demokratisch-republikanischen Grundsätzen regiert werde. Was uns trennte, war aber der Umstand, daß er über die unterschiedliche Natur der politischen, kirchlichen und pädagogischen Angelegenheiten zu wenig nachgedacht hatte und darum nicht auf den Gedanken gekommen war, daß diese Differenzen auch durchgreifende Unterschiede in der Verfassung und Verwaltung jener Angelegenheiten bedingen. Sobald seine Gedanken aber die rechte Richtung gefunden hatten, gestand er willig ein, daß die Züricher Kirche und Schule in der Tat noch nicht recht frei seien und auch der Staat selber durch dieses Verhältnis wiederum unfrei werde (Nochmals: juristisch frei ist noch nicht physiologisch frei).

Wenn Sie sagen, es sei zweckmäßiger, eine Schulsynode nur aus Fachmännern zusammenzusetzen (wie in Zürich), so würde dieser Satz, wenn er wahr wäre, meine ganze Theorie mit einem Male durchstreichen und auf dem kirchlichen Gebiete die Konsistorialverfassung (ergänzt durch Pastoren-Synoden) empfehlen. In einem beschränkteren Sinne, nämlich so, daß die gemischte Schulsynode (die des Kreises wie der Provinz) ein Kollegium aus sich heraussetze resp. neben sich habe, das wesentlich zur Beratung technischer Angelegenheiten dienen soll und darum vorwiegend (doch nicht ausschließlich) aus Fachmännern wird bestehen müssen, ist Ihr Satz auch in meiner Schrift behauptet worden.

Sie finden meine Abneigung gegen die Urwahlen auf dem Schulgebiet rätselhaft. Auch Herr v. Vincke tadelt dies in einem seiner Briefe und meint, die Schulrepräsentation müßte unbedingt aus Urwahlen hervorgehen. Da meinen Vorschlägen an dieser Stelle keinerlei absonderliche Klüglichkeiten zum Grunde liegen, sondern dieselben lediglich auf Erwägungen der Natur der Verhältnisse beruhen, so würde ich mich ohne Zweifel mit jedem, der gleichfalls diesen Standpunkt einnehmen und keinerlei Liebhabereien mitsprechen lassen will, bald über einen Modus zur Herausbildung der Gemeindeorgane verständigen. Stände es z.B. so, wie Prof. Vogel (jetzt in Wien, früher in Jena) einmal in der Deutschen Zeitschrift vorschlug, daß die kirchl. Organisation aus der Organisation der Schulgemeinde sich aufbaute, so würde ich die Urwahlen auf dem Schulgebiete gelten lassen können resp. gelten lassen müssen; und so sind noch andere Fälle denkbar, wo mir diese Urwahlen genehm sein würden. In diesem Ensemble meines gesamten Organisationsplanes scheinen mir die Urwahlen weder notwendig noch rätlich zu sein. Für die Notwendigkeit weiß ich keinen Grund zu finden. Gegen die Rätlichkeit spricht erstlich der Umstand, daß in dem Familienkomplex, der die Schulgemeinde bildet, schon ohnehin zweierlei Urwahlen (die kirchlichen und kommunalen) vorkommen, ungerechnet die politischen, aus welchen eben meine Schulgemeindeorgane mit hervorgehen sollen; sodann, daß zu häufige Wahlen die Leute müde machen; und drittens, daß diese Ermüdung namentlich der Volksschule fühlbar werden würde. Mein Vorschlag, das sog. Wahlkollegium in seinem Grundstock aus dem kirchlichen Presbyterium hervorgehen zu lassen, ist bekanntlich nicht erdacht, sondern aus der bestehenden niederrheinischen Schulordnung mit aufgenommen. Der prinzipielle Grund dafür liegt allerdings in der von mir gewünschten Verbindung der Schule und Kirche, aber in einem andern Sinne, als Sie diesen meinen Wunsch zu verstehen scheinen. (Verbindung vermittels des Laienstandes anstatt allein durch den Pastorenstand). Es handelt sich mir dabei vor allem um ein Kollegium, welches mutmaßlich ein Sensorium für die kirchlichen Qualifikation des Lehrers, ich meine die gottesfürchtige Gesinnung, hat und die erziehliche Aufgabe der Schule nicht übersieht. Diese Mutmaßung dürfte in der Regel am ehesten bei denen zutreffen, welche etliche Jahre in kirchlichen Ämtern gedient haben. Trifft sie hier nicht zu, so läßt sich überhaupt keine Maßregel erdenken, welche der Schule die gewünschte Garantie bietet. Zum andern will mein Vorschlag das Band zwischen Kirche und Schule in die Gemeindevertretung (Laienelement) verlegen, um einerseits der Ansicht entgegenzutreten, welche dieses Band ausschließlich in dem Aufsichtsrecht der Pfarrer, Superintendenten usw. sucht und um andererseits das Bewußtsein von der christlichen Aufgabe der Schule in der Gemeinde selbst lebendig zu halten.

Ließ sich ein passender Modus finden, wonach die sämtlichen selbständigen Familienväter der Schulgemeinde bei der Lehrerwahl neben dem „Wahlkollegium" konkurrieren könnten, wie es auch schon die erste niederrheinische Synode (Vorsynode) zu Wesel im Jahre 1568 hinsichtlich der Predigerwahl wünschte, so würde ich dem gern zustimmen. Ein dahin zielender Vorschlag ist in meinem Buche darum nicht gemacht, weil ich wußte, daß mein Organisationsplan ohnehin bei neun Zehntel der deutschen Kirchenmänner als ultra-demokratisch angesehen werden würde. (Völker z.B. drückt sich im Südd. Schulboten wörtlich so aus, und Dr. Lübkers Urteil in der Neuen Ev. Kirchenzeitung weicht dem Sinne nach nicht weit ab; selbst Diesterweg nennt im Päd. Jahrbuch 1864 meine Auffassung „radikal"). So sind noch manche andere Erwägungen, die mich bei der Aufstellung meines Verfassungsplanes in dem vorbesprochenen Punkte wie an anderen Stellen geleitet haben, mit Absicht verschwiegen oder nur leise angedeutet worden, auf die ich wegen Mangel an Zeit leider auch hier nicht näher eingehen kann.

[...] Ich komme jetzt zu den Punkten, die Sie als Hauptdifferenzpunkte bezeichnen.

Meine Schrift redet von einer freien rhein[ischen] Kirche, während nach Ihnen keine freie Kirche, die diesen Namen verdient, bestehen soll. Verständigen wir uns! Mich dünkt, die Verständigung zwischen uns wird gerade an dieser Stelle nicht schwer sein, wenn anders unsere Begriffe von „Freiheit" nicht zu sehr voneinander abweichen. Der meinige stammt zum Teil aus meiner Lieblingsbeschäftigung mit der Naturkunde, namentlich mit der Physiologie. Ich bemerke das, weil mir bei allen Dingen (Institutionen, Personen, Ansichten) die Herkunft (Genesis) sehr wichtig scheint; wie denn z.B. ein aus vorwiegender Beschäftigung mit der Jurisprudenz herstammender Begriff der Freiheit sich mit dem meinigen in der Praxis schwerlich vertragen würde. Nach meiner Auffassung darf ein Wesen (Individuum oder Gemeinwesen) frei heißen, wenn es derart eingerichtet, gestellt und begabt ist, daß es seiner Natur und Bestimmung gemäß leben kann. Lege ich diesen Maßstab an den Zustand der rheinischen Kirche an, so scheint mir das Resultat der Schätzung so bezeichnet werden zu können:

Der inneren Einrichtung (Kirchenordnung) nach kann die Kirche unbedenklich eine freie genannt werden, obgleich in meinen Augen die Organisation der Lokalgemeinden nur eine mechanische (juristisch-ausgeklügelte) ist.

In ihrer Stellung zum Staate und zur Staatsregierung (resp. zum Konsistorium) ist die Kirche allerdings noch recht beschränkt, jedoch nicht in dem Maße, daß ihr im Vergleich zu allen andern deutschen Landes-Kirchengemeinschaften (die Badener nicht ausgenommen) der Ruf, die freieste Kirche zu sein, abgesprochen werden dürfte.

Schlimmer steht es – ich meine nicht im Vergleich zu andern Kirchen, sondern im Blick auf das Ideal – um das dritte Erfordernis der Freiheit, um die Begabung. Wäre diese, nämlich Einsicht, Geschick und guter Wille, in dem wünschenswerten Grade vorhanden, so würden die Gebrechen der inneren Organisation und der äußeren Stellung längst beseitigt oder doch deren nachteilige Einflüsse durch desto fleißigere und treuere Arbeit der wirklich freien Organe überwunden worden sein. Am geringsten ist natürlich die innere Begabung in denjenigen Gegenden und Gemeinden, welche die Presbyterialverfassung erst seit 1835 und zudem nur in dieser preußisch verschnittenen Form kennen und wo, wie am preußischen Oberrhein, die Gemeinden auch heute noch nicht das Recht haben, ihre Prediger zu wählen. Die große Verschiedenheit der Gegenden in dieser Hinsicht ist sogar den Elementarlehrern in ihrer Stellung zu den Pastoren sehr merkbar; so z.B., um von den Regierungsbezirken Minden, Koblenz und Trier zu schweigen, befindet sich der Lehrerstand im Bergischen in einer weit freieren Stellung zu den Pastoren als in der Grafschaft Mark und im Klevischen. (Das Jülichsche kann weniger in Betracht kommen, weil die dortigen evangelischen Gemeinden erst in neuerer Zeit zu einiger Bedeutung gekommen sind; früher waren es arme und bedrückte Diaspora-Gemeinden). Eben der Umstand, daß die meisten Gegenden Rheinlands und Westfalens noch zu wenig für ein kirchliches Selfgovernment ausgerüstet sind, hat auch auf die besser begabten Distrikte nachteilig eingewirkt und überhaupt die Aktion der Provinzialsynoden gelähmt. Diesen Hemmnissen ist aber durch äußere Maßnahmen nicht beizukommen; sie müssen nach und nach von innen heraus überwunden werden.

Was Sie von den Unregelmäßigkeiten in der kirchlichen Verwaltung sagen, wird wohl seine Richtigkeit haben; ich könnte selbst aus dem Bergischen einige Belege dafür anführen. Schlimmer aber noch als die mangelhafte Befähigung für die Vermögensverwaltung und die unselbständige Stellung der Gemeindeglieder scheint mir auch in Ansehung der Freiheit die unzulängliche Ausrüstung der Presbyter für die geistlichen Funktionen ihres Amtes zu sein. Eine Gemeinde, welche nicht solche Presbyter erzeugen kann, wie sie zum inneren Ausbau der Kirche nötig sind, deren Selbständigkeit sinkt auf die Dauer der Geistlichkeit gegenüber, falls diese leidlich ihre Pflicht tut, auf ein höchst dürftiges Maß herab. Und wenn eine solche Gemeinde auch zu gewissen Zeiten um äußere Gerechtsame mit der übergreifenden Hierarchie ringen wollte wie der preußische Landtag mit der Staatsregierung, so würde sie dadurch selbst im günstigsten Falle nicht freier sein und werden als ein Fuß frei ist, der zwar fest stehen, aber nicht gehen kann. „Ein jeder nehme wohl in acht, was ihn zu Ehren hat gebracht", das ist mir die erste Bedingung für eine gedeihliche Strebung nach Freiheit. Täusche ich mich nicht, so gibt es leider nicht viele Pfarrer, welche die unzureichende geistliche Begabung ihrer Presbyter ernstlich beklagen und auf Mittel und Wege der Besserung sinnen; die meisten sind nicht nur damit zufrieden, sondern wünschen sogar, daß die Presbyter sich lediglich mit äußerlichen Angelegenheiten befassen. Das ist viel nachteiliger für die Freiheit der Gemeinde als alle Beschränkungen, welche unsere heimische Kirche durch die Staatsregierung erfahren hat und doppelt nachteilig, weil die Presbyter kein Gefühl dafür haben, was verloren worden ist, seitdem sie „aus ihrer Festung entfallen" sind. Gelegentlich sagte ich einmal einem Pfarrer: wenn ich Pastor wäre, so würde ich z.B. meine Presbyter dringend und immer dringender bitten, auch die Kranken ihres Bereiches zu besuchen; ich würde sie ferner einladen, wöchentlich oder alle 14 Tage an einem Abend zu einer gemeinsamen Besprechung über religiöse Fragen (oder einen Schriftabschnitt) zu mir zu kommen; ich würde ferner alle 4 oder 6 Wochen für Presbyter, Repräsentanten und alle, die sich für ein solches Amt vorbereiten wollen, Vorträge über die Kirchenordnung, die Kirchengeschichte und andere religiöse Materien halten und diese Vorträge für ebenso notwendig schätzen als den üblichen Konfirmanden-Unterricht. Sie hätten das Gesicht sehen sollen, das der Mann bei diesen phantastischen Bauvorschlägen machte!

Wenn nicht alle Zeichen trügen (z.B. auch die verschwindend geringe Zahl wissenschaftlich-theologischer Schriften, welche aus der rheinisch-westfälischen Geistlichkeit hervorgehen), so scheint es auch mit der wissenschaftlich-theologischen Ausrüstung der heimischen Kirche nicht zum besten gestellt zu sein. Selbst mit der kirchlichen Zeitschriften-Literatur steht es in unsern Provinzen kümmerlich genug. Während der weit geringer vorgebildete Elementarlehrerstand im Laufe von sieben Jahren ein Schulblatt zustande gebracht hat, das in allen deutschen Landschaften, selbst in der Schweiz und in Holstein Leser, Freunde und Mitarbeiter zählt, kann das „Evangelische Gemeindeblatt", das noch etwas früher ins Leben trat, sich nur mit Not über Wasser halten, obwohl den Geistlichen vom Konsistorium gestattet worden ist, das Blatt auf Kosten der Kirchenkasse zu halten, wogegen das Evangelische Schulblatt mit der Ungunst bzw. Gleichgültigkeit der Schuloberen kämpfen muß und z.B. im Laufe der sieben Jahre noch niemals eine Abhandlung von einem geistlichen Schulinspektor oder einem Schulrate gebracht hat. Denkt man nun vollends daran, welche Aufgabe die rheinisch-westfälische Kirche (d.i. ihre Geistlichkeit, ihre wissenschaftliche und praktische Literatur, ihre Pastoralkonferenzen und andern religiösen Versammlungen) vermöge ihrer freieren Verfassung und ihrer lehrreichen Geschichte für das ganze deutsche Vaterland gehabt hat, auch hinsichtlich der Schulfrage und hinsichtlich der Sammlung der Lehrer an höhern und niedern Schulen für diese Aufgabe, und vergegenwärtigt man sich dann, wie wenig diese Aufgabe gelöst worden ist und wie wenig man daran denkt, sie zu lösen, so kann man sich in der Tat einer tiefen Scham nicht erwehren; und Sie werden mir abfühlen, daß der hierin zutage tretende Zustand der heimischen Kirche es nicht gewesen ist, der mich dazu begeistert, eine engere Verbindung zwischen Schule und Kirche zu wünschen und zu befürworten. Einen größeren Spielraum gegenüber dem Staate kann ich einstweilen für die rheinisch-westfälische Kirche nicht wünschen. Der ihr gewährte Raum war groß genug, um den Beweis liefern zu können, ob sie zu einer vollständigen Selbstverwaltung befähigt sei. Ich kann nicht sehen, daß dieser Beweis geliefert worden ist. Könnte die rheinische Schule eine solche freie Verfassung erlangen, wie die heimische Kirche sie seit mehr als zwei Jahrhunderten besitzt, so würde ich gern zufrieden sein. Wäre einmal so viel Raum gewonnen, so würden wir Schularbeiter weiterzukommen wissen. Kämen wir aber im Verlauf der langen Zeit, welche der Kirche zum freien Fortschritt vergönnt gewesen ist, nicht weiter als diese gekommen ist, so würde ich an meinem Teile denken, der Lehrerstand und die Schulgenossenschaft seien das Bessere noch nicht wert.

Meine Befürwortung der Verbindung von Schule und Kirche scheint Ihnen viel zu weit zu gehen. Glauben Sie denn wirklich, daß die heimische Kirche, um von den andern nicht zu reden, geneigt sei oder geneigt werden könne, meine dahin zielenden Vorschläge anzunehmen und auszuführen? Nach meiner Erfahrung hat sie dazu ebenso wenig Neigung als der Papst zum Freigeben der Schriftforschung unter den Laien. Die Rezensionen meiner Schrift in den rheinischen und verwandten Kirchenblättern – die hochkirchlichen würdigen das Buch nicht einmal einer Notiznahme – sind allerdings meistens freundlich gewesen. Das ist aber so zu verstehen. Die Bekämpfung der Staatsschul-Theorie akzeptiert man bestens und läßt sich nun meine „wunderlichen" Phantasien hinsichtlich der Einordnung der Schule in den Organismus der Kirche gefallen; sie brauchen nicht ernstgenommen zu werden. Nicht in der Hoffnung auf Verwirklichung sind diese Vorschläge meinerseits gemacht worden, sondern darum, weil ich es im Prinzip für richtig halte, daß die rechte Kirche und die rechte Schule eng verbunden seien und weil nun meine übrigen Wünsche (bezüglich der Selbständigkeit der Schulgenossenschaft) wenigstens gegen den Vorwurf gedeckt sind, daß sie auf eine Trennung von Schule und Kirche hinausliefen. Diese Deckung war absolut nötig. Wenn von meinem Buche irgendeine Wirkung zu hoffen ist, so dürfte es vor allem die sein, daß es in der Schulverfassungsfrage, namentlich hinsichtlich des Verhältnisses von Kirche und Schule, die Luft etwas reinigen helfen wird. Einem Lehrer aus den höhern Schulen wird die Bedeutung dieses Erfolges nicht sonderlich groß erscheinen; die Elementarlehrer, welche die Lage der Dinge auf ihrem Gebiete zu übersehen vermögen, werden anders urteilen.
Übrigens wenn auch die Kirche geneigt wäre, der Schule die rechte organische Stellung zu gewähren, so würde meines Erachtens demnach auf die Ausführung nicht zu rechnen sein: es gebricht ihr im gegenwärtigen Zeitlauf die zu einem organischen innern Ausbau erforderliche Befähigung; über die Kopie einer politisch-konstitutionellen Schablone kann man nicht hinaus, wie die Geschichte der rheinischen Kirchenverfassung von 1835 zeigt und auch die Neuformung der Kirche in Baden (und in Hannover) gezeigt hat. Und was speziell die Bedürfnisse der Schule angeht, so kann ich nicht finden, daß die „Neugläubigen" von den „Altgläubigen" oder diese vor jenen ein Quentchen Einsicht und guten Willen voraus haben.

Das ist ein Weniges von meiner Ansicht über die „freie" rheinische Kirche. Sollte ich jemals ernstlich zur Rede gestellt werden darüber, wie weit nach meiner Anschauung der Kirchenboden fähig sei, ein gesundes freies Schulwesen tragen zu können, so braucht meine Antwort nicht lange auf sich warten zu lassen; sie liegt schon seit ca. drei Jahren in einem Manuskript von ziemlichem Umfange (sechs Aufsätze) zum Druck bereit. Ich habe bis jetzt noch nicht den Mut gefunden, das Schriftchen herauszugeben. In manchen Ohren würde es wohl noch wunderlicher klingen als meine Phantasien über „Die freie Schulgemeinde"; jedenfalls würden die kirchlichen Blätter allesamt vom Hengstenbergischen bis zum Schenkel'schen den „Briefen eines rheinischen Laien" kein freundliches Gesicht machen. Vermutlich würden auch Sie über einiges darin den Kopf schütteln und vielleicht die Faust dazu; allein das ist mir auch gewiß, daß Sie nachher „Die freie Schulgemeinde" mit weniger verdächtigem Blick ansehen würden, als sie es jetzt zu tun scheinen.

Was soll ich nun schließlich über Ihr Schema der Schulgestaltungen auf dem Boden der abstrakten Unterrichtsfreiheit sagen?

Vorab möchte ich im Interesse der Verständigung bemerken, daß nach meiner Ansicht eine Theorie der Schulverfassung wohl tut, zu unterscheiden:

1. was aus politischen Gründen geduldet werden muß, und

2. was aus kulturpolitischen (pädagogischen) Gründen zu wünschen ist.

Wären wir über diesen Unterschied einig, so würden wir, wie mich dünkt, im übrigen uns nicht allzuschwer verständigen können. Daß Politik und Kulturpflege geschieden werden müssen – zunächst in den Köpfen, in den Begriffen – ist eine Fundamentalvoraussetzung in meiner Theorie des Schulwesens. Diese Scheidung will sich aber bei den Politikern aller Parteien und überhaupt bei denen, welche vom politischen Standpunkte an die Schulfrage herantreten, schwer vollziehen. Das ist verhängnisvoll, diese grundverkehrte Ansicht hält sich für eine neue Idee: sie läßt sich daher nicht durch Wortgründe korrigieren, sondern muß sich ausleben. Das heißt mit andern Worten: nicht nur meine geringe Arbeit, sondern auch jede andere, die auf eine wahrhaft liberale und volkstümliche Erziehung und Kulturpflege zielt, wird für die nächsten 100 Jahre als eine verlorene betrachtet werden müssen. Vom politischen Standpunkte stimme ich, wie in meiner Schrift ausdrücklich geschrieben steht, für vollständige Unterrichtsfreiheit; und wenn nicht etwa über die Befähigung zum Unterrichterteilen (sofern ein Gewerbe daraus gemacht wird) eine Meinungsverschiedenheit unter uns besteht, so wird die von mir geduldete Unterrichtsfreiheit an Ausdehnung hinter der Ihrigen nicht zurückstehen.

Vom Standpunkte der Kulturpolitik und Pädagogik wünsche ich nicht ein independentistisch zersprengtes Privatschulwesen, dessen Gestalten Ihr Schema vorführt, sondern ein nationales Landes-Schulwesen, soweit bei der dermaligen Zerfahrenheit des nationalen und religiösen Bewußtseins ein solches möglich ist. Die Amerikaner und Belgier haben unter den Umständen, die bei der Neubildung ihres Staates vorlagen, klug und gerecht gehandelt, daß sie in der Unterrichtsgesetzgebung sich lediglich von politischen Erwägungen leiten ließen. Daß man aber auf ein solches freies Schulwesen, welches den Gewissen gerecht wird und doch zugleich Landesschulwesen sein kann, von vornherein verzichtet hat, kann ich nicht loben. Die Schwierigkeit der Sache mag vor Tadel schützen, aber sicherlich nicht vor den üblen Folgen. Jedenfalls darf ein Staat, der eine mehr als hundertjährige Geschichte hinter sich hat und eine nationale Kulturentwicklung besitzt, niemals auf den Einfall kommen, sein Schulwesen, und wäre es noch so mangelhaft, auflösen und seine Neugestaltung ab ovo dem Belieben der Freimächte überlassen zu wollen. „Der Lebende hat recht" – zunächst zu leben, aber nicht das Recht, sich selbst zu morden. Käme ein Staat wie der preußische dahin, die Zügel des Schulregiments, die er nun einmal in den Händen hat, auf die Straße zu werfen, so würde er in meinen Augen wert und reif sein, á la Polen gevierteilt zu werden.

Irre ich nicht, so weicht Ihre Ansicht, sofern es sich um praktische Ausführung der Idee der Unterrichtsfreiheit handelt, von der meinigen nicht wesentlich ab. Nun gehe ich aber noch einen Schritt weiter. Ist das Ziel der Wünsche ein freies nationales Landesschulwesen, dann halte ich die Idee der freien Schulgenossenschaft, wie meine Schrift sie proponiert, für den einzigen Weg, der zur Zeit noch möglich ist. Ist diese Form eines freien Landesschulwesens in der Tat noch möglich, so darf man vom kulturpolitischen und pädagogischen Standpunkte aus den Staat, als den dermaligen Schulherrn, auch bitten, dieselbe ins Leben rufen zu helfen. Sobald diese Bitte gewährt und die Organisation dieser freien Schulgenossenschaft erfolgt ist, dann mag meinetwegen die Unterrichtsfreiheit so weit ausgedehnt werden, als die liberalste Politik es für rätlich findet.

Sollte jemand die Möglichkeit eines solchen freien Landesschulwesens unter Berufung auf die babylonische Verwirrung der Geister und Gemüter bestreiten wollen, so würde das Gegenteil freilich schwer zu beweisen sein; allein man würde doch darauf verweisen können, daß dann das gegenwärtige Staatsschulwesen noch unhaltbarer sei und bitten dürfen, mit der freien Schulgemeinde auf dem Boden der bestehenden Kirche wenigstens einen Versuch zu machen.

Vielleicht machen diese letzten Erörterungen auf Sie den Eindruck, als ob ich mehr am Staatsschulwesen hinge, als Sie gedacht hatten. Lassen Sie mich darüber noch ein kleines Zeugnis beibringen. Ein hochstehender echt-preußischer Schulbeamter, dem ich mein Buch zugeschickt hatte, schrieb mir unlängst u.a.: da ihm meine Ansicht einigermaßen bekannt gewesen sei, so habe er sich vor dem Lesen des Buches fast gescheut; seine Anschauung weiche von der meinigen so weit ab, daß er, um den Unterschied ganz kurz zu bezeichnen, nach Luthers Redeweise nur sagen könne, ich hätte einen andern Geist als er.

Sollten Sie, geehrter Herr Oberlehrer, meine Äußerungen einer gelegentlichen Antwort würdigen wollen, so würde ich mich freuen und dankbar sein.

Mit freundlichem Gruße empfiehlt sich
Ihr ergebener

F. W. Dörpfeld

[1]Bei Organisationsfragen muß bei dem Begriffe „frei" nicht bloß sein juristischer, sondern auch sein physiologischer Sinn berücksichtigt werden, sonst wird der Vollsinn nicht getroffen.

D. antwortet Lange auf dessen Schreiben vom 4.12.1863 (siehe Brief 74). Karl Mager, den D. als Zwanzigjähriger noch kennengelernt hatte, gab die „Pädagogische Revue" seit 1840 heraus und legte die Redaktion 1848 nieder. Durch seine Lehrertätigkeit in Aarau und Zürich und das intensive Studium der eidgenössischen Schulverhältnisse konnte er den Lesern seiner Zeitschrift überzeugende Berichte liefern, worauf sich D. bezieht. Näheres zu Mager bei Robert Weßler, Karl Mager und seine Strukturtheorie des Bildungswesens. Weinheim/Berlin/Basel 1969.

Lange war mit den Zuständen in der Schweiz ebenfalls gut vertraut, denn er hatte hier Kinder- und Jugendjahre verbracht. 1866 wurde er von Duisburg als Redakteur nach Winterthur geholt und wirkte später als Mitglied des Verfassungsrates bei der Ausarbeitung einer neuen Zürcher Verfassung mit. Zur Biographie: O.A. Ellissen, Friedrich Albert Lange, Leipzig 1891.

Max Goebels 1. Bd. der „Geschichte des christlichen Lebens in der rheinisch-westphälischen evangelischen Kirche" erschien Koblenz 1849. Das dreibändige Werk von Goebel (Bd. 2: 1852, Bd. 3: posthum 1860) war für D.s häufige Bezugnahme auf die geschichtliche Entwicklung von Kirche und Schule am Niederrhein von ausschlaggebender Bedeutung. Goebels Darstellung reicht jedoch nicht bis zur Kirchenverfassung von 1835. Hierzu siehe die gründliche Abhandlung von Walter Göbell, Die rheinisch-westfälische Kirchenordnung vom 5. März 1835. Ihre geschichtliche Entwicklung und ihr theologischer Gehalt. Duisburg 1948. In ihrer Gestalt von 1835 war diese Ordnung zu Lebzeiten D.s gültig.

Das „Evangelische Gemeindeblatt aus und für Rheinland und Westphalen" erschien Elberfeld 1856 bis 1874.

D.s „Manuskript von ziemlichem Umfange" ließ D. Gütersloh 1869 unter dem Titel „Die drei Grundgebrechen der hergebrachten Schulverfassung nebst bestimmten Vorschlägen zu ihrer Reform" drucken. Die von E.W. Hengstenberg herausgegebene Evangelische Kirchenzeitung und die Allgemeine kirchliche Zeitschrift, herausgegeben von D. Schenkel, bezeichnen die konservative und die liberale Position in der evangelischen Publizistik der Zeit.

77
An unbekannt

Barmen, Herbst 1864

D. entschuldigt sich, auf drei Zuschriften nicht geantwortet zu haben, mit dem Hinweis auf sein Leiden (Bronchialkatarrh und Asthma), das ihn zuerst vor drei Jahren befallen habe. In der Krankheit liege eine Züchtigung Gottes, die er nicht gering achten dürfe.

78

An Peter Diehl, Dortelweil

Barmen, November 1864

D. erinnert an die schwierigen Anfänge des Lehrervereins und der Bibelkonferenzen, „weil wir geflissentlich vermieden, uns auf Autoritäten außerhalb des Schulstandes zu stützen." Jetzt zähle der Verein 350 Mitglieder in vier Abteilungen (Niederrhein, Oberrhein, Grafschaft Mark, Minden-Ravensberg); jede umfasse mehrere Kreise, und in jedem Kreis bestehe eine Bibelkonferenz. Diehl möge seine nassauischen Kollegen antreiben, sich auch zu einem christlichen Bund zusammenzuschließen. Ein aktiver Mann sei Pfeiffer im Rettungshaus Wiesbaden. In Kurhessen seien ihm Leimbach, in Darmstadt die Lehrer Adelberger (Hainbrunn bei Hirschhorn/Neckar), Meisinger und Adelberger (Rothenburg), Correll (Kordelshütte bei Rothenburg) bekannt. Ein Anschluß an den Deutschen evangelischen Schulverein, wie er z.B. in Baden erwogen werde, sei zu empfehlen.

79

An Peter Diehl, Dortelweil

Barmen, November 1864

Es ist D. schmerzlich und rätselhaft, daß sich in Frankfurt, der bedeutendsten Stadt des Mittelrheingebietes, noch kein „Kristallisationspunkt christlich-pädagogischer Gemeinschaft" gebildet habe. Alle christlich gesinnten Lehrer der Umgebung sollten sich verbinden, „diese Festung zu erobern". Diehl möge seinen Teil dazu beitragen.

80

An unbekannt

Barmen, 17. Dezember 1864

Als neue Mitglieder des Evangelischen Lehrervereins sind die Pfarrer Funcke (Holpe), Engels (Nümbrecht) und Falk (Wiehl) gewonnen worden. Der Beitritt der Lehrer Ley und Lang stehe bevor. Er freue sich, daß der Verein endlich auch im Oberbergischen Terrain gewonnen habe. Jetzt werde auch dieses stolze Ilion fallen müssen.

81

An Wilhelm Dörpfeld, Barmen

Barmen, etwa 26. Dezember 1864

Lieber Wilhelm.

Du bist am nächsten Tage nach dem Christfest geboren, möchtest Du Dein Lebtage in der Nähe des Christkindes bleiben!

Du bist am Gedenktage des ersten Märtyrers geboren; darum gedenke: Selig sind, die wie Stephanus dem Lamme nachfolgen, wo es hingeht. Daran möge Dich auch die beiliegende Geschichte unseres bergischen Märtyrers, des Adolf Clarenbach, erinnern [. . .]

[F. W. Dörpfeld]

D. veröffentlicht im gleichen Jahre im EvSchBl 8 (1864), S. 353–372 einen Aufsatz über Clarenbach unter dem Titel „Bilder aus dem kirchlichen Leben in Rheinland-Westfalen. 1. Ein alter rheinischer Schulmann und Reformprediger". Es handelt sich vermutlich um diese Arbeit.

Denkbar ist auch D.s anonym erschienene Schrift über Clarenbach, die von der Wuppertaler Traktatgesellschaft 1866 herausgebracht wurde. In diesem Fall müßte der Brief auf 1866 datiert werden.

82

An Friedrich Adolph Wilhelm Diesterweg, Berlin

Barmen, Anfang Januar 1865

[. . .] Schon im Frühling und Sommer des vergangenen Jahres hatte ich vor, Ihnen für die wiederholte freundliche Berücksichtigung meiner Schrift „Die freie Schulgemeinde" auch auf dem direktesten Wege meinen aufrichtigen Dank auszusprechen. Die vielerlei und vielen Arbeiten ließen mich leider die Ausführung dieser Dankespflicht immer zurückschieben.

Als nun im Laufe des Dezember Ihre neue freundliche Beurteilung des Buches im Pädag. Jahrbuch 1865 mir zu Gesicht kam, ließ mir die alte Schuld keine Ruhe mehr, und ich bin zu meiner Freude daran, endlich meinem dankbaren Gefühle einen Ausdruck zu geben. Wohl weiß ich, daß Sie nicht, um einem Menschen gefällig zu sein, sondern um der Sache willen geschrieben haben, allein das darf meinen Dank nicht schmälern. Ich will mich auch der Freude nicht schämen, die ein junger Autor empfinden muß, wenn sein Erstlingsversuch von einem älteren und angesehenen Kollegen eine so wohlwollende Beurteilung erfährt, wie dem meinigen von Ihnen widerfahren ist, darum will ich mich aber auch des Ausdrucks dieser Freude und des Dankes nicht schämen.

In dem Artikel des Pädag. Jahrbuches war namentlich eine Ihrer Auslassungen mir sehr willkommen. Ich meine die, welche den Blick des Lesers von dem technischen Organisationsentwurf ab- und auf den theoretischen Teil, auf die Durcharbeitung der Prinzipien hinzulenken sucht. Trotz meiner wiederholten Bitten, der Leser möge so verfahren, wie Sie auch anraten, so haben doch von den vielen Rezensenten nur wenige darauf Rücksicht genommen. Sie rennen fast alle in Eile auf den Organisationsplan los, um ihre Leser mit einem von einem Skelett abgenommenen gruseligen Skelettchen zu erfreuen oder auch zu erschrecken und glauben vielleicht Wunder was gesagt zu haben, wenn sie zeigen können, daß dieser oder jener Vorschlag „bei ihnen zu Hause" nicht passe. Mich dünkt, auch der schläfrigste Leser müßte aus dem Buche herausfühlen, daß es mir vor allem darum geht, neue Gedanken in die Köpfe, ein neues Ferment in die theoretischen Erörterungen über die Schulverfassungsfrage zu bringen, ja zuweilen solche Leute, die nur nachdenken oder nachsprechen, aber nicht selbst denken, ein wenig vor den Kopf zu stoßen, damit ihre Gedanken etwas aus der gewohnten Lage kommen.

Weiter meine ich: wenn man auch einem Schulmeister nicht viel zutrauen will, so könnte man mir als einem guten Deutschen doch den Verstand zutrauen, zu wissen, daß im lieben Deutschland ein von einem Schulmeister erdachter Schulorganisationsplan praktisch nicht mehr gilt als ein Schlag ins Wasser oder ein Organisationsversuch der Wolken zum Besten der Landwirtschaft. Freilich, hätten wir Schulsynoden, so würde die Sache anders liegen, aber die haben wir ja eben nicht.

[. . .] Hierzulande hat es von jeher Leute gegeben, die in origineller Weise allerlei geistigen Liebhabereien nachgingen: der eine trieb leidenschaftlich Mathematik, ein anderer suchte das perpetuum mobile, ein dritter (J. Böhmsch gefärbt) laborierte nach dem Stein der Weisen, ein vierter (von derselben Tinktur infiziert) philosophierte und theosophierte auf dem religiösen Gebiet, ein fünfter spekulierte in den zugänglichen naturwissenschaftlichen und astronomischen Schriften und dozierte seinen erstaunten Nachbarn „Wagners Leben des Erdballs," ein sechster studierte den Kant und den Krug oder den Elzipon (von Sintenis) oder irgendeine andere populäre Philosophie, ein siebenter schleppt alle deutschen Klassiker, deren er habhaft werden kann, zusammen und liest sie auch; ein achter findet sich in der Tersteegenschen Mystik behaglich; ein neunter studiert den „Magus im Süden", den genialen Oetinger und seinen Freund, den Mathematikus und Mechanikus Pfr. Ph. M. Hahn; der zehnte folgt der Wupperthaler Pietisten Weise usw.

Mitten unter solchen originellen Naturen und zwar in der unmittelbarsten Verbindung mit solchen bin ich aufgewachsen. Mein Großvater väterlicherseits, seines Zeichens ein Ackersmann und Weber, gehörte zu den oben unter 5 und 6 genannten Liebhabern. Obgleich von Hause aus ohne nennenswerte Schulbildung, hatte er doch in reiferen Jahren eine gute Zahl populärer naturwissenschaftlicher, astronomischer und philosophischer Schriften durchgearbeitet, wobei er nur immer bedauerte, daß seine mangelhafte mathematische Schulung zum Genuß der physikalischen und astronomischen Bücher nicht ausreichen wollte.

Die Anschaffung dieser Schriften geschah immer in Verbindung mit fünf andern, ähnlich gerichteten Männern in der Gemeinde. Nach getaner Arbeit in der Woche und an den Sonntagen versammelten sich dann die Nachbarn in seiner Stube, um von seiner Naturkunde, seiner Philosophie, namentlich auch von seinem Zeitungslesen zu profitieren. Daß der Großvater wesentlich „rationalistisch" gerichtet war, brauche ich wohl nicht erst zu sagen. Er war es auch, der, als durch das moderne Geschlecht das Wirtshausgehen und Kartenspielen überhandnehmen wollte, die beiden nächstwohnenden Lehrer antrieb, in Verbindung mit ihm einen sogenannten „Leseverein" zu gründen, der sich sonntäglich in der nächstgelegenen Schule versammelte, um gemeinsam anregende Bücher zu lesen und zu besprechen. Der Rückblick darauf, daß hier ein schlichter Bauer den Schulmeistern zeigen mußte, was ihres Amtes war, hat mir später, als ich selber Lehrer war, immer die Scham ins Gesicht getrieben, zumal, wo mir vor Augen stand, daß die große Masse meiner Kollegen zu solcher Tätigkeit außer den Schulstunden weder Beruf noch Neigung fühlte. Nach des Großvaters Tode ging auch jener Leseverein wieder zu Grunde.

In solcher geistigen Atmosphäre bin ich bis zum 14. Jahre aufgewachsen. Den literarischen Nachlaß des Großvaters erbte ich, der damals einzige Enkel. Der Vater, ein ebenfalls eigentümlich begabter und gerichteter Mann, hatte für „Philosophie" keinen Sinn, wenigstens keine Neigung dazu. Schweigsam seinen Weg gehend, auch den Kirchenweg, konzentrierte sich bei ihm alles auf sein Geschäft – er war Hammerschmied – jedoch nicht im Sinne des Gelderwerbs, sondern der Kunst. Kein Meister an dem hammerreichen Eschbach konnte mit ihm konkurrieren. Unter seiner Hand wandelte sich der schwere Stahlhammer in ein leichtes Kunstinstrument; tausende und abertausende von Schwertern, Wagenfedern und dergl., die sonst nur unter dem Fausthammer gefertigt werden, fabrizierte er unter seinem wuchtigen Stahlhammer. Er hatte sich's auch schön ausgedacht, wie ich, mit noch besseren Schulkenntnissen ausgerüstet, seine Kunst fortführen und ausdehnen sollte, zumal ich lange Zeit der einzige Stammhalter zu bleiben schien; mein Wunsch nach der Schulmeisterei wollte ihm um so weniger gefallen, da die nächstwohnenden Lehrer so häufig in Geldverlegenheiten zu ihm ihre Zuflucht nehmen mußten. Daß sein Sohn ein so armer, unselbständiger Schlucker werden sollte, war ihm ein schrecklicher Gedanke; übrigens waren jene an ihrer Armseligkeit selbst schuld. Erst als kurz vor der letzten Stunde noch ein unverhoffter zweiter Stammhalter erschien, der jetzt nach absolvierter Gewerbeschule in des Vaters Haus als Maschinenbauer die Lieblingsmeisterschaft in Erz- und Eisenwerk fortführt, konnte ich die Erlaubnis zum Versuch der schulmeisterlichen Lehr- und Wanderjahre erhalten. Das Naturell der Mutter stand zu dem des Vaters im kompletten Gegensatz: er ruhig, gemessen, schweigsam, sie lebendig, innerlich und äußerlich für alles geistige Tun und Wesen lebhaft interessiert, namentlich auch für religiöse Angelegenheiten; ohne irgendeine Spur von pietistischer Haltung stand sie doch mit allen umwohnenden „Pietisten" im Verkehr und war von ihnen respektiert und geliebt.

Da haben Sie des Brunnens Grund, daraus mein Leben und Wesen stammt. Ist Ihnen nun meine subjektive Neigung zum Verhandeln, auch mit anders Gerichteten, verständlich?

Aber noch eins muß ich beifügen. Ein stiller und doch starker Zug zieht mich zu den Pfarrhäusern; die bessere Hälfte meines Familienglücks stammt aus einem solchen, aus dem Pfarrhause meiner Heimat. Mein lieber Schwiegervater ist das Original aller originellen Pastoren, die je im Bergischen Lande gelebt haben. Von Bücherweisheit – Buchstabenweisheit, wie er sagt – wollte er nicht viel wissen, obwohl er in seinen Mußestunden hohe Haufen von Heften mit den Resultaten seiner philosophisch-theosophisch-theologisch spekulierenden Weisheit beschrieben hat und auch heute noch, wo er als Emeritus in Düsseldorf lebt, unermüdlich am Schreiben ist und dabei mich tüchtig ausschilt, daß ich so viele Bücher konsumiere und so wenig produziere.

Dieser liebe Mann nun hat mir in der „Kinderlehre" den Heidelberger Katechismus gut eingeprägt, freilich nicht ganz und nicht wörtlich, doch aber seinen Kern im Sinn der ersten Frage: „Was ist dein einziger Trost im Leben und im Sterben?" Dieweil er aber auch einer von den seltenen reformierten „Ketzern" ist, so prägte er mir früh und auch jetzt noch ein, wenn ich zu ihm komme: der liebe Gott habe gar viele Kinder, mehr als wir wüßten und zählen könnten; seit Christus für alle gestorben und über alle Himmel erhöhet sei, könne nur der beschränkteste Unverstand glauben, daß er nur für etliche sorge und nicht für alle Gaben habe; durch seinen Lebensstrom, der durch die Geisterwelt gehe, wie die Luft durch die Körperwelt, berühre er aller Menschen Herzen und wo eins derselben sich „empfänglich" zeige, da werde es zur Gotteskindschaft „gezeugt", auch wenn es nie ein Wort biblischer Lehre gehört habe; der Geist der Kindschaft werde da in Gesinnung und Wandel, in der Ehrlichkeit, in Treue, Rechtlichkeit und Selbstverleugnung durchbrechen, wenigstens durchscheinen, möge die Erkenntnis noch so stümperhaft und die „Philosophie" so verdreht sein, wie sie wolle; so habe Gott nicht bloß unter den Christen aller Sorten, sondern auch unter den Juden, Türken und Heiden durch Jesum Christum sich Kinder, wahrhaftige Kinder gezeugt, schon in diesem Weltlauf. Freilich seien sie nicht schon alle zur Geburt gelangt, denn dazu gehöre das lebendige, lehrhafte Wort, noch weniger seien die Kinder alle wohl gezogen und gerade gewachsen, allein sie seien doch gezeugt, und auch das Kind im Mutterschoß sei gewiß des Vaters Kind.

Gewiß werden Sie diesen reformierten „Ketzer" ein wenig lieb gewinnen lernen, und dann auch die Gesinnung und Denkungsart dessen genauer besehen, der unter dem Einflusse dieser Ketzerei aufgewachsen ist. [. . .]

Sie werden aus den vorstehenden Auslassungen verstehen, daß ich an der Kirche, die ich um des Schatzes willen, den sie birgt, hochschätze, in allen Treuen festhalte; allein dies hindert mich nicht, treibt mich vielmehr an, sorgfältig nachzufragen, wo jener Schatz durch die Gebrechen und Schäden der Kirche verdeckt oder entstellt werden möchte. Das Ev. Schulblatt schickt sich jetzt an, auch dieser Pflicht in einer eingehenden Weise nachzukommen: es wird eine Reihe „Bilder aus dem kirchlichen Leben" aus meiner Feder bringen. Das erste Bild stand in Nr. 12 des vorigen Jahrgangs; in Nr. 1, 1865 wird wohl der zweite Artikel erscheinen können. Wenn Sie diesen letzteren des Durchlesens würdigen wollten, so würden Sie mutmaßlich da und dort den Kopf schütteln und denken, wie das zu der vorigen Bemerkung stimmte, wonach jene Bilder namentlich auch die Gebrechen der Kirche zur Sprache bringen sollen. Geduld, noch ein wenig Geduld, geehrter Herr Direktor; Sie wissen ja aus der „freien Schulgemeinde", daß ich gern nach genetischer Methode schreibe, nach der Methode, wonach man das spitze Ende einer Theorie, die in die Köpfe gebracht werden soll, voraufkehrt und das dicke Ende samt dem Kopfe darauf nachfolgen läßt.

Meine „Bilder aus dem kirchlichen Leben" haben schon ca. 3 Jahre in meinem Pulte gelegen; es sind ihrer acht. Damals wollte ich sie in einer besonderen Schrift ausgehen lassen, weil mir die Speise für die Schulblattleser zu stark schien. Allein ein gelehrter theologischer Freund widerriet damals die Veröffentlichung, weil meine Kritik „zu zersetzend" sei. Ich glaubte, seinem Rate folgen zu sollen und habe dadurch Muße gefunden, das Geschriebene zu überdenken und zu bessern. Mit dem Abdruck darf ich mich aber nicht übereilen; es werden wohl ein paar Jahre darüber hingehen, bis die Artikel der Reihe nach und nach im Schulblatte erschienen sind. Man muß den Leuten Zeit gönnen, sich zu besinnen und Altes zu vergessen. Die „Bilder" haben für mich vornehmlich den Zweck, mir in meinem Leserkreise eine sichere Basis für meine Ansicht vom christlichen Religionsunterricht zu verschaffen. Es wäre wahrscheinlich nicht nötig gewesen, das Fundament so sehr breit anzulegen; allein ich baue nun einmal gern sicher. Wollte ich jetzt schon meine ganze Ansicht rund heraus aussprechen, so würden viele gute Leute ohne Nutzen vor den Kopf gestoßen werden; darum muß ich die Pönitenz mir auferlegen, eine lange Zeit nur präparatorisch zu reden, so daß die Leser kaum ahnen, es laufe das Ganze schließlich auf eine andre Anschauung vom Religionsunterricht hinaus.

Es ist mir nicht ganz klar, ob die Differenz zwischen unsern religiösen Ansichten nicht etwas störend auf Ihre Auffassung und Beurteilung meiner nur halb ausgekrochenen Theorie des Religionsunterrichts einwirken muß. Allein das, denke ich, werden Sie doch bezeugen können, daß von einem positiv biblischen Standpunkte aus noch niemals mit der Anwendung gesunder psychologisch-pädagogischer Grundsätze auf den Religionsunterricht in gleichem Maße Ernst gemacht worden ist; vielleicht aber auch dieses noch, was mir eine Hauptsache sein muß: daß der Blick, unter welchen mein Aufsatz den biblischen Unterricht stellt, tatsächlich ein neuer, das heißt ein merklich höherer als der bisherige ist. Faßt man den Unterricht in der Bibel als ein Studium von Israels Klassikern, so verändert sich offenbar sehr viel: zum mindesten wird die theologische und pädagogische Steifigkeit auf diesem Gebiete beseitigt. Viele Begriffe, die aus ihrer Starrheit und Steifigkeit nicht herauszubringen waren, müssen mit einem Male oder wenigstens nach und nach flüssig werden. Allein der Blick und Griff, welcher die Bibel als Israels Klassiker faßt, läßt auch noch zwei andere Perspektiven sehen, vorausgesetzt freilich, daß der praktische Gebrauch in der Schule nach und nach diesen Blick und Griff zum Gemeingut macht.

Diese perspektivischen Aussichten, welche freilich in meinem Aufsatze aus guten Gründen nicht hervortreten, sind diese: Einmal werden da, wo mein Enchiridion in Gebrauch kommt, wenigstens die dicken Katechismen nach und nach beiseite treten müssen – unwillkürlich, man braucht gar nicht einmal davon zu reden. Die andere Aussicht ist ähnlich der oben bei der freien Schulgemeinde erwähnten: wie dort die Sachen auf eine Verständigung über die ethischen Grundlagen des Lebens drängen und diese Verständigung erleichtern werden, so wird hier der Gegensatz zwischen denen, welche der Kritik der biblischen Klassiker zu viel und den andern, welche ihr so gut wie gar nichts einräumen wollen, milder, weniger schroff und beißend werden; ich denke aber nicht an eine theoretische Ausgleichung – das steht in keines Menschen Vermögen – sondern an eine praktische: durch die Übung wird man eben einsehen, es sei bei einem reich gedeckten Tische besser, sich an dem, was einem schmeckt und wohlbekommt, recht satt zu essen, damit man Lebenskräfte gewinne und was einem nicht mundet, ruhig stehen zu lassen, als über den verschiedenen Geschmack zu streiten oder darüber, wie die betreffenden Speisen in der Küche präpariert worden sein möchten und infolge dieses Streites das eine, was not ist, das Essen, zu vergessen. Das ist die praktischeste und nützlichste Ausgleichung oder Annäherung zwischen den Parteien, die über den Wert der Bibel sich nicht vollständig einigen und doch auch beide die Bibel nicht fahren lassen wollen. Dem kann, wie mich dünkt, mein biblisches Fragebüchlein treffliche Dienste leisten. Es kommt dabei gar nicht darauf an, ob die gestellten Fragen samt und sonders mustergültig sind; ich weiß vielmehr so gut wie einer, daß an vielen Stellen andere Fragen gegeben werden könnten, namentlich tiefer greifende, aber es war zu befürchten, das Büchlein möchte für viele Schulen zu schwer und dadurch das Beste zum Feind des Guten werden. Überhaupt kann mir der Kern der Sache nicht just in diesen Fragen liegen, sondern darin, daß die biblische Geschichte wirklich nach solchen Fragen behandelt werde und zwar in dem in dem erwähnten Aufsatz ausgesprochenen Sinne.

Die Philologen sind gescheit genug gewesen, durch Lachmanns und anderer Streit über die Entstehung der Homerischen Schriften sich von dem Genusse und bildenden Gebrauche dieses Klassikers in den Schulen nicht abhalten zu lassen. Zu dieser Klugheit müssen wir Pädagogen hinsichtlich der Bibel auch noch fortzuschreiten suchen. Natürlich ist's zunächst an den Theologen, Buße zu tun von ihren toten Werken katechetischer Gerechtigkeit. Darum habe ich ihnen auch dürre heraus gesagt, daß im Gericht selbst Goethe wider sie auftreten und sie verurteilen werde. [. . .]

[F. W. Dörpfeld]

Diesterwegs Aufsatz „Die Organisation des Volksschulwesens" (Pädagogisches Jahrbuch für 1865, Frankfurt a.M. 1864, S. 195–208) gehört zu den bemerkenswertesten Würdigungen der „Freien Schulgemeinde". Im Anschluß an die Wiedergabe des Inhaltes schreibt Diesterweg: „Nach den dargelegten Grundsätzen läßt sich ein vollkommener, alles umfassender Organisationsplan über die Stellung der Schule entwerfen. [. . .] *Es ist das gründlichste, vollständige Werk über die Schulorganisationsfrage, welches bis jetzt erschienen ist, ein Werk aus einem Prinzip, aus einem Gusse, es verbreitet sich über alle Zweige des Schulwesens bis hinauf zur Universität, es enthält nebenbei eine Menge beachtenswerter Ansichten und Rücksichten, Summa: es ist ein Werk von hoher Bedeutung, das von keinem, der über Schuleinrichtung und Schulgesetzgebung seine Stimme abgeben will, übersehen werden darf. Für die Lehrer zumal ist es ein Werk tiefer Überlegung und ernsten Studiums" (S. 205).*

Diesterweg stimmt des weiteren D.s Prinzip, daß die Eltern die oberste Pflicht und das oberste Recht haben, über die Erziehung ihrer Kinder zu entscheiden, „unbedenklich und unbedingt" zu. D. sei jedoch seinem Prinzip untreu geworden, indem er kirchlich-konfessionelle Schulen fordere. „Beschränkung der Freiheit, namentlich in einem so wichtigen Zweige, ist Aufhebung der Freiheit" (206). Die Schulgenossenschaften müßten frei bestimmen können unter Garantie und Oberaufsicht des Staates. „Unter dieser Garantie, Aufsicht und Oberleitung des Schulwesens durch die Staatsgewalt ist wesentlich zu verstehen: der Erlaß eines die allgemeinen Ziele und Normen für das Schulwesen feststellenden Gesetzes, die Ausführung der gesetzlichen Bestimmungen durch Sach- und Fachkundige, die Sicherung der Fortschritte auf dem Boden der pädagogischen Wissenschaft, der Theorie und Praxis, des Fortschritts in der Bildung und Kultur des Volks. Die Forderung der Schulleitung durch Sach- und Fachkundige enthält die Ausschließung kirchlicher wie anderer nicht fachkundiger Behörden, enthält die Leitung der inneren Tätigkeit der Schulen und für dieselben in den Schulsynoden und Lehrerkonferenzen wie in den Lokalschulvorständen durch Schulmänner.

Die Mitgliedschaft der Lehrer in den Schulvorständen versteht sich von selbst. Das von D. verteidigte Familien-Prinzip hat notwendig das Dezentralisationsprinzip zur Folge. Räumt man den Familien und den durch sie gebildeten Schulgenossenschaften das Recht ein, innerhalb der mit Recht sehr allgemein zu haltenden Bestimmungen über die Schuleinrichtung selbständig und selbsttätig zu Werke zu gehen, so entsteht in der allgemeinen Einheit eine Mannigfaltigkeit von Bildungen, welche das stramme Zentralisieren ausschließt" (207). Diesterweg schließt die Betrachtung mit einer nachdrücklichen Empfehlung der „ausgezeichneten, reichhaltigen Arbeit" (208).

Schon im Vorjahre hatte Diesterweg D.s Artikelserie im EvSchBl, die in Buchform zur „Freien Schulgemeinde" zusammengefaßt werden sollte, hervorgehoben: „Mit organisatorischer Virtuosität entwirft dieser Mann ein Bild des Schulwesens" (Pädagogisches Jahrbuch für 1864, Frankfurt a.M. 1863, S. 259). Weiter heißt es: „Der einsichtige Mann hat das System einer vollständigen Organisation der Schulkorporation in seinem Kopfe ausgebildet" (260). Ebenso erfolgte in Diesterwegs „Rheinischen Blättern für Erziehung und Unterricht" (Neueste Folge 13, 1864, S. 315) ein Hinweis.

Auf den vorliegenden Brief antwortet Diesterweg und erhofft ein Zusammensein mit D., zu dem es jedoch nicht mehr gekommen ist. „Für jetzt bleibt mir daher nichts übrig, als Ihnen für Ihre Offenheit und Entschiedenheit recht herzlichen Dank zu sagen und sie in freundschaftlicher Hochachtung zu grüßen. Dies geschieht mit der Festigkeit, welche jene Eigenschaften, die aus allen Ihren Arbeiten hervorleuchten, in mir hervorrufen, obgleich wir, wenn auch einig in dem Ziele, in den Mitteln sehr stark, mitunter diametral differieren. Dieser Umstand hat Sie nicht gehindert, andern Standpunkten Gerechtigkeit widerfahren zu lassen, und ich weiß mich darin mit Ihnen einig" (Ca 418).

83

An unbekannt

Barmen, Anfang 1865

In dem erstmals erschienenen „Enchiridion der biblischen Geschichte" stecken nach Ansicht D.s nicht nur Fragen, sondern Gärungsfermente für die Gedanken über die christliche Unterweisung nach der Methode Gottes. Das Schriftchen gelte ihm mehr als „Die freie Schulgemeinde".

84

An Ludwig Emil Mathis, Berlin

Barmen, 9. Februar 1865

Hochgeehrtester Herr Präsident.

Ew. Exzellenz beehrt sich der gehorsamst Unterzeichnete hierbei ein von ihm herausgegebenes Schriftchen aus und zu der Praxis des bibl[ischen] Geschichtsunterrichts zu überreichen. Es ist der Form nach ein Fragebüchlein, seiner Tendenz nach ein ‚Enchiridion', ein ‚Handgriff' zum rechten Erfassen und festen Fassen der Heilsgeschichten.

Zum rechten Erfassen der großen Taten Gottes glaubt der Herausgeber vor allem ein sinniges Hören, Lesen und Bedenken derselben rechnen zu sollen. Dem wirkt aber ein mechanisches Memorieren nicht minder entgegen als ein zerpflückendes, die Gedanken des Kindes hin- und herzerrendes Katechisieren, obgleich ersteres Verfahren wenigstens das Gute hat, daß die Schüler wirklich etwas dabei lernen. Zwischen beiden Abwegen sucht das Enchiridion einen Mittelweg, der beides, ein sinniges und ein sicheres Lernen, zugleich erreichen möchte. Daneben hat der Verfasser auch den Wunsch gehabt, an den Stellen, wo die heilige Geschichte – sei es aus Unglauben oder Ungeschick – noch immer eine unwürdige Behandlung erfahren muß, den armen Kindern wenigstens einigen Ersatz anbieten zu können. Das beigegebene Vorwort für den Lehrer spricht sich über Zweck, Anlage und Gebrauch des Büchleins ausführlich aus.

Sollte das Schriftchen nach Tendenz und Haltung vor Ew. Exzellenz Einsicht und Gewissen sich legitimieren können, so möchte für diesen günstigen Fall der gehorsamst Unterzeichnete auch die angelegentliche Bitte wagen, daß es Ew. Exzellenz gefallen möge, demselben zur Einführung in die evangelischen Schulen unseres Vaterlandes gütigst Ihre gewichtige Fürsprache zu leihen.

Mit der Versicherung ausgezeichneter Hochachtung verharret

Ew. Exzellenz gehorsamster

F. W. Dörpfeld

In seinem Antwortschreiben vom 17.3.1865 teilte der Präsident des EOK, Mathis, D. mit, daß er beabsichtige, sämtliche Konsistorien auf das Enchiridion und seine Begleitschrift aufmerksam zu machen, da man sich davon „für die katechetische Unterweisung in Kirche und Schule einen heilsamen Erfolg" verspreche. Da der EOK „im Interesse des Unterrichts in der biblischen Geschichte in den Schulen" deswegen auch mit dem Kultusminister Kontakt aufnehmen wolle, bat Mathis um Übersendung von weiteren elf Exemplaren beider Schriften. D. entsprach diesem Wunsch am 20.3.1865 (Brief 86).

Archiv EKU, Gen. XIX,2 Bd. III, Bl. 52, 65 f., 72 f.

85
An Peter Diehl, Dortelweil

Barmen, 25. Februar 1865

Lieber Bruder in dem HErrn.

Gott grüße Sie mit Gnade und Friede in dem neuen Jahre!

In dieser Woche steht mir wenig freie Zeit zu Gebote, allein Ihr lieber ausführlicher Brief macht es mir doch zu einer Gewissenspflicht, wenigstens soviel zu antworten, als die Umstände gestatten wollen.

1. Der ‚Deutsche Ev[angelische] Schulverein'. Sie wundern sich darüber, daß der Verein sich so lange in der Stille gehalten habe. Das hat mancherlei Gründe gehabt. Nach seiner ganzen Uranlage soll der Verein das gesamte Schulgebiet, also nicht bloß das der Volksschule, umfassen, auch den Geistlichen und andern christlichen Schulfreunden zugänglich sein. Wollen Sie sich dieses Ziel deutlich vorstellen, so werden Sie leicht besehen, daß der Verein in seiner nächsten Entwicklungszeit vor allem die Lehrer an den höheren Schulen ins Auge fassen und aus ihren Reihen Mitglieder heranzuziehen suchen mußte. Nun vergegenwärtigen Sie sich auch gef[älligst] die wirklichen Zustände auf dem höheren Schulgebiet, die Gesinnung, welche dort die herrschende ist. Sie werden ja wissen, daß in diesen Lehrerkategorien der christliche Sinn, zumal der entschiedene, welcher auch zum öffentlichen Bekenntnis heraustreten kann, noch viel, viel seltener ist als unter den Elementarlehrern. Dazu kommt der nicht weniger hinderliche Umstand, daß die höheren Lehrer wohl zu philologischen, naturwissenschaftlichen, geschichtlichen etc. Vereinen zusammenzubringen sind, nicht aber zu einem eigentlich pädagogischen Verein und namentlich zu einem solchen, der auch die Elementarschulmeister als vollberechtigte Mitglieder anerkennt. Am wenigsten leiden vielleicht gerade die entschieden ‚fortschrittlich' gerichteten H.H. ‚Doktoren', ‚Oberlehrer' und ‚Professoren' an diesem Gebrechen, woher es auch kommt, daß die sog. ‚Allg[emeine] d[eutsche] Lehrerversammlung' so manche derselben hat heranziehen können; und wenn deren Zahl auch im ganzen, wie es nicht anders sein kann, noch gering ist, so sind doch diese höheren Lehrer in der Tat bisher das Salz dieser ‚Versammlung' gewesen. Hätte sie diese Kräfte nicht gehabt, so würde sie, wenn nicht an Leerheit und Langweiligkeit zu Grunde gegangen, so doch nicht zu dem Ansehen gelangt sein, was sie unter der Masse der Lehrer genießt.

Das alles sind Tatsachen, nicht Reflexionen. Wollen Sie dieselben einmal festhalten, so werden Sie leichtlich die Überzeugung gewinnen, daß der ‚D[eutsche] Ev[angelische] Schulverein', wenn er früher, zumal in den ersten J[ahren] seines Bestehens, hätte an die Öffentlichkeit treten wollen, entweder durch die Indolenz auf der einen und das Hup-Hup-Geschrei von der andern Seite erdrückt oder aber, um sich doch zu behaupten und geltend zu machen, vielleicht in eine fremde Bahn hineingezogen worden wäre.

Das öffentliche Auftreten war umso weniger tunlich, weil sich bislang keine ordentliche Generalversammlung herstellen ließ. Die Mitglieder wohnten weit auseinander, die Ferien fielen in verschiedene Zeiten, die Elementarlehrer konnten zumeist keine großen Reisekosten aufwenden, die Geistlichen waren durch kirchliche Versammlungen (Kirchentag und dergleichen) in Anspruch genommen: hätte man nun unter diesen erschwerenden Umständen eine Generalversammlung anberaumen wollen, so würde von wirkl[ichen] Mitgliedern (und andere durfte man vorderhand nicht zulassen) nur ein winziges Häuflein zusammengekommen sein, dessen Verhandlungen weder zur Förderung der inneren Entwicklung noch Repräsentation nach außen etwas Reelles hätten beitragen können.

Die ,Allg[emeine] d[eutsche] Lehrerversamml[ung]' war hier von vornherein in anderer Lage. Sie stellt keinen Verein dar⌐an⌐, ihre Fahne ist wesentlich ,Opposition' und die meisten Teilnehmer kommen immer aus der nächsten Umgegend des Versammlungsortes. Dazu kommt noch: weil diese Teilnehmer wesentlich durch die Opposition gegen die christliche Position zusammengehalten werden, so bleiben die Differenzen, die doch da sind, im Hintergrunde, werden vertuscht usw. Auch das würde in unserer Versammlung anders gewesen sein. Sie wissen ja, wie viele Differenzen unter unsern evangelischen Kirchen, Konferenzen und lebendigen Christenleuten bestehen, Differenzen, die wieder durch landschaftliche Eigentümlichkeiten, politische Anschauungen mannigfach durchkreuzt und verschärft werden. Wissen Sie dieses nicht, so glauben Sie es mir: ich kenne das aus leidiger Erfahrung. Aber auch schon der ,Kirchentag' ist ein tatsächliches Zeugnis dafür, er ist ein evangelisches ,Kleindeutschland'. Die größere Masse der entsch[iedenen] Lutheraner hält sich von ihm fern und sähe ihn gern sterben. Die katholische Kirche kann einen deutschen katholischen Kirchentag zustandebringen; die Evangelischen können dies tatsächlich nicht.

Unter allen diesen widrigen, hemmenden Umständen war es für den ,D[eutschen] Ev[angelischen] Schulverein' aufs entschiedenste geboten, keine Experimente zu machen, sondern auf der gegebenen Bahn (der stillen Zirkularkorresp[ondenz]) ruhig fortzuschreiten, zu halten, was er hatte, es treulich zu verwalten, damit der HErr ihm nach und nach mehr bescheren könne. So ists geschehen, und das ist gut: der Erfolg liegt vor Augen. Die sog. ,Resultate' der Zirkularkorrespondenzen, d.h. das Ergebnis an brauchbaren pädagogischen Doktrinen usw., schlage ich nicht so hoch an als die wirkliche Tatsache des Verhandelns, wodurch so mancherlei Leute, die sonst getrennt stehen, gelernt haben, ihre Gedanken auszutauschen, sich zu beriechen und den Geruch gegenseitig zu ertragen. Das ist nur etwas Großes. Das dem so ist, dafür spricht auch das Entstehen des Neusalzer Lehrerbundes. Ruhmer schrieb mir freilich auf meine Zuschrift an ihn, sie wären nur darum zu diesem separierenden Schritt übergegangen, weil die Elementarlehrer, d.h. die allergrößte Mehrzahl derselben, den Beitrag (1 Thaler) für den ,Deutsch[en] Ev[angelischen] Schulv[erein]' nicht erschwingen könnten. Ich glaube das dem l[ieben] Ruhmer – allein, warum setzte man sich denn nicht vor dem entscheidenden Schritte mit dem Vorstande des D[eutschen] Schulv[erein]s in Verbindung, um einen bequemeren Modus des Anschlusses der Elementarl[ehrer] zu suchen, worüber wir soviel schon nachgedacht hatten? Warum machte man dann auch ein neues Statut mit polit[ischer] Färbung? Warum streckte man sich nach einem allgemeinen deutschen Lehrerbunde aus, begnügte sich nicht, die Aufgaben im engern Kreise (Schlesien) vorerst zu bedenken? usw. usw. Warum sind auch die kurhess[ischen] Brüder so eilig mit den Neusalz[ern] in Verbindung getreten? Und was soll die Proklam[ation] eines neuen literar[ischen] Organs für einen deutschen Lehrerbund oder auch nur die Idee eines solchen, die Hoffnung auf ein solches? Kann man denn nicht begreifen, daß sich das den bestehenden christlichen Schulblättern gegenüber so wenig schickt als die Proklam[ation] eines deutschen Kaisers oder die Suprematiori eines einzigen deutschen Staates?

An sieben bis acht Jahre lang war ich das einzige Mitglied des ,D[eutschen] E[vangelischen] Schulvereins', das zugleich die Red[aktion] eines Schulbl[attes] zu führen hatte. Es ist mir aber nicht eingefallen, das Ev[angelische] Schulblatt zum Organ des Vereins machen zu wollen; wenn inmitten des Vorstandes, wie es häufig geschehen, von einer solchen Idee (Vereinsorgan) die Rede war, so habe ich stets geraten, man solle lieber erst die Herausgeber der bestehenden christlichen Schulblätter für den Verein zu gewinnen suchen: dann würden wir viele Organe haben, und auf drei, vier, fünf Beinen würde der Verein fester stehen als auf einem. So würde man wahrhaft konservativ handeln, das Bestehende respektieren und damit christlich recht handeln. Überdies würde ein Blatt, das Vereinsorgan sein will, ein elendes Ding werden, zumal in unserm Verein; die vielen notwendigen Rücksichten würden dem Red[akteur] und den Mitarbeitern die Kehle zuschnüren, Atem und Sprache rauben. Gott Dank! daß wir verschiedene christliche Schulblätter haben; den Segen soll uns der Teufel nicht rauben.

Noch bevor es mir gelang, mit meinen Vorschlägen zu einer Verbindung der landschaftl[ichen] Volksschulvereine mit dem ‚Deutschen Schulverein' im Vorstande durchzudringen, haben auch wirklich schon provinzielle Versammlungen des Vereins stattgefunden: eine in der Provinz Sachsen, die andere in der Provinz Brandenburg, weil hier die Mitgliedschaft am stärksten vertreten war und also eine Zusammenk[unft] am leichtesten sich ermöglichen ließ. Aber schon die erste in Eisenach 1862, was für Rumor hat sie in der Fortschrittspresse abgesetzt? Haben Sie die Art[ikel] von Moritz Schultze in der ‚All[gemeinen] d[eutschen] Lehrerz[eitung]' darüber nicht gelesen? Und doch waren nur zwanzig und einige Brüder dort zusammengekommen. Sie werden nicht vermuten, daß die Freunde sich durch dies Geschrei hätten einschüchtern lassen, ganz und gar nicht. Im folg[enden] Jahr kamen sie in Potsdam zusammen. Aber die Erfahrungen aus diesen Zusammenkünften führten immer mehr in die Bahn, welche ich empfohlen hatte: größere Ausbreitung in dem Volksschulgebiete und bequeme Anlehnung der landschaftl[ichen] Vereine an den ‚D[eutschen] Schulverein'. Diese Bahn ist nun offen und von unserm rhein[isch]-westf[älischen] Verein bereits eingeschlagen worden. Die badischen Brüder werden wohl bald folgen. Es ist schade, daß die Neusalzer Brüder sich wieder in den Separatismus haben hineinjagen lassen. Ruhmer selber dachte gewiß anders; aber die Heißsporne, durch allerlei Einflüsse hinterrücks bestimmt, haben einstweilen gesiegt. Dem armen Ruhmer wird das Herz schwer sein oder noch schwerer werden. Er ist gewiß auch ein warmer preuß[ischer] Patriot. Allein das wird ihn nicht davor schützen, daß ihm die Wellen der Geschäfte, Ansprüche, Zudringlichkeiten usw., die ein Lehrerbund von solchen Dimensionen im Gefolge hat, über dem Kopfe zusammenschlagen.

Ich bin so situiert, daß ich eine ziemliche Arbeitskraft einsetzen kann, allein wenn ich mich in seine Lage, überhaupt in die Lage eines Präses eines deutschen Schulbundes denke, so wird mir angst und bange. Ich weiß, wie unserm Dr. Hasper unter seiner Last zumute ist. Ein pädag[ogisches] ‚Klein-Deutschland' bauen und sich separieren – das ist [eine] kleine Sache, läßt sich auch mit nicht zu großer Anstrengung fortführen. Wer aber an das liebe ganze Vaterland und an die una sancta denkt, der muß sich drücken und schicken lernen und noch manches andere, was der alte Adam von Haus aus nicht versteht.

Genug vom D[eutschen] Schulverein. Gedenken Sie seiner zum besten! Einige Drucksachen aus seinem Verkehr folgen hierbei.

Im Januar habe ich auch an Bruder Leimbach in diesem Sinne geschrieben; bis heute ist aber noch keine Antwort erfolgt.

In jenem Briefe mußte ich auch der Lobpreisungen gedenken, die der Hessische Schulbote an die Schriften Balliens verschwendet hat. Entre nous! Vor sieben Jahren meldete sich B[allien] zum Mitarbeiter an unserm Schulblatte. Seine Artikel machten auf mich einen so abschreckenden Eindruck – durch ihre eilfertige Bearbeitung – daß ich ihm im Zorn nicht einmal antwortete. Jetzt gibt er selber Zeitschriften über Zeitschriften, Bücher über Bücher heraus, und der ‚Christliche Schulbote' findet alles in der Ordnung. Mir ist der Mund zugeklemmt, weil B[allien] mittlerweile auch Mitglied des Deutsch[en] Schulvereins geworden ist. Dr. Hasper, den ich in betreff dieser Mitgliedschaft interpellierte, schrieb: B[allien] will das Gute, soweit er es kann; wir müssen ihn jetzt tragen. Ich bemerke das in dem guten Vertrauen, daß Sie konfid[entielle] Mitteilungen besser zu behandeln wissen werden als der Mann in Frankfurt, dem ich um des l[ieben] Brandts willen soviel vertraute, nicht bedenkend, daß der Diplomat an mir verloren ist.

Ich besinne mich, daß Ihnen nicht ganz deutlich sein wird, warum hier auf einmal von B[allien] die Rede ist und warum mein Brief an Bruder Leimbach seiner erwähnt hat.

Letzteres geschah darum, weil die empfehlenden Rez[ensionen] der B[allienschen] Schriften im ‚Chr[istlichen] Schulboten' mich besorgen ließen, am letzten Ende könnte ich vielleicht auch mit diesem in Konflikt kommen. B[allien] hat mir nämlich auch stets seine Bücher zur Rez[ension] zugeschickt. Das Urteil der betreffenden Fachmänner, von denen einer zugleich für B[alliens] Schulblatt schreibt, fiel aber so scharf aus, daß ich dasselbe nicht abdrucken ließ, sondern es im Manuskript an B[allien] sandte. Er hat sich kaum dafür bedankt und fährt fort, mir seine Bücher zu senden. Mit seinen Zeitschriften bin ich so glimpflich als möglich umgegangen. Er meint indessen, ein Besseres zu verdienen. Er hatte einen Mitarbeiter in Westf[alen] (Leithäuser), der nichts als ein pädagogischer Abenteurer war und bei mir eine verschlossene Tür gefunden hatte. B[allien] nahm ihn bereitwillig auf, ließ ihn für sich plädieren usw. Ich warnte B[allien] vor diesem Mann. Er meinte aber, ich hätte dessen polit[ische] Richtung rügen wollen (er war Demokrat) und erwiderte, er bekümmerte sich um die polit[ische] Richtung seiner Mitarbeiter nicht. Ein paar Wochen später meldete die Kreuzzeitung, dieses Subjekt (Leithäuser) sei seines Amtes entsetzt. Das alles schockiert den eifrigen B[allien] nicht. Er bleibt immer oben auf, wie das Papierboot auf dem Wasser. Mir steht der Verstand still, weniger in betreff B[allien]s selbst als daß selbst der Hessische Schulbote hier so blind ist. Es mag wohl sein, daß ich vor den Vielschreibern mehr Angst und Grauen habe als sich gebührt. Allein ohne Grund ist diese Furcht sicherlich nicht.

Vergessen Sie dieses Intermezzo von Personalien! Jedenfalls muß es entre nous bleiben.

2. Mit den nassauischen Brüdern (Pfeifer und Pastor Ninck) habe ich mittlerweile verhandelt. Nachdem einmal der faux pas gemacht ist, müssen sie sich in die Not schicken und sich durch mündliche Verabredung ein wenig zu organisieren suchen. Pastor Ninck (in Westerburg) ist in den D[eutschen] Schulverein eingetreten und wird die gedruckten Referate unter den Lehrern zirkulieren lassen. Für die Zukunft wird der HErr wohl besseren Rat schaffen.

3. An Löwenstein in Fr[ankfurt] werde ich ehestens schreiben. Nach Ihren Mitteilungen muß ich allerdings glauben, daß die dortige Festung gar zu fest ist. Wollen Sie nicht einmal einen geharnischten Artikel liefern über die Selbstgenüglichkeit gewisser Schulmeister, sonderlich der Großstädter? Es wäre eine verdienstliche Arbeit. Mir hat es schon oft in den Fingern gejuckt, allein ein Red[akteur] darf nicht allzu scharf sein, wenigstens nicht mit allzu bestimmter Adresse.

Auch hier in Rheinl[and]-Westf[alen] sind die Lehrer nirgend so indolent als in den größeren Städten (Elberfeld, Köln, Aachen, Koblenz, Dortmund, Minden, Wesel usw.); und doch sind diese Leute mit wenigen Ausnahmen armselige Gesellen, pädagogische Proletarier, die wie Jagdhunde den Privatstunden nachrennen, dann abends abgetrieben hinter dem Bierglase sitzen, über die Landlehrer sich hoch erhaben dünken und doch häufig genug nicht wert sind, diesen die Schuhriemen aufzulösen. Kommen Sie zum Schreiben eines solchen Artikels, so schütten Sie nur über diese Kerle soviel Lauge aus, als Ihnen gut dünkt und christlich scheint. Der Redakt[ions]stift wird Ihnen nicht in den Weg treten.

4. Um meine Anmerkungen zu Ihren Berichten hätten Sie sich nicht viel kümmern sollen; sie galten Ihnen nicht. Ich mache nicht gern Anmerkungen zu den Beiträgen der Mitarbeiter, wenigstens nicht in dem Sinn, eine abweichende Meinung geltend zu machen, ihnen

gleichsam in den Weg zu treten. In der Regel denke ich dabei [an] andere Absichten, denke an diesen oder jenen fernen Lehrerkreis oder suche nur die Gedanken des Lesers ein wenig in Bewegung zu bringen.

Wenn Sie künftig also eine Anmerkung zu Ihren Artikeln vorfinden, so brauchen Sie für Ihre Person nur zu denken, was Ihnen etwa auch einfällt, wenn es draußen donnert oder regnet. Meine Bemerkung über Chemie ging an sichere Adresse, lassen Sie dieselbe ruhig ihren Weg gehen. Leuten, die aus Gottes Wort wissen, wo der Weg zur Wahrheit ist, denen schadet sie nichts; aber den andern, die sich an Müllers ‚Natur', an Roßmäßler, an den naturwissenschaftlichen Brocken der ‚Gartenlaube' etc. den Magen verderben, kann sie vielleicht nützen.

Aus Leunis habe ich auch meine Naturgeschichte gelernt. Leider ist seine Botanik zu sehr auf Norddeutschland (Flachland) berechnet. Selbst seine ‚Synopsis der drei Naturreiche' leidet in der Botanik an diesem Fehler.

5. Daß ich in Ihrem Art[ikel] den Namen Diesterweg usw. gestrichen habe, hatte außer dem von Ihnen erwähnten allgemeinen Grunde noch einen speziellen, der Ihnen nicht eingefallen ist. D[iesterweg] war bekanntlich früher Sem[inar]-D[irektor] in Moers. Hier hat er seine Blütezeit der Wirksamkeit gehabt, nicht nur im schlimmen Sinn; er war damals auch nicht so oppositionell gerichtet und verbittert als jetzt. Auch unter den christlich ges[innten] Lehrern hiesiger Lande zählt er dankbare Schüler, namentlich auch darum, weil er stets für arme Seminaristen eine offene Tasche hatte, selbst dann noch, als er die Undankbarkeit sattsam erleben mußte, ganz wie bei Dinter. Mir fällt dabei stets auch der barmh[erzige] Samariter ein. Es geht wunderlich zu in der Welt.

Sie werden hieraus verstehen, daß ich die dankbaren D[iesterweg]s in den hiesigen Landen schonen muß. Der Entschiedenheit des Schulbl[attes] tut dies ja keinen Eintrag.

Überdies halte ich dafür, daß eine so offene Natur wie D[iesterwe]g viel weniger schadet als die schleichenden Füchse, die man nicht fassen kann. Die H.H. Berthelt, Lüben, Schultze, C. Schmidt usw., das sind gefährlichere Leute als D[iesterwe]g. Doch laß ich gern andern auch eine andere Meinung.

Lassen Sie mich jetzt schließen. Ich bin müde. Was macht mein Enchiridion am Main?

In Liebe Ihr

F. W. Dörpfeld

Zum Deutschen Evangelischen Schulverein siehe Briefe 40 und 46, ferner D.s Beiträge zur Zirkularkorrespondenz des Vereins. D.s Eingeständnis, daß in diesem Verein die Lehrer höherer Schulen dominieren, zeigt die geringe Kooperationsbereitschaft zwischen den Lehrern verschiedener Schularten in fachlichen und konfessionellen Verbänden. Demgegenüber hat die liberale Lehrerbewegung (Allgemeine Deutsche Lehrerversammlung, Lehrerverein usw.) genügend Integrationskraft für alle Lehrer entwickelt, wozu die Idee der Einheitsschule besonders beigetragen hat.

In Neusalz/Schlesien war der „Christlich-konservative Lehrerbund" entstanden, ein betont evangelischer Lehrerverein, dessen Mitglieder sich an die Verfassung gebunden fühlten, sofern sie nicht „mit dem Worte Gottes in Widerspruch steht". In Diesterwegs „Rheinischen Blättern" (Neueste Folge 13, 1864, S. 278) ist eine vernichtende Kritik des Lehrerbundes zu lesen: „Könnte die Religion um allen Kredit gebracht werden, solche Menschen vermöchten es". Organ des Vereins war die Zeitschrift „Wächter für Zeit und Ewigkeit".

Missionsinspektor M. Zahn (Bremen) hatte im EvSchBl 6 (1862) über die auf dem Kirchentag in Brandenburg im Herbst 1862 besprochenen Schulfragen berichtet und zum Referat des Lehrers Ballien unmißverständlich erklärt: „Es war sehr beklagenswert, daß dieser Herr nicht von der Rednertribüne wegblieb; er hat mit seinem verworrenen, oberflächlichen und eitlen Gerede gewiß bei vielen den Gedanken wachgerufen: ja, so sind sie, die Herren Lehrer' (a.a.O., S. 352). Ballien hatte sich daraufhin wohl über Zahn bei D. beschwert; Zahn hatte es abgelehnt, zu antworten. Daraufhin veröffentlichte D. im EvSchBl 7 (1863) „Die Thesen des Herrn Ballien auf dem Kirchentage in Brandenburg" und fügte einen Kommentar hinzu; er nahm die in diesem Brief nachzulesende Beurteilung Balliens bereits teilweise vorweg und bezeichnete einige Thesen als „unklar und irreleitend", „grundverkehrt", „vage" und „unzulänglich", vor allem Balliens Ausführungen zur Selbstregierung der Schule.

Diehls Artikel, in dem D. den Namen Diesterweg strich: Vom Main (Zwei Konferenzbilder). In: EvSchBl 9 (1865), S. 22–29.

86

An Ludwig Emil Mathis, Berlin

Barmen, 20. März 1865

Hochgeehrtester Herr Präsident.

Auf Ew. Exzellenz geehrte Zuschrift vom 17. d.M. beehre ich mich, hierbei ein Dutzend Exemplare des Enchiridions nebst ebensoviel Exemplaren des Aufsatzes über Zweck, Anlage und Gebrauch gehorsamst zu übersenden.

Aus Ew. Exzellenz geehrter Mitteilung habe ich mit besonderer Freude erfahren dürfen, daß der hochwürdige Evangelische Ober-Kirchenrat das Enchiridion einer freundlichen Teilnahme gewürdigt und beschlossen hat, die Königl. Konsistorien auf das Schriftchen aufmerksam zu machen und auch mit dem Herrn Minister der geistlichen Angelegenheiten darüber in Verbindung zu treten. Unter solch gewichtiger Protektion wird das bibl[ische] Fragebüchlein ohne Zweifel schnell in die Schulen und in die Häuser Eingang finden. Es sei mir gestattet, Ew. Exzellenz und den übrigen Mitgliedern des hochwürdigen Evangelischen Ober-Kirchenrats dafür von ganzem Herzen meinen verbindlichsten Dank auszusprechen.

Allem Anscheine nach findet das Enchiridion auch unter den Lehrern Beifall. Die 1. Auflage von 3000 Exemplaren ist nach Verlauf von noch nicht drei Monaten schon soweit vergriffen, daß in dieser Woche der Druck der 2. Auflage schleunigst hat begonnen werden müssen. Da der Verleger den Druck dieser 2. Auflage in seiner eigenen Offizin vornehmen kann, so wird er dafür Sorge tragen, daß die äußere Ausstattung, welche in der 1. Ausgabe leider manches zu wünschen übrigließ, sowohl hinsichtlich der Zweckmäßigkeit als der Schönheit alle Wünsche zufriedenstellt.

Das Enchiridion hat auch bereits zwei öffentliche Zeugnisse in der Presse erhalten: ein Kirchen- und ein Schulzeugnis. Ew. Exzellenz wollen mir gütigst gestatten, dieselben in Abschrift hier beizulegen. Das erstere von dem Herrn Generalsuperintendenten Wiesmann in Münster steht in Nr. 5 des Kirchlichen Amtsblattes für Westfalen. Das zweite, eine Rezension des Enchiridions im Märzheft des kath. ‚Schulfreundes' von Dechant Schmitz und Regierungsrat Kellner in Trier, ist fast auffälliger Natur. Hier liegt etwas vor, was mir in meiner Erfahrung noch nicht begegnet war: ein Hülfsmittel für den Religionsunterricht wird den katholischen Lehrern von einem kathol. Schulrate angelegentlich empfohlen und zwar ohne Vorbehalt. Allerdings bewegt sich das Enchiridion nur auf rein biblisch-geschichtlichem Boden und lag es auch durchaus in der Tendenz meiner Arbeit, diesen neutralen christlichen Boden, zumal vor den Unmündigen, durch keine Berührung von Hadersachen zu verletzen. Doch mußte mir Kellners Urteil überraschend sein und zwar umso mehr, da ich ihm das Enchiridion nicht zur Rezension, sondern nur unter Kreuzband zur gef. Notiznahme übersandt hatte.

In der vorliegenden Gestalt, mit dem Namen eines evangelischen Verfassers auf dem Titel, wird das Enchiridion schwerlich in die kath. Schulen und Häuser Eingang finden können – es würde ja auch nicht recht schicklich sein – allein durch die Empfehlung Kellners, der als pädagogischer Schriftsteller in der Schulwelt sehr geachtet ist, werden gewiß viele kath. Lehrer sich bewegen lassen, das Büchlein näher anzusehen. Auf diesem Terrain darf man mit diesem einstweiligen Erfolge zufrieden sein. Vielleicht ist es die Vorbereitung zu einer besonderen Ausgabe des Enchiridions für katholische Schulen, die selbstverständlich von einem kathol. Lehrer besorgt werden müßte. Im stillen hege ich in dieser Richtung einige angenehme Hoffnungen, will sie aber gern Dem befehlen, dessen Reichsabsichten durch keine konfessionellen Schranken sich hemmen lassen und dessen Barmherzigkeit so groß wie Er selber ist.

Mit der Versicherung vorzüglicher Hochachtung zeichnet

Ew. Exzellenz ergebenster

F. W. Dörpfeld, Hauptlehrer

Der EOK übersandte Kultusminister von Mühler die beiden Schriften am 28.3.1865 mit folgender Beurteilung: „Das Enchiridion scheint uns ganz geeignet zu sein, einen heilsamen Einfluß auf den Unterricht in der biblischen Geschichte auszuüben". Deshalb habe man sich entschlosssen, sämtliche Konsistorien darauf aufmerksam zu machen. Die beiden von D. eingereichten Besprechungen von Wiesmann und Kellner legte Präsident Mathis dem Schreiben bei.

Am 8.4. bat Minister von Mühler den EOK, mit einer Empfehlung an die Konsistorien zu warten, da er von einem Schulmann ein Gutachten angefordert habe. Nachdem der EOK den Minister am 1.7. an den Vorgang erinnert hatte, teilte dieser am 6.7. mit, in seinem inzwischen fertiggestellten Gutachten spreche der Schulrat Stolzenberg von erheblichen und begründeten Bedenken. Eine ministerielle Empfehlung sei darum nur dann zu erwarten, wenn D. bei einer neuen Auflage die ihm erteilten Ratschläge beachte.

Daraufhin antwortete der EOK, er gedenke die „beabsichtigte Mitteilung an die Konsistorien zwar zu modifizieren, doch aber dieselben auf die auch nach dem Urteil des Schulrats Stolzenberg anzuerkennenden wertvollen Andeutungen über die Behandlung der biblischen Geschichte aufmerksam zu machen" (18.7.). Eine Stellungnahme zu dem beigefügten modifizierten Entwurf behielt sich das Ministerium bis zur Rückkehr des in Urlaub befindlichen Referenten vor (25.7.). Der Minister erklärte dann am 19.10., er müsse seine Forderungen vom 6.7. aufrechterhalten und stelle dem EOK anheim, weitere Schritte zu tun. Darauf erließ der EOK am 25.10. einen kurzgefaßten Runderlaß, in dem D.s Enchiridion mit Begleitschrift empfehlend genannt und Wiesmanns Besprechung hervorgehoben wurden.

Inzwischen war dem Ministerium bekanntgeworden, daß das Konsistorium von Brandenburg den EOK-Runderlaß an die Regierung in Frankfurt a.O. weitergegeben und als geeignet für den Schulgebrauch und die Benutzung durch die Lehrer bezeichnet hatte. Diese Tatsache monierte das Kultusministerium am 28.12. in einem von Stiehl geschriebenen und abgezeichneten Schreiben, das Lehnert gegengezeichnet hatte. EOK-Präsident Mathis verteidigte das Konsistorium von Berlin-Brandenburg, das sich ganz von seinem Interesse an der „Förderung des Unterrichts in der biblischen Geschichte innerhalb der Schule" habe leiten lassen (an den Minister, 6.1.1866).

Das Kultusministerium verfügte am 9.2.1866 an die Frankfurter Regierung mit Abschrift an das Berliner Konsistorium, D.s Enchiridion sei „in seiner jetzigen Gestalt weder zur Einführung in die Schulen noch zur Empfehlung für den Gebrauch der Lehrer geeignet". Der empfehlende Hinweis im Runderlaß des EOK vom 25.10.1865 könne sich auf Grund der bestehenden Ressortverhältnisse daher nur auf Geistliche beziehen.

Archiv EKU, Gen. XIX,2 Bd. III, Bl. 53 ff.

87
An Franz Ludwig Zahn, Fild

Barmen, etwa 31. März 1865

[...] Haben Sie auch schon Zeit gefunden, das kleine Enchiridion, daß ich Ihnen seinerzeit schickte, ein wenig anzusehen? Das kleine Wesen hat auch schon ein paar gute Kirchen- und Schulzeugnisse bekommen. In Nr. 5 des Kirchlichen Amtsblattes für Westfalen hat es der Herr Generalsuperintendent Wiesmann den Herren Pfarrern „aufs wärmste" empfohlen; und im katholischen ‚Schulfreund' von Dechant Schmitz und Regierungsrat Dr. Kellner liegt die noch auffälligere Tatsache vor, daß ein für evangelische Schulen bestimmtes Religionslehrmittel den katholischen Lehrern von einem katholischen Schulrate angelegentlich und ohne Vorbehalt empfohlen wird. Das rheinische evangelische Konsistorium und die rheinischen Schulräte werden vermutlich das harmlose Fragebüchlein ungestört seinen Weg ziehen lassen.

Vor 14 Tagen teilte mir der Herr Präsident des Evangelischen Ober-Kirchenrates mit, daß dies Kollegium beschlossen habe, die Provinzialkonsistorien auf das Enchiridion aufmerksam zu machen und behufs des Schulgebrauchs mit dem Herrn Kultusminister sich in Verbindung zu setzen.

Das kleine Ding scheint demnach auch in hohen Regionen ein wenig Beifall finden zu können. Wenn es nun auch dem allerhöchsten Herrn ein wenig gefallen könnte, so würde einer sich von Herzen freuen [...]

[F. W. Dörpfeld]

Wiesmanns Empfehlung in: Kirchliches Amtsblatt des Königlichen Consistoriums der Provinz Westfalen, 1865, S. 19–20; Kellners Rezension in: Der Schulfreund 21 (1865), S. 201.

88
An Peter Diehl, Dortelweil

Barmen, 3. Juli 1865

D. kränkelt seit sieben Wochen an dem alten Übel (Bronchialkatarrh nebst Asthma) und hat sich schon vier Wochen in der Schule vertreten lassen müssen. Er sagt Diehl zu, sich um eine Stelle für ihn im Rheinland zu kümmern und macht darauf aufmerksam, daß sich Diehl bei der Anstellung an einer öffentlichen Schule einer Nachprüfung am Seminar zu unterziehen hätte. Er rät zu Moers, weil er ihm dort am besten behilflich sein könne. Er möge bald an den dortigen Seminardirektor Bayer schreiben.

89
An Peter Diehl, Dortelweil

Barmen, 4. Juli 1865

Mein Lieber.

Gestern nachmittag begegnete mir etwas, das ich Ihnen schnell mitteilen muß.

Pastor Krummacher aus Elberfeld besuchte mich mit seinem Bruder aus Brandenburg. Er erzählte, daß eine Stelle in der Landgemeinde (Landdistrikt) Elberfeld vakant werde resp. sei und frug mich, ob ich ihm einen passenden Mann vorzuschlagen wisse. Ich dachte sofort, das scheint nicht von ungefähr zu kommen und machte ihn auf Sie aufmerksam. Er nahm meine Mitteilung mit Teilnahme auf.

Wollen Sie nun sich zu dieser Stelle melden – sie bringt neben freier Wohnung etwa 500 Thaler netto ein, dazu besteht in Elberfeld die bestsituierte Witwenkasse Deutschlands – so schicken Sie sofort Ihre Zeugnisse an den Präses des Schulvorstandes, H[errn] Pastor Krafft in Elberfeld. Die Schulstelle ist zu Katernberg, eine halbe Stunde von der Stadt.

Neben dem förmlichen (einfachen) Meldungsschreiben schicken Sie gef. separat an H[er]rn Past[or] Krummacher in Elb[erfeld] (oder wenn Sie lieber wollen, zugleich an H[errn] P[astor] Krafft) ein vertrauliches Schreiben, in dem Sie ausführlich mitteilen, was Sie aus Dortelweil wegtreibt, wie Sie bisher zu wirken gesucht haben und was Ihnen dabei begegnet ist.

Sie dürfen aber in keiner Weise etwas von prononciert luther[ischer] Anschauung durchfühlen lassen, weil die betreffende Schule, die zwar eine unierte (städt[ische]) ist, doch unter einem reformierten Pastor steht (wenigstens jetzt) und auch der städt[ische] Schulinspektor Dr. Hassenkamp reformiert ist. Von diesen Männern muß eben Ihre Befürwortung ausgehen; die Wahl selbst geschieht durch die städt[ische] Schulkommission, wozu auch die luth[erischen] Prediger gehören. Sind Sie einmal gewählt, so haben Sie persönl[ich] in konf[essioneller] Bez[iehung] freie Hand.

Da Sie H[er]rn Anton Haasen kennen, so würde es gut sein, wenn Sie auch ihm ansagten, daß Sie sich zur Stelle auf Katernberg gemeldet hätten und wodurch Sie dazu getrieben worden seien.

Was die Nachprüfungen betrifft, so können Sie im konfident[iellen] Schreiben bemerken, daß Sie sich einer solchen gern unterwerfen würden, wenn Sie infolge der Wahl dazu aufgefordert würden.

Wenn man Sie zu einer Probelektion auffordert, so nehmen Sie nur dieselbe an; für die Reisekosten wird man schon sorgen, auch wenn man vorher nichts davon sagt.

In dem offiz[iellen] oder im konfid[entiellen] Schreiben nennen Sie doch auch einige Männer (guten Rufes) in Frankf[urt] oder Umgebung, wo man sich nach Ihnen erkundigen kann. Bei der Auswahl sorgen Sie gef. ein wenig dafür, solche Leute zu nennen, die unsern reform[ierten] Pastoren nicht anstößig sein können.

Der städt[ische] Schulinspektor, Pf[arre]r Dr. Hassenkamp, stammt aus Kurhessen. Vielleicht ist unter den reform[ierten] Pastoren Ihrer Bekanntschaft einer, der ihn kennt und Ihnen durch eine Empfehlung behülflich ist.

Soviel für heute. Der HErr lenke alles zum besten.

Hierbei ein Ex[emplar] der zweiten Auflage des Enchiridions. Da das Schriftchen Beifall gefunden hat, so wird H[er]r Bertelsmann es jetzt in Partien zu zweieinhalb Silbergroschen verkaufen.

Bei Gelegenheit haben Sie wohl die Güte, diese 2. Aufl[age] an guter Stelle (etwa im Christl[ichen] Schulboten) anzusagen.

In bekannter Liebe Ihr

F. W. Dörpfeld

90

An Peter Diehl, Dortelweil

Barmen, 10. Juli 1865

Lieber Freund.

Ich darf noch nicht viel schreiben, darum nur ein paar Zeilen. Wie nebenstehende schöne Karte zeigt, zieht sich am Westende von Elberfeld eine Straße durch ein Seitentälchen hinauf über die Höhe nach Neviges. In dem Tal und an der rechts am Fuße des Berges hinziehenden Chaussee liegen hie und da einzelne Häuser, meist Bauerngehöfte usw. – alles ländlich schön. Etwa 20 Min. (von Elberfeld an aufwärts) sieht man von der Straße aus über die Talsohle hinüber am resp. auf dem jenseitigen Berge (Westen) eine zerstreute Gruppe von Häusern: das ist (der) Katernberg. Die Schule habe ich in der Nähe nie gesehen; es ist, wenn ich recht gesehen, ein zweistöckiges (großes) Gebäude.

Ob die Schule zwei- oder einklassig ist, weiß ich nicht; wahrscheinlich ist sie einklassig. Das Einkommen ist wahrscheinlich fixiert (500 Thaler). Muß ein Hülfslehrer da sein, so erhält der Hauptlehrer für dessen freie Station jährlich 130 Thaler. Den Schulbezirk bilden die etwa eine halbe Stunde umher zerstreut liegenden Gehöfte.

Die Konkurrenz bei der Wahl wird wohl ziemlich stark sein; namentlich wird der Kollege in Vohwinkel von einigen Pastoren und Lehrern protegiert und empfohlen. Der HErr wirds versehen.

Pastor Fürers Empfehlung wird nützlich sein; er war früher Lehrer an der Realschule in Elberfeld.

In Liebe Ihr

F. W. Dörpfeld

Die Seiten 2 und 3 enthalten eine wohl von D. herrührende Skizze, aus der die Lage des Katernbergs in bezug auf einige Punkte der Talsohle in Elberfeld und Barmen hervorgeht.

Die Hauptlehrerstelle am Katernberg wurde erst 1870 durch Gottfried von der Thüsen neu besetzt, nachdem der seit 1827 hier amtierende Joh. Jakob Berger endgültig zurückgetreten war. 1851 klagte man, daß wegen des überfüllten und zu schlechten Schulgebäudes 60 von 181 schulpflichtigen Kindern des Bezirks eine benachbarte oder gar keine Schule besuchten. 1859 erfolgte ein Neubau. Später wurde die Schule u.a. von Pädagogen geleitet, die sich damals als Anhänger und Interpreten D.s in der Literatur einen Namen machten: Theodor Foltz von 1882 bis 1891 und Wilhelm Dams seit 1891 (Fritz Jorde, Geschichte der Schulen von Elberfeld, Elberfeld 1903, S. 245 f.).

91

An Wilhelm Dörpfeld, Fild

Barmen, den 24. Oktober 1865

Lieber Wilhelm.

Schon am vorigen Sonnabend würde ich Dir geschrieben haben, aber ich wollte vorher abwarten, bis Du den Beginn der Privatstunden anzeigen würdest. Aus Deinem heute angekommenen Briefe geht hervor, daß die französ[ischen] Privatstunden begonnen haben. Ich hätte Herrn Zahn gebeten, er möchte Dir vor allem auch täglich eine halbe Stunde Privatunterricht im Lateinischen geben lassen, wenn er dies auch für rätlich hielte. Er war mit mir einverstanden, damit Du, wenn Du fleißig wärest, Dich in die III. Klasse hinaufarbeiten könntest, wohin Du Deinem Alter nach gehören müßtest. Vom Beginn der latein[ischen] Privatstunden schreibst Du aber nichts. Diese Privatstunden bringen uns nun wieder viele neue Kosten. Hoffentlich bist Du jetzt auch doppelt eifrig, damit das vorgesteckte Ziel auch wirklich erreicht und das Geld nicht umsonst ausgegeben wird. Das franz[ösische] N[eue] Test[ament] folgt hierbei. Es freut mich, daß H[er]r Offerdinger das bereits Gelernte darin tüchtig mit Dir wiederholen und durcharbeiten will. Hoffentlich erhalte ich die Freude, daß Du zu Weihnachten die früher schon gelernten Kapitel aus der Apostelgeschichte recht gut inne hast und auswendig hersagen kannst. Bei einer fremden

Sprache ist das Auswendiglernen ganzer Stücke eine Hauptsache, damit sich das Ohr und der Mund an die fremden Laute gewöhnt und man so auch wirklich die fremde Sprache sprechen lernt. Wenn man eine fremde Sprache bloß lesen lernt, so ist das, wie wenn man ein Kapital ausliehe und nur die halben Zinsen bekäme. Aber was gelernt wird und zwar alles, muß auch gut gelernt werden. Etwas lernen und es nicht behalten, das ist gerade so, wie wenn einer eine gewisse Zeit arbeitet, aber den Lohn in eine durchlöcherte Tasche steckt und daher verliert: er hat also vergebliche Mühe gehabt.

Die latein[ische] Grammatik, welche Du mitgenommen hast, aber jetzt nicht brauchst, schicke doch gelegentlich wieder zurück, d.h. wenn Du auch andere Sachen zu schicken hast.

Ist am Vinn (in der Nähe des Waisenberges) der neue Lehrer, H[er]r Meiners, bereits eingezogen? Wenn ja, so bemerke das in Deinem nächsten Briefe. H[er]r Meiners ist mir befreundet; ich schreibe zuweilen an ihn und kann dann den Brief an ihn Deinem Briefe beilegen und so das Porto sparen.

Hast Du das mitgenommene Enchiridion noch zuweilen gebraucht? Es würde mir lieb sein, wenn Du die bibl[ische] Geschichte, welche ihr in der Stunde erzählen müßt, oder jede Woche wenigstens eine oder zwei vor der Stunde oder nachher nach dem Fragebüchlein durchlesen wolltest. Das würde Dir zum Behalten der Geschichte und zum Verstehen gute Dienste tun; die angeführten Bibelsprüche mußt Du dabei auch aufschlagen und dem Sinne nach einprägen.

Müßt ihr auch für die Religionsstunde Sprüche, Psalmen und Lieder auswendig lernen? Notiere mir dieselben doch jede Woche auf dem Blättchen, damit ich zu Weihnachten sehen kann, was ihr gelernt habt und ob Du auch alles gut behalten hast.

Gibst Du auch in der Religionsstunde und in der Sonntags-Andacht gut Achtung? Wenn dabei ein Gedanke (Satz oder Spruch) vorkommt, von dem Du denkst, den wolltest Du ja lebenslang behalten, so merke Dir ihn auch recht wohl. Und wenn Du dann schreibst, so teile mir auch zuweilen mit, welchen Gedanken Du Dir einmal besonders gemerkt hast.

Bist Du auch gegen Deine Lehrer freundlich und gehorsam ohne heimliches Murren? Die Lehrer stehen jetzt an Stelle Deiner Eltern und sind die, durch deren Hand Dich Gott regieren will. Wer darum seine Eltern und Vorgesetzten verachtet, der verachtet Gott selber; wer sie aber ehret und zwar nicht allein vor Augen, um den Menschen zu gefallen, sondern um Gottes Willen, den wird Gott wieder ehren.

Hast Du schon einmal an die Großmutter in Sellscheid geschrieben? Tu es gelegentlich, doch hat es gar keine Eile. Du mußt nur Briefe schreiben, wenn Du gut die Zeit und Deine Arbeiten fertig hast. Wenn Du an die Großmutter schreibst, so mußt Du Dich auch nicht mit ein paar Zeilen begnügen, sondern den Bogen auch ordentlich voll machen. Du kannst ja an einem Samstag oder Sonntag etwas daran schreiben, und dann über 8 oder 14 Tage das übrige. Den Brief kannst Du an den Oheim Albert adressieren.

Vor allem, lieber Wilhelm, laß mich wieder fragen, ob Du das Beten nicht vergissest, das Beten für Dich und alle Deine Angehörigen. All Dein Anliegen und Deine Arbeiten befiehl in Gottes Hand, daß Sein Segen und Sein Geist nicht von Dir weiche.

Gedenke des Ziels!

In herzlicher Liebe
Dein Vater

F. W. Dörpfeld

Dörpfelds ältester Sohn besuchte von Oktober 1865 bis September 1868 die mit einem Internat verbundene Privatschule Zahns in Fild bei Moers, an der zwanzig Jahre zuvor D.

selber Lehrer war. Die Zahnsche Erziehungsanstalt bereitete auf die höheren Klassen der Realschule vor; die für das Gymnasium z.B. notwendige Vorbereitung in Latein mußte in zusätzlichen Privatstunden erfolgen. Über die Erziehungsvorstellungen, die D. dabei bestimmten, äußerte er sich gegenüber einem Freund (Ca 270 f): „Ich habe meinen Sohn Wilhelm vom 12. Jahre an seinen Weg gehen lassen, aber doch ihn im Auge behalten. Es ist nicht gut, einem Knaben zu nahe auf der Ferse zu sein, man darf ihn nur nicht aus den Augen verlieren".

92

An unbekannt

Barmen, Herbst 1865

Einem „lieben alten Freund" dankt D. für einen Brief und sucht ihn angesichts der Krankheit, von der das Schreiben berichtet hatte, zu trösten. Auch er, D., habe im vergangenen Jahr wochenlang ruhelose Nächte gehabt. Aber das Jahr sei nicht unglücklich gewesen, weil es nicht trostlos war. Denn Gott beweise sich dort als ein Vater seiner Kinder, wo sie seine Züchtigungen erdulden müßten.

Hinweise auf mehrere Stellen der Schrift, die von Angst, Unrecht, Krankheit und Tod handeln.

93

An Emanuel Höfler, Barmen

Düsseldorf, Herbst 1865

Aus gesundheitlichen Erwägungen sieht sich D. veranlaßt, an einer gemeinsam vorgesehenen Reise nach Den Haag nicht teilzunehmen. Er läßt die mitreisenden Freunde und Lehrer Rumscheidt in Holland grüßen.

94

An Peter Diehl, Dortelweil

Barmen, 19. Januar 1866

Hinweis auf Dörpfelds Aufsatz über die siebzehnjährige Geschichte des Evangelischen Lehrervereins im EvSchlBl 10 (1866), S. 1 ff. „Da ich noch nicht viel schreiben darf, so werden Sie ermessen, unter welchen Mühen diese ‚Umschau' zustandegekommen ist". Außerdem habe er für den Minister von Mühler eine Anweisung zum Gebrauch des Enchiridions niederschreiben müssen (Brief 109). („Die genetische Methode des christlichen Religionsunterrichts" abgedruckt im gleichen Jahrgang, S. 321 ff).

Aufsätze über einen heißen Konferenz- und Zeitungsstreit in der Elberfelder Zeitung legt er mit der Bitte um Rückgabe bei.

Die Redaktion des EvSchBl habe er wieder selbst übernommen. Seminardirektor Bayer habe sich als Mitredakteur nicht bewährt. Überdies wollte er schließlich nur dann weiterhelfen, wenn ihm das Blatt als Eigentum übergeben würde. Das habe D. hart an seine Schulmeisterehre gegriffen.

Berichtet über die Geburt des Sohnes Johannes und die „Güte" des Barmer Oberbürgermeisters Bredt, zu seiner Schonung und auf städtische Kosten ein Jahr lang einen „überzähligen Lehrer" zur Verfügung zu stellen.

95

An Heinrich von Mühler, Berlin

Barmen, 9. Februar 1866

Ew. Exzellenz
beehre ich mich, hiermit auch eine „Freie Umschau über die 17jährige Geschichte des evangelischen Lehrervereins in Rheinland-Westfalen" gehorsamst zu überreichen. Wenn Ew. Exzellenz es gestatten dürfen, so möchte ich mir zugleich erlauben, ein paar confidentielle Bemerkungen daran zu knüpfen.

Das Schriftchen enthält ein nicht unbedeutendes Stück Schulgeschichte, worüber freilich aus den Verwaltungsakten und den „beinahe allwissenden" Zeitungen wenig wird zu erfragen sein. Was mich veranlaßt, mir die Freiheit zu nehmen, Ew. Exzellenz diesen Bericht zur gütigen Kenntnisnahme anzubieten, ist einzig der Gedanke, daß derselbe manches enthält, was Ihnen Freude machen könnte. Allerdings hat die hier dargestellte Geschichte auch eine Kehrseite. Die Bestrebungen des evangelischen Lehrervereins haben viel Widerstand gefunden und finden ihn noch; überdies sind sie von Seiten der Kirche wenig und von Seiten des Schulregiments gar nicht unterstützt worden. Ein ordentlicher Bericht über diese Kehrseite würde wohl noch umfangreicher werden, als der vorliegende ist.

Von dem Widerspruch, den gerade die jüngeren und hoffnungsreichsten Untersuchungen des Vereins, die sog. Bibelkonferenzen, erfahren haben und noch erfahren, können die anliegenden Stücke aus einem noch andauernden Zeitungskampf deutlich Zeugnis geben. Es sind zwei Artikel von unserer Seite. Nach meiner Überzeugung wird dieser Kampf dahin auslaufen, daß nun auch die halben und ganzen Anhänger der „Fortschritts-Pädagogik" in beiden Provinzen sich zu sammeln, zu konzentrieren und eine Schulzeitschrift nach ihrem Geschmack zu gründen suchen werden. Natürlich bekommt das heimische Publikum über diese Tendenzen nur zahme, sogar etliche fromme Phrasen zu hören; auch fehlt es an den obligaten Staubwirbeln nicht, welche die Sache, um die es sich handelt, verdecken können. Bei dem großen Vorsprunge, den der evangelische Lehrerverein genommen hatte, würde das, was jetzt auf der Gegenseite im Entstehen begriffen ist (aber noch geheimgehalten wird), leicht haben verhindert werden können, wenn die heimischen Schulwächter ein Auge hätten für das, was auf dem Schullande „Kraut" und „Unkraut" ist oder nicht so behaglich schliefen. Jetzt ist's zu spät – „es ist also gewandt".

Mit der angelegentlichen Bitte, die vorstehenden confidentiellen Äußerungen gütigst entschuldigen und zum besten deuten zu wollen, empfiehlt sich unter Versicherung vorzüglicher Hochachtung

Ew. Exzellenz ganz gehorsamster
F. W. Dörpfeld

Als Anlagen sind beigefügt: drei Exemplare des Sonderdrucks „Freie Umschau" (EvSchBl 10, 1866, S. 1–16, 34–54); drei Mitgliederverzeichnisse des Vereins vom Dezember 1864, die 372 Mitglieder in 32 „Circularkreisen" aufführen; Einzelnummern der Elberfelder Zeitung (Nr. 359/Jg. 1865, Nr. 4, 2. Ausg., Nr. 26 und Nr. 33, 2. Ausg., alle Jg. 1866), die Näheres über Auseinandersetzungen in der Allgemeinen bergischen Lehrerkonferenz berichten.

Marginalie zum obigen Brief: „Zu den Akten der Unterrichts-Abteilung, da der Absender für freie Vereinstätigkeit irrtümlich eine Einwirkung der Behörde erwartet, nach Inhalt der Eingabe aber eine Erwiderung nicht angemessen erscheint. St[iehl]"

Abgezeichnet: „v[on] M[ühler]"

Zentrales Staatsarchiv Merseburg, Rep. 76 VII Sekt. XXV bb Nr. 5.

96
An Ludwig Emil Mathis, Berlin

Barmen, 10. Februar 1866

Eine ergebenste Mitteilung des Lehrers
F. W. Dörpfeld in Barmen in betreff des
von ihm herausgegebenen Enchiridions
der biblischen Geschichte

Ew. Exzellenz haben die Gewogenheit gehabt, durch ein geehrtes Schreiben vom 17. März v.J. mir mitzuteilen, daß der hochwürdige Evangelische Ober-Kirchenrat mit Interesse von dem von mir herausgegebenen Enchiridion der biblischen Geschichte Kenntnis genommen habe und beabsichtige, sowohl die sämtlichen Königl. Consistorien auf das Büchlein aufmerksam zu machen als auch hinsichtlich der Schulen mit dem H[er]rn Minister der geistlichen etc. Angelegenheiten darüber in Verbindung zu treten.

Indem bereits früher Ew. Exzellenz ich für diese dem Schriftchen geschenkte Teilnahme meinen verbindlichsten Dank ausgesprochen habe, möchte ich diesen Dank jetzt auch ein wenig durch die Tat beweisen [und] in diesem Sinne mir erlauben, Ew. Exzellenz eine zweite, eingehendere Abhandlung über Zweck und Gebrauch des Enchiridions abschriftlich gehorsamst zu überreichen.

Diese Abhandlung ist in der Form, wie sie in Abschrift hier vorliegt, zunächst für den H[er]rn Minister der geistlichen etc. Angelegenheiten bestimmt und vor wenigen Tagen dorthin abgesandt worden. Der H[er]r Minister hatte die Güte gehabt, mir ein von einem ‚erfahrenen Schulmann' amtlich erstattetes ‚Gutachten' über das Enchiridion mitzuteilen und auf Grund desselben mir anheimgestellt, das Fragebüchlein noch durch eine Anzahl eingestreuter Fragen für das tiefere Verständnis zu ergänzen und zugleich eine genaue Anweisung über den Gebrauch desselben herauszugeben, beides aber lediglich als eine Handreichung für den Lehrer.

Innerhalb des landläufigen pädagogischen Gedankenkreises zeigte sich mir der Verf[asser] des Gutachtens allerdings als ein erfahrener, einsichtiger Mann, aber für die darüberhinausliegenden Erfahrungen und neuen Gedanken so unzugänglich, daß man fast erschrecken mußte. Die Prüfung, welche das Enchiridion im Gutachten erfahren hat, nimmt sich etwa so aus, wie wenn jemand ein ihm präsentiertes Messer bloß darauf hin untersuchte, ob das Heft bequem in der Hand sitzt, während er die Hauptsache, die Klinge, bloß nach dem Augenschein taxierte.

Der Hauptzweck des Fragebüchleins, die Selbsttätigkeit des Schülers für eine sinnige und doch sichere Repetition der biblischen Geschichte in Anspruch zu nehmen, wird im Gutachten teils verkannt, teils bestritten und zwar letzteres mit so allgemeinen Bedenken, daß dieselben in ihrer Konsequenz nur das mündliche Wort des Lehrers als Unterrichtsmittel übriglassen und alle Bücher verbannen würden. Diese Differenz zwischen dem Gutachten und dem Enchiridion offenbart deutlich zwei sehr verschiedene pädagogische Standpunkte. Es ist dieselbe Differenz, welche weiland den trefflichen von Raumer verleitete (Geschichte der Pädagogik, S. 360), das von Pestalozzi eiligst akzeptierte, freilich sehr einseitig klingende Wort Glayres über dessen Methode „Vous voulez mechaniser l'education" lediglich dem Gespötte der Nachwelt zu empfehlen und ihm die ungleichseitigere Phrase „la methode c'est moi" gegenüberzustellen, eine Phrase, die in der pädagogischen Übersetzung offenbar nicht besser ist als im politischen Grundtext.

Die in dem Gutachten gewünschte nähere Anweisung zum Gebrauche des Enchiridions ist in Bemerk[ung] 3 der anliegenden Abhandlung ausreichend gegeben. Dem andern Wunsche nach einer Ergänzung des Enchiridions durch vermehrte Verständnisfragen konnte ich einstweilen mit gutem Gewissen noch nicht nachkommen, weil dies da, wo der Lehrer das Enchiridion bloß zum Dozieren, nicht aber zum Repetieren gebrauchen wollte, faktisch die Wirkung haben würde, daß die Lehrer noch mehr dozierten, die Schüler dagegen desto weniger lernten. Der beiliegende Aufsatz befaßt sich indessen mit den Bedenken des Gutachtens nicht weiter, als es die schuldige Dankespflicht gegen den geehrten Verf[asser] erforderte; im übrigen geht sie ihren eigenen Weg.

Dieses zweite Wort über das Enchiridion ist insonderheit darum nötig geworden, um unmißverständlich ins Klare zu stellen, daß es sich bei diesem Fragehefte und dem dasselbe tragenden und umschließenden Lehrverfahren um einen neuen Gedanken handelt, der in der Theorie und Praxis des biblischen Geschichtsunterrichts durchbrechen will.

Er läßt sich in folgende drei Thesen zerlegen:

1. in psychologisch-didaktischer Hinsicht: der Unterrichtsgang muß genetisch sein, d.h. hier, die Heilsgeschichte ist die beste Heilslehre.
2. hinsichtlich der Natur des Lehrgegenstandes: die biblischen Schriftsteller sollen als das, was sie sind, als die religiösen Klassiker (aller Zeiten und Völker) behandelt und die Kinder zu einem intimen und fleißigen Umgange mit diesen Zeugen Gottes angeleitet werden.
3. hinsichtlich der methodischen Hülfsmittel: für die biblische Geschichte insbesondere, aber auch in jedem andern Lehrfache, wo es sich um Erfassung und Durcharbeitung eines Wissensmaterials handelt, ist ein gutes Repetitions-Frageheft für den Schüler ein unersetzliches Lernhülfsmittel.

Diese drei Grundsätze sind es, womit die anliegende Abhandlung hauptsächlich sich befaßt. Ich glaube zu wissen, was und wieviel ihrer unumwundenen Anerkennung auf dem Schulgebiet noch im Wege steht. Allein wenn auch nicht bloß 7, sondern 70mal 7 gelehrte Schulmänner, vor deren Einsicht mein Verstand sich bücken müßte, meinem Grundgedanken einstimmig widersprächen, so würde ich im vorliegenden Falle dennoch, zwar in aller Bescheidenheit, aber getrost und entschieden sagen: er wird doch durchdringen.

So wünsche und hoffe ich denn auch, daß, wenn Ew. Exzellenz die anliegende Abhandlung einer näheren Notiznahme würdigen wollen, Sie bald die Überzeugung gewinnen werden, daß der hochwürdige Evangelische Ober-Kirchenrat es sich nicht braucht gereuen zu lassen, dem kleinen Enchiridion eine freundliche Teilnahme geschenkt zu haben, wie ich denn ebenso wünsche und hoffe, auch der H[er]r Minister werde schließlich zu der Ansicht kommen, daß dem von mir vertretenen Lehrverfahren mindestens ebensoviel Raum und Recht auf dem Boden der Regulative gebühre als der sog. schlesisch-brandenburgischen Schule, die bisher allein im ministeriellen ‚Centralblatte' privilegiert war.

Nach einer nochmaligen Bearbeitung, wobei namentlich das auf das Gutachten Bezügliche auszuscheiden ist, wird das hier in Abschrift beiliegende Manuskript im Ev. Schulblatte abgedruckt werden. Sollten Ew. Exzellenz gestatten wollen, Ihnen dann eine Anzahl Abdrucke zu übersenden, so werde ich nicht verfehlen, dieselben, etwa ein Dutzend oder nach Erfordern auch mehr, gehorsamst zur Verfügung zu stellen.

Von der 2. Auflage des Enchiridions, die in der Mitte des vorigen Jahres erschienen ist, beehre ich mich, hier schon einige Exemplare zur gef. Kenntnisnahme zu überreichen. Infolge einer empfehlenden Rezension des Enchiridions von dem kath. Schulrat Dr. Kellner in Trier hat ein hiesiger katholischer Lehrer nach vorheriger Rücksprache mit H[er]rn Dr. Kellner sich entschlossen, das Frageheft für kath. Schulen zu bearbeiten, d.h. es dem in den rheinischen kath. Schulen eingeführten Historienbuche genau anzupassen. Die Arbeit ist fertig und wird, nachdem H[er]r Schulrat Kellner sie vorher durchgesehen hat, sofort in Druck gegeben werden, H[er]r Dr. Kellner hat dem betreffenden Lehrer versprochen, daß er mit allen Kräften für die Verbreitung des Büchleins eintreten werde. Wie H[er]r Dr. Kellner der erste preuß[ische] Schulrat ist, der sich öffentlich unumwunden für das Enchiridion ausgesprochen, so werden wir allem Anscheine nach das zweite Seltsame erleben, daß ein von einem evangel. Lehrer für den Religionsunterricht bearbeitetes Lehrmittel zuerst in katholischen Schulen amtlich eingeführt wird.

Ew. Exzellenz fernerer Wohlgewogenheit ergebenst sich empfehlend, zeichnet unter Versicherung vorzüglicher Hochachtung

Ew. Exzellenz ganz gehorsamster
F. W. Dörpfeld, Hauptlehrer

Namens des EOK ersuchte Präsident Mathis D. am 9.3.1866, zur Weitergabe an die Konsistorien der preußischen Monarchie um zehn Exemplare der Abhandlung, sobald sie gedruckt sei. Dem Entwurf des Schreibens vom 9.3. ist folgende aufschlußreiche Aktennotiz des Oberkonsistorialrats Dr. Twesten, abgezeichnet am 1.3., angefügt: „Vorstehendes Schreiben habe ich zwar mit gezeichnet, möchte aber doch anheimstellen, ob, da das Dörpfeldsche Buch offenbar sich des Beifalls des Herrn Ministers der Unterrichtsangelegenheiten und der mit ihrer Leitung beauftragten Ministerialräte nicht erfreut, vielmehr mit den von diesen vertretenen didaktischen Prinzipien in einem gewissen Gegensatze zu stehen scheint, es ratsam sein möchte, durch unsere Empfehlung die Konsistorien in einen Gegensatz gegen die Richtung der mit der Leitung des Unterrichtswesens beauftragten Behörden zu verwickeln, zumal da das Dörpfeldsche Buch doch mehr auf ein Bedürfnis der Schullehrer als der Geistlichen berechnet zu sein scheint". Die Aktennotiz des Oberkonsistorialrats Thielen vom 8.3. bemerkt dazu: „Bei dem Entwurf der obigen Verfügung war es, wie auch bei dem Vortrag bemerkt worden ist, nicht die Absicht, die neueste Schrift des p. Dörpfeld den Konsistorien zu empfehlen, sondern nur ihnen einfach zur Kenntnis zu geben, wobei ihnen noch gesagt werden soll, daß eine weitere Verbreitung desselben nicht in unserer Absicht liege. Herr Korreferent hat sich mit dieser Beschränkung einverstanden erklärt."

D.s Abhandlung ‚Die genetische Methode des christlichen Religionsunterrichts. Zweiter Artikel. Zugleich als zweites Wort über Zweck und Gebrauch des biblischen Enchiridions' erschien im EvSchBl 10 (1866), S. 321–380. Die gewünschten Sonderdrucke schickte er am 6.2.1867 (Brief 109).

Archiv EKU, Gen. XIX,2 Bd. III, Bl. 123 ff.

97

An Christine Dörpfeld, Barmen

Boppard, 14. Juni 1866

Teilt die Abfahrt nach Saarbrücken mit.

98

An Christine Dörpfeld, Barmen

Saarbrücken, 17. Juni 1866

Ankunft in Saarbrücken, wo D. bei seinem Freunde W. Hollenberg wohnt. Er erhofft Besserung durch Hollenbergs Hausarzt, der selbst an Asthma leidet. Anweisungen, ein bestimmtes Honorar, das D. von Bertelsmann erwartet, zu verteilen. Höfler soll Manuskripte für Nr. 7 des EvSchBl nach Gütersloh schicken.

99

An Christine Dörpfeld, Barmen

Saarbrücken, 23. Juni 1866

D., dessen Befinden Fortschritte mache, erwartet die Übersendung von Wäsche, da er Frau Hollenberg nicht noch einmal bitten möchte, zu waschen. Ferner wünscht er einige Exemplare des Konservativen Volksfreundes, um sich über die politischen Ereignisse zu informieren, ein Dutzend Exemplare des Flugblattes ‚Deutschlands Rückgrat' und ebensoviele Hefte ‚Sieben Gebete in Kriegesnoth'.

100

An Christine Dörpfeld, Barmen

Saarbrücken, 27. Juni 1866

Meine herzlich geliebte Mama.

In dem letzten kurzen Briefe (vom Samstag) versprach ich, Euch beim nächstenmal ausführlicher zu schreiben, damit Ihr Euch besser vorstellen könnt, wo ich bin und wie meine Zeit verbracht wird. Das soll nun geschehen.

Saarbrücken ist ein Städtchen von etwa 7000 Einwohnern an der Saar, die aus Frankreich kommt und bei Trier in die Mosel fließt. Die Saar ist etwa so groß wie die Ruhr, es fahren auf ihr kleine Schiffe, namentlich Kohlenschiffe, gerade wie auf der Ruhr. Saarbrücken gegenüber liegt ein anderes Städtchen, St. Johann, welches etwa halb so viel Einwohner hat.

Das Saartal ist breit, etwa wie in Mülheim a.d. Ruhr oder in Wetter und Witten. Die Berge sind nicht so hoch wie die an der Wupper, aber meist mit schönen Wäldern bedeckt. Überhaupt gibt es wohl nirgend in ganz Deutschland so viel schönen Wald, besonders Buchenwald, als hier. Das ist mir nicht bloß angenehm, sondern auch nützlich, weshalb ich denn auch fleißig durch die Wälder streife. Für mein Übel wären freilich Tannenwaldungen wie im Schwarzwald noch besser. Der Arzt bedauerte sehr, daß ich nicht nach Baden gehen könnte oder wollte. Wenn ich so durch die Waldungen gehe, so fühle ich mich sehr wohl, und nur der Gedanke, daß ich so weit von Euch entfernt bin und nicht weiß, wie es Euch geht, drückt mich dann noch und macht mir häufig die Augen naß. Hollenberg hat viel freie Zeit und kann mich daher häufig begleiten; doch gehe ich auch viel allein, namentlich des Morgens früh von 5 bis 8 Uhr.

Hinter der Stadt erheben sich sofort die Berge. Diese sind vom Fuße bis zum Gipfel mit Gärten bedeckt, die sehr sorgfältig gepflegt werden, weil hier viele vermögende Leute wohnen, und jetzt im schönsten Rosenschmucke stehen. Auf der Hochfläche der nächsten Berge liegt zunächst Feld an Feld, über eine Stunde weit. Zu den Waldbergen hier muß man erst 1/4–1/2 Stunde von der Stadt aus die Saar aufwärts oder abwärts gehen.

Saarbrücken liegt auf der linken Seite der Saar nach Frankreich zu. Auf der anderen Flußseite, eine Viertelstunde von St. Johann abwärts, sieht man ein kleines Örtchen, Malstadt, wo unsere Fräulein Geibel her gebürtig war und wo ihr Vater als Lehrer steht. Ich bin noch nicht dort gewesen, hoffe aber vor meinem Weggange, den alten Geibel besuchen zu können.

Wir sind hier eine Stunde von der französischen Grenze und zwei Stunden von der baierischen (die Pfalz). Wir sind schon einmal nach Frankreich hinüberspaziert. Wir nahmen den kürzesten Weg gerade über den Berg durch die Felder; da es aber gerade sehr heiss war, so hat mich diese französische Tour nicht sonderlich erfreut. Die Leute in den benachbarten französ[ischen] Provinzen Lothringen und Elsaß, wenigstens die Leute auf dem Lande, sprechen alle deutsch wie hier und in Oberbaden und in der Schweiz; es ist der sogenannte alemannische Dialekt. Die Landleute hier in der ganzen Gegend sehen viel gesunder und kräftiger aus als bei uns im Bergischen. Schwarzbrot kennt man hier nicht; auch ißt man keine Butter auf dem Brod, sondern ißt dieses trocken oder mit Käse. Ich will sehen, ob ich auch ein hiesiges Brod mit einpacken kann. (Randbemerkung: Das beifolgende Brod kostet 3 3/4 Silbergroschen). Im benachbarten Frankreich, wo viel Wein wächst, bekommen die Dienstleute des Morgens keinen Kaffee, sondern Brod und Wein; Kaffee trinkt bloß die Herrschaft.

Drei Stunden von hier abwärts auf Trier zu liegt die Festung Saarlouis. Hier liegt in gewöhnlichen Zeiten auch etwas Militär, eine Schwadron Kavallerie; diese ist aber jetzt ins Feld gerückt. In den ersten Tagen, als ich hier war, kam auf einmal der Lärm, die Baiern seien von der Pfalz aus auf dem Marsche hierher. Alles geriet in Unruhe, und die Nachricht lief von hier aus durch die Zeitungen bis nach Berlin, nur mit dem Zusatze, die Baiern hätten schon Saarbrücken besetzt. Hier wurden die Postkassen und andere öffentliche Kassen auch schon nach Saarlouis geschafft. Kurz darauf kam auch Militär von Saarlouis hierdurch, um die baierische Grenze zu besetzen. Zu derselben Zeit fand hier eine Bibelkonferenz statt, an welcher auch zwei baierische Lehrer teilnahmen. Als nun dieser Lärm erwähnt wurde, erzählten diese Lehrer zu aller Ergötzen, daß zu gleicher Zeit die Leute in der Pfalz erzählt hätten, die Preußen seien im Anmarsche und daß sie (d.h. die geringen Leute) gar sehr in Angst gewesen wären, wie wenn die Preußen Räuber und Mörder wären. Nachgerade ist man auf beiden Seiten ruhiger geworden und macht nun Scherze über die frühere Angst. Schließlich hat sich auch herausgestellt, woher der Lärm über das Anrücken der Baiern entstanden war. In einem benachbarten pfälz[ischen] Städtchen fand nämlich ein großes Festessen der Kaufleute und Grubenbesitzer der hiesigen Gegend statt. Bei Tische war viel von dem beginnenden Kriege die Rede, und unter anderm erzählte einer die Zeitungsnachricht, die Baiern sind jetzt bereits auf dem Marsche nach Bamberg (Bamberg ist eine Stadt im nördlichen Baiern, wo die sogenannten Reichstruppen sich sammeln sollten). Einer der aufwartenden Kellner verstand statt Bamberg Bambach. Bambach aber ist ein kleines Örtchen in hiesiger Gegend an der pfälzischen Grenze. Nun hatte der Kellner nicht Eiligers zu tun, als seine aufgeschnappte Neuigkeit schnell in die Küche zu tragen, und von dort lief sie schnell weiter bis in alle Orte der Gegend: die Baiern sind auf dem Marsche über Bambach nach Saarbrücken. Die Baiern haben sich aber klugerweise im Preußischen nicht sehen lassen.

Unter den hiesigen Gymnasiallehrern habe ich auch zwei alte bergische Landsleute gefunden, einen 60jährigen namens Küppers aus der Gegend von Solingen und einen von etwas jüngeren Jahren namens Goldenberg aus der Gemeinde Dhün. Der letztere war mir dem Namen nach längst bekannt durch seine Verwandten von Haltenberg in Dhün, die früher häufig nach Sellscheid zu dem alten Tempelmann kamen und von dem Lehrer Goldenberg in Saarbrücken gelegentlich erzählten. Diese beiden Alten sind mir als ihrem Landsmann sehr zugetan und bemühen sich, mich zu unterhalten und in der Gegend umherzuführen. Der hiesige Arzt rät mir, den Aufenthalt hier zu einer Trinkkur zu benutzen, und zwar mit Kissinger Wasser zur Restaurierung des Magens. Ich habe mit dieser Woche angefangen und trinke frühmorgens beim Spazierengehen nach und nach einen halben Krug. Mit Gottes Hilfe wird mir die Kur, wie ich hoffe, guttun. Ich muß aber an 14 Tagen damit fortfahren. Es fällt mir wohl schwer, solange noch von Euch entfernt weilen zu sollen; aber ich will mich in Geduld und auf Hoffnung zu fassen suchen. Die Kur ist hier in der Tat äußerst bequem. Hollenberg hat zwar keinen Garten beim Hause, wo ich des Morgens während des Wassertrinkens spazierengehen könnte, allein unmittelbar neben unserer Wohnung liegt das Lokal der ersten städt. Gesellschaft, welcher Hollenberg angehört. Diese Gesellschaft hat einen großen, schönen Garten, mehrere Morgen groß, mit alten schattigen Baumanlagen bepflanzt. Da kann ich nun früh und spät nach Herzenslust im Schatten mich ergehen und durchaus ungestört, da selbst die Gesellschaftsmitglieder, die am Abend kommen, sich fast nur im Hause aufhalten oder auf der Kegelbahn. So ist der große Garten gleichsam mein Reich, in dem ich mich umhertreibe und ungestört an Euch denken kann, wenn es zu weit oder zu warm ist, um die Wälder aufzusuchen. Und da nun seit acht Tagen hier das prächtigste Wetter ist und Frau Hollenberg für mich sorgt, wie es einem Kurgast gebührt, so habe ich also eine Badekur, wie sie billiger und besser nirgend zu haben ist.

Gelobt der treue, gnädige Gott, der so liebevoll für mich sorgt. Wenn ich nur wüßte, daß es Euch unterdessen auch gutgeht!

Es ist heute Dienstag, wo ich den Brief schließe; gestern wurde ich nicht fertig, weil mich Brandt, der wegen der Wahlen keine Schule hatte, zu sich einlud. Von morgens 10 Uhr bis abends 7 Uhr war ich dort. Er hat sieben Kinder, fünf Knaben und zwei Mädchen; ein Kind ist gestorben und sie haben bald ein neues zu erwarten. Die Kinder machen einen sehr angenehmen Eindruck; sie sind, wie auch Hollenberg sagt, sehr wohl erzogen, und die ältesten berechtigen schon zu schönen Hoffnungen. Der Erstgeborene, etwa 17 Jahre alt, ist in Prima des Gymnasiums, der zweite hat beinahe die Gewerbeschule durchgemacht, und die darauf folgende Tochter ist schon eine getreue Gehilfin der Mutter außer den Schulstunden. Sie spielt viel besser Klavier als unsere Anna; der älteste Bruder Samuel, der sehr fertig spielt, treibt sie zum fleißigen Üben an.

Am Nachmittag machten wir, Brandt mit seiner Frau und ein paar kleineren Kindern, einen Spaziergang auf einen benachbarten Berg. Der kleine Paul, der bald merkte, daß ich ein Freund der Blumen war und dem ich einen großen Stock abgeschnitten hatte, wollte sich dankbar beweisen und trug mir nun mit seiner Schwester Elisabeth einen Haufen Blumen nach dem andern zu, so daß ich sie kaum zu lassen wußte. Ich habe ihnen versprochen, auch der Agnes und der Christine einige Blumen von hier mitzubringen, wenn ich heimkehre.

So viel für heute. Wie geht es Herrn Joos? Hoffentlich erholt er sich in Elberfeld wieder. Ich glaube, seine Krankheit ist nicht minder gemütlicher als leiblicher Art. Gott sei ihm nahe mit seinem Trost und Frieden. Laßt ihn herzlich von mir grüßen.

Auch Ihr, meine lieben Kinder, seid herzlich gegrüßt. Macht Eurer Mutter durch Gehorsam Freude und gedenkt auch meiner im Gebet. Das Gebet der Kinder vermag viel, wenn es ernstlich ist; denn der Herr selber spricht, daß Gott aus dem Munde der jungen Kinder und Säuglinge sich eine Macht schaffe, eine Heeresmacht wider seine Feinde. Gedenkt auch des lieben Königs und aller, die im Kriege stehen und schwer leiden müssen, daß Gott uns bald Sieg und Frieden gebe. Möchten doch Anna und Agnes die Psalmen im Gebetsheftchen lernen und fleißig beten. Schreibt dies auch dem Wilhelm. Ich gedenke seiner auch alle Tage mit dem Gebet „Breit aus die Flügel bei etc".

Und Du, meine herzliebe Mama, sei mir auch herzinnig gegrüßt. Gott stärke und tröste Dich in diesen schweren Tagen, die uns nun seit Jahresfrist auferlegt sind. Halten wir fest den starken Trost: Keiner wird zuschanden, der seiner harret; Er hilft den Elenden herrlich (Psalm 25: P. 149). Ich freue mich schon gern in Hoffnung auf den Tag der Heimkehr, so ich Deine liebe Hand wieder fühlen und an mein Herz Dein treues Herz drücken kann, das mich je und je mehr liebt als sich selber, dem ich seine unermüdliche Fürsorge nimmer genug danken kann und darum dem befehle, der aller treuen, unvergoltenen Liebe bester Lohn selber ist.

Euer Euch herzlich liebender,
dankbarer Vater
F. W. Dörpfeld.

NB: Schreibt dem Wilhelm, er möge sich eine Schmetterlingssammlung anlegen, aber er müsse von jedem Schmetterling den Namen seiner Art, seiner Gattung und seiner Familie lernen und aufschreiben.

Sagt Herrn Höfler, er möge den II. Aufsatz von Inspektor Petersen über Fichte noch nach Gütersloh schicken und diesen statt des Rechenaufsatzes von Büttner drucken lassen, wenns nicht zu spät ist. Da nämlich der I. Teil des Petersenschen Aufsatzes schon im Märzheft (oder Aprilheft) erschienen ist, so muß man sorgen, daß die Arbeit vollends gedruckt wird. Irre ich nicht, so hat Petersen auch schon den III. Teil gesandt; H[er]r Höfler muß deshalb wohl zusehen, daß er die rechte Fortsetzung nach Gütersloh schickt.

Aus Versehen war eine Seite dieses Bogens leer geblieben. Ich wollte deshalb ein kleines Kärtchen über meine Reise darauf zeichnen. Jetzt ist auch diese letzte Seite noch voll geworden; darum lege ich ein gedrucktes Eisenbahnkärtchen bei.

Über Saarbrücken im 19. Jahrhundert orientiert allgemein: A. Ruppersberg, Geschichte der Stadt Saarbrücken und St. Johann von 1815–1909, der Stadt Malstatt-Burbach und der vereinigten Stadt Saarbrücken bis zum Jahre 1915, Saarbrücken 1914 (= Geschichte der ehemaligen Grafschaft Saarbrücken, Teil III, Bd. 2). Eine spezielle Untersuchung über die Stadt um 1866 liegt nach Auskunft des Stadtarchivs (16.5.1973) nicht vor.

Der „Petersensche Aufsatz" betrifft die Abhandlung des Seminarinspektors Petersen aus Kaiserslautern „Erinnerung an Fichtes Reden an die deutsche Nation im Hinblick auf das Werk der Erziehung". In: EvSchBl 10 (1866), S. 96 ff, (I. Teil); 257 ff. (II); 297 ff (III).

101

An Christine Dörpfeld, Barmen

Saarbrücken, 7. Juli 1866

Herzlich geliebte Mama, liebe Kinder.
Gestern sind Eure Briefe mit dem Körbchen hier angekommen. Es freut mich, aus Euren Mitteilungen zu sehen, daß Ihr Euch noch wohl befindet. Mir geht es im ganzen Gott Lob! auch so, daß ich zufrieden sein darf. Das Trinken des Kissinger Wassers habe ich immer fortgesetzt und, wie ich meine, nicht ohne Erfolg; doch ist das Regenwetter, welches seit acht Tagen hier eingetreten ist, meinen Bewegungen in der freien Luft sehr hinderlich gewesen. Dies bewegt mich auch nebst meinem Heimweh, bald an die Abreise von hier zu denken. Vielleicht trete ich Montagmorgen die Heimkehr an. Ob es aber möglich ist, in einem Tag von hier bis Barmen zu kommen, weiß ich noch nicht genau, glaube es aber; nur würde ich dann erst mit dem letzten Zuge bei Euch eintreffen. Vielleicht entschließe ich mich, in diesem Falle am Montag nur bis Düsseldorf zu fahren. Du könntest dann am Dienstag dorthin kommen und mich abholen. Sobald mein Reiseplan feststeht, schreibe ich wieder. Denn wenn das Wetter freundlicher wird, so„ entschließe ich mich, vielleicht noch einen oder zwei Tage hier zu bleiben. Doch ist letzteres nicht wahrscheinlich.

Die herrlichen Siegesnachrichten von unserem tapfern Heere aus Böhmen haben nicht wenig zu meiner guten Stimmung und meinem Wohlbefinden hier beigetragen. Nun fährt aber in diese Siegesfreude die Forderung des Waffenstillstandes, welche der unsaubere Geist Napoleon im Namen der neutralen Mächte (England und Rußland) erhebt, wie ein Blitz hinein. Da haben wir das Elend des armen Deutschlands in seiner ganzen Nacktheit. Österreich, das verlumpte Österreich, verschenkt seine italienische Provinz an den deutschen Reichsfeind, nur damit Deutschland unter Preußens Führung nicht zur Einheit gelange. Die Franzosen jubeln und illuminieren ob diesem Geniestreich ihres Louis; und

England und Rußland heißen alles gut, was Napoleon tut, wenn nur Deutschland nicht stark wird. Ebenso werden sich die deutschen Kleinfürsten freuen, daß sie noch eine Weile Fürstenspiel spielen können, und die Demokratie bleibt am nörgeln und am grollen und bleibt blind, bis der Jammer ihnen zu spät die Augen öffnen wird.

Nur Gott im Himmel kann der Feinde Rat zuschanden machen; darum ist das Gebet nötiger und dringlicher als je. Darum auch halte ich es nicht länger hier aus; es drängt mich, daß ich wieder in Eure Mitte komme, sonst werde ich krank vor Zorn und Ärger. Der HErr mache mein unruhiges Herz still und ergeben. Wie freue ich mich über unser kleines Gebetbüchlein, das nun in den Händen so vieler Kinder ist.

Die werden durch ihre Gebete eine Mauer aufbauen, daß dem Feinde davor grauen muß. Die Kinder hier im Hause – Anna, 5 Jahre alt und Paul, 3 Jahre alt – freuten sich schon sehr über Eure Gaben. Anna hatte vor drei Tagen ihren Geburtstag. Ich ließ sie gestern auf mein Zimmer kommen, gab der Anna die Puppe, und dem Paul hing ich die Schnur Bretzeln um; dann marschierten wir hinunter unter großem Jubel. Laßt mich hier abbrechen. Der Napoleonische Streich hat mich so aufgeregt, daß ich nicht gut schreiben kann. So Gott will, bin ich bald in Eurer Mitte, wo auf Erden mein letztes Plätzchen ist. Wie danke ich Gott für Eure Liebe; er binde unsere Herzen immer enger zusammen in Seiner Liebe, aus der ja zeitlich und ewiglich nichts uns reißen kann.

Euer Euch herzlich liebender Vater
F. W. Dörpfeld

NB: Saget H[errn] Reiffen, er möge H[er]rn Berchter in Odenkirchen und H[er]rn Offerdinger auf Fild kurz anzeigen, daß ich seit drei Wochen verreist bin; bei meiner Rückkehr würden sie sofort Antwort erhalten.

Am 3. Juli entschieden die Preußen mit dem Sieg bei Königgrätz den Krieg gegen die Österreicher und Sachsen. Napoleon III. bot am 5. Juli auf Wunsch Österreichs, das ihm Venedig abtrat, seine Vermittlung an. Bismarcks „Geschick gelang es am 13./14. Juli, Napoleon die preußischen Bedingungen an Österreich als französische für die französische Friedensvermittlung in die Feder zu diktieren" (Th. Schieder in: Vom Deutschen Bund zum Deutschen Reich. Gebhardt, Handbuch der deutschen Geschichte, Bd. 3, Stuttgart [9]1970, S. 196. Literatur zum Krieg 1866 ebd., S. 197 f)

Zu D.s „Gebetbüchlein" siehe Brief 103.

102

An Christine Dörpfeld, Barmen

Saarbrücken, 10. Juli 1866

Ankündigung der Rückreise. Erwägt, vielleicht in Düsseldorf zu übernachten, wo ihn Christine abholen könne.

103

An unbekannt

Barmen, 19. Juli 1866

[...]Nachdem Frankfurt glücklich von den Preußen besetzt und der Weg zu Ihrem Hause offen ist, daß man hoffen darf, ein Brief werde glücklich in Ihre Hände gelangen, will ich denn auch schnell wenigstens ein paar Zeilen senden.

Vorab ein paar gedruckte Zeilen, ein Flugblatt, das ich im Mai auf den Wunsch der hiesigen Kollegen und Brüder ausgehen ließ. Es hat dermaßen Anklang gefunden, daß im Laufe von drei Wochen fünf Auflagen von je 5000 Exemplaren gedruckt werden mußten und so an 22000 Exemplare verbreitet worden sind, im Rheinland und Westfalen zumeist.

Daneben ließen wir auch Gebetsheftchen „Sieben Gebete in Kriegsnot" ausziehen. Es wurde namentlich von den entschieden gesinnten Mitgliedern des Evangelischen Lehrervereins verbreitet und benutzt; bei Morgen- und Schlußandacht. So haben wir die Kleinen mit in Aktion gebracht, nach der Verheißung des Psalms (8), und ich denke, sie haben zum Siege mitgewirkt. Ein Exemplar des Gebetsheftchens sandte ich Ihnen unter Kreuzband, hoffentlich haben Sie es erhalten. Das Flugblatt habe ich damals nicht mitgesandt, damit Sie nicht möglicherweise dadurch in Ungelegenheit kommen möchten. Jetzt darf ich's ja wohl tun. Das Gebetsheft ist auch bereits in 20000 Exemplaren verbreitet, namentlich auch durch die Traktatgesellschaft unter den Soldaten.

Bei den Siegen unserer Armee, die so unerwartet sich folgten, wird uns fast bange zumute. „Freuet euch mit Zittern," rät die Heilige Schrift. Hoffentlich finden die Worte unseres lieben Königs „Der Sieg kommt vom Herrn. Wenn er uns Sieg gibt, so wollen wir auch nicht stolz werden" ihre Erfüllung. Dann wirds gut gehen, uns, den lieben deutschen Brüdern allen im großen weiten Vaterlande.

Hoffentlich wird auch das Beten, was die Not überall gelehrt hat, nicht wieder vergessen und versäumt. Die Fortschrittspartei ist weitaus verstummt vor dem Siegesjubel oder sie stimmt mit ein. Aber der Wolf ändert wohl Haare, aber nicht seine Natur.

Das wir sich bald genug zeigen [. . .]

[F. W. Dörpfeld]

Über den Einzug der Preußen in Frankfurt am 16. Juli 1866 siehe H. Friedjung, a.a.O., S. 449–451.

Das Flugblatt „Deutschlands Rückgrat" (wiederabgedruckt in: GesSchr X,1 S. 93–100) wurde durch den preußisch-österreichischen Krieg 1866 veranlaßt und enthält ein Bekenntnis zu Preußen („Deutschlands Rückgrat, welches ist Preußen und sein Königstum"). Den österreichischen Vormachtsanspruch lehnt Dörpfeld ab, die demokratische Bewegung ist ihm verdächtig. Seine politischen Hoffnungen setzt er auf „das Haupt aus Berlin", den preußischen König als Reichsoberhaupt.

Die „Sieben Gebete in Kriegesnoth für Alle, die Herz und Hände erheben daheim und im Felde" erschien bereits im Mai 1866. Es heißt im Vorwort: „Das größte irdische Unglück aber ist der Krieg, auch der gerechte". Deshalb hätten „etliche Hausväter, Schulmänner und Prediger" Gebete nach den sieben Bitten des Unservater zusammengestellt, um „während der ganzen Zeit der Kriegsgefahr und Not täglich im Hause mit den Hausgenossen und in der Schule mit den Kindern eins dieser Gebete gemeinsam in die Andacht mit aufzunehmen" (Vorbemerkung).

Die liberale Fortschrittspartei war bei den Wahlen zum Haus der Abgeordneten am 3. Juli schwer angeschlagen worden. An dem Tag, an dem die Schlacht bei Königgrätz den Krieg entschied, verlor sie 60 von bisher 143 Parlamentssitzen.

Im Herbst sonderte sich aus ihr eine „Neue Fraktion" ab, die als Ausgangspunkt der späteren Nationalliberalen Partei Bismarcks wichtigste parlamentarische Stütze werden sollte. Siehe Heinrich August Winkler, Preußischer Liberalismus und deutscher Nationalstaat. Studien zur Geschichte der Deutschen Fortschrittspartei. Tübingen 1964.

104

An Johannes Hagemann, Duisburg

Barmen, 29. Juli 1866

Lieber Hagemann.

In Eile ein paar Worte. Du mußt mir mit Deiner Feder ein wenig zu Hülfe kommen. Ich habe eine Broschüre unter der Feder, welche den Zweck hat, die kapitallose Arbeiterklasse (desgleichen die Handwerker und Kleinbauern) von ihrer unnatürlichen Verbindung mit der ‚Fortschrittspartei' loszumachen und ihren Blick auf ihr eigenes Wohl und Interesse hinzulenken.

Du mußt Dich nicht daran stoßen, daß der Eingang und überhaupt der Anfang sehr spitz und schroff klingt. Um der Tendenz willen und um die Leute einmal kräftig vor den Kopf zu stoßen, ist das nötig. Nach dem Schlusse hin wird der Ton milder und versöhnlicher. Schreibe mir gelegentlich, ob Du unter den Mitgliedern des Duisburger Handwerker-Vereins jemand kennst, der von braver Gesinnung ist und kein Schleppenträger Langes und schweigen kann.

Die preußisch-deutsche Geschichte läuft, daß man nicht weiß, ob man träumt oder wacht. Der Herr hat bisher über Bitten und Verstehen geholfen. Er bewahre unser Herz und Sinnen vor Hochmut und Sicherheit. Der Waffenkrieg mag bald zu Ende sein, aber der Friede ist darum noch nicht da. Jetzt werden die Zungen und Federn den Streit wieder beginnen. Die Demokraten wandeln ihre Gesinnung nicht; darum wird meine Broschüre vielleicht nötiger werden, als sie ehedem war, weil nun zu den preußischen Demokraten auch die kleinstaatlichen mit in die Reihe kommen.

In herzlicher Liebe Dein
F. W. Dörpfeld

D. schrieb damals „Die soziale Frage. Eine Lebensaufgabe für alle Stände, zugleich ein Mahnwort an die politischen Parteien" im Geist einer christlich-sozialen Genossenschaftlichkeit. Die Abhandlung erschien zunächst als Fortsetzungsserie in der konservativen „Westlichen Provinzialzeitung" und in der „Saarbrücker Zeitung", sodann in einem von der Buchhandlung der Evangelischen Gesellschaft in Elberfeld vertriebenen Sonderdruck. Dazu jetzt Karl-Hermann Beeck, Friedrich Wilhelm Dörpfeld – Anpassung im Zwiespalt, Neuwied/Berlin 1975, S. 93 ff. Beeck, der den Text der „Sozialen Frage" nach Trüpers Ausgabe von 1900 (GesSchr X) wiedergibt, hat in den Jahrgängen 1865 bis 1868 der Saarbrücker Zeitung vergeblich nach der Aufsatzserie geforscht und auch kein Exemplar der „Westlichen Provinzialzeitung" auffinden können.

F.A. Lange gab in Duisburg im gleichen Jahr resigniert die von ihm herausgegebene demokratische Zeitschrift „Der Bote von Niederrhein" auf und ging in die Schweiz.

Im Stadtarchiv Duisburg ließen sich keine Unterlagen über einen Handwerkerverein feststellen (Mitteilung von Dr. v. Roden, 29. Juni 1973).

105

An Peter Diehl, Dortelweil

Barmen, 14. August 1866

D. fordert Diehl auf, einige Erlebnisse mit der Frankfurter Schulaufsicht niederzuschreiben und seine Zeugnisse beizufügen. Sie könnten für eine Bewerbung Diehls in Westdeutschland verwendet werden. Diehl solle D.s mündliche Bemerkungen widerlegen oder anerkennen, ein Lehrer dürfe vor den Schülern gegen den Pastor nicht so polemisieren, daß die Kinder es deutlich merkten; ferner, daß die Schüler vor rationalistischem Einfluß nicht durch dogmatische Sätze, sondern durch den biblischen Geschichtsunterricht bewahrt blieben.

Ferner erbittet D. einen Beitrag für das EvSchBl. Auf dem Kriegstheater könne manches beobachtet werden, was für die Lehrer zu wissen nützlich sei, so über das Betragen der Soldaten, ihre Lieder und andere Früchte des vaterländischen Geschichtsunterrichts.

106

An Peter Diehl, Dortelweil

Barmen, 2. September 1866

Lieber Freund.

Auf Ihre Anfrage vom 30. v.M. bemerke ich in Eile folgendes:

An den Elementarschulen in der Stadt Elberfeld sind etwa vier oder fünf Lehrer, die man zu den Alten rechnen kann; an eine Emeritierung innerhalb der nächsten fünf Jahre ist jedoch nur bei einem zu denken. Hier, bei diesem einen, könnte sie schon bald eintreten, da der Mann bei den Pastoren nicht beliebt ist; allein, da er unter den Liberalen viel Anhang hat, so liegt es mehr daran, ob er selbst bald zur Ruhe sich setzen will. Unter den Lehrern auf dem Lande ist auch ein älterer Mann; aber an eine Emeritierung wird in den nächsten fünf Jahren nicht zu denken sein, es müßte denn etwa Krankheit eintreten.

Von den vorgenannten fünf Lehrern in der Stadt haben vier sogenannte Frei- (oder Armen-) Schulen. An diesen Freischulen soll dem Hauptlehrer je ein sogenannter selbständiger zweiter Lehrer beigegeben werden. Der Ausdruck ‚selbständig' bezieht sich meines Wissens nur auf seine ökonomische Stellung, d.h. er bezieht ein festes Gehalt und besorgt sich selbst Kost und Wohnung usw. In dienstlicher Hinsicht würde er dem Hauptlehrer untergeordnet sein. Diese neue Maßregel rührt von dem städtischen Schulpfleger Dr. Hassenkamp her. Sie soll dem häufigen Wechsel der Gehülfen vorbeugen. Es wäre freilich möglich, daß man in Rücksicht darauf, daß die betreffenden Hauptlehrer schon alt sind, auch daran gedacht hat, die zu ernennenden zweiten Lehrer zugleich amtlich selbständig zu stellen.

Diese letztere Frage (ob amtlich selbständig oder nicht) würde für Sie, wie mich dünkt, nicht schwer ins Gewicht fallen dürfen; desto mehr aber die, ob die finanzielle Dotation für Sie ausreicht. Das ist meines Erachtens nicht der Fall, zumal der zweite Lehrer selbst sich eine Wohnung beschaffen muß, die Miete aber in Elberfeld sehr teuer ist. Mindestens 100 Thaler würden Sie dafür aufwenden müssen. Die Hoffnung auf Nebenverdienst (durch Privatstunden) ist gering, zumal im Anfang, einmal weil die Schulen, wo zweite Lehrer angestellt werden, Armenschulen sind und sodann, weil man in Elberfeld in den mittleren und höheren Schichten der Bürger das Privatschulwesen hat einreißen lassen und diese Privatlehrer und -lehrerinnen selbst wieder auf die Privatstundenjagd angewiesen sind. Kurz: bei Ihrer Familie von sieben Personen würden Sie in der fraglichen Stellung nicht leben können.

Wären Sie einmal als zweiter Lehrer dort angestellt, so glaube ich allerdings, daß man Sie bei der Vakanz einer Hauptlehrerstelle gewiß gern berücksichtigen würde und zwar in Rücksicht auf Ihre Familie auch in erster Linie. Und wenn Sie mit den sämtlichen Pastoren, d.h. mit der städtischen Geistlichkeit überhaupt, auf gutem Fuße blieben, so würde ohne Zweifel auch die Wahl erfolgen. Allein da unter den älteren Lehrern nur einer so steht, daß bald an eine Emeritierung gedacht werden müßte, so würden Sie immerhin noch mehrere Jahre lang auf Hoffen und Harren angewiesen sein – also so lange in ökonomischer Klemme stecken müssen.

Was soll ich Ihnen nun raten? Dazu raten kann ich eigentlich nicht: Sie würden auf dem Ihnen unbekannten Boden in jeder Beziehung in eine unbehagliche Lage kommen. Es kommt nun darauf an, ob Ihre jetzige Lage ebenfalls so unbehaglich ist, daß Sie Neigung und Mut hätten, es mit der neuen Unbehaglichkeit einmal zu versuchen.

Es ist mir übrigens auffallend, daß H[er]r P[astor] Krafft nichts von einer neu zu errichtenden Schule, deren Bau bereits in Angriff genommen ist, bemerkt hat. Dort muß im Laufe des nächsten Jahres ein Hauptlehrer gewählt werden.

Da Ihnen jetzt mancherlei Wege in Preußen offenstehen, so möchte ich vorschlagen, auf die sogenannten zweiten Lehrerstellen ganz zu verzichten und sich dagegen dem H[er]rn Pastor für die zu errichtende neue Hauptlehrerstelle zu empfehlen. Er wird vielleicht darauf replizieren, daß bei dieser Vakanz eben wieder zunächst die vorhandenen Landlehrer, sofern diese auf jene Stelle aspirieren und die vorhandenen zweiten Lehrer berücksichtigt werden müßten; allein diese Erwiderung können Sie ja erst abwarten und darnach sich definitiv entschließen.

Nun müssen Sie selbst überlegen.

Werde ich den gewünschten Bericht über Ihren Lebensgang bald erhalten?

Mit herzlichem Gott zum Gruß Ihr

F. W. Dörpfeld

D.s Antwort auf die Frage Diehls nach einer Schulleiterstelle ist als Situationsbericht vom damaligen Elberfelder Schulwesen aufschlußreich. Genaueres Material findet sich bei Fritz Jorde, Geschichte der Schulen von Elberfeld, Elberfeld 1903. Der Hinweis auf die mögliche „amtliche Selbständigkeit" des zweiten Lehrers deutet eine Entwicklung an, die sich damals anbahnte. Der bisherige Status der Hilfslehrer, die von den Hauptlehrern Kost und Logis empfingen und aus deren Einkünften kaum mehr als ein Taschengeld erhielten, machte einer neuen Stellung als „Klassenlehrer" Platz. Sie wurden als Lehrer selbständig bezahlt und wohnten auch nicht mehr in der Familie des Hauptlehrers, der nur noch die Dienstaufsicht behielt.

107

An Peter Diehl, Dortelweil

Barmen, 2. Oktober 1866

Lieber Freund.

In betreff Ihrer Angelegenheit wollte ich mich anfangs für Sie an den Minister von Mühler wenden. Bei näherem Überlegen verwarf ich diesen Weg als zu förmlich und zu umständlich und wandte mich dafür an den mir bekannten Freiherrn Georg von Vincke, den bekannten einflußreichen Abgeordneten, mit der Bitte, Sie bei seinem Freunde H[er]rn v[on] Patow zu empfehlen. Umstehend finden Sie seine sofortige Antwort. Er wird Sie empfehlen und, wie ich hoffe, mit Wirkung. Ob er schon von Berlin aus sofort nach Frankf[urt] geschrieben hat, weiß ich nicht; doch ist es mir wahrscheinlich, da er vermutlich auch meinen Brief beilegen wird. Er sagt, Sie möchten sich jetzt mit Ihren Zeugnissen selbst bei H[er]rn v[on] P[atow] melden. Wann, das müssen Sie jetzt selbst überlegen.

In meinem Briefe hatte ich auch Ihre⸦s⸧[n] Freund⸦es⸧, de⸦s⸧[n] Pf[arre]r⸦s⸧ C[. . .] in N[. . .] Erl[. . .], erwähnt. H[er]r v[on] Patow wird jetzt gewiß dafür sorgen, daß Sie in Fr[an]kf[urt] eine Stelle finden; vielleicht muß er aber erst das Terrain untersuchen.

Es ist mir nachträglich eingefallen, daß durch Gottes Fügen auch der Weg hierher und nach Preußen überhaupt für Sie offen ist. Sie sind in Nassau gebürtig, haben ein Lehrerzeugnis des nassauischen öffentlichen Seminars; nachdem Nassau jetzt preuß[isch] geworden, ist Ihr Zeugnis auch in Preußen gültig!

Mit herzlichem Gruß in Eile

F. W. Dörpfeld

Vinckes Schreiben auf der Rückseite dieses Briefes hat folgenden Wortlaut:

„ Berlin, 29. September 1866. Euer Wohlgeboren gefälliges Schreiben vom 25. d.M. erhalte ich im Augenblicke meiner Abreise von hier. Gern will ich Herrn Diehl H[errn] v[on] Patow empfehlen, bei dem er mit [zwei Wörter unleserlich] seinen Zeugnissen sich vorstellen mag, die ich zu dem Ende beifolgend remittiere. Mir genügt Ihre Empfehlung, weshalb ich für mich davon absehen konnte, die Zeugnisse des mir persönlich nicht bekannten Mannes zu lesen. Mit vorzüglicher Hochachtung

Euer Wohlgeboren

ergebenster v. Vincke".

Diehl hatte zuvor D. gebeten, sich bei einem einflußreichen Abgeordneten zu verwenden, damit ihm (Diehl) eine Lehrerstelle in Frankfurt a.M. vermittelt würde. Diehl hatte im September dem preußischen Zivilgouverneur von Patow diesen Wunsch persönlich vorgetragen.

108

An Adolph Hollenberg, Mülheim/Ruhr

Barmen, 31. Dezember 1866

D. beklagt den ihm von Hollenberg mitgeteilten Tod des Lehrers Grunerts. An der Beerdigung könne er wegen seines ‚Brustübels' nicht teilnehmen. Er bittet um Rückgabe eigener, an Grunerts gerichteter Briefe, sofern dessen Eltern sie nicht zu behalten wünschten. An einer Verlosung der Bücher des Verstorbenen zugunsten der hinterbliebenen Eltern würde er sich beteiligen.

109

An Ludwig Emil Mathis, Berlin

Barmen, 6. Februar 1867

Ew. Exzellenz

hatten in einer früheren geehrten Zuschrift die Gewogenheit, mir zu gestatten, ein von mir in Aussicht genommenes zweites Begleitschriftchen zum Enchiridion der biblischen Geschichte, wenn es im Druck erschienen sein würde, zu überreichen. Mit verbindlichstem Danke für das gütigst geschenkte Zutrauen bin ich daher so frei, Ew. Exzellenz hierbei einige Exemplare dieses jüngst erschienenen ‚Zweiten Wortes' gehorsamst zu übersenden.

Es würde mir nicht wenig angenehm sein, wenn auch dieses zweite Begleitschriftchen zum Enchiridion vor Ew. Exzellenz höherer Einsicht sich zu legitimieren vermöchte und das umsomehr, da ich dem Anscheine nach wenig Hoffnung habe, von der einflußreichsten Stimme in der preuß[ischen] Unterrichtsverwaltung so bald schon eine amtliche Befürwortung des Enchiridions erlangen zu können. Es ist in [der] Tat schmerzlich, daß den preuß[ischen] Schulen ein Lernverfahren im bibl[ischen] Geschichtsunterricht aufgenötigt bleiben soll, daß den Lehrern wie den Schülern gleichmäßig verleidet ist und, weil auch die Sache dadurch verleidet wird, wenig höhere Frucht bringen kann, während ein anderer wohlgebahnter Weg sich darbietet, der nicht minder ein sicheres Lernen verbürgt, aber Lehrern und Schülern gefällt und daher auch die Sache lieb und wert zu machen verspricht.

Auf Verlangen wird der Verleger gern bereit sein, Ew. Exzellenz eine größere Anzahl von Exemplaren dieses Zweiten Wortes zur Verfügung zu stellen, ebenso die gewünschten Ex[emplare] der damit in Verbindung stehenden Schriftchen: des Enchiridions, des Ersten Wortes und der Abhandlung über Denken und Gedächtnis, von denen je ein Ex[emplar] hier beiliegt. Von dem Enchiridion ist jetzt die 3. Auflage im Druck begriffen.

Mit aller Hochachtung zeichnet
Ew. Exzellenz gehorsamster

F. W. Dörpfeld

Die vom EOK in Aussicht gestellte Mitteilung an die Konsistorien (Brief 96) erfolgte nicht. Im Gegenteil, D.s Schriften waren lt. Aktenvermerk vom 23.2. „der Bibliothek einzuverleiben". Die mit der ablehnenden Haltung des Kultusministeriums argumentierenden Gegner D.s im EOK (Brief 96) hatten sich durchgesetzt und damit die nach D. „einflußreichste Stimme der preußischen Unterrichtsverwaltung", Ferdinand Stiehl nämlich.

Zum Druckort des Zweiten Wortes siehe Brief 96. „Denken und Gedächtnis" erschien in seiner ersten, noch kurzen Fassung im EvSchBl 10 (1866), S. 129–172. Auch ohne den Segen des Ministeriums brachte es das Enchiridion bis 1912 auf 22 Auflagen.

Obiger Brief und Aktenvermerk vom 23.2.1867: Archiv EKU, Gen. XIX, 2 Bd. III, Bl. 136 ff.

110

An Peter Diehl, Dortelweil

Barmen, 21. März 1867

Lieber Freund,

wohl bin ich bei Ihnen in Briefschuld. Aber Sie müssen Geduld mit mir haben. Und wenn Sie den großen Haufen von Briefen sähen, die auf meinem Tische auf Beantwortung warten, so würden Sie wohl Mitleid mit mir haben. Mit meinem Lungenübel geht es Gott Dank immer besser – ganz gut indessen noch nicht; ich bedarf noch stets der Schonung. Das Magenübel, an dem ich seit vorigen Sommer leide, will jedoch nicht rücken noch weichen: bei der Verstopfung dieser Lebensquelle bleiben die Kräfte gar sehr geschwächt.

Auf Ihren Brief würde ich jedoch sofort geantwortet haben, wenn nicht etwas besonderes im Wege gestanden hätte, ein Unfall, der mir auf dem Glatteis widerfuhr. Ich fiel die Treppe hinunter, schlug rückwärts und verletzte dabei insbesondere den rechten Arm und die Hand. Wie hart der Fall war, mögen Sie daran messen, daß der nicht schwache goldene Ring am Finger entzweisprang. Daher konnten Arm und Hand eine Zeitlang nicht mehr gebraucht werden. Da jedoch durch Gottes Bewahrung kein Knochen gebrochen war, so geht es jetzt wieder ziemlich gut.

Zu Ihrer Berufung nach Odessa möchte ich wohl bestens gratulieren und Gottes Segen wünschen, da Ihnen dort ein großes Arbeitsfeld geöffnet ist; und wenn Sie mit Mut und Freudigkeit ausgerüstet sind, um einerseits den mancherlei Anregungen, die Sie in

Deutschland haben, entsagen und den mancherlei Beschwerden und Widerwärtigkeiten, die Ihrer dort warten, getrost entgegengehen zu können, so darf ich auch gratulieren und Ihnen zurufen: Besprich Dich nicht mit Fleisch und Blut!

Der Pastor Becker dort ist allerdings ein Elberfelder Kind aus der altluth[erischen] Gemeinde und, wenn ich nicht irre, ein Schwiegersohn des Pfarrers Haupt. Persönlich kenne ich Becker nicht, sondern nur vom Hörensagen. Er wollte sich ursprünglich dem Lehrerstande widmen, war auch, soviel ich weiß, bereits Hülfslehrer (Aspirant). Da er sehr begabt war und auch durch seinen Charakter sich empfahl, jedoch kein Vermögen besaß, so hat die Feldnersche Gemeinde sich seiner angenommen und ihn auf ihre Kosten studieren lassen. Jetzt ist das Urteil seiner Freunde nicht mehr so günstig; er soll vermöge seiner guten Begabung und seiner Kenntnisse vornehm und hochmütig geworden sein.

Die Stelle bei Odessa ist übrigens vorher auch Herrn Beißenherz angetragen worden – durch Pfarrer Haupt, dessen Sohn in Elb[erfeld] wohnt und zur altluth[erischen] Gemeinde gehört. B[eißenherz] hat abgelehnt, warum, weiß ich nicht genau, vermutlich auch deshalb, weil ihm der Pastor Becker nicht gefiel.

Daß Sie das Abonnementsgeld für die Zeitung noch nicht zurückerhalten haben, ist allerdings unrecht. B. ist jedoch daran weniger schuld als vielmehr der Kassierer des Zeitungsverwaltungsausschusses. Und auch bei diesem ist Schuld wohl keine persönliche, sondern liegt vielleicht daran, daß die Kasse schwach war. Das wird sich bald bessern; einige reiche Leute in Elb[erfeld], darunter der Kommerz[ien]-R[at] Meckel, Freiherr von der Heydt und Advokat von Hurter wollen die Zeitung übernehmen, die Druckerei kaufen und so das ganze Geschäft erweitern. Dann wird Geld genug da sein. Ich freue mich darüber nicht bloß um der Zeitung, sondern auch um des Redakteurs willen. B. hat jahrelang sozusagen um Gottes willen gedient. Anfangs war er auch zugleich Lehrer an der altluth[erischen] Gemeinde und erhielt alles in allem (Lehrergehalt und Redaktionsgebühr) nur 400 Thaler ohne freie Wohnung. Denken Sie sich seine Lage in dem teuren Elberfeld! Jetzt, wo er vom Schulamt zurückgetreten ist, bekommt er dieselbe Summe als Redakteur, aber auch nicht mehr. B. ist ein geplagter Mann, geplagt wie wenige: viel Arbeit, Sorge und Verdruß und soll dabei in Elb[erfeld] mit Familie von 400 Thalern ohne freie Wohnung leben. Er arbeitet eben in Hoffnung, um Gottes willen. Sie sehen darin, daß zwischen Herrn Ballien und Herrn Beißenherz eine große Kluft befestigt ist. Sie haben ihm (in Gedanken) unrecht getan und müssen ihm das (im Herzen) abbitten, denn ‚Argwohn ist eine Sünde wider das 8. Gebot, nämlich ein falsch Zeugnis im Herzen.' Das Geld werden Sie übrigens seiner Zeit gewiß erhalten.

Haben Sie etwelche Korrespondenzen für das Sch[u]lbl[att] fertig, so schicken Sie dieselben bald. Ihre Mitteilungen sind mir immer willkommen.

Immer der Ihrige
F. W. Dörpfeld

Diehls vorhergehender Brief, in dem er seine Berufung an die Schule der deutschen Kolonisten in Schischkin bei Odessa mitteilte, liegt nicht mehr vor. Der dortige Pfarrer Becker stammt aus der altlutherischen St. Petri-Gemeinde Elberfeld.

Bei der „Zeitung" handelt es sich vermutlich um die konservative „Westliche Provinzialzeitung", in der damals D.s Abhandlung über die soziale Frage erschien.

111

An Wilhelm Dörpfeld, Fild

Barmen, 19. Mai 1868

Lieber Wilhelm.

Es drängt mich, Dir wenigstens ein paar Worte zu schreiben. Zu einem langen Brief fehlt mir heute die Zeit.

Von Herrn Steins hörte ich durch einen Brief, daß Du nach den Osterferien rüstig wieder in die Arbeit gegangen wärest. Das hat mich sehr gefreut, wie auch H[er]r Steins bemerkte, es sei eine große Freude, wenn man einen Knaben unter sich habe, der munter und lustig zur Arbeit sei und schon ein höheres Ziel kenne, als die Zeit zu verschwenden.

Ich begreife sehr gut, daß Du die Hände voll hast durch die vielerlei Gegenstände. Mit dem H[er]rn Offerdinger habe ich auch dieserhalb gesprochen und ihn gebeten, die Lehrer möchten überlegen, ob sie Dir durch Verminderung der deutschen schriftlichen Arbeiten etwas mehr Zeit für das Lateinische zuwenden könnten. Die deutschen schriftlichen Arbeiten scheinen mir nämlich darum am passendsten dazu, weil das Lernen fremder Sprachen doch ohnehin die deutsche Sprache fördert. Die Lehrer werden jedenfalls meinen Vorschlag überlegen und vielleicht so oder so Dir etwas mehr Zeit zu verschaffen suchen.

Wenn ich in den nächsten Wochen nach Fild komme, so werde ich noch einmal mit den Lehrern dieserhalb sprechen.

Das Klavierspielen aufzugeben, wenn auch nur einstweilen, ist nicht ratsam; denn dann würde die gute Zeit und Kraft, welche Du bis jetzt darauf verwendet hast, zum guten Teil verloren gehen. Man kann wohl für eine Zeitlang einen Gegenstand etwas zurückstellen, d.h. etwas weniger forcieren, aber man kann ihn nicht ganz fallenlassen, denn das heißt Geschicklichkeit und Geld zum Fenster hinauswerfen.

Großvater in Düsseldorf hat Dir für den Herbst, wenn Du wieder ein gutes Zeugnis mitbringst, eine nicht geringe Freude zugedacht. Ich will jetzt noch nichts Näheres sagen, damit Anna oder Agnes Dir das Rätsel lösen können.

Wie ich aus Deinen Briefen zuweilen merke, ist unter den Knaben oft davon die Rede, wann der eine oder andere wieder die Anstalt verlassen kann. Es ist freilich natürlich, daß jemand, der in der Fremde wohnt, sich nach seiner Heimat sehnt; es würde kein gutes Zeichen sein, wenn es anders wäre. Allein es ist doch nicht gut, daß man zuviel darüber spricht, d.h. so darüber spricht, daß man sich und andern den Aufenthalt in der Anstalt verleidet. Wenn ich an Deiner Stelle wäre und es fragte mich einer, ob ich bald abginge, so würde ich sagen: Ich gehe gern wieder nach Haus, allein ich weiß auch, warum ich hier bin, und darum will ich nicht eher abgehen, bis ich auch meine Lektion tüchtig gelernt habe; denn sonst könnten die Leute einem mit Recht nachsagen: „Es flog ein Gänschen über den Rhein und kam als Gickgack (Gänschen) wieder heim."

Was einem gut ist, muß man nicht als einen Zwang ansehen, sondern sagen: ich will es. Dann wird einem die Last zur Lust.

Sage H[er]rn Steins, ich könnte noch nicht genau sagen, wann ich nach Pfingsten käme, da es mir in den letzten Tagen nicht ganz gut gegangen wäre. Ich hätte auch gerade eine Kur angefangen, deren Verlauf ich gern abwarten wollte. Sobald ich den Tag bestimmen könnte, würde ich Dir und ihm sofort Nachricht geben.

Im ganzen geht es uns allen noch gut. Der kleine Johannes war ein paar Tage unwohl, ist aber jetzt wieder munter.

Für Rohdens Geschichte werde ich ehestens sorgen. Mein Unwohlsein hat mich gehindert, nach Elberfeld zum Antiquar zu gehen. Finde ich's dort nicht, so kaufe ich es Dir neu.

Mit herzlichem Gruß von uns allen und besonders von Deinem Vater

F. W. Dörpfeld

N.B. Grüße auch alle Lehrer von mir.

Da mit dem Übergang Wilhelms von der Filder Internatsschule zum Barmer Gymnasium in absehbarer Zeit zu rechnen ist, möchte der Vater den Lateinunterricht Wilhelms verstärkt sehen. Ein Termin für den Schulwechsel stand bei der Abfassung dieses Briefes jedoch noch nicht fest.

Barmen, d. 28. Juli 1868.

Lieber Wilhelm.

Nachdem ich nämlich mit Hrn. Zahn, der hier in B. war, und jüngst mit Hrn. Steins gesprochen, ist es denn jetzt fest bestimmt, daß Du diesen Herbst mit confirmirt werden sollst. Die Mutter ist sehr eifrig bedacht, für Deine Confirmationskleider zu sorgen.

Ich bedauere eigentlich, daß du schon in diesem Jahre aus den Kinderjahren, der eigentlichen Jugendzeit, heraustreten mußt. *Die schöne Jugend kommt nie*, *nie* *wieder*. Mir selbst ist es freilich auch so ergangen, ich wurde auch früh confirmirt, noch früher als Du. Bei dir kommt nun aber alles so schnell, der Confirmationsunterricht kann nur kurz sein, und du hast kaum Zeit, dich zu besinnen, was das für ein Schritt u. Akt ist und was weiter kommen wird. Gott gebe, daß der Confirmationsunterricht u. die Confirmation selbst dir einen desto *innerlicheren* u. *werthvolleren* Segen bringe.

Die frühe Confirmation würde ich weniger bedauern, wenn nicht noch ein anderer Umstand dabei wäre. Da der Hr. Candidat nämlich zu Herbst

Abb. 32: Brief 112 vom 28. Juli 1868.

würde nach der Universität gehen, um sich auf sein
Oberlehrer-Examen vorzubereiten, so wird, wie auch
Hr. L. u. Hr. Steins meint, für dich nichts anderes übrig
bleiben, als daß du auch im Herbst die Anstalt
verläßest. Für den ersten Augenblick mag dir dies
vielleicht gefallen, allein bei näherem Überlegen wirst
du auch selbst wohl einsehen, daß es besser gewesen wäre,
wenn du wenigstens bis Ostern hättest auf Feld
bleiben können. Auf allen Gymnasien findet nämlich
im Herbst keine Versetzung statt. Trittst du nun
im Herbst hier ins Gymnasium ein, so kann ich mir
kaum anders denken, als daß du noch ½ Jahr auf
Tertia sein mußt, denn wenn du auch für Untersecunda
reif wärest, so können die Lehrer dich doch nicht gut
dahin setzen, weil die Secundaner bereits ½ Jahr
vorgerückt sind. Es wird hauptsächlich bei dir noch
im Lateinischen fehlen. Damit nun von unserer Seite
nichts versäumt wird, möchte ich wünschen, daß du im
Lateinischen dir recht viel Mühe gäbest; auch könntest
du in den Ferien noch Privatstunden nehmen im

Lateinischen, um wenigstens den Versuch zu machen, ob man dich in Sekunda aufnehmen will. Geschieht es nicht, so ist das zwar kein Unglück, denn du würdest dann eine um so gründlichere Gymnasialbildung bekommen, aber ich würde auch desto länger Unkosten haben. Wenn etwas Rechtes u. Tüchtiges aus dir würde, so sollten mich allerdings die Kosten nicht kümmern.

Ich bitte dich also, du wollest die neue Wendung deines Lebensganges recht ernst nehmen, die Konfirmation zumal u. auch den Abschied vom Feld, damit du stets mit Freude auf diese Zeit zurückblicken könnest. Gott segne dich in Allem, was du bedarfst; Er nehme deinen Lebensweg in seine Hand u. Obhut, dann kann ein guter Fortgang nicht fehlen.

Unsere Anna war seit mehreren Tagen recht unwohl; daher hast du auch auf Briefe warten müssen. Es geht ihr aber jetzt bald wieder gut.

Mit herzlichen Grüßen von uns allen, insbesondere von deinem Vater

F. W. Dörpfeld.

112

An Wilhelm Dörpfeld, Fild

Lieber Wilhelm. *Barmen, 28. Juli 1868*

Nachdem ich neulich mit H[er]rn Zahn, der hier in B[armen] war, und jüngst mit H[er]rn Steins gesprochen, ist es denn jetzt fest bestimmt, daß Du diesen Herbst mit konfirmiert werden sollst. Die Mutter ist schon eifrig bedacht, für Deine Konfirmationskleider zu sorgen.

Ich bedauere eigentlich, daß Du schon in diesem Jahre aus den Kinderjahren, der eigentlichen Jugendzeit, heraustreten mußt. Die schöne Jugend kommt nie, nie wieder. Mir selbst ist es freilich auch so ergangen, ich wurde auch früh konfirmiert, noch früher als Du. Bei Dir kommt nun aber alles so schnell, der Konfirmationsunterricht kann nur kurz sein, und Du hast kaum Zeit, Dich zu besinnen, was das für ein Schritt und Akt ist und was weiter kommen wird. Gott gebe, daß der Konfirmationsunterricht und die Konfirmation selbst einen desto innerlicheren und wertvolleren Segen bringt.

Die frühe Konfirmation würde ich weniger bedauern, wenn nicht noch ein anderer Umstand dabei wäre. Da der H[er]r Kandidat nämlich zu Herbst wieder nach der Universität geht, um sich auf sein Oberlehrer-Examen vorzubereiten, so wird, wie auch H[er]r Z[ahn] und H[er]r Steins meinen, für Dich nichts anderes übrig bleiben, als daß Du auch im Herbst die Anstalt verlässest. Für den ersten Augenblick mag Dir das vielleicht gefallen, allein bei näherem Überlegen wirst Du auch selbst wohl einsehen, daß es besser gewesen wäre, wenn Du wenigstens bis Ostern hättest auf Fild bleiben können. Auf allen Gymnasien findet nämlich im Herbst keine Versetzung statt. Trittst Du nun im Herbst hier ins Gymnasium ein, so kann ich mir kaum anders denken, als daß Du noch ein halbes Jahr auf Tertia sein mußt; denn wenn Du auch für Untersekunda reif wärest, so können die Lehrer Dich doch nicht gut dahin setzen, weil die Sekundaner bereits ein halbes Jahr vorgerückt sind. Es wird hauptsächlich bei Dir noch im Lateinischen fehlen. Damit nun von unserer Seite nichts versäumt wird, möchte ich wünschen, daß Du im Lateinischen Dir recht viel Mühe gäbest; auch könntest Du in den Ferien noch Privatstunden nehmen im Lateinischen, um wenigstens den Versuch zu machen, ob man Dich in Sekunda aufnehmen will. Geschieht es nicht, so ist das zwar kein Unglück, denn Du würdest dann eine umso gründlichere Gymnasialbildung bekommen, aber ich würde auch desto länger Unkosten haben. Wenn etwas Rechtes und Tüchtiges aus Dir würde, so sollten mich allerdings die Kosten nicht kümmern.

Ich bitte Dich also, Du wollest die neue Wendung Deines Lebensganges recht ernst nehmen, die Konfirmation und auch den Abschied von Fild, damit Du stets mit Freude auf diese Zeit zurückblicken könnest. Gott segne Dich in allem, was Du bedarfst; Er nehme Deinen Lebensweg in Seine Hand und Obhut, dann kann ein guter Fortgang nicht fehlen.

Unsere Anna war seit mehreren Tagen recht unwohl; daher hast Du auch auf Briefe warten müssen. Es geht ihr aber jetzt bald wieder gut.

Mit herzlichem Gruße von uns allen, insbesondere von

Deinem Vater

F. W. Dörpfeld

Wilhelm wurde am 30. August 1868 durch Pfarrer Hartog in Moers konfirmiert. In diesem Brief, dem letzten der drei von des Vaters Hand, die aus den Filder Jahren erhalten sind, wird Wilhelm die Beendigung seines Aufenthaltes am Niederrhein angekündigt. Peter Goeßler schreibt in seiner Biographie (Wilhelm Dörpfeld, Stuttgart 1951, S. 17): „Im Herbst 1868 war die wohlausgenützte Filder Zeit vorbei; er hatte sie mit dem ganzen Segen eines mustergültigen Internats genossen, das Geist und Körper bildet, arbeiten lehrt und zu Gemeinsinn und Kameradschaftlichkeit erzieht".

113

An Christine Dörpfeld und Kinder, Barmen

Zandvoort, 7. September 1868

Liebe Mama und liebe Kinder.

Seid herzlich gegrüßt vom Meeresufer aus! Am Samstagabend 6 Uhr bin ich glücklich hier angekommen. Die Tour von Düsseldorf nach Holland hinein verlief bei dem freundlichen warmen Wetter ganz nach Wunsch. In Arnheim traf ich im Coupé mit einem Kaufmann aus Amsterdam zusammen, der Mitglied des holländischen Bundeskomitees der Jünglingsvereine gewesen und wiederholt unser jährliches Bundesfest besucht hatte. Er sprach gut deutsch, und so fand ich gute Unterhaltung, und in Amsterdam half er mir zurecht, daß ich glücklich nach dem Harlemer Bahnhof kam. Dort hatte ich vor der Abfahrt des Zuges nach Harlem noch zwei Stunden Zeit, die Stadt (Amsterdam) zu besehen. Um 5 Uhr ging dann der Zug nach Harlem, wo ich bei der Ankunft um 5 1/2 Uhr den lieben Dörr samt dem kleinen Theodor und dazu noch F[ritz] Rumscheidt traf. Dörr war einen Tag im Haag und in Scheveningen gewesen, Rumscheidt hatte sich bei der Hierherreise angeschlossen, um mich zu begrüßen und bis gestern (Sonntag) abend bei uns zu bleiben. Wenn H[err] Höfler hier ist, so will R[umscheidt] nochmals einen Tag hierherkommen oder aber wir reisen auf der Rücktour über Haag, damit ich auch noch sehe, wo und wie er wohnt. Es ist gut, daß ich nicht dazu kam, an Rumscheidt wegen eines Logis zu schreiben, denn sein Oheim Steinbrink ist dort, und wenn ich mich nun auch noch angemeldet hätte, so würde er in großer Verlegenheit geraten sein.

Von Harlem bis hier ist eine Entfernung von zwei Stunden; in einer Droschke fuhren wir in einer Stunde hierher. Wir begaben uns bald an die See und spazierten bis acht Uhr am Strande umher. Wenn man das Meer noch nicht gesehen hat, so ist einem der erste Anblick ungemein interessant, allein auch später noch bleibt die Aussicht auf die große blaue Wasserfläche immer erquicklich.

Das Quartier hier im Hotel Driehuysen ist ganz gut. Unser Zimmer ist mäßig groß und hat vier Betten, wovon wir natürlich nur drei gebrauchen. Freund Dörr schläft in der Wand; Agnes und Christine mögen einmal raten, wie das zugeht und möglich ist.

Ich habe bis heute mit dem Schreiben gewartet, um besser sagen zu können, wie es geht. Nachdem ich nun einen vollen Tag hier zugebracht, muß ich sagen, daß ich gute Hoffnung habe, der Aufenthalt werde mir wohlbekommen. Das Wetter ist warm, aber am Strande doch nicht so lästig, wie dieselbe Hitze in Barmen sein würde.

Morgens früh gehe ich um 1/2 7 Uhr an den Strand, um 8 wird gefrühstückt (Kaffee oder Tee und Butterbrot), nachher, wenn man sich ausgeruht, spaziert man wieder am Strande auf und ab. Um 12 Uhr kommt wieder Kaffee oder Tee mit Butterbrot, um 5 Uhr wird endlich ordentlich table de hôtel gespeist, womit man dann bis zum andern Morgen reichlich auskömmt.

Soviel für heute, damit Ihr doch bald Nachricht habt. Wie geht es doch der Anna? Hoffentlich bessert es sich immer mehr. Nun, liebe Mama und liebe Kinder, lebt herzlich wohl, und Gott behüte Euch, daß wir uns fröhlich und gesund wiedersehen.

Dem Aufenthalt in Saarbrücken 1866 folgte im September 1868 die zweite Erholungsreise. Pastor Frommel hatte D. den Aufenthalt im holländischen Seebad Zandvoort als Stiftung eines unbekannten Gönners vermittelt (Ca 263). Fritz Rumscheidt, an der deutschen Schule in Den Haag tätig, war früher Hilfslehrer bei D. in Wupperfeld gewesen.

Die Zandvoorter Briefe (113 bis 118) sind mit Bleistift geschrieben. Der vorliegende trägt keine Unterschrift.

114

An Christine Dörpfeld und Kinder, Barmen

Zandvoort, 9./12. September 1868

Liebe Mama und liebe Kinder.

Es ist heute früh etwas scharfer Ostwind und darum draußen noch nicht ganz angenehm. Darum will ich schon anfangen zu schreiben, um Euch noch mehr zu erzählen, wie wir den Tag hier zubringen und wie es mir geht.

Der Ort Zandvoort ist ein Fischerdorf und liegt auf (oder in) den Dünen. Die Dünen machen das hohe Meeresufer aus. Es sind Sandhügel oder Sandberge, die das Meer und der Wind nach und nach aufgeworfen haben. Zwischen diesen Sandbergen und dem Meer ist der flache Sandstrand. Das Dünenufer ist etwa so hoch wie eine Kirche oder noch etwas höher. Nach dem Strande hin fallen die Dünen ziemlich steil ab, doch so, daß man bequem hinunterlaufen kann. Der Strand, welcher etwa 200 Schuh breit ist, verläuft allmählich ins Meer. Das Meer ist darum am Strande gar nicht tief. Wenn die Jungen die Hose aufrollen, so können sie ziemlich weit (200 bis 300 Schritte) ins Meer hineingehen. Die Schiffe der Fischer können daher nicht an den Strand kommen, sondern bleiben an 300 bis 400 Schritte vom Ufer. Sie fahren am Abend aus in die See hinaus, um namentlich des Nachts zu fischen, bleiben aber auch oft mehrere Tage aus. Die, welche am Samstagabend ausfuhren – es waren ihrer acht – sind noch nicht alle wieder hier; ich glaube, es sind nur vier wiedergekommen. Wenn sie so weit herangefahren sind, als sie können, dann gehen Männer und Knaben durch das seichte Wasser hin und holen die Fische in Körben ans Land. Diese werden dann sortiert, und wenn viele von einer Sorte sind, so werden diese in mehrere Haufen geteilt. Sofort sind die Fischerweiber, welche die Fische nach Harlem zum Markt bringen, bei der Hand, um einen Korb voll zu kaufen. Ein Auktionator (Verkäufer) und sein Ausrufer nehmen sofort den Verkauf am Strande vor, wobei es sehr wunderlich zugeht, was ich aber mündlich erzählen will.

Ich habe oben von den Dünen gesprochen, welche das hohe Seeufer bilden. Diese Dünenberge bedecken einen Streifen Land, der vielleicht eine Stunde breit ist und an dem Meer hinläuft. Auf diesen Sandhügeln wächst nur eine Art Gras, das sehr hoch wird, aber von den Tieren nicht gefressen wird; es steht auch nicht dicht zusammen. Die Leute flechten daraus Matten. Zwischen den Sandhügeln gibt es aber auch große Strecken, wo früher Wasser gestanden hat und welche später trockengemacht worden sind. Da machen sich die Leute Felder, um Kartoffeln zu bauen und Getreide oder, wo das nicht geht, da pflanzen sie Gebüsch hin. Das Gebüsch bleibt aber niedriges Gesträuch, weil es wegen der häufigen heftigen Stürme nicht hochwachsen kann. Auf einer solchen ehemaligen Wasserstelle liegt auch das Dorf Zandvoort mit seinen Feldern. Obstbäume sieht man hier in den Dünen gar nicht. So viel über meine Nachbarschaft.

12. September

Höfler ist gestern morgen glücklich hier angelangt. Herr Dörr mußte am Vorabend schon abreisen,weil er Nachricht bekam, daß seine Frau krank sei und mehrere Kinder ebenfalls. falls. Es war gut, daß am andern Morgen schon Herr Höfler kam, sonst hätte ich Heimweh bekommen. Jetzt gehts aber gut, da ich mich recht wohl befinde. Die Seeluft bekommt mir gut. Ich spüre, daß ich mehr Appetit habe und auch besser schlafen kann. Dazu hilft freilich auch die Müdigkeit mit, weil man fast den ganzen Tag am Seeufer herumspaziert.

Es freut mich sehr, daß es der Anna wieder viel besser geht. Der liebe Gott wolle sie und Euch alle weiter in Seinen guten Schutz nehmen. Wilhelm ist, wie ich höre, fleißig am lernen. Wenn er das 14 Tage fortgesetzt hat, so kann er auch, wie ich glaube, ein paar Tage nach Kamphausen gehen. Er muß aber vorher den Herrn L[ehrer] Giese um seine Meinung fragen. Vielleicht kann er auch warten, bis ich zurückkomme.

Die Briefe, die für mich ankommen, mußt Du, liebe Mama, alle erst durchlesen. Wenn Du dann glaubst, daß etliche darunter sind, die Eile haben, so schlägst Du diese zusammen in ein Couvert und schickst sie hierher, d.h. die bloßen Briefe. Alles andere kann warten, bis ich komme. Ist unter den Briefen auch ein Zirkularschreiben des deutschen Schulvereins, so mußt Du dasselbe sofort an den folgenden Mann (in einem neuen Couvert) weitersenden. Die Namen der Lehrer, welche das Schreiben erhalten sollen, sind nämlich deutlich der Reihe nach angegeben.

Nun Gott befohlen! Seid mir alle herzlich gegrüßt und gedenkt meiner in Eurem Gebet, damit wir uns in guter Gesundheit wiedersehen.

Zwei Lehrer aus Mülheim und Herr Horn wollen auch hierherkommen. In Liebe Euer Vater

F. W. Dörpfeld

Herr Dörr wird Euch in den nächsten Tagen besuchen. Grüßt ihn von mir; er ist mir ein treuer Gesellschafter und Fürsorger gewesen.

115

An Christine Dörpfeld, Barmen

Zandvoort, 18. September 1868

Liebe Mama.

Ich habe es auch wieder empfunden, wie lieb mir ein Brief von Deiner Hand ist. Als ich Deinen Brief empfing, dachte ich bei der Adresse, Wilhelm habe ihn geschrieben; ich war daher nicht wenig erfreut, als im Brief selbst Deine Schriftzüge mir entgegentraten.

Mit Lebhaftigkeit trat mir wieder die Zeit vor die Seele, wo wir so viel brieflich miteinander verkehrten, weil wir's persönlich noch nicht konnten, auch wir uns persönlich so noch nicht kannten, wie jetzt nach 17 Jahren. Ist nun ein Brief inmitten des ehelichen Lebens nicht ganz das, was ein Brief in der Brautzeit ist, so ist er darum nicht weniger, sondern mehr, weil die Personen sich auch mehr geworden sind. Bei mir ist es wenigstens der Fall. Wärest Du mir in der Brautzeit durch Tod oder auf andere Weise entrissen worden, so würde mir das hart gewesen sein, allein jetzt würde mir das Scheiden und Meiden zehn- und vielmal härter fallen. Gott wird es mir verzeihen, wenn ich an einen solchen Fall niemals denke, weil ich nicht daran denken mag. Gott hat unsern Ehestand doch reichlich gesegnet, reich durch die Kinder und reich durch gegenseitige Liebe.

Es drückt mich oft schwer, daß ich Dir nicht besser und fühlbarer danken kann für alles, was Du mir bist und gibst und tust; ich denke zunächst an den Dank durch freundliche Liebesbezeugung und Fürsorge im kleinen. Ich weiß nur zu gut, daß ich es viel daran fehlen lasse; einmal fehlt mir in meiner Lebensart, in meinem Benehmen so manches, was andre Männer haben und wodurch sie ihren Ehefrauen die Mühen versüßen, und dann liegt mir so viel im Kopf durch Amt und Schriftstellerei, was meine Gedanken so sehr hinnimmt und beschäftigt, daß ich unser Zusammensein sowohl weniger genieße als Dir weniger Genuß bereite. Ich freilich komme dabei weniger zu kurz, weil Deine Liebe so sorglich und warm sich fühlbar macht, aber Du bist eben der Teil, welcher entbehren muß. Gott der Herr wolle durch seinen Geist an mir bessern, was gebessert werden muß und uns nur innerlich unsre Liebe warm erhalten, so wird diese Liebe uns doch nicht arm fühlen lassen. Er ist auch mein Zeuge, daß ich es aufrichtig empfinde, wenn ich sage, daß ich Dir die bessere Hälfte unseres ehelichen Glücks verdanke und Du mir nur Liebes getan hast und kein Leides.

Es war mir eine Freude und eine Erleichterung des Gewissens, daß ich das neulich vor vielen Zeugen und namentlich vor Deinen Eltern und Geschwistern bekennen konnte.

Laß mich nun noch sagen, daß es mir hier bis heute recht gut geht. Die Seeluft tut den Lungen doch ungemein wohl. Ich atme darin so frei, wie wenn mir nichts fehlte. Wenn diese Empfindung auch nicht so bleiben kann, falls ich wieder in reine Landluft komme, so wird doch die zeitweilige gute Wirkung unzweifelhaft auch noch gut nachwirken. Was ich vermisse in der äußeren Lebensweise, ist Deine Grützensuppe und überhaupt unser einfacher häuslicher Tisch. Der Appetit, den man durch das viele Umherlaufen bekommt, verführt einen, immer mehr zu essen, als man eigentlich vertragen kann.

Gestern ist auch Herr Kühler aus Ruhrort hier angekommen. So sind nun unserer drei auf einem Zimmer. Wann wir zurückkehren, ist noch nicht genau zu sagen; wahrscheinlich am Samstagmorgen über acht Tage. Wir drei bleiben jedenfalls wohl zusammen. An jenem Samstag muß Höfler wieder zu Hause sein.

Ich möchte gern häufiger schreiben, als ich getan habe. Aber wenn man seine Läufe an der See gemacht hat (frühmorgens von 10 bis 1/2 1 Uhr, von 2 bis 4 1/2 Uhr und wieder von 6 1/2 bis 8 1/2 Uhr), dann ist man doch müde. Und die Hauptsache ist ja auch, daß ich mich fleißig in der Seeluft aufhalte und bewege. So nimm denn fürlieb, daß ich ab und zu statt des Morgenspazierganges mich an den Schreibtisch setze und Dir wieder sage, daß Du mir lieb und teuer bist und ich mich freue, Dich bald wieder in meine Arme schließen und mit Dir und unsern Kindern zusammenwohnen zu können. Es geht doch nichts über die Heimat, zumal über eine solche Heimat, wo liebe Herzen und Seelen sind, mit denen unser Herz eins und innig verbunden ist.

Gott sei mit Dir und den Kindern und tue an Euch und an mir nach seiner Güte und Barmherzigkeit, darum wir ihn täglich gemeinsam bitten wollen.

Das nächstemal, morgen oder übermorgen, will ich auch an Wilhelm und an Agnes und Christine und Johannes schreiben. Das sage ihnen schon. Es freut mich, daß es Anna wieder bessergeht. Hoffentlich gewinnt sie in D[üsseldorf] ihre vorige Gesundheit wieder. Grüße sie doch herzlich von mir, wenn Du (oder Agnes) nach D[üsseldorf] schreibst.

Grüße auch unsere andern Hausgenossen und die zwei neuen Lehrer, H[errn] Lambeck und H[errn] Halfter.

In alter treuer und dankbarer Liebe Dein F. W. Dörpfeld

116

An Hans Dörpfeld, Barmen

Zandvoort, 19. oder 20. September 1868

Lieber Johannes! Lieber Hans! liebes Hänschen!

Ich heiße Dich dreimal lieb: der Vater hat Dich lieb, die Mama hat Dich lieb, und Deine Geschwister haben Dich lieb. Hast Du uns auch alle lieb?

Bist Du auch brav gewesen? Hast Du auch noch eine Peitsche? Hast Du auch Äpfel bekommen? Wenn ich heimkomme, so bringe ich Dir auch viel mit: 1. eine Peitsche, 2. viele Schneckenhäuschen und Muschelhäuschen, 3. eine Tasche voll Äpfel und 4. einen Kuß. Dann wirst Du Dich freuen.

Es grüßt Dich und die liebe Mama und Auguste und alle liebe Leute im Hause

Dein Vater

F. W. Dörpfeld

In diesem Brief an den damals zweidreiviertel Jahre alten jüngsten Sohn gibt es unverkennbare Anklänge an Luthers Brief an seinen Sohn Hans vom 19.6.1530. Darin heißt es u.a. (Weimarer Ausgabe, Briefwechsel, 5. Bd. 1934, S. 377): „Wenn ich heimkomme, so will ich Dir einen schönen Jahrmarkt mitbringen."

117

An Agnes Dörpfeld, Barmen

Zandvoort, 21. September 1868

Liebe Agnes.

Dir muß ich auch einmal schreiben, da es hier manches zu sehen gibt, was ihr in Barmen nicht zu sehen bekommt.

Da ist erstlich das große Meer, die Nordsee, die einen Teil des atlantischen Meeres bildet. Wenn man unten am Strande steht, so kann man weit über das Wasser sehen nach Westen und den Strand hinauf nach Norden und hinunter nach Süden. Nach Westen hin reicht das Auge etwa 3–4 Meilen weit, etwa so weit wie von Barmen nach Hochdahl. Es scheint aber lange nicht so weit zu sein, sondern das Wasser sieht aus wie ein sehr breiter Strom, nur daß man statt des jenseitigen Ufers den Himmel sieht. Steigt man nun auf die Dünenhügel, auf das höhere Ufer, so wird die Aussicht über das Meer viel größer; dann sieht man etwa 6–7 Meilen weit. Wenn in der Ferne ein Schiff kommt, so sieht man erst am Horizont die Spitze des Mastbaums, dann den ganzen Mast und die Segel und endlich erst den Rumpf des Schiffes. Umgekehrt, wenn das Schiff fortsegelt, so verschwindet erst der Rumpf und endlich sieht man noch die Spitze des Mastes mit dem Wimpel und dann nichts mehr. Das kommt daher, daß die Erde rund ist.

Die Fische, die hier gefangen werden, d.h. die ich schon gesehen habe, sind folgende:

1. Zungen, das sind Fische, welche ganz platt sind und gestaltet wie eine Zunge, vorn und hinten rundlich spitz und in der Mitte breiter. Diese Fische schwimmen so, daß die linke Seite unten ist und die rechte Seite ist oben, dort stehen auch die Augen. Das sieht sonderbar aus. Sie sind so groß wie eine Manneshand, oft auch noch größer.

2. Schollen.

3. Butten, diese zwei Arten der Fische sind fast gerade so gestaltet wie die Zungen und haben auch die Augen auf einer Seite.

4. Rochen oder Stachelrochen. Das sind auch platte Fische wie jene drei ersten Arten, aber noch größer, etwa so groß wie die Platte eines Stuhles. Ihre Gestalt ist aber nicht länglich rund, sondern viereckig; der Kopf ist an einer Ecke und an der Ecke gegenüber steht der Schwanz. Der Schwanz ist hier lang und schmal und mit vielen Stacheln (Zähnen) besetzt. Das Maul ist nicht vorn an der Spitze des Kopfes, sondern mehr zurück unter der Schnauze.

5. kleine und große Schellfische, die kleinen sind etwa 1 Fuß lang; große hast Du ja auf dem Markt in Düsseldorf gesehen.

6. Pittermännchen, das ist ein Fisch wie unsere gewöhnlichen Flußfische, etwa einen Fuß lang. Er hat aber etwas Merkwürdiges an sich; das will ich Dir erzählen, wenn ich heimkomme.

Vor etlichen Tagen hatten die Fischer auch einen kleinen Haifisch gefangen, der etwa zwei Fuß lang war. Der wird aber nicht gegessen; die Fischer warfen ihn fort. Im atlantischen Meere gibt es auch große Haifische. Das sind böse Raubtiere, welche um die Schiffe herumschwimmen und die Leute verschlingen, welche ins Wasser fallen.

Nun habe ich wohl genug erzählt. Sei in der Schule fleißig und aufmerksam und mache der Mama Freude und bete auch für mich, daß der liebe Gott mich glücklich wieder heimführt. Es grüßt Dich herzlich

Dein Dich liebender Vater

F. W. Dörpfeld

Unter 4 hat D. einen Rochen mit Bleistift skizziert.

118

An Christine Dörpfeld (Tochter), Barmen

Zandvoort, 22. September 1868

Liebe Christine.

Der Agnes habe ich etwas vom Meere und von den Fischen geschrieben, die im Meere wohnen. Dir will ich von andern Meerbewohnern etwas mitteilen, die kleiner sind als die Fische und auch etwas von gewissen kleinen Landbewohnern. Beide – die im Meer und die auf dem Lande – wohnen in Häusern; jene sind so groß wie ihre Häuser, freilich sind die Häuser sehr klein, etliche so klein wie eine Erbse, andere wie ein Ei und wie eine Faust. Von den Bewohnern dieser Meereshäuser kann ich aber eigentlich nichts erzählen, denn ich habe nur ihre Häuser gesehen; die Besitzer waren ausgewandert oder tot. Die Häuser liegen dann am Meeresufer; ich habe viele aufgelesen und bringe Dir und dem Johannes und der Agnes eine Tasche voll mit. Nun muß ich noch etwas sagen von gewissen Landbewohnern und dann sollst Du raten, welche Meerbewohner und welche Landbewohner ich meine. Die kleinen Meerbewohner in den kleinen Häuschen können weder sprechen noch singen noch schreien. Die kleinen Landleute aber, welche ich meine, können alles, was die kleinen Leute in Barmen können: sprechen, singen, schreien. Sie sprechen aber nicht deutsch, sondern holländisch, z.B. wenn sie des Morgens einem begegnen, so sagen sie: „gui Moorgen, mien Heer". Merkwürdig ist aber, daß sie nicht holländisch, sondern deutsch schreien, ja, wenn sie noch sehr, sehr klein sind, so können sie doch schon deutsch weinen und schreien und sind doch nie in Deutschland gewesen. Ist das nicht merkwürdig? Gestern hörte ich auch so einen kleinen Landbewohner, der ein deutsches Lied sang, nämlich: „Halleluja, Gott zu loben." – Nun mußt Du raten, wovon ich Dir erzählt habe, dann sollst Du auch herzlich gegrüßt sein

von Deinem Vater

F. W. Dörpfeld

119

An Albert Dörpfeld, Sellscheid

Barmen, 27. November 1868

Lieber Albert.

Nachdem ich in der letztern Zeit Deine Lage weiter überdacht habe, ist mir die Überzeugung gekommen, daß Du Handwerk und Landwirtschaft nicht zusammen betreiben kannst. Du bist einmal einem komplizierten Geschäfte nicht gewachsen. Das Gut zu verpachten, wird auch schwer gehen; es bleibt also nichts übrig, als es zu verkaufen. Wie es dann mit Deiner Familie gehen könnte, weiß ich freilich noch nicht. Ich denke aber, Ihr mietetet Euch in Wermelskirchen ein, einmal damit Deine Frau dort aus meines Schwagers Fabrik etwas Arbeit erhalten könnte und zum andern, daß sie in der Nähe ihrer Eltern wäre. Du müßtest dann sehen, daß Du in einer Fabrik in Remscheid oder sonstwo Arbeit fändest.

Das ist mein Gedanke und Vorschlag. Auf dem jetzigen Wege muß ich befürchten, daß Du in noch schlimmeres Unglück läufst als das gegenwärtige ist. Ich möchte gern glauben, daß das Sitzen in den Wirtshäusern, welches Dir nachgesagt wird, mehr durch den Druck, der auf Dir lastete, als durch wirkliche Neigung hervorgerufen worden ist. Allein, wenn das auch sich so verhält, so besitzest Du einmal nicht die Kraft und weißt nicht den Weg, dem Gemütsdruck auf andere Weise zu entgehen. Bleibst Du daher noch länger in dieser Lage, so muß man besorgen, daß die Last Dich noch mehr herunterzieht. Daher weiß ich keinen andern Ausweg als den oben genannten. Ein wirklicher Ausweg ist er freilich auch noch nicht; es ist nur ein anderer Weg. Ob er ein Ausweg wird, das hängt zumeist von Dir und Deiner Frau ab – ob Ihr nämlich den Helfer sucht und anruft, der allein aber auch aufs völligste helfen kann.

Ich will gestehen, daß ich den obigen Vorschlag nur mit schwerem Herzen mache. Es ist für mich ein Hartes, das mit Mühe und Fleiß erarbeitete Erbe unserer Großeltern und Eltern, an dem so viel Schweiß klebt, nun als Bankerottrest in fremde Hände gelangen zu sehen. Noch härter, daß das Vermögen der Mutter und sonderlich das unserer armen Schwester zum größten Teil verloren ist; denn der Verkauf des Gutes wird über die Bökersche Hypothek hinaus nicht viel mehr einbringen. Wenn die Schwester nicht gar zu sehr zu kurz kommen soll, so muß ich mein ganzes Erbteil samt dem Gelde, was ich den Eltern und Dir geliehen hatte, völlig preisgeben. Meinem persönlichen Gefühle fällt das glücklicherweise nicht allzuschwer, aber meine Familie, wenn sie alles wüßte, würde es doch hart empfinden und das umso mehr, da ich meinen Kindern außer einer guten Erziehung nichts von Belang vererben kann.

Aber es sollte mich alles nicht kümmern, wenn ich Dich und die Deinigen auf dem guten Wege wüßte, der immer und überall und unter allen Umständen gut ist.

Genug. Überlege gef. meinen Vorschlag mit Deinem Schwiegervater und gebt mir dann einen Tag an, wo wir uns in Lennep oder in Remscheid auf ein paar Stunden sprechen und das Nähere verabreden können. In der nächsten Woche ist mir jeder Tag recht; des nachmittags um drei Uhr würde ich in Lennep oder Remscheid sein können.

Der barmherzige Gott wolle alles in Seine Hand nehmen und es zum Besten lenken.

Mit herzlichem Gruße
Dein bekümmerter Bruder

F. W. Dörpfeld

Aus dem Schreiben geht hervor, daß die vom Vater übernommene Hammerschmiede verschuldet ist. D.s Bruder Albert kann die Schulden nur durch Verkauf des elterlichen Besitzes in Sellscheid decken, wobei er auch das Erbteil seiner Geschwister und das Vermögen der Mutter einsetzen muß. D. verzichtet auf sein eigenes Erbe, das er seinem Bruder zur Verfügung stellt.

120

An Lettau, Preußisch-Eylau (?)

Barmen, 1868

[. . .] In hiesigen Lehrerkreisen werden auch Sammlungen für dortige Notleidende veranstaltet. Für die handarbeitenden Klassen Ostpreußens scheint schon manches getan. Wie steht es aber in den dortigen Lehrerfamilien? Wir rheinländische Lehrer hätten unsere Gaben am liebsten dortigen Kollegen, die deren bedürftig, zugewendet. Wenn nun dort Hilfe in Lehrerhäusern nötig, so bilde schleunigst ein Komitee aus Kollegen, wenn möglich aus Vertrauensmännern verschiedener Richtung, will sagen der konservativen und liberalen, damit unsere Gaben durch dasselbe möglichst unparteiisch ausgeteilt werden [. . .]

F. W. Dörpfeld

Im Evangelischen Schulblatt 12, 1868 veröffentlichte D. mehrere Korrespondentenberichte aus Ostpreußen, durch die er auf die Not der Lehrerhäuser aufmerksam machen und seine westdeutschen Kollegen zur tatkräftigen Solidarität ermuntern wollte: „Der ostpreußische Lehrer in dieser Zeit der schweren Heimsuchung" (S. 114 ff); „Über Ostpreußen und die Not der dortigen Lehrer (S. 296 ff); „Aus Ostpreußen. Das Hülfscomitee zur Unterstützung notleidender Volkslehrer" (S. 343 ff).

121
An Albert Dörpfeld, Sellscheid

Barmen, 19. Januar 1869

Lieber Albert.

In der vorigen Woche teilte mir Dein Schwiegervater die erfreuliche Nachricht mit, daß Du Dich wieder rüstig an die Arbeit gegeben habest und daß er jetzt wieder etwas Hoffnung schöpfe, daß Deine Angelegenheit noch wieder auf einen leidlichen Fuß kommen könnte. Heute empfange ich aber von ihm die niederschmetternde Kunde, daß Du seit Samstag wieder das Arbeiten eingestellt habest, weil für Kommunalsteuerreste das Mobilar gepfändet und die Hausuhr weggenommen sei, um am Donnerstag verkauft zu werden.

Ich will Dir keinen Vorwurf darüber machen, daß Du kleinmütig und niedergeschlagen bist, allein das kannst Du Dir doch selbst sagen, daß ein solches Hin- und Herschwanken nicht einmal an einer schwachen Frau gutgeheißen wird, geschweige an einem Manne. Wer wird einem solchen Manne Achtung und Vertrauen schenken? Du hast wollen vor fünf Jahren schon Hausvater sein und bist tatsächlich noch ein Kind an Verstand und Charakter. Du begreifst noch immer nicht, was Dich ins Elend gestürzt hat und darum auch nicht, was Dich allein wieder retten kann. Wolltest Du unverdrossen, wenn auch gedrückt, von morgens bis abends Dich an der Arbeit halten, wie es unser sel. Vater getan hat, so würde jedermann vor solchem Verhalten Respekt haben und die meisten auch geneigt sein, mit Deiner Lage Mitleid zu haben. Durch Dein Müßiggehen tust Du weiter nichts als Deinen Hausstand und Kredit vollends niederreißen.

Freilich vergesse ich da, daß ein festes, entschlossenes Herz nicht lediglich in der Menschen eigenem Wollen liegt, daß Gott es ist, der allein das Herz fest machen kann und der Wollen und Vollbringen wirkt, wo man Ihn darum bittet.

Hast Du aber ein einziges Mal aus innerstem Herzen dem allwissenden Gott Deine Sünden bekannt, alle, alle ohne Ausnahme und keine verschwiegen oder verkleinert, und hast Du Ihn im Namen Jesu unseres Heilandes gebeten, Dir diese Sünden nicht anzurechnen, hast Du das ein einziges Mal aus Herzensgrund getan? Wenn ja, so bin ich gewiß, daß er von Stund an den Bann von Deinem Gemüte nehmen, daß er Dir ein getrostes Herz zur Arbeit und in der Arbeit auch nach und nach volle Freudigkeit schenken werde.

So höre doch in der Stimme Deines bekümmerten Bruders die Stimme Gottes Deines Heilandes, der viel bekümmerter um Dich ist als ich es sein kann; der Dich nur züchtiget, damit Du endlich, endlich mit Dir selbst ins Gericht gehen möchtest und Sein Gericht aufhören könne. „Wer sich selbst richtet, der wird nicht gerichtet."

Handelte es sich im gegenwärtigen Augenblicke bloß um die Kommunalsteuer, so würde ich auch obendrein Dir vorschießen. Allein Du weißt ja selbst, daß jeder Vorschuß in den Abgrund geworfen ist, solange der lebendige Gott nicht Dein Bürge geworden und Dir ein neues Herz und neuen Sinn geschaffen hat. Allein auch jetzt noch würde ich Dir die Kommunalsteuer schicken; aber ich habe vor dem 1. Februar keinen halben Taler übrig. Ich will aber an den Lehrer Best in Wermelsk[irchen] schreiben und ihn bitten, mit Deinem Schwiegervater Rücksprache zu nehmen. Wenn der dazu raten kann, so soll Best, wie ich hoffe, in meinem Namen so viel Geld vorstrecken, daß die Uhr wieder eingelöst werden kann. Dein Schwiegervater kann sie dann für mich aufbewahren oder aber damit nach seinem Wohlermessen verfahren, weil ich nicht weiß, ob nicht sofort andere Gläubiger doch darnach greifen werden.

Nur das eine bitte ich Dich im Namen aller, die um Dich bekümmert sind, daß Du vor Gott dem HErrn Deine Knie beugest, daß er Dir Herz und Hände stärke. Die Not dieser Zeit mag Dir groß vorkommen, aber wenn Du allen Rat Gottes verachtest hast, dann muß am letzten Ende in der Sterbestunde doch noch ganz andere Not kommen. Und wohin willst Du dann fliehen? So fliehe doch jetzt in die Arme, die Tag und Nacht nach Dir ausgestreckt sind. Rein ab und Christo an, so ists getan. Suche Jesum und Sein Licht, alles andre hilft Dir nicht.

Mit herzlichem Gruße Dein bekümmerter Bruder

F. W. Dörpfeld

122

An Peter Diehl, Odessa

Barmen, 20. Januar 1869

Lieber Freund und Bruder in dem HErrn.

In acht Tagen wird es ein rundes Jahr, daß Sie den Brief an mich geschrieben haben, auf den der hier begonnene die Antwort bringen soll. Ohne Zweifel wird Ihnen zumute gewesen sein, als hätte man in Barmen Ihrer vergessen, zumal auch wohl Freund Busch nicht häufig geantwortet haben wird. Allein vergessen haben wir Sie nicht, sondern in herzlicher Teilnahme Ihrer gedacht. Mit Freund W[ilhelm] Busch bin ich im Laufe des Jahres nicht ein einziges Mal zusammengekommen, ohne daß auch die Rede davon war, wie es dem lieben Bruder Diehl jetzt wohl ergehen werde, ob er die saure Lehrzeit bald durchstanden habe usw.

Nach meinem Gefühl hätte ich Ihnen gern sofort geantwortet, um wenigstens durch die Bezeugung meiner Teilnahme Ihnen und Ihrer Fremdlingsschaft ein wenig unter die Arme zu greifen. Da Ihr Brief aber aus einer Stimmung heraus geschrieben war, in welcher Niedergeschlagenheit und Verstimmung miteinander kämpften und mir nicht klar wurde, ob mehr die Verhältnisse ober aber die Personen dies verursacht hatten, so wurde es mir zweifelhaft, ob ich die rechten Gedanken und Worte finden werde, um Ihnen wirklich Nützliches zu sagen. Um alles wollte ich Ihre Stimmung nicht verschlimmern, was doch durch jedes unangemessene Wort unfehlbar geschehen wäre. Schließlich wurde ich mit mir einig, Sie auf eine Zeitlang Ihrem Schicksal, d.i. den treuen Händen des guten Hirten zu überlassen, in der Zuversicht, Er werde Ihnen Luft und Rat und Trost geben und überhaupt Sie und die lieben Ihrigen in keinerlei Weise versäumen.

Von der andern Seite aber hinderte mich auch die übermäßige Arbeitslast, die mich zu ersticken droht. Obwohl ich in der Regel morgens um vier Uhr an der Arbeit bin, so ist doch kein Durchkommen. Sie machen sich gewiß keine Vorstellung davon, mit welcher Zahl und welcher Art von Zuschriften ichs zu tun habe, aus allen vier Himmelsgegenden von Ostpreußen bis Paris und von Schleswig bis Pest in Ungarn. Aus letzterem Orte liegt schon seit drei Monaten ein Brief hier mit einer Summe von Fragen über Schulbauten, Schuleinrichtung, Lehrmittel usw., die bei ausreichender Beantwortung ein halbes Dutzend Bogen in Anspruch nehmen würden. Dazu war ich stellenweise wieder leidend, im Herbst wieder an vier Wochen ganz untätig, wodurch dann natürlich die Arbeit massenhaft anwuchs. Im ganzen vorigen Jahrgang des Schulblattes ist kein einziger Artikel aus meiner Feder zum Abdruck gekommen. Gefeiert hat freilich die Feder auch in dieser Richtung nicht, im neuen Jahrgang wird auch wohl jedes Heft etwas von mir bringen. Überdies habe ich, durch das eigene Schulbedürfnis gedrängt, ein ‚Repetitorium des Realunterrichts' (ein Seitenstück zum Enchiridion der biblischen Geschichte) ausgearbeitet, das wohl bald im Manuskriptdruck (zur Probe) erscheinen wird. In den ersten diesjährigen Heften des Schulblattes werden Sie auch einen Artikel von meiner Hand über den Religionsunterricht finden. Die Hauptsache – der Kopf des Nagels – folgt erst in Heft 3 und 4, das Mitte Februar gedruckt sein wird: es ist ein christlich-pädagogischer Protest gegen den Memorier-Materialismus im Religionsunterricht, der ohne Zweifel einige Unruhe und Wellenschläge hervorrufen, aber, wie ich zu Gott hoffe, auch viele Kollegen in ihrer unnatürlichen, unfruchtbaren Mühe trösten wird, wenn er auch nicht sofort Erleichterung schafft. Ich möchte ihn Ihrer Aufmerksamkeit empfehlen; und würde es mir lieb sein, auch Ihr Urteil hören zu können.

Nun zu Ihrem Anliegen und Ihrer Lage. Wie Sie wissen, habe ich Ihnen seiner Zeit nicht zugeraten – aus mehrfachen Gründen, die ich jedoch nicht alle sagte. Abraten durfte ich aber auch nicht: einmal, weil es doch wohl Gottes Wille sein konnte, in dortiger Gegend durch Sie ein gutes, großes Werk fördern resp. ausrichten zu lassen; sodann, weil mir nicht in den Sinn kam, die Ihnen gegebenen positiven Versprechungen anzuzweifeln; und endlich, weil der HErr vielleicht einen besonderen, gesegneten Lehrgang mit Ihnen selbst in Absicht genommen hatte.

Sie werden jetzt besser als vor einem Jahr übersehen können, was und [wie] viel von diesen meinen Gedanken zutreffend gewesen ist. Das glaube ich noch immer, daß Sie dort an eine bedeutende, einflußreiche Arbeit gestellt sind. Ein Lehrerseminar, zumal in einer Gegend, wo Volk und Schulstand noch nicht ‚auskultiviert' sind, ist das wichtigste Institut, das gedacht werden kann. Schnelle Früchte wird man freilich nicht erwarten dürfen, allein, sie werden auch nicht überlange auf sich warten lassen.

Es fragt sich freilich, ob Ihnen zum Wirken hinreichend freie Hand gegeben ist, ich meine nicht, in diesen oder jenen äußeren Angelegenheiten, auf die im Grunde nicht viel ankommt, sondern in der persönlichen Einwirkung auf die Zöglinge. In dieser Beziehung fragt es sich dann weiter, ob es Ihnen geschenkt worden ist, Ihre Arbeitslage klar zu durchschauen. In primitiven Verhältnissen müssen andere Ziele gesteckt und andere Hebel in Bewegung gesetzt werden, als da, wo, wie Curtmann sagte, „die großen pädagogischen Entdeckungsreisen bereits gemacht sind", welches Diktum ich übrigens auch für Deutschland nicht zugebe. Franklin meinte einmal, ein echter amerikan[ischer] Farmer müsse mit einem Bohrer sägen und mit einem Beile hobeln, kurz, mit Beil und Bohrer ein Haus bauen können. Das ist ein wahres Wort auch für primitive pädagogische Zustände inmitten primitiver sozialer Verhältnisse. Wer es geschickt in die Sprache und Arbeit der Methodik und Didaktik übersetzen könnte, würde einen glücklichen Griff tun.

Was die Versprechungen des H[errn] Past[ors] B[ecker] betrifft, so scheint er allerdings den Mund etwas vollgenommen oder aber nicht vorsorglich genug verfahren zu haben. Allein es wäre doch möglich, daß er sich selbst getäuscht hätte, ich meine, daß seine Taxierung des Hauses usw. eben eine andere als die Ihrige gewesen wäre. So wenigstens deute ich mir die Worte der Schwester gegenüber Ihrer Klage, die Sie anführen. Freilich liegt auch noch etwas anderes in den Worten, etwas, was einem allerorten begegnet, daß nämlich die, welche ein Werk gründen (wie Fliedner u.a.), ihren Mitarbeitern unbesehen und unbedenklich viel zumuten an Entbehrungen und Arbeiten und dabei vergessen, daß ein Arbeiter seines Lohnes wert ist.

Sie werden nachgerade genauer besehen können, wie es in diesem Betracht steht und mir im nächsten Briefe ein sichereres Urteil an die Hand geben können. In allen Fällen glaube ich aber, daß Sie sich Ihre wichtige Arbeit, falls Sie Freude daran haben, durch keinerlei Betrachtungen auf Außendinge verleiden lassen dürfen, so lange die Beschwerlichkeiten nicht das tragbare Maß überschreiten. Ihr Posten ist zu wichtig.

Was den Lehrgang betrifft, den vielleicht der HErr mit Ihnen hat machen wollen, so kann ich natürlich in Seine geheimen Gedanken nicht hineinsehen. Aber ich stelle mir so einiges aufs Geratewohl vor. Unter anderm dies: Ich glaube, daß keiner, der aus Deutschland in die primitiven Zustände Südrußlands verpflanzt worden wäre, den Abstand so kraß gefühlt und schmerzlich empfunden haben würde als gerade einer vom Mittelrhein. Ich kann das nicht weitläufig ausführen und will nur bemerken, daß mir keine Gegend so ‚auskultiviert' (nach Riehls Ausdruck) vorgekommen ist als das mittelrheinische Land: Frankfurt, der Rheingau, Hessen-Darmstadt, die bayerische und badische Pfalz. ‚Auskultiviert' ist aber wohl nicht das bezeichnende Wort für den dortigen Kulturzustand, denn in manchen Kulturpartien herrscht am Mittelrhein eine solche selbstselige Stagnation, wie sie in Pommern nicht zu finden. Man muß wohl sagen, die Kultur hat eine schiefe Richtung genommen. Charakteristisch dafür ist die religiöse Indolenz, der Mangel an allem Verständnis und an Interesse für religiöse Dinge. Das ist die größte Entfernung von allem Natürlichen und Naturgemäßen, was sich denken läßt. Wer in solchen unnatürlichen Zuständen lebt, und stünde er ihnen innerlich noch so fern, wird sich doch von allen Einflüssen nicht freihalten können. Vielleicht können Sie das jetzt, nachdem Sie andere und namentlich ganz andere Verhältnisse kennengelernt haben, besser sehen und sagen als ich. Ich führe es auch nur an, um Ihren Gedanken eine Anregung zu geben, daraus für mich gelegentlich etwas abfallen könnte.

Lassen Sie mich bald von Ihren Freuden und Leiden, Wünschen und Hoffnungen etwas weiteres hören. Vielleicht bin ich dann auch besser imstande, Ihnen mit meiner guten oder bösen Lebenserfahrung ein wenig dienen zu können.

Früher bemerkten Sie einmal in einem Ihrer Briefe, Sie könnten mir über hessische Schulzustände manches für das Schulblatt schreiben. Ich möchte jetzt daran erinnern, da Sie jetzt auch keine Rücksichten mehr zu nehmen haben.

Gott schenke Ihnen Mut und Kraft und Weisheit zu Ihrer Arbeit, auch Ihrer lieben Frau, damit Sie auf Ihrem bedeutungsvollen Missionsposten etwas Rechtes zu Seiner Ehre ausrichten mögen. Mit herzlichen Grüßen an Sie und die Ihrigen, auch an H[er]rn P[astor] B[ecker], Ihr

F. W. Dörpfeld

NB: In betreff Ihrer Äußerungen über Personen und Verhältnisse dürfen Sie ganz außer Sorge sein.

Diehls Brief von Ende 1868, auf den sich D. bezieht, ist nicht erhalten. Zwei weitere Schreiben aus Großliebenthal lassen die Schwierigkeiten ahnen, mit denen es Diehl besonders auf seiner ersten Stelle an der deutschen Schule in Schischkin zu tun hatte. Der Schulvorsteher Pastor Becker beabsichtigte „alles in allem Inspektor und Direktor, Oberlehrer und Unterlehrer zu sein" (Diehl an Dörpfeld, 22.11./30.12.1869), so daß es Diehl schließlich vorzog, als Lehrer und Hausvater (wohl Internatsleiter) im August 1869 an die neuerrichtete deutsche Zentralschule in Großliebenthal zu wechseln.

Das Repetitorium des Realunterrichts erschien Gütersloh 1870. Der Hinweis auf den Artikel über den Religionsunterricht betrifft die Aufsatzserie „Über Erzählen und Einprägen der biblischen Geschichte", EvSchBl 13 (1869). Die ersten beiden Teile erschienen als Separatabdruck im gleichen Jahr unter dem veränderten Titel „Ein christlich-pädagogischer Protest wider den Memorier-Materialismus im Religionsunterricht."

123

An Albert Dörpfeld, Sellscheid

Barmen, 2. Februar 1869

D. begrüßt, daß die Möbel noch nicht verkauft seien und der Bruder eine neue Stellung gefunden habe. Er müsse nun dafür sorgen, seinen Fabrikherrn durch Fleiß, Treue und Bescheidenheit für sich zu gewinnen. Der Verkauf der Güter bliebe einstweilen sistiert. Er, D., empfehle, einen Käufer oder Mieter zu suchen.

124
An Markus Schlichting, Kiel

Barmen, November 1869

[. . .] Wenn zu der Frage, ob die Schule Staatsschule sein soll, alle Welt Ja sagt, so sage ich für meinen Kopf dennoch Nein und werde es so lange sagen, als mir der liebe Gott eine Stimme gönnt. Die Schule soll ja an den Staat wie an die Kirche einen Anschluß suchen, das sage ich auch, aber nicht bloß an diese, sondern an alle Lebensgemeinschaften, die korporativ verfaßt sind und dem gemäß ein Gebiet eigenen Rechts haben. Vorab jedoch soll festgestellt sein, welches das eigene Recht des Bildungswesens ist. Daß das Bildungswesen eine eigenartige Aufgabe und eine eigenartige Natur hat, soll und wird niemand bestreiten. Bestritten könnte nur werden, daß es ein eigenes Recht habe. Ich behaupte es; denn die Unmündigen, mit deren Ausrüstung die Bildungsanstalten betraut sind, gehörten weder dem Staat noch der Kirche noch irgendeiner andern dermaligen Genossenschaft, sondern der Familie.

Die Familie besitzt ein eigenes Rechtsgebiet, wie hinsichtlich des wirtschaftlichen Lebens, der Leibespflege, des religiösen Lebens, so auch hinsichtlich der Bildung ihrer Kinder. Das ist in allen Staatsverfassungen anerkannt und verbürgt. Somit liegt also tatsächlich ein Rechtsgebiet zwischen Staat und Kirche, über welches diese beiden nie souverän disponieren können. Verbinden sich nun mehrere Familien, um dieses ihr Rechtsgebiet gemeinsam zu verwalten, gründen sie eine Schulgenossenschaft, so hat weder der Staat noch irgendeine andere Körperschaft hineinzureden, solange nicht erwiesenermaßen ein staatliches oder kirchliches Interesse offenbar verletzt wird. Da haben Sie den Punkt, wo die Schule stehen kann. In diesem ihren „eigenen Gedinge" ist auch allein die Stelle, wo ihre eigenartige Natur und ihre eigenartige Aufgabe gegen alle fremden Einflüsse hinlänglich geschützt werden kann, und da allein liegt auch die Möglichkeit, dem Lehrerstande seine gebührliche Selbständigkeit zu verschaffen. Das alles wird das Bildungswesen auch seiner Zeit bekommen, mögen die Staatsmänner und Kirchenmänner und wer sonst noch so viel dawider reden, als sie wollen. Die Natur der Dinge, die Naturgesetze in den Dingen fordern ihr Recht. Es handelt sich nur noch darum, daß die Familie sich auf ihr Recht besinnt und dasselbe klar erkennt.

Ist diese Erkenntnis hinlänglich durchgedrungen, so werden die Familien ihr Recht geltend zu machen wissen und die Verwaltung des Schulwesens so ordnen, wie es seiner Natur und diesem Rechte gemäß ist. Wäre dieses Gebiet – ich meine das des eigenen Rechtes der Familie – deutlich erkannt, abgegrenzt und geschätzt, so würde die Organisation der Schulverwaltung keine großen Schwierigkeiten mehr bieten. Denn bei dieser Organisation kommen Staat und bürgerliche Genossenschaft und der Lehrerstand nur als Vertreter eigenartiger Interessen in Betracht, nicht als Inhaber von Rechten, und diese Interessen können in der Organisation der verschiedenen Verwaltungsinstanzen im vollsten Maße nach Gebühr berücksichtigt werden. Dann ist auch keine Gefahr dabei, die Schule recht innig mit den nationalen Aufgaben, d.i. mit dem Staate, zu verbinden; dasselbe gilt hinsichtlich der Kirche, der Volkswirtschaft usw.

Was bisher gehindert hat, diese richtige Ansicht durchdringen zu lassen, läßt sich vornehmlich auf zwei Quellen zurückführen. Die eine liegt darin, daß die sog. Schulfrage lediglich eine Streitfrage zwischen Staat und Kirche zu sein schien, weil sie es tatsächlich auch war. In Wahrheit aber ist dieser Streit zwischen Staat und Kirche nichts anderes als der Streit zweier Diebe, die sich über ein gestohlenes Gut zanken. Das zuschauende Publikum schlug sich je nach seinen Sympathien für den einen oder anderen Kämpfer teils auf die eine, teils auf die andere Seite. So steht es im wesentlichen auch heute noch; es wird aber eine Zeit kommen, wo der nächste, rechte Eigentümer sein geraubtes Gut wieder selbst an sich nehmen wird.

Die andere Quelle der Hindernisse liegt im Lehrerstande selbst. Die Lehrer haben wohl erkannt, daß bei der hergebrachten Schulverfassung die Schule nicht ihrer Natur und Aufgabe gewiß behandelt wird und daß auch der Schulstand selber zu kurz kommt. Anstatt aber nun nachzufragen, wo für die Natur und Aufgabe der Schule das „eigene Gedinge" zu finden, das eigene Recht, über welches die fremden Mächte nicht disponieren können, stattdessen haben sie es gerade so gemacht wie Staat und Kirche, d.h. sie haben ihr Interesse an der Schule mit dem eigenen Recht der Schule verwechselt und demgemäß nach einer Sicherung dieses Interesses gestrebt, nach einer gewissen Selbständigkeit des Schulstandes. Das ist nun an sich kein Unrecht, – ich strebe auch darnach – das Unrecht liegt nur darin, daß es auf Kosten der Natur und Aufgabe der Schule und auf Kosten des Rechts der Familie geschieht. Dazu kommt die schlimme Folge, daß nun das zuschauende Publikum wiederum glaubt, es handele sich bei dem Schulstreit zum dritten auch noch darum, daß der Lehrerstand zu gewissen Rechten gelangt, die er beanspruche. Die einen gönnen sie ihm, die anderen gönnen sie ihm nicht; und der Lehrerstand schlägt sich auf die Seite, wo man ihm das meiste verspricht. An die Natur und Aufgabe der Schule, die doch nur in den Händen des rechten Eigentümers recht geschützt sein können, denkt wiederum niemand oder richtiger zu sagen: jeder der drei streitenden Interessenten (Staatsmänner, Kirchenmänner, Schulmänner) denkt, wenn er nur den nötigen Einfluß gewinne, so werde bei seiner vormundschaftlichen Verwaltung die Schule gut versorgt sein.

Da aller Fortschritt sich gewöhnlich in Spiralen oder Zickzacklinien bewegt, so mag es sein, daß die naturgemäße Schulverfassung einstweilen noch nicht an der Reihe ist, daß die gegenwärtige Periode zunächst mit der vollen Einverleibung der Schule in die politische Genossenschaft abschließt. Es ist aber immer nur ein Durchgangsstadium. Wohl mag der Staat seinem Schulstande ein gewisses Maß von Selbständigkeit und von Futter geben; aber gar zu reichlich wird es nicht ausfallen. Gneist wenigstens, der zwar viel von Geld spricht, bietet für ein selbständiges Walten der Schularbeiter wenig Aussicht. Sein Verwaltungsorganismus mag allenfalls nach oben hin wie Selfgovernment aussehen: nach unten hin und nach der Natur und Aufgabe der Schule hin ist er nur eine andere Sorte von Bureaukratie: die Bureaukratie der Geldaristokratie. Ein Ding ist darum nicht Selbstverwaltung, daß man es so nennt, denn dann könnte jeder Bauer seine Gänse leicht in Schwäne verwandeln. Gesetzt aber auch, der Staatsschulherr gönne seinem Diener „Schulmeister" an honos und praemium alle Gebühr, so wird doch früher oder später die Einsicht kommen, wenn nicht bei den Lehrern, so doch bei den Eltern, daß das Staatshaus nicht das rechte Daheim für das Bildungswesen sei, schon darum nicht, weil es mit der Politik zu nahe unter einem Dache wohnt.

Unterdessen sitzen die Verteidiger der freien Schulgenossenschaft in der Klemme: Gegner ringsum, zur Rechten, zur Linken und im Rücken. Die Gegner auf der einen Seite, die sich „liberal" nennen und nennen lassen, glauben nun einmal, die Kultur gehe in die Brüche, wenn sie nicht unter Staatsvormundschaft stehe. Wunderliche Leute! Die Presse haben sie frei hingestellt, aber die Schule, die höhere wie die niedere, soll vom Staat ihr Programm bekommen. Sie fordern, „die Wissenschaft und ihre Lehre soll frei sein", haben sich aber, wie es scheint, noch niemals darüber besonnen, wie der Satz Wahrheit werden könne; denn wenn die Wissenschaft in Staatsdiensten ist, so kann sie doch nicht frei sein, d.h. ihrer Natur nach sich entwickeln. Man denkt sich die Lage der Wissenschaft frei, weil der Staat sie von kirchlichen Fesseln befreit habe.

Wenn eine politische Majorität einem seine Leibespflege vorschreiben wollte, ob man sich allopathisch oder homöopathisch kurieren lassen, ob man Kaffee trinken oder Grützensuppe essen, einmal oder zweimal täglich zu Stuhl gehen sollte usw. – das würde auch wohl einem dermaligen sog. „Liberalen" abenteuerlich klingen, allein, daß dieselbe politische Majorität vorschriebe, wie Intelligenz, Herz und Gemüt der Kinder gebildet werden sollen, das dünkt dem liberalen Michel ganz in der Ordnung zu sein. Diese Finsternis des sog. „liberalen" Denkens, das noch nicht recht weiß, ob die Seele mehr sei als der Leib, hat etwas so Komisches wie Grauenhaftes an sich; komisch ist sie, weil sie kamelgroße Widersprüche verschluckt, als wenn es Mücken wären und grauenhaft, weil unter ihrer Herrschaft auch in dem Heiligtum der Familie die Gewissensfreiheit nicht mehr sicher ist.

Ich weiß wohl, woher dies gekommen: die Wissenschaft und die Bildung wollten den Fesseln einer alles beherrschenwollenden Kirchenorthodoxie entfliehen, aber wohin haben sie sich geflüchtet? In die Arme der politischen Macht, der territorialen Zufälligkeits-Majorität.

Diese neue Orthodoxie, die die territoriale Zufälligkeits-Mehrheit für den rechten Kulturherrn hält, ist allerdings Schwindel, vielleicht der größte, der jemals die denkenden und gedankenlosen Köpfe berückt hat, allein er gilt nun einmal als Orthodoxie. Wer wagt da zu zweifeln, da fast alle Staatsrechtslehrer, Zeitungsschreiber, Schulblattschreiber und Poeten ihr Lob sagen? Doch gibt es schon etliche Zweifler, sogar entschiedene Ketzer: so weiland die Philosophen Herbart und Krause, die noch leben, obwohl sie gestorben sind, so Staatsrechtslehrer wie Waitz und Ahrens, so Pädagogen wie der verstorbene Dr. Mager, der ebenfalls noch lebt und andere leiblich lebende wie Langbein, Ziller, Stoy, Hollenberg usw. Einstweilen sind freilich die Orthodoxen noch zahlreicher und darum stärker. Allein wären sie auch noch zehnmal zahlreicher, dieser Gegner der freien Schulgenossenschaft ist dennoch unter den dreien der schwächste; er hat nur seine ihm zugewiesene Lebenszeit und wird an seinen eigenen Widersprüchen zu Grunde gehen, wenn er nicht durch die Schule der Erfahrung vorher schon bekehrt werden sollte.

Ungleich stärker, trotz allem Schein des Gegenteils, ist der zweite Gegner: die Verteidiger der Staatskirchen-Schule resp. der Kirchschule = der durch die Geistlichkeit regierten Schule. Ihre Stärke liegt jedoch nicht in ihrer Theorie; diese Theorie ist falsch und seicht [. . .]

Die preußische Staatsregierung wird sich stets genötigt sehen, mit der katholischen Kirche säuberlich zu fahren und sich aufs Paktieren zu legen, weil die Präsumption wider sie ist, daß sie parteiisch sei und Propaganda zu machen sucht. Daraus schon folgt für uns protestantische Lehrer der gute Rat, dahin zu streben, daß wir für unser protestantisches Schulwesen in einem gewissen Bereich ein „eigenes Gedinge" bekommen, um uns darin nach unsern protestantischen freien Prinzipien einrichten zu können; denn so weit wir mit den katholischen Schulen unter ein Maß und Gesetz kommen, so weit werden wir auch bei der politischen Rücksicht, welche unsere Regierung gegen die katholische Kirche beobachten muß, zu leiden haben, d.h. eine privilegierte Mitwirkung der Geistlichkeit bei der Schulleitung dulden müssen, sei es auch in der abgeschwächten, aber höchst abnormen Form der badischen Schulverfassung, die eine Pädagogik der Doppelherzigkeit und Zweizüngigkeit etabliert hat.

Der dritte, der allerschlimmste Gegner der freien Schule, das ist die Masse unserer Standesgenossen. Ein großer Teil – ich mag nicht sagen, wieviel Prozent – ist zu beschränkt, zu dumm und zu denkfaul, um mit Spekulationen über die Theorie der Schulverfassung, die ja tief in die Staats- und Gesellschaftswissenschaft eingreifen, sich befassen, geschweige damit fertig werden zu können. Sie befassen sich höchstens mit partiellen Fragen und Wünschen, und wer ihnen auf diese Fragen die seichteste Antwort bietet und ihnen für ihre Wünsche die meisten Versprechungen gibt, dem fallen sie mit Applaus zu. Neben der Beschränktheit spielt die Armut eine große Rolle, jenes Übel, wogegen Salomo mit Recht beten lehrt: „Ich möchte sonst mich vergreifen." Diese Armen nun in unserm Stande, die sich lebenslang mit Nahrungssorgen herumzuschlagen haben, wie sollten sie für eine Theorie der Schulverfassung Gehör und Zeit haben? Die einen hören eben nicht „vor Seufzen, Angst und harter Arbeit", und die andern, die ja noch hören, lauschen mit gespanntem Atem, ob auch von Geld die Rede ist. Wer ihnen Geld verspricht, sei es Gneist oder Seegemund oder wer immer, dessen Theorie fallen sie zu wie die hungrigen Fliegen dem

Honig; und nicht wenige dieser Armen sind jeden Augenblick in Gefahr oder gar bereit, für eine gute Dotationsaussicht alles preiszugeben, die Freiheit und Ehre des Schulstandes wie die Rechte und Freiheiten der Familie. So hat denn die Theorie der freien Schulgenossenschaft Gegner zur Rechten und zur Linken und den schlimmsten im Rücken. Und dieser letztere ist einstweilen unbesiegbar, denn gegen die Beschränktheit und gegen die Not sind Gründe keine Waffen.

Da haben Sie meine Theorie in nuce und auch die Lage der Dinge, wie sie mir erscheint.

Nun beantworten Sie mir aber gütigst auch die Frage, wie Sie, wenn ich recht sehe, zu der Meinung kommen, meine Theorie bewege sich nicht in der geraden Linie, sondern mache eine große Biegung (Konzession) nach der Kirche hin?

Ist es etwa der Umstand, daß ich nicht Simultanschulen will, sondern eine Schulgemeinde mit konfessionellem Charakter fordere?

In diesem Falle lassen Sie mich darauf aufmerksam machen, daß diese Forderung nicht auf kirchliche Ansprüche, auf ein Recht der Kirche sich gründet, sondern einfach eine Konsequenz des Familienprinzips oder deutlicher: eine Konsequenz der erziehlichen Aufgabe der Schule ist. Denn wenn die Schule erziehen soll, im Namen und in Verbindung mit einer Schulgenossenschaft, so müssen die Glieder dieser Genossenschaft in allen wesentlichen Erziehungsfragen gleich denken, einig sein; die Schulgenossenschaft muß dasselbe ethische Bildungsideal anerkennen, also einen ethischen Charakter haben; und da unter den ethischen Fragen die religiösen am wichtigsten und entscheidendsten sind, so muß die Schulgemeinde insofern konfessionell sein, d.h. bei der Bildung der Schulgemeinden muß die Konfession das Merkmal für die Begrenzung abgeben. Hier gilt es, die Begriffe genau besehen! Mit dem Merkmal der „Konfessionalität", das der Schulgemeinde eigen sein soll, ist noch keineswegs ein Rechtsverhältnis zur Kirche gesetzt, sondern nur eine Tatsache ausgesprochen, aber eine Tatsache, über welche nicht die Kirche, sondern die Schulgemeinde disponiert. Dieses Merkmal grenzt nur die verschiedenen Schulgemeinden (wofern es im Staate verschiedene religiöse Gemeinschaft gibt) gegeneinander ab; es schafft somit die Möglichkeit, ethisch einheitliche Schulgenossenschaften zu bilden, die Möglichkeit, der Schule den Charakter einer Erziehungsanstalt zu erhalten und gibt endlich der Schulgemeinde die Garantie, daß die Erziehung der Schule so sei, wie es der Wunsch und Wille der Gemeinde ist. Sodann ist durch das Merkmal der „Konfessionalität", was zunächst die Schulgemeinde und deswegen auch die Schule an sich tragen soll, noch nichts über den pädagogischen Inhalt dieses Merkmals gesetzt: diesen pädagogischen Inhalt zu bestimmen, ist wiederum nicht ein Recht der Kirche, sondern der Schulgenossenschaft, auch nicht der einzelnen Lokal-Schulgemeinde, sondern der gesamten organisierten landschaftlichen Schulgenossenschaft.

Es ist mir unbegreiflich, wie der Kritiker in der Protestantischen Kirchenzeitung und der in den Preußischen Jahrbüchern diese klaren Unterschiede der Rechtsverhältnisse haben übersehen können, wenn sie anders sich die Mühe gegeben haben, die Theorie der freien Schulgenossenschaft erst zu verstehen, bevor sie sie beurteilen wollten. Freilich haben die Theologen und politischen Publizisten keine Zeit, sich mit Schulfragen ernstlich zu beschäftigen. Aber warum maßen sie sich dann ein Urteil an?

Worin liegt aber nun zwischen uns beiden das rätselhafte Mißverständnis, da es in dem vorbesprochenen Punkte nicht wohl stecken kann? Etwa darin, daß ich der Kirche in den lokalen und landschaftlichen Repräsentationen eine Vertretung zuspreche? Aber dieser Umstand kann es doch auch nicht veranlaßt haben, denn die übrigen Lebensgemeinschaften und der Lehrerstand sind ja ebenfalls vertreten und zwar in gleichem Maße. Wollte man aus jener kirchlichen Vertretung folgern, die Schule sei zu sehr auf das Rechtsgebiet der Kirche gezogen, so könnte ein anderer dieselbe Folgerung hinsichtlich der übrigen Korporationen ziehen, namentlich könnte er den Staat als privilegiert bezeichnen, weil dieser doch die gesamte Oberleitung und überdies in der Bezirksregierung den Schwerpunkt der Schulverwaltung besitzen soll. Wollte aber jemand gar behaupten, diese Vertretungen der öffentlichen Lebensgemeinschaften dürften überhaupt und überall nicht stattfinden, vielmehr solle die Schulgenossenschaft nur auf der Basis der Familie sich organisieren, so würde man ihm doch sagen müssen, daß damit die Schule aus dem gesamten nationalen und Kulturleben herausgesetzt wäre, eine Maßregel, die zwar beim Privatschulwesen statthaft ist, aber da, wo ein öffentliches Schulwesen bestehen soll, Unsinn heißen würde. Wer „öffentliches Schulwesen" sagt, der sagt damit zugleich, daß die Interessen aller nationalen und Kulturgemeinschaften bei der Organisation desselben beachtet, benutzt und garantiert sein sollen. Übrigens ist das keine Prinzipienfrage mehr, sondern eine Frage der Zweckmäßigkeit, ob die gewählten Mitglieder der Schulrepräsentation nur aus Urwahlen hervorgehen oder aber auch Delegierte der bürgerlichen Gemeinde und der Kirchengemeinde enthalten sollen, wenn nämlich der Bürgermeister und der Pastor bereits in diesem Kollegium sitzen. Lassen Sie mich en passant daran erinnern, daß jene Kritiker mir Schuld geben, meine Theorie wolle das Schulwesen von dem nationalen und politischen Leben isolieren, mir, der ich die Verbindung der Schule mit aller nationalen und Kulturgemeinschaft aufs allerstärkste betone und befürworte. Das ist doch in der Tat „böhmisch" – ich weiß keinen andern Ausdruck dafür.

Ich darf demnach wohl annehmen, daß die kirchliche Vertretung im Schulorganismus ebenfalls nicht der Grund des Mißverständnisses zwischen uns beiden ist. Sollte er aber in dem kleinen Umstand liegen, daß unsere rheinischen Vorschläge einen Pfarrer zum Präses des Schulvorstandes machen wollen, einen Pfarrer qua Pfarrer? Wenn ja, so muß ich vorab bemerken, daß dies keine prinzipielle, sondern eine technische, eine die Anwendung der Prinzipien (auf gewisse gegebene Verhältnisse) betreffende Frage ist, die je nach Umständen so oder anders beantwortet werden kann. Dasselbe gilt von einer Reihe anderer Organisationsfragen: das Prinzip, ich meine das Familienprinzip, fordert nur, daß auf dem Gebiet des Bildungswesens der Familie ein Bereich eigenen Rechts zuerkannt werde, das von den andern Lebensmächtigen zwar mitgepflegt und mitbeeinflußt werden kann, so weit dies im Einverständnis mit der Familie geschieht, über das dieselben aber niemals ein Recht beanspruchen dürfen; zur Abgrenzung und zum Schutze dieses familiären Rechtsbereiches ist weiter erforderlich, daß die Familien zu Schulgenossenschaften sich verbinden und zwar zu solchen, deren Mitglieder das gleiche ethische Bildungsideal haben; und endlich ist erforderlich, daß einerseits die Lokalgemeinden derselben Art zu landschaftlichen Genossenschaften derselben Art sich verbinden und andererseits die Lokal- und Landschaftsgemeinden verschiedener Art sich um der nationalen Aufgaben willen territorial zusammenschließen. So läßt sich das Recht der Familie, d.i. zugleich die Natur und Aufgabe der Schule sichern, und doch ist auch die Möglichkeit gegeben, die Schule mit allen nationalen und Kulturmächten in eine lebensvolle Verbindung zu setzen. Stehen diese Prinzipien einmal fest, so hat das organisierende Überlegen einen weiten Spielraum. Mein Organisationsplan greift die Sache en gros an: er gibt frischweg allen Interessenten gleiches Vertretungsrecht. Ob dies genau das Rechte ist, bekümmert mich nicht viel; ich glaube nur, daß es für unsere rheinisch-westfälischen Verhältnisse paßt. Wo andere Verhältnisse sind, wo z.B. Patronatsrechte respektiert werden müssen oder wo die Kirche ein Kadaver ist usw., da möge man anders überlegen. Ich verlange nicht, darein zu reden, solange man uns Rheinländern unsere Freiheit in diesem Betracht läßt. Irre ich nicht, so wird Ihnen auch nicht entgehen können und nicht entgangen sein, daß in der praktischen Ausgestaltung meine von unten aufbauende Theorie mit einer im echt nationalen Sinne und im wahrhaft liberalen Geiste von oben, vom Staate aus bauenden Theorie nicht allzuweit entfernt bleibe, vielleicht sogar im wesentlichen zusammentrifft. Ist der nationale Sinn und die liberale Gesinnung in der Tat auf beiden Seiten gleich, so können etwaige Abweichungen, abgesehen von der Verschiedenheit gegebener Verhältnisse, nur darin noch ihren Grund haben, daß mir beim Bildungswesen wie bei allen sozialen Angelegenheiten die Freiheit das erste Bedingnis des Gedeihens ist, dagegen die nationale Einheit erst in zweiter Linie wünschenswert erscheint.

Was nun speziell das Präsidium im Schulvorstande betrifft, so sind wir hierzulande der Meinung, daß dasselbe eigentlich dem Lehrer gehöre, wenigstens ebensogut gebühre wie dem Pfarrer der Vorsitz im Presbyterium und dem Bürgermeister der im Gemeinderate. Dieweil aber zur Zeit die meisten (?) Lehrer zu einem solchen Posten nicht die erforderliche Bildung besitzen und deswegen wie aus historischen Gründen eine solche Forderung von den Staats- und Kirchenmännern wie von vielen im Publikum nur mit Spott oder doch mit Mißtrauen aufgenommen werden würde, weil wir ferner überdies noch viele dringlichere Forderungen einzukassieren haben, so wollen wir jene einstweilen vertagen. Man könnte zwar vorschlagen wollen, der Vorsitzende solle vom Schulvorstande selbst gewählt werden; dies paßt uns aber auch nicht, weil wir uns nicht in die Lage bringen möchten, über unsere Befähigung und noch weniger über unser prinzipielles Recht abstimmen zu lassen. Ist diese Rechtsfrucht dereinst reif, so wird sie uns von selbst in den Schoß fallen; zu früh gepflückt, könnte ihre Säure uns Leibschmerzen verursachen. Somit sehen wir uns auf das Präsidium des Pfarrers verwiesen, da in unseren Verhältnissen am Rhein kein besseres und bequemeres zu finden ist. (Es gibt allerdings einen kleinen Distrikt in der Rheinprovinz, die Kreise Gummersbach und Waldbröl, das sog. Oberbergische, wo nicht der Pfarrer, sondern der Bürgermeister Präses des Schulvorstandes ist, wobei auch die Lehrer sich ziemlich wohl befinden). Wo in den Städten über den einzelnen Lokal-Schulvorständen eine sog. Schulkommission besteht, da muß selbstverständlich der Bürgermeister Präses dieses Kollegiums sein. Auch gebührt ihm überall (auch auf dem Lande) die Mitgliedschaft in der Repräsentation (vielleicht auch im Schulvorstande) der Lokal-Schulgemeinden.

Wo nun außerdem noch ein Anlaß zu jenem Mißverständnis liegen könnte, vermag ich nicht zu vermuten. Einen Zusammenschluß aller nationalen Kräfte wünschen wir auch, jedoch erst dann, wenn das Recht der Familie und der erziehliche Charakter der Schule sichergestellt sind. In Notfällen, d.h. da, wo die Existenz einer Schule nicht anders möglich ist, als daß auch Familien gemischten religiösen Bekenntnisses sich zu einer solchen lokalen Schulgemeinde verbinden, da ist die Simultanschule eben durch die Not geboten und somit gerechtfertigt. Solche Ausnahmen verstehen sich ebensogut von selbst, als daß derjenige, der keine Schuhe hat, barfuß gehen muß. Aber wo es nicht nötig ist, den erzieherischen Charakter der Schule und das Recht der Familie auf denselben preiszugeben, heißt nur, die Seele verkaufen, um den Leib besser pflegen zu können. Dazu darf ein Lehrer, der berufene Wächter der Schule, am allerwenigsten raten.

So viel ich zu sehen vermag, steht nichts im Wege, um beide Ziele unverkürzt zu erreichen, beide nämlich: die Sicherung der ethischen Schulgüter wie den national-territorialen Zusammenschluß aller Kräfte zur Pflege des Bildungswesens. Wenn etwas im Wege steht, so können es nur verkehrte Ansichten sein, die durch irgendeinen Umstand (Furcht vor klerikalem Einfluß usw.) sich haben in die Irre jagen lassen. Freilich muß erst das Recht der Familie auf einen ungeschwächten erziehenden Unterricht und demgemäß auf ethisch-einheitliche Schulgenossenschaften anerkannt werden, sonst ist die Verbindung beider Ziele nicht durchführbar. Der Staat hat nicht die Schulanstalten zu leiten, sondern die Schulgenossenschaften, gerade so, wie er nicht eine Ehe zu stiften, sondern die recht gestifteten zu schützen hat und vordem die Bedingung festzustellen, unter welcher eine Ehe als staatlich gültig anerkannt werden kann. Unter diese Bedingungen darf er aber nicht die aufnehmen, daß die Ehe notwendig eine gemischte sein müsse. So wenig er nun befehlen kann, daß gemischte Ehen die Normal-Ehen seien, so wenig darf er auch gemischte Schulen für die Normal-Schulen erklären und befehlen. Wenn er das letztere dürfte, so müßte er auch das erstere dürfen. Nur der Nebel, der über dem Erziehungswesen gelagert ist, vornehmlich durch Schuld der Kirche, nur dieser Nebel hat diese sonnenklare Wahrheit da und dort verdecken können. Und solange nicht behauptet werden kann, daß die gemischte Ehe (aus Protestanten und Katholiken oder Christen und Juden usw.) für die Erziehung am günstigsten sei, so lange wird man auch nicht behaupten können, daß die gemischte Schule für die Erziehung am geeignetsten sei.

Unsere, der Lehrer Losung muß demnach, wie ich meine, sein: Die ganze Erziehung unverkürzt, d.h. die Erziehung mit allen anerkannten Kultur- und Erziehungsmitteln und die Pflege dieser Schulerziehung mit allen nationalen Kräften.

Sind Sie damit einverstanden und erkennen Sie dann hinsichtlich der Ausführung an, daß dieselbe nur möglich ist, wenn das Staatsrecht dem Familienrechte den Vortritt lasse, so sind wir im wesentlichen einig und werden uns über alles übrige leicht verständigen.

Es ist mir hier und da das Mißverständnis begegnet, als ob das Familienprinzip die Schule in die Hände von Pöbel-Majoritäten ausliefere. Ein grobes Mißverständnis! Ob das Schulwesen in demokratischen oder in aristokratischen Formen regiert werden soll und ob die Lokal-Schulgemeinde independent sein oder in ein größeres Ganze eingegliedert sein soll, darüber entscheidet das Familienprinzip ebensowenig etwas als das Staatsprinzip an sich. Denn wo das Staatsrecht den Vortritt oder die Alleinherrschaft über die Schule hat, da könnte die Verwaltung ebensogut übermäßig demokratisch geordnet sein (wie z.B. in mehreren Schweizerkantonen) als aristokratisch usw., gerade wie beim Familienprinzip. Das Familienprinzip ist eben nur ein Rechtsbegriff, ein Begriff, der feststellen soll, nach welchen Merkmalen die Schulgenossenschaft gebildet werden soll: ob nach den Merkmalen, welche die Familie bilden oder aber (beim Staatsprinzip) nach denen, welche zum Begriff des Staatsbürgers gehören. Über die Verwaltungsweise der Schule entscheidet lediglich die Organisation der Schulgenossenschaft.

Damit wäre ich denn endlich am Ende meiner Bemerkungen. Sollte vielleicht das eine oder andere noch unklar geblieben sein, so kann mutmaßlich das beiliegende Druckblatt ein wenig aushelfen. Es enthält die Grundgedanken eines Vortrages, den ich auf der deutsch-holländischen Pastoralkonferenz zu Wesel zu halten hatte, durch meinen Freund Dr. Fabri wider Willen dazu gepreßt. Obwohl ich, wie Sie leicht denken können, nicht verfehlte, das Fremdartige und Herbe meiner Ansichten nicht gar zu schroff hervortreten zu lassen, so fielen dieselben doch bei fast allen deutschen Pastoren gründlich durch; die Holländer hatten zum Teil wenigstens feinere Ohren. Wie mir einige Kollegen versicherten, soll sogar ein deutscher Geistlicher hinter meinem Rücken sich so sehr ereifert haben, daß er mich einen „Räuber" schalt, der der Kirche ihr Gut rauben wollte. Dieses Begegnis war mir nicht befremdlich. In einem norddeutschen Kreise von Lehrern hatte vor kurzem ein Geistlicher in höchstem Eifer gesagt: „Ja, ja; – der D[örpfeld] das ist unser gefährlichster Gegner; mit Gneist und Konsorten und mit der ‚Deutschen Lehrerversammlung' wollen wir schon fertig werden, aber der, der bricht in unsere Festung ein!" Da sehen Sie, wie ich von allen Seiten Hiebe bekomme. „Feinde ringsum"!

Mit aufrichtiger Hochachtung und einem herzlichen Gott zum Gruß

Ihr

F. W. Dörpfeld

D. plädiert für die Respektierung des Rechtes der Familie an der Schulerziehung durch den Gesetzgeber; seine bei anderer Gelegenheit bereits vorgetragenen Gedanken gipfeln in der Feststellung, Staat und Kirche stritten sich um die Schule als zwei Diebe, die sich über ein gestohlenes Gut zanken. Er rechnet mit den Ansprüchen der „Staats-, Kirchen- und Schulmänner" ab und sieht in der von ihm geforderten Schulgemeinde einheitlichen konfessionellen Charakters die Konsequenz des hier angewandten Familienprinzips. Für den von ihm gewünschten Aufbau der Schulvertretungen in den verschiedenen Bereichen beansprucht D. „nationalen Sinn" und „liberalen Geist".

In dem liberalen Politiker und Amtskollegen Schlichting aus Kiel, für eine Wahlperiode Mitglied des preußischen Abgeordnetenhauses, hoffte D. einen verständnisvollen Gesprächspartner zu haben. Schlichting antwortete ihm aus Berlin am 24.11.1869. Die Antwort ist abgedruckt bei Trü 115 ff. Darin bezweifelt er, ob die Durchschnittsfamilie die von D. gestellten Ansprüche zu erfüllen vermag. „Wir sollen ein Unterrichtsgesetz für den preußischen Staat schaffen; schauen Sie die Familien, aus denen dieser Staat zumal in seiner östlichen Hälfte besteht, mal an, ob die geeignet sind, das von Ihnen an sich mit Recht hochgehaltene Prinzip zu repräsentieren. Nach meiner Ansicht würden wir bei Durchführung Ihrer Theorie einen schrecklichen Rechenfehler machen". Auch die „Verschiedenheit der Schulen" auf Grund der unterschiedlichen kirchlichen Bekenntnisse stellt Schlichting in Frage. „Auf denselben Schulbänken müssen sie von Jugend auf nebeneinander sitzen, damit sie sich kennen, achten und lieben lernen." Die Geistlichen als technische Mitglieder der Schulverwaltung lehnt er ab. „Als Repräsentanten der Bildung sollen sie mir im Schulvorstand willkommen sein." Am Schluß betont er die Verschiedenheit der Wege, „auf denen wir fortzuschreiten gedenken".

125

An Christine Dörpfeld, Düsseldorf

Barmen, 1. April 1870

D. freut sich, daß es seiner kränkelnden Frau bei ihren Eltern in Düsseldorf den Umständen nach gut geht und spricht die Absicht aus, sie am Sonntagmorgen zu besuchen.

126

An Christine Dörpfeld, Düsseldorf

Barmen, 7. April 1870

D. wird mit einem der ersten Züge am Sonntag kommen und den kleinen Johannes mitbringen. Er teilt mit, daß in einer Vorwahl die Repräsentanten (größere Gemeindevertretung) der lutherischen Gemeinde Wupperfeld die Mehrheit der Stimmen auf Pastor Weber gefallen sei.

127

An Christine Dörpfeld, Düsseldorf

Barmen, 7. April 1870

In einem weiteren Brief vom gleichen Tag bestätigt D. die Nachricht seiner Frau, schon am Samstag zurückkommen zu wollen. Er schlägt ihr vor, bis Sonntag zu bleiben, um sie dann abholen zu können.

128

An Peter Diehl, Odessa

Barmen, 30. April 1870

Lieber Freund.

Auf Ihre lieben Zeilen vom 30. Dez[ember] v[origen] J[ahres], die mich recht erfreut haben, wollte ich Ihnen eine lange Antwort schicken, aber über dem Warten auf die nötige Zeit dazu ist mittlerweile viel Zeit verflossen, und Sie haben doch noch keine Zeile Antwort erhalten. So sehr kann das Beste der Feind des Guten werden. Darum warte ich nicht länger und fülle so viel Zeilen aus, als mir just die Zeit erlaubt.

Es hat mich gefreut, aus Ihrem Briefe zu erfahren, daß Sie von den früheren Verhältnissen erlöst sind und vor der Hand dort eine Stellung gefunden haben. Ihr früherer Brief hatte mir zwar den Eindruck gemacht, daß Sie in jener ersten Periode die Dinge und die Menschen etwas zu düster ansähen, allein nach dem, was mir über H[er]rn P[astor] B[ecker] mitgeteilt war (von Elberf[eld] aus), konnte ich doch nicht hoffen, daß Sie sich unter seinem Regime glücklich fühlen würden. Im Grunde freilich stützte sich diese meine Befürchtung ebensosehr auf die enggeschnürte konfessionelle Richtung des H[errn] P[astor] B[ecker] als auch die Vorstellung von seinem persönlichen Charakter. Bei einer religiösen Denkungsart, die das Amtsbewußtsein so über die Maßen aufbläst, wie es die römische und die neu-luth[erische] Konfession tut, muß auf die Dauer auch ein gut angelegter Charakter Schaden nehmen; einer aber, der bereits zum Aufblähen angelegt ist, muß schließlich seiner Umgebung sehr lästig werden. Das ist auch meine Sorge bei den hessischen Kollegen und Brüdern. Sie haben den Vilmarschen Pastoren das Reich und Haus bauen helfen und helfen noch immer dazu; am Ende glaube ich, werden sich die Schulmeister in diesem Hause sehr unbehaglich finden. Jetzt freilich werden sie noch nichts davon fühlen. Sie und die Pastoren betrachten sich unter dem dermaligen preuß[ischen] Regiment als Leidensgefährten, und die Pastoren sind der Lehrer bedürftig. Sobald diese Leiden für die Pastoren aufhören, wird ein anderes Leid bei den Lehrern beginnen. Nicht die luth[erische] Konfession, aber die neu-luth[erische] Amtsansicht – die ist aus alten Verhältnissen abgeleitet, die weder real sind noch sich realisieren lassen. Der derzeitige Lehrerstand dagegen ist ein modernes Gewächs, das in jene alten Verhältnisse nicht paßt. Die hessischen Brüder können diesen Hiatus nicht sehen; sie werden es erst erfahren müssen. Sie, mein Lieber, haben, wie mir scheint, diese Erfahrung bereits gemacht. Vielleicht sehen Sie manche meiner Schulverfassungsgedanken jetzt günstiger an, als es Ihnen früher möglich war.

Sie wollen Ihre äußeren und inneren Erlebnisse im Schulblatte mitteilen. Das ist mir sehr recht. Warum haben Sie das Manuskript nicht schon sofort mitgeschickt? Sie wissen ja, daß Ihre Beiträge mir immer willkommen sind und daß unser Schulblatt in dem Aufdecken von Schäden nicht zaghaft ist. Machen Sie also Ihre Reise- und Lebensbeschreibung sofort fertig!

Auf eins lassen Sie mich gef[älligst] noch aufmerksam machen.

Bei der Besprechung von unbequemen Verhältnissen, in denen man gelebt hat oder lebt, kann es einem leicht passieren, daß der Redeton etwas herbe und spitzig wird. Daraus entsteht dann beim Lehrer leicht ein ungünstiger Eindruck wider den Schreiber, nämlich in diesem Falle, wo der Schreiber persönliche Verhältnisse schildert. Der Lehrer vermutet oder kann vermuten, der Schreiber wolle sich wegen erlittener Unbill rächen. Dieser Eindruck muß tunlichst vermieden werden, was auch wohl geschehen kann, wenn man den Standpunkt der Betrachtung möglichst hoch zu legen sucht, so daß das Erlebte mehr nur als Illustration für allgemeine Wahrheiten erscheint.

Sodann möchte ich darauf aufmerksam machen, was Sie aber wohl auch selbst schon bedacht haben werden, daß die Besprechung russ[ischer] oder Kolonieverhältnisse einige Vorsicht erfordert, nur Ihretwillen, weil Sie jetzt dort leben müssen. Denn wenn das Schulblatt vielleicht dort auch von keinem andern als von Ihnen gelesen wird, so könnte doch leicht ein Ex[emplar] durch P[astor] B[ecker]s Schwiegervater dahin geschickt werden.

Ich bemerke dies alles bloß um Ihretwillen. Meinetwegen dürfen Sie schreiben, was und wie Sie wollen.

Schon seit einem halben Jahre hätte ich Ihnen gern einige Drucksachen geschickt: so eine neue verbesserte Auflage (die fünfte) des Enchiridions I; ferner die „Wünsche rhein[ischer] Lehrer", eine Petition an den Landtag; weiter ein von mir herausgegebenes „Repetitorium des Realunterrichts", ein Frageheft u.a. Ich wußte aber nicht, wie die Sachen sicher in

Ihre Hände zu bringen wären. Vom Missionshause aus sind nämlich seiner Zeit mehrere Drucksachen nach Südrussl[and] gesandt worden – unter Kreuzband – aber an der Grenze zurückgewiesen worden. Geben Sie mir gef[älligst] einen guten Weg an!

Sie und alle Ihre Lieben dem treuen Herrn und Hirten befohlen, grüßt herzlich

Ihr

F. W. Dörpfeld

D. setzt sich mit der lutherischen Orthodoxie Vilmars kritisch auseinander. Vilmar, der „hochkonservative Zuchtmeister von unbeugsamen Prinzipien" (Karl Kupisch), war zu diesem Zeitpunkt bereits zwei Jahre tot.

Die 5. Auflage des Enchiridions erschien wie das Repetitorium im gleichen Jahr, die Denkschrift „Wünsche rheinischer Lehrer" war Elberfeld 1869 veröffentlicht worden.

129

An Christine Dörpfeld, Kamphausen

Barmen, 20. Juni 1870

Liebe Mama.

Hoffentlich hat Dich die Hand unseres Gottes sicher und wohl nach Kamphausen geführt. Wir möchten gern bald erfahren, wie es Euch geht; darum wollen wir Euch vorab melden, wie es uns gegangen ist.

Die kleine Christine ist wieder ziemlich auf den Beinen. Am Donnerstag war sie durch Eure Abreise etwas traurig gestimmt worden; sie wollte nicht gern aus dem Zimmer und aus dem Bette. Da es nun an dem Tage sehr heiß war und in diesem Zimmer und vollends in dem Bette unleidlich warm wurde, da meinte sie selbst, sie wäre nicht mehr so wohl. Als ich sie aber ins kühlere Wohnzimmer auf das Sopha gebracht hatte, da merkte sie bald, daß sie sich besser befinde. Gestern abend fragte sie, ob sie wieder zur Schule gehen sollte. Ich habe ihr noch einige Tage Ausstand gegeben. Vielleicht kommen wir so auch desto besser über die Kirmestage hinweg.

Wie es im Hause zugeht, werden Dir Anna und Christine wohl schreiben. Am Freitagnachmittag war die Frau Vinmann (geb. Neuhaus) aus Duisburg hier, um uns und namentlich Dich zu besuchen. Sie hatte einen kleinen Knaben von fünf Jahren bei sich; die beiden andern Kinder, darunter das jüngst geborene, waren ihr gestorben. Seitdem war sie in diesem Winter und Frühjahr selbst sehr krank gewesen. Es ging aber seit drei Wochen besser. Nun hatte ihr Mann sie beredet, auf Past[or] Klugens Einladung 14 Tage nach Dhün zu gehen. Sie war darauf eingegangen unter der Bedingung, daß ihr Mann nach stark 14 Tagen sich einen Tag Urlaub geben lasse, um dann nach Dhün zu kommen, dort einen Samstag und Sonntag zu bleiben und sie dann wieder mit heimzunehmen. Auf diesem Wege war sie jetzt. Sie sah jetzt wohler aus als vor zwei oder drei Jahren, wo ich sie in Duisburg traf.

Mir geht es in der gewohnten Weise. Die Anna sorgt so gut für mich, als sie kann. Wohl vermisse ich Dich und unsere dienende Martha = Agnes hier, zumal die Christine noch nichts helfen kann; aber wir schicken uns gern ineinander, damit Ihr Euch erholen könnt.

Am vorigen Samstag war Großvaters alter Schulkamerad, der Lehrer Reuter aus Viersen, hier und ein paar Stunden mit in der Schule. Der Mann hat bereits 59 Jahre gedient und ist noch so rüstig, flink und kräftig wie ein vierzig- oder dreißigjähriger Mann. Bei solchem Anblick wird man fast neidisch, aber man kann auch wieder vor Augen sehen, wie Gott der HErr Macht hat, den Leib zu stärken, wenn es Sein Wohlgefallen ist.

H[er]rn Hartmann im Bruch soll es in den jüngsten Tagen etwas besser gehen, d.h. die Krankheit soll stillestehen, nicht wachsen. Genaueres weiß ich noch nicht.

Das Einführungsfest des H[errn] Past[ors] Weber ist friedlich verlaufen. Nur mußten wir am Nachmittag bei der mühsamen Essensarbeit tüchtig schwitzen. Gestern hielt er eine vortreffliche, klare Eintrittspredigt über den Text: „Wir sind nicht Herren über euern Glauben, sondern Gehülfen eurer Freude." Ich würde Dir etwas daraus mitteilen, aber ich vermute, daß sie gedruckt wird; dann sollt Ihr sie ganz zu lesen bekommen.

Gestern nachmittag machte ich mit dem alten Röderstein einen längst vorgehabten Besuch bei seinem alten Freunde Wüster, einem Mitglied der Bibelgesellschaft. Derselbe wohnt hinter Carnap auf einem kleinen Bauernhofe mitten im Walde.

Dort fanden wir ein wunderbar stilles Plätzchen dicht neben der geräuschvollen Stadt. Später, wenn Dich Gott gesund und wohl wieder hierherführt, wollen wir häufiger hingehen. Den guten Leuten sind wir sehr willkommen.

Hierbei schicke ich unter Kreuzband für die Agnes ein Exemplar der neuen und verbesserten Auflage des biblischen Frageheftes. Es sind manche Fragen hinzugekommen, damit noch genauer nach den Fragen der Geschichte gelesen werden kann. Auch sind die Geschichten aus der Leidenswoche jetzt in Fragen bearbeitet. Mit dem Fragenbuche und dem Historienbuche könnt Ihr Euch etwas Beschäftigung machen, wenn Du die Fragen liesest und die Agnes die Antwort liest aus dem Historienbuche. Mit den neuen Geschichten aus der Leidenswoche könnt Ihr den Anfang machen. Vielleicht hört die Tante auch zuweilen gern zu. Agnes muß dann aber laut und deutlich lesen. Ich hatte noch kein eingebundenes Exemplar und schicke darum die Bogen, die noch nicht aufgeschnitten sind, in einem alten Umschlage.

Nun, liebe Herzen-Mama, Gott der HErr sei mit Euch und gesegne Euch den Aufenthalt in dem lieben Kamphausen an Leib und Seele, damit wir Euch gestärkt und froh wiedersehen. Der Ort wird Dir viele angenehme Erinnerungen zurückrufen, die sind auch etwas wert. Ein fröhliches Gemüt hilft noch mehr wie gute Luft und Nahrung.

In alter, treuer, herzlicher Liebe

Dein F. W. Dörpfeld

Christine weilt zur Erholung bei ihren Verwandten im Jülichschen. D. gibt seiner Frau ein Stimmungsbild des häuslichen Lebens und seiner täglichen Verpflichtungen in Bekanntenkreis, Gemeinde und Vereinen.

F. L. Zahns „Biblische Historien, nach dem Kirchenjahr geordnet, mit Lehrern und Liederversen versehen", erstmals Moers 1832. – Frageheft: Enchiridion (siehe Brief 128).

130

An Christine Dörpfeld, Kamphausen

Barmen, 25. Juni 1870

D. freut sich über die Besserung im Befinden seiner Frau. Manchmal sei in diesem Frühjahr der Blick trübe und das Herz schwer gewesen, wenn er die hinfällige Gestalt seiner Frau gesehen und daran gedacht habe, daß bei ihm selbst der Boden so wenig fest sei. Gott möge die „freundliche Sonne unseres Hauskreises" gestärkt heimkehren lassen.

Durch Bibelfest und Lehrervereins-Vorstandssitzung sei er genötigt, einige Termine zu verschieben, hoffe Christine aber am 2. und 3. Juli besuchen zu können. Mit E. Höfler habe er dem neuen Langerfelder Hauptlehrer Blanke einen Antrittsbesuch gemacht. Die Familie Göbel und alle Verwandten lasse er herzlich grüßen und lege für die Tochter Agnes ein Enchiridion der biblischen Geschichte bei.

131

An Christine Dörpfeld, Kamphausen

Barmen, Ende Juni oder Anfang Juli 1870

D. habe angesichts schlechten Wetters auf eine Fahrt nach Wermelskirchen verzichtet. Wilhelm sei gut von Kamphausen zurückgekehrt.

132

An Christine Dörpfeld, Kamphausen

Barmen, 1. Juli 1870

D. hofft am nächsten Vormittag gegen 9 Uhr in Rheydt zu sein und über Odenkirchen mittags zu Fuß in Kamphausen anzulangen. Er habe nicht eher kommen können, weil er Pastor Weber in einer Sitzung der Wupperthaler Bibelgesellschaft einzuführen gehabt hätte.

133

An Christine Dörpfeld, Kamphausen

Barmen, 3. Juli 1870

Asthmatische Beschwerden nach der gestrigen Heimreise von Kamphausen hätten zu einer schlaflosen Nacht geführt. Gegen sechs Uhr sei er erst eingeschlafen und durch das Läuten von 6^{30} bis 7 Uhr nicht gestört worden. Am heutigen Sonntagmorgen um halb neun sitze er trotzdem am Schreibtisch. Christine solle es als Zeichen deuten, daß es wieder besser ginge. Die zeitweilige Trennung möge dazu beitragen, desto gesunder und länger beisammen zu bleiben.

134

An Christine Dörpfeld, Kamphausen

Barmen, 4. Juli 1870

D. sucht seine Schlaflosigkeit durch das Rauchen von Stechapfelblättern zu bekämpfen. Heute morgen habe er bis viertel vor acht geschlafen. Glücklicherweise sei seit acht Tagen ein Missionsaspirant in der Schule, um sich im Unterricht zu üben. So habe er, D., sich durch den Lehrer Stricker in der ersten Stunde vertreten lassen können.

135

An Christine Dörpfeld, Kamphausen

Barmen, 6. Juli 1870

D., der seine Schulstunden heute fast ohne gesundheitliche Beschwerden habe halten können, bittet seine Frau, so lange zu bleiben, bis sich ihr Befinden spürbar gebessert habe.

136

An Christine Dörpfeld, Kamphausen

Barmen, 13. Juli 1870

Christine möge nicht am nächsten Sonntag zurückkehren, weil Anna und die Kinder vom Dönberger Missionsfest nicht vor 20 Uhr wieder da seien und er selbst einen Vortrag auf einer Vohwinkler Versammlung, wohl eine Lehrerkonferenz, am Sonntagnachmittag zugesagt habe.

137

An Heinrich Wilhelm Riehl (?), München

Barmen, November 1870

Ew. Hochwohlgeboren

wollen gütigst entschuldigen und zum besten deuten, daß ein schlichter Schulmann vom fernen Niederrhein sich die Freiheit nimmt, Sie mit einer Zuschrift zu belästigen. Insbesondere möchte ich Ihre gütige Nachsicht noch dafür in Anspruch nehmen, wenn meine Äußerungen hier und da vertraulicher ausfallen sollten, als zwischen Unbekannten üblich zu sein pflegt.

Was mich zu diesem Schritte veranlaßt, sind zwei Anliegen, die mir auf das Herz gelegt sind und die ich nun auch gern Ihnen aufs Herz legen möchte. Das erste hängt mit der derzeitigen großartigen Geschichte unseres Vaterlandes zusammen; das andere betrifft die reformbedürftige Lage des heimischen Schulwesens, insbesondere des preuß[ischen] Volksschulwesens.

Sollte Ihnen hier schon die Frage auf die Zunge fahren, warum ich damit gerade zu Ihnen komme, so gestatten Sie gefällig, darauf einstweilen kurz zu erwidern: weil ich glaube, daß dieselben bei Ihnen an der rechten Tür sind. Habe ich Ihre Schriften – für die Ihnen hier aus vollem deutschen Herzen gedankt sein soll – recht verstanden, so darf ich nicht zweifeln, daß für meine Anliegen keine bessere Adresse gesucht werden kann.

Lassen Sie mich jetzt zur Sache schreiten.

1. Mein erstes Anliegen hängt, wie gesagt, mit der jetzigen inhaltsschweren Zeit zusammen, einer Zeit, die bei allem Ernst doch wieder so erhebend, so segenversprechend ist, wie das deutsche Volk außer den Befreiungskriegen 1813–15 keine zweite erlebt hat.

Über unser Nachbarland, das so oft über uns triumphiert hat und an der Spitze der Zivilisation zu marschieren meinte, beginnt ein furchtbares Gericht sich zu vollziehen; unserm Vaterlande, das alle Kräfte anspannen und viele heiße Tränen weinen muß, geht die Morgenröte, ja die helle Sonne einer hoffnungsreichen Zukunft auf. Bei all den großen Opfern, die uns an den furchtbaren Ernst mahnen und das Herz schwermachen, kann doch dasselbe Herz immer wieder nicht anders als tief und fröhlich aufatmen: im Blick auf die niegesehenen Siegeszüge unserer braven Armee, die bereits die gesamte geschulte Wehrmannschaft des Feindes entwaffnet hat und im Blick auf die Segnungen, die aus diesen Kraftanstrengungen und Siegen hervorgehen müssen, fühlt es sich unwillkürlich gehoben und weiter werden. Es wird in der Tat eine solche Fülle des Segens über uns ausgeschüttet, daß man im Danksagen fast verstummt und nicht weiß, wie man sie sicher bergen soll.

Allein gerade an diese Fülle der Wohltaten heftet sich bei mir auch eine schwere Sorge, die sich zuweilen zur Angst steigert. Es ist nicht der heidnische Gedanke an den Ring des Polykrates, der mich ängstigt; wohl aber drängen bestimmte Tatsachen mir andere sorgliche Fragen auf.

Was sind wir Deutsche, daß uns alles gelingt, daß wir an Frankreich ein solch furchtbares Gericht ausüben dürfen? Ist nicht vieles von dem, was Frankreich zugrunderichtet, auch in Deutschland importiert und gepflegt worden? Warum hat Frankreich an seinen Bourbonen ein so verpestendes Fürstengeschlecht gehabt, an dem die Impietät gegen alle historischen Autoritäten sich großsaugen mußte, und wem verdanken wir in den Hohenzollern eine Dynastie, die durch ihre mannhaften Tugenden Preußen groß und Deutschland einig machen sollte? Aber weiter: Haben nicht gerade die edelsten aus diesem deutschen Fürstenhause seufzen müssen: „Meine Zeit in Unruhe, meine Hoffnung in Gott!" und „Der Könige Weg ist tränenschwer und tränenwert" und hat nicht wiederholt die Hand des Mörders auf die beiden letzten Brüder aus diesem Geschlechte gezielt – und ist nicht der jetzt gefeierte König Wilhelm einst durch sein eigenes Volk von Haus und Hof gejagt worden? Was wollen diese Tatsachen sagen?

Ferner: Muß man nicht auch denken an alle die Schmutzromane und Schandbilder, die Deutschland aus Frankreich importiert oder den Franzosen nachgebildet hat? An die schandbaren Schauspiele, Ballett und Cancantänze? An die, welche á la Renan dem deutschen Volke das tiefste und höchste Bildungsideal karikiert, verkladderadatscht und verleidet haben?

Aber wenn man auch von Frankreich absieht: wo ist eine polit[ische] Partei in Deutschland, die da sagen könnte: wir haben uns um die Segnungen, die uns jetzt zufallen, redlich abgemüht und verdient gemacht? Hat nicht z.B. die konservative Partei aufs eifrigste mit Österreich und dem Partikularismus gebuhlt? Hat nicht die Fortschritts- und die gesamte radikale Partei sich auf den Tod abgequält, um die Armeereform zu hindern? Haben sie nicht allen erdenklichen Haß und Schimpf auf Bismar[c]k gehäuft? (Jetzt hängt Bismar[c]ks Portrait an allen Schauläden, aber als ich im Frühjahr 1866 ein solches kaufen wollte, war in allen Buchhandlungen Barmens und Elberfelds keines aufzutreiben.) Und hat nicht auch die national-liberale Partei kräftig an der Verunehrung dieses Ministers mitgeholfen? Und haben nicht die liberalen Parteien insgesamt durch ihr maßloses, giftiges, pietätloses Schimpfen den vierten Stand zu derselben Gereiztheit, Maßlosigkeit und Rohheit erzogen? Und der Partikularismus, er hat sich ja überall breitgemacht und gesegnet, nicht bloß im Süden, sondern ebensosehr und vielleicht noch schlimmer im Norden: in Schleswig-Holstein, Hannover, Sachsen, Mecklenburg, Altpreußen usw.

Napoleon und seine Franzosen würden nicht gewagt haben, sich so kopfüber in den Krieg zu stürzen, wenn er nicht auf die Zerklüftungen, welche der landschaftliche und politische Partei-Partikularismus in unserm Volke angerichtet hat, seine Hoffnungen gebaut hätte. Es ist somit unabweisbar, daß alle diejenigen, welche die Einigung Deutschlands haben aufhalten helfen, auch indirekt diesen Krieg und seine schmerzlichen Opfer mit auf dem Gewissen haben. Solange diese Mitverschuldung nicht erkannt und anerkannt wird, ist an eine wahrhafte Einigung nicht zu denken: eine verleugnete Schuld ist eine geheime, kraftverzehrende Wunde.

Es wäre noch an manches zu erinnern, doch es sei genug. Nur eins kann ich nicht gut übergehen. Ganz besonders fürchte ich mich davor, daß ein politisches Parteigerede aufkommen könnte, welches unserm Volk die Freude an der einmütigen Erhebung und dem Dank, den es Gott und Menschen schuldet, aus dem Herzen schwätzt, etwa im Gerede wie das: unser Volk habe soviele Opfer gebracht und doch wollten die Regierungen ihm den Vollgenuß der polit[ischen] Freiheit vorenthalten. Ich möchte zwar hoffen, daß diese politische Unart mit dem J[ahr] 1870 aussterben würde, allein mehrere Vorkommnisse haben mir diese Hoffnung vollständig geraubt, so namentlich ein Vorkommnis bei der bekannten Berliner (Seidelschen) Adresse an Se. Majestät. Bekanntlich handelte es sich damals darum, den eifersüchtigen, einmischungsbegierigen Neutralen gegenüber kundzutun, daß das deutsche Volk sich die gerechten Früchte seines Sieges (die Einigung der deutschen Lande zusamt der wiedergefundenen Provinzen Elsaß und Deutsch-Lothringen) nicht rauben lassen werde. Der Adreßentwurf war richtig auf diesen Punkt hin verfaßt und überhaupt so gehalten, daß alle polit[ischen] Richtungen eine solche Erklärung unterschreiben konnten. Aber siehe! Die weisen Berliner „Fortschrittsmänner" (Dun[c]ker, Virchow usw.) bestanden darauf, es müsse auch von der zu wünschenden Vollfreiheit die Rede sein – und siehe! Seidel und die national-liberale Partei waren schwach genug, dem Verlangen zu willfahren, obwohl man wußte, daß die Konservativen und noch manche Liberale an der Adresse sich nicht beteiligen würden.

Wenn man mitten in der allgemeinsten Siegesfreude und bei einem Anlaß, wo alle Parteien gegen auswärtige Eifersüchteleien zusammenstehen müssen, so wenig seine separaten Parteiwünsche vergessen kann – da sind offenbar nicht bloß verdrehte Köpfe im Spiele. Ich glaube, gegen die Herren Dun[c]ker und Virchow an liberaler Gesinnung nicht zurückzustehen, aber ich würde ihnen auf den Kopf gesagt haben, ihr Gebahren sei der vorliegenden Aufgabe gegenüber kindisch taktlos und der allgemeinen freudigen Volksstimmung gegenüber unsäglich roh. Mir würde kein Ausdruck zu stark sein, um diese kleinliche Nörgelei, die sich als eine politische Tugend gebärden will, als das, was sie ist, zu brandmarken. Ich weiß wohl, es gibt gefährlichere Feinde als die Partei der H[ochwürdigen] H[erren] D[uncker] und V[irchow], aber ich kenne nichts, was mir verächtlicher und hassenswerter ist als diese politische Krippenbeißerei. Wer dem deutschen Volke die Freude an den großen Taten Gottes trübt und ihm die schuldige Dankbarkeit aus der Seele schwätzt – und darauf läuft jenes Gebaren aus – der ist ein politischer Brunnenvergifter.

In Summa ist meine Meinung die: Wenn wir Deutsche uns nicht gründlich besinnen über die Gebrechen und Sünden, an denen unser Volkstum leidet, wenn nicht jeder an seinem Orte sich ernstlich zusammennimmt und zur Besserung aufrafft, wenn wir nicht vor allem des eingedenk bleiben, es von Herzen glauben und mit dem Mund bekennen, daß die herrliche Wendung unseres nationalen Geschickes ein unverdientes Geschenk der Gnade Gottes ist: dann, fürchte ich, werden viele, vielleicht die besten der göttlichen Segnungen uns wieder durch die Finger rinnen und wir ein schweres Gericht über uns herabrufen. Kurz: ein geeinigtes und freies deutsches Volk werden wir nicht sein, wenn wir nicht auch ein gereinigtes und dankbares sind.

Diese Wahrheit möchte ich unserm Volke laut und eindringlich – in einer besonderen Schrift – bezeugt sehen. Ich glaube, daß Sie, geehrter H[er]r Professor, der berufene Mann dazu sind. Gott hat Sie auf einen wissenschaftlichen Standpunkt gestellt, von wo Sie alles, was hier in Betracht kommt, wie wenige zu übersehen vermögen. Er hat Ihnen die Gabe verliehen, deutlich und eindringlich zu reden, dazu den Mut, ohne Schielen nach rechts und links die Wahrheit zu sagen, namentlich auch die Wahrheit, daß Gerechtigkeit und nur Gerechtigkeit ein Volk dauernd erhält und daß die Sünde das größte Verderben ist.

Kann Ihnen nun, wie ich wünsche, die Bitte eines dankbaren Lesers Ihrer Schriften so viel gelten, daß Sie den angeregten Gedanken eine Weile näher erwägen, so glaube ich, Sie werden schließlich in Gottes Namen zur Feder greifen. Dieses Werk Ihrer Hand wird in zwiefachem Sinne ein gutes Werk heißen, und Tausende werden es Ihnen danken. Gott gebe, daß es mit dem Friedensschlusse auf dem Plan ist [. . .]

[F. W. Dörpfeld]

Es handelt sich wohl um einen Briefentwurf, der Mitte S. 8 abbricht. Das Tagesdatum ist ausgelassen; ein Tintenklecks läßt die letzte Ziffer der Jahreszahl nur schwer erkennen. Mit Bleistift ist von anderer Hand zugesetzt: „Adressat nicht angegeben" und „Riehl in München." Aus vielen Hinweisen D.s ist zu erkennen, daß er das literarische Hauptwerk des Kulturhistorikers Riehl „Die Naturgeschichte des Volkes als Grundlage einer deutschen Sozialpolitik" hochschätzte, vor allem den von ihm oft empfohlenen Abschlußband „Die Familie" (erstmals Stuttgart 1854; weitere Auflagen).

D. stellt sich in diesem Schreiben bedingungslos hinter Bismarck und verurteilt zum wiederholten Male liberale Forderungen nach Durchsetzung demokratischer Rechte für das Volk. Demgegenüber hält er den Verzicht auf separate Parteiwünsche zugunsten einer gemeinsamen, den nationalen Zielen angemessenen Willensbildung für notwendig. Von Riehl erwartet er, daß er sich in diesem Sinne schriftstellerisch äußert.

138

An Georg von Vincke (?), Berlin

Barmen, Winter 1870/1871

[. . .] Ew. . . . haben mir die Ehre erwiesen, mich zu einer genaueren Aussprache über den Stand der Schulreform in Preußen aufzufordern. Wie Sie sehen, bin ich ohne langes Besinnen an die Arbeit gegangen. Die bedrängte Lage des preußischen Schulwesens erlaubt einem beteiligten Schulmanne nicht, bei einer solchen Gelegenheit sich lange mit Fleisch und Blut zu besprechen. Daß mein Bericht zu einem Klagebriefe werden würde, werden Ew. . . . wohl schon erwartet haben. Wenn er es aber in einem noch stärkern Maße geworden ist, als Sie sich vorgestellt haben und obendrein teilweise auch wider die liberale Partei sich richten muß, so wage ich doch zu hoffen, daß ihm um deswillen kein weniger geneigtes Gehör zuteil werden wird.

Ich habe die Lage des preußischen Schulwesens, insbesondere des Volksschulwesens, eine „bedrängte" genannt. Es sollte genauer heißen: eine Lage, wo man vorwärts muß und doch nicht vorwärts kann. Seit länger als einem halben Jahrhundert sind die Gesetze über das Schulregiment und die Schulanstalten einer Reform bedürftig, jeder Sachkundige weiß das, viele Staatsmänner und Bürger insbesondere aus der liberalen Partei sind bereit, die bessernde Hand anzulegen, Baden und Österreich sind schon mit einem neuen Schulgesetze vorangegangen, Bayern steht auf dem Sprunge, ihnen nachzufolgen, auch ist dem preußischen Abgeordnetenhause in der letzten Session ein ministerieller Unterrichtsgesetz-Entwurf vorgelegt worden und wird demselben voraussichtlich in der nächsten Session wieder vorgelegt werden; aber wenn nicht ein unverhofftes glückliches Ereignis dazwischen tritt, so steht trotz alledem nicht zu erwarten, daß in der nächsten Zukunft ein neues Schulgesetz zustande komme, oder wenn doch eins zustande käme, so wird wenig Heil davon zu hoffen sein, am wenigsten für die eigentlichen Schularbeiter.

Der Hindernisse, welche einem wahrhaft heilbringenden und wahrhaft freisinnigen Schulgesetze im Wege stehen, sind zu viele, zu mannigfaltige, und die aus den verschiedenen Parteiansichten hervorgegangenen Verwicklungen sind zu verknotet.

Das ist meine Klage.

Mein Schreiben hat sich die Aufgabe gestellt, die wichtigsten dieser Hindernisse näher zu betrachten. Dieselben lassen sich in drei Gruppen zusammenfassen.

I. Erste Gruppe der Hindernisse.

Die Schulreform wird zuvörderst durch dieselben Umstände erschwert, welche sie nötig und dringlich machen:
a) durch die große Zahl der Mängel im Schulregiment und in den Schuleinrichtungen,
b) durch das zu lange Verschieben der Reform.
Diese beiden Übelstände glaube ich hier als notorische Tatsachen betrachten zu dürfen. Darum über diese Tatsachen an sich nur zwei Worte.

Die Mängel finden sich nicht nur an einer Stelle; sie ziehen sich durch alle sechs Kapitel der Schulordnung hindurch.[1)] Am schlimmsten treten sie jedoch in den schulregimentlichen Einrichtungen hervor. Diese sind im Zeug und im Zuschnitt verfehlt.

Das zu lange Verschieben der Reform fällt schon durch die große Zahl der Mängel in die Augen. Es macht sich aber insbesondere noch dadurch fühlbar, daß bei den großen Veränderungen, welche seit dem Ende des vorigen Jahrhunderts auf dem staatlichen und nationalen, dem wirtschaftlichen und sozialen, dem wissenschaftlichen und religiösen Gebiete vorgegangen sind, die alten Schulordnungs-Satzungen nirgend mehr recht passen wollen. Es ist fast keine Beziehung zwischen dem Schulwesen und den übrigen Lebensverhältnissen zu finden, wo nicht Spannungen entstanden sind und Risse drohen.

Noch zur obigen These.

Es fällt zwar weniger in die Augen, ist aber ebenso gewiß, daß die beiden genannten Übelstände in ihren Wirkungen sich zu einem vitiösen Zirkel zusammenschließen: die zahlreichen Mängel haben zum Verschieben der Reform beigetragen, und dies Verschieben hat wiederum die Zahl der Gebrechen vermehrt.

Die erstere Wirkung kann man sich an einem Exempel aus dem alltäglichen Leben veranschaulichen. Jemand besitzt ein Haus, das sehr baufällig, doch aber noch halbweges wohnfähig ist. Indem er überlegt, an welchen Stellen die Reparatur am nötigsten sei, überfällt ihn allmählich die bange Sorge, daß, wenn man an einigen Teilen mit dem Abbruch beginne, vielleicht das Abbrechen kein Ende finden oder gar das ganze Haus zusammenstürzen werde. Von dieser Furcht gejagt, verkriecht er sich in den Gedanken, daß das Haus doch nicht völlig unbrauchbar sei und entschließt sich, dasselbe einstweilen in dem vorhandenen Zustande weiter zu benutzen. Kommt dann endlich – sagt er zu sich selbst – die Zeit, wo der totale Abbruch unvermeidlich ist, so wird auch wohl guter Rat kommen, und dann will ich entschlossen Hand anlegen. Dieses vulgäre Beispiel gibt ohne Zweifel ein getreues Bild von der Lage und Stimmung, worin die Regierung und die konservative Partei sich gegenüber den Mahnungen zur Schulreform befunden haben. Im Blick auf die zahlreichen Mängel und die daraus hervorgehenden großen Schwierigkeiten der Umformung, insbesondere aber aus Furcht, bei einem bessernden Handanlegen werde durch das Drängen der liberalen Partei zu viel geändert werden und die Schule auf eine abschüssige Bahn geraten, meinten sie bisher, gegen jede Reform sich sträuben und dieselbe unter allerhand Vorwänden aufschieben zu müssen.

Die schlimmen Rückwirkungen dieses Verschiebens liegen nicht minder deutlich vor Augen. Auf die eine Folge, wie nämlich zwischen den in steter Umbildung begriffenen Lebensgebieten und den nach alten Satzungen geordneten Schulverhältnissen immer stärkere Spannungen und neue Risse entstehen, ist schon vorhin hingewiesen worden. Eine Folge zeigt sich darin, daß die einander gegenüberstehenden Parteiansichten fortwährend schärfer, schroffer und somit auch unversöhnlicher geworden sind. Endlich haben wir auch jene zahlreichen Fälle hierher zu rechnen, wo es eigentlich den Gemeinden zustände, die bessernde Hand anzulegen, von diesen aber unterlassen wird unter dem Vorgeben, man wolle erst das zu hoffende Unterrichtsgesetz abwarten, um nicht in die Lage zu kommen, nachmals die Sache wiederum anders regeln zu müssen.

Der vitiöse Zirkel, den die beiden genannten Übelstände bilden, ist somit klar: er stellt der Schulreform zwei Hindernisse entgegen, die in ihrer Widerstandskraft einander progressiv verstärken. Die Reformfreunde werden daher zu um so größeren Anstrengungen und zu um so durchdachteren strategischen Operationen sich rüsten müssen, wenn dieser Zirkel endlich durchbrochen werden soll.

Indem vorhin die Mängel der preußischen Schulgesetzgebung hervorgehoben wurden, kann ich nicht umhin, mich ausdrücklich gegen den Irrtum zu verwahren, als ob in demselben Maße auch die Leistungen der Schulen mangelhaft wären. Vermöge der Unverdrossenheit, Zähigkeit und Opferwilligkeit, die wie in der preußischen Beamtenschaft überhaupt, so namentlich auch im Lehrerstande sich finden, wird vieles von dem, was in den Verhältnissen unzulänglich ist, überwunden und wieder gutgemacht. Freilich gereicht das der verzögerten Schulgesetzgebung nicht zur Entschuldigung. Das Wiedergutmachen konnte doch nur durch viele persönliche Entbehrungen und Mühen erlangt werden, und vornehmlich ist es der ohnehin schlecht versorgte Schulstand, der diese Opfer bringen mußte.

II. Zweite Gruppe der Hindernisse.

Da, wo glücklicherweise der gute Wille zum Reformieren vorhanden ist, bei der liberalen Partei, fehlt es zu sehr an dem nötigen Sachverständnis: einesteils an einer genauen Kenntnis der faktischen Mängel und Gebrechen im Schulwesen, andernteils an Klarheit und Einmütigkeit hinsichtlich der zu erstrebenden Reformen.

Diese Unkenntnis und Meinungsverwirrung möchte ich vornehmlich auf folgende drei Ursachen zurückführen.

a) Der nächste Grund liegt ohne Zweifel in der Schwierigkeit der Sache selbst, in der Natur und Lage des Schulgebietes.

Das Bildungswesen bildet kein so bestimmt abgegrenztes Gebiet wie Militär und Justiz, vielmehr erstrecken sich seine Beziehungen und Wurzeln tief in alle gesellschaftlichen Organismen hinein. Sodann kommt in Betracht, daß die Schulverhältnisse und ebenso die bürgerlichen, sozialen und kirchlichen, in den verschiedenen Landschaften sehr verschieden gestaltet sind. Ferner handelt es sich um recht schwierige Organisations- und Administrationsfragen und endlich noch um spezielle technisch-pädagogische Anliegen. Es sind somit sehr verschiedene Arten von Kenntnissen und Erfahrungen erforderlich, wenn in der Schulgesetzgebung etwas Rechtes geschafft werden soll. Einer, der diesem Felde nicht ein eingehendes Studium gewidmet und die einschlägigen Fragen sorgfältig durchgedacht hat, kann unmöglich ausreichend orientiert sein. Soll es sich dann schließlich um ein bestimmtes Ratgeben zum Reformieren handeln, so treten wieder neue Schwierigkeiten auf: einerseits durch die vorhin erwähnten zahlreichen Gebrechen und Mängel der hergebrachten Schulverfassung und andererseits dadurch, daß die Regierung und die konservative Partei sich bemühen, die schadhaften Stellen möglichst zu verdecken und das Verkehrte als regelrecht darzustellen.

Unter diesen Umständen kann es daher nicht wunder nehmen, daß es selbst unter den Schulmännern, ich meine unter den wissenschaftlich gebildeten, nicht viele gibt, die sich um eine nach allen Richtungen gehende Kenntnis des Schulgesetzgebungsbedarfs bemüht haben. Freilich ist ihnen von seiten der Staatswissenschaft hinsichtlich der einschlägigen staatswissenschaftlichen Fragen wenig Handreichung geleistet worden; denn wie wenig die staatswissenschaftlichen Zeitschriften sich eingehend mit Schulverfassungsfragen beschäftigen, werden Ew. . . . noch besser wissen als ich. Die politischen Tagesblätter, welche jeweilig über den einen oder andern Punkt einen Stoßseufzer loslassen, vermehren nur die allgemeine Unkunde und Verwirrung. So konnte z.B. eine angesehene Zeitung neulich sagen: wenn Gneists Kreisordnungsplan angenommen und die Unterhaltung der Schulen den Kreisen übertragen wäre, so würde die lästige Schulfrage endlich glücklich von der Tagesordnung verschwinden; und ein anderes Blatt machte in ähnlicher Weise den Konfessionalitätsstreit schlechtweg zur Schulfrage. Wenn nun diejenigen, welche das Volk über die öffentlichen Bedürfnisse aufklären sollen, so beschränkt und albern urteilen, was soll man da vom großen Publikum erwarten? Selbst sonst wohlunterrichtete Landtagsabgeordnete, sogar solche, die in politischen, juristischen und volkswirtschaftlichen Angelegenheiten für Autoritäten gelten, stehen nicht an, bei Gelegenheit offenherzig zu bekennen, daß sie in der Schulfrage nicht Bescheid wüßten.

Was ist nun die Folge dieser durchgängigen Unkenntnis? Ein großer Teil der Landtagsmitglieder und des gebildeten Publikums überhaupt fühlt sich unsicher, geht nur zaghaft an eine Veränderung der Schulgesetze und gerät daher leicht in die klerikal-konservative Strömung, während ein anderer Teil aufs Geratewohl den liberalen Parteilosungen folgt, was nicht minder übel auslaufen muß. Nur mit einer Art von Schrecken kann man daran denken, wie einige parlamentarische Eiferlinge, und darunter Männer von wissenschaftlichem Namen und Rang, gelegentlich immer wieder versuchen, mit etlichen abstrusen geistlichen Liederversen und einigen aufgelesenen albernen Lesebuchsgeschichtchen die

Position des Kultusministers zu stürmen. Wenn unser tapferes Kriegsheer nicht besser gerüstet gewesen wäre, als dieser Fortschritts-Liberalismus für seinen scholastischen Feldzug es ist, dann würde es um die Landesverteidigung schlimm ausgesehen haben. Dennoch soll und muß es vorwärts gehen, die Schulreform ist zu dringlich. Angesichts dieser Sachlage fällt einem unwillkürlich jene spaßhafte englische Theaterszene ein, wo mitten in der Aktion das Gaslicht ausging, aber das hörbegierige Publikum dem sich entschuldigenden ratlosen Schauspieldirektor herzhaft zurief: „Never mind, go on in the dark!" In der Tat, in der Schulreform-Aktion des Liberalismus ist von der deutschen Gründlichkeit und Solidität nicht viel Rühmens zu machen.

b) Der zweite Grund der herrschenden Unkenntnis und Meinungsverwirrung ist im Schulstande zu suchen: der höhere Lehrerstand hat sich seit langen Jahren um die Reform der Schulverfassung nicht mehr bekümmert, wenigstens nicht literarisch dafür gewirkt; der Volksschullehrerstand hat sich zwar desto mehr vernehmen lassen, ist aber nicht dazu gerüstet, um die Reformfrage in ihrem ganzen Umfange vertreten zu können.

Wer sollte vermuten, daß in unserm bücherreichen Deutschland kein Werk über die Theorie des Schulwesens existiert, wie der Kulturpolitiker es braucht? Aber in Wahrheit, es gibt keins, weder dem Wesen noch dem Namen nach. Ohne Zweifel ist für diese literarische Lücke in erster Linie der wissenschaftlich gebildete Teil des Schulstandes verantwortlich zu machen. In den vierziger Jahren, als der treffliche Dr. Mager in seiner „Pädagogischen Revue" wacker voranging, gab es eine stattliche Reihe höherer Schulmänner, die in dieser oder in andern pädagogischen Zeitschriften auch über die Reform der Schulverfassung schrieben. (Mager hatte auch eine vollständige Theorie der Schulverfassung unter dem Titel „Deutsche Scholastik", bereits angekündigt und in der „Revue" einige Bruchstücke daraus mitgeteilt. Leider ist das Buch nicht erschienen, weil der Verfasser bald darauf (1849) erkrankte und für immer arbeitsunfähig wurde.) Aber seitdem dieser beredte, mutige Mund sich schloß und von Raumer Kultusminister wurde, verstummte eine Stimme nach der andern, und zwar so total, daß es zum Erschrecken ist. Dem Draußenstehenden mag diese Erscheinung befremdlich vorkommen; dem Näherstehenden ist sie erklärlich genug. Als ich einst einem befreundeten Gymnasiallehrer dieserhalb ins Gewissen redete, erwiderte er: „Que voulez-vous? Wer unter v. Mühler und Wiese Karriere machen will, der muß sich stille halten. Das ist schon eine mächtige Fessel. Sodann haben viele, sehr viele meiner Amtsgenossen mit Nahrungssorgen zu kämpfen; sie müssen neben der Schularbeit sich müde in Privatstunden oder mit Zöglingen abplagen und sind froh, wenn der Abend kommt und sie der Ruhe pflegen können. Das ist die zweite Fessel. Und drittens: die meisten Lehrer an unsern höhern Schulen betrachten sich nicht als Fachleute in paedagogicis, sondern als Philologen, Mathematiker, Physiker usw.; ihre wissenschaftliche Ehre suchen sie in diesem ihrem speziellen Lehrfache, und wenn sie studieren und schreiben, so gilt es eben diesem Fache. Wie könnte es auch anders sein, da sie auf der Universität nur so nebenbei ein Kollegium über Pädagogik gehört haben, das ein Philosoph oder ein Theologe so nebenbei las? " – Der Kollege hatte recht: die drei Fesseln sind faktisch da, und die eine ist so beklagenswert als die andern.

Ein paar Umstände, die der Gymnasialmann übersehen hat, muß ich doch noch nachtragen, weil sie das beredte Schweigen der höhern Lehrer noch etwas besser ins Licht stellen, namentlich im Vergleich zu dem um so auffälligeren Sich-laut-machen der Elementarlehrer. Fürs erste sind jene nicht von der Aufsicht der Geistlichen belästigt; ihre Oberen sind sämtlich fachkundige Männer, Fleisch von ihrem Fleisch und Bein von ihrem Bein: in diesem Stücke haben sie also nichts zu klagen. Für ihre Kollegen in der Volksschule zu klagen, ist ihnen just noch nicht eingefallen. Zum andern macht ihnen der Konfessionalitätsstreit, der die Volksschullehrer so stark berührt, wenig Kümmernis; die meisten haben ja keinen Religionsunterricht zu erteilen, und dazu ist diese Frage eine häkelige: sie wollen sich daher an diesem Punkte nicht gern die Finger verbrennen. Endlich muß noch ergänzt werden, daß die Seminarlehrer ebenso zahm und still sind wie die Gymnasial- und

Realschullehrer: unter dem Ministerialrat Stiehl werden Gunst und Gnaden nicht anders verteilt als unter dem Ministerialrat Wiese.

Es wäre noch manches zu nennen, was dazu beigetragen hat, die höhern Lehrer von einer Teilnahme an den pädagogischen Reformbestrebungen und von einem Hand- in Handgehen mit den Volksschullehrern abzuhalten. Nur an eins will ich noch erinnern, an die sogenannte „Allgemeine deutsche Lehrerversammlung." Diese Versammlung hatte unter andern auch den Zweck, einen regeren Verkehr zwischen den höheren Lehrern und den Volksschullehrern anzubahnen. Weil dort aber von Anfang an ein halb kleinstaatischer, halb radikaler Liberalismus samt dem obligaten kulturpolitischen Phrasentum sich sehr breit machte, so fühlten sich viele preußische Lehrer hart abgestoßen. Die meisten, namentlich die von den höhern Schulen, würden nicht teilgenommen haben, auch wenn die preußische Regierung nicht dazwischen getreten wäre. Dieses Verbot ist zwar vor einigen Jahren aufgehoben worden, allein die Sympathien unter dem höhern Schulstande für die „Allgemeine deutsche Lehrerversammlung" und was mit ihr zusammenhängt, sind seitdem nicht gewachsen. Die Stimmung der höhern Schulmänner ist durchgängig diese: mit den Volksschullehrern sich auf eine Bank zu setzen, gilt nicht für nobel und über Schulverfassungsfragen zu beraten, gilt nicht für gentil. Wenn in die Zeitschriften für Gymnasien und Realschulen gelegentlich ein Artikel über die Reform des Schulregiments sich verirrt, so wird er von den meisten Lesern mit Naserümpfen betrachtet, so etwa wie ein Gericht fauler Fische. Kein Wunder also, daß die paar Männer, die noch wohl Lust und Mut hätten, für Reform des Schulwesens zu schreiben, z.B. der treffliche Prof. Langbein in Stettin, der Gymnasialdirektor Dr. Hollenberg in Saarbrücken und einige andere, ob dieser Lethargie und Kaltsinnigkeit ihrer Standesgenossen endlich ebenfalls müde und stille geworden sind. (In jüngster Zeit beginnt erfreulicherweise ein schwacher Hoffnungsschimmer zu dämmern. Es ist der vor einigen Jahren entstandene „Verein für wissenschaftliche Pädagogik", an dessen Spitze der rührige Professor Ziller in Leipzig steht. Bis jetzt hat sich dieser Verein zwar nur mit psychologischen und didaktischen Fragen befaßt; es ist aber in Aussicht genommen, in kurzem auch eine Sektion für die Theorie der Schulverfassung zu bilden.)

Diese fast vollständige Teilnahmlosigkeit, mit welcher der höhere Schulstand dem legislatorischen Mißgeschicke des Schulwesens zuschaut, ist schon an und für sich, als ein Symptom des sittlichen Zustandes der Geister betrachtet, ein höchst beklagenswertes Übel. Aber auch die höhern Schulen selbst und somit der gesamte gebildete Teil des Volkes werden noch auf lange Zeit an den Folgen zu leiden haben. Ich will nur an ein paar Gebrechen unseres Schulwesens erinnern, die infolge dieses Schweigens ungestört von Generation zu Generation sich fortschleppen: an die unverantwortliche Vernachlässigung der pädagogischen Wissenschaft auf den Universitäten und an den Mangel ordentlicher pädagogischer Seminare für die höhern Lehrer.

Ganz besonders wird aber die Volksschule durch das kaltsinnige Zurückziehen des höhern Schulstandes hart getroffen. Bei ihr müssen nämlich manche Verhältnisse zur Sprache kommen, über welche die Kollegen an den höhern Schulen viel unbefangener, offener und erfolgreicher würden reden können; ich denke z.B. an die Kapitel von der Schulaufsicht, von der Stellung der Geistlichen zu den Volksschulen, von der pädagogischen Unzulänglichkeit so mancher Seminardirektoren und Schulräte usw. Gerade diejenigen Volksschullehrer, welche vielleicht am besten Auskunft geben könnten, haben bisher aus Schicklichkeitsrücksichten meistens über diese persönlichen Verhältnisse geschwiegen. Ordinäre Naturen haben freilich auch oft den Mund weit aufgemacht. Das große Publikum ist eben darum nur mangelhaft über diese Dinge und Zustände unterrichtet.

Ein weiterer großer Schade, der mit dem beharrlichen Schweigen des höhern Schulstandes zusammenhängt, liegt darin, daß das Schulwesen nicht genug als Ganzes und nicht genug vom wissenschaftlichen Standpunkte aus besprochen worden ist. Namentlich haben die staatswissenschaftlichen und kulturpolitischen Prinzipienfragen schwer darunter gelitten.

Die Volksschullehrer, wo sie das Wort nahmen, mußten sich einerseits auf das Gebiet der Volkschule beschränken und andrerseits an den tieferen Prinzipienfragen vorbeigehen, oder, wenn nicht, mit den üblichen Parteiformeln und Stichworten sich behelfen. Daher ist denn das große Publikum so gar nicht gewohnt, die Schulfrage nach ihrem ganzen Umfange und im großen Stile zu besehen, und die eigentlichen Prinzipienfragen liegen erst recht im Nebel.

Doch auch innerhalb des engeren Bereiches, das den Volksschullehrern offen steht, fehlt noch viel an der vollen, reinlichen Aufklärung. Hier stellt sich nämlich in Preußen der Umstand sehr hindernd in den Weg, daß die Schulverhältnisse in den verschiedenen Provinzen und selbst in den einzelnen Landschaften sehr verschiedenartig geordnet sind. Weil nun die meisten Lehrer nicht in der Lage sind oder sich nicht die Mühe gegeben haben, aus recht vielen Gegenden Erfahrungen zu sammeln und dadurch ihr Urteil zu klären, so kommt es, daß noch immer eine bunte Mannigfaltigkeit von Wünschen und Vorschlägen auf den Markt gebracht wird und die an den Landtag gesandten Petitionen häufig einander teilweise in den Weg treten. Ein Beispiel: In den Regierungsbezirken Düsseldorf, Köln und Arnsberg, zum Teil auch in Holstein und Ostfriesland, hat nicht nur jede Schule ihren bestimmten Schulbezirk, sondern diese Schulbezirke bilden auch wirkliche Schulgemeinden, sie besitzen wenigstens das Recht, den Lehrer zu wählen. Auch in den meisten Städten haben einsichtige städtische Behörden diese Schulgemeinden zu konservieren gesucht, d.h. sie haben die Lehrerwahl nicht der städtischen Schulkommission übertragen, sondern dieselbe in den Händen der einzelnen Schulgemeinde belassen. Wie vorteilhaft dieses Stück „Selbstverwaltung" gewesen ist, für die Dotation der Schulstellen, für die Weckung des Schulinteresses bei den Eltern, für das Ansehen des Lehrerstandes usw., das weiß hierzulande auch der letzte Mann. Namentlich wissen es auch die Lehrer zu schätzen und zwar umsomehr, weil sie an etlichen Städten, wo die Lehrerwahl durch die städtische Schulkommission geschieht, ein in jedem Betracht abschreckendes Beispiel des Gegenteils vor Augen haben. In den meisten andern Gegenden kennt man diese Einrichtung nicht: die Lehrer werden entweder unmittelbar durch die Regierung oder, in den Städten, durch die städtischen Schulkommissionen berufen. Weil man nun auch die guten Folgen nicht kennt, so stößt jede Empfehlung dieser Einrichtung bei den dortigen Lehrern auf Mißtrauen und Widerspruch. Die einen fürchten, dadurch in eine zu große Abhängigkeit von den Eltern zu geraten, andere fürchten wieder anderes, kurz, selbst über dieses erste Fundamentstück einer freien Schulverfassung ist nicht einmal ein leidliches Einverständnis zu erzielen.

Man sollte zwar denken, auf die Dauer der Zeit und durch die größeren Lehrerversammlungen und Schulzeitschriften hätte sich doch eine gewisse brauchbare Durchschnitts-Ansicht im Schulstande herausarbeiten können. Eine Durchschnitts-Ansicht ist zwar in manchen Stücken vorhanden, allein sie ist nicht immer brauchbar. Ein Beispiel wird das zeigen. Bis zur jüngsten Zeit hin war in allen denjenigen Lehrerkreisen, welche unter dem Einflusse der „Allgemeinen deutschen Lehrerversammlung" und der mit ihr sympathisierenden Blätter standen, die Ansicht beliebt, daß die Volksschullehrer, gerade wie die Offiziere und alle unmittelbaren Staatsbeamten, aus der Staatskasse besoldet und unmittelbar durch die Staatsregierung angestellt werden müßten, eine Ansicht, die in einem Staate wie Coburg-Gotha, Lübeck, Nassau usw. allenfalls erträglich sein mag, aber in einem Großstaate reiner Unsinn ist. Nichts destoweniger wurde sie hartnäckig festgehalten; lange Zeit wollten keine Gegengründe verfangen. Und was war die Ursache? Hauptsächlich dies, daß die sogenannte „Allgemeine deutsche Lehrerversammlung" vorwiegend aus den Kleinstaaten sich rekrutierte, wie denn der Vorstand fast ausschließlich aus kleinstaatlichen Schulmännern und zur Hälfte sogar aus Lehrern der vier Stadtstaaten bestand. Man kann in der Tat sagen, wie auffallend es klingt, daß das, was im deutschen Volksschullehrerstande „öffentliche Meinung" hieß, lange Zeit durch die kleinstaatische Lehrerschaft und ihre zahlreichen Blätter „gemacht" wurde. Zum Teil besteht dieses Verhältnis auch jetzt noch. Erst seit 1866 hat ein fühlbarer Umschwung begonnen.

Wie die vorstehenden Tatsachen zeigen, fehlt viel daran, daß der Schulstand seinen schuldigen Beitrag zur Aufklärung über die Schulreformfrage geleistet habe; und solange die höhern Schulmänner in der bisherigen Kaltsinnigkeit an dieser Nationalangelegenheit vorbeigehen, läßt sich auch nicht hoffen, daß künftig mehr geleistet werde. Am meisten möchte ich jedoch beklagen, daß die besten Beiträge zur Theorie der Schulverfassung, welche aus der Mitte des Schulstandes geliefert worden sind, die Aufsätze des verstorbenen Dr. Mager in der „Pädagogischen Revue", für die Nicht-Lehrer so gut wie gar nicht existieren: sie liegen in den Bibliotheken der höhern Schulen vergraben.

c) Der dritte Grund der herrschenden Meinungsverwirrung liegt in der deutschen Vielstaaterei, insbesondere im Kleinstaatentum.

Es wird nachgerade immer mehr erkannt, daß die Viel- und Kleinstaaterei in Deutschland, wenn sie auch in manchem Betracht ihr Gutes gehabt hat, doch für die Entwicklung eines gesunden politischen Sinnes und Verstandes nicht günstig gewesen ist. Auf dem Schulgebiete läßt sich ein ähnlicher Einfluß wahrnehmen. Innerhalb der eigentlichen Schularbeit ist ein heilsamer Wetteifer angeregt worden; in solchen Schulfragen dagegen, welche in die Politik und Kulturpolitik hinübergreifen, hat das Kleinstaatentum viele verkehrte und verwirrende Ansichten erzeugt. Eine derselben ist schon vorhin erwähnt worden. Die Sache verdient aber eine genauere Besichtigung.

Im wesentlichen hängt die üble Seite des aus den Kleinstaaten stammenden Einflusses damit zusammen, daß die dortigen Lehrer bisher so wenig Verständnis für das Prinzip der „Selbstverwaltung" zeigten; und diese Erscheinung hängt wieder damit zusammen, daß die büreaukratische Verwaltung nirgend so konsequent durchgebildet ist als gerade in den Kleinstaaten. Da konnte man denn seltsame Dinge erleben. Schulmänner, die sich sonst sehr „liberal" gebärdeten, redeten in der Schulverwaltung ganz unbefangen dem steifsten Büreaukratismus das Wort oder sie schalten auf die unfreien preußischen Schulzustände, während sie selber in noch größerer Unfreiheit steckten, gerade wie die Staatsmänner in den mittel- und kleinstaatischen Landtagen heute im freisinnigsten Stile über hohe Politik berieten und morgen ganz ernstmütig über den Schreibduktus der Elementarschulen verhandelten. Doch ich will einige Tatsachen reden lassen.

Obligatorische Lehrbücher z.B. haben wir in Preußen, wenigstens in den westlichen Provinzen, nicht gekannt. Als daher vor einigen Jahren in Hannover ein obligatorisches Lesebuch eingeführt werden sollte, hat dies bekanntlich viel Sturm hervorgerufen. In den Kleinstaaten dagegen, zumal in Süddeutschland und in der „freien" Schweiz, ist diese Maßregel eine althergebrachte. Die Lehrer beklagten sich wohl jeweilig über dieses und jenes Buch, nicht aber über die Maßregel an sich.

Ferner: Am Niederrhein haben selbst die ländlichen Schulgemeinden das Lehrerwahlrecht jahrhundertelang besessen und auch unter der preußischen Regierung ungestört ausgeübt. In den Kleinstaaten wird ein solches Stück „Selbstverwaltung" als ein Horrendum betrachtet, wenigstens von seiten der Lehrer. Weiter: In Preußen wurden wir im Jahre 1854 zum ersten Male mit einem von der Zentralregierung erlassenen Schulregulativ beschenkt. Das unbekannte Ding hat bekanntlich auch viel Unruhe abgesetzt. Wie sieht es nun in diesem Stücke in den Kleinstaaten aus? Die dortigen Lehrer haben über die Maßen ob der preußischen Regulative gejammert und dawider gedonnert; und dennoch sind sie selber noch viel eingehenderen Instruktionen unterstellt, nur heißen sie nicht „Regulative". Und was den vielberufenen regulativischen Religionsunterricht und sein ungebührliches Memorieren betrifft, so ist in allen schulberühmten Kleinstaaten (in Sachsen, Württemberg, Baden, Nassau, Rheinbayern, Hannover usw.) ein Memorieren von noch viel größerem Übermaße vorgeschrieben und gebräuchlich gewesen. Der nassauische und der badische Landeskatechismus z.B. fordern von den Kindern zehnmal mehr nutzlose Mühe als der durch die preußischen Regulative vorgeschriebene kleine Lutherische.

In Summa: die kleinstaatischen Lehrer sitzen bis über die Ohren in der büreaukratischen Vielregiererei und scheinen doch kein Mißbehagen zu fühlen; sie gebärden sich gewöhnlich in politischen Dingen als hochliberal und werden doch fast ingrimmig, wenn sie vom Wahlrecht der Schulgemeinden und ähnlichen Stücken einer freien Schulverfassung reden hören; sie lassen sich durch die detailliertesten Instruktionen gängeln und bejammern die preußischen Kollegen, die unter dem viel allgemeiner gehaltenen Regulativ leben müssen; sie verdammen das übermäßige religiöse Memorieren in den preußischen Schulen und tun selber dieses Guten viel zu viel. Ihr Feldgeschrei war von jeher „Staatsschulen", nicht bloß für sich, für die kleinstaatischen Verhältnisse, sondern für tout le monde, und das nannten sie „die freie Schule". Daß in einem Großstaate die unleidlichen Zustände der universite de France entstehen müssen, wenn dort das verzweigte Schulwesen vom Zentrum aus mit bureaukratischer Allgewalt regiert werden soll, davon hatten sie keine Ahnung und ließen sich auch keine beibringen. Sie meinten, wenn man nur statt Kirchschule Staatsschule sage, so sei damit alles Nötige gesagt.

Wären die kleinstaatischen Schulmänner mit diesen ihren Ansichten und Stichworten auf ihrem eigenen Grund und Boden geblieben, so würde uns in Preußen viele Verwirrung erspart worden sein. Allein durch die „Allgemeine deutsche Lehrerversammlung" und die ihr anhangenden Preßorgane sind jene teils falschen, teils halbwahren Meinungen und Stimmungen auch in viele preußische Lehrer- und Volkskreise gedrungen, und so haben denn diejenigen preußischen Lehrer und Schulfreunde, welche eine wahrhaft freie Schulverfassung wünschen, nicht bloß mit dem Widerstande der klerikal-konservativ-gouvernementalen Koalition zu kämpfen, sondern auch mit verwirrenden Begriffen, die aus kleinstaatischen Anschauungen entstanden sind.

Eine genaue Aufzählung dieser importierten verwirrenden Begriffe muß ich mir versagen, weil sie zu viel Raum erfordern würde. [. . .]

[F. W. Dörpfeld]

[1]Nach meiner Logik muß eine vollständige Schulordnung in folgender Weise sich einteilen:

A. Das Schulregiment:

1. **die organische Stellung des Schulwesens – (d.h. sein Verhältnis zu den übrigen Gliedern des gesellschaftlichen Organismus: Staat, Familie, bürgerliche Genossenschaft, Kirche, Volkswirtschaft usw.);**
2. **die Verwaltung des Schulwesens;**
3. **die Unterhaltung des Schulwesens.**

B. Die Schulanstalten:

1. **die Einteilung der Schulanstalten (niedere und höhere usw.);**
2. **die anstaltlichen Einrichtungen (Bauten, Utensilien, – Schulpflicht etc.);**
3. **der Lehrerstand und seine Arbeit.**

In einer Vorbemerkung zu dem Beitrag „Zwei Hauptfragen aus der Lehre von der Verwaltung des Volksschulwesens" (Jahrbuch des Vereins für wissenschaftliche Pädagogik 6, 1874, S. 34 ff) berichtet D., im Winter 1870/71 sei er veranlaßt gewesen, für einen nichtregierenden Staatsmann der liberalen Partei seine Vorstellungen über „die längst erwartete legislatorische Reform des preußischen Volksschulwesens" niederzuschreiben.

Durch den Tod seiner Frau und den Wechsel der Kultusminister sei eine später beabsichtigte Publikation unterblieben. Der genannte Aufsatz stellt ebenso wie der Brief ein Bruchstück dieser Niederschrift dar. Von der Überschrift „II. Zweite Gruppe der Hindernisse" ab ist er identisch mit einem undatierten Schreiben an F.A. Finger, Trü 219 ff (= Brief 379).

D. nennt hier die Gründe, die nach seiner Auffassung eine wirkungsvolle Schulreform in Preußen bisher verhindert haben und für das weitgehende Unverständnis der Politiker aller Parteien für das Schulwesen überhaupt maßgebend sind. Seine Kritik richtet sich gegen die Verachtung der Pädagogik und Didaktik durch die Lehrer der höheren Schulen und den Mangel an Verständnis für eine maßvolle, realistische Schulpolitik im Lehrerstand. Preußischer Kulturföderalismus, deutsche Kleinstaaterei, die allmächtige Bürokratie und die fehlenden Möglichkeiten, im Bereich der Schule Grundsätze der Selbstverwaltung durchzuführen, lassen D. zu einer pessimistischen Einschätzung der Lage gelangen.

Es ist nicht ausgeschlossen, daß das Schreiben Georg von Vincke gilt. Bei Trü 185 heißt es lediglich, daß der Brief „an einen liberalen Staatsmann" gerichtet sei.

139
An Johann Wilhelm und Agnes Keller, Düsseldorf

Barmen, 30. Mai 1871

Gestern abend ist unsere und Eure liebe Tinchen friedlich und im HErrn getröstet aus unserer Mitte geschieden. Sie hat überwunden durch Den, der in den Schwachen mächtig ist. Ihr ist wohl, sie ist im rechten Daheim, ja im rechten, denn sie ist bei dem HErrn.

Der HErr, der ihr einziger Trost war im Leben und im Sterben, der sei auch unser Trost in der noch übrigen einsamen Pilgerfahrt und gebe uns Gnade, daß wir auch zu einer Ruhe eingehen, wo wir sie wiederfinden und wo kein Scheiden und Sterben mehr sein wird, Amen, HErr Jesu, Amen!

Was die Entschlafene mir und unsern Kindern gewesen ist, was ich an ihr verloren, an diesem Herzen, das nur Lieben und Dienen kannte, das für sich nichts begehrte und nur andern Freude machen wollte, das so schlicht und friedlich und geduldig unter allem zeitlichen Ungemach einherging, ach, mein blutendes Herz, das die zwanzig Jahre hindurch diese Liebe erfahren, es kann sich noch nicht fassen, um Worte zu finden. Mein Dank ist ihr bei dem HErrn aufgehoben.

Aber eins muß ich doch aussprechen, Euch lieben Eltern noch einmal den herzlichsten Dank sagen, daß Ihr mir vor zwanzig Jahren Euer liebes Kind gegeben habt – diese Gottesgabe durch Eure Hand, diesen kostbaren Hausschatz, der mir und meinen Kindern ein ewiger Segen geworden ist. Gott lohne Euch die Liebe, die Ihr an mir und meinen Kindern bewiesen habt und tröste Euch in Euren alten Tagen samt den Geschwistern mit dem Troste, womit er allein trösten kann.

In herzlicher, dankbarer Liebe

Euer trauernder

F. W. Dörpfeld

Christine Dörpfeld starb am 28. Mai 1871, einem 2. Pfingstfeiertag, in Barmen. D. hat diesen Verlust nie völlig überwunden, wie aus vielen Briefen hervorgeht. In seinem Nachlaß findet sich ein für die Kinder bestimmtes Manuskript unter dem Titel „Unserer lieben Mama Bild, wie wir es in ihrem Leben vor Augen gehabt haben" (abgedruckt Ca 281–287), das mit den Worten schließt: „O Herr, präge uns das Bild dieser Deiner demütigen Magd, wie es nach Deinem Bilde gestaltet war, fest und unverlierbar ein, damit wir gern ihr Ende anschauen und an Deiner Hand ihrem Wandel nachfolgen!"

Evangelisches Schulblatt

für Rheinland und Westphalen.

In Verbindung mit Schulrath Dr. **Landfermann** in Coblenz, Superintendent **Back** in Castellaun, Direktor **Zahn** auf Fild bei Mörs, Direktor **Bühring** in Neuwied, Oberlehrer **Hülsmann** in Duisburg, Lehrer **Ranke** am Lehrerinnen-Seminar in Kaiserswerth, Rector **Lohmeier** in Schildesche und Lehrer und Organist **F. Eickhoff** in Gütersloh

redigirt von

A. Kötter, Lehrer in Ruhrort, und **F. W. Dörpfeld**, Lehrer in Barmen.

1. Juli 1857.

Vorwort. *)

Von allen einsichtigen evangelischen Lehrern und Schulfreunden in Rheinland und Westphalen ist es seit dem Eingehen der „Schul-Chronik" schmerzlich gefühlt worden, daß zwei Provinzen, die, wie in anderer Hinsicht, so auch in Ansehung des Elementarschulwesens eine vielfach eigenthümliche und nicht unbedeutende Stellung im Vaterlande einnehmen, ein Organ in der Presse für diesen wichtigen Theil ihres bewegten kirchlichen und bürgerlichen Lebens haben entbehren müssen. Manche wackere Männer, die aber in ihrer Isolirtheit nicht zu helfen wußten, haben im Stillen viel darüber geseufzt, auch wohl öffentlich bezeugt, daß dieser Mangel als ein Schade der Schule tief zu beklagen sei. Wir halten dieses Zeugniß für wohlbegründet; einige kurze Andeutungen werden hinreichen es zu rechtfertigen.

Daß wir mit dem Ersten auch zuerst beginnen: — Der alte Kampf, ob Jesus von Nazareth der Christ, der Weg, die Wahrheit und das Leben ist: oder ob das Christenthum nur eine Idee, ein Gesetz, eine Lehre sei; — in größerer Kluft: ob es eine objective Wahrheit zur Seligkeit mit objectiven

Abb. 33: Evangelisches Schulblatt. Titelblatt vom 1. Jahrgang 1857.

Sieben Gebete in Kriegesnoth

für Alle,

die Herz und Hände erheben

daheim und im Felde.

So will ich nun, daß die Männer beten an allen Orten, und aufheben heilige Hände, ohne Zorn und ohne Zweifel. 1 Tim. 2, 8.

Barmen, 1866.

Gedruckt bei J. F. Steinhaus.

Zu haben bei J. H. J. Biermann in Barmen.

Abb. 34

Adolph Clarenbach,

der Reformator

des bergischen Landes,

und

Luthers Lied von zween Märtyrern.

Nro. 498.

Herausgegeben

von der Wupperthaler Tractat-Gesellschaft.

Barmen, 1866.

Gedruckt bei J. F. Steinhaus.

Abb. 35

Enchiridion

zum Verständniß und zur Wiederholung

der

biblischen Geschichte.

II. (zusammenfassender) Cursus:

Die Heilslehre genetisch entwickelt aus der Heilsgeschichte.

Von

F. W. Dörpfeld,

Hauptlehrer in Barmen.

(Als Manuscript gedruckt.)

Verlag von C. Bertelsmann in Gütersloh.

Gedruckt bei J. F. Steinhaus in Barmen.

1867.

Abb. 36

Repetitorium

des

naturkundlichen und humanistischen

Real-Unterrichts,

oder

Fragen

zum Verständniß, zur Wiederholung und Durcharbeitung des Lehrstoffes.

Von

F. W. Dörpfeld.

(Ausgabe für Volksschulen.)

Gütersloh.

Druck und Verlag von C. Bertelsmann.

1873.

Abb. 37

Ein Beitrag

zur

Leidensgeschichte der Volksschule

nebst Vorschlägen

zur

Reform der Schulverwaltung

von

F. W. Dörpfeld,

Rektor.

Barmen, 1881.

Druck und Verlag von D. B. & D. G. Wiemann.

Abb. 38

Enchiridion

der

biblischen Geschichte

oder:

Fragen

zum Verständnis und Wiederholung derselben

von

F. W. Dörpfeld.

Zwölfte verbesserte Auflage.

Gütersloh.

Druck und Verlag von C. Bertelsmann.

1864.

Abb. 39

Evangelisches Schulblatt

und

Deutsche Schulzeitung.

In Verbindung

mit

Seminardirektor a. D. Zahn auf Fild bei Mörs, Oberlehrer a. D. Dr. Finger in Frankfurt a. M., Seminardirektor Heine in Köthen, Seminardirektor a. D. Dr. Jütting in Burg, Seminardirektor Dr. Rein in Eisenach, Dekan Dr. Strack in Langgöns bei Gießen, Direktor Brandt an der höh. Töchterschule in Saarbrücken, A. Hollenberg, erstem Seminarlehrer in Rheydt, Rektor Horn an der Präparandenanstalt in Orsoy, Zeglin, Vorsteher der Präparandenanstalt in Schmiedeberg i. Schl., Seminarlehrer Lettau in Königsberg i. Pr., Rektor Dr. Just in Altenburg und Hauptlehrer G. Schumacher in Solingen

redigiert von

Fr. Wilh. Dörpfeld,
Rektor.

Einunddreißigster Band.

Gütersloh, 1887.
Druck und Verlag von C. Bertelsmann.

Abb. 40: Evangelisches Schulblatt. Titelblatt vom 31. Jahrgang 1887.

Repetitorium

der

Gesellschaftskunde

zur

Ergänzung des Geschichtsunterrichts.

Von

F. W. Dörpfeld,
Rektor a. D.

Dritte Auflage. Preis 30 Pfennig.

Gütersloh.
Druck und Verlag von C. Bertelsmann.
1890.

Abb. 41

Die Gesellschaftskunde

eine

notwendige Ergänzung des Geschichtsunterrichts.

Begleitwort zur dritten Auflage

des

„Repetitoriums der Gesellschaftskunde".

Von

F. W. Dörpfeld.
Rektor a. D.

Gütersloh.
Druck und Verlag von C. Bertelsmann.
1890.

Abb. 42

Repetitorium

des

naturkundlichen und humanistischen

Real-Unterrichts.

Von

F. W. Dörpfeld.

Zweites Heft.

Inhalt: II. Teil: Der Mensch und das Menschenleben.
B. Geschichte.

Dritter Abdruck.

Preis 30 Pfennig.

Gütersloh.
Druck und Verlag von C. Bertelsmann.
1892.

Abb. 43

Das Fundamentstück

einer gerechten, gesunden, freien und friedlichen

Schulverfassung.

Denkschrift

im Auftrage von Schulvorstehern, Stadtverordneten und
Schulfreunden der Kreise Lennep und Remscheid bearbeitet

von

F. W. Dörpfeld,
Rektor a. D.

Erste Lieferung:

Kap. I. Die heimatliche Schulgeschichte, nebst einer Zusatzbemerkung über den Gesetzentwurf vom Jahre 1892.

Hilchenbach.
Verlag von L. Wiegand.
1892.

Abb. 44

Das Fundamentstück

einer gerechten, gesunden, freien und friedlichen

Schulverfassung

von

F. W. Dörpfeld.
Rektor a. D.

Hilchenbach.
Verlag von L. Wiegand.
1892.

Abb. 45

Der Herr Verfasser, der schon seit einem Jahre sehr leidend war, hat nur mit großer Anstrengung die Arbeit bis hierher fertig gebracht; sie hat ihm seine letzte Lebenskraft gekostet; jetzt liegt er schwer krank danieder und ist nicht mehr imstande, das noch fehlende Schlußwort fertig zu stellen. Dasselbe muß deshalb leider fehlen, denn ein anderer kann es mit der notwendigen Deutlichkeit nicht schreiben. Einige Freunde des Verfassers, zu denen derselbe früher gelegentlich sich ausgesprochen hat über die neue Aufgabe, die er sich in dieser Schrift gestellt habe, werden jedoch diese Gedanken aus ihrer Erinnerung zusammenzustellen suchen, und dieser Ersatz-Artikel wird dann jedem Besteller des Buches später nachgesandt werden.

Hilchenbach im September 1893.

Der Verleger.

Abb. 46

140
Todesanzeige

Barmen, 30. Mai 1871

P. P.

Am 2. Pfingsttage abends 11 Uhr entschlief nach längerem Leiden friedlich und in Gott getröstet, ganz wie sie gelebt, meine herzliebe, unvergeßliche Gattin und Hausmutter

Christine Dörpfeld geb. Keller

im 47. Jahre ihres Lebens und im 20. unserer glücklichen, insbesondere durch sie beglückten und reich gesegneten Ehe. Mit mir schauen fünf Kinder trauernd ihr nach; ein sechstes, das dritte in der Reihe, war der Mutter schon vorangegangen.

Was wir in der Entschlafenen verloren haben, die bei der Schlichtheit, in der sie einherging, innerlich durch den HErrn so reich begnadet war, insbesondere mit jenem köstlichen Charakterzuge des sanften und stillen Geistes, das kann unser Mund nicht sagen. Wir danken Gott für diese kostbare Gabe und den Segen, den Er uns in ihr geschenkt hat, aber unser Herz trauert und blutet sehr.

Der Hingeschiedenen ist wohl; sie ist im rechten Daheim, bei dem HErrn, der ihr einiger Trost im Leben und im Sterben war. Er, der Gott der Gnade und alles Trostes, wolle auch uns trösten in unserm Schmerze und vor allem uns die Gnade schenken, durchzukommen – der lieben Mama nach – zu Seiner Ruhe, wo wir sie wiederfinden werden und wo kein Sterben und kein Scheiden mehr sein wird.

F. W. Dörpfeld

Mit Bleistiftvermerk „150 Ex[emplare]".

141
An Gustav und Julie Kellermann, Düsseldorf

Barmen, 31. Mai 1871

Lieber alter Freund.

Dir und Deiner lieben Julchen muß ich die schmerzliche Nachricht bringen, daß unsere liebe Mama schon hinüber ist. Am 2. Pfingsttage abends 11 Uhr schlief sie friedlich und in Gott getröstet, wie sie gelebt hatte, ein. Durch die Gnade des Auferstandenen hat sie den Tod nicht geschmeckt.

Sie hat überwunden durch den, der ihr einiger Trost im Leben und im Sterben war; ihr ist wohl, sie ist im rechten Daheim.

Wir gönnen ihr die Ruhe nach dem mühseligen Leben, aber unser Herz blutet und trauert sehr über den schmerzlichen Verlust, der uns getroffen.

Was die Entschlafene mir und meinen Kindern gewesen ist als Gattin und Hausmutter, was sie insonderheit mir, meinem inwendigen Menschen, war auf unserer gemeinsamen Pilgerschaft, das kann der Mund nicht sagen. Ein Herz, das so viel geliebt, das eigentlich nur Lieben und Dienen kannte, aber so, wie wenn sich das von selbst verstände und keiner sonderlichen Beachtung verdiente, das sich selbst stets zuletzt zählte und alle andern viel höher achtete als sich selber, das mir in den 20 Jahren nie ein unzufriedenes, schiefes Wort gesagt, nie einen mir geltenden unzufriedenen oder kalten Blick gezeigt hat, wieviel Anlaß sie auch mitunter dazu haben mochte – ein solches Herz, das muß auch in der Liebe anderer tief wurzeln. Ja, diese schlichte, unscheinbare Pilgerin war innerlich reich begnadet, durch die Gnade des HErrn gar lieblich gekleidet, insbesondere mit jenem unvergänglichen Wesen des sanften und stillen Geistes, der so köstlich ist vor Gott und Menschen.

Der Gott aller Gnade und alles Trostes, der in ihrer Schwachheit so mächtig gewesen, der wolle auch unser Tröster sein in dem tiefen Schmerze, vor allem uns die Gnade schenken, daß der Segen der Heimgegangenen bei uns bleibend wirksam sei und wir durchkommen, der herzlieben Mama nach, zu Seiner Ruhe, wo wir sie wiederfinden und wo kein Sterben und kein Scheiden mehr sein wird:

Gedenket auch Ihr unserer nach Eurer Liebe.

Euer getreuer
und schmerzlich trauernder

F. W. Dörpfeld

NB. Die Beerdigung soll Donnerstag nachmittag 3 1/2 Uhr stattfinden. Vielleicht bekommt ihr aber diese Nachricht zu spät.

142

An unbekannt

Barmen, Juni 1871

[. . .] Jetzt, wo es ruhiger im Hause wird, macht sich die leer gewordene Stelle immer schmerzlicher fühlbar: die Leere wird immer größer, – ich meine nicht die äußere, sondern die im Gemütsleben. Was ist es doch für ein Geheimnis um den Ehebund – wie tief geht doch der Riß, wo das Band reißt! [. . .]

[F. W. Dörpfeld]

143

An Adolph Hollenberg, Holthausen

Barmen, 27. Juli 1871

Lieber Freund.

Von vielen Seiten werde ich gedrängt, das „Repetitorium" für den Schulgebrauch fertigzumachen. Obwohl mein Gemüt noch wenig zu solcher Arbeit sich schicken will, so habe ich sie doch aufnehmen müssen. Das Frageheft würde wohl schnell fertig sein können, aber ohne das Handbuch können die meisten Lehrer doch nicht viel damit anfangen. Mit dem Handbuch bin ich nun flüchtig beschäftigt. Aber auch beim Frageheft ist noch eine leere Stelle, die Naturlehre (ich verstehe darunter: Physik, Chemie und Physiologie, wovon in unseren Schulen jedoch nur die Physik in namhafter Weise berücksichtigt werden kann).

Da nun die Vorarbeiten zu der Naturlehre lediglich in meinem Kopfe liegen, so würde die Ausarbeitung dieser Partien des Frageheftes und des Handbuches den Druck der beiden Bücher doch noch lange verzögern. Ich muß mich daher nach Hilfe umsehen und möchte hierdurch bei Dir anfragen, ob Du diese Partie übernehmen willst. Der Stoff ist Dir geläufig, und zur Behandlung hast Du ein treffliches Gefühl, wie auch Deine Behandlung des Magnetismus zeigt, die mir ausnehmend gefällt.

Ich bitte daher dringend, die Partie der Naturkunde in die Hand nehmen und sofort mit der Arbeit beginnen zu wollen. In dem Vorwort würde ich natürlich bemerken, daß dieses Stück aus Deiner Feder stammt, falls Du die Verantwortlichkeit nicht ausdrücklich ablehnst, wozu aber kein Grund vorhanden ist.

In der Voraussetzung, daß Du meine angelegentliche Bitte nicht abweisen wirst, weil Du es nicht darfst! will ich sofort ein paar Bemerkungen über das Wie der Ausführung machen.

1. Jedes Kapitel würde eine dreifache Arbeit erfordern:
a) Fragen.
b) Darstellung im Handbuch für den Lehrer.
c) Ausarbeitung in der Form des Schüleraufsatzes resp. in der Form eines Lesestückes.

Diese letztere Form mag einstweilen zurückgeschoben bleiben, es sei denn, daß vielleicht die Arbeit leichter würde, wenn man alle drei Formen hintereinander fertigmacht. Die beiden ersten Arbeiten sind vor der Hand die dringlichsten.

Wenn Du zu Deiner Arbeit über den Magnetismus noch Fragen machst, so würde dieses Stück ja schon als fertig betrachtet werden können, es sei denn, daß es vielleicht rätlich wäre, die Lehrdarstellung (für das Handbuch) noch etwas weiter auszuführen, etwa durch angehängte Bemerkungen, die beim Abdruck mit Petitschrift gesetzt werden. Um der Unkundigen willen wäre nun solche weitere Ausführung vielleicht rätlich.

2. Es bleibt nun weiter zu erwägen:
a) Die Auswahl des Stoffes und seine Reihenfolge (Anordnung).
b) Einiges betreffs des Lehrverfahrens, insbesondere bei den Fragen. Die Stoffauswahl etc. betreffend.

Ich nehme an, daß vorab die ausführlichere Ausgabe des Repetitoriums fertiggemacht werde, weil das Handbuch bei beiden Ausgaben dasselbe sein soll und aus dem größeren Fragehefte das kleinere leicht ausgezogen werden kann.

Eine Zeit lang habe ich mich mit dem Gedanken herumgetragen, man könnte beim elementaren physik[alischen] Lehrgange, anstatt Reihenfolge der sog. Kräfte zu machen und derselben zu folgen, sich durch die Körper eine Reihenfolge der Abschnitte geben lassen, also: Von der Luft, vom Wasser, von den Mineralien, von den Pflanzen, von den Tieren und dann bei den organischen Körpern einige physiologische Erscheinungen berühren. Natürlich würde dies nicht eine Naturlehre geben, sondern nur eine geordnete Betrachtung der Erscheinungen – ohne Warum und Weil – ein propädeutischer Kursus für eine nachfolgende Naturlehre. Ließe sich das wirklich herstellen, so möchte ich glauben, daß dieser Weg für die Volksschule der beste sei. Um ganz sicher sich entscheiden zu können, müßte man eigentlich von beiden Wegen einen Versuch fertig haben. Leider habe ich keinen einzigen fertig.

Wie denkst Du hierüber?

War die Form und Auswahl der Fragen betreffend, so habe ich auf dem beiliegenden Blatte ein Beispiel niedergeschrieben. Es ist das Kapitelchen von der Porösität. Die Fragen sind zum Teil aus Dellmann genommen, bei dem überhaupt viel Rat zu holen ist.

Das Beispiel soll sagen:

1. Der Lehrsätze sollen möglichst wenige sein, aber der Anwendungen desto mehr.

2. Die Anwendungen sollen eben durch die Fragen herbeigezogen werden.

Dieselben müssen dem praktischen Leben, wo möglich dem wirklichen Anschauungskreise der Kinder entnommen sein und daneben allerlei „Nützlichkeiten" zu bieten suchen.

So viel zur einstweiligen Verständigung per Schrift. Wenn Du Dir die Sache überlegt hast, so wird dann wohl eine mündliche Besprechung rätlich sein.

Wenn Dir's recht ist, so möchte ich dazu Vohwinkel oder Langenberg als Zusammenkunftsort vorschlagen. Ein Nachmittag würde genügen.

Bist Du dazu bereit, so bestimme nur einen Nachmittag: einen Mittwoch oder Samstag oder Sonntag.

Für die nächsten acht Tage bin ich jedoch verhindert. Samstag den 29.7. ist die Vohwinkler Konferenz, Mittwoch den 3.8. die Schwelmer, Samstag den 5.8. die Barmer.

Gott befohlen.

Mit herzl[ichem] Gruß

Dein F. W. Dörpfeld

NB. Wie es scheint, ist es gut, daß die Arbeit meine Gedanken in Anspruch nimmt. Meine Gedanken drohen sonst, sich in den Gram einzubohren. Der Verlust meiner lieben Haussonne drückt doch gar viel schmerzlicher, als die Vorstellung vorher geahnt hatte. Gott mache mich stille!

Das „Repetitorium des naturkundlichen und humanistischen Realunterrichts oder Fragen zum Verständnis, zur Wiederholung und Durcharbeitung des Lehrstoffes. Ausgabe für Volksschulen" erschien Gütersloh 1873. Zur Herausgabe eines Handbuches für den Lehrer ist es nicht gekommen. Druckfertig lag im Nachlaß lediglich der Handbuch-Abschnitt über Geographie vor, der bereits 1869 abgefaßt worden war und durch G. von Rohden in Bd. V, 2 der Gesammelten Schriften 1896 aufgenommen wurde.

144

An Dietrich Horn, Witten

Barmen, Juli 1871

D. dankt für Horns in persönliche Erinnerungen gefaßten Nachruf auf Christine Dörpfeld (EvSchBl 15, 1871, S. 214 ff.). Das liebe Bild sei gut getroffen.

Horn hatte als Hilfslehrer an der Wupperfelder Schule zu D.s Haushalt und Familie gehört.

145

An Wilhelm Dörr, Bonn

Barmen, Juli 1871

D. dankt für die Teilnahme anläßlich seines Verlustes und bittet Dörr, ihm in der bewährten Treue zur Seite zu stehen.

146

Rundschreiben an	*abgezeichnet:*
Klingenburg in Ikten	*20.11. – 21.11.*
Hogeweg in Mülheim	*erh. 22.11. beförd. 22.11. H.*
Kühler in Ruhrort	*23.11. – 23.11.*
Steins auf Fild	*24.11. – 25.11.*
Kellermann in Düsseldorf	*26.11. – 27.11.*
an Haack in Leichlingen	
Dörr in Bonn	
zurück an den Unterzeichner	

Barmen, 17. November 1871

Was seit ein paar Monaten in der Luft schwebte, ist endlich herabgekommen.

Laut Bekanntmachung der K[öniglichen] Reg[ierung] zu Düsseldorf vom 27. Okt[ober] d[ieses] J[ahres] (S[iehe] Amtsblatt S. 326) ist durch eine ministerielle Deklaration die von J. Gruner festgestellte Ordnung bei der Lehrerwahl nun auch auf der rechtsrheinischen Seite unseres R[e]g[ierungs]bezirks aufgehoben.

Die Lehrer sollen in Zukunft lediglich durch den Schulvorstand und den Bürgermeister gewählt werden.

So hat man denn auch an den letzten Rest der von den Vätern überkommenen Schulverfassung und Schuleinrichtung die Hand gelegt. Erst war's die Ferienordnung, welche die Axt fühlen mußte, dann das Gehülfensystem und nun auch die Wahlordnung.

Es ist für unser Schulleben ein harter Schlag, der nach vielen Seiten hin seine Wirkung üben wird; namentlich wird das Ansehen des Lehrerstandes, sein Eingewurzeltsein in der Schulgemeinde empfindlich beeinträchtigt werden, wenn dies das Ende unserer Schulentwicklung sein soll.

Vom Standpunkt der praktischen Politik – der Agitation – ist diese Maßregel freilich das Günstigste, was uns widerfahren konnte. Unsere Bestrebungen für eine Petition der Schulvorsteher, Wahlmänner und Schulinteressenten, die wir vor zwei Jahren begannen und die uns damals von Seiten der Geistlichen so viele üble Nachreden zuzogen, hat jetzt der Minister auf's deutlichste gerechtfertigt, auf's schlagendste motiviert. Was können wir mehr wünschen?

Jetzt gilt's, die Situation zu benutzen. Aber mit Überlegung, mit Vorsicht.

Es fragt sich, wie die Geistlichen die Maßregel aufnehmen werden. Ein kluger Freund meinte jüngst, als ich ihm sagte, daß die fragliche Deklaration in Aussicht stehe: Pastoren, namentlich die „pfiffigen", würden im geheimen nicht sehr trauern; die großen Wahlkollegien seien ihnen mitunter unbequem gewesen; sie würden jetzt denken, bei dem kleinen Schulvorstande, dessen Mitglieder sie ja vorzuschlagen haben, hätten sie das Heft der Lehrerwahl und der Schulleitung recht in Händen. Anstandshalber möchten sie vielleicht ein wenig „murmeln", aber insgeheim würden sie in ihr Fäustchen lachen. Daß jetzt ein bedeutendes Band zwischen Schule und Kirche gelöst ist, liege zwar auf der Hand, allein sie würden glauben, in ihrer Person sei dagegen die Verbindung desto stärker geworden. So ungefähr äußerte sich auch ein gescheiter Verwaltungsbeamter.

Diese Meinung ist gewiß nicht ohne Grund. Es wird sich fragen, ob unter den Pastoren die kurzsichtigen oder die weitsichtigen zahlreicher sind. Sie werden übrigens auch das fühlen und erwägen, daß in großen Gemeinden, wo mehrere Pastoren sind, hinfort nur der eine Pastor, welcher Präses des Schulvorstandes ist, mitwählt, während der Bürgermeister bei allen Schulstellen mitzustimmen hat. In den großen Gemeinden wird daher wohl hier der Punkt sein, wo die Pastoren durch die Neuerung sich gekitzelt fühlen werden.

Also – es fragt sich: was werden die Pastoren tun?

Treten sie gegen die Verfügung auf und zwar so, daß sie die Schulgemeinden aufrufen, dann werden wir mit Hand anlegen müssen – dann aber vorher und immer wieder konstatieren, daß wir früh genug gewarnt und früh genug uns gerührt hätten, aber von vielen Pastoren darob übel gescholten worden wären.

Halten sich die Pastoren im ganzen ruhig – oder wollen sie nur die Presbyterien und Synoden zur Hülfe rufen: so ist das wieder das Günstigste, was uns begegnen kann; dann haben wir für die Agitation in den Schulgemeinden freies Feld, dann stehen wir am Brett, und die Pastoren haben das Zusehen. Was dann zu tun ist und wann begonnen werden muß, das wird sich finden. Freund Dörr wird auf seinem Posten stehen und das Signal geben.

Bis dahin laßt uns stille sein, auch die Kollegen dahin instruieren. Wir dürfen weder die Pastoren antreiben noch die Schulgemeinden aufregen, denn sobald die letzteren unruhig werden, merken die Pastoren, daß sie nicht ruhen dürfen und daß sie die Sache in die Hand nehmen müssen.

Laßt uns aber die Ohren und Augen offenhalten. Und dann laßt Euch noch dringend bitten, mir von Zeit zu Zeit mir sofort Mitteilung machen zu wollen, wenn Ihr über die Stimmung der Pastoren oder der Schulgemeinden etwas Merkenswertes erfahren habt. Versäumt das ja nicht.

Mit herzlichem Gruß

Euer F. W. Dörpfeld

NB. Jeder wolle das Zirkular schleunigst weiterbefördern.

Die Antworten der Empfänger des Rundschreibens sind nachstehend wiedergegeben:

Die große Mehrzahl der Geistlichen wird – schweigen und das aus mehr als aus einem Grunde. Dann kann doch nur die Presse die Schulgemeinden erregen. Wie sollen wir uns dann dazu stellen? Ferner: der Landtag tritt bald zusammen, und dort wird die Schulfrage in irgendeiner Weise zur Sprache kommen, schon der kathol[ischen] Frage wegen. Haben wir dann einen Mann dort, informiert genug, um zur rechten Zeit eine jene Angelegenheit betreffende Interpellation an den Minister zu stellen?

In Eile diese Bemerkung

G. Kl[ingen]b[ur]g

Vielleicht ist es einigen Freunden noch nicht bekannt, daß sich im Gegensatz zum evang[elischen] Lehrerverein ein allgemeiner Lehrerverein gebildet hat oder wenigstens im Entstehen ist. Samstag den 11. Nov[ember] waren hier in Ruhrort mehrere Lehrer zur Besprechung der Statuten versammelt: Schulte und Gregorius aus Essen, Mühlenfeld aus Borbeck, Jaenigen und Edel aus Mülheim a.d.R. und noch von dort vielleicht der Waisenvater Niewöhner von Duisburg und Westerhoff von hier. Hauptsächlich sind ihnen die Bibelkonferenzen ein Dorn im Auge. Nun meinen sogar einige Mitglieder unseres Vereins, daß es nicht wohlgetan sei, die Geistlichen zur Teilnahme an solchen Konferenzen anzuregen. Solches Schöntun mit den Geistlichen sei bedenklich.

Der neue Verein wird uns manche Mitglieder rauben, uns aber auf die Dauer nützlich sein.

F. H. Kühler

Als vor einigen Jahren auf der linken Rheinseite die alte Wahlordnung beseitigt wurde, habe ich nicht bemerkt, daß die Geistlichen im Interesse der Schulgemeinden und der Schule damit unzufrieden waren. Ich habe für mich dasselbe gefolgert, was jener Pastor zu D. geäußert. Die Pflicht und die Notwendigkeit, die Familie für die Schule zu interessieren, liegt den meisten fern, nicht minder aber auch vielen Lehrern. Darum hat man auch auf der Prov[inzial]synode mit dem 3. Teil unserer Eingabe nichts anfangen können und wollen.

Der Staat will die Schule noch mehr in die Hand nehmen, um dadurch die Macht der Geistlichen, insbesondere der kathol[ischen], noch mehr zu beseitigen. Darum sucht man die Rechte der Familien, auf die die Geistlichen ihren Einfluß können geltend machen, zu beschränken. Die Regierung wird darin von der Majorität der Abgeordneten und des Volkes unterstützt werden. Alles unter der Firma contra Ultramontanismus und Jesuitismus. Die gesetzlichen Rechte der Familie an der Schule werden in nächster Zeit beschränkt resp. nicht erweitert werden.

Was nun tun? Lehrer und Schulfreunde müssen nun umso mehr die Familien für die Schule (Unterr[icht] und Erziehung ihrer Kinder) interessieren, durch Bildung von Schul„vereinen". Unsere nächste Aufgabe!

Steins

Mit der Aufhebung der Wahlordnung bisheriger Art ist ein tiefer Schnitt ins Fleisch geschehen und wird unsere Stellung noch weiter abwärts treiben. Es hat mich sehr betrübt, als ich vor ungefähr 14 Tagen die Verordnung in der Elberf[elder] Zeitung las. Aber was ist zu tun? Meine Meinung ist auch die, daß es einstweilen nur heißen kann: Stillesein und abwarten. Die Pastoren werden sich nicht regen, so weit ich recht gehört und gesehen habe. Sie werden so lange ruhig sein, so lange die Herrschaft in ihren Händen bleibt, unbekümmert, von wem sie das Mandat haben. Erst dann, wenn es auf der abwärts gehenden Bahn so weit gekommen ist, daß der allgemeine Sturm, der im Anzuge ist, auch sie über den Haufen wird, werden sie Geschrei erheben. Dann wird man reden von den Wunden, die der Volksschule geschlagen werden; dann wird man die Schulgemeinden wachrufen; dann wird man auch die Lehrer brauchen können, die ihnen hier und da viel zu fest in den Gemeinden sitzen. Mit den Lehrern haben sie einstweilen nicht viel zu tun; das macht ihnen nicht viel Sorgen. Sie wollen nicht, daß der Lehrer eine Stimme im Schulvorstande, in der Schulaufsicht habe; es läßt sich besser regieren

ohne diesen. Sie lassen deshalb den Sturm kommen und trösten sich einstweilen mit der Aussicht, daß die kirchl[ichen] Gemeinden für sich Schulen errichten werden, worüber ihnen aber nach meinem Dafürhalten in schrecklicher Weise die Augen auf- und übergehen werden. Von dieser Seite ist daher keine Hülfe zu erwarten. Meine Hoffnungen sind nicht groß.

G. Kellermann

„Nur unverzagt und Gott vertraut, es muß doch Frühling werden!" Es kommt mir so vor, trotz allem Anschein des Gegenteils, als wären wir über das Wintersolstitium hinaus. – Gründe für meine Vermutung: 1. Wir haben ein gottesfürchtiges Königsgeschlecht, darum wird das suum cuique noch lange in Ehren bleiben. 2. Dies Geschlecht steht an der Spitze des geeinigten Deutschland. 3. Deutschland kann aber nur föderative Einigung vertragen, sonst geht es zu Grund und wird daher auf die Dauer nur da Zentralisation und Uniformierung dulden, wo es angebracht ist. 4. Die leitenden Geister werden sich daher an institutions republicaines gewöhnen müssen. 5. Die kirchl[ichen] Wirren verlangen definitive Lösungen, wobei die Schulfrage im Vordergrunde steht. 6. Der einzige neutrale Boden für diese ist die Familie; alles andere besetzt. 7. Gott der Herr sitzt im Regimente und tut, was die Gottesfürchtigen begehren. Bitten wir den Herrn der Ernte – denn das Feld ist weiß – daß er Arbeiter in Seine Ernte sende.

Leichl[ingen], 28. November 1871 — an Haack

1869 war die Denkschrift „Wünsche rheinischer Lehrer" verfaßt worden, an deren Abfassung D. entscheidenden Anteil hatte. Hier wurde mit Nachdruck die Beteiligung der Schulgemeinden bei der Lehrerwahl gefordert. D. selbst wurde nicht müde, in seinen Schriften auf dieses Element der Selbstverwaltung in der niederrheinisch-bergischen Schulverfassung hinzuweisen, das von Generalgouverneur Justus Gruner 1814 bestätigt worden war. Am 15.7.1814 hatte Gruner die „Anordnung von Schulpflegern und Schulvorständen" erlassen. Danach wurde den Schulvorständen bei Lehrerwahlen das Recht zugebilligt, der Behörde (Landesschulrat, später Regierungspräsident), „drei geprüfte Subjekte" vorzuschlagen; einer der Vorgeschlagenen wurde endgültig ernannt. Siehe: Hermann Altgelt, Sammlung der gesetzlichen Bestimmungen und Vorschriften des Elementarschulwesens im Bezirke der Königl. Regierung zu Düsseldorf. Düsseldorf 1841, S. 65 ff.

D.s Schreiben gibt einigen seiner engsten Freunde und nahestehenden Kollegen die Möglichkeit, ihre – ebenfalls abgedruckten – Meinungen zu äußern. Trotz der Ermutigung durch D. ist die Resignation angesichts des Eingriffs der allmächtigen Bürokratie und der fehlenden Unterstützung durch die Politiker nicht zu verkennen.

147
An unbekannt

Barmen, Winter 1871

Berichtet, daß es „körperlich bedeutend besser" gehe. Seit sieben Jahren habe er „keinen so guten Winter angetreten." Christines Heimgang bedrücke ihn häufig, auch wenn er an den Kindern Trost und Freude habe.

148
An Wilhelm Rein, Eisenach

Barmen, 24. März 1872

[. . .] Einige Wünsche

Dieselben lassen sich kurz dahin zusammenfassen, daß Sie die Güte hätten, in einem dortigen kleinern oder größeren Kollegenkreise meine literarischen Arbeiten a) über die Schulverfassung, b) über den Religionsunterricht, c) über den Realunterricht und d) über den deutschen Sprachunterricht unter Ihrer Leitung durchsprechen zu lassen und dann das Resultat dieser Besprechung in einer Ihnen dienlich scheinenden Form in einem der verbreiteteren Schulblätter (etwa der „Allgemeinen deutschen Lehrerzeitung") mitzuteilen resp. mitteilen zu lassen. Vielleicht wäre es zweckmäßig, für den einen Gegenstand dieses, für einen anderen ein anderes Schulblatt zu wählen.

Mit Rücksicht auf gewisse Gegner und gewisse Mißverständnisse erlaube ich mir, noch einige Bemerkungen beizufügen.

ad a) Bei einer theoretischen Untersuchung über die Schulverfassungsfrage (die den wichtigsten Teil der Kulturpolitik bildet) muß man von vornherein von allen großen und kleinen Dorffragen absehen und sich auf einen höheren, allgemeineren Standpunkt schwingen können, sonst bleibt man im Gedränge der Kleinigkeiten stecken. Dies vorausgesetzt, wird nun die Hauptaufgabe der Untersuchung dahin sich zuspitzen, ein eigentümliches Kultur- resp. Schulrecht zu finden, d.h. für die Praxis: das Schulwesen auf einen ihm eigentümlichen Rechtsboden, den Boden des Familienrechts (der Familiengenossenschaft) zu verpflanzen, wo es einerseits gegen den Wellenschlag und die einseitige Dienstbarkeit der Politik und andrerseits gegen die Vormundschaft der Kirche geschützt ist. Das sind die negativen Vorteile dieser Stellung. Die positiven sind die:

erstlich können die Schulanstalten in ihrer Arbeit und in ihrem Leben einheitlich, auch unterrichtlich vollständig bleiben und einen ethischen Charakter bewahren;

zum andern können sie die nötige Freiheit genießen, eine ihrer zarten Natur gemäße Verwaltung erhalten, satt zu essen bekommen und die gebührende Ehre empfangen;

drittens können die Schulangelegenheiten zu einem öffentlichen Erziehungswesen auswachsen und aus einem bloß politischen oder bloß kirchlichen oder bloß politisch-kirchlichen Anliegen eine Nationalsache werden.

Alle diese Vorteile sind nur zu gewinnen, wenn die Schule auf eigenem Grund und Boden, auf dem Boden des Familienrechts steht (nicht zu verwechseln mit dem faktischen Zustande der jeweiligen Familien). Steht diese Erkenntnis fest, so kommen die praktischen, die Organisationsfragen an die Reihe. Darüber liegen meine Vorschläge vor, die aber sehr verbesserungsfähig sind: hier muß mit den gegebenen Verhältnissen gerechnet werden.

Bei den landläufigen Projekten der Schulverfassung, die eben bloße Projekte, keine Theorien sind, gehen alle jene Vorteile in die Brüche, alle, ohne Ausnahme.

ad b) Beim Religionsunterricht liegt der Schwerpunkt meiner Ansicht oder Theorie nach keineswegs in dem von mir herausgegebenen Enchiridion. Dies ist ein bloßes Hülfs-Lehrmittel, zwar in meinen Augen ein nützliches, auch ein notwendiges, aber eben doch ein bloßes Hülfsmittel. Die Hauptsache bleibt die lehrende Persönlichkeit und ihr lebendiges Lehrwort. Bei diesem lebendigen Lehrwort nun liegt mir die Hauptaufgabe im rechten Erzählen der biblischen Geschichte, die mir der religiöse Anschauungsunterricht ist, also im ersten Lernstadium. Hier geht meine Absicht dahin, diese Arbeit des Lehrers aus dem rohen Handwerkstum herauszuheben und sie als eine künstlerische auffassen zu lehren, als eine Kunst, die an Bedeutung und Schwierigkeit hinter keiner andern Kunst zurücksteht, die unter allen Aufgaben der Lehrkunst die künstlerischste, feinste, geistigste ist, selbst noch über die Predigtkunst hinausgeht, weil sie neben dem erbaulichen (das Gewissen anfassenden) Zwecke auch einen ebenso hervorragenden unterrichtlichen Zweck hat. Hier liegt eine unermeßlich hohe Aufgabe für den Lehrstand. Aber das Handwerkstreiben und der Handwerksgeist muß unter die Füße!

Kunst, heilige Kunst – das muß das Ziel und die Losung sein. Das kann auch so ausgedrückt werden: die biblischen Schriftsteller müssen als religiöse Klassiker behandelt werden, nicht als Dogmatiker, als Lehrbuchschreiber usw., aber als religiöse Klassiker, nicht als sprachkünstlerische usw. Das war auch Herders Sinn und Ziel, obwohl er freilich für den Schulunterricht keinen Rat wußte.

Ad c und d) Hier wird der Sinn meiner methodischen Forderungen nur dann richtig gefaßt, wenn man begriffen hat und festhält, was ich im Muttersprachunterricht will. Wie ich meine, habe ich da ein Prinzip entdeckt, was eben so reformatorisch auf diesem Gebiete wirken kann, wie jenes in der Schulverfassungstheorie und jenes andere im Religionsunterricht.

Wenn diese drei Prinzipien Boden gefaßt haben, so werde ich vielleicht auch Mut finden, mit dem vierten Reformvorschlage, dem für den humanistischen Realunterricht, herauszurücken [. . .]

[F. W. Dörpfeld]

W. Rein war vom 30.8.1871 bis 19.3.1872 an der damaligen Realschule II. Ordnung (später Oberrealschule, heute Carl-Duisberg-Gymnasium, Wuppertal-Barmen, Diesterwegstraße) Barmen-Wupperfeld tätig, also in unmittelbarer Nähe der Wupperfelder Volksschule D.s, zu dem er in dieser Zeit seinen Kontakt vertiefen konnte. Die Neigung zu Herbart und Ziller (Rein hatte bei Ziller und Stoy studiert) schlug sich bald in literarischen Arbeiten nieder. So entstanden in Barmen wesentliche Teile von R.s Dissertation „Über Herbarts Regierung, Unterricht und Zucht", die er 1872 zur Erlangung der Doktorwürde bei der Philosophischen Fakultät der Universität Rostock vorlegte (veröffentlicht als Heft 1 des 1. Bds. der Pädagogischen Studien, Eisenach 1875).

Über R.: 1. Georg Weiss, Wilhelm Rein, in: Thüringer Erzieher, Hrsg. G. Franz, Köln/Graz 1966, S. 300 ff.

2. Horst-Erich Pohl, Die Pädagogik Wilhelm Reins. Bad Heilbrunn 1972 (= Würzburger Arbeiten zur Erziehungswissenschaft).

3. Wilhelm Wittenbruch, Die Pädagogik Wilhelm Reins. Eine Untersuchung zum Spätherbartianismus. Ratingen/Kastellaun/Düsseldorf 1972 (= Kölner Arbeiten zur Pädagogik).

149
An Adalbert Falk, Berlin

Barmen, 1. Juni 1872

Ew. Exzellenz
haben die Gewogenheit gehabt, zu der Konferenz, welche am 11. d.M. im Unterrichtsministerium zur Beratung von Fragen aus dem Gebiete des Volksschulwesens zusammentreten soll, auch mich zu berufen. Indem es mich drängt, Ew. Exzellenz durch dieses mir geschenkte ehrende Vertrauen meinen tiefgefühlten, verbindlichen Dank auszusprechen, beehre ich mich zugleich, ergebenst anzuzeigen, daß ich, so Gott will, an dem bezeichneten Tage Ew. Exzellenz gehorsamst mich vorstellen werde.

Ich kann nicht umhin, für mich und im Namen vieler meiner Kollegen insbesondere noch dafür von ganzem Herzen Dank zu sagen, daß es Ew. Exzellenz hochgeneigtest gefallen hat, zu dieser Konferenz auch einige Männer aus dem Volksschulstande einzuladen. Möchte es dieser Versammlung durch Gottes Segen gelingen, den Dienst, mit dem Ew. Exzellenz sie betrauen werden, zum Wohl der Volksschule und des Vaterlandes gut und friedlich auszurichten.

Ew. Exzellenz wollen geneigtest gestatten, daß ich bei dieser Gelegenheit mir die Freiheit nehme, einige Zeugnisse meiner bisherigen literarischen Arbeit im Dienst der Volksschule gehorsamst zu überreichen. Sollte ich damit etwas Unziemliches tun und den üblen Schein der Zudringlichkeit auf mich laden, so wollen Ew. Exzellenz das Unschickliche dieses Schrittes gütigst entschuldigen und tunlichst zum besten deuten. Was mich dazu drängt, ist lediglich die Absicht, Ew. Exzellenz für das mir geschenkte Vertrauen auch dadurch Dank zu sagen, daß ich über meine literarische Wirksamkeit ein wenig Rechenschaft gebe. Jede andere Absicht liegt mir fern. Gewisse persönliche Wünsche, die früher zuweilen mich beschlichen, jedoch bei dem bisherigen Schulregimente in Preußen keine Berücksichtigung hoffen durften, habe ich ohnehin heute vor einem Jahr mit meiner lieben sel. Hausfrau ins Grab senken müssen. Die Schriften und Abhandlungen, welche das beifolgende Paket enthält, beziehen sich

a. auf die Schulverfassungsfrage,
b. auf die pädagogische Psychologie,
c. auf den Religionsunterricht,
d. auf den naturkundlichen und humanistischen Realunterricht.

Ew. Exzellenz wollen gütigst entschuldigen, daß diese Drucksachen nicht ein anständigeres buchhändlerisches Habit angezogen haben. Die Kürze der Zeit wollte es nicht leiden.

Mit der Versicherung vorzüglicher Hochachtung zeichnet

Ew. Exzellenz gehorsamst ergebener
F. W. Dörpfeld, Hauptlehrer

Am 23.5.1872 wurden die von Kultusminister Falk unterzeichneten Einladungen zu einer Konferenz verschickt, die am 11. Juni in Berlin Fragen zur Reform des preußischen Volksschulwesens behandeln sollte. Der dazu eingeladene Regierungs- und Schulrat Schumann in Frankfurt a.O. war verhindert, so daß ein Ersatzmann gefunden werden mußte. Geheimrat Stiehl, der die Teilnehmerliste zusammengestellt hatte, schlug D. vor. Seine Aktennotiz für den Minister hatte folgenden Wortlaut: „Ich erbitte an der Stelle des durch Krankheit verhinderten Regierungs- und Schulrates Schumann aus Frankfurt den p. Dörpfeld gehorsamst vorzuschlagen. a. Die Rheinprovinz ist durch kein evangelisches Mitglied vertreten. b. Der p. Dörpfeld ist einer der angesehensten Schulmänner der Rheinprovinz, literarisch bekannt, vertritt Organisation der Volksschule auf der Basis der Familie und der Gemeinde und steht in Betreff des Religionsunterrichtes mit den Regulativen in mehrfachem Widerspruch".

ZSTA Merseburg Rep. 76 VII neu Sekt. I B – I Nr. 1 Bd. 1.

150
An Dietrich Horn, Witten

Barmen, 3. Juni 1872

Lieber Freund.

Mit herzlicher Teilnahme und Freude haben wir alle Ihre fröhliche Nachricht, daß endlich auch ein Knabe in die Reihe der Kinderschar eingetreten ist, empfangen und weitergesagt. Wie würde meine liebe Frau nach ihrer Weise freudig gelacht haben, wenn sie das noch erlebt hätte. Gott stärke die Mutter, daß sie bald wieder rüstig in ihrem Haushalt stehen kann und gebe auch, daß Sie an dem jungen Träger Ihres Namens viele Freude erleben.

Zu der Konferenz, die der Kultusminister auf den 11. d[ieses] M[onats] anberaumt hat, „um Fragen auf dem Gebiete des Volksschulwesens von des Schulwesens kundigen und sich für dasselbe interessierenden Männern beraten zu lassen", bin auch ich eingeladen. Wem ich die Berücksichtigung verdanke, weiß ich nicht, habe auch kaum eine Ahnung, auf wen ich raten darf. Wer aus unserm Stande sonst noch berufen ist, weiß ich auch nicht.

Ich habe die Nachricht mit sehr gemischten Empfindungen empfangen. Die Freude kann noch nicht recht aufkommen. Vor acht bis neun Jahren würde solch ein Ruf mir sehr willkommen gewesen sein, aber jetzt, bei meinen dermaligen Leibesumständen, die auf einen aufregenden „Dauerlauf" nicht mehr eingerichtet sind, und bei dem Umstande, daß die Einladung gerade am Jahrestage des Todes meiner lieben Mama eintraf, ist mir alles mit einem Trauerflor umhüllt.

Daß der Minister auch etliche unserer Standesgenossen zugezogen hat, darf uns gewiß freuen, zumal angesichts der Vergangenheit. Und daß die Zentralbehörde endlich einmal von meiner Arbeit im Dienst der Volksschule ein wenig Notiz nimmt, wenn diese günstige Auslegung zulässig ist, darf mir auch willkommen sein. Aber da drängt sich immer der Gedanke dazwischen: warum durfte meine liebe Frau das nicht erleben? und dazu die Besorgnis, daß ich in der sehr gemischten Gesellschaft (v. Kleist, v. Mallinckrodt, Richter usw.) vermutlich sehr einsam sitzen werde. Hätte ich doch einen einzigen vertrauten Genossen von hier zur Seite!

Ohne Zweifel werde ich nicht viel ausrichten können. Nun, Gott wird's versehen; Er wolle mich nur im Frieden wieder heimbringen.

Machen Sie gef[älligst] so bald als möglich im Schulblatte die Anzeige, daß man vom 8. d[ieses] M[onats] an die Beiträge wieder an Sie einsende [. . .]

[F. W. Dörpfeld]

Abschrift von C. Achinger. Der Glückwunsch gilt Horns erstem Sohn Georg. – Im Gegensatz zu der Erwartung D.s, in Berlin einige Kollegen aus der Volksschule anzutreffen, war auf der Konferenz aus diesem Bereich nur noch der Berliner Schulvorsteher Bohm anwesend.

151

An Wilhelm Dörr, Bonn

Barmen, Anfang Juni 1872

Das Schreiben mit der Nachricht, zur Berliner Schulkonferenz hinzugezogen zu werden, stimmt in den bei A. Carnap abgedruckten Abschnitten nahezu wörtlich mit dem vorhergehenden Brief überein. Am Schluß bittet D. um gute Ratschläge und Winke. Er habe so wenig Mut und Freudigkeit.

152

An Geschwister Dörpfeld, Barmen

Berlin, 9. Juni 1872

Liebe Kinder.

So bin ich denn seit gestern abend hier in Berlin – in der Hauptstadt des Deutschen Reiches, in der großen Weltstadt.

Die gestrige Fahrt hierher ging glücklich, ohne jeden Unfall vonstatten. Ganz wohl, selbst nicht einmal sonderlich müde, kam ich an. Einen kleinen Irrtum hatte uns allerdings unser Fahrplan gespielt, indem in demselben nicht bemerkt war, daß der Köln-Mindener Schnellzug, welcher vor 7 Uhr in Berlin ankommen soll, der jüngst eingerichtete sogenannte Expreß-Zug über Stendal ist, während der alte Schnellzug über Braunschweig-Magdeburg erst um 9 Uhr hier ankommt. Erst in Hannover wurde ich das gewahr. Aber da mein Billett mich über Braunschweig wies, so mußt ich mich in mein Geschick ergeben. Hätten wir das zu Hause gewußt und bedacht, so würde ich mit dem Bergisch-Märkischen Schnellzug um 10 Uhr von Barmen haben abfahren können; denn dieser Zug traf mit dem unsrigen an einer Station hinter Braunschweig zu gleicher Zeit ein und hing sich dem unsrigen an. So hatte ich aus Unkenntnis drei Stunden überflüssig auf der Eisenbahn gefahren und überdies dreimal (in Unna, Hamm und Hannover) umsteigen müssen mit Sack und Pack; auf dem Bergisch-Märkischen Schnellzuge würde kein Umsteigen nötig gewesen sein. Dr. Hollenberg war um 7 Uhr vergebens am Bahnhof gewesen; um 9 Uhr war er wieder da, aber da der Bahnhof zwei Ausgänge hat, so kam es, daß wir uns doch nicht trafen. Ich erreichte indessen mit der Droschke glücklich mein Hotel und ging bald zu Bett, Gott dankend für Seine gnädige Bewahrung, nachdem ich noch einmal das treue, unvergeßliche Gesicht der lieben Mama angesehen und Eurer, liebe Kinder, in meinem Herzen und in meinem Gebete gedacht hatte.

Die Nacht über hat es mir gut gegangen, obgleich ich in der Fremde nie so anhaltend schlafen kann als zu Hause. Wenn es die übrigen Tage und Nächte so gut geht, dann bin ich ganz zufrieden.

In meinem Hotel („Russischer Hof", Französische Straße 8) werde ich wohnen bleiben, da es nicht mehr als 2–3 Minuten vom Gebäude des Unterrichtsministeriums entfernt ist. Zu vornehm ist der Gasthof nicht; teuer ist hier die Miete der Zimmer überall. Mein Zimmer läßt nichts zu wünschen übrig – für mich, da es still ist und schattig. Ich habe die Aussicht auf den Hof, der aber nicht viel größer ist als mein Zimmer und nach allen vier Seiten von den Mietsstuben (die vier Stock hoch übereinander emporsteigen) eingeschlossen ist. Ich wohne im 2. Stock. Das einzige Geräusch, was ich höre, kommt aus der Küche, die mir zu ebener Erde gerade gegenüberliegt.

Heute um 9 1/2 Uhr ging ich aus, um den Herrn Dr. Hollenberg am Joachimsthalschen Gymnasium, wo auch sein Bruder Wilhelm früher angestellt war, aufzusuchen. Es war etwa so weit wie von unserm Hause bis zum Rittershauser Bahnhofe. Da habe ich das große Schloß, wo der Kaiser wohnt und sein Eckzimmer, wo er gewöhnlich weilt, schon gesehen. (Das Bild habt ihr ja im „Daheim" gesehen.) Dem Schlosse gegenüber, nur durch die Spree getrennt, liegt das Joachimsthalsche Gymnasium. Ich traf den Dr. Hollenberg noch zeitig genug: er mußte um 10 Uhr mit den Gymnasiasten zur Kirche gehen. Da ich durch das Gehen sehr erhitzt war – denn hier brennt die Sonne ungemein heiß – so ging ich nicht mit zur Kirche, sondern schlenderte in mein Hotel, wo ich nun sitze und schreibe. Heute nachmittag wollen wir einen kleinen Ausflug machen, vielleicht nach Charlottenburg.

Morgen werde ich den Herrn Minister und den Herrn Geheimrat Dr. Achenbach, den Direktor der Unterrichtsabteilung im Kultusministerium, aufsuchen müssen. Was dann weiter werden soll, weiß ich noch nicht. Gott wolle alles zum besten leiten.

Die Leute sind sehr gespannt auf unsere Verhandlungen. Die Zeitungen fangen schon an, uns Ratschläge zu geben und werden uns hinterher wohl tüchtig Spießruten laufen lassen, wenn die Ergebnisse nicht nach ihrem Sinne sind. Das gehört eben mit zu den Dornen und Disteln, auf welche jede Arbeit auf Erden sich gefaßt machen muß, namentlich die im öffentlichen Dienst, zumal wenn vieler Augen auf ihn sehen.

„Gott, lehre mich tun nach deinem Wohlgefallen; dein guter Geist führe mich auf ebener Bahn."

So weit wißt Ihr nun, liebe Kinder, wie es mir geht. Laßt mich bald auch etwas von Euch hören. Wenn die Verhandlungen begonnen haben, dann werde ich nicht mehr viel Zeit zum Schreiben haben. Aber Ihr sollt doch jeden zweiten Tag kurz erfahren, wie es mir geht.

Haltet treu zusammen, wie es Euch die liebe Mama gelehrt hat. Denkt daran, wie Ihr einander Freude machen könnt und einander dienen. Immer einander Liebes tun und kein Leid, das war der Sinn und Weg der seligen Mama: das sei auch Eure Losung.

Gedenket meiner, wie ich Eurer gedenke, namentlich im Gebet.
Gott führe mich bald wieder in Frieden heim zu Euch.

Mit herzlichem Gruß an Euch und die Schulkinder und an die Freunde, die nach mir fragen, besonders an Herrn Höfler

Euer trauernder Vater

F. W. Dörpfeld

NB. Wenn ich da vom Trauern schreibe, so werdet Ihr ja wissen, wie ich es meine. Auf Erden werde ich trauernd pilgern müssen, bis ich meine liebe Mama wiederfinde und Euch dereinst, will's Gott, auch, wo Gott alle Tränen abwischen wird.

Die vom 11. bis 20. Juni unter Vorsitz des Ministers Falk durchgeführte Konferenz bereitete die am 15. Oktober 1872 erlassenen „Allgemeinen Bestimmungen betreffend Volksschul-, Präparanden- und Seminarwesen" vor. Im Zentralblatt für die gesamte Unterrichtsverwaltung 1872, S. 385–455 ist eine Niederschrift über den Konferenzverlauf abgedruckt. Der Herausgeber verglich diesen Text mit der handschriftlichen Vorlage, die sich, mit zahlreichen eigenhändigen Korrekturen Falks versehen, im Zentralen Staatsarchiv Merseburg befindet (Rep. 76 neu Sekt. 1 B-I Nr. 1 adhib. a, Protokolle der Verhandlungen im Juni 1872). Die Akten enthalten auch D.s Anträge in ihren ursprünglichen, auf der Konferenz vorgelegten Fassungen und in der Handschrift des Autors. D.s Konferenzbericht ist im EvSchBl 16 (1872), S. 297–314 nachzulesen.

Näheres siehe: K. Goebel, Friedrich Wilhelm Dörpfeld und die Konferenz zur Vorbereitung der Allgemeinen Bestimmungen im Juni 1872, Pädagogische Rundschau 27 (1973), S. 278–296.

153
An Geschwister Dörpfeld, Barmen

Berlin, 13. Juni 1872

Liebe Kinder.

Noch immer bin ich ohne Nachricht von Euch. Seit Dienstag habe ich vom Morgen bis zum Abend auf einen Brief gewartet. Hoffentlich kommt heute um 8 Uhr einer an und bringt mir gute Nachrichten. Mein Brief ist auch wohl etwas verspätet in Eure Hände gekommen: ich hatte ihn auf dem Spaziergange mitgenommen, um ihn selbst zur Post zu bringen, merkte aber bei der Rückkehr abends spät zu meinem Schrecken, daß er noch in meiner Tasche steckte.

Diesen zweiten Brief wollte ich erst abgehen lassen, wenn ich Eure erste Zuschrift erhalten hätte. Es drängt mich aber, Euch nicht länger ohne Nachricht zu lassen.

Es geht mir, Gott Dank! im ganzen gut. Seitdem die Verhandlungen begonnen haben und eine Masse von Fragen fortwährend meinen Kopf beschäftigen, hat freilich die Nachtruhe stark gelitten. Doch bin ich jetzt noch zufrieden. Lange Briefe dürft Ihr aber nicht erwarten, da ich morgens vor den Sitzungen mich präparieren und nachher, abends 7 Uhr, an Kommissionssitzungen mich beteiligen muß.

Am Dienstagmorgen 10 Uhr wurden die Hauptsitzungen durch den Herrn Minister eröffnet. Wir empfingen eine Vorlage, die auf zwei Schreibbogen eine Menge Thesen und Fragen enthielt, über die wir uns aussprechen sollen. Dazu wurde uns eine Schrift von Stiehl, die eine Verantwortung seiner Wirksamkeit und besonders der Regulative enthält, übergeben. Die Thesen und Fragen der Vorlage verbreiten sich über folgende Punkte:

I Die einklassige Volksschule.
II Mehrklassige Volksschulen.
III Mittelschulen.
IV Schulaufsicht.
V Seminarien.
VI Präparandenbildung.
VII Fortbildungsschulen.

Außer den Thesen und Fragen, die zu besprechen uns vorgelegt sind, können wir auch eigene Anträge zur Beratung bringen, die auf die genannten sieben Sachen Bezug haben.

Am Dienstag konnten noch keine Verhandlungen stattfinden, weil viele nicht hinreichend vorbereitet waren. Gestern haben wir von 10–4 Uhr (mit einer halbstündigen Pause) diskutiert, aber noch nicht einmal den Abschnitt I zu Ende gebracht. Voraussichtlich werden die Verhandlungen sich stark in die nächste Woche hineinziehen.

Ich habe jetzt guten Mut, daß doch mancher gute Vorschlag aufs Papier kommen wird, und, so Gott will, auch dereinst in das Schulgesetz und in das Regulativ für den Unterricht.

Heute kommt die Konfessionalitätsfrage und der Religions-Unterricht nach den Regulativen zur Sprache. Der Tag wird vermutlich heiß werden. Gestern schon rief der Herr Geheimrat Stiehl einmal aus, als die Abgeordneten ihm scharf zu Leibe gingen:

„Es ist heut Simon und Judä.
Es rast der See und will sein Opfer haben."

Das sollte heißen, man würde nicht ruhen, bis er von seinem Posten herunter wäre.

Auf Freitag 5 Uhr sind wir allesamt von dem Herrn Minister zum Diner eingeladen. Ich lege eine Photographie bei, damit Ihr auch einmal seht, wie der Herr Minister aussieht. Es ist ein außerordentlich gewandter und sehr freundlicher Mann – bei den Verhandlungen.

Nun, liebe Kinder, seid herzlich gegrüßt und Gott befohlen. Haltet in Liebe treu zusammen und helfet und dienet einander mit Freundlichkeit. Gott der Herr erhalte Euch gesund und führe uns bald wieder glücklich zusammen.

Grüßet auch Herrn Höfler und die andern Freunde und die Hausglieder und die Schulkinder.

In herzlicher Liebe
Euer einsamer Vater

F. W. Dörpfeld

NB. Anna wolle mir bald Folgendes schicken:

1. Eine gute Unterhose. (Die mitgenommene ist gänzlich zerrissen.)

2. Vier Exemplare Schulblatthefte, 1, 5, und 9 d.J., worin meine Aufsätze über die Naturkunde stehen.

3. Vier Exemplare des Repetitoriums, die Dir wohl Herr Höfler verschaffen kann.

4. Einige Exemplare von Horns Schrift über die Mittelschule. Herr Höfler muß dieserhalb an Herrn Horn schreiben, damit der sie schickt.

5. Meine eigene Schrift „Der Mittelstand und die Mittelschule" (1 Exemplar, wenn sich noch ein Exemplar unter meinen Büchern finden sollte, was aber vielleicht nicht der Fall ist.). Du brauchst bloß in dem Büchergestell nachzusehen, wo meine Schulblätter stehen (an der Südseite des Zimmers); wenn sich dort keines findet, so ist keines mehr vorhanden.

Am zweiten Konferenztag begründete zunächst Stiehl These I der Anhaltspunkte „Es wird von der einklassigen Volksschule als Basis ausgegangen". Später stellte D. den Antrag, den Begriff der Volksschule zu bestimmen. Nicht in die gedruckte Niederschrift aufgenommen wurde der daraufhin erfolgende Widerspruch Falks, es sei nicht Aufgabe der Versammelten, Definitionen aufzustellen und Bestimmungen wie für ein Gesetz zu definieren (Urschrift Protokoll), die erste Kontroverse dieser Konferenz. Dazu: K. Goebel (wie Brief 152).

Die Aufsatzserie über die Naturkunde: Thesen und Bemerkungen über den naturkundlichen Unterricht in den Volks- und Bürgerschulen. In: EvSchBl 16 (1872), S. 1 ff. Erneut in: GesSchr IV,1. – Das „Repetitorium des Realunterrichts" war Gütersloh 1870 erschienen. Im Anschluß an ein Referat vor der Jahreskonferenz des Vereins evangelischer Lehrer und Schulfreunde hatte D. Horn die Schrift „Die Mittelschule, ein notwendiger Ausbau unsers Volksschulwesens" (Witten 1871) veröffentlicht. D.s Schrift über Mittelstand und Mittelschule war schon Barmen 1853 erschienen. In der Konferenz war eine Unterkommission zur Beratung der Mittelschulfrage gebildet worden, zu der später auch D. hinzugezogen wurde.

154

An Geschwister Dörpfeld, Barmen

Berlin, 16. Juni 1872

Liebe Kinder.

Viel kann ich heute nicht schreiben, aber Ihr sollt doch erfahren, daß es mir noch gut geht. Die Anstrengungen der vorigen Woche hatten mich freilich sehr müde und abgespannt gemacht. Diese Nacht habe ich aber so vortrefflich geschlafen, und die Ruhe des Sabbaths tut mir so wohl, daß ich ordentlich auflebe.

Ganz besonders hat dazu auch beigetragen, daß ich jetzt endlich weiß, daß es Euch gut geht. Deinen Brief samt dem Paket und Wilhelms Brief habe ich erhalten. Bevor der erstere anlangte, lebte ich in großer Sorge um Euch, die von Tag zu Tag sich steigerte. Endlich wußte ich mir nicht anders zu helfen, als zu telegraphieren. Kaum war das Telegramm fort, da kam Dein Brief.

Über die Verhandlungen schreibe ich nicht. Die erfahrt Ihr ja so in etwa aus den Zeitungen. Diese Mitteilungen sind freilich nur Schattenbilder. Ich stehe etwas einsam zwischen den Parteien rechts und links. Mitunter geht es mir seltsam. Als ich neulich für die Konfessionalität der Schule sprach – aber in meiner Weise und Anschauung – und daher vermutete, die äußerste Rechte würde an einigen Vorschlägen Anstoß genommen haben: da kamen nach der Sitzung Herr von Kleist-Retzow und Herr von Mallinckrodt sogleich auf mich los, um mir zu sagen, das wäre nach ihrem Sinne gewesen. Und sonderbar – die Linken waren auch befriedigt. Ich war ganz überrascht.

Am Freitag waren wir beim Herrn Minister zum Diner von 5–7 Uhr. Da ging es vornehm und glänzend her. Vor jedem standen sechserlei oder siebenerlei Weingläser. Ich habe natürlich nicht alles probieren können. Die andern ließen sich's gut schmecken.

Für diese Festlichkeit mußte ich mir auch noch eine weiße Halsbinde kaufen und, weil Ihre Exzellenz die Frau Ministerin teilnahm und sich jeden vorstellen ließ, auch noch weiße Handschuhe. Der Frack blieb mir in Gnaden erlassen, obwohl die meisten damit versehen waren. In den Sitzungen erscheint der Minister selbst stets im deutschen Rock; er ließ uns auch gleich im Anfang wissen, wir sollten nur wegen Kleidung und desgleichen keinen Zwang uns auferlegen. So kommen denn viele auch im runden Hut.

Sehr vermisse ich hier das Gemüse und die Kartoffeln. Man bekommt fast nichts als Fleisch und Brot.

Nun, liebe Kinder, Gott der Herr bewahre Euch und mich und führe mich bald wieder zu Euch ins trauliche Daheim.

Ach, wenn ich doch auch die liebe Mama wieder bei Euch zu finden hoffen dürfte! Was wäre mir das für eine glückliche Heimreise!! O Gott, mache mein Herz stille!

Seid herzlich gegrüßt, liebe Kinder alle: Anna, Wilhelm, Agnes, Christine und besonders mein kleiner Johannes, der ja mit seinem Namen uns zeugen soll, daß Gott gnädig ist. Liebet Euch untereinander und gedenket meiner.

Grüßet auch Herrn Höfler, die andern Freunde und Hausgenossen und die Schulkinder.

In herzlicher Liebe
Euer vereinsamter Vater

F. W. Dörpfeld

Am Schluß des dritten Abschnittes ist von der Hand Anna Carnaps am Rand hinzugefügt: „Anm. Sein Freund Zahn aus Pommern schreibt ihm später: Hat Kleist-Retzow Ihnen meinen Gruß bestellt? Ich bat ihn, er möchte sich an der liberalen Form des Rheinländers nicht stoßen!"

155

An Geschwister Dörpfeld, Barmen

Berlin, 19. Juni 1872

Liebe Kinder.

Soeben sind die Beratungen im Ministerhotel geschlossen worden. Mit schwerem Herzen war ich hineingegangen; mit viel leichterem Herzen, ja freudig trete ich heraus. Gott hat alles wohlgemacht und mich durch die Wirbel der Gegensätze sicher hindurchgeleitet, auch mich leiblich gestärkt.

Dies zur eiligen Nachricht. Am Freitagabend oder Samstagmorgen reise ich, so Gott will, von hier ab über Weimar und Eisenach auf Boppard zu. Sendet also keine Briefe mehr hierher, sondern nach Boppard, wo ich am Montagabend anzukommen hoffe.

Der Brief des kleinen Johannes hat mich überaus gefreut. Gewiß werde ich ihm etwas aus Berlin mitbringen, und auch Ihr andern sollt nicht leer ausgehen.

Gott bewahre Euch, liebe Kinder, nach Leib und Seele in Seiner Gnade und in der geschwisterlichen Liebe zueinander und geleite mich glücklich wieder in Eure Mitte und bringe uns allesamt dereinst zu unserer lieben, lieben Mama in Seinem seligen Himmelreich, wo kein Scheiden und kein Tod mehr sein wird.

Grüßt mir herzlich alle Freunde und Hausgenossen und die Schulkinder, insonderheit Herrn Höfler und seid auch Ihr alle herzlich gegrüßt

von Eurem vereinsamten Vater

F. W. Dörpfeld

156

An Geschwister Dörpfeld, Barmen

Boppard, 28. Juni 1872

Liebe Kinder.

Heute ist Freitag. Seit Dienstagmorgen bin ich hier und befinde mich in der Stille des hiesigen Lebens recht wohl. Ich sehnte mich auch sehr nach der Ausspannung.

Am Freitag und Samstag, als die Konferenzen zu Ende waren, machte ich meine Besuche in Berlin – beim Geheimrat Windhorn, bei Stiehl, bei Pastor Frommel und Pastor Diestelkamp usw. und kam auch glücklich vor Sonntag damit zu Ende. Dann konnte mich auch nichts mehr in Berlin zurückhalten: ich verlangte darnach, aus dem Gewühl und Gelärm hinauszukommen. Sonntagmorgen fuhr ich mit der Anhaltischen Bahn über Wittenberg, Halle, Weißenfels usw. auf Weimar zu, wo mich ein Brief dem Herrn Rein angesagt hatte. Als der Zug in Weimar hielt und ich aussteigen wollte, trat ein fremder Herr an den Wagen und fragte, ob ich der Hauptlehrer D. aus B. wäre. Auf meine bejahende Antwort berichtete er, daß sein Freund Rein seit einigen Tagen krank sei und bei seiner Mutter in Eisenach sich aufhalte; er habe ihn beauftragt, mich abzufangen, festzuhalten, an Reins

Stelle in Weimar umherzuführen und dann nach Eisenach zu schicken. Die Nachricht von Reins Erkrankung war mir natürlich sehr fatal; doch konnte ich mir seine Stellvertretung durch seinen Freund, der Gymnasiallehrer in Weimar war, gefallen lassen. Er erwies sich als einen sehr freundlichen Mann, der mich nach dem Mittagessen mit noch zwei anderen Freunden – es waren Juristen, einer von ihnen ein Enkel Herders und Wielands – in der schönen, stillen Musenstadt an der Ilm umherführte. Sie zeigten mir Schillers und Herders Wohnhaus, dann Goethes Wohnhaus in der Stadt und sein Gartenhaus im Tal inmitten der wunderschönen Parkanlagen. Gegen 5 Uhr brachten sie mich wieder zur Bahn, damit ich vor Abend über Erfurt nach Eisenach käme. Um die Familie Reins nicht zu stören, kehrte ich in einem Gasthofe ein. Er liegt am Markt, der Stadtkirche gegenüber, hinter welcher auch das Haus der Frau Cotta liegt, die einst den kleinen Luther an ihren Tisch nahm. Nach dem Abendessen besah ich mir noch eine Weile die Stadt und setzte mich dann auf meinem Zimmer ans Fenster, von wo man über den Markt hinüber einen freien Blick auf den Wartburgberg hat und einen Teil dieser Burg sehen kann.

Am andern Morgen machte ich mich um 7 Uhr auf nach der Wartburg, da mich um 12 Uhr schon die Eisenbahn wegführen wollte. Die Tour zu dieser Burg hinaus und was ich dort gesehen, wird mir stets eine schöne Erinnerung sein. Ich habe Euch auch einige photographische Bildchen (Luther, seine Frau, sein Vater, seine Mutter, das Wohnzimmer usw.) zum Andenken mitgebracht, die Euch gewiß Freude machen werden. Den lieben Rein fand ich ziemlich wiederhergestellt, doch durfte er noch nicht ausgehen. Er hatte an einem schlimmen Gelenkrheumatismus gelitten. Nachdem wir etwa anderthalb Stunden uns ausgeplaudert hatten, mußte ich fort und gelangte dann nach einer langen Fahrt abends 8 Uhr (über Gießen, Wetzlar, die Lahn hinunter über Ems) nach Oberlahnstein am Rhein, dem Schloß Stolzenfels gegenüber. Dort blieb ich über Nacht und kam am andern Morgen gegen 10 Uhr hier im Mühlbad zu Boppard an mein nächstes Ziel. Hier kann ich nun ausruhen. Es ist mir lieb, daß ich noch einige Tage über die zuerst vorgesetzte Zeit hier bleiben kann. Gestern war Hammerschmidt den ganzen Tag bei uns. Er wird heute um 11 Uhr heimreisen und Euch mündlich erzählen, wie es mir geht.

Damit Ihr auch einen kleinen Genuß von Boppard bekommt, sende ich Euch hierbei ein Körbchen, dessen Inhalt Euch hoffentlich gefallen wird, besonders dem kleinen Johannes.

Der liebe Gott sei mit Euch und mit mir und führe mich bald wieder glücklich in Eure Mitte. Grüßet Herrn Höfler und die Hausgenossen und die Schulkinder und Herrn Pastor Josephson und seid auch besonders Ihr alle herzlich gegrüßt

von Eurem Vater F. W. Dörpfeld

157

An Geschwister Dörpfeld, Barmen

Boppard, 2. Juli 1872

Liebe Kinder.

Hierdurch wollte ich Euch nur in Eile mitteilen, daß ich morgen früh abzureisen gedenke und, so Gott will, mit dem von Wilhelm bezeichneten Zuge um 7 1/2 Uhr abends am Barmer Bahnhofe ankommen werde.

Die Tage der Ruhe hier haben mir sehr wohl getan, und ich hoffe, mit frischer Kraft wieder in die Arbeit treten zu können. Nicht wenig freue ich mich auch darauf, Euer liebes Angesicht wiederzusehen.

Morgen früh reise ich zuerst nach Coblenz, um bei Herrn Geheimrat Landfermann einen kurzen Besuch abzustatten. Um 12 Uhr gehe ich dann dort auf das Dampfschiff, mit dem auch Hammerschmidt gefahren ist.

Der Korb mit Kirschen ist hoffentlich glücklich bei Euch angelangt.

Mit herzlichem Gruß an Euch und alle Freunde und die Schulkinder

Euer Vater

F. W. Dörpfeld

NB. Laßt den Schulkindern der 1. und 2. Klasse durch Herrn Thos und Herrn Brakenbusch sagen, daß am Donnerstagmorgen die Schularbeit wieder ihren alten Gang beginnen soll.

158

An unbekannt

Barmen, etwa Juli 1872

[. . .] Manchmal muß ich mir an den Kopf fassen, um mich zu vergewissern, daß ich nicht träume: eine ganze Reihe von Gedanken, die mir seit 25 Jahren durch den Kopf gegangen, konnte ich nun an der ersten Stelle des preußischen Schulregiments offen aussprechen. Manches hat freilich auch ungesagt bleiben müssen, weil Raum und Zeit fehlte.

Von einem Resultat unserer Verhandlungen läßt sich nichts mit Bestimmtheit sagen, da keinerlei Abstimmungen vorgenommen wurden. Der Minister wollte nur das Urteil der einzelnen aus ihrer Erfahrung und aus ihrem Heimatkreise hören zu seiner Information. Wie ich meine, ist es mir durch Gottes Bewahrung und Leitung gelungen, meine heimatliche Gegend nicht unwürdig zu vertreten. Sachlich habe ich an den mir wichtigen Punkten die Regulative scharf kritisiert, wohl schärfer wie Herren auf der Linken, weil sie der Sache nicht genug kundig waren; und doch, Herr Geheimrat Stiehl hat mir nicht ein einziges Mal widersprochen und war überhaupt bis zum Abschiede hin so ausnehmend freundlich gegen mich, daß es mich sehr wundern mußte [. . .]

[F. W. Dörpfeld]

159

An Geschwister Dörpfeld, Barmen

Lorch im Rheingau, 12. August 1872

Liebe Kinder.

Seit gestern nachmittag bin ich nun hier in Lorch. Um fünf Uhr kamen wir hier wohlbehalten an.

In Bonn traf ich bei Dörr auch H[er]rn Selbach. Er war mit seiner Frau und Meta auf dem Wege nach Neuenahr, hatte aber in Bonn um der Meta willen einen Professor konsultiert. Eins haben sie damit erreicht: der eigentliche Grund der Krankheit ist nun sicher erkannt. Doch läßt sich nach Aussagen des Prof[essors] nicht eher etwas dawider tun, bis der Magen wieder besser in Ordnung ist. Sie muß jetzt viel Milch trinken. Um meinetwillen blieb H[er]r Selbach, der im Hotel logierte, noch einen Tag länger in Bonn. Während der beiden letzten Tage des Bonner Aufenthalts war das Wetter nicht sehr günstig; doch bin ich ziemlich viel draußen gewesen. Von Dörrs wurde ich mit gewohnter Freundlichkeit aufgenommen. Ihre Wohnung gefällt mir recht gut.

Hier in Lorch geht es uns bis jetzt gut. H[er]r Höfler ist aber noch nicht soweit gekräftigt, um starke Touren mitmachen zu können. Wir sind daher noch nicht weit umhergekommen. Das Gasthaus (zum Schwan, von Fr[iedrich] Altenkirch) hat mit Recht einen guten

Ruf. Es sind auch viele Gäste hier. Darunter ist aber nur ein Bekannter: der Steuereinnehmer Karlowa aus Elberfeld, derselbe, der mich vor zwei Jahren zum Vortrage nach Kreuznach berief. Lorch ist ein kleines Städtchen von 1900 E[inwohnern]. Es liegt langgestreckt am Rheine hin; hinter den Häusern erheben sich sofort die hohen, mit Wein bepflanzten, sonst aber fast ganz kahlen Berge.

Mit meinem Befinden darf ich vollständig zufrieden sein.

Wir finden hier viele neue Pflanzen. Leider entbehre ich ein Lehrbuch der Botanik. Wir haben zwar eins vom Apotheker geliehen, allein es ist so schlecht eingerichtet und hat dazu so kleinen Druck, daß ich doch nicht viel damit machen kann. Schicke mir doch umgehend Leunis' Botanik. Du wirst das Buch leicht finden können. Christine kennt es auch.

Es ist hier im Gasthof doch teurer, als wir dachten; doch eigentlich nur deshalb teurer, weil der Wirt nur bei einem achttägigen und längern Aufenthalt sogenannte Pensionspreise gewährt. H[er]r Höfler will aber schon am Sonntag heimkehren. Ich will indessen noch zwei Tage länger hierbleiben. Es wäre mir daher lieb, wenn Du mir noch fünf Taler schicktest, damit ich auf alle Fälle nicht in Verlegenheit komme. Wahrscheinlich reicht aber das mitgenommene Geld aus.

Die fünf Taler kannst Du nebst dem Brief, nach dem ich verlange, in das Leunis'sche Buch legen.

Von meinen Ausflügen will ich Euch mündlich erzählen. Die weitere Nachricht von hier wird Euch H[er]r Höfler überbringen am Sonntag. Wahrscheinlich kommt er abends 7 3/4 Uhr in Rittershausen an. Wenn Du dann an den Bahnhof gehst, so kann er Dir sofort das Nötigste erzählen.

Hoffentlich geht es Euch allen und auch in der Schule noch gut.

Mit herzlichen Grüßen an Euch und alle Hausgenossen Euer Vater

F. W. Dörpfeld

Die Adresse ist: F.W.D. – im Hotel zum Schwan (bei F. Altenkirch) in Lorch im Rheingau

Leunis' Botanik: Johannes Leunis, Schul-Naturgeschichte. 2. Teil, Botanik (mit 650 Abb.), Hannover ^{3}1869 (^{7}1873).

160

An Geschwister Dörpfeld, Barmen

Lorch im Rheingau, Aug. 1872

D. kündigt seine vorzeitige Rückkehr mit E. Höfler an. Er möchte nicht allein in Lorch bleiben, da ihm asthmatische Beschwerden wieder zu schaffen machen.

161

An Adalbert Falk, Berlin

Barmen, 22. Oktober 1872

Ew. Exzellenz

beehre ich mich, hierbei Heft 17 des Ev. Schulblattes ergebenst zu übersenden, welches einen Erstlingsbericht aus meiner Feder über die von Ew. Exzellenz veranstaltete Schulkonferenz enthält.

Es fiel mir nachträglich ein, daß, weil ich selbst Mitglied der Konferenz war, es vielleicht schicklich sei, Ew. Exzellenz von diesem Bericht Kenntnis zu geben. Nur aus diesem Grunde wage ich es, das kleine Schriftstück zu präsentieren, nicht in der Meinung, daß dasselbe einen besonderen literarischen Wert beanspruchen dürfe.

Seit einiger Zeit bin ich damit beschäftigt, die von mir gestellten (resp. beim Kapitel von der Schulaufsicht beabsichtigten) Anträge nebst ausführlicher Motivierung zu Papier zu bringen und dann als Broschüre herauszugeben, einmal, um über meinen Anteil an der Konferenz vor meinen Standesgenossen Rechenschaft abzulegen, zum andern aber und zwar vornehmlich deshalb, weil diese Anträge die Fundamentstücke der Schulverfassung und der Schuleinrichtung bezeichnen wollen und mir daher daran gelegen ist, daß sie in weiteren Kreisen genauer durchgesprochen werden. Sobald das Schriftchen fertig ist, werde ich mir die Freiheit nehmen, Ew. Exzellenz ein paar Exemplare zu überreichen.

Ew. Exzellenz wollen geneigtest mir noch die Bemerkung gestatten, daß diese Zusendungen in keiner Weise Ew. Exzellenz belästigen dürfen. Eine Empfangsanzeige wird meinerseits nie erwartet: sie würde mir drückend sein, da ich weiß, daß Ew. Exzellenz mit wichtigeren Arbeiten übergenug belastet sind.

Mit der Versicherung vorzüglicher Hochachtung zeichnet Ew. Exzellenz gehorsamster

F. W. Dörpfeld, Hauptlehrer

Aus den Randbemerkungen geht der Bearbeitungsvermerk des Seminardirektors Karl Schneider, damals Hilfsarbeiter in der Unterrichtsabteilung und designierter Nachfolger von Ferdinand Stiehl, hervor. Schneider schreibt: „Der Aufsatz des H[errn] D[örpfeld] enthält viel Interessantes; er legt das Hauptgewicht auf die Maßregeln für die Präparandenbildung, sagt aber über diese selbst nichts. Schn. 27.10.72."

Das eingangs genannte Schulblatt-Heft befindet sich bei den Akten. Es bringt S. 297–314 (16. Jg. 1872) Dörpfelds Abhandlung „Die Schulconferenz im preuß. Unterrichtsministerium."

ZSTA Merseburg Rep. 76 VII neu Sekt. I B – I Nr. 1 Bd. 2, Bl. 37

162

An Dietrich Horn, Witten

Barmen, 28. März 1873

Lieber Freund. Liebe Freundin.

Mit trauernder Teilnahme, mit Schrecken haben wir Eure Trauernachricht empfangen. Sie kam uns so plötzlich, da wir meinten, Mutter und Kind wären wieder auf dem Wege wachsender Gesundheit. Alle unsere Kinder, besonders auch die Kleinen, waren den ganzen Tag über traurig gestimmt und sprachen oft von dem kleinen Georg, den sie doch nicht einmal gesehen hatten.

Ach, Ihr lieben Trauernden, ich weiß aus eigenem schmerzlichen Erleben, wie Euch zumute ist. Das kleine Wesen, das so lange sehnlich erwartet war, das bei seiner Ankunft so freudig willkommen geheißen wurde, um das so viele Liebe sorgte, dessen Aufwachsen so viele Hoffnungen begleiteten, das mußte nun mit allen diesen Hoffnungen geopfert, ins Grab gesenkt sein! Wie zuckt das Herz unter solchem Schmerz zusammen! Ich kenne das, auch das, wenn die zwanzigjährige reiche Erfüllung dessen, was die Liebe gehofft, geopfert werden muß.

Welch ein Riß geht doch durch das, was wir auf Erden Leben heißen! Weinet Euch aus, daß der Schmerz sich menschlich Luft macht, Ihr weinet nicht allein. Der, welcher den kleinen Georg geschaffen und Euch eine Weile gegeben hatte, Er fühlt und weinet mit Euch. „Und Jesu gingen die Augen über", heißt es dort bei der Trauergeschichte zu Bethanien. Warum weinte der HErr? Doch nur deshalb, weil die Ehre Gottes und die den Schwestern zugedachte Freude es gefordert hatte, daß er sie vier Tage lang ihrem Schmerz hatte überlassen müssen. Der das Leben geschaffen und die Liebe, der weiß besser noch als wir, was Leben und Liebe ist. Und wie es dem Mutterherzen tut, wenn es ein leidendes Kind schreien hört, so und noch viel mehr ist das Herz der ewigen Liebe droben in Bewegung über das Weinen ihrer Kinder hier unten.

Unser Blick schaut freilich immer eine leere Stelle vor sich, und wir sehen in dem Scheiden nur das Verlieren, das Nehmen; aber bei Ihm, der die Auferstehung und das Leben ist, gibt es kein Rauben und Verlieren, sondern nur ein Geben, ein ewiglich sich mehrendes Geben.

Diesen Glaubensblick wolle Er Euch auch ins Herz geben, daß Ihr weinet und trauert, aber in der Stille Euch an Seiner Gnade genügen lasset, bis alles überstanden ist und wir an diesem Quell ewigen Lebens und Liebens uns satt trinken mögen.

Und selbst hinieden wird sich das Nehmen, das diese Liebe beschlossen hat, als ein Geben erweisen. Ihr werdet in Eurem häuslichen Kreise näher zusammenrücken und enger Euch umfassen – und das Herz wird stille werden und sich im kommenden Lauf über manches leichthin übergehoben finden, was ihm sonst schwergefallen sein würde. Ein Trauerhaus, das den himmlischen Vater kennt, ist und soll sein ein gesegnetes Haus vor Ihm. Diesen zugedachten Segen lasse er Euch und den Eurigen reichlich widerfahren – hier als Angeld und Glaubenshoffnung, bis Euer Mund einst, wenn Ihr im Schauen das Ganze sehet, vor Freude und Staunen ausrufen wird: wie war sein Herz so groß und das unsrige so klein.

Mit herzlichen Grüßen von mir und allen Kindern in Liebe Euer

F. W. Dörpfeld

Abschrift von Horns Schwiegersohn C. Achinger. D. hatte im Juni 1872 zur Geburt von Georg Horn gratuliert (Brief 150). Jetzt betrauert er sein Sterben.

163
An Wilhelm Rein, Eisenach

Barmen, 6. Juli 1873

Lieber Freund.

Auf dem Spaziergange, den wir heute nachmittag in gewohnter Weise machten, überbrachte mir Freund Israel Ihren Gruß und zugleich die Notiz, daß Sie auf dem Sprunge seien, eine Reise zu den Studienfreunden in Österreich und Siebenbürgen anzutreten. Bei dieser letzteren Nachricht schoß es mir sofort wie ein Blitz durch den Kopf, daß ich schnell ein paar Zeilen an Sie schreiben müßte. Wie Sie wissen, kann ich in der Regel nur Geschäftsbriefe schreiben. Sie werden sich also auch schon sagen, daß meine Zeilen einem Geschäft gelten, d.h. nicht Ihren, sondern meinen Interessen, nicht der Freundschaft, sondern dem Egoismus. Es handelt sich also, wie Sie merken, um ein Anliegen von meiner Seite, um einen Dienst von Ihrer Seite und daß ich es kurz sage: ich möchte Sie zum Werbeoffizier, zum Propagandisten für meine Sächelchen in Österreich engagieren.

1. Zum ersten wünsche ich, daß Sie mir in Deutsch-Österreich und in Siebenbürgen je einen oder ein paar Mitarbeiter am Ev[angelischen] Schulblatt werben könnten. Es liegt mir dies um so mehr an, weil es mir bisher trotz aller Mühe nicht hat gelingen wollen, dort feste Helfer zu gewinnen. Der treueste Mitarbeiter, den ich in Österreich hatte, ein Pfarrer in Steiermark, läßt seit zwei Jahren ebenfalls nichts mehr von sich hören. In Siebenbürgen

habe ich nie einen gehabt. Was für Leute der Gesinnung nach ich brauchen kann und wünsche, wissen Sie: bei mir hat jeder freies Wort, unter der einzigen Bedingung, daß er ein ehrlicher Deutscher ist und nicht von dem Kitzel getrieben wird, auf dem pädagogischen Gebiete theologische Hadersachen zum Austrag zu bringen.

Fragt einer nach der Art der Beiträge, die gewünscht werden, so ist zu antworten: das Evangelische Schulblatt kann gebrauchen alles, was einem strebsamen Volksschullehrer zu lesen nützlich und dienlich ist – also etwa:

a) Abhandlungen zur Theorie der Schularbeit und des Schullebens, der Schuleinrichtung und des Schulregiments;

b) Beiträge zur Geschichte der Pädagogik in allen ihren Zweigen;

c) Beobachtungen und Erfahrungen (persönliche) aus dem Schul- und Lehrerleben;

d) Hinweise auf wertvolle neue literarische Erscheinungen oder Warnung vor wertlosen;

e) Korrespondenzberichte über die Zustände und Vorgänge auf dem Schulgebiet der betreffenden Landschaft oder des Landes usw.

Es mag wohl sein, daß Ihre Freunde meist dem Volksschulgebiet nicht nahe genug stehen, um sich dafür interessieren und dafür schreiben zu können. Dagegen lassen Sie mich gef. daran erinnern, daß in einem Schulblatte vieles stehen kann, was zwar nicht ursprünglich für den Volksschullehrer gedacht, aber doch für ihn gut, nützlich und interessant zu lesen ist. Ihr eigener Artikel mag als Beispiel dienen. Ich möchte darum die Hoffnung nicht aufgeben, daß es Ihnen gelingen werde, ein paar Helfer aufzutreiben und vielleicht gar auch einen, der sich vor allem für das Volksschulgebiet interessiert und dem eine solche Einladung willkommen ist.

Sollte das Gesagte unverhofft auch die Wirkung tun, daß ein gewisser Freund Rein aus dem lieben Eisenach den heilsamen Entschluß faßte, er wolle allen seinen Freunden in Österreich und Siebenbürgen mit einem guten Beispiel in der Mitarbeit am Ev[angelischen] Schulbl[att] vorangehen, so würde ich den Einfall, der mich zum Schreiben trieb, zweimal loben.

Mein jetziges Ausschauen nach Mithelfern und namentlich nach jungen rüstigen Kräften hat übrigens noch einen besonderen Grund. Vielleicht erraten Sie ihn. Wer dem Ev[angelischen] Schulblatt näher gestanden hat und meinen literarischen Arbeiten gefolgt ist, wird mir das Zeugnis geben müssen, daß dort in ununterbrochener Reihe so viele neue, reformationslustige Ideen zur Sprache gekommen sind, wie nirgendwo anders seit 25 Jahren, so in der Lehre von dem Schulregiment und der Schuleinrichtung, so im Religionsunterricht, im naturkundlichen Unterricht, im humanistischen Teile des Realunterrichts, im deutschen Sprachunterricht, in der Bearbeitung und Benutzung der Psychologie, ungerechnet, was die persönliche Ausrüstung und Hebung des Lehrerstandes angeht. Die didaktischen Ideen liegen jetzt in der „Theorie des Lehrplans" in einer gewissen Zusammenfassung und Übersicht vor, wenigstens ihrer allgemeinen Grundlage nach; es kommt eben eine neue didaktische Theorie zum Vorschein, eine Theorie, die sich neben der „modern-pestalozzischen" Schule einerseits und der vorwiegend traditionellen, „regulativischen" Schule andererseits als eine dritte ankündigt. Zugleich liegt bestimmt vor, worin sie sich von jenen beiden Schulen unterscheidet, nämlich darin, daß sie das tut, was dort versäumt worden war, daß sie auch die Bedeutung der materialen Seite des Unterrichts, die Natur und den Zusammenhang der Lehrfächer für die Entwicklung des Geistes mit in Rechnung nimmt und so die Theorie des Lehrverfahrens durch eine Theorie des Lehrplans ergänzt. Wie tief und radikal das in die hergebrachte Praxis des Unterrichts und in die didaktischen Anschauungen eingreift, läßt sich kaum übersehen. Meine Kraft und Zeit sind eben im Verfolg immer mehr belastet worden. Ich muß froh sein, wenn sie ausreichen, um die vor den Füßen liegenden Aufgaben anfassen zu können. Die übrigen Arbeiten, zumal die

Ausprägung der Konsequenzen, die Beschaffung entsprechender Lehrmittel usw. muß ich zunächst andern überlassen. Wo sind aber diese andern? In meiner näheren Heimat, am Niederrhein, haben meine Anschauungen zwar genug Freunde gefunden, aber es sind fast ausschließlich Volksschullehrer, und solche, die rüstig mit der Feder umzugehen wissen, sind wenige darunter. Darum muß ich notwendig auch in die Ferne ausschauen, ob nicht der eine oder der andere sich findet, der bei dem Aufräumen und Aufbauen mit Hand anlegen will.

Sehen Sie sich doch um, ob Sie solche frische Kräfte auftreiben können, nicht für meinen Dienst, sondern zum freien Dienst für die gute Sache. Was für eine große, dankbare Aufgabe wäre es schon, bloß die Konsequenzen meines 1. und 3. Grundsatzes in dem alten Streit zwischen „Humanismus" und „Realismus", der nicht zur Ruhe kommen kann, zu verfolgen, geschichtlich und theoretisch! Stoff für ein Buch! Man muß aber mit Abhandlungen anfangen. Ach, wenn ich doch mehr Zeit hätte! Es zuckt mir ordentlich in den Fingern, in dieser alten Wirr- und Finsternis einmal Licht und Ordnung zu schaffen.

Sodann noch ein besonderes Anliegen. Suchen Sie gef. ein paar geeignete Männer aufzuspüren, welche Freudigkeit haben, meine jüngsten literarischen Arbeiten in einem österreichischen und im Siebenbürgener Volksschulblatte eingehend zu besprechen. Zu besprechen, zu kritisieren, ganz nach Belieben. Auf erhaltenen Wink würde ich die Rezensionsexemplare sofort an Ort und Stelle senden lassen.

Nun Gott befohlen. Reisen Sie fröhlich und glücklich, mein Lieber, und gedenken Sie meiner und meiner Sache zum Besten. Aber lassen Sie mich auch auf einen Reisebericht für das Schulblatt hoffen. Hoffen! – nicht mehr; ich will Sie nicht durch eine Bitte belästigen.

Mit herzlichen Grüßen Ihr

F. W. Dörpfeld

Rein veröffentlichte einen Reisebericht, allerdings nicht in D.s Zeitschrift, sondern in Kehrs Pädagogischen Blättern, 1874, S. 196–202 („Einige Nachrichten über die siebenbürgisch-sächsischen Seminare"). R.s erster erhaltener Gegenbrief stammt aus dem darauffolgenden Jahr, knüpft an Zillers Aufsatz „Über Dörpfelds Theorie des Lehrplans" (Jahrbuch des Vereins für wissenschaftliche Pädagogik 6. 1874, S. 274 ff.) an und lautet:

Eisenach, 9. April 1874

Verehrter Freund!

Leider kam Ihre treffliche Entgegnung auf Zillers Kritik einen Tag zu spät. Dienstag früh war die betreffende Abhandlung zur Sprache gekommen, Mittwoch früh erhielt ich Ihren Brief. Auf unseren starren Generalversammlungen darf die Reihenfolge nicht unterbrochen werden. Am Schluß der Verhandlungen aber bot sich keine Zeit mehr, da überdies eine Abhandlung, die von Siebeck, nicht zur Sprache gekommen ist. So habe ich mich darauf beschränkt, Ihre Zeilen Herrn Prof. Ziller mitzuteilen, leider auch nur in der flüchtigsten Form, da er abends selbigen Tages abreiste. Was die Besprechung Ihrer Theorie anlangt, so werden Sie wenig Nutzen daraus ziehen. Herr Prof. Ziller führte aus einem Briefe an, daß Sie sich mit ihm in der Hauptsache in Übereinstimmung befänden. Da mir dies auf Grund Ihrer Theorie und Zillers Kritik nicht einleuchtete, hob ich hervor, daß in bezug auf Konzentration eine große Meinungsverschiedenheit vorläge. Ziller fiel mir ins Wort, und die Debatte entspann sich zwischen Ziller und Kleinmann, die beide auf die Hervorhebung der Kulturentwicklung (das Sie ganz übersehen hätten) drangen, Kleinmann wohl aus politischen Gründen, da das Magyarentum davon viel benötigt, Ziller, wie mir scheint, im Anschluß an die Idee, daß das Kind dieselben Kulturstufen „an sich und in sich erleben" soll, welche die Menschheit durchlaufen hat. Diese Idee ist jedoch von Ziller noch an keiner Stelle hinreichend ins Licht gesetzt worden, ferner ist noch nie von ihm gezeigt worden, daß seine Konzentrationsstoffe (im Seminarbuch) diesen Entwicklungsstufen entsprechen und allein unter allen die richtigen sind. Statt dessen sucht er seine Idee durch die Arbeit im Kleinen, die häufig ins Difteln geht (z.B. im Rechenunterricht im Anschluß an den Konzentr[ations]stoff) zu stützen. Das Richtige wäre doch, obige Sätze für jedermann erst schlagend zu beweisen. Die methodische Ausführung etc. würde sich dann schon finden. Ihre Theorie dagegen ist nicht nur hinreichend klar, sondern eminent praktisch und von den segensreichsten Folgen, wenn das Schulregiment sich

entschließen könnte, die Volksschule umzuformen auf Grund Ihrer Theorie. Das geht sicher und gut bei Ihnen, die Sie Boden unter den Füßen haben; Zillers Theorie ist gut für eine Übungsschule, die mit ihren wenigen Schülern eine kleine Familie für sich ist. Ihre Auseinandersetzungen habe ich noch behalten, werde sie Ihnen aber bald schicken. Wenn Sie nicht selbst in der nächsten Zeit daran kommen, hätte ich nicht übel Lust, Ihre und Zillers Theorie zu beleuchten. Allerdings würde ich für das beste halten, wenn Sie in der Allg[emeinen] Schulzeitung (Abteilung für die Mitglieder des Vereins) sich mit Ziller gehörig auseinandersetzten. Daß Z[iller] seine Konzentrationsidee ohne weiters fallen lassen wird, glauben Sie ja nicht. Und nun für diesmal leben Sie wohl.

Mit den herzlichsten Grüßen
Ihr ergebener
W. Rein

164

An Adolph Hollenberg, Mülheim/Ruhr

Barmen, 16. September 1873

D. berichtet, daß er sich gesundheitlich nicht wohl fühle und über seinen Ferien „seit vielen Jahren ein merkwürdiger Unstern" walte. Er bittet Hollenberg, an der Fertigstellung einer „Ausgabe des Repetitoriums für einfache Schulverhältnisse" mitzuwirken und hofft auch Klingenburg dafür zu gewinnen.

Außerdem fügt er einige nicht näher genannte Rezensionsexemplare bei.

165

An Christian und Juliane Klug, Elberfeld

Barmen, 23. September 1873

[...] Gott zum Gruß an Eurem fröhlichen Gedenktage! Wie lebhaft gedenke ich noch des Tages vor 25 Jahren, an dem der selige W. und ich miteinander nach der Burg wanderten zu dem wohlbekannten Hause, des Tages, an dem es Euch nach langem Warten vergönnt war, Euch die Hände zu reichen zum Eintritt in das Schifflein des heiligen Ehestandes, das Euch nun gemeinsam auf dem Meer des Lebens tragen sollte. Wie gerne wäre ich auch morgen wieder bei Euch, um mit Euch der Gnadenführungen unseres Gottes und Heilandes zu gedenken, die Ihr auf Eurer Fahrt bis hieher erlebt habt.

Mir und meinem Hause ist es nach Gottes unerforschlichem Rate nicht vergönnt, einen solchen festlichen Gedenktag, wie Ihr ihn morgen feiern werdet, zu erleben. Nach dem Abschied meiner lieben unvergeßlichen Ehegefährtin muß ich meinen Lebensweg einsam pilgern. Doch wäre ich gern morgen bei Euch gewesen, um mich Eures Glückes herzlich mitzufreuen und im stillen unserer heimgegangenen ‚Mama' zu gedenken. Ich werde nun beides in der Einsamkeit tun [...]

[F. W. Dörpfeld]

Chr. Klug und J. Schmitz heirateten am 24.9.1848 in Burg a.d. Wupper. Trauzeugen waren u.a. Lehrer Rüttger vom Werth, Burg und Adolph Hollenberg, damals Lehrer in Duisburg (Standesamtsregister Burg, Rhein. Personenstandsarchiv Brühl).

166

An Wilhelm Dörpfeld, Berlin

Barmen, 25. Oktober 1873

Lieber Wilhelm.

Mit meinen Augen geht es so weit wieder gut, daß ich sie am Tage wieder zum Leben und Schreiben gebrauchen kann. Auch bei Lampenlicht geht das Lesen etwa eine Stunde lang gut, aber dann meldet sich auch das Übel. So bin ich dann noch sehr gefesselt. Meine literar[ischen] Arbeiten ruhen ganz, nun schon sechs bis acht Wochen, obschon der Buchhändler wegen des Handbuches zum Repetitorium eilt und drängt. Da will das Gemüt wohl mitunter ungeduldig werden und kleinmütig hinterdrein, zumal das asthmatische Leiden auch noch keineswegs auf das Niveau des vorigen Sommers zurückgegangen ist. Abends nach Tisch und beim Zubettgehen ist das Atmen immer mehr oder weniger beschwerlich. Doch freue ich mich, daß ich wenigstens meine Schularbeit tun kann.

Der Dr. Colsmann, zu dem ich dreimal die Woche gehen muß, um die Augen mit Höllenstein pinseln zu lassen, gibt zwar gute Hoffnung, verhehlt aber auch nicht, daß die Netzhautentzündungen manchmal sehr hartnäckig sind und länger als ein Jahr anhalten. So ist es im Grunde doch wenig Trost, was wir bei Menschen holen können. Was für ein elend jämmerlich Ding wäre es doch um unser Leben, wenn wir nicht wüßten und durch unsern HErrn Christum verbürgt hätten, daß wir einen Vater im Himmel haben, der alle Dinge in Seiner Hand trägt, ohne dessen Willen kein Haar von unserem Haupte fällt und der alles, alles zum besten lenken kann und will!

Auf meinen lieben Gott
trau ich in Angst und Not;
er kann mich allzeit retten
aus Trübsal, Angst und Nöten,
mein Unglück kann er wenden:
Steht alles in seinen Händen.

Aus diesen Mitteilungen siehst Du, lieber Wilhelm warum Du von mir auch keinen Brief erhalten hast, obwohl ich recht gern Dir einen geschickt hätte. Was ich zu schreiben habe, muß ich des Morgens vor der Schule tun, so weit da noch Sonnenlicht zu haben ist. Des Mittags von 11–12 Uhr muß ich die Augen regelmäßig mit Wasser und Bleiessig baden. Nachmittags nach der Schule sowie mittwochs und samstags muß ich versuchen, freie Luft zu schöpfen, so lange es noch nicht zu kühl ist. Von 5 Uhr an bin ich darauf angewiesen, mir etwas vorlesen zu lassen. Du siehst also, daß den ganzen Tag über für die Feder wenig Spielraum übrigbleibt.

Mit schwerem Herzen habe ich Dich von hier scheiden sehen, um nunmehr auf eigene freie Hand Dein Schiff durch das Weltmeer zu steuern – durch ein so gefährliches Meer, bei dem die gefährlichsten Stellen die sind, wo die Klippen und Untiefen unter der Oberfläche verborgen sind. Wie viele hoffnungsvolle Jünglinge sind je und je aus der Heimat ausgegangen, frisch und fröhlich, und sind gar nicht oder mit zerrütteter Seele wiedergekehrt. Mir wurde Dein Scheiden doppelt schwer, weil die Stelle leer ist, wo einst ein treues Mutterherz mit mir und für mich für die Kinder sorgte und betete.

Eins laß mich erinnern und bitten, auch in der sel. Mama Namen: verlier den Kompaß nicht und verlier ihn nicht aus den Augen, den Gott der HErr Dir in Seinem Wort in die Hand und durch gute Unterweisung ins Herz gelegt hat. Der zeigt die Hauptrichtung deutlich genug an; nur die Hauptrichtung nicht verlieren! Was dann auch verfehlt und geirrt werden mag, so ist doch immer ein Zurechtfinden möglich.

Wie viel unter uns von Dir die Rede ist, kannst Du wohl denken. Deine Briefe bringen immer einen Festtag. Johannes klagt stets, daß er noch nicht an Dich habe schreiben können. Bis zum nächsten Sonntag wird er doch wohl dazu kommen. Sein Stickhusten macht ihm noch viel zu schaffen; eins seiner Augen ist ganz mit Blut unterlaufen. Dr. Sluyter sagt aber, das würde sich von selbst wieder verlieren. Wenn Dr. Sl[uyter] von Friedrich einen Brief erhalten hat, dann kommt er sofort hierher, um zu erzählen, was er erfahren und um zu erkundigen, ob wir noch mehr wissen. Gestern abend, wo wir, wie jetzt gewöhnlich, in meiner Stube zusammensaßen, war er hier, um zu berichten, daß Friedrich geschrieben habe, Du brauchtest nicht Militair zu werden. Da kein „wahrscheinlich" oder „vermutlich" beigefügt war, so zerbrachen wir uns vergeblich den Kopf, zu erraten, woher Du das wissen könntest. Vermutlich liegt die Lösung des Rätsels darin, daß dem Friedr[ich] das „vermutlich" in der Feder steckengeblieben ist.

Du fragst mich wegen einiger Anliegen um Rat. So weit ich zu raten vermag, werde ich's tun. Heute muß oder will ich jedoch schließen, damit mein erster Brief nicht zu lange auf sich warten läßt und Du wenigstens einen herzlichen Gruß von mir bekommst. Der zweite soll bald folgen und dann auch ein Empfehlungsschreiben an H[errn] Pastor Frommel.

Es ist mir lieb, daß Dr. Hollenberg Dich zu Past[or] Müllensiefen gewiesen hat. Den würde ich Euch neben Past[or] Frommel auch anraten. Besuche doch auch einmal die Kirche des alten Büchsel, des Generalsuperintendenten. B[üchsel] ist zwar stark alt-konfessionell, aber auch ein christlich gediegener und erfahrener Mann. Auch den Hofprediger Kögel würde ich zuweilen hören.

Zum Schlusse nochmals: verliere den Kompaß nicht! Und darum versäume auch das Kirchengehen nicht! Der Sabbat ist noch ein Stück aus dem Paradiese, aber er ist es nur dann, wenn man ihn heiligt, wenn man sich auf sich selber und seine ewige Bestimmung besinnt. Dazu ist auch neben dem Gebet das Kirchengehen das sichere, verordnete Mittel. Wo einer nicht gern mehr zur Kirche geht, da steht es nicht gut, das ist ein sicheres Symptom, daß der Kompaß einem aus den Augen und Händen zu kommen droht. Vor das Angesicht Gottes treten, das heißt auch, mit allen Heiligen sich verbinden, auch mit der sel. Mama und mit uns, die wir das Gleiche tun. Gott verleihe Dir und uns, daß dieses Band nie locker, sondern immer fester werde: dann gibt es einst gewiß ein seliges, seliges Wiedersehen.

Mit herzlichem Gruß von allen Geschwistern und insonderheit

von Deinem

Dich liebenden, einsamen Vater.

167

An Wilhelm Dörpfeld, Berlin

Barmen, 5. Dezember 1873

Lieber Wilhelm.

Es tut mir leid, daß Du so lange auf einen Brief von mir hast warten müssen. Allein ich konnte die Hindernisse nicht bezwingen. Die Augen sind noch immer nicht wieder in gutem Stande; das linke ist zwar ziemlich hergestellt, aber das rechte fordert nach wie vor möglichste Schonung. So mußte ich froh sein, wenn ich die allernötigsten Arbeiten erledigen konnte. Die Verzögerung der Heilung rührt ohne Zweifel davon her, daß die nötige Schonung nicht beobachtet worden ist. Dadurch habe ich nun leider doppelten Schaden: Aufschub der Genesung und Vermehrung der ohnehin enormen ärztlichen Kosten.

Den versprochenen Brief für H[er]rn Hofprediger Frommel mußte ich nach den Mitteilungen von H[er]rn Selbach einstweilen doch unterlassen. H[er]r Hofpred[iger] Fr[ommel] soll nämlich ernstlich leidend sein und nach ärztlicher Weisung jede Aufregung möglichst vermeiden und somit auch den Besuchen sich tunlichst entziehen müssen. Dabei stellte aber H[er]r Selbach in Aussicht, daß er in der nächsten Zeit selbst nach Berlin kommen, Dich aufsuchen und dann persönlich Dich in der Hofpred[iger-]Familie einführen werde. Was mein Brief sagen sollte, wird er dann mündlich besser sagen können und zugleich sich erkundigen, wie Du es mit den Besuchen halten darfst. Wahrscheinlich ist H[er]r Selbach jetzt schon bei Dir gewesen; wenn nicht, so wird er doch in den nächsten Tagen von Hamburg eintreffen.

Du wünschest nun noch über etliche Fragen über Theaterbesuch, Tanzen, Anschluß an studentische Verbindungen usw. meine Meinung und meinen Rat zu hören. Es war mir indessen zumute, als sollte ich Dich zunächst Deinem eigenen Überlegen überlassen. Wenn man auf eigenes Überlegen und die eigene Verantwortung angewiesen ist, so steigert sich auch der Ernst der Lage und damit das Gefühl der Verantwortlichkeit. Das ist in jedem Falle etwas Gutes, befördert auch die Selbständigkeit.

Überdies pflege ich lieber positiv als negativ zu raten d.h. lieber auf das positiv Gute hinzuweisen, als von zweifelhaften Dingen abzumahnen oder ihre Bedenklichkeit herauszustreichen. Positiv gut ist nun unter allen Umständen dies: fleißig zu arbeiten, doch ohne Übermaß, Gott vor Augen zu halten, das Gebet nicht zu vergessen und für einen rechten Sonntag zu sorgen. Der Sonntag ist überhaupt ein überaus kostbares Ding, und es gibt kaum etwas, was so handgreiflich zeigt, daß die Bibel auf tieferem Grunde ruht, als die Weisung oder der Rat, der schon im 1. Kapitel steht, nach sechs Werktagen einen Ruhetag zu suchen. Diese Institution kommt den verschiedensten menschlichen Bedürfnissen entgegen, den leiblichen, den geistigen und den sittlich-religiösen, dem Bedürfnis nach Einsamkeit und dem nach geselligem Verkehr. Dazu erweist sie sich auch dem Zeitmaß nach so richtig gegriffen, daß unter halbwegs verständigen Menschen noch niemals der Einfall aufgetaucht ist, anstatt des siebenten Tages den sechsten oder den achten zum Ruhetage zu machen. Die Torheit der Franzosen, die weiland aus Oppositionssucht wider alles Herkömmliche oder aus Verliebtheit in das Dezimalsystem die Siebenzahl mit der Dekade vertauschen wollten, ist bald genug den Weg aller Torheiten gegangen.

Dafür, ob man den Sonntag recht feiere oder nicht, gibt es einen einfachen und sicheren Maßstab, nicht an einem äußeren Gebot, sondern an der eigenen Erfahrung. Er heißt: „Gott segnete den Sabbathtag." Dieser Segen soll sich spüren lassen in den sechs Arbeitstagen. Wenn daher einer am Montag frisch und fröhlich zur Arbeit gestimmt ist, so kann er merken, daß er einen rechten Sonntag gehabt hat; fehlt dagegen in der Woche jene gute Stimmung, so ist gewiß, daß er keinen rechten Sonntag gefeiert hat. Den Maßstab halte fest: er ist sicher und läßt doch allen nötigen Spielraum, in ihm sind Gesetz und Freiheit innig vereinigt.

Etwas positiv Gutes ist aber auch, wie ich Dir in früheren Jahren schon gesagt zu haben glaube, der Verkehr mit guten Freunden.

Ich denke dabei zunächst an Altersgenossen und solche, die nur ein wenig im Alter voraus sind. Hier kommt aber wieder alles darauf an, daß man den rechten Maßstab habe dafür, was gute Freunde sind, und nach diesem Maßstabe wähle. Der ist ein guter Freund, der einen fördern, heben, d.i. dem Ziele näher führen kann –, zunächst in dem Guten, was unter allen Umständen und ewiglich gut heißt, sodann in dem, was für den erwählten Beruf und die geistige Ausbildung oder sonst in irgendeiner zeitlichen Rücksicht gut ist. Zu den guten Freunden der ersteren Art gehört also ohne Zweifel auch ein solcher, der zwar in keiner Weise äußerlich hervorragt, aber bei braver Gesinnung dem Freunde treulich zugetan ist; diese schlichte, aber standhafte, selbstlose Treue ist immer eine höchst schätzbare Tugend an einem Menschen. Wer aber selbstlos und treu geliebt sein will, muß auch selber treu und selbstlos lieben.

Der guten, rechten Freunde kann man aber nur wenige finden, auch nur wenige brauchen; gerade einen einzigen suchen zu wollen, ist nicht rätlich, auch nicht möglich, weil die wahrhafte Treue doch nur durch Zeit und Not sich bewähren kann.

Der Verkehr mit vertrauteren Freunden schließt nicht aus, daß man daneben auch weniger enge Bekanntschaften habe und suche. Hierbei gilt aber auch immer der Gesichtspunkt, nur solchen Bekanntschaften nachzugehen, die einem in nützlichen Dingen, namentlich in seiner geistigen Bildung förderlich sein können, unter der Bedingung, daß man bei diesem Umgange nicht in sittlicher Hinsicht Schaden nehme oder Gefahr laufe, Schaden zu nehmen. Ich habe dabei auch stets die Maxime befolgt, nicht lediglich mit Standesgenossen im engsten Sinne umzugehen, sondern mit Fleiß Leute aus andern Ständen aufgesucht und im Verkehr mit ihnen mich aufs Fragen gelegt. Auf diesem Wege kann man von vielen vieles lernen und so seinen Gesichtskreis erweitern. Mit solchem Fragen wird man auch nicht lästig, wenigstens nicht leicht, da die Leute gern von ihren Kenntnissen und Erfahrungen etwas mitteilen und überhaupt gern von ihrem Berufe, ihren Erlebnissen, ihrer Heimat usw. sprechen. Das gibt dann immer einen so nützlichen wie ungezwungenen Verkehr. Man muß aber solchen Verkehr nicht lediglich als Erholung betrachten, sondern als eine freie, andersartige Weise des Lernens und dann auch das aus verschiedenen Gebieten Gehörte sich merken und in ein Ganzes von Lebensanschauung zu bringen suchen. Zu solchem nützlichen gelegentlichen Verkehr bieten namentlich die Universitätsorte reiche Gelegenheit, zumal eine Großstadt wie Berlin. Da kommt einem hier ein Jurist in den Weg, dort ein Theologe oder ein Mediziner oder ein Maler, ein Geschäftsmann, Offizier usw. Gerät es, mit ihnen ein Gespräch oder auch einen gelegentlichen Verkehr anzuknüpfen, so hat man ein aufgeschlagenes Buch vor sich, das nichts kostet, einen Lehrer, der ohne Honorar lehrt. Diese Vorteile muß man sich zunutze zu machen suchen, natürlich in Freistunden und mit Vermeidung der Gefahr, sich in Zerstreuung und Vielwisserei zu verlaufen.

Natürlich trifft man bei diesem weiteren Verkehr, zumal wenn eine genauere Bekanntschaft daraus entsteht, auch auf solche Leute, die in religiösen Dingen oberflächlich oder modemäßig weltförmig oder leichtsinnig etc. denken. In dem Umgange mit diesen Personen liegt dann allerdings eine Gefahr, allein ich halte sie doch nicht für die schlimmste, vorausgesetzt, daß man solche Denkungsweisen kennt und somit weiß, wie man mit ihnen dran ist. Wie es zur Zeit um die Kirche und um die Ansichten über Christentum und Religion überhaupt steht, muß man von vornherein darauf gefaßt sein, unter zehn Leuten vielleicht neun anzutreffen, die nichts als Modemeinungen kennen und haben und dem, was Christentum ist, niemals ins Angesicht geschaut haben. Man muß sie also vorläufig nehmen, wie sie sind, und, wenn sie auf religiöse Dinge zu sprechen kommen, ihnen zu verstehen geben, daß man darüber anders denke wie sie und darum lieber davon nicht spreche. Sind es leidlich gute, anständige Leute, so lassen sie einen dann gern in Ruhe. Wollen sie aber bohren und unterminieren oder können sie den Spott nicht lassen, so tut man natürlich am besten, ihnen aus dem Wege zu gehen. Man muß sich indessen hüten – um seiner selbst willen – gegen Personen, die dem Christentum fremd oder feindlich sind, Haß oder Verachtung in seinem Herzen zu nähren, solange sie nicht zugleich unsittliche Grundsätze propagieren, sondern sie vielmehr bemitleiden, als Arme und Unglückliche. Wenn in Psalm 15 empfohlen wird, „die Gottesfürchtigen zu ehren und die Gottlosen nichts zu achten," so steht das dem nicht entgegen, denn ‚nichts achten' heißt noch nicht das, was ‚verachten' sagt. Überdies haben unsere modernen Glaubenslosen selten in ihrer Jugend einen echt biblischen Religionsunterricht erhalten und echte Christenleute von nahem kennen gelernt. Sie kennen Bibel und Christentum etwa so, wie wenn einer ein schönes klassisches Musikstück auf einem verstimmten Instrumente oder von einem unmusikalischen Stümper hätte spielen hören. Die Kirchen in ihrer dermaligen Unform und Verfallenheit sind einem solchen verstimmten Instrumente gleich, und die glaubenslosen oder bloß äußerlich rechtgläubigen oder ganz geistlich toten Prediger und Lehrer den unmusikalischen Stümpern.

Eine wirkliche und zwar die ernstlichste Gefahr tritt aber da im Verkehr an einen heran, wenn man an solche Leute gerät, deren Urteile über sittliche Verhältnisse oder leichtfertige, gemeine Reden verraten, daß das, was den Menschen zum Menschen macht, das moralische Sensorium, bei ihnen bereits ruiniert ist. Sehr nahe daran grenzt auch schon die materialistische, gemeine Redeweise, welche häufig die jungen Mediziner sich angewöhnt haben. Solchen Menschen kann man nicht weit genug aus dem Wege gehen.

Was nun Deine peripherischen Fragen (Tanzen, Schauspielgehen etc.) angeht, so will ich zunächst an ein Wort Tersteegens erinnern. Er schrieb einem Freunde (Dr. Collenbusch) ins Album: ‚Der Christ muß sein wie ein Zirkel. Wenn der eine Zirkelfuß feststeht, so mag der andere so weit ausgreifen, wie er will, immer wird er einen vollkommenen Kreis beschreiben.' Mit diesem kurzen Wort ist vortrefflich gesagt, wie der Christ sich zu solchen weltmäßigen Dingen zu stellen habe, die an und für sich noch nicht sündlich sind, aber leicht zur Sünde führen können. Auch wird Dir jetzt verständlich sein, warum ich lieber positive d.h. zum Zentrum weisende Ratschläge gebe, als negative d.i. auf den beweglichen Zirkelfuß gerichtete, begrenzende Abmahnungen. Es kommt alles darauf an, daß der eine Zirkelfuß feststehe, will sagen: daß der Mensch ein christliches Gewissen habe und mit seinem Gemüte zu Christo hin gravitiere. Ist das der Fall, so darf man ihn seinen eigenen Gang gehen lassen, – nicht darum, weil nun ausgemacht wäre, daß er sich niemals verirren, zu weit ausschreiten würde, sondern weil ihn sein Gewissen besser wieder zurecht leitet als äußere fremde Mahnungen – und weil er so eher selbständig wird. Ein Verirren bleibt aber deshalb allezeit leicht möglich, weil einer sich zu leicht darüber täuscht, ob der eine Zirkelfuß wirklich noch feststehe: derselbe kann bereits am Wegrücken sein, während man sicher zu sein glaubt, er stehe noch fest.

Von Tanzenlernen z.B. werde ich nie einen jungen Mann, der in Deinen Jahren steht, abmahnen, vorausgesetzt, daß seine Natur nicht gar zu stark zur Weltlustigkeit neige. Die Vorteile, die das Tanzenlernen dem jungen Manne gewähren kann (für ein anständiges und sicher auftretendes Benehmen im Verkehr), sind zwar nicht so bedeutend, daß er um deswillen durchaus Tanzunterricht nehmen müßte. Denn einmal kann er das fast ebensogut lernen, wenn er sorgsam darauf achtgibt, wie anständige Leute sich benehmen; zum andern leisten die militärischen Exerzitien dafür fast ebensoviel, wenn nicht noch mehr; und zum dritten richtet sich der Tanzunterricht herkömmlich fast ausschließlich auf den Verkehr mit jungen Mädchen und hier speziell wieder auf die Bälle. Wäre er wirklich das, für was er sich dem Namen nach gewöhnlich ausgibt, Anstandsunterricht, nähme er wirklich das ganze Benehmen, Stehen, Gehen, Sitzen, die Unterhaltung usw. in Zucht, so könnte er in der Tat recht nützlich sein. Tatsächlich füllt er aber seinen Namen nicht aus, so wenig, daß in der ganzen Welt nirgends so fade Unterhaltungen vorkommen als zwischen jungen Leuten und Mädchen. Hier scheint das Alleralbernste stets gut genug zu sein. Trotzalledem rate ich vom Tanzenlernen nicht ab, sondern, wenn einer es gern will, lieber dazu, und zwar namentlich deshalb, damit er selbst erfahre, wie wenig eigentlich dahinter steckt und nicht hinterher sich immer noch weismache, er habe durch Verzichten auf das Tanzenlernen viel verloren. Es ist mit dem Tanzunterricht, den Bällen und ähnlichen Vergnügungen wie mit den Zuckererbsen: wenn der Zucker, der nur die Oberfläche leicht bedeckt, abgeleckt ist, so merkt man, daß der Kern aus trockenem Mehl besteht. Wer es einmal damit probiert hat, sehnt sich in der Regel nicht mehr danach, falls er anders etwas Besseres kennt.

Darum nur immer zu – je eher es abgemacht ist, desto besser.

Die Schauspiele nehmen in meinen Augen immer noch eine andere Stellung ein als die Bälle, obgleich die ordinären, auf Heranziehung des großen Haufens berechneten Schauspielkünste vielleicht noch sittengefährlicher als die ordinären Bälle sind. Im Schauspiel stecken doch bedeutende Bildungsmittel und Bildungsanregungen, während das moderne Tanzen nur ein pures Vergnügen und obendrein ein ziemlich albernes ist, oder genauer: ein langweiliges, wenn nicht der Verkehr der beiden Geschlechter etwas Reiz hineinbrächte, wie daraus zu sehen, daß jedes Geschlecht für sich allein selten zu tanzen pflegt. Wäre das Tanzen näher mit dem Turnen verbunden und kunstmäßig ausgebildet, so könnte es für die junge Welt, namentlich auch für die Kinder, ein wirkliches, prächtiges Vergnügen sein. Es ist aber von lange her mehr heruntergesunken als veredelt worden.

Beim Schauspiel scheide ich übrigens streng das Drama von der Oper. Die Oper ist aus den Chören der alten griechischen Tragödien hervorgegangen, durch Unverstand und Geschmacklosigkeit. Die Oper ist auf allen Seiten Unnatur, was auch daraus hervorgeht, daß keine einzige Oper einen vernünftigen Text und Inhalt hat, auch kaum haben kann, denn eine Rede will nicht gesungen, sondern geredet sein. Der Ernst der alten Tragödienchöre ist in einen Gehörkitzel verwandelt. Was an der Oper Wert haben kann, ist ja lediglich die Musik; wenn man aber gesunde Musik hören will, so geht man besser ins Konzert als in die Oper. Es mag einer sich auch einmal die Oper ansehen, aber er soll es nur tun, um sich von ihrer Unnatur, welche die Alten nicht kannten, zu überzeugen. Dann hat er ein für allemal genug.

Ins Schauspiel mag einer gehen, wenn ein gutes Stück gegeben wird. Allein diese eine Bedingung reicht doch nicht aus, weil sonst ein pures oder vorwiegendes Amüsement daraus wird, das zu sehr anzieht und zu vielem Geldausgeben verleitet. Das richtige ist dies, daß er nur solche gute Stücke zu hören sucht, die er bereits genau kennt und denen er ein ernstliches Studium gewidmet hat oder widmen will. Wenn kein ernstliches Lernen, namentlich auch ein Auswendiglernen, damit verbunden ist, sei es vorher oder nachher, dann ist das Gerede von dem bildenden Einflusse des Dramas nur ein Gerede. Für die dem Christentum fremde Welt mag auch ein sittlicher Einfluß im Drama liegen; aber der Christ braucht um deswillen nicht hinzugehen, weil er etwas Besseres kennt.

Die Verbindungen der Jünglinge, zumal der Studenten, halte ich für etwas Natürliches, fast für etwas Notwendiges. Das zeigen auch die Jünglingsvereine unter den Handwerkern. Wer diese Vereine (der Handwerker) durch Fortbildungsstunden ersetzen will, versteht das Bedürfnis der jungen Leute für Geselligkeit nicht. Der Jüngling steht nur noch mit einem Fuße in der Familie, mit dem andern steht er auf der Straße. Da ist es also selbstverständlich, daß er unter seinesgleichen Genossenschaft und Geselligkeit sucht. Natürlich kommt nun alles darauf an, daß der Verein auf guter Basis ruhe und gute Zwecke, wirkliche Zwecke, verfolge. Bloß um des geselligen Verkehrs willen einen student[ischen] Verein zu gründen, halte ich nicht für gut; denn wenn dieser Verein auch gute Grundsätze befolgen will, so sinkt er, falls er keine reelleren Ziele hat, keine eigentliche Arbeit, doch allmählich herunter. Also Geselligkeit muß sein, aber dabei zugleich irgendein anderes Streben, sei es ein wissenschaftliches oder Gesang oder Turnen oder alles drei zugleich.

Unter den studentischen Verbindungen ist, wie ich glaube, der Wingolf immer eine der besseren gewesen, wenigstens für solche Jünglinge, die bereits wissen, daß das Christentum das Salz der Erde sein will. Ich billige es daher nicht bloß, daß Du dem Wingolf beigetreten bist, sondern es hat mich sogar gefreut, daß Du aus eigenem Entschlusse den Schritt getan hast. Der Wingolf hat aber zwei Gefahren zu bestehen, und jeweilig ist er bald an der einen, bald an der andern hängen geblieben. Diese Gefahren hängen eben damit zusammen, daß er ausdrücklich auch das christliche Prinzip mit unter seine Grundsätze aufgenommen hat. Es sind diese: einmal kommen die Mitglieder leicht in Versuchung, den andern Verbindungen zeigen zu wollen, daß das Christentum nicht die Freuden des Lebens verkümmern und Kopfhänger bilden wolle: dieses Zeigenwollen verleitet dann leicht zu Ausschreitungen, welche die Ausgelassenheiten der andern Verbindungen noch überbieten. Andrerseits kommen die Mitglieder, wenn nicht häufig, so doch manchmal, in die Versuchung, es mit dem christlichen Prinzip zu übertreiben, wenn auch in guter Meinung. Meines Erachtens können hier junge Leute nicht wohl mehr tun, als dieses Prinzip schlechtweg bekennen und sich in diesem Bekenntnis gegenseitig stärken. Ein eigentliche Pflege in dieser Richtung kann nur durch Hülfe älterer und erfahrener Personen geschehen.

Nun habe ich Dir, wie ich denke, einstweilen genug geschrieben.

Gott behüte Dich und geleite Dich auf guten Wegen, die dahin führen, wohin uns die liebe Mama vorausgeeilt ist.

Mit herzlichen Grüßen von uns allen
in Liebe
Dein Vater

F. W. Dörpfeld

Wilhelm studiert seit Anfang Oktober an der Berliner Bauakademie, aus der sich später die Technische Universität entwickelte. Seine ersten „Studentenbuden" hat er mit seinem Barmer Freund Friedrich Sluyter in der Niederwallstraße, dann in der Prinzenstraße 68 bezogen.

Am 19. Oktober hatte Wilhelm seinen Vater brieflich um Rat gebeten: „Wenn Du mir nächstens schreibst, so schreibe mir doch auch, was Du vom Besuche des Theaters (sowohl des Opern- wie des Schauspielhauses) denkst. Als ich vor zwei Jahren einmal am Elberfelder Theater den Don Carlos hören wollte, sagtest Du mir, Du hättest es nicht gerne. Wir können hier als Studenten Parterre-Billets zum Königl. Theater zu 5 Silbergroschen bekommen". Auch wegen des Tanzunterrichts fragte er den Vater, den er für nötig hält, um sich in größeren Gesellschaften richtig benehmen zu können. „Herr Oberlehrer Freytag sagte einmal zu uns Primanern, er bedaure sehr, in seiner Jugend nicht tanzen gelernt zu haben." D. antwortet darauf in diesem Brief. Wilhelm bedankt sich am 11. Dezember über den „sehr langen Brief", den er schon mehrmals durchgelesen habe. Er werde sich die Ratschläge „für die Zukunft sehr zu Herzen nehmen". Über seinen Beitritt zur Studentenverbindung „Wingolf" hatte er dem Vater bereits früher berichtet. A. Carnap schreibt in den Vorbemerkungen zum Abdruck der wichtigsten Abschnitte dieses Briefes (Ca 221 f.), D. habe seinen Kindern seinen Rat nicht aufgedrängt, sondern ihn suchen lassen. Denn gute Ratschläge, die keinem Bedürfnis begegneten, gingen nur zu leicht zu einem Ohr herein und zum anderen wieder hinaus. „Wo aber ein Kind an seinem eigenen Urteil irre wird, sich nach Leitung sehnt und Rat erbittet, da findet der gute Rat, wenn er auch an sich ganz der gleiche ist, einen viel empfänglicheren, fruchtbareren Boden. Uns zu solchen Fragenden zu machen, das war ihm ein wichtiges Erziehungsziel".

168

An unbekannt

Barmen, 1873

[. . .] Ein Anliegen habe ich noch vorzubringen in betreff des mir zugedachten Festes.

Unter den mancherlei Beengungen, in denen ich seit ca. 15 Jahren (seit der Herausgabe des Schulblattes) habe einhergehen müssen, war am peinlichsten der Gewissensdruck, der hinsichtlich der Pflichten gegen Weib und Kinder auf mir lastete, da diese meine Liebsten auf Erden doch in vielem Betracht zu kurz kamen, namentlich im Verkehr mit mir, wozu mir gar zu wenig Zeit übrigblieb. Dazu kam dann noch meine mehrjährige Krankheit, die einerseits mich noch mehr isolierte und überdies noch neuen Gewissensdruck brachte durch den Gedanken, was nach meinem Tode aus Weib und Kind werden sollte. Gott der Herr ist mir zwar also gnädig gewesen, daß er mir eine Frau gegeben, die um so treuer über den Kindern wachte und ich nun auch nach dem Abscheiden der lieben Hüterin die Kinder nur zu meiner Freude aufwachsen sehe.

Aber der frühere Druck ist damit doch nicht weggenommen; die Kinder kommen eben immer noch zu kurz; ich kann mich ihnen nicht so widmen, wie ich gern wollte. Gott weiß es, wieviel Seufzer und Tränen mich dieser Druck gekostet hat; aber er muß eben getragen werden, er gehört zu meiner irdischen Beilage. Die Kinder schicken sich auch willig hinein, und die gute Anna ist um so treuer für ihre kleinen Geschwister. Aber ich muß mir doch denken, daß ihnen mitunter der Gedanke kommt, warum der Vater doch nicht lieber fremde Dinge liegen lasse, um sich mit ihnen, seinen Nächsten, zu beschäftigen. Sie vertrauen mir wohl, aber es ist unmöglich, daß sie meine Lage begreifen; nur die Anna wird ahnen, wie die Sachen liegen. Ich selbst kann ihnen auch nicht Aufschluß geben; denn dann müßte ich doch in gewissem Maße auf mich ein Loblied singen, und das mag ich am wenigsten vor meinen Kindern tun, ungerechnet, daß es zu meinem Schuldengefühl nicht stimmt.

Soll ihnen nun ein wenig Aufschluß über meine rätselhaften Wege zuteil werden, so würde dazu keine bessere Gelegenheit sein als bei meinem Gedenkfeste. Da könnten sie aus anderm unverdächtigen Munde hören, wie es um mein Tun und Lassen steht. Dann müssen sie aber eben zugegen sein.

Die Teilnahme an dem später kommenden Gemeindefeste, vorausgesetzt, daß ich es erlebe, ist kein Ersatz dafür. Dann kann nur von meiner Stellung zur Gemeinde die Rede sein. Da fehlt der Schlüssel zum Rätsel.

Mir ist es aber ein Bedürfnis, daß sie auch einmal sehen und hören, was die Liebe und Freundschaft über ihres Vaters Lebensgang denkt. Ich glaube, es würde mir doch etwas den Gewissensdruck, unter dem ich seufzen muß, erleichtern.

Wenn es möglich ist, so möchte ich daher herzlich bitten, daß auch meine Nächsten, die noch übrig sind, am Fest teilnehmen könnten.

Gott vergelte Euch alle Liebe, die Ihr an mir tut. Ich kann nicht mehr sagen [. . .]

[F. W. Dörpfeld]

Das Schreiben ist an einen Freund und Kollegen gerichtet, der mit anderen D.s 25jähriges Jubiläum vorbereitete.

169

An Adolph Hollenberg, Mülheim/Ruhr

Barmen, 30. März 1874

D. verzichtet auf seinen Hollenberg zugedachten Besuch am 1. April anläßlich des 25jährigen Dienstjubiläums. Von Freund Klingenburg sei ihm die Nachricht zugegangen, Hollenberg habe eine öffentliche Feier abgelehnt. D. vermutet, daß eine Krankheit der Grund sei. Er verbindet mit dem Glückwunsch die Ermutigung, „alles ohne Unterschied, Freude und Leid, Gewissensdruck und Trauer, Sorge ums Gegenwärtige und Furcht vor dem Zukünftigen" Gottes Fürsorge zu befehlen.

Bis Pfingsten hofft D. das seit langem geplante Handbuch zum Repetitorium fertiggestellt zu haben. Ein Bruchstück des nie erschienenen Handbuchs veröffentlichte er im darauffolgenden Jahrgang des EvSchBl.s („Die unterrichtliche Verbindung der Wissensfächer").

170

An Wilhelm Dörpfeld, Berlin

Barmen, 4. April 1874

Lieber Wilhelm.

Obwohl meine Augen noch immer am liebsten geschont sind, so treibt es mich doch, Dir auf Deinen letzten Brief einige Zeilen zu schreiben, sei es auch nur mit dem Bleistift.

Deine niedergeschlagene, traurige Stimmung verstehe ich sehr gut, zumal mir seinerzeit etwas ganz Ähnliches beim Eintritt ins Militärleben begegnet ist. Während meiner Seminarzeit war ich, wie Du weißt, brustleidend, hatte wiederholt mit Blutspeien zu tun und konnte deshalb mehr als die Hälfte der Seminarjahre nicht am Unterrichte teilnehmen. Obwohl sich das Übel nachher allmählich verminderte und schließlich ganz verlor, so hatte ich doch, durch das Erfahrene ängstlich gemacht, eine große Besorgnis und Scheu vor dem Militärdienst, der nach dem Austritt aus dem Seminar bevorstand. Bei der ersten Musterung war ich, weil damals der Seminarkursus noch nicht beendet war, zurückgestellt worden. Im zweiten Jahre wurde ich für tauglich erklärt. Durch eine Reklamation, wozu mich meine Sorge um die Gesundheit trieb, erlangte ich schließlich doch die Zurückstellung bis zum folgenden Jahre. Da hoffte ich zuversichtlich auf völlige Befreiung. Aber weit gefehlt, in der ersten wie in der Nachmusterung erklärte man mich für tauglich, und so war dann das Ende von allem Harren und Hoffen, daß der Dreiundzwanzigjährige noch Rekrut werden mußte. Mit schwerem Herzen machte ich mich auf nach Wesel. Zunächst quälte mich die Sorge, daß die Anstrengung der Exerzitien mein Brustleiden wieder wachrufen könnte. Sodann aber hatte sich aus der so lange genährten Scheu auch eine Art Abneigung gegen das Militärleben gesellt.

In den ersten Tagen steigerte sich diese Ablehnung noch. Der frostige Empfang, die kurz angebundene, rücksichtslose Behandlung von seiten der Offiziere, die Rohheit, die mir vielfach bei den Mannschaften und den Unteroffizieren entgegentrat, das alles war nicht geeignet, mich versöhnlicher zu stimmen. Dazu gesellte sich noch besonderes Mißgeschick: Den ersten und zweiten Tag mußten wir Lehrer mit in den Kasernen wohnen, was mir über die Maßen peinlich war; und am zweiten Tage, der ein Sonntag war, wo alles ausflog, wurden wir Lehrer in der Kaserne zurückgehalten, weil wir noch keine Sonntags-Montur hatten. So fing dann das Militärleben möglichst unbehaglich für mich an. Diese äußere Unbehaglichkeit erzeugte darum in Verbindung mit der Sorge um die Gesundheit eine niedergeschlagene Stimmung, so daß mir auch das Weinen näherlag als alles andere. Aber ich hatte nicht einmal ein einsames Plätzchen, um mir durch Weinen Luft machen zu können.

Du wirst hieraus sehen, daß ich Deine Stimmung nun zu wohl verstehe. Im [weiteren] Verlauf ging aber doch alles, alles ohne Ausnahme, viel besser, als ich erwartet hatte. Schon da, als wir am dritten Tage uns ein Zimmer in der Stadt mieten durften und nun auch einmal im eigenen Gedinge, ungestört durch den rohen Trubel, sitzen konnten, nahm manches für unser Auge eine freundlichere Gestalt an. Zudem fand es sich, daß alle unsere unmittelbaren Vorgesetzten mit Ausnahme des sehr verdrießlichen alten Unteroffiziers recht umgängliche, zum Teil sogar sehr wackere Leute waren.

Die Exerzierstunden brachten zwar in den ersten acht bis vierzehn Tagen ebenfalls wieder manches Unbehagliche mit sich; allein, als diese Zeit überstanden war, habe ich außer den Wachdiensten nichts erlebt, was mir sonderlichen Kummer gemacht hätte. Im Gegenteil kam alles so, daß ich mit wirklichem Wohlbehagen den Soldaten spielte, zumal sich mir bald die Überzeugung aufdrängte, daß die Leibesübungen und der Aufenthalt in der frischen Luft und die Regelmäßigkeit des ganzen Lebens meiner Gesundheit höchst zuträglich waren. Ich fühlte mich so gesund, frisch und munter wie lange nicht. Freilich genoß ich den Vorteil, den Du nicht hast, daß mir außerhalb des Dienstes keine Sorge um die Studien oblag und ich daher in den Freistunden einige bekannte Kollegen in der Stadt besuchen oder behaglich hinter meinen Büchern sitzen konnte. Auch kam mir zugute, daß unsere (der Lehrer) militärische Laufbahn nur sechs Wochen dauerte. Nach drei Wochen durfte man also schon an die Heimkehr denken. Diese letztgenannten Vorteile beschleunigten zwar den Umschlag in meiner Stimmung, allein die eigentliche Ursache desselben lag doch nicht in ihnen, sondern darin, daß alle Verhältnisse bei näherem Besehen sich anders und besser zeigten, als meine Sorge und Abneigung dieselben mir vorgemalt hatten.

Warum erzähle ich Dir meine kleinen Erlebnisse hier so umständlich? Weil Tatsachen deutlicher und eindringlicher reden als bloße Worte.

Ich glaube nicht zu irren, wenn ich annehme, daß Du mehr oder weniger dieselben Erfahrungen machen und Deine niedergeschlagene Stimmung dann einer fröhlicheren, wenigstens einer ruhigeren Platz machen wird. Es hat mich daher sehr gefreut, daß Deine Gedanken bereits selbst auf die richtige Spur gekommen sind, auf die christliche Wahrheit, daß kein Haar von unserm Haupte fällt ohne den Willen unseres Vaters im Himmel und daß Seine Wege sich zuletzt als die besten und seligsten erweisen werden, wie sehr sie uns anfänglich contre Coeur gewesen sein mögen.

Wohl ist Dir in der Militärangelegenheit alles verkehrt gegangen, und die Hoffnung auf Freiwerden ist vereitelt. Zu diesem Hauptschlage kommen dann noch die einzelnen Mißlichkeiten: die Verweisung in das unliebsame Alex[ander]-Regiment, die Entfernung der

Kaserne von der Wohnung, die Trennung von Fr[eund] Sl[uyter], die Vermehrung der Kosten beim Mieten einer separaten Wohnung und die Sorge um Dein Studium. Verstärkt mußte das alles werden in seiner Einwirkung auf die Stimmung durch das Rauhe, Herbe und Rücksichtslose, was einem beim ersten Eintritt ins Soldatenleben zu begegnen pflegt, weil wir Zivilisten daran nicht gewohnt sind, zumal in jüngeren Jahren: es ist einem dann zumute, wie wenn man aus einem südlich milden Klima plötzlich in die kalte, scharfe Luft des Polarkreises versetzt würde.

Halte aber getrost fest an dem Glauben und der Hoffnung, daß Gott der HErr alles zum Besten lenken kann und lenken wird, wenn Du Dich still seiner Führung überlässest, geduldig ausharrest und Deine Pflicht tust. Wo die Wendung zum Besseren eintreten und welcher Art sie sein wird, das sehe ich freilich auch noch nicht; aber hier gilt es auch: selig sind, die nicht sehen und doch vertrauen.

Einiges meine ich aber doch schon voraussetzen zu können – nämlich das, was mir in meinen eigenen, oben erzählten Erfahrungen begegnet ist. Ich will nicht alles wieder aufzählen, aber eines muß ich doch hervorheben: die Erfahrung, daß das Militärleben äußerst wohltätig auf die Gesundheit wirkt.

Bisher schon konnte ich mit mir selbst darüber nicht ins reine kommen, ob man Dir das Freiwerden wirklich wünschen dürfte. Der Gedanke an die üblen Folgen, welche Euer vieles Zeichnen auf die Augen und durch das Krummsitzen auf die Brust haben muß, machte mich im Grunde für Deine Gesundheit sehr besorgt. Friedrich Sl[uyter] wird weniger darunter leiden, weil er kleiner ist. Träte eine solche üble Wirkung ein, sei es auf die Augen oder auf die Brust, so könnte dieselbe leichtlich sehr viel größere Hemmnisse in Deinen Studien und Unkosten und Unbehagen bringen, als es jetzt die Einreihung ins Militär tut. Jetzt bin ich in der Tat diese Sorge los: ich weiß gewiß, daß die militär[ischen] Übungen Deiner Gesundheit nur vorteilhaft sein werden. Bei guter Gesundheit, die auch den Geist frisch und munter macht, hat es dann mit Deinen Studien keine Not. Schicke Dich darum dazu, diesen Teil Deiner Erlebnisse bereits als eine Segen versprechende Fügung Gottes guten Mutes und in guter Hoffnung anzusehen und anzunehmen.

Und so wird, wie ich denke und glaube, alles andere sich schließlich auch als ein Dir zugedachter Segen erweisen. Halte nur Gottes Verheißung fest und laß Dir meine Erlebnisse als Kommentar dazu dienen.

Im übrigen möchte ich Dir noch empfehlen, in den militär[ischen] Obliegenheiten gewissenhaft und pünktlich zu sein, unverdrossen und guten Mutes Deine Schuldigkeit zu tun, und allen Vorgesetzten, den untersten wie den obersten, freundlich und bescheiden zu begegnen, dann wirst Du bald mit ihnen auf einen guten Fuß kommen, ihr Vertrauen und ihre Achtung gewinnen. Nicht minder möchte ich aber auch raten, aus dem Militärwesen mit Fleiß alles zu lernen, was sich da zu lernen darbietet; ich denke jedoch nicht an die pflichtmäßigen Lektionen, die lernen sich von selbst, sondern an das, was darüber hinaus liegt. Steckt man einmal in irgendeinem besonderen Lebens- und Wissensgebiet, so tut man auch wohl, die Augen offenzuhalten und mit Nutzen darin zu sein. Jede Vermehrung der Einsicht und Bildung ist nützlich, wenn man auch nicht im voraus sehen kann, wo sie einem zugute kommen werde.

Allerdings liegt Dir in Deiner Studienkarriere schon übergenug zu lernen vor. Allein das wird doch nicht zu hindern brauchen, gelegentlich durch Umgang oder Lektüre auch noch etwas anderes mitzunehmen. Man kann ja zur Erholung ebensogut ein militärisches Buch lesen als die Zeitung und dergleichen, und jenes halte ich entschieden für nützlicher. Eine Schrift über Festungsbau z.B. würde Dir ja nicht einmal völlig außer dem Wege liegen, und eine gut geschriebene Kriegsgeschichte ist so unterhaltend wie nützlich.

Sodann habe ich durch Anna Dich an H[errn] Hofpr[ediger] Frommel erinnern lassen. Ich weiß zwar wohl, daß es schwer hält, an militär[ischen] Anordnungen, wie die Zuweisung zum Alex[ander]-Reg[iment] eine ist, nachträglich etwas zu ändern. Vielleicht kann der Hofpr[ediger] als Geistlicher auch nichts daran tun oder darf sich schicklicherweise nicht einmischen. Aber wer weiß? Jedenfalls weiß er selbst das am besten. Du darfst ihm immerhin Deinen Fall erzählen und fragen, ob sich da wohl eine Änderung bewirken lasse und wie man das anzugreifen habe. Mit einer förmlichen Bitte darfst Du ihn jedenfalls nicht belästigen. Er wird ja einsehen, daß das Mieten einer neuen und separaten Wohnung Dir unbequeme Unkosten auflegt, daß ferner der weite Weg zur Akademie Deinen Studien hinderlich ist und die Trennung von Fr[eund] Sl[uyter] Dir manchen anderen Vorteil raubt. Und wenn er dann glaubt, Dir helfen zu können, so wird er es auch tun.

Nun laß mich schließen. Die Augen fangen an, mich zu schmerzen.

Sei nur getrost und unverzagt. Es wird schon wieder leicht werden, wo es jetzt dunkel ist.

Er hat noch niemals was versehn
in seinem Regiment.
Denn was Er tut und läßt geschehn,
das nimmt ein gutes End.

Deine Verbindung mit dem Wingolf wird, wie ich denke, in irgendeiner Form festgehalten werden können, ohne daß Du zu Pflichtbesuchen genötigt bist. So würde ich wenigstens den Verbindungsfreunden vorschlagen.

In herzlicher Liebe Dein Vater

(Beendigt am Ostermorgen)

F. W. Dörpfeld

Wilhelms Nachricht vom 2. April, er sei für militärtauglich befunden und dem 1. Gardegrenadierregiment Kaiser Alexander zugewiesen worden, veranlaßt D. zu Reminiszenzen an die Weseler Militärzeit. Wilhelm hatte seinem Bericht hinzugefügt: „Ich weiß nicht, ob ich weinen oder mich freuen soll über eine solche Wendung der Dinge [. . .] Ich würde nicht aufhören können zu weinen, wenn ich mir nicht sagen könnte, daß Gott mit seinen Wegen doch nur das Wohl der Menschen will". Am 3. April berichtet er über die ersten Militärübungen und bedauert, daß er seinen Vater in diesem Jahr viel Geld koste, da er in den Ferien nicht arbeiten könne und seine Studien durch den Waffendienst verzögert würden.

171

An Anna Dörpfeld, „am Rhein"

Barmen, 9. September 1874

Annas Schwester Christine gehe es wieder gut; Anna könne sich ohne Sorge weiter am Rhein umsehen.

172

An Peter Diehl, Bornheim

Barmen, 2. November 1874

Diehl, der seit August aus Rußland zurück ist, hatte D. Vorschläge für das EvSchBl gemacht und sich dabei u.a. auf die Entwicklungsgeschichte einer Fabel von Rückert bezogen.

In dem vorliegenden Antwortschreiben meint D., die Volksschule habe sich um die Geschichte eines literarischen Stoffes nicht zu bekümmern. Das „gelehrte Hantieren an Kunstproduktionen", wozu auch archäologische und literarhistorische Untersuchungen an Bibeltexten zählten, behage ihm nicht. Er ermuntert Diehl zu schulpraktischen Beiträgen. Die ausgefahrenen Gleise des „Diesterweg-Lübenschen Pestalozzianismus" könnten durch Männer überwunden werden, denen das Licht des Evangeliums aufgegangen sei.

173

An Peter Diehl, Bornheim

Barmen, 26. November 1874

Lieber Freund.

Verzeihen Sie gütigst, daß Sie so lange auf Antwort hatten warten müssen. Ihr erster Brief traf mich in einem Gedränge von Arbeiten; darüber wurde er auf die Seite geschoben und kam mir aus den Augen. Mittlerweile war ich in die Stimmung gekommen, daß er in der Tat schon beantwortet worden sei. Ihr zweites Schreiben riß mich aus dieser süßen Täuschung unsanft heraus. Nun zur Sache.

Vor etlichen Jahren schon beehrte mich Herr Dr. Lucius mit einer Einladung zur Frankfurter Konferenz, nebst der Bitte, dort einen Vortrag zu halten. Leider mußte ich damals ablehnen – aus zwei Gründen, die auch jetzt noch bestehen, weshalb mir nichts anderes übrig bleibt, als Ihre freundliche Aufforderung wiederum mit Bedauern abzulehnen. Die Gründe sind diese: Zu Ostern findet auch unsere „allgemeine Konferenz bergischer Lehrer" statt, deren Präses ich seit einer Reihe von Jahren bin. Dieses Hindernis ließ sich indes zur Not aus dem Wege schieben, indem mein Stellvertreter präsidieren könnte; nicht so der zweite Grund. Er liegt in meinen Gesundheitsumständen, in der Ihnen bekannten asthmatischen Disposition. Seit Jahren wage ich nicht, bei rauhem oder schwankendem Wetter eine Reise zu machen, die mich auf mehr als einen Tag von Hause ruft. Selbst in der Sommerzeit ist es mir wiederholt übel bekommen – so z.B. noch im vergangenen Juli und August, wo ich meines Augenleidens wegen 6 Wochen Urlaub hatte. Vier Tage hielt ich mich bei einem Freunde im schönen Bonn auf, am 5. schon mußte ich schleunigst heimkehren und hatte den ganzen Herbst über an den Folgen zu tragen. Meine Lunge hat sich zu sehr an das hiesige Klima gewöhnt: so bin ich allgemach ein gebundener Mann geworden – der Ferne gegenüber. Zu Ostern d[ieses] J[ahres] hätte ich die dringendste Veranlassung gehabt, der Versammlung unseres „Vereins für wissenschaftliche Pädagogik" (Präses Prof. Ziller) in Eisenach beizuwohnen. Um mich zu nötigen, endlich einmal teilzunehmen, hatte man die Besprechung meiner Theorie des Lehrplans auf die Tagesordnung gesetzt. Wiederholt wurde ich gemahnt, ja nicht auszubleiben – sogar noch einige Tage vorher. Aber ich war gebunden und mußte die Kritik ohne Verantwortung geduldig über mich ergehen lassen. (Nebenbei sei bemerkt, daß diese Kritik von einer ganz anderen Seite kommt als die, welche in den Elementarlehrer-Kreisen zuweilen gehört wird: was diese tadeln, findet dort – bei den Herbartianern – gerade Beifall.)

Wie sehr ich bedaure, nun auch wieder Ihre Einladung nach Frankfurt ablehnen zu müssen, brauche ich Ihnen, der Sie meine Agitationsnatur kennen, nicht erst zu sagen. In der Tat, es würde mir eine große Freude gewähren, einmal in dem dortigen Bruderkreise weilen zu können. Ob es dem Herrn gefallen wird, meine Bande noch hienieden wieder zu lösen, weiß ich nicht. Vorab gilt es für mich, Geduld zu lernen. Wäre Ihre Konferenz in der sommerlichen Jahreszeit, so würde ich wohl mich entschließen, etwas zu wagen. Allein zu Pfingsten findet unsere rhein[isch]-westf[älische] ev[angelische] Lehrerkonferenz statt, und so bin ich dann, wenigstens in der ersten Hälfte der Pfingstwoche, wiederum gebunden.

Lassen wir daher einstweilen die Sache dem Herrn befehlen – für eine spätere Konferenz.

Ich habe mich recht gefreut, aus Ihrem Briefe zu sehen, daß Sie wieder im lieben deutschen Vaterlande sind. Ohne Zweifel hat Ihnen die Exkursion eine reiche Erfahrung und ein Stück Lebensweisheit eingetragen. Wollen Sie aus Ihren Erlebnissen und Erfahrungen – namentlich über das Unterrichts- und Erziehungswesen in Südrußland – nicht einiges im Ev[angelischen] Schulblatte mitteilen? Ich bitte angelegentlich darum. Wo möglich, aber bald!

In Ihrem ersten Briefe, der mir leider auf unerklärbare Weise abhanden gekommen ist, berührten Sie ein Anliegen, ich glaube in betreff der Volkswirtschaft oder der Geschichte derselben. Die spezielle Frage ist mir entschwunden. So viel entsinne ich mich, daß ich beim Lesen den Eindruck hatte, meine Bibliothek könne da nicht aushelfen. Wenn Sie wieder schreiben, so notieren Sie mir gef[älligst] den Punkt noch einmal. Es wäre ja möglich, daß ich ein Hilfsmittel herbeizuschaffen vermöchte.

Was macht mein alter Freund Löwenstein? Er hat lange nichts von sich hören lassen.

In meiner Familie geht es, Gott Dank, im ganzen gut. Mein ältestes Kind, eine Tochter, die im Todesjahr der Mutter (1871) ihre Lehrerinnenprüfung für höhere Mädchenschulen bestanden hat, arbeitet seit jener Zeit, da sie auch die Haushaltung leiten muß, in der Unterklasse meiner Schule. Mein ältester Sohn, das zweite Kind, ist nach Absolvierung des hies[igen] Gymnasiums seit 1 1/2 J[ahren] Schüler der Bauakademie in Berlin. Seine besondere Begabung für Mathematik und Mechanik zog ihn in dieses Fach. Zu meiner Freude hat er sich übrigens, ohne mein Zutun, der bekannten theolog[ischen] Studentenverbindung „Wingolf" angeschlossen. Die folgende Tochter, 17 Jahre alt, wird zur Zeit im Hause des Kollegen Klingenburg in Kettwig für die Haushaltungsarbeit eingeschult. Die beiden jüngsten Kinder, ein Mädchen und ein Knabe, befinden sich noch unter meinen Händen.

An meinen Kindern hat mich des Herrn Gnade bis dahin nur Freude erleben lassen. Das ist doch ein großer Trost in der Einsamkeit.

In dem nächsten Hauptheft des Schulblattes (1875, I) werden Sie u.a. die Festrede finden, die ich am 25jähr[igen] Stiftungsfeste unseres Ev[angelischen] Lehrervereins (zu Pfingsten d[ieses] J[ahres]) gehalten habe. Der Abschnitt in derselben, welche die Kirche berührte, hat in den Pastorenkreisen einigen Staub aufgewirbelt. Ich hatte ihnen an einem handgreiflichen Beispiele in einer Reihe von Tatsachen vorgelegt, daß sie an dem, was sie an der neueren kirchenpolitischen und Schulgesetzgebung beklagen, zumeist selbst schuld seien. Das ist ihnen mal sehr a propos gekommen und schwer verdaulich gewesen. Leider! Sie haben die 1. These des ersten Lutheraners (1517) nie ordentlich lernen wollen oder nicht begriffen, nämlich in Anwendung auf die Kirche selbst.

Wenn Ihnen die Rede zu Gesicht gekommen sein wird, so möchte ich gern Ihre Meinung über jenen Punkt hören.

Nun Gott befohlen.

Mit herzlichen Grüßen an Sie und die Ihrigen

Ihr

F. W. Dörpfeld

Im Auftrag der hessischen Konferenz des Deutschen evangelischen Schulvereins war D. eingeladen worden, am Mittwoch nach Ostern 1874 Gast der Konferenz in Frankfurt zu sein. – Anläßlich des 25jährigen Jubiläums des Vereins evangelischer Lehrer und Schulfreunde, das 1874 gefeiert wurde (es hätte schon 1873 begangen werden müssen), hatte D. die Festrede mit einem Überblick über die Vereinsentwicklung gehalten.

174

An Adolph Hollenberg, Mülheim/Ruhr

Barmen, 21. Januar 1875

Lieber Freund.

Hier schicke ich Dir in Eile die Thesen über das projektierte Lesebuch (für den Regierungsbezirk Düsseldorf), wie sie in der gestrigen allgem[einen] berg[ischen] Lehrerkonferenz zu Ohligs beraten und festgestellt worden sind. Dieselben wurden in einer vorhergegangenen Sitzung des Vorstandes, wobei auch Kellermann und Biermann als Mitglieder des Düsseldorfer Ausschusses zugegen waren, nach meinen Vorschlägen entworfen.

Sie werden Dir wohl nicht sofort nach ihrer vollen Tendenz verständlich sein. Ich kann aber nur in Eile ein paar Worte hinwerfen. An Klingenburg habe ich ausführlicher darüber geschrieben, in der Voraussetzung, daß er jedenfalls am Samstag mit nach Düsseldorf deputiert sein werde. Er kann also nähere Auskunft geben. Wir bezwecken, die Streitfrage, ob für den Realunterricht sogenannte Leitfäden genügen oder aber ausführlichere Lehrbücher nötig sind, offen zu halten, beiseite zu schieben, damit sie nicht ohne Not die schwierige Lage noch mehr verwickeln. Zu dem Ende beschränkt die 2. These den Begriff des Lehrbuches dahin, daß es bloß ein belletristisches sein soll. (Doch wird der Ausdruck „belletristisch" vermieden). Damit wollen wir Raum schaffen, daß für den Realunterricht auch ausführlichere Lehrbücher (nicht bloß Leitfäden) gebraucht werden können und verhindern, daß das (belletrist[ische]) Lehrbuch nicht diesen freien Raum durch seine Dickleibigkeit beeinträchtige. Es sind also These 2 und 3 die wichtigsten, oder man kann noch kürzer sagen, These 3 sei die Hauptsache.

These 4 hat keine sonderliche Bedeutung – doch dient sie zur Aufklärung und deckt uns gegenüber der Reg[ierung] (und dem Minister).

Die Thesen wollen insgesamt den Ausschuß, der viele Gegner hat – Partikularisten, Leitfadenanhänger und Ultramontane und Kurzsichtige – stärken helfen, namentlich unsern Freunden in demselben Luft machen.

Die These 5 wird Dir etwas auffällig klingen. Sie ist problematisch gestellt, obwohl nicht ganz glücklich formuliert. Ich kann mich aber in der Kürze nicht weiter aussprechen. Klingenburg muß Auskunft geben.

Sachlich liegt so viel darin, daß wir in dem Lesebuche, auch wenn es konfessionell gefaßt sein darf, immer einen gemeinsamen Stamm von Lesestücken wünschen und zwar um der Schulen willen, um des Staates willen und um der Konfessionen selbst willen. Die Kluft zwischen den Konfessionen, selbst zwischen den Ultramontanen und dem Staate, bringt unsern Schulen Unheil – schließlich am Ende sogar simultane Schulen. Können wir diese letztere Untat dadurch vermeiden, daß wir uns mit einem simultanen (belletr[istischen]) Lesebuch behelfen, so wollen wir uns damit zufriedengeben.

Behalten wir Freiheit und Raum für besondere Real-Lehrbücher, so hat das konfessionelle Bedürfnis ebenfalls vollaus Raum genug, obgleich wir es natürlich mit Freude begrüßen würden, wenn auch das belletr[istische] Lesebuch sich konfessionell ausprägen dürfte.

Solltest Du selbst nicht nach Düsseldorf gehen, so schicke gef[älligst] die Thesen samt diesem Briefe demjenigen Kollegen zu, der von Mülheim deputiert wird, vorausgesetzt, daß er zu unsern Freunden gehört.

Mit herzlichem Gruß
Dein

F. W. Dörpfeld

Die beigefügten „Grundsätze" haben folgenden Wortlaut:

Für die Abfassung des projektierten Lesebuches
für den Regierungsbezirk Düsseldorf

(Beraten und beschlossen in der allgemeinen bergischen Lehrerkonferenz
zu Ohligs am 20. Januar 1875)

1. *Es soll ein Lesebuch für die Oberstufe der Volksschule sein.*
2. *Es soll in erster Linie dem deutschen (Sprach-)Unterricht dienen, – muß also in wohl ausgewählten Musterstücken die freie (deutsche) Nationalliteratur vertreten.*
3. *Es wird vorausgesetzt, daß für die 3 Gebiete des Sachunterrichts Religion, Menschenleben, Natur besondere Lehrbücher bestehen.*

4. *Da das Lesebuch aber den Sachunterricht beleben und Gottesfurcht, Gemeinsinn, Vaterlandsliebe und sinnige Naturbetrachtung pflegen soll, so müssen jene 3 Gebiete in passendem Verhältnis berücksichtigt werden.*

5. *Wenn das Lesebuch für beide Konfessionen bestimmt sein soll, so können wir unter der Bedingung, daß die vorgenannten Grundsätze festgehalten werden, damit einverstanden sein.*

175
An unbekannt

Barmen, 1875

[. . .] Die Verbindung der Mittelschule mit der Volksschule ist also nunmehr auch in der Form der Bifurkation gestattet. Wie Sie denken können, habe ich diese Erweiterung der freien Bahn recht willkommen geheißen.

Die reichen Anmerkungen, welche Sie dem Kap[itel] von den Mittelschulen beigefügt haben, werden ohne Zweifel die Begriffe von dieser Schulart beträchtlich klären helfen. Was seit 1869, wo die Hofmannsche Schrift erschien, an den entscheidenden oder beachtenswerten Stellen darüber gedacht und gesagt worden ist, liegt auf kleinem Raume klar vor. Ich glaube übrigens imstande zu sein, zur Entwicklungsgeschichte der Mittelschul-Idee noch eine kleine Beisteuer leisten zu können. Im Jahre 1853, also 16 Jahre vor Hofmann, erschien in Barmen bei J.F. Steinhaus eine kleine Schrift unter dem Titel: „Der Mittelstand und die Mittelschule, oder wodurch kann unser Mittelstand, namentlich der Handwerkerstand, wieder gehoben werden? Welches ist der nächste Hebel und wo ist er anzusetzen? ”

Irre ich nicht, so tauchte der Name ‚Mittelschule' hier zum ersten Male in der Literatur auf – wenigstens in dem Sinn, der hier auf dem Titel schon bestimmt angegeben ist. Der Name ist nicht so entstanden wie da, wo man die Realschulen Mittelschulen genannt hat, indem ein Mittleres zwischen der Volksschule und dem Gymnasium gesucht wurde; auch nicht so, wie er wohl verstanden worden ist, als ob ein Mittleres zwischen der Volksschule und der Realschule gesucht worden sei. Der Name der Schule kommt hier direkt von dem Namen des Standes, dem sie dienen soll, vom Mittelstande, worunter man von jeher die mittlere Schicht des Gewerbestandes verstanden hat: die einfachen, aber selbständigen Bauern und Handwerker. Es scheint zwar auf den ersten Blick auf eins hinauszulaufen, ob man zwischen der Realschule und Volksschule ein Mittleres sucht oder ob man für den bezeichneten mittleren Gewerbestand (und seinesgleichen) eine Schule sucht. Und doch ist der Unterschied groß; denn auf jenem Wege kommt man unzweifelhaft zu jener Schulform, welche in den Allgemeinen Bestimmungen als die Normal-Mittelschule hingestellt ist, wo eine fremde Sprache und noch andere vornehme Dinge obligatorisch gelehrt werden, während man auf dem andern Wege zu meinem Begriffe der Mittelschule gelangt, wonach diese Schule eigentlich nichts anderes als der vollsaftigere, vollkommenere Zweig der Volksschule ist, wo eine fremde Sprache und dergl. nur fakultativ zugelassen sind. Diese letztere Gestalt ist in meinen Augen die gesündere, die naturwüchsigere, die nötigste, die, welche am meisten gepflegt und begünstigt werden sollte, weil sie zur Konservierung des Mittelstandes dienen soll. Jene andere, die selbständige oder sog. Normal-Mittelschule verwerfe ich jedoch nicht, da sie unter Umständen ebenfalls nützlich sein kann, allein sie ist etwas Künstliches, Gemachtes, nicht bestimmt, eine soziale Volksschicht zu konservieren, sondern einzelnen Individuen aus derselben zu helfen, aus ihrem Stande heraus in die Höhe zu klettern. Dieser Unterschied fällt so sehr in die Augen, daß man nicht nötig hat, den Finger darauf zu legen.

Weiteres Licht gibt die Entstehung und Geschichte des genannten Schriftchens. Zu jener Zeit (1853) tauchte in hiesiger Stadt der Plan auf, eine ‚Handwerker-Fortbildungsschule', wie man das Ding nannte, zu errichten. Es wurde hin und her beratschlagt. Man dachte, dem Kern nach, an eine bessere Schulung der Söhne des Handwerkerstandes vom 13. bis 15. Jahre.

Der damalige Direktor der Realschule (Wetzel) überreichte dem Gemeinderate ein Promemoria, worin vorgeschlagen wurde, die projektierte Anstalt mit der Realschule zu verbinden. Dieser Vorschlag rüttelte mich auf. Ich brachte nun meine eigenen Gedanken zu Papier und übergab sie einem befreundeten Mitgliede des Gemeinderates zur Prüfung. Der Aufsatz wanderte durch mehrere Hände und kam endlich auch dem damaligen Oberbürgermeister Windhorn (jetzt im Handelsministerium) zu Gesicht, woran ich übrigens nicht gedacht hatte. Dieser forderte mich auf, die Arbeit drucken zu lassen oder aber dieselbe ihm zu diesem Zwecke zu überlassen. Nachdem sie revidiert und mit einigen Zusätzen versehen war, ließ Windhorn sie auf städtische Kosten drucken. Ein Teil der Exemplare wurde in der Bürgerschaft verteilt, der andere Teil wurde in den Buchhandel gegeben. Das ist das obengenannte Schriftchen. Seine erste negative Wirkung erfolgte prompt: von dem Projekt des Direktors Wetzel wurde mit keiner Silbe mehr gesprochen, obwohl ich dasselbe kaum erwähnt hatte. Aber die gewünschte positive Wirkung wurde, wenigstens am hiesigen Orte, durch allerlei Widrigkeiten vereitelt. Zu diesen Widrigkeiten gehörte namentlich dies, daß der Oberbürgermeister W[indhorn] bald darauf ins Handelsministerium berufen wurde und infolgedessen die Stadt eine sehr lange Zeit ohne ein ständiges Oberhaupt war. Als endlich der jetzige Oberbürgermeister Bredt an die Spitze trat, war die Mittelschulfrage sozusagen eingeschlafen; zudem glaubte er, zunächst für andere Schulzwecke besser sorgen zu müssen, als bisher dafür gesorgt worden war: es wurde ein Gymnasium gegründet, die höhere Mädchenschule erweitert und die Zahl der Volksschulen vermehrt. Als endlich nach Jahr und Tag die Mittelschulfrage wieder aufs Tapet kam, da wurde sie auch zu Ende gebracht; allein was für ein Ende es geworden ist, dürfte schwerlich einer der sieben Weisen Deutschlands zu erraten imstande sein. Da steht nun ein Schulgebäude vor den Augen der Welt, das prächtigste und größte in ganz Barmen und Elberfeld, eine sog. ‚Gewerbeschule', halb Realschule, halb Fachschule, welche es den begüterten Fabrikanten möglich machte, ihre Söhne ohne Latein für das Militairprivilegium präparieren zu lassen. Wie sich denken läßt, hat diese Wunderschule auch viel Zuspruch von außen. Mit demselben Gelde, welches die Stadt auf diese Anstalt verwendet hat, hätte sie ebensovielen Tausenden Kinder des eigentlichen Mittelstandes die Vorteile der Mittelschule zuwenden können, als sie jetzt Hunderten von Fabrikantensöhnen einen bequemen Weg zum einjährigen Militairdienst schafft. Hinterher fanden die Fabrikanten freilich, namentlich die Kaufleute, daß die ‚Gewerbeschule' doch für ihre Geschäftszwecke nicht ganz zureiche, weil die Sprachen zu kurz kamen. Doch auch für die Lücke hatte sich mittlerweile Rat gefunden, es wurde eine Realschule II. O[rdnung] gegründet. So ist denn jetzt für die begüterten Stände aufs reichlichste und mannigfaltigste gesorgt: die Stadt besitzt (außer dem Gymnasium) die alte Realschule I. O[rdnung], sodann das Mischding ‚Gewerbeschule' und eine Realschule II. O[rdnung], überdies drei höhere Mädchenschulen, aber für die Mittelschulen, wofür vor 22 Jahren mein Schriftchen plädierte, hat die Stadt bis jetzt noch keinen Pfenning ausgegeben.

Es wäre viel darüber zu sagen, wie dieser Gang der Dinge möglich gewesen ist in einer Stadt, die sich einer in fast jeder Beziehung ausgezeichneten Verwaltung erfreut; es würde dann zu reden sein vor allem von der Eigensucht der begüterten Klassen, die stets vorab für sich selbst sorgen, von der Sucht so vieler Städte, vor allem brillante, augenfällige Anstalten hinzustellen, von der geringen Fürsorge, welche die höheren Schulbehörden gerade dem gewerblichen Mittelstande zugewendet haben, von der großen Gleichgültigkeit, welche der Mittelschulfrage bei der Geistlichkeit (den berufenen Vertretern der Volksschule und ihrer Lehrer) begegnete usw.; aber damit darf ich Sie nicht belästigen. Gestatten Sie mir nur noch die Bemerkung, daß ich seit jener Zeit (1853) über die Mittelschulfrage nicht eher wieder den Mund aufgetan habe, auch hier am Orte nicht, bis die Berufung zur ministeriellen Schulkonferenz und die bezügliche Vorlage mich zum Sprechen nötigte. Als damals in der Konferenz, die Reihe an mich kam, zu reden, habe ich auch ein Exemplar jenes Schriftchens vorgezeigt, das ein entfernter rheinischer Kollege mir nach Berlin nachgesandt hatte, um mir zu gratulieren, „daß ich nun die Freude hätte, an entscheidender Stelle mit zu Rate zu sitzen über eine Frage, die von mir zuerst und zwar schon vor 20 Jahren erhoben und beantwortet worden sei." Obwohl das Schriftchen hier im Wupperthal allerdings ohne positive Wirkung geblieben war – auswärts hatte es doch gewirkt. Die Mittelschulen, welche später in Mülheim und Duisburg ins Leben traten, waren eine Folge seiner Anregung, freilich eine verspätete und darum teilweise in einer Richtung sich bewegend, die mir nicht sympathisch war. Die drei architektonischen Grundsätze, welche mir besonders am Herzen lagen – Verbindung mit der Volksschule, Einfachheit des Lehrplans, konfessioneller Charakter – hatten dort keinen Beifall gefunden. Verwunderlich war mir das keineswegs. Ich wußte nur zu gut, daß die städtischen Gemeinderäte, wenn sie einmal zum Bauen sich entschließen, vor allem nach einem augenfälligen Hochbau trachten und sodann darnach, die Geistlichkeit möglichst fern davon zu halten. Es kommt sogar nicht selten vor, daß allein die Antipathie gegen Geistlichkeit und Kirche es ist, welche dem Besseren im Wege steht. Sehr oft haben einzelne Glieder der Gemeinderäte im Wupperthal und anderwärts mir offenherzig gestanden: „Ja, wir sind mit Ihnen überzeugt, daß die Verbindung mit der Volksschule und die Einfachheit des Lehrplans an und für sich das Richtigere sind; allein wenn die Mittelschule ein Annex der Volksschule wird, so bleibt sie auch wie die Volksschule, unter der Herrschaft der Geistlichen, und das wollen wir eben nicht." Da haben Sie die innerste Triebfeder zu der Isolierung der Volksschulen nackt und bloß vor Augen. Mir war das 1853 völlig klar. Ich wußte nur zu gewiß, daß, wenn die Schulbehörden und die Geistlichen sich um die Mittelschulfrage nicht bekümmerten und dieselbe auf die Straße fallen ließen, dann andere Mächte sich derselben bemächtigen würden. Meine Besorgnis ging nur zu genau in Erfüllung. Der Gott Baal hätte nicht teilnahmloser und apathischer sein können als es die Schulbehörden und Kirchenmänner waren gegenüber den ernstlichen Ermahnungen, die in meinem Schriftchen an sie ergingen; und doch sollte man sie dafür ansehen, daß ihnen an der Erhaltung des konfessionellen Charakters der Schulen viel gelegen sei! Sobald mir diese Apathie und Blindheit, namentlich der Geistlichen, klar vor Augen lag, da war mir auch gewiß, daß die drei Grundsätze, die mir besonders am Herzen lagen und für die ich gestritten hatte, verloren waren. Es wird Ihnen jetzt verständlich sein, woher es kam, daß ich seit jener Zeit über die Mittelschulfrage konsequent geschwiegen habe. (Dieselbe Erfahrung machte ich später, zunächst bei den Geistlichen, mehr oder weniger auch bei den Schulbehörden, mit meinen Schriften über die Schulverfassung, über den Religionsunterricht und über die Theorie des Lehrplans; doch war es hier weniger die Apathie, worüber ich zu klagen hatte, als die rätselhafte Kurzsichtigkeit. Was daraus werden soll, mag Gott wissen.)

Die Grundsätze über die Mittelschule, welche in Ihren Anmerkungen aus der Hofmannschen Schrift ausgezogen sind, finden sich auch schon in der meinigen vom Jahre 1853 ausdrücklich oder implicite ausgesprochen, natürlich mit Ausnahme derjenigen, welche auf die Isolierung der Mittelschule gehen und hoch hinaus (bis zur Erreichung des Militairprivilegiums) streben. Im Jahre 1871 gab Rektor Horn in Witten ebenfalls ein Schriftchen über die Mittelschule heraus, wesentlich in meinem Sinne, wie er ihn früher als Klassenlehrer an meiner Schule durch häufige Besprechungen kennengelernt hatte, nur mit einigen Modifikationen in Rücksicht auf die Wittener Schulverhältnisse; er wollte nämlich schon mit einer Selekta auf der Volksschule zufrieden sein. Die ‚Verdienstlichkeit' der Schrift von Fröhlich besteht darin, daß sie das, was andere längst zuvor erarbeitet hatten, gut zu benutzen und in das Deutsch von 1874 zu übersetzen versteht.

Soweit meine kleine Beisteuer zur Geschichte der Mittelschulen. Sie enthält die Erlebnisse eines, der von Anfang an ‚mit dabei gewesen' ist. Ob dieselben für einen, der einen weiten Gesichtskreis hat, von Wert sind, steht mir nicht zu zu beurteilen. Von meinem Standpunkte aus muß ich jedoch sagen: war es vor 22 Jahren schon meine Ansicht, daß die einfachere Form der Mittelschulen die sei, welche am meisten begünstigt werden sollte, so haben meine Erlebnisse in diesen 22 Jahren diese Überzeugung nur befestigen können, vorausgesetzt, daß der Zweck dieser Anstalten nicht der sein kann, einzelnen Individuen behülflich zu sein, um in höhere Stellungen emporzuklettern, sondern der, soviel als möglich den ganzen mittleren Gewerbestand zu heben. Denn wenn dies der Zweck ist, dann kann es meines Erachtens nicht zweifelhaft sein, daß mehrere kleine halbe oder Viertels-Mittelschulen, die über das Land zerstreut sind, viel mehr Wert haben als eine einzige sog. Normal-Mittelschule, die nur einem Orte und wegen des höheren Schulgeldes nur wenigen begünstigten Familien zugutekommt [. . .]

[F. W. Dörpfeld]

D. hat sich schon früh mit der Mittelschulfrage befaßt, wie seine 1853 gedruckte Schrift über Mittelstand und Mittelschule ausweist. In diesem Brief faßt er seine Auffassungen angesichts der durch die Allgemeinen Bestimmungen neu geschaffenen Lage zusammen. Bifurkation meint die Angliederung von Mittelschulklassen an Volksschulen im Gegensatz zu Mittelschulsystemen, die von Volksschulen unabhängig sind. D.s Gedanken zum Mittelschulwesen gehören zu den bemerkenswertesten zeitgenössischen Äußerungen über diesen Sachbereich; eigenständige Konzeptionen für die Mittelschule wurden damals auf reformerischer Seite von der Einheitsschulbewegung und bei den Konservativen durch Abwehr von Neuerungen, die den Bestand der Volksschule zu gefährden schienen, verhindert.

Über die Entwicklung des Barmer Realschulwesens im 19. Jahrhundert siehe Oskar Henke, Chronik des Gymnasiums zu Barmen, Barmen 1890, S. 45 ff. Die Schriften von Horn und Fröhlich: D. Horn, Die Mittelschule, ein notwendiger Ausbau unseres Volksschulwesens. Auf Veranlassung des Vereins evangelischer Lehrer und Schulfreunde hrsg., Witten 1871; Gustav Fröhlich, Die deutsche Mittelschule und ihr organischer Anschluß an die Volksschule. Nebst einem ausführlichen Lehrplane beider Anstalten sowie der methodischen Behandlung des Lehrstoffes, Eisenach 1875 (nicht 1874).

176
An unbekannt

Barmen, etwa 1875

[. . .] Wie Sie vielleicht wissen, bin ich ein nach hiesigem Schnitt rite (durch Volksschule, Präparandenanstalt und Seminar) vorgebildeter Volksschullehrer, nichts weiter. Freund Dr. Hollenberg und ich hatten, bevor er sich nach der Seminarzeit zum Studieren entschloß, Schritt vor Schritt denselben Bildungsgang gehabt. Beim Eintritt ins Seminar besaßen wir etwa die Kenntnisse eines guten Realschulprimaners (im Französischen, Englischen, Lateinischen usw.). Nachdem wir später noch etwa 1 1/2 Jahr lang zusammen Lehrer an der Zahnschen Präparandenanstalt gewesen waren, wandte er sich dem höheren Schulfache zu, während ich, einem bestimmten Lebensprogramme gemäß, der Volksschule treu blieb. Was weiter aus mir geworden ist, verdanke ich der Autodidaxie, die sich aber stets in den Grenzen gehalten hat, die etwa ein Seminardirektor seinen berufsmäßigen Studien setzen wird. Höhere Examina habe ich nicht gemacht. Das war mir durch meinen Lebensplan verboten: wer seine Standesgenossen mit Erfolg emporziehen will, muß dem äußeren Range nach ihresgleichen bleiben. Mein Grundsatz hat sich bewährt. Unter Gottes Segen ist mir neben der nächsten Berufsarbeit ein so ausgedehnter Wirkungskreis erschlossen – durch die Feder und den persönlichen Verkehr – wie ihn kein Kultusminister hätte verschaffen können. Den Bestandteil dieser seit zwanzig Jahren geübten Wirksamkeit, der meinem Herzen am meisten naheliegt, sehe ich jedoch nicht in dem, was auch Fernstehenden vielleicht davon bekannt ist, nicht in dem ausgedehnten Leserkreise, den das Evangelische Schulblatt und meine übrigen Schriften gefunden haben, sondern in dem engeren Bereiche des unmittelbaren persönlichen Verkehrs und des mündlichen Wortes. Dieser Bereich umfaßt etwa den Regierungsbezirk Düsseldorf und die angrenzenden Striche des benachbarten westfälischen Regierungsbezirks Arnsberg, drei bis vier (protestantische) Seminarbezirke, also die gewerb-, volks- und schulreichste Landschaft

Deutschlands. Ein Weiteres über diese letztere Tätigkeit zu referieren, namentlich über ihren Erfolg, schickt sich natürlich für die eigene Feder nicht. Nur eins, eine äußere Tatsache, darf ich vielleicht noch anführen.

An den freien Nachmittagen, (mittwochs und sonnabends) bin ich sozusagen pädagogischer „Wanderlehrer". Zur Zeit sind diese Nachmittage sämtlich in dieser Weise in Anspruch genommen; das ist selbstverständlich ein momentanes Übermaß, das sich hoffentlich bald vermindern lassen wird. Von den acht freien Nachmittagen des Monats sind nämlich zwei besetzt durch gewöhnliche Lehrerkonferenzen, die ich zu leiten habe; die sechs übrigen durch Vorträge über pädagogische Psychologie (mit einem Vorkursus über Logik), wozu mich drei ad hoc zusammengetretene Lehrerzirkel berufen haben. Ein solcher Vortrag dauert (inkl. der repetierenden und ergänzenden Besprechung) von 4–7 Uhr. Einer dieser Zirkel rekrutiert sich aus Barmen-Elberfeld und der nächsten Umgebung; der zweite hat seinen Versammlungsort in Lennep; der dritte in Düsseldorf. An dem letzteren Orte, wo viele Eisenbahnstrahlen münden, sammelt sich eine Schar von Lehrern, die teilweise einen weiteren Weg zu machen haben. (Einer kommt z.B. aus Bonn.) Früher betrieb ich diesen pädagogischen Wanderdienst auf eigene Kosten; seit einigen Jahren wollen dies aber die Kollegen nicht mehr leiden und honorieren jeden ihnen gewidmeten Nachmittag mit 5 Thalern. Rechnet man dazu, daß manche außerdem beträchtliche Reisekosten auszulegen haben und daß diese Kosten von Volksschulgehältern bestritten werden müssen, so läßt sich nicht verkennen, daß hier ein Berufs- und Fortbildungsinteresse zu Tage tritt, das alle Achtung verdient. Daß ein solcher Sinn sich nicht durch Verwaltungsreskripte und dgl. hervorzaubern läßt, werde ich Ihnen nicht näher zu beweisen brauchen [. . .]

[F. W. Dörpfeld]

D. gibt in diesem und dem nächsten Brief eine Begründung und anschauliche Darstellung seiner Tätigkeit in der Lehrerfortbildung, deren Hauptelement die Freiwilligkeit ist. Mit den drei bis vier Seminarbezirken sind die Einzugsbereiche der Lehrerseminare Moers, Soest, Hilchenbach sowie Mettmann (im Aufbau begriffen) gemeint. Die Zahl der Lehrerkonferenzen und die angesprochenen Themen machen auch die Lücken der seminaristischen Lehrerbildung deutlich.

177
An unbekannt

Barmen, etwa 1875

[. . .] Der Segen solcher Fortbildungskurse liegt mir in langjähriger Erfahrung vor Augen. Schon der Eifer, womit die strebsameren Lehrer hierzulande sich zu diesen Fortbildungszirkeln drängen, ist mir ein bedeutsames Zeichen ihres Segens. Hätte ich Zeit, so würden im Regierungsbezirk Düsseldorf anstatt der jetzigen drei Zirkel deren sechs bestehen. Die Lehrer, wenigstens die tüchtigeren, fühlen, daß nur eine gründliche psychologische Schulung zu einer sicheren Einsicht in die Erziehungsarbeit verhelfen kann. Was die Seminare in dieser Beziehung leisten können, ist ein schätzenswerter, aber doch an sich nur dürftiger Anfang.

Die Schulinspektoren haben zu große Aufsichtsbezirke oder sind zu sehr mit Inspektions- und andern Administrationsarbeiten belastet, als daß sie der positiven Pflege der ihnen untergebenen Lehrer die nötige Zeit widmen könnten, was doch im Grunde die Hauptsache wäre. Dazu kommt noch eine besondere temporelle Erwägung. Fast in allen deutschen Landschaften – genau genommen kenne ich nur eine Ausnahme: mein liebes Bergisches Land – ist der Volksschullehrerstand durch allerlei Umstände (namentlich auch durch seine Massenversammlungen) mehr oder weniger zu einem dissoluten, zerfahrenen, undisziplinierten und fast unregierbaren Menschenhaufen geworden, mit dem, wie bei den sozialdemokratischen Massen, die Winde spielen. Alle administrativen Maßregeln sind gegen dieses Übel so gut wie wirkungslos. Zu den Mitteln, welche ja wirken, gehören nach meiner Erfahrung in erster Linie jene Fortbildungskurse, vorausgesetzt, daß sie ohne Geräusch und Gepauke auftreten und sich klein und rein halten. Dadurch werden die solideren, besseren Elemente aus der Masse herausgehoben, abgesondert. Das hat vorab schon die gute Wirkung, welche jede Scheidung in einem Chaos mit sich führt: Scheidung ist Anfang der Ordnung – divide et impera. Sodann werden die Glieder der Fortbildungszirkel ausgerüstet, für ihre Umgebung ein Salz und Sauerteig zu werden und dieselbe in richtigere Bahnen zu leiten.

Weiter; unser Volksleben wird von schlimmen Gegensätzen wie von Fieberfrost und Fieberhitze durchschüttelt und zerrüttet: hier traditionalistisch-konservativ, dort idealistisch-liberal, hier hochkirchlich-konfessionell, dort nivellistisch-protestantenvereinlich, hier ultramontan, dort atheistisch-natural usw. Auch der Lehrerstand unterliegt dem Bann dieser Zauberworte; auch da treiben sie ihr Unwesen nach Goethes Wort: „Allgemeine Begriffe sind immer auf dem besten Wege, Unheil anzurichten." Wo im leiblichen Organismus eine Entzündung eingetreten ist, da läßt sich an Ort und Stelle nicht viel bessern; die Heilung muß von den gesunden Stellen herkommen. So auch auf dem Gebiet des Geistes. In den Fragepunkten, die gerade Streitpunkte sind, ist an keine unmittelbare Ausgleichung, Versöhnung, Besiegung usw. zu denken. Beim Lehrerstande läßt sich die Stelle, von wo die Aussöhnung beginnen muß, leicht finden: es ist die tiefere, ernstere Auffassung des Lehrerberufs. Diese tiefere Auffassung des Lehr- und Erziehungsberufes zu vermitteln – das ist eben die Aufgabe der gemeinten Fortbildungskurse.

Endlich noch eins. Der Volksschullehrerstand ist ein einflußreicher Stand, namentlich auf dem Lande, aber nicht bloß da. Und wenn er es zur Zeit nicht ist, so könnte er es doch sein. Und wenn es jetzt noch nicht in die Augen fällt, so wird es jedenfalls dann geschehen, wenn einmal die Sozialdemokratie ihre Vollkraft entfaltet und ausgebreitet haben wird. Wohin der „Schulmeister" sich schlagen wird, das wird dann eine Hauptfrage sein. Ich behaupte aber: der Volksschullehrerstand ist nicht bloß ein einflußreicher, sondern auch ein hoffnungsreicher Stand, trotz aller Zerfahrenheit und Verdrehtheit. Schon deshalb, weil er, mit Riehl zu reden, zumeist aus den Hinterwäldern stammt. In der Tat steckt ein Fonds von Leistungsfähigkeit und Ehrenhaftigkeit in ihm, der viel bedeutender ist, als es für gewöhnlich scheint. Er kommt aber nicht genügend zur Entwicklung und sichtbaren Aktion. Was die Schulbehörde zur Pflege des Volksschullehrerstandes in herkömmlicher Weise, durch Vorbildung und Aufsicht tut, will ich an und für sich gut heißen; aber es fehlt etwas, das, was auch in der besten Schule fehlt, wo nur gemeinsamer, nur Klassenunterricht erteilt wird. Klassenunterricht ist gut, da er nötig ist, allein wo nicht nebenher etwas anderes geschieht, da kommen bei ihm, bei dem schablonisierten Gleichschritt, entweder die Langbeinigen oder die Kurzbeinigen oder beide zu kurz.

Vor zweihundert Jahren schon hat ein einsichtiger deutscher Mann ein großes weittragendes Wort gesagt, das von der Schul-, Kirchen- und Staatspädagogik bis jetzt noch nicht vollständig begriffen worden ist. Frei übersetzt, heißt es, was auch die vorstehende Bemerkung sagen will: „Vor allem und zumeist der Willigeren sich annehmen, damit durch sie auch die weniger Willigen mit mehr Erfolg mögen gezogen werden!" (Spener, Pia desideria. 1675) Eins der Mittel, welche dieses Wort den Schuladministrationen in Absicht auf den Lehrerstand raten will, hat mein Vorschlag genannt. In einer Landschaft, wo solche Fortbildungszirkel eingerichtet wären und die richtige Leitung erhielten, da würde, wie ich fest überzeugt bin, der Lehrerstand seinem Kern nach schon nach wenigen Jahren eine ganz andere Physiognomie erhalten. In unserm Bergischen Lande liegt der Beweis vor Augen [. . .]

[F. W. Dörpfeld]

Bemerkenswerte Aussagen zur Soziologie des Volksschullehrers. Siehe die Erläuterungen zum vorhergehenden Brief.

178
An unbekannt

Barmen, den 6. Januar 1876

[. . .] Zugleich liegt mir an, Ihnen ein Aufsätzchen aus meiner Feder (im Schlußhefte des Ev[angelischen] Schulbl[attes]) zu gef[älliger] Kenntnisnahme zu überreichen. Dasselbe will den Lesern das neue Jahr 1876 als ein Jubel-Gedenkjahr der deutschen Pädagogik ansagen; am kommenden 4. Mai werden es 100 Jahre, daß Herbart das Licht der Welt erblickte. Kommen wir Schulmänner einmal so weit, von einer wissenschaftlichen Pädagogik sprechen zu dürfen, dann wird, wie ich nicht zweifle, H[erbart] als der Begründer derselben anerkannt sein. Der deutsche Lehrerstand und alle übrigen, die bei der Jugenderziehung interessiert sind, haben in der Tat alle Ursache, sich jenen Gedenktag dankbar zu merken. Um denselben festlich begehen zu können, wie es vor 30 Jahren mit dem Geburtstag Pestalozzis geschah, dazu sind freilich Herbarts Verdienste den Volksschullehrern wie den höheren Lehrern viel zu wenig bekannt.

Zu denen, welche an dem heurigen Gedenkjahre nahe beteiligt sind, gehört insbesondere auch der preuß[ische] Staat und seine Unterrichtsverwaltung, auch wegen einer bestimmten alten Schuld. Die öffentliche Lehrwirksamkeit Herbarts ist ihrem größten Teile nach 24 Jahre lang, von 1809 bis 1833, unserm Preußenlande gewidmet gewesen; aber nirgendwo sind seine Verdienste um die Pädagogik weniger anerkannt worden als gerade hier. Dieses Vergessen fordert unwillkürlich zu einem Rückblicke auf.

An die schöne Frühlingsperiode der preuß[ischen] Schulgeschichte und die würdigen Namen W. von Humboldt, Nicolovius und Süvern, denen unser Schulwesen den ersten Aufschwung im Sinne Pestalozzis verdankt, knüpft sich auch der Name Herbarts an. Jene Männer, welche die preuß[ischen] Eleven nach Ifferten schickten – sie waren es auch, die den jungen Herbart nach Königsberg auf den Lehrstuhl Kants beriefen, um Philosophie und Pädagogik zu lehren. Aber was ist aus jenem ersten Aufschwunge geworden? Oder anders gefragt: was für geschichtliche Vorgänge anderer Art und Richtung liegen zwischen damals und jetzt! Demagogische Juvenilien samt ihrem natürlichen Katzenjammer, Kunstschwärmereien allerlei Art, die unselige Herrschaft der Hegelschen Philosophie, sodann die Revolution; die Vernachlässigung und Verachtung der philosophischen Studien infolge des Bankrotts der Fichte-Schelling-Hegelschen Schwindelei, endlich die Stahlsche Restauration, der stark ins Kraut geschossene Konfessionalismus und die Raumer-Stiehlschen Regulative mit ihrem administrativen Gefolge. An allen diesen Aktionen und Evolutionen, wie verschieden sie sind, hat die herbartische Philosophie in keinerlei Weise weder einen Anteil gehabt noch haben können. Ihre theoretische und praktische (ethische) Lebensanschauung wie seine Forschungsmethode waren dem Geiste der Zeitgenossen zu streng und zu ernst; und seitdem die Hegelsche Philosophie als die einzig zeitgemäße patentiert und privilegiert war, während der langen Periode des Altensteinschen Ministeriums, blieb für die herbartische Lehre überhaupt keine Aussicht mehr in Preußen übrig. In seinen Hoffnungen getäuscht, verkannt und müde ging daher Herbart schließlich im Jahre 1833 wieder nach Göttingen zurück, woher man ihn vor 24 Jahren gerufen hatte.

Dort wollte es ihm aber begegnen, daß er mit dem liberalistischen Zeitgeiste vollends in Konflikt geriet – auf dem politischen Gebiete. Als nach der Aufhebung der hannöverschen Verfassung im Jahre 1837 die bekannten sieben Göttinger Professoren den Huldigungseid verweigerten, schloß Herbart sich ihnen nicht an, sondern erklärte ihnen, „daß er nicht zum Wächter der Verfassung, sondern zum Lehrer berufen sei." Das hat ihm der politische Liberalismus nie verziehen und in seinem Verzeichnis „der großen Männer Deutschlands" dem Namen Herbart nie einen Platz gegönnt. (Vgl. Herbarts Aufsatz aus dem Jahre 1838: „Zur Erinnerung an die Göttinger Katastrophe," Bd. XII S. 317 ff.)

Man sollte denken, daß wenigstens die Kirche sich um die herbartische Philosophie bekümmert hätte. Und sie hätte in der Tat alle Ursache dazu gehabt, namentlich um Herbarts Leistungen in der Metaphysik und Ethik, da diese Fächer ja theologische Hülfswissenschaften sind, und um seine Psychologie und Pädagogik. Aber die Theologen haben sich ebenso kurzsichtig und verblendet bewiesen wie die Staatsmänner und Schulleute. Weil Herbart Philosophie und Theologie nicht vermischen lassen wollte, so mußte er das Urteil über sich ergehen lassen, daß er sich gegen die Theologie kühl und vornehm abschließe, während solche Philosophen, die wie Schelling und andere fleißig pantheistisch-religiöse Phrasen zum besten gaben, um deswillen für religionsfreundlich und für Stützen der Theologie gelten konnten.

Kein Wunder also, daß H[erbart] in einer Zeit, der er in jedem Betracht wider die Haare strich, wie unverstanden und wirkungslos dahinging, daß er wohl einzelne treu anhängliche Schüler hinterließ, aber keine „Schule".

Jetzt, seit einem Jahrzehnt, scheint eine Wendung zum Besseren eintreten zu wollen: das Ansehen H[erbart]s ist merklich im Steigen begriffen, namentlich auf dem pädagogischen Gebiete. Dafür steht der von Professor Ziller gegründete „Verein für wissenschaftliche Pädagogik", der bereits an 400 Mitglieder zählt und fortwährend zunimmt, als ein redendes Zeugnis da. Aber es gibt auch noch andere Zeugnisse. Während in der philosoph[ischen] Fakul[tät] zu Leipzig schon seit langem drei Schüler Herbarts lehren, sind jetzt auch an mehreren österreich[ischen] Universitäten die philosoph[ischen] Lehrstühle mit Herbartianern besetzt, die in Wien und Prag sogar doppelt. Nur in Preußen, in dem Mutterlande der herbartischen Philosophie, kann dieselbe schwer Eingang finden. Seit 1833, wo H[erbart] notgedrungen dem preuß[ischen] Staate den Rücken kehrte, ist sie auf den philosoph[ischen] Lehrstühlen unserer Universitäten nie wieder zu Wort gekommen, bis auf den heutigen Tag; und in dem erwähnten Verein für wissenschaftliche Pädagogik sind die preuß[ischen] Schulmänner verhältnismäßig am allerschwächsten vertreten.

Damit komme ich auf den obigen Satz zurück, daß bei den geistigen Entwicklungen und Verwicklungen, die unser Vaterland seit den Befreiungskriegen durchgemacht hat, herbartische Ideen so gut wie gar nicht mitgewirkt haben. Diese Zurücksetzung, um nicht zu sagen Verbannung der herbartischen Philosophie, die vornehmlich auf Rechnung des Gouvernements kommt, ist für unser gesamtes Volksleben zu einem großen Schaden, ja zu einem wirklichen Unglück geworden. Die zahlreichen und meist bis zur Bitterkeit geschärften Konflikte und Parteiungen, in denen das Volk und die Regierungen sich abarbeiten, zeigen gar zu deutlich, daß hier eine versöhnende und nach beiden Seiten kritisch reinigende Theorie vonnöten wäre, daß dieselbe aber eben fehlt. Die herbartische Philosophie hätte diesen kritischen und versöhnenden Dienst leisten können und zwar auf allen Gebieten in der Politik, im sozial-wirtschaftlichen Leben, in der Kulturpolitik, in der Naturphilosophie, in der Kirche, in der Pädagogik, in der Kunst usw. Es ist hier nicht Ort und Raum, diesen Gedanken durch alle diese Gebiete hindurch weiter zu verfolgen. Nur über das der Pädagogik will ich mir erlauben, noch einige Bemerkungen beizufügen.

Der Lehrerstand, zumal der Volksschullehrerstand, hat alle Ursache, sich dankbar zu freuen über die vielen Verbesserungen, die durch das jetzige Kultusministerium seit 1871/72 ins Werk gesetzt worden sind – in der Schularbeit, in der Dotation und in der Vorbildung und sozialen Stellung des Lehrerstandes – und lebhaft zu wünschen, daß diese Verbesserungen sichergestellt und, wo es nötig, fortgeführt werden möchten. Angesichts der immer größer gewordenen Abhängigkeit des Schulwesens von der Politik, angesichts der vielen Gegensätze und Parteiungen, mit denen die Staatsregierung zu kämpfen hat und angesichts des dritten Umstandes, daß die Schule noch immer nicht unter Dach und Fach gebracht ist, während die Kirche bereits annähernd mit ihrer Verfassung fertig ist, regt sich aber auch unwillkürlich die Besorgnis, daß von irgend einer dieser Parteientwicklungen aus die Politik zu einem Systemwechsel genötigt werden und damit die Schule einen beträchtlichen Teil der erlangten Verbesserungen wieder verlieren könnte.

Zu Freiburg im Breisgau sitzt ein Mann, der im vergangenen Herbst zu einem, der ihn besuchte, gesagt haben soll, „bevor 10 Jahre zu Ende wären, würde man ihm eine Bürgerkrone flechten." Wahrscheinlich hofft und rechnet der Mann auf einen politischen Systemwechsel, der von diesem oder jenen Punkte aus bewirkt werden soll. Allein er hat ohne Zweifel auch noch etwas anderes im Sinne gehabt, nämlich die stille Hoffnung, daß auf der erweiterten Lehrbasis die Allg[emeinen] Bestimmungen durch das Ungeschick der Lehrer einerseits und durch den Übereifer der unteren Leitungsinstanzen (Schulinspektoren, Magistrate usw.) andererseits und durch den Zug der Zeit (Bildungsvereine etc.) dritterseits der Schulunterricht derartig in Oberflächlichkeit, Veräußerlichung und Schwindelei ausarten werden, daß schließlich alle halbwegs Nüchternen einen Ekel daran empfinden und wieder gern zu seinen „Regulativen" zurückkehren würden.

Daß Stiehls Erwartung auf eine Bürgerkrone in Erfüllung gehen werde, glaube ich zwar nicht. Allein so viel ist wahr, daß in manchen Schulen sehr oberflächlich, sehr vielfertig auf den Haufen gearbeitet wird und daß an anderen Stellen, wo die Lehrer selbst nicht dazu inklinieren, sie durch das Hetzen gewisser Treiber dazu gedrängt werden oder die Freudigkeit im Beruf darüber einbüßen. Das ist ohne Zweifel schon an sich vom Übel; es stehen aber auch genug Leute auf der Lauer, die beflissen sind, aus solchen Übelständen Waffen zu schmieden, um den gewünschten politischen Systemwechsel herbeiführen zu helfen. Damit nun die großen Verbesserungen, welche wir gewonnen haben, nicht wieder verlorengehen, darum ist dringend zu wünschen, daß innerhalb der inneren Schulangelegenheiten alles vermieden werde, was die Verbesserungen diskreditieren und dem Feinde Waffen in die Hand liefern könnte, daß namentlich darauf hingewirkt werde, in die mittleren und unteren Schulbehörden und in die Lehrer einen stärkeren Zug zur Vertiefung des Unterrichts und zur Gesinnungsbildung hineinzubringen, als sich bis jetzt dort zeigt.

Mit andern Worten: was Stiehl vergeblich bezweckt haben will, aber auf seiner Basis, auf dem Wege des puren Abschneidens und Negierens nicht erreichen konnte, auch darum nicht erreichen konnte, weil der dem Wortlaute nach gute Zweck mit andern, schlechten Absichten (möglichste Wohlfeilheit des Schuldienstes, Unmündigkeit des Lehrerstandes usw.) verbündet war – gerade das ist es, was das jetzige Schulregiment in Wahrheit anstreben sollte und was es auf seiner besseren Lehrbasis und bei seinen besseren reineren Nebenzwecken auch wird erreichen können. Kurz: Vertiefung des Erkennens, Gründlichkeit im Wissen, Sicherheit im Können (anstatt des eiligen oberflächlichen Viellernens) und Bildung der Gesinnung und des Charakters (anstatt der bloßen Nützlichkeitsbildung) – das sind die Losungen, welche die Zentralverwaltung mit allem Nachdruck proklamieren und immer wieder von neuem proklamieren sollte: dann würde sie gegen alle Feinde innerhalb des eigenen Gebietes vollständig geschützt sein.

Freilich reicht das Proklamieren, das bloße Gebieten und Verbieten, wie nötig es ist, allein nicht aus. Zu dem, was weiter nötig wäre, gehört in meinen Augen vor allem dies, daß die Regierung sich bemühe, herbartische Gedanken und herbartisch geschulte Leute in den preuß[ischen] Schuldienst zu verpflanzen, zunächst in die philosoph[ische] Fakultäten und auf die (zu gründenden) pädagogischen Lehrstühle der Universitäten und sodann in die Volksschullehrer-Seminare. Damit würde sie aber nicht nur in der Pädagogik ein neues, gesundes, reinigendes, klärendes und versöhnendes Agens einführen, sondern auch in alle anderen Gebiete des Volkslebens, wie droben erwähnt wurde, und überdies eine alte Schuld, welche Preußen an der herbartischen Philosophie und Schule begangen hat, wiedergutmachen.

Zwar, es sind nicht alle Herbartianer, die sich nach Herbarts Namen nennen. Es hat der herbartischen Schule auch in ihrer inneren Entwicklung sehr geschadet, daß sie von dem Boden, auf dem sie allein gedeihen konnte, auf dem des protestantischen Großstaates, weggedrängt und in die engen, ungesunden Verhältnisse der deutschen Kleinstaaten und des katholischen Österreichs hineingezwängt wurde, worüber viel zu sagen wäre, zumal die meisten Herbartianer selber darüber kein klares Bewußtsein haben. Einen Stoy (in Jena) möchte ich nicht nach Preußen verpflanzt sehen, aber den edelsten der Herbartianer, den in jedem Betracht gediegenen, fleißigen, aufopfernden, frommen Ziller. Die Berufung und Gewinnung dieses Mannes würde die wertvollste Annexion sein, die Preußen seit 1871 gemacht hat. Der würde dann auch andere geeignete Männer nennen können, und er würde nur empfehlenswerte nennen.

Schon seit den ersten Tagen des Falkschen Ministeriums und besonders seit der ministeriellen Schulkonferenz hat mir der Gedanke auf dem Gewissen gelegen, daß ich schuldig sei, einen passenden Weg zu suchen, um den Herrn Minister auf die pädagog[ische] Bedeutung der herbartischen Schule und namentlich auf den Professor Ziller aufmerksam zu machen. Aber die Scheu davor, vordrängerisch zu erscheinen und die Besorgnis, daß ein Votum über Philosophie in dem Munde eines Volksschullehrers eher einen üblen als einen guten Eindruck machen könnte, hielten mich immer wieder davon zurück. Bei meiner jüngsten Anwesenheit in Berlin hätte ich gern Sie dieserhalb um Ihre Meinung gefragt [. . .]

[F. W. Dörpfeld]

Der in der Abschrift nicht vollständig erhaltene Brief ist, wie man dem Schlußsatz entnehmen kann, an einen Berliner Adressaten gerichtet. Der beigefügte Aufsatz „1876, ein Jubelgedenkjahr der deutschen Pädagogik" erschien im EvSchBl 19 (1875), S. 413–423, wiederabgedruckt zusammen mit einer in Briefform erfolgten Ausarbeitung D.s über Herbarts Philosophie in Bd. 6 der Gesammelten Schriften, Gütersloh 1897. – Ferdinand Stiehl verlebte seinen Ruhestand nach dem Ausscheiden aus dem Kultusministerium in Freiburg i.Br. – Zur Biographie Herbarts: Walter Asmus, Johann Friedrich Herbart. 2 Bde. Heidelberg 1968, 1970

179
An Wilhelm Berchter, Odenkirchen

Barmen, 20. Januar 1876

Lieber Herr Berchter.

Im Anschluß an meinen Aufsatz über Herbarts 100jähriges Jubiläum (EvSchBl, Schlußheft 1875) möchte ich mir erlauben, bei Ihnen anzuklopfen, ob vielleicht durch Ihre Vermittlung auch unter den Lehrern des dortigen Kreises einige Beiträge für das projektierte Ehrendenkmal Herbarts zu erlangen sind. Die anliegende Liste zeigt, was hier in Barmen im ersten Anlaufe gesammelt worden ist und bei etlichen auswärtigen Kollegen, die meine Vorträge über Logik und Psychologie besuchen.

Warum diese Sache auch die Volksschullehrer angeht und zwar gerade sie insbesondere, auch die, welche mit Herbarts Schriften nicht näher bekannt sind, habe ich in dem erwähnten Aufsatze angedeutet, soweit es dort zulässig war. Hier kann ich deutlicher reden.

Wir Volksschullehrer warten seit langem darauf, daß der Schularbeit endlich ihr gebührendes Honorar und unserm Stande die gebührende amtliche und soziale Stellung zuteil werde. Diese Hoffnung wird aber nicht eher in Erfüllung gehen und kann nicht eher in Erfüllung gehen, bis die Staatsmänner, die Gelehrten und das übrige tonangebende Publikum eingesehen und anerkannt haben, daß die Pädagogik nicht eine bloße Handwerkslehre, sondern eine Wissenschaft ist. Wie weit dieselbe aber noch von dieser Anerkennung entfernt ist, wird aufs deutlichste vor die Augen gelegt:

durch den Mangel der pädagogischen Professuren auf den Universitäten,
durch den Mangel an pädagogischen Seminarien für die höheren Lehrer und
durch das bekannte Urteil der bayerischen Akademie der Wissenschaften. (S[iehe] Sch[u]lbl[att] a.a.O.)

Unter diesen Mißverhältnissen leidet der Volksschullehrerstand nicht nur so im allgemeinen, sondern auch in einer besonderen, geschärften Weise. Während nämlich der erstgenannte Mangel sagt, daß die Schularbeit ein bloßes Handwerk sei, sagt der zweite, daß sie überdies ein leichtes Handwerk sei, ein so leichtes, daß die Gymnasial- und Realschullehrer es ohne Mühe (wie Billardspielen, Tanzen usw.) nebenbei lernen können; und auf dieser Urteilsbasis folgt dann weiter, daß die Volksschulseminaristen, weil sie zur Erlernung des Schulhandwerks mehrere Jahre nötig haben, unwissende, dumme Jungen sein müssen. Kein Wunder also, daß die Regierungsmänner, Stadträte usw. auch die andere beklagenswerte Meinung hegen, für die Schulinspektionsposten seien junge Gymnasial- und Realschullehrer viel geeigneter als erfahrene Volksschullehrer.

Wäre Herbarts Stimme in Preußen gehört und beachtet worden, was hauptsächlich die Hegelsche Philosophie verhindert hat, so würden jene Mißverhältnisse und Mißurteile längst beseitigt sein. Der Volksschullehrerstand hat somit alle Ursache, auch um seiner äußeren Stellung willen, nach Kräften dazu mitzuwirken, daß der Hauptbegründer der wissenschaftlichen Pädagogik endlich nach Gebühr zu Wort und zur Anerkennung komme.

Mir hat es seit 30 Jahren so fest gestanden wie ein Axiom: so lange die Pädagogik nicht als eine vollberechtigte Wissenschaft anerkannt ist, sind alle Bestrebungen und Petitionen der Lehrer für eine bessere äußere Stellung zum größten Teil eitel und vergeblich. Wer Obst ernten will, muß zuvor Bäume pflanzen.

So sei denn die gute Sache im dortigen Kreise Ihrer Fürsorge bestens empfohlen.

Es kommt weniger darauf an, wie hoch die Beiträge sind als darauf, daß recht viele sich beteiligen. Um der Ehre des niederrheinischen Lehrerstandes willen würde es mir eine besondere Freude und Genugtuung sein, im Schulblatte schwarz auf weiß konstatieren zu können, daß man in seiner Mitte die Verdienste um die Fortbildung der pädagogischen Wissenschaft zu würdigen und zu ehren weiß.

Sollten auch von Schulfreunden einige Beiträge zu erlangen sein, desto besser. [. . .]

[F. W. Dörpfeld]

Der Brief ist wegen Wasserflecken auf der ersten Seite wohl nicht verschickt worden und als unvollendeter Entwurf in D.s Besitz verblieben.

Der Verein für wissenschaftliche Pädagogik hatte angesagt, Herbart anläßlich der 100. Wiederkehr seines Geburtstages in seiner Heimatstadt Oldenburg ein Denkmal zu setzen, für dessen Finanzierung auch D. eifrig warb. Die Bayerische Akademie der Wissenschaften, Historische Sektion, gab die Geschichte sämtlicher Wissenschaften auf deutschem Boden in Einzelbänden heraus. Unter den 24 genannten Wissenschaftsgebieten fehlte die Pädagogik.

Der Brief von der Hand D.s ist unvollständig und hat wegen Wasserflecken auf der ersten Seite wohl nur als Konzept gedient.

180
An unbekannt

Barmen, 8. Februar 1876

Geehrtester Herr Diakonus.

Besten Dank für Ihre werten Zeilen und insbesondere für Ihre gütige Zusage auf meine Bitte.

Sie bezeichnen das Gebiet der Religionsphilosophie als dasjenige, wo Sie nach Ihrer Meinung am besten mit Hand anlegen können. Wie ich in meinem vorigen Briefe bereits angedeutet zu haben glaube, würde mir Ihre Hilfe auf diesem Gebiete ebenso willkommen sein wie auf irgendeinem andern.

Bekanntlich pflegt aber in den Schulblättern, zumal in den Volksschulblättern, selten von so etwas wie Religionsphilosophie die Rede zu sein. Die einen, die, welche mehr oder weniger auf christlichem Boden stehen, glauben derartiger Erörterungen nicht zu bedürfen, und sie haben bis auf einen gewissen Punkt recht; die andern, die bei ihrer Pädagogik von der Religion absehen zu dürfen glauben, sind dadurch gewiesen, den religionsphilosophischen Erörterungen möglichst aus dem Wege zu gehen, weil sie sonst besorgen müssen, daß ihre versuchte Neutralität gefährdet werde. Das Ev. Schulblatt rechnet sich seiner Grundstellung nach bestimmt zu den pädagogischen Zeitschriften der erstgenannten Art. Nichtsdestoweniger glaube ich, daß unter seinen Beiträgen auch religionsphilosophische Untersuchungen ein Plätzchen beanspruchen dürfen; denn nach meiner Ansicht ist die Philosophie, wenn auch nicht zu allen, so doch zu vielen Dingen nütze, und zu diesen vielen Dingen gehört mir auch die Religiösität und ihre Betätigung im Erziehungswerke. Also schon um derjenigen Leser willen, die sich mit der Tendenz des Ev. Schulblattes eins wissen, muß ich religionsphilosophische Beiträge für zweckmäßig halten. Für noch nötiger aber erachte ich sie im Blick auf solche Leser, die eigentlich mehr mit den Schulblättern jener zweiten Art sympathisieren und im Blick auf jene Blätter selbst. Hier hat die Religionsphilosophie die schöne Aufgabe eines Heroldes, eines Vorläufers, eines Bahnbrechers in allerlei Weise und Richtung. Sie hat zu zeigen, daß die Glaubenssachen nicht gleichbedeutend sind mit Absurditäten und die religiösen Ideen nicht notwendig gleichbedeutend sind mit Mythologie; sie hat die fremdartige orientalische Muttersprache des Christentums in die bekanntere japhetische Muttersprache des modernen Denkens zu übersetzen und mit zarter Hand den Staub zu entfernen, den die Jahrhunderte der Kirchengeschichte auf die durch die Offenbarung uns vorgehaltenen Abbilder der himmlischen Dinge abgelagert haben resp. auch auf die Brillengläser, durch welche wir dermalen diese Bilder betrachten. Sie hat, nun, sie hat eben alles zu tun, was in ihrem Vermögen liegt, um ihre Schüler wenigstens in den Vorhof und wenn möglich auch soweit in das Heilige hineinzuführen, daß sie die Stimme, die aus dem Sprachort des allerheiligsten Dunkels herausredet, selbst vernehmen können und mit Petrus freudig bekennen lernen: „HErr, wohin sollen wir gehen? Du hast Worte des ewigen Genügens und Lebens". Kann sie das erreichen, so hat sie ihre Aufgabe gelöst. Wieviele Aufsätze, wieviele Worte dazu nötig sind, wer kann das sagen? Manchmal reicht ein einziger Artikel, ja ein einziger Satz hin, um ein suchendes Menschenherz auf den rechten Weg zu bringen, während in andern Fällen eine ganze Serie von Abhandlungen, ein vielbändiges Werk, eine große Bibliothek nicht ausreichen will, weil eben das Reden allein nicht helfen kann. Daraus folgere ich: wer etwas auf dem Herzen hat, der rede solange, als das Herz spricht; dringt das Herz nicht mehr, so schweige er, denn wo man Träber preßt, da gibts auch nur Träber-Wein.

Zum dritten wünsche ich religionsphilosophische Beiträge gerade jetzt, pro 1876, um auch von dieser Seite her zum Studium der herbartischen Schriften anzuregen. [F. W. Dörpfeld]

D.s Überlegungen zu den Möglichkeiten der Religionsphilosophie entsprechen weitgehend den Erwartungen, die er in die Funktion der Theologie als Wissenschaft setzt.

Schluß fehlt.

181
An Wilhelm Rein, Eisenach

Barmen, 19. Februar 1876

Lieber Freund.

Was werden Sie von mir denken, daß auf Ihre Zuschrift vom 10. September v. J. bis jetzt keine Antwort gekommen ist? Hoffentlich haben Sie mein Schweigen doch richtig gedeutet, nämlich dahin, daß es mir meine überreich besetzte Zeit nicht erlaubte, Ihnen auf Ihre Anfrage ein bestimmtes zusagendes Ja zu schreiben. Mit Bezug auf Versprechungsschulden ist meine Natur überhaupt etwas übel disponiert: habe ich einmal ein Versprechen gegeben, so drückt es mich empfindlich und hemmend und zwar von Woche zu Woche stärker, bis die Schuld abgetragen ist. Solchem Drucke muß ich aus dem Wege gehen. Überdies trat im September ein auch jetzt noch fortwirkender Umstand ein, der es mir absolut verbot, neue Verpflichtungen einzugehen. Worin derselbe besteht, konnte ich nicht gut sagen, auch jetzt noch nicht, vielleicht aber bald.

Ihr literarisches Unternehmen gefällt mir. Schon lange habe ich mich nach einer pädagogischen Zeitschrift in zwangslosen Lieferungen gesehnt. Sie könnte in der Tat eine Lücke ausfüllen. Das eine wollte mir an Ihrem Plane jedoch nicht gefallen – nämlich dies, daß er eigentlich buchhändlerischen Ursprungs ist. Sie selbst hätten ihn „aushecken" müssen. Haben Sie noch nicht begonnen, so würde ich raten, auch noch eine Weile zu warten, so lange, bis Sie für einen Jahrgang mit gutem Material versorgt sind. Es ist überall ein trauriges Dasein, von der Hand in den Mund leben zu müssen, vollends auf dem literarischen Gebiete. Daß die Hefte planlos erscheinen sollen, schützt zwar gegen das Schlimmste; allein im Anfange darf der Herausgeber sich auf diesen Schutz nicht stützen, sondern muß so weit versorgt sein, daß er ihn entbehren kann.

Darf ich darauf rechnen, daß mein Wort mir nicht zum Stricke wird, so will ich gern versprechen, Ihr Werk nach Kräften zu unterstützen. Und wenn mein Name etwas nützen kann, so mögen Sie ihn immer zu Ihrem Dienst verwenden.

Sie haben mir bisher noch immer nichts für das Schulblatt geliefert. Kann denn von Ihrem Arbeitstische nicht auch etwas für meine Leser abfallen? Einige Mitteilungen über Stuttgart würden mir sehr willkommen gewesen sein und würden es noch sein.

Wie die beifolgenden Drucksachen zeigen, eröffnet sich im heurigen Jahre eine besonders günstige Gelegenheit für Sie, im Evangelischen Schulblatte ein Wort mitzureden. Die Säkularfeier Herbarts muß benutzt werden, um herbartische Gedanken ins Publikum zu bringen. Eine so günstige Gelegenheit kehrt nicht wieder. Helfen Sie doch auch dazu, daß diese Zeit recht ausgekauft wird.

Noch eins.

Sind Sie noch geneigt, an einem preuß[ischen] Seminar eine Lehrstelle zu übernehmen? Schon lange dachte ich daran, Sie an geeigneter Stelle anzumelden, nur wußte ich nicht, ob Ihnen damit ein Gefallen geschähe. Ist's Ihnen recht, so werde ich es bei nächster Gelegenheit tun. Es würde mir lieb sein, wenn Sie bald darüber Nachricht gäben, speziell auch darüber, welche Lehrfächer Ihnen die liebsten sind.

Mit herzlichen Grüßen Ihr
F. W. Dörpfeld

„Der noch fortwirkende Umstand", den D. im ersten Abschnitt anspricht, betrifft die damals laufenden Bemühungen um die Leitung des neuerrichteten Seminars Rheydt. Näheres schreibt er darüber an Rein am 29. April 1878. Offenbar denkt D. auch daran, Rein für Rheydt vorzuschlagen. Letzterer übernimmt jedoch noch in demselben Jahr das Direktorat des Eisenacher Seminars. Reins neue Zeitschrift: die „Pädagogischen Studien", die in mehreren Einzelheften jährlich erscheinen. Sein eingangs genannter Brief bezog sich hierauf und lautete:

Weimar, 10. September 1875

Hochverehrter Freund!

Lange Zeit haben wir nichts voneinander gehört. Meine Gedanken sind trotzdem oft und gern bei Ihnen. Diesmal nahe ich mit einer Bitte. Bacmeister in Eisenach hat mich mit einem Unternehmen beauftragt, das sich an meine pädag[ogischen] Studien anschließen soll: die Herausgabe pädag[ogischer] Abhandlungen, Aufsätze etc. in zwangslosen Heften, 2–3 Bogen stark, Honorar 75 Mark, ist die Aufgabe. Zum Beitritt haben sich bereiterklärt: Ranitzsch, Hausmann hier, Eberhardt in Eisenach, Barbach in Gotha, Andreä in Kaiserslautern, Schumann in Alfeld, Helm in Bamberg, Kehr in Halberstadt u.a., die zumeist die Methodik des Seminarunterrichts im Auge haben. Ich bitte nun auch Sie, verehrter Freund, mit einem Heft wenigstens das Unternehmen zu stützen. Hätten Sie nicht Lust, einmal die Summe Ihrer pädagogischen Überzeugungen in einem kurzen Abriß niederzulegen? Doch will ich keineswegs Ihrer Bestimmung vorgreifen. Was von Ihnen kommt, ist mir willkommen.

In 14 Tagen hoffe ich nach Stuttgart zu gehen zum 3. Seminarlehrertag. Sie haben zu wenig Veranlassung zu kommen, aber Sie können sich denken, wie gern ich Sie wiedersehen möchte. Hoffentlich geht es Ihnen recht gut!

Mit herzlichen Grüßen immer Ihr
treu ergebener
W. Rein

Reins Antwort auf D.s Schreiben vom 19. Februar folgt nachstehend, dürfte jedoch ein unrichtiges Absendedatum enthalten, sofern D.s Datum stimmt.

Weimar, 20. Februar 1876

Hochverehrter Freund!

Sie können sich nicht denken, wie sehr ich mich über Ihre Zeilen und Ihr Bildnis gefreut habe. Freilich mußte ich mich erst ein wenig hineinfinden, denn der englische Bart war mir ungewohnt. Haben Sie vielen Dank dafür. Ich hoffe mich nächstens erkenntlich zeigen zu können und zwar zu zweit. Sie können mir doppelt gratulieren. Weihnachten wurde ich zum Seminardirektor in Eisenach ernannt (der dortige Direktor Schulrat Eberhardt wird Schulinspektor) und vor acht Tagen habe ich mich verlobt mit Marianne Heerwart, ältester (d.h. 16 3/4 Jahr) Tochter des Geh. Finanzrates und Mitglied des Bundesrats. Sie werden daher begreifen, daß in nächster Zeit meine Gedanken sehr gespalten, meine Zeit sehr kostbar ist. Aber was ich tun kann, tue ich zum Nutzen der Sache, zu Ehren des Meisters, dem wir so vieles verdanken. Freilich müßte sich jetzt alles regen, um zum Gedenktag die Pauken zu schlagen; wir haben ja ehrenwerte Männer genug, die sich hören lassen können. Mein zweites Heft werden Sie von Eisenach aus erhalten. In diesem Jahre erscheinen 10–12 Hefte. Es sind noch mehr gesichert, als in dem Programm aufgezählt sind. Ich hätte sehr gewünscht, daß Sie mir einstweilen ein Thema angegeben hätten, was Sie bearbeiten wollten. Darf ich darauf hoffen? Ihre Güte und Ihre Zuneigung zu mir rührt mich immer. Sie haben mir von neuem einen Beweis gegeben. Nochmals herzlichen Dank.

In treuer Freundschaft
Ihr ergebener
W. Rein

D. hatte Rein offensichtlich ein Porträt zugeschickt, das bisher auf 1874 bzw. 1872 datiert wurde, nun aber etwas später anzusetzen ist (Abb. 22). Zur Familie Rein: W. Rein/W. Rein, Stammtafel des Rein'schen Geschlechtes aus Ulm-Friedrichsroda. Jena 1915.

182

An Peter Diehl, Frankfurt a.M.

Barmen, 15. April 1876

D. bedauert, wegen der allzu kurzen Ferien nicht zur Frankfurter Lehrerkonferenz kommen zu können. Er wendet sich gegen einen (nicht näher bezeichneten) Antrag der „Frankfurter Brüder" an den Deutschen evangelischen Schulverein. Er hält den Verein „nicht für befähigt, in Schulverfassungsfragen mit einem öffentlichen Votum und dergleichen aufzutreten [. . .] weil er darin nicht einig und nicht hinlänglich unterrichtet ist".

Bestimmte gegen die Simultanschulfreunde gerichteten Äußerungen der Anhänger der Konfessionsschule bezeichnet D. als „Posaunenstöße" und als „bloßes Getrommel und Geknalle". Sie besäßen weder die rechten Waffen noch wüßten sie, wo der Feind stehe und wo er gefaßt werden müsse. Die Abschrift eines an Seminardirektor Heine (Köthen) gerichteten Briefes fügt er mit der Bitte um Rückgabe bei.

183

An Adolph Hollenberg, Mülheim/Ruhr

Barmen, 29. Mai 1876

Lieber Freund.

Dein Brief, der so eben ankommt, hat mir nicht wenig Freude gemacht. Den Ausgang der Prüfung hatte ich zwar nicht anders erwartet; aber die Erwartung wartete eben noch, es fehlte doch die Erfüllung und damit die volle Befriedigung. Die ist nun da. So gratuliere ich dann von ganzem Herzen und ob des so besonders rühmlichen Ausganges zweimal.

Schon seit 14 Tagen stand ich auf dem Sprunge, Dir zu schreiben. Ich wollte aber erst den Ausfall Deiner Prüfung abwarten. Was mich zum Schreiben trieb, war dieses. Vor ca. drei Wochen teilte mir Giebe brieflich mit, daß in den Kreisen des Regierungsbezirks Düsseldorf jetzt staatliche ev[angelische] Schulinspektoren angestellt werden sollten und daß etwaige Bewerber schleunigst ihre Zeugnisse einschicken müßten. Sobald es mir die Zeit erlaubte, reiste ich nun nach D[üsseldorf], um zu versuchen, ob ich einige Empfehlungen anbringen könnte. Sofern es sich um solche handelte, die das Mittelschulzeugnis besitzen, könnte ich nur an Dich denken. Von Giebe hörte ich nun, daß bereits viele Meldungen eingelaufen seien und daß u.a. auch der Seminarlehrer Haake in M[oers] mit auf der Liste stehe und wahrscheinlich reüssieren werde. Dies entre nous.

Was behufs Deiner Empfehlung geschehen müßte, ist natürlich geschehen. Ich bemerkte jedoch dabei, daß ich nicht wußte, ob Du an eine Schulinspektorstelle dächtest oder aber eine Seminarlehrerstelle vorziehen würdest. Er sagte, Du seiest ihm noch nicht persönlich bekannt, doch hoffe er, Dich nächstens in der Schule besuchen zu können. Zugleich forderte er mich auf, Dir zu schreiben, daß Du Dich sofort melden möchtest, worauf ich indessen bemerkte, daß Du dies ohne Zweifel nicht gern vor Absolvierung der Mittelschulprüfung [tun] würdest. Diese Präsumption und dann die Absicht, vor Ablauf der Prüfung Dich mit beunruhigenden Überlegungen zu verschonen – das sind auch die Gründe gewesen, die mich bestimmt haben, Dir diese Mitteilung jetzt erst zu machen.

Jetzt muß Du aber auch schnell zu einem Entschlusse zu kommen suchen oder hat vielleicht Giebe schon mit Dir über diese Angelegenheit gesprochen?

Anziehend sind die Schulinspektionsposten eigentlich nicht in jetziger Zeit, höchstens in ökonomischer Hinsicht. Aber das Bedürfnis und das Wohl der Schule, welche durchaus Leute aus unserm Stande für diese Posten fordern, verdienen auch ernstlich erwogen zu werden.

Wie steht es nun, wäre Dir eine Schulinspektorenstelle oder eine Seminarlehrerstelle von ausreichendem Einkommen am liebsten? Das möchte ich gern wissen, möglichst bald.

Am Himmelfahrtstage gedenke ich nach Duisburg zu reisen, um den Dr. med. Weber wegen eines Magenübels zu konsultieren. Ich hoffe, schon zeitig des Morgens dort eintreffen zu können. Kannst vielleicht auch hinkommen, so würden wir dann Gelegenheit haben, die Sache in aller Ruhe mündlich zu besprechen. Wir würden uns bei Hagemann treffen und dort auch zu Mittag bleiben. Ich fahre um 6.15 Uhr früh von hier ab über Düsseldorf. Am Mittwochnachmittag kann ich nicht reisen, weil dann das collegium logicum im Wege steht.

Mit herzlichen Grüßen
Dein

F. W. Dörpfeld

D. gratuliert zur bestandenen Mittelschullehrerprüfung. Hollenberg entschied sich später für eine Tätigkeit am neugegründeten Lehrerseminar in Rheydt. – Das collegium logicum: eine von D. geleitete pädagogisch-philosophische Arbeitsgemeinschaft.

184

An Wilhelm Rein, Eisenach

Barmen, 26. Juli 1876

Lieber Freund.

Eine eilige Anfrage, wenn Sie Zeit dazu haben.

Ist Ihnen der Herr Dr. Bartels in Gera näher bekannt? Ich kenne ihn nur von weitem und durch zwei Arbeiten, die er unlängst für das Ev[angelische] Schulblatt einsandte. Eine derselben ist in Nr. 1 d.J. bereits mitgeteilt worden. Diese Arbeiten haben mir wohlgefallen; sie zeugen von Einsicht und praktischem Geschick.

Herr Dr. B[artels] ist jüngst zum städtischen Schulinspektor in Elberfeld gewählt worden. (Sein letzter Konkurrent war Dr. Fröhlich in St. Johann). Da er nun in meine Nachbarschaft kommen wird, so liegt mir an, etwas Näheres über seine Persönlichkeit zu erfahren; denn wenn er halbwegs zu mir paßt, so würde es mir eine Freude sein, später mit ihm in engeren Verkehr zu treten. Die übrigen Schulinspektoren des bergischen Landes sind entweder reine Administrations-Figuren oder haben wenig wissenschaftliches Bedürfnis. Möglich, daß Herr B[artels] nächstens an mich schreibt, um über die Elberfelder Verhältnisse einige Erkundigungen einzuziehen. Auch für diesen Fall würde es mir angenehm sein, zu wissen, wie ich mit ihm reden kann.

Bitte, teilen Sie mir gef. mit, was Sie über ihn wissen, namentlich über seinen Charakter, seinen Bildungsgang, seine wissenschaftliche Ausrüstung und seine päd[agogische] Richtung. Können Sie auch über seine religiöse Stellung etwas sagen, so wird mir das als Zugabe willkommen sein. Wie Sie wissen, frage ich für meine Person nicht nach einer bestimmten theol[ogischen] Anschauung, sondern nur nach einem religiösen Sinn oder, was praktisch dasselbe ist, nach dem sittlichen Ernst. Alle Leichtfüßigkeit ist mir widerwärtig, vollends an Personen im verantwortungsvollen Lehramte.

Meine Frage soll Ihnen aber keine Mühe machen mit Erkundigungen und dgl. Ich wünsche nur zu erfahren, was Sie selbst über den Mann wissen und urteilen.

Mit herzlichen Grüßen
Ihr F. W. Dörpfeld

P.S. Ihr Aufsatz ist bereits mit nach Gütersloh gewandert. Es fand sich aber, daß er bei diesem Hefte noch nicht in den verfügbaren Raum paßte. Also bei nächster Gelegenheit. Wie ich früher schon schrieb, haben Sie dem guten Dr. Fröhlich einen schlechten Dienst damit getan, daß Sie ihm behülflich waren, seinen Aufsatz über die Simultanschule an die Öffentlichkeit zu bringen.

„Unsere Taten selbst, so gut als unsere Leiden,
Sie hemmen unseres Lebens Gang",

so ungefähr sagt Körner in „Zriny". Und er hat sehr recht. Hätte Fröhlich nicht jenes unglückliche Elaborat in die Welt geschickt, so würde er wahrscheinlich jetzt erwählter Schulinspektor in Elberfeld sein. Die gegenwärtige Stadtrats-Majorität dort mag immerhin für die parität[ische] Schule Sympathie haben, allein die meisten unter diesen meisten sind doch gescheidt genug, um zu wissen, daß ein simultaner Schulinspektor in dem unbedachtsamen Sinne des Fr[öhlich]schen Schriftchens in [Elberfeld] ein unmöglicher Mann ist. Wahrscheinlich wird Herr Fr[öhlich] noch oft über sein Buch stolpern müssen, wenn er in Preußen Karriere machen will. Daß ein Staatsmann sich für die paritätische Schule begeistern kann, ist verständlich; aber daß ein Schulmann es ihm nachtun kann, das ist nur in einer schwachen Stunde möglich. Diesterweg hat ja auch für die Simultanschule geschwärmt, aber er setzte voraus, daß auch ein simultaner Religionsunterricht möglich sei, kurz, daß die Schule ein einheitlicher Körper bleibe.

Bartels' Aufsatz im EvSchBl 20 (1876) ist nicht nachzuweisen, da einige Beiträge ohne Verfasserhinweis sind. – Rein hatte als 7. Heft der Pädagogischen Studien, Bd. I (Eisenach 1876) von Gustav Fröhlich veröffentlicht: „Die Simultanschule. Ihr Wesen, ihre Aufgabe, ihre Bedeutung für die Kultur und ihre Organisation". Darin sind u.a. einige Buchbesprechungen, eine Rede Fröhlichs zur Eröffnung der von ihm geleiteten Simultanschule in St. Johann an der Saar, ein Lehrplan für eine sechsklassige Simultanschule und eine Schulordnung enthalten. In einer Randbemerkung schreibt Georg Weiss zur Bemerkung im Postskript, er, D., habe Rein schon früher über Fröhlich geschrieben: „Entweder Erinnerungstäuschung – oder der Brief ist verloren". – Zriny: Trauerspiel von Theodor Körner 1812.

185
An Wilhelm Rein, Eisenach

Barmen, 7. Oktober 1876

Lieber Freund.

Was werden Sie gedacht haben, daß Ihre Zuschrift vom 7. v.M. so lange auf Antwort warten mußte? Aber warum verlegen Sie Ihre Besuche auch in die Ferien, wenn die Schulhäuser leerstehen? Hoffentlich kommen diese Zeilen noch nicht zu spät.

1. Ist Ihr Artikel contra J[ürgen] B[ona] M[eyer] fertig, so schicken Sie ihn gef. sofort. Es ist gerade Zeit, die Manuskripte für das nächste Hauptheft zur Presse zu senden. Früher hätte der Aufsatz doch nicht gedruckt werden können.

Je schärfer Sie dem rhein[ischen] „Gelehrten" zu Leibe gehen, desto lieber wird's mir sein. Stoy ist, wie mir scheint, in Bonn viel zu leise aufgetreten. Die Volksschule hat selbst ein direktes Interesse daran, daß auf den Universitäten die Theorie der Pädagogik und die Praxis besser gepflegt werden, – aus drei schwerwiegenden Gründen. Denn so lange jenes nicht geschieht, so lange hat das 1. die Folge, daß das große Publikum glauben muß, die sorgfältige theoretische und praktische Einschulung der Volksschulseminaristen sei nur deshalb nötig, weil dieselben zu dürftig vorgebildet wären, indem ja die gymnasiastisch vorgebildeten Studenten ihre pädagogisch-berufliche Ausrüstung gleichsam wie spielend nebenbei sich erwerben könnten. Die 2. Folge, welche mit der ersten eng zusammenhängt, ist die, daß das große Publikum (wozu auch die parlierenden und administrierenden Staatsmänner gehören) ferner glauben muß, die Pädagogie sei nichts anderes als so eine Art Handwerk, wobei von Wissenschaft und Kunst nicht die Rede sein könne. Die 3. Folge ist die, daß die höheren Schulen die großen methodischen Probleme der veranschaulichenden und durcharbeitenden Behandlung der Lehrstoffe behufs Hebung der gesamten geistigen Persönlichkeit des Zöglings, woran die Volksschule sich seit Pestalozzi und Herbart ernstlich abmüht, nicht an sich herankommen lassen und daher bei der alten Praxis der puren Stoffaufhäufung verbleiben, woraus dann weiter folgt, daß das große Publikum, zumal das, welches aus den höheren Schulen hervorgegangen ist, bei der Meinung verbleibt, das größere oder geringere Maß des materialen Kenntniserwerbs sei der Maßstab für die Leistungsfähigkeit der Schulen, was dann endlich für die Volksschule zu dem Drucke sich zuspitzt, daß ihr durch das Übermaß des auferlegten Lehrmaterials auch die Möglichkeit geraubt wird, dasselbe richtig und fruchtbar durchzuarbeiten. Kurzum, die Vorschule kommt dadurch auf allen Seiten zu kurz: der Lehrerstand wird degradiert, die Pädagogik wird degradiert und der Arbeit in der Vorschule wird der fröhliche Mut geraubt.

Können Sie diese hingeworfenen Gedanken in Ihrem Artikel mit berücksichtigen und weiter ausführen (aber mit besserem Ausdruck, als ich in der Eile zu finden wußte), so würde mir das um der Volksschullehrer willen sehr lieb sein.

2. Könnten Sie mir vielleicht einen Bericht über die Verhandlungen der bevorstehenden deutschen Seminarlehrer-Versammlung besorgen? Ich würde dafür dankbar sein.

Über die Vorgänge in der Jenaer Pfingstkonf[erenz] (Stoy contra Ziller) laufen in Briefen und mündlichen Mitteilungen so mancherlei Gerüchte herum, daß ich nicht daraus klug werden kann. Der Eindruck ist bis jetzt ein entschieden deprimierender, betrübender, nur weiß ich noch nicht recht, über welche der streitenden Seiten ich mich am meisten ärgern soll. Unser Verein muß bei seinen Verhandlungen durchaus in Ton und Haltung nobler werden, sonst werden diejenigen, die darauf Wert legen, sich zurückziehen müssen. Können Sie mir über jene Vorgänge etwas Genaueres berichten?

Es liegen mir noch etliche andere Fragepunkte auf dem Herzen mit Bezug auf Ihre letzten Hefte von Dr. Fröhlich usw.; ich muß dieselben aber heute zurücklassen.

An dem versprochenen Aufsatze habe ich bereits gearbeitet, allein es konkurrieren mit ihm mehrere andere, die zur Eile drängen, so daß er nur langsam fortrückt.

Mit herzlichen Grüßen in aller Eile Ihr F. W. Dörpfeld

Reins Schreiben vom 7. September 1876 ist nicht mehr vorhanden. Auf einer Konferenz am 28. Mai 1876 in Bonn hatte der Pädagoge Prof. Dr. Jürgen Bona Meyer die Auffassung vertreten, die künftigen Lehrer müßten auf der Universität in erster Linie theoretisch-wissenschaftlich ausgebildet werden. Die Gründung besonderer pädagogischer Seminare lehnte er ab. Sie würden zu „schablonenhafter Methodenreiterei" verleiten, der die Volksschullehrerseminare schon anheimgefallen seien. Demgegenüber begründete Prof. Dr. Volkmar Stoy (Jena) die Notwendigkeit, für Kandidaten des höheren Schulamtes pädagogische Universitätsseminare mit Übungsschulen einzurichten. W. Rein griff Dörpfelds Vorschlag auf und veröffentlichte im November im EvSchBl 20, 1876, S. 353 ff den Aufsatz „'Schablonenhafte Methodenreiterei in den Volksschullehrerseminaren'. Ein Protest gegen Professor Dr. Jürgen Bona Meyer in Bonn". Darin stellte er fest, die von Bona Meyer repräsentierte Richtung habe sich in dieser Versammlung von „Universitätsprofessoren, Schulräten, Schuldirektoren der Rheinprovinz" durchgesetzt. Abschließend erklärt Rein (S. 358): „Denn ehe die Überzeugung durchdringt, daß die beste und geeignetste Vorbereitung für das höhere Schulamt die Tätigkeit an einer Elementarschule sei", dauere es noch eine gute Zeit „Bis dahin wird in unsern Volks- und Bürgerschulen noch mannhaft weiter schablonenhaft Methode geritten, in den höheren Schulen aber noch mannhafter der wurmstichige Karren in götterhafter Freiheit und in Verachtung jeder pädagogisch-methodischen Überlegung weiter geschoben werden".

186

An Peter Diehl, Frankfurt a.M.

Barmen, 19. Dezember 1876

Lieber Freund.

Wenn ich nicht selbst komme, so weiß ich Euch keinen Referenten von hier zu besorgen – bis jetzt. Der äußere Grund liegt darin, daß wir zu Ostern keine Ferien haben, nur bis Mittwoch. Bloß hinauffliegen, seinen Spruch aufsagen und dann wieder flugs heimrutschen – das ist eine Strapaze für Seele und Leib, der niemand ohne Not sich gern unterzieht. Daran hat das Gemüt kein Genüge. Er begehrt, die Brüder näher kennenzulernen und vertraulich mit ihnen sich unterhalten zu können – sei es auch nur mit dem einen, bei dem man sich einquartiert.

Dazu kommt ein inneres Hemmnis. Hier ist viele natürliche Neigung, mit auswärtigen Brüdern zu verkehren, aber wenig Sympathie für Ihre Gegend, speziell für Hessen, seitdem der „Christl[iche] Schulbote" entstand und deutlich erkennen ließ, in welchen Gedanken und Bestrebungen man sich dort mit Vorliebe bewegt. Vorab trat eine Kampflustigkeit hervor, die auf eine furchtbare Waffenrüstung hätte schließen lassen sollen, allein was zutage kam, war nichts weiter als die gewöhnliche Rauferei mit alten, wirkungslosen Kampfmitteln oder gar bloßes Protestieren. Sodann zeigte sich eine fast absolute Abneigung, neuen Gedanken auf dem Schulgebiet näherzutreten und ihnen durch Nachdenken gerecht zu werden, eine Abneigung, die beinahe zur Unfähigkeit geworden zu sein schien. Das Ev[angelische] Schulblatt hat des Neuen viel zur Sprache gebracht, im Rel[igions-]Unterricht, im Sprachunterricht, im Realunterricht, in der Theorie der Schulverfassung usw., aber ich wüßte keinen einzigen Gedanken aus dieser Reihe zu nennen, der im dortigen Kreise hätte Wurzel fassen können. Für einen Zeitraum von 20 Jahren, der beinahe eine Generation einschließt, ist das doch etwas stark. Ähnlich steht es in Minden-Ravensberg zum großen Schaden für die Ausbreitung der echt christlichen Anschauung in Erziehungsangelegenheiten.

Was könnte nun einer, der Euch besuchen wollte, heimzubringen hoffen, anders als Verdruß, Ärger und Niedergeschlagenheit?

Wie gesagt, wenn von meiner Person abgesehen wird, so weiß ich keinen auf die Beine zu bringen. Ich selbst darf aber kein festes Versprechen geben, da mein Reisen von zu vielen äußeren Umständen abhängig ist. Wenn es möglich ist, so komme ich, schon deshalb, um endlich meine alten Schulden zu bezahlen. Aber fest rechnen dürfen Sie nicht auf meinem Besuch. Als Thema würde ich anbieten:

„Das freudige Lehren und Lernen und seine Bedingungen."

Mit herzlichem Gruß an Sie und die Brüder

Ihr

F. W. Dörpfeld

D.s Kritik an den konservativ-christlichen Lehrerkreisen in Minden-Ravensberg und Hessen („Christlicher Schulbote"), die dem Deutschen evangelischen Schulverein nahestehen, gipfelt in dem Vorwurf, allem Neuen und dem Nachdenken darüber abhold zu sein. Er mag daran denken, daß aus jenen Kreisen das EvSchBl manchmal als zu liberal bzw. als Werkzeug der Liberalen denunziert worden ist. D.s Befürchtung, klerikale und hochkonservative Schulpolitik könnten die Glaubwürdigkeit der Christen gefährden, wird dort übersehen, verkannt oder mißbilligt. Seine eigene „echt christliche Anschauung in Erziehungsangelegenheiten" steht in ihren Auswirkungen liberaler Politik häufig näher als konservativer, auch wenn D. selbst mehrfach eine Distanz zu der ihn nicht befriedigenden Schulpolitik aller führenden parlamentarisch-politischen Richtungen zum Ausdruck bringt.

187
An unbekannt

Barmen, 1876

D. kritisiert die Haltung der Konservativen zur Schule, die in Süddeutschland von den „üblen Elementen des Rittertums und des Konfessionalismus" bestimmt sei, in Altpreußen dagegen von „Bürokratismus und Pietismus". Die von ihm in der Konfessions-

schule garantierte organische Einheit des Schulunterrichts sieht D. daher nicht durch die Prinzipien des politischen Konservativismus erfüllt. Er begründe die Bekenntnisschule vielmehr durch seine in den „Grundlinien zur Theorie des Lehrplans" zum Ausdruck kommende Auffassung.

188
An unbekannt

Barmen, 1876

[. . .] Bei der Beleuchtung der Lehre vom Interesse ist es meines Erachtens besonders wichtig und nötig, namentlich in Absicht auf solche Leser, die Herbarts Anschauung noch nicht kennen, die verschiedenen Arten des Interesses bestimmt und deutlich hervorzuheben und in ihrer praktischen Bedeutung zu verfolgen, wenigstens die beiden Hauptgattungen: das Interesse der Erkenntnis und das der Teilnahme. Es wird dies insbesondere auch deshalb sich empfehlen, um die geschichtliche Entwicklung dieses Lehrpunktes in das volle Licht stellen zu können. Irre ich nicht, so liegt eines der Hauptverdienste Herbarts, eins, das jedem augenfällig gemacht werden kann, gerade darin, daß er nicht nur auf die große pädagogische Bedeutung des Interesses überhaupt den Blick gesenkt, sondern auch das so vielfach vernachlässigte Interesse der Teilnahme in sein volles Recht eingesetzt hat. Freilich nur in der Theorie, in der Praxis sind wir von der allseitigen Anerkennung dieses Rechtes noch weit entfernt, wie namentlich die Geringschätzung zeigt, mit der in so vielen Schulen der Religionsunterricht behauptet wird.

Darf ich einen besonderen Wunsch in betreff Ihrer Arbeit aussprechen, so ist es der, daß Sie dabei an gelegener Stelle auch mit Fleiß und mit starker Betonung die Verdienste Zillers um die Ausbildung der Lehre vom Interesse (ja seiner „Grundlegung") hervorheben möchten, wie ich denn auch glaube, daß wir bei jeder passenden Gelegenheit die Arbeiten Zillers in Erinnerung bringen sollten. Es ist eine ganze Kette von Gründen, die mich darauf hinweist. Fürs erste ist Ziller trotz seines tüchtigen, fleißigen und aufopferungsvollen Wirkens bei den Dirigenten der offiziellen Pädagogik ein verschmähter Mann gewesen, bei allen, gleichviel ob sie konservativ oder liberal, altgläubig oder neugläubig heißen wollen. So in Sachsen, so in Preußen. Wo mir dergleichen Ungerechtigkeit vor die Augen tritt, da fühle ich ein Grimmen in den Eingeweiden, und ich muß unwillkürlich mit dem Fuße stampfen. Vor vielen Jahren schon wäre Ziller gern in preußische Dienste getreten, weil er wußte, daß er in Sachsen doch nie reüssieren würde, aber in Preußen hatte er keine Gönner. Zum andern hat er auch bei der plattfüßigen „Volksversammlungs-Pädagogik" nie zu Ehren kommen können. Diesem Massengeschrei gegenüber muß gesagt werden, daß es in der Pädagogik wie in allen andern Wissenschaften nicht auf das große Maul, sondern auf den Kopf ankommt.

Zum dritten ist kein anderer als Ziller die eigentliche Säule, der echte, rechte, volle Repräsentant seiner Arbeiten; und wenn er es in dieser Beziehung nicht wäre, so würde er es kraft seiner gediegenen Persönlichkeit und seines edlen Charakters sein. Hätte die herbartische Schule solcher Repräsentanten mehr gehabt, ein halbes Dutzend oder auch nur ein viertel Dutzend, so würde sie nicht so vergessen und in die Ecke geschoben worden sein. Wie Sie verstehen werden, frage ich hier in betreff Zillers nicht, ob meine Ansichten just in allen Punkten mit den seinigen stimmen, auch nicht danach, ob seine Persönlichkeit hier und da einige unbequeme oder unliebenswürdige Ecken habe; ich sehe den Kern an.

Zum vierten ist es ein großer Schade für unser gesamtes deutsches Volksleben, daß Herbarts Gedanken von den Menschen und menschlichen Verhältnissen bisher in unserer pädagogischen, kulturpolitischen, kirchlichen, sozialen und politischen Entwicklung so gar wenig haben mitwirken können. Die Zerfahrenheit, Verworrenheit und Unsicherheit unserer nationalen Zustände und vollends die Unfähigkeit der widereinander- und auseinanderstrebenden Partein, einander zu verstehen und verstehen zu wollen, zeigen deutlich, daß überall ein vermittelndes, versöhnendes und allseitig kritisierendes Element fehlt. Dieses Element ist eben die herbartische Philosophie, zumal ihre ernste, gewissenhafte sittliche Weltanschauung. Soll dieses Element hineingebracht werden, so hilft es nicht, herbartische Theorien zu verfechten, es müssen vielmehr herbartische Namen, lebendige Persönlichkeiten auf den Schild gehoben werden. Wohl uns, daß wir einen solchen Namen, eine solche Persönlichkeit haben, die wir in allen Ehren der Welt zeigen können. Tun wir es nun auch!

Dazu kommt fünftens noch eins. Aus vielen Gründen, die ich hier nicht aufzählen kann, ist es nicht Herbarts Metaphysik, auch nicht seine Ethik, auch nicht seine Pädagogik, obwohl sie am unvollkommensten ausgebildet ist, kurz: nicht seine theoretischen, sondern seine praktischen, angewandten Ideen. Und wiederum ist es das pädagogische, näher das Schulgebiet, der Lehrerstand, wo die meiste Empfänglichkeit vorausgesetzt werden kann.

Hier also muß die herbartische Anschauung zuerst Wurzel schlagen, von hier müssen die Missionare ausgehen. Dafür sind aber wiederum Namen nötig, und das Suchen nach solchen Namen führt uns wieder zu dem einen, den ich genannt. Wohl uns, daß wir ihn haben. Tun wir nun unsere Schuldigkeit. Das Übrige wird sich von selbst finden.

Und endlich sechstens: dieser Name, gerade dieser, wird auch die so hochnötige Kritik und Säuberung innerhalb der herbartischen Schule einleiten. Keiner unter uns fühlt so lebhaft, was in der herbartischen Schule fehlt, als Ziller. Er fühlt sich auf allen Seiten gehemmt und gedrückt; zuweilen ist er vor Bekümmernis ganz deprimiert, daß man alle Mühe hat, ihn wieder aufzurichten. (Auch das „unparlamentarische" Wesen, von dem Sie reden, spielt dabei eine Rolle). Kommt er in die Höhe und in den Vordergrund, so werden die hindernden Elemente von selbst heruntergedrückt und zurückgeschoben werden. Anders gibts kein Mittel. Ergreifen wir es also mit allem Ernst und mit aller Kraft [. . .]

[F. W. Dörpfeld]

Mit der Persönlichkeit, die vor der Welt das Erbe Herbarts vertritt, ist wohl Ziller gemeint.

189

An Adolph Hollenberg, Mülheim/Ruhr

Barmen, 8. Januar 1877

Mein Lieber.

Herzlichen Gruß zum neuen Jahre.

Erst heute komme ich zur Beantwortung Deiner Briefe vom 26. Dezember und 30. Dezember. Der Jahreswechsel bringt bei uns immer viele Arbeit.

1. Deine projektierte „Summa" lobe ich im voraus, und wenn sie fertig ist, hinterdrum noch besser, zumal mir auch etwas davon zufallen soll. Ich wünschte, daß ich meinen Anteil schon in der Hand hätte. Meine eingebundenen Schulblatt-Jahrgänge sind sowohl mit der Nummer des Jahrganges als mit der Jahreszahl bezeichnet. Ich kann mich also bei jeder Bezeichnung, die Du wählst, zurechtfinden.

2. Die richtige Einteilung der „Summa" (die Reihenfolge der Kapitel, wie Du sagst,) ist zwar nicht das Wichtigste an der Sache, obwohl doch wichtig genug, um eine sorgfältige Überlegung beanspruchen zu können. Meine Meinung ist die: zuoberst muß eine logisch-korrekte Einteilung der gesamten Pädagogik gemacht werden, woraus sich die Reihenfolge der Kapitelzahlen ergibt, und sodann muß innerhalb des einzelnen Kapitels in der Weise der gewöhnlichen Sachregister (nach Stichworten) rubriziert werden. Die letztere Weise allein würde mir nicht Genüge tun.

Eine Verbindung beider Weisen halte ich auch deshalb für besser, weil ein- und dasselbe Stichwort (respektive das betreffende Zitat) bei verschiedenen Kapiteln eine Bedeutung haben kann. Die Einteilung der Pädagogik (der gesamten also: Arbeit, -sanstalten und Verwaltung), wie sie die vorhandenen Lehrbücher geben, befriedigt mich durchaus nicht. Bei manchem hat man den Eindruck, daß die Logik im Aussterben begriffen sei.

Seit Jahren bin ich mit diesem Problem beschäftigt, wobei mir Dr. Mager die beste Hülfe bot; allein zum vollen Abschluß, zu neuer Einteilung, die mein logisches Gewissen befriedigt, bin ich jedoch noch nicht gelangt. Das letzte Ergebnis ist übrigens in der Hauptsache zuverlässig richtig. Wenn Du es wünschest, so will ich es, nach nochmaliger Revision, für Dich abschreiben lassen.

3. Deine beiden Abhandlungen in der Weise zu veröffentlichen, daß Du sie einem Verleger anbietest und nach abgeschlossener Vereinbarung zum Vertriebe überlässest, kann ich nicht anraten. Denn einmal wirst Du schwerlich ein nennenswertes Honorar bekommen – und wenn doch, so wird das Schriftchen so kostspielig, daß schon der hohe Preis dem Absatze im Wege steht. Und wenn Du auch auf das Honorar verzichten wolltest und somit der Preis geringer wäre, so wird nach meiner Ansicht auch dann der Absatz nicht groß sein, ausgenommen in dem Kreise, wo man den Verfasser persönlich kennt. Und selbst in letzterem Falle (im engern Kreise) wird man sich lieber mit Leihen behelfen als selbst kaufen. Ich kenne das, tadle es auch nicht, da der Beutel der Lehrer klein ist. Dem jeweiligen Applaudieren in den Konferenzen lege ich nur dann Wert bei, wenn ich mir die betreffenden Personen genau angesehen und dabei alles in Richtigkeit befunden habe.

Die beiden Aufsätze und eine Broschüre zusammenzubringen, muß ich entschieden widerraten. Denn da sich kein schicklicher gemeinsamer Titel finden läßt, so ist dieser Weg in jeder Beziehung unzweckmäßig: das Ensemble sieht wie ein Zusammengerafftsein aus, so, wie wenn ein Schriftsteller möglichst breit auftreten will, aber nur über zwei Stücke verfügen kann; (ein anderes wäre es, wenn wenigstens ein halbes Dutzend Aufsätze zusammenständen) und überdies wird der Preis dann so hoch, daß der Titel für diesen Betrag nicht genug Reiz gibt. Ein präziser Titel ist stets die äußerste Bedingung bei literarischen Unternehmungen.

Besser also zwei gesonderte Broschüren als eine mit zwei verschiedenartigen Aufsätzen. Überdies ist zu merken, daß die Broschürenliteratur nur dann zieht, wenn entweder eine sogenannte Zeitfrage behandelt wird oder wenn der Verf[asser] bereits einen literarischen Namen hat.

4. Der beste und der gewiesene Weg ist ohne alle Frage der, die beiden Aufsätze einen nach dem andern zuerst im Schulblatte zu veröffentlichen. Damit wird der Aufsatz nicht nur in einem weiteren Kreise bekannt, als es per Broschüre möglich ist, sondern Du erhältst auch immer ein kleines Honorar. Sodann kann der Aufsatz im Separatabdruck als Broschüre in die Welt geschickt werden, dahin, wohin das Schulblatt nicht kommt. Zu dem Ende würde Bertelsmann anzufragen sein, ob er diesen Separatabdruck auf seine Kosten herstellen und verbreiten will, ohne besonderes Honorar.

Ich vermute übrigens, daß er es ablehnen wird, was Dir ein Maßstab sein kann, wie viel Appetit die Buchhändler zu derartigen Operationen haben, wenn der Verfasser noch keinen Namen in der Buchwelt hat. Lehnt er wirklich ab, so steht Dir noch einer offen, (etwa für das vom Schulblatt zu empfangende Honorar) eine gewisse Anzahl von Separatabdrucken besorgen zu lassen und diese dann einem Mülheimer oder Duisburger Buchhändler in Kommission zu geben (etwa gegen Halbpart des Reinertrages). Auf diese Weise hast Du keine Kosten und der Kommissionär auch nicht, so riskiert niemand etwas und die Broschüre kommt doch in irgendeinem Maße in die Welt. Überdies habt Ihr den Vorteil, daß der Preis sehr niedrig gestellt werden kann, weil bei einem solchen Separatabdruck nicht viel mehr als das Papier und das Heften bezahlt zu werden braucht.

5. Mit dem Aufsatze über die Gewöhnung kann der Anfang gemacht werden. Das Resultat mag dann lehren, was für den zweiten Aufsatz rätlich ist. Der erstgenannte Aufsatz muß, wenn das Schulblatt benutzt werden soll, auch deshalb vorgekehrt werden, weil für den andern Aufsatz noch kein Platz ist, da ich auch bereits den Siebelschen Aufsatz (über dasselbe Thema) übernommen habe.

Die Abhandlung über die Gewöhnung kann vielleicht schon im nächsten Hauptheften Platz finden, wofür die Manuskripte schon Anfang Februar eingesandt werden müssen. Was mit dem zweiten Aufsatze gemacht werden soll, bliebe, wie ich rate, einstweilen eine offene Frage bis dahin, wo der Siebelsche Aufsatz im Druck vorliegt. Übrigens könntest Du denselben auch dem Nostizschen Schulblatte (Neuwied) anbieten. Wenn Du keine Abneigung dawider hast, dort Deinen Namen gedruckt zu sehen, dann widerrate ich meinerseits durchaus nicht. Es ist dabei zwar allerlei zu erwägen, allein was mich persönlich angeht, so könnte es für mich nützlich sein, wenn einer meiner zuverlässigen Freunde auch dort Zutritt hat.

6. Du fragst nach der Zahl der Druckseiten, die Deine Manuskripte in Anspruch nehmen würden. Hier ein Maßstab. Im Schulblatte verschlingt eine Druckseite durchschnittlich drei Quartseiten meiner Handschrift, wo jede Quartseite gewöhnlich 21 bis 22 Zeilen hat.

7. ad Rheydt. Sch[. . .] mag in der Tat im Ernst gefragt haben; doch wirst Du ihm nicht mehr trauen dürfen als rätlich ist. Ich würde ihm die Daumschrauben ansetzen und sagen: Wenn ich zum Seminarlehrer (unter den angegebenen Bedingungen) ernannt sei, so würde ich das gewünschte Gutachten liefern, wenn nicht – aus.

Die Wahl zwischen einem ersten Seminarlehreramt und einem Schulinspektorat ist eine eklige Sache. Das Letztere ist in jedem Falle sehr dorniger Natur, und diese Natur kann nur dann sich mildern, wenn der Schulinspektor von den betreffenden Lehrern als eine wirkliche Autorität betrachtet wird. Darauf kommt im Grunde alles an.

8. Kannst Du Dein handschriftliches Gesangheft für einige Monate missen? Meine Anna möchte es gern haben. Wenn ja, so schicke es mir mit Deinem Aufsatze.

9. Der Entschluß der Medebacher hat mir gefallen.

In bekannter Liebe
Dein

F. W. Dörpfeld

Aus den Empfehlungen D.s für die Anfertigung von Separatdrucken wie aus seinen Bedenken gegenüber der Veröffentlichung einer gesonderten Schrift sprechen die eigenen Erfahrungen auf dem Büchermarkt. – Zum Begriff der „Summa" hat Hollenberg am Rand vermerkt: „Notiz: die ‚Summa' bezeichnet ein Inhaltsverzeichnis der Jahrgänge des Schulblattes. Hollenbg." – Im EvSchBl 21 (1877), S. 73–86 findet sich Hollenbergs Aufsatz „Die Gewöhnung in ihrer erziehlichen Bedeutung für die Schule", während mit dem Siebelschen Aufsatz Peter Siebels Abhandlung „Die Behandlung des poetischen Lesestoffes in der Volksschule", ebd. S. 145–162, gemeint ist. – Randbemerkung von anderer Hand zu Punkt 9 („Entschluß der Medebacher"): „ein Lehrerdenkmal zu errichten."

190

An Peter Diehl, Frankfurt a.M.

Barmen, 10. März 1877

D. nennt als neues Thema anstelle des ursprünglich vorgesehenen (siehe Brief 186) „Ein pädagogisches Glaubensbekenntnis". Er habe zwar die Möglichkeit, in W. Reins Zeitschrift „Pädagogische Studien", einer Bitte des Herausgebers folgend, seine pädagogisch-didaktische Ansicht darzulegen, wolle sie jedoch zunächst in Frankfurt vortragen. Er wünsche in einem Gasthof zu übernachten, um früh zu Bett gehen zu können und morgens vor der Konferenz nicht zu viel zum Sprechen verleitet zu werden.

191

An Peter Diehl, Frankfurt a.M.

Barmen, 26. März 1877

D. fragt nach Wochentag, Ort und Zeit der Konferenz. – Postkarte, abgestempelt Barmen-Wupperfeld.

192

An Adolph Hollenberg, Mülheim/Ruhr

Barmen, 29. März 1877

Übersendung eines Paketes mit der versprochenen Übersicht über die Pädagogik in einer kurzen und einer ausführlicheren Form. D. entschuldigt sich für einen Lapsus beim Abdruck von Hollenbergs Abhandlung über die Gewöhnung und bittet, die Anzahl der gewünschten Sonderdrucke zu nennen. Am 2. Ostertag reise er nach Frankfurt.

Bezüglich der Berufsentscheidung, vor der Hollenberg steht, rät er zum Seminarlehrer oder Schulinspektor. Die Tätigkeit eines Rektors hingegen sei ein ‚Aufreibungsposten'.

193

An Peter Diehl, Frankfurt a.M.

Barmen, 31. März 1877

D. kündigt E. Höfler als Reisegefährten an. Sein Referat werde er frei halten, ein Stenograph sei nicht erforderlich. – Postkarte, abgestempelt Barmen-Rittershausen.

194

An Adolph Hollenberg, Mülheim/Ruhr

Barmen, 10. Mai 1877

D. fragt nach Hollenbergs „Aufstellung des Wunschzettels in betreff des Unterrichtsgesetzes" und bittet um Mitteilung bestimmter „Desiderata". Dies habe er bei der letzten Besprechung in Düsseldorf vergessen zu sagen.

195

An Peter Diehl, Frankfurt a.M.

Barmen, 3. Juli 1877

Lieber Freund.

Ihr Bericht über die Frankfurter Konferenz ist unter der Presse.

Nachträglich hat es mir leidgetan, daß ich Ihren Vorschlag, für meinen Vortrag einen Stenographen zu engagieren, nicht angenommen hatte, zumal ich nicht weiß, wann sich Zeit finden wird, das Thema des Vortrages (wie es meine Absicht war) in gebührender Ausführlichkeit für das Schulblatt oder für eine selbständ[ige] Schrift zu bearbeiten. Um aber Ihrem Verein für die Kosten, welche er meinetwegen aufgewendet hatte, auch im gedruckten Bericht eine Entschädigung zu geben, habe ich noch schnell selber ein Referat über meinen Vortrag (dem Inhalte nach) zu Papier gebracht und dasselbe anstatt des Ihrigen Ihrem Berichte einverleibt. Für den wörtlichen Ausdruck kann ich freilich nicht bürgen, zumal bereits zwei Monate verflossen waren. Aber den sachlichen Inhalt werden Sie in allem Wesentlichen wiederfinden, da derselbe einen festen, stets disponibeln Bestandteil meines didaktischen Gedanken bildet. H[er]r Höfler, dem ich mein Referat vorlas, meinte, es könne mit Ehren bestehen. Dasselbe umfaßt aber auch in meiner Handschrift über 25 Quartseiten. Ich denke, den Brüdern, welche meinen Vortrag gehört haben, wird dieser ausführliche Bericht willkommen sein.

Dem Herrn Bertelsmann habe ich nach Ihrer Weisung aufgegeben, Ihnen 120 Exemplare Ihres Konferenzberichts in Separatabdrucke zu besorgen. Vielleicht wäre es gut, wenn Sie ihn durch ein paar Zeilen per Postkarte an diese Bestellung erinnerten. Aber umgehend.

Die Reise nach Frankfurt und was ich dort im Verkehr mit den Kollegen erfahren, wird mir stets ein schönes Stück angenehmer Erinnerung bilden. Sie haben mir übrigens Unrecht getan, wenn Sie gemeint haben, es sei bei mir eine Art Mißtrauen, Abneigung oder des etwas gegen die hess[ischen] Brüder vorhanden. Es war vornehmlich die einseitige Richtung der hess[ischen] Christl[ichen] Schulblätter, die sich ohne alle Reserve der von den Geistlichen dirigierten kirchlichen und kirchenpolitischen Strömung überließen und keine Ahnung, geschweige ein Bewußtsein davon hatten und haben, daß Schule, Lehrerstand und Pädagogik einen durchaus eigenartigen Beruf im Reiche Gottes und in der menschlichen Gesellschaft überhaupt besitzen, einen Beruf, den sie in demselben Maße nur unvollkommen erfüllen können (auch der Kirche, auch dem Staate gegenüber), als sie sich nicht selbständig entwickeln und die ihnen eingeplanten Kräfte nicht ausbilden können. Ob die Schule und die Pädagogik durch die Politik oder durch die Theologie über Gebühr beeinflußt und gefesselt werden – sowieso ist es eine Fessel und eine Schande, und zwar auch für den Staat und für die Kirche.

So haben dann auch das Hess[ische] Schulblatt und diejenigen Kollegen, die aus demselben ihre pädag[ogischen] Fortbildung schöpfend, nicht zu sehen vermocht, daß das Ev[angelische] Schulblatt von seinem Beginn an die Schule und die Pädagogik nach ihrem eigenartigen, neuen Berufe zu erfassen suchte. Das ist die Last gewesen, die auf dem Ev[angelischen] Schulblatte gelegen hat, daß es einsam, isoliert, von den christl[ichen] Blättern und ihrer Anhängerschaft unverstanden und ununterstützt seinen Weg verfolgen mußte, seit nunmehr 20 Jahren. Die eigentliche Arbeit, ich meine die zur Fortbildung der Pädagogik, habe ich allein tun müssen. Die Helfer, welche sich darin allmählich mir zur Seite stellten, hatte ich mir selbst erst heranbilden müssen. Es mag sein, daß die eine Hälfte der Pädagogik, die Lehre von der Schulverfassung, den meisten Lehrern zu weit von der Hand liegt, da hierbei staatswissenschaftl[iche] Studien nötig sind, davon wollen wir daher absehen. Allein was die andere Hälfte, die Lehre von der Schularbeit betrifft, da hätten doch die christl[ichen] Schulmänner und ihre Blätter allmählich einsehen sollen, daß die Didaktik (die Theorie) auf ihrer Seite mindestens ebenso unfertig und gebrechlich ist als auf der ihrer prinzipiellen Gegner, und daß diese Großmauls-Pädagogik nur dadurch zum Schweigen gebracht werden kann, daß fundierte Pädagogik entgegengestellt wird. Daran hat das Ev[angelische] Schulbl[att] gearbeitet und, wie ich meine, nicht ohne Erfolg. Die andern christl[ichen] Schulblätter aber scheinen nichts davon zu wissen und zu merken – wie ich dann auch mehr als eine Zuschrift von ganz wackeren Amtsbrüdern erhalten habe, worin darüber geklagt wird, daß das Ev[angelische] Schulbl[att] sich jetzt so viel mit rein methodischen Fragen befasse. Ich habe aber keine Zeit, diese lieben Freunde eines besseren zu belehren und muß daher abwarten, ob ihnen nicht von selbst die Augen aufgehen. Ich werde mich wohl hüten, vor der Zeit die Konsequenzen meiner didakt[ischen] Grundsätze bloßzulegen, die bestimmt sind, der Großmauls-Didaktik die Kehle zuzuschnüren. In der Lehre von der Schulverfassung hatte ich das leider – aus Bedrängnis, um mir die Vorwürfe der konservativen Freunde vom Leibe zu halten – zu sehr getan und mich dadurch bei den Gegnern selbst denunziert. Dieser Schade hat mich klüger gemacht.

Von jenen Konsequenzen ein Beispiel. Die, welche derweilen eifrig für die Konfessionsschule streiten, meinen, ich hätte seit langem über diese Frage nichts mehr geschrieben. Ich habe es aber doch getan, schon 1872, als jene Streiter noch süß schlummerten. Es ist die „Theorie des Lehrplans", welche ich meine. Hätten die guten Leute pädag[ogischen] Verstand, so würden sie einsehen, daß dies vielleicht die letzte Schrift ist, welche zum Schutze der Konfessionsschule geschrieben worden ist, weil sie rein vom pädag[ogischen] Standpunkte aus redet. Allerdings ist sie zunächst um der didakt[ischen] Wahrheiten willen, die sie deutlich ausspricht, geschrieben, und die Konfessionsschulfrage wird kaum mit einer Silbe erwähnt; allein es unterliegt keinem Zweifel, daß, wo jene Wahrheiten (Verbindung aller Lehrfächer, je nach ihrer Natur) Eingang finden, die Simultanschule deutlich als eine große Abnormität kenntlich gemacht ist.

Nun mögen Sie nachfragen in den Ihnen zugänglichen christl[ichen] Kreisen bei Lehrern und Geistlichen, ob Sie einen einzigen finden, der diese strategische Wirkungsfähigkeit des Buches gemerkt hat. Hüten Sie sich aber ja, den Leuten vor der Zeit etwas darüber zu sagen. Um der Gegner willen ist es besser, wenn niemand etwas merkt.

Sie sehen, daß die Differenzen, die im Vorstehenden angedeutet sind, keineswegs auf die hess[ischen] Brüder allein gemeint sein sollen. Dieselben bilden keine aparte Spezies im christlichen Deutschland; es ist überall so.

Gegen die einzelnen Personen hege ich darum weder ein Mißtrauen noch auch nur Antipathie. Ich beklage es nur, weil sie nun im Kampfe mit den Gegnern wenig ausrichten und überdies mir selbst nicht nur keine Stütze, sondern oft genug ein Hindernis sind.

Was Ihren Verein betrifft, so müßte meiner Ansicht nach dahin gestrebt werden, denselben, ohne den alten festen Verband zu schädigen oder aufzulockern, zu einem mittelrheinischen zu erweitern, der außer den jetzigen Distrikten noch Nord-Baden, Nord-Elsaß, die Pfalz, Rheinhessen und den südlichen Teil der Rheinprovinz umfassen könnte. Ich weiß wohl, daß das in diesen zertrennten Territorien, die bisher wenig Verkehr miteinander gehabt haben, recht schwierig ist. Allein für unmöglich halte ich dieses Ziel nicht. Es muß nur verständig operiert werden. Dazu würde meines Erachtens folgendes gehören: erstlich muß die bisherige hess[ische] Frankfurter Konferenz die Angelegenheit in die Hand nehmen, aber so, daß sie für sich bleibt, was sie ist, damit über dem Experimentieren in die Ferne nichts verloren geht. Vielleicht kann sie ihre separate Zusammenkunft in den Herbst verlegen. Sodann muß sie für den weiteren Kreis einen engern (Verwaltungs-) Ausschuß – aus wenigen Personen bestehend, etwa 3 oder 5, und einen weiteren (Repräsentations-)Ausschuß zu bilden suchen. Die Glieder des engeren Ausschusses müssen nahe zusammen wohnen (etwa in Frankf[urt] und nächster Umgegend). In dem weiteren Komitee muß jede der verbundenen Landschaften – Kurhessen, Nassau, Frankfurt, Hessen-Darmstadt, Pfalz, Baden und Rheinprovinz – durch je ein oder zwei Köpfe vertreten sein. Diese Repräsentanten der Einzel-Landschaften müssen sich als Werbeoffiziere in ihrem Bereich betrachten. Besteht in einer solchen Landschaft bereits ein christl[icher] Lehrerverein, so mag derselbe die Repräsentanten aus seiner Mitte bezeichnen. Drittens: die erste Zusammenkunft muß an einem gelegenen Mittelpunkte gehalten werden – mit einer Versammlung des Vorstandes und der Repräsentanten am Vortage; später mag man etliche Jahre lang die Konferenz wandern lassen, doch empfiehlt sich, schließlich bei einem oder zwei festen Zentralorten stehen zu bleiben. Viertens: Mit Statutenmacherei darf man sich nicht viel abgeben. Meines Erachtens ist dieserhalb weiter nichts nötig, als einerseits kurz und rund den ethischen und pädag[ogischen] Charakter der Genossenschaft zu bezeichnen und andererseits das Allernötigste des Geschäftsganges zu regeln. Was die Charakterisierung in religiös-ethischer Hinsicht betrifft, so würde ich in Betracht der Vorgeschichte der dortigen Gegend raten, die Formel nicht zu eng zu fassen. Die Konferenz muß sich als eine missionierende betrachten und ihre Türen weit aufmachen. Die konservative Kraft muß in den lebendigen Persönlichkeiten und in den Einzel-Konferenzen liegen. Liegt sie da sicher und fest, dann kann die größere Konf[erenz] in generöser Weise weitherzig sein, ohne Gefahr.

Sollte es nicht möglich sein, Ihren Frankfurter Senior Dr. Finger zu bestimmen, daß er sich an die Spitze der größeren Vereinigung stelle? Oder halten Sie dies nicht für rätlich?

Sollten Sie über kurz oder lang dahin kommen, die „Zeltpflöcke" der Konferenz etwas weiterstrecken zu können, und sollte man mich dann noch einmal einladen wollen: so erkläre ich mich im voraus bereit, über einen der beiden zurückgestellten Grundsätze meines „Glaubensbekenntnisses" einen neuen Vortrag zu halten. Diesmal hatte ich den vorgekehrt (3. Gründlichkeit), der die behaglichen liberalen Philister und „Wurststopfer" an der Gurgel fassen will. Es ist also noch rückständig der über den Erziehungszweck des Unterrichts (1), der wichtigste, und der über die qualitative Vollständigkeit des Lehrplans (2) mit seiner Fülle an interessanten und eingreifenden Konsequenzen. Meine Erklärung im voraus will natürlich hinzugedacht haben: so Gott will, wenn ich noch lebe, reisen darf und reden kann. Sie werden hieraus erkennen, daß es mir in Ihrer hess[ischen] Konferenz und in Frankfurt überhaupt recht wohl gefallen hat. In der Tat habe ich selten eine ähnliche Tour gemacht, die mir eine so angenehme und ungetrübte Erinnerung hinterlassen hat. Das einzige, was ich bedaure, ist, daß es mir nicht vergönnt war, den Herrn Pf[arre]r Schlosser, der mir besonders wohlgefallen hat, privatim und auf längere Zeit sprechen zu können. Es lag mir vielerlei im Sinne, was ich gern mit ihm verhandelt hätte.

Zum Schluß will ich Ihnen noch etwas Persönliches erzählen, muß aber kurz sein, da die Zeit drängt.

Wie Sie vielleicht erfahren haben werden, wurde mir vor etlicher Zeit vom Minister das Rektortitelchen beschert. Diese Sache hat einen dunkeln Hintergrund, den aber fremde Augen nicht sehen.

In den letzten beiden Jahren habe ich schwer verdauliche Dinge erlebt. Vor etwa anderthalb J[ahren] war ich im Ministerium so gut wie fest zum Seminardirektor designiert, auf Betrieb des Geh[eim-] R[ats] Dr. Schneider. Der Minister hatte mich im Herbst 1875 nach Berlin kommen lassen (unter reichlicher Vergütung der Reisekosten), um die Angelegenheit mündlich zu besprechen und meine Wünsche bezüglich einer Aszension zu hören. Eine Stelle in der Verwaltung als Kreis-Schulinspektor oder Reg[ierungs]-Schulrat lehnte ich ab, da mir das Aktenschreiben nicht behagt. Am liebsten wäre mir eine freiere, wenn auch äußerlich bescheidene Stellung gewesen, die mir für wissenschaftl[iche] und literar[ische] Tätigkeit mehr Zeit gelassen hätte, als es das jetzige Amt tut. Da aber eine solche nicht zu finden war, so entschloß ich mich für ein Seminardirektorat, jedoch nur diesseits der Elbe, wo möglich in der Rheinprovinz. Für den Augenblick gab es aber in diesem Bereich keine Vakanz. Gegen Ende v[origen] J[ahres] fand sich endlich eine durch Errichtung eines neuen Seminars zu Rheydt in der Rheinprovinz (Regierungsbezirk Düsseldorf). Als nun der Minister das Prov[inzial]-Schulkollegium in Koblenz meinetwegen zum Bericht aufforderte, wie das der Geschäftsgang mit sich bringt, strengten diese Herren sich auf's äußerste an, meine Ernennung abzuwehren. Was sie alles vorgebracht, weiß ich nicht, nur das weiß ich, daß sie namentlich meine Gesundheitsverhältnisse vorgeschoben haben und z.B. gesagt, ich sei augenleidend und meine Gesundheit überhaupt nicht fest. Das machte den Minister stutzig. Meine Kandidatur wurde beiseitegestellt und ein rhein[ischer] Pfarrer, der eine Präparandenanstalt gegründet und schon seit langem auf ein Seminardirektorat oder eine Schulratsstelle gehofft hatte, zum Direktor in Rheydt ernannt.

Ich habe mich seitdem um die Angelegenheit nicht mehr bekümmert. Das verliehene Rektortitelchen sollte ein Pflaster auf die Wunde sein.

Was mein Gott will, gescheh' allzeit,
Sein Wille ist der beste.

Daran soll mir genügen.

Mit herzlichen Grüßen
Ihr

F. W. Dörpfeld

D.s eigene Zusammenfassung seines Frankfurter Vortrags ist in Diehls Konferenzbericht, EvSchBl 21 (1877), S. 246–258, eingefügt. Zum kirchlichen Leben in Hessen vergl. Brief 73, zur politischen Haltung der hessischen Lehrer und zur Stellung des EvSchBl.s Brief 128. Direktor des neugegründeten Seminars in Rheydt wurde Pfarrer Georg Schulze aus Götterswickerhamm.

196

An Peter Diehl, Frankfurt a.M.

Barmen, 9. Juli 1877

D. spricht sein Verständnis für Diehls neue Tätigkeit an einer höheren Mädchenschule aus. Angesichts einer zahlreichen Familie und Diehls Alter wäre ein Mittelschulexamen kaum zumutbar. D. erwarte von Regierungsrat Bayer eine Bestätigung der jetzigen Stellung Diehls und empfiehlt einen baldigen Besuch bei Bayer.

Ergänzend zu D.s Mitteilungen über die Rheydter Seminardirektorstelle im vorhergehenden Brief schreibt D., der Barmer Oberbürgermeister Bredt, Mitglied des Herrenhauses, sei bei Geheimrat Schneider wegen dieser Stelle vorstellig geworden. Barmer Kollegen hätten ihn ohne D.s Kenntnis dazu veranlaßt. Schneider habe die Nichtberücksichtigung D.s mit dessen Gesundheitszustand begründet, d.h. „nicht für gut befunden, mehr zu sagen". Für D. stehe fest, daß die Berliner und Koblenzer Behörden, was für Motive sie auch geleitet hätten, doch nur Vollstrecker von Gottes Willen gewesen seien.

197

An Peter Diehl, Frankfurt a.M.

Barmen, 13. September 1877

D. vermag von Diehl erbetene, nicht näher bezeichnete Unterlagen erst zu senden, wenn das pädagogische Gutachten über die vier- und achtklassige Schule fertiggestellt sei.

198

An Peter Diehl, Frankfurt a.M.

Barmen, 3. Oktober 1877

Diehl, der D. wegen einer schriftlichen Arbeit zur Mittelschulprüfung um Rat gefragt hatte, brauche keine Literatur, wenn er D.s Aufsätze kenne und seine eigene praktische

Erfahrung zusammenfasse. Wolle Diehl dennoch etwas lesen, so empfiehlt D.: T. Ziller, Vorlesungen über allg. Pädagogik, Leipzig 1876; ders., Grundlegung zur Lehre vom erziehenden Unterricht, ebd. 1865; O. Willmann, Pädagogische Vorträge über die Hebung der geistigen Tätigkeit durch den Unterricht, ebd. 1869. Ferner nennt D. zwei Examensarbeiten aus dem EvSchBl 20, 1876 von G. Scheurmann über Locke und P. Siebel über den poetischen Lesestoff in der Volksschule.

199

An Adolph Hollenberg, Rheydt

Barmen, 15. November 1877

Lieber Freund.

Darf ich noch um 8 Tage Geduld bitten – in betreff der Physik und auch der andern Aufsätze?

Seit 14 Tagen weiß ich nicht, wo mir der Kopf steht. Die Gutachten, die mir meine Ferien gekostet haben, sind für Wermelsk[irchen] umsonst geschrieben. Der Minister hat die dortige Simultanisierung gutgeheißen: eine simultane Schule soll, wie im Reskript behauptet wird, keine pädagog[ischen] Bedenken erwecken können. So die Düsseldorfer, Koblenzer und Berliner Gouvernementspädagogen. Jetzt geht natürlich die Arbeit von vorn wieder an. Die Wermelskircher werden nun an eine weitere (höhere) pädag[ogische] Instanz appellieren. Die betreff[enden] Schreibereien, um das zu erzielen, fallen natürlich mir auf den Hals. Dazu müssen jetzt die Gutachten behufs der Rezens[ion] versandt werden und die Rezensenten, die zu den Unserigen gehören, ein wenig informiert werden.

Überdies ist nun die sog[enannte] „Schulfrage", nachdem in Elberfeld mit den Geistlichen tabula rasa gemacht ist, auch in Barmen ausgebrochen.Bekommst Du die „Rhein.-Westf.-Post" zu Gesicht, so hast Du wohl ein mattes Wetterleuchten gesehen. Ein Mitglied der Fortschrittspartei hat vor etwa 4 Wochen im Stadtrat die Anstellung eines selbständigen, fachkundigen Schulinspektors beantragt (und zugleich die vierklassige anstatt der achtklassigen Schule empfohlen). Die drei geistlichen Kreis-Schulinspektoren samt ihren Brüdern in der Lokalinspektion haben darob Alarm geschlagen und diesen Schritt für „Trennung der Schule von der Kirche" erklärt. Nun Bewegung, Aufregung, Agitation in allen Lagern, zumal die Stadtratswahl vor der Tür steht.

Hie Welf – hie Waiblingen. Alles, was konservativ oder kirchlich heißen will, ist natürlich blindlings drauflosgerannt, um einen verlorenen Posten zu verteidigen. Natürlich sind die Konservativen in der 3. Abt[eilung] bereits unterlegen. Ich habe gar nicht gewählt. Als man mich herbeiholen wollte, sagte ich dem guten Mahner: Zum Blinde-Kuh-Spielen wäre ich zu alt. Der Mann wußte im ersten Augenblicke nicht, ob ich noch bei Verstande wäre. Hinterher merkte er doch, daß der Fehler da nicht liegen könne und ging kleinlaut fort.

Arme Schule! Arme Kirche!

Du magst Dir denken, wie unter diesen Umständen meine Person und mein Kopf hin- und hergezerrt wird. Also habe wenigstens noch eine Weile Geduld mit einem geplagten Mann. Ein paar Deiner Aufsätze, die bereits durchgesehen sind, wird Dir Biermann übrigens bald schicken und Dir dann auch schreiben, was wir uns wieder zurückerbitten wollen.

Einige der vorstehenden Tagesgeschichten und Ministerial-Angelegenheiten müssen entre nous bleiben.

Mit herzlichem Gruße
Dein

F. W. Dörpfeld

Vorwort und Erläuterungen zu den beiden Gutachten über die vier- oder achtklassige Schule erschienen im EvSchBl 21 (1877), S. 394–405, die ganze Arbeit Gütersloh 1878 unter dem Titel „Zwei pädagogische Gutachten über zwei Fragen aus der Theorie der Schuleinrichtung. Im Auftrag von mehreren Stadträten und Schulinteressenten zu Wermelskirchen bearbeitet von dem Vorstande der allgemeinen bergischen Lehrerkonferenz". Ein Bild der Schulauseinandersetzungen in Wermelskirchen 1877 vermittelt der „Allgemeine Anzeiger für das industriereiche Bergische Land" (Jg. 1877 im Stadtarchiv Wermelskirchen).

Die Ablösung der geistlichen Schulinspektoren in den Städten Barmen und Elberfeld erfolgte im Anschluß an das Schulaufsichtsgesetz, das im Frühjahr 1872 von beiden Kammern in Preußen mit Stimmenmehrheit verabschiedet worden war. Danach war die Wahrnehmung der Schulaufsicht nicht mehr Sache der Pfarrer allein, sondern konnte auch weltlichen Inspektoren, d.h. Pädagogen, übertragen werden. Unter dem Einfluß der Liberalen wurde diese Ablösung in den beiden Wupperstädten in den nächsten Jahren verwirklicht, wobei konservativ-kirchliche Kreise den „verlorenen Posten" (D.) vergeblich zu verteidigen suchten.

200
An Peter Diehl, Frankfurt a.M.

Barmen, 29. November 1877

Mitteilung, der Brief „an die bekannte Stelle" sei abgegangen. – Postkarte, abgestempelt Barmen-Wupperfeld.

201
An Wilhelm Dörpfeld, Olympia

Barmen, 9. Dezember 1877

Lieber Wilhelm.

Groß und klein rüstet sich hier im Hause, um Dir das Weihnachtsfest nach besten Kräften heimatlich auszustatten, so weit es geht. Durch „Realien" läßt es sich nicht tun, so soll es denn durch „Verbalien" geschehen – durch Briefe, die Dir etwas aus der Heimat erzählen und Dich zum Weihnachts- und Geburtsfest herzlich grüßen, da sie außer der Liebe Dir nichts schenken können. Da kann und will ich denn auch nicht zurückbleiben und Dir einige Zeilen gut beilegen, obwohl das Schreiben mit einem stechenden Wehgefühl geschieht, nämlich mit schmerzhaften Gedanken, der mich ohnehin immer verfolgt, daß ich überhaupt so selten habe an Dich schreiben können und auch nicht einmal versprechen darf, daß es in Zukunft häufiger geschehen werde. Doch – ich darf mich nicht verleiten lassen, von den Dornen zu reden, die meinen Lebensweg neben den vielen Segnungen begleiten: die einen wie die anderen kommen ja aus derselben väterlichen Hand, – und dazu wollen wir heute des Christfestes nur uns freuen, das uns den Sieg verkündet, der Sünde, Tod und alles Weh verschlungen hat und alle Disteln und Dornen, auch die selbstverschuldeten, in lauter Gnadenzeichen verwandelt.

Gott zum Gruß und dem Herrn Jesum Christum zum Trost! Das ist mein herzlicher Wunsch zu dem bevorstehenden Doppelfeste, der Du jetzt im fernen Griechenland, getrennt von den Deinigen, feiern wirst. Darüber hinaus weiß ich Dir nichts zu wünschen. Darin, in diesem Christtagsgeschenk an die Menschheit und dieser „unaussprechlichen Gabe", liegt alles eingeschlossen, was das Menschenherz in Zeit und Ewigkeit begehren mag.

Der Gnade Gottes und unserem Herrn Christo Jesu befehlen wir Dich alle Tage, und damit sollten wir Dich geborgen wissen. Aber wie ist unser bängliches Herz doch so oft voll Sorge um Dich, wenn einmal ein Brief von Dir sich verspätet! Daß Gottes Augen in alle Lande schauen, daß nicht bloß Barmen, Berlin und Deutschland zu Seinem Reiche gehört, das muß man sich immer erst wieder vorsagen, sonst will der kleine Glaube im kleinen Herzen in Sorgen und Befürchtungen untergehen – zumal bei der lieben sorglichen Anna. Sorge also dafür, so viel es geht, daß jeder fällige Posttag uns ein wenig Nachricht bringt. Wie oft von „unserem lieben Wilhelm" in Olympia unter uns die Rede ist und in den kommenden Feiertagen die Rede sein wird, das wirst Du Dir kaum denken können.

Eine kleine Sorge will mich auch zuweilen stark beschleichen, die ich aber den andern nicht sage. Du bist so aus aller christlichen Kirchengemeinschaft herausgerissen, von Kirchenbesuch kann bei Euch wohl nicht die Rede sein. Wie Deine Hausgenossen zu den christlichen Dingen und Anliegen stehen, weiß ich nicht. Arbeit und wieder Arbeit, Wissenschaft und Kunst und abermals Wissenschaft und Kunst, da sind die Gebiete Eurer Gedanken. Wenn ich mir das vorstelle, dann sorge ich denn oft, ob nicht in diesem stetigen unaufhörlichen, einförmigen Treiben das Bedürfnis nach etwas Höherem Schaden nehmen könnte. Eine notwendige Folge ist das freilich gar nicht; dieser beständige Werktagslauf könnte sogar gerade das Gegenteil bewirken und die Sehnsucht nach dem ewig Wahren und unverwelklich Schönen und unbeflecktem Guten desto lebhafter wachrufen. Möchte es ja geschehen! Aber, wie gesagt, eine kleine Sorge beschleicht mich doch zuweilen, und da habe ich denn wohl gedacht, ich wollte euch Schleiermachers weiland berühmtes Buch „Reden über die Religion an die Gebildeten unter ihren Verächtern" schicken, worin er den Leuten seiner Zeit, welche meinten, für sie – für die Gelehrten und Künstler – ersetze die Wissenschaft und Kunst das, was der gemeine Mann in Religion und Kirche zu finden meine, nachdrücklich und überzeugend bewies, die Religion sei ein Besonderes, ein Höheres und könne durch Wissenschaft und Kunst nicht ersetzt werden, häufig werde aber das religiöse Bedürfnis unter der Sorge für Wissenschaft und Kunst erstickt. Allein ich habe mich besonnen: Schleiermachers Buch paßt für die dermalige Zeit nicht mehr, genügt wenigstens nicht. Wir haben aber etwas Besseres, um den Durst nach dem Ewigen wach zu erhalten – was man freilich auch damals besaß: die religiösen Klassiker Israels von Moses bis St. Johannes und die klassischen religiösen Lieder unserer deutschen Christen von Luther bis auf Tersteegen. Hoffentlich hast Du Bibel und Gesangbuch bei der Hand. Damit mache Dir selbst neben den 6 Werktagen einen heiligen Sabbath. Solange Du einen Zug zu diesen lebendigen Quellen hast, solange Dir das Leben dieser Klassiker Bedürfnis und Freude ist, solange bin ich um Deinetwillen ohne Sorge.

Wie Du aus den Zeitungen ersehen wirst, ist hier in Deutschland auf politischem, sozialem, kirchlichem und pädagogischem Gebiete nach wie vor viel Kampf. Da ringt der alte „Konservatismus" mit dem alten „Liberalismus" – und beide sehen wieder zwei neue Gegner auf den Kampfplatz treten: die Ultramontanen und die Sozialdemokraten. Was für ein Durcheinander das endlich geben wird oder wie sie durcheinandergerüttelt werden mögen, das wird Gott wissen. Die Konservativen haben fast in allem recht, was sie an den Liberalen tadeln, und die Liberalen haben fast in allem recht, was sie an den Konservativen tadeln; aber weder die einen noch die andern wollen Buße tun und voneinander lernen. Ob ihrer beiderseitigen Unbußfertigkeit sind ihnen nun die Ultramontanen und die Sozialdemokraten als Zuchtruten auf den Hals geschickt.

Dieser Kampf mit seinem Wirrwarr spiegelt sich im kleinen klar ab auf dem Schulgebiete, wo ich ihn in nächster Nähe, d.h. auf einem bekannten, klar vor Augen liegenden Boden, übersehen kann. Die konservativ-kirchliche Partei hat der Schule zwar direkt nichts zuleide getan, aber sie hat auch so gut wie gar nichts zu ihrer Verbesserung und Hebung getan, ja sie hat nicht einmal die Interessen der Kirche (z.B. den konfessionellen Charakter der Schule) ausreichend zu schützen verstanden, was doch so leicht gewesen wäre, wenn man die Schule aufs Familienrecht gebaut hätte. Die liberalistische (und meist der Kirche entfremdete) Partei hat zur Besserung und Hebung der Schulanstalten wie des Lehrerstandes viel guten Willen gezeigt, auch durch das jetzige Ministerium bereits viel ausgeführt, allein bei allem, zumal bei der inneren Schulangelegenheit, zeigt sie eine solche Oberflächlichkeit und Gedankenlosigkeit, daß einem Kenner angst und bange wird, ungerechnet, daß sie auch den konfessionellen Charakter der Schulen und damit das Familienrecht antastet. Die besten, wichtigsten Schulinteressen geraten bei dem Treiben dieser beiden Parteien, die einer der andern die Herrschaft streitig macht, arg ins Gedränge, ja vielfach unter die Füße. Der einsichtige Schulfreund steht daneben und sieht trauernd zu: denn helfen kann er nicht, da jede Partei nur darnach trachtet, wie sie die andere verdrängen möchte, überhaupt ihre anderweitigen Parteiinteressen verfolgt, mag's der Schule darüber gehen, wie es will.

Ein interessantes Stück aus diesem Schulkampfe hat sich, wie Du weißt, auch jüngst in Wermelskirchen abgespielt. Auch ich habe mein redliches Teil Arbeit dabei getan. Freilich war beim Ministerium (Schulregiment) nichts zu hoffen, da alle unteren Instanzen bereits entschieden hatten. Das ist glücklicherweise doch erreicht, daß bei der jüngsten Stadtratwahl die Konfessionsschulfreunde in allen drei Abteilungen glänzend gesiegt haben. Damit ist ein Anfang der Besserung gewonnen; vielleicht läßt sich nun auch die Konfessionsschule wieder zurückerobern.

Ich werde Dir hierbei ein Ex[emplar] der Gutachten, die der Vorstand der berg[ischen] Lehrerkonferenz für die W[ermelskirchener] überarbeitet hat, beilegen. Das erste Gutachten samt dem Vorworte stammt aus meiner Feder; das zweite hat ein Solinger Kollege geschrieben (jedoch nach meiner Disposition und nach einem ältern handschriftl[ichen] Aufsatze von mir).

Ich weiß zwar, daß Du Dich für Schulangelegenheiten und für meine Schreibereien nicht interessierst. Ich mache Dir deshalb auch keinen Vorwurf. Allein in diesem Falle glaube ich doch ein wenig Interesse bei Dir voraussetzen [zu] dürfen, da es sich um das Wohl der väterlichen und mütterlichen Heimatgemeinde handelt.

Sodann möchte ich Dir die Lektüre der Gutachten deshalb empfehlen, weil man hier auf engem Raume den Charakter der beiden Parteien vortrefflich kennen lernen kann. Und endlich dachte ich, Du möchtest vielleicht daraus auch ein besseres Verständnis für das gewinnen, was Dein Vater mit seinen „Schreibereien", wie es die Düsseldorfer und Lenneper Verwandten nennen, in der Welt für einen Dienst hat. Der mich dazu gerufen hat, der weiß, was ich tue. Das soll mir genügen.

Nun, mein lieber Wilhelm, Gott der HErr leite Dich so gnädig wie bisher und führe Dich dereinst gesund an Leib und Seele wieder in unsere Arme.

In herzlicher Liebe
Dein einsamer Vater

F. W. Dörpfeld

Zu den beiden Gutachten vergleiche Brief 199. – Der Adressat war seit Oktober 1877 bei den unter der Leitung von Adler und Curtius stehenden deutschen Ausgrabungen in Olympia tätig, zunächst als Bauführer. Bevorzugtes Grabungsobjekt im Winter 1877/78: das Heraion.

202
An Adolph Hollenberg, Rheydt

Barmen, 3. Januar 1878

D. schlägt Hollenberg vor, das von vielen Kollegen erwartete Hand- und Lehrbuch zum Realunterricht (siehe Brief 143) gemeinsam herauszugeben. „Seit zwei Jahren habe ich fast keinen Strich daran arbeiten können. Im Jahre 1876, als die Seminardirektorstelle in

Aussicht stand, verwandte ich die freie Zeit dazu, um den Schulsack für diesen Posten (in Religion, Geschichte usw.) zu revidieren und zu komplettieren. Als diese Torheit gebüßt war", hätten Vorträge, Anfragen wegen Examensarbeiten, das Gutachten für Wermelskirchen und „hunderterlei Ansprüche" vorgedrängt. Allein als Begleitbriefe zu den Gutachten habe er in den letzten Wochen fast vierzig zum Teil umfangreiche Briefe geschrieben. D. teilt mit, daß er das von Lehrer Berchter erbetene Votum der Lehrer aus dem Jülichschen zur Konfessionsschule bisher nicht bekommen habe. der „jülicherländer Lehrerstand" sei das kranke Glied am niederrheinischen Schulkörper. Es sei zu bedauern, wenn Presting mit seiner „simultanen Konferenz" sich unbelästigt als „Leiter und Primus der niederrheinischen Pädagogik" aufspielen könne. Abschließend gibt D. seiner Freude darüber Ausdruck, daß Hollenberg am Rheydter Lehrerseminar eine ihn zufriedenstellende Tätigkeit gefunden habe.

203

An Peter Diehl, Frankfurt a.M.

Barmen, 18. Januar 1878

D. fragt nach der Disposition eines Aufsatzthemas, die er Diehl vor einiger Zeit geschickt habe. Er erbitte sie zurück, da er darüber einen Vortrag zu halten gedenke und jene Skizze ihm die Meditation dazu erleichtern würde.

Er legt die Abschrift eines Briefes bei, den er an einen norddeutschen Kollegen über das Gutachten zur vier- und achtklassigen Schule gerichtet habe und fragt nach der Resonanz der Gutachten in der Frankfurter Lehrerschaft.

Sein Sohn Wilhelm sei seit Oktober „leidenschaftlicher Wühler bei den Ausgrabungen in Olympia."

204

An Peter Diehl, Frankfurt a.M.

Barmen, 6. März 1878

D. schlägt als Themen eines Vortrags in Frankfurt vor: 1. Die Kreisschulinspektion. 2. Die Pflege des Gedächtnisses. 3. Die Schulung des Redens in der Volksschule. Außerdem macht er auf Besprechungen der Gutachten in der Zeitschrift „Im Neuen Reich" (Jg. 8, 1878, S. 108–114) und in der Sächsischen Schulzeitung (Jg. 1878, S. 89–92), letztere durch den Dresdner Seminardirektor August Israel, aufmerksam.

205

An Wilhelm Dörpfeld, Olympia

Barmen, 12. März 1878

Mein lieber Wilhelm.

Auf Deinen herzlichen Brief zu meinem Geburtstage vom 28. Februar, der gestern hier ankam, muß ich doch schnell ein paar Worte schreiben, damit Dein Gemüt sobald als möglich von dem schmerzhaften Gedanken loswerde, den eine eilige Bemerkung in meinem Weihnachtsbriefe hervorgerufen hatte.

Nun, nein, mein lieber Junge, so ist es gar nicht gemeint, daß Du Dich um eine fremde Wissenschaft, um die Pädagogik und um meine Schreibereien bekümmern solltest, auch nicht einmal mir zuliebe, um zu sehen, was Dein Vater denn eigentlich schaffe. Ich weiß ja gar zu gut von meinem eigenen Arbeitsgebiete her, wie nötig es ist, sich zu konzentrieren und zu bescheiden, wenn man irgendetwas Achtbares leisten will und wie nötig dies vollends in den jüngeren Jahren ist, wo man noch Examina vor sich hat. Ich habe mich daher nur darüber freuen können, daß Du Dich in Deiner Studienzeit und bisher treu und tapfer an Deiner wissenschaftlichen „Lektion" gehalten hast. Bleibe ja dabei! Gottes Segen ist sichtbar mit Dir gewesen. Du und die liebe Anna, meine erwachsenen Kinder, Ihr seid meine Freude, meine Krone und mein Trost, nachdem meine „Haussonne" untergegangen und meine „Manneskrone" ins Grab gesunken war. Gott wolle mich bewahren, daß ich betreff Eurer noch mehr wünschen oder von Euch noch mehr begehren sollte. Er erhalte Euch nur auf dem Wege, den Ihr bisher betreten habt, dann habe ich überreichen Ersatz für das, was ich in meiner ehelichen Einsamkeit oder sonst an den Ehren und Schätzen dieses Weltlaufs entbehren muß. Was darüber hinaus noch zu wünschen bliebe, das kann nur das eine sein, daß die jüngeren Geschwister Euch beiden und der sel[igen] Mama getreulich nacharten möchten.

Laß mich nun noch kurz sagen, wie jene Bemerkung in meinem Briefe aus der Feder „herausfuhr" und wie sie gemeint war. Sie war der Ausdruck einer Gemütsbeklemmung, deren Anfänge weit zurückliegen! Die Verwandten (die jüngeren) zeigten von Anfang an für meine wissenschaftl[ichen] und literarischen Arbeiten kein Verständnis und darum auch keine Teilnahme und influierten in dieser Mißachtung auch mehr oder weniger auf die guten Großeltern. Meine Arbeiten brachten ja nichts ein; ja, im Anfange nötigten sie nur eigene Opfer auf. In allen möglichen verblümten Wendungen mußte ich oder die liebe Mama den Vorwurf heraushören, daß ich meinen Liebhabereien nachginge und die Familie darüber leiden ließe. Und nun erst, als vor zwölf bis dreizehn Jahren infolge von Überarbeit und unbedachtsamer Lebensweise sich Krankheit einstellte. Selbst meine Niedergeschlagenheit, die vom Asthma unzertrennlich ist, ärgerte jene Leute und wurde mir zum Vorwurf gemacht. Man gab sich nicht einmal die Mühe, sich vorzustellen, daß der Asthmatiker sich stets so fühlt wie einer, der mit dem Tode ringt und von aller menschlichen Kraft verlassen ist.

Es wird mir jetzt noch bang zumute, wenn ich an die vergangenen Zeiten zurückdenke. Wäre die liebe Mama nicht so überaus lieb und so fest und so standhaft in der Liebe gewesen und so wenig weltlüstern, so hätten die bösen Zungen am Ende Unkraut in unser überaus glückliches eheliches Leben säen können. Sie aber schleuderte alle Anklagen, Verdächtigungen und Nörgeleien weit weg und wiederholte nur bei solchen Anlässen immer: ‚Wir beide kennen uns; wir wissen, was wir aneinander haben und was unseres Berufes ist. Was geht uns die Welt draußen an?' Ach, diese liebe, selbstverleugnende Seele! Gottes Gnade hat mich durch ihre Liebe aufrechterhalten, sonst wäre ich vergangen in meinem Elende.

Als ich Dir mein letztes Arbeitsstück, die päd[agogischen] „Gutachten", zu Weihnachten schicken wollte, da trat mir das alles vor die Seele. Ich wollte Dir gern etwas schenken, was Dir meine Liebe bezeugen könnte und wußte doch dazu nichts besseres als die Frucht meiner Sorge und Arbeit. Den ganzen Sommer und Herbst über hatte ich mit der Wermelsk[irchner] Angelegenheit zu tun gehabt; die schriftliche Arbeit selbst hatte mir meine Ferien gekostet. Die [. . .]

[F. W. Dörpfeld]

Schluß fehlt. – influieren = beeinflussen.

206

An Peter Diehl, Frankfurt a.M.

Barmen, 31. März 1878

D. teilt die Ankunftszeit in Frankfurt auf einer Postkarte, abgestempelt „Remscheid" und „Deutz (Bahnpost)", mit.

207
An Peter Diehl, Frankfurt a.M.

Barmen, 4. April 1878

Lieber Freund.

Da Ihr Prüfungsaufsatz möglichst bald in Ihre Hände zurückkehren will, so schicke ich ihn heute schon, um Ihnen sogleich mit ein paar Worten zu sagen, wie es mir geht.

In meinem Daheim bin ich unter Gottes Geleit glücklich angekommen. Die erste Nacht hier habe ich nach Umständen vortrefflich geschlafen, so daß wenigstens Verstand und Lebensmut wieder ziemlich in Ordnung sind. Bei Vorsicht und Ruhe steht zu hoffen, daß die asthmat[ische] Beschwerde sich in etlichen Tagen allmählich wieder verliert. Diese Beschwerde rührt bei mir stets von einer katarrhal[ischen] Affektion der Bronchien her. Möglich, daß der Abendgang über die Sachsenhauser Brücke etwas verschuldet hat und das übrige durch das Schlafen im kalten Zimmer hinzukam.

Auf die Tour nach Frankfurt hatte ich mich recht gefreut, namentlich darauf, mit Ihnen und einigen andern Kollegen ein paar Nachmittage und Abende behaglich plaudern zu können. Warum mir der liebe Gott diese Freude durchgestrichen hat, weiß ich nicht. Er wird aber seine guten und weisen Absichten dabei gehabt haben. Jedenfalls soll ich dadurch lernen, bei meiner Lebensweise wieder mehr Vorsicht zu beobachten, als es im Laufe des letzten Jahres geschehen war.

Hoffentlich können die Ihnen übergebenen dispositionellen Notizen die Mühe der Berichterstattung etwas erleichtern. Bei näherem Zusehen werden Sie gefunden haben, daß alle wesentlichen Gedanken notiert sind. Die nähere Ausführung derselben müssen Sie freilich aus der Erinnerung hinzuphantasieren. Nebenbei mögen Ihnen meine zwei Blättchen ein Exempel sein, wie man mit Hilfe der Logik ein recht umfangreiches Aufsatzmaterial bequem sich einprägen und beherrschbar machen kann.

Es ist mir eingefallen, daß ich Ihnen an etlichen Stellen doch noch besser zu Hilfe kommen kann.

Als Sie mir seiner Zeit schrieben, daß die meisten Redner ihren Vortrag zu lesen pflegten, hatte ich eine Weile die Absicht, auch meinerseits den Vortrag zu Papier zu bringen, besonders auch deshalb, um der Gefahr aus dem Wege zu gehen, an gewissen kritischen Stellen in unpassende oder mißverständl[iche] Äußerungen zu verfallen. Ich begann daher, zunächst die Einleitung (teilweise) und dann noch zwei Stücke, den Schluß der Theorie (II) und den Schluß der Praxis (I), im Konzept ausführlich niederzuschreiben.

Bei genauerem Besinnen merkte ich aber, daß der Vortrag auf diesem Wege viel zu lang werden würde. Da ließ ich den Plan des Schreibens ganz fallen, umsomehr, da Herr Höfler mich beschwor, ich möge doch ja dafür sorgen, daß die Rede nicht länger als eine Stunde dauere. Die genannten Stücke liegen hier bei. Sie werden daraus sehen, daß ich nicht alles vorgetragen habe, was dort (in den beiden Schlußstücken) aufgeschrieben ist. Gegen Ende des Vortrages überfiel mich die Angst, daß die Zeit für die volle Ausführung nicht ausreichen würde: Darum drängte ich zusammen und eilte, so viel es möglich war. Hinterher sagte mir freilich Herr Pf[arrer] Schlosser, ich hätte ruhig noch 10–15 M[inuten] weiterreden dürfen. Infolge meiner leibl[ichen] Indisposition haben wir keine Gelegenheit gehabt, nachträglich über den Inhalt des Vortrages zu sprechen. Wäre es geschehen, so würde das, wie ich glaube, Ihrer Berichterstattung zugute gekommen sein. Das Referieren ist leichter, wenn man die Hintergedanken des Redners völlig kennt. Vielleicht kann ich hinterher noch etwas nachhelfen.

Vermutlich haben die Theologen unter den Zuhörern eine andere Ausführung des Themas erwartet, vielleicht auch Herr Pf[arrer] Schl[osser], wie der Plural des Wortes „Theorie" im gedruckten Programm andeutet, also einerseits eine Revue der jeweiligen Erziehungstheorien mit ihren Irrungen, Albernheiten und Großsprachereien und demgegenüber andererseits die vielen Mängel, ja Armseligkeiten der wirklichen Praxis, der Leistungen. Vor Schulmännern möchte eine solche beißend kritische Zusammenstellung nützlich und am Platze sein. Allein den Theologen durfte ich ein derartiges Amüsement nicht bereiten und den Laien war ich Besseres, d.h. wirklich Nutzbares schuldig. Nutzbar aber ist nicht das ergötzliche Beschauen anderer Torheiten, Schwächen und Sünden, sondern die Belehrung und, wenn nötig, die Selbstkritik. Das war es, was ich bieten wollte, so gut ich's vermochte.

Etwas anderes war auch vor einem christl[ichen] Publikum, auf einem christl[ichen] Katheder nicht berechtigt. Übrigens habe ich auch das Thema so, wie ich es gelesen hatte („Theorie" in der Einzahl), streng objektiv behandelt. Irgend jemandem bei dieser Gelegenheit etwas Unliebsames sagen zu wollen, lag mir so fern wie möglich.

Zur Sache. „Theorie" und „Praxis" der Erziehung bilden, wenn diese Begriffe gegenübergestellt werden, ein Thema, das von jeher den Nicht-Schulmännern viel Stoff geboten hat, um die arme Schule nach Herzenslust durchzuprügeln. Man hebt die Bedeutsamkeit der Praxis, besonders die der erzieh[erischen] Persönlichkeit hervor, um damit zu sagen, die Erforschung der Theorie habe wenig Wert. Umgekehrt deckt man die Irrungen und etwaigen Prahlereien der Theoretiker auf, um zu sagen, wie armselig die wirkliche Praxis sei. Oder aber: man schildert die Schwächen und Gebrechen der Praxis, um damit zu beweisen, daß die sog[enannte] pädagogische Wissenschaft noch nichts weiter sei als eine gebrechliche Handwerkstheorie. Umgekehrt wieder benutzt man die niedrige Beschaffenheit, Stellung und Geltung der päd[agogischen] Wissenschaft, um die pädag[ogischen] Praktiker in die Klasse der „Subalternen" zu verweisen. Kurz, es wird aus dem Gegensatz jener beiden Begriffe eine fürchterlich bösartige Zwickmühle für die Schularbeiten gemacht. Ich habe dieses Spiel 25 Jahre lang verfolgt. Und es sind namentlich, ja ausschließlich die konservativen und kirchl[ichen] Blätter, welche dieses Spiel treiben, sobald sie auf Schulangelegenheiten zu reden kommen. Sie haben auch in der Tat leichtes Spiel, da niemand sie genötigt hat, vorher genauer zuzusehen, welches der richtige Inhalt jener beiden Begriffe ist und wie dieselben demgemäß sich zueinander verhalten. Hätte man sich im Ernst über diesen Inhalt besonnen, so würden die Kritiker und namentlich die Theologen inne geworden sein, daß sie bei ihrem Spiel mit jenem Gegensatze glühendes Eisen in der Hand haben. Denn wenn sie die Unzulänglichkeit der Theorie an den Pranger stellen wollten, so würden sie merken, daß sie damit ihre eigene Verschuldung proklamieren, da die herrschenden Kulturmächte (Staat, Kirche usw.) die Pädagogik ohne alle wissenschaftl[iche] Pflege gelassen haben. Und wenn die Theologen die entscheidende Wichtigkeit der Praxis oder was dasselbe ist: der erziehl[ichen] Persönlichkeit usw. betonen wollten, so würden sie merken, daß sie damit (falls die gegenwärtige Persönlichkeit und gesellsch[aftliche] Sitten getadelt werden sollen) in ihr eigenes Schwert fallen, da jeder Mangel dieser Art in erster Linie auf die Schuldrechnung der Kirche kommt. Denn wenn die Kirche (das Christentum) für den Mangel an sittl[ichen] Qualitäten nicht verantwortlich sein soll, wer soll es dann sein?

Wenn Sie unter diesen Gesichtspunkten meinen Vortrag betrachten, so wird Ihnen das Ganze ohne Zweifel klarer und durchsichtiger werden.

Irre ich nicht, so waren die Theologen über meine Auslassungen etwas „verschnupft". Denn andernfalls würden sie beim Nachtisch wohl mehr, als es geschah, das eine oder andere aus dem Vortrage zur Sprache gebracht haben. Wie mir Herr Chun mitteilte, hatte Pf[arre]r Czerw[enka] dieser „Verschnupfung" beim Heimgange auch Ausdruck gegeben, indem er geäußert hatte: da die Christlichen nichts mehr in Schulsachen zu sagen hätten, so brauchten sie doch auch über etwaige Versäumnisse keine Vorwürfe mehr anzunehmen.

Der gute Mann hat offenbar entweder nicht die Stimmung oder nicht die Fähigkeit gehabt, meine Auseinandersetzung recht zu fassen. Ich habe nur die Sachlage sprechen lassen, nichts anderes. Ich habe so objektiv wie möglich geredet. Überdies: Darf man einem nur da zumuten, die Hand mit anzulegen, wo er etwas zu befehlen hat? Wenn die Laienwelt so dächte, dann würde sie es den Pfarrern überlassen, innere Mission und Heidenmission zu treiben. Und dann: Die Fürsten haben weiland theologische und medizinische Fakultäten gegründet, ohne daß es ihnen einfiel, die Kirche und die Gesundheitspflege regieren zu wollen. Sie taten es lediglich deshalb, weil sie ein Interesse daran hatten und wünschten, daß die Arbeiten für das Seelenheil und die Gesundheit gedeihen möchten. Wenn die Interessenten der Erziehung ebenfalls so gedacht hätten oder wenn sie daran gemahnt worden wären, so würden die Universitäten längst auch eine pädag[ogische] Fakultät besitzen.

Nun Gott befohlen! Mit herz[lichem] Gruß an Sie, die Ihrigen und Freunde

Ihr

F. W. Dörpfeld

NB. Die beiliegenden Blätter wollen Sie gef[älligst] nebst der Disposition gelegentlich wieder hierherschicken.

Erster Brief nach Rückkehr aus Frankfurt, wo gesundheitliche Beschwerden geplante Gespräche und Begegnungen verhindert hatten. Erneute Auseinandersetzung mit der Haltung konservativer Kreise in Hessen, die die kirchliche Oberaufsicht über die Schule betonen und jeglichen pädagogischen Autonomiebestrebungen ablehnend gegenüberstehen.

208

An Adolph Hollenberg, Rheydt

Barmen, 16. April 1878

Schwierigkeiten bei der Festlegung eines Gesprächstermins. D. habe angesichts seiner Vortragsverpflichtungen in den psychologischen Konferenzen von Barmen und Lennep „keinen einzigen Mittwochnachmittag" und nur einen Samstagnachmittag im Monat frei. Vorschlag, sich am Karsamstag mit Hollenberg anläßlich der Vorstandssitzung des Lehrervereins in Düsseldorf, Evangelisches Vereinshaus, zu treffen.

209

An Wilhelm Rein, Eisenach

Barmen, 29. April 1878

Werter Freund.

Die Reihe der freundlichen Zusendungen, auf die Sie keine Antwort erhalten haben, ist nachgerade so groß geworden, daß die Last meiner Korrespondenzschulden doch allzu drückend zu werden beginnt. Ich muß daher sorgen, daß wenigstens ein Teil davon zur Abzahlung kommt.

Vorab und vor allem meinen herzlichen Glückwunsch zu der schönen Gottesgabe, die Ihrem Hause am 14. Februar zuteil geworden ist. Mit den neuen Freuden und neuen Pflichten des Familienlebens werden auch neue wertvolle Erziehungserfahrungen sich einfinden. Ein Vater sieht viele pädag[ogische] Fragen anders als ein kinderloser pädag[ogischer] Junggeselle. Das sollen Sie mir später einmal bezeugen: ich werde Sie daran erinnern.

Ihnen möchte vielleicht ein Bube lieber gewesen sein als ein Mägdlein; ich gratuliere aber der Mutter noch ganz besonders zu dem Mägdlein, und wenn dasselbe dereinst unter Gottes Segen ihr zur Stütze herangewachsen ist – unter den nachgefolgten Buben, die nur Last und Lärm machen, dann werden Sie ihr diese Hülfe gern gönnen.

Nun zu den Geschäftssachen.

1. Von der trefflichen Kritik des albernen Buches des Dr. X. werde ich jedenfalls, so viel sich tun läßt, im Schulblatt Gebrauch machen. Wissen Sie über die Persönlichkeit dieses Mannes etwas Näheres?

Der Verfasser der Thesen über den Zeichenunterricht, Hauptl[ehrer] Steinhäuser in Geldern, ist zur Zeit krank. Ich habe ihm deshalb Ihre Bemerkungen absichtlich noch nicht mitgeteilt. Es wird aber, wenn er wieder präsent ist, sofort geschehen. Daß er die Schrift des sel. Dr. Otto nicht erwähnt hat, falls er sie benutzt hat, ist jedenfalls ohne Arg geschehen. Steinhäuser stammt aus dem R[e]g[ierungs]b[e]z[irk] Erfurt und hat, da er beinahe ein 50er ist, den sel. Dr. Otto vermutlich sogar persönlich gekannt. Jedenfalls wird er sich über den fraglichen Punkt befriedigend erklären.

Eine Beleuchtung jener These wird mir sehr willkommen sein. Ich möchte aber bitten, noch eine Weile damit zu warten, da auch noch ein anderer Artikel über den Zeichenunterricht (von einem Zeichenlehrer in Elberfeld) zum Abdruck bereit liegt. Sie können dann beide Artikel zusammen besprechen.

3. Hier wäre zu berichten, daß ich einmal im stillen stark über Sie gezürnt oder, richtiger gesagt, getrauert habe. Es war damals, als Sie die famose Abhandlung von Fröhlich über die Simultanschule (und das ellenlange Elaborat seines Bürgermeisters) in Ihre Blätter aufgenommen hatten. Damals, d.h. etwa 1/2 Jahr nachher, begann ich, eine vertrauliche Strafepistel an Sie zu Papier zu bringen. Allein Unmut und Trauer übermannten mich, nachdem etwa drei Bogen vollgeschrieben waren. Dieselben liegen hier vor mir. Findet sich einmal Freudigkeit und Zeit, diese Epistel zu Ende zu bringen, so sollen Sie dieselbe nachträglich erhalten. Hier nur ein paar kurze Bemerkungen, damit Sie ungefähr ahnen, was mein Gemüt bedrückte.

Ich beginne mit einer Tatsache und einer daran geknüpften Frage: Wie Sie wissen, bin ich ein entschiedener Gegner der Simultanschule. Nichtsdestoweniger hat das Ev[angelische] Schulbl[att] bis jetzt niemals einen aparten Aufsatz für die Konfessionsschule gebracht. Weder habe ich selber einen solchen geschrieben noch die eingesandten – und wenn sie von den besten Freunden stammten – aufgenommen. Man hat mich gedrängt, gefleht und gescholten: allein umsonst; ich bin steif und fest bei meinem vorgezeichneten Grundsatze geblieben. Wenn Sie nun herausbringen, was mich zu diesem Verhalten bewogen hat, dann begreifen Sie von selber, was mich bei Ihrem Verhalten unmutig und wehmütig machte.

Mit dieser Frage will ich einstweilen schließen, obwohl ich eigentlich nur damit beginnen wollte. Nur das sei noch bemerkt: mein „Eifer" gilt dem, wofür ich ein Vierteljahrhundert gekämpft habe – der Freiheit und Reinheit der Pädagogik.

Nun muß ich auch wohl noch einiges aus meinem persönlichen und Familienleben erzählen. Mit meinem leiblichen Befinden ist es seit Ihrem Weggange von hier stetig besser geworden. In den beiden letzten Jahren war ich so kräftig und frisch, wie man mich seit dem Leidensjahr 1865–66 nicht gekannt hatte. Neben laufenden Arbeiten konnte ich noch drei Vortragskurse über Psychologie (und Logik) in Barmen, Lennep und Düsseldorf übernehmen, die mir monatlich sechs freie Nachmittage kosten. An meinen Kindern erlebe ich bis jetzt viele Freude. Der Segen der sel. Mutter ruhet sichtbarlich auf ihnen. Die älteste Tochter steht wie eine Mutter in aller Treue dem Hauswesen vor und zieht die jüngeren Geschwister mit Erfolg sich nach. Mein filius Wilhelm, der nach sehr guter Absolvierung des hiesigen Gymnasiums die Bau-Akademie in Berlin bezog, hat dort am Schlusse seines Trienniums (Ende 1876) „mit Auszeichnung" die Bauführerprüfung bestanden und überdies eine der drei Prüfungsprämien von 900 Mark zu einer Reise nach Italien erhalten. Er wurde dann von dem Oberbaurat Prof. Adler (der mit Curtius die Ausgrabungen in Olympia ins Leben gerufen hat) in Dienst genommen und ist seit Oktober v.J. dort in Olympia mit „Schatzgrabungen" beschäftigt – nebst noch einem Baumeister und zwei Archäologen – bei freier Wohnung und Bedienung, 1800 Thaler Gehalt und 400 Reisekosten (für Hin- und Heimfahrt). Augenblicklich wird er sich wohl mit dem Herrn Prof. Adler, der vor drei Wochen dorthin gereist ist, auf einer Reise nach Athen befinden, wo sie 14 Tage sich umzusehen gedenken. Gegen Anfang Juni kehren die vier Olympier nach Deutschland zurück, da den Sommer über nicht gearbeitet werden kann.

Wie Sie sehen, hat der liebe Wilhelm alle Aussichten zu einer guten Karriere. Und doch ist seine wissenschaftliche Befähigung noch nicht das Beste, was ihn auszeichnet. Überall, wo er gewesen ist, folgen ihm der Ruf eines jungen Mannes von seltener Bescheidenheit, Solidität und Liebenswürdigkeit. Gott behüte ihn weiter auf seinem Lebenswege.

Schließlich könnte ich auch von mir selbst noch etwas erzählen. Sie erinnern sich, daß ich vor ca. 2 Jahren einmal anfragte, ob Sie eine Lehrerstelle an einem preußischen Seminare wünschten. Die Frage hatte einen bestimmten Hintergrund. Damals war ich nahe daran, in das Seminarleben verpflanzt zu werden. Auf Veranlassung des Herrn Geheimrat Dr. Schneider, mit dem ich jeweilig in sachlichen Dingen korrespondierte, wurde ich im Sommer 1875 nach Berlin beordert, um mit ihm über einen etwaigen Übertritt in den Staatsdienst zu verhandeln. Nach meinen Wünschen gefragt, lehnte ich eine Stelle in der Verwaltung (Schulinspektor oder Schulrat) ab. Am liebsten wäre mir eine mehr freie Stellung gewesen, die zu wissenschaftlichen und literarischen Tätigkeit genügend Raum gelassen hätte. Da sich aber eine solche (mit etatmäßiger Fundierung) nicht finden ließ, so entschied ich mich für das Seminardirektorat, jedoch nur in den drei westlichen Provinzen, wenn möglich in der Rheinprovinz. Es schien alles fix und fertig zu sein. Als aber im folgenden Jahre (1876) die Sache zum Klappen kam – bei einem neu errichteten rhein[ischen] Seminar (in Rheydt) – da zeigte es sich, daß ich mit meinem Wunsche, in der rhein[ischen] Heimat bleiben zu können, einem Ungeheur in [den] Rachen gelaufen war. Die rhein[ischen] Provinzialbehörden scheinen sich mit Hand und Fuß gegen meine Anstellung gewehrt zu haben; der Provinzialschulrat Linnig ist katholisch. Was alles vorgebracht worden ist, weiß ich nicht, nur das eine: ich sei augenleidend und von schwankender Gesundheit (Von den betreffenden Herren ist aber keiner, der mich persönlich kennt). Kurz, die Direktorstelle in Rheydt wurde einem andern (einem Pfarrer) übertragen. Mir war jetzt klar, daß mein Weg in dieser Richtung nicht mehr gehen soll; und so habe ich alsobald meine Wünsche zusammengepackt und zu meiner lieben sel. Hausfrau ins Grab gelegt. In Gottes Hand ist eins mit dem andern gut aufgehoben.

Mit herzlichen Grüßen an Sie und Ihre werte Frau Gemahlin

Ihr

F. W. Dörpfeld

Am 14.2.1878 wurde Reins erstes Kind Katharina (Käte) geboren. – Hauptlehrer Steinhäuser hatte 62 „Thesen über Zeichenunterricht" (EvSchBl 22, 1878, S. 41 ff.) veröffentlicht.

Die „famose Abhandlung" Fröhlichs hatte D. bereits in seinem Brief vom 26.7.1876 kritisiert; jetzt nimmt er in seine Kritik auch „das ellenlange Elaborat seines Bürgermeisters" auf: Dr.H.A. Mascher, Das deutsche Schulwesen nach seiner historischen Entwicklung und den Forderungen der Gegenwart. Pädagogische Studien, 1. Bd., 8. Heft, Eisenach 1876, 188 Seiten. Der Verfasser, Bürgermeister in (Dortmund-)Hoerde, spricht sich darin vor allem für die Förderung von Real- und Bürgerschulen aus. – Über Wilhelm Dörpfelds Tätigkeit in Olympia 1878 siehe P. Goeßler, S. 29 ff. – Zu D.s Erwartung, Seminardirektor in Rheydt zu werden, vergleiche seine Briefe vom 3. und 9.7.1877 sowie K. Goebel, F.W. Dörpfeld und die Konferenz zur Vorbereitung der Allgemeinen Bestimmungen im Juni 1872, in: Pädagogische Rundschau 27 (1973) S. 278 ff.

210

An Agnes Dörpfeld, Düsseldorf

Barmen, 2. Mai 1878

[. . .] Es hat mir sehr leid getan, daß ich am Sonntag verhindert war, Dir ein mündliches Adieu, ein „Gott mit Dir" mit auf den Weg zu geben. Wir hatten im Eifer des Gespräches nicht genug auf die Zeit geachtet. Im Herzen habe ich Dir aber unterwegs und seitdem viele Male ein „Gott mit Dir" nachgerufen, und da morgen Dein Geburtstag ist, so will ich Dir diesen Gruß auch ausdrücklich schreiben.

Du hast nun schon zwei Jahrzehnte auf Deinem Lebenswege zurückgelegt. Das sind schon viele Jahre, viele Monate, Tage und Stunden. Blicke zurück auf diese Strecke und gedenke, wie Gott der Herr mit seiner Gnade Dich bisher geleitet hat.

> Denke daran,
> Was der Allmächtige kann,
> Der dir mit Liebe begegnet.

Wohl ist Dir und den Geschwistern die liebe Mama früh entrissen worden, und nach menschlichem Standpunkt kann ja Kindern kaum etwas Härteres begegnen. Allein wir wissen ja, daß sie abgerufen worden ist von dem, dessen Barmherzigkeit so groß ist wie er selber, der nur Gedanken des Friedens hat und nicht des Leides, der nur züchtigt, um desto reichlicher zu segnen, der nur sein Antlitz verbirgt, um es desto freundlicher leuchten zu lassen. Halten wir das fest, liebe Agnes, auch wo wir es noch nicht mit Augen sehen, ja wo die Wirklichkeit scheinbar „nein" sagte, wir werden es doch einmal schauen, und dann wird das Schauen desto erfreulicher sein.

Tatsächlich hast Du auch die Freundlichkeit Gottes in Deinem Leben überhaupt wie in den letzteren Jahren insbesondere reichlich erfahren. Zwanzig Jahre hinter sich zu haben, ohne auch nur einmal eine ernste Krankheit bestanden zu haben, das will schon viel sagen. Und dazu stehen noch alle Geschwister um Dich herum und Du bist in ein Haus und einen Kreis aufgenommen, wo Dir die Liebe der Tanten viele Wohltaten hat zuteil werden lassen. Nütze sie wohl, mein Kind; das ist der beste Dank gegen Gott und Menschen. Als Du seinerzeit zuerst nach Düsseldorf zogst, da hatte ich, wie Du weißt, neben der Freude auch die geheime Sorge, Du möchtest durch die im Pensionat herrschende und gebotene Lebensweise dem einfachen, schlichten Sinne der sel. Mama entfremdet werden und das würde dann neben allem Gewinn doch ein schwerer Verlust sein. Aber ich habe Dich der Zucht des Geistes Gottes anbefohlen, in dessen Schule allein recht gelernt werden kann, daß der wahre Schmuck, der vor Gott gilt und standhält, nicht auswendig, sondern inwendig in der Schöne des verborgenen Menschen des Herzens zu suchen ist. Du bist, liebe Agnes, nach der Großmutter genannt. Es ist mir daher wie ein Fingerzeig Gottes gewesen, daß Du nach Düsseldorf in die Nähe dieser Großmutter gekommen bist. An ihr läßt sich anschaulich sehen, wie schön es zieret, wenn der innwendige Mensch mit Sanftmut und Demut, mit Einfachheit und Einfalt, die nie etwas Arges denken kann, mit Geduld und großer Gütigkeit bekleidet ist. In der Tat, ich erinnere mich nicht, je eine Frau gesehen zu haben, die bis in ihr hohes Alter hinein jene feinsten christlichen Zierden des Herzens besaß und in ihrer Demut doch nicht einmal ahnte, wie sehr sie ausgezeichnet war. Möchtest Du durch Gottes Gnade vor allem das an und von der lieben Großmutter lernen! Ein Besseres und Höheres weiß ich Dir nicht zu wünschen [. . .]

[F. W. Dörpfeld]

Agnes Dörpfeld wohnt in einem Töchterpensionat in Düsseldorf, das von Verwandten (Schwestern der Mutter) geführt wird. Die Großmutter, nach der sie genannt ist, lebt ebenfalls noch in Düsseldorf: Agnes Keller geb. Beckers (1801–1885).

211

An Peter Diehl, Frankfurt a.M.

Barmen, 1. Juni 1878

Das vom Verlag Moritz Diesterweg übersandte Rezensionsexemplar von C. Otto Schäfer, Lehrbuch für den evangelisch-protestantischen Religionsunterricht, Frankfurt a.M. 1878 ist D. abhanden gekommen. Er bittet Diehl, ein neues Exemplar zu kaufen, da der Verleger gemahnt hat. „Lassen Sie aber den Verleger nicht erfahren, was für ein Malheur dem Buche hier passiert ist."

212

An Anna Dörpfeld, Laubach

Barmen, 28. Juni 1878

Liebe Anna.

Nach Deinem Wunsche will ich Dir auch einige Zeilen schicken. Unser Haushalt geht gut voran, da Christine ihren Posten recht fleißig und treu wahrnimmt. Heute wird sie wohl an der eingeladenen Lieschen Franke Gesellschaft bekommen. Lieschen soll sich, wie Chr[istine] versichert, auf ihre Reise nach Wupperfeld sehr freuen, da sie noch niemals eine Nacht außerhalb des Elternhauses zugebracht habe.

Hoffentlich wird Dir die Reise mit dem Aufenthalt in dem schönen Laubach auch gut bekommen. In diesem Sinne mußt Du Dir das Leben dort auch zunutzemachen. Ausspannung, Aufenthalt in freier Luft, Abwechslung, Erheiterung durch angenehme Gesellschaft usw., das nimm nur, soviel Du davon ergreifen kannst. Was Du jetzt an leiblicher Gesundheit gewinnst, wird nachher der Arbeit wieder zugutekommen. Ich denke auch, wenn Du selber wohlgemut, frisch und heiter bist, so wird das auch vorteilhaft auf Am[alie] wirken. Das Gegenteil würde jedenfalls unvorteilhaft wirken.

In der Behandlung der Am[alie] das Richtige zu treffen, ist gewiß recht schwer. Du mußt vor allem ihren Zustand zu verstehen suchen. Ihr Haschen nach erheiternder Gesellschaft und ihr lebhaftes Einstimmen in die Heiterkeit ist offenbar ein instinktmäßiges Tasten und Suchen der Natur, um den Druck der kranken Nerven und den Druck des Gemütes loszuwerden oder wenigstens für eine kurze Weile zu vergessen. Solche Palliativmittel sind nicht zu verachten, wenn sie nicht hinterher eine Abspannung zurücklassen und den gemütlichen Druck nicht noch stärker fühlen lassen. Denn das Üble bei ihrem Zustande ist, daß der leibliche Zustand nicht imstande ist, den Gemütsdruck tragen zu können. Könnte man den letztern erleichtern, so wäre dies allerdings die beste Hülfe; allein da dies schwierig ist, so muß man von der leiblichen Seite zu helfen suchen.

Vor zwölf bis dreizehn Jahren war ich in einem ähnlichen Zustande. Mir ist damals die Hülfe von beiden Seiten hergekommen: wider den Gemütsdruck fand ich sie in einigen Predigten von Kohlbrügge, die mir damals zufällig in Düsseldorf in die Hände fielen (über den Spruch im Ps[alm]: „Er hilft den Elenden herrlich" und über Jes[aja] 40, 27–31); und wider die leibliche Not, das Asthma, in den giftigen Stechapfelblättern, die zwar keine Heilung, aber doch Beschwichtigung gewährten.

Wäre Am[alie] in der Stimmung, Predigten lesen zu können oder ein Bedürfnis danach zu fühlen, so würde ich Dir jene Predigten mitschicken. Aber dergleichen darf man nicht aufdrängen, zumal vielleicht auch der Name Kohlbrügge etwas Fremdes für sie hat.

Nach dem, was Du über ihren aufgeregten Zustand schriebst, darf man, wie mir scheint, von religiösen und ernsten Dingen nur dann mit ihr reden, wenn sie selbst den Anlaß (Anstoß) dazu gibt oder auf eine leise hingeworfene Bemerkung eingeht. Im übrigen müßte man sich darauf beschränken, bei guter Gelegenheit an irgendeinen tröstlichen Spruch oder Vers zu erinnern und denselben vorzusagen, so z.B. an den Vers:

Hat die Stunde sich gefunden,
Bricht die Hülf mit Macht herein.
Unser Grämen zu beschämen,
Muß es unversehens sein.

Ein verstörtes Gemüt ist eine kranke Stelle des Leibes; die darf nur mit zarter Hand berührt werden.

Gilt es einmal, die Gedanken zu beschäftigen, vom Hinbrüten oder von aufregenden Gefühlen abzuziehen, so kann vielleicht auch das helfen für den Augenblick, wenn Du sagst: Laß uns einmal überlegen, was wir heute abend oder morgen tun wollen, wohin wir spazieren gehen wollen usf.

Solange Du ihr nützlich sein kannst, so lange bleibe Du dort, da es auch für Dich selbst gut ist.

Wir wollen uns hier schon so lange behelfen. Mit herzlichen Grüßen an Dich und Amalie

Dein Vater

F. W. Dörpfeld

Anna befindet sich mit Amalie (van Randenborgh?) auf Erholungsurlaub in Laubach (Hessen?). – Annas Begleiterin ist offenbar gemütskrank, so daß D. sich zu Ratschlägen veranlaßt sieht, die auf eigenen Erfahrungen beruhen.

213

An Peter Diehl, Frankfurt a.M.

Barmen, 10. Oktober 1878

Lieber Freund.

Da Ihre Angelegenheit Eile hat, so antworte ich sofort, muß mich aber nun auch auf das Notwendigste beschränken.

Das Thema ist schön, auch nicht schwer – wenigstens insofern nicht schwer, als die Literatur ein sehr reichhaltiges Material bietet.

Die projektierte Disposition ist im ganzen gut. Nur würde ich Nr. 3 als besonderen Teil weglassen, um Raum und Zeit für den letzten Teil, der doch die Hauptsache ist, zu gewinnen, und jene Frage („Wie lernt" etc.) nur als Einleitung zum Schlußabschnitte ganz kurz behandeln – was nicht ausschließt, daß das Studium der Psychologie stark betont werden darf, weil dadurch das Auge für das Auffassen der Individualität geschärft wird und die rechten Mittel der Behandlung gewiesen werden.

Das reichste und beste Material finden Sie bei Ziller:

1.) in den Vorlesungen über allg[emeine] Pädagogik und
2.) in der Grundlegung.

Wenn Sie dies verarbeiten, so kommen Sie vollständig aus. Daneben mögen Sie zur Ergänzung den Artikel „Individualität" in Schmids Enzyklopädie nachlesen und was Ihnen sonst gerade zur Hand ist (z.B. Levana § 25, und Bauers „Grundzüge der Erziehungslehre", § 25–35 und Waitz). Ziller gibt in jedem Betracht alles Nötige. Was Sie sonst nachlesen, braucht nur dazu zu dienen, die Darstellung etwas freier und mannigfaltiger zu machen und etwas literar[ische] Dekoration herbeizuschaffen.

In dem „Sachregister" am Schlusse der Zillerschen Bücher finden Sie auch stets genau angegeben, wo die Antwort auf irgendeine spezielle Frage zu suchen ist.

Sollten Sie auch einige pädag[ogisch]-historische Bemerkungen mit anbringen wollen, so würde wohl Teil II (zum Schlusse) der passende Ort dafür sein. Material dazu bietet der Artikel in Schmids Enzyklopädie.

I. Begriff (Wesen, Faktoren, Natur – Stärke, Schwäche, Verhältnis zum Interess[enten] usw.)

Ziller: „Vorlesungen" § 7–9 und „Grundlegung" an den im Sachregister bezeichneten Stellen.

(Über die alte Streitfrage, was angeboren und was angebildet ist, darf in einer pädag[ogischen] Abhandlung kein Wort verloren werden, das wäre hier Zeit und Raumverschwendung und noch etwas anderes!)

II. Warum, das ergibt sich allerdings aus dem Begriff der Ind[ividualität], wenn man unter Begriff nicht bloß eine Definition, sondern die volle Beschreibung ihres Wesens und ihrer Natur versteht.

Bei Ziller findet sich alles nötige Material – zunächst in den „Vorlesungen" § 10, sodann aber auch in der „Grundlegung" an verschiedenen Stellen, die im Sachregister bezeichnet sind.

Erwähnt muß auch werden, wo das Recht der Individualität bei der Erzieh[ung] seine Grenze hat. Das Korrelat-Recht heißt „allgemeine Bildung" mit ihrem vielseitigen Interesse.

III. Wie oder die Weise usw.

Hier könnte einleitend kurz die Frage berührt werden, wie der Lehrer die Ind[ividualität] kennenlernen kann. Aber ja kurz!

Das übrige würde ich ordnen nach Herbarts Dreiheit: a) Regierung, b) Unterricht = indirekte (mittelbare) Erziehung, c) Erziehung im eigenen Sinn (Zucht) = direkte oder unmittelbare Erziehung, welche auf die mittelbare sich stützen muß.

Reiches Material in Zillers „Grundlegung". Auch in den „Vorlesungen".

Es muß aber auch von den Hindernissen die Rede sein – so namentlich von den Hindernissen bei gewissen Schuleinrichtungen (und schulregimentliche Anordnungen). Vgl. mein Gutachten über vier- und achtkl[assige] Schulen. Auch die Simultanschule ist ein Widerspruch gegen die Berücksichtigung der Individualität, denn die Konfessionalität ist ebenfalls eine Individualität, gerade so gut wie die Nationalität, nur eine generellere.

Ferner gehört dahin das Übermaß des Fachunterrichts bei vielkl[assigen] Schulen. Denn das Fachlehrersystem beruht darauf, daß die Individualität der Lehrer benutzt wird, was aber zur Folge hat, daß die Individualität der Schulen gedrückt wird, weil jeder Lehrer mit aller Kraft sein Fach forciert. Diese Forcierung in der ganzen Runde wird für die Schüler – im ganzen – zur Last.

Nun sehen Sie, wie die Arbeit gelingen mag. Gottes Segen zum Werk!

Wenn der Aufsatz gut gerät, so bitte ich ihn mir im voraus für das Schulblatt aus.

Mit herzlichen Grüßen an Sie und die l[ieben] Ihrigen und die Freunde

Ihr F. W. Dörpfeld

Diehl hatte D. wohl eine Gliederung der beabsichtigten Arbeit zum Rektorexamen vorgelegt. Die beiden aufgeführten Werke Zillers siehe Brief 198. Außerdem werden erwähnt: K.A. Schmid (Hrsg.), Enzyklopädie des gesamten Erziehungs- und Unterrichtswesens. 3. Bd. Gotha 1862; darin: G. Baur, Individualität, S. 673 ff. – Theodor Waitz, Allgemeine Pädagogik, Braunschweig 1852. – G. Baur, Grundzüge der Erziehungslehre, Gießen 1849. – Jean Paul, Levana, siehe Brief 4.

214

An Adolph Hollenberg, Rheydt

Barmen, 16. November 1878

Lieber Freund.

Was wirst Du denken, daß Dein letzter Brief noch immer unbeantwortet ist? Ich lauerte von Woche zu Woche auf einen Tag, der mir passen würde, um Dich leibhaftig zu besuchen. Mittlerweile ist der wilde Herbst herangekommen, wo mir alles Reisen verleidet ist. Es bleibt mir jetzt nur übrig, bei Dir anzufragen, ob es Dir genehm ist, daß wir noch einmal in Düsseldorf zusammenkommen. Wenn ja, dann nenne mir ungefähr die Tage, die Dir passen, ich werde dann einen bestimmten vorschlagen. Wir werden einen Nachmittag wählen müssen. Ich kann schon um 2 Uhr in Düsseldorf sein.

Hierbei kommen auch ein paar Bücher, die gern rezensiert sein wollen. Ich wollte Dich bitten, das gefälligst zu übernehmen, da wir für die Physik und Chemie zur Zeit keinen andern Rezensenten haben.

Es ist ein Lehrbuch der Chemie (nebst einem Leitfaden für Präparanden) und ein Lehrbuch der Physik. Das erstere war schon vor Jahren erschienen und damals auch hierher geschickt wurde, aber durch Herrn Höflers Schuld nicht zur Rezension kam, hat bereits die zweite Auflage erlebt. Der Verfasser, Seminarlehrer Waeber in Bunzlau, ist mir einigermaßen bekannt.

Lehrer Höfler rühmt das chemische Lehrbuch. Ich selbst habe keine Zeit gefunden, die Bücher anzusehen. Falls Dir die Bücher zusagen, so magst Du nach Ermessen die Rezension ausdehnen. Im anderen Falle ist es vielleicht am besten, daß Du dieselben kurz charakterisierst und dann auch nur kurz Deine Bedenken mitteilst. Denn da in unserem Schulblatte noch nie ausführlich von dem Unterricht in diesen Fächern die Rede gewesen ist, so scheint es mir nicht passend, an den Büchern, wie sie gerade einlaufen, eine strenge Kritik zu üben. Dem einen, dem die Kritik gerade zuteil wird, geschieht dann im Vergleich zu andern Konkurrenten Unrecht. Zeglin hat mich ein paarmal durch scharfe, aber unvorbereitete Rezensionen in große Verlegenheit gesetzt. Das genus muß getroffen werden, nicht die species.

Wie Du vielleicht aus der „Rheinisch-Westfälischen Post" oder auf anderm Wege erfahren hast, haben wir (die bergische Konferenz und die niederrheinischen Hauptlehrer) infolge der Gutachten allerlei Kämpfe gehabt mit einer Partei der Klassenlehrer. Bekanntlich machte die Duisburger Klassenlehrer-Broschüre den Anfang. In der letzten bergischen Konferenz zu Vohwinkel mußten wir uns schon ermüdend herumzanken. Allem Anschein nach wird die Haderei zum Vorteil der guten Sache ausschlagen. Im Schulblatte wird über die Angelegenheit ausführlich referiert werden, sobald sich alles gut übersehen läßt und die Gegner ihren Kram vollständig bloßgelegt haben. Schumachers Kritik der Dietleinschen Beleuchtung des 1. Gutachtens wird in Nr. 1, 1879 zu finden sein. (Dein Bruder Wilhelm bezeichnete die Dietleinsche Kritik als „unter aller Kritik").

Hier in Barmen hatte sogar ein Hauptlehrer, der Bruder Lingenberg, die Klassenlehrer aufhetzen helfen. Er wollte einen psychologischen Club contra Dörpfeld zustande bringen, was ihm auch bei einem auserlesenen Häuflein gelungen ist – einstweilen.

Der L[ingenberg] ist ein sonderbarer Heiliger. Vor vier Jahren, als wir über die Lehrerkarriere berieten und ich geltend machte, daß eine Hauptlehrerprüfung nötig wäre, da war er der einzige, der den Klassenlehrern beibringen wollte, das sei unnötig, gerade wie jetzt die Duisburger sagen. Und ein Jahr später lief derselbe Mann nach Koblenz, um sein Mittelschulexamen usw. zu machen.

Für den Fall, daß Dir die Rheinisch-Westfälische Post nicht zu Gesicht kommt, schicke ich hierbei einige Nummern, die einen längeren Artikel (von B) über die Duisburger Broschüre enthalten.

Mit herzlichen Grüßen

Dein

F. W. Dörpfeld

Von R. Waeber erschien Leipzig [2]1879 ([1]1876) das „Lehrbuch der Chemie" und ebd. [1]1878 ([2]1880) das „Lehrbuch der Physik". Beide Werke waren weitverbreitet.

Der angekündigte Bericht über den Streit der Klassen- gegen die Hauptlehrer findet sich im EvSchBl 22 (1878), S. 417–433 unter der Überschrift „Der neueste Schulstreit am Niederrhein", Schumachers „Beleuchtung der Dietleinschen Kritik des Gutachtens über die vier- und achtklassige Schule" ebd. 23 (1879), S. 1–24.

Die Stellung der Haupt- und Klassenlehrer zueinander war zuletzt 1874 durch eine entsprechende Verfügung der Düsseldorfer Bezirksregierung festgelegt worden, abgedruckt im EvSchBl 18 (1874), S. 282 ff. Nach dieser Instruktion wurde das Verhältnis des Hauptlehrers zu den Klassenlehrern „als dasjenige eines älteren und erfahrenen Ratgebers" gekennzeichnet; andererseits jedoch hatten sich die Klassenlehrer in allen „ihr Amt betreffenden Angelegenheiten" zunächst an den Hauptlehrer zu wenden, „ihm jederzeit gebührende Achtung zu erweisen und seinen Anordnungen und Erinnerungen willig Folge zu leisten" (ebd. S. 286). Eigentlicher Schulleiter blieb häufig noch der Lokalschulinspektor.

Nachdem die bergische Lehrerkonferenz 1877 für die vierklassige Schule votiert und im nächsten Jahr die „Zwei pädagogischen Gutachten" (siehe Brief 199) veröffentlicht hatte, in denen D. sich u.a. für dienstliche Kompetenzen des Schulleiters (Hauptlehrers) aussprach, war es zu Einwendungen gekommen. D.s Meinung, in mehrklassigen Schulen müsse ein „Dirigentenamt" aus dem Lehrerkollegium heraus erwachsen und nicht von außen, etwa durch den Ortsschulinspektor, wahrgenommen werden, fand z.B. den Widerspruch mehrerer niederrheinischer Lehrergruppen, die vor allem die Interessen der Klassenlehrer vertraten. So versammelten sich am 29. Juni 1878 in Düsseldorf unter Federführung des Duisburger Klassenlehrervereins ihre Vertreter, um eine gegen D. gerichtete Schrift zu beraten. Sie erschien kurze Zeit später, herausgegeben vom Freien Lehrerverein Duisburg, unter dem Titel „Organisation, Leitung und Aufsicht der Volksschule, zugleich kritische Beleuchtung des pädagogischen Gutachtens: die vier- und die achtklassige Volksschule. Mit besonderer Berücksichtigung des Hauptlehreramtes. Wittenberg 1878." Die Konferenz wurde vom EvSchBl 22 (1878), S. 273 als „pathologische Erscheinung im Lehrerstand" abgetan.

Die nächste bergische Lehrerkonferenz am 5. Oktober 1878 in Vohwinkel blieb von den Auseinandersetzungen nicht verschont und führte zu einer Pressefehde mit Beiträgen in der Barmer Zeitung, Elberfelder Zeitung, Rheinisch-Westfälischen Post und Preußischen Lehrerzeitung (siehe „Der neueste Schulstreit" a.a.O.). So befaßte sich die von Leopold Clausnitzer herausgegebene Preußische Lehrerzeitung Ende 1878 mit dem Fall, was ihr den Vorwurf eintrug, sie stelle die Klassenlehrer als Unterdrückte und die Hauptlehrer als Unterdrücker dar und offenbare daher „das Bestreben, in echt sozialdemokratischer Weise den Frieden und die Eintracht zu stören und die einzelnen Glieder des Lehrerstandes gegeneinander aufzuhetzen" (EvSchBl 23, 1879, S. 196).

Die erwähnte Duisburger Schrift forderte den Wegfall des Ortsschulinspektorats und des Hauptlehreramtes. Dagegen wurde eine kollegiale Schulleitung empfohlen, in der die einheitliche Schularbeit durch Übereinkunft bzw. Mehrheitsbeschluß erreicht und für die Führung „äußerer Angelegenheiten" ein Lehrer aus der Mitte des Kollegiums gewählt werden sollte.

Wie die Wirklichkeit damals aussah, zeigen die im gleichen Jahr vom Kultusminister bestätigten Bestimmungen für das Barmer Schulwesen. Die Ortsschulaufsicht (Lokalinspektorat) blieb erhalten; der Ortsschulinspektor hatte den Vorsitz im Schulvorstand; jeder Schule stand ein Hauptlehrer vor; der Hauptlehrer war Mitglied des Schulvorstandes; bei der Auswahl der Klassenlehrer war der Hauptlehrer als Mitglied des Schulvorstandes beteiligt. Gegen D. hatte sich u.a. der Dortmunder Rektor Dietlein in der Deutschen Schulzeitung ausgesprochen.

215

An unbekannt

Barmen, Dezember 1878

D. fragt nach dem Echo, das die beiden Gutachten gefunden hätten. Seit 25 Jahren habe er die Christen durch Bücher, Aufsätze und Reden aufgerufen, die Konfessionsschule zu schützen. Von den Freunden der konfessionellen Schule seien seine Ratschläge ignoriert worden. Die Behörden disponierten über den religiösen Charakter der Schule und die Eltern hätten auf die Wahrung ihrer Rechte verzichtet.

D. kritisiert, daß seine „Grundlinien einer Theorie des Lehrplans" in konservativen und christlichen Kreisen weniger beachtet worden seien als in liberalen und pädagogischen. Die Verteidigung der Konfessionsschule sei schwerer als vor vier Jahren, denn ihre Vertreter würden zunehmend verdächtigt, es ginge ihnen weniger um die pädagogische Wahrheit als um die Konservierung der Kirchenschule. Er, D., setze sich allein aus pädagogischen Erwägungen für die Konfessionsschule ein.

216

An Friedrich August Finger, Frankfurt a.M.

Barmen, 1877 oder 1878

[. . .] Zu den mannigfachen angenehmen Erinnerungen, welche mir die Reise nach Frankfurt eingetragen hat, zähle ich in erster Linie auch die, daß es mir vergönnt gewesen ist, Ihre persönliche Bekanntschaft gemacht und in Ihnen und dem Herrn Kollegen C. ein paar Männer entdeckt zu haben, zu denen meine Persönlichkeit und Denkungsart in besonderem Maße zu passen scheinen. Umso lebhafter muß ich jetzt bedauern, daß ich Sie erst so spät kennenlernte und daß wir so weit auseinander wohnen. Soviel an mir ist, möchte ich das Versäumte nachzuholen suchen. Den Anfang dazu soll die beifolgende Sendung meiner geistigen Kinder machen, soweit sie gerade reisefertig waren. Die Fortsetzung mag das Evang. Schulblatt vermitteln, wenn Sie demselben den Zutritt zu Ihrem Büchertisch gestatten wollen. In der Privatkorrespondenz kann ich nicht viel leisten, weil meine Kräfte ohnehin fast über das Maß in Anspruch genommen sind. Bei Ihnen wird dies nicht minder der Fall sein. Wir wollen uns also in dieser Beziehung keinerlei neue Last auflegen. Wenn ein Brief von mir kommt, so wollen Sie nie denken, daß er eine Antwort beanspruche. Gestatten Sie mir, auch Ihre etwaigen Zuschriften so zu betrachten. Jeder schreibt nur, wenn es ihn aus irgendeinem Grunde innerlich dazu treibt [. . .]

F. W. Dörpfeld

Zur Datierung: D. besuchte zweimal, 1877 und 1878, Frankfurt.

217

An Georg Klingenburg, Ikten

Barmen, 1878

D. sucht mit Jeremia 29, 11 anläßlich des Todes der ältesten Tochter Klingenburgs zu trösten. Die „Zierde und Freude Eures Herzens", „Stütze und Pflegerin Eures Alters" sei nicht mehr, die schöne Blume verwelkt.

218

An Georg Klingenburg, Ikten

Barmen, 1878

D. bedauert, vorläufig keinen Besuch machen zu können. Angesichts des Trauerfalles wirkten „Schöpfen aus dem Quell des Trostes" und ungezwungenes Sichaussprechenkönnen wohltuend, wie er „aus siebenjähriger Trauererfahrung" berichten könne. Vielleicht zum Brief 217 gehörend.

219

An Wilhelm Rein, Eisenach

Barmen, 22. Januar 1879

Lieber Freund.

Die Besprechung Ihres Buches sollte in Nr. 1 d. Ev[angelischen] Schulbl[attes] erscheinen, unter dem Titel „Eine zeitgeschichtliche Betrachtung und eine Buch-Recension".

Wie Sie aus dem beifolgenden Hefte (am Schlusse) sehen, mußte der Artikel wegen Mangel an Raum für das nächste Hauptheft zurückgelegt werden.

Mein Aufsatz wird wahrscheinlich beinahe das ganze Heft füllen. Hieraus und aus seinem Titel werden Sie entnehmen, daß dies eine Rezension ist, die in dieser Art und Form noch nicht vorgekommen ist. Vor der Hand mögen Sie raten, warum ich solche Anstrengungen gemacht habe. In jedem Falle bitte ich mir aus, daß Ihr Verleger mir – in Gedanken – einen besonderen Dank votiert.

Übrigens werden Sie, wie ich glaube, gut tun, das „Zweite Schuljahr" nicht eher ausgehen zu lassen, bis Sie meinen Artikel gelesen haben. Der Verbreitung Ihres Buches werden Sie jedenfalls dadurch förderlich sein. Es handelt sich nicht um wesentliche sachliche Änderungen, die ich wünsche, sondern um etwas anderes, was sich aber in einigen Briefzeilen nicht sagen läßt.

Durch meine mündliche Empfehlung ist hier zu Lande das „Erste Schuljahr" schon recht bekannt und verbreitet worden.

Das nächste Hauptheft des Ev[angelischen] Schulbl[attes] wird Ende Februar erscheinen – vielleicht noch etwas früher.

Bis dahin – wo ich Näheres schreiben werde – Gott befohlen!

Ihr
F. W. Dörpfeld

D. bezieht sich auf folgendes Buch, das auch in späteren Briefen genannt wird: Das erste Schuljahr. Ein theoretisch-praktischer Lehrgang für Lehrer und Lehrerinnen sowie zum Gebrauch in Seminarien. Bearbeitet von Dr. W. Rein, Seminardirektor, A. Pickel, Seminarlehrer und E. Scheller, Lehrer an der Seminarschule in Eisenach. Verlag E. Bacmeister, Eisenach 1878.

Das „nächste Hauptheft" erschien Ende März 1879. Näheres über die darin enthaltene Rezension D.s bringt dessen anschließender Brief.

220

An Wilhelm Rein, Eisenach

Barmen, 23. März 1879

Lieber Freund.

Verzeihen Sie gütigst, daß auf Ihre letzte Postkarte keine Antwort gekommen ist. Sie wünschen von mir einen bestimmten Rat, ob Sie mit dem Drucke des „Zweiten Schuljahres” warten sollten oder nicht. Das durfte ich nicht wagen. Meine Ansicht hatte ich bereits ausgesprochen. Die Entscheidung mußte ich Ihnen selbst überlassen. Denn wenn Sie den Druck verzögert hätten und hinterher doch zu der Überzeugung gekommen wären, die Verzögerung sei nicht nötig gewesen, so würde mich das gedrückt haben.

In wenigen Tagen hoffe ich Ihnen den Aufsatz schicken zu können. Es gibt ein Doppelheft von vier Bogen. Drei Bogen sind bereits korrigiert, den vierten erwarte ich heute. Später werde ich die Abhandlung als Broschüre erscheinen lassen.

Ich schicke jetzt einige Begleitworte – Wünsche für die hoffentlich bald nötige 2. Auflage und für das „Zweite Schuljahr”. Im Aufsatze ist nur einer derselben (die Märchen betreffend) ausdrücklich erwähnt. Dort wollte ich Sie nicht damit beschweren. Vor der Lektüre des Aufsatzes werden Sie freilich den vollen Sinn dieser Wünsche nicht ganz verstehen.

Mit der Rezension als solcher werden Sie, wie ich im voraus überzeugt bin, mehr als zufrieden sein.

1. Mein Aufsatz zerfällt, wie Sie bereits wissen, in zwei Teile: I. Eine zeitgeschichtliche Betrachtung, II. eine Buchrezension. Diese Überschrift ist mit Absicht unbestimmt gewählt. Die eigentliche Tendenz der Arbeit tritt erst allmählig, dann aber auch desto unverhohlener und energischer hervor. Dieser Haupttendenz nach ist die Abhandlung ein geharnischter Protest wider den didaktischen Materialismus. Unter „didaktischem Materialismus” verstehe ich diejenige unpädagogische Ansicht, welche das eingelernte Material, gleichviel wie es behandelt sei, ohne weiteres für geistige Kraft hält – und demgemäß das Maß des absolvierten Lehrstoffes schlankweg für das Maß der zu wünschenden Verstandes-, Gemüts- und Willenskraft nimmt. Die bösen Folgen dieser Ansicht sind zahlreich und weitgreifend: Übermaß des Lehrstoffes, mechanische Lehrweise, Treiberei und Hetzerei im Unterricht und in der Inspektion, unnatürliche Begünstigung des Fachlehrer-Systems, „Fremdherrschaft” auf dem Volksschulgebiet usw.

Schon seit Jahren hat mir der Gedanke, daß ein Feldzug gegen dieses Ungetüm notwendig sei, auf der Seele gelegen. Ich war nur zweifelhaft, ob es schon an der Zeit sei. Als Ihr Schriftchen mir zu Händen kam, war der Zweifel gelöst. Jetzt war ich überzeugt, daß die Campagne mit Aussicht auf Erfolg begonnen werden dürfte. Wie Sie sehen, haben Sie mit Ihrer Arbeit obendrein ein gutes Werk getan, woran Sie vielleicht speziell nicht gedacht haben.

Was ich nun noch wünsche – im Interesse der Leser – ist dies, daß Sie in dem theoretischen Teile (der neuen Auflage und des 2. Heftes) gleichfalls und ausdrücklicher, als im vorliegenden Hefte geschehen, dem didaktischen Materialismus energisch zu Leibe gehen. Tatsächlich tun Sie das allerdings schon jetzt dadurch, daß Sie auf Beobachtung der fünf Durcharbeitungsstufen dringen. Allein neben der Tatsache muß auch das Wort reden, damit die Tatsache richtig und im Vollsinne verstanden werde. Die Forderung, jedes Pensum nach den fünf Lehrstadien durchzumachen, hat ihre Konsequenzen. Die erste Konsequenz, welche dem Leser einfallen wird, ist die, daß dann zuvor das Quantum des Lehrstoffes entsprechend ermäßigt werden muß. Ist nun diese Vorbedingung nicht erfüllt, so lautet den Lehrern Ihre Zumutung, jedes Pensum nach den fünf Lernstufen durchzuarbeiten, gerade so, wie wenn einem an Händen und Füßen Gebundenen zugemutet wird, zu tanzen. Sie sehen, es muß ein Unrecht gesühnt werden, was Ihr Schweigen über jenes Hindernis den Personen angetan hat – abgesehen davon, was die Sache erfordert und in meinem Aufsatze eingehend zur Sprache kommt.

2. An Ihrer Stelle würde ich den theoretischen Teil des Schriftchens in eine andere logische Form bringen, in diejenige, welcher ich bei der Besprechung gefolgt bin. Früher habe ich mich auch in der Regel dem altüblichen Begriff der Methodik (= Lehrverfahren) anbequemt, so auch mehr oder weniger noch in den „Grundlinien”. Dort aber wurde mir auch klar, daß alles Unlogische auch unpraktisch ist. Das hat sich mir auch wieder an Ihrem Schriftchen gezeigt. Die neuen didaktischen Gedanken, welche dasselbe in die

Praxis einführen will, treten nicht deutlich genug hervor, nicht gesondert genug und nicht an der rechten Stelle. Ich teile die Didaktik jetzt so ein (wie mir scheint, stimmt das auch mit Ziller überein):

A. Ziel

B. Methode:

I. Anordnung d[es] Lehrstoffes (= Theorie des Lehrplans):
   a) Auswahl der Stoffe,
   b) Verteilung nach Kursen und Pensen,
   c) Verbindung der Lehrstoffe.

II. Bearbeitung d[es] Lehrstoffes (= Theorie des Lehrverfahrens):
   a) Theorie des Neulernens (5 Stufen),
   b) Theorie des Einprägens (parallel der 5 Stufen).

Nach dieser Disposition hätten Sie den theoretischen Teil Ihres Buches einrichten müssen. Dann wären alle neuen Wahrheiten an ihre richtige Stelle gekommen und dadurch deutlicher hervorgetreten. Also

A. Ziel: erziehender Unterricht (Neue Wahrheiten)

B. Methode:

I. Anordnung:
   a) alle wesentlichen Lehrfächer,
   b) richtige (kleine) Pensen,
   c) Verbindung des reinen Formen-Unt[errichts] mit d[em] Sachunterricht,
   Verbindung des Sprachunterrichts mit d[em] Sachunterricht,
   Zentrum des Ganzen: Gesinnungsunt[ericht.]

II. Bearbeitung:
   a) die 5 Stufen des Neulernens,
   b) (Hier hat das Schriftchen eine schlimme Lücke).

Vergleichen Sie damit all die Unzuträglichkeiten, welche Ihre Einteilung in „Stoff" und „Methode" gebracht hat. Die Theorie der fünf Stufen ist zwar zusammenhängend und eingehend besprochen, allein die nicht minder wichtigen drei Wahrheiten unter I,c (konzentrierende Verbindung der Lehrfächer) werden ganz zerpflückt (bei den einzelnen Fächern) besprochen und heben sich daher nicht in ihrem (einheitlichen) Vollsinn hervor. Die Zillersche Bezeichnung des Ganzen als „Konzentration" will ich mir als Bezeichnung des Ganzen gefallen lassen, obwohl der Ausdruck dunkel und wegen bekannter früherer Verirrungen mißverständlich ist; aber es müssen auch seine drei Teilwahrheiten ausdrücklich und deutlich namhaft gemacht werden.

Ich denke, diese Bemerkungen werden genügen, um Ihnen meinen Sinn klarzustellen. Im Aufsatze habe ich gar nicht davon gesprochen, d.h. ich habe die bezüglichen Bemerkungen später unterdrückt.

Wollten Sie bei der neuen Auflage den theoretischen Teil nach den vorstehenden Andeutungen umgießen, so würde das Schriftchen, wie ich achte, nach Wert und Wirkung beträchtlich gewinnen. (Dasselbe gilt vom 2. Schuljahre).

3. Märchen. Da in Preußen und anderwärts (fast) alle Schulen angewiesen sind, auf der Unterstufe biblische Geschichten zu behandeln, so möchte ich wünschen, daß Sie in der folgenden Auflage (und im „2. Schuljahre") neben den Märchen auch eine Auswahl biblischer Geschichten, etwa die Geschichte Josephs, in Lehrbeispielen vorführten (mit Angabe der daraus zu wählenden heimatkundlichen Stoffe).

Diesen Punkt habe ich auch im Aufsatze berührt.

4. Heimatkunde. Bei nicht wenigen Pensen ist meines Erachtens der konkrete Stoff im Detail viel zu reich: erstlich zu reich an sich, und zum andern zu reich im Vergleich zu dem kleinen Bruchteile, welcher zur Durcharbeitung kommt und kommen kann. Vorab müssen die größeren Stücke in zwei Pensen (Lehreinheiten) zerlegt werden. Kommen dann zu viele Pensen heraus, so muß man etliche Stoffe fallen lassen. Überdies müssen Sie scharf zusehen, daß beim einzelnen Pensum der konkrete Detailstoff im richtigen Verhältnis steht zu dem, was zur reflektionsmäßigen Betrachtung gelangt.

Ich fürchte, manche Rezensenten werden rügen, daß Sie bei der Heimatkunde stellenweise selbst in „didakt[ischen] Materialismus" geraten wären.

5. Zeichnen. Hier besteht keine Differenz zwischen uns. Doch will ich die betreffenden Bemerkungen im Aufsatze um ihres Zweckes willen angelegentlich Ihrer Prüfung und Verwertung empfehlen.

6. Singen und Sagen. Darüber steht ein kleiner Wunsch am Schlusse meines Aufsatzes.

7. Die Lehrproben. Dieselben können nach zwei Seiten hin in nützlicher Weise ergänzt resp. verbessert werden (ich denke aber nur an die aus dem Sachunterricht).

Erstlich. Bei den Anfangspensen (etwa bei zweien oder dreien) aus jedem Gebiete, namentlich im Gesinnungsunterricht, müßten die Lehrproben ausführlicher dargestellt sein, so ausführlich, wie sie in Wirklichkeit gehalten werden sollen. Es darf keine einzige (wesentliche) Frage fehlen. Auch die Antworten müssen beigefügt sein. Alles in der Ausführlichkeit, wie vor alters (zu Krauses, Dinters etc. Zeit) die Katechisationen gedruckt zu werden pflegten. Anstoß wird niemand daran nehmen und wenn doch, so muß man ihm sein Plaisir lassen, aber viele werden Ihnen dafür dankbar sein. (Bei der Heimatkunde ist da für die erste Lektion aus jeder Stoffart auszuwählen, also: eine Pflanze, ein Tier, ein technologisches Objekt, ein geographisches und eins aus der Himmelskunde).

Zweitens. Bei allen Lehrproben müssen in Stufe 3 und 5 die einzelnen Reflexionsakte nicht bloß durch a, b, c usw. markiert sein, sondern die betreffende Aufgabe muß (so viel tunlich) durch ein gesperrt gedrucktes Wort inhaltlich genannt werden, damit dem Leser das Ziel sofort in die Augen fällt.

Endlich wünsche ich, daß Sie bei dem Zeichnen eine Reihe Lehrproben geben, d.h. an einer Anzahl von Beispielen zeigen, wie dabei unterrichtlich verfahren werden soll. Die allgemeinen Ratschläge, welche Sie geben, reichen für viele nicht aus. Gar zu häufig begnügen sich die Lehrer damit, die Zeichnung an die Wandtafel zu machen und dann ohne weiteres zu sagen: Nun zeichnet das! Nehmen Sie gef. diesen Wunsch recht ernst. Es wird sich lohnen.

Zu allen den im Vorstehenden berührten Ergänzungen und Verbesserungen treibt mich eine besondere Erwägung. Durch meine Abhandlung wird Ihr Schriftchen in einem solchen Maße auf den Schild gehoben, daß mir auch um der andern Zwecke des Aufsatzes willen viel daran gelegen sein muß, daß Ihr Schriftchen bei der neuen Auflage eine möglichst vollkommene Gestalt erhalte. Sie dürfen daher keine Mühe scheuen; je sorgfältiger die Bearbeitung ist, desto besser. Nicht übereilen! Sie werden noch besser fühlen, was mich zu dieser Mahnung drängt, wenn Sie meinen Aufsatz gelesen haben, obwohl derselbe, wie gesagt, nur an einer einzigen Stelle etwas Kritik übt.

Jetzt komme ich zu einigen Bemerkungen anderer Art.

8. In der Einleitung haben Sie bei der Charakterisierung Ihres Standpunktes im Verhältnis zu Ziller einerseits und im Verhältnis zur landläufigen Praxis andererseits einen großen, schlimmen Fehler begangen.

Ich glaube fast, Sie werden schon aus diesen wenigen Worten verstehen, was ich meine.

Hat denn etwa die herrschende traditionelle Didaktik nichts anderes mehr zu lernen als dies, daß das Wollen, der erziehende Zweck des Unterrichts, betont werden muß? Von allen den oben bezeichneten neuen method[ischen] Wahrheiten hat dieselbe ja noch keine einzige in ihrem Vollsinne aufgenommen. Sie muß noch viel, sehr viel lernen und umlernen. Wenn man es für jetzt auch nicht direkt sagen will, so ist es doch wahr, daß sie es in erster Linie ist, welche die Überwucherung des „did[aktischen] Materialismus" auf dem Gewissen hat. Zwischen Ihrem Standpunkt und der hergebrachten Didaktik, sofern sie großtut und am Ziele zu sein meint, muß daher ein dicker, dicker Strich gemacht werden. Das stehe vorab fest. Was sodann das Verhältnis zu Ziller betrifft, so dürfen die Differenzen, welche zwischen Ihrer und seiner Anschauung bestehen, nur gleichsam als häusliche betrachtet werden, welche zunächst innerhalb des häuslichen Kreises, aber nicht auf dem Markte zu verhandeln sind. Diese Pflicht habe ich mir bestimmt auferlegt, obwohl ich die neuen Wahrheiten, welche mich mit Ziller verbinden und von der üblichen Praxis trennen, nicht alle erst von Z[iller] gelernt habe. Z[iller] hat auf den Gebieten der Regierung, des Unterrichts und der Zucht so viel und so Hervorragendes geleistet, daß das, was unsereiner beigesteuert haben mag, vor der Hand nicht in Betracht kommen kann. Wir übrigens müßten uns schämen, wenn wir unsere Arbeit in Konkurrenz mit der seinigen geltend machen wollten. Das braucht uns natürlich nicht zu hindern, die Punkte, wo wir von ihm abweichen, zur Sprache zu bringen – nämlich da, wo gerade davon die Rede sein muß. Es muß aber genügen, die abweichende Meinung zu konstatieren und zu begründen, ohne langes Disputieren und mit der gebührenden achtungsvollen Rücksicht. Bei Ihnen aber kommt noch ein besonderer Umstand ins Spiel: Sie sind auch ein unmittelbarer Schüler Zillers. Wenn Sie nun alle die neuen Wahrheiten, welche Sie wider die herrschende Praxis geltend machen, mit Ziller gemein haben und auch nur von ihm gelernt haben, wie konnten Sie nun darauf verfallen, in der Einleitung so zu reden, wie wenn Sie mit Z[iller] viel zu rechten hätten, während die herrschende Praxis nur in dem einen Punkt mangelhaft wäre, daß sie das Wollen nicht genug betone? Und nun nehmen Sie noch hinzu, daß Sie von „orthodoxen" Anhängern Z[iller]s sprechen. Ich habe wohl auch von orthodoxen „Herbartianern" geredet, aber nur im häuslichen Kreise und halb scherzhaft, um dadurch die ernstgemeinte Hülfe zu verstärken. Allein vor der Öffentlichkeit und in Beziehung auf einen Lebenden (Ziller) würde ich einen solchen Ausdruck erst zehnmal überlegen, bevor ich ihn drucken ließ. In dem Munde eines unmittelbaren Schülers, seinem Lehrer gegenüber, ist er unter allen Umständen absolut unstatthaft. Ich bin ein sehr duldsamer und nachsichtiger Mann; allein wenn einer meiner unmittelbaren Schüler sich so etwas wider mich erlaubte, so bürge ich doch nicht dafür, daß meine Geduld im ersten Augenblicke nicht völlig zerrissen wäre.

Dieser Flecken auf der ersten Seite Ihres Buches hat mich eine Zeitlang so beunruhigt, daß mir mein ganzes Unternehmen verleidet zu werden drohte, und er mußte mich um so mehr beunruhigen, da, wenn der Standpunkt des Schriftchens mit den eignen Worten der Verfasser charakterisiert werden sollte, gerade dieser Abschnitt aus der Einleitung mitgeteilt werden mußte. Wären Sie mir nicht glücklicherweise persönlich bekannt gewesen, so würde ich wahrscheinlich über das beunruhigende und schmerzliche Gefühl nicht weggekommen sein. Ich machte aber schließlich die Augen zu und tat, als ob ich nichts sähe. Im Aufsatze kommt daher nichts davon zur Sprache. Ich habe mich bemüht, Ihren Fehler mit leichter Hand wiedergutzumachen, ohne daß die Leser etwas merken, nämlich so, daß Zillern tatsächlich die gebührende Stelle voll eingeräumt wird und im übrigen mit aller Unbefangenheit so geredet wird, als ob Z[iller], Sie und ich in allen wesentlichen Punkten eines Sinnes wären.

Um der wichtigen Sache willen und um Ihretwillen muß ich Sie aber aufs dringendste bitten und beschwören, daß Sie bei der neuen Auflage (und im „Zweiten Schuljahr") jenen Doppelfehler wiedergutzumachen suchen. Ich weiß wohl, daß Sie es Z[iller] gegenüber nicht böse gemeint haben. Z[iller]s Eckigkeit und seine Schroffheit im Konsequenzenziehen und dergleichen sind Ihnen mehr fühlbar geworden als mir. Auch mögen strategische Erwägungen bei Ihnen mit wirksam gewesen sein. Das alles sei zugestanden; allein der Eindruck, den jener Passus auf fernstehende Leser macht, ist zu ungünstig – für Sie zu ungünstig – als daß man nicht wünschen müßte, ihn aufs schleunigste beseitigt zu sehen.

Wie das zu machen ist, glaube ich im Vorstehenden genugsam angedeutet zu haben. Den Hauptgedanken will ich noch einmal hersetzen. Er darf nicht so lauten, als ob es zwei extreme Parteien gäbe, hier Ziller, dort die hergebrachte Praxis, zwischen denen Sie (und ich und wer sonst noch) hübsch die richtige Mitte inne hätten. Sondern so: dort steht die Partei der hergebrachten Praxis, die noch viel zu lernen und umzulernen hat, und ihr gegenüber stehen Ziller und wir übrigen aus der herbartischen Schule mit den und den bestimmten neuen Wahrheiten und Forderungen. Die Differenzen zwischen uns und Ziller können angedeutet werden, müssen aber ausdrücklich als sekundär bezeichnet werden und dürfen nur da rein sachlich zur Erörterung kommen, wo die Betrachtung darauf führt.

Über diesen Punkt brauchen wir nicht weiter zu reden: ich betrachte ihn als bereits aus der Welt geschafft.

9. Eine Frage. Wie Sie wissen, sind alle die neuen Wahrheiten der Herbart-Zillerschen Schule, welche die Eigentümlichkeit Ihres Schriftchens ausmachen, auch teure Bestandteile meines pädagogischen Glaubensbekenntnisses, wenn ich auch nicht jede derselben in ihrer strengen Form für die Praxis geltend gemacht habe. Seit 1872 resp. seit dem Erscheinen der „Grundlinien" 1873 habe ich aber auch dies getan (vergl. die erziehenden Abhandlungen von 1875, Nr. 1 und 5 und die über „die schulmäß[ige] Entwicklung der Begriffe" 1876, Nr. 1). Früher mußte ich mich den bestehenden Vorschriften und der gegebenen praktischen Befähigung akkomodieren.

Nun zitieren Sie in Ihrem Schriftchen viele Personen und Bücher und darunter auch solche, welche im Grunde für unsere Ziele spottwenig bedeutend sind, während von meinen Scripturen auch nicht eine einzige namhaft gemacht ist.

Wie erklärt sich das, da doch außer Ballauff und einigen wenigen unmittelbaren Schülern Zillers kaum einer da ist, der mehr und länger und konstanter als ich jene Wahrheiten vertreten hat?

Die Leser des Ev[angelischen] Schulbl[attes], welchen Ihre Schrift bereits zu Gesicht gekommen ist, fragen gleichfalls ganz verwundert, warum Sie mich nicht zu den Vertretern jener Grundsätze zählen. Kommt denselben jetzt mein Aufsatz zu Händen, der Ihr Buch so einzigartig auf den Schild hebt, so werden sie vollends nicht mehr wissen, was sie über Ihr Schweigen denken sollen.

Was für sonderbare Mißverständnisse sind denn bei Ihnen im Spiele? Ihre Bemerkung auf einer Postkarte vom 18. Oktober v.J. „Vom 3. Schuljahre an werden wir in größerer Übereinstimmung miteinander gelangen, und Sie werden dann den Einfluß Ihrer Theorie gewahren" verwirrt mich mehr, als sie mich aufklärt. Denn das, was vom 3. Schuljahre an neues in Betracht kommt, kann sich doch nur auf das beziehen, was meine Theorie bezüglich der Verbindung der Lehrfächer an der Zillerschen praktischen Ausführung dieser Wahrheit ergänzt hat und was andererseits mit meiner Theorie des Einprägens zusammenhängt.

Wenn Sie meinen Aufsatz gelesen haben, dann werden Sie mir wahrscheinlich bestimmt sagen können, wo das Mißverständnis gesteckt hat.

10. Wie eingangs bemerkt, ist meine Abhandlung in ihrem I. Teile ausdrücklich (und in ihrem II. tatsächlich) ein strategisch durchdachter und mit aller verfügbaren Kraft ausgeführter Angriff auf den „did[aktischen] Materialismus" oder positiv gesagt: ein Versuch, auf alle Gefahr hin für die pädagogischen Grundsätze der „herbartischen Schule" eine Gasse zu hauen. Ich habe viel gewagt, viel mehr als der Verstand, der Klugheitsverstand, gutheißen will, viel mehr, als meine Zeit und Kraft behufs der Verteidigung zu leisten imstande sind. Mein Artikel ist ein Stoß in ein Wespennest. Er beschwört ein Heer von

Waffen wider mich herauf: das preuß[ische] Schulverwaltungspersonal von unten bis beinahe an die Spitze, die Geistlichen, die Seminarien, die höheren Schulen, die Juristen, alle Nuancen der Durchschnitts-Pädagogik und was darunter steht usw. Wer wird mir in diesem verzweifelten Kampfe zu Hilfe kommen? Vor der Hand vermag mein Auge keine Unterstützung zu erspähen, und meine Erfahrung gibt mir keinen Grund, eine solche zu hoffen, d.h. eine wirksame, allgerüstete und nachhaltige. Freilich sollte ich wenigstens auf die „Herbartianer" rechnen dürfen; ich hätte auch gern jedem dieser „Kameraden" die Initiative des Kampfes überlassen, um dann meinerseits als Adjutant oder als Trainknecht seines Befehls gewärtig zu sein. Aber was darf ich von dort erwarten? Ziller möchte mir vielleicht gern beispringen wollen; allein er ist ein überlasteter Mann und überdies mehr ein „Stier" als ein Stratege. Von den übrigen ist ein Teil zu vornehm, um sich mit Volksschul-Pädagogik zu befassen, ein zweiter, sehr zahlreicher Teil, der den Meister (H[erbart]) „kopieren" will, ist dem Quietismus verfallen; ein dritter Teil hat mit seinen nächsten Obliegenheiten übergenug zu tun oder treibt Kirchturms-Pädagogik; ein vierter Teil ist vom Strebertum beherrscht und fürchtet, seiner Karriere zu schaden; ein fünfter Teil, wie jener, der aus dem Bergischen ins Braunschweigische emporflog, gehört nominell zu unserm Verein, spottet aber hinterrücks über den Zillerschen Krimskrams und dergleichen; ein sechster würde es bedenklich und genant finden, mit einem „Wupperthaler" Schulmeister in einer Linie zu kämpfen; und endlich kommt dann noch eine Schar junger Leute, die aus ehrenwerter Bescheidenheit noch nicht gern in die Öffentlichkeit treten. Wo soll ich nun Helfer im Streite finden, wenn bei den Herbartianern nicht einmal viel zu hoffen ist? Unter meinen Standesgenossen findet sich in dem Leserkreise des Ev[angelischen] Schulbl[attes] allerdings guter Wille genug; aber es fehlt etwas an einem anderen Ende: die frühere gebrechliche Präparanden- und Seminarschulung macht sich allzu fühlbar.

Nun möchte ich fragen, ob ich auf Ihren Beistand rechnen darf. Als Sie den Fröhlichschen Aufsatz über die Simultanschule drucken ließen, da war ich ergrimmt über Sie, weil Sie mir den herbartischen Boden unter den Füßen wegzogen. Da habe ich Ihnen Rache geschworen. Diese Rache ist jetzt in der Rezension Ihrer Schrift vollzogen. Wenn Ihr Dank aussieht wie meine Rache, dann will ich zufrieden sein.

Also nochmals: Darf ich auf Ihren Beistand rechnen? (mit der Faust – mit dem Namen ist nicht nötig, wenn's Sie geniert).

Wenn ja, dann wollen wir später näher darüber verhandeln. Vor der Hand ist's noch nicht not. Sollten Sie jedoch unter Ihren Freunden eine dienstwillige Hand haben, die in irgendeinem gelesenen Blatte auf meinen Aufsatz aufmerksam machen will, in angemessener Weise, so ist mir das recht.

Mit herzlichem Gott zum Gruß
Ihr einsamer
F. W. Dörpfeld

Reins Postkarte ist nicht erhalten.

D.s hier angekündigter Aufsatz „Eine zeitgeschichtliche Betrachtung und eine Buchrezension" füllte den größten Teil des 2. Heftes des EvSchBls 23 (1879), S. 73–146. Es wurde im gleichen Jahr als Separatdruck unter dem Titel „Der didaktische Materialismus. Eine zeitgeschichtliche Betrachtung und eine Buchrezension" in erweiterter Form herausgebracht. Erneut erweitert, erschienen die 2. Auflage 1886 und die 3. Auflage 1894 als Bd. II,2 der GesSchr, in deren Rahmen das Buch 1911 zum letztenmal (6. Auflage) aufgelegt wurde.

Im vorstehenden Brief greift D. Hauptgedanken dieser Schrift auf und sucht seine Auffassung von der Didaktik zusammenzufassen. Dadurch, daß er Rein in der Rezension in gewissem Sinne „geschont" hat, gehen einige seiner brieflichen Ausführungen über den Rezensionsaufsatz hinaus. Auch die von D. weiterentwickelten Herbart-Zillerschen Formalstufen sind hier im Ansatz zu erkennen.

1873 hatte D. die „Grundlinien einer Theorie des Lehrplans", 1875 (EvSchBl 19, S. 3–20, 69–98) „Die unterrichtliche Verbindung der Wissensfächer" veröffentlicht. Demgegenüber erschien der Aufsatz „Die schulmäßige Bildung der Begriffe" nicht, wie er irrtümlich schreibt, 1876, sondern im Jahr darauf (EvSchBl 21, S. 1–34). Fröhlichs Abhandlung zur Simultanschule war schon Gegenstand des Briefes vom 26.7.1876.

221

An Peter Diehl, Frankfurt a.M.

Barmen, 25. März 1879

Lieber Freund.

Vorab meinen herzlichsten Glückwunsch zu dem wohlbestandenen Rektorexamen. Sie werden jetzt gern zugestehen, daß ich seiner Zeit recht hatte, als ich Sie ermunterte, auch diese beiden Höhen noch zu erklimmen. Unterwegs mögen Sie allerdings manchmal geseufzt haben, zumal im ersten Jahre. Aber das liegt ja jetzt dahinten. Von den Schülermühen können Sie nun ausruhen, und Sie werden fühlen, wie wohl die Ruhe tut – nach vollbrachter Arbeit.

Möge Gott der HErr es fügen, daß Ihnen auch noch in anderer Beziehung, in betreff der ökonomischen Sorgen, eine Frucht der Lernarbeit zuteil würde.

Nun etwas Geschäftliches.

Das nächste Heft des Ev[angelischen] Schulbl[attes] (Nr. 4 und 5) bringt einen Aufsatz aus meiner Feder, den ich Ihrer näheren Beachtung und Teilnahme empfehlen möchte. Die Überschrift „Eine zeitgeschichtliche Betrachtung und eine Buchrezension" ist mit Fleiß so unbestimmt gewählt. Die eigentliche Tendenz tritt erst allmählich, dann aber auch desto unverhohlener und entschiedener hervor. Dieser Tendenz nach ist die Abhandlung ein strategisch durchdachter und geharnischter Protest wider die pädagog[ische] Seuche des didaktischen Materialismus. Unter „didaktischem Materialismus" verstehe ich die unpädagogische Ansicht, welche das eingelernte Material, gleichviel wie es gelernt sei, ohne weiteres für geistige Kraft hält und demgemäß das Maß des absolvierten Lehrstoffes für das Maß der zu wünschenden Verstandes-, Gemüts- und Willensbildung nimmt.

Das ist in der Tat eine Pestilenz, die im Finstern schleicht und heuer auch eine Seuche, die am hellen Mittag verdirbt.

Die üblen Folgen der didaktisch-materialistischen Richtung sind zahlreich und weitgreifend: Überübermaß des Lehrstoffes, mechanische Lehrweise, Hetzerei der Schüler, treiberische Schulaufsicht, unnatürliche Ausdehnung des Fachlehrersystems, Simultanschul-Schwärmerei, „Fremdherrschaft" im Volksschulwesen.

Ich glaube annehmen zu dürfen, daß Sie mit der Haupttendenz des Aufsatzes wie mit seinem wesentlichen Inhalt einverstanden sein werden. Hinsichtlich der Entschiedenheit des Protestes werden Sie jedenfalls nichts vermissen.

Wie Sie beim Durchlesen erkennen werden, habe ich mich nach vielen Seiten hin stark und gefährlich exponieren müssen. Es mußte dem Unkraute an seinen Wurzeln und in seinen Zweigen und Früchten nachgespürt werden. Da gerate ich überall in Konflikt mit dem Schulverwaltungspersonal bis in die Spitze hinauf, mit den Geistlichen, mit den Seminarien, mit den höheren Schulen, mit allen Nuancen der Durchschnittspädagogik und was noch darunter steht. Kurz, es ist ein Stich in ein Wespennest.

Die Arbeit hatte mir schon etliche Jahre hindurch auf der Seele gelegen. Ich konnte aber nicht mit mir einig werden, ob es an der Zeit sei. Da schickte mir Dr. Rein sein neuestes Schriftchen „Das erste Schuljahr", eine Frucht dessen, was er bei Ziller gelernt hat. Da war mir das Signal gegeben.

Bei der Wichtigkeit der Sache und bei der vielfachen Gebundenheit meiner Kräfte ist es aber dringend wünschenswert, daß die Gesinnungsgenossen mich nicht allein kämpfen lassen, wie es leider früher meistens geschah.

Auch müßte Sorge getragen werden, daß die Gegner nicht das bekannte Mittel des Totschweigens anwenden können. Was mir zunächst nötig scheint, wenn der Aufsatz nicht umsonst geschrieben sein soll, ist zweierlei.

1. Erstlich müßten schlichte Zeugnisse im Schulblatte auftreten, etwa in Form eines vertraulichen Schreibens an den Verfasser oder an einen Kollegen usw., worin sich der unmittelbare Eindruck des ersten Lesens ausspricht, nicht mehr und nichts anderes. Es darf also kein mühsam überlegtes Skriptum sein. Je natürlicher und unmittelbar es lautet, desto besser. Denn es soll nur bezeugen, welches Echo der Aufsatz in den Lehrerherzen und in der Lehrererfahrung gefunden hat. Alles frei und aus der Wahrheit, ganz nach Wohlermessen. Immer mögen auch einzelne Punkte berührt werden, seien es bestimmte Mißstände oder die gegenüberstehenden Wahrheiten, aber bloß um dieselben hervorzuheben, zu betonen, nicht um näher darauf einzugehen.

In derselben Weise mögen auch Bedenken erwähnt werden, denn es handelt sich nur darum, daß die Wahrheit laut werde, aber eben laut werde.

Das Schweigen der Lehrer hat mich unsäglich gehemmt.

2. Zum andern ist wünschenswert, daß eine geraume Zeit hindurch im Ev[angelischen] Schulbl[att] Illustrationsbeispiele zur Lebens- und Naturbeschreibung des didaktischen Materialismus mitgeteilt werden – aus den verschiedensten Gegenden – also Tatsachen aus dem Schulunterricht, aus dem Seminarunterricht, aus der Schulinspektion, aus den höh[eren] Schulen, aus Reg[ierungs]-Verfügungen usw.

Jetzt, wo für die theoretische Untersuchung durch meinen Aufsatz das Nötigste geleistet ist, sind solche Tatsachen (genau und anschaulich beschrieben) gerade das wertvollste Material. Selbstverständlich bleibt völlig freie Hand, auch Bedenken gegen mich zur Sprache zu bringen, so weit es dienlich scheint. Gewichtige Bedenken dürfen jedenfalls nicht zurückgehalten werden.

Nun, lieber Freund, sehen Sie gef[älligst] zu, ob Sie mit Hilfe der befreundeten und Kollegen Ihres Bereiches mir in dem bevorstehenden Kampfe in der angedeuteten Weise zu Hilfe kommen können.

Auch um meiner selbst willen muß mir die Unterstützung wünschenswert sein. Wohl wenige Leser werden ahnen, welche Not mir dieser Aufsatz gemacht hat. Ich denke nicht zunächst an die Kopfarbeit, obwohl auch diese nicht gering war, sondern an die Gemütsbeschwernis. Wenn öffentliche Zustände und Verhältnisse, wofür die Obrigkeit verantwortlich und die Kirche mitverantwortlich ist, in großem Maßstabe kritisch besprochen werden müssen, da macht mir das immer viel Gewissensnot. Es liegt dies auch mit im Gefühl des Alleinstehens. Konservative und liberale Blätter können immer frisch drauflosschreiben: das Gewissen des Schreibers weiß sich durch das Parteigewissen gedeckt und entlastet. Ich habe immer die Kelter allein treten müssen. Das ist ein furchtbar schweres Joch.

Einige Bemerkungen zur Verhütung von Mißverständnissen bei der Beurteilung des Aufsatzes stehen auf dem beiliegenden Blatte. Sie sind aber durchaus vertraulich gemeint.

Mit herzlichem Gruß an Sie und die lieben Ihrigen und die Freunde

Ihr
F. W. Dörpfeld

P.S. In dem Aufsatze stecken mancherlei strategische Maßnahmen. Ich will einige andeuten.

1. Bei der Kritik der gegenwärtigen Schulverwaltung mußte der böse Schein vermieden werden, als ob diese Kritik mit politischen, kirchlichen, ultramontanen usw. Verstimmungen und Parteiinteressen zusammenhänge. Deshalb hält sich meine Besprechung streng auf formal-pädagogischem Boden. (Nur um dieser Beschränkung willen ist daher z.B. auch vermieden, danach zu fragen, ob und inwieweit der didaktische Materialismus mit dem philosophischen und praktischen in Verwandtschaft stehe. Das mögen andere zur Sprache bringen, dabei aber auch nicht übersehen, daß die theologisch-kirchliche Lehrpraxis ebenfalls von jeher stark didaktisch-materialistisch gewesen ist.)

2. Um auf dem formal-pädagogischen Boden mit Nachdruck auftreten zu können, mußte im Namen der pädagogischen Wissenschaft geredet werden. Das durfte aber ein einfacher Volksschullehrer nicht wagen: es würde zu prätentiös geklungen haben. Darum kam mir das zu rezensierende Schriftchen des Dr. Rein wie gerufen, denn nun wurde es mir möglich, anstelle eines persönlichen Namens die „Herbartische Schule" vorzuschieben und damit dem Vorwurfe der Prätension vorzubeugen.

3. An diesem strategischen Griffe hängt aber noch ein anderer Vorteil. Aus der herbartischen Schule hat bisher eigentlich nur der einzige Ziller entschieden wider den didakt[ischen] Materialismus Zeugnis abgelegt. Die andern drücken sich und lavieren, so gut es geht. Durch die Art meines Vorgehens werden die Herbartianer jetzt genötigt, aus ihrem Quietismus herauszutreten und Farbe zu bekennen. Diesen Vorteil schlage ich hoch an.

4. In meiner Kritik der gegenwärtigen Schulverwaltung ist die Person des Ministers so viel als tunlich verschont geblieben. Die Hauptgründe (Gerechtigkeit und Zweckmäßigkeit) sind an Ort und Stelle deutlich kennbar gemacht.

222

An Wilhelm Dörpfeld, Olympia

Barmen, 31. März 1879

Lieber Wilhelm.

Diesen Monat will ich doch nicht zu Ende laufen lassen, ohne Dir für den lieben Geburtstagsbrief wenigstens mit wenigen Zeilen herzlich Dank zu sagen. Derselbe ist mir eine herzliche Freude und ein kräftiger Trost gewesen gegenüber den mancherlei Anfechtungen, denen mein Gemüt den Winter über ausgesetzt war.

Es hat mir leid getan, daß Du seit Herbst noch keinen einzigen Brief von meiner Hand erhalten hast. Ich muß mich darauf verlassen, daß Du weißt, wie sehr ich mit Schreibereien belastet bin und daß die Geschwister meine Korrespondenzschulden durch ihren Fleiß einigermaßen wiedergutmachen.

In der Tat, wie in jeder anderen Hinsicht, so bleiben auch auf dem Papiergebiet trotz des eifrigen Schreibens doch noch viele Schulden stehen; aber ich denke immer, wenn man einmal Schulden haben muß, so ist es am besten, die guten Freunde dabei zu wagen, weil die andern keine Geduld mit einem haben.

Wie es um meine Schreibschulden steht, magst Du daran sehen, daß ich schon vor vier Jahren ein Lehrbuch zum Realien-Repetitorium versprochen hatte und doch mein Versprechen noch immer nicht erfüllt ist. Bertelsmann drängt fort und fort, die Leser drängen, aber ich muß alles über mich ergehen lassen. Nicht minder drängt man, daß ich die Vorträge über Logik und Psychologie herausgeben soll; aber es ist noch nicht ein einziger druckfertig zu Papier gebracht. Die Dränger wissen eben nicht oder bedenken nicht, an wie vielen Enden meine Kraft gebunden ist. Alle andern Hemmnisse würde ich nicht anschlagen, wenn nicht die schlimme Fessel im Spiele wäre, die meine Krankheit in den Jahren 1865–1867 zurückgelassen hat. Ein gewisser asthmatischer Druck, bald stärker, bald schwächer, ist fortwährend da, namentlich beim Sitzen und Liegen; nur beim Stehen und Gehen (auf der Ebene) fühle ich mich so weit frei davon, daß man ihn vergessen kann, besonders natürlich in freier Luft. So viel tunlich, suche ich daher die frische Luft auf, denn die Stunden draußen sind die einzige Zeit, wo ich ein Gesunder heißen darf.

Schlimm ist auch, daß mich das Asthma bis in die Träume hinein verfolgt. Sehr viel werde ich mit schweren Träumen geplagt, und immer ist dann (geträumte) asthmatische Beengung in schlimmer Form dabei. Dies kommt daher, daß der asthmatische Druck beim Liegen die Erinnerungen an die früheren Qualen ins Traumbewußtsein ruft und nun Erinnerungen und Wirklichkeit im Traum zusammenwirken. Das alles nötigt mich, darauf bedacht zu sein, Stubenarbeit und Bewegung in frischer Luft regelmäßig und häufig miteinander abwechseln zu lassen. Geschähe das nicht, so würde der Gesamtdruck von Tag und Nacht zuletzt mein Gemüt so deprimieren, daß ich zu geistiger Arbeit unfähig wäre. Die zur Erquickung in freier Luft verbrachte Zeit geht aber eben von der Arbeitszeit ab, und von dieser bleibt somit nur ein bestimmtes, mäßiges Quantum übrig.

Im Laufe dieses langen Winters sind auch noch besondere Unbequemlichkeiten und Hemmnisse dazugekommen. Während des Novembers, Dezembers und Januars hatte ich eine literar[ische] Arbeit unter Händen, die mein Gemüt stark in Anspruch nahm (davon mehr weiter unten). Im Januar wurde durch einen Fall der rechte Daumen verstaucht, so daß ich eine Zeitlang nicht schreiben konnte; auch jetzt ist der Finger noch nicht wieder ganz in Ordnung. Zu Anfang der vorigen Woche brachte mir ein falscher Tritt eine Fußverstauchung. Die ersten acht Tage habe ich das Sopha hüten müssen. Seit gestern bin ich jedoch wieder in der Schule tätig, natürlich sitzend; und diesen Brief schreibe ich mit der Briefmappe auf dem Schoße. Hoffentlich ist der Fuß bald wieder so weit gestärkt, daß ich auch kleine Ausflüge in die freie Luft machen kann.

Das alles habe ich nicht erzählt, um Dir etwas vorzuklagen. Am liebsten hätte ich davon geschwiegen; allein ich war doch schuldig, Dir einigen Aufschluß darüber zu geben, warum Du noch gar keinen Brief von mir bekommen hast.

Die Nachricht, daß Du bis Juli 1880 von den militär[ischen] Übungen dispensiert bist, wirst Du bereits erhalten haben. Wir freuen uns natürlich sehr darüber, auch in der Hoffnung, daß Du im nächsten Sommer länger bei uns weilen kannst.

Über Deine weitere Karriere läßt sich am besten mündlich reden. Darum will ich diesen Punkt hier übergehen.

Durch die Abwesenheit und die Krankheit des H[errn] Dr. Treu hast Du ein beträchtliches Stück Arbeit mehr tun müssen. Diese schwere Zeit liegt wohl jetzt glücklich hinter Dir. Hoffentlich hat Dir die Überlastung nicht leiblich geschadet.

Was in unserem Hause und in der Nachbarschaft vorgeht, werden Dir wohl die Geschwister getreulich berichtet haben. Mit dem 1. Mai erhält unsere Stadt einen selbständ[igen] Schulinspektor. Es ist dazu der jetzige Schulinspektor des Kreises Lennep, ein H[er]r Windrath, der früher Pastor im Oberbergischen war, gewählt. Der Mann mag wohl recht brauchbar sein. Mir hat diese Wahl jedoch einen schlimmen Strich durch mancherlei Hoffnungen gemacht. Ich hätte lieber den Schulinspektor von Mettmann, H[er]rn Haake, der früher Seminarlehrer in Moers war, gewählt gesehen. Der H[err] Oberbürgermeister, die Pastoren, die Lehrer der Höh[eren] Schulen und alle Stadträte, die von jenen sich beraten lassen, wollten aber einen akademisch gebildeten Mann haben und die Pastoren wieder speziell einen Theologen. Diese Herren haben natürlich ihren Willen durchgesetzt. H[er]r Haake wurde als „Unstudierter" stille beiseitegeschoben, mit dem Grunde, er sei in den administrativen Arbeiten nicht gewandt genug. Wäre H[er]r Haake gewählt worden, ein sachkundiger Schulmann, so dürfte ich gewiß sein, daß in der städt[ischen] Verwaltung auch meine Leistungen für die hies[igen] Schulen und für die pädag[ogische] Wissenschaft

überhaupt zur Sprache und dann auch gewiß zur Anerkennung kommen würden. Die Hoffnung ist verloren. Die „studierten" Leute und vollends die Theologen haben in der Regel kein Sensorium dafür, was auf dem pädag[ogischen] Gebiete am meisten nottut und was wissenschaftlich pädag[ogische] Verdienste sind. Es wird sich das auch nicht eher ändern, bis auf den Universitäten ebensoviele selbst[ändige] Lehrstühle für die Pädagogik bestehen, als jetzt Lehrstühle der Theologie, der Medizin usw. vorhanden sind. Jetzt gilt die Pädagogik gar nicht für eine Wissenschaft, sondern nur für eine Handwerkstheorie und obendrein für eine solche, bei der die Praxis nicht viel gewinnen könnte. Damit sind dann alle Leistungen zur tieferen Erforschung der Pädagogik und ihrer Hilfswissenschaften (Psychologie, Logik, Ethik, Geschichte der Päd[agogik] usw.) für wertlos erklärt.
Wann das einmal besser werden wird, mag Gott wissen. Ich werde es wohl nicht erleben. (Damit hängt auch die oben erwähnte Arbeit zusammen, die im neuesten Schulblatthefte steht: „Eine zeitgeschichtliche Betrachtung und eine Buchrezension".)

Daß mir nun auch hier an Ort und Stelle die voreilig gewährten Hoffnungen vereitelt sind, schmerzt mich zwar sehr; aber ich nehme es aus Gottes Hand an und aus seinem Rat, der weiser ist als der meinige. „Gib dich zufrieden und sei stille" singt Paul Gerhardt. Er soll recht haben.

Hättest Du ein ref[ormiertes] Gesangbuch dort, so würde ich Dich verweisen auf den 25. Ps[alm] (nach Jorissens poet[ischer] Bearbeitung). Das ist mein Leitstern gewesen von meiner Konfirmation an und besonders in den letzten schweren Jahren. Mein Konfirmationsspruch war aus jenem Ps[alm] gewählt. Dieser Ps[alm] ist in der Tat ein vortreffliches Lebensgebet.

Es ist Mittag. Am Nachmittag muß ich in die Schule. Nachher sollen die Briefe abgehen. Laß mich daher für heute schließen. Die Fortsetzung des Briefes erhältst Du bei der nächsten Sendung.

Gott befohlen.

In Liebe Dein Vater

F. W. Dörpfeld

NB. Schreibe mir nicht eher, bis Du auch die Fortsetzung des Briefes erhalten hast.

M. Jorissens 25. Psalm beginnt „Meine Seele steigt auf Erden schmachtend, Herr, mein Gott, zu dir".

Der folgende Brief 223 stellt die am Schluß angekündigte Fortsetzung dar.

223

An Wilhelm Dörpfeld, Olympia

Barmen, 15. April 1879

Lieber Wilhelm.

In meinem letzten Briefe hatte ich versprochen, Dir eine neue Schulblattabhandlung aus meiner Feder zu senden und mit einigen Bemerkungen zu begleiten.

Das betreffende Schulblattheft folgt hier bei.

Mit meinem verstauchten Fuße geht es jetzt, nach stark vierzehntägigem Arrest, wieder gut. Ich kann wieder meine gewohnten Wanderungen machen. Gott Dank!

Die beifolgende Abhandlung ist der glückliche Abschluß einer zehnjährigen Arbeitsperiode, d.h. einer Reihe von Aufsätzen und Schriftchen aus dem Gebiete der formalen Pädagogik (und der Psychologie), die im Laufe der letzten zehn Jahre im Schulblatte oder nebenher erschienen sind. Dieselben strebten alle auf dieses übrigens nicht ausgesprochene Ziel hin. Was es damit für eine Bewandtnis hat, wird sich unten finden.
Zuvor muß ich etwas zurückgreifen.
Das Schulblatt steht jetzt in seinem 23. Jahrgang. Die ersten zehn Jahre hindurch war meine Zeit und Kraft vorzugsweise der sogenannten Schulverfassungsfrage (Theorie der Schulverwaltung) gewidmet, nicht freiwillig, sondern mit den Haaren dazu gezwungen, wie auf der ersten Seite der „Freien Schulgemeinde" genau zu lesen ist. Diese Bemühungen waren im wesentlichen vergeblich; sie liefen sich tot. Der Grund ist vornehmlich dieser. Eine Hauptabsicht bei den betreffenden Aufsätzen und Schriften war, den religiösen und erziehlichen Charakter der Volksschulen sicherzustellen. Nun hätte ich vor allem bei der Kirche und der sogenannten konservativen Partei Teilnahme und Unterstützung finden sollen. Allein es zeigte sich das gerade Gegenteil: Gleichgültigkeit und stilles oder lautes Widerstreben, nämlich deshalb, weil ich die Sicherung der kirchlichen Interessen nicht auf den traditionellen (verfahrenen) der staatlich-kirchlichen Scholarchie (Bürokratie und Pastorenregiment) suchte. Bei der sogenannten liberalen Partei fanden meine Schriften aber auch keinen Beifall. Das war ich zum Teil selbst schuld. Denn weil ich mich anfangs (in der „Freien Schulgemeinde") bemühte, den Geistlichen und Konservativen meine Grundsätze und Vorschläge plausibel zu machen, so hatte ich dadurch bei den Liberalen meine Bestrebungen geradezu selbst denunziert, da diesen an den kirchlichen Interessen nichts gelegen ist.

Als ich die Klemme merkte, in die ich geraten war, war es zu spät. In der neuen Schrift „Die drei Grundgebrechen", welche fünf Jahre später erschien, suchte ich den begangenen Fehler zu verbessern, d.h. jetzt möglichst gerade Linie zu halten und nicht nach links oder rechts zu sehen. Vergebens. Die Konservativen und Geistlichen wurden nicht freundlicher, sondern noch widerstrebender. Die Liberalen wurden zwar etwas freundlicher, allein meine Vorschläge paßten ihnen doch nicht. Wehrenpfennig sagte in einer Rez[ension] meines Buches in den von Treitschkeschen Preuß[ischen] Jahrbüchern: Meine Grundsätze seien zwar ziemlich und redlich liberal und möchten wohl auf meinem heimatl[ichen] ev[angelischen] Boden brauchbar sein; allein ich hätte vergessen, daß auf der linken Rheinseite und sonstwo andere Leute wohnten. Meine Vorschläge würden die Volksschule zuletzt noch mehr unter kirchlichen Einfluß bringen als sie bisher darunter gestanden. Das könne und werde der Staat niemals zugeben.

Da hatte ich mein Urteil. Auf beiden Seiten verlassen, waren meine Projekte in der Hauptsache aussichtslos. Erst nach vielen Jahren mögen wieder bessere Aussichten kommen.

Meine Bemühungen waren für meine Lebenszeit verloren. Darum habe ich mich seitdem nicht mehr um die Schulverfassungsfrage gekümmert.

Das zweite Feld meiner literar[ischen] Tätigkeit war teils neben, teils nach jenem ersten der Religionsunterricht und was damit zusammenhängt (Bibelkonf[erenzen], ev[angelischer] Lehrerverein usw.). Hier war der Erfolg insofern günstiger, als ich es in erster Linie mit den Kollegen zu tun hatte. Allein in der Hauptsache gerieten noch meine Vorschläge zur Reform des Rel[igions]-Unt[errichtes] wieder in dieselbe Klemme. Die Geistlichen, Seminardirektoren, Schulräte etc. widerstrebten. Ich wollte aus den alten, ausgefahrenen method[ischen] Hohlwege heraus; sie aber und die Regulative wollten drin bleiben. So geriet ich auch wider Willen mit den sonst gutgemeinten Regulativen in Konflikte.

Bei der liberalistischen Pädagogik fanden meine religionsunterrichtlichen Schriften und Bemühungen aber auch keinen Eingang. Denn weil man dort auf den Rel[igions]-Unt[erricht] keinen Wert legt, so mochte man sich auch um dessen Methode nicht bekümmern.

So mußte ich denn schließlich inne werden, daß auf diesem Gebiete ebenfalls nichts Entscheidendes zu gewinnen war. Was im Wege stand, war mancherlei, namentlich etwas, wovon unten genauer die Rede sein wird: der didaktische Materialismus.

Seit 1861 verlegte ich daher meine literar[ische] Tätigkeit vorzugsweise auf das Gebiet der formalen Pädagogik (Methodik) und der formal-pädag[ogischen] Hilfswissenschaften (Psychologie und Logik).

Mein Ziel war zunächst, auf diesem Wege die feindlichen Linien zu durchbrechen, d.h. mir Gehör zu verschaffen; sodann aber, und das war die eigentliche Absicht, den schlimmsten und stärksten Feind des bildenden und erziehenden Unterrichts – den sogenannten did[aktischen] Mat[erialismus] – wissenschaftlich zu überwinden und praktisch niederzuschlagen.

Zu dem Ende galt es, die dazu benötigten formalpädag[ogischen] Wahrheiten, die bereits von Herbart, Mager, Ziller und in meinen eigenen Studien theoretisch erarbeitet waren, der Reihe nach klarzustellen und an den Mann zu bringen, damit sie schließlich (nach Moltkes strateg[ischem] Gesetze) konzentrisch vereint auf die gegnerische Position losrücken könnten. Eine Reihe von Abhandlungen im Sch[u]lbl[att], die „Grundlinien", die Vorträge über Logik und Psychologie sind alle dieser Aufgabe gewidmet gewesen.

Von dem letzten Ziele, dem did[aktischen] Mat[erialismus], war natürlich niemals mit einer Silbe die Rede; denn sonst würden mich die vielen halben und ganzen Anhänger desselben nicht angehört haben.

Bei diesem dritten Feldzuge war der Erfolg beträchtlich günstiger. Das Schulblatt und die andern Schriften drangen jetzt in Kreise, die ihnen früher hartnäckig verschlossen gewesen waren.

Bequemer freilich war dieses Jahrzehnt nicht, vielmehr in vielfachem Betracht trüber, schmerzlicher und beschwerlicher. Was mich am meisten niederbeugte, das Scheiden von der lieben Mama, brauche ich nicht zu erwähnen. Du hast es ja mitempfinden müssen.

Aber etwas anderes muß ich berühren. Aus den Reihen der alten, christlich gesinnten Lehrer des Sch[u]lbl[attes] mußte ich jetzt eine Menge Klagen wider mich anhören. Von fern und nahe hieß es: „Warum sprichst du jetzt nur von formal-pädag[ogischen] Dingen, von Methode und immer von Methode? Warum nicht mehr vom Rel[igions]-Unt[erricht] usw. und von der Schulverfassung? Wir werden irre an dir. Da bricht die Simultanschule über uns herein, die den Rel[igions]-Unt[erricht] in die Ecke schiebt – die Erziehung wird für Nebensache erklärt usw.; aber du schweigst zu dem allen. Wie sollen wir das verstehen?"

Solche Vorwürfe mußte ich hören, von fern und nah, in allen Tonarten, pädagogisch und theologisch. Ich beschwichtigte, so viel sich tun ließ; im übrigen ging ich still und stumm meinen Weg und dachte, ein Tag wird's schon klarmachen.

Dazu kam eine Menge Anfechtungen und Verdächtigungen aus den nächsten Pastorenkreisen wegen der Umformungen der Schulverwaltungen in den beiden Wupperstädten, obwohl dieselben zum geringsten Teile meinen Wünschen entsprachen. „Dörpfeldianismus" wurde ein Stichwort für alles, was auf dem Schulgebiet unbequem und verhaßt war. Auch das wird ein Tag klarmachen.

Eines der für mich erfreulichsten Zeichen, daß meine Bestrebungen jetzt einen besseren Erfolg hatten, war, daß ich der bedrängten Wermelsk[irchner] Gemeinde einen guten Dienst tun konnte. Die ganze berg[ische] Lehrerkonf[erenz] votierte einstimmig für die Konfessionsschule. Das wäre vor 10 Jahren nicht möglich gewesen und noch weniger vor 20, 30, 40 Jahren.

Zwar haben unsere Gutachten den lieben Wermelskirchern ihre Konfessionsschule nicht retten können; es war zu spät. Aber sie haben wesentlich dazu beigetragen, daß die Gemeinde einen vorwiegend ernstgesinnten Stadtrat und in diesem Jahre eine durchweg kirchlich gesinnte Repräsentation gewann. Das übrige wird sich finden. Ein zweites Zeichen ist, daß unser zweites Gutachten (über Simultanschule) bis jetzt noch in keiner der ca. 50 pädag[ogischen] (deutschen) Zeitschriften angegriffen wurde. Nur das erste Gutachten ist stellenweise lebhaft angefochten worden, natürlich, weil es im Grunde für die Konfessionsschule das wichtigste ist (das merkt der Feind, nur nicht die pastoralen Freunde) und weil sich über die Klassenzahlfrage trefflich streiten läßt, gerade wie über Monarchie und Republik, über Freihandel und Schutzzoll.

Es wird sich nun fragen, ob meine Schlußartikel, die beifolgende Abhandlung, die beabsichtigte Wirkung tut. Hier werden die früher behandelten Wahrheiten zu einem Netz zusammengezogen. Wenn die Fäden halten, dann ist der alte, böse Dämon gefangen – und dann ist meine Arbeit auf diesem Gebiete getan. Die Fortsetzung des Feldzuges kann ich andern überlassen.

Ich habe viel gewagt – über Kraft und Zeit. Der Aufsatz ist ein Stoß in ein Wespennest oder vielmehr in mehrere zugleich. Aber Gott wird durchhelfen.

Dr. Hollenberg schrieb mir gestern, daß er in allem wesentlichen mir unbedingt zustimme.

Du wirst Dich in der Abhandlung vielleicht nicht ganz zurechtfinden. Für Dich ist wohl nur der I. Teil genießbar. Dies ist der polemische. Der II. Teil ist rein technischer Natur. Die Polemik tritt nicht sofort hervor, sondern erst allmählich, dann aber auch desto unverhohlener und energischer.

Die Definition des „did[aktischen] Mat[erialismus]" steht S. 76 unten – so en passant.

In der Abhandlung stecken auch viele strategische Maßnahmen, die nicht gesagt werden dürften – die Du also vollends nicht alle merken kannst. Dahin gehört z.B., daß ich das rezens[ierte] Schriftchen von Dr. Rein (einem persönlichen Freunde) so hoch auf den Schild hebe, obwohl es dieses Lob in redakt[ioneller] Bez[iehung] eigentlich nicht verdient. Ich fasse eben nur die Richtung des Schriftchens ins Auge. Eine Schwalbe bringt zwar nicht den Sommer; allein man darf sich doch ihrer freuen, denn sie kündigt ihn an.

Überdies mußte ich fremde Schriften haben, die ich ohne Rückhalt loben durfte, da die eigenen dazu nicht dienen konnten und nur nebenbei erwähnt werden durften. Daher war mir die Reinsche Schrift sehr willkommen. Die Zillerschen waren ohnehin zur Disposition.

Andere strategische Maßnahmen, die man durch die Zeitung nicht publizieren darf, wenn der Krieg losgeht, stehen auf dem beiliegenden Blatte.

Wenn H[er]r Dr. Treu (oder seine Frau) einiges pädag[ogische] Interesse hat, sei es auch nur um seiner Ilse willen, so mag er sich meinetwegen auch die Abhandlung ansehen.

Nun Gott befohlen, mein lieber Wilhelm. Er führe Dich in der schönen Sommerzeit gesund und fröhlich in unsere Arme zurück.

In Liebe Dein Vater

F. W. Dörpfeld

Als Postskript folgt ein Text, der sich auch als Anlage zu Brief 221 findet. – Das Schreiben setzt voraus, daß der Adressat weder Pädagoge noch D.s Vertrauter in seinen langjährigen Auseinandersetzungen ist, als ältester Sohn jedoch Verständnis für eine eingehende Argumentation erwarten läßt. Der Brief erlaubt Schlüsse auf D.s Verhältnis zu den politischen Parteien.

224

An Wilhelm Rein, Eisenach

Barmen, 2. Juni 1879

Lieber Freund.

Herzlichen Glückwunsch zu dem bescherten jungen Stammhalter! Möge er zu Ihrer und der Mutter Freude aufwachsen und zunehmen an Weisheit, Altersreife und Gnade bei Gott und den Menschen! Eins lassen Sie mich noch hinzufügen, derweil Sie so glücklich sind, ihn auf klassischen Boden am Fuße der Wartburg erziehen zu können. Lehren Sie ihn früh die Augen aufheben zu der schönen, stattlichen Burg, die der Edelstein Ihres Städtleins und Ihres lieblichen Thüringer Landes ist; und wenn er zu Jahren kommt, dann nehmen Sie ihn fleißig mit hinauf, damit er von der hohen Warte, von dem Standpunkte des dort einst wartenden deutschen Helden, dem kein zweiter Deutscher gleich, über Höhen und Täler, über Wälder und Menschennester schaue und in solchem Schauen rückwärts und vorwärts einen weiten Blick und ein großes, festes Herz gewinnen lerne. Ihr großer Thüringer Landsmann hat viele Bekenner gefunden, wie es nicht anders sein konnte, aber wenig Nachfolger. Die Konfessionellen rühmen seine korrekte Dogmatik, die Neuprotestanten seinen freien Forschersinn. Jede Partei hinkt, die eine auf dem linken, die andere auf dem rechten Beine. Bei solchem Hinken gibts kein Vorwärtskommen. Vorab müssen beide Beine gesund sein, und sodann muß man wissen, daß die Kraft, die Triebkraft zur Bewegung weder in dem einen noch in dem andern Beine liegt, sondern an einer andern Stelle. Das haben die einen wie die andern zu sehr aus dem Auge verloren, obwohl sie beide wider einander recht haben. Die Neuprotestanten hatten einst einen in ihrer Mitte, der es wußte; aber Rothe war ein Melanchthon, kein Luther. Seitdem sind sie vollends verarmt. Ziehen Sie Ihren Kleinen an dem Wartburghelden groß, an seiner leibhaftigen Gestalt, nicht in einer rechts- oder linksseitigen Silhouette.

Schicken Sie Ihren Aufsatz „Über Konzentration" sofort hierher. Das nächste Hauptheft, das am 1. Juli erscheinen muß, ist zwar schon stark in Anspruch genommen – insbesondere durch eine treffliche psychologisch-pädagogische Abhandlung von einem rumänischen Kollegen. Vielleicht gelingt es aber, Ihren Aufsatz noch mit unterzubringen. Gelingt es nicht, so soll er im nächstfolgenden Zwischenhefte erscheinen. Senden Sie das Manuskript also sofort hierher. Das letzte Schulbl[att] hat sich durch Bertelsmanns Schuld leider wieder sehr verspätet. Die Manuskripte für das Juli-Hauptheft werde ich ihm übrigens in acht Tagen schon auf den Hals schicken, damit das Heft pünktlich am 1. Juli erscheinen kann.

Ihren Aufsatz in Kehrs Blättern werde ich mir ansehen. Ich lese sonst wenig daraus. Kehr ist mir zu wenig Musiker, zu sehr Musikant. Daß die Seminarien sich so hingebend seiner Führung überlassen, ist in meinen Augen ein schlimmes Zeichen. Wäre ich Seminarmann, so würde ich längst mit ihm angebunden haben. Seit Diesterweg verstummt ist, fehlt der Hecht im Karpfenteich. Das Karpfengeschlecht liebt zu sehr den Boden und den Morast, wenn es nicht gejagt wird. Ein gut Teil der Seminarien sind schon auf Lieses „Methodenkreis" hinabgesunken. Ob Ihre „gutmütige" Auseinandersetzung über die formalen Stufen Eindruck machen und ein wenig Bewegung hervorrufen wird, ist mir so zweifelhaft wie Ihnen. Aber sie wird immerhin nützlich sein. Nur müssen Sie nachprüfen und handgreiflich den enormen Hiatus aufzeigen, der zwischen einer schulgerechten Durcharbeitung des Lehrstoffes und der üblichen Wurststopferei besteht, vornehmlich in den Seminarien. Wenn ich mir gelegentlich erzählen lasse, wie es dermalen im Seminarunterricht getrieben wird, dann steht mir der Verstand still. Und obendrein die glänzenden Zeugnisse, welche die Seminaristen mit heimbringen! Mich wundert, daß die armen Jungen nicht vor lauter Gelehrsamkeit und Hochmut bersten.

A propos, wäre es nicht ratsam, daß wir Herbartianer uns über die Zählung (und Bezeichnung) der formalen Durcharbeitungsstufen verständigten? Ich will nächstens auch bei

Ziller einmal anfragen. Um der Sache willen ist es zwar nicht nötig, daß wir die gleiche Zahl nennen, aber zum Eindringen ins Publikum möchte es doch dienlich sein. Ich schlage natürlich meine Dreizahl (als Hauptzahl mit deutschen Namen) vor. Abgesehen davon, daß wir mit dem logischen Sprachgebrauche übereinstimmen, behalten wir auch Fühlung mit den Vorgängern (Mager usw.). Die Vier- oder Fünfzählung klingt den meisten Ohren neu und wunderlich; wenn der Dreizählung widersprochen wird, kommt die Unwissenheit an den Tag. Diesen strategischen Coup dürfen wir uns nicht entgehen lassen. Überlegen Sie sich gef. meinen Vorschlag.

Daß Sie Heines „Seelenlehre" kritisiert haben, kann mich nicht befremden. Ich habe es schon vor vielen Jahren getan, mündlich. Wo ist Ihre Kritik gedruckt? In den „Studien"? Sie sagen, die Kritik sei nicht „harmlos" ausgefallen. „Böse" werde ich Ihnen darum nicht. Aber ich kann auch nicht sagen, daß ich mich darüber freute. Was meiner Freude im Wege steht, ist jedoch etwas anderes, als Sie sich wahrscheinlich denken. Einmal, weil Heines Buch selbst harmlos ist. Ich glaube nicht, daß es Ihnen irgendwo in den Weg getreten ist. Darum lag eigentlich kein Anlaß vor, mit ihm anzubinden. Sodann besorge ich, daß, wenn Heine antwortet, etwa im Ev[angelischen] Schulbl[att], der Streit sich vornehmlich um metaphysische resp. theologische Spekulationsfragen drehen wird, die uns Schulmeistern nichts frommen und damit der Blick von den Fragen abgelenkt wird, die uns zunächst angehen. Es steht damit ähnlich wie mit der Märchenfrage. Die ist mir theoretisch sehr interessant, aber inmitten des theologischen Parteihaders höchst unschmackhaft. Wie die Sachen dermalen liegen, d.h. weil die Pädagogik nicht bloß theoretisch, sondern auch praktisch in empfindlicher Weise von der Theologie und andern Mächten abhängig ist, darum fürchte und hasse ich nichts mehr als eine Verunreinigung und Störung des pädagogischen Gebiets mit fremden Haderfragen. Was dann geschieht, hatte ich heute auf dem physikal[ischen] Gebiete anschaulich vor Augen. Wider die Zahnschmerzen, die mich seit acht Tagen plagen, mußte ich die Zähne mit Guajaktinktur reinigen. Diese Flüssigkeit ist dunkelbraun. Wenn dieselbe in klares Wasser geschüttet wird, so entsteht eine milchweiße Flüssigkeit. Wer mag nun durch den Augenschein erraten, daß dieselbe aus klarem Wasser und brauner Guajaktinktur besteht? So geht es auch, wenn pädag[ogische] Fragen mit fremden verunreinigt werden. Dann kommen die pädagog[ischen] allemal schlecht weg. Im trüben ist ja gut fischen, nämlich für den Fischer, aber die Fischlein stehen sich desto schlechter. Vgl. auch Simultanschule.

Der olympische Architekt ist allerdings mein lieber Wilhelm. Der brave Junge hat eine recht erfreuliche Karriere gemacht. Im vorigen Jahre war er in O[lympia] als Assistent angestellt mit 1800 Thaler Gehalt, 400 Thaler Reisediäten hin und zurück und mit freier Wohnung und Bedienung (Reitpferd usw.) In diesem Jahre ist er leitender Architekt, obwohl er sein Baumeisterexamen noch nicht einmal gemacht hat. Überdies hat er vom Bauführer-Examen her noch eine Prämie von 900 Mark zugut, um eine Reise in die weite Welt zu machen. Aber das Beste und Schönste, was den lieben Jungen ziert, steht nicht in seinem schönen Zeugnisse. Gott segne ihn weiter auf seinem Lebenswege.

In bekannter Liebe
Ihr F. W. Dörpfeld

P.S. Mein Angriff auf den did[aktischen] Materialismus scheint die Geister sehr in Bewegung bringen zu sollen. Auf der Oberfläche, ich meine in den Schulblättern, gibt sich zwar der Wellenschlag noch nicht kund, das hat wohl seine guten Gründe. Mir sind aber schon zahlreiche Zusendungen gemacht worden für das Ev[angelische] Schulbl[att] und zwar aus allen Himmelsrichtungen, die von der inneren Erregung deutlich Kunde geben: offene Briefe, Glossen, Aufsätze usw. Ich werde dieselben der Reihe nach mitteilen. Ein Brief „Von der Oder" von einem 70jährigen wackeren Schul-Veteran macht in dem soeben ausgegebenen Hefte den Anfang, ernst und würdig, wie man es bei einem solchen Alter erwarten kann. Ein zweiter Offener Brief „aus Hannover", der im nächstfolgenden Zwischenheft erscheinen wird, von einem jüngeren Kollegen, geht schon recht lebhaft ins Zeug. Sodann kommt ein längerer Artikel mit Mitteilungen über Schulrevisionen. Über den Seminarunterricht sind Mitteilungen angekündigt. Wenn das so fortgeht, dann wird dem did[aktischen] M[aterialismus] übel zumute werden. Mancher, der warm und behaglich zu sitzen wähnt, mag wohl unerwartet Anlaß haben, „au" und „oweh" zu schreien, wenn ihm auf einmal eine Rute über den Rücken fährt.

D[örpfeld]

Reins Sohn Hans wurde am 8. Mai 1870 geboren. – D. charakterisiert Rothe als Theologen, der eine innere Einheit von Glaube und Wissen, Christentum und Kultur zu schaffen suchte und dabei ein System der Vermittlungstheologie aufbaute. – Reins Aufsatz im EvSchBl: Über Konzentration mit Beziehung auf das dritte Schuljahr. Ebd. 23 (1879), S. 301–311; Reins Aufsatz in Kehrs Pädagogischen Blättern: Über die formalen Stufen des Unterrichts. Ebd. 1879, S. 368 ff. – Dörpfelds drei Formalstufen lauteten (in Abwandlung von Zillers und Reins fünf Unterrichtsschritten): Anschauen, Denken, Anwenden. – Gerhard Heine, Evangelische Seelenlehre für Volksschullehrer. Köthen [1]1874. Mit verändertem Titel: Die pädagogische Seelenlehre als Grundlage für die Erziehungs- und allgemeine Unterrichtslehre. Köthen [2]1879. – Zu Wilhelm Dörpfeld in Olympia 1879 siehe Goeßler, S. 30 ff. – Zum Postskriptum: Im EvSchBl 23 (1879) veröffentlichte D. insgesamt sieben größere Stellungnahmen, die ihm zu seinem Aufsatz über den didaktischen Materialismus zugegangen waren. Am Schluß der letzten, von einem „rheinischen Schuldirektor" geschriebenen, heißt es: „Dörpfelds Aufsatz über den didaktischen Materialismus ist eine Tat. Mögen ihr seitens der Lehrer und in den Schulen Taten folgen!" (ebd. S. 332). D. geht am 18.10.1879 näher auf diese Zuschriften ein.

225

An Wilhelm Rein, Eisenach

Barmen, 3. September 1879

Lieber Freund.

Hierbei die Korrektur Ihres Aufsatzes zur gef. Durchsicht. Der Aufsatz wurde schon vor zwei Monaten gesetzt. Schließlich zeigte sich jedoch, daß er nicht unterzubringen war. Ich habe dann den Satz stehen lassen bis zum jetzt erscheinenden Hauptheft, damit ich die Arbeit hier an hervorragender Stelle dem Leser präsentieren könne.

Wie ich sehe, bekommen Sie ziemlich viel zu korrigieren. Wenn Sie fertig sind, schicken Sie gef. den Bogen direkt nach Gütersloh. Möglichst bald!

Seit ca. sechs Wochen schleppe ich mich wieder unter dem Drucke meines alten Übels (Asthma) dahin. Sie werden nun verstehen, warum auf Ihre beiden letzten Zuschriften keine Antwort gekommen ist. Jüngst, beim Beginn der Ferien, hat sich der Zustand infolge einer Erkältung sogar noch verschlimmert. Gott bewahre Sie vor solchem Leid! Es ist annähernd wie Sterbensnot, das sich täglich und nächtlich repetiert. Da hört alle Lust zum Arbeiten und zum Denken auf, zum guten Teil auch die Fähigkeit. Haben Sie also Geduld mit mir, wenn ich auch heute an Ihren Fragen vorbeigehe.

Gott gebe Gelassenheit und helfe mir, daß ich recht lerne, was unter dem Kreuze zu lernen ist.

Mit herzlichen Gruße
Ihr F. W. Dörpfeld

Mit Reins Aufsatz ist die schon im vorhergehenden Brief erwähnte Abhandlung über Konzentration gemeint. Rein teilt darin die Unterrichtsfächer des 3. Schuljahrs in drei Gruppen ein: Gesinnungsunterricht, Sprachunterricht, Fertigkeiten.

Diesem Brief D.s waren die im folgenden wiedergegebenen Schreiben Reins vorausgegangen, die D. aus Krankheitsgründen nicht früher beantwortet hatte:

Weimar, 2. August 1879

Verehrter Freund!

Erst heute traf mich Ihr Brief, Ich war drei Wochen verreist; zuerst mit dem Seminar in Coburg, Kloster Banz, Bamberg und Nürnberg, dann im Salzkammergut und München. Ich beeile mich, Ihnen zu antworten. Leider kann ich Ihnen gar nichts sagen über den Dr. B. Ich kenne ihn nicht persönlich; von seinen Schriften halte ich nicht sehr viel, es fehlt ihm die gehörige Grundlage und, wie mir scheint, ein ernstes Studium der Fundamente unserer Pädagogik. Doch ist er, glaube ich, ein traktabler Mensch, der Eifer für die Sache hat. Wieviel Strebertum dabei mit unterläuft, weiß ich nicht. Die Thür[inger] Schulzeitung, welche er zuletzt dirigierte, hat entschieden unter ihm gewonnen. Möglich, daß ich etwas Näheres über ihn erfahren kann, dann werde ich es Ihnen mitteilen.

Anbei folgt nun endlich unser „2. Schuljahr". Wie ich Ihnen schon geschrieben, konnte ich für diesmal an der Disposition des Ganzen nichts mehr ändern. Vom 3. Schuljahr an und bei etwaiger neuer Auflage werde ich Ihren Wink benutzen.

Die pädagogischen Studien gehen in einen neuen Verlag (Pfeil in Leipzig) über; Bacmeister mußte sie schuldenhalber erst verpfänden, dann verkaufen. Er hat sich in zu viele Unternehmungen gestürzt und hat an mehreren große Einbußen erlitten. Ich will nun alle Vierteljahre ein Heft mit einer großen Arbeit und Rezensionen herausgeben. Über die Rezension von Heine schrieb ich Ihnen schon. Ich mache Sie auch auf die Kritik über Schumann, den großen Pädagogen in Hannover, aufmerksam. Es ist erstaunlich, was der zusammenarbeitet. Fröhlich geschieht schon recht. Meine Gutmütigkeit gegen Bacmeister, dem viel daran lag, Fr[öhlichs] Arbeit zu nehmen, hat mich zur Zustimmung verleitet. Tempi passati!

Ob die Arbeit des Kollegen Pickel in der Thür[inger] Schulzeitung schon erschienen ist, weiß ich nicht, da ich seit drei Wochen nichts gesehen noch gehört habe. Vielleicht haben Sie dieselbe durch Bartels eher als ich.

In der großen Hitze ist nichts weiter zu tun, als in Reiseerinnerungen zu schwelgen. Montag in acht Tagen geht die Arbeit in der Schule und im Haus wieder an. Wollen Sie Ihre Reiseflügel nicht einmal zu mir ins Thüringerland schwingen? Sie würden damit aufs höchste erfreuen

Ihren ergebenen
W. Rein

Eisenach, 21. August 1879

Verehrter Freund!

Rücksichtlich des Aufsatzes, welchen ich Ihnen schickte, möchte ich noch einmal bei Ihnen anfragen, wann derselbe erscheinen soll. Wie ich Ihnen schon schrieb, so wäre mir ein baldiges Erscheinen höchst erwünscht. Gegenwärtig spielt nämlich in unserem Ministerium, Depart[ement] d[es] Cultus, die Märchenfrage eine Rolle. Schulinspektoren, welche in den Geleisen des didakt[ischen] Materialismus einherfahren, haben in meinem „Ersten Schuljahr" eine Opposition gegen unser Volksschulgesetz, welches eine Anzahl bibl[ischer] Gesch[ichten] für die Unterstufe vorschreibt, gewittert und die Sache zur Sprache gebracht. Es wird mir wohl etwas schlecht gehen, zumal ich das „1." und „2. Schuljahr" in der Seminarschule praktisch übe. Doch suche ich noch meinen Standpunkt zu behaupten und die Ansicht, daß die Seminarschule als Übungsschule außerhalb der gesetzlichen Verfügungen steht. Ich werde gelegentlich diese Ansicht in einem Aufsatz begründen. Außerdem scheint man in der Entfernung der bibl[ischen] Gesch[ichten] aus der Unterstufe eine Entchristlichung der Schule zu erblicken, da man das Ganze nicht übersieht und sich nur an diese eine Tatsache hält. Es wäre mir daher sehr erwünscht, wenn ich den Herren meinen Aufsatz über das 3. Schuljahr vorlegen könnte. Sie haben wohl die Güte, mir seiner Zeit mehrere Exemplare zu schicken. Sie, die Herren, werden wohl daraus sehen können, daß ich kein Heide bin. Ob sie freilich herauslesen, daß unsere Unterrichtsreform im eminenten Sinn eine religiöse ist, das ist wohl zu viel verlangt. Zum Glück habe ich in meinem Freunde, dem Schulrat Dr. Leidenfrost, eine wirksame Stütze. Aber freilich stehen wir allein, und so stehe ich für nichts. Unser „3. Schuljahr" ist stark in Arbeit.

Schreiben Sie mir doch über unser „2. Schuljahr" Ihre Meinung und ebenso über meinen Aufsatz, damit ich Ihre Ideen bei dem „3. Schuljahr" verwerten kann.

Das nächste Heft der päd[agogischen] Studien erscheint im Dezember. Ich würde sehr gern eine Zusammenstellung aller der Stimmen bringen, welche sich gegen den didakt[ischen] Materialismus auf Grund Ihrer Arbeit ausgesprochen. Könnten Sie mir eine solche Zusammenstellung mit kurzen einleitenden Worten bis Mitte September zuschicken?

Mit herzlichem Gruß
Ihr W. Rein

NB.Bartels hat das Seminar besucht und dann irgendwo noch etwas studiert. Vorsicht ist zu allen Dingen gut! Bei den Lehrern ist er beliebt, aber ich hörte auch eine abfällige Stimme über ihn. Eine tiefere päd[agogische] Bildung hat er gewiß nicht.

Reins „2. Schuljahr": Rein/Pickel/Scheller, Theorie und Praxis des Volksschulunterrichts nach Herbartschen Grundsätzen. Das zweite Schuljahr, Kassel 1879. Im Vorwort danken die Autoren für D.s Besprechung des „Ersten Schuljahrs", also für seine Abhandlung über den didaktischen Materialismus: „Eine solche Bundesgenossenschaft lassen wir uns wohl gefallen." – Mit der Übernahme der Pädagogischen Studien durch den Verlag Heinrich Pfeil, Leipzig, wurde 1880 zugleich die „Neue Folge" der Studien eröffnet. Pfeil gab sie schon 1881 an Bleyl & Kaemmerer, Dresden, ab.

226

An Wilhelm Dörr, Bonn

Barmen, September 1879

[. . .] Meine Emeritierungsangelegenheit ist in Bewegung. Die ersten Schritte sind getan. Die Einklemmung zwischen den Fragen ob ja oder nein konnte ich nicht länger aushalten. Nachdem ich meinen beiden ältesten Kindern die Sache vorgelegt hatte und auch diese beiderseits zur Niederlegung des Amtes rieten, ebenso die befreundeten Kollegen, da habe ich auch nicht länger gezögert [. . .]

[F. W. Dörpfeld]

D. hatte aus gesundheitlichen Gründen seine vorzeitige Zurruhesetzung beantragt.

Dörrs Empfehlung (Ca 509) gab den Ausschlag. D. konnte nun erwarten, daß dieser Schritt ihm die seit Jahrzehnten gewünschte Entlastung für seine schriftstellerischen Arbeiten schenkte.

227

An Dietrich Horn, Orsoy

Barmen, September 1879

[. . .] Herzlichen Dank für Ihren teilnehmenden Brief. Er hat meinem Herzen wohlgetan.

Die Katastrophe meines Lebensweges ist nicht durch eine plötzliche Verschlimmerung des alten Übels veranlaßt, sondern durch eine ganz allmähliche in den letzten 1 1/2 Jahren, die zum guten Teil wohl von Überanstrengung in der Schule herrührt, da ich wegen Kränklichkeit zweier Lehrkräfte zu wenig Vertretung haben konnte. Die Verschlimmerung in der konstanten Atemverkürzung machte sich zwar oft recht deutlich fühlbar; allein das gute Gemeinbefinden verleitete mich immer, die Verschlimmerung auf irgendeine Erkältung zu verschieben und daher für vorübergehend anzusehen. Die gewohnte geistige Rüstigkeit half mit dazu. Zuletzt mußte freilich die Täuschung weichen. Durch die Anstrengung, mit welcher ich unter der großen Arbeitslast wider den Druck der Atembeschwerde angekämpft hatte, wurden schließlich die Nerven müde und matt und das Gemüt verzagt. Die ärztliche Untersuchung, die ich in den Ferien vornehmen ließ, ergab dann auch den entschiedenen Rat, so bald als möglich in Ruhestand zu treten. Es wäre besser gewesen, wenn ich mich schon vor 1 1/2 Jahren dazu entschlossen hätte. Die einleitenden Schritte sind nun geschehen.

Beim Tages- oder Jahresschluß habe ich oft geglaubt, zu wissen, wie einem beim amtlichen Lebensabschluß zumute sein mag. Jetzt weiß ich es doch noch besser. Man fühlt sich ganz und gar wie ein armer Bankrotteur. Da ich auch kein Plätzchen und kein Strichlein eigenen Werks im Lebensbilde, das dem kritischen Blicke wohlgefallen will Wohl haben wir Christen das Vorrecht, darauf vorbereitet zu sein und haben den Trost des rechten Trösters, „daß die Sinne nicht gar verzagen, wenn der Feind das Leben will verklagen." Allein es will eben alles durchgestanden sein, auch das Verklagen und Verzagen [. . .]

[F. W. Dörpfeld]

D. gibt eine genauere Begründung seines Pensionierungsantrags, von dem schon in Brief 226 die Rede war.

228

An Wilhelm Rein, Eisenach

Barmen, 18. Oktober 1879

Lieber Freund.

Verzeihen Sie, daß auf Ihre Sendung vom 1. d[ieses Monats] heute erst Antwort kommt. Wenn Sie unten das Warum gelesen haben, so werden Sie nach weiteren Entschuldigungsgründen nicht fragen und mir gerne Ruhe gönnen.

1. Der Bericht des H[errn] Wiget über den Seminarlehrertag soll sobald als möglich zum Abdruck gebracht werden. Er war mir recht willkommen. Ich habe Ihren Freund gebeten, er möge seinen liter[arischen] Besuch bald wiederholen.

2. Wie es mir geht, werden Sie unten finden.

3. In Ihrer Wunschfrage „Können Sie mir einige Sätze gegen den did[aktischen] Mat[erialismus] mit Angabe all' der Zuschriften und . . . , die zustimmten, geben?" ist ein Wort für meine Augen gänzlich unleserlich, das in die ersten Schriftzüge hineinkorrigiert ist. Aber auch der Generalsinn der Frage ist mir nicht recht verständlich, da Sie versäumt haben, den Zweck anzudeuten.

Wünschen Sie diejenigen zustimmenden Zuschriften, welche im Ev[angelischen] Schulb[latt] abgedruckt sind, so kann ich Ihnen die betreffenden Hefte sofort schicken. In diesem Falle bitte ich um eine Zeile per Postkarte.

Andere „Stimmen" stehen vor dem Abdruck und werden in den nächsten Heften sich präsentieren, wenn's der Raum erlaubt.

Außerdem sind auch noch verschiedene Artikel angesagt, welche einen kritischen Streifzug in einzelne Lehrfächer machen wollen. Ohne Zweifel wird der bisherige Rauch des Kampfes hier in helle Flammen sich verwandeln.

Die größere Zahl der Zuschriften besteht aus gelegentlichen und anderen Privatbriefen, die sich natürlich nur allgemein aussprechen.

Wie Sie sehen, kann ich nur mit dem dienen, was bereits gedruckt ist.

Sie sprechen auch von „Sätzen gegen den did[aktischen] Mat[erialismus]. Es ist mir aber nicht recht klar, was Sie damit meinen. Ich selbst habe noch nicht speziell darüber nachgedacht, was für Thesen aufzustellen wären, wenn man in dieser Weise wider den Feind losgehen wollte. Streitsätze sind etwas anderes als Lehrsätze. Die Lehrsätze sind in meiner Abhandlung enthalten, wohl so ziemlich in ihrer Vollzahl, nur nicht thesenmäßig formuliert und in Linie gestellt. Sie zerfallen in drei Gruppen:

A. Begriff des did[aktischen] Materialismus;
B. seine Quelle samt Hülfsquellen und Hülfsinstitutionen;
C. seine Folgen, direkte und indirekte, nähere und entferntere.

ad A. 1. Seine Ansicht: Stoff = Kraft.
ad B. 2. Seine Quelle oder Wurzel: pädagogische Unwissenheit, insonderheit Unkenntnis der nötigen Durcharbeitungsübungen (vide 2. und 3. Lücke) und Mangelhaftigkeit des Bildungsbegriffes (vide 2. und 3. Lücke).
3. Hülfsquellen (Beförderungsmittel): verkehrte Einrichtungen in der Schulaufsicht.
4. entferntere Hülfsquellen: die verkehrte Lehrpraxis der höheren Schulen (mit großen Stoffmassen), das wucherische Vordringen der Fachschulen, der Mangel an pädagogischen Lehrstühlen an den Universitäten, ferner die Überschätzung des Fachlehrersystems, verkehrte (alttraditionelle) didaktische Anschauungen, in der Kirche; verkehrte Ansichten von Bildung und Unterricht in den höheren Ständen usw.
ad C. 5.a) im Lehrplan: Übermaß des Lehrstoffes, vielleicht auch Begünstigung resp. Zurückstellung einzelner Fächer;
b) im Lehrverfahren: Fehler allerlei Art, in Summa Oberflächlichkeit, Wurststopferei usw.
6. im Lernen (beim Schüler)
a) keine Selbständigkeit, Mangel an Lernlust, Übermaß der häusl[ichen] Arbeiten, Schädigung der Gesundheit;
b) Resultat: Unsicherheit des Wissens, Ungelenkigkeit im Denken. Unbeholfenheit im Anwenden, Gedankenarmut, mangelhafte Gedankenverbindung.
Zu alledem noch die übeln Folgen hinsichtlich der Gesinnungs- und Charakterbildung.
7. Nachwirkungen in der Gesellschaft überhaupt, in den Schulverwaltungsordnungen, in der Literatur, Bildungsschwindel usw.

Die logische Ordnung dieser Sätze wird so ziemlich richtig sein. In der Abhandlung kann die Dialektik eine andere Reihenfolge fordern, wie mein Aufsatz zeigt. Bei einer Reproduktion meines Aufsatzes würde dagegen jene logische Satzreihe recht brauchbar sein.

Wie Streitthesen aufzustellen wären, weiß ich noch nicht. Das wird vielleicht erst dann sich ergeben, wenn gegenteilige Stimmen laut geworden.

Mein Brief ist so lang geworden, daß ich den Schluß kurz fassen muß.

Nach ärztlichem Urteil ist der emphysemat[ische] Zustand meiner Lunge dem vier- bis fünfstündigen Schulunterricht nicht mehr gewachsen. Da die Schulbehörde mehr nicht hat zu Hülfe kommen wollen, wie Sie wissen, so muß ich notgedrungen aus dem lieben Schulamte scheiden. Die ersten Schritte dazu sind bereits getan. Im nächsten Frühjahr werde ich Emeritus sein, mit einer sehr bescheidenen Pension. Das wäre dann der Ausgang der amtlichen Karriere eines preuß[ischen] Schulmannes, der so unklug gewesen ist, der idealen Wahrheit dienen zu wollen, anstatt den „Herren".

Mit herzlichen Grüßen
Ihr
F. W. Dörpfeld

D.s „Sendung" vom 1.10.1879 ist nicht erhalten. – Th. Wigets Bericht „Fünfter deutscher Seminarlehrertag in Weimar" erschien im EvSchBl 23 (1879), S. 391 ff. – Über die Zuschriften äußerte sich D. schon am 2.6.1879 (Postskriptum). – Zu D.s Emeritierung siehe die nächsten Briefe.

229

An Georg Klingenburg, Ikten

Barmen, etwa 10. November 1879

Bis zur Verabschiedung unterrichte er noch und wohne nach Auflösung des Haushaltes bei seinem Freund Höfler. Man könne sich manches vorstellen, aber eine solche Katastrophe, den Abschied vom Amt nämlich, nicht.

230

An Anna Dörpfeld, Gerresheim

Barmen, Mitte November 1879
,in der Abschiedswoche'

D. hofft, daß seine Kinder mit dem Möbeltransport glücklich im neuen Daheim angelangt seien. Er kündigt seine Ankunft für den nächsten Tag an, da noch Abschiedsbesuche zu machen seien.

231

An unbekannt

Barmen, Ende November 1879

In den Weihnachtsferien erwartet D. viele Besucher. Schon am ersten Sonntag hätten sich die drei Barmer Freunde Biermann, Höfler und Vollmer eingefunden.

232

An Wilhelm Dörpfeld, Olympia

Gerresheim, 8. Dezember 1879

Lieber Wilhelm.

Heute sind alle in unserm Hause am schreiben, damit Du zu Weihnachten in Ermangelung der üblichen Geschenke wenigstens eine tüchtige Anzahl Briefe erhältst. Da darf denn auch ein Brief von mir nicht fehlen.

Aus Annas Mitteilungen wirst Du wissen, daß ich selbst nun seit drei Wochen in unserm neuen Daheim bin. Heute vor drei Wochen nahm ich von der Schule Abschied, nachdem ich bereits acht Tage lang nicht mehr im alten Hause, sondern bei Freund Höfler einlogiert gewesen war. Es waren schwere, ergreifende Wochen und Tage von jenem Tage im Sept[ember] an, wo ich meine Amtsniederlegung anzeigte, bis zum 17. Nov[ember], wo der Abschied von den Schulkindern stattfand. Die vielen und vierlei Schreibereien und Anordnungen, welche der geregelte Abschluß der Schulverwaltung nötig machte, ließen mich kaum zu Atem kommen. Allein wie lästig mir diese äußere Unruhe fiel, so war sie doch im Grunde eine Wohltat, weil nun keine Zeit blieb, den wehmütigen Abschiedsgedanken nachzuhängen. Der Scheidungsriß griff gewaltig tief und weit ein. Wohl trieb das Amt mich fort um seiner Beschwerden willen, aber andrerseits hielt es mich auch mit hundert Banden fest. Was meines Lebenslaufes Zweck und Wert war, hing an diesem Amte; an ihm hingen die unzähligen beruflichen Erinnerungen von mehr als dreißig Jahren, ferner die, welche sich auf die sel[ige] Mama, auf das gesamte Familienleben bezogen, die Erinnerungen an den freundschaftlichen Verkehr, an die literar[ische] Arbeit mit ihren

Sorgen und wieviel anderes noch. Wenn ein alter Baum, der so lange Jahre an einem Platze gestanden hat, ausgewurzelt werden soll, dann müssen Hunderte von Wurzeln zerrissen werden, und an allen diesen Enden würde er den Schmerz dieses Reißens fühlen, wenn er empfinden könnte. Für mein Denken und Fühlen war in der Tat die Auswurzelung aus dem Amte mit allen seinen örtlichen und anderen Verbindungen eine förmliche Katastrophe. Manches hatte ich mir wohl im voraus schon vorgestellt, aber vieles wurde erst recht merkbar, als es erfahren werden mußte. Am liebsten hätte ich den letzten Riß, das Scheiden von den Schulkindern, in der Stille abgemacht. H[er]r Past[or] Kirschstein wünschte aber doch eine kleine Abschiedsfeier in der Schule im Beisein der Schulvorsteher und der Lehrer und Lehrerinnen. Hinterher war es mir auch lieb, daß es sich so gefügt hatte. Pastor K[irschstein] sprach ein so herzliches und freundlich gesinntes Abschiedswort, wie ich ihn nie habe reden hören; und ich muß wohl sagen, daß er mir dadurch den letzten schweren Tag in einem Maße und in einer Weise erleichtert hat, wie ich es im voraus nicht einmal hätte wünschen können.

Was in Barmen an Abschiedsweh zu überstehen war, ist jetzt Gott dank! seit drei Wochen glücklich überstanden. Aber eine Nachwirkung mußte ich noch erfahren, die ich mir im voraus nicht vorgestellt hatte.

In den ersten Wochen fand ich mich innerlich hier schwer zurecht – ich sage innerlich, nicht äußerlich. Von den amtlichen Sorgen und Arbeiten frei, an einem fremden Orte, in einem fremden Hause kam ich mir vor, als wäre ich selbst ein Fremder geworden. Wenn ich etwas schreiben wollte, so konnte ich die Gedanken nicht finden. In meiner Gedankenwelt war anscheinend eine förmliche Revolution vorgegangen. In Kopf und Gemüt war es so, wie wenn einer in eine Wohnung verpflanzt wäre, wo alle seine Möbel an verkehrten Stellen und ganz durcheinanderstehen. Hinterher kann ich mir das zwar psychologisch zurechtlegen; aber mich wundert doch, daß mir von andern nie dergleichen Erfahrungen erzählt worden sind. Jetzt findet sich allmählich alles zurecht; und ich hoffe, bald mit meinen Arbeiten im alten Gange zu sein.

Wie ich merke, wird mein Brief fast ganz mit meinen persönlichen Angelegenheiten ausgefüllt; aber ich glaube, daß ich Dir das erzählen müßte, weil es für mein Gefühl auch das Wichtigste war. Im Rückblick auf die nun zurückgelegte Lebensperiode kann ich nur dem guten Namen Gottes einen neuen Gedenkstein setzen, der meinen Kindern für ihre Lebenszeit bezeugen soll: „Es müssen sich freuen und fröhlich sein alle, die nach Ihm fragen, und die Sein Heil lieben, müssen allewege sagen: Der HErr sei hochgelobet!"

Im Vertrauen auf diesen zuverlässigen Namen wollen wir nun auch getrost den neuen Lebensabschnitt antreten. (Seine Firma wird nie fallieren.)

Über unsere häuslichen Umstände und die Umgebung werden Dir die Geschwister das Nötigste berichtet haben.

Mit meiner Gesundheit geht es bis dahin über Erwarten gut. Ein paarmal kamen zwar ein paar bedenkliche Anstöße, allein es ging bald vorüber. Vor der Hand wird meine Hauptsache auch dahin sich richten müssen, die Ruhezeit für meine Gesundheit auszunutzen, damit ich dann wieder desto rüstiger geistig tätig sein kann.

Die bittere Kälte, die wir seit 8–10 Tagen hier haben, geniert mich freilich nicht wenig, namentlich auch deshalb, weil die unteren Räume im Hause nicht bewohnt sind. Meine ohnehin schwer zu erwärmenden Füße fühlen diese Lücke sehr. Was in dieser Beziehung am Hause fehlt, wird uns hoffentlich der Garten im Sommer ersetzen.

Die Schulreisen, die Johannes machen muß, sind ihm, wie ich glaube, leiblich gesund. Hoffentlich geht es auch in seiner geistigen Entwicklung in Zukunft besser. Ich möchte Dich aber bitten, daß Du in jedem Briefe ihm einen Impuls zum Vorwärtsschreiten im Lernen und Leben zu geben suchst, sei es auch nur durch irgendeinen lateinischen oder griechischen Spruch.

Für Dich habe ich nun nicht viel Raum mehr übrig. Ich fasse meine Wünsche umso inniger zusammen in dem Gebet, daß der HErr, der mein Hirte gewesen ist von Jugend an, auch Dein treuer Hirte sein, Dich an seiner sicheren Hand halten, Dein Herz fest und immer fester an das Seinige binden und Dich gesund an Leib und Seele wieder in unsere Arme führen möge.

In Liebe Dein Vater

F. W. Dörpfeld

D. hat in Gerresheim die obere Etage eines einzeln stehenden Hauses, zu dem ein parkartiger Garten gehörte, gemietet. – Die „Schulreisen" des jüngsten Sohnes Johannes beziehen sich auf Internatsaufenthalte.

233

An Peter Diehl, Frankfurt a.M.

Gerresheim, 12. Dezember 1879

Lieber Freund.

Hier meinen ersten Gruß aus dem neuen Daheim, dem uralten Gericus-Heim.

Die schweren Tage und Wochen des Losreißens von Barmen sind glücklich überstanden. Gott Dank! Wenn ein alter Baum, der 30 Jahre lang an ein und demselben Platze gestanden hat, ausgewurzelt werden soll – das geht hart her. Da reißt es und schmerzt es rundum. Dazu wird die Menge der Erinnerungen aus den vielen Jahren aufgeweckt und aufgerüttelt, Erinnerungen aus dem Familienleben, aus dem Schulleben, aus dem Freundschaftsverkehr usw. und so das Abschiedsweh auch noch von der Vergangenheit her verstärkt. Und endlich, was vor allem und nach allem sich meldet: beim Rückblick auf die amtliche Wirksamkeit, wie wird man da niedergebeugt! Wohl fühlt sich jeder christliche Schulmann schon am Ende eines Jahreslaufes bei solcher Prüfung vor Gottes Angesicht wie ein armer Bankerotteur. Aber nun erst am Ende des ganzen Berufslebens, wo nichts mehr aufgebessert werden kann. Da hat man nur ein einziges Wort, das einem genügt:

An mir und meinem Leben
ist nichts auf dieser Erd;
was Christus mir gegeben,
das ist der Liebe wert.

In der Tat, solch ein Abschied, wie ich ihn durchgemacht, ist eine förmliche Katastrophe des inneren Lebens. Man fühlt sich ob all der Gedanken und Gefühle, die auf einen einstürmen, zuletzt wie betäubt; man macht die Augen zu und streckt die Hände aus und sagt:

So nimm, HErr, meine Hände
und führe mich
bis an ein seligs Ende
und ewiglich.

Mit diesen Worten bin ich auch von den Kindern, von Amt und Haus und Freunden geschieden, und da hat der HErr mein Herz stille gemacht. Wohl zittert der Schmerz noch in vielen Punkten nach, aber im Innern des Gemütes ist es stille.

Hier geht es mir bis dahin leiblich recht gut, auch meinen Kindern. Vorderhand wird die Kräftigung der Gesundheit meine nächste Sorge sein müssen, damit die leiblichen Kräfte dem noch rückständigen Tagewerke gewachsen bleiben. Wie es scheint, haben die Ruhe und die frische Luft auch schon gute Wirkung getan.

Am ersten Sonntage meines Emeritenlebens fand auch das Barmer Freundes-Kleeblatt – Biermann, Höfler und Vollmer – sich schon ein; und in den bevorstehenden Weihnachtsferien werden die beiden Bahnen wohl außer jenen noch andere bergische Kollegen hierherführen. Schade, daß Sie so weit wohnen, sonst würde ich sagen, Sie müßten auch mit dabei sein. So Gott will, gedenke ich aber im nächsten Sommer mich eine ganze Woche in Frankfurt einzuquartieren. Ich freue mich jetzt schon darauf.

Meine Abhandlung über den did[aktischen] Mat[erialismus] ist jüngst als selbständ[ige] Schrift erschienen. Hierbei kommt ein Ex[emplar], das Sie gef. als ein persönliches Andenken von mir annehmen wollen. Ich habe Herrn Bertelsmann angewiesen, Ihnen auch ein Rez[ensions]-Ex[emplar] zuzusenden. Vermutlich ist es schon in Ihren Händen, da dieser Brief sich verspätet hat, sonst wird es doch bald anlangen. Mit diesem Rez[ensions]-Ex[emplar] können Sie nach Gutdünken verfahren. Zunächst wünschte ich freilich, daß Sie die Güte hätten, das Schriftchen in irgendeinem (nassauischen oder süddeutschen) Blatte anzusagen bzw. zu besprechen. Vielleicht können Sie aber mit diesem zweiten Ex[emplar] noch einen andern tauglichen Rezensenten werben, etwa einen solchen, der ein anderes (uns nicht zugängliches) Blatt erreichen kann. Schon oft habe ich gewünscht, daß meine Freunde auf den Einfall kommen und versuchen möchten, meine Schriften in den liberalen (pädag[ogischen] oder polit[ischen]) Blättern zur Sprache zu bringen, in dieser oder jener Form, sei es selbst oder durch andere. Es ist ganz gewiß, daß viele Lehrer nur darum meine Schriften nicht kennen, weil sie nicht darauf aufmerksam gemacht worden sind. Daß die Redaktion[en] jener Blätter selbst darauf aufmerksam machen sollten, läßt sich nicht erwarten. Ein solcher Rezensent (in einem fremden Blatte) müßte nur im Eingang recht tüchtig kritisieren, um sich dadurch Raum zu schaffen, das herauszustreichen, was die Leser zum Zugreifen locken kann. Die christlichen Lehrer verstehen das gar zu wenig. Sollten Sie zu diesem Zwecke noch ein anderes (drittes) Rez[ensions]-Ex[emplar] gebrauchen können, so werde ich gern eins schicken.

In Ihrer letzten Postkarte fragten Sie nach einem Prospekt, das als Werber für das Schulbl[att] verbreitet werden könnte. Ich weiß nicht genau, was die Barmer Freunde zu diesem Zwecke geplant hatten und habe daher Ihre Karte an H[errn] Biermann geschickt, damit er Ihnen Auskunft gebe. Soviel ich weiß, soll kein eigentlicher Prospekt gedruckt werden, wohl aber sollen Sie eine Anzahl (etwa 50) Probehefte des Sch[u]lbl[attes] (Nr. 1, 1880) erhalten. Wenn Sie es wünschen, so können Sie zu demselben Zwecke auch eine kleine Anzahl (20) Schlußhefte (Nr. 17, 18, 1879) bekommen. Das Erscheinen des Probeheftes (Nr. 1) hat sich durch allerlei Zufälle verzögert – zu meinem großen Leidwesen. Die Manuskripte hatte Herr Bertelsmann schon am 9. Nov[ember] in Händen. Weil aber zu gleicher Zeit das Schlußheft gedruckt wurde und zu derselben Zeit mein Umzug stattfand, so kamen sonderbare Wirrnisse vor, die ich nicht alle aufzählen kann. Genug, beide Hefte werden leider erst in den nächsten Tagen fertigwerden.

Nun Gott befohlen. Mit herzlichen Grüßen zu dem herannahenden frohen Feste der jungen und alten Kinder in Liebe Ihr

F. W. Dörpfeld

P.S. Mit Bezug auf mein neues Schriftchen fällt mir noch etwas ein, wovon ich nicht mehr weiß, ob es in meinem früheren Briefe erwähnt worden ist. Auf die Gefahr hin, Gesagtes zu wiederholen, will ich die Bemerkung doch hersetzen, da sie einem Rezensenten zu wissen nützlich sein wird.

Meine Abhandlung ist nicht, wie es scheinen könnte, ein isolierter, unvorbereiteter Angriff, sondern in meinem Sinne der Abschluß eines zehnjährigen planmäßigen Feldzuges wider den alten Schulfeind. Die drei resp. vier methodischen Wahrheiten, welche jetzt das Schriftchen gegen den did[aktischen] Materialismus geltend macht, sind in dem letzten Jahrzehnt in systematischer Reihenfolge von mir besprochen worden, nur unter etwas anderm Titel, so

1872 die Wahrheit von der qualitativen Vollständigkeit des Lehrplans in den Abhandlungen über den naturkundlichen resp. Realunterricht (Ev[angelisches] Sch[u]lbl[att] Nr. 1, 5, 9).

1873 die Wahrheit, daß der Lehrplan ein organisches Ganzes sein muß, in der Schrift ‚Grundlinien einer Theorie des Lehrplans'.

1875 die (Teil-)Wahrheit von der zentralen Stellung des Religionsunterrichts in den Abhandlungen über ‚die unterrichtliche Verbindung der sachunterrichtlichen Fächer' (Nr. 1 und 5).

1877 die Wahrheit von der schulgerechten (logischen) Durcharbeitung des Lehrstoffes in der Abhandlung von der schulmäßigen Entwicklung der Begriffe (Nr. 1).

Jetzt – 1879, nach abermals zwei Jahren – blieb im Grunde nur übrig, jene Wahrheiten wie ein Netz zusammenzuziehen. Sind dieselben wissenschaftlich sicher, und das wird wohl so sein, dann ist der Feind theoretisch umzingelt und gefangen. Meine Arbeit an diesem Punkte betrachte ich als getan. Das übrige liegt den Praktikern ob.

Man könnte fragen, warum ich bei jenen vorbereitenden Aufsätzen nicht auch dieses ihr letztes, gemeinsames Ziel angesagt hätte oder wenigstens in der Schlußabhandlung auf jene Aufsätze zurückgewiesen hätte. In der Tat hat man auch so gefragt, wenn viele liebe Leser klagten, warum der Herausgeber des Schulbl[attes] sich in den letzten Jahren fast nur mit formalpädagogischen Dingen beschäftige.

Ein Stratege darf aber nicht alles publizieren, was er sinnt und plant. So Gott will, gedenke ich jedoch in nächster Zeit über diese zehnj[ährige] Kampagne ganz genaue Auskunft zu geben. Es dürfte dann aber auch einiges zur Sprache kommen, was manchen Lesern unbehaglich klingt.

Die „beiden Bahnen" meinen die Bergisch-Märkische und die Rheinische Eisenbahnstrecke, genannt nach den Gesellschaften, die diese Strecken errichteten.

Die beim Erscheinen des „Didaktischen Materialismus" von D. erwünschte, gleichwohl fehlende Aufmerksamkeit liberaler Schulblätter wurde ihm wenige Jahre später anläßlich seiner Stellungnahme gegen den Kultusminister v. Puttkamer umso mehr zuteil.

234

An Wilhelm Dörr, Bonn

Gerresheim, etwa Dezember 1879

D. und seine Tochter Anna haben die siebenjährige Tochter des Archäologen Prof. Dr. Treu ins Haus aufgenommen. Treu ist Kollege von Wilhelm Dörpfeld und mit ihm bei Ausgrabungen in Olympia tätig. Das Kind wurde auf dem Peloponnes wiederholt von Maleria befallen. „So haben wir denn seit acht Tagen wieder ein Spielkindchen im Hause."

235

An unbekannt

Barmen, 1879

[. . .] Über die drei Sätze, welche Sie in dem in Aussicht genommenen Aufsatze zu behandeln gedenken (1. Non scholae etc., 2. Non multa etc., 3. Memorieren), erlaube ich mir einige Bemerkungen beizufügen.

Die beiden ersten Sätze sind unzweifelhaft richtig und zugleich wichtig, und das Memorieren (auch das Wortmemorieren) ist so nötig wie das Dozieren. Davon kann keiner lebhafter überzeugt sein als ich. Doch müssen sie mit einer gewissen Vorsicht gehandhabt werden, wenn sie wirken und nicht auf taube Ohren stoßen, wenn sie richtig wirken und nicht auf verkehrte Wege drängen sollen. Was diese Sätze in ihrer Wirkung so unsicher macht, ist folgendes:

Einmal sind die beiden ersten Sätze (Non scholae etc., Non multa etc.) vielfach dazu mißbraucht worden, dem selbständigen Realunterricht die Schultüren zu verschließen. Damit traten sie der Wahrheit von der qualitativen Vollständigkeit des Lehrplans in den Weg, welche viel wichtiger ist, als man gewöhnlich denkt, da z.B. der traurige, alberne Streit zwischen Gymasien und Realschulen nie zu Ende kommen wird, solange beide Teile nicht sich klar machen wollen, was jene Wahrheit fordert. Auf dem Volksschulgebiet aber hat der bezeichnete Mißbrauch der beiden Sätze vielfach Mißtrauen gegen dieselben erzeugt. Die Sätze sind fast anrüchig geworden. Wo sie laut werden, da stoßen sie bei 75 Prozent der Lehrer auf mißtrauische Ohren, weil man voraussetzt, daß sie eigentlich dahin zielten, die Realien wieder aus der Schule zu verdrängen.

Von dem Satze: Non multa etc. ist speziell noch dies zu bemerken. Indem derselbe nämlich zur Zeit der preußischen Regulative dazu gebraucht wurde, um den Realunterricht im Sprachunterricht (Lesebuch) unterzubringen, hat er auch dies verschuldet, daß die Fragen nach dem rechten Real-Lehrbuch und nach dem rechten (sprachlichen) Lesebuche nicht einmal ernstlich untersucht, geschweige ins reine gebracht wurden. So kam es, daß die irrigen Ansichten von beiden Büchern in die Falksche Ära mit hinübergenommen wurden. Hier haben dann diese Irrtümer sich recht entfalten können:

Der Realunterricht wurde kompendiarisch, massig, rohmaterialistisch; das sog. „Lesebuch" wurde hochstelzig und überdies noch realistisch verunreinigt; und endlich fing im Sprachunterricht wieder ein eifriges Grammatisieren an, denn dieser Feind fährt nicht eher aus, bis die Einsicht durchgedrungen ist, daß eine gesunde Sprachbildung eine ihrer Hauptwurzeln im Sachunterricht suchen muß.

Ferner ist der zweite Satz (Non scholae etc.) speziell dazu mißbraucht worden, um die verfrühete Fachbildung zu empfehlen. Auf dem Gebiete der höheren Schulen stützt sich die Partei, welche für die Mediziner, die Architekten, die Ingenieure usw. einen andern Weg zur Universität (und polytechnischen Hochschule) fordert als den gymnasialen, gerade auf diesen Satz. Ebenso diejenigen, welche anstelle der Realschulen (resp. neben dieselben) die Gewerbe-, Handels-, Landwirtschafts-Schulen setzen wollen. Ich erinnere an die neueste preußische Erfindung der neunklassigen Gewerbeschule, welche den Gymnasien und Realschulen wie ein Pfahl im Fleische sitzt.

Auf dem Volksschulgebiete hat jener Satz sich vielfach dazu gebrauchen lassen müssen, um wider die prinzipale Stellung des Religionsunterrichts zu kämpfen, die Simultanschulen zu empfehlen, ein Stückchen Landwirtschaftskunde, gewerbliches Zeichnen usw. in den Lehrplan zu bringen. Kurz: er hat in den mannigfaltigsten Beziehungen wie ein wahrer Unhold gehaust und auch dem didaktischen Materialismus trefflich in die Hände gearbeitet. Es gibt daher viele wackere Schulmänner, welche diesen Satz nicht hören und noch weniger in den Mund nehmen mögen, weil sie wissen, daß der „Feind" ihn gebraucht, um damit Schaden anzurichten.

Mit dem dritten Satz (Notwendigkeit des Memorierens) steht es ähnlich wie mit seinen beiden Genossen. Durch den Mißbrauch, um nicht zu sagen Unfug, welcher im Religionsunterricht auf kirchlichen Antrieb mit dem Wortmemorieren getrieben worden ist und noch getrieben wird, namentlich im Katechismusunterricht, ist das Memorieren überhaupt in einen so üblen Ruf gekommen, daß es viele Kunst und saure Mühe kosten wird (durch psychologische Belehrung), um ihm wieder zu dem gebührenden Kredit zu verhelfen. Wie groß die Verwirrung ist, geht daraus hervor, daß es viele Lehrer gibt, welche im Realunterricht eine Wortmemoriererei treiben, die der wüstesten Katechismuslernerei nichts nachgibt, während sie zu gleicher Zeit nicht Worte genug finden können, um ihren Abscheu gegen den Memorier-Materialismus im Religionsunterricht auszudrücken. Das Kapitel vom Memorieren (Einprägen) ist ohnehin dasjenige, welches am wenigsten abgeklärt und am wenigsten gründlich untersucht ist. Der Mißbrauch des Wort-Memorierens hat nun aus diesem unklaren Kapitel vollends einen verwirrten Knäuel gemacht. Ich an meinem Teile bin ein so entschiedener Freund und Vertreter des Wortmemorierens (wo es am Platze ist), wie nur jemand sein kann, schon darum, weil ich alles sprachliche Lernen hochschätze; allein ich weiß auch, daß das blind-täppische Empfehlen des Wortmemorierens zwei schwere Sünden auf dem Gewissen hat: 1. die Beförderung des didaktischen Materialismus und 2. die Verwirrung in der Lehre vom Gedächtnis. Darum rede ich vom Wortmemorieren nur in Verbindung mit der Lehre vom Memorieren überhaupt und vom Gedächtnis nur in Verbindung mit der Lehre vom Denken. Erst muß psychologisch aufgeräumt werden in den Köpfen, sonst wird der pädagogische Wirrwarr immer größer [. . .]

[F. W. Dörpfeld]

Die beiden eingangs genannten Sätze lauten vollständig: 1. Non scholae, sed vitae discimus (Nicht für die Schule, sondern für das Leben lernen wir) und 2. Multum, non multa (Viel, aber nicht vielerlei treiben).

Die Realschule bezeichnet die damalige Form der höheren Schule, aus der sich Realgymnasium und Oberrealschule entwickelten (Realschule I. und II. Ordnung). Die heutige Realschule ist der u.a. von D. konzipierten Mittelschule gleichzusetzen.

236
An unbekannt

Barmen, etwa 1879

[. . .] Zu alledem, was mich zur Bearbeitung der Abhandlungen trieb, kam noch ein Impuls von einer andern Seite.

Immer mehr hatte sich mir der schmerzliche Gedanke aufgedrängt, daß die herbartische „Schule" in ihrem leibhaftigen Personal der hohen Aufgabe, Vorkämpferin der pädagogischen Wissenschaft zu sein, nicht gewachsen sei. Das Warum entzieht sich meinem Blicke. Das Phänomen sehe ich deutlich. Wenn der einzige Ziller heute oder morgen seine Augen schlösse, so würde in 10 bis 20 Jahren und vielleicht noch früher die jetzige Herbartsche Schule im Sande verlaufen sein. Zillers Stärke ist nicht ihre Stärke, aber seine Schwächen, die sind bei ihr zwiefach vorhanden.

Wissenschaftliche Austüftelungen, ich meine hier methodische, sind ja notwendig, aber nur dann fruchtbar und lebenskräftig, wenn sie mit den Anschauungen draußen in Austausch treten. Eine Kirche, die nicht missioniert, ist am sterben oder bereitet sich dazu vor, und eine pädagogische Schule, die nicht aggressiv vorgeht, ist auf derselben Bahn. Es waren der herbartischen Schule 99 pädagogische Lebensfragen vor die Füße gelegt: sie hat keine einzige davon angefaßt, es sei denn hinter verschlossenen Türen.

Hier einige der Phänomene.

1. Sie treibt „wissenschaftliche" Pädagogik und schweigt seit Magers Tode hartnäckig darüber, daß die pädagogische Wissenschaft auf den Universitäten vernachlässigt und verachtet ist.

2. Sie führt den „erziehenden" Unterricht im Munde, aber es rührt und kümmert sie nicht, daß aus dem öffentlichen Unterricht die Erziehung immer mehr und mehr verschwindet.

3. Das deutsche Volk versinkt in Tingeltangel-Morast, ein Teil der Kunst in Liederlichkeit, die Kriminalgesetzgebung in erbärmliche Weichlichkeit und Schlaffheit, bei welcher die Verbrecher rücksichtsvoller behandelt werden als die ehrlichen Leute, aber die herbartische Schule, welche an der Spitze der deutschen Pädagogik marschieren will und auf den absoluten Wert der Ethik schwörte, hat niemals öffentlich ein Wort der Warnung oder der Trauer wider diese Verziehung und Entsittlichung des Volkes laut werden lassen. Wer hätte denn einen näheren Beruf gehabt, dawider zu zeugen, als die Erzieher der Jugend?

4. Sie läßt von irregeleiteten Volksversammlungen und von irregehenden Regierungen die verstümmelte paritätische Schule anpreisen; ja aus ihrer eigenen Mitte haben ihrer mehrere, Stoy und Fröhlich, die Simultanschule als die „Erziehungsschule der Zukunft" proklamiert. Aber der Verein der Herbartianer schweigt; und als einer aus seiner Mitte auf Verlangen bedrängter Leute ein Gutachten schrieb, da fühlte sich auch nicht einmal ein einziger innerlich gedrungen, dieses Zeugnis den Draußenstehenden anzusagen und zu empfehlen. Mehr: als der Minister unsere Gutachten als „Quark" beiseitegeschoben und die flehentliche Bitte der Wermelskircher abschlägig beschieden hatte, da fragte ich bei Ziller an, ob die bedrängte Gemeinde an den Vorstand unseres Vereins appellieren, d.h. von demselben ein neues Gutachten erbitten dürfte. Ziller erwiderte (dem Sinne nach): „Mir wäre das sehr recht, allein ich kann nicht dazu aufmuntern, da zu befürchten steht, daß die Bitte in den Dreck fällt." Er wird seine Pappenheimer gekannt haben. Aber bei dieser Antwort ist mir doch ein tiefes Trauern und Ergrimmen angekommen. Was für eine kostbare Gelegenheit war hier dem Verein geboten, sich dem deutschen Volke bekannt zu machen, demselben einen wichtigen Dienst zu leisten und sich selber Achtung zu erwerben! Doch diese Gelegenheit ist vorbei und kommt wahrscheinlich so vorteilhaft niemals wieder.

5. Für die Verbesserung der Schulverfassung haben die Herbartianer nach Magers Tode mich allein kämpfen und leiden lassen. Und vielleicht ist das noch das günstigste. Denn wenn ja einer mit angefaßt hätte, so wäre zu besorgen gewesen, daß er es gemacht hätte wie der Stiefbruder F., welcher der richtigen Theorie das Herz aus dem Leibe riß und das übrige auf den Kammerton des vulgären Liberalismus stimmte und dem dann Ziller noch gestattete, sein Opus im Vereins-Jahrbuche herauszustreichen und meinen Schriften einen Fußtritt zu versetzen.

6. Ziller drängt auf schulgerechte Durcharbeitung jeder Lektion und übt seine Schüler streng dazu ein. Man wird höflicherweise annehmen müssen, daß die Vereinsgenossen ihm darin recht geben. Aber wie viel ist davon durch ihre Bemühung in die Schulpraxis gedrungen? Oder richtiger gefragt: wie viel kann hineindringen? Denn wenn das möglich werden sollte, dann müßte doch zuvor dem herrschenden didaktischen Materialismus auf den Kopf gesagt werden, er solle gefälligst das Feld räumen, damit der Lehrstoff entsprechend ermäßigt werden könne. Aber wo hat denn einer der gelehrten Herren unseres Vereins für diese Reinigung des Schultempels den Mund aufgetan, deutlich, vernehmlich, mit Einsetzung seiner ganzen Kraft und seiner Reputation und seiner Behaglichkeit usw.?

7. Das schlimmste, bedenklichste Phänomen an der Herbartschen pädagogischen Schule ist in meinen Augen dies, daß sie ihren tüchtigsten, energischsten und geschicktesten Vorkämpfer, unseren Mager, hat in Vergessenheit geraten lassen. Hier liegt nicht bloß ein strategischer Fehler vor, sondern eine nackte, schreiende Versündigung insbesonders derjenigen, welche an Gymnasien wirken oder dieselben lieb haben. Die Durchschnittspädagogik hat sich natürlich für die scharfen, groben Wahrheiten, die sie von ihm hören mußte, ebenso scharf und grimmig gerächt und mit erschreckendem Erfolge: sein Name, d.h. sein Verdienst, ist verschollen. Schon dies allein hätte der herbartischen Schule sagen können, was sie ihrerseits zu tun hatte.

Von Magers Verdiensten und Tugenden zu schweigen, schon um seiner Irrtümer (und persönlichen Schwächen) willen mußten die Herbartianer seiner eingedenk bleiben, nämlich, um diese Irrtümer nicht etwa bloß hinweg wünschen, sondern wissenschaftlich überwinden und so diese Hemmnisse seiner Wirksamkeit aus dem Wege räumen zu können, gerade wie es die Volksschuldidaktiker bei Pestalozzi gemacht haben, in dessen Schriften doch unstreitig mehr Irrtümer und praktische Mißgriffe stecken als in den Magerschen. Magers Standpunkt ist in vielfacher Beziehung dem meinigen viel weniger verwandt als dem der meisten Herbartianer; das hat mich aber nicht gehindert, sein Andenken in Ehren zu halten. Hätte Mager auch nicht mehr geleistet als einzig dieses Dreizahlwerk:

1. daß er für die Einrichtung einer pädagogischen Fakultät (!) auf den Universitäten eintrat;

2. daß er den schimpflichen und traurigen Gegensatz von „Humanismus" oder „Realismus" (Gymmasien und Realschulen) wissenschaftlich zu überwinden strebte und wirklich überwand, so weit es damals möglich und nötig war;

3. daß er auf dem Gebiete der Schulverfassung die Staatsomnipotenz, die Bureaukratie und das Schulpfaffentum so unvergleichlich mannhaft bekämpfte;

so durften die echten Schulmänner aller Parteien schon deswegen ihn nicht unter die Füße geraten lassen, auch darum nicht, damit ihnen selbst ein Gewissensmahner und Bußprediger wider ihre eigene Indolenz zur Seite bliebe.

Die Herbartianer speziell hatten Magers Hülfe auch deswegen nötig, damit sie ihrem Meister Herbart gegenüber freier würden und nicht zu einer „Schule" zusammenschrumpften und eben dadurch Herbarts wissenschaftlichen Erwerb desto besser verbreiten und verwerten lernten. Sich Herbartianer nennen und doch Herbart nicht zu Ehren bringen können, das ist zwiefache Schande.

Und warum steht geschrieben: „Du sollst die Alten, die Vorarbeiter, ehren?" Daß die Herbartianer bis jetzt so wenig zu Ehre und Anerkennung kommen konnten, das ist nach meiner innersten Überzeugung die gerechte Strafe dafür, daß sie ihrem verdienstvollsten Vorkämpfer den schuldigen Dank und die gebührende Achtung versagt haben. Meine „Glorifizierung" der Herbartschen resp. Zillerschen Schule ist allerdings zunächst ehrlich und voll gemeint. Aber es steckt auch noch ein anderer Sinn darin. Meine ganze Abhandlung, wie sie leibt und lebt, also jene „Glorifizierung" eingeschlossen, ist zugleich ein ernster, wohlüberlegter Appell an die herbartische Schule. Hat sie für diese Frage und Anmahnung kein Gehör, respondiert ihr Kern nicht, so [. . .]

[F. W. Dörpfeld]

D. bezieht sich eingangs auf seine Abhandlungen zum didaktischen Materialismus. Empfänger des Briefes ist ein ungenanntes Mitglied des Vereins für wissenschaftliche Pädagogik. Der Brief ist dem Inhalt zufolge zwischen 1879 und 1882 geschrieben, dürfte jedoch als Interpretation von D.s Vorstellungen nicht lange nach dem Erscheinen des „Didaktischen Materialismus" (1879) abgefaßt worden sein. – Stiefbruder F.: wahrscheinlich Fröhlich.

237

An Wilhelm Rein, Eisenach

Gerresheim, 22. Januar 1880

Lieber Freund.

Ihr Brief vom 14. Oktober v.J. liegt noch immer unbeantwortet hier, von der jüngsten Postkarte nicht zu reden. Was werden Sie von mir denken? Ich habe mich damit getröstet, Sie wären an mein Schuldenmachen im Korrespondieren bereits so gewöhnt, daß ein weiteres Plus nicht mehr ins Gewicht fiele. Mich selbst hat die Schuld allerdings tüchtig gedrückt. Ich mußte aber davon wegzudenken suchen. Mir tat Ruhe not, nicht bloß leiblich, sondern auch und noch mehr um des Gemütes willen. Wenn ein alter Baum, der 30 Jahre an einem und demselben Platz gestanden hat und tief gewurzelt ist, mit einem Male ausgewurzelt werden soll, so geht das hart her. Und in meinem Falle kamen noch Gefühle anderer Art hinzu. Doch lassen wir das jetzt dahinten.

Leider ist mir in den verflossenen beiden Monaten die Ruhe doch nicht nach Wunsch und Bedürfnis zuteil geworden. Der Ursachen sind mancherlei. Eine deren steht 1. Samuel 22,2. Es gehört das alles zu meinem Lebensweg; wir wollen also nicht weiter davon reden. Zu allem Überfluß wiederholte sich auch unlängst ein schlimmer asthmat[ischer] Anfall, der das, was die Gesundheit durch die Emeritierung gewonnen hatte, wieder aufgezehrt hat. Für die nächste Zeit bleibt daher die nötigste Aufgabe, meine Lektion im Stillehalten und Geduldigsein noch etwas gründlicher zu lernen, wozu der liebe Gott seinen Segen geben wolle.

Wenn Sie das Vorstehende gelesen haben, so darf ich wohl vertrauen, daß Sie mir ob meines Schweigens nicht zürnen werden. Aber auch für die Zukunft lassen Sie mich ein für allemal herzlich bitten: Legen Sie es zum besten aus, wenn je und dann meine schuldige Antwort sich verzögert; denken Sie, ich sei ein gefangener Mann, dem der Verkehr untersagt wäre.

Nun zu dem sachlichen Inhalt Ihres Briefes.

1. Sie wünschen, daß der Kampf wider den did[aktischen] Mat[erialismus] auch in Ihr Blatt verpflanzt werde und daß meine Feder dies übernehmen möchte. Ach, ständen mir noch die Kräfte und der Mut der jungen Jahre zu Gebote, so würde ich wohl freudig auf Ihren Vorschlag eingehen.

Jetzt kann ich nicht und darf ich nicht. Ich kann nicht, weil schon die anderweitigen Verpflichtungen fast über meine Kräfte gehen. Eben darum darf ich auch nichts Neues übernehmen, auch um der Gemütsruhe willen. Der Streit regt immer auf; darum muß ich ihm um so sorglicher aus dem Wege gehen, da es meine starke und meine schwache Seite ist, bei einer Arbeit mit ganzer Seele dabei zu sein.

Es ist übrigens auch um der Sache willen besser, wenn andere den Kampf weiter führen. In eigner Fehde ist es fast schwer, zu vermeiden, daß Persönliches sich einmischt (Verstimmung und dergleichen) oder daß man durch persönliche Begegnisse auf Nebensächliches gerät. Andere können dem viel leichter aus dem Wege gehen. Dazu kommt noch ein Zweites. Zur Fortführung des Kampfes gehört namentlich auch eine kritische Revision jedes einzelnen Lehrfaches, genauer des Stoffquantums in jedem Lehrfache, wie es die üblichen Lehrpläne vorschreiben. Es gilt somit, sich eine Anzahl Lehrpläne zu verschaffen und dann in jedem das Fach oder die Fächer aufzusuchen, wo die Kritik am meisten herausgefordert wird. Diese kritischen Revisionen sind deshalb nötig, damit die Sünden des did[aktischen] Mat[erialismus] anschaulich vor die Augen gestellt werden können. Mit theoretischem Reden und sei es noch so scharf, kommt man den Leuten nicht genug an die Haut. Sie müssen direkt am Kragen gefaßt werden; dann können sie nicht mehr entschlüpfen. Die Revisionen können aber nur vorgenommen werden von Fachmännern oder wenigstens so, daß jedes Fach je von einem einzelnen, der dort gut zu Hause ist, vorgenommen wird. Weil die Fachwissenschaftler gerade am meisten gesündigt haben, gewöhnlich unter der schönen Firma „wissenschaftliche Behandlung", so muß ihnen auch vor allen zu Leibe gegangen werden. Wer das aber unternimmt, der muß dazu genügend gerüstet sein, sonst stechen ihn die Wespen zu Tode.

Sie sehen hieraus, daß weder ich noch irgend ein anderer einzelner die Fortsetzung des Kampfes in die Hand nehmen kann. Das Werk fordert jetzt durchaus viele Hände.

Was mir selber noch zu tun obliegt, ist, nächstens eine kleine Ergänzung zu meiner Abhandlung im Ev[angelischen] Schulbl[att] zu liefern. Sie wird hauptsächlich geschichtlichen Inhalts sein, d.h. aus der Geschichte meiner Schriftstellerei. Dann muß ich auf diesem Kampffelde die Feder niederlegen und andern den Vortritt lassen. Es würde mich freuen, wenn Sie die Fahne aufnehmen und den Feldzug zu Ende führen wollen. Daß ich noch gelegentlich Sekundantendienste tun würde, so lange die Kraft reicht, versteht sich von selbst. Auch würde ich mich bemühen, Ihnen Mitstreiter zu werben.

Wenn Sie seiner Zeit aus der vorhin in Aussicht gestellten „Ergänzung" irgend etwas für Ihr Blatt gebrauchen können, so nehmen Sie es ohne weiteres auf. Auch mit allem andern, was das Ev[angelische] Schulbl[att] bringt, können Sie nach Gutdünken verfahren.

Mit Bezug auf die Fortführung des Feldzuges lassen Sie mich noch etliche Bemerkungen beifügen, für Sie und Ihre Mitstreiter.

Das erste ist ein Wunsch. Als auf dem Tage zu Schmalkalden der erkrankte Luther von seinen Streitgenossen Abschied nahm, rief er ihnen bekanntlich zur Letzte zu: „Gott erfülle euch mit Haß wider den Papst!" Ich weiß auch denen, die den Streit fortführen wollen, nichts besseres zu sagen als: „Gott erfülle euch mit Haß wider den didaktischen Materialismus". Haß, tiefer, gründlicher Haß – das ist die Hauptsache; dann kommen die rechten Werke von selbst. Andernfalls bleibt es beim bloßen Geknalle, was nur die Vögel bange macht und in kurzem ebenfalls bald aufhört.

Das zweite, was ich empfehlen möchte, sind die bereits vorhin erwähnten kritischen Revisionen der Lehrpläne (und Pensenverteilung in ihren einzelnen Fächern). Hier muß mit dem positiven Angriff eingesetzt werden. Man wähle nicht lange aus. Wer mit irgend einem Fache zuerst fertig ist, der fange an.

Zum dritten. Eine andere Stelle, wo (auf dem Volksschulgebiete) bald und herzhaft angegriffen werden muß, sind die realist[ischen] „Leitfäden". Das Ev[angelische] Schulbl[att] hat schon längst dort vorgearbeitet, jedoch mehr positiv aufklärend als kritisch angreifend. Wer hier mit einem Angriff einsetzen will, muß sich aber vorher ja das Verhältnis des Sachunterrichts zur Sprachbildung klar machen.

Viertens. Es muß sorgfältig und mit scharfem Auge achtgegeben werden, daß nicht durch die Schlauheit der Gegner oder durch die Dummheit halber Freunde der Streit auf untergeordnete, nebensächliche Fragen gezogen wird. Dadurch wird man in Sümpfe, auf Holzwege und in Sackgassen gelenkt. Eine solche Ablenkung geschieht schon dadurch, daß man sich einen andern Namen zur Bezeichnung des Übels unterschieben läßt. So z.B. beginnt man da und dort, anstatt „did[aktischer] Mat[erialismus]" zu sagen: „Intellektualismus". Sprecher und Absicht verraten sich. Die zwei Begriffe sind, wie auf den ersten Blick zu erkennen ist, nicht synonym, sondern durchkreuzen sich. Es sind die Geistlichen, welche gern den einen an die Stelle des andern setzen möchten; denn dann bleiben die Sünden, welche sie selbst (im Religionsunterricht) begangen haben, verdeckt. Ähnlich ist's, wenn „Pseudo-Wissenschaftlichkeit" oder „did[aktischer] Mechanismus" usw. substituiert wird. Das sind zwar alles Sünden, die im did[aktischen] Mat[erialismus] vorkommen, allein es wird damit nicht seine ganze Schuld bezeichnet. Darum muß man die Gegner steif beim richtigen Namen festhalten. Aus demselben Grunde muß sorgfältig vermieden werden, daß der Streit um die Hauptsache nicht von dem um die kleine und fremde Märchenfrage absorbiert wird. Es tat mir daher sehr leid, daß Ihr „Erstes Schuljahr" dazu unvorsichtigerweise den Finger reichte. Eine weitere Ablenkung wird von gewissen Schulinspektoren und Schulräten, die sich getroffen fühlen, versucht. Sie sagen (natürlich nicht öffentlich), meine Abhandlung hätte die Frage dadurch verunreinigt, daß so lang und breit von Schulrevisionen die Rede sei. Nun weist die logische Disposition der Abhandlung aber deutlich nach, warum dieser Punkt mit zur Sprache kommen mußte; die Herren wissen das auch sehr wohl, indessen um den Blick von der Hauptsache ablenken zu können, stellen sie sich, als wüßten sie es nicht. Diese verfluchte Heuchelei!

Fünftens. Sie sagen in Ihrem Briefe: „Käme nur ein rechtschaffener Gegner, aber die Kerle sind zu feig" usw. Lassen Sie mich hinzufügen: „und sind schlau". Schweigen ist auch eine Form des Streites und oft eine sehr wirksame. Mittlerweile wird im stillen, in kleineren Kreisen, mündlich, tüchtig polemisiert. Darum ist dringend nötig, dieses strategische Schweigen nicht nachzuahmen, sondern mit erneuten Angriffen vorzugehen. Auf unserer Seite schweigen – dem Feinde könnte kein größerer Gefallen und Dienst getan werden. Sie stellen es sich schwerlich vor, in welchem Maße insgeheim von den Gegnern operiert wird, sei es direkt polemisierend oder mit schlauen Handgriffen den eigentlichen Streitpunkt verdeckend. Ein paar Beispiele. Ein befreundeter Kollege schrieb mir unlängst: „Die Wespen nagen an Deinen unter der Hitze des Arbeitens und des Duldens gereiften Früchten gar sehr, nur mehr im stillen als öffentlich. Insbesondere machen sich auch die Schulinspektoren dabei bemerklich, ja einer hat gemeint, Du müßtest wegen der geraden, offenen Sprache über die Schulrevisoren in „Anklagezustand" versetzt werden. Ein anderer schreibt: „Mir scheint in der Tat gerade Berlin ein Nest des didaktischen Materialismus zu sein." Von meinem Aufsatze in Nr. 4 und 5 des Ev[angelischen] Schulbl[attes] brachte z.B. die ‚Pädagogische Zeitung' im August nur die erbärmliche Notiz des Inhaltes, daß Dörpfeld in einer zeitgemäßen Betrachtung über die vielen Inspektoren der Volksschulen den höheren Schulen gegenüber geklagt habe. Das scheint die einzige Stelle zu sein, die den Pädagogen der Pädagogischen Zeitung imponiert hat. Weiter schreibt einer: „In der letzten amtlichen Konferenz entwickelte sich eine heftige Debatte, Dich und den did[aktischen] Materialismus betreffend. Es waren jüngere Lehrer, die sich im Angreifen hervortaten. Und warum? Weil Du seiner Zeit für das Hauptlehreramt geschrieben hast. Diese Herren Klassenlehrer können es Dir nicht vergessen, daß ihr Gebaren gegen das ‚Hauptlehrertum' ihnen so bittere Früchte, auch von Seiten der Regierung, eingetragen hat. Der Schulinspektor hielt sich neutral, obwohl er im Grunde gewiß nicht mit ihnen einverstanden ist."

Da haben Sie, lieber Freund, in ein paar abgerissenen Notizen Belege genug, wie man auf gegnerischer Seite in Bewegung und geschäftig ist und wie einerlei Geister dabei tätig sind. Ganz besonders merkenswert ist der Berliner Kunstgriff. Der Mann verdiente ein Denkmal.

So viel ist also klar: auf unserer Seite muß man sich ebenfalls rühren und energischer als bisher.

Leider, leider sind die Herbartianer auch in viel „Glauben und Sekten" gespalten, und ein gut Teil „schläft". Es liegt mir immer im Sinn, was der erste deutsche Weltgeschicht-Schreiber, der alte Sebastian Franck, seiner Zeit sagte: „Germania ist in viel Sekten und Glauben zerteilt in dem seligen Unfried, anno 1517 angegangen, also daß seither wohl zehn Glauben entstanden sind und noch kein End". Wie sitzt das? Ja, wie sitzt es? Das sage einer. Der Heidenapostel schrieb einmal von einem Freunde: „Ich habe keinen, der so gar meines Sinnes sei, denn sie suchen alle das Ihre, nicht das Christi Jesu ist". Sollte da der Schlüssel des Rätsels liegen? Es klingt freilich fast schauerlich.

Ihr Brief bemerkt zum Schluß „Auch hatte ich den Gedanken, nach dem Lesen Ihres Briefes, ob nicht beim Scheiden aus Ihrem Amte ein Abriß Ihrer Tätigkeit in meinem Blatte gegeben werden könnte? ". Für die Sachen und Ideen, welche ich vertreten habe, möchte es ja nützlich sein, aber ich fürchte mich davor: dem eigenen inneren Menschen ist dergleichen nicht gesund. Überdies – wer sollte das schreiben? Lassen wir das also. Muß so etwa einmal geschrieben werden, so wird sich seiner Zeit auch wohl einer finden, der es tut.

Schließlich muß ich Sie mit ein paar personellen Fragen behelligen. Es würde mir lieb sein, wenn ich auf die erste per Postkarte eine umgehende Antwort erhalten könnte. Die andern mögen Sie sich für gute Gelegenheit versparen.

1. Herr Wiget (aus Weimar) ist jetzt wohl bereits in seiner Heimat. Wie heißt seine jetzige Adresse?

2. Herr Mann (der Red[akteur] der „Deutschen Blätter") – welches ist seine amtl[iche] Stellung? sein Bildungsgang? und wie denken Sie über diesen Mann?

3. Wo steckt Dr. F.H.Th. Allihn, der früher mit Ziller die Zeitschrift für exakte Philosophie herausgab?

4. Haben Sie auf den Seminarlehrer-Tagen einige tüchtige und wackere Seminarlehrer kennen gelernt (aus Nord- oder Mittel- oder Süddeutschland), von denen Sie glauben, daß sie zur Mitarbeit am Ev[angelischen] Schulbl[att] geeignet wären? Wenn ja, dann nennen Sie mir gef. ein paar Adressen. Insbesondere würde mir auch ein Siebenbürgener Namen willkommen sein.

5. Haben Sie vielleicht Zeit und Freudigkeit, die Rezension über die Literatur des Zeichenunterrichts für das Ev[angelische] Schulbl[att] zu übernehmen? Ich habe zur Zeit keinen, der recht dafür geeignet ist. Freilich laufen auch aus dieser Branche nicht viele Sachen ein.

   Auch können Sie Bücher anderer Art zur Rezension erhalten, ganz nach Wunsch.

   Nun Gott befohlen! Mit herzlichen Grüßen

in Liebe
Ihr
F. W. Dörpfeld

P.S. Hierbei auch ein Ex[emplar] des neuen Abdruckes meiner Abhandlung, als kleines Andenken.

Reins eingangs erwähnte Postsendungen – Brief und Postkarte – sind nicht erhalten. – 1. Samuel 22,2: Und es versammelten sich zu ihm (Anm.: David) allerlei Männer, die in Not und Schulden und betrübten Herzens waren, und er war ihr Oberster, daß bei 400 Mann bei ihm waren. – D. hatte sich in seinem Gutachten „Die vierklassige und die achtklassige Volksschule" (Gütersloh 1878) für weitgehende Kompetenzen des Hauptlehrers als Leiters einer mehrklassigen Schule gegenüber seinen Klassenlehrern ausgesprochen. Im Anschluß daran wurde er von Klassenlehrern und ihren Organisationen teilweise scharf kritisiert. Vgl. u.a.: Der neueste Schulstreit am Niederrhein, in: EvSchBl 22 (1878), S. 417–434: Rektor Dörpfeld und die Klassenlehrer, in: Barmer Zeitung vom 10.10., 14.10. und 28.10.1878; ferner Meldungen in der Rheinisch-Westfälischen Post vom 24. bis 30.10. und vom 4.11.1878.
Briefstelle des „Heidenapostels": Paulus schrieb diese Worte an die Philipper (2. Kapitel, 21 und 22).

Das im Postskriptum aufgeführte „Exemplar des neuen Abdrucks" betrifft den Separatdruck des „Didaktischen Materialismus".
Auf D.s Schreiben antwortete Rein umgehend:

Eisenach, 25. Januar 1880

Verehrter Freund!

Ihr Brief war mir eine wahre Sonntagsfreude! Herzlichen Dank dafür und Dank auch für Ihre Schrift. So will ich nun, ehe ich anderes vornehme, vor allem Ihre Fragen beantworten.

1. Wiget ist Seminardirektor in Chur. Er hat zu Weihnachten von uns Abschied genommen. Es tat mir sehr leid, daß er ging. Wir können im Reich solche energische, frischen Leute brauchen. Aber es war für ihn ein Glück, da die Spannung im Kollegium zu Weimar ob seines Seminarlehrertages den höchsten Grad erreicht hatte. Und wie ist ihm in den Kehrschen Blättern noch mitgespielt worden, und wie auch Herbart! Darauf komme ich noch.

2. Mann ist seminaristisch gebildet, war Lehrer an der Töchterschule in Langensalza, heiratete eine Tochter des Buchhändlers Beyer, ist persönlich ein liebenswürdiger Mann, aber in pädagogicis, glaube ich, ein großer Schwachmatikus. Seine neuerliche vermittelnde Richtung will mir gar nicht behagen. Sie ist in erster Linie geschäftlich, wenn sie sich auch hinter dem Satze birgt, daß durch schroffe Gegenüberstellung unserer, d.h. der herbartischen Sache nichts genützt sei. So schwankt nun dieses Weltkind zwischen dem falschen Propheten Dittes und unserem Meister. Mit keinem will er es verderben. Er stützt sich hierbei, wie mir scheint, namentlich auf Sallwürk in Karlsruhe. Auch von diesem unter uns einige Worte. Er hat sich mir in letzter Zeit auffallend genähert. Sie sehen, ich habe einen Aufsatz von ihm abgedruckt. In einer Anmerkung desselben (Seite 21) bricht sein Unmut gegen Ziller hervor, welcher ihn einen der Herbartschen Schule Nahestehenden genannt hat. Darüber nun große Erbitterung auf seiner Seite. Dies ein Beitrag zu Ihrer Auseinandersetzung über die verschiedenen Sekten bei uns. Es ist dies um so trauriger, als wir gerade jetzt recht fest zusammenstehen müßten. Denn wie die große Masse über Herbart denkt, kommt hie und da zum Vorschein: so in dem Wiget-Streit (Kehrsche Blätter Nr. 6, 79), in der Dresdner Allgemeinen Schulzeitung contra Hartmanns Verbalismus (Wie denken Sie darüber? Er hat i[m] g[anzen] recht, wenn auch manches unreif und schülerhaft vorgetragen ist. Das Dresdner Gutachten dagegen kommt aber einer Selbstvernichtung gleich) und in den Angriffen auf Ihren didakt[ischen] Materialismus. Hätte Ziller mehr die Gabe erhalten, die Menschen an sich zu ziehen, statt sie abzustoßen, so wäre es viel besser. Auch dringt er zu sehr bis in die größten Kleinigkeiten auf sein Wort. Uns nennt er nur die „Eisenacher" und will uns so zur Sekte stempeln, wovon wir uns doch weit entfernt fühlen. Habe ich auch, wo es nötig erschien, auf den Gegensatz zu Ziller hingewiesen, so doch noch weit mehr auf die Übereinstimmung, auf den Anschluß an ihn, und zwar in den Hauptsachen. Da er von Mann sich losgesagt hat – und ich glaube mit Recht – hat er neuerdings, wie mir Wiget sagte, in seinem engeren Kreis die Parole ausgegeben, an die neue Folge der pädag[ogischen] Studien sich anzuschließen. Ich begrüße dies natürlich mit Freuden. Und wie steht Stoy? Er kennzeichnet im Kolleg die Leipziger Richtung als Pädagogik der Reaktion; seine Schüler lesen nichts von Ziller, aber witzeln über ihn. Doch genug über dies Thema. Wollte nur jeder von uns, das Persönliche beiseitesetzend, an die Grundfragen sich halten und Abweichung in Nebensachen nicht als Riesendinge aufbauschen. Aber in den Hauptsachen streng und nicht vermittelnd – wie es die Mannsche Zeitung tut, die oft von gegnerischer Seite als herbartisch angezogen, aber für ihre (der Gegner) Seite benutzt wird: „Sogar in herbartischen Kreisen heißt es" etc., und da meint man dann die Mannschen Blätter. An Sallwürk habe ich mich über letzteren Punkt schon längst aussprechen wollen, da er nach meiner Meinung die Richtung des Blattes bestimmt, aber ich habe mich immer noch zurückgehalten aus Besorgnis, die Kluft zu vergrößern und unnützen Ärger zu machen, zumal ich nicht bestimmt weiß, wie weit er seine Vermittlerrolle spielen will. Auch er spricht in seinem Brief an mich über den unseligen Zwiespalt im eigenen Lager. Pfingsten ist hier in Eisenach die Versammlung des Vereins für w[issenschaftliche] Päd[agogik] unter Leitung von Altenburg (weshalb Ziller nicht kommt, weiß ich nicht). Wie würde ich mich freuen, wenn Sie zu mir kämen! Vielleicht böte sich dann auch Gelegenheit zu gegenseitiger Besprechung zu größerer Einheit und strafferem Zusammenhalten! Soll man z.B. gegen die Angriffe auf Herbart, die allerdings sehr erbärmlich sind, antworten? Soll man namentlich auf die Urteile in den Kehrschen Blättern etwas sagen? Wie wirksam das Schweigen sein kann, bewiesen jetzt bis zu Treitschkes Auftreten die Juden, die sich nach dem Wort richteten: So lange der Sturm daher brauset, bleibet in den Häusern etc. Aber für uns, meine ich, ist das Gegenteil das einzig Richtige. Wirksam aber nur, wenn die Verteidigung planvoll und geschlossen ist. Doch es ist Zeit, Ihrem dritten Punkt zu antworten.

3. Allihn „schläft" auf irgend einer Pfründe. Doch wo, weiß ich nicht. Ich sah ihn zuletzt in Halle, schon vor fünf bis sechs Jahren. Er war – horribile dictu – in einer Soldatenpresse beschäftigt! Auskunft kann Ihnen Dr. Kehrbach, Bibliothekar in Halle (Zillerianer), wahrscheinlich erteilen.

4. Auf dem Seminarlehrertag sah ich unter den Jüngeren einige Streber, unter den Alten die bekannte Trivialpädagogen Schu. etc., die abends am Kneiptisch lustige Genossen, („Grün ist des Lebens" etc.), aber am Tag herzlich schlechte Musikanten waren. Sie kamen mir manchmal vor wie die römischen Auguren. Sie wissens ja. Einen Pädagogen habe ich nicht gesehen.

5. Für Siebenbürgen: Dr. Morres in Kronstadt, Pfarrer (früher Lehrer) Nußbächer in Kronstadt, Frätschkes, Lehrer in Kronstadt, persönlich mir befreundet von Jena aus und dann, als ich dort war bei ihnen im Sachsenland.

6. Zeichenunterricht betr[effend:] Sehr gern. Auch in anderen Dingen immer bereit.

Anbei folgt das 1. Heft der neuen Studien. In das 2. kommt ein Aufsatz über die kulturhistorischen Stufen des Unterrichts. Das wird Sie freuen. In das 3. soll eine ganz besondere Überraschung für Sie kommen. Das 4. ist noch frei. Jürgen Bona Meyer schickte mir einen Aufsatz, Kulturkampf betr[effend.] Er ging wieder zurück. Warum der mich so anfreundet? Er schickt mir alle seine Sachen.

Ihre Wünsche will ich mir gut merken. Ich bin ganz einverstanden mit der Fortsetzung des Kampfes, d.h. mit der Art und Weise, wie wir weiter vorgehen sollen. Hier wird nächstens ein Lehrer Ihre Schrift über den did[aktischen] Mat[erialismus] im pädag[ogischen] Verein zum Gegenstand eines Vortrages machen. Er ist ein begeisterter Anhänger von Dittes oder war es vielmehr. Denn Ihre Schrift hat ihn gepackt.

Wigets Vortrag über Schule und Christentum ist in unserem Kirchen- und Schulblatt Nr. 1 (80) abgedruckt. Wenn er fertig ist, will ich Ihnen denselben gern borgen.

Und nun entlassen Sie mich für heute. Sorgen Sie sich nicht um die Antwort; machen Sie es, wie Gesundheit und Umstände es Ihnen gebieten. Ich denke oft an Sie, oft durch das Medium der olympischen Ausgrabungen, durch den Gedanken an Ihren Sohn. So sorgen die Zeitungen für stete Erinnerung an Sie, und dafür bin ich denselben dankbar. Möchten Sie sich nur recht stärken! Und Pfingsten? Lassen Sie mir die Hoffnung vorerst.

Immer Ihr treuer
W. Rein

Der von Rein erwähnte Verbalismus Hartmanns betrifft die Schrift: Dr. phil. Hartmann, Der Verbalismus in der deutschen Schule. Annaberg i.S. 1879. Rein veröffentlichte in den Pädagogischen Studien, Heft 1, 1880: Rousseaus Stellung in der Pädagogik und in der Geschichte der Pädagogik.

238

An Adolph Hollenberg, Rheydt

Gerresheim, 11. Februar 1880

D. bedankt sich für ein nicht näher bezeichnetes Inhaltsverzeichnis, das Hollenberg D. zum neuen Jahr als Geschenk hatte zukommen lassen und das er, D., nicht hätte abfassen können.

Er berichtet über einen Besuch in Barmen Mitte Januar „auf Drängen der Barmer Freunde und des Wupperfelder Schulvorstandes", der ihm jedoch anschließend acht Krankheitstage eingebracht habe.

D. klagt über die vielen Routinearbeiten für das EvSchBl, dessen Mitarbeiterstab er zu vervollständigen hoffe. Seine neue Gerresheimer Wohnung, die er näher beschreibt, sei schöner, als er hätte wünschen können. Er bittet um einen Aufsatz über die Problematik der 2. Lehrerprüfung aus der Sicht des Seminarlehrers und hofft auf Hollenbergs baldigen Besuch.

Einem Sonderdruck der „Zeitgeschichtlichen Betrachtung" (zum didaktischen Materialismus) fügt er eine chronologische Übersicht bei, die uns aus Brief 233 bekannt ist.

239

An Adolph Hollenberg, Rheydt

Gerresheim, 12. April 1880

Lieber Freund.

Deine Festrede ist angekommen, auch vom Buchhändler als Rezensions-Exemplar. Ich habe sie mit Interesse gelesen. Es war mir sehr lieb, daß endlich einmal ein Seminar sich findet hier am Niederrhein, wo man den Blick der jungen Leute auch auf die heimische Schulgeschichte lenkt. Das wäre längst nötig gewesen. Unsere niederrheinische Schulgeschichte ist auch ein notwendiges Hilfs- und Stützmittel für die Lehre von der Schulverfassung. Die rechte Theorie der Schulverfassung würde sich leichter und erfolgreicher Bahn gebrochen haben, wenn ihr eine Geschichte des heimatlichen Schulwesens vorgearbeitet hätte.

Es muß übrigens auch im Seminarunterricht davon gehandelt werden, schon darum, damit die ganzen Leute begreifen, daß dieses Wissen ein integrierender Teil ihrer pädagogischen Ausrüstung ist – und zugleich ihrer sittlichen, da der Lehrerstand seiner Vordermänner dankbar gedenken soll.

Deine Rede hat mir auch einen alten Gedanken, der unter dem Schutt der Lebensmühen beinahe erstickt war, wieder wachgerufen. Es ist die Bearbeitung der Geschichte des heimatlichen Schulwesens – ausführlich, gründlich und praktisch. Der alte Fasbender in Ronsdorf hat weiland einen Anlauf dazu genommen in der Herausgabe der Biographie Dan[iel] Schürmanns und später in einem erweiterten Schriftchen, das Dir wahrscheinlich bekannt sein wird. Auch Wilbergs und Hilverkus' Biographien gehören dahin.

Wie wäre es, wenn Du die Arbeit in die Hände nähmst? Ich will nach Kräften mithelfen, bin auch bereit, die Arbeit als eine gemeinsame mit anzufassen. Du würdest Dich dann vornehmlich auf die Sammlung und Zusammenstellung der Materialien legen, und ich würde die reflektiven Partien übernehmen.

Daß die Arbeit eine nützliche sein würde, kann keine Frage sein. Ich zweifle aber auch nicht, daß das Buch den erforderlichen Absatz finden würde. Wenn man eine Subskription eröffnete, so würden ohne Zweifel die meisten Schulgemeinden für ihre Schule subskribieren, ohnedies manche Schulvorsteher und Interessenten, auch einzelne Lehrer für sich, und damit würden dann die Kosten des Verlegers von vornherein gedeckt sein.

Überlege Dir also meinen Vorschlag, damit wir bei unserer projektierten Zusammenkunft das Nähere mündlich besprechen können.

Heute komme ich mit einem neuen, dringlichen Anliegen.

Ich muß eine neue Auflage des Repetitoriums fertigstellen. Es sollen zwei Ausgaben gemacht werden:

A. für einfache Schulverhältnisse (ein- und zweiklassige Schulen)
B. für drei- und mehrklassige Schulen.

Die erste Auflage war für letztere bestimmt. Dieselbe enthält aber doch noch des Stoffes zu viel, auch wenn man jedem Lehrer Raum lassen will, eine Auswahl treffen zu können. Um so mehr muß aber Ausgabe A vereinfacht werden. Um diese handelt es sich zunächst.

Ich möchte Dich nun bitten, mir noch einmal den Dienst zu tun, den Du früher schon so trefflich geleistet hast, nämlich das beifolgende Exemplar gef. durchzugehen und alles darin zu streichen, was nach Deiner Ansicht für einfache Schulverhältnisse nicht paßt.

Wo Du also entschieden glaubst, daß eine Frage oder ein Abschnitt (und Tabelle) wegfallen müßte, da streiche es vollständig durch. In zweifelhaften Fällen genügt ein Fragezeichen am Rande, um mich aufmerksam zu machen. Überdies wollest Du nach Deinem Ermessen sprachliche und sachliche Korrekturen vornehmen. Da die Arbeit eilt, so möchte ich Dich auch um Eile bitten. Wenn ein paar Bogen korrigiert sind, so trenne dieselben gef. ab und schicke mir sie schon. Meinen herzlichen Dank im voraus.

Noch eine Opportunitätsfrage. Die vorliegende 1. Auflage ist sehr splendid gedruckt, d.h. die Fragen (auch die kleinen) sind fast alle untereinander gesetzt. Sollte es zulässig sein, um das Büchlein wohlfeiler zu machen, die kleinen (Teil-) Fragen unmittelbar aneinanderzuschieben? Ohne Zweifel würde dadurch viel Raum gespart.

Im nächsten Heft des Schulblattes (doppelt) steht bereits ein vorläufiger Artikel über die famose Ministerrede.

In Liebe
Dein

F. W. Dörpfeld

Hollenberg hat später mehrfach schulgeschichtliche Themen behandelt, so „Geschichtliches über die Lehrerwahl" (EvSchBl 35, 1891, S. 401–418) und „Alte Rechenbücher und Rechenlehrer" (ebd. 38, 1894, S. 253–264). D. erwähnt folgende Biographien: Peter

Fasbender, Daniel Schürmann. Ein bergischer Schulmann. Elberfeld 1838; J.F. Wilberg, Erinnerungen aus meinem Leben, Essen 1836; E. Langenberg, J.F. Wilberg. Sein Leben und seine Schriften. Elberfeld 1866; J.C. Hilverkus, Erinnerungen aus meinem Leben. Elberfeld 1877.

Das Repetitorium betrifft den naturkundlichen und humanistischen Realunterricht, von dessen 1. Heft und 2. Heft, 1. Teil 1881 eine 2. Auflage erschien. Die „famose Ministerrede": die „Aschermittwochsrede" des Kultusministers v. Puttkamer am 11. Februar 1880, über die D. einige kritische, später in der „Leidensgeschichte der Volksschule" zusammengefaßte Aufsätze schrieb. Der erwähnte erste erschien im EvSchBl 24 (1880), S. 142–149.

240

An Peter Diehl, Frankfurt a.M.

Gerresheim, 15. April 1880

D. sendet einen Brief des baltischen Pfarrers Hunnius aus Maholm mit der Bitte um Beantwortung. Da sich sein Gesundheitszustand spürbar gebessert hat, hofft er im Sommer „auf ein paar Tage" nach Frankfurt kommen zu können.

Er kündigt das April-Doppelheft des EvSchBl mit dem ersten einer Reihe von Aufsätzen über die Puttkamer-Rede (vergleiche Brief 239) an. Diese Rede habe ihn „auf das dornige Gebiet der Schulverfassungsfrage" gezwungen, obgleich er sich nur noch mit didaktischen und psychologischen Fragen habe befassen wollen.

241

An Adolph Hollenberg, Rheydt

Gerresheim, 1. Mai 1880

Sendet Korrekturen zum Repetitorium. Mehrere Lehrer an ein- und zweiklassigen Schulen hätten D. aufgefordert, nur eine Ausgabe zu machen. D. möchte auch so verfahren. Er fragt Hollenberg, ob er einige Fragen zur Physik ergänzen könne.

D. fügt eine Ausgabe der „Deutschen Blätter" mit einem Offenen Schreiben v. Sallwürks bei, der ihm vor 14 Tagen auch einen Brief geschrieben habe. Den eigentlichen Zweck des Offenen Schreibens sehe er jedoch noch nicht.

242

An Wilhelm Rein, Eisenach

Gerresheim, 15. Mai 1880

Lieber Freund.

Zu[r] Pfingstversamml[ung] des Vereins kann ich leider wieder nicht kommen, wegen äußerer Hindernisse. Einmal haben wir stündlich die Frau Dr. Treu aus Olympia zu erwarten. Wir hatten den Winter über das einzige Kind der Familie Treu, ein 7jähr[iges] Mädchen, in Pflege. Die Mutter sehnte sich sehr nach dem Kinde und ist daher schon einige Wochen früher von O[lympia] abgereist als die übrigen. Außerdem werden in der Pfingstwoche viele Freunde hierher kommen, die auf diese Ferienzeit gewartet haben, um mich in meinem stillen Daheim aufzusuchen.

Entbieten Sie gef. den bekannten Vereinsgenossen einen herzlichen Gruß.

Von dem Artikel Körners in den Nostizschen Blättern hatte ich noch nichts gehört. Ich lese dieses Blatt nicht, wie dasselbe denn auch in hiesiger Gegend äußerst wenige Leser zählt. Mich wundert, daß das Ding noch lebt. Nostiz ist ein obskurer Lehrer in Siegen, dem es aber im Beginn der pädag[ogischen] Schwindelperiode gelang, auf die Losung „simultane Pädagogik im Geiste Diesterwegs" (Prospekt) im südlichen Teile der Rheinprovinz und weiter nach Süden eine Anzahl simultanlustiger evangelischer und katholischer Seminarlehrer und dergleichen zusammenzuraffen. Der einzige Mitarbeiter im Bergischen Lande, ein von Hannover hierher verschlagener Rektor einer simultanen Mittel- und Volksschule, der seiner Zeit im Nostizschen Blatte mir und dem „Gutachten" einen Nadelstich gab, wurde vor zwei Jahren vom Gericht wegen betrügerischen Geldsammelns verurteilt und verduftete dann nach Hamburg. (Sein Name ist Schrader).

Ist der Kritiker der Konzentrationstheorie der alte Fr. Körner? Irre ich nicht, so existiert auch ein Sohn dieses Namens.

Ich bin zwar kein Freund der aggressiven persönlichen Polemik; allein ein anderes ist es, wenn man angegriffen wird und es sich also um eine Verantwortung handelt, und wenn der Angreifer eine nicht gar zu obskure Persönlichkeit und nicht allzu klobig ist.

Glauben Sie daher, daß sich bei diesem Anlaß etwas Nützliches sagen läßt, so halte ich dafür, daß es gut ist, wenn Sie sich verantworten, aber vornehmlich mit dem Zwecke, die Wahrheit in ein helleres Licht zu setzen und Mißverständnisse abzuhalten. Nebenbei mag auch die Oberflächlichkeit gewarnt und die Frechheit gezüchtigt werden. Im Evangelischen Schulblatt steht Ihnen gern der benötigte Raum zur Verfügung.

Über das N[ostiz]sche Blatt können Sie nebenbei die Bemerkung fallen lassen, daß Sie keine Zeit hätten, sich mit der Lektüre desselben zu befassen, obwohl es sich mit Emphase „Zentralorgan" etc. nenne.

Was dem Verfasser speziell zu sagen ist, versparen Sie vielleicht am besten bis zum Schlusse, wenn Sie vorher in aller gemütlichen Ruhe das Sachliche zurechtgestellt haben und der Leser bereits den Eindruck gewonnen hat, daß man es mit einem ausgesucht oberflächlichen Kritiker zu tun habe. Ist es der alte K[örner], so können Sie vielleicht bemerken, daß Sie darauf verzichten müssen, dem Manne seine bekannte Oberflächlichkeit zur Erkenntnis zu bringen, da schon so viele andere namhafte Leute sich vergeblich darum bemüht hätten. Beispielsweise ist dann vielleicht brauchbar, was Diesterweg über ihn sagt in einer Nachbemerkung zu einem Aufsatze von W.v.A. (mir unbekannt) über „Charakterbilder" in den Rhein[ischen] Blättern 1858, S. 218 ff. (ungefähr). Ich habe seiner Zeit in meiner Abhandlung über den naturkundlichen Unterricht (Ev[angelisches] Sch[ulblatt] 1872, S. 98 ff) eine Stelle aus jenem Aufsatz zitiert und auch jenes Urteil Diesterwegs über Körner andeutend erwähnt. Ohne Zweifel lassen sich leicht auch noch andere ähnliche Urteile über K[örner] finden.

Zur Sache sei noch daran erinnert, daß ich bekanntlich früher mit Fleiß vermied, den Z[iller]'schen Ausdruck „Konzentration" zu gebrauchen, und dafür „Verbindung der Lehrfächer" anwandte. In den vierziger Jahren und später machte das Wort „Konzentration" eine Zeitlang viel Rumor in den Schulblättern in einem Sinne, aus welchem für die gute Sache, die wir vertreten, viele Mißverständnisse und viel Antipathie hervorgegangen ist. Diese bösen Folgen suche ich mir vom Leibe zu halten. Sie dürfen diesen hist[orischen] Punkt nicht aus dem Auge verlieren.

Mit herzlichen Grüßen
Ihr F. W. Dörpfeld

Pfingstversammlung des „Vereins": Verein für Wissenschaftliche Pädagogik. – Das Nostizsche Blatt: Die deutsche Schule. Zentralorgan für sämtliche Fragen der deutschen Schule und ihrer Lehrer. Herausgegeben von Chr. Nostiz. Verlag Heuser, Neuwied und Leipzig 1875 bis 1881. – Diesterweg äußerte sich über Körner im Anschluß an den Aufsatz von W.v.A. „Von dem Unwesen der sogenannten Lebensbilder im Unterricht", Rheinische

Blätter für Erziehung und Unterricht 1858, II. Bd., S. 193–223 und schrieb: „Ich stehe daher nicht an, den Haupturheber der betreffenden Richtung zu nennen: Friedrich Körner. Dieser Mann hat sich in eine Schriftstellerei von fabelhafter Ausdehnung eingelassen und es dadurch in Seichtigkeit und Anmaßung zu einer wirklichen Virtuosität gebracht. Ich brauche nur auf seine ‚Geschichte der Pädagogik' und seine ‚Erziehung der Knaben' hinzuweisen" (ebd. S. 224). Dörpfeld fürchtet in seinem angeführten Beitrag „Thesen und Bemerkungen über den naturkundlichen Unterricht in der Volks- und Bürgerschule", EvSchBl 16 (1872) S. 1–37, 73–107, als Folgen solcher Lebensbilder bei den Schülern „ein wüstes Durcheinander im Kopfe [. . .], bei welchem eine Darstellung die andere über den Haufen rennt" (ebd. S. 98).

Auch Rein ging in seinem nachfolgenden Antwortbrief mit Körner ins Gericht. Außerdem wendete er sich in einem Beitrag im EvSchBl noch in demselben Jahr gegen Körner und schrieb u.a.: „Über die unglaubliche Verworrenheit des Mannes noch etwas zu sagen, wäre Zeitverschwendung [. . .] Auch die oberflächlichste Schreiberei darf darauf rechnen, Zeitschriften und Leser zu finden" (Zum landläufigen Rezensententum, ebd. 24, 1880, S. 271). Die von Rein erwähnte „Allgemeine Schulzeitung", die Stoy seit 1870 herausgab, hielt sich noch bis 1881. Rein schrieb:

Eisenach, 21. Mai 1880

Verehrter Freund!

Ihren Gruß habe ich der Versammlung ausgerichtet. Ihre Freunde bedauerten sehr, daß Sie nicht bei uns sein konnten. Wie Sie wissen, so hat Dr. Altenburg der Versammlung präsidiert; man kann wohl sagen, mit Geschick i[m] g[anzen,] wenn es sich auch zeigte, daß er im herbart[ischen] System nicht zu Hause ist. Es herrschte in der Versammlung ein frischer und freudiger Zug, viel Ausdauer bei den Debatten. Ziller ist bei seinem Gehörleiden nicht geeignet, der Versammlung vorzustehen; auch verfährt er zu diktatorisch. Wir sind nachdem noch zwei Tage zusammen im Thüringer Wald gewesen: Flügel, Thrändorf, Just, Günther, Zahn, Direktor aus Mühlhausen u.a. Das waren schöne Tage!

Das Nostizsche Blatt wurde mir von einem Lehrer aus Mülheim zugeschickt; sonst sieht man hier dieses Machwerk nicht. Die Körnersche sogenannte Rezension habe ich jetzt wieder gelesen, dabei ist mir aber klar geworden, daß es unmöglich ist, eine sachliche Erwiderung zu schreiben, da kein Satz in der Arbeit richtig ist. Ich dachte daher nur an einigen haarsträubenden Beispielen die Oberflächlichkeit des Rez[ensenten] zu kennzeichnen und daraus das Recht abzuleiten, auf seine unklaren Angriffe nicht zu antworten. Ob es der alte Körner ist, konnte ich noch nicht erfahren. Ich werde Ihre Notizen benutzen und Ihnen in Kürze meine Bemerkungen zusenden.

Was sagen Sie zu Sallwürk? Die Stoysche Schulzeitung geht diesen Sommer ein, wie ich höre. Sie hat nur noch ca. 200 Abonnenten.

Mit herzlichen Grüßen
Ihr ergebener
W. Rein

243
An Adolph Hollenberg, Rheydt

Gerresheim, 17. Juni 1880

Bitte an Hollenberg, zur Ergänzung des Repetitoriums die versprochenen Fragen zur Physik und die Korrekturen der Abschnitte „Vom inneren Bau des menschlichen Leibes" zu senden. Die Partie vom Menschen und Menschenleben habe er, D., gründlich revidiert. Kündigt Rezensionsexemplare für Hollenberg und Beckers an und spricht die Hoffnung aus, Hollenberg Ende Juni besuchen zu können.

244

An Peter Diehl, Frankfurt a.M.

Gerresheim, 20. Juli 1880

Lieber Freund.

Verzeihen Sie, daß auf Ihren lieben langen Brief heute erst eine Antwort kommt. Fast den ganzen Juli über habe ich mit meinem alten Leiden zu kämpfen gehabt. An Reisen war ohnehin nicht zu denken, dazu drängte Bertelsmann auf Fertigstellung des Real-Lehrbuches und auf Revision des Repetitoriums für die 2. Auflage. Wenn aber unter der Beengung des Atems geistig gearbeitet werden soll, dann fühle ich mich doppelt elend. Allmählich scheint jedoch Gott Dank! die Brust wieder etwas freier zu werden.

Zu allem Überfluß lag mir auch Ihretwegen ein Druck auf dem Herzen, der aber jetzt glücklich gehoben ist. Ihrem Rezensions-Manuskript war ein Malheur passiert. Herr Biermann hatte mir dasselbe hierhergeschickt, als mein Studierzimmer hier noch nicht ordentlich eingerichtet war, indem ein Teil meiner Bücher in Barmen weilte. So hatte es geschehen können, denn anders weiß ich es nicht zu erklären, daß Ihr Manuskript an einen verkehrten Ort (zwischen meine Bücher) und mir so aus den Augen gekommen war. Alles Suchen war vergeblich. Ich mußte darauf hoffen, daß ein guter Zufall es wieder ans Licht bringen werde; und so ist es geschehen. Vorgestern fiel es mir unvermutet wieder in die Hände. Wie froh ich war, daß dieser Stein vom Herzen weggewälzt war, können Sie denken. Nun kann ich auch wieder mit freiem Gemüt an Sie schreiben.

Im nächsten Hauptheft soll nun aber auch der Druck Ihrer Rezensionen beginnen.

Neue Rezensionsschriften für Ihr Ressort sind nur wenige eingelaufen: Grabes „Bilder und Szenen" und Deters' „Märchenspiele". Dieselben folgen hierbei zur gef[älligen] Besichtigung.

Ihre liebe Tochter hatte für den vorigen Montag uns ihren Besuch in Aussicht gestellt und angefragt, ob es uns gelegen wäre. Da ich in jenen Tagen gerade mich sehr unwohl fühlte, so hatte Anna ihr das mitgeteilt und ihr anheimgegeben, ob sie vielleicht noch etliche Tage aufschieben und dann nach der Tour ins Jülich'sche hierher kommen könnte. Wir werden sie nun wohl in kurzem erwarten dürfen. Mein weibliches Personal, besonders die Anna, freut sich sehr auf ihren Besuch, und mir ist es auch eine Freude, einmal wieder ein Gesicht aus Ihrem lieben Hause sehen zu können.

Habe ich in meinem früheren Briefe erwähnt, daß es mir sehr erwünscht wäre, je und dann Korrespondenzberichte über das Schul- und Lehrerleben in Frankfurt und Umgegend (Nassau, Kurhessen und Hessen-Darmstadt) zu erhalten? Wenn nicht, dann lassen Sie mich jetzt dieses Anliegen vorbringen und Ihrer Obsorge empfehlen. Solche Berichte sind auch deshalb nötig, damit die Leser jener Landschaften merken, daß das Ev[angelische] Schulblatt auch ihrer gedenkt. Sie bekommen dadurch mehr das Gefühl der Gemeinschaft.

Lange Artikel sind nicht nötig, Es handelt sich vornehmlich um Tatsachen und dann um solche begleitende Bemerkungen, welche die Gedanken der Leser mobil machen und in die rechte Richtung lenken.

Der Stoff kann nötigenfalls aus andern (pädagogischen, kirchlichen und politischen) Blättern entnommen werden.

Die Berichte können sich befassen:

mit dem Schulregiment – nach Einrichtung und Praxis.
mit der Schuleinrichtung, den Schulbauten usw.
mit der Schularbeit, den Lehrmitteln, Prüfungen;

mit dem Lehrerstande, seiner äußern Stellung, seiner Karriere, seinem sozialen Ansehen, seiner Geistesrichtung, seinem genossenschaftlichen Leben (Konferenzen);
mit den Präparandenanstalten und Seminaren, ferner:
mit den kirchl[ichen] und sozialen Zuständen, so weit sie auf die Schule und die Erzieh[ung] überhaupt Einfluß haben;
mit dem Verhalten der Geistlichen zu den Lehrern, zu der Schule und zur Pädagogik usw.

An Stoff zu Korrespondenzbriefen kann es somit nicht fehlen, wenn einer nur die Zeit hat, sich darnach umzusehen.

Können Sie selbst etwas davon übernehmen, so würde mir das am liebsten sein. Im übrigen möchte ich Sie bitten, in Nassau, Kurhessen und Hessen-Darmstadt je einen zuverlässigen und hinlänglich ausgerüsteten Kollegen aufspüren zu wollen, der für seinen Bereich eine solche Arbeit zu übernehmen geneigt ist. Können Sie dieselben direkt schon anwerben, desto besser. Im andern Falle werde ich natürlich selbst die Einladung zur Mitarbeit ergehen lassen.

Noch eines lassen Sie mich erwähnen. Die Korrespondenten müssen darauf aufmerksam gemacht werden, daß nur solche Tatsachen auszuwählen sind, welche auch für fernstehende Leser von Interesse resp. instruktiv sind.

Mein Wilhelm aus Olympia war jüngst etliche Tage hier. Der brave Junge macht mir viele Freude. Jetzt ist er wieder in Berlin, um die aufgenommenen Zeichnungen für den Druck zu bearbeiten. Die Ausgrabungen sind beendet. Doch wird er mit den Archäologen im Herbst noch auf zwei Monate hingehen, um die wissenschaftlichen Resultate vollends einzusammeln. Darin wird sich dann eine mehrmonatige Reise durch Italien anschließen, wozu er durch die früher erhaltene Prüfungsprämie verpflichtet ist. Gott der Herr erhalte ihn ferner unter Seiner gnädigen Obhut und Führung.

Mit herzlichen Grüßen an Sie, die Ihrigen und die Freunde

Ihr

F. W. Dörpfeld

N.B. Daß ich Ihnen für alle Ihre unermüdliche Sorge für das Schulbl[att] herzlich dankbar bin, werden Sie wissen, wenn ich es auch nicht ausdrücklich aussprechen sollte.

Besprechungen der erwähnten Bücher von Grabe und Deters durch Diehl konnten nicht festgestellt werden. Dagegen enthält das EvSchBl 24 (1880) andere Rezensionen Diehls über folgende Werke: Dt. Jugendbibliothek Berlin, Bd. 48–49, 51–55; Neue Jugendbibliothek Mülheim/Ruhr; Bonnet, Drei Erzählungen; weitere Jugendbücher und ‚Lebensbilder für die Jugend' von Asmus, W. Buchner, Cooper, Elbing, Filhis, J. Hoffmann, Marryat, C.W. Müller, F. Schmidt, Tegner, Ulmen, A. Willms. Im nächsten Jg. 25 (1881) rezensiert Diehl folgende Autoren bzw. Werke: C. G. Barth, J. Gotthelf, Grube, Mertens, Merz, Rebau, F. Schmidt, G. H. von Schubert, Ph. Spieß, K. Sudhoff, R. Weitbrecht; Wandsprüche, Kalender, Weihnachtstransparente sowie die Neue Volksbibliothek Stuttgart. Es handelt sich durchweg um kritiklose Empfehlungen in gefälliger Manier.

245
An Adolph Hollenberg, Rheydt

Gerresheim, 29. Juli 1880

Übersendet eine Reihe von Rezensionsexemplaren und freut sich, daß Hollenberg gesuchte ältere Jahrgänge des EvSchBl aufgetrieben habe. Interessenten aus der Provinz Sachsen hätten beim Verlag Bertelsmann nur zwei vollständige Jahrgänge bekommen können.

Kürzlich habe er einen Brief von Wilhelm Hollenberg in Saarbrücken erhalten, der sein (D.s) Anmeldungsschreiben für Dr. Schneider in Berlin 1875 gelesen habe.

246

An Wilhelm Rein, Eisenach

Gerresheim, 31. Juli 1880

Lieber Freund.

Hierbei die lit[erarischen] Novitäten, die gern rezensiert sein wollen. Es sind:

1. ein paar Zeichensachen;
2. einige Schriftchen, die sich auf den Unterricht auf der Unterstufe beziehen, also zu Ihrem „Ersten Schuljahr" in einem Konkurrenzverhältnis stehen;
3. Ein H[eft] von Strümpells „Pädag[ogische] Abhandl[ungen]" (2. Heft). Bei Nr. 3 würde es gut sein, die Leser über die Person des Verfassers und seine Bestrebungen ein wenig zu orientieren (bloß referierend, nicht kritisch). Vielleicht könnten Sie auch das 1. Heft mit erwähnen, wenn es Ihnen zur Hand ist. Mich dünkt, es gehört mit zu unserer Taktik im Kampfe gegen Dittes, Kehr e tutti quanti, alles, was herbartischen Namen trägt, bei Rezensionsgelegenheiten von vornherein herzhaft zu empfehlen, ganz unangesehen, ob diese „Sekte" oder Richtung gegen die unsrige freundlich sich stellt oder nicht; wobei natürlich nicht ausgeschlossen ist, im sachlichen Detail zu kritisieren, anständig und maßvoll. Jenes unverhohlene Empfehlen sind wir erstlich dem Namen Herbart schuldig, moralisch, aus Dankbarkeit. Sodann ist es uns durch die Taktik angeraten, einmal um die gute Sache (Herbarts) bekannter zu machen, sei es auch durch den Mund von „Stiefbrüdern", und sodann, um von unserer Sache den bösen Schein oder Vorwurf der Engherzigkeit und Haderhaftigkeit abzuwehren. Wenn Ziller diese Maximen treu befolgt und seinen engeren Freunden angelegentlich empfohlen hätte, so würde es um seine eigene Sache viel günstiger stehen als jetzt.

Endlich möchte ich Sie noch bitten,

4. Graefs „Zuchtrute" mit zu rezensieren; wenn's Ihnen dient, in einem besonderen Artikel (Aufsatz).

Ich habe das Rezensionsexemplar nicht beigelegt in der Voraussetzung, daß Sie das Schriftchen selbst besitzen, da ich mein Exemplar gern hier behalten wollte, um gelegentlich etwas daraus zitieren zu können. Sollte meine Voraussetzung nicht zutreffen, dann melden Sie es gef. durch eine Zeile per Postkarte; dann wird das Rezensionsexemplar sofort folgen.

Mich dünkt, es müßte die Besprechung vernehmlich dazu benutzt werden, um den Lesern des Schulbl[attes] (von denen doch nur wenige das Schriftchen selbst lesen werden) an einem Beispiele zu zeigen, wie Herbarts resp. Zillers pädagogische Theorie mitunter aus purer Oberflächlichkeit und Unwissenheit verunglimpft wird (hier erstlich durch Dittes, dann im Superlativ durch Rill, der den Dittes nicht einmal versteht). Graef war ohne Zweifel voll berechtigt, diesen ungarischen „Schreier" zu packen und zwar derb, mit fester Faust. Ich glaube aber, daß sich dies auf engerem Raum hätte ausführen lassen: das Buch würde jedenfalls dadurch an Wirkung gewonnen haben. Die jugendliche Erregung des Verfassers verrät sich freilich allzu stark. Die Distichen hätten ohnehin wegbleiben sollen, da sie den Eindruck machen können, daß der Sieger Gefallen daran hätte, sein Schlachtopfer schließlich noch durch Nadelstiche zu ärgern. Solche Kämpfe, welche mit den schärfsten Waffen geführt werden sollen, müssen auch die strengste sittliche Haltung und Noblesse bewahren, sonst machen sie den Eindruck einer erhitzten Rauferei.

Für Ihre mancherlei Mitteilungen im vorletzten Brief meinen besten Dank. Fahren Sie gef. fort, gelegentlich dies und das zu erwähnen, was Ihnen zu Ohren kommt, über Stoy und die Seinigen, über Strümpell, Mann usf., da ich in meinem Winkel sonst zu wenig erfahre und darum nicht genügend orientiert sein kann.

Was Sallwürks Broschüre (H[erbart] und s[eine] Jünger) anbelangt, so ist dieselbe, wie mir scheint, in dem Zillerschen Kreise und in der Eisenacher Verhandlung viel zu tragisch aufgefaßt und nicht vorsichtig genug behandelt worden.

Vorab dürfe nicht gefragt werden, ob der Verf[asser] den Zillerianern (uns eingerechnet) in einigen oder vielen Punkten Unrecht tut, sondern lediglich dies, ob er ein ehrlicher Herbartianer ist und durch sein Schriftchen die gute Sache fördern will, – will. Auf den Willen, auf die Absicht kommt zunächst alles an. Und da ist meine Ansicht, daß dieselbe nicht angezweifelt werden konnte: Bürgen dafür sind des Verf[assers] bisherige lit[erarische] Arbeiten, seine Persönlichkeit und unzweifelhaft auch das Schriftchen selbst. Steht dies nun fest, dann mußte dieses Anerkenntnis auch dem Verf[asser] selbst und dem Publikum gegenüber ausdrücklich ausgesprochen werden. Man mußte das Schriftchen mit Fleiß in öffentlichen Blättern besprechen, um es unter die Leute zu bringen, aber so, daß niemand draußen merken konnte, ob man über dieses oder jenes kritische Urteil des Verf[assers] verstimmt sei, im Gegenteil, man mußte (unter Hindeutung, daß der Verf[asser] wohl etwas zu scharf mit seinen Freunden ins Gericht gegangen sei) mit aller Gemütlichkeit erwidern, der wissenschaftlich-pädagogische Verein bekenne sich zu der Wahrheit von „der steten, unaufhörlichen Buße" und werde daher auch bei sich selber wacker am Reformieren bleiben, wo es nötig sei usw. Kurz, man mußte dem Tadel die Spitze abbrechen, dagegen aber alles benutzen, was der Verf[asser] wider die Gegner an die Hand gibt, wenn dessen auch verhältnismäßig wenig ist.

Ich glaube in der Tat, daß das Schriftchen unserer Sache wirklich nutzen wird, womit aber nicht behauptet werden soll, daß es nicht viel vorsichtiger hätte abgefaßt sein können und sollen. Manches, was der Verf[asser] sagt, gehört gar nicht vor das Publikum, sondern mußte innerhalb des Vereins (resp. des engeren Freundeskreises) als eine häusliche Angelegenheit verhandelt werden. Das hat der Verf[asser] nicht bedacht. Nun er diesen Fehler gemacht, dürfen wir denselben aber nicht durch Gereiztheit oder Empfindlichkeit verschlimmern, sondern müssen ihn so viel als möglich unschädlich zu machen suchen, in der oben angegebenen Weise. Ich wenigstens werde in der Besprechung des Schriftchens so zu verfahren suchen. Aber auch selbst dann, wenn ich an der guten Absicht des Verf[assers] zweifeln müßte, würde ich im wesentlichen so verfahren im Interesse des Vereins, nämlich: den Verf[asser] beim Wort nehmen (daß er Herbartianer sei) und dann ihm in der angegebenen Weise die Waffen aus der Hand winden.

So habe ich auch H[er]rn Günther geschrieben, der mir seinen Bericht über die Eisenacher Versammlung zur weiteren Verbreitung im Ev[angelischen] Schulbl[att] schickte. Die Episode über Sallwürk werde ich im Bericht weglassen. Sallwürk ist offenbar jetzt sehr verstimmt durch die Polemik wider ihn bei der Eis[enacher] Vers[ammlung] und vielleicht auch durch private Äußerungen (Zillers u.a.). Wir müssen unser Bestes tun, diese Verstimmung zu dämpfen, um S[allwürks] willen und um Z[iller]s und des Vereins willen. Sallw[ürk] darf nicht ausscheiden, wozu es sonst schließlich jedenfalls kommen würde; dazu müssen er und Z[iller] sich vertragen lernen. Das müssen wir beiden Teilen begreiflich machen.

S[allwürk] steht mir persönlich (namentlich in religiöser Beziehung) weit ferner als Z[iller] und viele andere im Verein. Allein seinen Austritt würde ich sehr bedauern. Er vertritt als Philologe in unserm Verein eine sehr starke Partei der Lehrer an höheren Schulen, welche zu Herbart innerlich sich hinneigen und hingedrängt werden, aber sich in die abgeschlossene Art Zillers nicht finden können. Ich weiß das nur zu gut durch meinen alten Freund Hollenberg, Mit dieser Richtung müssen wir Fühlung halten, notwendig, um jeden Preis, sofern die eigene Überzeugung nicht verleugnet wird. Hier die Fühlung, die durch S[allwürk] hergestellt war, aufheben oder schwinden lassen, wäre eine unverantwortliche Torheit.

Schade freilich, daß Z[iller] sich so wenig auf die Leitung eines Vereins versteht. Ein Vereinspräses muß ein Stück Staatsmann sein, muß zwar leiten und dirigieren, aber ebenso geschickt tragen und vermitteln können. (Mein alter 84jähriger Schwiegervater pflegt zu sagen: „Der ist ein schlechter Fuhrmann, der nur mit guten Pferden fahren kann".)

Unzweifelhaft waren die Verhandlungen der Vereins-Versammlungen unter Z[iller]s Präsidium bisher in einem Punkt wenig anziehend – für Fremde. Seine offenbare Überlegenheit machte sich zu sehr fühlbar und geltend. Dadurch ähnelte die Vers[ammlung] zu sehr einem Seminar-Kritikum. Er muß mehr Freiheit gönnen – selbst dem Unsinn. Freiheit steht mir höher als „reine Lehre", sofern es sich um Wachstum und Gedeihen eines Vereins handelt; so schon in der Kirche, wie viel mehr auf rein wissenschaftlichem Boden. Die Wahrheit läuft dabei keine Gefahr, nur muß sie bekannt, nicht verschwiegen werden. In den Versammlungen darf kein Vereinsglied (in reiferen Jahren), welche Ansicht es auch vertreten mag, sich gedrückt fühlen. Das ist conditio sine qua non.

Was Sie über Jürgen Bona M[eyer] mitteilen, war mir interessant. Warum mag er wohl eine Annäherung suchen? Sollte er sich nachgerade auf seinem Standpunkte unheimlich fühlen? Die Tatsache ist mir bedeutsam. Sie weist offenbar darauf hin, daß die landl[äufige] Pädagogik (der höheren Schule) bald merkt, daß sie nur ein Konglomerat von Meinungen ist, daß ihre Jünger ein Haufen Menschen ohne Haupt sind.

Hier steht die Sache für die Herbartsche Pädagogik äußerst günstig, wenn sie nur diese günstige Lage zu benutzen verstände! d.h. ohne ihrer Position etwas zu vergeben, weitherzig zu werden suchte. Auf dem Volksschulgebiet steht es insofern weniger günstig, weil hier Häupter vorhanden sind: Dittes und Kehr. Hier muß allmählich aggressiv vorgegangen werden, aber mehr gegen Kehr, weil wir diesen im Deutschen Reich haben. Den Dr. Dittes kann man seinen öster[reichischen] Gegnern überlassen: die werden ihn ohne uns mürbe machen. Wer weiß, ob sich D[ittes] nicht schließlich zu uns flüchten muß.

Noch eins lassen Sie mich in der Kürze erwähnen, obwohl ich viel darüber auf dem Herzen habe. Ich meine Ihre Sätze (im 2. Heft der Studien) wider die Vereinigung von Präparandenschule und Seminar. Diese Sache ist ungemein wichtig in meinen Augen. Ich habe Herrn Horn auf Ihre Sätze aufmerksam gemacht. Er wird nächstens schreiben oder vielleicht schon an Sie geschrieben haben. Vereinigen Sie sich mit ihm zu einem förmlichen Feldzug gegen „die gemischte Ehe von Bildungsanstalt und Berufsschule". Ich werde nach Kräften sekundieren. Das ist das erste Thema gewesen, worüber ich öffentlich geschrieben habe (Zahns Schulchronik, 1847, Nr. 16), auch in Berlin (1872) mit aller Kraft wider diese Unnatur gesprochen. Die Sache liegt mir sehr am Herzen. Der Feldzug muß aber planmäßig überlegt und ausgeführt werden.

Mit herzlichem Gruße
Ihr
F. W. Dörpfeld

Zu den von D. hier erbetenen Rezensionen erscheint Näheres im folgenden Brief und in Reins darauf erfolgter Antwort vom 21.9.1880.
Anläßlich der Sallwürkschen Schrift „Herbart und seine Jünger", Langensalza 1880, führte Rein in den von ihm herausgegebenen Pädagogischen Studien 1880, 3. Heft, S. 40 aus: „Wer die pädagogische Literatur einigermaßen verfolgt hat, wird bemerkt haben, daß gegenwärtig eine scharfe Strömung gegen Herbart und seine Schule im Deutschen Reich herrscht." Sallwürk rate zur Zurückhaltung auf beiden Seiten. – Der letzte Abschnitt enthält den Ausgangspunkt der später von D., Horn und Rein gemeinsam veröffentlichten Thesen zur allgemeinen und beruflichen Bildung der Lehrer.

247
An Wilhelm Rein, Eisenach

Gerresheim, 24. August 1880

Lieber Freund.

1. Mit der Verteilung der Rezensionsschriften machen Sie es nach Ihrem Wohlermessen. Wenn später neue Schriften über oder für die Unterstufe einlaufen, darf ich dieselben wieder Ihnen (resp. H. Pickel) zuschicken?

2. Gräfs Buch folgt hierbei. Rezensieren Sie ganz nach Gutdünken und Bequemlichkeit. Meiner Ansicht nach darf und muß zuerst konstatiert werden, daß der Verf[asser] berechtigt und aufgefordert war, seinem Gegner mit der Wahrheit auf den Leib zu rücken, einmal um Zillers willen (wobei denn auch Dittes zu hören bekommt, was recht ist), und sodann um der siebenbürgischen Personen und Verhältnisse willen, die von dem Gegner arg verleumdet waren. Sodann darf und muß man ihm allerdings sagen, daß es besser gewesen wäre, wenn er seinen Gegner nicht bloß intellektuell besiegt, sondern auch durch eine noblere Kampfweise beschämt hätte. Zur Entschuldigung mag endlich hinzugefügt werden, daß die österreichisch-ungarische Presse, auch die pädag[ogische], seit langem so raufbildartig ist, daß sie für eine sittsamere Polemik kein Sensorium mehr zu haben scheint.

3. In betreff Strümpells würde ich gern sofort an die Verlagsbuchhandlung geschrieben haben wegen der fehlenden Hefte; ich wußte aber leider nicht die Nummer des vorliegenden Heftes. Wollen Sie nicht die Güte haben, Ihrerseits in meinem Namen an die Verlagshandlung zu schreiben? Ich denke, es wird nicht schaden, wenn Strümpell erfährt, daß Sie der Rezensent sind. Sie werden ja H[er]rn Str[ümpell] alle Gerechtigkeit widerfahren lassen. Machen wir still wieder gut, was andere verschuldet haben. Es läßt sich ja auch vermeiden, daß Ziller sich dadurch verletzt fühlen könnte. Wir bleiben dabei: Alter und Verdienst soll man ehren. Hoffentlich stimmen die andern uns schließlich bei.

4. Sie erwähnen den H[er]rn Schulinsp[ektor] Wangemann. Leider weiß ich von der Persönlichkeit und [den] Bestrebungen dieses Herrn sehr wenig. Wenn Person und Sache dazu angetan sind, so möchte ich Sie bitten, einen Korrespondenz-Artikel für das Ev[angelische] Schulbl[att] schreiben (oder durch einen andern schreiben lassen) zu wollen, worin das Nötigste darüber mitgeteilt wird.

5. In der Seminar- und Präparanden-Frage sitzen Sie allerdings für den Augenblick fest, wie ich sehe. Das ist sehr zu bedauern. Daß in den Kleinstaaten mehr Freiheit herrschte als in einem Großstaate, habe ich übrigens nie geglaubt, vielmehr das Gegenteil. Selbst in den Mittelstaaten (Baden, Württemberg, Bayern, Sachsen) sind die Kulturarbeiter – Geistliche und Lehrer – mehr eingeengt als in Preußen, insonderheit mehr als wir in Rheinland-Westfalen. Der gute Schein zugunsten der Kleinstaaten rührt lediglich daher, daß deren viele sind und es somit treffen kann, daß dort der eine oder andere Staat eine Ausnahme von der Regel macht. Der Schein beruht somit auf Zufall, nicht auf Natur und Wesen. Überdies spielt noch eine andere Täuschung mit hinein. Weil nämlich in vielen Kleinstaaten die sogenannte freireligiöse Richtung begünstigt wurde, während in Preußen seit 1840 die orthodoxe Richtung die begünstigte war und weil dann der Zufall es gewollt hat, daß auf deutschem Boden der politische Liberalismus freireligiös und der Konservativismus vielfach orthodox war, so ist dieser Zufall wiederum dem Rufe der Kleinstaaten zugute gekommen. Mit der wirklichen, der prinzipiellen Freiheit hat aber die religiöse sogenannte Freisinnigkeit nichts zu tun; denn in den Kleinstaaten waren die Orthodoxen ebensogut gedrückt, wie es die Freireligiösen in Preußen waren. Eine Ansicht (Richtung) – gleichviel ob religiöse oder politische oder philosophische – ist als solche niemals freisinnig; sie will im Gegenteil gern allgemein werden, herrschen. Legt sie sich den Beinamen „frei" bei, wie z.B. die sogenannte freireligiöse, so bezieht sich das teils auf einen bestimmten Fachgesichtspunkt (z.B. kirchliche Bekenntnisschriften usw.), teils ist es ein

Advokatenkunststück. Die wahre Liberalität, welche andern die Freiheit gern gönnt, die man sich selbst wünscht, wurzelt mehr in der Gesinnung als in der Doktrin und ist darum eine seltene Pflanze, eine Rarität. Als Regierungsmaxime darf man sie bei keinem Gouvernement suchen, weder in den Kleinstaaten noch Großstaaten und bei keiner Partei. Trifft man die Freiheit als Faktum irgendwo häufiger oder ausgedehnter an als anderswo, so kann dies nur darin liegen, daß dort die Regenten durch irgend etwas behindert sind, ihren Kopf durchzusetzen. Ein solches Hindernis findet sich nun wirklich in einem Großstaate, nämlich in seiner Größe und in der Verschiedenheit der Provinzen und Landschaften. Die lassen nicht so leicht ein Egalisieren und Nivellieren zu, und daher kommt es, daß in einem Großstaate mehr Freiheit herrscht als in Kleinstaaten, aber, wie Sie sehen, ohne Verdienst und Würdigkeit. (In meinen Schriften über die Schulverfassung habe ich wiederholt auf diesen Punkt hingewiesen, insbesondere unter Exemplifizierung auf Baden und Württemberg. In diesen eingeschnürten Schulverhältnissen würde mir der Atem ausgegangen sein. In Preußen hat die Freiheit auf dem Schulgebiete seit den Regulativen stetig zugenommen, auch unter Falk. Es war das die Konsequenz dieser ersten Unterrichtsreglementierung für den ganzen Staat.)

Nun zurück zur Sache (Seminar). Einen Aufsatz schreiben können und dürfen Sie vor der Hand nicht. Allein ich weiß doch noch einen Ausweg zum Handeln. (Horn mag auch noch eine kleine Weile mit dem Schreiben warten). Der Weg heißt: Fragen stellen, dem Übel mit Fragen zu Leibe gehen. Ich will sie drucken lassen, da ich völlig frei bin. Sie müssen mir bei der Aufstellung der Fragen mit Ihrer Erfahrung zu Hülfe kommen. Dem steht auch nichts im Wege.

Zunächst müßte man etwas anheben:

1. Ist es zweckmäßig, daß Fakultätsunterricht und Gymnasium zu vereinigen oder mit andern Worten: ist es zweckmäßig, daß der theolog[ische], jurist[ische] etc. Berufsunterricht mit dem Gymnasialunterricht zu einem Ganzen zusammengeschlossen wäre?

Bemerk[ung]: Dem stehen zwar äußere Umstände im Wege; auch der innere Grund, daß die Fakultäten am besten zu einer Universitas verbunden sind. Aber man kann doch untersuchend einmal davon absehen und sagen: wenn diese Umstände nicht vorhanden wären, wie dann? So sei die Frage 1. gemeint.

2. Sind überhaupt große, komplizierte Schulanstalten am zweckmäßigsten, d.h. gibt es in der Größe nicht eine Grenze, über die hinaus das Gute ein Übles wird? Nun käme

3. die Anwendung auf die Seminarien und Präparandenanstalten, zuerst in einer allgemeinen und dann in partiellen Fragen.

4. Auch die Frage kann und muß vorkommen (vielleicht sogar als Nr. 1, dann aber allgemein ausgedrückt):

Wo liegt bei der Lehrerbildung der Schwerpunkt – in der Präparandenbildung oder in der Seminar- (Berufsbildung)? Ich antworte nämlich: unbedingt in der Präparanden- (allgemeinen) Bildung:

a) weil sie das Fundament ist;
b) weil man bei den andern Ständen auch so urteilt;
c) weil sie in das bildsame Alter fällt;
d) weil die wissenschaftliche und künstlerische Erfassung der Berufsarbeit hauptsächlich von der Bildungsvertiefung (allgemeiner Bildung) abhängt;
e) weil die allgemeine Bildung es ist, welche über die soziale Stellung (Rang) entscheidet.

Diese letztere Frage halte ich im Grunde für die wichtigste, die entscheidende.

Manche eitele und kurzsichtige Seminarlehrer werden freilich wähnen, durch die Betonung der Präparandenbildung werde das Seminar in den Schatten gestellt. In ihrer Kurzsichtigkeit sehen sie eben nicht, daß das Gegenteil der Fall ist: steigt die Präparandenbildung, so steigt das Seminar von selber mit, da niemand den Wunsch haben kann, daß an der Berufsbildung etwa abgebrochen werde.

Es können zum Schlusse auch relative Fragen vorkommen, und sie werden, wenn gut gestellt, gute Wirkung tun,

5. z.B.: Gesetzt, in irgend einem Lande beständen neben guten Seminarien (3jähriger Kursus) nur dürftige (und buntscheckige) Veranstaltungen für die Präparandenschulung (z.B. als Not- und Hülfsanstalt beim Seminar, um durch Benutzung der Seminarlehrerkräfte Kosten zu sparen oder den Seminarlehrern einen Nebenerwerb zu schaffen usw.), während in einem andern Lande sechsklassige Seminarien bestehen: ist dann die letztere Einrichtung, wenn sie auch an sich nicht die beste ist, nicht doch jenem Armuts- und Sparsystem vorzuziehen?

Eine solche Frage schont die Sachsen und drängt doch aufs Prinzip hin.

Bitte, entwerfen Sie gef. eine solche Reihe von Fragen über unser Thema. Ich werde dann rev[idieren] – zu- oder abtun – und Ihnen vor dem Druck meinen revid[ierten] Entwurf erst zur Prüfung vorlegen.

Im Druck sollen die Fragen natürlich (zu Ihrer Schonung) unter meinem Namen erscheinen.

Bekommen Sie bis dahin freie Hand, so schreiben Sie einen Aufsatz als Antwort auf die dem Publikum vorgelegten Fragen.

In betreff der Form der Fragen sei noch eines bemerkt. Bei jeder Hauptfrage können die Gesichtspunkte zu ihrer Erwägung, ferner die Gründe der eigenen Ansicht, ebenso etwaige Zweifel in der Form von Unterfragen schon mit aufgenommen werden. Auf diese Weise bietet man im Grunde insgesamt einen wirklichen Aufsatz, der dabei den Vorzug hat, daß er mehr zum eigenen Nachdenken ansporn.

6. Wo hat Kehr für das sechsklassige Seminar plädiert? Können Sie mir die literarische Stelle genau angeben?

7. Das gewünschte Verzeichnis meiner Schriften (und etlicher Schulblattaufsätze) folgt hierbei.

An Horn ist Ihr Wunsch übermittelt.

Mit herzl[ichen] Grüßen
Ihr F. W. Dörpfeld

P.S. Wissen Sie etwas über Persönlichkeit und Lebensgang unseres Vereinsmitgliedes Dr. Reiche (Konsist[orial]R[at] in Bückeburg)?

Rein besprach im EvSchBl 25 (1881), S. 140–143 einige der ihm von D. zugesandten Schriften (von Ferdinand Horn, Bombe, Naske, Wunderlich und W. Hoffmann). Ebenso rezensierte er die Sammlung „Pädagogische Abhandlungen von Mitgliedern des wissenschaftlich-pädagogischen Praktikums an der Universität Leipzig", Neue Folge, 2. Heft, Leipzig 1879 von Ludwig von Strümpell (ebd., S. 43 f.) und empfahl sie als „auf herbartischem Boden erwachsen", folgte also D.s Bitte. Auch über Graefs „Zuchtrute für einen pädagogischen Redakteur", Leipzig 1879, veröffentlichte Rein eine Besprechung (ebd., S. 44 f.) und schrieb dazu u.a.: „Vorliegendes Schriftchen führt uns in das Land der Magyaren, wo viel Geschrei und wenig Wolle, viel Schein und wenig Wahrheit, viel äußerer Glanz, mit innerer Hohlheit verbunden, zu Hause sind. [. . .] Der Redakteur des ungarischen Schulboten, Josef Rill in Budapest, brachte in Nr. 47, 1877 seiner Zeitung eine Rezension über den letzten Band des pädagogischen Jahresberichtes von Dittes, in welcher

H[err] Rill die Gelegenheit ergreift, in den stärksten Ausdrücken seiner Abneigung gegen die 'wissenschaftliche Pädagogik' Luft zu machen. Dies gab Veranlassung für einen in pädagogischen Kreisen bisher unerhörten Federkrieg, dessen Verlauf H[err] Graef in dem oben angegebenen Schriftchen schildert".

Die hier skizzierten Buchbesprechungen hatte Rein zusammen mit dem nachfolgenden Antwortbrief auf die Post gegeben und gleichzeitig D.s oben abgedruckten Fragenkatalog zum Thema der allgemeinen und beruflichen Bildung der Lehrer abgeändert und als Beilage zum Brief zurückgeschickt.

Eisenach, 21. September 1880

Verehrter Freund.

Anbei sende ich Ihnen Rezensionen und Fragen. In bezug auf die ersteren hätten Sie vielleicht mehr Ausführlichkeit gewünscht wie z.B. bei Gräf, den ich zurücksende. Aber es widerstand mir, sachlich einem solchen Banditen, wie es Rill ist, entgegenzutreten. Vielleicht tun Sie selbst noch manches hie und da hinzu. Hinsichtlich der Fragen werden Sie auch das beste noch geben müssen, vor allem Ordnung und System in das Ganze bringen. Kehr hat im I. Band seiner Zeitschrift die Organisationsfrage abgedruckt. Auch steht dort ein Artikel von Israel über die Organisation der sächs[ischen] Seminare. Wir hätten eigentlich vor acht Jahren schon kommen müssen, zu spät treffen wir aber nicht ein. Ich habe nie den Wunsch gehabt, reich und mächtig zu sein. Jetzt aber würde es mich mit Genugtuung erfüllen, wenn ich unserer Regierung unser Ideal in Wirklichkeit zeigen könnte. Sie werden darüber lächeln, doch es ist so.

Über Reiche kann ich Ihnen leider nichts schreiben.

Gestern besuchte mich auf der Durchreise unser „Freund" Fröhlich. Es ist ein guter Mann, aber doch ein arger Schwachkopf. Zillern versteht er so gut wie gar nicht; das merkte man sehr deutlich aus seinen Reden. Kürzlich hat er ja wieder über Schulorganisation etwas verbrochen, natürlich „gekrönte Preisschrift". Ich habe sie an Israel geschickt, zugleich eine Anzeige von Nostiz in der deutschen Schule.

Bacmeister hat seinen Verlag verkauft nach Dresden. Näheres weiß ich noch nicht, doch bin ich sehr froh darüber.

Was meinen Sie zur „Erziehungsschule" von Barth? Auch Wiget hat ein Blättchen in Aussicht gestellt. Sollte das nicht ein wenig des Guten zu viel sein? Warum solche Zersplitterung?

Für die Übersendung des Verzeichnisses besten Dank. Die Sache macht mehr Arbeit, als ich dachte. Die Mitwelt wird erstaunt sein ob des Reichtums herbartischer Schriften.

An Zillers Ethik bin ich noch nicht gekommen. Ich will sie mit in die Ferien nach Weimar nehmen, wohin meine Familie bereits vorausgereist ist. Für heute sage ich Ihnen Lebewohl.

Mit herzlichem Gruß
Ihr W. Rein

Es folgen die von Rein abgeänderten Fragen auf einer vierseitigen Beilage:

1. Ist es zweckmäßig, Fakultätsunterricht und Gymnasium zu vereinigen, oder mit anderen Worten: ist es zweckmäßig, daß der theologische, der philologische, der juristische etc. Berufsunterricht mit dem Gymnasialunterricht zu einem Organismus zusammengeschlossen wäre?

Ist es nicht vielmehr zweckmäßig, diejenigen Anstalten, welche die allgemeine Bildung vermitteln sollen, scharf zu trennen von denen, welche die spez[ielle] Berufsbildung sich zur Aufgabe setzen?

2. Sind überhaupt große komplizierte Schulanstalten am zweckmäßigsten? Gibt es nicht in der Größe eine Grenze, über welche hinaus das Gute ein Übel wird?

Ist der Einwand, das sechsklassige Seminar gehe nicht über diese Grenze hinaus, wirklich gerechtfertigt?

3. Sollten die vielfach gehörten Klagen über Halbbildung der Lehrer, über ihr Handwerkertum in der Schule, über ihre mangelhaften Fachkenntnisse nicht beseitigt werden können durch eine scharfe Sonderung beider an sich selbständiger Kreise in zwei getrennte Organismen?

Parallele:	Gymnasium	–	Universität
	Proseminar	–	Seminar
	(Allgemeine Bildung	–	Fachbildung)

4. Wird nicht, wenn die Arbeit für allgemeine – und für Fachbildung – in einer Anstalt vereinigt ist, jedes das andere hemmen, eines dem andern hinderlich sein? Wird nicht durch diese Hemmung beides dann zu kurz kommen?

5. Die allgemeine Bildung darf nicht verkürzt werden. Sie muß vielmehr zu einem gewissen Abschluß gebracht werden, ehe die spez[ielle] Berufsbildung in Angriff genommen wird. Denn sie ist

a) das Fundament,
b) sie fällt in das bildsame Alter,
c) die wissenschaftliche und künstlerische Erfassung der Berufsarbeit hängt hauptsächlich von der Bildungsvertiefung ab,
d) die allgemeine Bildung entscheidet über die soziale Stellung.

6. Die Berufsbildung muß zu ihrem vollen Recht kommen. Dafür spricht:

a) sie bereitet zum unmittelbaren Eintritt in das Amt vor,
b) sie muß intensiv und nachhaltig genug sein, auf daß der junge Lehrer als ein Künstler mit Liebe und Begeisterung in seinem Amte wirke,
c) sie muß ihn dazu stählen und festmachen durch nachhaltiges und tiefes Eintauchen in die hervorragendsten pädagogischen Klassiker und in eine auf psychologischen Gesetzen beruhende Praxis.

7. Ist der Einwand gerechtfertigt, es könne diese Sonderung in allgemeine und Berufsbildung auch innerhalb eines Organismus durchgeführt werden? Ist es richtig, daß die Praxis ja hinlänglich beweise, daß eine derartige Vereinigung nicht nur möglich, sondern sogar sehr vorteilhaft sei?

8. Ist es wahr, daß ein Schulwechsel, wie er durch die Trennung in zwei Anstalten hervorgerufen wird, größeren Einfluß ausübt als das bloße Vorrücken von einer Klasse zur andern innerhalb des sechsklassigen Organismus?

9. Ist es richtig, daß durch die Trennung der beiden Anstalten eine zu früh eintretende Berufswahl vermieden wird?

10. Sollte es in einem kleineren Organismus nicht leichter sein, die erforderliche Einheit in der pädgogischen Überzeugung und in der gemeinsamen Arbeit herzustellen als in einem größeren?

11. Ist es wahr, daß in einem kleineren Organismus Lehrer und Schüler in eine viel innigere Beziehung zueinander treten können als in einem größeren?

12. Studenten und Gymnasiasten werden nicht in einer Anstalt vereinigt, Seminaristen und Präparanden schließt man zusammen. Sollte diese Vereinigung nicht mannigfache Nachteile haben im Hinblick auf das Maß der Freiheit, welche beiden zu gewähren ist?

Rein nennt hier die von E. Barth in Leipzig von 1880 bis 1887 herausgegebene „Erziehungsschule. Zeitschrift für Reform der Jugenderziehung in Schule und Haus". – Th. Wiget begründete in Chur die „Bündner Seminarblätter" und die „Schweizerischen Blätter für erziehenden Unterricht".

248
An August Israel, Schneeberg

Gerresheim, Herbst 1880

[. . .] Was werden Sie denken, daß Sie auf Ihren tapferen Aufsatz in Reins „Studien" und vollends auf Ihren letzten Brief noch keine Zeile Antwort von mir erhalten haben? Im Herzen habe ich Ihnen längst den wärmsten Dank gesagt für Ihre wackere Verteidigung des Gutachtens und meiner Person, und es hat mich nicht wenig gedrückt, daß Sie auf den Ausdruck dieses Dankes so lange warten mußten.

Die Sommermonate hindurch war ich leiblich nicht wohl; das alte Übel drückte mich fortwährend und stellenweise stark. So war der Geist nicht zur Arbeit aufgelegt, und doch sollte und mußte gearbeitet werden. Der Verleger drängte auf eine neue Auflage des „Repetitoriums" und auf Fertigstellung des Handbuches dazu. Schon die Revision des Repetitoriums machte nicht wenig Arbeit, da an vielen Punkten jetzt gebessert werden sollte, namentlich in der Gesellschaftskunde; übrigens sollten jetzt Fragen aus der vaterländischen Geschichte hinzukommen. Diese Arbeit war mir im Grunde sehr willkommen, da sie die Gedanken von der Leibesplage abzog und dazu bloß den Verstand, nicht das

Gemüt, in Anspruch nahm. Nun war mir aber zugleich eine Aufgabe ganz anderer Art über den Hals gekommen – durch die Rede des Ministers von Puttkamer. Wenn doch der liebe Gott diesen Mann am 11. Februar hätte heiser werden lassen, dann hätte ich mein erstes Ruhestandsjahr doch in Ruhe genießen und den nächsten Pflichten mich widmen können! Wie oft habe ich diesen Seufzer ausgestoßen. Was mich aber noch mehr ärgerte als die Auslassungen des Ministers, war dies, daß die preußischen Schulblätter nichts mehr und nichts Besseres zu tun wußten, als zu „knurren" und die Anschuldigungen des Ministers bezüglich der sittlichen Haltung des Lehrerstandes zu bekämpfen, so gut es gehen wollte. Die Fußtritte, welche ein Teil der „Lehrerpresse" empfangen hatte und leider nicht unverdient – und die Grundsätze, welche der Minister bezüglich der Schulverfassung proklamierte, wurden ruhig hingenommen oder höchstens mit dem wohlfeilen Gerede von „Reaktion" und dgl. abgetan. Was jene Rede als Naturprodukt (Naturerscheinung) zu bedeuten habe, d.h. einmal wie es sich in Wahrheit mit den Tatsachen verhält, die den Minister so aus dem Häuschen bringen konnten, und sodann, was das für eine Anschauung vom Schulamt und Schulverfassung ist, die ein solches Absprechen über den Lehrerstand zuließ, darum kümmerte sich kein Mensch. Die Lehrer sind teils zu beschränkt, indem sie in ihrer Erregung gerade wie junge Hunde in den Stein beißen, womit sie geworfen worden sind, teils zu wehrlos (unbewaffnet); und was sind die Hirten dieser Schulherde, die Inspektoren, Seminardirektoren und Schulräte, die da schweigen? Seit Zahn vor dreißig Jahren verstummte, hat der Lehrerstand unter seinen Vormündern keinen echten Vertreter mehr gehabt, d.h. einen, der beiden Teile, den Lehrern wie ihren Mißgönnern, die Wahrheit zu sagen wagte.

Ich meinesteils hatte mich seit langem der Hoffnung hingegeben, daß die Schulverfassungsfrage mich nicht mehr belästigen würde. Ich glaubte, in diesem Kriege meine Quote Arbeit und meine Quote Leid getragen zu haben. Nun rief mich die Rede des Ministers wieder unter die Waffen, mich, den kranken, invaliden Unteroffizier, der sich nach Frieden und Ruhe sehnt. Denn wer in aller Welt soll (wird) dem Minister sagen, wie die Schuldinge wirklich liegen, ihn überführen, daß er wirklich nicht orientiert ist? Ach, der arme, verlassene Lehrerstand (Matth. 9, 36.)! Und so verirrt und verwirrt, daß die meisten eine solche Stimme, die ihnen recht rät und ihren Stand recht vertritt, nicht einmal anhören mögen. (Zahns „Schulchronik" ist weiland eingegangen, weil sie nicht bestehen konnte.) Also, ich mußte wieder heran. Und dazu mußte das Kapitel aus der Schulverfassung behandelt werden, was mit Disteln und Dornen und Nesseln umhegt ist, das Kapitel von der Lokal- und Kreis-Aufsicht, dem ich bisher möglichst aus dem Wege gegangen war und das mir doch schon übergenug die Hände zerkratzt und gebrannt hatte. Schon der Gedanke allein, mich in dieses Dornen- und Nessel-Gestrüpp stürzen zu sollen, war mir schreckhaft. Und nun die Arbeit selbst. Wo ist eine Vorarbeit zu finden, die auch nur ein Quentchen Hilfe leisten könnte? Das plaudert alles so dahin, ohne von den eigentlichen Knoten, die gelöst sein wollen, auch nur eine Ahnung zu haben.

Nun wissen Sie, in welcher Lage ich den schönen Sommer über gewesen bin. Wegen der Leibesbeschwerde konnte ich schon die Bertelsmannsche Pflichtarbeit nicht so fördern, wie es hätte geschehen sollen; nun sollten daneben auch die Pönitenzabhandlungen geschrieben werden. Das war zuviel. Wo der schlimmste Druck und darum die stärkste Hemmung lag, stellen Sie sich vielleicht doch nicht vor. Die Atemsbeschwerden haben auch das Üble an sich, daß sie das Gemüt arg deprimieren. Wenn nun bei einer solchen Gemütsstimmung eine Arbeit geleistet werden soll, die von Anfang bis zu Ende nur trauererregende Vorstellungen weckt, die überdies unter Gewissensbeklemmung geschieht, nämlich unter der Sorge, niemanden ohne Not zu verletzen und doch mit dem Bewußtsein, daß viele sich verletzt fühlen werden: wie soll man unter solchen Hemmnissen vorwärtskommen?

Für Sie sei über den zweiten Artikel noch dies bemerkt. Der Natur der Sache nach trifft mein polemischer Stoß am schärfsten die Geistlichen, aber nicht mit meinem Willen, sondern weil sie zufällig da stehen, wohin ich stoßen muß. Da lag meine Gewissensbedrängnis. Soviel mir besehbar ist, habe ich den Geistlichen keinen Anlaß gegeben, qua akademisch Gebildete oder qua Theologen oder qua Pfarrer wider mich zu klagen. Ein befreundeter junger Pfarrer, der das Manuskript gelesen, hat mir dasselbe versichert. Nichtsdestoweniger werden die meisten Geistlichen mich hart verklagen. Es würde mich freuen, wenn ich aus Ihrem Munde hören könnte, daß sie dazu keinen Grund hätten. Läge ja ein Grund vor, dann ist mir ein Fehler passiert.

Aber stellen Sie sich ja recht die Situation vor: einerseits solchen Leuten wie X, Y, und jenen pädagogischen Jungen usw. ins Maul zu fallen und andrerseits von den meisten verdächtigt, von keinem verteidigt zu werden und endlich dritterseits von dem Gouvernementspersonal grimmig gehaßt zu sein. Und das kann einem begegnen, der seine Worte dreimal besieht, bevor er sie drucken läßt und allem Hader aus innerstem Herzen abgeneigt ist. [. . .]

[F. W. Dörpfeld]

Israel hatte in den von W. Rein herausgegebenen „Pädagogischen Studien" (Jg. 1880, 3. Heft) über „Dörpfeld und die Klassenzahlfrage" geschrieben. Israel hebt darin hervor, daß D. mitten im Kulturkampf in seinem Gutachten darauf verzichtet habe, pädagogische Fragen nach vorwiegend politischen Gesichtspunkten zu behandeln. D. habe es als notwendig erkannt, einen Dirigenten, also einen mit Schulleitungskompetenzen ausgestatteten Hauptlehrer, an den größeren Schulen zu haben.

249

An Adolph Hollenberg, Rheydt

Gerresheim, 23. November 1880

D. entschuldigt sich, daß er seine Absicht nicht habe verwirklichen können, Hollenberg im Laufe des Jahres zu besuchen. Im Sommer sei sein Befinden nicht nach Wunsch gewesen. Als es sich besserte, sei ihm beim Gehen der Fuß umgeschlagen, wodurch er vier Wochen lang das Zimmer habe hüten müssen.

Erkundigung nach dem Lehrer Stoffel, der ihm einen Aufsatz zugeschickt habe. Die Fortsetzung des zweiten Artikels gegen Minister v. Puttkamer sei unter der Presse, wobei er den neuentstandenen Präparandenanstalten, die als Nebengeschäft betrieben würden, die Fehde ankündige.

250

An Wilhelm Dörpfeld, Olympia

Gerresheim, 10. Dezember 1880

[. . . Seit Mitte Sommer habe ich stramm arbeiten müssen. Neben einer Revision und Ergänzung des Real-Repetitoriums und dergleichen lag mir eine größere Arbeit für das Schulblatt auf, die durch die bekannte Rede des Ministers von Puttkamer vom 11. Februar d.J. über den Lehrerstand nötig wurde. Ich muß da wieder meine früheren Arbeiten über die Schulverfassung aufnehmen, mit Konzentration auf die hergebrachte Form der Schulinspektion, was ich früher aus allerlei Rücksichten mehr im Hintergrunde mußte stehen lassen. Das gibt eine Reihe von Artikeln] – von denen der fünfte jetzt unter der Presse ist – die eine systematische Campagne ausmachen. Der letzte Artikel, der etwa im Februar an die Reihe kommt, wird dann auf Grund der ganzen voraufgegangenen Untersuchung mit einer Kritik der ministeriellen Rede abschließen.

Ich wäre gern dieser Pönitenzarbeit überhoben gewesen; aber sie ließ sich nicht abwehren: es war sonst niemand da, der den Handel aufnehmen konnte. Was die liberalen Abgeordneten in dieser Beziehung wider den Minister vorbringen, so jüngst wieder am 9. Dez[ember], ist kaum mehr als ein Geplauder. Die Herren kennen die Sachlage nicht; daher kann der Minister unschwer mit ihnen fertigwerden, zumal jene eigentlich weniger um der Schule als um ihrer Parteizwecke willen ihn angreifen. Die arme Schule ist eben zwischen den Parteien eingeklemmt.

In der großen Politik interessiert mich eigentlich nur, zu beobachten, wie weit der Reichskanzler mit seinen Plänen vorrückt. Alles andere ist von untergeordneter Bedeutung, Wellengekräusel und dergleichen. Der Reichskanzler ist der größte Mann, den Deutschland seit Luthers Zeit gehabt hat. Sein Leid und seine Not liegen darin, daß er mit seinen Bestrebungen zwischen den großen Parteien (rechts und links) eingeklemmt ist. (Ich verstehe das umso besser, weil es mir mit meinen kleinen Theorien ebenso geht.) Er besitzt keine eigene Partei, die ihn versteht, ganz versteht. Auch die sogenannten Freikonservativen, die doch immer für ihn eintreten und als seine Partei gelten wollen, sind nicht das, was er braucht, wenigstens sind sie es jetzt noch nicht. Die alten Parteien „konservativ" und „liberal" sind falsche Gegensätze. „Fortschreiten" und „feststehen" gehört zusammen wie rechtes Bein und linkes Bein. Wenn das eine Bein fortschreitet, so muß das andere eben feststehen; wer mit beiden Beinen fortschreiten will, fällt auf den Rücken; und wer mit beiden Beinen stehenbleiben will, kommt nicht vorwärts.

Der Reichskanzler verfolgt drei Zwecke:

1. das Deutsche Reich zu befestigen, namentlich auch finanziell, daß es wider den Partikularismus und wider das Parteigewoge und wider Rom gesichert ist. Das gilt ihm als Nummer eins; mit Recht.

2. das wirtschaftliche Leben (Wohlstand) der Nation zu heben, gesunder zu machen und unabhängiger (vom Auslande). Daran hat er wieder recht, zehnmal recht und wenn es auch irgendeinmal in einzelnem Mittel einen Fehler machen sollte. Vorwärts nur, die kleinen Fehler lassen sich später leicht korrigieren. (Natürlich steckt in seinem Streben für indirekte Steuern auch ein Teil seines Planes Nr. 1, die finanzielle Befestigung des Reiches.)

3. Er will die falschen Parteien zersetzen, auflösen, aufreiben. Wieder recht; denn sonst ist kein Vorankommen, sonst ist keine richtige Partei, auf die er sich stützen kann, möglich.

Darum interessiert mich in der Politik eben nur dies, wie weit der Reichskanzler seinem Ziele näher kommt, bevor er selbst müde und aufgerieben ist. Das deutsche Volk wird sich einmal gründlich schämen müssen, daß es den großen Mann so wenig verstanden und ihn und seinen großen Kaiser so undankbar behandelt hat.

Die Anna drängt zum Schluß, weil die Briefe abgeschickt werden sollen. Nun, lieber Wilhelm, Gott behüte Dich und segne Dich, daß wir Dich im Frühjahr gesund und fröhlich wiedersehen.

In herzlicher Liebe
Dein Vater
F. W. Dörpfeld

Der unvollständig erhaltene Brief wurde durch den zu Anfang in eckige Klammern gesetzten Auszug ergänzt, der bei Trü 45 f. wiedergegeben ist.

Die Kennzeichnung Bismarcks knüpft an frühere ähnliche Urteile D.s an.

251

An Hans Dörpfeld, Hamburg

Gerresheim, 13. Dezember 1880

Lieber Johannes.

Es sind nun schon über vier Monate vergangen, seitdem Du von uns Abschied genommen hast. Schon längst lag mir sehr an, Dir zu schreiben. Ich hätte es so gern getan, aber es wurde mir zu schwer.

Es war schon über die Maßen schwer, was wir seit vorigen Sommer in Haus und Schule und hinter dem Rücken an Dir erleben mußten, von da an, wo Du Deines lieben Bruders Andenken Deinem Gelüste geopfert hattest, bis zum letzten traurigen Falle, der so traurig war, wie er wohl nur höchst selten in der Welt vorkommen mag. Das alles lag mir Tag um Tag wie eine Zentnerlast auf der Seele.

Nun mußte ich Dich auch noch aus meinen Augen und Händen geben, weit fortziehen lassen. Nachdem Deine liebe Mama von uns genommen und Du ein mutterloses Kind geworden warest, warst Du mir auf die Seele gebunden. Darum konnte ich auch, als wir von Barmen fortzogen, mich so schwer entschließen, Dich anderswohin zu bringen (nach Schulpforta oder Saarbrücken usw.), obwohl dies wahrscheinlich das beste gewesen wäre. Und nun endlich sah ich mich doch dazu genötigt und gar in eine Anstalt, wo sonst verwahrloste Kinder kommen. Daß eins meiner Kinder, sogar mein letztes, nachdem alle älteren zu meiner Freude herangewachsen waren, in einer solchen Anstalt untergebracht werden müßte, das hatte mir niemals einfallen können. Nun mußte ich es erleben. Das war die zweite Last, die mir auf der Seele lag.

Von da an war mein Blick und mein Hoffen immer auf Deine Briefe gerichtet, ob dieselben mir einen Teil der Last vom Herzen nehmen würden. Früher hattest Du niemals aus eigenem Antriebe, aus Antrieb des Gewissens, Deine Fehltritte eingestanden und um Verzeihung gebeten, sondern stets nur dann, wenn der liebe Gott dieselben ans Licht gebracht hatte, daß Du sie nicht mehr verbergen konntest. Also, wenns nicht anders ging, dann bekanntest Du Deine Sünden. Jetzt aber, als Deine Verirrungen Dich von der Heimat und Deinen Angehörigen weggerissen hatten – da hoffte ich im stillen, in der Fremde würde Dein Gewissen aufwachen, Du würdest erst vor dem allwissenden Vater im Himmel und dann auch vor Deinem betrübten Vater auf Erden Dein Herz ausschütten und Dein Gewissen entlasten von dem, was an Sünde und Schande darauf ruht, Du würdest Dir alle Deine Vergehen vergegenwärtigen, die bekannten und die noch verborgenen und würdest nicht ruhen, bis Du mich und Deine Geschwister um Verzeihung gebeten hättest.

Solch ein Brief würde mir einen großen Teil der schweren Last vom Herzen genommen haben. Er würde mich haben hoffen lassen, daß nun ein Anfang der Umkehr in Deinem Gewissen zum Durchbruch gekommen sei, eine Umkehr von innen heraus, aus eigenem Entschlusse. Mit Verlangen sah ich von Woche zu Woche Deinen Briefen entgegen, ob nicht endlich einer käme, der mir davon Kunde gäbe, was mir am meisten am Herzen lag, sei es auch nur mit einem einzigen Satze, der zeigen könnte, daß Du in Dich geschlagen hast.

Aber mein Hoffen und Sehnen war immer vergeblich. Deine Briefe erzählten alles mögliche, nur deutete niemals einer auch bloß mit einer Silbe an, daß Deine früheren Sünden Dir Kummer und Sorge machten. Sie lauteten stets so, wie wenn gar nichts vorgefallen wäre, was Dir auf dem Gewissen liegt und uns mit banger Sorge für Deine Zukunft erfüllt.

Das ist die dritte Last, die mir das Herz beschwert. Sie war mir so schwer, daß ich auch der Anna nicht einmal etwas davon sagen mochte. Das ist auch der Grund, warum ich noch nicht an Dich geschrieben habe: ich hoffte noch immer, daß endlich, endlich ein solcher Brief von Dir käme, der mich wieder etwas fröhlich machen könnte.

Diese Hoffnung ist jetzt auch dahin. Denn was soll es mir nun nützen, wenn etwa diese meine Mahnung Dich veranlaßt, einen reumütig aussehenden Brief zu schreiben und von guten Vorsätzen zur Besserung zu reden? Es käme ja dann doch nicht von innen, aus eigenem Antriebe heraus; ja, ich wüßte nicht einmal, ob es aufrichtig gemeint sei.

Nachdem nun auch die Hoffnung auf einen Brief, der mir Trost gewähren könnte, begraben werden mußte, hat es mir keine Ruhe gelassen, Dir zu schreiben, damit Du wenigstens hörst, wie mir zumute ist, da Du Dir selbst darüber keine Gedanken zu machen scheinst.

Mein Hoffen steht jetzt darauf, daß Deine Taten Besseres reden werden als Deine Briefe. Ich will schon gern zufrieden sein, wenn Dein Zeugnis einen kleinen Fortschritt in Fleiß und Lebensernst verspüren läßt.

Ich denke, daß auch die bevorstehende Weihnachtszeit Dir zum Segen sein wird. Mir ist es in meiner Jugend sehr schwer gefallen, als ich zum ersten Male das elterliche Haus verlassen und in die Fremde ziehen mußte; und nach jedem Ferienbesuche hatte ich immer von neuem mit dem Heimweh zu kämpfen. Mein Gemüt hing gar sehr an daheim und an den Angehörigen. Aber nichts ist mir schwerer gefallen, als da ich zum erstenmal den Weihnachtstag nicht zu Hause feiern konnte. Vielleicht merkst Du jetzt auch etwas von diesem Weh, und vielleicht wird Dir dann dieser Weihnachtstag mehr zum Segen als alle früheren.

Zu dem Ende habe ich Dir auch ein Buch ausgesucht, worin Mitteilungen aus dem Lebensgange ausgezeichneter Männer aus den verschiedensten Ständen stehen, solcher Männer, die sich unter großen Beschwerden und Hindernissen durch Fleiß und Ausdauer zu echten Meistern in ihrem Fache emporgearbeitet haben. Es ist kein Buch, das hintereinandergelesen werden kann; man muß nur dann und wann, etwa wöchentlich einmal, einen Abschnitt lesen. Möchtest Du daraus einen Anstoß gewinnen. Ausdauer und Fleiß oder auch nur der feste Entschluß dazu und das Gebet um solchen festen Willen, das ist der Punkt, wo sich zeigen muß, was aus einem jungen Menschen werden will, ob es abwärts geht oder aufwärts.

Wenn daher nur in irgendeinem Stücke ein Anfang zur Ausdauer, ein von innen kommender Eifer in Deiner Arbeit sich zeigte, sei es in dem Sprachenlernen oder in der Naturkunde oder in der Mathematik oder im Zeichnen usw., so wäre der Anfang zu einem Jüngling und Mann da, und dann würde der Eifer sich bald auch ausbreiten über die andern nötigen Lernstücke, und Gottes Segen würde sich reichlich spüren lassen. Ja, wenn auch nur in Nebensachen oder kleinen Leistungen, z.B. in sorgfältigem Schreiben oder in eifrigem, ausdauerndem Turnen oder in einer festen, strammen Leibeshaltung oder in besonnenem Sprechen oder im Geigespielen usw. – ein unverdrossener, zäher Fleiß sich zeigte, so würde ich das als ein höchst erfreuliches Zeichen begrüßen, daß die Umwandlung, die Wiedergeburt in meinem lieben Kinde begonnen hat und würde Gott danken, daß Er mich das habe erleben lassen.

Nun, lieber Johannes, erbitte Dir von Gott unserm Heilande ein solches Weihnachtsgeschenk, ein neues Herz und einen neuen gewissen Geist, dem Anfange nach, in irgendeinem Stücke. Dann bist Du reich beschert, und dann wirst Du ein glückliches Weihnachtsfest feiern und wir auch – und dann werden wir seiner Zeit, so Gott gnädig ist, auch wieder zusammen ein glückliches Weihnachtsfest haben. Was für eine Freude wird das sein!

Ist auch zur Zeit mein Herz noch sehr bedrückt, so bin ich doch der guten Zuversicht, daß Gott der HErr mich diese Freude doch wird erleben lassen. Als Du geboren wurdest, war Deine Mutter sehr leidend, und ich fürchtete damals schon, sie möchte mir entrissen werden. Da klammerte ich mich in meiner Herzensangst an das Schriftwort: „So hoch der Himmel über der Erde ist, läßt Er Seine Gnade walten über die, so ihn fürchten", und Deine Mama und ich wurden einig, daß Du solltest „Johannes" heißen, d.i. „Gott ist gnädig" als ein Dankzeichen für Dich und für uns, daß Gottes Gnade aus dem tiefsten

Unglück, aus dem tiefsten Verlorensein erretten kann. Er hat damals mein Gebet erhört und uns die Mama leben lassen, bis die Anna soweit erwachsen war, um an ihre Stelle treten und an Dir Mutterdienste tun zu können.

Nach der Mutter Heimgang bist Du immer mein Schlafgenosse gewesen, bis an den traurigen Tag, wo Du Haus und Heimat verlassen mußtest. Da habe ich mich in meinem tiefen Schmerze wieder an Gottes Gnade geklammert und an das Denkzeichen Deines Namens und habe jeden Abend vor dem Schlafengehen Gott den HErrn an meinem Bette auf den Knien angerufen, daß Er Dich in Seine Obhut nehme nach Leib und Seele und Seine Gnade auf Dich lege, darauf Du getauft bist und Dein Herz emporziehe zu Seinem Heile, daß Du ein ehrenhafter Mann werden mögest, wie Deine Vorväter waren (mein Vater und mein Großvater hießen auch wie Du Johannes Wilhelm) und daß wir uns alle dereinst mit unserer lieben Mama im Himmel zusammenfänden, Seine Gnade zu preisen und seliglich darin zu leben.

Und ich bin der guten Zuversicht, Er wird meine Gebete erhören, darin ich fortfahren werde, bis ich Dich auf guten Wegen weiß und solange ich lebe.

Nun, mein liebes letztgeborenes Kind, mein lieber Johannes, Gott behüte Dich und segne Dich, daß wir uns fröhlich und Gott dankend wiedersehen.

Gedenke Du auch zuweilen Deines bekümmerten, Dich liebenden Vaters

F. W. Dörpfeld

D.s jüngster Sohn ist in der Besserungsanstalt des Rauhen Hauses, Hamburg-Horn, untergebracht. Weder die näheren Umstände, die dazu führten noch die Veranlassung des vorliegenden Schreibens sind uns bekannt. Es erscheint sicher, daß der frühe Tod der Mutter Hans auf einen Weg geführt hatte, den die Familie mit wachsendem Entsetzen beobachten mußte.

252

An Heinrich Schröer, Berlin

Gerresheim, Dezember 1880

[. . .] Nach den früheren Erfahrungen und bei meinem Alter wäre ich dieser Pönitenzarbeit gern überhoben gewesen. Allein die bedauerliche Lage unseres Standes läßt mir keine Ruhe. Dazu erschreckt und betrübte mich die Art und Weise, wie die übrigen Schulblätter, soweit sie überhaupt den Mund auftaten, die Sache behandelten. Diese Herren scheinen gar keine Ahnung davon zu haben, in welchem Grade unser Stand degradiert und zurückgesetzt ist, nicht bloß durch die ministerielle Rede, sondern überhaupt systemmäßig. Bloß an der Rede des M[inisters von Puttkamer] ein wenig herumkritisieren, um an ihren zahlreichen Vorwürfen ein bißchen abzumindern, damit sie für den Stand nicht allzu demütigend klingen und dabei obendrein sich den Weg versperren, um zur Ehre des Standes auch der „Ruhekissen-Fraktion" in unserer Mitte scharf zu Leibe gehen zu können, – was soll dabei herauskommen? Das haben die jüngsten Verhandlungen im Abgeordnetenhause über dasselbe Thema am 9. Dezember gezeigt. Die Verteidiger der Lehrer (Seyffarth usw.) wußten so wenig, wie die Sache aufzufassen sei, daß es im Grunde den Lehrern dabei nicht besser ergangen ist wie vor kurzem bei einer ähnlichen Verhandlung den Juden, denen bekanntlich nicht darnach gelüstet, noch einmal der Gegenstand einer absolut freien Besprechung vor dem ganzen Lande zu sein. Wohl muß der Lehrerstand froh sein, daß er überhaupt noch Fürsprecher im Landtage hat; allein das kann nicht hindern, sich daran zu erinnern, daß zum Advokaten noch etwas mehr gehört als guter Wille. Der Bär in der Fabel hatte offenbar auch guten Willen, als er seinem schlafenden Herrn die Fliegen von der Nase scheuchen wollte; aber dem Herrn wurde dabei der Kopf zerschmettert.

Die ganze Armseligkeit unserer Advokatenschaft kam am Schluß so recht drastisch zum Vorschein, als der Advokat Rickert die dürftige Frucht der vereinten Bemühungen einheimsen wollte, nämlich den Minister dahin zu bringen suchte, seine früheren Vorwürfe ein bißchen zu restringieren. Ohne Zweifel hat der Minister ganz gut gewußt, daß er den Herren diesen kleinen Gefallen tun konnte, ohne seiner Position etwas zu vergeben; allein seine Verachtung dieser pädagogischen Sachwalter war so groß, daß er schließlich den Trumpf ausspielte: es falle ihm gar nicht ein, von dem früher Gesagten etwas zu subtrahieren. Da hatten sie die Blamage und der schutzlose Lehrerstand unschuldigerweise mit ihnen.

Unsere Schulblätter werden wahrscheinlich wieder nichts anderes zu tun wissen, als was sie nach dem 11. Februar taten: wie ein begossener Hund das Wasser abzuschütteln, um sich dann einzubilden, das Publikum hätte nicht gemerkt, was den Schulmeistern und ihren Blättern passiert sei. Freilich, was läßt sich auch auf diesem Gebiete von einer pädagogischen Literatur erwarten, die wie früher an Magers zahlreichen Aufsätzen über die Schulverfassung so nachher an meinen Aufsätzen und Schriften über diese Fragen gleichgültig vorbeiging, da sonst doch keine Arbeiten von Belang über diesen Teil der Pädagogik vorhanden waren? Diesterweg hatte nur Losungen ausgegeben wie „Staatsschule", „Trennung von der Kirche" und dergl., aber keine Untersuchungen geliefert. Selbst Zahn hatte im wesentlichen nur an dem Problem herumgetastet und seinem Herzen Luft gemacht. Alle übrigen Seminardirektoren im Norden und Süden haben den Lehrerstand im Stich gelassen und sich nie um die Theorie des Schulregiments gekümmert. Allerdings, wer da mit anfassen wollte, der mußte sich vorher auch mit staatswissenschaftlichen Studien abgeben, und mußte, wenn er sich zum Reden anschickte, gewärtig sein, daß er von der Schulbehörde auf die Finger geklopft wurde, wie das Diesterweg und Zahn auch erfahren haben.

Unter diesen Umständen ist es daher auch erklärlich genug, daß die meisten Lehrer und ihre Schulblätter die Rede des Ministers wesentlich als ein isoliertes Faktum ansahen, als ein Evenement, das wie aus heiterm Himmel über die Volksschule gekommen sei, während in Wahrheit dieselbe nichts anderes ist als die gelegentliche Kundgebung einer Gesamtanschauung von Pädagogik, Volksschule und Lehrerstand, eines Systems von Irrtümern und verkehrten Einrichtungen, wobei aber nicht übersehen werden darf, daß dieses System in allen politischen Parteien seine Anhänger hat, wenn auch vorwiegend in der konservativ-kirchlichen Partei und im Zentrum. Dieses System ist eine Festung, stärker als Metz und Paris. Leider scheinen 90 % unter den Lehrern davon keine Ahnung zu haben und ihre Wortführer in den Schulblättern und im Landtage auch nicht. Darin liegt der erste, der Hauptfehler unserer pädagogischen Blätter, so weit sie sich überhaupt um diesen Handel bekümmern. Daß man aber in der Tat von der Existenz und Natur und Herkunft jener Festung keine Ahnung hat, geht erklärlich daraus hervor, daß man meint, wider die Rede des Ministers (und das dahinter stehende System) durch etliche Nörgel-Artikelchen etwas ausrichten zu können, denn das heißt nichts anderes, als eine Festung mit Kinderblasröhrchen und Erbsen bombardieren zu wollen. Und gesetzt einmal: Jemand vermöchte die Rede des Ministers in Grund und Boden zu stampfen oder der Minister müßte abtreten, so wäre damit jenem System auch noch nicht eine einzige Wurzel abgegraben.

Ein zweiter Fehler der meisten Schulblätter und Lehrer (es sind selbstverständlich immer nur diejenigen gemeint, welche überhaupt an Schulverfassungsfragen denken) liegt darin, daß sie unsere Berufswissenschaft, die Pädagogik, zu sehr mit politischen Parteigedanken verunreinigen und unsere Standesanliegen mit politischen Parteiinteressen verbünden. Es kommt dies auf beiden Seiten vor, auf der rechten wie auf der linken, jedoch vornehmlich bei denjenigen Schulmännern, welche der liberalen Seite zuneigen, da die konservativ-kirchlichen gerichteten gewöhnlich zu wenig zum Standesbewußtsein erwacht sind, um die Verunreinigung, in der auch sie stecken, aus eigenem Denken erkennen zu können. Ein handgreifliches Beispiel bietet die Idee der sog. paritätischen, d.i. der gespaltenen

Simultanschule. Wenn Pädagogen qua Pädagogen diese Idee billigen, d.h. also eine gespaltene Schule für ebenso gut erklären wie eine einheitliche, so lassen sie damit ihre Berufswissenschaft eine Lüge sagen, wie wenn der Mathematiker das Votum abgäbe, um gewisser politischer Parteizwecke willen dürfe man zuweilen sagen, 2 x 2 sei 5.

Durch solche Fälschungen der Pädagogik tut man ihr aber überdies das zweite Übel an, daß man die Welt glauben macht, die Pädagogik sei die untertänige Magd der Politik und müsse dieser zum Gefallen auch jeweilig sich zum Lügen verstehen. (Da war doch Diesterweg ein klarerer Kopf und dazu ein ehrlicher, gerade denkender Schulmann. Er hat ja für die Simultanschule agitiert, aber nur für diejenige Form, wo der Lehrplan einheitlich ist, d.h. wo auch der Religionsunterricht simultan erteilt wird. Ob das ein ausführbarer praktischer Gedanke heißen kann, ist eine andere Frage, allein er fälscht doch die Pädagogik nicht und macht sie nicht der Politik untertänig.) Jene Verunreinigung der Pädagogik hat ferner noch die üble Folge, welche jede Verunreinigung hat, wie wenn man Bier in den Kaffee oder Kaffee in den Wein mischt: die Pädagogik wird diskreditiert. Und endlich noch eine vierte üble Folge, die, welche uns hier zunächst angeht, wo wir von der Bekämpfung der ministeriellen Rede und des dahinter stehenden Systems reden. Alle Angriffe auf dieses System, welche im Bunde mit einer politischen Partei, d.h. im Namen derselben geschehen, sei es in der Presse oder im Landtage, haben dann nichts anderes zu bedeuten, als wenn ein Heerführer eine zu erobernde Festung nur von einer Seite her einschließen und beschießen wollte. Da ist ja an eine Eroberung nimmer zu denken.

Aus Trauer über die bedauerliche Lage unseres Standes habe ich, wie gesagt, im Ev. Schulblatt noch einmal einen systematischen literarischen Feldzug wider jenes System unternommen; doch soll nicht geleugnet werden, daß auch der Ingrimm über seine schlechten Advokaten in der Presse und im Landtage mit dazu angespornt hat. Die strategische (logische) Disposition meiner Kriegsoperation ist folgende:

Es sind 3 Artikel in Aussicht genommen. (Die „Vorbemerkungen" Heft 5 und 6, der Aufsatz „Vor 30 Jahren" Nr. 10, und der spätere „Anhang" ungerechnet.)

Der 1. Artikel (Nr. 13) entwickelt nach der Einleitung in Kürze die Schulverfassungsgrundsätze, welche bei der nachfolgenden Untersuchung und Kritik in Anwendung kommen sollen. Er bedeutet gleichsam die Umzingelung der Festung. Das geschieht mit Vorsicht und in aller Stille.

Der 2. Artikel, der in vier Aufsätzen (Partien) langsam vorschreitet (Nr. 14 u. 15 und Nr. 18, dann 1881 Nr. 1 und Nr. 2 u. 3) ist der mühsamste und wichtigste. Er hat die eigentlichen Belagerungsarbeiten unter und über der Erde auszuführen. Den Kern derselben bilden die sieben Thesen, worin die erste kritische Monographie über die hergebrachte (technische) Schulinspektionsordnung geliefert wird, welche die pädagogische Literatur besitzt.

Der 3. Artikel (wahrscheinlich in Nr. 4), welcher der ministeriellen Rede direkt zu Leibe gehen soll, hat es dann nur noch mit dem abschließenden Sturmangriff auf die Festung zu tun, was aber (auf dem Papier) keine schwere Arbeit mehr ist.

Aus dem, was bereits im Drucke vorliegt, werden Sie sich ziemlich vorstellen können, wie ich weiter operieren werde. Haben Sie dann auch Nr. 1, 1887 (7. These) noch gelesen, so werden Sie finden, daß der Spieß bereits vollständig umgedreht ist, d.h. daß die Anschuldigungen, welche der Minister gegen den Lehrerstand gerichtet hat, nunmehr wider ihn selbst und das von ihm vertretene Aufsichtssystem sich wenden und eine lange Reihe von neuen Anklagen dazu und es sich jetzt nur noch darum handelt, mit dem umgedrehten Spieße auch kunstgerecht und kräftig zuzustoßen.

Auf eins aber lassen Sie mich noch den Finger legen: es sind da keine Advokatenkunststücke im Spiele, sondern es ist alles ehrliche, gerade Demonstration, die jeder, der denken kann und will, als richtig anerkennen muß. [. . .]

[F. W. Dörpfeld]

D.s Auseinandersetzung mit dem Kultusminister wird in der von H. Schröer redigierten Pädagogischen Zeitung, Jg. 1881, in mehreren Aufsätzen gewürdigt. D. sei im ersten Aufruhr der Gefühle überhört worden, verdiene nachträglich aber umso mehr beachtet zu werden, da er „den gründlichsten und nachhaltigsten Protest gegen die dem preußischen Lehrerstande zugewiesene Stellung" erhoben habe (Nr. 15 vom 14. April 1881). Mit steigender Befriedigung sei die höchst verdienstliche und überaus gründliche Arbeit D.s verfolgt worden, die von ausgezeichneter Sachkunde und mannhafter Unerschrockenheit zeuge (Nr. 36 vom 8. September 1881).

253

An unbekannt

Gerresheim, 1880

D. begründet seine Zurruhesetzung, die durch seinen gesundheitlichen Zustand verursacht worden sei. Wenn er sich an irgendeine Partei verkauft oder sich zu „Herrendiensten" verstanden hätte, hätten ihm Schulbehörde und Stadtverwaltung durch Anstellung eines zusätzlichen Lehrers leicht helfen können. Aber dann hätte er Freiheit und Selbständigkeit verloren.

254

An unbekannt

Gerresheim, etwa 1880

Einladung, einige Tage bei D. zu verbringen. „Nun verordne Dir [. . .] eine gründliche Badekur in Gerresheim."

255

An unbekannt

Gerresheim, etwa 1880

[. . .] Im Staatsdienst heiße ich jetzt allerdings Emeritus, im Dienst des Reiches Gottes und speziell der deutschen Schule gedenke ich aber, so Gott will, noch nicht zu den Abgedankten zu gehören [. . .]

[F. W. Dörpfeld]

256

An Wilhelm Rein, Eisenach

Gerresheim, 5. Januar 1881

Lieber Freund.

Gott zum Gruß im neuen Jahr für Haus und Amt und Studierzimmer.

Es fällt mir auf einmal auf die Seele, daß Sie möglicherweise auf Ihre Anfrage in betreff des Austausches unserer Blätter noch keine Antwort erhalten haben. Auf die Gefahr hin, daß Sie die Antwort zweimal besitzen, will ich zur Vorsicht hier melden, daß der gewünschte Austausch selbstverständlich geschehen soll.

Ihre Anfrage kam mir dadurch wieder in den Sinn, daß in den letzten Tagen eine ganze Reihe neuer Anträge auf Austausch einlief. Darunter war auch ein Brief unseres Prof. Stoy, dessen Blatt ich vor drei oder vier Jahren habe fallen lassen. Es tat mir dieser Riß damals leid, aber Stoy hatte mich geärgert – durch sein stetiges Anpreisen der badisch-österreich[ischen,] d.i. der „paritätischen" Simultanschulen. Wenn die Vulgär-Pädagogik den Religions-Unt[erricht] in die Ecke schiebt und obendrein behauptet, eine gespaltene Schule sei ebenso vollkommen wie eine einheitliche, so läßt sich darüber nicht mit ihr rechten, denn sie ist eben Vulgär-Pädagogik. Wenn aber ein Herbartianer dasselbe tut, so gibt es in meinen Augen dafür keine Vergebung, ungerechnet, daß die Fürsprecher der parität[ischen] Schule es gewesen sind, welche die Idee der Konzentration am meisten aufgehalten haben.

Sodann: wenn jemand für seine Kinder eine Simultanschule wünscht, so gönne ich sie ihm und werde zu jeder Zeit dazu mithelfen, daß er sie bekommt, nur nicht so, daß diejenigen, welche für ihre Kinder die Konfessionsschule vorziehen, um ihr Staatsbürger- und Familienrecht mit jesuitischer Juristenlist betrogen werden. So habe ich auch in der Ministerialkonferenz 1872 mich ausgesprochen. Wenn aber einer, der sich für liberal ausgibt, nicht bloß die Simultanschule für sich begehrt, sondern sie auch allen andern aufzwingen will, dann läuft mir die Galle über. Sind denn jener Herbartianer und dieser Liberale nicht gleich einem Mathematiker, der da behaupten wollte, um gewisser Kulturzwecke willen dürfe man zuweilen sagen, 2 x 2 sei 5? und wäre ein solcher Mathematiker nicht ein kompletter Jesuit? Wenn die philosophischen Pädagogen und die Fürsprecher der Freiheit ebenfalls Jesuiten werden, nachdem die Ultramontanen alle es geworden sind, dann ist es doch Zeit, daß die Welt bald untergeht, damit ehrliche Leute nicht mehr gezwungen sind, inmitten eines solchen verlogenen Geschlechts leben zu müssen. Leute wie Dr. Fröhlich, das sind natürlich keine Jesuiten, das sind bloß Dummköpfe, die weder wissen, was herbartische Pädagogik noch was Freiheit ist.

Sollte Stoy jetzt von seinen simultanen Irrwegen etwas zurückgekommen sein? Ich glaube es kaum. Es würde ihm wohl ergehen wie unserem guten von Sallwürk, der sich in dem Netze des badischen Vulgär-Liberalismus verfangen hat. Nachgerade komme ich immer mehr zu der Überzeugung, daß in unserm dermaligen Staatsschulwesen kein echter Herbartianer eine Schulratsstelle annehmen darf, wenn er „reinen Herzens" bleiben will. Übrigens werde ich jetzt Stoys Wunsch erfüllen – auf Hoffnung. Vorher wird er aber einige starke Wahrheiten zu hören bekommen.

Heft 1 (1881) des Ev[angelischen] Schulbl[attes] schicke ich Ihnen hier schon von meinen eigenen Exemplaren, damit Sie nicht auf Bertelsmanns Sendung zu warten brauchen. Wenn B[ertelsmanns] Exemplar ankommt, dann wollen Sie gütigst das meinige wieder hierher dirigieren, es sei denn, daß Sie für dasselbe anderswo eine nützliche Verwendung wüßten.

An die Seminarfrage kann ich leider nicht eher herantreten, bis die Campagne wider H[er]rn von P[uttkamer] zu Ende ist. Das wird wohl erst gegen Anfang März der Fall sein.

Stoy schreibt mir auch, ich möchte ihm mein „Schriftchen" wider H[er]rn von P[uttkamer] schicken, da er dasselbe gern in seinem Blatte besprechen wolle. Wie mag er dazu kommen, da er ja meine Aufsätze nicht gelesen hat? Denn wenn er sie gelesen hätte, dann würde er wissen, daß dieselben noch nicht in einer selbständigen Schrift vorliegen. Übrigens soll mir Stoys Unterstützung in diesem verzweifelten Kriege sehr willkommen sein, wenn er mir nicht in meine Gedanken zu viel von seinem badisch-kleinstaatischen Liberalismus hineinmischt und dadurch meine gerade Linie krumm macht.

Die Position der Volksschullehrer wider H[er]rn von P[uttkamer] ist in der Tat eine verzweifelte, vornehmlich durch die Dummheit unserer Liberalen und Fortschrittler. Man kommt ordentlich in Verlegenheit, ob man sich noch mit Ehren einen Liberalen nennen darf. Da haben diese liberalen Fürsprecher der Lehrer im Landtage, von den ebenso beschränkten liberalen Schulmeistern belehrt, am 9. Dezember durch ihre Interpellation den Lehrerstand noch tiefer in die Dinte hineingeritten, als er ohnehin darin saß. Die Lehrer sind vollständig wie eine Herde ohne Hirten. Die wider den Wolf sich wehren sollen, rennen ihm ins Maul; die ihm entfliehen wollen, stürzen sich in ihrer Schafsdummheit Hals über Kopf in den Sumpf.

Übrigens geht der Minister (resp. seine Provinzial-Schulbehörde) auch bereits mit positiven Verwaltungsmaßregeln vor, um die geistlichen Lokal- und Kreisinspektoren wieder recht fest in den Sattel zu setzen und die Lehrer von den freien Konferenzen und vom Verhandeln über Schulverfassungsfragen abzulenken. So etabliert z.B. die Arnsberger Regierung (Westfalen) jüngst pro Jahr zwölf amtliche Lokal-Schulkonferenzen und vier Kreiskonferenzen unter dem Präsidium der betreffenden Inspektoren, worin aber nur vorgeschriebene Themata behandelt werden dürfen. Rechnet man dazu noch die vom Minister neu eingeschärften Seminar-Konferenzen, so kann der gewünschte Effekt nicht ausbleiben: die Lehrer werden für die freien Konferenzen weder Geld noch Zeit noch Lust übrig haben. Wahrhaft spaßhaft ist es, dabei zu sehen, wie die dummen „Liberalen" dabei von dem schlauen Minister auf allen Punkten überlistet werden. Da stehen diese sogenannten Liberalen mit Argusaugen auf der Lauer, ob der Mi[nister] es wohl wagen werde, ihrem Spielpüppchen, Simultanschule genannt, etwas zuleide zu tun. Natürlich fällt das dem klugen Minister nicht ein; während nun seine Aufpasser an jener Stelle lauern und lauern, geht er an andern Stellen, wo ihm niemand im Wege steht, mit Maßregeln vor, die ihm hundertmal mehr einbringen, als wenn er ein paar Simultanschulen über den Haufen stieße. Diese läßt er ruhig vegetieren, auch deshalb, weil er weiß, daß er wider die Simultanschulmanie nichts besseres tun kann, als die bestehenden Simultanschulen ihrem Elende zu überlassen.

Die einzige Hoffnung, daß die Volksschule aus der Fremdherrschaft befreit werde und in eine gesunde Bahn komme, beruht lediglich darauf, daß dem Lehrerstande endlich einmal die Augen aufgehen. Aber der liegt links und rechts unter dem Banne der politischen Parteien. Wie soll man ihn davon losmachen?

Wenn Sie von meinen Feldzugs-Aufsätzen auch noch das beiliegende neueste Heft (1) gelesen haben, so werden Sie mir gewiß zugeben, daß nur auf dem von mir eingeschlagenen Wege wider das alte, heillose Aufsichtssystem und was damit zusammenhängt, mit Erfolg gekämpft werden kann. Diese Aufsätze bieten Ihnen ein ganzes Arsenal von Waffen. Wollen daher die Lehrer zum Mitkämpfen gerüstet sein, so müssen sie sich in diese Aufsätze hineinstudieren. Zuvor aber müssen sie wissen, daß dieselben in der Welt sind. Können Sie nun irgend etwas tun, um die Lehrer darauf aufmerksam zu machen, aber nicht bloß die preuß[ischen], so bitte ich im Namen der guten Sache herzlich darum. Ich denke jetzt nicht an Ihr eigenes Blatt – das wird gewiß seine Schuldigkeit tun ohne meine Bitte – sondern in irgend ein anderes pädag[ogisches] Blatt, das Ihnen oder Ihren Freunden zugänglich ist. Wäre Ziller ein Stratege im großen Stil, so würde er Sorge tragen, daß auch das nächste „Jahrbuch" von meinem Verzweiflungskampfe irgendeine Kunde bringt. Es wird ihm aber von selbst nicht einfallen, daß er hierbei etwas zu tun habe und daß er etwas dabei tun könne. Das ist die Frucht unserer deutschen Kleinstaaterei, die auch großen Köpfen in ihren eigensten Angelegenheiten „den Sinn verengt".

Lassen Sie mich schließen.

In alter Liebe
Ihr
F. W. Dörpfeld

Briefe Stoys an D. sind bisher nicht aufgefunden worden. – In Heft 1 (1881) des EvSchBls erschien ein weiterer Fortsetzungsbeitrag der gegen Kultusminister von Puttkamer gerichteten Serie „zur Leidensgeschichte der Volksschule". Darin stellte D. folgende

These auf: „In ihren Folgenwirkungen schädigt die herkömmliche Aufsichtsordnung nicht nur die Berufsbildung, sondern auch das sittliche und religiöse Leben im Lehrerstande" (ebd. S. 1). D. kritisierte auch den Mangel an Lehrstühlen für Pädagogik in Deutschland. Reins Antwort lautete:

Verehrter Freund! **Eisenach, 31. Januar 1881**

Den Januar will ich doch nicht vorübergehen lassen, ohne für Ihren herzlichen Wunsch für mich und die Meinen zu danken und auf Ihrem freundlichen Brief zu antworten. Mittlerweile werden Sie von Dr. Bliedner hier einige Sendungen erhalten haben.

Was Sie mir von Stoy schrieben, hat mich höchlich amüsiert. So ist der Kerl. Was er seit 15 Jahren zu sich nimmt, hat er alles nur von Hörensagen. Selbst arbeiten, selbst lesen gibts schon lange nicht mehr. Dafür hat er die Ohren überall, und vermöge seiner geistigen Beweglichkeit (übrigens auch körperlichen) schnappt er schnell auf und reimt rasch zusammen. So nährt er sich ganz gut, gibt sich freilich auch viele Blößen. Was er z.B. von unseren Schuljahren weiß, hat er teils von andern, teils hat er es geträumt. Mit seinem Sohn Heinz, der das alte Stoysche Institut wieder eröffnet hat in Jena (obwohl es an Keferstein verkauft war), komme ich öfters zusammen. Ihn kenne ich schon von der Schule, und er ist mir lieb. Eine vorwiegend praktische Natur, bedeutet er nach der theoret[ischen] Seite nicht viel. Da ist er Echo seines begabteren Vaters. Aber er ist zuverlässig und gut, was der Alte nicht ist. Hat sich auch eine vortreffliche Frau genommen, eine Cousine meiner Frau. Die alten sind eine reine Zigeunerbande, allerdings eine sehr reiche.

Das Urteil über Fröhlich unterschreibe ich. Er war im vorigen Sommer einmal hier. Was man doch im Laufe eines Nachmittags einem Menschen in die kleinsten Winkel seines Innern sehen kann, wenn er so ungedeckt ist wie der gute Fröhlich. Gut ist er, sonst ist freilich nicht viel mit ihm los. Dittes hat ihn unlängst unsanft mitgenommen in einer Rezension in seinem „Pädagogium". 's ist ein armes Tier. Die Herbartianer wollen und können nichts von ihm wissen, die Originalpädagogen kläffen ihn an – wo soll er hin? Er fände ja wohl einige Freunde, gleich im Badenschen. Das beste wäre, er ließe nun das Schreiben sein. Hoffentlich tut er es.

Ihre Arbeit über oder gegen Puttk[amer] ist ausgezeichnet und durchschlagend. Die Lehrer hier, welche vielfach mit dem seichtesten Liberalismus übergossen sind, sind für Sie ganz begeistert. Ich sage nur immer, sie möchten aber auch vor allen Dingen an sich selbst arbeiten. Sie können die Wahrheit nicht vertragen; viele wenigstens. Woher kommt das nur? Woher die schreckliche alberne Empfindlichkeit? Da hatte kürzlich einer der ersten (?) Thüring[er] Lehrer, Schmid, Rektor in Auma, in der Thür[inger] Schulzeitung vorgeschlagen, man solle mit vereinten Kräften eine Thür[inger] Schulgeschichte n[ota] b[ene] bis auf die neueste Gegenwart schreiben. Es war ein leichtsinniger, stellenweise geradezu albern formulierter Antrag und Aufsatz, der von einer schauderhaften Überhebung zeugte (Gymnasial-, Real-, Seminarwesen, alles mit inbegriffen). Bliedn[er] wagte es, ein zahmes Wort dagegen zu sagen. Oh dies Geschrei! Der Gegensatz von Studierten und Nichtstudierten scharf gegen Bliedn[er] gekehrt und – es ist wirklich manchmal die Wände hinaufzulaufen, wenn man das Tun und Treiben und die Gesinnungen unserer Kollegen betrachtet. Eine Thür[inger] Schulgeschichte! Wenn der Mann nur eine Ahnung hätte, was das heißt. Ich selbst stehe einer Geschichte nur der Eisenacher Schulen bis zur Reformation nicht so fern, d.h. ich habe beim Durchkriechen des Weimarer Archivs manches gefunden, was mich auf den Gedanken gebracht. Aber nur das Herbeischaffen des Materials ist schon eine Heidenarbeit. Die älteste Schule hies[iger] Stadt ist die Nicolaischule, ca. 1170 gegründet. Stecke seit einigen Monaten ganz in Architektur. Es gilt, eine uralte Basilika aus dem Anfang des 11. Jahrhunderts hier (zum Teil erhalten) zu restaurieren. Ich habe diese Woche den Vortrag über die Geschichte der Kirche, Bau, Veränderungen etc. zu halten. Ein Freund von mir, Architekt Weichardt aus Leipzig, entwirft die Pläne. Dann fängt das Sammeln der nötigen Mittel an. Ich denke, es wird gehen. Wir brauchen nur ca. 40 000 Mark. Ich schicke Ihnen beif[olgend] den ersten Artikel, der gleichsam als Fühler von mir ausgestreckt wurde.

Die Eltern meiner Frau siedeln nächstens nach Berlin über. Mein Schwiegervater ist dahin versetzt als Bevollmächtigter fünf Thüringer Staaten im Bundesrat. So werden meine Besuche in der Reichshauptstadt nun häufiger werden als sonst. Doch ich plaudere schon zu lange. Herzlichen Gruß

von Ihrem treu ergebenen
W. Rein

257

An Peter Diehl, Frankfurt a.M.

Gerresheim, 22. Januar 1881

Lieber Freund.

Gott zum Gruß in neuen Jahre für Haus und Amt.

Was mich heute zum Schreiben veranlaßt, ist ein Anliegen in bezug auf meine Artikel im Ev[angelischen] Schulbl[att] wider den M[inister] v[on] P[uttkamer], resp. wider die von ihm neu empfohlene alttraditionelle Schulaufsichtsordnung. Es handelt sich darum, was von Seiten des Lehrerstandes geschehen könnte, damit diese wahrhaft mühselige Arbeit nicht ganz vergeblich ist.

Die Abhandlung über den didaktischen Materialismus hat der Schule und den Schularbeitern bei weitem nicht die Vorteile gebracht, die sie hätte bringen können, wenn die letzteren sich besser darauf verständen, günstige Gelegenheiten sich zunutze zu machen. In dieser Abhandlung war die schulregimentliche patentierte Lehrweise so scharf angegriffen, als es in den Grenzen des Anstandes möglich ist. Auch hat sich keine einzige Gegenstimme gemeldet. Nichtsdestoweniger nimmt das ganze schulregimentliche Korps instinktmäßig die Miene an, als ob nichts passiert wäre.

O, „sie sind klug und weise". Man kann getrost annehmen, daß es unter den sämtlichen preuß[ischen] Schulräten und Seminardirektoren nur sehr wenige gibt, welche jenes Schriftchen nicht gelesen haben.

Es ist auch ebenso gewiß, daß sie sich die Lektion zunutze gemacht haben – aber wie? Sie nehmen die Miene an, daß sie von dem Schriftchen nichts wüßten und kehren nun die Spieß um, d.h., sie wissen es so einzurichten, daß die Schulmeister als die eigentlichen „Sünder" dastehen. Natürlich geschieht das nicht plump, sondern nach und nach. Summa: weil die Lehrer nicht wußten, was ihrerseits zu tun war, so ist ihnen die günstige Position samt den Waffen vor der Nase weggenommen worden.

Als ich im vor[igen] Sommer die Aufsätze wider M[inister] v[on] P[uttkamer] unter die Feder nahm, geschah es unter der niederdrückenden Aussicht, daß die Arbeit für die gegenwärtige Lehrergeneration wiederum in der Hauptsache fruchtlos sei. Im Verfolg hat sich jedoch die Aussicht ein wenig gebessert. Ich hatte nicht in Anschlag gebracht, daß der Herr M[inister] mir in der wirksamsten Weise vorgearbeitet hatte.

Von den erfreulichen Symptomen will ich nur eins berühren, welches zugleich der Anlaß zu diesem Briefe ist.

Im Nov[ember] v[origen] J[ahres] erhielt ich von dem städt[ischen] Lehrerverein zu Glogau in Schlesien eine warme aufmunternde Zuschrift in bezug auf jene begonnenen kritischen Aufsätze.

In meiner Antwort nahm ich Gelegenheit, mich über die Sachlage etwas näher auszusprechen, namentlich über die verfehlten Verteidigungsversuche der vulgär-liberalen Schulblätter, über die strateg[ischen] Dispositionen meiner eigenen Operationen und über das, was der Lehrerstand selbst zu tun habe.

Diesen allgemeinen Teil meines Briefes ließ ich mir in Abschrift zurücksenden, um denselben auch andern befreundeten Kollegen in der Ferne zur Kenntnisnahme anzubieten. Dieses Skriptum ist auch Ihnen und den andern Frankfurter Freunden zugedacht.

Aus Gründen, die Sie auch ungesagt verstehen werden, habe ich dasselbe aber zunächst an Herrn Chun gesandt. Es geht mit diesem Briefe heute dorthin ab. Ich habe Herrn Chun gebeten, nach Durchsicht des Skriptums dasselbe auch Ihnen mitteilen und dann gef[älligst] miteinander überlegen zu wollen, was in dieser Sache weiter getan werden kann.

Meiner Ansicht nach müßte die Aktion darin bestehen, daß die betreff[enden] Schulblatt-Aufsätze nach Ableitung der Gesichtspunkte und Winke meines gesandten Skriptums in der Frankf[urter] allgem[einen] Konferenz durchgesprochen und dann einige Referenten gewonnen würden, welche über die Verhandl[ung] in verschiedenen Schulblättern Bericht erstatteten und zu ähnlichen Besprechungen aufforderten. Erst müssen unsere Standesgenossen in dieser Frage orientiert sein und klarer sehen, als bisher, sonst ist an weiterm Erfolg nicht zu denken.

Noch eine Bitte. Da das Skriptum noch andere Reisen machen soll, so würde es mir lieb sein, wenn Sie mir dasselbe bald im Original oder in Abschrift wieder zusenden könnten. Vielleicht ist eine Ihrer Töchter so freundlich, sich des armen Wesens anzunehmen.

In alter Liebe
Ihr
F. W. Dörpfeld

P.S. Hierbei ein kleines Andenken, den Bericht des Festkomitees über meine Abschiedsfeier in Barmen. Sollten Sie noch mehrere Ex[emplare] wünschen (für dortige Freunde des Evangelischen Schulblattes, die mir unbekannt sind), so bitte ich, mir das per Karte melden zu wollen.

Das Schreiben enthält ein Beispiel für D.s Bemühungen, seine Kritik an Kultusminister v. Puttkamer größeren Kreisen bekanntzumachen, suchten doch seine Ausführungen auch „den Ehrenschild des preußischen Lehrerstandes wieder blankzuputzen" (Pädagogische Zeitung, Berlin, 8. September 1881).

Der Brief ist irrtümlich vom 22. Januar 1880 datiert.

258
An Heinrich Schröer, Berlin

Gerresheim, 21. Februar 1881

[. . .] Wie alle Welt ist auch der Lehrerstand in politische und religiöse Parteien zerspalten. Wie Sie bei näherem Zusehen finden werden, suchen meine Aufsätze mit aller Kraft den rein pädagogischen Gesichtspunkt festzuhalten und hinsichtlich der fremden Parteien gerade Linie zu halten, gerade wie dies auch meine früheren Schriften über die Schulverfassung getan haben. Das würde zwar schon durch die Zwecke der Arbeiten geboten sein; allein ich muß doch bemerken, daß dies auch mit meiner ganzen Anschauung zusammenhängt. Die traditionellen Parteien (die politischen und religiösen) sind in meinen Augen falsch, d.h. durch fremde oder geradezu ihrem Prinzip widersprechende Tendenzen verunreinigt. Das ist mir schon in sehr jungen Jahren klar geworden, teils durch philosophische Studien, teils durch die Schriften meines bergischen Landsmannes Dr. Mager. Solange nun jene Verunreinigungen nicht abgetan sind, kann ich mich weder der einen noch der andern Partei anschließen. Nur in konkreten, besehbaren Fällen nehme ich Partei, wobei ich, wenn der Fall ganz klar liegt, das eine Mal ebenso ungeniert mit der Fortschrittspartei gehe als das andere Mal mit der streng konservativen. Das hat nichts mit einem Juste-milieu-Standpunkte zu tun; und das scheinbare Schwanken meiner Aktien rührt nur daher, daß meine Grundsätze fester sind als all die der traditionellen Parteien. (Dergl. optische Täuschungen haben wir ja täglich vor Augen, z.B. bei Sonne und Erde oder bei einer Eisenbahnfahrt usw.)

Nun bringt es die gerade Richtung meiner Untersuchung natürlich mit sich, daß dieselbe bald der einen, bald der andern Partei unbequem wird. Darauf wollte ich Sie aufmerksam machen. Bei Ihren Mitteilungen aus meinen Aufsätzen werden Sie daher zu erwägen haben, was Sie Ihren Lesern bieten dürfen. Können dieselben keinen Stoß vertragen, der ihre Gedanken in Bewegung bringen will, dann müssen Sie die Schwachen schonen. Das aber ist gewiß: wenn die liberal sein wollenden Staats- und Schulmänner die Fehler nicht ablegen, welche ihnen meine Aufsätze nachweisen, dann sind alle unsere schulmeisterlichen Bemühungen und Hoffnungen in diesem Handel verloren; denn von der konservativen Seite her haben wir doch nichts zu hoffen.

[. . .] Vor kurzem ging mir von einem konservativen Kollegen Ihrer Nachbarschaft, der bisher das Ev[angelische] Schulblatt gelesen hatte, ein Absagebrief zu. Meine Polemik wider den Herrn v. Puttkamer konnte er nicht billigen. Schon meine Anhangsaufsätze vom vorigen Jahre wären ihm zu stark gewesen. Darum hatte er zu Neujahr das Ev[angelische] Schulblatt nicht wieder bestellt. Ähnliche Warnungen sind mir aus andern altpreußischen Gegenden zugegangen, wenn auch nicht direkt. Auch mein Verleger macht ein bedenkliches Gesicht und will einen Separatabdruck nicht übernehmen.

In Westfalen (an der Ruhr) schaffte zu Neujahr ein ganzer (liberaler) Leserkreis das Ev[angelische] Schulblatt ab und bestellte dafür Dittes Pädagogium. Da haben Sie den deutschen pädagogischen Jammer. Den einen bin ich zu liberal und den andern zu konservativ. Was soll da werden? [. . .]

[F.W. Dörpfeld]

Schröer veröffentlichte in der Pädagogischen Zeitung (Jg. 1881) außer den zu Brief 252, 257 und 266 genannten Beurteilungen der Artikelserie gegen den Kultusminister auch ausführliche Inhaltswiedergaben und Abdrucke. – Verleger Bertelsmann lehnte einen separaten Neudruck später tatsächlich ab (Brief 271).

259

An Wilhelm Rein, Eisenach

Gerresheim, 5. März 1881

Lieber Freund.

Da sind die Thesen schon – in Abschrift.
Soeben schickte mir Horn diese Abschrift, die ich für Sie erbeten hatte. Kritische Bemerkungen hat er noch nicht beigefügt; dieselben werden vielleicht mit meinem Original nachkommen. Er bemerkt nur: soweit ein eiliges Durchlesen ihn habe sehen lassen, sei er einverstanden.

Die beiliegenden Thesen, denen an den Hauptpunkten auch Gründe beigefügt sind, wollen nicht als die für Kehr zu liefernden angesehen sein. (Davon unten!)

Diese Thesen samt den Motiven sollen als ein Kollektiv-Votum (von uns dreien) im Evangelischen Schulblatt – und wenn es Ihnen paßt – in den „Studien" mitgeteilt werden; vorläufig zum Bedenken, später, wenn auch Ihr Vortrag gedruckt ist, zum Besprechen. Wünschen Sie sofortige Besprechung, so ist's mir recht. Lieber wäre mir jedoch die andere Ordnung, da ich selbst jetzt noch nicht in der Lage bin, mich an der Debatte beteiligen zu können.

Bitte nun, meinen Entwurf gef. scharf revidieren zu wollen.

Ich mache auf folgendes aufmerksam.

Der scheinbar große Umfang des Manuskripts rührt von den beigefügten Motiven her.

Die Disposition des Ganzen: Einleitungsthesen, dann

I. allgemeine Bildung,
II. Berufsbildung,
III. Verhältnis beider Kurse (Anstalten) zueinander

ist nicht bloß, wie mich dünkt, logisch richtig, sondern bietet außerdem glücklicherweise bestimmte dialektische (strategische) Vorteile, indem der eigentliche Streitpunkt erst am Ende zur Sprache kommt, während die Entscheidung schon in den Einleitungsthesen (verstärkt in I und II) liegt. Dieser dialektische Vorteil wird Ihnen bei den Verhandlungen in Berlin gute Dienste tun, wenn Sie ihn im Vortrage gebührend ausnutzen, d.h. wenn Sie die Einleitungsthesen samt I und II mit allem Ernst und Nachdruck, dagegen die Kontroversthese bei III gleichsam nur spielend behandeln. Wird die Sache so angegriffen, so sind die Gegner geköpft, bevor sie's merken.

Behufs der sachlichen oder redaktionellen Revision meines Entwurfes sei noch folgendes bemerkt:

An etlichen Stellen finden Sie meinen Appell an Ihre Kritik schon im Text angedeutet. Einige andere Stellen will ich hier bezeichnen:

1. Bei I, These 6 (ebenso bei II, These 2) ist eine rangierende Schätzung des Lehrziels versucht. Hier entsteht die doppelte Frage:

a) ist diese Einschätzung richtig?
b) ist es rätlich, dieselbe mit in die These aufzunehmen? Vielleicht empfiehlt es sich, sie bloß im Vortrage resp. in der späteren Verteidigung zu erwähnen. Wäre die Richtigkeit unbezweifelt, dann würde ich raten, schon in den Thesen davon zu reden.

2. Bei I, These 7 stehen „separate Wünsche". Das soll zunächst heißen, subjektive, meine persönlichen. Für meine Person bin ich zwar von ihrer Richtigkeit fest überzeugt, allein ich lege keinen Wert darauf, ob sie in den Thesen erwähnt werden oder nicht. Überdies kommt in Frage, ob es rätlich ist, diesen Spezialpunkt in die große Kontroverse hineinzuziehen. Vielleicht ist es nicht einmal rätlich, daß Sie im Vortrage davon reden, selbst wenn Sie meine Ansicht teilen. Man kann ja später darüber diskutieren. Ich habe diese „Wünsche" auch nur deshalb erwähnt, um Ihnen und Herrn Horn meine ganze Ansicht zu sagen. (Bei diesem aparten „Wunsche" ist allerdings auch der Gedanke mit im Spiele, welchen die Schlußanmerkung subjektiv ausspricht: vierjähriger Präparandenkursus und zweijähriger Seminar-Kursus), den ich in der ministeriellen Schulkonferenz 1872 vertreten habe.)

3. Bei III, These 12, Grund 1: Kann dieser vielleicht ausfallen?

Sachliche oder redaktionelle Korrekturen, welche Sie sofort formulieren können, wollen Sie gef. an der betreffenden Stelle auf die leere Spaltseite schreiben. Ebenso kurze reflektierende Bemerkungen. Die übrigen im Briefe.

Gestern habe ich schnell meine Schuld bei Herrn Dr. Bliedner berichtigt. Im Anschluß an das, was pflichtmäßig zu sagen war, habe ich auch eine längere Bemerkung über das Differenzpünktchen (Lesen der biblischen Geschichte) beigefügt. Es lag mir bei diesem Anlaß vieles auf dem Herzen, das eigentlich nur für Sie bestimmt war. Wegen Mangel an Zeit war ich aber bis jetzt nicht dazu gekommen, es Ihnen zu schreiben. Um meinen lapsus bei Herrn Bliedner ein wenig wiedergutzumachen, habe ich jene Bemerkungen, da sie nichts Geheimes enthalten, durch seine Hand an Sie geschickt. Er wird Ihnen den Brief mitteilen.

Über Dittes etc. nächstens.

Mit herzlichen Grüßen
Ihr
F. W. Dörpfeld

P.S. Da hätte ich beinahe etwas wichtiges vergessen.
Herr Kehr soll nicht alle unsere Thesen erhalten, wenigstens nicht die Gründe.

Machen Sie sich nur nach Belieben einen möglichst knappen Auszug aus den Thesen. Ja möglichst knapp. Bieten Sie nicht im voraus zu viel Angriffsfläche! Es ist früh genug, wenn der Vortrag die volle Kontroverse entfaltet.

Daß die Thesen vollständig im Evangelischen Schulblatt stehen, kann nicht schaden.

Sollten Sie noch einen andern Seminardirektor wissen, der unsere Thesen mit unterschreiben will, so würde das willkommen sein.

Die eingangs erwähnte Abschrift der Thesen lag dem Schreiben nicht mehr bei. Daher ist im einzelnen auch nicht nachzuweisen, welche Formulierungen der kurz darauf veröffentlichten Thesen auf jeden der drei Verfasser kommen, auch wenn die Tendenzen aus den vorgegangenen Fragekatalogen deutlich werden. Vgl. Brief 261.

Rein antwortete einige Tage später:

Eisenach, 10. März 1881

Verehrter Freund!

Ich schicke Ihnen anbei die Thesen zurück. Meine Bemerkungen habe ich an den Rand gestellt. Im wesentlichen, in den Hauptsachen vollständig einig. In bezug auf These 3 hoffe ich, daß Sie sich meiner Auffassung anschließen und „vierjährig" einsetzen. Wir brauchen uns durch die gegebenen Verhältnisse des preußischen Staates nicht so bestimmen lassen. Baiern hat z.B. zweijährigen Seminarkursus. Man brauchte also hier nur die Präparanden-Anstalten auszubauen, und die Organisation wäre da.

Für Kehr habe ich einen kurzen Auszug gemacht. Ich schicke Ihnen denselben, da er einige Abweichungen enthält und ich nicht weiß, ob Sie damit einverstanden sind. Haben Sie die Güte, mir denselben umgehend zurückzuschicken.

Ich denke mir die Sache nun so: Nachdem wir drei – einen vierten weiß ich nicht, Andreä in Kaiserslautern? – uns völlig geeinigt, arbeite ich auf Grund der Thesen die Sache aus. Unterdessen können die Thesen mit Gründen etc. in Ihrem Blatt und in den Studien erscheinen.

Meine Arbeit teile ich Ihnen zur Durchsicht mit. Für den Seminarlehrertag müssen dann Hülfstruppen der Debatte gewonnen werden: Just, Thrändorf, Bliedner, Pickel, Günther u.a. Das will ich dann schon machen.

Dr. Bliedner hat mir Ihren Brief mitgeteilt. Ich habe ihn mit großem Interesse gelesen und bedauere nur das eine, daß ich Ihnen mit der Bemerkung im 3. Schuljahr so weh getan habe. Darüber schreibe ich Ihnen noch.

In alter Treue
Ihr
W. Rein

260

An Peter Diehl, Frankfurt a.M.

Gerresheim, 14. März 1881

D. fragt nach einem (nicht näher bezeichneten) Artikel in einer Frankfurter Zeitung. Darin war die Rede des Ministers von Puttkamer vm 11.2.1880 lebhaft begrüßt worden. Er erbittet die Übersendung des Aufsatzes.

261

An Wilhelm Rein, Eisenach

Gerresheim, 18. März 1881

Lieber Freund.

Es tut mir leid, daß Sie auf Ihre Thesen so lange haben warten müssen. Ich hätte dieselben eigentlich sofort zurückgehen lassen sollen, da meinerseits nichts wesentliches zu bemerken war. Es lagen mir aber andere Angelegenheiten so schwer auf der Seele, daß ich die Ihrige darüber aus dem Gesichte verlor. Hätten Sie doch Ihre Thesen lieber sofort an Kehr geschickt.

These 3 würde ich so formulieren:

Der Kursus der Präparandenschule möge vier Jahre umfassen (bei zweijährigem Seminarkursus, resp. drei Jahre, wo der Seminarkursus dreijährig sein soll).

Die These lautet darnach, wie recht, auf vier Jahre; so habe ich sie auch in der Minist[erial]-Konf[erenz] verteidigt. Indessen das Alter macht vorsichtig. Es ist nicht wohlgetan, sich mehr Gegner auf den Hals zu laden, als unvermeidlich ist, wenn man ihrer ohnehin schon übergenug hat. Die Regierungsbeamten, welche Seminargebäude für drei Jahre eingerichtet haben, kommen in große Verlegenheit, wenn sie jetzt bekennen sollen, daß die Einrichtung nicht zweckmäßig sei, und ihre Trabanten dürfen doch auch ihre Herren nicht im Stiche lassen. Überdies gibt es viele ehrliche Leute, die das bessere gern annehmen; nur muß man ihnen etliche Jahre Zeit lassen, sich zu besinnen.

Mein Rat ist also: handeln Sie weislich. Übrigens brauchen Sie sich aber durch meine Bedenken nicht geniert zu fühlen. Schreiben Sie, wie Sie es für gut finden.

(Falls These 3 nach meinem Vorschlag formuliert wird, muß auch These 6 eine entsprechende Änderung erfahren.)

Bei These 7 c habe ich ein kleines redaktionelles Bedenken. Müßten nicht die reinen oder Hülfswissenschaften (Psychologie, Logik, Ethik) voranstehen und dann erst die angewandten Berufswissenschaften (allgemeine Pädagogik, Methodik und Geschichte der Pädagogik) folgen?

Über unsere gemeinsamen Thesen werden wir uns unschwer verständigen, da ja keine einzige Differenz von Belang vorhanden ist.

Eine Preisfrage für Sie. Wie ist es zu erklären, daß die meisten preuß[ischen] Seminardirektoren von jeher gegen das Ev[angelische] Schulbl[att] und mich „verschnupft" gewesen sind und immer verstimmter zu werden scheinen? Bei den regulativischen war es einigermaßen verständlich; allein dieselbe Erscheinung zeigt sich auch bei denen der Falkschen Ära, und sie zieht sich bis nach Süddeutschland, bis in die Schweiz und Elsaß-Lothringen herein. Öffentlich tut natürlich keiner den Mund auf (mit Ausnahme einiger Schlesier vor ca. 12 Jahren bei meinem Kriege mit Heine) – im Geheimen aber lassen sie ihren Zungen freien Lauf, mitunter in der gehässigsten Weise (z.B. von Fix in Soest). Äußerlich gibt sich die Verstimmung auch darin kund, daß mich niemals ein Seminardirektor besucht hat, auch kein rheinischer, es müßte denn eine frühere Bekanntschaft im Spiele gewesen sein. Der Mettmanner Seminardirektor ist sozusagen mein Nachbar, nur zwei Stunden entfernt, und per Eisenbahn könnte er in 20 Minuten hier sein; aber weder den jetzigen, noch seinen Vorgänger habe ich in meinem Hause zu Gesicht bekommen. Ein anderes Symptom zeigt sich darin, daß das Ev[angelische] Schulbl[att] unter den preuß[ischen] Seminardirektoren keinen einzigen Mitarbeiter zählt, außer Jütting, dessen Mitarbeiterschaft von früher her stammt.

Nun mögen Sie versuchen, ob Sie meine Preis-Aufgabe lösen können.

Mit freundlichen Grüßen bis über 10 bis 14 Tagen, wo meine Thesen kommen werden,

Ihr
F.W. Dörpfeld

D. ließ die „Thesen über die allgemeine Bildung und die Berufsbildung der Volksschullehrer" im EvSchBl 25 (1881), S. 96–104 unter Angabe der drei Autoren D., Horn und Rein erscheinen. Rein veröffentlichte sie in den Pädagogischen Studien 1881, 3. Heft, S. 21–26.

In seinem Antwortschreiben ging Rein auch auf D.s Klage ein, daß die preußischen Seminardirektoren dem EvSchBl nicht freundlich gesonnen seien:

Eisenach, 21. März 1881

Verehrter Freund!

Die Thesen kamen noch zur rechten Zeit. Ich habe Ihre Fassung angenommen; es ist besser so. Ich freue mich auf die Ausarbeitung. Nach Ostern kann ich die Sache in Angriff nehmen.

Ihre Preisfrage kann ich nicht lösen; einzelne Motive sind mir wohl klar, aber das Ganze doch ein Rätsel. Die Hauptsache ist, daß den Leuten durchweg die apperzipierenden Vorstellungen für Ihre Art, pädagogische Fragen zu durchdenken, vollständig abgehen. Daher sind Sie ihnen unbequem; Sie passen so gar nicht in die Staatspädagogik und in die landläufige Art, unsere Kinder, die von Haus aus ganz gut sind, durch die Schule dumm zu machen. Denn so ist es. Wir wären viel weiter in Deutschland in wahrer Gemüts- und Willensbildung, wenn unsere Kinder nicht in die Schule gingen. Da wird ihnen gar oft das bißchen gute Natur, das sie mitbringen, rasch ertötet. Dabei bilden sich die Macher wunder was ein. Die pr[eußischen] Seminardirektoren sind aber die schlimmsten. Ein aufgeblasenes, hoffärtiges Chor, ich kenne sie von den Versammlungen genugsam. Welche Gespreiztheit und gegenseitige Anräucherung! Über das geringfügigste Zeug können sie stundenlang mit der größten Würde disputieren, in Hauptsachen sieht's oft erschreckend windig aus. Empirismus und ein bißchen Geschichte der Pädagogik nach Schumann; für ihre Methodik genügt der alte Kram: vom Langsamen zum Schnellen usw. Auf Herbart haben sie ziemlichen Haß geworfen, obgleich die meisten keine Ahnung von ihm haben. Streber freilich meinen, er sei in den deutschen Seminarlehrerkreisen genugsam bekannt! Wiget hatte vollkommen recht in seinem Urteil; er durfte nur nicht als Wirt, eben als die Leute zum Haus hinausgingen, oben zum Fenster hinaus hinter ihnen herrufen, daß sie armselige Schlucker seien. Ich wollte eigentlich nicht mehr auf die Seminar-Versammlungen gehen, da ich mich dort zu fremd fühle unter all dieser Würde und Hoheit. Da mir aber Kehr den Vortrag anbot, der mich ja lebhaft interessierte, und da Wiget den Herbartianern so schlechte Dienste geleistet, glaubte ich es annehmen zu müssen, um unser und mein Heil zu versuchen, so gut es gehen will.

Stoy hat mit Keferstein einen widerwärtigen Streit in der Weim[arer] Zeitung gehabt über sein Institut früher und jetzt. Stoy ganz drunter durch; es ist ein alter Hanswurst – ein Jammer, wie bei ihm ideale Auffassung und gemeine Flunkerei dicht zusammen wohnen. Selbst seine treuesten Anhänger müssen sagen, daß er schreiendes Unrecht begangen und Unwahres behauptet. Da ist Ziller in all seiner Schwerfälligkeit und Bärenmäßigkeit doch ein anderer Charakter! Was sagen Sie nur zu seiner neuesten Begründung der kulturhistor[ischen] Stufen? (im Jahrbuch XIII gegen Staude.)

Das Lesen der bibl[ischen] Gesch[ichten] nehmen wir erst vom 5. Schuljahr ab vor (Neues Testament). Unsere Kinder können vorher nicht gut lesen und dürfen es nicht. Das frühe Lesen macht sie und die Lehrer dumm; ich überzeuge mich immer mehr davon. Was ist denn der Stolz unserer Lehrer in den Elementarklassen? Daß die Kinder fein lesen und schreiben lernen, so früh als möglich. Und die Eltern, die eiteln, bestärken sie darin und wissen nicht, wie armselig der Gewinn ist gegenüber dem, daß die „Köpfe geweckt werden müssen. Stumpfsinnige können nicht tugendhaft sein" (Herbart). Haben die Kinder ein Buch, dann wird auswendig gelernt, eine schreckliche crux unserer Kinder und unserer Schulen. Was kann dabei herauskommen? Nichts als Sozialdemokratie. Das ist meine Überzeugung, und deshalb schrieb ich so nackt und hart. Auf der oberen Stufe ändert sich die Sache, da treten Ihre Gründe mit voller Wucht auf.

Doch genug für heute. Morgen Kaisers Geburtstag! Eben geht der Zapfenstreich vorbei. Gott befohlen!

In alter Treue
Ihr
W. Rein

262
An Wilhelm Dörpfeld, Athen

Gerresheim, 29. März 1881

Mein lieber Wilhelm.

Wie Du denken kannst, hat Dein letzter Brief an mich mein Denken und Fühlen in die lebhafteste Bewegung gebracht. Diese Wirkung mußte umso stärker sein, da ich auf Deine Mitteilung nicht vorbereitet war. Diese letztere Bemerkung darfst Du aber nicht so mißverstehen, als ob ich meinte, Du hättest schon früher etwas von Deinem Herzensverhältnis verraten sollen; sie will Dir bloß meine lebhafte Bewegung vollauf verständlich machen. Zu Deinem Vornehmen wünsche ich Dir von Herzen Gottes Segen und tue es ohne Rückhalt, obwohl mir ja die Erkorene Deines Herzens persönlich unbekannt ist. Vorab beruhigt mich der Gedanke, daß Du seit dem Verlassen des Elternhauses im 12. Jahre Deinen Lebensweg so besonnen und ehrenhaft verfolgt hast, daß ich nicht zweifeln kann, Du werdest auch in diesem Falle Deiner Vergangenheit nicht untreu geworden sein. Sodann konnte mir Anna aus Deinem und Agnes Munde über die A[nne] Adler soviel Empfehlendes sagen, daß ich auch in dieser Beziehung nicht mehr im dunklen zu tappen brauchte. Dazu kam mir Anna mit der Photographie zu Hilfe. Dieselbe zeigt ein so natürliches, freundliches und einnehmendes Gesicht, daß man nicht zweifelt, nur ein liebenswürdiges Herz kann ein so natürlich-liebliches Antlitz haben.

Vor allem beruhigt mich, daß ich Dich in Gottes Hand weiß. Der sel[igen] Mama Segen und Gebet geleiten Dich; und mein und Deiner Geschwister Gebete werden hinfort mit Dir gehen wie bisher. Der treue Gott, der Dich bisher so sichtbar gesegnet hat, wird es auch ferner mit Dir wohlmachen.

Ich hätte noch manches auf dem Herzen über den wichtigen Schritt, den Du zu tun im Begriffe bist. Er ist viel, viel bedeutsamer, viel inhaltschwerer, als einer in den Jahren wissen kann, wo der Entschluß gefaßt wird. Aber ich will meine Gedanken lieber für die mündliche Unterredung versparen und stattdessen im Blick auf die unübersehbare Tragweite des ehelichen Verlöbnisses Dich erinnern an das Schriftwort, das auch über die tiefsten Abgründe hinüberhelfen kann:

> **„Verlaß Dich auf den HErrn von ganzem**
> **Herzen und verlaß Dich nicht auf**
> **Deinen Verstand; sondern gedenke**
> **an ihn in allen Deinen Wegen,**
> **so wird er Dich recht führen."**

Ob es rätlich ist, den beabsichtigten Schritt bald zu tun oder noch eine Weile zu warten, kann ich aus der Ferne nicht sicher beurteilen. Allerdings spricht mein Gefühl dafür, erst die Prüfung vorübergehen zu lassen; auch ist man von altersher der Meinung, daß ein langer Verlobungszustand nicht gut sei – aus vielerlei Gründen. Indessen muß ich diese Frage Deiner eigenen Entscheidung überlassen. Entscheidest Du Dich in Gottes Namen, so darfst Du trauen, daß es am Ende gut gehen wird, auch wenn Dein Verstand Dich irregeführt haben sollte.

Zum Schluß laß mich Dir für jetzt und alle Zukunft empfehlen das Gebet aus meinem heutigen Tagespsalm:

> **„Herr, lehre mich tun nach Deinem Wohlge-**
> **fallen, denn Du bist mein Gott;**
> **Dein guter Geist führe mich auf ebener**
> **Bahn". (Ps. 143,10)**

Mit meinem leiblichen Befinden hat es in den letzten Monaten nicht ganz nach Wunsch gegangen; ich konnte mir zu wenig Ruhe gönnen. Infolge des gestrigen Ostwindes hatte ich heute viel Krampf auf der Brust. Das mildere Wetter, was am Anrücken ist, wird mir hoffentlich Erleichterung bringen.

Den Geschwistern geht es noch gut. Übermorgen scheidet auch mein alter Freund Klingenburg aus dem Amte. Er wird nach Werden an der Ruhr ziehen, wo sein Schwiegersohn als Lehrer steht.

Mit nochmaligem Segenswunsch und herzlichem Gruß in Liebe Dein Vater

F. W. Dörpfeld

Wilhelm hatte seinem Vater die Verlobung mit Anne Adler mitgeteilt, die am 1. Juli 1881 in Berlin offiziell begangen wurde und „insgeheim" schon im Herbst 1880 erfolgt war.

Georg Klingenburg in Ikten trat am 1. April 1881 in den Ruhestand.

263

An Wilhelm Dörpfeld, Palermo

Gerresheim, 25. April 1881

Lieber Wilhelm.

Deine Mitteilung, daß Dir der Vorschlag gemacht worden sei, in Griechenland zu bleiben und die Dozentenkarriere einzuschlagen, hat mich, wie Du denken kannst, sehr überrascht. Dir einen bestimmten Rat zu geben in dieser Angelegenheit, dazu reichen meine Erfahrungen nicht aus, nach zwei Seiten hin: einmal, weil mir die griech[ischen] Zustände zu unbekannt sind und zum andern, weil ich nicht weiß, wieviel in Deinem Fache der Wegfall des Baumeisterzeugnisses zu bedeuten oder nicht zu bedeuten hat. Ich muß mich daher darauf beschränken, Dir meine Gedanken zu sagen.

Im ersten Augenblicke konnte der Plan der Dozentenlaufbahn mir nur sympathisch sein. Meine Seele hängt am Lehramte, welche Form es auch haben möge. Wenn Du nun auf Deinem Wege doch noch dazu kämst, die Dozentenbahn zu betreten, so würde mir das wie eine Fortsetzung des eigenen Lebenstagewerks erscheinen, was für einen Vater immer ein ansprechender Gedanke ist. Daß dabei Dein Weg für eine Zeitlang durchs Ausland führen müßte, würde an und für sich mir von dem Sympathischen des Plans nichts rauben, falls das als eine bildende und nützliche Vorstufe gelten darf. Denn was an Annehmlichkeit dabei für Dich und uns dabei verlorengeht, kann durch die andern Vorteile, zumal wenn es Bildungsvorteile sind, reichlich ersetzt werden.

Was mich am meisten stört und beunruhigt, ist dies, daß das Baumeisterexamen aufgegeben werden müßte. Vielleicht rührt diese Beunruhigung eben daher, daß ich nicht weiß, wieviel oder wiewenig dieser Verlust zu bedeuten hat. Meinem Nichtwissen stellt sich derselbe bedenklich dar. Es hängt das damit zusammen, daß mir jeder Bildungsgewinn im Vergleich zu bloßen Nützlichkeitsvorteilen von absolutem Werte erscheint und darum jedes Bildungsmanko mich ängstlich macht. Du wirst Dich noch aus der Gymnasialzeit erinnern, daß mich die Frage, ob auch die Prima absolviert werden sollte, obwohl dies an und für sich nicht nötig war, keinen Augenblick beschäftigt hat. Etwas Ganzes in der Bildung, das ist mir immer der erste Gesichtspunkt. Das Solide, das Gediegene wird sich auf die Dauer auch stets als das Zweckmäßige erweisen.

Dazu kommt dann allerdings auch die Erwägung der Vorsicht, welche rät, sich den Rücken gedeckt zu halten oder, wie der Feldherr sagt, keine Brücke hinter sich abzubrechen, da man möglicherweise zum Retirieren genötigt werden kann. Läge darum das Baumeisterexamen bereits hinter Dir, so würden mir alle anderen Bedenklichkeiten des griech[ischen] Vorschlages gering erscheinen.

Ob nun dieser Punkt in Wahrheit soviel Gewicht hat, wie es mir vorkommt, wirst Du und Prof. Adler besser wissen. In dieser Beziehung lege ich mit allem Vertrauen das Endurteil in Eure Hände.

Ein zweiter Erwägungspunkt würde die spezielle Begabung für die Dozentenlaufbahn sein. Wenn Du früher zuweilen sagtest, daß Dir die Gabe der freien Rede fehle, so habe ich dieser Selbstkritik niemals Gewicht beigelegt. Mir schien diese Ansicht teils auf einer Täuschung zu beruhen, teils darauf, daß Du keine Neigung zum Lehren habest. Eine solche Täuschung habe ich bei meinen Bekannten oft erlebt. Sie rührt daher, daß zur öffentlichen Rede eine gewisse Freimütigkeit und Zuversichtlichkeit nötig ist. Weil ihnen nun diese Gemütseigenschaften fehlen, so machten sie sich weis, daß das Manko in der Sprache, also auf intellektuellem Gebiete, läge. In der Sprache kann aber kein Manko vorhanden sein, wenn es nicht schon in der Konversation zum Vorschein kommt. Die Kleinigkeit, welche dann möglicherweise zum zusammenhängenden Reden noch fehlen möchte, wird durch ein wenig Übung schnell und wohlfeil ersetzt. Die Hauptfrage ist lediglich, ob einer den Stoff intellektuell beherrscht, und das kann er vor aller Redeübung wissen.

Allerdings gibt es in der Redekunst ein Talent, sei es ein angeborenes oder ein angebildetes, was einem sonst wohlgeschulten Geiste abgehen kann und was er in späteren Jahren vielleicht auch trotz allen Fleißes nicht mehr erwerben kann.

Allein im Lehramte, gleichviel ob es mit Erwachsenen oder mit Kleinen zu tun hat, spielt dasselbe bei näherem Besehen gar keine große Rolle. Nur da fällt es ins Gewicht, wo es sich um einen sofortigen, momentanen Effekt handelt, also bei Advokaten, bei Parlaments- und Klubrednern und bei Predigern. Und selbst bei Predigern wird das Rednertalent vielfach in seinem Wert überschätzt – ich meine nicht im Vergleich zur Privatseelsorge und dergleichen, sondern lediglich als sprachliche Leistung, also im Vergleich mit einer geringeren Redebegabung. Du hast ein schlagendes Beispiel an unserm Pastor Kirschstein in W[upperfeld]. Es gibt höchst wenige Prediger, welche eine so gelenke, geläufige und geschulte Zunge besitzen wie er. Auch geht ihm an wissenschaftlicher Ausrüstung nichts ab. Und doch wird z.B. der sprachlich fast schwerfällige und wissenschaftlich nur mäßig gerüstete P[astor] Funke in Bremen immer über ihn den Sieg davontragen und zwar nicht bloß auf die Dauer, sondern auch im sofortigen Effekt. Woran das liegt, will ich hier nicht näher erörtern, sondern nur konstatieren: wenn schon auf diesem Gebiet, auf dem der Gelegenheitsrede, der Vorzug des eigentlichen Redetalentes so wenig bedeutet, so muß derselbe im Lehramte noch viel weniger zu bedeuten haben, da hier der Erfolg überwiegend von der Beherrschung des Stoffes, von der Klarheit der Gedanken und von gewissen Gemüts- und Charaktereigenschaften abhängt. Und das sind alles Qualitäten, die bei der nötigen intellektuellen Begabung durch Treue erworben werden können.

Wie gesagt, Deiner Selbstkritik hinsichtlich des freien Redens habe ich nie getraut. Deine Ansicht hat sich ja auch, wie Du jetzt selbst melden kannst, als Täuschung erwiesen. In dieser Beziehung habe ich daher bei der Dozentenkarriere keine Sorgen.

Ein anderes ist es um solche Lehrqualitäten, die mit der Eigentümlichkeit der Architektur zusammenhängen. Da geht mir alles Urteil ab. Was solche Aufgaben betrifft, die rein vom Verstande abhängen, wie Mathematik usw., da hätte ich ebenfalls keine Sorge. Allein ich weiß nicht, wie weit die besondere Richtung und Seite der Architektur, auf welche Dich Deine Studien in Olympia hinweisen, nicht noch andere Anforderungen als die an den Verstand machen, z.B. an die Phantasie, an den plastischen Kunstsinn usw.

Und überdies weiß ich nicht, wieviel Du in dieser Beziehung Dir zutrauen darfst. In diesem Punkte muß ich also wieder Dir und Prof. Adler das Entscheidungsurteil überlassen.

Noch eine dritte Seite der Dozentenkarriere möchte ich berühren. Der Lehrberuf, gleichviel ob bei Kleinen oder Erwachsenen, ist der idealste aller Berufe, einmal wegen seiner wissenschaftlich-künstlerischen Tätigkeit und zum andern, weil er seine Aufgabe am lebendigen Menschen hat. Um darin Befriedigung zu finden, lebenslänglich, kommt daher alles darauf an, ob das Gemüt für diese beiden idealen Aufgaben gestimmt ist, dazu einen tiefen inneren Zug hat. Fehlt dieser Zug oder ist er nicht stark genug, um nach der Seite des materiellen Wohlseins oder der Ehre Entsagung üben zu können, oder sinkt die Auffassung der Berufstätigkeit ins Handwerkliche, Banausische herab: dann ist die Wahl des Berufes eine verfehlte gewesen.

Ein rechtschaffener, tüchtiger Geschäftsmann, dem der gemeinnützige Sinn nicht fehlt, ist schließlich eine viel edlere Persönlichkeit als ein Wissenschafter oder Künstler, der sich ins Handwerkliche herunterziehen läßt. Überdies wird sich jener auch stets glücklicher fühlen als dieser, selbst dann, wenn der letztere zu reichlichem und behaglichem Besitze gelangte, nämlich deshalb, weil jener mit sich selbst einig ist, während dieser mit einem inneren Zwiespalt zu kämpfen hat.

Die bekannte schwache Seite der idealen Berufe, daß hinsichtlich des materiellen Wohlseins und teilweise auch der Ehre (im Sinne der Popularität) eine gewisse Entsagung geübt werden muß, kann freilich manchmal empfindlich werden, vielleicht recht traurig empfindlich; allein wegwünschen darf man diese schwache Seite nicht, da sie ein notwendiges Gegengewicht zu der idealen Seite bildet. Denn ohne dieses Gegengewicht mit seinen Prüfungen würde das ideale Streben weder rein und gesund bleiben noch die volle Energie und Ausdauer erlangen.

Hier ist also Selbstprüfung nötig, die kein anderer für Dich übernehmen kann.

Was nun in betreff der Vorstufe im griechischen Dienste zu erwägen ist, ob z.B. damit der Zugang zu einer deutschen Dozentenstelle erlangt werden kann, ob dort die Existenz hinreichend gesichert ist usw., entzieht sich meiner Beurteilung gänzlich. Nur einen Gedanken will ich erwähnen, der mir sofort in den Sinn fiel. Es ist alte Erfahrung, daß im öffentlichen Dienst ein Ausländer gewöhnlich eine schwierige Stellung hat, zumal wenn der Posten mehr oder weniger hervorragt. Da kommt er mit dem Neide der einheimischen Konkurrenten in Konflikt. Neid und Mißgunst haben aber scharfe Augen und sind stets geschäftig, den Eindringling zu stürzen. Da ist also Gefahr im Spiele und große Vorsicht nötig. Das wollte ich zu bedenken geben.

Wenn Du die Stelle in Athen erhieltest, denkst Du für diesen Fall daran, schon bald zu heiraten? Wenn ja, dann möchte ich auch darüber noch etwas sagen. Was dieserhalb zu bedenken wäre, wirst Du Dir wohl selber sagen können; auch würden Deine Schwiegereltern mitbedenken und raten helfen. Meinerseits würde ich, falls die äußere Existenz gesichert wäre, über das baldige Heiraten an und für sich keine großen Bedenken hegen. (Daß z.B. die Ansprüche der Familie den wissenschaftlichen Bestrebungen Zeit rauben, ist allerdings wahr; doch lassen sich demgegenüber auch Vorteile nennen.) Aber in anderem Betracht ist mir doch ein Bedenken gekommen, nämlich hinsichtlich des Gedankens an ein baldiges Heiraten, hinsichtlich des Wunsches. Ich meine: ob nicht dieser Wunsch in die übrigen Erwägungen zu stark influieren könnte, so daß die Überlegung, der Blick nicht mehr ganz frei wäre und Du Dich dann zu schnell für Griechenland entschlössest. Das würde nicht gut sein. In dieser Beziehung wollest Du daher auch Deiner Hut sein.

In allem aber lege ich Dich und Deine Anliegen vertrauensvoll in Gottes Hand und bin gewiß, daß dieser treue, gnädige und allweise Berater und Lenker, der Dich bisher so freundlich geführt hat, auch Deinen ferneren Lebensweg aufs beste beraten und lenken wird, wenn wir es Ihm im Gebet befehlen und auf Seine Güte hoffen (Psalm 37,5).

Von Deiner Anne erhielt ich gleich nach der Verlobung einen Brief. Das hat meinem Herzen wohlgetan. Dazu war der Brief so allerschön, so natürlich und so bräutlich. Gott erhalte ihr diesen Sinn und lasse Eure beiden Herzen immer einiger zusammenwachsen zu der Liebe, die stärker ist als der Tod und sich nimmer genugtun kann.

Daß mir H[err] Prof. A[dler] jüngst Gelegenheit gegeben hat, uns persönlich ein wenig kennenzulernen, wirst Du bereits wissen. Das Begegnen ist mir sehr angenehm gewesen.

In unserem Hause geht es, Gott Dank! in gewohnter Weise. Die mildere Witterung, nach der ich so sehnlich verlangte, tut mir wohl.

Mit herzlichen Grüßen

in Liebe
Dein Vater
F. W. Dörpfeld

In einem noch erhaltenen Schreiben Wilhelms vom 11. April 1881 war von dem Angebot die Rede, die Leitung der von griechischer Seite in Athen stattfindenden Ausgrabungen zu übernehmen und als Dozent am Polytechnikum zu wirken. „In den vier Jahren, die ich in Olympia zugebracht habe, ist mir das Studium der antiken Baukunst und speziell die Ausgrabungs- und Vermessungsarbeit so lieb geworden, daß ich mit Vergnügen mein ganzes Leben dieser Arbeit widmen möchte." Gegen die Anstellung bei einer griechischen Behörde sprächen allerdings auch einige Gründe. Dazu auch Brief 267.

264

An Adolph Hollenberg, Rheydt

Gerresheim, 21. Mai 1881

D. spricht seine Teilnahme zum Tode von Wilhelm Hollenberg, dem 26jährigen Sohn († 19. Mai 1881) aus. Er hätte bei der Abschiedsfeier für Lehrer Klingenburg davon gehört. Nach Pfingsten soll der schon lange versprochene Besuch bei Hollenberg erfolgen.

265

An Heinrich Schröer, Berlin

Gerresheim, 2. Juni 1881

[. . .] Der quäst[ionierte] dunkle Punkt ist der, daß Sie sich eine Stellung zu den dermaligen politischen Parteien nicht zurechtlegen zu können scheinen. Das verrieten mir außer Ihrem Briefe auch mehrere Stellen in Ihren Artikeln in der „Pädagogischen Zeitung". Es ist mir immer rätselhaft gewesen, daß die sog. liberalen Schulblätter, wenn sie von meinen Schulverfassungsvorschriften sprechen, mich stets als einen sogen. Konservativen betrachten, obwohl doch jene Schriften fast auf jeder Seite zeigen, daß meine politische Ansicht mit dem hergebrachten Konservatismus nicht mehr und nicht weniger zu tun haben als mit dem traditionellen Liberalismus. Noch irriger ist die Meinung, daß meine politischen Anschauungen ein Mischmasch, ein Durchschnitt von konservativ und liberal seien, ein sogenanntes Juste-milieu. Darin zeigt sich gerade die Eingebanntheit des Denkens der hergebrachten Parteien, daß sie sich nicht vorstellen können, es sei noch ein dritter Standpunkt möglich, solange derselbe ihnen nicht genau demonstriert worden ist. Und doch ist dieser möglich, denn er besteht wirklich und zwar mit wissenschaftlicher Begründung und läßt in seiner logischen Bestimmtheit nichts zu wünschen übrig. Er leidet nur an dem Mißgeschick, daß er bei dem Lärm des bisherigen Parteikampfes nicht genug zu Gehör und Wort gekommen ist, ausgenommen in einem engeren Kreise selbständig denkender Leute, die aber in der politischen Presse und im Landtage noch ohne Vertretung sind.

Wäre die herbartische Philosophie nicht unverschuldet in den Bankerott der Schelling-Hegelschen und damit der gesamten deutschen Philosophie hineingezogen worden, so würden wir jetzt auch im politischen Denken weiter und reifer sein. Zur Zeit läßt sich mit Eilen und Drängen nichts schaffen, nur mit Geduld. Der bedeutsamste Hoffnungspunkt ist mir der, daß endlich wenigstens die Volksschullehrer zum Besinnen kommen und sich nun von den hergebrachten Parteien frei machen werden. Hier am Niederrhein ist es schon längst geschehen in der einheimischen Kollegenschaft. Und unter den höheren Lehrern hat auch ein ansehnlicher Teil bereits diese Bahn betreten.[. . .]

[F. W. Dörpfeld]

In der Pädagogischen Zeitung (Nr. 15 vom 14. April 1881) war D.s Standpunkt folgendermaßen charakterisiert worden: „Dörpfeld gehört, soviel wir wissen, keiner der bestehenden politischen oder religiösen Parteirichtungen an; gleichwohl neigt er in beiden Beziehungen mehr nach rechts und hat z.B. mit der in den siebziger Jahren im Lehrerstande zum Durchbruch gekommenen freisinnigeren Strömung deshalb keine Gemeinschaft gehabt."

266

An Wilhelm Rein, Eisenach

Gerresheim, 6. Juli 1881

Lieber Freund.

Besten Dank für Ihren Glückwunsch zur Verlobung meines Sohnes Wilhelm. Kurz vor der Verlobung war er einige Tage hier, aus Olympia heimkehrend, nachdem er auf der Rückreise mit etlichen Freunden ca. acht Wochen in Sizilien und Süditalien sich aufgehalten hatte, um antike Bauten zu studieren. In Athen, wo er im archäolog[ischen] Institut einige Vorträge über Olympia gehalten hatte, war ihm von dem griech[ischen] Kultusministerium der Antrag gemacht worden, die Oberleitung der jetzt auch von der dortigen Regierung begonnenen Ausgrabungen in Athen usw. zu übernehmen und zugleich Dozent am dortigen Polytechnikum zu werden. Der Antrag hatte für ihn viel Anziehendes. Entschloß er sich dazu, so mußte er auch damit sich entschließen, sich überhaupt der Dozentenkarriere zu widmen, weil der verlängerte Aufenthalt in Griechenland für die praktische Karriere keine Bedeutung haben würde. Nach vielem Überlegen hat er endlich sich zur Annahme bereit erklärt – unter bestimmten Bedingungen. Ich bezweifle übrigens, daß aus der Sache etwas wird, da die griech[ische] Regierung zu viel mit ihrem politischen Puppenspiel (Konstitutionalismus genannt) zu tun hat, um an ernsthafte Dinge denken zu können, auch für wichtige Dinge kein Geld hat (im Innern und Westen des Peloponnes z.B. existieren noch keine fahrbaren Straßen).

Mein ungehöriges Schweigen über Ihre letzte Frage (in betreff des „Offenen Briefes") haben Sie ganz richtig gedeutet. Meine Puttkameriana machten mir noch viel zu tun, sonst würde ich doch sofort geantwortet haben. Die sind jetzt glücklich beendet. Hoffentlich können die Aufsätze bald als Buch sich anbieten. Wissen Sie in Leipzig oder daheim das Buch in der Öffentlichkeit anzusagen, so teilen Sie mir gef. die Namen mit; ich werde dann sorgen, daß denselben ein Rezensionsexemplar zugesandt wird. Je mehr, desto besser; denn in diesem Kriege kommt auch auf die Menge der Helfer viel an. Der preuß[ische] Lehrerstand scheint am Aufwachen zu sein, mit Ausnahme der Extremen auf beiden Seiten. So z.B. wurde mir unlängst von zwei Beispielen berichtet, wo man beim Jahreswechsel das Ev[angelische] Schulbl[att] abgeschafft und dafür Dittes' „Pädagogium" bestellt hatte; und ebenso schrieb mir ein konservativer Rektor im Brandenburgischen, daß er mit meiner Kritik des von Puttk[amer]schen Systems nicht einverstanden sei und darum beim Jahreswechsel das Ev[angelische] Schulbl[att] nicht wieder bestellt habe. Auch ohne solche positiven Daten war mir bekannt genug, wie die Sachen stehen. Von Beginn meiner pädag[ogischen] Schriftstellerei an habe ich zwischen Tür und Angel eingeklemmt gesteckt und mich nach rechts und links wehren müssen. Das ist eine fürchterliche Situation, weil man in vielen Fällen gar nicht einmal offen sagen darf, wie man eigentlich denkt. Wie viel bequemer haben es doch die Parteiblätter! Die können frisch von der Leber reden und sprechen doch ihren Lesern stets aus dem Herzen. Keinerlei Beengung und immer Effekt und Helfer in Menge! Was für eine behagliche Situation! Ich dagegen: rechts und links bedrängt, dazu ringend mit jener Macht, gegen welche selbst die Götter vergeblich kämpfen – mit der Beschränktheit und Unbildung meiner armen Standesgenossen; und endlich die langen Jahre hindurch so ganz allein stehend, ohne einen einzigen tapferen Gesellen, auf den ich mich hätte stützen können. Kann es ein Wunder sein, daß mir vor der Zeit der Atem ausgegangen ist und die Haare grau geworden sind? Es steht geschrieben: „Aber um den Abend wird es licht sein"; darauf will ich einstweilen hoffen.

Will es sich schicken, daß ich das „Offene Schreiben" vor dem Drucke zu Gesicht bekäme, so möchte ich es wünschen. Vielleicht könnte ich dann einige Punkte bezeichnen, wo um der Sache willen eine Ergänzung oder Änderung zweckmäßig wäre.

Sobald sich Zeit findet, werde ich das „Dritte" und „Vierte Schuljahr" selbst im Ev[angelischen] Schulbl[att] zur Anzeige bringen.

Aus einem Bericht über die „Allg[emeine] deutsche Lehrerversammlung" in Karlsruhe ersehe ich – falls derselbe richtig ist – daß dort der Schulinspektor Bartels in Gera die Zillersche Konzentrationstheorie in scharfer und plumper Weise angegriffen hat. Sollte es nicht wohlgetan sein, dem Mann mit fester Hand heimzuleuchten? Es müßte aber in einem Blatte geschehen, daß auch in jene Kreise kommt. Regen Sie doch die Sache im Leipziger Seminar an. Eigentlich hätte von Sallwürk in Karlsruhe am Platze sein müssen.

Mit herzlichen Grüßen an Sie, den Professor und alle Genossen des Seminarfestes

Ihr
F. W. Dörpfeld

Zu Wilhelm Dörpfelds Verlobung siehe D.s Brief an seinen Sohn vom 29.3.1881, zu den beruflichen Plänen den Brief vom 25.4.1881. – In Leipzig fand zu Pfingsten 1881 die Generalversammlung des Vereins für wissenschaftliche Pädagogik statt.

267

An Wilhelm Rein, Eisenach

Gerresheim, 15. Juli 1881

Lieber Freund.

Darf ich Sie mit einem Anliegen belästigen? Es ist eine Erkundigungsfrage.

Herr Bertelsmann will den Neudruck meiner Aufsätze über die von P[uttkamer]sche Rede nicht in Verlag nehmen, hauptsächlich weil er befürchtet, mit dem Ministerium in Ungelegenheit zu kommen. Ich muß daher einen anderen Verleger suchen.

Am nächsten läge mir C.F. Friederichs in Elberfeld, zumal derselbe auch meine Schrift „Die drei Grundgebrechen" verlegt hat. Aber ein Umstand ist mir unbequem. H[er]r Fr[iederichs] ist sehr mit dem Protestantenverein liiert, während ich am liebsten einen solchen Verleger hätte, welcher keine prononcierte Stellung nach rechts oder links hat.

Wissen Sie in dieser Angelegenheit einen Rat?

Ich habe an Beyer in Langensalza gedacht. Was wissen Sie über diese Verlagshandlung? Raten Sie mir dazu oder können Sie mir eine bessere Tür anweisen? Da die Schrift eine Gelegenheits- und Streitschrift ist, so würde namentlich ein rühriger Verleger wünschenswert sein.

Das Buch wird etwa 12–13 Druckbogen im Format des Ev[angelischen] Schulbl[attes] in Anspruch nehmen. Da ich, wie Sie wissen, zur Zeit ökonomisch auch auf den Ertrag meiner Federarbeit angewiesen bin, so möchte ich noch fragen, wie viel Honorar ich nach Ihrer Ansicht anständigerweise pro Bogen fordern dürfte.

Noch eins.

Freund Dr. Hollenberg in Saarbrücken macht mich darauf aufmerksam, daß es bei dem Verhandeln mit einem Verlage vorteilhaft sein würde, wenn ich etliche Briefe vorzeigen könnte, worin eine Buchausgabe meiner Aufsätze ausdrücklich gewünscht wird. Ich besitze bereits längst mehrere solcher Zuschriften. Es würde mir lieb sein, wenn ich auch eine aus Eisenach erhalten könnte. Sind Sie in der Lage, eine solche vermitteln zu können? Am besten wäre es, wenn der Schreiber im Namen einer Konferenzgesellschaft sprechen dürfte.

Da haben Sie meine lästigen Anliegen.

Mit herzl[ichem] Gruß an Sie, die Ihrigen und die Freunde

Ihr
F. W. Dörpfeld

Zur Buchausgabe der Leidensgeschichte siehe D.s Brief vom 13.8.1881 an A. Hollenberg. – Der 1865 gegründete Deutsche Protestantenverein, der sich zum Gegner der Orthodoxie wie des Pietismus entwickelte, suchte „die der Kirche Entfremdeten, aber darum noch nicht für sie Verlorenen wieder zu ihr zurückführen zu helfen" (R. Rothe). Nach 1870 förderte er als kirchliche Linke theologischen und politischen Liberalismus (nach H. Hohlwein, Artikel in: Die Religion in Geschichte und Gegenwart, 5. Bd., Tübingen ³1961, Sp. 645 ff.). – Bei dem anschließend abgedruckten Schreiben W. Reins handelt es sich zweifellos um eine Antwort auf D.s Brief vom 15.7.1881. Es ist jedoch nicht anzunehmen, daß sie an demselben Tag erfolgte. Einer der beiden Korrespondenzpartner dürfte ein falsches Datum eingesetzt haben.

Eisenach, 15. (?) Juli 1881

Verehrter Freund!

Ich schlage Ihnen zunächst Beyer in L[angensalza] vor. So wie ich die Firma kenne, ist sie rührig und zuverlässig. Sie sind derselben jedenfalls bekannt und zweifle ich nicht, daß die Firma auf Ihr Anerbieten eingeht.

2. Bleyl und Kämmerer in Dresden haben einen Teil des Bacmeisterschen Verlags gekauft. Unsere „Schuljahre" erscheinen dort. So weit ich dieselben, nämlich Herrn Bleyl und K[ämmerer] bis jetzt kenne, kann ich sie nur empfehlen.

Wir erhalten pro Bogen 40 Mark bei einer Auflage von 2 000 Exemplaren. Ich weiß nicht, ob Sie für den Abdruck Ihrer Arbeit diese Summe fordern wollen und wieviel Honorar Sie von Bertelsmann erhalten haben. Danach würde ich mich richten. Jedenfalls aber würde ich meine Forderung so einrichten, daß pro Bogen im ganzen, d.h. von beiden Verlegern, 50–60 Mark bezahlt würde und zwar minimum.

Die Zuschrift aus Eisenach will ich sehr gern in der nächsten Zeit veranlassen.

Von Leipzig bin ich gestern zurück. Das Fest war sehr gelungen. Ziller nach seiner Krankheit mehr als je auf dem Damm. Ich habe mit Herrn Pickel in der Übungsschule hospitiert; auch war am Dienstag Lokalverein. Mit vielen neuen Anschauungen bin ich zurückgekommen, die nun auch in unserer Praxis fortwirken sollen. Dort in Leipzig hörte ich, daß Bartels eine Schrift gegen mich plane. Warum, weiß ich nicht, nachdem er in der Thür[inger] Schulzeitung unserer Schuljahre arg besprochen hatte, d.h. sehr gelobt – aber ohne Verständnis. Möglich, daß ich ihm dafür nicht gedankt habe. Aber wie konnte ich das! Herr Hülfsprediger Hoffmann in Leipzig (ein sehr tüchtiger Zillerianer und in enger Fühlung mit Ziller) will sich des Geraischen Pädagogen annehmen!

Von Sallwürk erhielt ich heute einen Brief. Er ist von dem Barthschen Artikel in der „Erziehungsschule" sehr gekränkt und hat abermals vor, auszutreten. Er sollte doch erst die stenographischen Berichte abwarten. Überhaupt darf man den Leipzigern gegenüber nicht empfindlich sein. Er scheint aber auch mit Leuten, die Ziller empfohlen hat, nicht gut angekommen zu sein. Das ist freilich schlimm.

Darf ich zum Schluß noch um ein Exemplar unserer Seminarverfassungs-Thesen bitten? Ich will mich nun in den Ferien an das Werk stürzen.

Mit herzlichem Gruß
Ihr
W. Rein

268
An Wilhelm Rein, Eisenach

Gerresheim, 26. Juli 1881

Lieber Freund.

Ich schreibe unter großem leiblichen Ungemach. Seit einigen Tagen bedrängt mich wieder das alte Übel. Gern hätte ich noch etliche Tage mit dem Schreiben gewartet; allein Ihr Drucker bemerkt bei Übersendung des beifolgenden Manuskripts, daß dasselbe bereits in Satz genommen worden sei und er daher baldige Rücksendung wünscht.

Nun zur Sache.

Daß Sie in dem „Offenen Schreiben" die Differenzen in der Märchenfrage erörtern würden, hatte ich mir nicht vorgestellt. Der Fehler lag bei mir, da ich doch hätte vermuten können, daß Sie das Bedürfnis einer solchen Erörterung fühlen würden. Hätten Sie mich vorher darauf aufmerksam gemacht, als Sie mir Ihre Absicht meldeten, an Stelle eines Vorwortes diesen „Offenen Brief" zu schreiben, so würde ich geraten haben, die Sache anders anzufassen, nämlich entweder das „Offene Schreiben" ganz fallenzulassen oder aber die Erörterung der Märchenfrage hier auszuscheiden und in das Buch selbst zu verweisen.

Ich verstehe zwar, daß Sie wünschen konnten, meine Bedenken und Bemerkungen auch mit mir allein, separat von andern, besprechen zu können. Das würde mir auch selbst gefallen; allein Sie haben übersehen, daß ich zur Zeit (und vielleicht auf lange Zeit) in eine öffentliche Besprechung der Märchenfrage weder eintreten kann noch darf. Meine Bemerkungen über diesen Punkt im „Did[aktischen] Materialismus" hatten ja, wie auch am Schlusse deutlich zu verstehen gegeben worden ist, nur den Zweck, 1. der Verbreitung Ihres Buches einen Stein aus dem Wege zu räumen, 2. mir es möglich zu machen, ohne Mißverständnis und Anstoß Ihr Buch loben zu können und 3. zu verhüten, daß die Herbart-Zillerschen pädagogischen Grundsätze, die wir gemeinsam vertreten, nicht um eines (in meinen Augen) sehr untergeordneten Punktes willen sich selber Widerstand schaffen; denn das ist doch gewiß, daß die Gegner dieser Grundsätze es mit Freuden begrüßen, wenn Sie einen Nebenpunkt finden, wo sie tüchtig drauflosreden und viel Staub aufwirbeln können, um dann in dem Gelärm und Nebel sich an den Hauptpunkten vorbeidrücken zu können. Hätte ich damals eine gewöhnliche Rezension Ihres Buches geschrieben, so würde ich bei der Märchenfrage bloß meine abweichende (resp. noch nicht völlig abgeklärte) Meinung konstatiert haben, ohne auf die Sache selbst einzugehen. Nun aber, wo mein Zweck war, das Buch und seine wesentlichen Grundsätze mit aller Kraft durchzudrücken, da mußte der Punkt, der ein widerstrebender werden konnte, tunlichst zur Seite geschoben und zugleich mein Gewissen salviert werden. Wie mir an den Lesern meines und Ihres Buches in meiner Umgebung bemerkbar geworden ist, hat diese Taktik vollkommen ihren Zweck erfüllt und Ihrem Buche wie der Sache einen großen Dienst geleistet. Im andern Falle, wenn ich nämlich jene salvierenden Bemerkungen weggelassen hätte, würden sich unzweifelhaft andere Stimmen im Ev[angelischen] Schulbl[att] zu Worte gemeldet haben und würde ich es nicht haben vermeiden können, daß nun ein großer, lärmvoller Disput vor sich gegangen wäre. Das ist jetzt glücklicherweise vermieden und damit der Blick der Leser steif an den Hauptgedanken festgehalten worden.

Was mich anbelangt, möchte ich daher am liebsten diese Haderfrage einstweilen so stehen lassen, wie sie steht, d.h. ich möchte gern nicht eher darüber reden, bis die Hauptgrundsätze sicher Eingang gefunden haben. Wenn Sie jetzt aber im „Offenen Schreiben" direkt mit mir zu verhandeln anfangen, dann werde ich genötigt, die Frage apart und in aller Form unter die Feder zu nehmen und das umso mehr, da jene bloß salvierenden Bemerkungen bei weitem nicht meine ganze Ansicht erkennen lassen.

Für Ihren Standpunkt (und Ihre Interessen) scheint mir dies ebenso geraten zu sein. Denn setzen wir den günstigsten Fall, daß in kurzem ein großer Teil der Lehrer, auch der preußischen, für den Märchenunterricht gestimmt wäre, so ist doch in den nächsten zehn bis zwanzig Jahren nicht daran zu denken, daß derselbe offiziell zugelassen würde. In den meisten andern Staaten wird dann die Situation die nämliche sein. Und wenn nun ich, ein bekannter eifriger Herbartianer, mich ebenfalls in aller Form wider den Märchenunterricht ausspräche, so würden die übrigen Gegner sich nicht einmal mehr die Mühe geben, über die Märchenfrage zu disputieren, nicht weil meine Stimme bei ihnen viel Gewicht hätte, sondern weil sie nun sagen könnten: da seht ihr's! Die Herbartianer sind ja selber nicht darüber einig: mögen die erst im eigenen Lager sich verständigen; dann ist es für uns immer noch früh genug, uns in den Handel zu mischen. Also auch um Ihretwillen kann ich nur raten: lassen Sie mich tunlichst in Ruhe bei dieser Spezialfrage.

Im Buche selbst können Sie ja meine Einwendungen sachlich beleuchten, wenn Sie das für gut halten, etwa in der Form: ein Freund habe das und das gesagt, wobei also mein Name nicht genannt zu werden brauchte. Dann könnte ich Ihre Gegenrede ruhig ihren Weg gehen lassen. Wenn Sie aber im „Offenen Brief" diese Gegenrede direkt an mich richten, dann bin ich genötigt, zu antworten. Und wenn ich auch dann noch versuchen wollte, mich vorbeizudrücken, so könnte es doch leicht geschehen, daß andere Stimmen Ihre Bemerkungen benutzten, um mich zum Reden zu zwingen.

Lassen Sie mich jetzt über den Inhalt Ihrer Gegenbemerkungen noch etwas sagen.

Ich habe dreierlei Ausstellungen zu machen:

1. haben Sie nicht alle meine Bedenken berücksichtigt;

2. sind mehrere meiner Bedenken nicht zutreffend beantwortet, weil Sie meinen Sinn nicht genau gefaßt zu haben scheinen. (Vielleicht rührt dies daher, daß meine Bemerkungen nur als salvierende gemeint waren und darum mit Absicht nicht überall so deutlich sprachen, wie es sonst geschehen sein würde. Ich will nur daran erinnern, daß z.B. mit Fleiß vermieden worden ist, die Geistlichen ausdrücklich zu erwähnen).

3. haben Sie Gründe mit herangezogen, welche bei der Spezialfrage nicht mehr herangezogen werden dürfen, weil sie zu der allgemeinen Vorfrage gehören, ob die Schule den Charakter bilden oder bloß Lesen, Schreiben etc. lehren soll). Wie Sie sehen, bezieht sich diese Ausstellung auf den ganzen Schluß Ihrer Erörterungen, wo Schöne und Landfermann und Bismarck zitiert sind. In dieser Vorfrage sind wir beide ja einig; mir gegenüber mußten sich also Ihre Erörterungen streng auf die Spezialfrage beschränken, welche noch disputabel ist. Aber auch abgesehen von meiner Person: diese Argumentationsweise ist überhaupt unzulässig; es ist das Gegenstück zu jener Schwarzmalerei, wodurch der H[er]r von Puttkamer dem Lehrerstande so übel mitgespielt hat.

In dieser Reihenfolge kann ich meine Bemerkungen nicht vorführen. Ich will mich an der sachlichen Reihenfolge halten, die in meiner Schrift beobachtet ist. Dort rubrizieren sich meine Bedenken unter drei Gesichtspunkten.

A. Das religiös-ethische Lehrmaterial ist nicht bloß abhängig von der formalen Methodik, sondern auch (mit Recht) von der Kirche, der Nationalität und der Sitte. Damit wollte ich vorab darauf aufmerksam machen, daß unsere spezielle Streitfrage auch mit der Schulverfassungsfrage zusammenhängt, näher mit dem Recht der Kirche auf dem Schulgebiete. Die meisten Herbartianer haben die Schulverfassungsfrage viel zu sehr aus dem Auge gelassen und dadurch (durch das laisser aller) mit dazu beigetragen, daß manche brennende Einzelfrage (z.B. die Simultanschulfrage) in unheilvolle Verwirrung geraten ist (Vergl. den Schluß meines dritten Artikels wider von P[uttkamer]). Wenn wir nicht vorsichtiger operieren als bisher, dann steckt die Märchenfrage in kurzem in einer gleichen Verwirrung.

Unter diesem Gesichtspunkte (A) hatte ich drei Bemerkungen gemacht. Bemerkung 1: Die Kirche kann ein Veto wider die Märchen einlegen. Meinen reservierten Ausdruck mußten Sie lesen: die Kirche wird ihr Veto einlegen. Sie mußten weiter herauslesen: Nachdem die Kirche (in Preußen) eine selbständige Verfassung erlangt hat, während das Schulwesen wegen der Dummheit und Sorglosigkeit der höheren und niederen Schulmeister eine pure Administrationsbranche geblieben ist, ist alles Reden über den Märchenunterricht für die nächsten 50 Jahre eine nutzlose Plauderei, wenigstens auf preuß[ischem] Boden. Das ist so gut wie eine Tatsache. Was nun? Wer Tatsachen ignoriert, ist nicht klüger als der, welcher mit seinem Schädel wider eine Mauer rennt. Dazu habe [ich] keine Lust und zum bloßen Plaudern keine Zeit.

Bemerkung 2: Wer den Märchenunterricht zur Sprache bringen will, muß sich vorstellen, welche Bedenken aus der vollen Wertschätzung der biblischen Schriften hervorgehen.

Ich wollte wieder an eine Tatsache erinnern. Was Sie dagegen bemerken (bei „traditionellem Ethos") trifft weitaus nicht das, was meine Worte alles meinen. Ich will nur eins andeuten. Sind die Schriften Israels wirklich die religiösen Klassiker aller Völker, wie selbst Goethe anerkannt hat, dann wird gerade der Unterricht, den das Kind in frühester Jugend daraus empfängt, der bedeutungsvollste für sein ganzes Leben sein (vorausgesetzt natürlich, daß er leidlich methodisch richtig erteilt wird).

Dem, was Sie bezüglich des „trad[itionellen] Ethos" aus den Zuständen in Mitteldeutschland folgern, will ich nicht widersprechen, aber dabei an etwas erinnern. Im Volke lebt in relig[iöser] Beziehung häufig noch vieles, was es nicht kund gibt, was ihm vielleicht auch nicht mehr deutlich bewußt ist. Sobald aber die, welche in dieser Beziehung seine Vormünder sein sollten, die Geistlichen, den rechten Ton anschlagen, dann wacht das Bewußtsein oft sehr schnell und lebhaft wieder auf. Wer beim Anfassen religiöser Dinge nicht vorsichtig ist, kann sich arge Ungelegenheiten bereiten.

Bemerkung 3: Über die religiösen Lehrstoffe läßt sich nur da diskutieren, wo man über die relig[iösen] Dinge an sich übereinstimmend denkt. Diese Warnung haben Sie überhört, wie es scheint. Sie argumentieren nämlich an einer Stelle mit der Heterogenität des Alten und Neuen Testaments. Wie nun aber, wenn es Leute gäbe, welche eine solche Heterogenität, wie sie dieselbe denken, nicht anerkennen? Hat dann Ihr Argument bei diesen eine Wirkung?

B.Die Märchenfrage gehört noch nicht in eine prakt[ische] Lehranweisung, sondern muß erst reiflicher, theoretisch besprochen werden, zwar nun (Bemerkung 1) in Verbindung mit dem Hauptgedanken (kulturhistorische Stufen), sonst erhält die Frage ein verkehrtes Gesicht.

In dieser Bezieh[ung] hatte die 1. Auflage Ihres Buches eine Lücke. Es ist gut, daß die 2. Auflage diese Lücke ausgefüllt hat.

Bemerkung 2: Der Hauptgedanke in Zillers Lehrplansystem gerät bei einfachen Schulverhältnissen arg ins Gedränge. Auch für diese Verhältnisse müssen Ziller und Sie Rat zu geben wissen, sonst bleibt die Theorie mit dem Vorwurfe des Idealismus behaftet. Man darf nicht aus den Augen verlieren, daß z.B. in Preußen ca. 19 000 Lehrer in einklassigen Schulen arbeiten.

Bemerkung 3: Jemand kann den Hauptgedanken im Prinzip anerkennen und in der praktischen Ausprägung noch zweifelhaft sein oder geradezu von Ziller abweichen.

Bitte, lassen wir uns vorstellen, was für ein weiter Weg ist von dem mehr intuitiven als wissenschaftlichen Anfangsgedanken, daß eine „gewisse" Parallele zwischen der gesamtmenschlichen und der einzelmenschlichen Entwicklung besteht, bis dahin, wo man im Lehrplan setzt und sagt: das erste Schuljahr = X (Märchen oder sonst etwas). Wieviel ist zwischen jenem Anfangs- und diesem Endpunkte zu diskutieren! Doch ich will bis an das Ende springen und fragen: wie heißt das Kulturhistorische, welches dem 6. bis 7. Jugendjahre entspricht? Sie sagen: nicht bibl[ische] Gesch[ichten], denn sie lassen sich nicht verständlich genug erzählen. Ich bestreite das. Ich habe allerdings auch gesagt, die Behandlung sei sehr schwierig; allein das war in meinem Sinnen mehr zu Ihrem Schutze vorgeschoben (ich wollte die Vertreter der bibl[ischen] Gesch[ichten] an ihre Pflicht mahnen), als um meine eigene Ansicht auszusprechen.

Bei Ihrer Argumentation sagen Sie ferner, so viel ich herauslese: Die bibl[ischen] Geschichten müssen mit dem sogenannten Bibelwort erzählt werden. Das kann doch nicht im Ernst Ihre Meinung sein. Wenn irgend ein einzelner (Wiedemann) oder auch ihrer viele den kindl[ichen] Erzählton nicht so treffen, daß er biblisch würdig bleibt, ist damit gegen das freie Erzählen etwas bewiesen? (Sie nennen auch das bibl[ische] Wort „heilig". Wie kommen Sie zu dieser Redeweise? Solch einen Ausdruck habe ich in meinem Leben nicht gebraucht, obwohl ich doch nach Stoy ein „Buchstabengläubiger" sein soll). Ich bekam in der Tat einen ordentlichen Schrecken, als mir Ihre Bemerkung wider das freie Erzählen in die Augen fiel. Das war einer der Punkte, um dessetwillen ich in den 60er Jahren ein Sekulum hindurch mit den Anhängern der Regulative Krieg geführt habe, zuletzt noch im Jahre 1871 in einem langen Aufsatze wider Heine und die schles[ischen] Seminardirektoren. Hoffentlich ist Freund Rein nicht mit den Regulativleuten verbündet, sonst würde mir vollends der Atem ausgehen.

Gesetzt aber - obwohl nicht zugegeben - die bibl[ischen] Geschichten seien für die Unterstufe nicht geeignet, ist dann schon ausgemacht, daß Märchen an ihre Stelle treten müssen? Warum nicht Fabeln? (die Z[iller] in den Kindergarten verweist). Warum nicht Erzählungen? Natürlich nicht kindische oder vielmehr überhaupt nicht aus dem Kinderleben, sondern von Erwachsenen (samt Kindern). Wenn auf der folgenden Stufe die schwierige Erzählung von Robinson das richtige sein soll, was ich nicht bestreite, warum sollen nicht auch auf der Unterstufe Erzählungen (aus dem wirklichen Leben, nicht Märchen) am Platze sein? Daß solche nicht zu finden seien, werden Sie nicht behaupten. Ich würde sonst z.B. schon auf die Geschichte Josephs und andere bibl[ische] Erzähl[ungen] verweisen können, wenn sie nicht zufällig in der Bibel ständen.

Was will ich mit diesen Bemerkungen sagen? Nicht meine Ansicht aussprechen, sondern zum Bedenken anregen. Denn ich glaube in der Tat, daß die Vertreter der Märchen noch nicht alles bedacht haben, was zu bedenken ist. (Beispielsweise sei noch erinnert: wenn auf der Unterstufe die neutest[amentlichen] Festgeschichten für die Erbauung verständlich genug erzählt werden können, warum nicht auch für den exakten Unterricht?)

Was meine positive Ansicht betrifft, so verlangt mich zunächst nach einer monograph[ischen] Untersuchung über den Begriff des „vorbereitenden" Religionsunterrichts im Unterschied vom exakten. Es würde dies gleichsam eine Ergänzung der Staudeschen schönen Arbeit sein. Wenn diese einmal da ist, dann will ich meine positive Ansicht über den religionsunt[errichtlichen] Lehrstoff der Unterstufe sagen.

Zum Schluß noch eins. Bekanntlich ist in dem Lehrplansystem auch Ziller einmal von Ziller abgefallen, auf der Oberstufe. Warten wir noch ein Weilchen, bis dahin, wo die päd[agogische] Idee der Kulturstufen (oder wie ich früher sagte: des geschichtlich-genetischen Unterrichts) in weitere Kreise eingedrungen ist, dann sollen Sie mal sehen, wie bunt die Reihe der praktischen Anwendungen werden und wie eifrig jeder für seine Aufstellung kämpfen wird. Im Grunde sollte man dieses Durchgangsstadium schnell herbeiwünschen, denn erst aus der vielseitigen krit[ischen] Durchrüttelung der Gedanken können die richtigen als bewährt hervorgehen. Ich für meine Person wünsche dieses Stadium aber auch deshalb herbei, weil es mich immer ängstigt, wenn über einen praktischen Detailpunkt heftig gestritten wird, bevor der Sieg des Prinzips feststeht, weil dies eben den Sieg des Prinzips aufhält. Zillers Bestrebungen würden längst viel mehr Eingang gefunden haben, wenn er beizeiten begriffen hätte, Nebenpunkte anders zu behandeln als Hauptpunkte. Die alte Streitorthodoxie ist ja auch vornehmlich an diesem Fehler zu Grunde gegangen.

Damit kommen wir zu einem letzten Gesichtspunkt.

C. Opportunität, speziell in Absicht auf Ihr Buch. Daraus entsprang mein Rat, Sie hätten lieber eine passende Auswahl bibl[ischer] Geschichten methodisch behandeln sollen, nämlich erstens, um das Buch sofort für größere Kreise brauchbar zu machen und zweitens, um zu vermeiden, daß die Lehrer, Schulinspektoren usw. über die Märchenfrage stolpern und dabei die Hauptsache (das Prinzip) vergessen.

Dieser Rat war, wie auch ausdrücklich bemerkt ist, nicht so gemeint, daß Sie Ihre Märchen-Idee aufgeben sollten, sondern er war gerade auch für Ihren Standpunkt gemeint. Ich wenigstens würde an Ihrer Stelle so verfahren haben. Sie konnten ja im theoretischen Teile nach Herzenslust für die Märchen plädieren und überdies in einem Anhange einen genauen Lehrplan Ihres Ideals beigeben (nämlich: eine Auswahl der Märchen, Bezeichnung der heimatkundlichen Stoffe usw.) oder auch umgekehrt verfahren, nämlich Ihrem Buche, wie es jetzt war, im Anhange einen genauen Lehrplan beifügen, worin die bibl[ischen] Geschichten als Konzentrationsstoffe gelten.

Sie sagen dawider im „Offenen Brief": dann hätten Sie ja die Grundgedanken des Lehrplansystems vollständig (?) aufgegeben, oder wie es später genauer heißt, von den neuen did[aktischen] Wahrheiten wäre nur eine (die Durcharbeitung des Stoffes) zu erkennen gewesen.

Irrtum! lieber Freund, kompletter Irrtum, wie meine vorstehenden praktischen Vorschläge zeigen. Die Leser würden vielmehr den Plan in seiner Gesamtheit viel deutlicher erkannt haben, zumal sie davor bewahrt blieben, zu steif auf einen Punkt (die Märchen) zu starren.

Wie gesagt, an Ihrer Stelle würde ich bei der ersten Auflage den obigen ersten Vorschlag ausgeführt haben oder jetzt, nachdem das Buch einmal in Ihrer Form vorlag, bei der zweiten Auflage jenen zweiten Vorschlag befolgt haben. Ist es nicht zu spät, dann möchte ich diesen zweiten Weg auch jetzt noch empfehlen.

Was soll ich nun in betreff des „Offenen Schreibens" wünschen und raten?

Daß es so gedruckt werde, wie es jetzt ist, nämlich mit der Erörterung der Märchenfrage, kann ich aus den oben gemachten Gründen nicht wünschen.

Können Sie nun eine Umformung desselben nicht mehr vornehmen, dann ist mein Rat der, daß Sie ein gewöhnliches schlichtes Vorwort schreiben und die Erörterung der Märchenfrage im theoretischen Teile des Buches unterbrächten – etwa teils im Text, teils in Anmerkungen. Sollte dieser Teil des Buches vielleicht schon gesetzt sein, dann würde freilich nichts anderes übrigbleiben, als jene Erörterung dem Vorwort einzuverleiben, aber, wie ich raten möchte, mit Weglassung fast des ganzen Schlusses (S. 7–12), also kurz und unter Berücksichtigung meiner vorstehenden Bemerkungen.

Kann und soll dagegen das „Offene Schreiben" noch in Frage kommen, dann lassen Sie mich noch folgendes bemerken.

Wie eingangs gesagt, hatte ich mir den Inhalt desselben anders gedacht, mit Ausnahme von S. 1 und 2 (siehe meinen Rotstiftstrich). Ich stelle mir vor, Sie würden das Bedürfnis und den Drang haben, sich für eine Weile in Gedanken in die Höhe zu schwingen, in eine Höhe, wo die Unebenheiten da unten auf der buckeligen Erde dem Blicke fast verschwinden und das Gelärm und Disputiergeschrei nicht mehr das Ohr erreicht, um aus dieser Vogelperspektive einen Blick zu werfen auf die Vergangenheit und Gegenwart des Schulgebietes und daraus einen mutmachenden Hoffnungsblick in die Zukunft zu gewinnen, gleichsam als Echo und Antwort auf den 1. Teil meines „Did[aktischen] Materialismus". Solch ein Wort würde vielen (z.B. Ziller), die gleich mir ein Vierteljahrhundert haben gegen Strom und Wind schwimmen müssen oder jetzt entschlossen sind, es zu tun, Herz und Knie und Hände stärken. Auch würde dasselbe Ihrem Buche eine weit mächtigere Flug- und Zugkraft verleihen als das Disputiergekrabbel um die Märchenfrage. Und endlich würden Sie den Leuten den 1. Teil meines „did[aktischen] Materialismus" samt seiner andauernden Aufgabe in Erinnerung bringen, ohne die leiseste direkte Empfehlung. Natürlich müßte der Ton dieser Partie des „Offenen Schreibens" ein entsprechend gehobener und in jeder Beziehung nobel sein.

Ist Ihr Gemüt zu einem solchen „Offenen Schreiben" gestimmt, dann wohlan! Sonst lassen Sie es lieber ruhen.

Mit herzlichen Grüßen
Ihr
F. W. Dörpfeld

P.S. A propos – kennen Sie den Verfasser des trefflichen Buches „Der christl[iche] Glaube u[. . .]" Anfänglich glaubte ich, daß es Thilo sei; später aber wurde ich wieder schwankend.

Rein hatte für das 1. Schuljahr anstelle biblischer Geschichten Märchen vorgeschlagen. Das Leben Jesu sollte „im Anschluß an die kirchlichen Feste in erbaulicher Weise den Kindern nahegebracht" werden, wie es im Vorwort zum „Dritten Schuljahr", Dresden 1881, heißt. Für die 2. Auflage des „Ersten Schuljahres" war von Rein möglicherwei-

se in Gestalt eines „Offenen Briefes" eine Auseinandersetzung mit der abweichenden Auffassung D.s zusätzlich zum Vorwort vorgesehen. Das Manuskript bzw. der Satz war D. offensichtlich zugegangen und veranlaßte ihn, hier noch einmal ausführlich Stellung zu beziehen. Wie aus Reins nachfolgend abgedrucktem Brief vom 28.7.1881 hervorgeht, führten D.s Einwände zum Verzicht auf diesen Plan. Im darauffolgenden Brief Reins vom 2.9.1881 wird dies bekräftigt.

Dennoch werden Meinungsverschiedenheiten zwischen D. und Rein sichtbar. H.–E. Pohl, der den Briefwechsel Rein – D. für seine Untersuchung (vgl. Brief 148) herangezogen hat, meint dazu: „Wahrscheinlich durch das positive Echo der interessierten Öffentlichkeit auf das Erscheinen des ersten Bandes seiner ‚Schuljahre' gewann Rein erheblich an Eigenständigkeit, so daß er 1880/81 im Briefwechsel mit Dörpfeld sehr selbstbewußt zu dessen Einwänden gegen die Zillersche Unterrichts- und Lehrplankonzeption Stellung nahm. Es war die Zeit, in der der ehemalige Schüler Zillers unter dem Einfluß Dörpfelds sich um eine gefühlsentlastete Einstellung zu seinem Leipziger Lehrer bemühte und sie auch fand" (a.a.O., S. 46).

Eisenach, den 28. Juli 1881

Verehrter Freund!

Ihr letztes Schreiben hat einen deprimierenden Eindruck auf mich gemacht. Ich hatte im stillen gehofft, daß wir uns auf Grund der Idee von den kulturhistorischen Stufen und von der Verbindung der Lehrfächer untereinander in der Märchenfrage bedeutend nähern könnten, zumal durch die Einrichtung der Erbauungsstunden der Einwand beseitigt war, daß wir durch die Wahl des „heidnischen" Märchenstoffes unsere Kinder dem christlichen Leben entfremdeten. Ich glaubte, daß gerade von seiten der positiven Richtung weit eher eine Zustimmung erfolgen könnte als von seiten der liberalen, da letztere gar kein Verständnis für die angeregte Frage besitzt und von vornherein verneint, wie es in Weimar vom hochliberalen Kirchenregiment geschehen ist. Also von beiden Seiten keine Hoffnung, daß das Lehrplansystem in die Praxis eingeführt werden könnte. Da hätte unser Buch allerdings noch 50 Jahre ruhen können. Denn ohne die Märchen als Gesinnungsstoff ist es in Wahrheit nicht viel wert. Durchbrechen wir die Einheit des Stoffes, so durchbrechen wir zunächst den Aufbau des Lehrplans nach den kulturhistorischen Stufen, sodann die Verbindung der einzelnen Lehrfächer, die echte Konzentration – es bleibt nur übrig die formale Durcharbeitung des Lehrstoffes. Dies allein will aber nicht allzuviel sagen.

Die Hauptsache ist und bleibt Auswahl und Anordnung des Lehrstoffes und zwar des gesinnungbildenden. Hiervon hängt alles übrige ab. Ohne den einheitlichen Stoff kann ich mir z.B. gar keine wahre Verbindung mit den übrigen Lehrfächern denken. Nehmen wir Märchen und biblische Geschichte im 1. Schuljahr, dann hört erstens jede Konzentration auf, zweitens bleibt von der Zillerschen Lehrplanidee nichts übrig. Deshalb kann ich Ihnen nicht zustimmen, daß die Märchenfrage ein sehr untergeordneter Punkt sei. Er spielt vielmehr, wenigstens in der Zillerschen Theorie, eine höchst bedeutsame Rolle als Ausgangspunkt des kulturgeschichtlichen Aufbaues. Der Ausgangspunkt kann falsch gewählt sein – aber unwichtig doch nie.

Es war gewiß richtig von Ihnen, in Ihrer Empfehlung des 1. Schuljahres den Punkt nur zu streifen. Auch ist die Verbreitung des Buches dadurch sehr gefördert worden. Aber ich empfand es immer als einen unliebsamen Druck, wenn ich dachte, daß Sie der grundlegenden Idee von den kulturhistorischen Stufen nicht zustimmten, daß Sie die von allen Schülern Zillers stark verabscheuten, weil wenigstens bisher dem did[aktischen] Materialismus in die Hände arbeitenden konzentrischen Kreise verteidigen würden.

Deshalb schrieb ich so. Einige Ihrer Bedenken kommen zur Sprache in dem Abschnitt über den Gesinnungsunterricht, weil sie mir dahin besser zu passen schienen. So viel ich weiß, bin ich auf alle Ihre Bedenken eingegangen, doch will ich nochmals nachsehen.

Endlich muß ich, auf das einzelne Ihres Briefes eingehend, noch etwas anderes vorausschicken. Der offene Brief war zugleich nach Weimar gerichtet, in seinem ersten Teil an den Kirchenrat, in seinem zweiten an einen hochgestellten Beamten (Juristen) im Kultusdepartement, der mit seiner banausischen Ansicht über die Aufgabe der Volksschule bei uns Unheil stiftet. Nun werden Sie diesen Schluß verstehen. Übrigens hängt derselbe sehr eng mit der Märchenfrage zusammen: Wir wollen in der Schule die geistige Tätigkeit auf alle Weise heben und wecken. Die bisherige Praxis tut i[m] A[ugenblick] das Gegenteil. Denn die Kinder werden stumm, wenn sie in die Schule kommen. Wir wollen das religiöse Leben und die religiöse Gesinnung pflegen. Die bisherige Praxis tut das Gegenteil. Denn es ist im 1. Schuljahr die reine Lese-Schreib-Dressur. Die fünf bis sechs angehängten bibl[ischen] Erzählungen (in einem Jahr!) – 0. Sie gehen spurlos vorüber. Anders die Märchen: Erstens großes Interesse, viel Leben, Drang zu sprechen. Zweitens vielfache Gelegenheit, die religiös-ethische Gesinnung zu pflegen. Ein großer Unterschied, ob ich täglich eine Stunde Gesinnungsunterricht habe oder nur im Winterhalbjahr wöchentlich zwei Stunden; ob ich einen Stoff den Kleinen gebe, der erfahrungsgemäß ihnen durchaus homogen ist oder ob ich Heterogenes ihnen biete. Male ich zu schwarz? Nach der Erfahrung in unseren Schulen nicht.

Nun noch einige Bemerkungen im einzelnen.

1. Die Kirche. Sie hat bei uns bereits ihr Veto eingelegt. Schrieb ich's Ihnen schon? Ich habe Befehl von oben erhalten, mich in der Seminarschule streng nach dem Volksschulgesetz zu halten, d.h. Märchen fort und dafür fünf bis sechs bibl[ische] Geschichten. Da steckt die Kirche dahinter und zwar bei uns die extrem-liberale, aber in allem Äußeren stark konservative. Mein Sträuben half nichts, ich konnte die Freiheit der Seminarschule nicht retten, nicht die Freiheit in der Auswahl des Stoffes. Aber die Richtigkeit unserer Theorie halte ich aufrecht und die Überzeugung, daß die Kirche durch das Drücken auf eine unhaltbare Position sich selbst am meisten schädigt. Und wenn auch erst in 50 Jahren der Gedanke sich Bahn bräche, daß dem biblischen Geschichtsunterricht ein Vorkursus unnennbare Dienste zu leisten vermöge, ich will gewiß nicht müde werden, diesen Zeitraum zum besten unserer Kinder zu verringern und für diesen Vorkursus zu streiten. Ich bin mit meinem Schädel tüchtig gegen die Mauer gerannt. Bekäme dieselbe mehr solcher Stöße und von Leuten, die mit ihrem Namen und ihrem Charakter den gehörigen Nachdruck verleihen könnten, dieselbe stürzte früher ein als in 50 Jahren!

2. Die volle Wertschätzung der bibl[ischen] Erz[ählungen] sehe ich darin, daß sie erst da auftreten sollen, wo sie dem kindlichen Verständnis nahekommen. Einzelne ausgezeichnete Lehrer können auch die früheste Jugend damit begeistern, aber das sind nur wenige. Die große Menge wird niemals über die Schwierigkeit des Stoffes hinwegkommen, wenn man nicht wie Wiedemann verwässern will. Selbst sehr tüchtige Lehrer habe ich in der Elementarklasse im bibl[ischen] Geschichtsunt[erricht] nichts leisten sehen. Sie kamen über Verbalismus nicht hinaus.

3. Heterogenität des Alten und Neuen Testamentes. Sie haben recht. Aber es wird die Zeit kommen, wo die Kirche den Inspirationsbegriff selbst aufgibt. Der Verfasser des „christlichen Glaubens" etc. mahnt wenigstens daran: Es ist dies einer der Punkte, der nicht zu halten ist. Wird man dann noch Altes und Neues Testament für gleichwertig erachten? Oder wird man dann zugeben müssen, daß die neutestamentlichen Erzählungen höher stehen als die alttestamentlichen, daß letztere in der Schule voraufgehen müssen, daß beide nicht durcheinandergeworfen werden dürfen?

B. 1. Einverstanden (Kulturhistorische Stufen, Märchen).

2. Einfache Schulverhältnisse. Ich sprach mit Ziller kürzlich darüber. Er war meiner Ansicht: erst die Theorie ausbilden für den einfachsten (in bezug auf den Lehrplan nämlich) Organismus, dann wird man sehen, welche Modifikationen sich nötig machen in ein-, zwei-, dreiklassigen Schulen. Die Arbeit ist jetzt noch zu groß. Auch gehören dazu Leute, die wissen, worauf es ankommt und die in der Praxis der ein-, zwei-, dreiklassigen Schulen mitten drinne stehen. Schreitet die Arbeit im Leipziger Seminar, bei Thrändorf, Just etc. so fort, dann hoffe ich, ist die Zeit für Entwerfung der Lehrpläne in weniggegliederten Schulen nicht fern. Noch ist's aber nicht möglich.

3. Prinzip und praktische Ausprägung.

In bezug auf das Erzählen der bibl[ischen] Geschichten halte ich mich an Herbart-Kohlrausch. Meinen Standpunkt lesen Sie im 3. Schuljahr Seite 15 unten. Der Unterrichtungsgang ist aber so: Nachdem auf der 2. Stufe der Lehrer erzählt hat im möglichsten Anschluß an das Bibelwort, kommt die Totalauffassung von seiten der Kinder. Hierbei tritt manches Fehlerhafte vor. Es ist also das Bedürfnis da, in eine Besprechung mit den Kindern einzutreten und durch sogenannte Konzentrationsfragen die Auffassung zu erweitern und zu vertiefen. Den Schluß bildet die Wiedererzählung der Kinder. Hier nun wird es dem Lehrer höchst willkommen sein, wenn die Kinder in ihre Wiedergabe manches aus der Besprechung einflechten. Es wird daraus z.T. ersichtlich, wie sehr die Kinder innerlich beteiligt sind. Dann folgt die 3. Stufe etc.

Nun fragen Sie: ist schon ausgemacht, daß Märchen an die Stelle der bibl[ischen] Geschichten treten müssen? Darauf antworten wir mit den Schülern Zillers und mit Staude: Ja. Denn die Begründung der Märchenstufe in Jahrbuch 1869 von Ziller ist geradezu klassisch, und ich wüßte nichts dagegen vorzubringen, habe auch nie gehört, daß Ziller widerlegt worden sei in diesem Punkte. Sie empfehlen die Geschichte Josephs und andere bibl[ische] Erz[ählungen]. Wir dürfen dieselben jedoch nicht aus ihrem Zusammenhang herausreißen. Innerhalb der Patriarchengesch[ichten] sind dieselben offenbar auch viel wirksamer als losgelöst von ihrem Boden. Dann erinnern Sie daran, daß, wenn auf der Unterstufe die neutestamentlichen Festgeschichten für die Erbauung verständlich genug erzählt werden können, warum nicht auch für den exakten Unterricht? Die Erbauung ist eben etwas vollständig anderes als der exakte Unterricht. Hier dringe ich auf volles Erfassen, Klarheit und Bestimmtheit. Dort habe ich es nicht in der Hand, wie viel von der Predigt das Kind behält; da kommt es darauf an, einen Eindruck auf das Gemüt zu machen und es über das Alltägliche zu erheben.

Die Idee der Kulturstufen, hoffe ich, wird sich durch praktische Ausführungen (wie die „Schuljahre") schneller verbreiten als durch rein theoretische Untersuchungen (wie z.B. die von Staude), obgleich die letzteren höchst notwendig sind. Die Reihe der praktischen Anwendungen kann sehr bunt werden.

Aber dies wäre doch nur sehr erfreulich. Das Bessere wird sich aus der Masse bald scheiden, und nach vollständiger Uniformität streben wir doch nicht. Wenn nur die Hauptpunkte beibehalten werden. Dazu rechne ich das Unterdrücken der konzentrischen Kurse und den Aufbau nach den kulturhistorischen Stufen.

C. Opportunität. Zunächst verzichten wir darauf, das Buch sofort für größere Kreise brauchbar zu machen. Wir dachten dabei zunächst an unsere Seminaristen, an die Herbartianer und an die Freunde Herbartscher Pädagogik. Es gibt gewiß viele, die über die Märchenfrage stolpern, aber sollten unter diesen nicht solche sein, die in ihrer Einseitigkeit überhaupt über alles stolpern, was nicht in ihren Gesichtskreis paßt? So z.B. über die formalen Stufen? Über die Konzentration?

Aus dem Vorstehenden werden Sie schon gemerkt haben, daß es uns ein Ding der Unmöglichkeit ist, beides zu geben: Märchen und bibl[ische] Gesch[ichte]. Im theoretischen Teil für die Märchen plädieren und im praktischen Teil das Prinzip vollständig durchbrechen? Würden nicht eben so viele sein, die da sagten: wo bleibt die Konsequenz? Was hätten Ziller und seine Schüler geurteilt? Und wo kommen wir mit der Verbindung der Heimatkunde und des Gesinnungsunterrichts hin? Es wäre für uns höchst interessant, wenn jemand es unternähme, den Aufbau des kulturgeschichtlichen Unterrichts mit bibl[ischen] Erzähl[ungen] im 1. Schuljahr zu beginnen, an dieselben Heimatkunde, Rechnen etc. anzuschließen in der Weise, wie wir es versucht haben. Aber ich selbst kann es nicht. Und denken wir an das 2. Schuljahr. Wie selbstverständlich schließt sich die Betrachtung der Handwerke (Heimatkunde) an das Bemühen Robinsons an, wo finden wir Ähnliches in den bibl[ischen] Erz[ählungen]? Finden wir hier die nötigen Anknüpfungspunkte für die Heimat? Es wäre dies schon der Mühe wert, vorausgesetzt, daß man davon überzeugt ist, daß die biblischen Geschichten keinen Vorkursus nötig hätten.

Doch lassen Sie mich nun schließen und Ihnen nur noch sagen, was ich tun will. Ich sage es Ihnen offen, daß ich einen Brief (Vergangenheit, Gegenwart, Zukunft enthaltend) nicht schreiben kann. Dazu fehlt mir jetzt der Mut. So werde ich ein einfaches Vorwort geben. Dann eine Einleitung. In dieser wird der wesentliche Inhalt des jetzigen offenen Briefes vorkommen, ohne daß Ihr Name genannt wird. Ich will jedoch diese Betrachtungen nicht fallen lassen, weil ich wünsche, daß sie in Weimar gelesen werden. Verstecken sich dieselben in den praktischen Teil, so sind sie nach dieser Seite hin verloren. Ich fürchte es wenigstens. So aber kann man sagen: bitte, lesen Sie wenigstens die Einleitung zu dem Buch.

Bartels bereitet, wie Sallwürk schreibt, ein Buch gegen die Herbartianer vor. Das müssen wir also abwarten, ehe wir ihn uns ansehen.

Zum Schluß der herzliche Wunsch, daß Ihr böses Leiden bald Sie verlassen möge!

Mit herzlichem Gruß
immer der Ihrige
W. Rein

269

An Peter Diehl, Frankfurt a.M.

Gerresheim, 5. August 1881

D. entschuldigt sich, daß Manuskriptblätter Diehls beim mehrfachen Hin und Her zwischen Verlag und Redaktion abhanden gekommen seien.

Die Anstrengungen bei der Abfassung der Artikelserie gegen Kultusminister v. Puttkamer hätten ihn ein Stück Gesundheit gekostet. Die Beantwortung diesbezüglicher Zuschriften mache zusätzliche Arbeit.

270

An Adolph Hollenberg, Rheydt

Gerresheim, 13. August 1881

Lieber Freund.

Vorweg will ich die Geschäftssache erledigen.

1. Dein Artikel über die Leitfäden war mir recht willkommen. Er wird hoffentlich seine Wirkung tun. Ich hätte ihn gern schon in der nächstfolgenden Nummer des Schulblat-

tes mitgeteilt. Ein alter Aufsatz, der schon über ein Jahr hier lag, mußte jedoch den Vortritt haben. In der darauffolgenden Nummer kommt dann der Deinige auch mit an die Reihe.

2. Über das Dir zugegangene große Paket mit Rezensionsbüchern sollst Du nicht zu arg erschrecken. Es ist nicht so böse gemeint, wie es aussieht.

   Vorab wollte ich bitten, Du und Herr Beckers möchtet wieder zusammenspannen und dann aus dem Haufen das aussuchen, was Ihr gern rezensieren wollt. Alles übrige wollest Du wieder hierher dirigieren, selbstverständlich unfrankiert.

   Was die mathematischen Schriften betrifft, so wünsche ich, daß Du die Bücher an Langenberg jedenfalls behieltest, da ich die übrigen gerade an Langenberg schicken will.

   Ebenso wäre es mir lieb, wenn Du die realistischen Leitfäden behieltest, einmal damit die Rezensionen dieser Partie in Übereinstimmung mit Deinem Hauptartikel bleiben, und sodann weil Du jetzt (unter Verweisung auf diesen Artikel) in der Lage bist, die Besprechung der übrigen Leitfäden summarisch und kurz abzumachen. Über die Form dieses bequemen Weges können wir noch mündlich sprechen.

3. Da fällt mir ein, daß noch nicht ausgemacht ist, ob Dein Name bei jenem Hauptartikel genannt werden soll.

Meine Gedanken sind diese: Die volle Anonymität empfiehlt sich bei einem so scharfen, kritischen Aufsatze nicht, weil sie wie Feigheit aussieht. Der volle Name könnte auch einer Mißdeutung ausgesetzt sein, insofern vielleicht etliche darin etwas Herausforderndes sehen möchten. Ich glaube daher, daß in diesem Falle der Mittelweg das richtige ist, nämlich drüber zu schreiben:

Von Seminarlehrer A. Hollenberg in R.

Das ist nicht anonym und nicht herausfordernd, aber doch vollkommen deutlich.

Auch die Rezensionen könnten dann in der Regel mit A. H. unterzeichnet werden.

Mit meiner Gesundheit hat es den Sommer über und vollends die letzten vier Wochen nicht nach Wunsch gegangen. An dem Tage, wo der Schluß meiner Pönitenzarbeit nach Gütersloh gewandert war, trat auch sofort die Verschlimmerung ein. Eigentlich hätte ich mich bei meiner Leibesverfassung an eine solche Arbeit nicht wagen sollen. Das Gemüt kommt dabei zu stark in Mitleidenschaft.

Der Neudruck der Aufsätze macht einige Not. Bertelsmann wollte den Verlag nicht übernehmen, weil er (wegen des Schulbuchverlags) vom Ministerium abhängig ist. Viele Buchhändler sind in derselbigen Lage. Die Barmer Kollegen haben es übernommen, einen dortigen Verleger zu gewinnen. Es sollen aber vor dem fertigen Druck Subskriptionslisten ausgesandt werden, um nach dem Ergebnis die Größe der Auflagen zu bestimmen.

Am Sonntag den 21. hoffe ich mit Wilhelm (aus Saarbrücken) einen Nachmittag in Düsseldorf verbringen zu können. Ich freue mich darauf.

Mit herzlichem Gruß an Dich und die Deinigen

Dein
F. W. Dörpfeld

Hollenbergs Aufsatz „Zur Fabrikation von Leitfäden" steht im EvSchBl 25 (1881), S. 383-390. Als Verfasser wird dort genannt „Seminarlehrer H. in R."

Nach der Ablehnung durch Bertelsmann übernahm D.B. & T.G. Wiemann in Barmen 1881 Druck und Verlag der in Buchform erscheinenden „Leidensgeschichte der Volksschule".

271

An Wilhelm Rein, Eisenach

Gerresheim, 29. August 1881

Lieber Freund.

1. Von meinen früheren Arbeiten über die Lehrerbildung kann ich nur die gedruckte, hier beifolgende, schicken (Seite 201 ff. der beif[olgenden] Zahnschen Schulchronik, 1847). Es ist der Gedankenerguß eines 23jährigen, der sich in dem landsässigen Nebel zurechtzufinden und mit einem gewissen gesunden Instinkt einen Ausweg aus demselben zu gewinnen suchte. Daß der Hauptgedanke, die „gemischte Ehe" von Bildungsanstalt und Berufsschule in den Seminarien sei eine grundverkehrte und grundverderbliche Einrichtung, schon damals klar und fest in meinem Kopfe stand, das ist mir noch heute eine Freude. Alles übrige in dem Aufsatze ist zu wenig abgeklärt, ein Suchen und Tappen und gelangt darum auch zu keinen praktischen Resolutionen. Für Sie (im Jahre 1881) hat das Elaborat inhaltlich keine Bedeutung. Höchstens könnte es Sie vielleicht interessieren, zu horchen, wie mein Schnabel in den Jünglingsjahren gesungen hat oder gelegentlich zu konstatieren, daß der Grundgedanke unserer gemeinsamen Thesen schon vor 34 Jahren von mir energisch vertreten worden ist. Auf eins möchte ich noch aufmerksam machen, wenn ich nicht gewiß wäre, daß es Ihnen von selbst in die Augen fallen würde. Die Einleitung jener Erstlingsarbeit hat eine auffallende Ähnlichkeit mit meinen letzten Aufsätzen zur Verantwortung des Lehrerstandes. Es geht das sehr natürlich zu. Damals, in der Mitte der vierziger Jahre, erging in den altpreuß[ischen] Provinz-Landtagen, in polit[ischen] und kirchl[ichen] Blättern eine wahre Flut von Anschuldigungen über den „verbildeten" Lehrerstand, verbunden mit den abenteuerlichsten Vorschlägen zur Umformung resp. „Vereinfachung" der Seminarien. Der bekannte pommerische Ritter von Thadden proponierte u.a., um den Hochmut der Lehrer zeitig zu dämpfen, solle man die Seminaristen „angesichts der lustwandelnden schönen Welt" mit Schaufel und Hacke auf dem Acker arbeiten lassen. (Im Grunde stammen die Regulative des Jahres 1854 aus jener Zeit). Aus jenen Vorwürfen und Vorschlägen hatte Zahn im Jahrgang 1846, Nr. 16 eine Auslese mitgeteilt unter der Überschrift „Gewitterwolken am Schulhimmel". Diese drohende Aussicht hatte mir die Feder in die Hand gedrückt. Ich war in meinen jungen Jahren bereits nüchtern genug, um zu erkennen, daß die Anklagen der Gegner keineswegs gänzlich unbegründet waren. Andererseits sah ich aber ebenso klar ein, daß eine ganze Reihe von teils verschobenen, teils unfertigen Verhältnissen den Lehrerstand hinderte, das richtige Gleise zu finden und daß zu diesen verdrehten Verhältnissen auch sein unnatürlicher Bildungsgang gehörte. Aus dieser Anschauung heraus ist der Aufsatz geschrieben. Es ist ein sonderbares Geschick, daß ich jetzt, nach 34 Jahren, alles das habe sagen müssen, was eigentlich schon damals hätte gesagt werden sollen. Hegel hat recht: „Die Weltgeschichte ist nicht pressiert".

Meine zweite Arbeit über Präparanden- und Seminarbildung, die ich sogleich nach der ministeriellen Schulkonf[erenz] 1872 begann, ist nicht fertig geworden. Nach meiner Weise mache ich immer erst eine genaue Disposition, nebst Andeutungen zur Ausführung. Wie viel nun damals von dieser Skizze ausgeführt worden ist, weiß ich nicht einmal, da mir diese Manuskripte seitdem nicht wieder in die Hände gefallen sind und augenblicklich sich auch nicht finden lassen wollen. Beim Umzuge hierher sind mir manche Sachen aus den Augen geraten. Vermutlich steckt jenes Manuskr[ipt] in einer der noch verschloss[enen] Bücherkisten, die hier nicht ausgepackt sind, weil zur Aufstellung der sämtlichen Bücher der Raum nicht reichte. Im Herbst bekomme ich mehr Raum; dann werden die Gefangenen in jenen Kisten frei. Wären jene Papiere zur Hand, so würde ich dieselben jedenfalls mitschicken, obwohl ich glaube, daß Sie mit dem unausgeführten Teile der Skizze nicht einmal viel würden anfangen können.

2. Wenn Sie so gütig sein wollen, Ihre Arbeit zum Durchlesen hierher zu schicken, so würde mir das lieb sein.

3. Mit meiner Gesundheit geht es leider noch immer nicht nach Wunsch. Seit ca. sechs Wochen habe ich viele schlimme Tage gehabt; etliche Male waren sie sogar sehr schlimm. Der Zustand war für mich um so unbequemer, da seit Mitte August mein Sohn Wilhelm mit s[einer] Braut usw. hier ist. Während nun alles guter Dinge ist und Ausflüge macht, muß ich zu Hause sitzen und den Kopfhänger spielen. Seit acht bis zehn Tagen geht es übrigens erträglicher. Hoffentlich hilft der liebe Gott, daß ich bald wieder freier atmen und schaffen kann.

4. Die H[erren] Beyer in L[angensalza] lehnten den Verlag meiner Schrift ab mit der Begründung, daß ein H[er]r Beyer gestorben sei und sie seitdem noch keine neuen Bücher in Verlag genommen hätten. Bei meinem leidenden Zustande habe ich denn auch den Freunden in Barmen es überlassen müssen, einen Buchhändler zu suchen. So ist denn H[er]r Wiemann in Barmen gefunden worden, eine sehr achtbare Firma, die sich aber fast ausschließlich auf die Druckerei legt und eine freikonserv[ative] Zeitung (Rhein[isch]-Westf[älische] Post) herausgibt. Die Barmer Kollegen stehen dem Verleger in der Verbreitung der Subskriptionslisten helfend zur Seite. Dem Anscheine nach wird das Buch wenigstens in den Lehrerkreisen eine sehr ansehnliche Verbreitung finden.

5. Es hat mir sehr leid getan, daß mein letzter Brief unglücklicherweise dazu beitragen mußte, Ihre ohnehin entmutigte Stimmung noch mehr zu deprimieren.

Ich hatte keine Ahnung davon, daß die Schulbehörde Ihnen die Behandlung der Märchen verboten hatte. Hätten Sie mir diese Tatsache früher mitgeteilt und bei der ersten Ankündigung des „Offenen Schreibens" deutlich bemerkt, wie und wozu Sie dasselbe benutzen wollten, so würde sich vielleicht noch ein Arrangement haben treffen lassen, um den Plan in dieser Weise zur Ausführung zu bringen. Vielleicht hätte ich mich doch noch entschlossen, Ihr Ungemach mit auf meinen Rücken zu nehmen. So aber war ich auf Ihren Plan nicht vorbereitet, auch in meinem leidenden Zustande nicht in der Lage, mich mit schweren Gedanken herumzuschlagen, und überdies befriedigte mich Ihre neue Verteidigung der Märchen in formeller Beziehung zu wenig. Nachgerade glaube ich, daß die Sache zu meinem besten so gelaufen ist. Ich bin in die Jahre gekommen, wo man mit seiner Kraft und Zeit strenge haushalten muß und sich nicht in Händel verflechten darf, die nicht absolut notwendig sind.

Auch sind unsere Gedanken in dieser Frage noch nicht so weit in einem Gleise, um die Differenzen auf schriftlichem Wege begleichen zu können. Dazu würden mündliche Verhandlungen erforderlich sein. Aus Ihren Bemerkungen im letzten Brief geht deutlich hervor, daß Ihnen meine Position nicht völlig klar ist. Sie suchen die Differenzen an verkehrten Stellen. So z.B. vertrete ich die sogenannte konzentrisch-fortschreitenden Lehrkurse nicht so, wie Sie es sich denken.

Doch ich darf mich auf diesen Handel jetzt nicht weiter einlassen. Hoffentlich bringt die Zeit größere Klärung. Jedenfalls müssen die Vertreter der Märchen wie der Kulturstufen überhaupt sich erst genauer besinnen, was für Vorfragen zu erledigen sind, sonst stehen sie sich immer selber im Licht und im Wege.

6. Lassen Sie mich noch daran erinnern, daß Sie mir Ihren Vortrag über die Lehrerbildung für das Ev[angelische] Schulbl[att] versprochen haben, damit Ihnen Kehr nicht ein Versprechen ablockt. Die Thesen, die wir im Ev[angelischen] Schulbl[att] veröffentlicht haben, müssen jetzt dort auch ihre Ausführung erhalten.

Mit herzl[ichem] Gott zum Gruß

Ihr
F. W. Dörpfeld

Der Aufsatz, den Zahn 1847 in seine Schulchronik aufnahm, lautete: „Etwas über Seminarbildung". Statt eines Verfassernamens hieß es: „Von einem ehemaligen

Seminaristen". – Adolph von Thadden-Trieglaff war in der Pommerschen Ökonomischen Gesellschaft mit umstrittenen Vorschlägen für Lehrerbildung und Schule hervorgetreten. So regte er u.a. an, verdiente Unteroffiziere in den Armenschulen kleinerer Städte unterzubringen, um die verwilderte Jugend zum Gehorsam zu erziehen. Näheres bei F. L. Zahn, Schulchronik, a.a.O. – Vgl. auch Brief 267 zum Druck der „Leidensgeschichte".

Rein antwortete umgehend und legte den Band der Zahnschen Schulchronik wieder bei:

Eisenach, 2. September 1881

Verehrter Freund!

Mit herzlichem Dank sende ich anbei das Buch zurück. Mit größtem Interesse habe ich den Aufsatz gelesen und Sie bewundert, daß Sie damals schon so klar und bestimmt das Grundübel, an dem wir kranken, erkannt haben. Aber wahrscheinlich, es geht langsam vorwärts in der Geschichte. Ehe eine solche Wahrheit sich durchkämpft, wie viel Zeit und Mühe muß erst daran gewendet werden! Kehr hat 1872 auf der Hamburger Lehrerversammlung auch mit größter Bestimmtheit die Trennung von Erziehung und Berufsschule vertreten und nur falsche Schlüsse gezogen, insofern er mehr dem sechsklassigen Seminar sich zuneigte, das sich in einen vier- und in einen zweijährigen Kursus spalten solle.

Sobald ich fertig bin, sende ich Ihnen meine Arbeit. Ich sage Ihnen gleich im voraus, daß ich gar nicht zufrieden bin mit derselben, aber ich habe sie nun einmal übernommen. Ich hoffe sehr auf Ihren Beistand und Ihre Zusätze; manche Partien kommen mir recht mager vor. Meine Zeit war durch Besuch und vielerlei Arbeit arg zersplittert und ist es noch. Daher will es nicht recht gehen.

Kehr schrieb mir, ich solle ihm umgehend das Manuskript zum Druck schicken. Die Arbeiten würden immer vorher gedruckt, damit sie gleich in das nächste Heft kommen könnten. Ich antwortete, daß ein Manuskript noch gar nicht vorhanden sei. Um ihn zu beruhigen und weil er von unseren ausführlichen Thesen zu wissen schien, schickte ich ihm zu seiner Information dieselben zu. Seitdem schwebt alles. Von einer Bestimmung, daß die auf dem Seminarlehrertag gehaltenen Vorträge in Kehrs Zeitschrift gedruckt werden müssen, weiß ich nichts. Vielleicht können wir uns aber dahin einigen, daß die Arbeit gleichzeitig in beiden Blättern erscheint. In erster Linie steht natürlich das ev[angelische] Schulblatt, wo die Thesen, Ihre Arbeit, zuerst gedruckt worden sind.

Sallwürk schrieb mir, er wolle nun aus dem Verein austreten. Ich kann es nicht ändern, kann es nur bedauern, daß er immer mehr in die Opposition zu Ziller gedrängt worden ist. Und er wäre so leicht zu halten gewesen!

Bartels-Gera hat einen famosen Angriff auf die wiss[enschaftliche] Pädagogik gewagt im Anschluß an das alberne Buch des Pseudonym O. Waldeck. Das opus muß von uns gehörig an den Pranger gestellt werden, nachdem die Leipziger Korrespondenz, wie mir aber scheint, zu schwächlich vorangegangen ist. Gott behüte uns vor unseren Freunden etc! Bartels muß übrigens auch allernächstens vorgenommen werden. Er hat in einer Rezension kürzlich schwere Vorwürfe ohne alle Motivierung gegen Abschnitt Deutsch im „IV. Schuljahr" ausgesprochen; eine Entgegnung ist schon unterwegs. Man merkt überall seine Wut, seine Verbissenheit gegen die herbartische Pädagogik, aber er ist zu feig und fühlt sich wohl zu schwach, um einen ernstlichen Angriff zu wagen. Käme er nur!

Für heute leben Sie wohl! Es war mir eine große Freude, daß es Ihnen besser geht. Auch bin ich jetzt vollständig einverstanden, daß der „Offene Brief" unterbliebe. Es ist besser so, und ich hätte mir das gleich sagen können.

Im Seminar war viel, teilweise interessanter Besuch. So ein Direktor Baumgärtner aus Schiers in der Schweiz. Ich habe viel mit ihm auch über die Märchen gesprochen. Sein relig[iöser] Standpunkt durchaus positiv. Trotzdem in seiner Übungsschule gar kein Katechismus. Was würden unsere Liberalen dazu sagen, die den Katechismus womöglich auf der Unterstufe schon einpauken lassen! Außerdem hier ungewöhnlich heftige Wahlkämpfe, fünf Kandidaten: Sozialdemokrat, Katholik, Fortschritt, Nationalliberaler, Freikonservativer. Ausgang unberechenbar. Ich wirke für den Freikonservativen, ohne zur Partei nominell zu gehören. Das ewige Gezänke kann nicht zum Eintritt animieren.

Mit herzlichem Gruß und Dank
immer Ihr ergebener
W. Rein

Das Ergebnis der Reichstagswahlen in Eisenach am 27.10.1881 machte eine Stichwahl am 10.11.1881 erforderlich, die der Kandidat der Freisinnigen, Ludolf Parisius aus Berlin, gewann. (Mitteilung Archiv Rat des Bezirkes Erfurt vom 19.11.1975)

272

An Wilhelm Rein, Eisenach

Gerresheim, 18. September 1881

Lieber Freund.

Auf Wunsch kommt hier Ihr Aufsatz mit Eile wieder zurück. Ihre Meinung, daß er nicht geraten sei, kann ich nicht bestätigen. Im Gegenteil, er hat mir recht wohl gefallen. Hätten Sie noch Zeit, so würde ich allerdings eine Revision anraten, aber bloß für eine gedrängtere, geschärftere Demonstration, d.h. für eine Ausscheidung alles dessen, was an der betreffenden Stelle oder überhaupt nicht in der Beweisführungslinie liegt. In der vorliegenden Gestalt ist der Aufsatz ohnehin als Vortrag zu lang. Würde das Überschüssige, d.h. was nicht notwendig an die betreffende Stelle gehört, ausgeschieden, so käme er auch äußerlich der richtigen Form (dem Vortragszwecke) näher.

Sachlich habe ich eigentlich nur eine einzige Bemerkung beizufügen. Sie stehe vorauf, obwohl sie erst zu Teil II gehört.

1. Als ich nach Ihrer brieflichen Bemerkung „Unsere Thesen enthalten einen argen Widerspruch" beim Lesen an den Eingang Ihres II. Teiles kam und dort fand: „Selbstverständlich handelt es sich hier im Berufskursus zunächst darum, die allgemeine Bildung zu vervollständigen", mußte ich laut lachen und erst recht, als Sie hinterher zu meiner Freude mit Händen und Füßen demonstrierten, daß das gar nicht selbstverständlich, daß es im Gegenteil unverständig sei.

Den „Widerspruch" in unsern Thesen haben Sie hineingelesen. In meinem Kopfe steht er nicht. Berufsschule heißt mir Berufsschule und nichts anderes. In derselben handelt es sich zunächst und vor allem um das, was die Berufsbildung fordert. Das bildet Nr. 1 und beansprucht den meisten Raum und bevor ausgemacht ist, wie groß dieser Raum sein muß, soll von anderem nicht die Rede sein. So der prinzipielle Sinn, den die Überschrift „Berufsbildung" aussprechen will. Natürlich muß diese Überschrift wörtlich gelesen und verstanden werden, nicht in dem widersprechenden Sinn, in dem unsere jetzige Seminarien Berufsschulen heißen.

Wir beide sind also vollständig einig. Der Eingang Ihres II. Teils und was im Verfolg davon nachklingt, muß daher gründlich geändert werden.

Durch Ihr Mißverständnis wird mir jetzt allerdings klar, daß meine Thesen 7 und 8 nicht vorsichtig genug abgefaßt sind. Bei These 7 hätten die allgemeinen Bildungsfächer nicht zuerst genannt werden müssen und ebenso hätte bei These 8a der Ausdruck „prävalieren" vermieden werden müssen, weil er die Meinung veranlaßt, daß im Vorjahr die allgemeinen Fächer prävalieren sollten.

Ich hatte nicht gedacht, daß Sie meine Ausdrucksweise mißverstehen würden.

Der ganze Wirrwarr, d.i. in meiner Ausdrucksweise, rührt daher, daß ich immer den preuß[ischen] dreijährigen Kursus mit im Sinnen hatte und demselben gerecht werden wollte. Daß dies prinzipiell falsch war, wußte ich wohl; die vollständige Zurechtstellung erwartete ich eben von Ihrer Ausführung, von den Gründen, welche die Gedanken auf das Richtige hindrängen.

Es spielte aber auch noch eine andere Befürchtung hinein, nämlich die, daß aus unserm eigenen Lager (Ziller) sich Bedenken wider uns erheben möchten. Die Veranlassung zu dieser Befürchtung war diese. Um den Begriff unserer Seminarien als Berufsschule sicherzustellen, hatte ich bei verschiedenen Gelegenheiten immer darauf verwiesen, daß auch die Universitäten Berufsschulen seien. In einem seiner Briefe strich mir Ziller diese Behauptung als einen Fehler an, indem er behauptete, die Universitäten sollten nicht lediglich Fachschulen sein. Da es mir an Zeit fehlte, mit ihm näher darüber zu verhandeln, so ist dieser Punkt unaufgeklärt geblieben. Ich nahm an, daß ein Mißverständnis im Spiele sein müßte und daß Z[iller] nur habe sagen wollen, die Studenten sollten auf den Universitäten auch ihre allgemeine Bildung in dem einen oder andern Stücke zu vervollständigen suchen. Das war natürlich auch meine Meinung. Das hindert aber, wie mich dünkt, nicht, zu sagen, die Universitäten seien ihrem Wesen nach Fachschulen. Jedenfalls mußte ich aus Z[illers] Äußerung herauslesen, daß er auf die Ergänzung der allgemeinen Bildung bei den Studenten Wert legte. Und da ich vermutete, daß in dem Kreise seiner Schüler diese seine Ansicht geteilt werde, so glaubte ich, um einem übel angebrachten Einspruch von dort zuvorzukommen, in meinen Thesen deutlich zu verstehen geben zu sollen, daß wir uns nicht untereinander in die Haare geraten dürfen.

Wahrscheinlich wissen Sie besser, ob meine Befürchtung begründet war oder nicht.

Prinzipiell steht also fest: im Seminar soll für die Berufsbildung gesorgt werden, zunächst und vor allem und ohne die geringste Verkürzung. Sofern aber noch Zeit übrigbleibt, aber nur so weit, soll auch die allgemeine Bildung bedacht werden (im 1. Jahre). Nicht umgekehrt. Auch betone ich bei den noch fortgeführten allgemeinen Bildungsfächern (abgesehen von der fakultativen Musik) nicht den Nutzen, sondern die Erfrischung und die Selbsttätigkeit.

Die folgenden Bemerkungen folgen der Gedankenreihe Ihres Aufsatzes.

2. (Grundlage der Präparandenbildung: Volksschule). Hier wünsche ich eine Ergänzung Ihrer Bemerkungen. Der Volksschulunterricht bedarf in zwei Punkten der Vervollständigung: einmal in der Musik, wenn etwas Ordentliches herauskommen soll und sodann der fremden Sprache aus demselben Grunde. Wenn dereinst in allen Präparandenanstalten eine fremde Sprache eingeführt ist, dann wird auch jeder Lehrer imstande sein, etwaige Schulamtsaspiranten in diesem Stücke nebenbei vorzubereiten.

3. Fremde Sprache: Warum? Ihre Begründung reicht nicht aus. Nicht bloß um der Grammatik willen ist die fremde Sprache nötig, sondern um der Sprachbildung nach allen ihren Seiten willen und noch aus vielen andern Gründen. Ich würde den Punkt entweder kurzweg als selbstverständlich behandeln oder aber mit allem Nachdruck die volle Begründung geben. „Sprachkunde, lieber Sohn, ist Grundlage allem Wissen usw.“ (Rückert).

4. (Hoffmannsche Mittelschule). Bei Hoffmann wie in den „Allgemeinen Bestimmungen“ ist die Mittelschule zu „vornehm“ gegriffen, nicht volksmäßig und elementar genug.

5. Ob statt Mittelschule usw. Realschule II. O[rdnung] zu setzen? Ja, wenn diese Realschule nicht auch zu „vornehm“ („wissenschaftlich“) zugeschnitten wäre. Vielleicht kann man sagen: Realschule II. O[rdnung], aber in bezug auf elementare Behandlung und auf Gründlichkeit verbessert.

6. (Seminar: die allgemeine Bildungsfächer im 1. Jahr). Religion und deutsche Sprache unbedingt; aus der Naturkunde bloß Naturlehre; die Naturbeschreibung dagegen bloß in der Form des Selbstunterrichts auf Spaziergängen (unter Nachhülfe und Kontrolle des Lehrers), auch deshalb, damit das Spazierengehen nicht ein bloßes Bummeln werde. (Auf diesem Wege habe ich in meiner Schule viel erreicht. Noch jüngst mußte ich die fast erschreckende Erfahrung machen, daß wohlgeschulte Seminaristen (aus Bayern und Preußen) nicht ein Drittel so viele Pflanzen kannten als früher meine dreizehn- bis vierzehnjährigen Mädchen und Knaben in der Volksschule). Die Mathematik kann vielleicht bloß auf die schwächeren beschränkt werden.

7. (Die staatlichen Schulverordnungen). Nach meiner Ansicht sollen die Zöglinge dieselben nicht empirisch kennenlernen, sondern nach den zugrundeliegenden Prinzipien. Wenigstens sind mir die Prinzipien das wichtigste zur Orientierung im Denken über soziale Dinge (Vgl. die sozialen Abschnitte in meinem Repetitorium).

8. (Das pädagogische System soll bis ans Ende verschoben werden). Ja, nur muß der Aufbau, das Ordnen der Prinzipien, schon früher begonnen werden, nämlich Schritt vor

Schritt im Verfolg des empirischen Unterrichts. Ich denke mir das Verfahren so wie bei der Naturbeschreibung, wo die Schüler nach einigen Spezies die Gattung, nach einigen verwandten Gattungen die Familie kennenlernen usw.

9. Die praktischen Unterrichtsübungen müssen wirkliche Übungen sein. Natürlich, das sächsische System ist durchaus verwerflich. Bei solchen praktischen Übungen, wo ein Seminarist unter dem Vorsitz des Seminarlehrers und unter Anwesenheit der übrigen Zöglinge eine eigentliche Probelektion hält, sollten, wie ich meine, die übrigen auch in der Art in Aktion gesetzt werden, daß sie ebenfalls auf diese Lektion gerüstet sein müssen, um eventuell an Stelle des ersten fortfahren zu können.

10. Die Appendix–Präparandenanstalten müssen nach meiner Ansicht auf das allerschärfste aufs Korn genommen werden, falls sie etwas anderes als Notanstalten sein wollen. Sie sind gar zu ehrenrührig für den Lehrerstand, für die Seminare und für die „gründenden" Seminarlehrer. Es sieht aus, wie wenn der Lehrerstand absichtlich gekränkt werden sollte. Außer den von Ihnen angegebenen Gründen,

a) Nebenstunden – mit ermüdeten Lehrkräften,
b) Gelderwerb – auf Kosten der Lehrerbildung,

tritt noch hinzu

c) die mancherlei „Klüngelei", welche bei der Aufnahmeprüfung ins Seminar vorkommen kann resp. tatsächlich vorkommt, zugunsten der eigenen Präparanden gegenüber den fremden. Die letzteren stehen ja ohnehin im Nachteil, da sie vor fremden Examinatoren stehen. Nun denken Sie sich die etwaige „Mauschelei" hinzu, wenn z.B. die Lehrer nur wohlbekannte Fragen stellen oder gar bekannte Themata für schriftliche Arbeiten geben (in einem solchen Falle hat unlängst ein Seminardirektor vor dem Ministerium sich verantworten müssen).

Ich begreife nicht, wie das Ministerium diesen Unfug auch nur eine Stunde länger dulden kann. Auf dem wirtschaftlichen Gebiete sind wir den Gründungsschwindel glücklich los; nun verpflanzen ihn die Seminarlehrer auch auf das pädagogische Gebiet! Lieber zweimal die sächsischen sechsklassigen Seminarien als diese Schandanstalten! Laß Ihnen Herr Horn (in Berlin) doch einige Tatsachen mitteilen.

11. These 12 können Sie übergehen mit dem Bemerken, daß die Regelung der Aufsicht und Administration in den verschiedenen Staaten vielleicht verschieden sein müsse.

12. Die These 13 haben Sie leider fallen lassen. Es tut mir das wirklich leid. Eine Erleichterung der Examenlast tut doch in der Tat not. Ich weiß wohl, daß die meisten Seminarlehrer die Aufnahmeprüfung nicht missen wollen. Aber dann sollten sie wenigstens begreifen, daß die Präparandenlehrer und ihre Zöglinge auch Menschen sind und menschlich berechtigte Wünsche haben dürfen. Wie ist doch der Egoismus so groß und die allgemeine Liebe so selten!

Ich schließe.
Mit herzl[ichen] Grüßen zu gutem Erfolg

Ihr
F. W. Dörpfeld

P.S. Meine Barmer Freunde, welche die Subskription meiner Schrift betreiben, melden mir, daß aus der Gegend von Eisenach erst wenig Bestellungen eingegangen seien. Wie liegt das? Aus der einzigen Stadt Remscheid und Landgemeinde sind 100 Exemplare bestellt worden von Lehrern und Laien, aus Solingen genau ebensoviele. Aus Berlin zur Zeit nur 20.

Mit Reins Aufsatz, den D. zurückschickt, ist vermutlich eine Fassung des Vortrags gemeint, den Rein auf dem bald darauf stattfindenden deutschen Seminarlehrertag in Berlin zu halten gedachte. Rein knüpfte darin an die gemeinsam mit D. und Horn veröffentlichten Thesen an. – prävalieren = vorherrschen. – Im Postskriptum spricht D. die Vorbestellungen auf den „Beitrag zur Leidensgeschichte" an.

Der anschließend zum Abdruck gebrachte Brief Reins befaßt sich mit dem Berliner Seminarlehrertag, auf dem Rein den erwähnten Vortrag gehalten hatte. Er veröffentlichte ihn noch im gleichen Jahr in den „Pädagogischen Studien" (4. Heft 1881, S. 1–26) unter dem Titel „Über die Organisation der Lehrerausbildung in Deutschland".

Eisenach, 5. Oktober 1881

Verehrter Freund!

Sie werden mittlerweile von Herrn Horn über den Verlauf der Berliner Versammlung gehört haben. Darum kann ich mich kurz fassen. Die Trennung der allgemeinen und der Berufsbildung rief einen großen schulrätlichen Sturm hervor. Ich weiß nicht, was die Herren fürchteten, aber offenbar schien ihnen mein Vortrag im ganzen viel zu weit zu gehen. Sie sprachen von Philosophie, die in das Seminar gebracht werden sollte, von immanenter Methodik, die das allein richtige sei, nämlich die innigste Verquickung von allgemeiner und Berufsbildung usw. Es war unglaublich, was die Herren zutage förderten. Sie hielten die ganze herkömmliche preuß[ische] Volksschulkunde für gefährdet, stellten sich daher an die Spitze der Angriffe und machten alles mundtot, brauchten übrigens auch so viel Zeit, daß nur noch ein Punkt zur Besprechung kam: die Frage der Trennung beider Anstalten. Hier teilweise Zustimmung aus der Versammlung. Im Augenblick scheine ich weiter nichts als einen großen Spektakel mit meinem Vortrag erzielt zu haben. Überall trat auch eine starke Voreingenommenheit gegen Herbart und seine Schule zutage. Man wehrt sich von oben mit Händen und Füßen dagegen. Auch der alte Rat Bormann, mein guter Freund, kam wieder zum Vorschein. Ein Zeichen der Zeit! Ein Seminardirektor pries die Herrlichkeit der Kirchenlieder im Anschluß an meinen Vortrag!! Kurzum, grenzenlose Verwirrung und grenzenlose Ignoranz. Bin ich doch, ebenso wie mein Freund Helm aus Schwabach, von einem Seminarlehrer (!) gefragt worden, wo Herbart lebe? ! Die Thesen von Israel fanden natürlich Zustimmung, weil sie nach beiden Seiten hin keine Schroffheit und keine Spitze zeigen. Ich lege dieselben bei.

Was den Druck meines Vortrages anlangt, so muß derselbe bei Kehr erfolgen, da die Debatte sich daran anschließt. Stellte ich ihn nicht zur Verfügung, so nähme man den stenographischen Bericht. Also bin ich genötigt. Ich selbst möchte ihn in das 4. Heft der Studien mit Anmerkungen bringen, da ich gerade Platz habe und ich gerne einiges, die Berliner Debatte berücksichtigendes, los sein möchte.

Das geht nun alles gegen unsere Verabredung. Seien Sie nicht böse darum. Ich habe mit H[errn] Horn gesprochen, und er war einverstanden, daß wir bei Ihnen einen Entwurf der Lehrpläne für Präparande und Seminar bringen, damit die Herren sehen, was wir wollen. Wie denken Sie darüber? Bitte, schreiben Sie mir bald, wenn Ihre Gesundheit es erlaubt. Könnte ich doch Ihnen gegenüber meinem Herzen einmal Luft machen!

In alter Treue
Ihr ergebener
W. Rein

273
An Peter Diehl, Frankfurt a.M.

Gerresheim, 28. Oktober 1881

Lieber Freund.

Es würde mich freuen, wenn ich jetzt wieder in der Lage wäre, Ihnen in dem gegenwärtigen Casus noch einmal beispringen zu können. Leider ist der alte Verbindungsfaden zwischen mir und den Altliberalen abgerissen seit dem Tode des sel[igen] v[on] Vincke. Von rechtswegen hätte ich freilich an einem andern Punkte wieder anknüpfen sollen. Es ist aber nicht geschehen. Was im Wege stand, war zunächst meine Kränklichkeit: ich mußte meine Kräfte zusammenhalten, meine Sorgen und Pläne auf einen engeren Kreis beschränken. So trat die Schulverfassungsfrage in den Hintergrund, und damit fiel auch die Nötigung, auf politischem Gebiete Verbindungen zu suchen.

Dazu kam ein zweites, was mich hinderte. Ich war ein Feldherr ohne Armee. Die konservativen Lehrer hatten mich im Stich gelassen, und die liberalen wollten nichts von mir wissen. Trotz alledem würde ich doch wohl noch etwas versucht haben, wenn nicht noch ein drittes Hindernis im Spiele gewesen wäre. In der Tat wurden die ersten Schritte auch getan. Im J[ahre] 1869 (nach Erscheinen der „Grundgebrechen") trat ich mit dem Schulinspektor Backhaus in Osnabrück und dem Lehrer Schlichting in Kiel (damals Landtagsabgeordneter) in brieflichen Verkehr, um durch sie die Herren von Benni⟨n⟩gsen und Miquel zu erreichen und für meine Anliegen zu gewinnen. Ich habe mir die Finger müde geschrieben, aber vergeblich. Die Verständigung scheiterte hauptsächlich an einem Punkte, an der Simultanschulfrage; aber vielleicht hätte ich die beiden Kollegen auch in diesem Punkte zu dem nötigen Nachgeben gebracht (fakultative Simultanschulen), wenn ihnen nicht Miquel in den Kopf gesetzt hätte: alle einsichtigen (lib[eralen]) Staatsmänner seien einig, daß die Simultanschule die Schule der Zukunft sei; dieses Ziel müsse darum unentwegt festgehalten werden. Nachdem dies klargestellt war, habe ich es dann auch für nutzlos gehalten, einen direkten Verkehr mit H[er]rn v[on] B[ennigsen] und H[er]rn M[iquel] zu versuchen.

Selbst den Gedanken, mit H[er]rn v[on] Treitschke in Verbindung zu treten, mußte ich aufgeben, obwohl das „Offene Schreiben" (eine Abhandlung) für ihn bereits fertig war. (Die Abhandlung in Zillers Jahrbuch Bd. VI ist ein Bruchstück aus diesem Offenen Schreiben).

Seitdem hat von Treitschke über die Simultanschule anders denken gelernt, v[on] B[ennigsen] und M[iquel] wahrscheinlich auch. Für mich leider zu spät, da die Gesundheitsverhältnisse und die Jahre mich nötigen, die Schulverfassungsfrage forthin den jüngeren Kräften und ihrem Schicksale zu überlassen.

Da sehen Sie, wie es um meine polit[ischen] Verbindungen steht.

Direkt weiß ich also an H[er]rn M[iquel] nicht heranzukommen. Indirekt ist vielleicht doch noch ein Weg offen – durch H[er]rn Backhaus in Osnabrück. Es fragt sich freilich, ob der dazu geneigt ist, da ich seit 1869 nicht mehr mit ihm verkehrt habe. Überdies fragt es sich, ob nicht mein Name bei H[er]rn M[iquel] so anrüchig ist, daß dieser Geruch Ihnen mehr Schaden als Nutzen brächte. Indessen will ich doch den Versuch gern machen, wenn Sie es wünschen. Bitte also um ein baldiges Ja oder Nein.

Wäre mein neues Buch bereits fertig, so würde ich einen andern Weg einschlagen, nämlich H[er]rn M[iquel] dasselbe zur gef. Kenntnisnahme übersenden, um zu sehen, ob sich ein direkter Verkehr mit ihm anknüpfen läßt. Es werden aber wohl noch acht bis zehn Tage vergehen, bis mein Buch versendbar ist. Auch würde ich mit meinem Anliegen in bezug auf Ihren Casus nicht sofort herausrücken dürfen.

Man könnte diesen Weg aber doch um der Zukunft willen ins Auge fassen. Zu diesem Zwecke würde es meines Erachtens aber rätlich sein, vorher in einer nationallib[eralen] Frankf[urter] Zeitung einen ankündigenden Artikel über mein Buch erscheinen zu lassen, etwa einen Auszug aus der Ankündigung des Buches in Reins „Pädag[ogischen] Studien", 2. Heft 1881. (Der Name „Rein" müßte die Anzeige decken.) Ich lege das betreff[ende] Heft hier bei.

Eine Vermittlung durch H[er]rn Insp[ektor] Fabri scheint mir kaum tunlich, es sei denn, daß er mit H[er]rn M[iquel] persönlich bekannt wäre und zwar so bekannt, um in solcher Weise an ihn schreiben zu können. Ich würde Ihnen auch nicht raten, mit dem Ansinnen direkt an Dr. F[abri] heranzutreten, sondern ihn erst durch Freund Busch im Missionshause mündlich sondieren zu lassen. Je nach Ausfall von Buschs Antwort könnten Sie sich dann eventuell direkt an ihn wenden.

Übrigens will ich noch darauf aufmerksam machen, daß Dr. Fabri mit der Familie Bernus in Frankfurt gut bekannt ist. Wäre das vielleicht ein Weg, um an H[er]rn M[iquel] heranzukommen? Wenn ja, dann müßte Busch auch dieserhalb H[er]rn F[abri] sondieren.

Mit herzlichen Grüßen
Ihr
F. W. Dörpfeld

Diehl hatte D. am 23.10.1881 brieflich gebeten, ihn bei der Bewerbung um eine vakante Frankfurter Rektorstelle zu unterstützen und an D.s Empfehlung bei G. v. Vincke 1866 erinnert. Diehl schlug vor, D. möge sich für ihn direkt oder indirekt bei Oberbürgermeister Miquel verwenden. Mit Missionsinspektor Fabri, dessen Referenz auch in Frage käme, habe er seit seiner Rückkehr aus Rußland keine Verbindung mehr gehabt. Er fragt an, ob Fabri eingeschaltet werden solle.

274

An Wilhelm Dörpfeld, Berlin

Gerresheim, 15. November 1881

Lieber Wilhelm.

Deine jüngsten Mitteilungen über die neuen Aussichten für Deine Karriere haben uns, wie Du denken kannst, sehr interessiert.

Schon Schliemanns Antrag – in dem Sinn, wie ich ihn ursprünglich verstand, nämlich als festes Engagement für mehrere Jahre – sagte mir zu, insofern er hoffen ließ, daß Dir dadurch der Weg und die Dozentenkarriere gebahnt und erleichtert werden könnte.

In dem jetzt näher erläuterten Sinn, wonach nur ein Engagement auf 21 Monate gemeint ist, kann Dir der Antrag, für sich allein genommen, natürlich nicht dienen. Mich wundert aber auch, wie Schliemann Dir eine solche Zumutung machen konnte. Es scheint fast, als ob er gewohnt wäre, seine Mitarbeiter recht wohlfeil zu kaufen.

Der neue Plan der Professoren, Dich am archäolog[ischen] Institut anzustellen, scheint mir, so weit ich's besehen kann, allerdings beträchtlich vorteilhafter, als der Schliemannsche Antrag im besten Falle gewesen sein würde – vollends, wenn es sich fügte, daß Du doch die Schl[iemann]sche Aufgabe mit übernehmen könntest. Du hättest dann in Zukunft auch zwei Stützpunkte (Fürsprecher), wenn Du dereinst eine Dozentenstelle im Vaterlande wünschest.

Was im einzelnen dabei zu bedenken ist, muß ich Dir überlassen, da mir die einschlägigen Verhältnisse nicht genügend bekannt sind. Der einzige Punkt, der mir noch Skrupel macht, ist der Mangel des Baumeisterzeugnisses. Innerhalb eines Erfahrungskreises habe ich oft gesehen, daß der Fehler irgendeines höheren Zeugnisses sich später auch tüchtigen Leuten zuweilen höchst unbequem fühlbar machte. In jedem Falle würde ich raten, daß Du auch mit den Professoren der Generaldirektion über diesen Punkt sprächest. Sollte es nicht auch möglich sein, daß Du in Athen Dich nebenbei für das Baumeisterexamen präpariertest und dann dasselbe nach etlichen Jahren bei Gelegenheit einer Urlaubsreise in Deutschland absolviertest?

Was die Angelegenheit insgesamt betrifft, so kann mein letzter und Hauptrat immer nur lauten, wie Salomo ihn gibt: Sprüche 3, 5–6.

Lege Dein Anliegen im Gebet Gott dem HErrn ans Herz, dann kann die Entscheidung nicht anders als gut ausfallen und der Fortgang nicht anders als gut endigen; und ob auch manches anscheinend verkehrtginge, so muß doch gerade dies Verkehrte zu Deinem und Eurem Besten dienen (Römer 8, 26–28).

Wenn man älter wird, so fällt einem im Rückblick auf die Vergangenheit kaum etwas schwerer aufs Herz als dies, daß man dem Gebet, d.i. genauer: der Güte, der Weisheit und der Macht Gottes zu wenig vertraut hat. Diesem treuen, vertrauenswürdigen Hirten wollen auch wir Euch alle Tage befehlen.

Hierbei kann ich Dir auch ein Erstlings-Exemplar meiner neuen Schrift schicken. Es möge Dir zugleich ein Andenken an Euer Verlobungsjahr sein. Daß soviel Polemik darin enthalten ist, braucht Dich nicht zu stören, denn es ist nicht aus Streitlust, sondern aus Friedensliebe geschrieben; und ich bin überzeugt, daß es, wo ihm bei den Lesern der gleiche Sinn entgegenkommt, in vieler Hinsicht den Frieden befördern kann, auf dem Schulgebiete, in der Kirche und in der Politik.

Am meisten wird das Buch wahrscheinlich in den Pastorenkreisen Unruhe und Unzufriedenheit erregen. Und doch haben die Pastoren, wenn sie es recht bedenken wollen, am allerwenigsten Ursache dazu; im Gegenteil müßten sie bei ruhiger Erwägung sich gedrungen fühlen, mir im Namen [der] Kirche ihren Dank auszusprechen.

Jeden Aufsatz habe ich vor dem Drucke mit unserm Pastor Neveling eingehend durchgesprochen und ihn dabei gebeten, er möge mit aller Schärfe sachlich und sprachlich Kritik üben. Er hat aber von Anfang bis zu Ende gar nichts zu kritisieren gefunden, rein gar nichts, weder in der einen noch in der andern Hinsicht. Vom ersten Artikel an bis zum Schlusse des Ganzen wiederholte er auf mein Andringen immer nur dies eine Urteil: ein Pastor, der nicht alles ohne Ausnahme vernünftig, gerecht und billig findet, den verstehe ich nicht.

Dich kann der technisch-pädagogische Inhalt des Buches natürlich nicht interessieren, wenigstens soll Dir das nicht zugemutet werden. Den Anhangsaufsatz über die polit[ischen] Parteien, den Du schon in etwa kennst, möchte ich Dir doch zur nochmaligen Lektüre empfehlen. (An einer Stelle ist auch ein Zusatzabschnitt beigefügt, worin u.a. auf ein Buch von Detlev Zahn aufmerksam gemacht wird.)

Meines Erachtens ist dieser Aufsatz geeignet, einem in dem Wirrwarr der polit[ischen] Parteien eine feste Stellung zu geben und alle ungesunden Einseitigkeiten von sich fernzuhalten. Wieviel glücklicher könnte der arme Reichskanzler sich fühlen und wieviel erfolgreicher an der inneren Reform und Festigung des Staates arbeiten, wenn ihm eine starke Partei, in welcher die von mir dargelegte Anschauung Geltung hätte, zur Seite stände! Jetzt muß er notgedrungen bald mehr rechts, bald mehr links seine Stütze suchen und dann hinterher sich darob schelten lassen, daß er nicht gerade Linie halte. Leider ist er auch in seinen Ratgebern und Zeitungsschreibern nicht so bedient, wie er es bedarf und verdient. Leute von festem Blicke und sicherem Gange sind selten, namentlich deshalb, weil die Wahrheit (nach einem Schillerschen Ausdruck) nicht als eine „milchgebende Kuh" betrachtet und geliebt sein will. Bismar[c]k muß sich zuviel mit Strebern und dergleichen „Interessenten" behelfen.

Und ist es nicht sonderbar, daß eine solche Partei, in welcher die in meinem Anhangsaufsatze ausgesprochenen polit[ischen] und ethischen Grundsätze anerkannt sind, gar nicht existiert? Ich bin überzeugt, wenn Bismar[c]k diesen Aufsatz kännte, so würde er sagen: der Mann hat recht; schafft mir eine solche Partei, dann ist mir und dem Reiche geholfen. Wahrscheinlich wird sie aber erst dann ins Leben treten, wenn Bismar[c]k abgenutzt ist oder die Augen geschlossen hat. Das ist der Welt Lauf von altersher.

Diejenigen, welche es mit Kaiser und Reich und seinem Kanzler ehrlich meinen, könnten meines Bedünks zur Zeit nichts besseres tun, als wenn sie meinen Anhangsaufsatz (I. Teil) im Separatdruck als Flugschrift massenhaft zu verbreiten suchten. Schwerlich wird aber einer von seinen Freunden auf diesen Einfall kommen.

Ich denke jetzt oft an Anno 1866 (Frühjahr) zurück, als alle Welt, die polit[ischen] Verstand haben wollte, wider Bismar[c]k schrie. Da schrieb ich inmitten meiner kranksten Zeit das Flugblatt „Deutschlands Rückgrat", das innerhalb drei Wochen vier Auflagen (a

6000 Ex[emplare]) erlebte. Soviel mir und meinen Freunden besehbar geworden ist, kann dieses kleine Opus mit allem, was damals in ähnlicher Weise erschien, die Konkurrenz aushalten.

Jetzt nehmen Hofpred[iger] Stoecker und die „Kathedersozialisten" sich der sozialen Frage an – vom konservativen Standpunkte aus; und die Not der Zeit hat auch Bismar[c]k gezwungen. In den fünfziger Jahren war es auf christl[ich]-kons[ervativer] Seite nur der wackere Professor V.A. Huber (dessen Lebensbeschreibung Du kennst), der sich um die sozialen Nöte bekümmerte. Er wurde deshalb von seinen kons[ervativen] Gesinnungsgenossen ignoriert, beiseite geschoben, natürlich mit Komplimenten. So gingen die Dinge ihren Gang, und die „große Fortschrittspartei" hatte zu Anfang der sechziger Jahre die gesamte Handwerker- und Fabrikarbeitermasse in ihrem Gefolge, bis Lassalle auftrat und besonders auch in der hiesigen Gegend Boden fand. Was taten die Liberalen? Sie gebärdeten sich, wie wenn sie diese Gegner verachteten und nicht zu fürchten brauchten; von innerer Teilnahme, sei es für die Nöte der Fabrikarbeiter oder für die Gefahr der demagogischen Verführung, war vollends nichts zu spüren. Die Konservativen waren, wie gewöhnlich, rat- und tatlos und zum guten Teile innerlich ebenso kaltsinnig wie die Liberalen. Schweigen ringsum, bei Geistlichen und Laien, bei Liberalen und Konservativen, bei Juristen und Verwaltungsbeamten. Da ließ mir mein Gewissen keine Ruhe. Inmitten meiner leiblichen Beschwerden (1865–66) schrieb ich das pseudonyme Schriftchen über die soziale Frage mit dem Zwecke, den beiden Parteien ihre [dies]bezüglichen Schulden vor die Augen zu halten und den 4. Stand vor der Umgarnung der Demagogie zu warnen. Große soziale Projekte durfte ich mir natürlich nicht erlauben; allein, soviel mir besehbar ist, würde das Schriftchen auch heute noch mit allem, was die Christlich- und Gouvernemental-Sozialen in der volkstümlichen Literatur geleistet haben, mit Ehren konkurrieren können. Ob mein Buch damals etwas genützt hat, weiß ich nicht; die wachsame Antipathie der Fortschrittler und die Apathie der Konservativen haben um die Wette dafür gesorgt, daß es in den öffentlichen Blättern totgeschwiegen würde.

Das eine aber darf ich konstatieren: in hiesiger Gegend ist es weder ein Hof- noch ein Dorfprediger, weder ein Liberaler noch ein Konservativer gewesen, der den Kampf wider die Sozialdemokratie zuerst aufgenommen hat, sondern ein einfacher und dazu kranker Schulmann.

Das Buch ist verschollen: ich selbst besitze kein Ex[emplar] mehr. Das letzte Ex[emplar], was mir zu Gesicht kam, brachte einer aus der Schweiz mit, wo es ihm empfohlen worden war, der aber nicht wußte, woher es stammte.

Was damals mein Buch den beiden Parteien ans Herz zu legen suchte, aber um des Anstößigen und Befremdlichen willen nur pseudonym zu reden wagte, das ist nun gouvernementale Lehre geworden: das läßt Bismar[c]k von den Dächern predigen.

Jetzt, nach fünfzehn Jahren, sind die Parteien abermals verwirrt und anscheinend noch schlimmer als damals. Damals waren es Bismar[c]ks nationale Pläne, worin er sich durch die Parteien aufgehalten sah, weil die Liberalen sich in seine Mittel (Militärverstärkung) nicht zu finden wußten und den Konservativen das Ziel selbst nicht am Herzen lag, wenigstens nicht so, daß es einen Teil ihres polit[ischen] Programmes gebildet hätte. Jetzt sind es des Kanzlers innerstaatliche (wirtschaftliche und soziale) Pläne, an denen die Köpfe sich verwirren. Jetzt rächt es sich, daß man vor fünfzehn Jahren die soziale Frage nicht an sich herankommen lassen wollte. Überdies spielen egoistische Interessen und hinterstellige polit[ische] Tendenzen bei der Opposition links und rechts eine große Rolle, die man aber nicht an den Tag kommen lassen will und darum andere Gründe vorschiebt. So ist denn die polit[ische] Atmosphäre über die Maßen vernebelt. Durch den Disput der Parteien unter sich wird keine Klarheit hineinkommen. Das einzige, was Klarheit schaffen kann, ist meines Erachtens eine Kritik beider Parteien, wie mein Anhangsaufsatz sie versucht hat.

Doch genug von Politik.

Über die eigentliche, die technisch-pädag[ogische] Materie meines Buches will ich auch noch eine Bemerkung beifügen, nicht eine sachliche, sondern bloß persönliche.

Für mich war die Schrift eine wahre Pönitenzarbeit in mehrfacher Hinsicht. Einmal hatten meine früheren Schriften über die Schulverfassung wenig Erfolg gehabt, da sie bei den Parteien rechts und links nicht das gewünschte Gehör fanden. Sodann war bei meinen Leibesumständen das Gemüt nicht gestimmt, sich in Streithändel einzulassen. Und endlich: wenn die Schulverfassungsfrage doch noch einmal angefaßt werden sollte, dann müßte notwendig auch die dornige Spezialfrage der Lokal- und Kreis-Schulinspektion, der ich bisher möglichst aus dem Wege gegangen war, bis auf den Grund durchgesprochen werden. Davor fürchte ich mich.

Darum hätte ich am liebsten meine noch übrige Kraft und Lebenszeit auf stille, rein pädagogische Probleme verwendet. Der H[err] Minister v[on] P[uttkamer] hat es anders gewollt. Seine bekannte Rede zwang mich, als Red[akteur] eines Schulbl[attes] meine Schuldigkeit zu tun. Das ist nun geschehen.

Daß dabei auch die minist[erielle] Rede eingehend beleuchtet wird, geschah nicht deshalb, weil dieselbe in meinen Augen eine so ausführliche Besprechung wert wäre – sie würde in der Tat sogar dann staatsmännisch unbesonnen heißen müssen, wenn sie mehr Wahrheit enthielte, als es der Fall ist – sondern weil sie ein Ausfluß und charakteristisches Symptom des traditionellen Schulaufsichtssystems ist. Erst an dieser Rede lernt man die Natur dieses Systems vollständig kennen.

Ich habe Dir diese Bemerkungen noch beigefügt, da dieselben Dir vielleicht nützlich sein könnten für den Fall, daß Du irgendeinmal mit jemandem ins Gespräch über das Buch kämest.

Allem Anschein nach wird diese Arbeit mehr Wirkung haben, wenigstens mehr gelesen werden, als die früheren über dieselbe Materie. Es sind 3000 Ex[emplare] gedruckt worden. Aber noch ehe der Druck vollendet war, waren bereits 2500 Subskriptionsbestellungen eingelaufen aus allen deutschen Gauen.

Glaubst Du, daß ich auch Deinem Schwiegervater ein Ex[emplar] schicken sollte? Wenn ja, dann melde mir Deine Ansicht p[er] Postkarte.

Teile mir gef[älligst] auch die genaue Adresse des früheren Unterstaatssekretärs Sydow mit. Ich hatte vor, auch an ihn ein Ex[emplar] zu schicken.

In einem Briefe der Frau Prof. Adler wie auch in einem Briefe von Anne ist erwähnt, daß Du zuweilen ermüdet und angegriffen aussähest. Sollten die Arbeiten Dich zu sehr in Anspruch nehmen, so möchte ich doch dringend raten, daß Du täglich eine Stunde die frische Luft suchtest und wöchentlich ein paarmal auf eine Stunde zum Turnen gingest. Bitte recht angelegentlich darum.

Herzliche Grüße an Dich und Anne und die Familie Adler von uns allen.

In Liebe Dein Vater
F. W. Dörpfeld

P.S. Das Geld ist rechtzeitig angekommen.

Schliemann hatte Wilhelm Dörpfeld für seine Ausgrabungen in Troja ganz gewinnen wollen. W.D. zog jedoch einen festen Vertrag mit der Zentraldirektion des Archäologischen Instituts des Deutschen Reiches vor. Deren Leiter Prof. Conze engagierte W.D. Ende 1881 als Architekt bei der Außenstelle in Athen, wobei er über ein Drittel seiner Zeit nach eigenem Ermessen verfügen sollte. So konnte er bereits im Frühjahr 1882 mit Schliemann mehrere Monate in Troja graben (P. Goeßler, a.a.O., S. 47 ff). Auf eine zusätzliche Baumeisterprüfung, deren Vorbereitung ihn noch viel Zeit gekostet hätte, verzichtete er endgültig.

Das dem Sohn übersandte Buch D.s war die inzwischen in Buchform erschienene Aufsatzserie über die „Leidensgeschichte der Volksschule".

Unter dem Pseudonym Dr. German war 1867 die Broschüre „Die soziale Frage" erschienen, die zuvor in der konservativen Westlichen Provinzialzeitung sowie angeblich auch in der Saarbrücker Zeitung abgedruckt worden war. Nach Mitteilung von Karl-Hermann Beeck dort nicht nachzuweisen. Näheres bei Brief 104.

Der gute Verkaufserfolg, der sich u.a. in den erwähnten Subskriptionen niederschlug, machte schon 1882 eine 2. Auflage der „Leidensgeschichte" nötig.

275

An Heinrich Schröer, Berlin

Gerresheim, 16. November 1881

Offenbar hat der Schriftleiter der Pädagogischen Zeitung einige Rezensionsexemplare angefordert, denn D. schickt ihm beifolgend die „Grundlinien einer Theorie des Lehrplans", das „Repetitorium des naturkundlichen und humanistischen Realunterrichts", die beiden Gutachten und „Der didaktische Materialismus". Ausführlich geht er auf die Motive dieser Schriften ein; letzteren sei mit einer allgemeinen Anpreisung nicht gedient. Ein Rezensent müsse vielmehr konstatieren, daß die Arbeiten von der landläufigen bzw. offiziellen Seminarmethodik abwichen. Er, D., habe bisher meist enttäuschende Besprechungen und Kritiken erlebt, weil über entscheidende Aussagen hinweggeschlüpft würde. Dabei könnten selbst die gelehrten Sozialistiker und Kameralisten noch aus seinen Schulkinderlektionen zur Gesellschaftskunde lernen.

276

An Wilhelm Rein, Eisenach

Gerresheim, 1. Dezember 1881

Lieber Freund.

Daß Sie auf Ihren Brief vom 5. Oktober noch keine Antwort erhalten haben, hätten Sie getrost zum besten deuten sollen, als Einverständnis meinerseits. Allerdings wäre es mir lieber gewesen, wenn Ihr Vortrag im Ev[angelischen] Schulbl[att] hätte mitgeteilt werden können, wie bei den Thesen den Lesern versprochen worden war. Allein ich sah ein, daß dem Kehrschen Blatte der Vortritt gegönnt werden mußte. Ebenso war mir verständlich, daß Sie gern Ihr Herz über die Berliner Versammlung ausschütten wollten und dies am liebsten in Ihren Studien täten. So suchte ich mich denn ohne „Murmeln" in den unerwünschten Lauf der Dinge zu schicken. Wenn die Berichte über die Berliner Versammlung da sind und auch das 4. Heft Ihrer Studien, dann gedenke ich Ihre Rede und die Debatte auszugsweise im Ev[angelischen] Schulbl[att] vorzuführen, zusammen mit Ihren „Anmerkungen" und schließlich einige eigene Bemerkungen beizufügen.

Vor neun Wochen war Horn hier, um mir die Berliner Erlebnisse mündlich zu berichten. Wie gern wäre ich mit dabeigewesen! Es würde mir eine Freude gewesen sein, mit den Schulräten und Comp[agnie] mich herumzuschlagen. Sie als „Ausländer" konnten das nicht; das mußte ein Preuße tun, einer, der früher gegen die Regulative zu Felde gelegen hat. Vielleicht wäre ich mit Ingrimm von Berlin heimgekehrt, aber gewiß nicht mit schwerem Herzen. Man muß die schwachen Seiten der regulativischen Ära kennen, aber besser als Diesterweg und seine Freunde (A propos, wenn Ihnen das in meinem Anhangsaufsatze empfohlene Buch des Pastor Dr. Zahn „Die natürliche Moral" in die Hände fällt, dann lesen Sie gef. nach, was dort S. 214 ff. über Stiehl gesagt ist. Das ist das Härteste, was ich über den Mann gelesen habe. Detlev Zahn ist der vierte Sohn des alten Direktors Zahn).

Über die Lehrpläne pro Präparandenanstalten und Seminare habe ich mit Horn einiges besprochen. Wenn dieselben fertig sind, so wird es mir lieb sein, wenn sie das Ev[angelische] Schulbl[att] mitteilen kann.

Für Ihre Bemühungen für meine „Leidensgeschichte" besten Dank. Ein Bericht über die Besprechungen des Eisenacher Vereins wird mir sehr willkommen sein. Wie mir Fleischhacker mitteilt, ist der Allgemeine Lehrerverein in Leipzig auch in der Besprechung des Buches begriffen.

Fl[eischhacker] hat zwei Referate gehalten resp. übernommen; das dritte Referat ist einem Lehrer Rocke übertragen. In Leipzig scheint demnach die Materie recht gären zu wollen.

Jüngst bei der Übersendung des Zirkulars wollte ich diesen Brief mitschicken. Andere dringende Angelegenheiten ließen mich jedoch nicht zum Schreiben kommen. Um der Eile willen ließ ich daher das Zirkular vorauslaufen.

Mit herzlichen Grüßen
Ihr
F. W. Dörpfeld

Ein Bericht über den Berliner Seminarlehrertag, wie ihn D. ankündigte, ist im EvSchBl nicht nachweisbar. Mit dem „Anhangsaufsatz" ist gemeint: „Anhang. Die politischen Parteien und die Volksschule", in: Ein Beitrag zur Leidensgeschichte der Volksschule, Barmen 1881, S. 267–309. Reins Berliner Vortrag: siehe bei Brief 272.

Die Pädagogischen Studien 1882, 1. Heft, S. 44 brachten von A. F. einen Bericht „Aus dem Leipziger Lehrerverein" über die Referate Fleischhackers und Rockes. Die Wertschätzung von D.s „Leidensgeschichte" wurde durch Verleihung der Ehrenmitgliedschaft durch den Leipziger Verein zum Ausdruck gebracht.

Rein antwortete am 7.12.1881. Den ebenfalls wiedergegebenen Briefen Reins vom 21.5.1882 und 6.8.1882 dürften keine Schreiben D.s voraufgegangen sein; die Einleitungen lassen sich jedenfalls so verstehen, ebenso der Anfang des Briefes 282. Zu Reins Lutherbuch siehe Brief 282. Zu R. Staudes Präparationen siehe Brief 284.

Eisenach, 7. Dezember 1881

Verehrter Freund!

Besten Dank für Ihre Zeilen!

Die Protokolle über den Berliner Seminarstag sind nun im 6. Heft der Kehrschen Blätter erschienen, Ich freue mich sehr der Aussicht, daß Sie zu den Verhandlungen sprechen wollen. Jetzt, wo ich in aller Ruhe dieselben „genießen" kann, ärgere ich mich, daß ich damals so aufgeregt war und mich nicht genug gewehrt habe, wo es doch nicht schwer war. Es war aber auch zu deprimierend. Ich hatte das Gefühl: was hilft alles Strampeln, wenn die Einsicht, immanente Methodik sei das höchste, als oberste Weisheit verkündet wird. Doch es ist vorüber und nicht mehr zu ändern.

Der Vortrag von Israel enthält viele Irrtümer. Es wäre wohl gut, wenn dieselben auch einmal in ruhiger Weise besprochen würden. Ebenso müßte die „immanente Methodik" beleuchtet werden. Dazu gehört aber genaue Kenntnis des betreffenden Unterrichts in den preußischen Seminaren. Immerhin geben die Verhandlungen viel zu denken.

In der thüringischen Schulzeitung spielt sich auch eine kleine Auseinandersetzung zwischen Bartels und Göpfert (hier, Zillerianer) ab, Waldeck betreffend. Man sucht überall den Herbartianern etwas am Zeug zu flicken.

A propos: Kennen Sie den neuen Schriftsteller Ufer, Lehrer in Dieringhausen?

Unser „1. Schuljahr" erscheint nun bald in der neuen Auflage. Ebenso Heft 4 der Pädagogischen Studien. Von Eberhardts „Poesie in der Volksschule" ist das 2. Heft herausgekommen. Erneute Annäherung an Ziller! Wenn Sie an Horn schreiben, bitte grüßen Sie ihn von mir.

Immer Ihr treu ergebener
W. Rein

Eisenach, 21. Mai 1882

Verehrter Freund!

Es ist eine lange Zeit verstrichen, seit wir uns nicht geschrieben. Ein schwerer Schlag, der Tod unseres Ziller, hat uns seitdem betroffen. Schwer lastet auch die Frage, was wird aus dem Verein, was aus der Leipziger Professur und Seminarschule werden. Ich gedenke zu Pfingsten dahin zu gehen, schon deshalb auch, um Herrn Professor Vogt persönlich kennenzulernen. Wenn Sie irgendwie spezielle Wünsche und Aufträge haben, so bin ich gern bereit, dieselben zu übernehmen. Sie selbst werden ja kaum kommen können, da Sie die Jubiläumsfeier des Herrn Direktor Zahn vorhaben.

Ihr letzter Aufsatz hat mich natürlich sehr interessiert. Die Arbeit von H[errn] Halfter kenne ich noch nicht; ich habe sie mir aber sofort bestellt. Ihre Gründe für die Dreiteilung des Lernprozesses weiß ich wohl zu schätzen. Auch bin ich durchaus Ihrer Ansicht, daß wir Herbartianer vielmehr darauf aus sein mußten, die Zusammenhänge mit den Vorfahren aufzusuchen und zu betonen (die Arbeit von Just im neuen Jahrbuch ist darum vortrefflich), als die herbartische Sache als außerhalb der Entwicklung liegend darzustellen. Solche Übertreibungen haben natürlich sehr geschadet. Aber wie dem auch sein mag, unsere Position ist gut und erwirbt sich immer mehr Freunde. Unsere Arbeiten werden viel benutzt, und die Spuren sieht man in manchen literarischen Erzeugnissen bereits stark hervortreten. Alte, törichte Vorurteile schwinden nach und nach. Es ist unglaublich, welche Mythenbildung sich bereits an die formalen Stufen angesetzt hatte! und am liebsten verbreitet und erfunden von Leuten, die gar keine Ahnung von der Sache hatten und sich auch keine Mühe geben wollten.

Unser „5. Schuljahr" kommt nächstens. Bitte, lesen Sie den Abschnitt über den Geschichtsunterricht. Wir haben in unserer Seminarschule vortreffliche Erfolge mit dieser Art Geschichtsunterricht erzielt. Auch hier hat Ziller das Richtige gesehen; es gilt nur auszubauen und ins einzelne zu verfolgen, was freilich gar oft viel Mühe und Not verursacht.

Doch für heute Gott befohlen. Hoffentlich treffen Sie meine Zeilen recht froh und munter an!

Immer Ihr treu ergebener
W. Rein

Eisenach, 6. August 1882

Verehrter Freund!

Lange, sehr lange habe ich nichts von Ihnen gehört. Wäre das ev[angelische] Schulblatt nicht, ich hätte keine Kunde von Ihnen. Daß Ihre neueste Schrift wieder aufgelegt werden muß, ist hoch erfreulich. Bei uns ist sie von vielen Lehrern geradezu verschlungen worden. Auch meine Lehrseminaristen haben sie eifrig studiert, wie ich hoffe, mit Erfolg. Nach den letzten Wahlaufregungen im vergangenen Jahr, wobei sich die Lehrerwelt stark fortschrittlich beteiligt hat, ist es ganz ruhig geworden. Ich habe fleißig Luther studiert und eine Biographie zusammengestellt, Vorarbeit für das „8. Schuljahr". Es ist geradezu eine Schande, wie sehr unser Reformator in der Volksschule (wie im Seminar) vernachlässigt wird. Und doch welch wundervoller Stoff für die Charakterbildung. Nur muß man ein ganzes Jahr mit wenigstens drei Stunden wöchentlich darauf verwenden. Ich freue mich sehr der Arbeit für das „8. Schuljahr" und habe deshalb die Bearbeitung des Neuen Testamentes an H[errn] Dr. Staude abgegeben. Derselbe arbeitet Präparationen für das Alte und Neue Testament aus und gedenkt dieselben im nächsten Jahre als selbständiges Buch herauszugeben. H[err] Dr. Bliedner ist mit seinem „Schillerlesebuch" fertig. Es wird wohl noch in diesem Jahr erscheinen. Ihren Aufsatz im Anschluß an Halfters Buch habe ich mit größtem Interesse gelesen und spanne ich sehr auf die Fortsetzung. Kommt sie bald? Im 3. Heft der Studien wird ein Aufsatz von Reinerth (jüngster Schüler Zillers) über die Konzentration stehen, der manches Interessante für Sie enthält, zumal er aus den letzten Jahren des Seminars hervorgegangen. Erhalten Sie die Studien regelmäßig?

Anbei sende ich Ihnen einen Aufsatz im Kirchen- und Schulblatt über Religionsunterricht. Senden Sie ihn mir, wenn ich bitten darf, bald zurück. Den Verfasser kenne ich nicht; ich vermute einen Schulinspektor darunter.

Haben Sie von Sallwürk etwas gehört? Vogt hat die Versammlung zu Pfingsten gut geleitet. Nächstes Jahr Coburg. Könnten Sie nicht einmal kommen? Das Seminar wird leider zu Ostern eingehen. Der sächsische Kultusminister hat absolut kein Interesse für die Herbart-Zillerschen Bestrebungen und hält das pädagogische Seminar für ganz unnütz. Die Gymnasiallehrer brauchten keine Methodik, die Volksschullehrer hätten genug davon im Seminar.

Morgen geht unsere Schule wieder an. Ich war mit den Lehrseminaristen in Nürnberg, Bamberg, Coburg. Nach Regensburg kamen wir nicht des Regens wegen.

Zum Schluß herzlichen Gruß! Schreiben Sie bald einmal

Ihrem ergebenen
W. Rein

277
An unbekannt

Gerresheim 1881

[. . .] Diese Frage ist mir nicht ganz verständlich. Was ist das für eine „geistige Strömung", die Sie meinen?

Meinen Sie etwa, daß wir hier uns nicht um Schulverfassungsfragen bekümmert hätten? Dann lassen Sie mich bemerken, daß wir uns schon vor 1848 darum bekümmert haben. Schon im Jahre 1846 habe ich, ein 22jähriger, in einer bergischen Generalkonferenz über „Wünsche rheinischer Lehrer" beraten helfen.

Oder meinen Sie unter „geistiger Strömung" den Zusammenschluß der Lehrer zu einem preußisch-deutschen Verein? Dann lassen Sie mich sagen, daß ich schon im Jahre 1869 mir die Finger müde geschrieben habe, um eine gemeinsame Aktion aller Provinzen für unsere Standesanliegen zu erzielen, namentliche durch Korrespondenz mit Backhaus in Osnabrück und Schlichting in Kiel, der damals Landtagsabgeordneter war. Aber alle meine Bemühungen scheiterten und zwar hauptsächlich an dem einen Punkte, daß diese Herren die Agitation für die Simultanschule nicht fallen lassen wollten. Mein Warnen und Bitten war ohne Erfolg. Und warum? Im Grunde bloß deshalb, weil sie sich von Miquel und Genossen hatten vorsagen lassen: die Simultanschule sei die „Schule der Zukunft" und überhaupt nur eine Frage der Zeit; wer das nicht einsehe, der sei in der Zeit zurückgeblieben, den müsse man stehen lassen. So sah ich mich denn in die Stille und aufs Warten verwiesen, bis der Lehrerstand zur Besinnung komme und sich von der Vormundschaft der Politiker emanzipiere. Denn mein Verstand kann in den Agitationen der Lehrer für die Simultanschule, sofern sie dadurch die Erfüllung ihrer Standeswünsche zu erstreben gedenke, nichts anderes sehen als jene bekannte Szene, wo einer den Bock melkt und der andere das Sieb unterhält. Allerdings haben der preußische Lehrerverein und der deutsche in ihren Statuten nichts über die Simultanschule statuiert, allein daneben konnte es geschehen, daß die allgemeine deutsche Lehrerversammlung und Vereinsblätter nach besten Kräften für die Simultanschule votierten und Propaganda zu machen suchten. Diese Trübfischerei ist meiner deutschen Seele zuwider.

Und was ist das Ende gewesen? Am 11. Februar 1880 fielen unserm armen Stande alle die begangenen Fehler auf den Kopf. Sind nun an jenem Tage oder später diese politischen Herren (Miquel, Bennigsen usw.) dem bedrängten Lehrerstande beigesprungen? Sie haben es schön bleiben lassen: sie wären auch bei allem guten Willen nicht dazu gerüstet gewesen. Das zeigte sich auch, als am 9. Dezember 1880 die Ministerrede im Landtage noch einmal zur Sprache gebracht wurde. Der letzte Redner, Rickert, sammelte alles, was geredet worden war, in die große, vertrauensvolle Bitte zusammen: der Minister möchte doch von seinen harten Vorwürfen wider die Lehrer ein bißchen abziehen. Ohne Zweifel hätte der Minister den Herren diesen kleinen Gefallen erzeigen können, ohne sich etwas zu vergeben; allein seine Verachtung gegen solche Gegner war so groß, daß er ihnen den Ausspruch ins Gesicht schleuderte, es falle ihm nicht ein, an seinen Ausdrücken über die Lehrer etwas zu modifizieren. Und warum hat jetzt, wo der Volksschulkarren so tief im Drecke steckt wie je, warum hat jetzt gerade der, den man 1869 einen „Zurückgebliebenen" hieß, seinen kurzen Arm anstrengen müssen, um zu versuchen, den Karren aus dem Loche herauszuziehen und zwar allein, ohne Hülfe, nur unter Assistenz etlicher versprengter Freunde da und dort, die ihm jeweilig den Schweiß von der Stirn wischten? Bitte, überlegen Sie sich gefälligst diese Frage; es steckt ein dicker Band Schulgeschichte darin.

Noch ein Drittes lassen Sie mich in betreff der „geistigen Strömung" bemerken. Hier am Niederrhein ist nur einer bekannt, der nicht bloß seit einem Jahrzehnt, sondern seit 25 Jahren „geistige Strömung" gemacht hat und zwar in allen Hauptzweigen der Pädagogik, von der Psychologie an bis zur Theorie der Schulverfassung, worüber unter anderen auch Diesterweg ihm seiner Zeit (1863, in zwei Rezensionen) ein Zeugnis ausgestellt hat, wie er es günstiger nicht wünschen konnte. Nun, lieber Freund, wie wäre es, wenn wir Ihre Frage einmal umkehrten und etwa fragten: warum haben denn die Kollegen im Osten, so viele ihrer nach Fortschritt sich sehnten, sich nicht dieser „geistigen Strömung" im Westen angeschlossen? Warum weder vor noch nach 1872? Und woran mag es liegen, daß die Mehrzahl der östlichen Kollegen von der Existenz einer solchen geistigen Strömung, die vom Westen ausging, niemals etwas erfahren haben? Verzeihen Sie, lieber Herr Kollege, daß ich mit diesen Fragen so ungeschickt mit der Tür ins Haus falle. Es soll auch nicht zum zweiten Male geschehen. Dieselben sind auch nur entre nous gemeint; sie wollen nur sagen: wenn es einmal gelten dürfte, in unserm Corps über die Vergangenheit zu examinieren, dann kann ich auch mit einer ansehnlichen Zahl von Fragen dienen, die mir seit 35 Jahren das Herz schwer gemacht haben. [. . .]

[F. W. Dörpfeld]

Zur Landtagsdebatte am 9.12.1880 vergl. die Stenographischen Protokolle des Hauses der Abgeordneten. Aus der Korrespondenz mit dem Landtagsabgeordneten Schlichting ist Brief 124 erhalten. Ein Briefwechsel mit Backhaus ließ sich nicht ermitteln. Diesterwegs Rezensionen siehe Brief 82.

278

An Heinrich Schröer, Berlin

Gerresheim, etwa 1881

[. . .] Sie haben recht getan, mich für einen Gegner derselben zu halten. Ich würde es Ihnen auch fast übel genommen haben, wenn Sie mich in Verdacht gehabt hätten, daß ich dafür schwärmen könnte.

Meine Erwägungen, skizzenhaft hingeworfen, sind folgende:

A. Zugeständnisse:

(Ziel) 1. Sparsamkeit ist gewiß eine löbliche und wirtschaftlich wertvolle Eigenschaft (contra Genußsucht und Verschwendung, anspornend zum Fleiß);

(Weg) 2. Die Schule soll darum die Pflege auch dieser Qualität im Auge behalten, mit den ihr anvertrauten Mitteln;

(Außerdem Mittel) 3. Einzelne Lehrer mögen es immerhin auch einmal mit der Schulsparkasse versuchen, zur Probe, zur näheren Erforschung (Versuchsstationen).

Übrigens dürfte sich der prüfende Blick nicht lediglich auf die erzielte Sparsumme resp. Sparsamkeit richten, da auch vieles andere dabei zu bedenken ist.

B. Bedenken (Gegengründe):

(Ziel) 1. Ist es nach gesunden pädagogischen Grundsätzen erlaubt (oder gar rätlich oder gar geboten), unter den zu erstrebenden Tugenden eine (und zwar eine der bloß mittelbaren) herauszuheben, um dieselbe mit außerordentlichen Mitteln zu pflegen? Wenn ja, was die Vertreter der Sparkassen erst zu beweisen hätten, dann wäre die zweite Frage zu beantworten:

2. Warum gerade diese (die Sparsamkeit)? warum nicht auch: Reinlichkeit, Pünktlichkeit, Ordnungsliebe, Arbeitsamkeit, Ausdauer, Verträglichkeit, Anstand usw.?

Warum nicht auch genauere Kenntnisse der Gesundheitslehre und Eingewöhnung in die demgemäße Lebensweise?

Und warum nicht noch eher und eifriger: eine der unmittelbaren (absoluten) Tugenden, Wahrhaftigkeit, Sanftmut, Demut, Genügsamkeit, Gottvertrauen usw.?

Gesetzt aber, es ließe sich beweisen (was nicht möglich ist), daß die Sparsamkeit vor allen andern unmittelbaren und mittelbaren Tugenden auf eine extraordinäre Pflege Anspruch habe, dann entstehen die weiteren Fragen:

(Mittel) 3. Warum gerade dieses Mittel (Sparkassen) – ein Mittel, welches die Sparsamkeit lediglich auf die Lust am Besitz pflegt und bei dem von keinem tieferen Prinzip die Rede ist?

Soll die Anspornung zum Fleiße dieses Mittel legitimieren, so erinnere ich an den Apostel Paulus, der die Anweisung dazu motiviert,

1. daß jeder sein eigenes Brot esse (nicht andern zur Last falle) und
2. daß „man habe, zu geben dem Dürftigen".

Die beabsichtigte Einschränkung der Genußsucht legitimiert ebenfalls das Mittel nicht vollständig; denn die Wurzel (Lust am Besitz) kann ebenso gut Untugenden und Untaten erzeugen: Geiz, Neid, sich durch Unredlichkeit oder Hazardspiel etwas erwerben wollen usw. Überhaupt lassen sich die inneren Wirkungen dieses Mittels (Sparkassen) nicht kontrollieren.

In den Schuljahren soll der Fleiß der Kinder sich vornehmlich darin zeigen, daß sie im Lernen ihre Pflicht tun (und daheim den Eltern zur Hand gehen); die Sparkassen dagegen drängen die Kinder dahin, in der Erwerbsarbeit die löblichste Anwendung des Fleißes zu sehen und die Schularbeit als weniger löblich und nützlich zu betrachten.

Endlich: ein würdigeres und erziehlich einträglicheres Antidoton gegen die Genußsucht und eine Anspornung zur Arbeitsamkeit ist die Pflege der Barmherzigkeit und des opfernwilligen Gemeinsinnes. Man animiere daher die Kinder (durch Unterricht und Anmahnung), von ihren Ersparnissen auch zu wohltätigen und gemeinnützigen Zwecken etwas zu verwenden; für Blinden-, Taubstummen-, Blödsinnigen-Anstalten etc., für patriotische Zwecke, für die Heidenmission usw. (s. oben St. Pauli Ausspruch).

4. Eine besondere Erwägung verlangt dieser Punkt noch, insofern an Schulsparkassen gedacht wird und somit der Lehrer seine Zeit und Kraft hergeben soll, und endlich noch: ob diese Schulsparkassen allgemein (gleichsam obligatorisch) sein sollen.

In betreff des Lehrers nur zwei Bemerkungen. Erstlich darf die Sparveranstaltung nur da geschehen, wo das Tun und Verhalten des Kindes genau kontrolliert werden kann, also in der Familie. Zum andern kommt die Frage, ob der Lehrer seine Gabe (Lehrkraft) nicht nützlicher für die Jugend anwenden kann als bei diesem Geldgeschäft. Mich dünkt, wenn er die betreffende Zeit dazu verwendet, um einerseits den schwächeren Schülern nachzuhelfen und andererseits den eifrigeren in ihrem Neigungsfache (Zeichnen, Rechnen) vorwärts zu helfen, dann leistet er fruchtbarere Freiwilligkeitsdienste (vergl. Apostelgesch. 6,2).

Ein besonderes Licht fällt noch auf diese Schulsparkassen, wenn man (historisch) 5. ihre Herkunft in Erwägung zieht. Sie stammen aus Belgien und haben sich von da über Frankreich, England, Amerika, Dänemark, Schweden usw. fortgepflanzt.

Nun muß man sich an zweierlei erinnern, worin die Heimatländer der Schulsparkassen sich zu ihrem Nachteil von Deutschland unterscheiden:

Erstlich ist dort bisher die Schulbildung der unteren Stände vernachlässigt worden:

Zum andern hat dort das pädagogische Denken noch keine wissenschaftliche Durcharbeitung und Zusammenfassung gefunden. (Vergl. Dörpfeld, Didaktischer Materialismus, S. 77–80)

Daraus sind zwei charakteristische Folgen entstanden:

Einmal läßt sich auf die vernachlässigten Volksschichten nur durch außerordentliche, forcierte Mittel wirken; und zum andern sind diese Mittel fast immer mit Einseitigkeit behaftet.

So erklären sich auf englischem und amerikanischem Boden in religiösem Gebiete die methodistischen Bestrebungen, die Revivals usw., desgleichen die sog. Sonntagsschulen usw.; so auf romanischem Boden (Frankreich, Belgien, Italien), wo das religiös-kirchliche Leben brach liegt, die Ehrgeizaufstachelungen (durch Prämien, theatralische Schulprüfungen usw.) in den Schulen.

Kurz: der Charakter jener Bestrebungen ist das Außerordentliche anstatt des Ordnungsmäßigen,
das Methodistische anstatt des Methodischen,
das Forcierte anstatt des Naturwüchsigen,
und das ist auch der dreifache Charakter der angepriesenen Schulsparkassen.

Daraus ziehe ich die mahnende Folgerung:
6. Wir Deutsche müssen an unserer gesunderen (höheren) deutschen Art und Erziehungswesen festhalten, d.i. die Erziehungsaufgaben als ein Ganzes fassen, mit wissenschaftlichem Blick, damit dementsprechend die Bildungs- und Erziehungsarbeit geschehe:
harmonisch, nicht einseitig (einzelnes begünstigend usw.),
methodisch, nicht methodistisch,
naturwüchsig (gesund), nicht forciert (keine pädagogische Guanodüngung).
Darum – weg mit den Schulsparkassen. Das ist im wesentlichen meine Ansicht über die Schulsparkassen.

Übrigens möchte ich Ihrem Vorsatz, dieser Frage eine eingehende Untersuchung zu widmen, eher widerraten, als Sie dazu anfeuern. Einmal glaube ich kaum, daß dieselbe einer solchen ernstlichen Arbeit wert ist. Mich dünkt, diese ausländische Modesache wird sich in sich selbst totlaufen. Hier am Rhein ist sie in meinem Gesichtskreise noch nie in einer Konferenz zur Sprache gebracht worden; und wenn es geschähe, so würde die Majorität der Lehrer bald damit fertig sein. In Ostpreußen und Schleswig-Holstein z.B., wo sie in größeren Versammlungen zur Sprache gekommen ist, hat sie bei der Mehrzahl entschiedenen Widerspruch gefunden. Zum andern liegen aber unserm Stande so viele brennende und folgenschwere Fragen vor den Füßen, auf dem Gebiete der Schulverwaltung, der Theorie des Lehrplans und des Lehrverfahrens, daß wir nicht Hände genug haben, um hier die nötige Arbeit auszuführen. Schon allein auf dem Gebiete der Theorie des Lehrplans ist mehr zu tun, teils in weiterer Erforschung, teils in Verbreitung der Wahrheit, als ich bereite Hände sehen kann. Darum möchte ich Ihnen zurufen: „Lassen Sie die Toten ihre Toten (pädagogische Einfälle) begraben und legen Sie lieber an den wichtigeren und fruchtbareren Stellen mit Hand an!" Wären unter den Seminar- und Volksschullehrern die unerledigten Aufgaben der pädagogischen Wissenschaft und Praxis so gekannt, wie sie auf deutschem Boden gekannt sein könnten oder auch nur so viel davon als in meinen „Grundlinien" und in deren Ergänzungsschrift (der Didaktische Materialismus) darüber zu lesen ist, so würden solche Einfälle wie das Schulsparkassenwesen gar nicht haben entstehen können. Ich sage darum: haben Sie irgendeinen besonderen Grund, den Schulsparkassen zu Leibe zu gehen, nun, dann gehen Sie drauf los mit allem gebührenden Ernst. Im andern Falle aber wenden Sie lieber Ihre Zeit und Kraft wichtigeren Arbeiten zu [. . .]

[F. W. Dörpfeld]

H. Schröer hatte Wittenberg 1882 seine Schrift „Wider die Schulsparkassen" veröffentlicht. Bereits im EvSchBl 22 (1878) waren einige Beiträge über das Für und Wider von Schulsparkassen erschienen (S. 124 ff.; 161 ff.; 165 ff.), wobei die Gegenstimmen überwogen. Es ist anzunehmen, daß Schröer D. die Absicht, eine Broschüre gegen die Schulsparkassen herauszubringen, mitgeteilt hatte. *Antidoton = Gegengift.*

279

An Heinrich Schröer, Berlin

Gerresheim, 12. Januar 1882

[...] Mit Bezug auf Ziller muß ich bemerken, daß derselbe sehr gefährlich krank ist an der Wassersucht. Gott helfe ihm wieder zur Gesundheit und zu Kräften! Wir können ihn, menschlich gesprochen, in Deutschland noch nicht missen. Die Abgeschlossenheit seines Charakters und seine Schwerfälligkeit müssen wir mit in den Kauf nehmen; sie hängt auch wohl mit seiner großen Schwerhörigkeit zusammen. Übrigens ist er ein peinlich gewissenhafter Mann. [...]

[F. W. Dörpfeld]

Tuiskon Ziller starb am 20. Mai 1882.

280

An unbekannt

Gerresheim, April oder Mai 1882

[...] Das Bedenken ist prinzipieller Art, genauer pädagogischer Art, „pädagogisch" nicht im engen schulmeisterlichen, sondern im demagogischen (sozialtheologischen) Sinne gefaßt.

Mit den Zwecke ihres Vereins bin ich, wie ich wohl kaum ausdrücklich zu sagen brauche, völlig einverstanden, ebenso ganz besonders auch mit Ihrem methodischen Grundsatze, daß „in der Gegenwart neue Mittel und Wege", namentlich auch freiere Formen der Evangelisation gesucht und versucht werden müssen. Auch speziell darin stimme ich bei, daß zu diesen freieren Formen auch solche Volksversammlungen und solche Vorträge gehören, wie Ihr Verein sie bisher veranstaltet hat.

Wo liegt nun mein Bedenken? Ich vermisse etwas in den in Aussicht genommenen Mitteln und Wegen, etwas, das meines Erachtens schlechterdings nicht fehlen darf, wenn die übrigen Mittel nicht den besten Teil ihrer Wirkung versagen sollen. Was ich meine, ist nicht ein äußeres Mittel, sondern ein prinzipieller methodischer Gesichtspunkt, der die gesamte Methode, alle Mittel und Wege und Formen dirigierend beherrscht. Daß dieser gemeinte Gesichtspunkt oder methodische Grundsatz in Ihrem Programm fehlt, kann ich aus dem Buchstaben nicht direkt beweisen; ich muß es aber vermuten, da die ganze kirchlich-konservative Partei bisher denselben nicht nur nicht angenommen, sondern ihn vielmehr abgewiesen, wenigstens in ihrer Praxis tatsächlich das gerade Gegenteil von dem, was er fordert, getan hat.

Um nicht längst Geschriebenes nochmals schreiben zu müssen, wollen Sie mir gütigst gestatten, auf die anliegende Schrift („Leidensgeschichte") zu verweisen, wo jener vermißte methodische Gesichtspunkt, wenn auch kurz, doch ziemlich deutlich dargelegt ist.

Von meinem Gewissen gedrängt, weil mich meine Schriften über die Schulverfassung, den Religionsunterricht usw. immer wieder darauf führten, hatte ich schon vor 20 Jahren (1862) eine größere Schrift (sechs Abhandlungen) über jenen vermißten methodischen Gesichtspunkt zu Papier gebracht. Die Veröffentlichung unterblieb aber, weil in jener Zeit mein asthmatisches Leiden begann und ich in diesem Zustande mich der literarischen Polemik, welche die Veröffentlichung hervorgerufen haben würde, nicht gewachsen fühlte. Da dieses leibliche Hindernis seitdem mehr oder weniger bestehen blieb und dringlichere literarische Arbeiten mich in Anspruch nahmen, so ist das Manuskript in meinem Pulte ruhen geblieben. Nur die beiden historischen Einleitungsaufsätze „Ein alter und ein neuer bergischer Reformprediger" (Adolf Clarenbach und Dr. Nagel) habe ich ein paar Jahre später im Ev[angelischen] Schulblatt mitgeteilt.

Glücklicherweise bin ich auch jetzt von dieser literarischen Aufgabe, die mir die langen Jahre auf dem Herzen gelegen hatte, entbunden. Ein Besserer, ein konservativer und streng konfessionell-gerichteter Theologe, hat sie zu meiner großen Freude, ohne daß ich etwas davon wußte, in die Hand genommen, wenn auch seine Ausführung formell etwas anders ist als die meinige, wie das schon in unserer verschiedenen Profession liegt.

Ich meine die Schrift von Past[or] D[etlev] Zahn in Cöslin. „Die natürliche Moral". Leider läßt der mißlungene Titel nicht deutlich erkennen, um was es in dem Buche sich eigentlich handelt. Er hätte lauten müssen: „Ein Grundgebrechen der bisherigen sozial-theologisch-staatlichen Pädagogie". Weil in der Methode des Verfassers die sogenannte natürliche Moral mit Recht eine hervorragende Rolle spielt, so hat er sich zu dem strategischen Fehler verleiten lassen, dem Buche diesen Titel zu geben; und nun hat dieser herausgedachte Titel ihn wieder verleitet, im ersten Teile des Buches eine Art System der natürlichen Moral zu geben, während die Kenntnis derselben (nach Röm. 2, 14, 15) vorausgesetzt werden durfte, gleichviel ob sie wirklich vorhanden ist oder nicht und taktisch vorausgesetzt werden mußte, weil sonst der Verfasser aus seiner eigenen Festung fällt.

Sollte Ihnen Zahns Schrift noch nicht näher bekannt sein, so möchte ich dieselbe Ihnen und Ihrem ganzen Verein aufs angelegentlichste empfehlen, da, wie oben bemerkt, die besten Mittel und Formen der Evangelisation zu einem beträchtlichen Teile die Wirkung versagen, wenn der dort beschriebene Gesichtspunkt nicht zu seinem Rechte kommt. Die Mittel stoßen eben auf zu viele Hindernisse, die mit diesen Mitteln nicht zu überwinden sind, zum Teil auch nicht einmal erkannt werden. Ich bin, offen geredet, in der Tat der Ansicht, daß die Zahnsche Schrift eins der nützlichen Bücher ist, die seit 100 Jahren und darüber auf dem Gebiete der Pastoraltheologie erschienen sind.

Hoffentlich fordern Sie nicht, daß ich das gemeinte Gebrechen der couranten kirchlich-konservativen Pastoraltheologie durch eine kurze allgemeine Formel bezeichnen sollte. Wie mir scheint, läßt das Vorstehende deutlich merken, daß ich das gerade mit Fleiß vermieden habe, obwohl es sich sehr wohlfeil hätte tun lassen.

Wünschen Sie dagegen, daß die schlimmen Folgewirkungen dieses Gebrechens an irgend einem Punkte aufgewiesen werden sollten, so kann dies sofort geschehen. Ist jenes Manko wirklich vorhanden, so wird es natürlich überall sich zeigen, wo christliche Interessen beteiligt sind und das praktische Christentum sich betätigen muß; in der Politik, in der Zivil- und Kriminalgesetzgebung, in den Ordnungen der Volkswirtschaft, in der Sittlichkeitspolizei, in der Administration, in den geselligen Sitten, im Erziehungswesen, in den Künsten, in der wissenschaftlichen Forschung usw. Und es zeigt sich in der Tat überall. Für den etc. sei es durch verkehrte Maßnahmen der kirchlich-konservativen Partei; oder in ihrer Ratlosigkeit, oder endlich darin, daß man dort von ihrem Rate nichts hören will. Ich greife ein Gebiet heraus; das Schulwesen, speziell das Volksschulwesen und verweise dann auf das beifolgende Buch, worin die genaueste und umfassendste Auskunft zu finden ist. Dasselbe weist nach, daß im Volksschulwesen Verwaltungsordnungen bestehen und von der kirchlich-konservativen Partei mit Fleiß konserviert werden, welche nicht nur sachlich unzweckmäßig sind, sondern auch für den Schularbeiterstand ungerecht und demoralisierend und obendrein für die kirchlichen Interessen gefährlich sind. Ist das nun wahr – und bisher hat das meines Wissens noch niemand bestritten, obschon diese Aufsätze schon vor einigen Jahren im Ev[angelischen] Schulb[latt] und vor ca. einem Jahr als selbständige Schrift erschienen sind, deren erste starke Auflage schon vier Monate später vergriffen war – so liegt doch auf offener Hand, daß der kirchlich-konservativen Partei etwas Ähnliches begegnet sein muß, was der Orthodoxie von anno 1 bis anno 1517 wiederholt begegnet ist, daß nämlich beim Lesen des Alten und Neuen Testaments hinsichtlich eines bedeutsamen Teiles ihres Inhaltes „eine Decke vor dem Herzen hängt".

Lassen Sie mich jetzt an den Anfang der vorstehenden Erörterung wieder anknüpfen.

Träte ich Ihrem Vereine bei, so würde ich bei der ersten guten Gelegenheit das vorbezeichnete Manko in der sozialen Ethik der kirchlich-konservativen Partei zur Sprache bringen müssen und dann würde mutmaßlich dasselbe passieren, was mir bei der Gründung des Zillessenschen Vereins zur Erhaltung der konfessionellen Schule passiert ist. Als nämlich dieser Verein konstituiert werden sollte (in einer Versammlung zu Düsseldorf), da waren natürlich auch wir Lehrer aus dem evang[elischen] Lehrer-Verein zahlreich am Platze. Als ich aber namens dieser Kollegen mein Votum dahin abgab, wie wir es ein paar Jahre vorher in unserm „Gutachten" für die bedrängte Gemeinde zu Wermelskirchen, die sich von der Kirche verlassen sah, abgegeben hatten, daß wir mit allen Kräften für die Erhaltung der Konfessionsschule einträten oder nur dann in einem Vereine für diesen Zweck agitieren könnten, wenn nicht die alte, mit Mängeln und administrativen Sünden behaftete Konfessionsschule, sondern die nach pädagogischen und sozial-ethischen Grundsätzen eingerichtete und verwaltete gemeint sei, da riefen die meisten der anwesenden Pastoren samt ihrem getreuen unorientierten Laienanhang so energisch „Schluß", daß ich auf eine weitere Erörterung dieser Differenz gern verzichtete. So hat denn dieser Verein wegen seines jetzigen altkirchlich-konservativen Standpunktes bisher die Beihülfe der Lehrer entbehren müssen, obwohl wir demselben im Sinne seines Leiters, der unsere Wünsche besser versteht, guten Erfolg wünschen und lebhaft bedauern, daß wir aus Gewissens- und anderen Gründen behindert sind, tätig mit Hand anzulegen. Das ist umso trauriger.

Sie sehen hieraus auch, daß ich aus denselben Gründen zugleich außerstande bin, andere Kollegen für Ihren Verein zu werben, solange die kirchlich-konservative Partei jene „Decke vor ihrem Herzen" nicht abgetan hat und auch auf dem Volksschulgebiete unverkürzt „praktisches Christentum" treiben will und daß bis dahin auch andere Wege zur Werbung von Mitgliedern aus dem Lehrerstande ohne nennenswerten Erfolg bleiben werden, da Ihnen von allen, die zur Sache orientiert sind, genau dasselbe Bedenken entgegengehalten werden würde, das ich oben erörtert habe.

Vielleicht kommt Ihnen in der vorstehenden Auseinandersetzung manches befremdlich vor, zumal wenn Sie mit der Lage der Dinge auf dem Volksschulgebiete nicht näher bekannt sind. Eine weitere schriftliche Erörterung würde aber nutzlos sein, ungerechnet, daß mir dazu die Zeit fehlt. Wollten Sie mir jedoch Gelegenheit bieten, die Angelegenheit mündlich mit Ihnen durchzusprechen, aber mit Muße auch wirklich durchzusprechen, so würde mir das sehr angenehm sein.

Die beifolgenden beiden Bücher bitte ich als ein Zeichen meiner persönlichen Achtung und als ein kleines Andenken an diesen unsern ersten Verkehr gütigst annehmen zu wollen. Mit aller Hochachtung und einem herzlichen Gott zum Gruß zeichnet Ew. Hochwürden ergebenster

F. W. Dörpfeld

P.S. Sind Sie, wie ich vermute, ein Sohn des weiland Pastor N. in N., so gestatten Sie mir noch zu bemerken, daß ich mit Ihrem Herrn Vater auf den Kirchentagen manches Stündchen privatim verplaudert habe. Ich kannte ihn durch meinen Schwiegervater, weiland Pastor und Superintendent in Wermelskirchen, jetzt seit 20 Jahren als Emeritus in Düsseldorf lebend, mit dem er befreundet war. Schon als 12jähriger Knabe habe ich Ihren Herrn Vater auf des Schwiegervaters Kanzel predigen hören, was mir noch lebhaft im Gedächtnis ist [...]

Das Schreiben ist Dr. N. in K. zugedacht (Trü 67), der D. am 25.4.1882 aufgefordert hatte, einer Dachorganisation aller christlichen Vereine und Komitees in Rheinland-Westfalen beizutreten. Diese Neugründung verfolge die Absicht, „das positive Christentum als soziale Macht in unserm Volksleben" zu erhalten und zu verbreiten, wie es in der Einladung (bei Trü 67) gelautet hatte.

Der Verein zur Erhaltung der evangelischen Volksschule war am 6.4.1876 in Düsseldorf gegründet worden. – Die hervorgehobene Zahnsche Schrift: Detlev Zahn, Die natürliche Moral christlich beurteilt und angewandt auf die Gegenwart in Kirche, Schule und innerer Mission, Gotha 1881.

1888 gründete Pastor F. Zillessen die „Deutsche Lehrerzeitung" und vertauschte sein Orsoyer Pfarramt mit der Schriftleitung in Berlin. Hinter der Zeitung standen in erster Linie kirchliche Kreise, die damit ein Gegengewicht zu den liberalen Presseorganen der Lehrerschaft einzubringen gedachten. „Auch D. wurde ersucht, mit seinem Namen dieses Unternehmen zu unterstützen, dessen Programm sich scheinbar mit dem seinen deckte" (Trü 66). Doch lehnte er ab.

281
An Hans Dörpfeld, Schleusingen

Gerresheim, 19. Juni 1882

Lieber Johannes.

Du hast recht, daß Du schon längst wieder einen Brief von mir hättest erhalten sollen, schon in Hamburg, wieviel mehr jetzt in Schleusingen. Es ist mir auch lieb, daß Du mich daran erinnerst. Jetzt benutze ich auch die erste freie Stunde, um Deinen Wunsch zu erfüllen.

Daß es teils die vielen andern Schreibereien (schriftstellerische, redaktionelle, Korrekturen und Korrespondenzen), teils die Leibesgebrechen sind, welche mich gehindert haben, häufiger an Dich zu schreiben, weißt Du. Du hast mich ja auch schon halbwegs entschuldigt. Laß mich aber darüber noch etwas beifügen, was Du vielleicht noch nicht so deutlich besehen oder bedacht hast.

Die schriftstellerischen Arbeiten bilden einen Teil meines Lebensberufes. Ohne dringendste Not sie fallen lassen, würde nicht erlaubt, würde auch gleichsam ein geistiger Selbstmord sein. Für einen Emeritus ist eine bestimmte Beschäftigung ohnehin eine Wohltat, weil er sonst leicht verdrießlich wird; für einen, der kränklich ist, hat die Nebenbeschäftigung aber noch das besondere Gute, daß sie die Gedanken von seinem Leibesübel ablenkt, zumal in meinem Falle, da die Asthmatiker der Gefahr ausgesetzt sind, schwermütig zu werden. (Den Hauptteil meiner Arbeitszeit nehmen freilich die Korrespondenzen in Anspruch; das läßt sich aber nicht ändern, denn bei einem Schriftsteller, zumal bei einem Redakteur, gehört das Korrespondieren ebenso unabweislich zur Sache wie bei einem Geschäftsmanne.)

Sodann hat meine Federarbeit auch noch eine wichtige Seite, welche den Hausstand angeht; und daran wirst Du vielleicht am wenigsten gedacht haben. Von meiner Pension und dem Zuschuß aus der Barmer Emeritenkasse würde unser Hausstand nicht bestehen können. Als Hausvater muß ich daher für andern Zuschuß sorgen, und da ist denn die Federarbeit der gewiesene Weg.

Dazu kommt noch eins. In einer Beamtenfamilie, welche kein Privatvermögen besitzt, ist den Töchtern weit weniger günstige Aussicht geboten als den Söhnen. Die letzteren, wenn sie die nötige Ausbildung erhalten haben, können dann selber für sich sorgen und sich leicht eine selbständige Stellung in der Welt erringen. Ein Mädchen, auch wenn die wünschenswerte Ausbildung nicht fehlt, wird dagegen, falls es nicht zur Heirat kommt, in der Regel lebenslang in unselbständiger, abhängiger, dienender Stellung bleiben müssen und darf dann froh sein, wenn die Abhängigkeit nicht gar zu drückend ist; denn der Fall, daß ein unverheirateter Bruder (wie z.B. Ohm Albert in Lennep) seinen Schwestern in seinem Hause ein Daheim bereiten konnte, ist ja eine höchst seltene Ausnahme. Leider kommt es auch häufig genug vor, daß die Brüder, obwohl sie auf Kosten der ganzen Familie zu ihrer höheren Ausbildung gelangt sind, hinterher vergessen oder versäumen, nun ihrerseits auch für die übrigen Familienglieder mitsorgen zu helfen.

So liegt mir denn auch insbesondere im Blick auf die Zukunft Deiner Schwestern die Pflicht ob, an Erwerb zu denken, solange es die Kräfte erlauben, namentlich im Blick auf die Anna, da sie bei ihrer Schwächlichkeit und Kränklichkeit nicht imstande ist, anstrengende Arbeit zu tun. Denn wenn ich stürbe, so würden die drei Mädchen, da meine Pension und Emeritenunterstützung fortfallen, mittellos auf der Straße stehen. Es ist zwar noch jenes kleine Kapital vorhanden, welches die Lehrer und Schulfreunde mir beim Jubiläums- und Abschiedsfeste schenkten; allein die Zinsen würden doch selbst das Bedürfnis der Anna allein bei weitem nicht decken. Überdies bist auch Du noch lange nicht an dem Ziele Deiner Ausbildung, und man kann nicht wissen, ob Wilhelm imstande bliebe, für Dich sorgen zu können.

Durch meine Federarbeit ist aber in einem Teil meiner Schriften unter Gottes Segen eine Einnahmequelle geschaffen, die auch nach meinem Tode noch eine Reihe von Jahren fließen und einen schätzenswerten Zuschuß gewähren kann, auch im Schulblatte, falls später einer meiner Freunde die Redaktion fortführt. Zu dem Ende muß ich aber sorgen, daß jene Schriften, auf die es hier vornehmlich ankommt, nämlich das Enchiridion und das Real-Repetitorium, im Kurs bleiben und daß das Schulblatt seinen Leserkreis behält und womöglich noch neue Leser gewinnt – zumal das Schulblatt auch wieder dazu beiträgt, den [...]

Was die Versetzung betrifft, so wäre es natürlich erfreulich und in ökonomischer Beziehung vorteilhaft, wenn Du ordnungsgemäß vorrücken und überhaupt bald am Ziele Deiner Schul-Laufbahn anlangen könntest. Allein es ist mir doch mehr daran gelegen, daß Du jede Klasse mit dem vollen Bildungsgewinn absolvierst, als daß es möglichst rasch geschehe. Ob Du daher länger in der Klasse sitzest als gewöhnlich, soll mir keinen Kummer machen – vorausgesetzt, daß es ohne Deine Schuld geschieht und daß Du desto gereifter in die höhere Klasse aufrückst. Ob aus einem Knaben etwas Rechtes und Tüchtiges werden will, das zeigt sich viel weniger darin, in welchem Maße er an Kenntnissen und Geschicklichkeiten zunimmt, als darin, wie er beim angehenden Jünglingsalter an Willensstärke, an Gewissenhaftigkeit, Treue und Fleiß, kurz an Männlichkeit gewachsen ist. Als ein berühmter Schriftsteller gefragt wurde, was ‚Genie' wäre, antwortete er: Erstens Fleiß, zweitens Fleiß und drittens Fleiß. Was dieser Mann damit sagen wollte, ist durchaus richtig. Fleiß aber ist nur ein anderer Ausdruck für kräftiger Wille, für Lust und Ausdauer beim Arbeiten. Ich habe auf meinem langen Lebenswege in den verschiedensten Berufsarten Leute kennen gelernt, die sich in der Jugend als sehr begabt gezeigt haben und große Hoffnungen erregt hatten, aber in der Manneszeit sich doch nicht durch hervorragende Leistungen auszeichneten. Warum? Ihr Talent war ihnen zum Fallstrick geworden – d.i. zum Ruhekissen; sie traten aus der Jugend- und Jünglingszeit heraus mit guten, vielleicht glänzenden Kenntnissen, aber arm an Willenskraft, Strebsamkeit und Ausdauer. Darum: im Willen, in der Gesinnung, im Betragen – da steckt die eigentliche, die nachhaltige Wachstumskraft [...]

[F. W. Dörpfeld]

D. begründet seinem jüngsten Sohn gegenüber, der sich jetzt in einem Internat in Schleusingen befindet, die Notwendigkeit, seine Einkünfte durch schriftstellerische Arbeit aufzubessern. Seine Töchter heirateten 1884 (Agnes), 1887 (Anna) und 1891 (Christine). „Ohm Albert in Lennep" (1822–1895) war ein Bruder von D.s Frau Christine geb. Keller.

Der Schluß des Briefes fehlt in der Handschrift. Er ist wohl für den Druck entnommen worden. So konnte der letzte Abschnitt aus Ca (S. 244, nur 2. Aufl.) ergänzt werden.

Abb. 47: Heinrich von Achenbach.

Abb. 48: Ernst Barth.

Abb. 49: Hermann Adolph Bayer.

Abb. 50: Bismarck als Bundeskanzler 1870.

Abb. 51: Oberbürgermeister Bredt

Abb. 52: Jan Amos Comenius.

Abb. 53: Adolph Diesterweg.

Abb. 54: Adolph Diesterweg.

Abb. 55: Kultusminister Falk.

Abb. 56: Friedrich August Finger.

Abb. 57: Otto Frick.

Abb. 58: Emil Frommel.

Abb. 59: Rudolf von Gneist.

Abb. 60: August Grünweller.

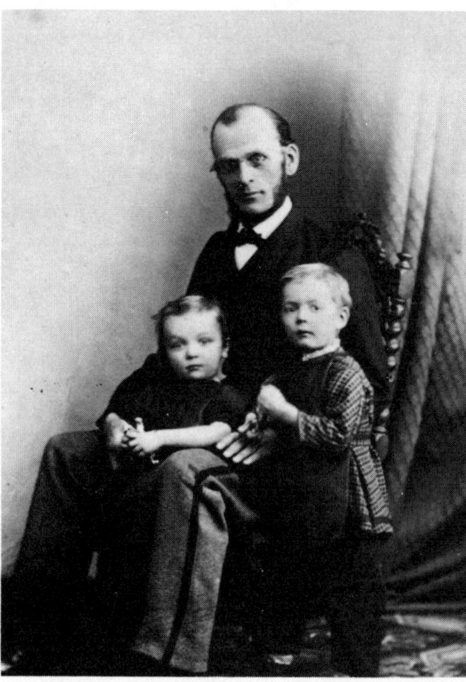

Abb. 61: Gerhard Heine.

Abb. 62: Johann Friedrich Herbart.

Abb. 63: Wilhelm Hollenberg.

Abb. 64: Dietrich Horn.

Abb. 65: Dietrich Horn.

Abb. 66: Jakob Hülsmann.

Abb. 67: Gustav Adolf Israel.

Abb. 68: Johann Heinrich Jung-Stilling.

Abb. 69: Ludwig Keller.

Abb. 70: Gustav Kellermann.

Abb. 71: Karl Wilhelm Kirschstein.

Abb. 72: Hermann Friedrich Kohlbrügge.

Abb. 73: Dietrich Wilhelm Landfermann.

Abb. 74: Friedrich Albert Lange.

Abb. 75: Friedrich Albert Lettau.

Abb. 76: Karl Wilhelm Mager.

Abb. 77: Johannes von Miquel.

Abb. 78: Moritz Müller.

Abb. 79: Johann Heinrich Pestalozzi.

Abb. 80: Wilhelm Heinrich Riehl.

Abb. 81: Wilhelm Rein 1876.

Abb. 82: Wilhelm Rein 1913.

Abb. 83: Ernst von Sallwürk.

Abb. 84: Daniel Schürmann.

Abb. 85: Hermann Steins.

Abb. 86: Ferdinand Stiehl.

Abb. 87: Ernst Thrändorf.

Abb. 88: Heinrich von Treitschke.

Abb. 89: Johannes und Elisabeth Trüper.

Abb. 90: Christian Ufer.

Abb. 91: Georg von Vincke.

Abb. 92: Theodor Vogt.

Abb. 93: Johann Hinrich Wichern.

Abb. 94: Johann Friedrich Wilberg.

Abb. 95: Heinrich Witt.

Abb. 96: Tuiskon Ziller.

Abb. 97: Franz Ludwig Zahn.

Abb. 98: Anna Zahn geb. Schlatter.

282

An Wilhelm Rein, Eisenach

Gerresheim, 1. September 1882

Lieber Freund.

Endlich komme ich glücklicherweise dazu, auch noch einmal mit Ihnen plaudern zu können. Das ganze Wintersemester hindurch war ich in eigentümlicher Weise belastet. Nach dem Erscheinen der „Leidensgeschichte" kam mir nämlich eine solche Masse von Korrespondenzen (Anfragen usw.) über den Hals, daß ich vor lauter Briefschreiben zu keinen ordentlichen Arbeiten kommen konnte und den freundschaftlichen Briefverkehr ganz ruhen lassen mußte.

Als dann endlich die „Nachbemerkungen" unter die Feder genommen werden konnten, brachte diese Arbeit aber auch einen dringlichen Anlaß, an Sie zu schreiben. Der Anlaß liegt in dem noch rückständigen Schlusse des Aufsatzes. Vor dem Drucke dieses Schlusses mußte ich mit Ihnen reden. Da aber durch ein zufälliges Zwischenereignis der Druck dieses Schlusses hinausgeschoben wurde, so erhielt ich damit die Erlaubnis, das Schreiben an Sie für eine bequemere Zeit zu versparen. Mittlerweile habe ich die disponible Muße benutzt, um einen anderen dringlichen Aufsatz zu Papier zu bringen. Daher das Schweigen.

Lassen Sie mich jetzt zuerst das Nötigste erledigen.

In dem Schlusse der „Nachbemerkungen" müssen einige Differenzen zwischen dem Zillerschen Lehrverfahren und dem meinigen zur Sprache kommen, wobei auch Sie teilweise beteiligt sind. Die beiden Differenzpunkte liegen (bei den historischen Stoffen) im 1. Lehr- und Lernstadium (Anschauen) und zwar einerseits in der „Darbietung des Neuen" und andererseits das Einprägen dieses konkreten Stoffes. Wie gesagt, es betrifft nur die Stoffe von historischer Art, nicht die sinnlich-anschaulichen.

Ich fordere bei der Darbietung (gleichviel ob Fibelstufe oder höher hinauf), wie Sie wissen, unbedingt das mündliche Lehrwort und zwar das freie behufs anschaulich-ausführlicher Darstellung. Hier müssen drei Momente gemerkt werden: a mündlich, b ausführlich und darum c frei in bezug auf einen gegebenen festen Text. Hier liegt die Differenz klar vor. Ziller fordert (auf der höheren Stufe) Lesen und leugnet somit alle drei Momente, sofern es sich um die erste Vorführung handelt. Sie fordern zwar das mündliche Wort, lassen aber die beiden andern Momente fallen.

Beim Einprägen läßt sich die Differenz nicht so scharf begrenzen. Sie kommt aber doch deutlich genug zum Vorschein, wenn ich sage, bei Ziller und Ihnen schiebt sich das Einprägen zu sehr in das Vorführen (Erzählen) hinein und wird darum zu mechanisch, zu langweilig, ungerechnet die nachteiligen Folgewirkungen.

Es sind dies dieselben zwei Differenzen, welche ich weiland mit den Regulativanhängern durchzukämpfen hatte, wobei ich aber nur teilweise obsiegen konnte, weil die vulgären Anti-Regulativ-Pädagogen (Kehr usw.) halbwegs an den nämlichen Fehlern litten und darum nicht bemerkten, daß ich ihre Praxis insoweit gleichfalls bekämpfte.

Eigentlich hätte ich jene Differenzen, soweit sie die Zillersche Seminarpraxis angingen, schon früher deutlich (d.h. nochmals) zur Sprache bringen sollen, und bei der Rezension Ihres „Ersten Schuljahres" war es fast nicht zu umgehen. Weil aber unsere Herbart-Zillersche Schule ohnehin rundum von Gegnern umgeben ist, so wollte ich die Hemmnisse nicht durch Hader in unserer eigenen Mitte noch vermehren und den Gegnern neue Waffen in die Hände liefern; auch hoffte ich, Ziller würde sich allmählich zu meiner Anschauung bekehren. Vollends bei der Besprechung Ihres „Ersten Schuljahres" kam mir alles darauf an, das Buch mit voller Kraft durchdrücken zu helfen. Darum habe ich bloß des einzigen Differenzpunktes erwähnt, der gar nicht zu umgehen war, der Märchenfrage, und alles übrige ruhen lassen.

Letzteres ließ sich glücklicherweise auch bei dem einen Differenzpunkte (mündliches Lehrwort) mit einigem Scheine des Rechts tun, weil auf der Fibelstufe das Zillersche Lesen noch nicht zum Vorschein kam und Sie ja ohnehin in diesem Stücke ihm nicht folgen. Die Differenz beim Einprägen habe ich jedoch wenigstens angedeutet, durch meine lange Expektoration über das Einprägen, wo auch bemerkt ist, daß die Herbart-Zillersche Schule diese Seite des Lernens noch nicht genug untersucht habe. Ziller und Sie scheinen aber nicht verstanden zu haben, wohin diese Andeutung eigentlich zielte; von Sallwürk scheint es jedoch begriffen zu haben, wenigstens in Anwendung auf das fremdsprachliche Lernen, da er mich in seinem „Offenen Schreiben" aufforderte, ich möchte die Theorie des Einprägens einmal genauer unter die Feder nehmen.

Ich hatte mir nun vorgenommen, mit der Erörterung jener beiden Differenzpunkte so lange zu warten, bis Sie zum „Dritten Schuljahre" gekommen wären oder eine neue Auflage des „Ersten Schuljahres" vor der Tür stände. Dann wollte ich erst privatim mit Ihnen verhandeln, um zu versuchen, ob wir beide wenigstens nicht in ein Gleis kommen könnten. Da fiel aber die von Puttkamersche Geschichte dazwischen und nahm ca. 2 Jahre lang meine Zeit und Kraft dergestalt in Anspruch, daß ich an andere Dinge, sofern sie Arbeit forderten, gar nicht denken konnte. In didaktischen Fragen mußte ich die Welt laufen lassen, wie sie laufen wollte. Mittlerweile waren Ihre „Schuljahre" schon bis zum 3. und 4. erschienen und in die Hände vieler Leser des Ev[angelischen] Schulbl[attes] gekommen. Da liefen nun auch immer mehr Briefe ein, welche mich mit der Frage bestürmten, ob ich denn meine alten Forderungen bezüglich des Vorerzählens und Einprägens (samt ihren Folgewirkungen für einen dritten Punkt) aufgegeben hätte, und wenn nicht, warum ich die Differenzen nicht zur Sprache brächte. Durch mein Schweigen lasse ich meine alten Freunde ganz in Verwirrung geraten. Anfänglich beschwichtigte ich die Fragesteller noch; allein bald kamen ihrer so viele, daß mir die Wellen über den Kopf gingen. Um meine Zeit nicht in Einzelkorrespondenzen zu verzehren, mußte ich öffentlich reden.

Dazu wurde mir die Frage auch noch von einer andern Seite vor die Füße gelegt durch schulregimentliche Maßnahmen. Hier kam ein dritter Punkt zur Sprache. Meine Ansichten vom Vorerzählen und Einprägen der historischen Stoffe haben nämlich, wie Sie wissen, die Folgewirkungen, daß bei allen sachunterrichtlichen Fächern nur Lehrbücher mit ausführlichen Darstellungen zulässig sind und daher die Leitfadenform entschieden abgewiesen werden muß, was freilich auch aus vielen andern Gründen gefordert werden muß. An diesem Punkte besteht nun zwar keine augenfällige Differenz zwischen Ziller und mir, allein es ist doch insofern eine solche vorhanden, als ihm und seinen Schülern die Wichtigkeit dieser Frage nicht klar geworden ist und man mich daher ganz allein hat kämpfen lassen. Wie Sie sich erinnern werden, habe ich Ihnen vor ein bis zwei Jahren einmal mein Leid geklagt. Daß die Herbart-Zillerschen Freunde mich im Stiche gelassen haben, hat für die preußischen Schulen schlimme Folgen gehabt. Es liegt dies einerseits daran, daß die Leitfadenfrage so viel verzweigte Konsequenzen hat und andrerseits daran, daß die Regulativpartei und ihre vulgären Gegner in diesem Punkte (beim Realunterricht, sofern er selbständig sein soll) einig sind und darum das preußische Schulregiment glaubt, ich stände mit meiner Forderung vollständig isoliert wider alle pädagog[ischen] Schulen (die Herbartianer eingerechnet). So sind die preußischen Schuloberen, im Einverständnis mit den Seminaren, in ihrem Wege desto fester, desto sicherer geworden. Und die Folgen?

Erstlich: schon nach den Allgemeinen Bestimmungen müssen sich die einklassigen Schulen ohne Realbuch behelfen und haben somit nur einen verkümmerten, unbefriedigenden, lästigen Realunterricht.

Zweitens: Später sind auch die zweiklassigen Schulen noch in diese Kategorie gesetzt worden (ob schon in allen Regierungsbezirken, weiß ich nicht).

Drittens: Die Lesefertigkeit in den Schulen ist zurückgegangen, weil das belletr[istische] Lesebuch nicht zaubern kann.

Viertens: Die Grammatik hat sich weit über das rechte Maß eingedrängt.

Fünftens: Manche Schulräte fangen schon an, beim Aufsatzunterricht den Stoff auf das Lesebuch zu beschränken (d.h. die Realien davon auszuschließen).

Sechstens: die einzigen Schulen, deren Realbücher auf den richtigen Weg eingelenkt waren (Barmen usw.), müssen befürchten, daß sie diese Bücher verlieren und Leitfäden an deren Stelle treten. Summa: Es braucht nur eine kleine Weile so fortzugehen, dann wird der Realunterricht dergestalt diskreditiert sein, daß er bei den ein- und zweiklassigen Schulen gänzlich über Bord geht, vielleicht auch bei den dreiklassigen, überdies überall beschränkt wird. Bei dem dermaligen Zustande, wo die wenigklassigen Schulen gar kein Realbuch haben und die übrigen bloß komp[endiarische] Leitfäden, mag jene Maßregel relativ sogar eine Wohltat sein, aber in der Theorie des Lehrplans sind wir dann wieder um ein Vierteljahrhundert zurückgeworfen.

Und warum das alles? Um der armseligen Leitfäden willen. Und in der ganzen pädagogischen Presse wird keine Stimme laut, die darüber Unruhe empfindet.

Daß das alles so kommen würde, lag mir seit fünf bis sechs Jahren klar vor Augen, eigentlich schon seit Erlaß der Allgemeinen Bestimmungen.

So lagen die Dinge. Darum mußte ich die zwei resp. drei Differenzpunkte öffentlich zur Sprache bringen und zwar möglichst bald. Um aber die Auseinandersetzung mit Ziller (und Ihnen) möglichst still und geräuschlos abzumachen, wählte ich die unscheinbare Form der „Nachbemerkung", auch wollte ich bei den beiden eigentlichen Differenzpunkten mich im wesentlichen darauf beschränken, meinen Standpunkt deutlich kennbar zu machen, nicht aber in eine umfassende Erörterung der Fragen eingehen. Innerhalb der Zillerschen Schule sind in der Tat diese beiden Fragen noch gar nicht ordentlich zur Erörterung gekommen, und ich glaube, daß die meisten der Jüngeren nichts von meinem Dissensus wußten. Kommen einmal die Gedanken in Bewegung, so zweifle ich nicht, daß die Mehrzahl mir bald rechtgeben wird. Es muß ihnen doch sonderbar vorkommen, daß sie in diesen Stücken so dicht neben den Regulativmännern gestanden haben.

Als ich im Laufe des Winters die „Nachbemerkungen" schrieb und sie dann im Frühjahr nach Gütersloh schickte, da lag mir die Befürchtung noch fern, daß wir unsern l[ieben] Ziller verlieren könnten. Die Nachrichten, die mir aus Leipzig zugingen, sprachen immer sehr hoffnungsvoll; vielleicht legte ich dieselben auch günstiger aus, als sie gemeint waren. Hätte ich nicht auf Genesung gerechnet, so würde ich den Artikel noch zurückgehalten haben. Während nun der 1. Teil unter der Presse war, da läuft zu meinem Schrecken die Todesbotschaft ein. Bei meiner Art zu empfinden, tat mir jetzt der Artikel förmlich weh. Inmitten des Schmerzes und der Trauer konnte ich es nicht übers Herz bringen, den Schluß sofort folgen zu lassen. Das ist der Grund, warum der Abdruck sich verzögert hat. Dazu kam eine andere Erwägung. Um einer Polemik tunlichst die Spitze abzubrechen, schob ich in meiner Auseinandersetzung die Schuld, daß die gerügten Fehler so wenig zum Bewußtsein gekommen seien, auf die günstigen Verhältnisse der Leipziger Seminarschule. (d.i. auf die geringe Schülerzahl). Das werde ich auch festhalten. Allein da unser lieber Ziller jetzt selbst nicht mehr reden kann, muß ich seine Person möglichst aus dem Spiele lassen, woraus dann von selber folgt, daß Ihre Person in den Vordergrund tritt, d.h. die Zitate muß ich aus Ihren „Schuljahren" nehmen. Das ist zwar für mich eine neue Unbequemlichkeit um Ihretwillen, aber es geht einmal nicht anders. Diese Nötigung, den Schluß der „Nachbemerkungen" teilweise in eine andere Form zu gießen, brachte daher eine neue Verzögerung des Abdruckes.

Mittlerweile trat etwas ein, was mir in gewissem Betracht willkommen war. Wie oben bereits erwähnt, müssen die Barmer und andere beteiligten Kollegen befürchten, ihre bisherigen Realbücher zu verlieren; (ihr belletristisches Lesebuch ist bereits den monopolisierten Pfründen = Lesebuch von Gabriel und Supprian zum Opfer gefallen, weil die gesamte pädagogische Presse mich wider das Monopolsystem allein kämpfen läßt.) Sie ersuchten mich deshalb, über die diesen Realbüchern zu Grunde liegenden didaktischen

Prinzipien eine Denkschrift auszuarbeiten, die sie den Behörden einreichen wollten. Das ist geschehen. Hinterher entschloß ich mich, ihnen auch in der Weise zu Hülfe zu kommen, daß die Frage in ihrer ganzen Ausdehnung (über Real- und Sprachunterricht) noch einmal im Ev[angelischen] Schulbl[att] vorgenommen würde. Zu diesem Zwecke habe ich dann die Denkschrift zu einem ausführlichen Aufsatze umgearbeitet, wovon der 1. Teil unter der Presse ist und im nächsten Heft erscheinen wird, in etlichen Tagen.

Ich sagte vorhin, daß mir dieser Zwischenfall willkommen gewesen wäre – in bezug auf die „Nachbemerkungen". Das Günstige liegt für mich darin: In den „Nachbemerkungen" war der dritte Punkt (Form des Realbuches), da er kein eigentlicher Differenzpunkt ist, schwierig zu behandeln. Um nämlich klarzumachen, was alles bei dem Schweigen der herbartischen Freunde auf dem Spiele gestanden habe, mußte ich entweder tief in die Materie eingehen oder aber riskieren, daß man teils nicht überzeugt wurde, teils auch nicht einsah, um was alles es sich handele. Diese Schwierigkeit ist jetzt aus dem Wege geräumt. Denn wenn der Schluß der „Nachbemerkungen" endlich an die Reihe kommt, dann kann ich (nach dem voraufgegangenen Aufsatze) den dritten Punkt ganz kurz und doch verständlich behandeln. Überdies erhalten Sie jetzt Gelegenheit und Anlaß, sobald mein Aufsatz vorliegt, über die Realbuch-Frage (und was daran hängt) sich deutlich auszusprechen, so daß ich in den „Nachbemerkungen" auf Ihre Hülfe verweisen könnte. Bis dahin bleibt uns auch Zeit genug, unsere Gedanken brieflich auszutauschen, um uns über die Einzelfragen ins Einvernehmen zu setzen, so weit es überhaupt nötig ist.

Zur Luther-Biographie. Ich glaube Ihnen bei dieser Arbeit eine Hülfe zeigen zu können. Ein früheres Mitglied des Zillerschen Seminars, der jetzige Pfarrer Buschendorf in Koben bei Gera, der Ihnen vielleicht von früher her persönlich bekannt ist, hatte vor etlichen Jahren ebenfalls den Plan gefaßt, eine Luther-Biographie im Sinne eines Konzentrationsstoffes zu bearbeiten. Bei Gelegenheit eines Besuches in Barmen, wo er sich seine Frau holte, teilte er mir seinen Plan mit. Nachdem die Arbeit im ersten Entwurf fertig war, schickte er sie mir zur Durchsicht. Ich habe ihm eine ziemliche Reihe von Verbesserungsvorschlägen usw. gemacht. Darnach hatte er dann die Biographie neu ausgeführt. Das Manuskript liegt schon seit längerer Zeit hier zur nochmaligen Besichtigung. Aus Mangel an Zeit bin ich leider bis jetzt nicht dazu gekommen. Er will seine Arbeit als Jugendschrift herausgeben, sobald ihm das Manuskript wieder zugegangen ist. Ich möchte Ihnen nun raten, sich mit Buschendorf für diesen Zweck zu assoziieren, d.h. seine Schrift für Ihre Lehr-Präparationen als Text zu akzeptieren, falls Ihnen seine Stoffauswahl und Darstellungsweise paßt. Wie mir scheint, erreichen Sie dadurch bestimmte Vorteile. Einmal sparen Sie dann die Zeit, die Ihnen die Selbstbearbeitung kosten würde, und zum andern kann es nur vorteilhaft sein, wenn Sie auf diesem Boden einen Pfarrer als Compagnon und Mitvertreter haben. Sie beide wohnen auch nahe genug, um etliche Male auf der Mitte des Weges zusammenkommen und den Text mündlich durchsprechen zu können. Buschendorf wird, wie mich dünkt, ebenfalls meinen Vorschlag willkommen heißen, da die Verbreitung seines Schriftchens dadurch nur gewinnen kann. Natürlich müssen Sie ihm sein Eigentumsrecht unangetastet lassen, falls er nicht selbst es anders haben will.

Paßt Ihnen mein Vorschlag, so setzen Sie sich gef. sofort mit ihm in Verbindung unter Berufung auf meinen Rat. Auf Weisung von seiner Seite werde ich dann das Manuskript sogleich absenden, nach Koben oder direkt nach Eisenach.

Was die Grundidee (Konzentrationsstoff) betrifft, so habe ich, wie Sie wissen, Bedenken. Abgesehen von Opportunitätsrücksichten, die namentlich bei den Märchen stark in Frage kommen, verstößt dieser Stoff (Luther-Biographie) gegen den Grundsatz, daß nur solche Konzentrationsstoffe gewählt werden dürfen, welche allen christlichen Konfessionen gemeinsam sind und bei ihnen allen autoritatives Ansehen haben.

Auch möchte ich noch einmal raten, wie ich schon früher getan, sich in der Bearbeitung der neuen „Schuljahre" nicht zu übereilen, sondern lieber an der Vervollkommnung der bereits erschienenen zu arbeiten und überdies nicht mehr Neuerungen in der Stoffauswahl einzuführen, als absolut notwendig sind. Die Methode bringt ja schon Neuerungen genug, warum sollen wir uns den Eingang unnötigerweise erschweren? Hätte der liebe Ziller diesen meinen Rat befolgen wollen, dann würden wir jetzt nicht das Unglück erleben, das Leipziger Seminar eingehen zu sehen. Mir wird das Herz schwer, wenn ich daran denke, daß dort bald nur ein leerer Platz übrigbleiben wird.

Die herbartische Schule hat seit Mager keine Generalstabs-Strategen mehr gehabt. Das ist der Jammer. Garibaldianer mögen in Italien brauchbar sein, aber nicht in Deutschland.

Was sagen Sie zu dem Halfterschen Buche? Mein Wunsch wäre, daß Sie diesem Buche den Liebesdienst täten, den ich seiner Zeit Ihrem „Ersten Schuljahr" getan habe. Zur Kritik ist immer noch Zeit genug. Hat Ihnen Halfters Verleger ein Rez[ensions]ex[emplar] geschickt? Wenn nicht, dann melden Sie mir's. Sie sollen dann sofort eines erhalten.

Sie fragten mich früher über den jungen Herrn Ufer. Damals kannte ich ihn persönlich noch nicht, hatte aber durch Bekannte viel Empfehlendes über ihn gehört. Durch seine Übersiedlung nach Elberfeld habe ich ihn auch persönlich kennengelernt. Sie haben ihn ja jetzt auch von Angesicht zu Angesicht gesehen. Vorgestern war er hier und erzählte mit Begeisterung, was er bei Ihnen gesehen und gehört hatte. Ich habe ihn aufgefordert, über das Eisenacher Seminar im Ev[angelischen] Schulbl[att] zu berichten. Er war gern einverstanden und wird die Arbeit sogleich unter die Feder nehmen. Ich denke, sein Bericht wird Ihnen auch bei Ihrer Schulbehörde nützlich sein. In betreff der Form werde ich ihn nach Kräften beraten. Sie werden mit mir zufrieden sein.

Ufer berechtigt zu schönen Hoffnungen. Man muß ihn aber vor dem Vielschreiben (in unbedeutenden Angelegenheiten) warnen. Seine Hauptkraft muß vorab dem Lernen gelten. Auch ist es für junge Leute nachteilig, wenn sie zu früh als Skribenten bekannt werden. Es schadet ihrem Kredit.

Von von Sallwürk habe ich kürzlich nichts gehört. Die Reihe zu schreiben ist übrigens auch an mir. Es soll nächstens geschehen. In seinem letzten Brief klagte er über amtliche Mißhelligkeiten.

Nun sei's genug.

Mit herzlichen Grüßen an Sie und die andern dortigen Freunde

in alter Liebe
Ihr
F. W. Dörpfeld

P.S. Das „Kirchen- und Schulblatt" (zwei Nummern) kommt in etlichen Tagen nach. Die beifolgenden Sachen wollen Sie an Freunde verteilen, in meinem Namen.

D. hatte im EvSchBl 26 (1882), S. 129 ff. einen Bericht über die „Generalkonferenz bergischer Lehrer in Vohwinkel am 27. Dezember 1881" veröffentlicht, wobei auch eine Lehrprobe „aus dem Gebiete des Zeichenunterrichts" durch J. P. Halfter wiedergegeben wurde. Gegenstand dieser Lektion in Geometrie vor der Oberklasse einer dreiklassigen Volksschule war der Viertelkreis. Der Herausgeber D. schloß an diesen Bericht eigene „Nachbemerkungen zu der oben mitgeteilten Lehrprobe aus dem Zeichenunterricht mit besonderer Rücksicht auf die herbartische Methodik" (ebd., S. 138–153). Der im EvSchBl (ebd., S. 153; S. 208; S. 474) wie auch im vorliegenden Brief angekündigte Schluß dieser Nachbemerkungen ist in der beabsichtigten Form nicht erschienen. Dies begründet D. hier ausführlich, u.a. mit dem Tod Zillers. Siehe auch Reins Brief vom 17.12.1882.

Der dazwischengeschobene, aus einer Denkschrift erwachsene Aufsatz erschien unter dem Titel „Zwei dringliche Reformen – im Realunterricht und im Sprachunterricht" (ebd., S. 289–315, 329–340, 385–433). Die Fortsetzung der Nachbemerkungen ist dann nicht mehr erschienen; vielleicht hat D. daher dem im EvSchBl 28 (1884) veröffentlichten Fortsetzungsaufsatz von J. Trüper „Über einige fundamentale Grundsätze im Zeichenunterricht unter besonderem Hinblick auf den Lehrstoff, vom Standpunkt des erziehenden Unterrichts" solch breiten Raum gewährt.

Zur Lutherliteratur: Der Rezensent R. besprach im EvSchBl 27 (1883), S. 313–315, u.a. die Schriften Reins und Buschendorfs, kritisierte jedoch bei ersterem eine gewisse „Leitfadenmanier". Buschendorf habe „selbständiger und origineller" als Rein geschrieben, doch sei der Nutzen einiger ethisch-religiöser Grundgedanken für Schüler, für die dieses Büchlein geschrieben sei, zweifelhaft.

Ufers Schrift „Die erziehliche Bedeutung des Unterrichts im Allgemeinen und des Geschichtsunterrichts im Besonderen", Neuwied/Leipzig 1881, wünschte Rein in einer Besprechung (Pädagogische Studien 1882, 4. Heft, S. 51 f.) eine weite Verbreitung.

Reins Antwort:

Eisenach, 6. September 1882

Verehrter Freund!

Ihr ausführliches Schreiben war mir eine große Freude, für die ich Ihnen sehr dankbar bin. Ersah ich doch aus Ihren Zeilen, daß Sie in altgewohnter Rüstigkeit schaffen und arbeiten und nicht müde werden. Und wie sehr tut Ihre Arbeit uns noch not!

Ich schrieb Ihnen schon, daß ich auf den Schluß des Artikels „Nachbemerkungen" sehr gespannt bin und jetzt umso mehr, da ich von ihm eine Klärung in den beiden angeführten Punkten erwarte. Was Sie über das Einprägen sagen, ist mir jetzt noch nicht völlig klar. Darum verstehe ich auch die Vorwürfe nicht, die Sie unserem Einprägen machen. Da dasselbe in die Technik des Unterrichts gehört, so haben wir in den „Schuljahren" nur hie und da Rücksicht darauf genommen. In der Seminarschule kommt es bei uns nicht zu kurz, aber allerdings eine Theorie desselben fehlt uns noch. Bei den Präparationen fehlen auch im Durchschnitt die Hinweise auf das Einprägen (wie es z.B. Halfter tut), indem wir es bisher dem technischen Geschick des Lehrers überließen, dem Stadium des Neulernens das des Einprägens hinzuzufügen. Ebensosehr interessiert mich die Frage, ob lesen, ob erst erzählen. Ist Ihr Artikel erst da, werde ich nochmals die Sache genau vornehmen, vielleicht Ihren Aufsatz hier im Herbartkränzchen zur Sprache bringen und Ihnen dann ausführlich berichten. Abgeschlossen habe ich in diesem Punkte ebensowenig wie in dem vorher berührten. Es ist also leicht möglich, daß Sie mir durch Ihre Beweisführung eine feste Position verschaffen.

Von dem Sturm gegen die Barmer Realbücher hatte mir schon Herr Ufer berichtet. Wenn Ihr Aufsatz bald kommt, so könnte ich im 4. Heft der Studien, das ich jetzt vorbereite, mit eintreten. Hierin einigen wir uns sicher sehr schnell. Aber erwünscht wäre es mir, Ihre Arbeit so bald als möglich zu erhalten. Auf dem buchhändlerischen Weg kommt das Heft immer ziemlich spät.

In bezug auf die Lutherbiographie bedauere ich sehr, nicht früher von der Arbeit Buschendorfs gehört zu haben. Nun hatte ich schon mit dem Buchhändler abgeschlossen (Geibel in Leipzig, der die Wangemannschen Bücher verlegt hat), und der Druck wird bald beginnen. Übrigens ist meine Biographie so, wie sie geschrieben, für die Schule nicht unmittelbar brauchbar. Den Text für die Kinder wollte ich erst später daraus arbeiten, da hier in der Schule auch eine ganz andere Anordnung des Stoffes in Frage kommt. Wir hier in Eisenach sind natürlich gezwungen, von dem Luther, wie er hier war, auszugehen (Chorknabe, Junker Jörg) und dann teils rückwärts, teils vorwärts auszuschauen. Aber gern würde ich die Buschendorfsche Bearbeitung annehmen, wenn sie dem Zweck der Schule entspricht. Vielleicht schreiben Sie ihm einmal darüber. Ich würde mich freuen, mit Herrn Buschendorf, den ich noch nicht kenne, bekannt zu werden. An dem Konzentrationsstoff halte ich fest; einen geeigneteren können wir als Abschluß in der Erziehungsschule (abgesehen von der Idee der kulturhistorischen Stufen) sicher nicht bekommen. Ihre Ansicht über die Konzentrationsstoffe teile ich nicht. Wir können dann nicht über das Neue Testament hinaus und dürften die Reformation überhaupt nur im Geschichtsunterricht streifen. Es scheint mir, als ob Sie von den drei neuen didaktischen Wahrheiten die Idee der kulturhistorischen Stufen nicht gelten lassen wollen. Dies wäre der tiefgreifendste Gegensatz zwischen Ihnen und Ziller.

Ihren Rat, die Neuerungen betreffend, will ich gern befolgen, soweit ich kann. Sie beurteilen das Verhängnis des Leipziger Seminars ganz richtig. Zu viel Neues auf einmal kann die Welt nicht vertragen. Und bei unserem Ziller jagte eine Idee, eine Änderung die andere. Wer ein Jahr von Leipzig weg war, stand auf einem veralteten Standpunkt.

Halfter habe ich mit wenig Worten einstweilen in den Kehrschen Blättern empfohlen; in den Studien soll er eine ausführliche Würdigung erfahren. Er verdient es. Ihr junger Freund Ufer hat uns gut gefallen. Und was Sie mir schrieben, dasselbe habe ich ihm gesagt, wenn auch nicht direkt. Ich hoffe, daß er es verstanden hat. Aber Sie können es ihm ja geradezu sagen; namentlich soll er sich vor dem vielen Rezensieren hüten.

Was Sie mir von der Strategie schrieben – wie wahr ist es und wie sehr muß ich die Wahrheit selbst erfahren. Ob nicht die Individualitätssucht der Deutschen uns Herbartianern auch einen Streich spielt? Ziller war alles, nur kein Stratege. Wäre er es gewesen, seine Schöpfung in Leipzig würde nicht untergehen. Sie sind es viel, viel mehr. Ihr Rat, die Märchen betreffend, war z.B. strategisch genommen vortrefflich, aber nun ist es zu späte. Ich muß sehen, wie ich mich wehre und bitte um Ihre Unterstützung. Ich schreibe an einer Entgegnung auf den Artikel im Kirchen- und Schulblatte und bitte Sie, seiner Zeit denselben durchzusehen und die wankenden Positionen mit Ihrem strategischen Rat zu stützen.

Nochmals herzlichen Dank und Gruß!

Immer Ihr
W. Rein

283

An Adolph Hollenberg, Rheydt

Gerresheim, 15. Dezember 1882

Nach dem Tode der Mitherausgeber Ziller und Landfermann 1882 bittet D. Hollenberg, als Herausgeber einzutreten, so daß damit zugleich die heimatlichen Seminare vertreten seien. Ziller würde von Rein ersetzt. Einen Vertreter der Schulverwaltung anstelle Landfermanns habe er nicht finden können.

1883 trat außerdem Rektor F. Hermann aus Mühlhausen in den Herausgeberkreis ein.

284

An Wilhelm Rein, Eisenach

Gerresheim, 16. Dezember 1882

Lieber Freund.

Noch bevor Sie vielleicht mit meinen übersandten Skripten ordentlich zu Ende gekommen sind, bin ich, wie Sie sehen, schon wieder da. Um Sie nicht auf einmal mit so vielerlei zu behelligen, hatte ich ein Anliegen zurückgehalten. Einen Punkt, der von Rechts wegen schon im vorigen Brief berührt werden mußte, hatte ich leider in der Eile vergessen. Davon zuerst.

1. Verzeihen Sie gütigst, daß ich Ihnen einen so großen Haufen Rezensionsbücher auf den Hals geschickt habe, ohne vorher anzufragen. Ich dachte, Sie würden mit Hülfe Ihrer dortigen Mitarbeiter und Freunde (und der Weimarschen oder anderer in der Umgegend) vielleicht doch damit fertig zu werden wissen. Mir liegt daran, daß bei Gelegenheit solcher Rezensionen gute und brauchbare Gedanken und Ratschläge aus der Zillerschen Schule mit an die Leser des Ev[angelischen] Schulbl[attes] gebracht werden, und es muß mir dies umso mehr anliegen, da meine übrigen Mitarbeiter im Rezensieren leider fast alle nicht dazu gerüstet sind.

Was Ihnen übrigens in dem übersandten Paket zu viel ist oder nicht paßt, wollen Sie bei Gelegenheit getrost wieder hierhersenden.

2. Nun die Hauptsache. Das vorige Jahr hat mir zwei würdige, liebe Namen auf dem Titel des Ev[angelischen] Schulbl[attes] ausgelöscht: Landfermann und Ziller. Ziller hat zwar nur zweimal einen kleinen Beitrag geliefert; ich habe ihm aber auch in dieser Beziehung nichts zugemutet: sein Name galt mir als ein Bekenntnis, einmal des Ev[angelischen] Schulblattes zu seinen Bestrebungen durch ihn. Ich muß mich daher jetzt nach einem

andern ausgesprochenen Vertreter der Zillerschen Schule in dem bezeichneten Sinne umsehen. Ordnungsgemäß würde ich gewiesen sein, zunächst bei einem mir bekannten älteren Freunde, also bei Dr. Barth, anzuklopfen. Da derselbe aber jetzt durch sein eigenes Blatt übergenug in Anspruch genommen ist, so glaube ich ihm jetzt nicht noch mehr zumuten zu dürfen. So sehe ich mich denn genötigt, bei Ihnen anzuklopfen, ob Sie Freudigkeit haben, in die vakante Stelle einzutreten; indem ich annehme, daß Ihre „Pädagogischen Studien", weil es eine Quartalzeitschrift ist, Sie nicht so sehr in Anspruch nehmen, daß Sie nicht mit Anstand auch noch einen Repräsentationsposten bekleiden können. Ob Sie aus dem Posten mehr machen wollen, das würde ganz in Ihrem freien Belieben stehen; meinerseits sollen Ihnen, wie auch bei Ziller, keinerlei Verpflichtungen, auch nicht sogenannte moralische, auferlegt sein. Rezensionen haben Sie ja ohnehin schon geliefert. Natürlich würde es mir lieb sein, wenn Sie recht oft einen freiwilligen Beitrag schickten, namentlich Lehrproben oder Mitteilungen über Ihre Weise, im Seminar Pädagogik und Methodik zu lehren; aber dieser Wunsch ist, wie Sie wissen, nicht so zu verstehen, als ob ich um (geschäftlichen) Stoff für das Ev[angelische] Schulbl[att] verlegen wäre; denn diese Verlegenheit kenne ich seit 20 Jahren nicht mehr, wohl aber sehr die entgegengesetzte, die einlaufenden Beiträge rechtzeitig unterzubringen.

In dieser Beziehung stehen also, so viel ich sehe, Ihrem Ja keine Bedenken im Wege.

Ob es hinderliche Erwägungen anderer Art gibt, werden Sie selbst am besten wissen. Ich will an einen solchen Erwägungspunkt erinnern. Vielleicht ist Ihnen der religiöse Standpunkt des Ev[angelischen] Schulbl[attes] nicht ganz bequem, ich meine nicht meinen persönlichen, sondern wie er bei einigen Mitarbeitern, namentlich aus dem preußischen Osten (Zeglin und Lettau) zum Ausspruche kommt. Darüber wäre viel zu sagen; aber ich sage mit Absicht nichts, um es Ihnen zu überlassen, sich selber zurechtzufinden in diesem Chaos und sich frei zu entscheiden. Das glaube ich allerdings beifügen zu dürfen, daß das Ev[angelische] Schulbl[att] einen wesentlichen Teil seines Erfolges dem von vornherein streng festgehaltenen Grundsatze verdankt: 1. die religiös-ethischen Anlagen der Menschheit in den Mittelpunkt der gesamten Pädagogik zu stellen, 2. nach der historisch-positiven Seite festen Anschluß zu suchen, 3. im übrigen aber ebenso bestimmt freie Bewegung zu beanspruchen und zu gewähren.

Sodann lassen Sie mich auch noch daran erinnern, daß das Ev[angelische] Schulbl[att] nicht parlamentarisch, sondern grundsätzlich streng autokratisch regiert wird, dann aber mit aller möglichen Liberalität. In Wahrheit ist mein autokratisches Regiment zu den langen 25 Jahren auch nur ein paarmal mit engagierten Mitarbeitern in Konflikt geraten, freilich gerade auch mit alten persönlichen Freunden, dem sel. Hülsmann und Dr. Hollenberg. Diese hatten mitunter Anwandlungen, aus ihren kritisch-literarischen Bibelforschungen und dergleichen etwas zum besten zu geben oder mit Heine (Köthen), Lettau usw. anzubinden (in theologischen Fragen). Dann verwies ich sie stets zur Ruhe, mit dem Bemerken, daß das Ev[angelische] Schulbl[att] nicht dafür da sei, theologische Haderfragen auszumachen; das Blatt habe wichtigere Aufgaben; überdies fehle dem einfachen Volksschullehrer die Ausrüstung, um mit eigenem Urteile das pro und contra prüfen zu können; warum also sie beunruhigen? Die beiden Freunde gaben sich dann auch schließlich zufrieden, wenn ich ihnen solche Skripturen zurückschickte und ließen mich meinen Karren nach meiner Weise fahren. Hätten sie nicht hören wollen, dann würde ich ihnen auch gesagt haben: ich hätte auf meinem Wege, wie sie ihn sehen könnten, bereits so viel Streit mit Kirche, Bürokratie usw. und sähe noch weitere Streitfragen kommen, daß es höchst unbarmherzig sein würde, wenn sie mich in ihre theologischen Händel verflechten und mir so noch mehr aufbürden wollten. Im laufenden Jahrgange bin ich auch einmal mit zwei andern alten Mitarbeitern in Konflikt geraten: mit Brandt (bei seinem Reisebericht, in der Frage von Lesebuch und Realbuch) und mit dem Dekan Strack. Ich habe ihre Artikel zwar drucken lassen, aber auch ziemlich energische Noten dazu gemacht. Brandt ist darob arg verstimmt worden, Strack hingegen hat alles geduldig hingenommen. Diese Beispiele wollen Ihnen sagen: die engagierten Mitarbeiter haben bei mir freies Wort, ausgenommen in zwei Fällen: einmal, wenn sie theologische oder andere Haderfragen zur Sprache bringen, die ich in unserem Lesekreise nicht für opportun halte und sodann, wenn sie (wie Brandt und Strack) in Fragen, über die ich zehn bis zwanzig Jahre lang geschrieben, so ins Gelage hineinreden, als ob sie von meinen Erörterungen nichts gelesen oder nichts begriffen hätten.

Was Sie betrifft, so würde wohl nur die Märchenfrage (resp. die der historischen Kulturstufen) zu einer Art von Zankapfel zwischen uns werden können, falls Sie nämlich darauf drängten, diese Frage müsse von Rechts wegen durchaus auch im Ev[angelischen] Schulbl[att] erörtert werden. Dawider müßte ich mich mit Händen und Füßen wehren, selbst dann, wenn ich in dieser Frage der enragierteste Zillerianer wäre. Denn in strategischer Beziehung ist es mir so klar wie ein mathematisches Axiom, daß erst die vier Konzentrationsgrundsätze zur Anerkennung gebracht werden müssen, bevor von den „historischen Kulturstufen" in dem Sinne einer praktischen Frage geredet werden darf (d.i. in praktischen Schulblättern), wie auch bereits erfahrungsgemäß klar vor Augen liegt, daß durch das verfrühte Heranziehen dieser separaten Frage und vollends durch ihre unlogische Vermengung mit der Konzentrationsidee diese letztere arg gehemmt worden ist. Jetzt hat man erst alle Hände voll zu tun, um diese durch mangelhaftes Überlegen selbstgeschaffenen Hindernisse wieder aus dem Wege zu räumen. (Die Märchenfrage spielt bezüglich der Konzentrationsidee so ziemlich dieselbe beklagenswerte Rolle wie der Simultanschul-Eifer bezüglich der Reform der Schulaufsicht, so weiland der gutmütige, oberflächliche Fröhlich Ihre „Pädagogischen Studien" auch beinahe in den Ruf solcher Oberflächlichkeit gebracht hätte. Wäre ich bei Ihrem „Ersten Schuljahre" nicht schnell zugesprungen, um die begangenen Fehler tunlichst wieder gutzumachen, so würde Ihre an sich so hoffnungsvolle Arbeit mutmaßlich sich nicht mit einem, sondern mit zwei Klötzen an den Beinen haben fortschleppen müssen – Märchenfrage und Simultanschule. Die suspendierenden Bedenken, welche meine Rezension bezüglich der „Märchenfrage" beifügten und die Ihnen damals unbequem vorkamen, gerade sie haben wahrscheinlich Ihrem Buch ebensoviel genützt als meine unumwundenen, kräftigen Empfehlungen.) Möglich, daß die Bemühung in meinem jüngsten Aufsatze, die Konzentrationsgrundsätze begrifflich streng von den „historischen Kulturstufen" zu sondern, da und dort jene Hindernisse wegräumen wird; allein es wird doch nicht überall gelingen, denn manche von denen, welche wider die Märchen eingenommen sind, werden zögern, zu den Konzentrationsgrundsätzen Ja zu sagen, weil sie fürchten, sie möchten dann doch schließlich die Märchen mit in den Kauf nehmen müssen.

Hätte unser lieber Ziller die Kulturstufen-Frage begrifflich streng geschieden gehalten von der Konzentrationsidee, nämlich so, daß jeder sah, jene Frage sei nicht eine begriffliche Konsequenz dieser Idee, sondern nur ein praktisches Plus, so würde ich schon vor zehn Jahren eine eingehende Erörterung der Kulturstufenfrage im Ev[angelischen] Schulbl[att] zugelassen haben. Dieselbe hätte aber mit einer Vierzahl von Abhandlungen langsam vorrücken müssen, mit jener Vierzahl, die ich in dem jüngsten Aufsatze bezeichnet habe, und ohne Drängen, dem ruhigen Erwägen Zeit lassend. Wie die Sachen jetzt stehen und gelaufen sind, finde ich mich in meinen Operationen um mehr als ein Jahrzehnt zurückgeworfen, denn jetzt darf ich eine solche Besprechung nicht eher zulassen, bis die Konzentrationsgrundsätze entschieden obsiegt haben. Und wer waren die, wodurch meine Operationspläne so lange aufgehalten und zurückgeworfen wurden? Gerade die einzigen Freunde, die auf deutschem Boden mit mir für die Konzentrationsidee kämpften. So kann's gehen – wie Körner sagt:

Unsere Taten selbst, so gut als unsere Leiden,
Sie hemmen unseres Lebens Gang.

Ich will aber sofort etwas zur Entschuldigung der Zillerschen Freunde hinzufügen. Meinem strategischen Überlegen kam etwas zugut, was den Schülern Zillers, dieweil sie jünger waren, fehlen mußte. Sie lernten den Kulturstufengedanken so kennen, wie er bei Ziller gewachsen war, nämlich als integrierender Teil der Konzentrationsidee, was derselbe in seinem Sinne auch praktisch wirklich ist. Ich dagegen habe die Konzentrationsgrundsätze nicht von Ziller gelernt; sie erwuchsen bei mir durch Anregungen von Zahn, Mager, Herbart, Comenius, Graser und Jacotot und standen bei mir fest, bevor ich sie auch bei Ziller fand, zu meiner großen Freude, da ich nun doch nicht mehr einsam zu stehen brauchte (ähnlich verhält es sich bei den Lehr- und Lernoperationen). So blieb mir der Kulturstufengedanke, der mir bei Ziller als etwas Neues begegnete und mir von vornherein in mehrfacher Beziehung sympathisch war, in meinem Kopfe schon von selbst begrifflich geschieden von der Konzentrationsidee, wodurch dann mein strategisches Überlegen sehr erleichtert wurde. Natürlich habe ich das öffentlich nie sagen mögen, daß meine Ansicht von der Konzentration (und von den Durcharbeitungsoperationen) auf eigenen Füßen stand, auch abgesehen vom Anstande, schon darum nicht, um mich den gemeinsamen Gegnern gegenüber nicht von Ziller und seinen Schülern zu trennen, zumal ich im übrigen zu seinen dankbarsten Schülern gerechnet sein will.

Was nun speziell die Kulturstufenidee betrifft, so möchte ich Sie bitten, gef. einmal die suspendierenden Bemerkungen, die in meinem jüngsten Aufsatze darüber gemacht sind, an verschiedenen Stellen scharf ins Auge zu fassen. Mich dünkt, Sie werden dann finden, daß diese Bemerkungen nicht bloß zur Deckung der Konzentrationsidee dienen, wozu sie freilich zunächst bestimmt sind, sondern daß die Art und Weise, wie sie ausgesprochen sind und ihre Verteilung an verschiedenen Stellen ebensogut der Kulturstufenidee zur Deckung gereicht, namentlich eine unbefangene Besprechung derselben ermöglicht, ungerechnet, daß sogar eine positive Empfehlung vom Standpunkte der Konzentrationsidee vorkommt. In dem Aufsatze ist vieles sehr genau überlegt; dazu gehören auch jene Bemerkungen.

Da haben Sie schon ziemlich viel Stoff, um zu erwägen, ob Sie Ihren Namen mit dem meinigen assoziieren wollen. Entscheiden Sie sich aber ja ganz frei, ohne irgendwelche persönliche Rücksicht. Es gibt viele Fälle und Verhältnisse, wo Moltkes Regel „Getrennt marschieren und vereint schlagen" die einzig richtige ist.

Bitte, senden Sie aber auf diese Frage möglichst bald eine Zeile Antwort mit Ja oder Nein, da der neue Schulblatt-Titel in den nächsten Tagen gedruckt werden muß.

Da ich gerade am Schreiben bin, so will ich noch ein paar andere Punkte erwähnen.

Habe ich Sie auf die Zuschrift aufmerksam gemacht, welche sechs niederrheinische Lehrer an den Frankfurter Schulkongreß gerichtet haben? Wenn nicht, so sei es hiermit geschehen, sehr angelegentlich. Das ist einmal eine Tat von seiten der Lehrerschaft, gleichviel, ob man auf den Inhalt der Zuschrift oder auf die Aktion des Schrittes sieht. Wenn die Lehrer in allen Landschaften sich in gleichem Maße auf Reden und Handeln verstünden, wenn es Zeit ist, dann würde die Schulaufsichtsfrage in fünf Jahren gelöst sein. So aber, wie es steht, wo die Schulzeitungsschreiber und andere Führer der Lehrer in strategischer Hinsicht nichts als gutmeinende Unteroffiziere sind, wird wohl die jetzige Seminaristen-Generation erst graue Köpfe bekommen, bevor jene Frage auf dem Reinen ist. „Das Glück ihm günstig sei, was hilft's dem Stöffel? Denn regnet's Brei, fehlt ihm der Löffel".

Der Vorstand des Frankfurter Kongresses hat natürlich (!) nicht gewagt, die rheinische Zuschrift im Plenum vorzulegen, trotz aller freundlichen Komplimente. Dem Pastor Zillessen will ich es auch nicht arg verdenken; er steht zu einsam, freilich auch nicht vollständig gerüstet (orientiert). Gleichwohl ist es ein schlimmer Fehler gewesen, daß der Vorstand die Zuschrift nicht vollständig zu Gehör gebracht hat. Wer schon beim ersten Schritte in die Öffentlichkeit strauchelt, dem kann man dergleichen noch viel prophezeien. Hinterher, als jemand auf den lapsus mit dem Finger zeigte, hat man den Fehler schleunigst wieder dadurch zu reparieren gesucht, daß jene Zuschrift dem gedruckten Bericht als Anhang beigefügt ist. In meinen Augen hat dieselbe für den Kongreß die Bedeutung, daß an ihr zur Entscheidung kommen muß, ob er existenzfähig ist oder nicht.

Bitte, nehmen Sie diese Zuschrift ja in das nächste Heft der „Studien" auf, nebst etlichen nützlichen Bemerkungen, einerseits für den Lehrerstand und andererseits für den Kongreß. Können Sie sorgen, daß das Schriftstück in ähnlicher Weise in Manns „Deutsche Blätter" kommt, so unterlassen Sie es nicht. (Sie finden dasselbe in: „Denkschrift des ersten Evangelischen Schulkongresses", Frankfurt a/M., Schriften-Niederlage des Evangelischen Vereins.)

Einen andern Punkt (aus Staudes Behandlung der Geschichte Josephs) muß ich bis zu einer anderen Gelegenheit versparen.

Mit herzlichen Weihnachtsgrüßen

Ihr
F. W. Dörpfeld

P.S. Am Donnerstag erwarten wir Wilhelm aus Athen und seine Braut aus Berlin. Er muß jetzt seine letzte Militär-Übung bei der Garde machen. Im Februar soll Hochzeit sein.

Rein nahm D.s Angebot an, wie aus seinem Antwortschreiben vom 20.12.1882 und D.s Mitteilung bei Brief 286 hervorgeht. Dort auch eine Zusammenstellung aller Schulblattherausgeber 1883. – Das Körner-Zitat verwendete D. schon in Brief 184. – R. Staude gab „Präparationen zu den biblischen Geschichten Alten und Neuen Testaments, nach Herbartschen Grundsätzen ausgearbeitet", Dresden 1883 heraus. Einige Abschnitte über die Josephsgeschichten erschienen vorab in den Pädagogischen Studien 1882, 3. Heft, S. 46–53 und 4. Heft, S. 18–28. – Die „Zuschrift mehrerer rheinischer Lehrer an den Schulkongreß" ist im Anschluß an den Bericht von K. Strack „Der Ev. Schulkongreß in Frankfurt a.M.", EvSchBl 27 (1883), S. 19 ff. abgedruckt. Rein übernahm sie in die Pädagogischen Studien 1883, 2. Heft, S. 27–29.

Im folgenden Brief Reins wird auf O. Fricks gerade erschienene Arbeit „Das Seminarium Praeceptorum an den Franckeschen Stiftungen in Halle", Halle 1883, hingewiesen. – Mit D.s „Schulaufsatz" meint Rein wohl die bei Brief 282 genannte Abhandlung „Zwei dringliche Reformen". Als Rein diesen Brief absandte, hatte er D.s Schreiben vom Vortag noch nicht in Händen.

Eisenach, 17. Dezember 1882

Verehrter Freund!

Sie werden mittlerweile mein Lutherbuch erhalten haben. Ich bin sehr gespannt auf Ihr Urteil, das ich mir – wenn ich Ihnen nicht zu viel zumute – recht ausführlich und streng ausbitte. Freund Wangemann (Schulinspektor in Cölln a/E.) schrieb mir sehr freundlich darüber, ebenso Pfarrer Buschendorf. Mit ihm habe ich, Ihrem Vorschlage dankbar folgend, verabredet, daß wir für das 8. Schuljahr seine Bearbeitung als Lehrtext annehmen wollen. Freilich muß derselbe ausführlicher gehalten sein als sein bisheriger, wiewohl der Erzählungston mir für die Kinder sehr passend erschien. Wir werden im Frühjahr, so Gott will, seine Umarbeitung dann gemeinsam prüfen und feststellen.

In Herrn Dr. Frick-Halle haben wir ja, wie Sie wohl aus seiner Broschüre (seminar. praecept.) ersehen, einen warmen Fürsprecher unserer Bestrebungen erhalten. Er schrieb mir auch (auf die Anzeige in den Studien hin) einen sehr freundlichen Brief. Um so unangenehmer muß die Salbaderei von Lettau in dem evangelischen Monatsblatt, gegen Herbart und seine Schule gerichtet, berühren. Auch Flügel schrieb mir entrüstet darüber; er wolle jedoch, nachdem Glöckner geantwortet, vorläufig schweigen. Zeglin könnte mit seiner Ketzerriecherei auch etwas vorsichtiger sein. Er möge das Buch des Gothaer Anonymus lesen (der mir übrigens einen höchst interessanten Brief geschrieben und zwar gegen den luther[ischen] Katechismus). Haben Sie meine Studien erhalten? Wenn nicht, so sende ich Ihnen sogleich Jahrgang 1882. Wären Ihnen Berichte über die Weimarer Synodalverhandlungen, über Katechismus und biblische Geschichte erwünscht? Ich wollte sie in die Studien aufnehmen, aber konnte keinen Platz dafür gewinnen.

Gestern kam Ihr Schulaufsatz. Ich habe denselben sogleich gelesen. Seit Ziller uns genommen ist, empfinde ich immer stärker die Nötigung, daß die an der Fortbildung der Methodik arbeitenden Herbartianer sich nicht nur nicht eng zusammenschließen, sondern auch möglichst in ein Geleis kommen, wenigstens in den Hauptpunkten. Die zahlreichen Gegner spähen allerorten mit dem größten

Scharfsinn die Differenzpunkte aus und nützen sie für sich aus (Das Büchlein von Sallwürk hat nach dieser Seite hin sehr übel gewirkt; es wird von den Gegnern förmlich mit Hochgenuß zitiert). Es hat mir daher außerordentlich zugesagt, daß Sie die streitigen Punkte in Form offener Fragen berühren, was sie auch in der Tat noch sind, wie vor allem die Frage über die historischen Kulturstufen. In bezug auf das Lehrverfahren und die Konzentration besteht zwischen uns beiden meines Erachtens im wesentlichen kein Unterschied; den historischen Kulturstufen stehen Sie sehr skeptisch gegenüber; ich bin hierin im Anschluß an Ziller mehr Dogmatiker. Über die Frage des Vorerzählens und des Einprägens einigen wir uns noch; ich habe wenigstens den festen Willen, schon aus dem berührten Grunde, mich Ihnen möglichst eng anzuschließen. Die Kritik der Allgemeinen Bestimmungen finde ich unübertrefflich; möchte sie doch an betreffenden Stellen Eindruck machen!

Sie werden wohl die „Nachbemerkungen" nun zu Ende führen? Aber um eins möchte ich noch bitten: Schreiben Sie noch einmal über den Religionsunterricht. Das ist doch die Hauptsache. Wenn wir da nicht durchkommen, ist unsere ganze Sache nichts. Und was soll es werden, wenn die Kreise, die sich pointiert evangelisch nennen, fortfahren, uns als Ketzer zu denunzieren, statt uns als Bundesgenossen zu begrüßen? Bisher hatte ich noch die Hoffnung, in diesen Kreisen eher als bei den liberalen Theologen auf Verständnis rechnen zu dürfen. Aber da schreibt ein schlesischer „evangelischer" Lehrer, Dr. Rein usw. würden nächstens Gartenlaube und Kladderadatsch in die Schule einführen. Sie werden einiges im nächsten Heft der Studien darüber lesen. Doch genug. Lassen Sie mich lieber zum Schluß Ihnen ein recht frohes Fest wünschen! Ich gehe mit Frau und Sohn (die Tochter bleibt hier bei meiner Mutter) nach dem Fest nach Berlin. Bin ich zurück, dann hoffe ich sehr auf einige Zeilen von Ihnen.

Immer Ihr treu ergebener
W. Rein

Es folgten im Dezember noch zwei weitere Briefe Reins, in denen er auf D.s Schreiben vom 16.12. einging. Die „Palmersche Pädagogik" (in Reins Schreiben vom 22.12.): Christian Palmer, Evangelische Pädagogik. Neu bearbeitet von E. Gundert, Stuttgart [5]1882.

Eisenach, 20. Dezember 1882

Verehrter Freund!

Zunächst herzlichen Dank für Ihre Zusendungen! Leider kann ich heute nur das allerdringendste beantworten, da Konferenzen etc. vor dem Schulschluß drängen. Aber nächstens ausführlicher.

1) Ihre Sendung Rezensionsbücher ist bereits verteilt. Einen Teil (Pädagogik) habe ich übernommen, einen anderen Bliedner, Scheller und Kögler, Mitglieder des Herbartkränzchens (Sollten Sie für Geographie jemanden brauchen, so ist hier der Zillerianer Göpfert sehr gern bereit. S[iehe] Präparation über Geographie in den „Studien").

2) Ich trete sehr gern in die Stelle Zillers ein, bin auch bereit, Ihnen von Zeit zu Zeit Rezensionen, evtl. auch kleinere Arbeiten zu schicken. Die Frage über die historischen Kulturstufen, speziell über die Märchen, soll dabei von mir nicht berührt werden. Dies bliebe den „Schuljahren" und den „Studien" vorbehalten sowie dem Jahrbuch.

Nur ein Bedenken habe ich, das in meinem letzten Brief an Sie bereits zur Sprache kam. Es kann geschehen, daß ich mit Leuten, die die Herbartsche Schule in ungerechtfertigter Weise angreifen und auch in unwissenschaftlicher, ernstlich zusammengerate. Nun steht auf dem Titel Ihres Blattes Lettau, welcher, wie Ihnen wohl bekannt, einen höchst törichten Aufsatz gegen Herbart geschrieben hat; Zeglin, welcher jede wissenschaftliche Pädagogik perhorresziert, ferner Heine, den ich bereits einmal unliebsam angefaßt habe. Geht denn dies an, daß ich mit diesen Männern, welche sich in wesentlich anderen Formen, zum Teil auch in anderem Geist bewegen als ich, zusammen genannt werde? Freilich, bei Ziller war es dasselbe wie bei mir; nur fiel bei ihm die aggressive Richtung weg, welche bei mir vielleicht zu stark ausgebildet ist. Aber er stand innerlich den genannten Herren ebenso fremd gegenüber wie ich, da er sich nie mit einer so unwissenschaftlichen Art des Denkens befreundet hätte. Möglicherweise ist die scharfe Entgegnung Glöckners noch auf ihn mit zurückzuführen. Auch Flügel nimmt das an.

Was ist zu tun? Bitte entscheiden Sie. Nur muß ich mir für das Jahrbuch und die „Studien" volle Freiheit den genannten Herren gegenüber vorbehalten.

3)Die Zuschrift der sechs niederrheinischen Lehrer kenne ich nicht. Ich habe mir dieselbe sofort bestellt. Ihrem Wunsche werde ich nachkommen.

Ihre freundlichen Weihnachtsgrüße erwidere ich herzlichst. Ich freue mich jedesmal mit Ihnen, wenn ich von Ihrem Sohne lese oder höre.

Immer Ihr ergebener
W. Rein

Das Leben

D. Martin Luthers

dem

deutschen Volk

erzählt

von

Wilhelm Rein.

Leipzig,
Georg Reichardt Verlag.
1883.

Abb. 99/100: Umschlag- und Innentitel von Wilhelm Reins Luther-Biographie. „Sie werden mittlerweile mein Lutherbuch erhalten haben. Ich bin sehr gespannt auf Ihr Urteil", schrieb Rein an Dörpfeld (17. Dezember 1882).

Eisenach, 22. Dezember 1882

Verehrter Freund!

Mit dem herzlichsten Dank sende ich Ihnen beiliegend Ihr Schriftstück zurück. Ich habe dasselbe wiederholt mit Aufmerksamkeit gelesen und mir einige Notizen gemacht, um Ihre Wünsche immer gegenwärtig zu haben. Sie dürfen überzeugt sein, daß ich Sie in Ihrem Kampfe nach Kräften unterstützen werde. Sie haben vielleicht schon bemerkt (im vorigen Jahrgang), daß, wo sich Gelegenheit bot, auf Ihre Bestrebungen, sei es auch nur durch ein Zitat, aufmerksam gemacht wurde. Auch in den Heften des nächsten Jahres soll dies, und mit mehr Nachdruck noch, geschehen. Im Seminar, wo ich kürzlich mit den Schülern Ihr Gutachten über die Einheitsschule gelesen habe, gewinne ich Ihrer Sache, wie ich hoffe, treue und dankbare Anhänger. Sowie Ihre neueste Arbeit separat erschienen ist, will ich sie, wenigstens teilweise, mit den jungen Leuten studieren. Aber auch in den „Studien" will ich, so gut ich kann, Sie unterstützen, damit die gute Sache, in deren Dienst wir stehen, nicht totgeschwiegen, nicht unterdrückt werde. Ob wir ihren Sieg erleben, wer weiß es. Aber alle unsere Kraft dafür einsetzen, das ist unsere Pflicht. Herbart war es nicht vergönnt, Ziller starb in der Hoffnung künftigen Sieges. Meine Gewißheit ist seit Berlin arg heruntergedrückt, als ich sah, wie wenig gemeinsamer Boden vorhanden und wie selbst in den allereinfachsten Dingen Streit und Zwiespalt entbrennt. Die Offiziösen verstehen uns gar nicht, wollen uns nicht verstehen, ja geben sogar zu verstehen, daß wir Schrullen und sonderbares Zeug im Kopfe hätten, vor dem der Himmel jeden Pädagogen in Gnaden bewahren möge. Was Sie über den „Einsamen" schrieben, wie recht hatten Sie, an wen Sie auch gedacht haben mögen. Aber darum eng aneinander schließen und weise operieren! Den Feldzugsplan haben Sie ja in mustergültiger Weise entworfen. Was an mir liegt, will ich gern die Position verteidigen, welche Sie mir anweisen; will Ausfälle machen, wenn der günstige Augenblick gekommen; will die feindliche Festung mit berennen.

Wollen Sie Ihr Schriftstück nicht auch an Thrändorf in Auerbach i/S. schicken? Und dann, könnten Sie nicht im nächsten Jahr nach Coburg kommen? Denken Sie sich, daß Sie einen engeren Kreis um sich versammeln und mündlich diesem alles das ans Herz legen, was zu tun nötig ist, wie viel könnte dadurch die Sache gefördert werden! Wie könnte man die Arbeit im einzelnen verteilen, ihr Ineinandergreifen besprechen, tüchtige und tätige Mitarbeiter gewinnen! Denn der Kampf ist schwer, o, das brauche ich Ihnen nicht zu sagen. Ich bekam den ersten Vorgeschmack in Berlin, wo, wie es in der neuen Auflage der Palmerschen Pädagogik heißt, die nüchterne Erwägung des Wirklichen und Möglichen gegenüber den übergreifenden (!) Forderungen Reins den Sieg behielt (S. 498). So geht es; was einem nicht bequem ist, wird als „übergreifend" (wenn nicht mit schlimmerem) abgetan. Bitte schreiben Sie mir bald einmal über den Erfolg Ihrer Bemühungen und über die weiteren Schritte, die Sie vorhaben. Ich sagte Ihnen wohl schon, daß ich ganz einverstanden, wenn für jetzt die Kulturstufen aus dem Spiel bleiben. Daß diese aber aufs engste mit der Konzentration begrifflich zusammenhängen, hat Ziller überzeugend nachgewiesen. Ja, bei ihm ist die Konzentration nichts ohne die Kulturstufen. Ich selber habe denselben Gedanken in Ihrem Blatte (Über die Konzentration des 3. Schuljahres) ausgesprochen. Doch, wie gesagt, lassen wir das jetzt, wo Nötigeres drängt. Hoffen wir, daß der Feldzug, den Sie mit dem Ende dieses Jahres begonnen, im nächsten glücklich fortgesetzt und so Gott will, recht bald siegreich zu Ende geführt werde.

Ihr treu ergebener
W. Rein

285
An Johannes Trüper, Bremen

Gerresheim, 1882

[. . .] Dittes ist ein ehrlicher Charakter, aber kein scharfer Kopf [. . .] Daher rühren auch seine Schwächen, daß er so viel mit allgemeinen Partei-Schlagwörtern usw. operiert. Natürlich klatscht dann der Haufe der Dutzendpädagogen Beifall; aber die Gegner lächeln, da ihnen das nichts zuleide tut; und die echten Schul- und Wahrheitsfreunde lassen betrübt den Kopf hängen, denn Knallen ist noch kein Schießen. Und dann denken Sie an die Simultanschul-Schwärmerei in Österreich und die bereits erlebten und noch zu erwartenden Folgen, wozu Dittes sein redlich Teil beigetragen hat, aus Kurzsichtigkeit. In diesem Österreich, das weiland mit dem Protestantismus ebenso schlimm umgegangen ist wie Spanien und Italien, läßt sich denn da der Teufel durch Beelzebub austreiben? Daß freisinnige Katholiken auf den Gedanken der Simultanisierung fallen, ist verständlich; für sie bleibt eben kein anderer Ausweg, wenn sie nicht den Mut haben, mit dem Papste zu brechen. Aber daß die Protestanten auf solchem (überwiegend katholischen) Boden das Simultanisieren preisen und jenen Feiglingen zuliebe ihre protestantischen Schulen, die mit so viel Blut erkauft sind, zum Opfer bringen, das ist vom Standpunkte der deutschen Kulturgeschichte, von der Schulgeschichte nicht zu reden, bare Stupidität.

Was ist die Folge gewesen? Die protestantischen Schulen sind dort vom Erdboden verschwunden, ausgenommen die wenigen Fälle, wo die Eltern die Mittel besitzen, dieselben (neben den Unkosten für die öffentlichen Schulen) als Privatschulen zu unterhalten; die öffentlichen Schulen sind dagegen faktisch gut katholisch, wie es auch nicht anders sein kann an Orten, wo von den Segnungen und der weltumgestaltenden Macht der Reformation mit keiner Silbe die Rede ist, es sei denn auf hottentottisch, d.i. in allgemeinen Redensarten. Und was ist aus den protestantischen Lehrern geworden? Sie sind irgendwo in katholischen Lehrerkollegien untergesteckt, wo sie den Mund nicht auftun dürfen an der Öffentlichkeit. Und jetzt, nach der bekannten reaktionären Schulnovelle, hat auch kein einziger protestantischer Lehrer mehr die Aussicht, Schuldirigent zu werden, es sei denn in dem kaum möglichen Falle, wo die Mehrzahl der Kommunen protestantisch ist. Es fragt sich sogar, ob sie in Zukunft überhaupt noch eine Anstellung finden. (Ein junger böhmischer Lehrer, der nach seiner Seminarzeit noch das Zillersche Seminar besucht hatte, schreibt mir jüngst, er sei in eine Stelle gedrängt, wo er nicht einmal als einzelner Mann leben könne; er werde also wohl auswandern müssen, aber wohin? da er nur unvollkommen Deutsch verstehe.) Da haben Sie die alte Vertreibung der Protestanten ins Moderne übersetzt, auf Betreiben des mit Blindheit geschlagenen protestantischen Liberalismus und unter Beifallklatschen der Allgemeinen deutschen Lehrerversammlung von weiland. Das Ende dieses Jammers haben wir noch nicht gesehen. Wer weiß, was es bringt, falls die österreichische Reaktion sich nicht überstürzt und so sich selber das Grab gräbt. [. . .]

[F. W. Dörpfeld]

Friedrich Dittes hatte mehrfach in den Pädagogischen Jahresberichten D.s Schriften besprochen, ebenso in der von ihm herausgegebenen Wiener Zeitschrift „Pädagogium".

286

An Wilhelm Rein, Eisenach

Gerresheim, 3. Januar 1883

Lieber Freund.

Vorab meine herzlichsten Glück- und Segenswünsche zum neuen Jahr für Sie und die Ihrigen in Haus und Amt!

In Nr. 1 des diesjährigen Evangelischen Schulblattes werden Sie Ihren Namen mit auf dem Titel finden. Es hat mich gefreut, daß Sie sich durch keine Bedenken von dem Beitritt haben abhalten lassen. Was Sie bezüglich Ihres Verhältnisses zu Lettau, Zeglin und Heine erwähnen (etwaige künftige Polemik), kann kein Bedenken sein. Denn so lange es jene nicht geniert, neben Ihnen auf dem Titel zu stehen, braucht es Sie auch nicht zu genieren. Überdies geht es mich als Redakteur nichts an, wenn Sie wider einen von jenen anderwärts polemisieren, so lange eben nicht das Schulblatt dafür in Anspruch genommen wird. Auch werden jene schwerlich im Ev[angelischen] Sch[u]l[blatt] wider Sie polemisieren. Täten sie es doch und ließe ich das (aus gewissen Gründen) zu, so würden Sie selbstverständlich dann ebenfalls im Ev[angelischen] Schulb[latt] freies Wort haben. Ferner: wenn jene in einem andern Blatte (z.B. bei Kolbe) Sie angriffen und man dort Ihre Verantwortung nicht aufnehmen wollte, so würde jedesmal das Ev[angelische] Schulb[latt] dafür zu Dienst stehen. Die von mir Ihnen zugemutete Reserve bezieht sich lediglich auf Ihre Initiative und hier nur auf die zwei Punkte:

erstens keinen religiösen Krakehl anzufangen und sodann die Märchenfrage (resp. Kulturstufen überhaupt) einstweilen ruhen zu lassen, im Ev[angelischen] Schulblatt. Wohlverstanden: im Ev[angelischen] Sch[u]lbl[att]; in Ihrem Blatte und anderwärts mögen Sie schreiben und streiten, wenn Sie es für gut finden.

Die Kulturstufenfrage stelle ich auch bloß deshalb zurück, weil sie Nötigerem im Wege steht, wozu noch kommt, daß durch unvorsichtige Behandlung derselben auch religiöse Bedenken wachgerufen worden sind, die sich vor der Hand mit keinerlei Mitteln der Dialektik usw. beschwichtigen lassen, wodurch sich mein alter Körnersche Spruch wieder bewährt:

„Unsere Taten selbst, so gut als unsere Leiden,
Sie hemmen unseres Lebens Gang."

Wenn Sie demnach alles überschlagen, so werden Sie finden, daß Sie durch den Beitritt zur offiziellen Mitarbeiterschaft des Ev[angelischen] Schulbl[attes] nicht nur nichts an Freiheit eingebüßt, sondern im Gegenteil an Freiheit gewonnen haben.

Das wäre also abgemacht. Gott wolle auch dieses unser neues Bündnis zum Segen der guten Sache gedeihen lassen.

Nun noch einige andere Punkte aus Ihren drei letzten Briefen.

1. Der Bericht über die Weimarer Synodalverhandlungen wird mir willkommen sein. Ich denke, der Berichterstatter wird auch wohl einige Glossen beigefügt haben. Mir wenigstens würden sie willkommen sein.

2. Ihr Luther-Buch ist noch nicht hier angekommen. Wahrscheinlich hat es der Verleger über Gütersloh gesandt; dann wird es wohl mit der nächsten Sendung von dort eintreffen. Daß Sie Pastor Buschendorfs Entwurf noch ausführlicher (in der Darstellung) gewünscht haben, freut mich. Diese Nachbesserung wird sich aber wohl ohne große Mühe nicht mehr ausführen lassen. Ich vermißte auch die zum Erzählen gehörige Lebhaftigkeit. Das ist aber eine Gabe, die Buschendorf nun einmal nicht besitzt. Dazu gehört auch eine lebendige Phantasie. Dafür ist ihm um so mehr Besonnenheit eigen und gediegener Wille. Ich denke also, das Buch wird doch recht brauchbar werden. Faßlichkeit bleibt doch immer die Hauptsache.

Überdies kann ja auch im Vorwort darauf hingewiesen werden, es sei vorausgesetzt, daß die mündliche Erzählung einen ausführlicheren und lebhafteren Charakter habe.

3. Die Zuschrift der sechs niederrheinischen Hauptlehrer an den Frankfurter Schulkongreß finden Sie in Nr. 1 des Ev[angelischen] Schulbl[attes] 1883. Sobald mir das Heft zugeht, werde ich ein Exemplar direkt senden. Ich hätte gern einige Bemerkungen dazu gemacht; es ließe sich aber meinerseits nicht gut tun, da meine Person der Angelegenheit zu nahe steht. Andere müssen das tun. Es handelt sich darum, die Bedeutsamkeit dieses Schrittes klarzumachen. Diese Bedeutsamkeit liegt mir in folgendem:

a) im Inhalte der Zuschrift, da dieselbe das, um was es sich für den Lehrerstand bei der Schulaufsichtsfrage (gegenüber den Geistlichen) eigentlich handelt, auf die knappste und doch andringlichste (schneidigste) Weise ausspricht, ohne irgendwie die Gebote des Anstandes usw. zu verletzen. Sie läßt sich nicht auf den Glatteis-Disput ein, ob die Geistlichen für die technische Schulaufsicht qualifiziert wären oder nicht, sondern zeigt klar, daß die Entscheidungsgründe an einer ganz anderen Stelle (Ethik) liegen. (Hoffentlich lernen die Lehrer in den übrigen Gegenden diesen Punkt endlich aus diesem Schriftstück erfassen; aus meinem Buche haben sie es bisher noch nicht gelernt).

b) in dem Orte (Versammlung), wo dieses Votum laut wurde. Ohne Zweifel haben nicht 5 % der preuß[ischen] Geistlichen von der „Leidensgeschichte" Notiz genommen, so weit, um zu wissen, was in dem Buche steht. Wie soll man nun den Inhalt des Buches an die übrigen 95 % heranbringen? Dafür gibt's kein Mittel auf dem Wege der Presse und wenn alle günstig gesinnten pädagogischen und politischen Blätter zusammenspannten. Da bot sich durch die Gründung des Schulkongresses ein Mittel an; denn von dem, was dort verhandelt wurde, nehmen alle Geistlichen Kenntnis. Die sechs Kollegen haben diese Gelegenheit schleunigst ergriffen, und so kommt die Quintessenz der „Leidensgeschichte" in jedes Pfarrhaus. Aber noch mehr: im nächsten Jahre kommt die Schulaufsichtsfrage in aller Form auf dem Kongresse zur Verhandlung, und dann hat der deutsche Lehrerstand Gelegenheit, angesichts der ganzen deutschen Ev[angelischen] Kirche und der Geistlichkeit alles, was er darüber auf dem Herzen hat, zur Sprache zu bringen. Welch ein großartiger Effekt durch ein so einfaches Mittel! (Wenn doch die deutschen Lehrer einmal wenigstens das ABC der Strategie lernen wollten! Auch die Herbartianer könnten diese pädagogische Hülfswissenschaft gut brauchen).

c) Während die liberalistischen Schulblätter nichts besseres zu tun wüßten, als an dem Frankf[urter] Kongreß zu nörgeln, noch bevor derselbe da war, haben die rheinischen Lehrer denselben benutzt, um zu handeln und zwar mit einem Effekt, der durch kein anderes Mittel möglich zu machen wäre. (Man darf übrigens kühn darauf wetten, daß die übrigen deutschen Volksschullehrer auch selbst hinterher noch nicht merken, daß hier gehandelt worden ist, während sie genörgelt oder geschlafen haben und daß die niederrhein[ischen] Kollegen um einen Kopf größer sind als sie, wenn es ihnen nicht frisch vor die Stirn gesagt wird).

4. Fricks Broschüre ist mir noch nicht zu Gesicht gekommen. Können Sie mir Ihr Exemplar vielleicht auf einige Wochen leihen? (Ich muß meine Kasse zu Rate halten). Er ist mir von Barmen her bekannt und befreundet, wo er 1864/65 Gymnasialoberlehrer war. Durch ihn wurde ich auch mit seinem Nachfolger Dr. Schmieder (jetzt in Schleusingen und durch meines Sohnes Wilhelm Heirat dessen Oheim) bekannt und befreundet. Schon damals zeigte Frick für alle pädagogischen Fragen, auch für die der Volksschule, ein lebhaftes Interesse, der einzige dieser Art unter allen seinen Kollegen im bergischen Lande. . . Ach, wie selten sind doch diese „Pädagogen im großen Stil", wie Mager sie nannte! So brachte er auch in einer Konferenz der bergisch-niederrheinischen Gymnasial- und Realschullehrer meine damals erschienene „Freie Schulgemeinde" zur Verhandlung, ohne Anregung von meiner Seite; auch schickte er ein Exemplar des Buches an den mit ihm befreundeten Prof. Dove in Göttingen zur Rezension, der sich aber meines Wissens nicht darauf eingelassen hat. Leider blieb Frick nur ein Jahr in Barmen. Seitdem habe ich nur je und dann einen Gruß von ihm erhalten. Mir fehlte die Zeit, um einen brieflichen Verkehr im Gange zu halten. Jüngst, nach Dr. Landfermanns Heimgang, dachte ich eine Zeit lang daran, ihn anzufragen, ob ich seinen Namen an dessen Stelle in die Mitarbeiterschaft des Ev[angelischen] Schulbl[attes] aufnehmen dürfte. Zuletzt ließ ich doch den Gedanken fallen, einmal um Frick nicht in Verlegenheit zu bringen den Behörden gegenüber, da das Ev[angelische] Schulbl[att] ein gar zu schlimmer Ruhestörer ist und zum anderen, weil mir seine innere Entwicklung seit 1864 nicht klar genug ist, um wissen zu können, ob wir genugsam miteinander übereinstimmen.

Gern möchte ich die Fricksche Broschüre im Schulblatt zur Sprache bringen. Ich selbst kann es aber nicht gut tun, da die Materie außerhalb meines Bildungsganges liegt. Könnten Sie mir vielleicht ein Referat über das Buch besorgen' Ob von Ihnen oder von anderer Hand, soll gleich sein. Natürlich nicht eine Rezension, sondern ein selbständiger Artikel, etwa unter der Überschrift „Ein neuer Fürsprecher der pädagogischen Seminare auf den Universitäten" oder ähnlich; könnte dabei auch die widerstrebende Ansicht des Prof. Jürgen Bona Meyer mit herangezogen und beleuchtet werden, so würde mir das lieb sein.

5. Lettaus „Salbaderei" über Herbart usw. in Kolbes Monatsblatt hat mich ihrer Zeit nicht wenig entrüstet, freilich auch sehr verwundert, da er mir vorher nichts von seinem Vorhaben gesagt hatte und ich ihm auch so etwas nicht zugetraut hätte. Was ihn dazu veranlaßt hat, ist mir auch heute noch ein Rätsel. Obgleich ich ihn brieflich ziemlich scharf angefaßt habe, hat er mir doch über diesen Punkt (Genesis) keine Auskunft gegeben. Es hat mich gefreut, daß Glöckner auf den Plan getreten ist. Der Antrieb dazu ist übrigens, wie ich glaube, nicht von Ziller, sondern von mir ausgegangen. Im Laufe des Sommers war Herr Glöckner bei mir mit dem Studenten Gelderblom aus Barmen (dem Verfasser der Briefe über das Zillersche Seminar im Ev[angelischen] Schulbl[att]). Wir sprachen bei der Gelegenheit auch von Lettaus ungeschickten Auslassungen. Ich bedauerte, daß es mir in die-

sem Jahre an Zeit fehlte, mich in diesen Handel einzulassen und müßte es um so mehr bedauern, da ich in diesem Falle der nächstberufene sei. Zugleich drückte ich den Wunsch aus, daß von Leipzig aus eine Entgegnung beschafft werden möchte. Ob Herr Glöckner damals schon davon gesprochen hat, daß er selbst die Verantwortung geben wolle, weiß ich nicht mehr.

Für mich ist übrigens der Lettausche Handel noch nicht erledigt. Das habe ich ihm auch bereits angesagt. Ich pflege aber meine Stunde abzuwarten. Meine Aufgabe geht weiter als die einer gewöhnlichen Entgegnung. Dafür sind Vorarbeiten nötig. Lettau wird ganz gut wissen, daß in meinen „Nachbemerkungen" (über Halfters Zeichenunterrichtsprobe) und in meinem jüngsten Aufsatze bereits solche Vorarbeiten stecken. Eine weitere wird vielleicht eine Besprechung über Zahns „Natürliche Moral" sein. Lettau hat übrigens auch von Horn bereits eine kleine Lektion bekommen, in einem Vortrage, den dieser auf einer Versammlung des Nordwestdeutschen „Evangelischen Lehrerbundes" zu Bielefeld gehalten hat (Präses ist Lehrer Götze in Hamburg). Horn war um diesen Vortrag gebeten worden. Er hatte die Einladung angenommen, um in diesem abgeschlossenen Kreise einmal neue Gedanken zur Sprache zu bringen. Der Vortrag ist in dem Monatsblatte jenes Vereins gedruckt (Dezember-Nr. 1882). Wenn Sie es wünschen, will ich Ihnen das betreffende Heft schicken. Auch Ihnen und Ziller deckt er (in der Märchenfrage) mit einigen Sätzen den Rücken. Solche gelegentlichen Mahn- und Warnworte sind in jenem Kreise viel wirksamer als die bündigste wissenschaftliche Verteidigung. Vielleicht gelingt es mir, den Hornschen Vortrag auch in das Kolbesche Monatsblatt zu bringen.

Übrigens will ich noch bemerken, daß Herr Glöckner in meinen Augen seine Sache so vortrefflich gemacht hat, wie ich es einem Manne in so jugendlichem Alter nicht zugetraut hätte. Auch so besonnen.

6. Zeglin. Was ist's mit seiner „Ketzerriecherei", von der Ihr Brief spricht? Ich weiß nicht, was da gemeint ist. Kommt das vielleicht in seinem jüngst in den „Studien" angezeigten Buche vor? Mir ist dieses Buch unbekannt. Er hat es mir nicht geschickt, auch Bertelsmann nicht. Man muß mir wohl nicht getraut haben. Ist das Buch noch in Ihren Händen, so lassen Sie es gef., bitte, gelegentlich hierherlaufen.

Wen meinen Sie mit dem „Gothaer Anonymus", den Sie Zeglin empfehlen wollen? Nagel in H.? Wenn ja, dann möchte ich gern seinen Brief über den Lutherschen Katechismus lesen. Oder wird derselbe gedruckt werden?

Sobald mir Zeglins Buch zugegangen ist, werde ich mit ihm ein Wort unter vier Augen reden. Vor der Hand hat er übrigens schon in meinem letzten Aufsatze eine saure Lektion bekommen (desgleichen Lettau und Heine) durch das, was dort der Regulativpartei ins Gewissen geredet wird, mit welcher Zeglin durch seinen Schwiegervater Goltzsch stark verwachsen ist. Heine hat auf meinen scharfen Appell auch bereits reagiert durch einen langen Brief. Mein Stoß muß tief gefühlt worden sein, tiefer, als ich erwartet hatte. So beginnt er z.B. mit dem um ein Jahr verspäteten Geständnis, daß er mit der „Leidensgeschichte" in allem wesentlichen einverstanden sei (wovon diesmal doch nicht die Rede zu sein brauchte) und bemerkt dann über den jüngsten Aufsatz bloß, daß er jetzt noch nicht „in allem" zustimmen könne. Geben wir ihm daher bei diesem neuen schweren Brocken auch noch ein Jahr Zeit zur Zerkauung und Verdauung. Heine ist eine ehrlich, lautere Natur, aber zu isoliert gewesen. Hätte ich ihn in meiner Nähe gehabt, so würde er längst mit mir in einem Gleise sein. Wider Herbarts Metaphysik, Psychologie oder „Philosophie" oder wie er sich ausdrücken mag, wird er wohl noch eine Zeitlang „protestieren", aber auf praktisch-pädagogischen Boden wird er meines Erachtens uns bald näher stehen als Kehr und Genossen. Die religiöse „Engbrüstigkeit" kann einem zwar äußerst unbequem werden, aber wenn sie mit Lauterkeit und ernstem Streben gepaart ist, dann halte ich sie für viel hoffnungsvoller als die rundseitige Oberflächlichkeit. Vor nichts in der Welt habe ich mehr Angst als vor der geistigen Flachheit, „vollends", wenn ein gewisses Talent hinzutritt.

Im Anschluß an das vorstehend Gesagte (über Lettau, Zeglin, Heine) lassen Sie mich einen allgemeinen Gedanken zur gef. Prüfung aussprechen. Die herbartische pädagogische Schule, wie sie zur Zeit ist, muß vornehmlich wider die pädagogische Oberflächlichkeit kämpfen; einem Streite mit der religiösen „Engbrüstigkeit" muß sie dagegen tunlichst aus dem Wege gehen, weil sie für diese Fehde nicht ausreichend gerüstet ist. Sobald die anfängt zu merken, daß und warum ihr nach dieser Seite die Rüstung fehlt, kann sie getrosten Mutes auch hier den Kampf beginnen. Eher nicht.

Erwägen Sie diesen Gedanken. Wir wollen dann später weiter davon reden.

7. Religionsunterricht. Wann ich wieder einmal über diesen Lehrgegenstand schreiben kann, läßt sich noch nicht absehen. Ich möchte es gern bald tun. Allein es muß erst die Wirkung des jüngsten Aufsatzes abgewartet werden. Tut derselbe die gewünschte Wirkung, dann zweifle ich nicht, daß auch in kurzem noch andere Stimmen über den Religionsunterricht sich hören lassen werden, wenigstens für dessen Einheitlichkeit, wahrscheinlich sogar ihrer recht viele; denn die Fehler in diesem „Lehrfache" machen sich zu drückend fühlbar. Die meisten, die dies fühlten, wußten nur nicht, wie sie sich Luft machen sollten.

Bitte, teilen Sie mir gef. mit, um welchen Punkte (Fehler) willen Sie eine baldige Besprechung des Religionsunterrichtes meinerseits wünschen. Ich würde jedenfalls nicht sofort das ganze Gebiet vornehmen, sondern einige Fragen, namentlich die spinösesten vor der Hand ausscheiden, z.B. die, ob auf den unteren Stufen ein vorbereitender Religionsunterricht nötig sei. „Ausscheiden" heißt hier: ich würde sie markieren, aber offen halten. Qui trop embrasse, mal etreint.

Sie bemerken, ein schles[ischer] ev[angelischer] Lehrer habe geschrieben: „Dr. R. usw. würden nächstens Gartenlaube und Kl . . . in die Schulen einführen". Wo steht das geschrieben? Können Sie mir das betreffende Druckstück verschaffen? Dem Manne muß heimgeleuchtet werden; nur dürfen Sie sich nicht damit befassen. Das werden andere besorgen. Übrigens sind solche Dokumente von Albernheit wahre Wertstücke. Wenn deren doch noch mehr kämen! Dann hätten wir leichtes Spiel.

A propos! Da fällt mir etwas ein, was zwar sachlich nicht hierher gehört, aber doch hier stehen mag, da es mir sonst wieder entfallen könnte. Ein strebsamer Lehrer, der durch meine Schrift über den didaktischen Materialismus auf Ihre „Schuljahre" aufmerksam geworden war und dieselben seitdem fleißig studiert hat, ließ jüngst in einem seiner Briefe den Ausdruck fallen, er befürchte, Dr. Rein gerate doch wieder stark in den didaktischen Materialismus hinein. Was er meint, weiß ich nicht. (Im Zusammenhange seines Briefes war vom dritten und weiteren „Schuljahren" die Rede). Vermutlich denkt er an die Realstoffe. Ich werde ihn veranlassen, sich näher auszusprechen. Sie sollen dann nähere Nachricht erhalten. Sie werden sich übrigens erinnern, daß auch ich früher anmerkte – beim 1. Schuljahre – die Lektionen (in der Naturkunde usw.) schienen mehr Stoff zu enthalten, als die Schüler verdauen könnten. Bitte achten Sie gef. auf diesen Punkt, damit wir nicht in unser eigenes Schwert fallen.

8. Propaganda. Sie bemerken, seit Zillers Tod empfänden Sie immer stärker die Nötigung, daß die an der Fortbildung der Methode arbeitenden Herbartianer sich nicht nur enger zusammenschließen müßten, sondern auch streben sollten, möglichst in ein Geleis zu kommen in den Hauptpunkten. Sie haben recht. Sonst wird die Propaganda erschwert. Doch glaube ich, man braucht das zusammenhaltende Band nicht so gar streng anziehen. Oder daß ich mich richtiger und genauer ausdrücke: Es kommt weniger darauf an, über wieviele Punkte wir einig sind, sondern daß wir in den Punkten, worin wir einig sind, fest zusammenstehen und diese (im Sinne der Propaganda) als Hauptpunkte behandeln. Es könnte ja sein, daß irgend ein Punkt, worin man nicht einig ist, an sich (im Sinne der Sache) ebenfalls ein Hauptpunkt wäre und vielleicht ein sehr wichtiger; nichts desto weniger würde die Propaganda ein Recht haben, ihn gleichsam als einen Nebenpunkt zu behandeln, und sie würde wohl daran tun. Das ist mir immer wie auf andern Gebieten der

Kardinalsatz aller richtigen Union gewesen: die gemeinsam propagierende Aktion auf die Punkte zu richten, worin man einig ist. Erkennt man das an, dann muß aber auch darnach gehandelt werden. Das Tun ist's, wo die Einigkeit sich zeigen muß. Wird die Einheit so gefaßt, dann kann niemand sich in seiner Freiheit beengt fühlen; und das nicht bloß, sondern man braucht auch bezüglich der Differenzpunkte gar nicht zu sorgen, da dieselben der gemeinsamen Propaganda nicht hinderlich sind. Ich bin sogar der Meinung, daß solche Differenzen, d.i. ein gewisser freier Spielraum innerhalb einer „Schule" oder Gemeinschaft, für die Propaganda geradezu förderlich sind. Zum Beweis brauche ich nur an ein gegenteiliges Beispiel zu erinnern, an das geschlossene dogmatische System der römischen Kirche. Kann dieselbe jemals unter denkenden Menschen Propaganda machen? Und warum nicht? Schon darum nicht, weil einem denkenden und darum auch Denkfreiheit liebenden Menschen angst und bange wird, wenn ihm ein geschlossenes System mit 999 und etlichen Sätzen entgegentritt mit dem Anspruch, wenn er einen Satz davon anerkenne, so würden die übrigen von selbst folgen. Es wird ihm vorkommen, als ob er sich aller Freiheit begebe, wenn er sich mit diesem System einlasse. Umgekehrt aber, wenn einer sieht, daß die Mitglieder einer Schule oder Gemeinschaft zwar in gewissen Stücken einig sind, aber im übrigen sich Freiheit gönnen, dann fühlt er sich angezogen, falls sonst kein Anstoß im Spiele ist. In dieser Beziehung hat die Zillersche Schule arg gefehlt, d.i. sich arg im Lichte gestanden. Ich an meinem Teile weiß wohl, wie das gekommen ist. Durch's Seminar, weil es dort gilt, die Schüler in eine bestimmte Methode einzuüben und es selbst in Kleinigkeiten genau zu nehmen. Unvermerkt hat sich aber diese Seminarpraxis auch in die Propaganda eingeschlichen und dieselbe verdorben und gehemmt. Es wird Mühe und Zeit kosten, wenn wir aus diesen Fehlern herauskommen und das bereits Verfehlte wiedergutmachen wollen. Zillers Schüler, welche in das ganze methodische System nach und nach hineingewachsen sind, fühlen natürlich keinerlei Beengung, und darum begreifen sie auch nicht, warum die Draußenstehenden von drohender Beengung reden.

Ein höchst beträchtlicher Teil des Widerstandes und der Antipathie, worauf wir bisher gestoßen sind, findet in dem bezeichneten Gebrechen der Zillerschen Schule seine Erklärung. Denken Sie auch nur an den Austritt von Hollenberg und von Sallwürk. Wenn es möglich ist, daß ganz nahestehende Leute sich abgestoßen fühlen, wie ist es da möglich, daß Fernstehende sich angezogen fühlen sollen? Bei mir tat das der Sympathie keinen Eintrag, aber eben nur deshalb, weil mir die Entstehung des Fehlers klar war und weil ich mir meine Freiheit zu bewahren wußte.

Eine weitere Folge jenes Fehlers ist, daß die lieben Zillerschen Freunde die Strategie vernachlässigt und überhaupt das richtige Fechten verlernt resp. nicht gelernt haben. Ein Beispiel. In meinen „Nachbemerkungen" (zu Halfters Lehrprobe) wird u.a. ausgeführt, daß in Zillers vier resp. fünf Lehroperationen zunächst eine bekannte Dreizahl gesehen werden müßte und daß diese Dreizahl schon von längsther in mehreren Fächern bewußt oder unbewußt in Übung gewesen wäre. Ohne Zweifel werden die Zillerschen Freunde gemerkt haben, daß meine Absicht sei, die Theorie der Lehroperationen etwas gefälliger darzustellen und nebenbei die Ungelenkigkeit der Schulsprache zu monieren. Wie viele mögen aber auch gemerkt haben, daß dahinter zugleich ein wohlberechneter Fechterstreich steckt? Bisher ist mir noch keiner begegnet, der ihn gemerkt hätte, und doch liegt er (zwar für die Gegner versteckt) für die Freunde sozusagen auf der Hand; und er wird seiner Zeit ganz in demselben Maße zur Wirksamkeit kommen, in welchem unvorsichtige Gegner meine Auslassungen benutzen wollen, um zu sagen: „Seht, was haben denn die Herbartianer Neues aufgebracht?" oder ähnlich. Diese oder ähnliche Rede wird ihnen einmal übel eingetränkt werden, weshalb ich meinerseits nur wünschen kann, daß recht viele meine Äußerungen wider die Herbartianer benutzen, d.h. „hereinfallen" möchten.

Dieser Mangel an Fechtkunst in unserem Lager bringt mich auf einen andern Punkt, den Sie berühren, auf

9. von Sallwürks Broschüre. Ich sehe dieselbe gar nicht so tragisch an wie Sie, glaube auch nicht, daß sie sonderlich geschadet hat. Gewiß wünschte ich, daß sie nicht geschrieben worden wäre, (wie ich auch dem Verfasser ernstlich gesagt habe). Sie ist ein offenbares Unrecht wider die Gemeinschaft, der er angehörte, denn wenn er etwas zu klagen hatte, so müßte das innerhalb der „Gemeinde", nicht aber an der Öffentlichkeit verhandelt werden. Und doch sehe ich die Broschüre wie gesagt, nicht so tragisch an wie Sie und die Leipziger Freunde. Warum? Hat die Broschüre Schaden getan, so sind die Zillerschen Schüler selber mit Schuld daran, weil sie es nicht verstanden haben, den vom Verfasser begangenen Fehler unschädlich resp. möglichst wiedergutzumachen und gar in Vorteil zu verwandeln. Diese Wendung der Sache zum besseren war in der Tat gar nicht einmal schwer. Nur durfte man sich nicht durch Verstimmung aus der Contenance bringen lassen und mußte sich auf ein wenig Fechtkunst verstehen. Das genau auseinanderzusetzen würde zu weit führen. Ich muß vertrauen, daß ein paar Andeutungen hinreichen, um Sie auf die Spur meiner Gedanken zu bringen. Vorab müßte festgehalten werden, daß der Verfasser in seinem Sinnen und Meinen einer der Unsrigen war und dafür gelten wollte und daß er bei seiner Kritik der herbartischen Jüngerschaft von seinem Standpunkte (relativ) recht hatte, d.h. daß auf diesem Standpunkte die Sachen so erschienen, wenn sie auch an sich anders waren. Auf diese Weise blieb man in der Stimmung, um nun den vom Verfasser begangenen Fehler zum besten wenden zu können. „Faire bonne mine a mauvais jeu" ist in der Tat jeweilig eine sehr praktische Maxime. Man mußte demgemäß sowohl in den befreundeten Schulblättern als in andern die Broschüre selbst anzeigen, mit guter Laune, mit Humor, nicht kritisierend, sondern geradezu empfehlend. Bezüglich des in der Broschüre ausgesprochenen Tadels war summarisch kurz zu sagen: der Verfasser möge vielleicht von seinem Standpunkte aus Recht haben, d.h. die Sache möchte wohl manchem zuerst Herantretenden so vorkommen; deshalb würden die Herbartianer sich und ihr Benehmen fleißig prüfen und würden sich bestreben, von Tag zu Tage liebenswürdiger zu werden, jugendliche Unarten ablegen, damit sich jeder Neueintretende in ihrer Mitte wohl fühle usw. oder ähnlich. Sodann mußte herausgestrichen werden, was der Verfasser zum Lobe der Herbartschen Schule sagt und wie er sich offen dazu bekannt. Auf diese Weise wurde einerseits seinen kritischen Äußerungen die Spitze abgebrochen (der Stachel genommen) und andererseits wurden seine anerkennenden Urteile propagiert und verwertet. Nach solchem Vorgehen durfte man sicher sein, daß die Gegner des Verfassers Kritik nicht ausbeuten würden, weil diese wußten, daß sie damit die Herbartianer nicht ärgern könnten. Und wenn ja doch da und dort jene Kritik kolportiert wurde, so braucht man auch darüber sich nicht zu grämen, aus den vorgenannten Gründen. Unter Umständen ist es sogar wünschenswert, wenn die bösen Zungen an Äußerlichkeiten etwas zu tadeln finden, weil dann der innere Kern vor ihnen geschont bleibt, wie denn weiland Alkibiades bekanntlich sich solchen Schutz mit Fleiß geschaffen hat. Aber auch jetzt, wo die Zillerschen Freunde durch ihre Verstimmung dem Fehler des Verfassers einen neuen Fehler hinzugefügt haben, auch jetzt noch kann ich den Handel nicht so tragisch ansehen wie Sie. Lassen Sie die bösen Zungen, die etwas zu tun haben müssen, reden nach Herzenslust; ich zweifle nicht, daß das Buch am letzten Ende doch mehr Gutes als Böses stiften wird.

Lassen Sie mich ein Seitenstück nennen. Alles, was je und je wider Ziller und Herbart kritisch geredet worden ist, ist nur Spielerei und Mückenkrieg im Vergleich zu dem, wie jüngst zwei süddeutsche Geistliche mit meiner „Leidensgeschichte" umgesprungen sind: der eine, Konsistorialrat Dr. Burk (Ihr „Freund" von Berlin her) in seinem württembergischen amtlichen „Schulblatt", der andere, Pfarrer Röck in Rohrbach bei Rothenburg o.T. in seinem „Ev[angelischen] Schulblatt" Glauben Sie, daß ich mich darüber grämte? Ich werde die beiden Rezensionen nächstens im Ev[angelischen] Schulbl[att] ohne alle Bemerkungen abdrucken lassen, um sie kolportieren zu helfen und kann nur wünschen, daß dies alle andern deutschen Schulblätter ebenfalls täten.

Aus Nr. 8 und 9 (die vorbesprochenen Punkte) möchte ich folgende Summa ziehen:

Wie in der Propaganda überhaupt, so muß auch die herbartische Legion speziell in der Apologie eine neue Methode lernen und namentlich beweglicher, gelenkiger zu werden suchen. Mit den Hörnern steif auf den Gegner losrennen, das ist pure Ochsen-Strategie.

10. Berliner Seminarkonferenz. Sie scheinen durch die dortigen Erfahrungen arg deprimiert worden zu sein. Mir erscheint die Sachlage weniger schlimm. Auf unserer Seite ist auch ein Fehler gemacht worden, den ich aber erst hinterher deutlich besehen lernte. Wir durften diese Frage noch nicht auf dem Seminarlehrertage zur Sprache bringen. Erst mußte sie in der Presse ausgiebig besprochen sein. Das wußte ich zwar vorher, ließ mich aber damals umstimmen, weil die Frage doch nun einmal auf dem Berliner Tage vorkommen sollte. Da dachte ich, es sei immer besser, daß das Richtige gesagt werde, wenn auch ohne Effekt als das Verkehrte mit Effekt. Daran müssen wir uns jetzt genügen lassen. Die Presse muß heran! Aber wo sind die Kräfte?

Sodann lag in Berlin ein zweiter Fehler darin, daß Sie keinen Sekundanten zur Seite hatten. Sie werden Sich erinnern, daß ich damals dringend auf diesen Punkt aufmerksam machte. Man darf nur zu dreien wider ein Heer in den Krieg ziehen. Warum wenigstens Horn nicht mit eingegriffen hat, ist mir heute noch nicht begreiflich. Damals hätten die Zillerianer allesamt, so viele sich frei machen konnten, mit am Platze sein müssen. Wie würde ich mich gefreut haben, wenn ich hätte mit dabei sein können! Mit Palmers Pädagogik und mit der Schmidschen Enzyklopädie habe ich ebenfalls viel abzurechnen, weiß aber nicht, wann ich daran gehen kann.

12. Bezüglich der Propaganda für mein jüngstes opus wollen Sie ja festhalten, daß es sich dabei nie und nirgends um meine Person, Namen und Werk handeln darf und soll, sondern lediglich um die objektiven Wahrheiten, insofern sie uns allen gemeinsam sind, also um einen Teil der herbartischen Pädagogik. Daß dabei mein Buch vorgekehrt wird, darf nur aus strategischen Gründen geschehen, aber um alles nicht um meinetwillen.

13. Herr Thrändorf wird durch Fleischhacker von dem Feldzugsplan in Kenntnis gesetzt werden.

14. Können Sie Ihre Freunde in Weimar informieren, oder soll ich selbst an Dr. Wohlrabe schreiben?

Sollten Sie für diesen Zweck meines Skriptums bedürfen, so kann ich Ihnen dasselbe wieder schicken, da ich mittlerweile mit einer neuen Abschrift versorgt worden bin.

15. Herrn Göpferts Hülfe beim Rezensieren wird mir sehr willkommen sein. Ich werde dieselbe nächstens in Anspruch nehmen. Bitte, ihn herzlich zu grüßen.

Nun genug. In bekannter Liebe

Ihr
F. W. Dörpfeld

P.S. Hierbei drei Exemplare des jüngsten Schriftchens. Wünschen Sie noch mehr, so geben Sie gef. die Zahl an, zur beliebigen Verwendung.

Eisenach, 17. Januar 1883

Verehrter Freund!

Erst heute komme ich dazu, Ihnen für Ihren lieben, ausführlichen Brief zu danken und meine Antwort zu beginnen. Ich habe in der vorigen Woche um mein kleines Hänsichen in großer Angst und Sorge geschwebt. Er war zu Berlin von einem heftigen Scharlachfieber darnieder geworfen worden, und ich mußte hierher reisen, da die Pflicht rief. Doch Gott sei Dank! Das Schlimmste ist an ihm vorüber gegangen, und er befindet sich auf dem Wege der Besserung. Ich atme wieder freier, und meine ersten Zeilen gelten Ihnen, um Ihnen auch Dank zu sagen für Ihre Sendung. Daß unser Bündnis immer fester werde, dazu will ich beitragen, was in meinen Kräften steht. Wegen der beiden Punkte (religiöser Streit und Märchenfrage) seien Sie unbesorgt. Zu ersterem habe ich absolut keine Lust, und die zweite mag ruhen, schon deshalb, um ihr nicht mehr Wichtigkeit beizulegen, als sie besitzt. Gibt es doch Leute, die von Ziller weiter nichts wissen, als daß er für das 1. Schuljahr Märchen einsetzen wollte. Wird auf diesem Punkt zu viel herumgeritten, so könnte es ja fast den Anschein gewinnen, als sei dies die Quintessenz des Zillerschen Systems. Solange nicht eine neue Auflage des 1. Schuljahrs in Sicht kommt, (die 2. ist ja eben erst gedruckt), so lange habe ich keine Veranlassung, mit der vielgescholtenen Frage, die allerorten viel mehr Staub aufgewirbelt hat, als ihr zukommt, mich zu beschäftigen. Es müßte denn sein, daß man mich provoziert, doch wüßte ich nicht, wer dies tun sollte.

Im folgenden schließe ich mich der Reihenfolge an, die Sie in Ihrem Brief an mich befolgten. Also

1. der Bericht über die Weimarer Synodalverhandlungen folgt anbei, jedoch ohne Randbemerkungen. Ich bin jetzt zu beschäftigt, mußte daher davon absehen. Ich fand in meinem Blatte absolut keinen Platz für die Verhandlungen, und zu kürzen war für mich eine bedenkliche Sache. Sie stehen da vollständig frei und können das Ganze zusammenschneiden, wie es Ihnen gut dünkt. Wollen Sie nicht, legen Sie die Sache ruhig ad acta.

2. Ist mein Lutherbuch nun da?

3. Die Zuschrift der niederrheinischen Lehrer kann leider erst in das 2. Heft kommen. Aber einen Hinweis will ich in das 1. bringen. So viel Platz muß sich erübrigen lassen. Hinsichtlich der Bedeutsamkeit dieses Schrittes stimme ich Ihnen vollkommen bei. Ich will im 2. Heft versuchen, durch einige Anmerkungen die Wichtigkeit der Sache recht deutlich zu machen. Auch will ich derselben aufmerksame folgen, da ich gespannt bin, wie der Kongreß sich dazu stellen wird.

4. Fricks Broschüre folgt anbei. Sie werden sich an derselben erfreuen. Für eine Besprechung in Ihrem Blatte will ich sorgen, wenn ich auch selbst nicht dazu komme. Bitte um baldige Rücksendung.

5. Um Horns Vortrag bitte ich sehr. Ich sende Ihnen das Heft sogleich zurück. Ich meine auch, daß Glöckner seine Sache gut gemacht hat.

6. Das Zeglinsche Buch sollen Sie haben. Mir waren namentlich Seite 160 ff. auffällig. Sonst enthält das Büchlein manches Beherzigenswerte. Letzteres stammt aber aus der arg gescholtenen wissenschaftlichen Pädagogik! Dies der große Widerspruch, in dem sich Herr Zeglin bewegt. Wie denken Sie darüber? Lettau nennt die herbartische Pädagogik eine verderbliche Richtung, aus dem bösen Geist der Zeit stammend etc. Das ist doch stark! Mit dem Gothaer Anonymus meine ich den Verfasser von „Der christl. Glaube und die menschl. Freiheit". Kennen Sie den Verfasser? Den Brief von ihm lege ich bei, bitte ihn mir aber bald zurückzuschicken.

Im 1. Heft der Studien gebe ich eine kurze Übersicht über die mir bekannt gewordenen Angriffe auf Herbart und seine Schule. Die Leute tun immer so, als ob die Herbartianer alles in Grund und Boden schießen und nichts neben sich dulden wollten. Da schien es mir doch nötig, einmal zu zeigen, wer eigentlich der angreifende und bestürmende Teil ist. Dort finden Sie auch den Ausspruch des „christlichen Volksschullehrers", Gartenlaube und Kl . . . betreffend. Den betreffenden Artikel können Sie durch Herrn Grabs in Glogau erhalten. Ob dieser Artikel im 1. Heft Ihren Beifall findet, ich weiß es nicht. Als Stratege kann ich mich nicht rühmen; aber ich will mich bemühen zu lernen. Meine Ureltern waren gute Schwaben; sie zogen nach dem Augsburger Interim von Ulm nach Friedrichsroda und blieben in Thüringen nun seit mehr als 300 Jahren. Aber von einem Schwabenstreich bin ich deshalb doch nicht sicher, wenigstens nicht vor dem 40. Jahr.

7. Religionsunterricht. Ich wünschte, daß Sie zunächst die Fehler, die sich in diesem Lehrfach zu drückend fühlbar machen, eingehend darlegten, damit das Bedürfnis nach einer Reform recht stark herträte, auch bei solchen Männern, die wie Eberhard (in dem Aufsatze, den ich Ihnen schickte) alles mit einigen Redensarten wegleugnen wollen, die alles für herrlich und schön halten. (In das 1. Heft der „Studien" kommt hierüber ein Aufsatz von Thrändorf. Ich halte ihn für gut). Dann möchte ich von Ihnen die Frage beantwortet haben: Ist der Luthersche Katechismus ein geeignetes Schulbuch?

8. In bezug auf den Vorwurf des didaktischen Materialismus werde ich in das 6. Schuljahr eine bezügliche Bemerkung bringen. Mir scheint, als ob die Schuljahre zu wörtlich genommen würden. Bei der großen Verschiedenheit der einzelnen Schulverhältnisse muß an das Urteil der Lehrer erinnert werden, die das nötige und passende Quantum selbst festzustellen haben. Übrigens schützt die Durcharbeitung nach den formalen Stufen von selbst vor Überstopfung und Überbürdung. In der 2. Auflage des „1. Schuljahres" ist auf Ihren Rat hin das Kapitel „Heimatskunde" stark gekürzt worden. Aber auch jetzt noch fassen wir die Sache so auf, daß aus dem Reichtum (den das „Schuljahr" darbietet) je nach den verschiedenen Verhältnissen genommen und ausgewählt werden muß.

9. Propaganda. Sie haben recht. Das Leipziger Seminar nahm nur den als wahren Schüler an, der in allen Punkten mit durch dick und dünn ging, mochten dieselben wesentlich oder unwesentlich sein. Dies war umso schlimmer, als in kurzer Zeit das Seminar ganz widersprechende Ansichten im einzelnen ausbildete: was vor einem Jahr als richtig galt, ward das Jahr darauf verstoßen; z.B. die Stellung der Grammatik im deutschen Unterricht.

Der Zusammenhalt wird ja allerdings umso fester, in je mehr Hauptpunkten die Freunde einig sind, aber es ist gewiß richtig, wenn Sie sagen, daß man in den gemeinsamen Punkten fest zusammenstehen solle, daß es aber auf die Zahl der Punkte nicht ankomme. Doch hierüber ein andermal. Von Sallwürk ist ja wieder dem Verein beigetreten. Ich freue mich darüber und hoffe, daß er lebhaft Anteil nimmt. Vielleicht gelingt es ihm jetzt, in seinem Sinne auf die Vereinsgenossen einzuwirken. Durch seine Broschüre hatte er viele Freunde verbittert und den Feinden ein wirksames Mittel zum Angriff gegeben. In Berlin kam das deutlich an den Tag. Übrigens hatte ich damals an die Zillerschen Freunde geschrieben und zum Kommen aufgefordert. Aber die Zahl ist klein, und alle waren verhindert. Ich bedauere nur, daß ich unserer Sache so wenig genützt habe; ich selbst bin an Erfahrung reicher heimgekehrt und habe manches gelernt, was mir sonst verschlossen geblieben.

10. Ein Heftchen habe ich an Bliedner gegeben. Er wird es in der Thüringer Schulzeitung oder im Kirchen- und Schulblatt anzeigen. Haben Sie noch zwei übrig, so bitte, schicken Sie mir dieselben: eins für Göpfert, eins für Lotz, die beide in Tätigkeit gesetzt werden können.

Bliedner und Göpfert hätte ich gern Ihr Zirkular gezeigt. Aber Sie schrieben „nur für mich". Wären Sie damit einverstanden, daß ich es den beiden Herren vorlegte und dann an Wohlrabe nach Weimar sende? Derselbe mag es Ihnen dann zurückschicken.

Heute sah ich den Rheinischen Schulmann von Schumann und Bode, Nr. 1. Ob für die Rheinlande ein Bedürfnis vorlag? Die Rezensionen scheinen wie allerorts zu sein: ziemlich nichtssagend, leise auftretend. Das alberne Buch des albernen Pollack wird in den Himmel gehoben! Wann wird es mit den Rezensionen anders werden? Da las ich kürzlich bei Kehr die Übersicht über die Pädagogische Literatur von Boodstein-Elberfeld. Wie blaß und oberflächlich! Nirgends auch nur einmal fest zugepackt, sondern über alles eine gleichmäßig dünne Sauce gegossen. Und diese „Rezensionen" sind noch nicht einmal die schlechtesten. Ich gebe es nach und nach ganz auf; durch meine Kritiken über Zeichenunterricht bei Kehr habe ich mir halb Deutschland auf den Hals gezogen, nur weil ich die Wahrheit gesagt habe. Von allen Seiten bellen Sie mich an und hetzen noch andere drauf. Ich konnte es nicht mit ansehen, wie sie den ausgezeichneten Stuhlmann in Hamburg niederzuarbeiten suchten, seitdem dessen Gang Aussicht hatte, in Preußen eingeführt zu werden. Ich sprang ihm bei, nun sitzt die ganze Meute an meinen Fersen. Kehr wird so bald nichts wieder von mir wünschen; sie machen ihm die Hölle heiß, und er selbst mag ungehalten sein, daß ich ihm sein friedliches Dasein gestört. Mir soll es recht sein, wenn ich jetzt von ihm loskomme.

Doch nun genug für diesmal. Ich lege einen Prospekt unseres Kirchbaues bei. Vielleicht interessiert es auch gelegentlich Ihren berühmten Architekten.

Mit herzlichem Gruß
Ihr treu ergebener
W. Rein

Auf dem Titel des 27. Bandes 1883 wurden neben D. als Redakteur und Hauptherausgeber folgende Mitherausgeber genannt: Seminardirektor a.D. Zahn auf Fild bei Moers; Oberlehrer a.D. Finger in Frankfurt a.M.; Seminardirektor Heine in Köthen; Seminardirektor Dr. Jütting in Erfurt; Seminardirektor Dr. Rein in Eisenach; Dekan Strack in Langgöns bei Gießen; Direktor Brandt an der höheren Töchterschule in Saarbrücken; A. Hollenberg, erster Seminarlehrer in Rheydt; Rektor Horn an der Präparandenanstalt in Orsoy; Zeglin, Vorsteher der Präparandenanstalt in Schmiedeberg i. Schl.; Seminarlehrer Lettau in Königsberg i. Pr.; Rektor F. Herrmann in Mühlhausen; Hauptlehrer O. Biermann in Barmen; Hauptlehrer G. Schumacher in Solingen.

Als „religiösen Krakehl" bezeichnete D. eine Auseinandersetzung, die mit Lettaus Aufsatz in der von Dr. Kolbe herausgegebenen Zeitschrift „Evangelisches Monatsblatt für die deutsche Schule", 1881, Nr. 10–12 und 1882, Nr. 1–3 über „Ein Gespräch über die Falkschen Allgemeinen Bestimmungen und Herbarts Einfluß auf die Pädagogik" begonnen hatte. Glöckner entgegnete im gleichen Blatt, 1882, Nr. 11 mit „Christlich-pädagogischer Protest wider die Angriffe Lettaus auf Herbart". Lettau wiederum folgte ebd., 1883, Nr. 1–2: „Abermals Herbart und die Herbartianer" worauf Glöckner antwortete: „Noch einige Worte über Herbarts Philosophie und Pädagogik, namentlich über ihr Verhältnis zum Christentum", ebd. 1883, Nr. 4 und 5. Lettau reagierte ebd. 1883, Nr. 8 und 10 mit „'Wissenschaftliche' und 'evangelische' Pädagogik". S. Hoffmann schrieb zu dem Vorgang in den Pädagogischen Studien 1884, 2. Heft, S. 58 f. „Ein Nachwort zu den Herbart-Controversen im Evangelischen Monatsblatt Kolbes".

Zeglins Buch „In deinem Lichte sehen wir das Licht", Gütersloh 1881, wurde in den Pädagogischen Studien 1882, 4. Heft, S. 56, mit folgenden Worten kommentiert: „Das Buch ist mit Wärme geschrieben, aber der Standpunkt des Verfassers ist vielfach ein zu enger, begrenzter, ja sogar beschränkter. Alles, was auf dem Gebiet der Pädagogik sich nicht in streng kirchlichen Formen bewegt, wird in einen großen Topf geworfen und als sogenannte moderne Pädagogik, naturalistische Pädagogik, eine Pädagogik, die ihren Bildungsstoff angeblich (!) gemäß den Forderungen einer wissenschaftlichen Psychologie auswählen will, verworfen. Der Verfasser möge doch bedenken, daß er damit auch die Arbeiten eines Dörpfeld, eines Ziller u.a. verurteilt. Wer bleibt aber dann als ächter, christlicher Pädagog noch übrig?"

In den Pädagogischen Studien 1883, 2. Heft, geht Rein näher auf die Bemerkungen des von D. zitierten schlesischen Lehrers ein, der ihn, Rein, im Schlesischen Morgenblatt 1882, Nr. 290 folgendermaßen verleumdet habe: „Liegt es da nicht nahe oder wäre es unmöglich, daß in späterer Zeit die biblische Geschichte auch bei den älteren Kindern als nicht mehr zeitgemäß und den kindlichen Geist überbürdend abgeschafft würde und an ihre Stelle etwa der Kladderadatsch oder die Gartenlaube als moderne Evangelien träten?" (W. Rein, Gegen Herbart, S. 44). Rein bezeichnet diese Interpretation seines Eintretens für Märchen als „Entstellung und Verleumdung". – Bei D.s im Postskript erwähnten „jüngstem Schriftchen" handelt es sich wohl um den Separatdruck von „Zwei dringliche Reformen".

Rheinischer Schulmann. Evangelische Zeitschrift für Erziehung und Unterricht in Schule und Haus. Erschien 1883 bis 1893 bei Heuser, Neuwied. Hrsg.: Dr. G. Schumann. – Ernst Thrändorf, Die Kirche und der Religionsunterricht der Erziehungsschule. In: Päd. Studien 1883, 1. Heft, S. 1–23, wo der Verfasser mehrfach D. zitiert.

287
An Wilhelm Rein, Eisenach

Gerresheim, 30. Januar 1883

Lieber Freund.

Herzlichen Glückwunsch vorauf zu der Genesung Ihres Hänsichens. Ist die Krankheit auch, wie es die neuere Naturheilkunde verlangt, mit kalten Bädern behandelt worden? Die alte Methode ließ häufig bedenkliche Nachwirkungen entstehen. Freund Hollenberg in Rheydt hat das im vorigen Jahre an seinem jüngsten Töchterchen in schmerzlicher Weise erfahren müssen. Wunde am Bein, Knochenfraß-Operation im Kölner Hospital, anfangs glücklich, schließlich das Grab. Mein Hänsichen, der mittlerweile ein 17jähriger Hans geworden ist, plumpste jüngst in Schleusingen beim Schlittschuh-Laufen ins Wasser, rettete sich mit genauer Not, lief nach Hause, kleidete sich um, eilte wieder aufs Eis (ohne Dr. Schmieder etwas zu sagen) wurde mit Hurrah begrüßt von den gleichklugen Freunden (Kommilitonen). Ein verdienter Rüffel von Dr. Schmieder und eine Erkältung waren natürlich die Folgen. So gehts, wenn aus dem Hänsichen ein Hans geworden ist, der immer noch Hänsichen spielt. Machen Sie sich, samt der lieben Hausmutter, bei Zeiten darauf gefaßt, daß auch in Eisenach dergleichen an dem Hänschen erlebt werden muß. Johannes heißt „Gott ist gnädig", sagte meine liebe sel. Frau und nannte ihren Letztgeborenen auf Hoffnung Johannes.

1. Die Weimarischen Synodalverhandlungen gedenke ich nächstens abdrucken zu lassen, wenn auch mit einigen Abkürzungen, vielleicht auch mit etlichen Glossen.

2. Das Lutherbuch ist noch nicht angekommen.

3. Wenn Sie das Schreiben der sechs niederrheinischen Lehrer an den Frankfurter Kongreß im 2. Studienheft mitteilen wollen, so empfehle ich, dabei die beiden geistlichen Kritiken der „Leidensgeschichte", die Sie im nächsten Hefte des Evangelischen Schulblattes (2/3) finden werden, zu berücksichtigen. Sie können dadurch jenem Schreiben mehr Relief geben.

4. Horns Vortrag folgt hierbei. Die Bedeutsamkeit liegt nicht darin, wie viel oder wie eindringlich darin über Rein, Dörpfeld usw. geredet wird, sondern darin, daß es in diesem Kreise geschehen konnte und von einem Redner, den man gerufen hatte und zu dem man Vertrauen hatte.

Lettaus Aufsatz wird dadurch paralysiert; überdies ist derselbe in jenem Verein wohl nur wenigen zu Gesicht gekommen. Im „Deutschen evangelischen Schulverein" (Kolbe) sind, wenn man niederrheinische Mitglieder abrechnet, mehr Geistliche als Lehrer; der Grund liegt darin, daß dort viel von höheren Schulen die Rede ist und sein soll, wofür die Volksschullehrer keine Interesse (und kein Geld) haben. Hier am Niederrhein ist man natürlich mit Lettaus Auslassungen sehr unzufrieden.

5. Lettau hat auf Glöckners Replik geantwortet. Im neuesten Hefte des Kolbeschen Blattes steht aber nur der Anfang seines Aufsatzes. Man kann noch nicht ersehen, wie der Verfolg lauten mag. Trotz alles abwehrenden „Gestrampels" habe ich den Eindruck, daß Lettau sich gern „rückwärts" konzentrieren möchte. Vorläufig muß der Schluß abgewartet werden. Soll später darauf geantwortet werden, so muß dies, falls Glöckner selbst nicht replizieren will, jedenfalls von einem Theologen geschehen, da, wie vorhin bemerkt, das Kolbesche Blatt in den Kreisen der Geistlichen mehr Leser hat als in den Schulhäusern. (Lettau ist seminaristisch gebildet; er hat sich recht wacker fortgebildet, auch in den alten Sprachen, ist aber leider kein philosophischer Kopf).

Sollte Herr Flügel bereit sein, mit Hand anzulegen, so möchte ich raten, auf Lettaus Replik eine zweistimmige Antwort zu geben, in der Weise, daß der eine die theologischen und der andere die pädagogischen Streitpunkte unter die Feder nimmt. Einmal kann man dadurch den Geistlichen und ihrem Anhang mehr imponieren, und zum andern gewinnen beide freiere Hand. Selbstverständlich müßten beide sich vorher gut verständigen und dann gemeinsam Hand in Hand vortreten.

Lettaus Ausdruck „verderbliche" Richtung darf nicht tragisch genommen werden. Von einem klugen Mann in alter Zeit wird bei einer ähnlichen Gelegenheit erzählt: „Und er tat, als hörete er es nicht". Das ist unter Umständen ein wertvolles Stück Strategie. In diesem Falle ganz gewiß. Jener Vorwurf ist nicht vom pädagogischen Gebiete hergenommen, sondern stammt nur aus theologischen Differenzen. Was immer Lettau an unserer Pädagogik auszusetzen haben mag, weil er nicht genugsam eingedrungen ist, so weiß er doch wohl, daß er hier im Disput mit uns nicht durchkommt, darum nimmt er die theologischen Differenzen zu Hülfe und redet dann so, wie wenn er die ganze Richtung (theologische und pädagogische) meine. Deshalb muß ihm dieses Vermengen und Verknüpfen vorab verwehrt werden, d.i. die beiden Streitgebiete müssen separiert werden. Sodann muß jener (theologische) Vorwurf vielleicht nicht einmal erwähnt, jedenfalls nicht erregt behandelt werden, weil es sonst aussieht, als fühle man sich getroffen. Auch empfiehlt es sich, bei Erörterung der theologischen Fragen so viel als tunlich die spezifische philosophische Redeweise zu vermeiden und dafür die gangbare theologisch-biblische zu gebrauchen, weil manche (Lehrer) hinter den philosophischen Ausdrücken verborgene Differenzen vermuten.

Den Lehrern gegenüber würde überhaupt die theologische Verhandlung viel leichter zu führen sein, wenn die unglückliche Märchenfrage nicht mit ins Spiel gekommen wäre. Die spekulativen (metaphys[ischen], ethischen und psycholog[ischen]) Materien, welche dabei zur Sprache kommen, verstehen sie zu wenig, und so halten sie sich dann an einem Außenpunkte, den sie besehen können. Und da sie nun argwöhnen, daß durch die Märchen die Bibel leise beiseite geschoben werden soll, so überträgt sich ihnen dann dieser Argwohn auch auf Dinge, die sie nicht verstehen. In dieser Beziehung wird, wie ich hoffe und glaube, mein neues opus (Zwei dringliche Reformen) gute Dienste tun, da dadurch dies Schriftchen den Spiel umkehrt aus der Defensive in die Offensive übergeht (wider die Regulativpartei): so wird man dort alle Hände voll zu tun haben, um sich gegen diese

Angriffe zu decken. Überhaupt ist jetzt in den Streitfragen, die meine Abhandlung aufs Tapet bringt, die Stelle, wo sich unsere Kraft zeigen und bewähren muß. Hier gilt es: Durch!

6. Noch aus einem besonderen Grunde möchte ich wünschen, daß die theologische Materie mit allem Glimpf und mit leichter Hand behandelt werden, d.h. nicht in einen großen Lärm ausartet. Bei aller Gerechtigkeit unserer Sache liegt doch die Stärke unserer herbartischen Richtung nicht auf dem religiösen Gebiete. Das muß man wissen und anerkennen. Ich denke dabei nicht an eine Schuld, sondern an ein Mißgeschick, das historische Ursachen hat. Die Schwäche kommt u.a. darin zum Vorschein, daß von herbartischer Seite zu wenig in der Religionsphilosophie geleistet worden ist und daß das, was ja geleistet worden, zu wenig in das große Publikum gedrungen ist. Flügels jüngstes vortreffliche Buch trägt auch zu sehr einen philosophischen Charakter an sich, was aber kein Tadel sein soll, als daß es in weiten Kreisen bekannt werden könnte. Möglich, daß es darum desto nachhaltiger wirkt; aber die Wirkung kommt uns Jetztlebenden noch nicht zugute! Warum hat die herbartische Schule kein wirkliches, zeitgemäßes Seitenstück zu Schleiermachers „Reden" hervorbringen können? Daß sie es nicht konnte, war jedenfalls keine Stärke. Eine andere Stelle, wo die gemeinte Schwäche zum Vorschein kommt, liegt darin, daß die herbartische Schule mehr Fühlung mit den (liberalen) Juden (Lazarus, Steinthal usw.) und (liberalen) Katholiken gehabt hat und noch hat, als mit den positiv Evangelischen. (Daß Lindner im Bunde mit von Sallwürk den Helvetius mit unter die „pädagogischen Klassiker" eingereiht hat, gereicht uns auch nicht zur Förderung.) Was in den letzteren Jahrzehnten in dieser Beziehung gebessert worden ist, ist doch lediglich von dem einzigen Ziller ausgegangen, wenn ich mein Persönchen abrechne. Wie hoch stand doch Mager in diesem Stücke über den meisten andern Herbartianern seiner Zeit, obgleich ihn Wackernagel einen „Heiden" nannte. Wie hat er z.B. die Altlutheraner wider den verfolgungssüchtigen plattfüßigen Liberalismus verteidigt! Und wie ist er dem Bruno Bauerschen Atheismus samt seinem radikalen Anhange zu Leibe gegangen! Wären die andern Herbartianer hierin, in dem scharfen Frontmachen gegen den falschen Liberalismus und die pure Negation, unserm Mager mehr nachgefolgt, so würde die Fühlung mit der positiven Seite sich von selbst gefunden haben. Eine dritte schwache Stelle der herbartischen Schule zeigt sich darin, daß sie an der kranken Seite der gesellschaftlichen Zustände sich nicht genug mitbetätigt resp. sich bemerklich gemacht hat. Die Wörter „innere Mission" und „soziale Frage" usw. bezeichnen, was ich meine. Interesse zeigen, Zeugnis ablegen, anregen usw., schon das allein wäre einstweilen genug gewesen. Auch darin stand Mager höher als viele unserer Genossen. Und was speziell die soziale Frage betrifft, so kenne ich nur einen Herbartianer, der dieselbe literarisch mit angefaßt hat, so gut er's verstand – 18 Jahre vor dem „christlich-sozialen" Stöcker, als von den Konservativen nur der einzige Huber und von den Liberalen nur der einzige Rodbertus sich darum bekümmerte, den ich aber nicht nennen will, da er sich selber öffentlich nicht genannt hat.

7. Wie mein früherer Brief, wenn ich nicht irre, schon bemerkt hat, gedenke auch ich nächstens wider die Ankläger von der religiösen Seite her das Wort zu nehmen. Es ist aber noch nicht die rechte Zeit. Erst muß für die Grundsätze der Theorie des Lehrplans mehr Gehör und Terrain erkämpft worden sein, namentlich auch im antiregulativen Lager. Erst wenn dort auf meine Stimme mehr geachtet wird und wenn die Regulativ-Partei in pädagogisch-methodischen Fragen in ihrer ganzen Blöße dasteht: erst dann kann ich auch auf dem religiösen Gebiete mit Erfolg ihr zu Leibe gehen. Meine Erwägungen werden Ihnen nicht ganz klar sein, aber – Geduld! Wenn der rechte Zeitpunkt gekommen ist, dann werden sie sich legitimieren.

Dann kommt auch der Religionsunterricht wieder an die Reihe. Eher nicht.

Der „lutherische Katechismus" bildet dabei noch eine besondere spätere Station. Eigentlich wäre ja auch der „Heidelberger" viel dringlicher. Aber es ist purer Wahnsinn, mit Theologen, die von Pädagogik wenig verstehen, über den Katechismus zu verhandeln. Gott behüte uns vor solcher Torheit! Der Katechismus alten Stils wird gerade so lange leben, als die Pädagogik auf den Universitäten kein berechtigtes Ziel hat. Das ist der Maßstab. Es hat mir leid getan, daß der liebe Ziller mein Mahnen nicht hören wollte, ich habe darüber manchen Brief mit ihm gewechselt – weil er befürchtete, die herbartische Pädagogik würde auch auf den Universitäten durch die vulgäre überwuchert werden. Sonderbar, daß er hier seiner eigenen Sache so wenig Kraft zutraute. Im Grunde war es freilich doch nur seine strategische Schwäche, die ihn hinderte, das Richtige zu erkennen und guten Mut zu fassen.

Übrigens darf der Katechismus niemals von vornherein als Ganzes zur Sprache gebracht werden, sondern nur stückweise und einzelne Gesichtspunkte. Einen methodischen Punkt hat ja auch mein jüngstes Schriftchen wieder angerührt, das Memorieren. Den Inhalt betreffend würde natürlich zuerst der Dekalog pädagogisch-methodisch zu erörtern sein. Darin hat Herr Nagel ganz recht. Dieser Punkt liegt mir seit 20 Jahren in Gedanken. Mit den hiesigen Kollegen habe ich ihn auch wiederholt besprochen, mündlich. Erst muß die philosophische Ethik (Herbarts) mehr bekannt sein. Zahns Buch wird hoffentlich vorbereiten, das Bedürfnis wecken. Auch die soziale Frage hilft mächtig. Warten wir daher erst die Wirkung dieser und anderer Vorarbeiten ab. Denken Sie nicht, das heiße die Reform des Unterrichts in der christl[ichen] Sittenlehre ad calendas Graecas verschieben..So soll es nicht gemeint sein. Ich will nur sagen, daß erst Vorarbeiten nötig sind. Überdies haben wir bereits so viele Kriege auf dem Halse, daß wir uns erst besinnen sollten, bevor wir ohne dringende Nötigung einen neuen anzetteln. Lust dazu hätte ich genug, aber der Verstand sagt nein.

8. Lassen Sie sich Ihren Berliner Vortrag gar nicht verleiden. Er hat ja genützt, viel genützt, wenn auch kein Erfolg sichtbar ist. Im Grunde ist mir die Opposition, die Sie dort gefunden haben, viel lieber, als wenn man Sie ruhig angehört, seine Pfeifen im Sacke gehalten und dann den alten Schlendrian beibehalten hätte. Der Fuchs ist aus dem Loche herausgekommen. Was will man mehr? falls nur die Jäger am Platze sind. Aber daran fehlt's. In unserm Verein findet sich doch eine große Anzahl von Seminarlehrern, in Deutschland, Österreich und der Schweiz. Warum hat nun keiner darunter die Situation begriffen, die „Füchse" aufs Korn genommen und die Frage weiter verarbeitet? Ich hätte gern längst mit zugegriffen, trotz der Schelte, die dem „Laien" nicht ausgeblieben wären – wenn ich nicht andere Arbeit hätte tun müssen, die sonst niemand tun wollte. Einstweilen muß nur dafür gesorgt werden, daß die Berliner Konferenz nicht in Vergessenheit gerät. Ich habe, wie Sie gemerkt haben werden, bei jeder schicklichen Gelegenheit mit dem Finger auf diese „berühmte" Verhandlung gewiesen. Das muß fleißig fortgesetzt werden, damit jeder merkt, daß noch eine Abrechnung rückständig ist. Mich verlangt sehr darnach, zu dieser Abrechnung auch meinerseits den schuldigen Beitrag liefern zu können. Aber erst müssen die Seminarlehrer vor. Übrigens würde ich auch jeden Augenblick bereit sein, selbst vorzurücken, falls die Seminarlehrer im Verein ebenso bereit wären, mir den Rücken zu decken.

9. Sie wünschen, von Kehr los zu sein. Ich denke, das ist ein übereilter Augenblickswunsch gewesen. Mein Rat geht im Gegenteil dahin, daß Sie sich bei Kehr die Tür offenhalten möchten. Unsere Vereinsgenossen müssen es sich zur Maxime machen, nicht lediglich in den befreundeten Blättern zu schreiben, sondern auch in den fremden und zwar mit besonderem Fleiße. So will's die Mission, die Propaganda. Was in unseren Blättern steht, kommt einem großen Teil der Lehrer nicht zu Gesicht oder nur durch dritte Hand und Mund und dann vielleicht entstellt. Will man ihnen nahe kommen, so muß das durch andere Blätter geschehen. Darauf hat ja auch mein Feldzugsplan aufmerksam gemacht. Bei Kehr haben Sie aber doppelten Grund, sich die Tür offen zu halten, da dieses Blatt wohl das einzige ist, welches in allen Seminarien gelesen wird. Stellen Sie sich vor, was für ein großes Auditorium Sie dort haben.

Ein anderes ist die Frage, was man in den fernstehenden Blättern schreiben soll und in welcher Weise. Mein Gedanke geht dahin, dort nicht vorwiegend kritisch aufzutreten, sondern gute Bücher und Weisen angelegentlich zu empfehlen. So nützt man vielleicht ebenso viel als auf dem kritischen Wege und ladet sich doch auch keine Gegner auf den Hals. In Ihrem Falle bei Kehr haben Sie allerdings nicht ganz freie Hand in dieser Beziehung, wenn Ihnen bestimmte Rezensionen übertragen sind. Allein auch dann läßt sich mein Rat noch einigermaßen befolgen. Einmal so, daß man den empfehlenswerten Büchern den meisten Raum widmet mit dem Zwecke, die guten Seiten derselben nicht bloß namhaft zu machen, sondern auch als solche zu rechtfertigen, während man die leichte Ware auch nur leicht behandelt, was dann auch heißt, die tadelnden Urteile nicht zu sehr zu schärfen, da ein scharfes Urteil auch von Rechts wegen ausführlich begründet werden muß. Zum andern so, daß man das Bedürfnis, auch in schärferer Weise Kritik zu üben, nicht an einzelnen Büchern und Namen befriedigt, sondern summarisch an einer ganzen Richtung (sei es im Anschluß an die voraufgegangenen Einzelkritiken oder in einem gesonderten Artikel). Bei scharfen Einzelkritiken kann leicht ein Unrecht geschehen, wenn man die Person des betreffenden Verfassers nicht näher kennt. Vielleicht ist der Mann bloß darum auf den verkehrten Weg geraten, weil er von dem richtigen nie etwas gehört hat; vielleicht ist er sogar strebsamer als viele andere, welche die Wahrheit lehrmäßig und ohne Mühe überkommen haben und sich nun über jenen weit erhaben dünken. So hat Mager einst durch seine scharfe Kritik an dem trefflichen Wurst ein schweres Unrecht begangen, da dieser um ein paar Köpfe größer war als alle andern Grammatisten. Mager wollte freilich gerade absichtlich das Haupt treffen; in Ansehung des Affektes hatte er allerdings richtig gerechnet, allein darüber ließ er den Unschuldigen für die Schuldigen leiden. Das habe ich mir stets als abschreckendes Beispiel dienen lassen.

10. Dr. Boodsteins „Übersicht" ist allerdings auch in meinen Augen nicht bloß oberflächlich, sondern eine Anleitung zur Oberflächlichkeit. Der Verfasser und Kehr scheinen gut zueinander zu passen. Vor der Hand ist es aber auf unserer Seite noch ratsam, in betreff mancher Erscheinungen Sauls Exempel nachzuahmen, zu tun, als sähe man es nicht. Wir müssen erst noch mehr missionieren, bevor wir die Kritik mit voller Kraft handhaben dürfen, einmal um der Klugheit willen, sodann auch um der Gerechtigkeit willen.

11. In Ansehung des Zeichenunterrichts und der dortigen Gegner ist es, wie ich glaube, dringend geraten, daß Sie alle befreundeten Kräfte sammeln. Auch bloß halbe Freunde dürfen nicht verschmäht werden, so lange man mit gemeinsamen Gegnern zu tun hat.

Ich möchte Ihnen demnach raten, vorab ein gemeinsames methodisches Programm zu entwerfen – (später auch einen gemeinsamen Aktionsplan zum Kampfe wider die Gegner) – und dies den bereits bekannten nahestehenden Fachgenossen zur Prüfung mitzuteilen. Dasselbe müßte enthalten (kurz formuliert):

a) die gegnerischen Grundsätze;
b) die offenen Fragen, d.h. die, welche in Ihrem Kreise einstweilen offen bleiben mögen;
c) den Consensus der Union.

Außer Herrn Halfter kann ich Ihnen vielleicht auch noch etliche andere Kollegen nennen, die gern mit dabei sein würden.

Sammeln Sie erst einen kleinen Kreis. Die einzelnen können dann leicht noch andere hinzuwerben.

Haben Sie ein halbes Dutzend zusammen, dann überlegen Sie die Aktion. Organe in der Presse stehen ja genug offen. Das Ev[angelische] Schulbl[att] steht immer zur Disposition. (Glauben Sie, daß H[er]r Stuhlmann den Wunsch hätte, sich auf preußischem Boden zu verantworten, so laden Sie ihn in meinem Namen ein, es im Ev[angelischen] Schulbl[att] zu tun, falls Sie dies für rätlich halten. Ich stelle ihm dann gern den nötigen Raum zur Verfügung).

12. Für den „Rheinischen Schulmann" war insofern doch ein Bedürfnis vorhanden, als es dem Gouvernement doch nicht gleichgültig sein konnte, daß der „aufrührerische" Dörpfeld allein am Rhein das große Wort führt. Bode und Schumann werden gewiß zahm genug sein und dem Gouvernement keinen Kummer machen.

Bode kennt mich persönlich, da er in jungen Jahren Pastor im Niederbergischen war; er hat aber niemals eine Annäherung gesucht. Schon vor acht bis neun Jahren wollte er dem Ev[angelischen] Schulbl[att] gegenüber ein anderes Blatt gründen, konnte aber unter den übrigen Seminardirektoren keinen Compagnon finden. Er will partout Regierungsrat werden, wie es scheint. Im Jahre 1872 erzählte mir Stiehl, Bode habe sich etliche Jahre vorher (damals war er Pfarrer im Wetzlarischen) bei ihm gemeldet, um Schulrat zu werden. Er habe sich eine Weile examinierend mit ihm unterhalten und dann gesagt: Nein, mein Lieber, das geht noch nicht; Sie sind in den Schulsachen noch nicht bewandert genug; Sie sollen erst einige Seminare sich ansehen, und dann will ich Sie zum Seminardirektor machen. So ist denn Bode Seminardirektor geworden. Stiehl wollte mein Urteil über ihn hören: ich wollte aber dem Manne die Karriere nicht verderben und hielt meine Meinung zurück. Ich zweifle übrigens auch nicht, daß Bode mit den übrigen rheinischen Seminardirektoren konkurrieren kann. Auch diese haben sich von jeher von mir ferngehalten, ebenso die westfälischen inklusive Dr. Boodstein, der früher in Hilchenbach war.

13. Hierbei erhalten Sie noch drei Exemplare meiner jüngsten Brandschrift zu beliebiger Verwendung.

Mein „Feldzugsplan" liegt ebenfalls auf Ihren Vorschlag wieder hier bei. Teilen Sie denselben immerhin vertrauten Freunden mit, aber nur vertrauten. Auch Herrn Wohlrabe, doch unter derselben Bedingung. Es ist besser, daß dergleichen in ganz engem Kreise bleibt, als daß er in verkehrte Hände fällt.

Noch eins. Der vorstehende Brief bedarf keiner Antwort, wenn Sie nichts Sachliches zu melden haben. Wir beide haben Nötigeres zu tun, als unsere Zeit in überflüssiger Korrespondenz zu verschwenden. Das gilt ein für allemal zwischen uns.

Mit herzlichen Grüßen an Sie, die Ihrigen und die Freunde

Ihr
F. W. Dörpfeld

P.S. Wie ich sehe, habe ich doch noch etwas vergessen.

1. Der Brief von Herrn Nagel kommt hierbei zurück. Er ist ein geborener Bayer. Persönlich kenne ich ihn nicht, nur per Korrespondenz. Mir ist der Mann sehr sympathisch. Schade, daß er so fern wohnt und so sehr von seinen dienstlichen Obliegenheiten in Anspruch genommen ist.

2. Wie ich soeben aus der Schlesischen Schulzeitung sehe, hat Freund Grabs mein neues opus dort zur Anzeige gebracht. Recht gut. Seine Rührigkeit soll ihm bestens verdankt sein.

3. In Thrändorfs praktischer Behandlung der Geschichte Josephs findet sich (bei Joseph und seinen Brüdern in Ägypten) ein arger lapsus in der ethischen Beurteilung. Mich dünkt, schon ein 14jähriger Volksschüler würde ihn sofort als solchen erkennen, wenn man mit dem Finger darauf zeigt. Ich will ihn für jetzt nicht näher bezeichnen, damit Sie ihn selbst suchen können. Bitte, Herrn Thr[ändorf] nichts davon zu sagen vor der Hand; ich will es seiner Zeit selbst direkt tun.

Der Bericht über die Weimarischen Synodalverhandlungen erschien nicht im EvSchBl, wie D. am 8.8.1883 unter 5. mitteilte (zu 1.).

„Zwei beachtenswerte Kritiken der 'Leidensgeschichte'" veröffentlichte D. im EvSchBl 27 (1883), S. 33–41, und zwar eine Rezension des Konsistorialrats Dr. Burk aus Stuttgart, die zuerst im Württemberger Schulwochenblatt 1882, Nr. 44 erschienen war, und eine Rezension des Pfarrers Röck aus Rohrbach/Mittelfranken, zuerst im Bayerischen Evangelischen Schulblatt 1882, Nr. 16 gedruckt. Burk spricht darin von der Schrift „eines

Hypochonders" und setzt D. eine „Siegesgeschichte der Volksschule entgegen"; Röck erklärt, dieses „publizistische Machwerk eines sich selbst beräuchernden Menschen" atme „Gift und Galle gegen den Stand der Geistlichen". D. druckt bewußt den gesamten Wortlaut ab und stellt resignierend fest, hier finde sich keinerlei Verständnis für die Lage und Anschauung der Lehrer (EvSchBl a.a.O., S. 40) (zu 3.). Dazu auch Brief 286, Abschnitt 9.

Lettaus Aufsatz ist im Zusammenhang mit der bei Brief 286 erwähnten Auseinandersetzung zu sehen (zu 4. und 5.).

Flügels jüngstes Buch: Die spekulative Theologie der Gegenwart kritisch beleuchtet. Köthen 1881. – Claude Adrien Helvetius, Vom Menschen, seinen Geisteskräften und seiner Erziehung, Wien 1876 (= Pädagogische Klassiker, Bd. 2). – Der Herbartianer, der sich mit der sozialen Frage beschäftigte, ist D. selbst; er spielt auf die als Aufsatzreihe und selbständige Schrift erschienene Arbeit „Die soziale Frage" 1867 an (zu 6.).

Soweit D. die hier angesprochenen Überlegungen zu Katechismus und Religionsunterricht noch zu Papier bringen konnte, sind sie im 11. Bd. (Gütersloh 1895) und 12. Bd. (ebd. 1901) der GesSchr aus dem Nachlaß herausgegeben worden. – ad calendas Graecas = bis zu den griechischen Kalenden, d.h. bis zum St. Nimmerleinstag. Die römischen Kalenden, also der erste Tag im römischen Kalender, waren bei den Griechen unbekannt (zu 7.).

Mit dem „Berliner Vortrag" ist Reins Vortrag auf dem Berliner Seminarlehrertag gemeint (vgl. bei Brief 272) (zu 8.).

O. Boodstein verfaßte mehrfach Sammelrezensionen in den Blättern für Lehrerbildung. – Sauls Exempel: Saul verwirkte sein Königtum, als er Gottes Gebot gegenüber ungehorsam wurde und sich an der Beute des Krieges gegen die Amalekiter bereicherte (1. Samuel 15) (zu 10.).

„Rheinischer Schulmann" siehe bei Brief 286; die „jüngste Brandschrift": vielleicht „Zwei dringliche Reformen" (zu 12.).

Thrändorfs „praktische Behandlung der Geschichte Josephs" im Jahrbuch des Vereins für wissenschaftliche Pädagogik 8 (1876). (Zum PS).

288
An Heinrich Schröer, Berlin

Gerresheim, 1. Februar 1883

[...] Sie [die liberalen Schulblätter] blicken noch immer zu steif und starr auf die Geistlichen wie der Puter und der Stier auf den vorgehaltenen roten Lappen, wie wenn gerade dort das Haupthindernis säße. Wohl sitzt dort ein Hindernis, ein sehr großes sogar; allein dieses hindernde Objekt ist ein Kompositum und muß daher erst analysiert werden, wenn man klar sehen und die richtigen Reagenzien treffen will. Diese Analyse sowie die Analyse an einer Reihe anderer einschlägiger Erscheinungen führen ja ganz klärlich darauf, wie auch die „Leidensgeschichte" deutlich genug hervorgehoben hat, daß das tiefste und schlimmste Hemmnis in der Präponderanz, den Privilegien und dem Ansehen der sog. akademisch Gebildeten liegt, wozu dann außerdem, zugleich als Mitursache, die Vernachlässigung der pädagogischen Wissenschaft auf den Universitäten kommt. Hat man das begriffen, so wird auch sofort klar, warum speziell den Geistlichen das Hindernis so stark ist, denn hier gesellt sich zu dem generellen Hindernis der akademischen Präponderanz noch das spezifisch-kirchliche, d.h. die Furcht vor Schädigung der kirchlichen Interessen und die theologische Herrschsucht.

Mit der Bekämpfung des theologischen Außenforts der Festung allein läßt sich somit nichts gewinnen und vollends nichts, wenn es auf eine Weise geschieht (Simultanschule), wodurch man sich neue Feinde auf den Hals zieht. Die Vorgänge in Holland, Baden, Österreich, Belgien usw. haben die preußischen Lehrer irregeführt. Man hat zweierlei übersehen. Es läßt sich das leicht finden, wenn man sich erinnert, in welche Aufregung das Kammer-Zentrum geriet, als ein liberaler Redner etwas unvorsichtig von „protestantischem Kaisertum" sprach. Der Redner hatte ganz richtig die Parole der europäischen Weltgeschichte ausgeplaudert. Die preußische Monarchie ist seit dem siebenjährigen Kriege, der viel mehr als der dreißigjährige ein Religionskrieg war, der staatliche Hort des Protestantismus geworden und sie ist auch noch heute der einzige staatliche Hort (sage: staatliche), den der Protestantismus in allen fünf Erdteilen besitzt. Sage nochmals „staatliche" Hort, denn alle Freischarenhaufen á la Garibaldi zählen im großen Weltkriege nicht. In diesem Schutzberufe der preußischen Monarchie liegt auch ihre Pfahlwurzel, genauer gesagt: in der protestantischen Religions- und Kulturgenossenschaft (was nicht ohne weiteres gleichbedeutend ist mit „Kirche"). Diese Pfahlwurzel schwächen lassen oder gar selbst dazu beitragen, wäre für Preußen gleichbedeutend mit langsamem Austilgen seines welthistorischen Berufs, wäre langsamer Selbstmord.

Nun ist aber die Simultanisierung der Volksschule (= der breiten Volksmasse) in der Tat eine solche Schwächung; denn so gewiß die römische Kirche dadurch geschwächt wird, so gewiß und noch viel gewisser und noch viel schlimmer die gelockerte und unbeholfene protestantische. Was auf Kosten dieser beiden Kirchen erzeugt wird, eine gewisse dritte Konfession, das mag man taxieren wie man will, so ist es doch immer keine geschlossene Gesellschaft, sondern ein purer Menschenhaufen. Überdies hat es dann die Staatsregierung, anstatt wie bisher mit zwei, mit drei Volksseelen zu tun, worin eine neue Schwächung liegt. Nebenbei: schon das damalige falsche politische Parteigetriebe hat die preußische Monarchie in hohem Grade wenn auch noch nicht geschwächt, so doch gelähmt. Denn durch den falschen Gegensatz von „konservativ" und „liberal" hat es geschehen können, daß das ultramontane Zentrum sich wie ein spaltender Keil in den Gesetzgebungsorganismus hineingeschoben hat, und demzufolge liegen die Sachen schon seit Jahren traurigerweise so, daß ohne Genehmigung des Papstes kein Gesetz in Preußen und Deutschland zustande kommen kann, kein großes und kein kleines, mithin auch keins, was den Lehrerstand angeht. Wir haben es dank der politischen „Weisen" soweit gebracht, daß der Lehrerstand genau so weit emanzipiert ist und emanzipiert wird, als man es im Vatikan für gut findet. Schöne Aussichten! Solange daher die Spitzen der preußischen Regierung sich des welt- und kulturhistorischen Berufes der preußischen Monarchie klar bewußt bleiben – sage: klar – so lange werden sie (im jetzigen Äon) einer allgemeinen Simultanisierung der Volksschule mit aller Energie widerstreben, was aber nicht hindert, sie sporadisch (als Spielwerk) zu dulden. (Daß sie unter dem Ministerium Falk eine Zeit lang begünstigt wurde, ist teils auf den Qualm, teils auf die Not des Kirchenkampfes zurückzuführen. Der Qualm beeinträchtigt den klaren Blick, und in der Kriegsnot schießt man, wenn es nicht anders geht, ganze Dörfer in Brand).

Nun stellen Sie gefälligst mit Preußen und seinem welthistorischen Beruf die andern genannten Staaten Holland, Baden, Österreich, Belgien, Frankreich usw. in Vergleich. Österreich und die romanischen Staaten haben es, en gros gerechnet, nur mit der römischen Kirche zu tun. Was dort, wo man seiner Zeit die Reformation ausgestoßen hat, im Interesse der Kultur und des Staates auf dem Schulgebiete rätlich oder nötig sein mag, ist sozusagen eine Frage der Verzweiflung. Ob paritätisch oder religionslos oder konfessionell, daß eine ist so verzweifelt wie das andere. Bei diesen Staaten kann sonach von einem rationellen Vergleich mit Preußen nicht die Rede sein.

Die Kleinstaaten Holland, Belgien, Baden, Schweiz usw. kommen ebenfalls nicht in Vergleich, da ein Kleinstaat keinen welthistorischen Beruf haben kann. Ob man dort Konfessionsschule spielt oder Simultanschule, ist weltgeschichtlich ebenso bedeutungslos als die Form der Damenkleider oder der Männerbärte. Preußen (= Deutschland) steht somit unvergleichlich da, mit seinem einzigartigen Berufe. Es wird diesen Beruf auch gewiß erfüllen, so gewiß als es ihn durch Gottes Fügung überkommen hat. Wer denselben ignoriert, der mag in pädagogischen und andern Dingen immerhin noch mancherlei Sottisen und Betisen begehen können und begehen, aber am weltgeschichtlichen Gang der preußisch-deutschen Geschichte wird er nicht mehr ändern als ein Maulwurf an der Achsendrehung der Erde. Wie Sie sehen, stehen bei mir hinter der Simultanschulfrage noch andere Gedanken, als man öffentlich zu erörtern pflegt. Von einem liberalen Preußen, der seine preußisch-deutsche Geschichte kennt und versteht, verlange ich daher, daß er auch wisse, er dürfe sich im Simultanisieren die Liberalen in den romanischen Ländern samt Österreich nicht zum Muster nehmen, selbst dann nicht, wenn diese auf ihrem Boden wirklich recht handelten, d.i. keinen anderen Ausweg hätten. Tut er es doch, so begeht er eine Torheit, da ihm sein Bemühen generell nicht gelingen kann, solange die preußische Regierung ihren geschichtlichen Beruf versteht. Und wenn Lehrer vermeinen, auf diesem Wege die Schule von der geistlichen Fremdherrschaft befreien zu können, so begehen sie eine dreifache Torheit: einmal weil das Simultanisieren doch nicht gelingen kann, zum andern, weil sie sich neue Gegner auf den Hals laden und zum dritten, weil der Blick von den Haupthindernissen abgelenkt wird [. . .] [F. W. Dörpfeld]

Die „Vorgänge in Holland, Baden, Österreich, Belgien" betreffen die dort in gesetzliche Bahnen geleitete Simultanisierung der Volksschule. D. nennt hier dem Mitarbeiter der Pädagogischen Zeitung vor allem seine kulturpolitischen und aus der geistesgeschichtlichen Entwicklung abgeleiteten Bedenken gegen eine allgemeine Abschaffung der Bekenntnisschule in Deutschland und grenzt seine Argumente gleichzeitig gegen die römisch-katholische Kirche ab.

Sottisen und Betisen = Dummheiten

289

An Adolph Hollenberg, Rheydt

Gerresheim, 5. Februar 1883

D. hofft, daß angesichts einiger demnächst im EvSchBl erscheinenden „geistliche Rezensionen" der „Leidensgeschichte", so durch Pfarrer Röck, abgedruckt aus dem Organ des bayerischen evangelischen Lehrervereins, ein anderer Verein sich zu einer Stellungnahme gegen die bayerischen Kollegen veranlaßt sähe.

Zur Hochzeit seines Sohnes Wilhelm am 12. Februar in Berlin würden die Geschwister Anna, Agnes und „Hänsichen" reisen. Er selbst müsse zu Hause bleiben.

290

An Wilhelm Dörpfeld und Anne Adler, Berlin

Gerresheim, 10. Februar 1883

Meine lieben Kinder.

Es ist mir nicht vergönnt, persönlich gegenwärtig zu sein, wenn zu dem hochwichtigen Bunde, zu dem Ihr Euch einst im voraus die Hand gereicht, nun inmitten Eurer Angehörigen und Freunde Gottes Jawort und Segen gesprochen wird. Aber im Geist bin ich mit meinem Herzen doch dabei und möchte Euch gern einen herzlichen Gruß zusprechen – zum Geleit auf dem neuen Lebenswege, den Ihr nun gemeinsam wandern wollt.

Gemeinsam, Hand in Hand, das ist die Signatur der jetzt beginnenden neuen Lebensperiode: Gott der HErr, der Euch zusammengeführt, drücke mit seinem Amen ein unverletzliches Siegel darauf, dann wird Sein Segen Euch geleiten, dann muß es gut gehen.

Es gehe, wie es gehe,
Der Vater in der Höhe,
Der weiß zu allen Sachen Rat.

So grüße ich Euch, liebe Kinder, aus der Ferne, auch im Sinne Eurer sel. Mutter, die Euch in ihren Gebeten diesen Segensgruß schon vorlängst, von Eurer ersten Lebensstunde an, zugesprochen hat.

Hand in Hand, bis der zeitliche Tod Euch scheide, das ist, wie die zeitliche Quelle, so auch die erste Bedingung Eures Lebensglückes. Darum, liebe Kinder, haltet die Hände zusammen, fest, fest, haltet sie einander fest: es gelte nur der eine Streit, die einzige Eifersucht, wer am festesten halten kann.

Solche Treue aber kann nur wurzeln in der Liebe, in jener Liebe, die nicht das Ihre sucht, die sich nicht ereifern läßt, die alles trägt, alles glaubet, alles hoffet, alles duldet und nimmer müde wird. Für die Liebe von dieser Art und Kraft ist aber der Wurzelboden des natürlichen Menschenherzens zu schwach, nicht nahrhaltig genug: sie bedarf der stetigen unaufhörlichen Stärkung aus einer höheren Nährquelle. Darum, geliebte Kinder, seid und bleibet des eingedenk, „wo der Liebe Quell entspringt;" haltet Euch treu, haltet Euch nahe, haltet Euch Hand in Hand an diesen Lebens-, Heils- und Liebesborn. An ihm gepflanzt und von ihm genährt, wird Eure eheliche Liebe wohl eine Blütezeit haben, aber keine Flitterwochen; denn sie hat die Verheißung, daß sie nur ein Grünen und Wachsen und Reifen in unvergänglicher Jugendfrische kennen soll, bis zu jenem Tage der Vollendung, wo alles Vergängliche und Unzulängliche, alles Weh und Trauern in den Sieg der ewigen Liebe verschlungen sein wird.

So geht denn hin, liebe Kinder, unter dem Geleite unserer Segenswünsche und Gebete in den neuen Stand und in die neue Heimat. Gott segne Euren Ausgang und Eingang und schenke Euch auch dies, daß Ihr in dem hellen Sonnenschein des neuen Heimatlandes Euch der schönen Frühlingszeit Eures Ehestandes so recht von Herzen freuen möget.

Auf fröhliches Wiedersehen!

In treuer Liebe
Euer Vater

Gesundheitliche Rücksichten hatten D. gehindert, an der Hochzeit seines Ältesten in Berlin teilzunehmen. Hofprediger D. Emil Frommel, der einstige Nachbar an der Wupperfelder Kirche, traute Wilhelm und Anne im Dom und las beim Hochzeitsmahl den Brief des Vaters vor (Ca 551).

291

An Anna Dörpfeld, Berlin

Gerresheim, 10. Februar 1883

Begleitschreiben zum vorhergehenden Brief an das Hochzeitspaar Wilhelm und Anne Adler. Anna und Pastor Frommel sollen prüfen, ob der Brief zum Vorlesen geeignet sei. Anna möge nicht vergessen, ihrem Bruder Hans die Kleidersorgen auszutreiben.

292

An Heinrich Schröer, Berlin

Gerresheim, 12. Februar 1883

[. . .] Nach jenem Artikel soll ich mit daran schuld sein, daß der rheinische Provinziallehrerverein nicht vorwärts, sondern rückwärts geht und zwar soll ich dadurch dazu beigetragen haben, daß ich konfessionelle Lehrervereine gründe. (Ob dies genau der Wortlaut ist, weiß ich nicht, da ich den betreffenden Artikel nur durch mündliche Mitteilung kenne.) Wie die „Leidensgeschichte" berichtet hat, besteht allerdings hier der Evangelische Lehrerverein für beide westlichen Provinzen, und ich gehöre mit zu seinen Gründern. Dieser Verein konnte bereits sein 25jähriges Jubiläum feiern, als der sog. Provinzial-Verein entstand; und als jener gegründet wurde, da war vermutlich der Artikelschreiber, dem diese Gründung so anstößig ist, noch gar nicht in der Welt. Jedenfalls hätten wir ihn damals noch nicht um Rat fragen können. Weiter. Wie in der „Leidensgeschichte" ferner bezeugt ist, soll der Evangelische Lehrerverein keinen Gegensatz zu irgendeinem territorialen Lehrerverein bilden, was schon daraus hervorgeht, was gleichfalls dort berichtet ist, daß von längst her hier im Regierungsbezirk Düsseldorf zwei landschaftliche allgemeine Lehrerkonferenzen bestehen (im Bergischen und am Niederrhein), an denen sich die Mitglieder des Evangelischen Lehrervereins fleißig beteiligen wie irgendwelche andere.

Daß es mit dem Provinzial-Verein nicht vorwärts will, hat vornehmlich darin seinen Grund, daß 1. am Oberrhein (Regierungsbezirk Köln, Koblenz usw.) von jeher wenig Konferenzleben gewesen ist, daß 2. seit 1872 die katholischen Lehrer überhaupt sehr zurückhaltend sind und daß 3. die evangelischen Lehrer am Niederrhein bereits von längst her mit größeren Konferenzen und mit Wohltätigkeitskassen versorgt sind. Für sie handelt es sich in dieser Angelegenheit um Geld und Zeit. Wenn die dermaligen Steuerleute des Provinzialvereins diese Terrainschwierigkeiten erkennen, die an und für sich noch keine eigentlichen Hindernisse sind, sondern erst dann dazu werden, wenn man sie nicht erkennt oder nicht zu berücksichtigen versteht, und wollten sie dann einen guten Rat von mir annehmen, der wohlfeil auszuführen ist, so würde ihr Verein in kürzester Zeit so zahlreich werden können wie in irgendeiner anderen Provinz.

Hätte jener rheinische Artikelschreiber die Wahrheit über mein Tun und Lassen wissen wollen, so würde er von jedem, der mich näher kennt, haben erfahren können, daß ich mich seit dem Beginn meines Leibesübels (1864) nicht mehr mit „Gründungen" habe beschäftigen können, aus sehr bedauerlichen Gründen, und so auch nicht mit der Gründung des Provinzial-Vereins. Ebenso würde er leicht haben erfahren können, wie ich mich dem Provinzial-Verein gegenüber betätigt habe, also z.B. (um bloß offenkundige Tatsachen zu erwähnen), daß ich vor fünf oder sechs Jahren auf Wunsch des Vorstandes einen Vortrag auf der Versammlung des Provinzialvereins gehalten habe, obwohl das laute Sprechen in einem großen Lokal vor mehreren Hunderten von Zuhörern für meine geschwächte Lunge nicht nur höchst anstrengend, sondern auch recht bedenklich war und daß ich im Evangelischen Lehrerverein schon wiederholt empfohlen habe, die Mitglieder möchten nicht nur vereinzelt, sondern in corpore in den Provinzialverein eintreten.

Daß ich selbst nicht Mitglied dieses Vereins bin, hat einen sehr einfachen Grund, den man eigentlich niemanden erst zu sagen braucht: ich kann meinen Namen nicht hergeben für eine Sache, bei der ich (durch mein Leibesübel) von der Mitberatung ausgeschlossen bin. Dem mündlichen Disputieren in ganz großen Versammlungen ist meine Lunge nicht mehr gewachsen.

Mit Bezug auf die Begriffe von „konfessionell" und „simultan", womit der Artikelschreiber wider mich im Nebel herumfährt, lassen Sie mich noch dies bemerken. Gewiß, wenn der evangelische Lehrerverein noch nicht existierte, so würde ich ihn (hier am Rhein) jetzt noch gründen helfen, falls ich noch bei jugendlichen Leibeskräften wäre) nicht aber, um einem territorialen Lehrerverein zu schaden, sondern gerade umgekehrt, um ihn bei Gesundheit zu erhalten und ihm auf die Beine zu helfen, auch nicht, um einen abgeschlossenen Konfessionalismus zu stärken, sondern um das evangelisch-reformatorische Lebens- und Freiheitsprinzip zu wahren.

Gewiß auch würde ich, solange mir noch ein Atemzug bliebe, gegen einen solchen „territorial" oder „allgemein" oder „simultan" für die sog. paritätische oder für die religionslose Schule Propaganda machen wollen; und das würde ich schon deshalb tun, weil mir alle

Jesuiterei, gleichviel ob sie im Namen des Papsttums oder der Kultur auftritt, ein Greuel ist. Glücklicherweise kennen wir hier am Rhein bis jetzt keine territorialen Lehrervereine von dieser Art [. . .]

Meine Bedenken richten sich ja nicht bloß wider liberale große Lehrerversammlungen, sondern auch gegen die kirchlich-konservativen [. . .]

[F. W. Dörpfeld]

Die im letzten Satz genannte Auffassung richtet sich gegen große, zufällige Lehrerversammlungen überhaupt. Der Satz stammt vielleicht aus einem anderen Brief D.s.

Über den eingangs genannten Artikel konnte nichts in Erfahrung gebracht werden. Der Vorgang geht jedoch aus D.s Schreiben hervor: D. sind aus Kreisen des rheinischen Provinziallehrervereins Vorwürfe hinsichtlich des Sonderlebens des Vereins evangelischer Lehrer und Schulfreunde gemacht worden. Er stellt in der abgedruckten Stellungnahme sein Verhältnis zu diesem Zweigverein des Deutschen Lehrervereins dar. Wie C.L.A. Pretzel in der „Geschichte des Deutschen Lehrervereins", Leipzig 1921, schreibt, habe der Verein unbeschadet der kritischen Haltung D.s zum Verein seine „Leidensgeschichte der Volksschule" als unerschrockenen Beitrag zur Verteidigung der Volksschullehrerschaft gewürdigt, ein Danktelegramm vom Kasseler Lehrertag 1882 gesandt und zur Finanzierung des 1903 errichteten Barmer Dörpfelddenkmals beigetragen (a.a.O. S. 289).

293
An Otto Boodstein, Elberfeld

Gerresheim, 8. Juli 1883

Herrn Stadtschulinspektor Dr. Boodstein, Wohlgeboren in Elberfeld

Auf Ihre Zuschrift vom 7. d[ieses Monats] beeile ich mich, sofort zu Ihrer Beruhigung Nachstehendes zu erwidern.

Sie hätten getrost voraussetzen dürfen, daß Ihre Rezension der „Leidensgeschichte" bei nächster Gelegenheit im Ev[angelischen] Sch[u]lbl[att] wörtlich mitgeteilt werden würde, da dies auch mit den Rezensionen von Pf[arre]r Röck und Dr. Burk geschehen war. Es würde auch schon im vorigen Hefte geschehen sein, wenn der Raum es gestattet hätte. Im folgenden Hefte (Nr. 10 und 11), was möglichst bald erscheinen soll, werden Sie neben der angesagten neuen Besprechung (von einem rhein[ischen] Schulmann) auch Ihren Artikel finden.

Die Rez[ension] des preuß[ischen] Geistlichen in der Luthardtschen Kirchenzeitung würde ich gleichfalls vollständig haben abdrucken lassen, wenn sie nicht so lang gewesen wäre. Vielleicht tue ich es nachträglich noch, jedenfalls dann, wenn aus dem Leserkreise des Ev[angelischen] Sch[u]lbl[attes] ein dahingehender Wunsch laut wird.

Übrigens bin ich auch gern bereit, Ihr vorliegendes Privatschreiben (nebst meiner Antwort) ohne weitere Bemerkungen mit abdrucken zu lassen, falls Sie es wünschen.

Ergebenst
F. W. Dörpfeld

Die Besprechung, die O. Boodstein der „Leidensgeschichte der Volksschule" in den von K. Kehr herausgegebenen „Pädagogischen Blättern" (1883, S. 179–181) zuteil werden ließ, war vernichtend. Er nannte D.s Schrift ungerecht, tendenziös und maßlos und glaubte, daß der dadurch angerichtete Schaden den aus der Rede v. Puttkamers etwa erwachsenen weit überträfe. D. beschäftigte sich analysierend und abwehrend mit dieser „Schmähliteratur über den Volksschullehrerstand" im EvSchBl 27 (1883), S. 195–203.

Im Anschluß daran veröffentlichte ebd. S. 225–296 ein mit -r zeichnender Mitarbeiter „Herr Stadtschulinspektor Dr. Boodstein und die Wünsche des Lehrerstandes hinsichtlich der Schulaufsicht", womit die Auseinandersetzung kaum weniger polemisch fortgesetzt wurde (wiederabgedruckt in: Neuer Beitrag zur Leidensgeschichte, Barmen 1883).

Boodstein hatte sich beschwerdeführend an D. gewandt und den wörtlichen Abdruck seiner Rezension verlangt, was ebd. S. 294–296 erfolgte. Das Schreiben Boodsteins ist nicht veröffentlicht worden.

294

An Wilhelm Rein, Eisenach

Gerresheim, 8. August 1883

Lieber Freund.

1. Hierbei der Brief von Herrn Nagel und das Schriftchen von Dr. Frick mit Dank zurück.

2. Sodann liegt hier bei mir ein für das Ev[angelische] Schulbl[att] bestimmter Artikel von Rektor Horn über das Bliednersche Buch. Horn stellt mir anheim, an seinem Manuskript nach Gutdünken zu ändern oder auch dasselbe Ihnen und Herrn Dr. Bliedner mitzuteilen, damit Sie mich auf irgend welche wünschenswerte Änderungen aufmerksam machen könnten. Mir scheint der Artikel im wesentlichen ganz gut zu sein. Nur die Eingangspartie genügt mir nicht, nämlich insofern nicht, als nach meiner Ansicht die Einleitung nicht trockene Daten vorführen darf, sondern bestimmt und scharf damit einsetzen muß, daß hier eine neue Weise des Literaturunterrichts sich melde. Mir selbst aber ist dieser Lehrgegenstand nicht recht handlich, auch kenne ich den Widerspruch nicht genug, auf den Dr. Bliedner bereits gestoßen ist. Es würde mir deshalb lieb sein, wenn einer aus Ihrem Kreise mir einen andern Eingang des Hornschen Artikels zu Papier brächte, in dem vorbezeichneten Sinne. Diese Verbesserung würde ich dann mit Dank benutzen. Auch andere Winke werden mir willkommen sein.

3. Vor einigen Wochen erhielt ich eine Postkarte von einem Herrn Freund, der sich aber nicht näher bezeichnete. Ich vermute daher, daß es jener Herr dieses Namens ist, der zu unserm Verein gehört und auf der diesjährigen Generalversammlung war. Leider ist mir seine Postkarte durch Zufall verloren gegangen, so daß ich seinen Wohnort nicht weiß und ihm darum nicht antworten kann. Wissen Sie vielleicht, wo unser Vereinsgenosse dieses Namens wohnt und welches Amt er bekleidet? (Ist er Theologe?)

Wie denken Sie über die Verhandlung, die er in Coburg mit Prof. Vogt hatte? Mir sind die Personen und die Sache nicht besehbar genug.

4. Unser lieber Ufer hält sich in Elberfeld recht wacker. Er ist ohne Zweifel ein guter und fleißiger Werber für unsere Sache unter seinen Altersgenossen. Ich habe bereits mehrere Nachmittage mit ihm zusammengesessen, um seine „Vorschule" für die neue Ausgabe zuzurüsten. Wir sind aber mit der Korrektur erst bis zur Pädagogik gekommen. Augenfällig hatte ihn sein Eifer hingerissen, mehr zu unternehmen, als er zur Zeit leisten konnte. Hätte er mir vor dem Drucke von seinem Plane Mitteilung gemacht, so würde ich wahrscheinlich dringend geraten haben, das Manuskript noch ein paar Jahre ruhenzulassen. Ob dieser Rat ganz das Richtige gewesen, bleibt freilich noch die Frage; denn nachdem die Arbeit einmal fertig war, wäre es vielleicht doch das Beste gewesen, daß einer von uns dieselbe durchgesehen und sie dann mit ihrem guten Mut in die Welt entlassen hätte. So ein junges Blut richtet nicht selten trotz seiner Unzulänglichkeit – oder am Ende gerade wegen seiner Unzulänglichkeit – bei seinen Altersgenossen mehr aus als wir Alten in unserer schwerfälligen Rüstung. Er versteht sie, und sie verstehen ihn besser.

Zudem kommt unserm Ufer etwas zugut, etwas Großes, was allen unmittelbaren Schülern Zillers oder Stoys trotz ihrer anderweitigen Vorteile abgeht: er hat sich ohne jede persönliche Hülfe und Anregung, also lediglich aus Büchern und mit beschränkten Mitteln, in die Herbartsche Psychologie, Ethik und Pädagogik hineinarbeiten müssen. Auf solchem Selbststudium, zumal wenn es noch mit Hemmnissen zu kämpfen hat, ruht ein eigentümlich vielseitiger Segen. Diejenigen jungen Leute, welche in den Hörsälen sich ein philosophisches System vordozieren lassen, kommen viel zu wohlfeil in seinen Besitz. Diese Wohlfeilheit rächt sich. Die einen wissen die ererbte Wahrheit nicht zu schätzen und geben sie nur zu oft wieder um leichten Preis (Karriere usw.) dahin. Und die andern, nun, ihnen geht es gerade wie denen, die in derselben Weise sich eine wohl- und festgeformte religiöse Anschauung einschütten lassen: sie werden zu leicht „Eiferer für das Gesetz" und eifern dann um Minze, Dill und Kümmel ebensosehr wie um das Schwerste im Gesetz; sie sind tapfere Heißsporne, aber schlechte Heerführer. Und das geht alles natürlich zu: sie eifern, weil sie nicht wissen, wie denen zumute ist, welche noch mit Bedenken zu kämpfen haben oder aber die Wahrheit noch nicht oder nur unvollkommen gehört haben; und sie eifern um Kleinigkeiten, weil sie Hauptsachen und Nebensachen nicht zu unterscheiden wissen. Überdies sind sie auch häufig mehr bloße Spediteure der Wahrheit als wirkliche Lehrer derselben. Und das geht wieder natürlich zu. Denn um die Apperzeptionsgesetze befolgen zu können, müßten sie mehr Geduld mit andern haben, und um sie richtig anwenden zu können, müßten sie wissen, wo bei den andern die Schwierigkeiten des Auffassens und des Zustimmens liegen. Jene Geduld und dieses Wissen aber besitzen sie nicht, weil sie diese Qualitäten auf ihrem wohlfeilen Lernwege nicht haben erwerben können. Und auch die Erscheinung aus alter Zeit wiederholt sich dann in der jungen fort und fort wieder, daß um das Gesetz, z.B. um das Apperzeptionsgesetz, hitzig geeifert wird, während die Eiferer in demselben Augenblicke es gröblich verletzen. Darum lobe ich mir und liebe gerade diejenigen Herbartianer und Christen und Schulmeister usw., die es mit Mühe, Not und Schmerzen geworden sind.

> **Der Not ist jede Lust entsprossen,**
> **Und unter Schmerzen nur gedeiht**
> **Das Liebste, was mein Herz genossen,**
> **Der holde Reiz der Menschlichkeit.**
> **(Hölderlin)**

Lassen Sie mich's offen gestehen: das Ufersche Schriftchen hat mir trotz seiner vielen Mängel und Schwächen im stillen mehr Freude gemacht, als manche andere, an denen sachlich nichts zu tadeln war, die aber wohl merken ließen, daß der Verfasser im Grunde wieder aufsagt, was er im Hörsaal oder im Seminar gehört hatte. Bei der ersten Auflage des Büchleins konnte man ihm allerdings nicht gut den Geleitbrief schreiben, den man ihm gegönnt hätte. Hoffentlich fällt die 2. Auflage so aus, daß niemand sich behindert fühlt, dem Fleiße des Verfassers das gebührliche Zeugnis zu geben. Möchte es aber auch in unserem Kreise allerwärts geschehen! Solcher echten Naturen, wie unser Ufer einer ist, haben wir nicht viele, aus dem oben angegebenen Grunde. Ihren Rat, daß er das Schriftchen beträchtlich erweitern möchte, habe ich nicht billigen können. Der Grund ist einfach. Eine „Vorschule" der herbartischen Pädagogik soll (wie der kleine lutherische Katechismus) nur so lange existieren, als sie nötig ist, nämlich so lange, bis die Seminarien die lebendigen Vorschulen sind und bis eine reiche Anzahl psychologischer und pädagogischer Monographien vorliegt. So lange nun eine solche Vorschule in Buchform nötig ist und existieren soll, so lange muß sie, wie der lutherische Katechismus, kurz sein. Die Kürze ist ideal gerechnet ein Unsinn; aber praktisch gerechnet, ist sie pro tempore ein Ideal. Q[uod] e[rat] d[emonstrandum].

Wie ich von Herrn Ufer höre, will der Herr Foltz in Solingen absolut an ihm zum Richter werden. Kehr will seine Kritik nächstens aufnehmen. Ach, diese arme Eitelkeit! Vielleicht wäre es gut, wenn Sie nochmals Herrn Foltz ernstlich abrieten, namentlich auch ihm begreiflich zu machen suchten, daß er sich durch die Veröffentlichung seiner Kritik, die er ja dem Verfasser sogar mündlich sagen konnte, zumal im Kehrschen Blatte im Verein keine Freunde erwerben werde. Ich denke übrigens bei diesem Rate mehr an Foltz' eignes

Bestes als an Herrn Ufer. Letzterer braucht sich eigentlich um diese Kritik keine Sorgen zu machen. (Bei einem Brief an Foltz bitte ich jedoch, meinen Namen nicht zu erwähnen).

5. Den Bericht über die Weimarschen Synodalverhandlungen habe ich leider nicht im Ev[angelischen] Schulbl[atte] verwenden können. Für fernstehende Leser waren die verhandelten Materien nicht durchsichtig genug und würden deshalb zu wenig Interesse geboten haben. Aus demselben Grunde war es mir auch nicht möglich, meinerseits etwas hinzuzufügen und so das Interesse beleben zu können. Soll ich Ihnen die Manuskripte gelegentlich zurückschicken?

6. Sie werden aus dem letzten Hefte des Ev[angelischen] Schulbl[attes] ersehen und wohl auch ohnehin gewußt haben, daß die 2. Auflage der Leidensgeschichte vielerlei Anfechtungen erfahren hat. Insofern daraus kund wird, wie unzugänglich die Gegenseite für die in dem Buche vertretenen Anschauungen und für die Anliegen des Lehrerstandes ist, sind jene Anfechtungen allerdings recht betrübend. Betrübend für den Lehrerstand, weil sie zeigen, daß wohl noch ein Dutzend ähnlicher Bücher geschrieben werden muß, bevor die Gegenseite auf bessere Gedanken kommt. Betrübend für mich, weil bei der überaus großen Ungewehrtheit meiner Standesgenossen und bei ihrer gänzlichen Verlassenheit von Seiten der höheren Lehrer ich selbst wieder meine Zeit und alle Kraft hergeben muß, um die Angriffe abzuwehren. Das sei Gott geklagt!

Davon abgesehen, habe ich mich nur darüber freuen können, daß die Gegner so blank herausgetreten sind und sich so furchtbare Blößen gegeben haben. Namentlich hat mir die Boodsteinsche Rezension große Freude gemacht. Seit langem ist mir bei einer Lektüre nicht so lustig zumute gewesen wie beim Lesen dieses einzigartigen Machwerkes. Freude, wohin auch der Blick sich richtete! Diese Ratlosigkeit und halbe Verzweiflung, die zu solchen Mitteln ihre Zuflucht hat nehmen müssen! Diese Kompromittierung der Seminardirektoren (inclusive der Kehrschen Blätter), die ich durch all mein Kitzeln und Reizen nicht aus ihrem Schweigewinkel herausbringen konnte, durch ein tapferes enfant terrible aus ihrer Mitte! Diese rätselhafte Verblendung, die da meint, man brauche in der Schulverfassungsfrage nur frisch weg Lügen in die Welt zu schreiben, dann würde das alles für Wahrheit genommen! Und wie viele andere Dinge noch! Kurz, das Ganze ist auf gegnerischer Seite gleichsam eine freiwillig verlorene Schlacht und noch etwas mehr. Indessen, meine feste Freude darf ich nicht öffentlich aussprechen, da meine Standesgenossen mich darob sehr sauer ansehen würden. Ich meine dies. Trotz des guten Absatzes, den die „Leidensgeschichte" gefunden, drückte mich doch eine Betrübnis. Es konnte mir nicht entgehen, daß die Lehrer das Buch nicht zu nutzen verstanden. Es ist mir in den zwei bis drei Jahren kein Artikel zu Gesicht gekommen, der gezeigt hätte, daß man begriffen habe, was nun ihrerseits zu tun sei. Das Buch ist viel zu oberflächlich und zu einseitig gelesen worden. Man merkt die Überlegung nicht, die darin steckt. Ginge das so fort, so war klar, daß die jetzige Generation aus ihrer erniedrigten und eingeengten Lage nicht herauskommen werde, weil sie in sich selbst zu kampfunfähig und von außen zu verlassen ist. Durch die ergangenen Angriffe wird sich einiges bessern. Manche werden angespornt werden, das Buch aufmerksam und lernbegieriger zu lesen. Freilich ist dieser Sporn noch nicht stark genug, weil man sich zu sehr darauf verläßt, daß ich selbst wieder für sie eintreten würde. Doch dürften die polemischen Verhandlungen, die jetzt in Gang kommen, immerhin die Wirkung haben, daß die Lehrer manches besser verstehen lernen, als sie es bisher verstanden, und daß sie merken, ihr Lesen sei früher ein zu oberflächliches gewesen. Daß dieses bessere Lernen in der Sache wie in der Selbsterkenntnis Fortschritte machen wird, das ist eigentlich meine Hauptfreude; denn was nützt es, wenn die Gegner uns eine verlorene Schlacht liefern ohne unser Zutun, wenn auf unserer Seite keine Köpfe und Hände da sind, um die Beute einzusammeln und den retirierenden Feind zu verfolgen?

Ich sagte vorhin, daß mir selbst wieder die Hauptarbeit der Abwehr zugefallen wäre. Was im vorigen Heft vorliegt, ist nur ein Teil und zwar der kleinere. Was dort über Dr. Boodstein gesagt wird, ist eigentlich nur ein Geplänkel. Die Hauptsachen, die da zu sagen waren, konnte ich anständigerweise selbst nicht sagen. Das mußte ein anderer, ein Lehrer tun. Im nächsten Hefte werden Sie's finden. Daß ich dabei sachlich die Hauptarbeit habe tun müssen, werden Sie sich im stillen schon selbst sagen resp. beim Lesen merken und wohl auch verstehen, daß ich weit weniger Mühe gehabt haben würde, wenn ich den Artikel selber vollständig hätte schreiben dürfen. Er würde dann auch kürzer ausgefallen sein, weil ich unwichtige Punkte und dergleichen still übergangen hätte. Ach, wie gern würde ich eine noch dreimal größere Mühe übernommen haben, wenn ich nur der Demütigung, der schrecklichen Pein überhoben gewesen wäre, einen andern gleichsam die Feder diktieren zu müssen, was er zu Lobe meines Buches sagen soll! Eine solche furchtbare Qual, die doch gar nicht zu umgehen ist, wird auch wohl nur einem armen Verfechter des armen verlassenen Volksschullehrerstandes über den Hals kommen können. Ich hatte immer geglaubt, durch mein 25jähriges Isoliertstehen und Alleinkämpfenmüssen in der Schulverfassungsfrage genug gelitten zu haben; nun kommt in meinen alten Tagen auch dieser bittere Kelch noch! Und wo sind die Leute, die das fühlen können und wenigstens ein wenig Mitleid mit solch einem armen Volksschul-Tribun haben? !

Ich will noch bemerken, daß die im Ev[angelischen] Schulbl[att] zur Abwehr erschienenen Artikel in kurzem als selbständiges Schriftchen in die Welt gehen werden, also meine Auseinandersetzung mit den sechs kritischen Stimmen und der noch rückständige Artikel wider Dr. Boodstein. Das Schriftchen wird den Titel tragen „Ein neuer Beitrag zur Leidensgeschichte der Volksschule" und wieder bei Wiemann in Barmen erscheinen. Vielleicht ist es fast gleichzeitig mit dem Schulblatthefte da, in 8 Tagen.

Nun noch eins, was damit zusammenhängt.

Als die Rezension des preußischen Geistlichen in der Luthardtschen Kirchenzeitung erschien und alsobald Dr. Leimbach und Dr. Kolbe bei der Hand waren, diese „treffliche" Beleuchtung zu kolportieren, da hatte ich im stillen gehofft, aus unserem wissenschaftlichen Verein würde jemand mir und dem Lehrerstand zu Hülfe kommen. Es wäre das um so nötiger gewesen, da nur ein studierter Mann diesen gelehrten Herren derb genug zu Leibe gehen kann. Unsereinem sind da zu sehr die Hände gebunden, teils aus Anstands- und ähnlichen Gründen, teils de facto. Freilich hatte mein Hoffen auf eine solche Hülfe eigentlich keinen Anhalt. Einmal deshalb nicht, weil in den letzten 25 Jahren keiner der herbartischen Freunde (außer mir) die Schulverfassungsfrage hat mit anfassen mögen, zumal in spezieller Anwendung auf die Volksschule. Es fehlt das Interesse und damit wohl auch noch vieles andere, was zu solchem Mithandanlegen erforderlich sein würde. Zum andern, weil mit einem bloßen Journal-Artikel in diesem Falle nicht geholfen gewesen wäre. Sollte hier geschehen, was nötig war, so ließ sich das nur durch eine nicht kleine Broschüre liefern. Ein solches Stück Arbeit einem zuzumuten, dazu hatte ich kein Recht.

Da kam die Boodsteinsche Rezension. Jetzt hoffte ich mit Zuversicht auf eine Unterstützung vom Verein aus und das, wie ich meine, mit allem Fug und Recht. Denn hier lag der überaus glückliche Fall vor, daß mit etlichen wenigen Worten mehr ausgerichtet werden konnte als mit einer dicken Broschüre. Und dazu der zweite überaus glückliche Fall, daß der Verein durch diese wohlfeile Hülfe sich auf einmal „in aller Mund bringen" konnte, wie jenes Mädchen sagte, die gern einen Bräutigam haben und darum froh sein wollte, wenn sie nur einmal mit einem „ins Gerede käme". In der Tat, der Fall war nach allen Seiten hin so günstig, daß er vielleicht alle 1000 Jahre nur einmal vorkommen mag. Mir steht in Wahrheit der Verstand still, daß niemand im Verein diese Glückskonstellation begriffen zu haben scheint. Vielleicht ist aber auch Ihnen noch nicht klar, was ich meine. Ich will es mit einigen Worten sagen, obwohl es mir wirklich sauer fällt.

Das eigentliche Ärgernis des Boodsteinschen Artikels liegt ja nicht darin, daß der Mann andere Ansichten hat als dem Lehrerstand lieb ist, denn das könnte ja möglicherweise berechtigt und sehr löblich sein; auch nicht darin, daß er meine Reformvorschläge resp. die Lehrerwünsche anklagt und denunziert, denn das könnte möglicherweise gleichfalls berechtigt sein; sondern darin, daß er über eine vor Augen liegende Tatsache, über das, was in meinem Buche geschrieben steht, falsch referiert, kurz, daß er falsch Zeugnis ablegt und dies sogar so, daß er die Wahrheit in der ungeheuerlichsten Weise entstellt. Hätte er gesagt: der Dörpfeld sammle eine Bande von Schulmeistern, die nächstens auf Seeräuberei ausgehen wollen, so würde diese Lüge nicht größer gewesen sein, als seine jetzigen es sind; aber sie würde offenbar weniger schlimm gewesen sein, da dann niemand seiner Anschuldigung glauben würde, während jetzt ihrer viele, die mein Buch nicht gelesen haben, ihm wirklich glauben, wie er ja auch auf diesen Glauben gerechnet hat, denn sonst würde er es nicht gesagt haben. Hier liegt also ein literarischer Unfug vor, wie er größer, frecher und schamloser niemals auf dem ehrlichen deutschen Boden vorgekommen ist, der nach meiner Erfahrung und Literaturkunde auch niemals nur annähernd seinesgleichen gehabt hat. Wenn das nun so ist, sollte dann nicht jeder ehrliche deutsche Schulmann, dem solche Fälscherei ein Greuel ist und der nicht wünscht, daß solcher Unfug auf dem pädagogischen Gebiete noch weiter einreißt, sollte ein solcher Schulmann, gleichviel wie er über die sachliche Kontroverse denkt, nicht das Bedürfnis fühlen und fühlen müssen, mit allem Nachdruck wider diesen Unfug öffentlich zu protestieren? Was soll man nun davon denken, daß aus dem Kreise derer, welche Boodsteins Artikel und zugleich mein Buch kennen, bis jetzt kein Protest erhoben worden ist? Und doch wären nur einige wenige Zeilen nötig gewesen – vorausgesetzt, daß dieser Protest nicht von einem einzelnen, sondern von einem namhaften Kollegium ausging, und diese wenigen Zeilen würden jetzt eine größere Wirkung gehabt haben als eine dicke Broschüre des Engels Gabriel oder Michael, die wegen ihrer Dickleibigkeit nur von wenigen Leuten gelesen werden würde. Die größere Wirkung liegt darin: einmal würde mit einem Schlage klargestellt gewesen sein, daß es sich im Boodsteinschen Falle nicht um Ansichten, sondern um ein Falsum handelt, und zum andern würden dem ersten Proteste sofort ein halbes Hundert andere auf dem Fuße gefolgt sein, denn die Menge wartet stets nur auf einen klugen und mutigen Vorgänger. Wie sehr ich nach einem solchen kleinen Proteste ausgeschaut habe, brauche ich wohl nicht zu sagen. Er hätte mir ja eine lange, mühselige und peinliche Arbeit erspart; und wenn ich sie nachträglich zur Ergänzung doch noch hätte übernehmen wollen, so würde ich sie mit Freuden haben tun können, während ich sie jetzt mit Seufzen tun mußte.

So viel hängt am rechten Blick und am rechten Augenblick.

Aber weiter. Für unsern wissenschaftlichen Verein lag der Fall vor, daß einem seiner ältesten Mitglieder und Vorstandsglieder die Boodsteinsche kolossale Verleumdung auf dem Halse lag. Es hätte nur ein paar Federstriche des Vorstandes bedurft, um mir und meinen Standesgenossen jenen Druck vom Halse zu schaffen und dazu meinen weiteren Operationen eine breite freie Bahn zu hauen, ohne daß darum ein Winkelried zu sterben brauchte. Und wie gesagt, es handelt sich ja nicht um Ansichten, sondern lediglich um eine ethische Frage. Warum ist nun niemand im Verein und im Vorstande auf den wohlfeilen Gedanken verfallen, dem alten Dörpfeld und seinen verlassenen Amtsgenossen diesen wohlfeilen Liebesdienst zu tun? (Bitte: nehmen Sie diese Frage nicht tragisch; sie ist in meinem Sinne nur als eine psychologische, meinetwegen als eine physikalische gemeint).

Aber weiter – und das ist's, was mir eigentlich am meisten anliegt. Viele tausend Lehreraugen waren auf den Casus Boodstein contra Dörpfeld gerichtet, dazu viele Augen von Seminarlehrern, Schulbeamten und Geistlichen. Schlug nun unser Vereinsvorstand in diesem Casus den richtigen Ton an, einen Ton, der durch alle Gewissen ging, so hätten sich jetzt alle diese Augen auf den Verein gerichtet, kurz, der Verein würde so populär geworden sein, zumal im Volksschullehrerstand, wie er es durch die gediegendste literarische Leistung so schnell nicht werden konnte. Jetzt frage ich wieder: Warum ist doch niemand im Verein auf den Gedanken gekommen, daß ein solcher einfacher Akt, der eigentlich schon durch die öffentliche Moral geboten war, der überdies einem bedrängten müden Vereinsgenossen eine kräftige Hülfe gebracht hätte und zugleich dem Volksschullehrerstande wider seine mächtigen Bedränger, obendrein für den Verein selbst die reichste Frucht abwerfen würde?

Nun, es ist nicht geschehen, gerade wie es auch vor sechs Jahren nicht geschah, als die Vorsehung dem Vereine in dem Wermelskirchner Simultanschulstreit die Einladung zu einer so wirksamen Aktion vor die Füße gelegt hatte. Damals hat wenigstens einer dazu gemahnt, denn ich konnte es, weil ich persönlich nicht dabei engagiert war; damals gab auch Ziller mir recht, nur befürchtete er, es werde im Vorstande kein einmütiges Votum zustande kommen. Er wird richtig gesehen haben. Allein war dieser Zustand nicht eine Schande für den Verein? Denn es handelte sich ja nicht um ein Votum für die Konfessionsschule als solche und wider die Simultanschule als solche, sondern lediglich um das pädagogische Urteil, daß in einer Erziehungsschule der Lehrplan ein einheitlicher sein und der Religionsunterricht im Mittelpunkte stehen muß und daß diese Grundbedingung in derjenigen Form der Simultanschule, welche man die paritätische nennt, nicht erfüllt ist. Kurz, es handelte sich um ein Bekennen des allerersten und allerwichtigsten Grundsatzes der herbartischen Pädagogik, im Vergleich zu dem die sonst so wichtigen Fragen der formalen Stufen und der kulturhistorischen Stufen nur Fragen zweiten und dritten Ranges sind. Ein Verein, der nicht einmal in der allerersten Frage seines Gebietes Klarheit hat und Einmütigkeit, der ist kein Verein, keine beseelte Gesellschaft, sondern ein bloßer Menschenhaufen. An Zillers Stelle würde ich daher damals die Frage jedenfalls gestellt haben, sei es auch bloß zu dem Zwecke, den Vorstand von den hindernden Elementen zu purifizieren und so zum Handeln frei zu machen. Wäre es aber damals zu einem Votieren und zu einem Gutachten gekommen, so ist gar nicht auszusagen, was für ein große Wohltat damit dem ganzen Schulwesen und dem ganzen Lande zuteil geworden sein würde und was für einen Ruck im Ansehen und Wachstum der Verein gewonnen haben würde. Während wir jetzt mit allerhand kleinen Mittelchen und bei vereinzelten Gelegenheiten und in vereinzelten Schriftstücken (z.B. in meinen „Zwei dringlichen Reformen") für jene Wahrheit kämpfen müssen, um doch nichts weiter zu erreichen, als daß bald hier bald da ein einzelner dafür gewonnen wird, im übrigen aber das Vordringen dieser Wahrheit (und der dahinter stehenden) an 1000 Ecken und Enden gehindert wird, würde damals der ganze Krankheitszustand der Pädagogik in der bezeichneten Frage (Einheitlichkeit) zu einer Krisis gedrängt und diese Krisis würde schnell entschieden gewesen sein. Überdies ist mir mehr als wahrscheinlich, daß diese Vereinsaktion uns in Preußen die von Puttkamersche Reaktionsperiode mit allem, was daran hängt, erspart hätte. Aber auch der österreichischen Volksschule würde, wie ich glaube, viel davon zugute gekommen sein. Die dortigen unberatenen Volksschullehrer haben sich durch die Versündigung an dem ersten Satze der erziehenden Pädagogik in ein Netz verstrickt, daraus nicht mehr zu entkommen ist, und die Folgen dieser Versündigung weiß die klerikale Reaktion nur zu gut für sich auszubeuten. Die evangelischen Schulen sind ja bereits zum größten Teil vom österreichischen Boden verschwunden und die sogenannten simultanen sind faktisch katholische; und dazu können die evangelischen Lehrer seit dem neuen Gesetze keine Dirigentenposten mehr bekommen und zum Teil sogar auch nicht einmal mehr eine Lehrerstelle. (Ein junger evangelischer Böhme, der im Zillerschen Seminar gewesen ist, schrieb mir jüngst, er sei auf eine so dürftige Stelle angewiesen, daß er nicht einmal als einzelner Mann zu leben habe und werde wohl nächstens auswandern müssen. Da haben Sie eine neue Vertreibung der protestantischen Lehrer aus Österreich zu Gunsten des Ultramontanismus durch Schuld des pädagogisch unberatenen Liberalismus mit seinem paritätischen Schulmonstrum.) Und all dieser Jammer, unsere an allen Enden gefesselte Methodik, unsere preußische Reaktion, die Reaktion in Österreich und die Bedrängnis der dortigen evangelischen Schulen und Lehrer hätte vielleicht vermieden oder wenigstens bedeutend gemildert werden können, wenn damals unser Verein in der Zentralfrage der Didaktik durch ein Gutachten Klarheit geschafft und dann mit aller Kraft auf eine schnell entscheidende Krisis hingedrängt hätte.

Ich muß wiederholen: so viel liegt daran, ob der richtige Blick da ist, um im rechten Augenblick zu wissen, wie mit kleinen Mitteln Großes erreicht werden kann.

Was nun unsern jetzigen Fall betrifft, so muß ich leider sagen, daß der richtige Augenblick leider wieder verpaßt ist. Doch möchte immerhin noch das eine und andere erreicht werden können, was die kleine Mühe lohnt. So wenigstens dies, daß ein vom Vorstande veröffentlichter Protest für jedermann klarstellte, es handele sich im Boodsteinschen Falle zuvörderst und zuoberst um ein öffentliches Ärgernis, um ein literarisches Falsum. Das wäre für die gute Sache jedenfalls von Nutzen. Denn einmal würde dadurch in meinem Handel die Luft gereinigt und geklärt werden, und zum andern würden in der Folge die Gegner sich hüten, wieder zu den Boodsteinschen schändlichen Mitteln ihre Zuflucht zu nehmen. Ein zweiter Vorteil möchte der sein, daß dadurch auf mein neues Schriftchen aufmerksam gemacht würde. Ob für den Verein selbst ein Nutzen daraus erwüchse, wage ich nicht zu behaupten. Denn nachdem mein Schriftchen bereits da ist und sonach die eigentliche Arbeit von einem anderen geschehen ist, würde der Protest kein eigentliches Verdienst mehr beanspruchen können, sondern eine einfache Pflichterfüllung sein. Auch dürfen wahrscheinlich keine weiteren Proteste laut werden, da jedermann fühlen würde, für solch ein wohlfeiles Votum sei der rechte Augenblick verpaßt.

Für mich bin ich allerdings der Meinung, daß der vorhin genannte erste Nutzen (Luftklärung und Warnung der Gegner) bedeutend genug ist, um die kleine Mühe lohnend zu machen. Sind Sie (samt den Eisenacher und weimarischen Freunden) ebenfalls dieser Meinung, so mögen Sie versuchen, ob Sie die Vorstandmitglieder zu einer solchen Aktion willig machen können.

Zu dem Ende möchte dann ein Protest zu Papier gebracht und durch den Sekretär des Vereins in Zirkulation gesetzt werden (unter Beifügung einer Abschrift resp. des Originals der Boodsteinschen Recension und meines vorigen Schulblattheftes Nr. 7, 8, 9, damit jeder, der noch nicht orientiert ist, sich informieren kann).

Sodann möchte ich noch dies bemerken:

Die Veröffentlichung geschähe wohl am besten in den Mannschen Blättern oder in der Barthschen Erziehungsschule. Dabei muß aber für eine beträchtliche Anzahl (40–50) Separatabzüge des Artikels gesorgt werden, damit allen zugänglichen Schulblättern ein Exemplar zum Abdruck zugesandt werden kann. Die Versendung derselben würde Herr Fleischhacker wohl ohne besondere Mühe besorgen lassen können.

Sodann wünsche ich noch, daß in dem Zirkular nichts davon erwähnt würde, daß ich diese Aktion angeregt hätte.

Um Ihnen für den eventuellen Fall die Arbeit zu erleichtern, habe ich einen Entwurf zu einem solchen Protest zu Papier gebracht. Er liegt hier bei. Er will nur sagen, wie ich mir ungefähr den Inhalt denke. Jedenfalls müssen Sie, wenn der Schritt geschehen soll, einen Protest nach Ihrem Sinne und Geschmack schreiben.

Sollten Sie sich zum Handeln entschließen, so bin ich, falls Sie es für gut halten, auch bereit, an die Leipziger Freunde zu schreiben, um dort Ihrem Vorschlag vorzuarbeiten. (Bitte um einen Wink, ob das geschehen sollte).

Nun sei's des Schreibens genug.
Mit besten Grüßen an Sie, die Ihrigen und die Freunde

Ihr
F. W. Dörpfeld

Erklärung

wider ein literarisches Falsum (einen literarischen Unfug oder ähnlich)

Der Herr Stadtschulinspektor Dr. Boodstein in Elberfeld veröffentlicht in Kehrs „Pädagogischen Blättern" Nr. 3 d.J. eine kritische Rezension der Schrift „Ein Beitrag zur Leidensgeschichte der Volksschule" von Rektor Dörpfeld (Barmen, bei Wiemann, 2. Aufl. 1882). Mit dieser Rezension haben wir es zu tun.

Selbstredend kann es nicht unsere Meinung sein, uns durch eine Erklärung in die Kontroverse einmischen zu wollen. Welche der beiderseitigen Ansichten recht hat, muß auf dem Wege wissenschaftlicher Verhandlung ausgemacht werden; es wird dies aber auch wohl in nicht zu langer Zeit wirklich ausgemacht sein bei allen denen, welche sich um die einschlägige Literatur bekümmern. Unser Votum hat es mit einer formellen Seite der Boodsteinschen Rezension zu tun, damit, ob Herr Dr. Boodstein über den Inhalt des Dörpfeldschen Buches der Wahrheit gemäß berichtet.

Da müssen wir nun bezeugen: wo immer Herr Dr. Boodstein über einen Gedanken des Buches referiert, da wird dieser Gedanke regelmäßig entstellt, sei es teilweise oder gänzlich oder gar in sein Gegenteil verkehrt; und das geschieht von Anfang bis zu Ende, ohne eine einzige Ausnahme.

Heben wir drei Beispiele heraus, wo sich das Karikieren am schnellsten zeigen läßt.

1. Wie jeder Kenner der einschlägigen Literatur weiß, ist Dörpfeld seit länger als 25 Jahren in mehreren größeren Schriften wie in Journalartikeln dafür eingetreten, daß in der Schulverwaltung auch die korporativen Schulinteressenten (Schulgemeinde, bürgerliche Gemeinde usw.) mehr als bisher zur Mitwirkung gelangen müßten. Dieser Gedanke bildet gerade einen der Hauptpunkte, wodurch sich Dörpfelds Theorie der Schulverfassung von andern Ansichten unterscheidet. Auch in seiner oben genannten jüngsten Schrift wird dieser Gedanke nicht nur wieder lebhaft verteidigt, sondern es wird außerdem gezeigt, wie er praktisch ausgeführt werden könne.

Herr Dr. Boodstein berichtet dagegen wörtlich (S. 180): „Dörpfelds Buch berücksichtigt ausschließlich die Interessen des Lehrerstandes, die der andern Schulinteressenten außer acht lassend oder nur so nebenher mit einem Brocken bedenkend. Wie man sieht, ist hier Dörpfelds Ansicht in ihr diametrales Gegenteil verkehrt; ihm wird diejenige Ansicht untergeschoben, welche er als „Schulpfaffentum" bezeichnet und die gerade er am ersten und dazu entschiedener und fleißiger als irgend ein anderer bekämpft hat."

2. Dörpfeld wünscht, daß im Lokal-Schulvorstande, den er sich aus einem Vertreter der drei interessierten Korporationen und aus dem Pfarrer bestehend denkt, als fünftes Glied auch der Lehrer (resp. Hauptlehrer) Sitz und Stimme erhalte. In ähnlicher Weise wünscht er eine Vertretung des Schulamtes in den höheren repräsentativen Schulverwaltungskollegien (z.B. in der Kreis-Schuldeputation), wo solche bestehen oder später eingerichtet werden.

Herr Dr. Boodstein berichtet dagegen (S. 180) im Anschluß an den vorhin zitierten Ausspruch:

„Dörpfelds Buch berücksichtigt ausschließlich die Interessen des Lehrerstandes, den Schwerpunkt immer darauf legend: die ganze Volksschule für die Lehrer."

Der letztere Satz wird dabei in Anführungszeichen eingeschlossen, so daß die Leser glauben müssen, das sei ein wörtliches Zitat aus dem Buche.

3. Dörpfeld wünscht hinsichtlich der technischen Schulaufsicht: die beiden untersten Aufsichtsposten (Rektorat und Kreisinspektorat) möchten als Avancementsposten des Lehrerstandes gelten, so weit dieser die befähigten Kräfte stellen könne.

Herr Dr. Boodstein berichtet dagegen wieder (S. 181):

„Mit dem eben genannten Anspruche die ganze Schule für usw. hängen eng zusammen die Ansprüche auf die Übertragung aller möglichen Schulaufsichtsämter an Leute, die aus dem Volksschullehrerstande hervorgegangen sind, und zwar bis zu den obersten Instanzen".

Ob auf unserm ehrlichen deutschen Boden jemals so furchtbare Entstellungen der tatsächlichen Wahrheit vorgekommen sind, wie wir sie hier vor Augen sehen?

Die Boodsteinschen Karikaturen haben aber noch eine andere bösartige Seite. Sie beziehen sich nämlich nicht auf fernliegende wissenschaftliche Theoreme, um die sich das größere Publikum nicht bekümmern kann, sondern auf praktische Vorschläge zur Reform der Schulaufsicht, also auf eine öffentliche Angelegenheit, die jeden Gemeinde- und Staatsbürger wie namentlich auch die Staatsbehörde nahe angeht. So weit nun in Dörpfelds Vorschlägen Ansprüche des Lehrerstandes zur Sprache kommen, sind dieselben, wie unsere obige Darstellung gezeigt hat, so maßvoll und bescheiden, daß sie nicht noch bescheidener sein können, wenn dieser Stand nicht gegen sich selbst ungerecht sein will. In der Verunstaltung, die sie durch Dr. Boodstein erlitten haben, erscheinen sie dagegen als Ausgeburten schulpfäffischer Herrschsucht und maßlosen Hochmuts. In seinen Karikaturen haben wir also nicht bloß die denkbar gröbste Verkehrung objektiver Tatsachen vor uns, sondern zugleich persönliche Verdächtigungen der schlimmsten Art. Und damit seine Leser dies auch ja so verstehen, schließt Herr Dr. Boodstein seinen Artikel mit der Denunziation, „durch die Ausschließlichkeit und Maßlosigkeit seiner Ansprüche usw. schüre das Dörpfeldsche Buch die Unzufriedenheit unter den Lehrern", und es sei ihm nicht zweifelhaft, daß es bereits großen Schaden angerichtet habe und noch weiter anrichten dürfte.

Aber noch eine dritte schlimme Seite dieser Entstellungen müssen wir berühren. Herr Dr. Boodstein bezeugt selbst, daß Dörpfelds Buch bei der „großen Mehrzahl der Volksschullehrer" lebhaften Beifall gefunden habe (wie dies ja auch daraus hervorgeht, daß dasselbe schon nach wenigen Monaten eine neue Auflage erlebt). Die maßlosen Ansprüche, welche er diesem Buche angedichtet hat, werden sonach auch diesen Tausenden von Lehrern aufgebürdet; die darin eingeschlossenen Verdächtigungen mögen sie nun gleichfalls mit Herrn Dörpfeld teilen. Damit wäre denn das Unmaß der Boodsteinschen Unwahrheiten vollends voll.

Was soll man zu diesen Ausgeburten einer gereizten Rezensentenphantasie sagen: Will man nicht annehmen, daß Herr Dr. Boodstein wissentlich und absichtlich die Unwahrheit gesagt habe, dann liegt hier eine so bodenlose Unachtsamkeit, Leichtfertigkeit und Oberflächlichkeit im Lesen wie im Referieren und Urteilen vor, daß dies bei einem Stadtschulinspektor und ehemaligen Seminardirektor ein kaum minder großes psychologisches Rätsel ist, als es die Annahme eines absichtlichen falschen Zeugnisses sein würde.

Wir enthalten uns, zu diesem Berichte noch ein Wort hinzuzufügen: Es würde ja doch nur ein Ausdruck der tiefsten Entrüstung über solche Unwürdigkeiten sein können. Für diejenigen, welche sich näher über diesen literarischen Unfug informieren wollen, verweisen wir auf das jüngst erschienene Schriftchen „Ein neuer Beitrag zur Leidensgeschichte der Volksschule. I. Sechs kritische Stimmen über den ersten Beitrag zur Leidensgeschichte usw.; II. Herr Stadtschulinspektor Dr. Boodstein und die Wünsche des Lehrerstandes" (Barmen, Wiemannsche Buchhandlung, 1883).

(Der Vorstand des Vereins für wissenschaftliche Pädagogik)

(Name, Stellung und Wohnort)

Eisenach, 14. August 1883

Verehrter Freund!

1. Anbei folgt die Besprechung von Horn zurück. Eine kurze Einleitung liegt bei. Ich denke, daß sie nach Ihrem Sinne ist. Könnte die Besprechung nicht unter den Aufsätzen oder Mitteilungen erscheinen, damit sie mehr Beachtung findet? Überschrift: Bliedner, Schiller-Lesebuch.

2. Freund ist Pastor in Frauenbreitungen (Sachsen-Meiningen), ein Schüler Zillers, Zeitgenosse von Thrändorf. (Verzeichnis der Mitglieder Nr. 113), Mitarbeiter des Jahrbuchs. Auch für meine „Studien"

hat er Rezensionen geliefert. Vogt steht, soweit ich sehe, in religionsphilosophischen Dingen pantheistischen Neigungen nicht fern (Lott) und darum Flügel, Schoel u.a. gegenüber. Es ruhen hier Gegensätze unter der Decke, die der Einheit des Vereins sehr gefährlich werden können. Im nächsten Band der „Erläuterungen" werden Sie das Nötige finden, da Vogt hier seinen Standpunkt präzisieren will.

3. Herr Foltz schickte mir vor mehreren Wochen seine Kritik über Ufer zu. Sie stellte manche Unrichtigkeiten und Schiefheiten im psychologischen und ethischen Teil heraus und gipfelte in einer scharfen Verurteilung des Büchleins und seiner Tendenz. Ich schrieb darauf Herrn Foltz, daß Ufer seine 2. Auflage bearbeite und daß er der Sache also den besten Dienst erweise, wenn er Herrn Ufer die Rezension zukommen lasse. Andererseits schrieb ich Herrn Ufer, er möchte sich mit Foltz ins Einvernehmen setzen. Beide lehnten ab: sie haben wohl irgendwie und irgendwo ein Recontre gehabt. Foltz schrieb mir sogar sehr törichterweise, ich hätte ja auch sehr scharfe Kritiken geschrieben und nicht unterdrückt, sondern vielmehr drucken lassen. Darauf schwieg ich; die Sache war für mich abgetan und mußte ihren Lauf gehen. Interessant wäre es zu hören, wie die Verstimmung zwischen Foltz und Ufer, die doch auf gemeinsamen Boden stehen, begonnen. Herr Ufer beklagte sich schon zu Anfang dieses Jahres über Foltz in einem Briefe an mich. Übrigens freute ich mich sehr, daß Sie so warm für Ufer eintreten.

4. Die Weimarer Synodalberichte können Sie mir gelegentlich zurücksenden.

5. Als ich die Boodsteinschen Frechheiten las, sagte ich zu Bliedner, jetzt müssen wir kräftig Dörpfeld beispringen. Da mein 3. Heft bereits abgeschlossen war, mußte ich es bis zum 4. verschieben, und ich hoffe, daß die geringe Hülfe, die ich leisten kann, nicht zu spät kommt. Ich werde nun an die neue Broschüre anknüpfen und zur Verbreitung derselben möglichst beitragen.

Sobald dieselbe in meinen Händen ist, will ich auch den Protest wider Boodstein zur Zirkulation im Vorstand des Vereins für wissenschaftliche Pädagogik nach Leipzig schicken. Es wird gut sein, wenn Sie daselbst Ihre Übereinstimmung mit meinem Schritte einstweilen ankündigen. Ich denke in dem Protest von dem Übel, der Seuche des elenden Rezensententums, die zwar schon oft gerügt, aber keineswegs beseitigt ist, ausgehen und als eklatantestes Beispiel der neueren Zeit die Besprechung Boodsteins in den Kehrschen Blättern in ähnlicher Weise charakterisieren zu können, wie Sie es in Ihrem „Entwurf" so vortrefflich getan haben. Es wäre eine Schande, wenn der Vorstand nicht darauf eingehen wollte, aber es ist auch gar nicht daran zu denken, daß es nicht geschehe. Ich werde auch darauf dringen, daß das Zirkulieren möglichst rasch vor sich gehe. Denn nun darf allerdings keine Zeit mehr verloren werden.

6. Die Holsteiner waren hier, leider zu kurz. Wir arbeiten jetzt das 3. Schuljahr um. Dann soll das 4. daran kommen.

Zum Schluß lassen Sie mich für Ihren Brief noch herzlich danken. Sehe ich doch aus ihm, wie tapfer und frisch Sie auf dem Plan sind.

Ihr treu ergebener
W. Rein

295

An Wilhelm Rein, Eisenach

Gerresheim, 30. August 1883

Lieber Freund.

Besten Dank für die Freude, daß Sie die Protest-Angelegenheit in die Hand nehmen wollen. Glück auf!

An Fleischhacker habe ich sofort geschrieben. Er hat die Sache lebhaft aufgegriffen und will die Ausführung schnell ins Werk setzen.

Hierbei zwei Exemplare des neuen Schriftchens zur beliebigen Verwendung. Soeben gehen auch die von Fleischhacker gewünschten Exemplare ab. Sollten Sie noch mehr Exemplare wünschen, so stehen dieselben gern zu Dienst.

In betreff Foltz contra Ufer sei bemerkt, daß durchaus kein persönliches Recontre zwischen beiden vorgekommen ist. Auf meinen Rat hatte Ufer den Herrn Foltz aufgesucht und sich auch dem von diesem geleiteten psychologischen Kränzchen (in Vohwinkel für den Kreis Mettmann) angeschlossen. Dort ist alles friedlich zugegangen. Nun hat Herr Foltz auch dieses Kränzchen fallen lassen, als er nach Solingen übersiedelte, ohne einen klaren Grund anzugeben. So ist denn dieser Club verlassen und aufgelöst, da Ufer bereits in seinem Elberfelder Verein genug zu tun hat. Foltz's Rücktritt ist um so bedauerlicher, da sein Kränzchen auch von einer andern Seite her einen Stoß erhielt. Der hiesige Regierungsschulrat (früher Seminardirektor in Mettmann) hatte einem der Mitglieder gelegentlich sehr unwirsch gesagt: die Lehrer hätten nötigere Dinge zu tun als Herbarts Psychologie zu studieren. Foltz's Verhalten gegen Ufer wie gegen diesen Verein ist mir gänzlich unverständlich.

Vielleicht ist Ihnen auch eine Notiz, die mich betrifft, nicht uninteressant. Ein Regierungsrat soll gelegentlich geäußert haben: nach dem Erscheinen der „Leidensgeschichte" sei in dem betreffenden Regierungs-Collegii darum ernstlich zur Sprache gekommen, mich zur Rechenschaft zu ziehen. Auf die Entgegnung eines der Mitglieder, daß man mir persönlich nichts anhaben könne, sei bemerkt worden: man könne mir die Pension entziehen. Was die Herren einstweilen zur Ruhe gebracht hat, weiß ich nicht.

Das neue Schriftchen wird wohl neue Aufregung bringen. Da ist ja auch der aktive „rheinische Lehrer" beteiligt, und der ist hier allbekannt (Hauptlehrer Schumacher in Solingen). Hoffentlich kommt Ihr Protest früh genug, um die drohenden Ungewitter zu verscheuchen.

Mit bestem Gruß
Ihr
F. W. Dörpfeld

Das „neue Schriftchen": Neuer Beitrag zur Leidensgeschichte, Barmen 1883. Rein kündigt im nachfolgenden Antwortbrief die Veröffentlichung der „Erklärung" (siehe Brief 294) in den Pädagogischen Studien an.

Eisenach, 21. Oktober 1883

Verehrter Freund!

Die Angelegenheit mit dem Protest hat sich länger hingezogen, als ich geglaubt, und wie sie enden wird, weiß ich immer noch nicht. Zwei Vorstandsmitglieder haben gegen die Vogtsche Erklärung gestimmt. Ich bin der Ansicht, die Erklärung mit den Namen zu veröffentlichen, welche dafür sich ausgesprochen haben und warte auf Nachricht von Fleischhacker, um sofort dann die Sache dem Druck zu übergeben. Außerdem wird unser Herbart-Verein hier im nächsten Heft der „Studien" einen Protest veröffentlichen.

Ist der zweite Band der Ostermannschen Pädagogik zur Rezension eingegangen? Ich bitte dann darum. Im diesjährigen Rektorexamen hat die Weimarer Regierung das Thema gestellt: Prüfung des Dörpfeldschen Buches: Grundlinien zu einer Theorie des Lehrplans. Zwei Arbeiten waren recht klar und gründlich. Wollen Sie dieselben einmal lesen, kann ich sie Ihnen schicken. Eine dritte Arbeit wurde als ungenügend abgewiesen. In der diesjährigen Herbstkonferenz hat Herr Schulrat Eberhardt hier einen Vortrag über Ihr Schriftchen: Zwei Reformen auf dem Gebiete des Real- und Sprachunterrichts halten lassen. Die Lehrer der einklassigen Schulen haben sich für Ihren Vorschlag ausgesprochen, und Eberhard regte an, ein Real-Lesebuch in Ihrem Sinne zu schaffen.

Unser „Erstes Schuljahr" ist ins Armenische übersetzt worden und wird in dem armenischen Seminar zu Ethschmiadhin gebraucht; mein Lutherbüchlein ist jetzt in dänischer Sprache erschienen. Es sind bis jetzt 4000 Exemplare verkauft worden, so daß im nächsten Jahre ein Neudruck erfolgen soll. Auch die Ottosche Zeichenlehre wird neu gedruckt, ebenso das 2. Heft der Studien. Die neue Auflage des „3. Schuljahres" ist fertig, das „4." soll im nächsten Jahre kommen. So habe ich alle Hände voll zu tun; namentlich, wo ich auch als Vorsitzender des Lutherkomitees für die Lutherfeier hier verantwortlich bin.

Von Kassel habe ich noch wenig gehört und gelesen. (Ich war zur selben Zeit in Berlin mit einem Teil meiner Schüler). Horn will mir einen Bericht senden.

Hoffentlich treffen Sie meine Zeilen recht munter und gesund an.

Herzlichen Gruß von
Ihrem treu ergebenen
W. Rein

296

An Wilhelm Rein, Eisenach

Gerresheim, 30. Oktober 1883

Lieber Freund.

Ihre erfreulichen Mitteilungen vom 21. dieses Monats haben mich leider nicht, wie Sie wünschten, gesund und munter angetroffen. Von Anfang September bis jüngsthin habe ich fast unausgesetzt mit meinem alten Leibesübel kämpfen müssen. Je und dann schien eine Besserung eintreten zu wollen, aber nach wenigen Tagen war der trübselige Zustand wieder da. An geistige Arbeit ist unter solcher Beengung nicht zu denken; man muß froh sein, wenn man mit Ach und Krach von einem Tage zum andern kommt. Ich hatte mich schon halb und halb darein ergeben, aller schriftstellerischen Tätigkeit Valet sagen zu müssen. Vor etwa zehn Tagen hat sich jedoch Gott Dank! eine Wendung zum besseren gezeigt, und so gebe ich mich der Hoffnung hin, allmählich wieder in das frühere Gleise zu kommen. Ihre Nachrichten über den Fortgang unserer guten Sache, selbst bis nach Armenien hinein, kamen gerade in den Tagen an, wo Leib und Geist wieder freier aufzuatmen begannen. Sie können daher denken, daß mir dieselben jetzt doppelt erfreulich klangen.

Zur Ergänzung Ihrer Mitteilungen kann ich melden, daß die „Zwei dringlichen Reformen" ebenfalls bereits eine 2. Auflage nötig gemacht haben. Ein Exemplar dieser neuen Auflage liegt hier bei.

Daß der Protest unseres Vereinsvorstandes jetzt bald erscheinen wird und zwar, wie Fleischhacker mitteilt, mit den Namen aller Vorstandsmitglieder, freut mich sehr. Nicht minder, daß Ihr Eisenacher Verein ebenfalls wider Dr. Boodstein vorgehen will. Die Elberfelder Kollegen haben sehnlichst auf eine von außen kommende Hülfe gewartet. Die Elberfelder Zeitung (nationalliberal) wollte keine Besprechung des „Neuen Beitrages" aufnehmen, und die sämtlichen dortigen Buchhändler wollten das Buch nicht in Vertrieb nehmen. Nur ein Antiquar hatte etliche Exemplare bestellt. Sobald die Lehrer die beiden Proteste in Händen haben, werden sie mit Hülfe der Barmer Zeitungen dafür sorgen können, daß auch in Elberfeld die Angelegenheit in Bewegung kommt.

Dem Vernehmen nach soll sich Kehr im diesjährigen Schlußhefte seiner „Blätter" verantworten wollen. Ich bin gespannt, mit welcher Seife er die Hände rein waschen will. Wer weiß, ob sie nicht noch schmutziger werden, als sie es ohnehin schon sind.

Nun ein paar Anliegen.

1. Dem Herrn Schulrat Eberhardt möchte ich gern ausdrücklich meinen Dank abstatten für die freundliche Berücksichtigung der „Grundlinien" und der „Zwei dringlichen Reformen". Könnten Sie vielleicht einen der Lehrer, die an der Herbstkonferenz teilgenommen haben, willig machen, mir für das Evangelische Schulblatt einen Bericht über diese Konferenz zu liefern? Ob lang oder kurz, ist dem Referenten anheimgegeben. Sobald dann dieser Bericht gedruckt ist, würde ich Herrn Eberhardt einige Zeilen schreiben und ihm dabei ein Exemplar der zweiten Auflage der „Zwei Reformen" überreichen.

2. Die beiden Prüfungsaufsätze über die „Grundlinien" möchte ich ja gern lesen. Bitte, schicken Sie dieselben gef. bald hierher. Gehören die beiden Verfasser vielleicht zu Ihren Schülern oder sind es schon ältere Männer?

3. Nachdem jetzt die „Zwei Reformen" in neuer Auflage vorliegen, so könnte, wie mich dünkt, in dem geplanten Feldzuge nunmehr mit der zweiten, aggressiven Aktion begonnen werden und das umsomehr, da bis dahin noch keine Gegenstimmen sich gemeldet haben. Sind Sie ebenfalls dieser Ansicht und wollen Sie bei den Freunden in Ihrem Bereiche die Sache in Anregung bringen, so werde ich die benötigte Anzahl von Exemplaren des Schriftchens gern bereitstellen.

Auf eins möchte ich dabei aufmerksam machen. Da meine Auseinandersetzung mit dem Realunterricht beginnt, so entsteht bei den Lehrern leicht die Meinung, als ob die Fragen dieses Lehrfaches mir am meisten am Herzen lägen. Das ist zwar auch insofern richtig, als die richtige Behandlung dieses Lehrgebietes die Vorbedingung der sprachunterrichtlichen Reform bildet und uns außerdem viel daran gelegen sein muß, alle Freunde des Realunterrichts für unsere sämtlichen Reformideen ins Interesse zu ziehen. Davon abgesehen, ist mir jedoch die Reform des Sprachunterrichts am wichtigsten, so weit es sich bloß um diese zwei Lehrfächer handelt. Ich möchte daher wünschen, daß bei den jetzt folgenden Besprechungen der Blick auch ja auf den Sprachunterricht hingelenkt würde. Daß unsere Bemühungen insgesamt darauf gerichtet sein müssen, die Konzentrationsidee durchzudrücken, versteht sich von selbst.

Jetzt noch etliche Notizen.

4. Jüngst sind auch noch zwei neue gegnerische Stimmen wider die „Leidensgeschichte" laut geworden: in der „Conservativen Monatsschrift" von Nathusius (Augustheft) und im „Süddeutschen Schulboten" von Dekan Kübel, Nr. 15–17. Jener erste Artikel von einem sogenannten „Lehrer", der aber ohne Zweifel kein Volksschullehrer ist, ist insofern recht bösartig, als er alle möglichen radikalen Wünsche, die irgend einmal in Schulblättern oder Schriften vorgekommen sind, auftischt und nun die meinigen kläglich da hineinmischt, so daß sie jetzt als zu dieser Gesellschaft gehörig erscheinen. In diesem Haufen hat dann der Dörpfeld die zweifelhafte Ehre, der „relativ vernünftigere" zu sein. Kübel beruft sich auf Dr. Boodstein und nennt ihn einen „klassischen Zeugen". Damit wissen Sie genug. Wer wird nun mit diesen beiden Herren die Abrechnung vornehmen? Unter meinen Standesgenossen weiß ich keine geeignete Kraft; sie sind leider diesem Kampfe nicht gewachsen. Überdies müßte den akademisch gebildeten Gegnern gegenüber manches gesagt werden, was ein Volksschullehrer nicht sagen kann und darf oder doch in seinem Munde nicht den nötigen Eindruck macht. Ich selbst darf mich meiner Leibesgebrechen wegen nicht mehr so viel um diesen Streit bekümmern und habe auch wohl nachgerade Anspruch darauf, mich müde fühlen zu dürfen. Wie mag es doch sein, daß seit Zahn und Landfermann der Volksschullehrerstand keinen Fürsprecher mehr aus den Kreisen dieser Männer, aus den Seminarien und den höheren Schulen, gefunden hat? Selbst ein Jütting schweigt, seitdem er Seminardirektor geworden ist, und ein Kehr wird sogar ein Handlanger der Gegner. So lange keine Hülfe aus diesen Kreisen kommt, so lange werden die Volksschullehrer teils ungeschickt, teils vergeblich kämpfen.

5. Über die Kasseler Verhandlungen wird noch das nächste Heft des Evangelischen Schulblattes (15/16) einen Bericht bringen und ebenso einen über die jüngste Versammlung des „Liberalen Schulvereins" (Prof. Jürgen Bona Meyer), wo gleichfalls die Schulaufsichtsfrage verhandelt worden ist. Beide Berichte lauten ziemlich erfreulich.

In Kassel haben meine niederrheinischen Freunde und ihre Verbündeten an dem Dekan Kübel den schlimmsten Gegner gehabt. Auch der sächsische Schulinspektor Wangemann war auf seiten dieser Gegner. In der Versammlung des „Liberalen Schulvereins" hat ein Lehrer Meyer aus Duisburg, ein Schüler Kehrs, im Namen des Duisburger „freien Lehrervereins" (Klassenlehrer) eifrig wider das Hauptlehrer-Amt plädiert, freilich recht ungeschickt und ohne Erfolg. Diese Duisburger sind dieselben, welche weiland die Broschüre wider unsere bergischen Gutachten (d.h. wider das Hauptlehrer-Amt) in die Welt schickten und damals darob in Kehrs „Blättern" tüchtig gelobt wurden.

6. Noch eine Notiz – zur Ergötzung. Wie Sie vielleicht wissen, hat Lettau auf Glöckners Antwort in dem Kolbeschen Monatsblatte eine lange Verteidigung ausgehen lassen, worin er auf seinem alten Standpunkt verharrt. Jüngst höre ich nun, daß er vor kurzem in dem Schornsteinschen Blatte für höhere Töchterschulen die Herbartsche Pädagogik lebhaft empfohlen habe. Wie das zusammenhängt resp. zusammenstimmt, begreife ich nicht. Ich

selbst habe übrigens diesen Artikel noch nicht gelesen. Ihr Freund Ackermann wird voraussichtlich die Schornsteinsche Zeitschrift halten.

Nun Gott befohlen. Mit herzlichen Grüßen

Ihr
F. W. Dörpfeld

Im EvSchBl 27 (1883) S. 430 ff. erschien der Bericht „Verhandlung über die Schulaufsichtsfrage auf dem II. evangelischen Schulkongreß in Kassel" sowie ebd. 28 (1884), S. 31 ff. „Die Frage von der Lokal-Schulinspektion auf der sechsten Generalversammlung des ‚Liberalen Schulvereins Rheinlands und Westfalens' ". S. 34 hieß es: „Prof. J.B. Meyer [. . .] weist darauf hin, daß die gegnerische Schwester des Liberalen Schulvereins, der Evangelische Schulkongreß in Cassel, gleichzeitig über die heutige Frage verhandelt habe, woraus hervorgehe, daß diese Frage eine wichtige sei" (zu 5.).

Das Schornsteinsche Blatt: Zeitschrift für weibliche Bildung in Schule und Haus. Centralorgan für das deutsche Mädchenschulwesen. Hrsg. Richard Schornstein, Alwin Vieter. Leipzig (Teubner) seit 1873 (zu 6.).

Reins Antwort:

Eisenach, 13. Dezember 1883

Verehrter Freund!

Verzeihen Sie, daß ich so lange geschwiegen. Allein die Arbeit war daran schuld. Vor dem 10. November kam ich nicht zu mir, da ich Vorsitzender des hiesigen Lutherfest-Komitees war. Und nachher meldete sich die neue Auflage von Kehrs Geschichte der Methodik. Sie soll bis Weihnachten fertig sein, und doch gab's und gibt's auf dem Gebiete des Zeichenunterrichts so viel nachzutragen.

Das 4. Heft ist schon lange in Druck; auf den 4. Bogen, der das Heft abschließen soll, warte ich täglich mit Schmerzen. Die Druckerei bummelt diesmal unverantwortlich. Darum schicke ich einstweilen den Korrekturbogen unserer „Erklärung". Sie werden finden, daß das Herbart-Kränzchen nicht in pleno unterzeichnet ist. Verschiedene Mitglieder wollten nicht unterschreiben, da ihnen ein so scharfes Vorgehen gegen das Gefühl ging oder da sie den Streit nicht genügend kannten etc. Es ist sonderbar, auf was für Hindernisse man stößt, wenn man auch nur drei Deutsche zu gemeinsamer Aktion bewegen will. Da macht sich eine Individualitätssucht geltend, die zum Teil recht lächerlich ist. Nun, Sie werden auch mit den fünf Unterschriften zufrieden sein, hoffe ich.

Kehr ist nach Erfurt versetzt worden. Jütting hat seinen Abschied genommen, da das dortige Externat, der erste Versuch, wenn ich nicht irre, sehr trübe Erfahrungen zutage förderte (Geschlechtskrankheiten unter den Seminaristen etc.). Nun soll Kehr Heilung bringen. Die Arbeiten der beiden Examinanden zur Rektorenprüfung (Becker in Ilmenau und Werneburg in Eisenach) können Sie erhalten. Bitte wenden Sie sich mit einigen Zeilen an Herrn Schulrat Dr. Leidenfrost in Weimar. Die Arbeiten liegen bei den Akten. Becker und Werneburg sind Schüler des hiesigen Seminars, aber vor meiner Zeit. Sie haben sich, durch die „Schuljahre" veranlaßt, auf Herbart-Ziller geworfen, wie viele andere hier in Thüringen.

Wegen Eberhard und seiner Konferenz schreibe ich nächstens. Über die Kasseler Verhandlungen bringe ich im 4. Heft eine Korrespondenz von Horn. Ferner kommt eine Erklärung gegen Lettau. Das scheint mir ein wunderlicher Heiliger zu sein; im Schornsteinschen Blatt eifriger Förderer, bei Kolbe eifriger, wenn auch längst unklarer Gegner Herbarts.

Ich denke vor Weihnachten Ihnen noch einmal zu schreiben. Nehmen Sie daher für diesmal nur noch die herzlichsten Wünsche zu baldiger Besserung und freundliche Grüße von mir an.

Immer Ihr treu ergebener
W. Rein

NB. Kehr hat es übel genommen, daß die Entgegnungen nicht seinem Blatte angeboten worden sind, da doch hier Boodstein erschienen sei.

In den Pädagogischen Studien 1883, 4. Heft, erschienen der Protest des Vereins für wissenschaftliche Pädagogik (S. 13) und die Erklärung des Eisenacher Herbartkränzchens (S. 14–16) gegen Boodstein. Den Protest hatten die Vorstandsmitglieder Vogt (Wien), Fleischhacker, Bergner, Seiffert (alle Leipzig), Ballauff (Varel), Flügel (Schochwitz bei

Salzmünde), Hartung (Perleberg), Just (Dresden), Rein (Eisenach), Stoy (Jena), Thrändorf (Auerbach), Wiget (Rorschach), Wiget (Chur) und Willmann (Prag) unterzeichnet. Hinter der Erklärung, deren von D. stammende ursprüngliche Formulierung stark geändert worden war, standen neben Rein die Seminarlehrer Bliedner und Scheller sowie die Sekundarschullehrer Conrad und Lotz (alle Eisenach). D. veröffentlichte den Protest im EvSchBl 27 (1883), S. 473 f., die Erklärung ebd. 28 (1884), S. 42–44.

297

An Hermann Rolle, Hoheneiche

Gerresheim, 21. November 1883

D. begrüßt Rolles Schrift „Die Ortsschulaufsicht, insbesondere, ob der Geistliche dabei beteiligt sein soll" (Saalfeld 1883) und begründet seine Kritik am Verhältnis der Kirche zur Schule, wobei er in seinem Briefpartner besonders den Pfarrer anzusprechen sucht. Rolle hat später mehrfach D.s Vorschläge zur Änderung der Schulverfassung aufgegriffen („Die finanzielle Selbständigkeit der Schule", EvSchBl 32, 1888, S. 185 ff.; „Die Selbständigkeit der Schule inmitten von Staat und Kirche", Päd. Studien, Hrsg. W. Rein, 4. Heft, Jena 1889).

Das Mißtrauen, daß die Lehrerschaft den schulaufsichtsführenden Pfarrern entgegenbringt, ist nach D. in den Schädigungen begründet, die den Lehrern in Amtswürde, Berufsehre, Standesrechten, sozialer Stellung, ökonomischer Lage, Arbeitsfreudigkeit und moralischer Beziehung zugefügt worden seien. Selbst bei kirchlich gesinnten Lehrern sei die geistliche Schulaufsicht ein Hinderungsgrund für die Konfessionsschule. Er, D., habe nachzuweisen versucht, daß die Bildung einer Schulgemeinde das einzige Mittel sei, den konfessionellen Charakter der Schule zu erhalten.

298

Wilhelm und Anne Dörpfeld, Athen

Gerresheim, 20. Dezember 1883

Lieben Kinder.

Mit herzlicher großväterlicher Freude habe ich von weitem und aus meinem Stubenarrest die Euch bescherte reiche Gottesgabe, die kleine Else, begrüßt. Gott sei Dank, daß Er Euch so weit geholfen und die Mutter wieder so erfreulich gekräftigt hat. Er wolle auch ferner nach seiner Barmherzigkeit mit seinem Segen bei Euch sein und das liebe Enkelkind zu Eurer und unserer Freude aufwachsen und sich entwickeln lassen.

Wie viele Ursache zum Dank hat eine Familie schon dann, wenn das erhoffte Kind gesund und vollsinnig zur Welt geboren ist! Das erstgeborene Kind meines Freundes Michael Zahn in Bremen hatte einen Wasserkopf und ist blödsinnig. Pastor von Bodelschwingh verlor seine ersten vier Kinder innerhalb 14 Tagen am Scharlachfieber, und das bald darauf geborene fünfte Kind kam mit einem Wolfsrachen zur Welt. Mit Wehmut denke ich noch daran, wie Pastor v[on] B[odelschwingh] mir dies etliche Wochen nachher mündlich erzählte. Im ersten Wochenbette war seine Frau infolge des Wochenbettfiebers längere Zeit irrsinnig gewesen. Unter all dem Leid ist der Mann vielen Hunderten und Tausenden Leidender und Verlassener zum Segen geworden.

Gern hätte ich Euch und der lieben Else schon früher einen schriftlichen Gruß gesandt; aber mein Zustand verwies mich in die Stille. Um so fleißiger habe ich Eurer in meinem Gebete gedacht. Seit Ende August war ich fast ununterbrochen von meinem alten Leibesübel heimgesucht. Seit ca. zehn Tagen zeigt sich, Gott Dank, eine Wendung zum Besseren, die, wie ich glaube, standhalten wird. Leider machen sich seit ca. vier Wochen auch die Nachwirkungen des mehr als vierteljährigen Stubenarrestes und der mangelnden Bewegung in der frischen Luft bemerkbar – die Nachwirkungen auf das Gemeinbefinden:

außergewöhnliche Kälte in den Extremitäten und dagegen ein übermäßiger Blutandrang nach dem Kopfe, verbunden mit heftigen Kopfschmerzen, namentlich nachts und des Morgens, die mich zu jeder geistigen Arbeit unfähig machen. Schon das Schreiben eines einfachen Briefes fällt mir schwer. Da ich aber seit einigen Tagen wieder ein halbes Stündchen an die frische Luft gehen kann, so darf ich hoffen, daß auch diese Störungen des Gemeinbefindens sich allmählich bessern werden.

Zum Schluß will ich eines der Trostworte hersetzen, an denen sich mein Herz die trübe Zeit hindurch gestärkt hat, Euch und dem lieben Enkelein zum Andenken für die Zeit, wann Euch und ihm ein solches Trostwort willkommen sein möchte.

Es folgen die Strophen 1, 3 und 5 des Chorals „Wunderanfang, herrlichs Ende" von Heinrich Arnold Stockfleth.

Mit herzlichem Gott zum Gruß zum Tauftage des lieben Patenkindes

in Liebe
Euer Vater
F. W. Dörpfeld

D.s erstes Enkelkind Else war am 12.11.1883 in Athen geboren und wurde am 26.12. durch den evangelischen Hofprediger Petersen getauft.

299

An Peter Diehl, Frankfurt a.M.

Gerresheim, 24. Dezember 1883

Klage über das „alte Leibesübel". Dadurch sei auch das briefliche Schweigen begründet. Mit der Disposition einer nicht näher genannten Rezension erklärt sich D. einverstanden; wegen Diehls Wunsch, Lesebücher von Wackernagel rezensieren zu wollen, müsse er erst in Gütersloh nachfragen.

Postkarte, in Gerresheim abgestempelt.

300

An unbekannt

Gerresheim, 1883

[...] Sie wollen bemerkt haben, „daß ich jede Gelegenheit ergriff, wo ich glaubte, den Geistlichen einen Vorwurf machen zu können" und schließen nun daraus, ich müsse wohl gegen die Geistlichen verstimmt sein, wenigstens nicht mehr so gegen dieselben gesinnt, wie damals, wo in einem meiner Briefe bemerkt war, daß ich den besten Teil meines Familienglücks einem Pfarrhause verdanke. L[ieber] H[err] D., hier sind Sie zweimal ganz im Irrtum. Vorab ist die Beobachtung, die Sie gemacht haben wollen, falsch, und noch falscher ist der daraus gezogene Schluß. Nicht ich ergreife jede Gelegenheit, wo usw., sondern diese Gelegenheiten ergreifen mich. Es kann sich also nur fragen, ob das, was bei diesen Gelegenheiten den Geistlichen vorgeworfen wird, wahr ist. Mir sind diese Nötigungen, den Geistlichen unliebsame Dinge zu sagen, äußerst unwillkommen. Stellen Sie mir den Mann, der an meiner Statt zur Sprache bringen will, was ich um des Gewissens willen gelegentlich wider die Geistlichen sagen muß, so werde ich mit Freuden schweigen. Aber gesagt muß es werden. Bitte also herzlich: Stellen Sie den Mann! womöglich aus der Reihe Ihrer Standesgenossen selbst.

Und nun Ihre Schlußfolgerung. Vorab frage ich, mit welchem Recht schließen Sie aus meinem Verhalten, weil es Ihnen nicht gefällt, sofort auf ein Manko in meiner Gesinnung? Mir ist nicht von fern eingefallen, wegen Ihres Verhaltens, wie es oben gezeichnet ist, sogleich Ihre Gesinnung in Verdacht zu nehmen; im Gegenteil, ich habe ohne weiteres vorausgesetzt, daß Sie nach bestem Wissen und Gewissen gehandelt hätten. Was ich an Ihrem Verhalten vermisse, habe ich lediglich einer irrigen Auffassung der Sachlage zugerechnet. Warum wollen Sie mir nun nicht dasselbe gute Vertrauen schenken, daß ich Ihnen geschenkt habe?

Ferner: mein Schwiegervater – er lebt noch als 90jähriger Greis in Düsseldorf – ist ein Geistlicher und mein Schwiegersohn (von Rhoden) ist ein Geistlicher. Sieht das aus, als ob ich gegen den geistlichen Stand verstimmt wäre? Und dann: fragen Sie den Generalsuperintendenten Ernst in Wiesbaden oder den Hofprediger Frommel in Berlin oder den Generalsuperintendenten Schultze in Magdeburg, in deren Häusern ich weiland in Barmen fleißig aus- und eingegangen bin, ob bei mir und meinen näheren Freunden eine Verstimmung gegen die Geistlichen vorhanden sei. Und wenn Sie etwa denken, die Verstimmung könne jüngeren Datums sein, nun so fragen Sie meinen jetzigen Nachbar, den Pfarrer Lic.Ster. hier. (Bei Herrn Generalsuperintendent Ernst können Sie sogar noch mehr hören; er wird Ihnen sagen, daß er mit meinen Schulverfassungsvorschlägen vollständig einverstanden sei. Als wir im Jahre 1868 die Wünsche rheinischer Lehrer und Schulgemeinden berieten, die ich redigiert hatte, da hat er der Versammlung präsidiert – auf Wunsch der Lehrer).

Ferner: Wenn ich jetzt etwas berühre, was man anständigerweise nicht selbst zu berühren pflegt, so müssen Sie die Verantwortung für diese Unanständigkeit tragen, da Sie mich dazu gezwungen haben. Fragen Sie gef. bei meinen hiesigen Kollegen nach, wie ich ein Menschenalter hindurch in freier Weise (außeramtlich) bemüht gewesen bin, im Lehrerstande eine christliche Gesinnung zu pflegen, der Schule den konfessionellen Charakter zu erhalten und ein gutes Einvernehmen zwischen Schule und Kirche zu ermöglichen. Die literarischen Arbeiten sollen dabei gar nicht einmal mitgerechnet sein. Und dann gehen Sie hin und fragen in allen deutschen Landschaften nach, ob Sie noch einen zweiten Schulmann, gleichviel ob Volksschullehrer oder Seminardirektor oder Schulinspektor finden, der dieser freien Tätigkeit in christlich-kirchlichem Dienst (abgesehen von der Federarbeit) so viel Zeit, Mühe und Unkosten verwendet hat, als ich getan habe.

Und wenn Sie mir irgendwo einen zweiten finden, der mir in diesen Opfern auch nun annähernd gleich käme, dann werden Sie sich wohl auch selbst fragen, ob es einem solchen Manne gegenüber am Platze ist, von Verstimmung gegen die Geistlichen zu reden.

Sie sehen, daß ich auf Ihren Vorwurf viel, viel mehr geantwortet habe, als ich schuldig war. Es ist auch nur um Ihres Alters willen geschehen. Einem Jüngeren gegenüber würde ich gar nichts geantwortet haben.

Wer meine Schriften so achtsam liest wie sie geschrieben sind, dem kann es nicht schwer fallen, zu entdecken, welche Motive mich leiten, wenn ich da und dort Kritik übe. Das übrige stelle ich Gott anheim [. . .]

[F. W. Dörpfeld]

Der Brief beantwortet wohl die Kritik eines Pfarrers im Anschluß an D.s „Leidensgeschichte der Volksschule". Der Inhalt ist im Zusammenhang mit dem Schreiben an Pfarrer Rolle (Brief 297) zu sehen.

301

An Gerhard Heine, Köthen

Gerresheim, etwa 1883

[. . .] Daß Du in der Konservativen Monatsschrift ein kräftiges Wort für mich und meinen Streithandel gesprochen hast, hat mich sehr gefreut; ich sage Dir hiermit herzlich Dank dafür. Was meine Person anbetrifft, so beunruhigen mich zwar die verschiedenartigen Angriffe, auch die schlimmsten, nicht im geringsten; denn wenn ich für mich etwas gesucht oder gefürchtet hätte, so hätte ich ja über eine solche penible Materie gar nicht schreiben dürfen. Was mich beunruhigt, das geht die Sache an und zwar vornehmlich diejenige Seite der Frage, für welche auch jene Angreifer in ihrer Meinung kämpfen: die Interessen der Kirche und der christlichen Lebensanschauung. Es unterliegt keinem Zweifel, daß diese Interessen durch die furchtbare Blindheit jener Angreifer arg zu Schaden kommen. Später einmal werden sich Federn genug finden, welche ihnen ihre Sünden lang und breit vorrechnen, auch vor dem großen Publikum, das jetzt meine Schriften nicht liest. Kurz, die Kirche wird schwer büßen müssen, daß sie nicht hat bedenken wollen zur rechten Zeit, was zu ihrem Frieden dient.

Was speziell die Standeswünsche der Lehrer betrifft, so hat es damit keine Not: die werden in Erfüllung gehen, wenn ihre Zeit gekommen ist, sei es so, oder so; allem Anscheine nach auf Unkosten der Kirche, durch deren eigene Schuld [. . .]

[F. W. Dörpfeld]

Die von M. v. Nathusius und D. v. Oertzen herausgegebene „Allgemeine Conservative Monatsschrift für das christliche Deutschland" brachte im 40. Jg. (1883), S. 144–154 den Aufsatz „Liberale Volksschulideale" von einem ungenannten, sich lediglich „Lehrer" nennenden Verfasser. Darin wird die geistliche Schulaufsicht verteidigt und im Zusammenhang damit D.s Auffassung in der „Leidensgeschichte der Volksschule" kritisiert. Der Autor befürchtet, daß „eine Emanzipation von den Geistlichen unter allen Umständen auch eine Emanzipation von der Kirche sein wird" und glaubt, daß selbst Absichten wie die des „relativ verständigen" D. nur bestimmten liberalen Schulpolitikern in die Hände arbeiteten. Aus dem Aufsatz läßt sich aber trotz aller Bedenken Wohlwollen für D. heraushören, wodurch er sich grundsätzlich von konservativen Rezensenten in verwandten Zeitschriften unterscheidet.

302

An Hermann Rolle, Hoheneiche

Gerresheim, 3. Mai 1884

[. . .] Ihr jüngster ausführlicher Brief mit seinen dialektischen Erörterungen der prinzipiellen Fragen bezüglich der organischen Grundsätze der Gesellschaften überhaupt und der Schulgenossenschaft insbesondere hat mich sehr interessiert (übrigens auch Ihre früheren Mitteilungen bezüglich Ihrer Bemühungen für Ihre Kirchengemeinde). Ich sehe aus demselben, daß Ihre Gedankenarbeit auf gutem Wege ist.

Interessant war es mir, durch Ihren Brief wieder daran erinnert zu werden, wie man im deutschen Osten und Süden immer noch an den Grundsätzen der Sozialistik kaut und verdaut, während hier im Westen und Nordwesten (Friesland und Schleswig-Holstein) unsere Ur-Ur-Ur-Großväter schon vor ca. 300 Jahren sich mit diesen Grundfragen auseinandergesetzt hatten, so daß uns Nachgeborenen diese Gedanken etwas ganz Selbstverständliches sind.

Viel wäre darüber zu sagen, wie der Liberalismus an den richtigen Grundsätzen des Selfgovernment verdreht und entstellt und dieselben dadurch diskreditiert hat und was der (politische und kirchliche) Konservatismus durch Nichtdenken und Nichtstun daran verschuldet hat. Der dermalige Liberalismus versteht das Wesen des Selfgovernment auch dann nicht, wenn er die richtigen Grundsätze ausspricht [. . .]

[F. W. Dörpfeld]

303
An Wilhelm Rein, Eisenach

Gerresheim, 5. Mai 1884

Lieber Freund.

Haben Sie Geduld und Nachsicht mit dem alten Invaliden! Meine Briefschulden darf ich nicht zählen, sonst überfällt mich Schwer- und Kleinmut. Im vorigen Herbst und Winter, wo mir mehrere Monate lang das alte Leibesübel auf dem Halse lag, hatte ich mich fast an den Gedanken gewöhnt, daß die Welt hinfort auch ohne meine Mitarbeit bestehen könnte. Seit Anfang März geht es wesentlich besser, allein ich muß doch meine Zeit zu Rate halten und die Korrespondenz möglichst reduzieren, wenn die Feder literarisch noch etwas leisten soll. Da sehen Sie, warum Sie auf ihre wiederholten Zuschriften noch keine Antwort bekommen haben.

1. Den fraglichen Aufsatz von Dittes habe ich mit eignen Augen noch nicht gelesen. Als mir das betreffende Heft des „Pädagogiums" zuging, durfte ich mich auf eine Lektüre nicht einlassen. Seitdem ist es von seiner Zirkulationsreise noch nicht wieder zurückgekehrt. Den Inhalt des Artikels habe ich mir übrigens später von andern referieren lassen. Was nun die Zurechtweisung betrifft, die jenem Artikel zuteil werden muß, so sind meine Gedanken darüber folgende.

Der eigentliche „Missetäter" ist nicht Dittes, sondern Fröhlich (und zum Teil auch von Sallwürk, da er seine Bedenken an einem ganz ungehörigen Orte zur Sprache brachte). Wegen seiner Oberflächlichkeit ist Fröhlich unser enfant terrible. Ich fürchte, wir Herbartianer haben noch viel von ihm auszuhalten, und speziell könnte das Ihnen passieren, da Sie ihn seinerzeit für eine Sache haben plädieren lassen, die ein Herbartianer nicht einmal in den Mund nehmen darf. Simultanschule und Konzentration – wie reimen sich Stroh und Weizen zusammen oder richtiger A und non A? Die Simultanschule wird doch dadurch nicht zur „einheitlichen Schule", daß Jürgen Bona Meyer für gut befindet, das Wort vor dem Pöbel so zu übersetzen. Schon das ist mir immer anstößig gewesen, daß einer in unserem Kreise sein darf, der immer nur „gekrönte Preisschriften" drucken läßt. Die Streiche, die uns jetzt von Dittes mit Fröhlichs Albernheiten versetzt werden, sind nichts anderes als die gerechte Nemesis dafür, daß damals nicht mit allen Kräften wider Fröhlichs Simultan-Albernheit reagiert worden ist. Von Sallwürk ist an demselben Übel (Simultanismus) krank. Wir hier am Niederrhein haben damals wider Fröhlich nicht geschwiegen; allein unsere „Gutachten" sind zu den Todten geschrieben worden, von den herbartischen Freunden so gut wie von Dittes und Genossen. Dittes jetziger Artikel würde nicht mehr zu bedeuten haben wie ein Mückenschwarm, wenn ihm nicht zwei (simultanische) Herbartianer die Waffen geliefert hätten.

Darum achte ich: soll Dittes eine Antwort bekommen, so muß darin zuerst und zumeist mit Fröhlich eine Abrechnung gehalten werden. Dittes muß nur zuletzt an die Reihe kommen und zwar so, daß ihm fühlbar wird, warum man ihn ins zweite oder dritte Glied stellt. Die Abrechnung mit Fröhlich muß notwendig mit seinen simultanen Albernheiten beginnen, darf aber auch seine „gekrönten" Kindereien nicht vergessen.

Wer soll aber diese Abrechnung mit Fröhlich vornehmen? Sie können es nicht, d.h. nicht so, wie es geschehen müßte, da Sie ihm weiland den Steigbügel gehalten haben, als er auf seinem ritterlichen Roß „Simultanismus" in den Kulturkampf ziehen und Schulinspektor werden wollte. Überdies steht er Ihnen wohl auch persönlich zu nahe (in seinen Augen), als daß Sie ihn so rauh anfassen dürften, wie es nötig wäre. Wer soll es nun tun? Ich weiß keinen; denn sie haben ja alle (außer Barth) geschwiegen, als es Zeit war zu reden.

Eine zweite Seite der Sachlage. Daß der Gegenartikel (oder ihrer mehrere) in unsern Blättern erscheint, hat wenig Bedeutung. Unsere Leser bedürfen einer solchen Belehrung nicht. Diejenigen dagegen, welche auf Dittes hören, lesen unsere Blätter nicht. Diese

Leute aber sind es, die man erreichen muß. Darum achte ich: Wer in dieser Sache schreiben will, der muß seinen Artikel in irgend ein fremdes Blatt zu bringen versuchen, etwa in die „Allgemeine deutsche Lehrerzeitung" oder in die Berliner „Pädagogische Zeitung" (was Grabs vermitteln kann).

Eine dritte Seite. An Dittes selbst ist nicht viel zu bekehren: er ist zu alt, um umlernen zu können; dazu bindet ihn die Pietät (durch seinen Schwiegervater) an Benekes Psychologie, überdies wird er wider die Herbartianer erbittert sein, weil sein Pädagogisches Lehrbuch weiland in der „Zeitschrift für exakte Philosophie" sehr scharf rezensiert wurde (freilich mit Grund). Ihm gegenüber würde es sich also nur darum handeln können, ihn zum Schweigen zu nötigen. Dazu würden aber entweder artilleristische Waffen nötig sein (wie ich sie wider Dr. Boodstein aufgeboten habe) oder es müßte ein ganzes Dutzend Gegner von allen Seiten wider ihn ausschwärmen. Zu ersterem ist aber nicht Anlaß genug, und für den letzteren Weg sind nicht Kämpfer genug zu finden, wie sich auch bei dem von mir eröffneten Feldzug („Zwei dringliche Reformen") gezeigt hat.

Noch eine vierte Seite. Dittes ist unser schlimmster Hinderer nicht, schon darum nicht, weil er gerade wie Fröhlich, nicht das Zeug hat, einer Frage auf den Grund zu gehen und sodann darum nicht, weil er sich offen als Gegner zu erkennen gibt, weil er sich ausspricht. Ein viel gefährlicherer Hinderer ist Kehr. Wohl besitzt auch er nicht viel Scharfblick, aber dafür desto mehr Klugheit, die Klugheit des Schweigens, die andere für sich reden läßt und dann hinterher, wenn das Ding doch schiefgeht, seine Hände in Unschuld wäscht. Dieweil nun Dittes selber nicht zu bekehren ist (siehe vorige Erwägung) und es sich somit nur darum handeln kann, die Lehrer von seinem Einflusse zu befreien, und dieweil nicht Dittes der gefährlichere Gegner ist, sondern Kehr und Genossen, so folgt daraus, daß der redende Dittes im schweigenden Kehr bekämpft werden muß. Dem schweigsamen Kehr zu Leibe zu gehen, d.i. die Blößen der offiziellen Seminarpädagogik aufzudecken, das können aber meine lieben Zillerianer nicht, dazu sind sie nicht gerüstet, wie durch die „Zwei dringlichen Reformen" zu Tage gekommen ist; denn andernfalls müßte der Kampf schon längst auf der ganzen Linie im Gange sein. Der einzige Gegner, der geredet hat, ist wieder Herr Dittes, aber nicht, weil er durch jemanden provoziert worden wäre, sondern nur durch zufälligen Anlaß, bei Gelegenheit einer Rezension des Lesebuches von Kahnmeyer und Schulze (Pädagogium, Märzheft, 1884). Meinen Namen zieht er übrigens dabei noch nicht heran. Ich weiß auch ganz gut, warum die lieben Zillerschen Freunde an diesem Punkte nicht wider Kehr-Dittes ausrücken können; denn wenn sie es täten, so würden sie entweder dem Feinde nicht viel anhaben oder aber sogar in ihr eigen Schwert fallen. Wie liegt die Sache? Sehr einfach, wie Sie ja selbst wissen. In dem Kapitel vom sachlichen Lehr- und Lesebuch sitzen die Zillerschen Schüler selber nicht richtig und fest im Sattel. Wo das Buch schlechterdings nicht gebraucht werden darf, nämlich in der Anschauungsoperation, da gebrauchen sie es (bei historischen Stoffen) und verderben so diese wichtigste formale Stufe des Neulernens; und wo es jedenfalls gebraucht werden darf und nach meiner Ansicht auch gebraucht werden sollte, da gebrauchen sie es gerade nicht und lassen dadurch ihr Einprägen noch schlechter (mechanischer) werden, als es ohnehin schon ist. Wie will man nun auf solchem Standpunkte wider Kehr-Dittes etwas ausrichten? Man würde ja schon geschlagen sein, bevor der Kampf begonnen hat. Der Streit würde nicht am heftigsten entbrennen beim Memorieren, sondern beim Neulernen (Anschauungsoperation), und die Gegner würden klug genug sein, den Streit an diesem Punkte festzuhalten, da sie ja wissen, daß sie hier den Dörpfeld ganz und gar auf ihrer Seite haben („Kein Buch auf dem Katheder!"). Da sehen Sie, wie es steht und warum Sie und Ihre Freunde bei meinem begonnenen Feldzug nicht haben mit Hand anlegen können. Das wird man sich auf Ihrer Seite doch auch wohl selbst schon vorgesagt haben.

Warum habe ich die Frage vom Real-Lehrbuch (resp. sachunterrichtlichen Lehrbuche) aufgestöbert und poussiert? Etwa deshalb, weil mir beim sachlichen Lernen so viel an meinem Buche gelegen wäre? Gar nicht; auch nicht einmal beim Memorieren, wo ich seinen Gebrauch empfehle, ist mir so viel daran gelegen, daß ich um deswillen so viel Pulver verschießen sollte. Was mir am Herzen liegt und um weswillen ich 1872 die Lehrbuchsfrage beim Realunterricht so stark betonte und schon 1859–63 schon im voraus beim biblischen Geschichtsunterricht, das ist eine Reform des Sprachunterrichts. Daß ich diesen eigentlichen und Hauptzweck im Hintergrund hielt und nur nebenbei erwähnte, war eben eine strategische Maßregel. Es wäre ja eine wirklich belachenswerte Torheit gewesen, wenn ich den Vertretern der Sprachmethodik aller Schattierungen hätte vor den Kopf sagen wollen: sie alle besäßen nur die Halbscheid der sprachmethodischen Wahrheit. Da würden sie ja alle wider mich verbündet gewesen sein, um diesen anmaßenden Eindringling auf die Finger zu klopfen. Überdies aber, wie sollte ich ihnen beweisen, daß das Literaturprinzip als solches nur ein Halbprinzip sei, (und daß die Grammatisten bei ihrem Prinzip gleichfalls einen solchen Fehler begingen)? Dann hätte ja erst ein vollständiger Sachunterricht da sein müssen und im Realunterricht hätten die richtigen Lehrbücher dasein müssen. Ohne diese Voraussetzung ließ sich weder bei den Sprachmethodikern noch bei den praktischen Lehrern etwas ausrichten. Wie sehr dieser mein Gedanke von der Unzulänglichkeit der Sprachmethodiker richtig war, dafür haben Sie selber mir noch nachträglich den besten Beweis geliefert. Sie proklamieren im „Dritten Schuljahr" (S. 68) ganz treuherzig und ohne Reservation das Kellner-Wackernagel-Otto-Kehr-Dittessche Halbprinzip mit Wackernagels eignen Worten: „An der freien (belletristischen), keinem Zwecke dienenden Literatur hat der Lehrer des Deutschen die freie (belletristische), keinem Zwecke dienende Sprache zu pflegen". (Freie oder schönsprachliche Nationalliteratur hieß ja bei Wackernagel, worüber er sich des längeren ausspricht, das, was man zum Unterschiede von der wissenschaftlichen oder Fach- oder Zweck-Literatur deutlicher die „belletristische" nennt.) War nun bei den Sprachmethodikern für mein Vollprinzip kein Gehör zu erringen, da mir die nötigen Demonstrationsmittel (vollständiger Sachunterricht usw.) fehlten, so konnte nicht zweifelhaft sein, wo ich zunächst ein hörendes Ohr suchen mußte, nämlich bei den praktischen Lehrern. Konnte ich diese, die in der Not der Arbeit staken, überzeugen, daß ihnen beim sachlichen Lernen (z.B. bei der biblischen Geschichte) ein richtiges Lehrbuch bei richtigem Gebrauche gute Dienste leisten könnte, so daß sie Verlangen tragen würden, auch im Realunterricht ein solches richtiges Lehrbuch zu bekommen, dann war der Prozeß an dieser Stelle dem Anfange nach gewonnen; denn bei wirklichem Gebrauche mußte ihnen dann bald der Gewinn für die Sprachbildung von selber in die Augen fallen. Meine Berechnung hat mich auch nicht getäuscht, wie jetzt im Erfolg vor Augen liegt. Ein großer Teil der Lehrer und zwar in allen Provinzen verlangt entschieden ein ausführliches Real-Lehrbuch; und dabei hatten diese Lehrer nicht im Sinne, wie Dittes u.a. befürchten, dieses Buch beim Neulernen auf das Katheder zu setzen (wie die schlechten Regulativanhänger in ihrer Weise taten oder wie die Zillerianer in ihrer Weise tun), sondern lediglich als eines der Hülfsmittel beim Memorieren und als eines der wichtigsten Hülfsmittel beim Sprachunterricht. Die Idee würde auch nicht weiter in die Kreise der praktischen Lehrer eingedrungen sein, wenn nicht, wie gesagt, Dittes und seine Leute befürchteten, mein Vorschlag würde gegen meinen Willen doch vielfach dahin führen, daß das Buch (nach der Weise der schlechten Regulativisten und der Zillerianer) auf das Katheder käme – und vielleicht obendrein als wohlfeiles Mittel des mechanischen Einprägens gebraucht würde. Obwohl man in Berlin noch schwankt hinsichtlich meiner Idee, so sind doch schon manche Regierungsräte und Seminardirektoren bekehrt und wagen es, die Lehrer unter der Hand in der Richtung meiner Gedanken zu bestärken. Es würde mir auch wohl nicht schwer fallen, wofern ich es an der Zeit hielte, mich mit den praktischen Lehrern der Dittesschen Farbe hinsichtlich der Form des Realbuches zwar nicht zu einigen, aber zu verständigen. Ich brauchte bloß zu sagen: „Liebe Kollegen, seien wir gegeneinander liberal; gebraucht ihr nur ruhig Euren komp[endiarischen] Leitfaden und laßt uns unser ausführliches Lehrbuch gebrauchen; die Behörden sollen sich nicht einmischen, sondern wir wollen die Zukunft und die Praxis erst darüber ihr Urteil sprechen lassen und bis dahin soll an diesem Punkte zwischen uns Waffenstillstand sein". Ohne Zweifel würde man auf jener Seite sofort in diese dargebotene Friedenshand einschlagen. Hier am Niederrhein haben beide Parteien sich auch faktisch bereits in dieser Weise verständigt, freilich erst durch die Not dazu gedrängt, als nämlich ihre Witwenkassen ihr belletristisches Lesebuch verloren hatten und die Gefahr an der Tür stand, daß sie vielleicht auch ihre Real-Lehrbücher verlieren würden (Siehe „Leidensgeschichte", Anhang). Früher hatten die erhitzten Köpfe kein Gehör für meinen Rat.

Nun blicken Sie gef. auf die Frage zurück, wie Dittes und Kehr in ihren anti-herbartischen Bestrebungen bekämpft werden sollen und zwar so, daß der redende Ungefährlichere in dem schweigenden Gefährlicheren bekämpft wird. Meine „Zwei dringlichen Reformen" hatten den Weg gezeigt und gebahnt; man brauchte nur auf der eröffneten Bahn vorwärtszugehen von seiten der Herbartianer, dann fiel erstlich die Ehre des Sieges in den beiden Reformfragen, der ohnehin gewiß war, dem herbartischen Namen zu; und am andern wäre dem Sieger noch viel Beute zugefallen, so namentlich hinsichtlich der Konzentrationsidee in ihren vielen Verzweigungen (denken Sie nur an die zwei- und dreifachen Lehrgänge im Religions-Unterricht); selbst die Idee der Kulturstufen würde nicht leer ausgegangen sein. Das kann aber erst dann wirklich geschehen, wenn auch andere Herbartianer für die beiden Reformen mit eintreten und zwar nicht nur durch ein Artikelchen zur Anzeige und zur Empfehlung meines Buches, sondern auch durch Aufnahme des Kampfes und mit der vollen Anstrengung, die ein Kampf erfordert. Da nun bis jetzt noch kein Kampf geführt, auch nicht einmal ein solcher provoziert worden ist, so ist bis jetzt für den Herbartianismus auch noch nichts abgefallen, weder Ehre noch Beute. Keine Ehre (Kredit), weil der erreichte Erfolg, der faktisch recht bedeutend ist, lediglich meinem Namen zugeschrieben wird und zwar meinem persönlichen Namen, nicht meinem herbartischen Beinamen und das um so mehr, weil die beiden Reformgedanken nicht als etwas spezifisch Herbartisches (oder Zillerisches) gekannt sind. Keine Beute, weil die von mir zur Sprache gebrachten Konsequenzen und Grundgedanken (Konzentration usw.) noch nicht zur Debatte gekommen sind, auch erst dann mit Effekt zur Debatte kommen können, wo der in meinen beiden Vorschlägen sich aussprechende Konzentrationsgedanke (Verbindung von Sachunterricht und Sprachunterricht) bereits Wurzel gefaßt hat. Wie nun? Soll das so weitergehen? Soll auch in Zukunft aus dem von mir begonnenen Feldzuge nichts für den Herbartianismus herauskommen? Und dann, was soll überhaupt aus dem Kampfe contra Kehr-Dittes werden, wenn schließlich im gegnerischen Lager gemerkt wird, daß die Zillerianer, die so viel von Konzentration sprechen, mit der Verbindung von Sachunterricht und Sprachunterricht selber nicht vollends Ernst gemacht haben? Merken wird man es aber ohne Zweifel in nicht zu langer Zeit, sobald nur die praktischen Lehrer, welche meine Gedanken angenommen haben, etwas deutlicher und schärfer mit der Sprache herausrücken. Und wenn ich selbst noch einmal das Wort in dieser Sache nehmen müßte, so würde mir ja nichts anderes übrigbleiben, als nun auch meinerseits diesen Differenzpunkt zwischen mir und den Zillerschen Freunden in aller Nacktheit und Breite zur Sprache zu bringen. Und was wird dann Dittes tun, wenn er nicht bloß den Fröhlich und den Sallwürk, sondern auch den Alt-Herbartianer Dörpfeld wider die Neuherbartianer ausspielen kann?

Resümieren wir. Was will meine vierte (und fünfte) Erwägung sagen? Lies: Wollen Sie nebst den andern Freunden aus Zillers Schule wider Dittes und Compagnie zu Felde ziehen und soll dabei von der Konzentration die Rede sein, dann müssen Sie erst den „Bann" aus Ihrer Mitte tun, d.i. in der Durchführung der Konzentrationsidee nicht selber an einer wichtigen Stelle eine Lücke lassen und dazu die übrigen Fehler abtun, welche mit dieser Lücke zusammenhängen, nämlich 1. beim Neulernen (Anschauungsoperation) das Buch vom Katheder jagen und 2. das Buch lediglich da gebrauchen, wo es hingehört, beim Wiederholungslernen, wo nicht, so gehen Sie mit ungeschliffenen Waffen in die Schlacht, und dann ist kein Segen dabei.

3. Sie meinen, ich selbst möge diesmal wider den Dittesschen Artikel Zeugnis ablegen. Gern möchte ich das. Es liegt sogar eine bestimmte Veranlassung, um nicht zu sagen Nötigung vor. Fröhlich hat etwas ausgesprochen, wobei andere gemeint haben und vielleicht auch Herr Fröhlich selbst, ich hätte einstmals (in meinem Aufsatze über Halfters Schrift vom Zeichenunterricht) etwas ähnliches gesagt. Es ist meine Bemerkung gemeint, daß die drei Hauptstufen der formalen Durcharbeitung schon früher in etlichen Lehrfächern befolgt worden seien, wenn auch nicht immer mit deutlichem Bewußtsein. Da möchte ich nun gern dem Publikum, das sich dafür interessiert, den Beweis liefern, daß es einen ziemlichen Unterschied macht, ob der Dörpfeld irgend etwas nach guter Überlegung mit strategischer Absicht ausspricht oder ob ein Dr. Fröhlich dies aufs Geratewohl (und ohne meine Motive zu kennen, nachspricht, nämlich einen Unterschied etwa, wie wenn einer über einen breiten Wassergraben springt, während ein anderer, der es ihm aufs Geratewohl nachtun will, mitten hineinplumpst oder genauer, wie wenn einer eine Fuchsfalle aufstellt (denn meine betreffenden Worte sind tatsächlich eine wohlbedachte Falle), während ein anderer, der es ihm nachtun will, beim Aufstellen seine eigenen Finger in die zuschlagende Falle geraten läßt.

Wäre ich jünger, so würde ich gewiß bei der Hand sein, ja es würde mich ordentlich gelüsten, mit dabei zu sein; allein ich bin alt und ein Invalide, der seine Zeit und Kraft zusammenhalten muß. Kann ich doch nicht einmal meine angefangenen Arbeiten zu Ende bringen (und deren sind mehrere, woran bereits viele Zeit verwendet worden ist), auch nicht meinen bestimmten Verpflichtungen nachkommen. Wie sollte ich da noch irgend etwas Neues unternehmen dürfen, das überdies ohne Zweifel wieder abermalige Verantwortung nötig machen würde? Überdies: Sechzigjährige sind doch, so viel mir bekannt, nicht mehr kriegspflichtig; wenn ein solcher freiwillig mit ausziehen will, so ist das seine Sache; allein ihn dazu auffordern darf man, wie ich glaube, nicht. Und dann: Fröhlich und Dittes sind so täppische Gegner, daß meines Erachtens auch schon ein „Knappe" mit ihnen fertig werden kann; daß nun auch ein „Ritter" wider sie aufgeboten werden soll, und ich meine, nachgerade alt genug zu sein, um als solcher gelten zu dürfen, das ist meines Bedünkens nicht not. Und dann: sofern speziell mit Dittes gerechnet werden soll, würde ich zur Zeit offenbar nicht der berufene Mann sein. Er hat, wie Sie wissen, in seinem „Pädagogium" meinen „Neuen Beiträgen" eine so eingehende und umfangreiche Besprechung gewidmet, wie es keiner meiner besten Freunde und keiner meiner Standesgenossen getan hat und dazu so gutmeinend, wie man es nur wünschen kann. Daß ihm dabei Fehler mit unterlaufen sind und dazu solche, die ebenso viel wieder verderben können, als er im übrigen gut gemacht hat, darf ich seinem Willen nicht anrechnen. Unser Verein hat zwar auch eine dankenswerte und recht nützliche Protestaktion erlassen; allein viele Mühe hat sie, abgesehen vom Schriftführer, nicht gekostet; und wahrscheinlich würde auch niemand von selber daran gedacht haben, wenn ich nicht schließlich meine Scham überwunden und selbst daran erinnert hätte; und einen so langen Artikel daran zu wenden, wie es Dittes getan, würde vollends niemandem eingefallen sein, auch nicht einem meiner so nahe beteiligten, aber leider mit Blindheit geschlagenen armen Standesgenossen. Wollte ich mit bezug auf Dittes etwas schreiben, so würde es doch zuerst eine herzliche Danksagung sein müssen und das umsomehr, da er auch schon die „Leidensgeschichte" so gutmeinend wie möglich besprochen hatte. Nun denken Sie sich, was die Welt sagen würde und zwar mit Recht, wenn anstatt einer solchen Danksagung, die ich schuldig bin, eine Zurechtweisung (wozu ich ja als Herbartianer immerhin berechtigt wäre) herauskäme. Würde da die Dörpfeldsche Undankbarkeit nicht ebenso sprichwörtlich werden, wie es einst die österreichische war? Und dann: wenn ich positive Arbeiten zur Weiterbildung und Weiterverbreitung der herbartischen Psychologie und Pädagogik liefere (cfr. weiter unten), die zur Zeit vermutlich kein anderer liefern kann, ist das nicht förderlicher, als wenn ich jene Arbeiten liegen ließe, um dafür im Kleinkrieg etwas zu leisten, was jede jüngere Kraft auch leisten könnte? Und endlich: wenn ich ja Zeit hätte, um polemische Artikel zu schreiben, wie viele Aufforderungen dazu liegen mir vor den Füßen, welche direkt an meine Adresse gerichtet sind, d.h. daß ich teils aus strategischen, teils aus Schicklichkeitsgründen manches nur ganz leise andeuten, nicht aber deutlich aussprechen darf, was doch eigentlich gesagt werden müßte, sofern es nicht aus strategischen Gründen einstweilen unsagbar ist. Das Schlimmste aber liegt nun darin, daß ich, auch wenn die nötige Zeit mir zu Gebote stünde, doch nicht imstande bin, dem Herrn Dittes aus seiner Kurzsichtigkeit und Gedankenlosigkeit herauszuhelfen und dann Schaden wiedergutzumachen, den er durch seine gedankenlose Rederei angerichtet hat; denn was in meinem Buche aus einem der beiden Gründe unausgesprochen bleiben mußte, das darf ich in seinem „Pädagogium" ebensowenig öffentlich sagen. Was mich bei meiner langen, mühseligen Schulverfassungsschreiberei am meisten gedrückt und mich manchmal bis zum Verzagen niedergedrückt hat, das ist eben dies, daß ich viele meiner Gedanken verschweigen mußte oder dieselben wenigstens nicht so deutlich aussprechen durfte, daß meine in solchen Fragen unbewanderten Standesgenossen sie verstehen resp. erraten konnten. Nicht als ob das Dinge wären, die überhaupt nicht schicklich gesagt werden dürften, im Gegenteil, sie können und müssen gesagt werden; allein einer, der selbst Lehrer ist, darf es nicht tun. Darin liegt ja eben das eigentliche Leid der Leidenshistorie der Volksschule, daß seit Landfermann und Zahn keine Seminardirektoren, Schulräte und Geistlichen mehr da sind, welche in dieser Frage das zur Sprache bringen und so zur Sprache bringen, was und wie es unsereiner nicht sagen darf, wenn nicht aus Übel Ärger gemacht werden soll. Dazu kommt dann noch, daß, ob es doch solche Männer gäbe, die dazu wohl geneigt wären, wie ja Dittes ein solcher ist, daß dann diese die Schulverfassungsfrage nicht so weit studiert haben, um zu wissen, welches dann gerade die aufhaltenden Haken sind, wo nur Männer aus andern Ständen das lösende Wort sprechen können.

Da sehen Sie, wieviel dringliche ungetane polemische Arbeit mir vor den Füßen liegt.

Aber weiter:

Selbst innerhalb des Kreises der engeren pädagogischen Verwandtschaft kommt es nicht selten vor, daß ich Anlaß hätte, den Freunden beim Lesen meiner Schriften zu Hülfe zu kommen oder, wie man zu sagen pflegt, Mißverständnisse zu berichtigen. Mitunter überfällt mich in der Tat der Eindruck: entweder müßten meine Schriften absonderlich unklar geschrieben sein, während ich mir das Gegenteil eingebildet hatte, oder aber sie würden von dem Mißgeschick verfolgt, bei Freund und Feind absonderlich eilfertig gelesen zu werden. Oder sollte bei den Freunden (Herbartianern) etwa der Grund des Mißverstehens darin liegen, daß sie an die spezifisch herbartischen oder Zillerschen Ausdrücke gewöhnt sind und darum meine jeweilig abweichende Redeweise nicht schnell genug apperzipieren? Wäre das, dann würde mein Gewissen bei etwaigem Mißverstehen sich beruhigt fühlen dürfen, denn mich treibt keinerlei Gelüst, eine aparte Sprache zu reden, sondern entweder der Schulmeistergebrauch, der die Ausdrücke den Hörern anbequem oder der Naturtrieb, der bei eigengewachsenen Gedanken so redet, wie der Schnabel gewachsen ist, weil er nicht anders kann. Aus der jüngeren Zeit bietet namentlich der Aufsatz Zilligs über den Geschichtsunterricht (im vorigen Jahrbuch) mehrfache Beispiele solchen Mißverstehens. Wo er da von meinen Schriften Notiz nimmt, da ist der betreffende Gedanke fast regelmäßig ungenau aufgefaßt, ein paarmal sogar ganz oder fast ganz ins gerade Gegenteil verkehrt, á la Boodstein. So hätte ich also schon allein innerhalb unseres Jahrbuches im Laufe der Zeit ziemlich oft Gelegenheit, Anlaß und Pflicht gehabt, Mißverständnisse aufzuklären. Es fehlte mir aber die Zeit dazu. Gern oder ungern, ich müßte mich still darein ergeben, daß gerade in den mir nahestehenden Kreisen recht verkehrte Vorstellungen von meinen pädagogischen Ansichten herrschen und in die Welt hinauskolportiert werden. Ich will allerdings nicht verhehlen, daß bei meinem konstanten Schweigen auch ein gewisses Doppelgefühl mitgewirkt hat: einmal der Unwille, daß von befreundeter Seite so eilfertig gelesen und gesprochen werden kann und sodann die Besorgnis, daß bei einer Berichtigung meinerseits dieser Unwille zu stark sich einmischen würde.

Und endlich:

Allerjüngst hat auch jemand in Ihren „Studien" ein Mißverständnis über mich zum besten gegeben in betreff meiner Ansicht von der unterrichtlichen Verknüpfung des Sachunterrichtes und des Zeichnens. Er sagt (ungefähr, das betreffende Heft ist mir augenblicklich nicht zur Hand): Dörpfeld wolle in den Zeichenunterricht auch Sachunterricht (Real-Unterricht) hineinmengen. So der Sinn des Referates. Ich weiß wohl, daß auch früher schon anderwärts so über meine Ansicht vom Zeichenunterricht berichtet worden ist, aber von Spezialisten, welche sich um die Idee der Konzentration nicht bekümmern. Man will das aus den „Grundlinien zur Theorie des Lehrplans" herausgelesen haben. Dort steht aber von einer solchen „Vermengung" oder wie man es ausdrücken mag, nichts, im Gegenteil, es heißt ausdrücklich: „Das methodische Prinzip (das aus der Natur des Zeichnens und aus der Natur der Seele folgt,) solle vollaus mitsprechen". Obgleich nun dort bei den wenigen Zeilen, die diesem Lehrgegenstand gewidmet werden konnten, nicht speziell dargelegt ist, wie ich mir den Zeichen-Lehrgang ausgeführt denke, so ist doch so viel gesagt, daß die eigentümliche Natur und Aufgabe des Zeichenunterrichts nicht angetastet werden darf, also nicht zu kurz kommen kann. Überdies geht aber auch aus dem, was in den „Grundlinien" über die Verbindung der andern Lehrfächer gesagt ist, hervor, daß dabei niemals einem Fache eine ihm fremde Aufgabe aufgebürdet werden dürfe. Das von dem Spezialisten kolportierte Mißverständnis mußte mich natürlich sehr genieren. Gleichwohl habe ich geschwiegen, einmal, weil nur die Zeit zu einer vollständig aufklärenden Darstellung fehlte und zum andern, weil ich dachte, es könne am Ende vielleicht doch nützlich sein, daß das von mir geforderte Prinzip anfänglich sich etwas stark (übertreibend) in die Debatte dränge. In dem Aufsatze über Halfters Zeichenschrift (1882) habe ich mich dann aber so deutlich ausgesprochen, daß ein Mißverständnis nunmehr gänzlich unmöglich war (siehe dort z.B. 1. Grundsatz). Was ich fordere, ist einfach dies. Wie ich z.B. fordere, daß im Physik-Unterricht auch Berechnungen vorkommen sollen (in der Anwendungsoperation) und im Rechenunterricht u.a. auch physikalische Rechenaufgaben, so fordere ich in Ansehung des Zeichnens: daß 1. im Sachunterricht (namentlich in der Naturbeschreibung) auch jeweilig etwas gezeichnet werden soll, ähnlich wie im geograph[ischen] Unterricht das Kartenzeichnen mit vorkommt; und daß 2. beim Zeichenunterricht in der Anwendungsoperation auch Stoffe aus dem sachunterrichtlichen Gebiete herangezogen werden sollen und zwar namentlich deshalb, um dem freien Zeichnen unter Nr. 1 auf die Beine zu helfen; und daß 3. in der Vorbesprechung, welche auf die „Normalfigur" (Ziel) hinsteuert, von einem sachlichen Gegenstand ausgegangen werden soll, gleichviel, ob derselbe aus der Erfahrung oder aus dem Unterrichtsstoffe genommen wird. Daß nun trotzdem auch jetzt noch jenes Mißverständnis wieder kolportiert wird und zwar von einem meiner nächsten Freunde, das hat mich doch arg befremdet. Gleichwohl habe ich geschwiegen, weil es mir an Zeit fehlte, und wahrscheinlich würde ich es noch länger tun, falls keine besondere Gelegenheit mich wieder auf diesen Stoff führt. Da Sie diesen letztgemeinten „Übeltäter" recht gut kennen, so sagen Sie ihm gef. ins Ohr, er möge das von ihm in die Welt geschickte Mißverständnis gütigst bald wieder zurückrufen, durch eine passende (aber deutliche) „Selbstberichtigung" im Ev[angelischen] Schulbl[att] und in den „Studien". Es ist in allen Fällen auch schicklicher, daß einer selber berichtigt, was er unrichtig gemacht hat.

Was wollen nun alle diese Beispiele sagen? In kurzer Summe dies: Lassen Sie bitte den alten Invaliden in G[erresheim], der nicht einmal mit seinen eignen Händeln fertig werden kann, hinsichtlich der andern herbartischen Händel in Ruhe und gönnen Sie ihm, daß er den verfügbaren Rest an Zeit und Kraft vornehmlich dazu verwende, unsere herbartische Pädagogik positiv weiterzubilden und zu verbreiten.

Eins will ich noch beifügen: Bekanntlich entschließe ich mich schwer dazu, ein kleines Artikelchen zu schreiben. Das ist meine Schwäche. Soll die volle Freudigkeit zur Arbeit da sein, dann muß eine ordentliche Aufgabe vorliegen; je verwickelter sie ist, desto mehr fesselt und spornt sie mich. So hat mir denn auch schon manchmal der Gedanke im Sinne gelegen, einmal alle Mißreden, die je und je über die herbartische Psychologie und Pädagogik ergangen sind, unter die Feder zu nehmen und zu beleuchten. Auch bei Herbarts Jubiläum ging es mir wieder durch den Sinn. Es wäre vielleicht auch zur Ausführung gekommen, wenn nicht immerfort dringlichere Arbeiten sich vorgeschoben hätten, und – wenn nicht ein gewisses anderes Hindernis im Spiele gewesen wäre. Dies besteht nämlich darin, daß ich dann auch mehrfache Schwächen der Zillerschen Methodik hätte zur Sprache bringen müssen. Ich sage „Schwächen", meine also nicht alle Differenzen zwischen mir und den Zillerschen Freunden, sondern solche methodischen Maßnahmen, wo sie nachweislich wider ihre eignen Prinzipien sündigen, aus ihrer eignen Festung entfallen und zwar so, daß der Name der herbartischen Pädagogik dadurch verunehrt wird. Es sind ihrer vornehmlich zwei: 1. das mechanische, überlangweilige Memorieren bei historischen Stoffen und 2. die Verschlechterung der Anschauungsoperation (bei historischen Stoffen) dadurch, daß darin ein Buch auf den Katheder gesetzt wird, resp. daß erst eine magere Totalanschauung vorausgeschickt werden soll, bevor die Detailbetrachtung beginnt. So gern ich nun frisch debattiere, so ungern polemisiere ich öffentlich wider Freunde. Das macht mir innerlich zu viel Not. In diesem Falle kam aber noch ein besonderer Umstand hinzu. Ich befürchtete und wußte es gewiß: wenn die Leser des Ev[angelischen] Schulbl[attes] erführen, daß innerhalb der herbartischen Schule solche uralte Fehler noch im Schwange wären, so würden die meisten vor Verwunderung die Hände über dem Kopfe zusammenschlagen. Das schreckte mich zurück, und darum ist es zur Ausführung jenes Gedankens nicht gekommen.

Sie wissen ja auch, wie ich bis jetzt immer gezögert habe, mit dem bei der Besprechung des Halfterschen Buches versprochenen zweiten Artikel, der jene beiden Fehler zur Sprache bringen sollte, herauszurücken.

4. Jüngst ist eine neue literarische Arbeit glücklich fertig geworden, im Dienst der herbartischen Pädagogik, und bereits unter der Presse. Das nächste Schulblattheft wird die Selbstanzeige bringen. Schon im vorjährigen Frühjahr hatte ich dem Verleger für den Herbst das Manuskript versprochen, fest versprochen; es hätte schon ein paar Jahr früher dasein sollen. Leider war im vorigen Herbst die Arbeit kaum zur Hälfte fertig. Da kam von oben der Befehl, die Feder niederzulegen. Ich hatte mich schon halb und halb darein ergeben, daß das Schriftchen, woran mit einer gewissen Jugendliebe gearbeitet worden war, nicht mehr fertig werden würde. Gott hat es freundlicher gefügt. Durch Ruhenlassen fast aller Korrespondenz ist in langsamen Gange doch endlich das opus zustandegekommen. Es war ein Mühsalswerk in mehr als einem Betracht. Ich wünsche, daß die Wundmale dieser Mühsal nicht allzustark kenntlich sein möchten. Das Schriftchen ist seinem Thema und Titel nach ein altes, seiner Ausführung nach etwas vollständig Neues. Es handelt sich um eine neue Auflage meiner vor 20 Jahren geschriebenen Abhandlung über „Denken und Gedächtnis". Damit hatte ich vornehmlich praktische Zwecke im Auge; darum und weil zur Regulativzeit den Lehrern nicht viel Psychologie zugemutet werden konnte, mußte die psychologische Untersuchung auf das allernotdürftigste eingeschränkt werden. Damit war ich denn auch im praktischen Teile überall eingeschränkt. Abgesehen von dem einen Spezialzwecke, im Kampfe wider den damaligen Memorier-Materialismus Hülfe zu bekommen, benutzte ich die berühmten pädagogischen Punkte eigentlich nur dazu, um das psychologische Denken der Lehrer ein wenig in Bewegung zu bringen. Wenn sie das Schriftchen durchgemacht hatten, so merkten sie zwar, daß sie aus der Psychologie und Pädagogik etwas gelernt hatten, allein worin dieser Gewinn eigentlich bestand, das war ihnen, abgesehen von ein paar Punkten, doch nicht recht klar. Um dieser dem Büchlein aufgedrungenen Gebrechen und Schwächen willen hatte ich an demselben niemals Freude gehabt: ja ich bekam im Verfolg einen förmlichen Widerwillen gegen das arme, unschuldige Ding und sehnte mich daher sehr nach der Zeit, wo es mir vergönnt sein würde, die Arbeit von neuem und ohne hemmende Fesseln aufzunehmen. Es hat lange gedauert, bis mir diese Freude zuteil wurde, obwohl die erste Auflage längst vergriffen war. Es wollte sich nicht die Zeit finden. Endlich ist sie doch gekommen. Jetzt, wo ich nicht mehr mit

gebundenen Händen zu arbeiten brauchte, sollte dann das Ziel in jedem Betracht höher gesteckt und womöglich etwas geschaffen werden, woran ich selber Freude haben konnte. Das bedingt nicht bloß eine sehr bedeutende Erweiterung, sondern auch eine vollständige Umgestaltung. Von dem alten Bau ist denn auch kein Stein auf dem anderngeblieben, und aus den früher ca. 5 Bogen in kleinem Format sind 11–12 Bogen in größerem Format geworden.

Die Betrachtung schreitet durch folgende 4 Abschnitte planmäßig fort.

Psychologischer Teil

I. Zur vorläufigen Orientierung.
II. Die Vorgänge des Denkens und des Gedächtnisses.
III. Die Gesetze des Denkens und des Gedächtnisses.

Praktischer Teil

IV. Pädagogische Anwendung.

Dazu bietet das Vorwort eine längere Erörterung über die richtige Lehr- und Demonstrationsweise auf dem psychologischen Gebiete, z.B. auch darüber, ob und wo die Metaphysik dabei heranzuziehen ist. Die Steigerung meines Zieles besteht, um etliche Hauptpunkte hervorzuheben, in folgendem:

Einmal setzt sich die psychologische Untersuchung keine Schranken, sondern geht genau so weit, wie es das Thema gestattet resp. fordert. Damit ist denn auch ein tieferes Eingehen in die pädagogische Anwendung ermöglicht.

Sodann habe ich mir noch zwei besondere Aufgaben gestellt, die sich auf die Demonstrationsweise beziehen.

Die erste besteht darin, die Gesetze des Denkens und des Gedächtnisses ausschließlich und streng auf induktivem Wege zu entwickeln (also ohne Hülfe metaphysischer Lehrsätze), um einem bekannten alten Vorwurfe wider die herbartische Psychologie aus dem Wege zu gehen resp. denselben zu widerlegen. Schon vor 40 Jahren hatte Drobisch auf dieses Problem hingewiesen. Warum seine Aufforderung so wenig Effekt gehabt hat, ist mir immer unerklärlich gewesen. Selbst Lotze, obwohl er auf dem Titel eine „Medizinische Psychologie" verspricht und auch liefert, weiß sich noch nicht anders zu helfen, als daß er in der Einleitung den metaphysichen Bestandteil der herbartischen Psychologie vorausgeschickt hat.

Die zweite besondere Aufgabe, die jedoch an und für sich nicht nötig gewesen wäre, aber mich reizte, besteht darin, die induktive Demonstrationsweise soweit als möglich auf genetischem Wege auszuführen, d.h. die psychologische Untersuchung (im 3. Kapitel) den Weg gehen zu lassen, den die ursprüngliche Forschung eingeschlagen hat resp. hätte einschlagen können. Wie Sie sehen, ist das abermals ein Problem neuer Art – für unsere Zeitgenossen, obwohl Dr. Mager schon vor 40 Jahren dazu eingeladen hatte.

Wie weit es mir nun gelungen ist, an meinem alten Thema diese dreifach gesteigerte Aufgabe zu lösen und die vierte Steigerung bei der praktischen Anwendung dazu, mögen die Sachkundigen prüfen und beurteilen und eventuell hoffentlich selber besser machen. Wäre es mir in der Tat leidlich gelungen, so werden Sie erkennen, daß dann das Eindringen der herbartischen Psychologie in die Lehrerwelt einen tüchtigen Ruck vorwärts gewinnen kann.

Innerhalb 14 Tagen hoffe ich Ihnen ein Exemplar des neuen Schriftchens zusenden zu können. Gewährt Ihnen dann meine Mühsal-Arbeit ein wenig Freude, so möchte ich bitten, ihr in den „Studien" eine angemessene Besprechung zu widmen.

Wie sonst immer, so habe ich auch jetzt wieder nach einem genau berechneten Plane, nach bestimmten Zweck-Gesichtspunkten gearbeitet. Es sind ihrer gerade zwei Fäuste voll. Ich will sie hersetzen, weil es mir lieb sein würde, falls Sie Lust und Zeit dazu haben, wenn Sie das Schriftchen auf alle diese Zwecke hinansehen und bei jeder Einzelaufgabe mir bezeugen wollten, was dabei nach Ihrer Ansicht gelungen ist oder was Sie vermissen.

1. Meine Monographie will denjenigen Lehrern, die beim Studium der Psychologie auf Selbstunterricht angewiesen sind, anstatt des unfruchtbaren und langweiligen kompendiarischen Lernens einen besseren Lernweg zeigen, soweit es durch eine einzige Abhandlung möglich ist. (Kurz heißt das also: nicht kompendiarisch, sondern ausführlich, anschaulich.)

2. Sie will eine reiche psychologische Anschauung vermitteln (innerhalb der Grenzen des Themas).

3. Sie will zum Selbstforschen (Beobachten und rationellen Verarbeiten) auf dem psychologischen Gebiete anregen und anleiten.

4. Sie will das psychologische Lernen für die pädagogische Praxis fruchtbar zu machen suchen.

5. Es soll die Metaphysik ganz aus dem Spiel bleiben, also in der Demonstration ausschließlich und streng induktiv verfahren werden.

6. Die induktive Demonstration soll so viel als tunlich auf genetischem Wege ausgeführt werden, d.h. die (rationelle) Untersuchung soll den Weg gehen, den die ursprüngliche Forschung eingeschlagen hat resp. hätte einschlagen können.

7. Die Darstellung soll (in dialektischer und sprachlicher Beziehung) möglichst gemeinverständlich sein.

8. Die Monographie hält ihre ursprüngliche Bestimmung als Erstling (als erste Arbeit dieser Art) fest, nämlich auch dem Anfänger des psychologischen Studiums sich anbieten zu können. Das bedingte ein Mehrfaches: Einmal mußte das Thema geeignet sein, nämlich einerseits nicht zu schwierig und andererseits doch eine solche Frage, die einen Weitblick in das psychologische Gebiet gestattet und die große Bedeutung der Psychologie für die Pädagogik eindrücklich macht. Zum andern muß die Ausführung auf den Anfänger berechnet sein, wiederum in zweifacher Hinsicht, nämlich einerseits in der sprachlichen Darstellung überhaupt und andererseits dadurch, daß auch über die wichtigsten voraufgehenden Kapitel an gelegener Stelle einige Auskunft gegeben wird. Dieser (8.) Gesichtspunkt ist mit besonderer Sorgfalt ins Auge gefaßt, und ich meine in der Tat, daß ein solcher Anfänger, der das Schriftchen durchgemacht hat, merken werde, daß sein psychologisches Lernen auf einem wenig beschwerlichen Wege einen tüchtigen Ruck vorwärts gekommen ist.

9. Durch alles dieses (die vorgenannten acht Punkte) wünscht die Abhandlung Lust am psychologischen Studium zu erwecken.

10. Es soll an einem Beispiel gezeigt werden, wie nach meiner Ansicht eine für den Selbstunterricht der Volksschullehrer berechnete pädagogisch-psychologische Monographie beschaffen sein muß. (Prahlerisch ausgedrückt würde das heißen: es soll eine „Muster-Monographie" sein. Für die folgenden Monographien würden allerdings zwei der vorgenannten Gesichtspunkte nicht maßgebend sein. Nr. 8 nicht, weil es sich dann nicht mehr um gänzliche Anfänger handelt; Nr. 6 nicht, weil der genetische Lehrgang zwar wünschenswert, aber nicht durchaus notwendig ist).

Aus diesen 10 Einzelaufgaben werden Sie, wie mich dünkt, die Überzeugung gewinnen, daß diese Monographie, so weit es auf meinen guten Willen ankommt, auf dem richtigen Wege ist und daß dieselbe, wenn die Ausführung leidlich geraten ist, einen achtbaren positiven Beitrag zur Verbreitung der herbartischen Psychologie und Pädagogik bildet.

Als zweite Monographie soll, so Gott will, die 1877 im Evangelischen Schulblatt erschienene Abhandlung über „Die schulmäßige Entwicklung der Begriffe” nach einer vorgenommenen Überarbeitung im Neudruck ausgegeben werden. Sie bildet die notwendige Ergänzung der ersten, insbesondere nach der praktischen Seite hin. Während bei der ersten im praktischen Teil vornehmlich vom Gedächtnis (Memorieren) die Rede ist, wird bei der zweiten das Denken ausführlich zur Sprache kommen.

Als Thema einer dritten Monographie würde ich die Entstehung der Anschauungen (Wahrnehmungen) ins Auge fassen.

Mein Schriftchen trägt neben dem Spezialtitel auch einen allgemeinen: „Beiträge zur pädagogischen Psychologie in monographischer Form”.

Dieser Generaltitel will natürlich zu verstehen geben, daß noch weitere Beiträge beabsichtigt sind. Wie viel mir selbst noch vergönnt sein wird zu liefern (außer der bereits fertigen zweiten Abhandlung), steht in höherer Hand. Große Pläne darf ich mir nicht mehr vornehmen. Gleichwohl ist jener Generaltitel mit einer bestimmten Absicht apart hingestellt worden. Er möchte nämlich den mitstrebenden Freunden, die für solche Arbeiten gerüstet sind, insgeheim eine Mahnung und eine Bitte ins Ohr sagen. Die Mahnung, dazu mithelfen zu wollen, daß die in der Psychologie auf Selbstunterricht angewiesenen Volksschullehrer möglichst bald von dem mühseligen und unfruchtbaren kompendiarischen Lernen erlöst, d.i. mit psychologischen Monographien (oder ähnlichen ausführlichen Handreichungen) versorgt werden. Die Bitte, in Überlegung nehmen zu wollen, ob das vor ca. 20 Jahren von mir in Schwachheit und mit gebundenen Händen begonnene, jetzt in der vollen Freiheit neu auftretende Unternehmen nicht mit vereinten Kräften fortgeführt und so gleichsam zu einem gemeinsamen Werke aller leistungsfähigen Herbartianer gemacht werden könnte. Die Ausführung würde dann in der Weise geschehen, daß ich auch Monographien von andern Verfassern aufnähme, die immer einzeln unter dem Namen ihres Verfassers erscheinen und nur durch den Generaltitel sich als Teile meines Sammelwerkes zu erkennen geben. Wenn jeder in unserm Verein, der sich leistungsfähig weiß, auch nur eine einzige Arbeit übernähme, so könnte in nicht allzulanger Zeit schon eine stattliche Reihe von Monographien da sein. (Dr. Lange hat ja bereits eine vortreffliche Arbeit dieser Art geliefert, woran ich nur das vermisse, daß der praktischen Anwendung nicht die volle Aufmerksamkeit geschenkt und ihr nicht ein besonderer Abschnitt gewidmet ist.) Fände sich eine kleine Anzahl solcher Kräfte zusammen, so würde ich in der nächstens erscheinenden zweiten Monographie ihre Namen bekannt machen (auch auf dem Generaltitelblatte). Ferner würde ich ihnen eine Reihe von Themen vorschlagsweise vorlegen, woraus jeder sich das ihm passende auswählen könnte, wobei jedoch darauf zu achten wäre, daß die einfacheren psychischen Erscheinungen zuerst bearbeitet würden, damit die Reihenfolge so viel als tunlich eine Art Lehrgang darstellte. Wie schon gesagt, darf ich mir bei meinen Jahren und Leibesumständen keine großen Dinge mehr vornehmen. Aber auch aus andern Gründen würde es mir lieber sein, wenn das Unternehmen recht senfkornartig, ohne Posaunengeblase, wachsen könnte. Ich selbst würde als Chefredakteur so lange weiter dienen, als es die Gesundheit gestattet; sobald ich abträte, müßten die Verbündeten aus ihrer Mitte einen andern Chefredakteur an meiner Statt wählen.

Daß ein solches Sammelwerk, wenn es in Gang käme, die Propagierung der herbartischen Psychologie und Pädagogik, namentlich unter den Volksschullehrern, mächtig fördern werde, werden Sie sich schon sagen.

Nun einige Fragen, auf die ich gern von Ihnen eine kurze Antwort hätte.

a) Sind Sie selbst bereit, mit Hand anzulegen?

b) Welche Vereinsgenossen würden Sie mir in erster Linie in Vorschlag bringen, die ich mit gutem Vertrauen zur Mitarbeit einladen dürfte? (Es braucht vorab keine große Zahl zu sein. Solche, welche die Konzentrationsidee im Munde führen, aber die Simultanschule protegieren, kann ich nicht gebrauchen).

c) Wieviel Honorar pro Bogen müßte ich nach Ihrer Ansicht für die Mitarbeiter bieten können? (Natürlich würde ich in der Verhandlung mit dem Verleger mein bestes tun; allein dieser wird sich nicht im voraus binden, sondern von Fall zu Fall verhandeln wollen, um erst zu sehen, wie die bereits erschienenen Hefte Abgang finden. Überdies muß ich, wie Sie wissen, bei meiner knappen Pension darauf denken, daß auch für mich als Chefredakteur noch etwas abfiele).

Das meine Fragen.

Mit Bezug auf meine Erstlings-Monographie muß ich noch etwas nachholen, was oben nicht erwähnt ist. Neben den Lehrzwecken, die in den oben angeführten 10 Punkten namhaft gemacht worden sind, sollte meines Erachtens eine psychologische Monographie sich auch eine wissenschaftliche Aufgabe stellen, nämlich so viel als tunlich auch solche Einzelfragen des Themas erörtern, welche in psychologischen Lehrbüchern entweder nicht ins klare gebracht oder vielleicht gar nicht einmal berührt sind. Mit andern Worten: Die Monographien müssen sich, so viel als möglich und zulässig, auch um die Weiterbildung der Psychologie bemühen, also in der Neuforschung etwas zu leisten suchen. In meinem Erstlinge sind nicht wenige solcher Einzelpunkte (psychologische und pädagogische) zur Besprechung gebracht, worüber die mir bekannten psychologischen Lehrbücher teils nur ungenügende, teils gar keine Auskunft geben. Es verlangt sich, gelegentlich von Ihnen zu hören, welche Punkte Sie dahin rechnen wollen und wie weit meine Versuche vor Ihrem Urteile bestehen können. (Was die oben erwähnten 10 Lehrzwecke betrifft, so sind dieselben, wie Sie verstehen werden, zunächst für meine eigenen Arbeiten dieser Art gemeint. Ich würde sie zwar auch den wenigen Mitarbeitern empfehlen, zur geneigten Berücksichtigung, soweit sie damit einverstanden sind).

5. Nun muß ich noch ein Stückchen persönlicher Leidenshistorie zur Sprache bringen, die zwar mit dem Vorbesprochenen zusammenhängt, aber mir so widerwärtig ist, daß ich es nicht einmal mit dem Vorigen zusammen auf einem Bogen sehen mag und ihm darum ein apartes Blatt widme.

Wie Ihnen bemerklich geworden sein wird, habe ich an meinem monographischen Erstlinge mit einer gewissen Jugendliebe gearbeitet. Auch scheint die Ausführung im ganzen so weit geraten zu sein, daß ich auch an dem fertigen Schriftchen einige Freude haben könnte. Leider trägt dasselbe aber an einer Stelle einen häßlichen Flecken mit sich herum, den ich beim besten Willen nicht wegzuschaffen vermochte. Derselbe war mir so peinlich, so drückend, so widerwärtig, daß er mir sehr ein gut Teil der Freude an der Arbeit geraubt hat und nun hintereinander auch noch die Freude an dem fertigen Werke zu verleiden droht. Da muß ich wenigstens vor Ihnen mein Herz ausschütten, um es ein wenig zu erleichtern.

Der mir so ärgerliche häßliche Flecken kommt nicht auf meine Rechnung; die lieben Zillerianer allein sind schuld daran. Da im praktischen Teil meiner Schrift die Lehre vom Memorieren erörtert wird, so muß auch die mechanische und hyperlangweilige Memorierweise, wie sie bei den Zillerschen Schülern geübt zu werden pflegt (bei historischen Stoffen), mit zur Sprache kommen. Als mir seiner Zeit, vor zehn oder wieviel Jahren, die erste Kunde von dieser Memoriermanier im Zillerschen Seminar, die von nichts als von Vorsagen- und Nachsagenlassen weiß, zu Ohren kam, da traute ich meinen Sinnen nicht. Wäre mir dieser Bericht auf zweifelhaftem Umwege zugegangen, so würde ich ihn für eine Verleumdung gehalten haben; indessen der Zeuge war zuverlässig. Der Memorier-Materialismus der Regulativzeit, den ich etliche Jahre vorher wegen seiner elenden mechanischen Weise (und wegen seines Übermaßes) mit allen Kräften bekämpft hatte, dessen mechanische Weise sah ich jetzt am Zentralplatz der herbartischen Pädagogik wiederaufleben und für „wissenschaftliche Pädagogik" ausgegeben. Im stillen ging meine Hoffnung dahin, die Zillerschen Schüler würden, falls sie in die Praxis kämen, den Fehler bald entdecken und diese regulativische Antiquität still begraben. Sie mögen sich vorstellen, was für ein

Schrecken mich überfiel, als Ihr „Erstes Schuljahr" diese mechanische Einprägungsmanier wieder auftischte, die doch selbst die Regulativpädagogen der besseren Art (wie Heine usw.) mit Abscheu zurückgewiesen hatten als etwas, was nur der regulativische Plebs treibe. Und dazu: während die formalen Stufen des Neulernens mit Recht eingehend erörtert waren, machten Sie beim Einprägen kaum den Anfang eines Versuches, diese abenteuerliche Memoriermanier zu verteidigen, und doch hatte ich schon vor 20 und mehr Jahren durch verschiedene pädagogische Aufsätze und durch die psychologische Monographie über „Denken und Gedächtnis" den entschiedensten Protest dawider erhoben und denselben aufs ausführlichste begründet. Was mußte ich denken? Hatte man im Kreise der Zillerschen Schüler von meinen Kämpfen wider den Memorier-Materialismus keine Notiz genommen oder fand man es nicht für nötig, sich auf meine Gründe einzulassen? Lassen Sie mich gestehen, daß ich bis auf den heutigen Tag nicht weiß, welche von diesen beiden Annahmen die richtige ist. Nun wollte ich Ihr „Erstes Schuljahr" dem deutschen Lehrerstande ansagen und zwar mit dem ganzen Nachdrucke, den guter Wille und Überlegung fertigbringen konnten. Was sollte ich aber mit dem häßlichen Flecken beim Einprägen (der historischen Stoffe) machen? Ihn ignorieren, trotzdem er ausdrücklich bezeugte, daß mein alter, oft wiederholter Protest ignoriert war? Wollte ich ihn aber so kenntlich machen, wie es sich gebührte, dann würde Ihrem Buche ein Klatschen anhängen, der meine besten Empfehlungen zur Hälfte wieder unwirksam gemacht und überdies den Gegnern Waffen in die Hände geliefert hätte. Was für ein Gaudium würde es bei diesen erregt haben, wenn sie mich hätten nachweisen sehen, wie die Vertreter der „wissenschaftlichen Pädagogik" beim Einprägen der historischen Stoffe genau in die Fußstapfen der schlechtesten Sorte der Regulativ-Pädagogen treten? Ja, in gewissem Betracht noch hinter denselben zurückstehen! Sie wissen, wie sich meine Rezension durchgewunden hat. Ich biß die Zähne zusammen und tat, wie wenn ich den argen Flecken nicht gesehen hätte, hob aber den Finger auf, um den lieben Zillerschen Freunden in einer längeren Erörterung nachdrücklich einzuschärfen, daß sie ihre Lehre vom Memorieren gründlich revidieren müßten (vgl. „Didaktischer Materialismus" S. 133–146). Meine alten Schulblattleser hier und anderwärts waren nicht wenig überrascht und verstimmt, als sie hinterher beim Lesen des „Ersten Schuljahres" merkten, daß ich die böse Stelle so vertuscht hatte, und ich hatte Mühe, sie zu beruhigen. Ich vertröstete sie damit, die Fortsetzung der „Schuljahre" werde gewiß eine Verbesserung des schlimmen Fehlers bringen.

Sie wissen, wie es gegangen ist. Es kam nicht nur keine Verbesserung, sondern mit dem „Dritten Schuljahre" kam noch eine zweite anstößige Differenz ans Licht: der Mißbrauch des sachunterrichtlichen Lesebuches in der Anschauungsoperation und dessen Nichtgebrauch beim Einprägen. Auch bei diesem Fehler der Zillerschen Methodik hatte ich mich insgeheim der Hoffnung hingegeben, die selbstdenkenden unter seinen Schülern würden sich in der Praxis bald davon freimachen. Nun aber zeigte Ihr „Drittes Schuljahr", daß Sie auch diesen Fehler, der im Mißbrauche des Buches wirklich recht bösartig ist, konservierten und sogar mit einer gewissen Hartnäckigkeit festzuhalten suchten. Was sollte ich jetzt tun? Auch diesen zweiten Fehler vertuschen, falls ich die folgenden Schuljahre anzeigen wollte? Das ließ sich schlechterdings nicht mehr mit gutem Gewissen tun. Kam er aber zur Sprache, so mußte es auch gründlich und mit allem Nachdrucke geschehen, und dann mußte auch der erste (der Memorierfehler) in aller Nacktheit ans Licht gezogen werden. Vorab half ich mir dadurch, daß ich die folgenden „Schuljahre" gar nicht eigens zur Anzeige brachte. Aber meine Gesinnungsgenossen hier und auswärts wurden ungeduldig, namentlich wegen des Fehlers beim sachunterrichtlichen (Real-)Lehrbuch. Sie hatten nur zu guten Grund. Standen doch die hiesigen Wohltätigkeitskassen vor der Gefahr, ihr belletristisches Lesebuch und vielleicht obendrein ihr Real-Lehrbuch zu verlieren (was später auch leider zur Hälfte eingetreten ist, die Kehr-Dittessche Pädagogik siegte). Und warum? Lediglich deshalb, weil ich in dieser Frage allein stand, weil mich meine herbartischen Freunde im Stiche ließen, gerade wie sie mich in der Schulverfassungsfrage und im Kampfe mit dem Memorier-Materialismus im Stiche gelassen hatten, und weil ich aus Schonung der Zillerschen Freunde das Abtun dieses Fehlers zu erleichtern, ihnen gleichsam „eine goldene Brücke" zu bauen suchte. Denn da die Gegner (Kehr, Dittes) wegen ihrer Oberflächlichkeit die tiefgehende Differenz zwischen Ziller und mir in diesem Punkte bis jetzt gar nicht bemerkt haben, so konnten Sie und die übrigen Zillerschen Schüler getrost mit aller Kraft für meine (wider die Gegner gerichteten) Forderungen eintreten und damit auch den alten Fehler in der Stille begraben. (Die andere Absicht zu Gunsten der herbartischen Schule wurde oben bereits erwähnt). Wieviel von diesen Absichten erreicht worden ist bis jetzt, wissen Sie. So stand denn die Differenz-Angelegenheit zwischen der Zillerschen Schule und mir immer noch auf dem alten Flecke; die beiden Differenzpunkte waren stets von mir vertuscht worden; die Gegner hatten nichts gemerkt. Freilich hatte ich auch mit meinem Vertuschen bei den Zillerschen Freunden nichts gewonnen; sie beharrten standhaft auf den alten Fehlern. (Ihre neue Auflage des „Ersten Schuljahres" ist zwar beredt durch Schweigen über das Memorieren, aber sie lehrt die bessere Weise nicht).

Als nun die Monographie über „Denken und Gedächtnis", diese meine psychologische Helferin im Kampfe gegen den regulativischen Memorier-Materialismus, eine neue Auflage erfolgen sollte, da war klar, daß jetzt der Memorierfehler der Zillerschen Schüler deutlich mit zur Sprache kommen mußte. Eine Vertuschung war schlechterdings nicht mehr tunlich: sie würde auch eine Versündigung an der Wahrheit und an meinen gleichdenkenden Kollegen gewesen sein. Daß die Polemik so objektiv und schonend wie möglich sein sollte, stand natürlich außer Frage; allein damit war nicht viel geholfen. Denn nach allem, was in der Schrift vorausgeht an Psychologie und pädagogischer Erörterung, erhält doch die Polemik einen starken Nachdruck. Und dann: was für ein ärgerliches Ding ist es doch, daß ein Fehler innerhalb der herbartischen Schule gerade in einer solchen Schrift aufgedeckt wird, welche so eigens und so nachdrücklich für die herbartische Psychologie eintritt? Ich kann Ihnen nicht sagen, wie sehr mir die Freude an der sonst so angenehmen Arbeit verkümmert worden ist durch den Gedanken, daß am Schlusse nun auch noch wider nahestehende Freunde polemisiert werden müßte, und durch den andern Gedanken, daß das Schriftchen diesen häßlichen Flecken (die Polemik gegen Freunde) nun stets mit sich herumtragen müßte. Als der betreffende polemische Abschnitt endlich an die Reihe kam, da gab es neue Not und Qual, ihn so zu fassen, daß er nicht zu scharf werde und daß doch auch der Wahrheit Genüge geschähe. Nachdem er fertig war, hatte ich den Eindruck, daß er doch zu scharf ausgefallen sei. Ich legte ihn dann etlichen Freunden vor und bat und beschwor sie, genau zuzusehen, was etwa noch milder oder objektiver ausgedrückt werden könnte. Es wurde denn auch einiges namhaft gemacht. Darauf habe ich den betreffenden Abschnitt nochmals vollständig umgearbeitet, auf möglichste Milde gesonnen und nicht wenige polemische Bemerkungen gänzlich gestrichen, so daß er dem Umfange nach auf die Hälfte reduziert worden ist. Mehr wußte ich nicht zu tun. Jetzt müssen Sie zusehen, wie Sie mit ihm fertig werden. Namen habe ich nicht genannt. Den Namen eines Verstorbenen (Ziller) zu nennen, war von vornherein verboten. Somit blieb nur Ihr Name (als Herausgeber der „Schuljahre") übrig. Sie als den einzigen Sündenbock hinzustellen, das paßte mir aber auch nicht. So habe ich mir damit geholfen, allgemein zu sagen: „ein Teil der herbartischen Schule". (Die zweite Differenz, das sachunterrichtliche Lehrbuch betreffend, ist, weil bloß ihre minderwichtige Seite mit dem Memorieren zusammenhängt, nur notizmäßig berührt, und dann wird in einer Anmerkung kurz die Kontroverse festgestellt, ohne polemische Erörterung. In der folgenden Monographie würde diese Differenz ausführlich zur Sprache kommen müssen.)

Bei dieser Gelegenheit haben wir, meine hiesigen Freunde und ich, uns wiederum den Kopf darüber zerbrochen, wie man es sich erklären solle, daß Ziller und seine Schüler ihren Memorier-Fehler nicht selber haben einsehen können. Man braucht doch nicht lange über das Verhältnis zwischen Denken und Gedächtnis nachzusinnen, um auf die Wahrheit zu stoßen, daß überall da, wo das judiziöse Moment beim Memorieren mit eingeführt werden kann, dies nicht unterlassen werden darf. Es unterlassen heißt, sich an zwei Stellen versündigen: am Denken und zugleich am Memorieren. Daß nun auf Ihrer Seite die psychologische Lehre vom Gedächtnis wirklich gründlich durchdacht und doch jene Wahrheit nie gefunden worden sein soll, das verstehen wir schlechterdings nicht. Überdies macht sich der Fehler in der Zillerschen Memorierweise auch schon symptomatisch bemerkbar, nämlich durch die übergroße Langweiligkeit. Warum man nun auch nicht einmal durch dieses symptomatische Übel auf den Grundfehler aufmerksam geworden ist, das ist uns vollends unverständlich. Bei Ziller selbst läßt sich allenfalls ein entschuldigender Erklärungsgrund finden, nämlich die geringe Schülerzahl der Seminarschul-Klassen (8 bis 12), weil hier die Langweiligkeit bei Klassen von 70 bis 80 und noch mehr Schülern nicht so stark hervortreten kann; wie langweilig eine Memorierweise wird, ist ihm nicht zu Gesicht gekommen. Bei seinen Schülern fällt aber, nachdem sie in die Praxis getreten sind, dieser Erklärungsgrund weg. Soll man hier doch nach einem solchen suchen, so bietet sich dafür nur dies dar, daß die meisten, vielleicht alle, an Seminarien oder an höheren Schulen resp. im Pfarramt stehen, also die Not und Qual ihres langweiligen Memorierens in Volksschulklassen von 70 bis 80 Schülern nicht tagtäglich am eigenen Leib zu tragen haben. Für meine Person weiß ich allerdings noch einen besonderen Erklärungsgrund, warum Zillers Schüler die beiden genannten Fehler (im Memorieren und beim Lehrbuch) nicht einsehen können, der vielleicht auch einmal öffentlich zur Sprache kommen muß. Von Sallwürk hat ihn, wie es scheint, gefühlt, aber ihn nicht deutlich zu sagen gewußt.

Was ich meine, ist dies. Die Zillerschen Schüler haben ihre Methodik nicht auf dem Wege des Selbstforschens gefunden, sondern durch Vordozieren. Wo sie nun wirkliche Wahrheiten überkommen haben, da stehen sie sich offenbar für die Praxis besser als die, welche dieselben noch nicht besitzen. Allein der bequeme und wohlfeile Wahrheitsgewinn auf schülermäßigem Wege hat in anderer Beziehung auch schlimme Schattenseiten. Die eine, eine sehr verzweigte, ist die, welche wir auch bei denen kennen, welche schülermäßig in die religiöse Orthodoxie hineinspringen: sie sind tapfer, aber auch unduldsam gegen Andersdenkende; sie wissen ihre gelernte Lektion gut aufzusagen, aber wie man Fernstehenden die Wahrheit nahe bringt, das verstehen sie nicht, fühlen auch zu wenig einen Antrieb, darüber nachzudenken usw. Eine andere Schattenseite kommt dann zum Vorschein, wenn sie von ihrem Meister in irgendeinem Punkte eine halbe Wahrheit oder gar einen vollen Irrtum gelernt haben. Dann hält es schwer, sie von solchem Irrtum loszumachen. Einmal steht die Pietät im Wege, zumal bei den edleren Naturen. Zum andern: je mehr sie überzeugt sind und mit Recht überzeugt sein dürfen, daß sie ihrem Meister viele und wertvolle Wahrheiten verdanken, die anderwärts noch nicht gekannt sind, desto schwerer fällt es ihnen, zu denken, daß derselbe an irgendeinem Punkt sich geirrt haben sollte. Zum dritten, und darin liegt das Haupthindernis, da sie ihre Ansichten, wenn auch immer denkend, so doch nicht durch mühsames Selbstforschen gewonnen haben, so sind sie zu einer selbständigen kritischen Prüfung nicht ausreichend gerüstet. Letzteres ist nun umso mißlicher, wenn sie eben irgendeinen wirklichen Irrtum mit überkommen haben; denn da die Irrtümer in der Regel nicht auf einem neuen Gedanken beruhen, sondern alten Datums sind, mithin gleichsam wie selbstverständlich fortgepflanzt werden, so kommt bei ihnen die kritische Prüfung ohnehin viel schwerer in Gang, obwohl sie hier gerade am meisten nötig wäre. Bei den genannten beiden methodischen Irrtümern Zillers (bei den historischen Stoffen) trifft diese Regel tatsächlich zu; das mechanische Memorieren durch Vorsagen und Nachsagen war zur Zeit der Regulative recht im Schwange, und der Mißbrauch des Lehrbuches in der Anschauungsoperation ist sogar uralten Datums, und sogar viele Regulativ-Pädagogen haben dawider protestiert. Daß nun die Zillerschen Schüler in der Tat nicht in dem wünschenswerten Maße für die kritische Prüfung gerüstet sind, davon ist ihr unkritisches Festhalten an jenen beiden traditionellen und anderwärts längst bestrittenen Irrtümern ein redender Beweis. Nach meiner Anschauung wären sie es geradezu ihrem Meister schuldig, sein so verdienstvolles methodisches System möglichst von allen nebenbei mit eingeschleppten Schwächen zu reinigen, weil solche Schwächen nur zu häufig das Vordringen der eigentlichen Wertstücke des Systems arg aufhalten. Ich wenigstens würde, wenn ich ein solcher Meister wäre, es ausdrücklich von meinen Schülern als einen Liebesdienst fordern, daß sie mein System möglichst zu reinigen und fortzubilden suchten.

Doch blicken wir wieder auf die crux, die mein neues Schriftchen mit sich schleppen muß.

Daß sie mir ein gut Teil der Freude am Schaffen geraubt hat, und daß sie mir ein gut Teil der Freude am fertigen Werke fortgehend raubt, das sind zwar schon recht betrübte Folgen, allein sie lassen sich doch tragen, wann man etwas Gutes daraus erhoffen könnte. Leider fehlen auch solche Hoffnungen. Und das nicht bloß. Denn vorab ist ziemlich gewiß, daß die Gegner der herbartischen Pädagogik sich vergnügt die Hände reiben werden, daß ein alter Herbartianer jene pudenda der Zillerschen Schule entblößt hat. Das erträgt sich schon wesentlich schwerer. Aber weiter: während mein Schriftchen offensichtlich sich redlich bemüht hat, für die herbartische Psychologie und Pädagogik an einer neuen Stelle eine Gasse zum Vordringen zu bahnen, und während es darauf mußte rechnen können, daß gerade die Zillerschen Schüler nun ihrerseits recht bemüht sein würden, ihm den Weg in die Lehrerwelt bahnen zu helfen, darf man das wirklich hoffen? Darf man ihnen zumuten, ein Buch zu empfehlen, das auch ihre eigenen Schwächen aufdeckt? So sind also auch in dieser Richtung die Aussichten recht betrüblich. Aber weiter. Angesichts aller dieser teils bereits erfahrenen, teils im Heranrücken begriffenen übeln Folgen quält mich nachgerade auch der Gedanke, daß mein so lange fortgesetztes sorgsames Vertuschen der beiden Differenzen zwischen der Zillerschen Schule und mir nicht das Richtige gewesen sei, daß es vielmehr um der Wahrheit, um der Zillerschen Schüler und ganz besonders auch um meinetwillen besser gewesen wäre, wenn ich von vornherein meinen Dissensus offen und eingehend dargelegt hätte, zum wenigsten bei der Besprechung Ihres „Ersten Schuljahres". So viel ist wenigstens gewiß: ich selbst habe durch dieses Vertuschen nicht nur nicht gewonnen, sondern mir viel Hinderung und Selbstquälerei aufgeladen. Es verlangt mich zu hören, wie Sie über diesen mich bedrohenden Selbstvorwurf denken.

Was die Sache selbst betrifft, so können Sie sich natürlich darüber erst dann ein Urteil bilden, wenn Ihnen das Schriftchen vorliegt.

Noch eins lassen Sie mich bemerken.

Der vorstehende Brief ist lediglich für Sie bestimmt, nicht für andere. Ich hatte keine Zeit, meine Worte sorgsam abzuwägen. Bitte also, in diesem Sinne seinen Inhalt behandeln zu wollen. Jedoch gebe ich Ihnen gern anheim, denjenigen Freunden, welche den „Protest" contra Boodstein mit unterschrieben haben, aus diesem Briefe alles mitzuteilen, was Sie für gut befinden. Ich bezweifle nicht, daß diejenigen Herren, welche damals ihre Unterschrift verweigerten, dies aus wirklichen Gewissensbedenken getan haben, nämlich deshalb, weil sie sich um die Leidenslage der Volksschule nicht bekümmert und dann auch nicht von der „Leidensgeschichte" usw. Notiz genommen hatten. Mir fiel dabei Dr. Magers Unterscheidung zwischen Pädagogen „im großen Stil" und im „kleinen Stil" ein. Ein Schulmann, dessen pädagogischer Interessenkreis auf den „kleinen Stil" zugeschnitten ist, kann gewiß ein sehr ehrenwerter Schulmeister sein; allein über Anliegen, wie sie in diesem Briefe behandelt werden, würde ich mich doch mit einem solchen Manne nicht in eine Diskussion einlassen.

Da haben Sie nun eine so lange Epistel, daß Sie, wie mich dünkt, einigermaßen für mein langes Schweigen entschädigt sind. Bitte, diesen Brief gef. aufbewahren zu wollen. Es wäre möglich, daß ich denselben später zurückerbitte, um einiges daraus für andere Korrespondenzen zu gebrauchen.

Gegen Ende dieser Woche gedenke ich auf einige Tage nach Orsoy zu reisen. Der liebe Horn ist nun auch ein einsamer Witwer geworden, wie ich es vor dreizehn Jahren wurde. Man muß einen solchen Schlag erlebt haben, um zu wissen, was er bedeutet. Horn wünscht meine Hinüberkunft, um mit raten zu helfen, ob auch hinsichtlich der amtlichen Stellung ein neuer Entschluß gefaßt werden muß. Ach, wie tief gehen doch solche Risse, die der Tod macht. Mein Trost ist, daß der Ratgeber droben ihn mit besserem Rate versorgen wird, als unsereiner zu finden vermag.

Mit herzlichem Gruße
Ihr F. W. Dörpfeld

Die „wiederholten Zuschriften" Reins sind nicht erhalten. – Peter Zillig veröffentlichte im Jahrbuch des Vereins für wissenschaftliche Pädagogik 14 (1882), S. 89 ff. den Aufsatz „Geschichtsunterricht in der elementaren Erziehungsschule". – D.s Aufsatz über Halfters Zeichenschrift siehe bei Brief 282. – Die „neue literarische Arbeit" gab D. in der Selbstanzeige „Eine psychologische Monographie", EvSchBl 28 (1884), S. 145–166, bekannt. Es handelte sich um die gegenüber der ersten Auflage 1866 von 44 auf 179 Seiten erweiterte und umgearbeitete zweite Auflage von „Denken und Gedächtnis", Gütersloh 1884 (siehe bei Brief 109). – Aus dem vorletzten Abschnitt geht hervor, daß D. aus Schreiben, die den Umfang von Abhandlungen annahmen, Teile für andere Korrespondenzpartner wörtlich oder sinngemäß abschrieb.

crux = Kreuz. – pudenda = Schamteile.

304

An Wilhelm Rein, Eisenach

Gerresheim, 30. Mai 1884

Lieber Freund.

Gestern ist ein vollständiges Exemplar meiner neuen Schrift an Sie abgegangen. Die früher gesandten einzelnen Bogen (1 bis 10) wollen Sie gef. einstweilen reservieren, bis ich darüber disponiere. Sollten Sie in Ihrem Bereiche jemanden finden, der Lust hat, das Buch zu besprechen, womöglich in einem uns fernstehenden Blatte, so können Sie ihm jene Bogen schon einhändigen. Sobald Sie mir dann seinen Namen mitgeteilt haben, werde ich ihm die übrigen Bogen ebenfalls zugehen lassen. Wird ein nicht-herbartisches Blatt in Aussicht genommen, so dürfte es geraten sein, nicht die Form einer Buchanzeige zu wählen, sondern die eines selbständigen Aufsatzes, z.B. mit der Überschrift: „Welches ist die rechte Lehr- und Demonstrationsweise auf dem psychologischen Gebiete?" oder „Hülfsmittel zum Selbststudium der Psychologie" oder ähnlichen Stoff zur Erörterung dieser Themata liefert mein Vorwort. Im Anschluß daran könnten dann Langes „Apperzeption" und meine Monographie vorgeführt werden. Die in meiner Schrift berührte Differenz im Memorieren zwischen den Zillerschen Schülern und mir braucht nicht erwähnt zu werden, es sei denn, daß der Verfasser etwas wieder gegen mich zu sagen hätte.

Eine Notiz, die Sie interessieren wird, muß ich noch schnell mitteilen. Jüngst hatte ich Gelegenheit, den handschriftlichen Bericht eines Seminarlehrers über eine ihm amtlich aufgetragene Studienreise zum Besuche mehrerer nordpreuß[ischer] Seminare (worunter auch das Berliner war) zu lesen. Darin spielte auch der Herbartianismus eine Rolle. So hieß es u.a. an einer Stelle: „Bei der Bewegung, welche der Herbartianismus auf dem Gebiete der Pädagogik seit einiger Zeit hervorgerufen hat und noch unterhält, konnte es nicht fehlen, daß ich an allen besuchten Seminarien auf diesen Punkt mit den Kollegen zu sprechen kam. Alle erwiesen sich als prinzipielle Gegner dieser Richtung, wenn sie auch einzelnes Gute an derselben anerkannten".

Ich finde darin die Bestätigung meiner früher ausgesprochenen Meinung, daß Kehr der geheime Hauptgegner unserer Sache ist und daß diese Gegnerschaft von Berlin (Ministerialräte) her ihre Direktive erhält. Hier am Rhein steht die Sache in den Seminarien wesentlich besser, weil hier Kehr nicht den Einfluß hat wie im Norden und Osten.

Bitte aber, mit meiner Notiz sehr diskret umzugehen, weil ich sonst möglicherweise in große Ungelegenheit geraten könnte.

Mit besten Grüßen
Ihr
F. W. Dörpfeld

Die neue Schrift: Denken und Gedächtnis (siehe den vorhergehenden Brief). – D.s Auffassung, daß die Herbart-Gegnerschaft an den meisten preußischen Seminaren vom Kultusministerium zumindest Anstöße erhielt, dürfte durch die Erklärungen Karl Schneiders auf dem Berliner Seminarlehrertag 1881 bestätigt sein. Damals hatte der Geheime Oberregierungsrat Dr. Schneider gesagt, man könne dem Seminarunterricht kein Lehrbuch der Pädagogik Herbarts zugrundelegen. Schneider räumte jedoch ein, daß man im Seminar nicht völlig an dem einzigen deutschen Philosophen vorbeigehen dürfe, der sich sein Leben lang mit Pädagogik beschäftigt habe (vgl. Blätter für Lehrerbildung 10, 1881, S. 650; 13, 1884, S. 395).

Im nachstehenden Brief bezieht sich Rein auf die Pädagogischen Studien 1884, Heft 2, das seinen Artikel „Herr Dittes und die herbartische Schule" (S. 55–58) enthält.

Eisenach, 8. Juni 1884

Verehrter Freund!

Aus Italien in das liebe Heim zurückgekehrt, finde ich Ihre Briefe und Sendungen vor. Haben Sie herzlichen Dank dafür! Es soll mein erstes sein, Ihren inhaltsreichen Brief zu beantworten und Ihnen zu sagen, welch große Freude Ihre Sendung mir gemacht hat. Sah ich doch vor allen Dingen daraus, daß es Ihnen wieder besser geht und daß Sie noch fest und frisch auf dem Plane sind. Möchten Sie es doch noch recht lange sein!
Als kleine Gegengabe sende ich Ihnen das zweite Heft der „Studien". Sie sehen aus ihm, daß ich dem eigentlichen Missetäter stark zu Leibe gegangen bin; D[ittes] kommt erst in zweiter Linie in Betracht. Persönliche Beziehungen habe ich zu Fr[öhlich] nie gehabt, wenn ich auch Arbeiten von ihm genommen habe, die ich jetzt zurückweisen würde. Ich schrieb Ihnen vielleicht schon einmal, daß ich als junger Autor dem Verleger zu viel nachgegeben habe; er war ein Freund der Fr[öhlichschen] Muse. Nun sind auch Vogt und Thrändorf gegen D[ittes] vorgegangen; auch anderwärts bereitet man Zurückweisungen vor. Ich meine, Ihr Blatt kann nicht stillschweigen. Im Grunde hat D[ittes], indem er Sie lobt, Ihnen doch einen herzlich schlechten Dienst erwiesen. Da kann von Dankbarkeit nicht die Rede sein, zumal einem Manne gegenüber, der von Herbart und Ziller in so schamlos wegwerfender Weise zu reden sich erdreistet. Wollen Sie es nicht tun, d.h. wollen und können Sie jetzt noch nicht gegen D[ittes] auftreten, so findet sich gewiß jemand anders, der zugleich Herrn Fr[öhlichs] Dummheiten etwas charakterisiert. Da ist z.B. ein Lehrer A. Müller in Mülhausen i[m] E[lsaß], welcher mir einen Artikel gegen Dittes zusandte, der wohl zu brauchen war. Ich hatte den meinen aber bereits geschrieben; so gab ich ihm den Rat, die Zurückweisungen von Vogt, Thrändorf etc. zunächst abzuwarten und dann, vielleicht in Broschürenform, die ganze Angelegenheit zu beleuchten. Sie brauchen mir nur eine Zeile zu schreiben, und ich würde Herrn Müller veranlassen, seine Arbeit Ihnen zu senden.

2. In den „Studien" schrieb ich bei Gelegenheit der Anzeige von Halfter und Menard (4. Heft 1883, S. 35), daß Ihre Auffassung „in bezug auf den Anschluß des Zeichenunterrichts an den Sachunterricht" nicht die richtige sein könne. Meinen Sie diese Stelle? Eine andere fällt mir augenblicklich nicht bei. Von einer Vermengung des Zeichenunterrichts mit dem Sachunterricht rede ich absolut nicht. Meine Abweichung von Ihnen wie auch von der Zillerschen Praxis finden Sie im „3. Schuljahr", 2. Auflage, Seite 187 ff. Sie werden aus dieser Stelle deutlich erkennen, worin wir übereinstimmen und wo die Abweichung liegt. Daß aber in den „Studien" der Vorwurf der Vermengung gegen Sie erhoben worden wäre, ist mir nicht erinnerlich. Wenn es so wäre, würde ich sofort zur Berichtigung bereit sein.

Auf die übrigen Punkte Ihres Schreibens antworte ich sogleich, wenn ich mit dem Studium Ihrer Beiträge zur pädagogischen Psychologie fertiggeworden bin. Ich nehme das Buch noch heute in Angriff.
Einstweilen empfangen Sie nochmals meinen herzlichsten Dank.

Immer
Ihr treu ergebener
W. Rein

305

An Wilhelm Rein, Eisenach

Gerresheim, 30. Juli 1884

Lieber Freund.

Eine eilige Anfrage – wenn Sie Zeit haben.

Der Gymnasiallehrer Dr. Delius in Eisenach schreibt mir, daß er in einem Aufsatze die Schulbibelfrage behandelt habe, und fragt an, ob ich denselben im Ev[angelischen] Schulbl[att] verwerten könnte.

Der H[er]r Delius ist mir gänzlich unbekannt. Bevor ich ihm eine Antwort gebe, möchte ich daher gern etwas Näheres über seine Persönlichkeit wissen. Bitte Sie darum, l[ieber] Fr[eund], mir mit einigen Worten mitzuteilen, was einem Redakteur in solchem Falle zu wissen nützlich und dienlich ist.

Selbstverständlich werde ich nicht eher eine feste Zusage geben, bis ich den Aufsatz gelesen habe.

Seit Pfingsten ist mein Gesundheitszustand wieder gar nicht nach Wunsch. An ein ordentliches Arbeiten darf ich nicht denken und muß froh sein, mit den laufenden Obliegenheiten zur Not fertig zu werden.

Haben Sie meinen letzten langen Brief erhalten? Ihr Schweigen läßt mich fürchten, daß die Apperzeption nicht nach Wunsch gelingen will. Da weiß ich nichts Besseres zu tun, als Ihnen nochmals von Herzen einen guten Appetit zu wünschen. Ist der vorhanden, dann will ich um das übrige nicht sorgen.

Was ich in jenem Briefe als Mutmaßung schrieb bezüglich der Auffassung, welche Dr. Dittes von meiner Ansicht vom Realbuche hat, findet sich im Julihefte des „Pädagogium" S. 635 (Fußnote) bestätigt. Er nimmt an, daß ich dieses Buch auch beim Neulernen gebraucht wissen wolle, also in diesem Punkte zur Zillerschen Schule gehöre.

Ich vermute daher, daß die scharfe Kritik, welche das Realbuch von Kahnmeyer und Schulze im „Pädagogium" erfahren hat, eigentlich einem Alliierten der Zillerianer hat gelten sollen.

Ach! dieser Mißbrauch des Buches bei historischen Stoffen, den Ziller als Zopf aus der Regulativzeit übernommen hatte, – wie viel Nachwehen hat der schon gebracht! und wie viele wird er voraussichtlich noch bringen! – Daß sich Gott erbarme!

Mit herzlichen Grüßen
Ihr
F. W. Dörpfeld

Wenn D. mit dem „letzten langen Brief" sein Schreiben vom 5.5.1884 meint, so ist seine Anfrage, ob Rein diesen Brief erhalten habe, unbegründet. Rein hatte den Empfang am 8.6. nach Heimkehr von einer Italienreise bestätigt, allerdings auch eine baldige Antwort in Aussicht gestellt. Darauf hatte D. bisher vergeblich gewartet, so daß die Anfrage eher rhetorisch zu verstehen ist. Die Antwort Reins erfolgt dann auch am 2.8.1884, also im zweiten der nachfolgenden Briefe. – Die Kritik am Realienbuch von Kahnmeyer und Schulze durch Dittes veranlaßte Rein, einen „Offenen Brief an Herrn Dittes" zu bringen (Pädagogische Studien 1884, 3. Heft, S. 15) und D. zum Abdruck einer Nachbemerkung der Autoren Kahnmeyer und Schulze (EvSchBl 28, 1884, S. 473–475), nachdem im Pädagogium 1884 eine Monate währende Auseinandersetzung erfolgt war. – Außerdem veröffentlichte Rein weitere Artikel gegen Dittes im Jahrgang 1884 der Pädagogischen Studien, auf die er sich in seinem zweiten Schreiben teilweise bezieht.

Reins Briefe lauten:

Eisenach, 1. August 1884

Verehrter Freund!

1. Herr Dr. Delius ist Religionslehrer am hiesigen Gymnasium, Herausgeber der Lutherschriften (Gotha, Perthes), ein tüchtiger, strebsamer Mann. Für Pädagogik zeigt er viel Interesse; sein Verständnis des herbartischen Systems ist freilich ein noch geringes. Er beschäftigt sich, wie ich von seinem Freunde Bliedner hörte, mit der Bearbeitung einer Schulbibel. Ich würde an Ihrer Stelle den Aufsatz mir schicken lassen und ihn annehmen, wenn er einigermaßen wertvoll ist.

2. Ihr 7./8. Heft habe ich mit größtem Interesse gelesen. Auch der Artikel über den Zeichenunterricht ist vortrefflich geschrieben und entschieden wertvoll.

3. Was nun Ihren vorletzten Brief betrifft, so trafen mich Ihre Zeilen vom 30. Juli mitten in der Beschäftigung mit Ihrem Buche. In etwa 8 Tagen schicke ich Ihnen die Resultate meines Studiums in einem längeren Schreiben zu. Hoffentlich geht es Ihnen bald besser!

Mit herzlichem Gruß
immer Ihr treu ergebener
W. Rein

Eisenach, 2. August 1884

Verehrter Freund!

Ehe sich unsere großen Ferien dem Ende zuneigen, lassen Sie mich mit der Beantwortung Ihres lieben, ausführlichen Briefes vom 5. Mai d.J. beginnen.

1. Nochmals Dittes. Die Schlesische Schulzeitung mit der Erklärung des Glogauer Lehrervereins werden Sie gelesen haben. Mich hat das Vorgehen hocherfreut, und ich hoffe, daß auch anderwärts der Bann durchbrochen wird. Solange die Herrschaft dieses Mannes dauert, solange ist auf eine pädagogische Förderung unseres Standes nicht zu hoffen, auf eine andere freilich ebensowenig. Der Einfluß des Mannes ist ein durchaus verderblicher. Wer das aber einsieht, der sollte auch nach Kräften dazu beitragen, diesen Einfluß zu brechen, sonst hört die unselige Verquickung von Politik und Pädagogik in den Köpfen unserer Lehrerwelt nimmer auf. Wie stark aber auch der Bann ist, der auf den pädagogischen Zeitungen lastet, geht daraus hervor, daß noch keine (außer der Schlesischen) etwas von unseren Entgegnungen auch nur erwähnt hat, selbst die nicht, welche mit wahrer Wollust den berüchtigten D[ittes-]Artikel zum Abdruck brachten, alles um der Wahrheit zu dienen. Auf einen Kampf um einzelne Punkte unseres Systems (Konzentration etc.) kann es m.A. nach dabei nicht ankommen, da der Gegner zunächst wenigstens so gut wie nichts vom herbartischen System versteht und sich noch gar nicht ernstlich die Mühe genommen, etwas davon gründlich zu besehen.

2. Was nun die angeblichen „Schwächen" der Zillerschen Methodik betrifft, 1. das mechanische, überlangweilige Memorieren und 2. die Anwendung eines klassischen Textes beim Neulernen in historischen Stoffen, so tut es mir herzlich leid, daß Sie in beiden Dingen nicht gut berichtet sind. Sie werden dies aus den Beilagen erkennen, die ich mir möglichst bald zurückerbitte, da ich sie im Herbart-Kränzchen und darnach in den „Studien" verwerten will. Ich kann daher hier darüber schweigen. Nur dies möchte ich noch sagen. Ich bedauere sehr, daß Sie Ihre, ich will es einmal so nennen, Angriffe auf unsere Methodik nicht erst in das Jahrbuch gebracht haben. Sie würden dann ausführliche Behandlung innerhalb unserer Kreise erfahren haben. So aber stehen sie nun in Ihrem Buche und verbreiten falsche Ansichten über unser Verfahren im Unterricht der historischen Stoffe. Auch alles, das was Sie gegen Zillig auf dem Herzen haben, gehört in das Jahrbuch (Über die Stelle in den „Studien", wo Sie gänzlich mißverstanden sein sollen, schreiben Sie mir wohl noch einmal. Wenn ich nicht irre, habe ich mich hierüber Ihnen gegenüber bereits geäußert).

3. Ich brauche Ihnen nicht zu sagen, mit welcher Freude und welchem Interesse ich Ihre vortreffliche Abhandlung gelesen und wie sehr ich dem Plane zustimme, durch solche ausführlichen, eingehende und das Praktische berücksichtigende Arbeiten die herbartische Pädagogik unseren Lehrern näherzubringen. Ich selbst werde freilich, solange die Schuljahre meine Kräfte in Anspruch nehmen, nicht dazu kommen, Ihnen einen Beitrag zu liefern. Hier würden Herr Dr. Staude und Herr Direktor Ackermann zur Mitarbeiterschaft sich eignen. Außer Lange natürlich Just; vielleicht Wohlrabe (Rektor in Halle). Bei Ballauf und Nahlowsky wäre wohl eine Anfrage zu wagen. Honorar 30 Mark pro Bogen (so bezahlen z.B. die „Pädagogischen Studien").

Ihre Polemik gegen die Zillersche Schule hat mich doch arg gepackt. Dieser Punkt steht jetzt im Vordergrund meines Nachdenkens. Und wenn auch Ihre Darstellung Seite 123 und 145 die Zillersche Schule gar nicht trifft, da diese alles mechanische, langweilige Einprägen von Grund aus verabscheut, so hat mich Ihre Darstellung doch veranlaßt, nochmals unsere Theorie daraufhin zu prüfen und zu fragen, ob wir wirklich so schlecht seien wie die alten Regulativmänner, zu denen Sie uns stempeln.

Nun bitte ich Sie, sehen Sie sich die Beilagen einmal an, machen Sie Ihre Bemerkungen dazu und schicken Sie mir alles, sobald es nur Ihre Gesundheit erlaubt, wieder zu. Ich will die Sache ins 4. Heft der „Studien" bringen; da bleibt sie ja wesentlich unter uns. Wären Sie doch ins Jahrbuch gegangen und vor längerer Zeit schon!

Mit herzlichem Gruß
Ihr
W. Rein

NB. Von den Aushängebogen haben Sie mir 1 bis 10 inclusive geschickt. Es fehlen Seite 161 bis 181. Kann ich dieselben erhalten? Haben Sie die Liebenswürdigkeiten von Schumann in dem Schriftchen, die „Pädagogische Tagespresse" etc., Berlin 84, gegen Sie gelesen?

306

An Wilhelm Rein, Eisenach

Gerresheim, 5. September 1884

Lieber Freund.

In Ihrem jetzigen Entwurf genügt Ihre Arbeit noch nicht für den Zweck, den Sie sich nach meiner Ansicht hätten stellen müssen. Sie haben sich bloß die Aufgabe gestellt, die Differenzen zwischen Ihrem und meinem Standpunkte zu besprechen. Nun sind aber auch noch andere Ansichten auf dem Plane, wenigstens noch drei: die Regulativleute, die Leitfadenanhänger (soweit sie nicht zu den Regulativen halten) und Dittes. Im ganzen kämen also zu Lobe unserer deutschen pädagogischen Einheit fünf methodische Parteien heraus. Mein Rat geht daher dahin, daß Sie sich das Ziel höher stecken, d.h. eine Auseinandersetzung der Zillerschen Schule mit allen vier übrigen Standpunkten versuchen. Geschieht das nicht, dann nützt auch die partielle Auseinandersetzung zwischen zwei Standpunkten nicht genug. Das Durcheinander der Stimmen, wie es bis jetzt geherrscht hat, verlangt durchaus eine gründliche, erschöpfende Arbeit. Jede andere ist nicht lohnend genug und bringt vielleicht auch weniger Heil als Unheil.

Aber auch der beschränkten Aufgabe gegenüber leistet Ihr Entwurf nicht genug. Wo soll denn aus demselben herauskommen, worin wir beiden den andern Parteien gegenüber (oder auch abgesehen davon) in dieser Frage einig sind? Davon schweigen Sie. Ich hatte ja in der psychologischen Monographie trotz der kurzen Darstellung darauf hingewiesen, daß dies nötig sei und hatte selbst versucht, das Gemeinsame zu fixieren. Wie konnten Sie dieses Allernötigste aus den Augen verlieren? (Wäre meine Fixierung nicht ganz richtig oder nicht ausreichend, so müßte sie natürlich verbessert resp. ergänzt werden).

Sie haben die Situation und Ihre Aufgabe einfach so aufgefaßt, in meinem Buche sei eine Kritik des Zillerschen Verfahrens gegeben worden und nun wollten Sie dasselbe wider meine Ausstellungen verantworten. Diese Verantwortung kommt zu früh, denn was mein Buch bringt, ist nicht eine Kritik, sondern es soll nur darauf hingewiesen werden, daß Differenzen bestehen, weil das Thema mich nötigte, dieselben jetzt bloßzulegen. Am Kritisieren und am Verantworten sind wir noch lange nicht. Erst muß genau ausgemacht werden, worin denn die Differenzen wirklich bestehen. (Das in meinem Buche auf Ihre Memorierweise ein starker Schatten fällt, ist eine Sache für sich und hängt damit zusammen, daß ich dort die Memorierweise der Regulative vor die Klinge nehmen mußte. Wenn dabei Ihre Memorierweise stark in Mitleidenschaft kommt, so ist das eigene Schuld, zum mindesten eine Versäumnisschuld). Von Ihrer Seite ist zweierlei versäumt worden: einmal hätte vor der preußischen Lehrerwelt klargelegt werden müssen, daß Ihre Memorierweise nichts gemein hat und haben will mit dem Memoriermaterialismus der preußischen Regulative, und zum andern hätten Sie helfen müssen, daß die preußische Lehrerwelt von dem furchtbaren Drucke der bekannten Prüfungsforderung endlich erlöst werde; weil beides unterlassen worden ist, so haben Sie dazu beigetragen, daß dieser Druck fortdauert. Alle Schuld rächt sich auf Erden. Wenn Ihnen in meinem Buche etwas von diesem Gericht fühlbar wird, so nehmen Sie getrost an, daß ich wider meinen Willen dazu gebraucht worden bin, dieses Stückchen Gericht auszuüben. Ganz anders würde das Gericht ausfallen, wenn den preußischen Lehrern zum Bewußtsein käme, wieviel die Zillerianer zur Aufrechterhaltung des auf ihnen lastenden Prüfungsdruckes beigetragen haben, wie würde es dann erst werden. Mein Buch hat Ihnen jetzt Gelegenheit gegeben, das Versäumte noch rechtzeitig nachzuholen. Sie scheinen das noch immer nicht begriffen zu haben: gerade die beiden Zeugnisse, die in Ihrem Skriptum am allernötigsten waren, gerade die fehlen wieder. Offen geredet, glaube ich, daß auf Ihrer Seite noch mehr als bloße Versäumnisschulden vorhanden sind, d.i. daß Ihre Memorierweise in der Tat mit der regulativischen mehr gemein hat, als Sie verantworten können. (Denn wäre es anders, so würde auch längst auf Seiten der Zillerschen Schule das Bedürfnis gefühlt worden sein, vor aller Welt wider die regulativische Memorierweise laut zu protestieren, so laut, wie man auch gegen andere Gegner protestiert hat und außerdem die Lehrer von der berüchtigten Prüfungsforderung befreien zu helfen).

Sprechen wir jetzt wieder von Ihrer Aufgabe, soweit sie zunächst mich angeht.

Hier sind Differenzen an zwei Stellen (bei historischen Stoffen): a. beim Neulernen, b. beim Memorieren.

An jeder Stelle müssen wir zweierlei feststellen:

1. worin wir einig sind,
2. worin wir differieren.

Das ist's, was Ihr Skriptum zunächst leisten muß. Darauf müssen Sie allen Fleiß verwenden; denn so weit darin Unrichtigkeiten oder Dunkelheiten bleiben, so weit würden Sie auch in der Verantwortung Ihres Verfahrens am Ziele vorbeischießen, (wie Ihr Skriptum jetzt an vielen Punkten zeigt).

Um aber das Gemeinsame wie das Differente genau und vollständig angeben zu können, müssen Sie das betreffende Lehrverfahren scharf und erschöpfend analysieren, d.i. sich alle Fragen vergegenwärtigen, welche in Betracht kommen, wenn die beiderseitigen Eigentümlichkeiten deutlich ans Licht treten sollen.

Mit der Vorführung dieser Fragen muß Ihr Skriptum beginnen.

Dann kommt die Feststellung des Gemeinsamen. Dann die Bezeichnung der Differenzen. Letzteres denke ich mir so ausgeführt, daß in zwei nebeneinanderlaufenden Kolonnen die beiderseitigen Verfahrungsweisen genau beschrieben werden, die eine genau so ausführlich wie die andere – in der Reihenfolge der einschlägigen Fragen.

Das Ganze stellt sich also in meinen Gedanken so dar:

Fragen (z.B. beim Neulernen)
1.
2. usw.

Das Gemeinsame
1.
2. usw.

Die Differenzen

Ziller (oder Rein)	Dörpfeld
1.	1.
2. usw.	2. usw.

Aus dem Gesagten wird Ihnen, wie mich dünkt, jetzt selber klar werden, daß Ihr Skriptum seine Aufgabe bei weitem nicht tief genug angefaßt hat, auch wenn es sich bloß um zwei Ansichten (Ziller und Dörpfeld) handeln sollte.

Sobald Sie aber wirklich darangehen, diese Aufgabe in der vorhin bezeichneten sorgsamen Weise auszuführen, dann werden Sie bald innewerden, daß es nicht vollständig gelingen will. Einesteils werden Ihnen nicht alle einschlägigen Fragen merkbar werden und andernteils wird es nicht gelingen, das Gemeinsame und Differente so genau zu bezeichnen, daß in unserm Verhältnis zu den übrigen Parteien nichts dunkel bleibt. Kurz, Sie werden die Überzeugung gewinnen, die ich eingangs aussprach, daß Sie sämtliche Parteien in Betracht ziehen müssen, also außer uns beiden auch noch die Regulativpartei, die Leitfaden-Anhänger und Dittes. Anstatt zwei Kolonnen müssen fünf gemacht werden, damit klar zutage kommt, in welchen Fragen diese Parteien verwandt sind oder aber auseinandergehen.

So muß Ihre Arbeit ausgeführt werden – oder gar nicht, da sie sonst nur die herrschende Verwirrung noch verwirrter machen würde.

Überdies, falls Sie es nicht täten, so würde ich, wenn meine Verantwortung an der Reihe wäre, jene Arbeit ausführen müssen. Mich dünkt, es will sich aber nicht schicken, daß die jungen Kräfte den schwierigsten Teil einer Arbeit den Alten und Invaliden zuschieben. Lassen Sie mich daher annehmen, daß Sie die Arbeit ausführen werden. Übereilen Sie sich aber nicht. Nehmen Sie ja die nötige Zeit dazu. Setzen Sie sich vor, etwas wirklich Fertiges zu liefern, sonst lieber gar nichts. Was ich auf dem literarischen Gebiete am meisten fürchte, scheue und hasse, das sind Drucksachen, die den Stempel der Übereilung an der Stirn tragen. Mein Grundsatz ist je und je gewesen: ein Schriftstück (von Bedeutung) erst dann in den Druck zu geben, wenn hinsichtlich der Richtigkeit und Deutlichkeit meine Kräfte zu der Zeit nichts mehr daran zu bessern wußten. Vielleicht bin ich darin zu penibel gewesen. Nichtsdestoweniger glaube ich, jenen Grundsatz jedem Wahrheitsfreunde empfehlen zu dürfen.

Vielleicht werden Sie wünschen, daß ich Ihnen bei der zugeschobenen Arbeit auch einige Handreichungen leisten möchte. Ich erkenne an, daß das billig wäre. Im vorliegenden Falle scheint es mir aber rätlicher zu sein, meine Handreichung einstweilen zurückzuhalten. Ihr Skriptum hat den objektiv darstellenden Teil (Fragen, Gemeinsames, Differenzen), der in meinen Augen das Wichtigste ist, ganz übergangen. Daraus mußte ich ersehen: daß Ihnen die Wichtigkeit und Notwendigkeit dieser Seite Ihrer Aufgabe noch nicht fühlbar geworden ist, und 2. daß Sie sich bisher das Gemeinsame und Differente der verschiedenen Ansichten noch niemals deutlich vergegenwärtigt haben, nicht einmal das Gemeinsame und Differente zwischen uns beiden, denn wäre es ja geschehen, so würde Ihnen auch fühlbar geworden sein, daß die Verantwortung Ihres Lehrverfahrens nur dann gelingen kann, wenn jenes voraufgegangen ist. Wenden Sie nun Ihren methodischen Grundsatz vom Selbstsuchen und Selbstfinden auch auf Ihr eigenes Studium an, so werden Sie einräumen, daß es vorteilhafter ist, wenn Sie zunächst jene Arbeit mit eignen Augen und Händen ohne fremde Handreichung vornehmen. Glauben Sie dann einstweilen fertig zu sein, so sollen Ihnen meine Augen zur näheren Besichtigung gern zu Dienst stehen.

Was nun die in Ihrem Skriptum enthaltene Verantwortung Ihres Lehrverfahrens betrifft, so werden Sie nach Beendigung jener Vorarbeit bald erkennen, daß dieselbe so, wie sie vorliegt, nicht genügt. Ich könnte Ihnen wohl einiges namhaft machen, glaube aber, daß es besser ist, wenn Sie es selbst finden. (Nachträglich habe ich Ihrem Skriptum doch etliche Bemerkungen beigefügt). Auf zwei Punkte will ich doch aufmerksam machen. Ein paarmal führen Sie Vorteile Ihres Lehrverfahrens an, die demselben nicht eigentümlich sind, sondern sich auch bei mir resp. bei andern finden. Sodann kommen einige Äußerungen vor, die jeder Leser als pure Fechterstückchen erkennen würde. Die müssen Sie absolut fortschaffen. Dergleichen stammt aus der Dittesschen Schule, nicht aus der Zillerschen.

Soeben kommt Ihre jüngste Postkarte an. Wie freue ich mich, daß Sie mir Aussicht geben, Sie noch einmal von Angesicht zu Angesicht grüßen zu können. Wenn die Leibesumstände es halbwegs gestatten, werde ich mich in Köln einfinden. Bitte, mir ein paar Fragen vorher mitteilen zu wollen, in welchem Lokale und zu welcher Stunde ich Sie treffen kann. Ich denke, es wird am besten sein, daß wir uns im Zentralbahnhofe aufsuchen. Hoffentlich richten Sie sich so ein, daß Sie eine Nacht in Köln bleiben; ich würde dann überlegen, daß ich ebenfalls die Nacht über dort bleibe.

Mit herzlichen Grüßen auf baldiges fröhliches Wiedersehen am schönen Rhein

Ihr
F. W. Dörpfeld

P.S. Sie müssen aber gute Augen mitbringen, sonst werden Sie den alten Invaliden mit grauem Haar und grauem Vollbart nicht sofort wiedererkennen.

Es fällt mir nachträglich ein, daß es doch wohl gut wäre, wenn ich wenigstens an einem Beispiele zeigte, warum Ihr Skriptum (in der Darstellung beider Lehrweisen und in der Verantwortung) nicht genügt. In Ihrer Verantwortung (Warum . . . ein Buch?) polemisieren Sie sub 1 wider ein pures eignes Mißverständnis. In der Stelle aus meinem Buche, das Sie dort zitieren, heißt „knapp", nicht „kompendiarisch". „Knapp" ist bekanntlich ein relativer Begriff. Auf unserm Gebiete kommen dreierlei Darstellungen vor: 1. die kompendiarische, 2. die buchmäßige, 3. die noch ausführlichere, wie ich sie beim mündlichen Vorerzählen fordere. Die buchmäßige ist im Vergleich zum kompendiarischen ausführlich, aber im Vergleich zu der von mir geforderten (mündlichen) Ausführlichkeit dennoch wieder knapp. In diesem letzteren Sinne ist das Wort „knapp" an der zitierten Stelle gemeint.

Wie Ihr Mißverständnis hat entstehen können (beim achtsamen Lesen), ist mir schlechterdings unbegreiflich. Denn erstlich habe ich dort nicht mit den Kompendiums-Anhängern zu tun, mithin kann auch nicht von deren Knappheit die Rede sein. Zum andern habe ich zur Vorsicht dem Worte „knapp" sofort den verdeutlichenden Ausdruck „buchmäßig" beigefügt, so daß der Lehrer mit der Nase darauf gestoßen wird, „knapp" heiße nicht kompendiarisch, sondern eben buchmäßig, kurz, es sei hier die buchmäßige (klassische) Darstellung mit meiner noch ausführlicheren verglichen.

Wenn die Leser des Ev[angelischen] Schulbl[attes] erführen, wie eilfertig man in Eisenach lesen kann, so würden sie sehr bedenklich den Kopf schütteln. Sapienti sat!

D. nimmt hier wohl zu dem Manuskript Reins Stellung, das im Jahrbuch des Vereins für wissenschaftliche Pädagogik 17 (1885) erschien. Siehe dazu Reins Brief vom 23.10.1884.

D. sieht sich genötigt, diejenigen Auffassungen noch einmal hervorzuheben, die ihn von Rein trennen. H.-E. Pohl stellt hier „einen zu schulmeisterlichen Ton" D.s fest, den Rein als unangemessen empfinden mußte (H.-E. Pohl, a.a.O., S. 47). Die Herzlichkeit mitfühlenden Verbundenseins ließ Rein jedoch auch in den späteren Briefen nicht vermissen, wie Pohl weiter schreibt. Dies zeuge von der menschlichen Größe Reins.

Die Postkarte, mit der Rein eine Reise nach Köln ankündigte, ist nicht erhalten. – Sapienti sat = dem Verständigen genügt es.

Reins Antwort:

Eisenach, 8. September 1884

Verehrter Freund!

Ihren Brief und Beilage habe ich erhalten. Es drängt mich, Ihnen sogleich auf einige Punkte zu antworten.

1. Warum ich es versäumt, gegen die Memorierweise der Regulativleute zu protestieren? Die ganze Regulativ-Zeit mit ihren speziellen Fehlern liegt so weit hinter uns, hat uns in Thüringen so wenig berührt, daß wir nur dann uns ihrer erinnern, wenn wir von auswärts mit der Nase auf sie gestoßen

werden. Überdies glaubten wir alles eher, als daß jemand ernstlich daran denken sollte, uns mit den Regulativleuten in bezug auf das Memorieren in einen Topf zu werfen. Nun es von Ihnen geschehen ist, müssen wir wohl daran glauben, zugleich aber nachträglich protestieren. Übrigens verstehe ich gar nicht, worin denn eigentlich die große Ähnlichkeit zwischen uns und den Regulativleuten bestehen soll. Das müssen Sie mir noch einmal recht deutlich sagen.

2. Mein Skriptum hatte einen ganz speziellen Zweck. Ich wollte vorerst einmal Ihr Verfahren und das unsrige scharf gegenüberstellen, um die Differenzen klar vor Augen zu haben, die zwischen uns bestehen. Ich wollte die Sache dann unserem Herbartkränzchen zu eingehender Besprechung vorlegen, namentlich aber auch, um unser Verfahren noch einmal nach allen Seiten hin gründlich zu durchdenken. An anderes dachte ich dabei zunächst nicht, da ja die ganze Frage zunächst nur uns angeht und für unseren engeren Kreis das höchste Interesse beansprucht. Uns muß ja auch daran liegen, eventuell nachzuweisen, daß der starke Schatten, den Ihre Darstellung auf unser Verfahren wirft, wohl nur von einer künstlichen Beleuchtung herrührt. Wenn die Sache dann druckfertig würde, wollte ich sie dem Jahrbuch oder den „Studien" geben, um die Differenzen zunächst im engeren Kreise zur Verhandlung zu bringen.

3. Endlich möchte ich Ihnen sagen, wie ich dazu gekommen bin, knapp und kompendiarisch gleichzustellen, da Sie doch knapp = buchmäßig setzen. Einfach deshalb, weil knapp und buchmäßig mir absolut nicht gleichbedeutende Begriffe zu sein scheinen. Kann denn nicht die buchmäßige (klassische) Darstellung, selbst der Erzählung des Lehrers gegenüber, höchst ausführlich und ansehnlich sein? Ich erinnere nur an Freytags Bilder aus der deutschen Vergangenheit, Campes Entdeckungsreisen etc. Höre ich also von einer knappen, buchmäßigen Darstellung, so kann ich zunächst nur an eine kompendiarische denken.

Lassen Sie mich schließen, da ich ja hoffentlich die Freude haben, Sie bald wiederzusehen. Ich denke schon am 20. September von hier abzureisen und etwa am 22. nach Köln zu kommen. Jedenfalls bleiben wir eine Nacht dort. Sie erhalten von mir noch genaue Nachricht.

Können Sie mir vielleicht sagen, ob es in Köln eine Herberge zur Heimat gibt? Wo bleiben Sie in Köln? Wissen Sie mir eine Empfehlung zu geben?

Mit herzlichem Gruß
Ihr tr[eu] ergebener
W. Rein

307

An Wilhelm Rein, Eisenach

Gerresheim, 6. Oktober 1884

D. bedauert, daß er aus Krankheitsgründen Rein in Köln nicht habe treffen können. Man hätte dort manche Frage gemeinsam besprechen können. Der schwankende Gesundheitszustand erfordere es, die Redaktion des EvSchBl.s bald in andere Hände zu legen. Hätte D. Horn mehr freie Zeit, hätte D. ihm die Schriftleitung längst übertragen.

Rein antwortete hierauf:

Eisenach, 23. Oktober 1883

Verehrter Freund!

Vier Sachen auf einmal! Ein bißchen viel, aber mit Geduld zu ertragen. Hoffentlich trifft Sie meine Sendung leidlich wohl, daß Sie einen Blick hineintun können. Nächstens kommt auch das 1. Schuljahr in 3. Aufl. Die neue Auflage ist soweit verbessert, als wir in der kurzen Zeit es zu tun vermochten. Wir wünschen sehr, daß, wenn das „8. Schuljahr" herausgekommen ist, eine Zeit der Ruhe eintritt, damit wir eine gründliche Revision vornehmen können.

Morgen abend sprechen wir im Herbartkränzchen über Ihre letzte Schrift. Ich habe mich entschlossen, unsere Kontroverse ins Jahrbuch zu bringen. Als interne Angelegenheit, die doch einmal zur Sprache kommen muß, gehört sie dahin – in die engeren Kreise. Natürlich nehme ich dann nur Rücksicht auf Ihre und die Zillersche Synthese, eine weitere Bearbeitung der Zukunft anheimstellend. Der Verein wird sich dann auf der nächsten Generalversammlung (wahrscheinlich in Halle) über Ihre Schrift und Ihre Ansichten, soweit sie von den in Zillerschen Kreise herrschenden abweichen, aussprechen. Herr Dr. Frick, von Stuttgart kommend, besuchte mich kürzlich. Er arbeitet sich immer mehr in Herbart-Ziller ein und will nach und nach diese Richtung in seinen Schulen und in seiner Zeitschrift, die Sie wohl erhalten haben, zur Geltung bringen.

Nehmen Sie meine Sendung freundlich auf, wie auch meine herzlichen Grüße und Wünsche zur baldigen Besserung.

Immer Ihr treu ergebener
W. Rein

Rein veröffentlichte, wie beabsichtigt, im Jahrbuch des Vereins für wissenschaftliche Pädagogik 17 (1885), S. 1–12: „Zur Synthese im historischen Unterricht. Einige Differenzpunkte zwischen Dörpfeld und der Zillerschen Schule". Darin werden die in den Briefen erörterten Fragen zusammenfassend beantwortet. Rein verteidigt seinen Standpunkt, daß im Geschichtsunterricht der oberen Klassen „Darstellungen, die von Augenzeugen und Zeitgenossen herrühren" (ebd. S. 2), ihren Platz hätten, während D. den Einsatz der Lehrererzählung fordert, die unterrichtspsychologische Vorteile vor dem Buch habe. Rein wählt die Form des Vergleichs und stellt in einer linken Spalte Dörpfeld der Zillerschen Schule rechts gegenüber.

308

An Hans Dörpfeld, Schleusingen

Gerresheim, 31. Oktober 1884

Lieber Johannes.

Seit 14 Tagen lastete mir eine bange Ahnung auf der Seele. Den äußeren Anstoß dazu gab die Nachricht, daß der jüngste Sohn des Lehrers Schumacher in Solingen, der im Seminar zu Mettmann im letzten Semester stand, wegen eines Vergehens, das vor etwa einem halben Jahr begangen und jetzt dem Direktor bekanntgeworden war, relegiert worden sei. Er war gut begabt und hatte sich bisher sowohl in Orsoy als im Seminar zu Mettmann im ganzen gut geführt, so daß die Eltern mit Vertrauen in die Zukunft schauten. Ein gewisser leichtlebiger Zug in seinem Charakter war freilich nicht zu verkennen; doch hoffte man, derselbe werde im Verlauf der Jahre einem größeren Ernst Platz machen. Jetzt ist er aus seiner Karriere hinausgeworfen. Nachdem seine Ausweisung bekanntgeworden war, hat er sich geschämt, in der Heimat zu bleiben; durch Hülfe seines älteren Bruders ist es ihm gelungen, soviel Geld zu bekommen, daß er mit Not nach Amerika reisen konnte. Dort wird wohl die Not erst recht angehen, da er ohne Zweifel froh sein muß, wenn er vorab durch Fabrikarbeit oder eine ähnliche Beschäftigung sich vor dem Hunger retten kann. So sitzen denn die Eltern gramvoll und sorgenvoll zu Hause und schauen dem verirrten Kinde in die Fremde nach; für die Mühen und Sorgen der Erziehung haben sie Tränen eingetauscht; die Lernunkosten sind umsonst aufgewendet; die Hoffnung, einst ihren Sohn in der Heimat glücklich sehen zu können, vielleicht auch darauf, daß derselbe später, wenn nötig, ihre oder seiner Schwestern Stütze werden könnte, ist mit einem Schlage zertrümmert.

Als mir die vorstehenden Mitteilungen zugingen, da war mein erster Gedanke: wie, wenn heute oder morgen dieselbe Trauerbotschaft von Deinem eigenen jüngsten Kinde erzählt würde? ! Ein arges Bangen überfiel mich. Nach den Vorgängen vor vier Jahren wird und darf Dir das nicht befremdlich sein. An Versuchungen fehlt es ja niemals, und der Abgrund, in den einer stürzen kann, ist immer nahe, sehr nahe; und da ist die größte Gefahr, wo man das nicht weiß.

Ich wußte nichts anderes zu tun, als mich an die Verheißung zu klammern, die mir in Deinem Taufnamen vorgehalten ist: „Gott ist gnädig". So habe ich Ihn denn angefleht, daß er Dich in Seine Hut nehmen und Deine Wege, wo sie in die Irre führen, mit Dornen verzäune und etwaige Vergehen rechtzeitig ans Licht bringe, bevor der sittliche Verfall als erklärter Bankerott aller Welt vor Augen liege.

Da kommt nun Dein Brief und zeigt mir, daß meine Angst nur zu gegründet gewesen war, daß aber auch Gott mein Flehen erhört hat und Deine Verirrungen noch rechtzeitig hat ans Licht kommen lassen. Ja, der gute treue Hirte ist noch hinter Dir her und läßt Dich nicht aus den Augen; das ist mein Trost. Ach, wenn auch Du ihm von Herzen danken könntest und wolltest für seine Gnade!

Du siehst die vorgekommenen Verirrungen leicht und klein an, weil sie äußerlich so aussehen; aber die Kehrseite, die nach innen geht, lässest Du eben außer acht. Sieh Dir doch diese Innenseite einmal an! Kaum hattest Du das Urteil empfangen, daß Du nicht reif zur Versetzung seiest und darum Dich ernstlicher im Arbeiten aufraffen müßtest, da weißt Du das neue Jahr nicht besser anzufangen, als daß Du den ersten Sonntag mit Kneipen und Kartenspielen einweihest. Und als diese Untat glücklich offenbar geworden ist und Du zur Not an der schlimmsten Strafe vorbeigekommen bist, während sie andere vor Deinen Augen ereilt hat: da lasset Ihr Älteren Euch nach Schmarotzerart von den Jüngeren auf Euerm Zimmer traktieren und Du meinst dann, Dich vor dem H[er]rn Direktor mit einer kasuistischen Ausrede decken zu dürfen. Und ob die Lüge Dir auf der Seele brennt, so treibt Dich doch nicht das Gewissen zur Aufrichtigkeit, sondern erst die Not, die Furcht vor der Strafe. Siehst Du denn nicht, wie Du Schuld auf Schuld häufst? Wieviel ist nun noch nötig, bis die Rechnung voll ist?

Und auch mir hast Du Deine Vergehen nicht aus innerem Antriebe bekannt, aus Gewissensnot, sondern aus äußerem Zwange, weil der H[er]r Direktor mir die Vorgänge mitteilen wollte.

Soviel ist gewiß, daß Du das Zutrauen des H[er]rn Dir[ektors] jämmerlich gemißbraucht hast. Wieviel Vertrauen er Dir noch schenken mag und wie er Deine Versprechungen der Besserung taxiert, weiß ich nicht. Wenn er vielleicht sagt, Du habest Dich des Stipendiums unwürdig gemacht, so weiß ich nichts dawider zu sagen, und so müssen denn auch wir außer dem Herzweh dafür büßen, was Dein Leichtsinn, der nicht mit sich ins Gericht gehen will, verschuldet hat. Die äußeren Unkosten, wenn sie uns auch schwerfallen, würden wir freilich noch gern ertragen, wenn nur nicht die Sorge und Angst dahinterstände, daß das Ende doch in einem traurigen Bankrott Deiner Schülerkarriere auslaufen könnte.

Wenn Du von einer Verstimmung sprichst, die wegen der Nichtversetzung über Dich gekommen sei, so mag das psychologisch richtig sein; es zeigt aber, daß Dein Inneres noch immer nicht in der Fassung ist, um Widerwärtigkeiten sich zum Heil dienen zu lassen. Wärest Du wirklich versetzt worden, so ist doch bei den vorliegenden Umständen klar, daß es nur mit Ach und Krach geschehen wäre. Nach der Vergangenheit zu urteilen, würde Dich die notorisch mangelhafte Reife doch nicht zu größerem Ernst angespornt haben, und so wäre dann in Wahrheit auch kein Segen dabei gewesen.

Hat der betreffende Lehrer Dir durch sein Urteil unrecht getan, so ist doch gewiß, daß er nach bestem Wissen und Gewissen gehandelt hat. Du mußtest Dir sagen: nur weil Deine Reife ohnehin mangelhaft war, konnte sein Urteil soviel Gewicht haben. Hättest Du einen gottesfürchtigen Sinn gehabt, so würdest Du die Verstimmung nicht haben herrschen lassen, sondern Dir gesagt haben: es fällt kein Haar von meinem Haupt ohne Gottes Willen, und darum ist es auch nicht ohne Gottes Willen, wenn ich einmal ein Unrecht erleiden soll. Joseph hatte einst ein viel ärgeres Unrecht zu erleiden und dazu von seinen eigenen Brüdern, und doch sagte er nachher: nicht Ihr habt mich nach Ägypten geführt, sondern der HErr.

Und als David einst, in den traurigsten Tagen seines Lebens, da er vor seinem eigenen Kinde flüchten mußte, unterwegs von Simei beschimpft und mit Steinen beworfen wurde, da sagte er: „Laßt ihn schelten; denn der HErr hat's ihn geheißen: fluche David! Vielleicht wird der HErr mein Elend ansehen und mir mit Gutem vergelten sein heutiges Fluchen". Und das ist ja auch geschehen.

Und Deinem Falle war sogar noch sehr fraglich, ob Dir wirklich ein Unrecht angetan war. Wäre es aber ein Unrecht gewesen und hättest Du es dann aus Gottes Hand angenommen und gedacht:

Es kann mir nichts geschehen,
als was Gott hat versehen
und was mir selig ist –

und:

Denen, die Gott lieben, müssen alle Dinge
– auch die verkehrten – zum Besten dienen,

so würde Dir die göttliche Züchtigung unfehlbar zum Segen, vielleicht zu großem Segen geworden sein.

Jetzt aber, wo Du Dich in pharisäischer Selbstrechtfertigung in eine Verstimmung hineinräsoniert und nicht auf Gottes Hand geschaut hattest, da ist Dir nicht nur der zugedachte Segen entgangen, sondern die innere Verfinsterung hat Dich in eigenes Verschulden hineingelockt und Deine Mitgenossen dazu.

Lieber Johannes! mein liebstes jüngstes Kind! Wie gern wollte ich Dir vergeben, ja 70mal 7mal, wenn ich nur den Trost hätte, daß Du endlich in die gute, sichere Bahn Deiner Geschwister kämest und die Sorge und Angst um Dich von meinem Herzen genommen wäre. Ich will nicht noch Mahnungen beifügen; Du bist ja von Deinen Geschwistern und mir genug gemahnt worden. Ich will nur bitten, was ich bitten kann aus Herzensgrund: übergib Dich in Gottes Hand und klammere Dich an Seine Gnade, daß die Angst, in der ich seit vier Jahren um Dich habe leben müssen, endlich von meinem Gemüt genommen werde. Mein und Deiner Geschwister Gebet und Flehen wird Dir zur Seite stehen, und ich hoffe zu Seiner Barmherzigkeit, daß er unser Vertrauen nicht wird zuschanden werden lassen.

In herzlicher Liebe
Dein betrübter Vater
F. W. Dörpfeld

Über den Anlaß des väterlichen Mahnbriefes ist außer den Hinweisen, die der vorstehende Brief gibt, nichts weiter bekannt.

309
An Hermann Rolle, Hoheneiche

Gerresheim, 29. November 1884

Lieber Herr Pastor.

[. . .] Aus Ihrem Briefe sehe ich zu meiner Freude, daß Sie fleißig und mit gutem Mut an der projektierten Schrift arbeiten, Glück auf! Gutes Gelingen! Was Sie von Ihren Gedanken mitteilen, läßt mich glauben, daß Sie im wesentlichen den richtigen Weg gefunden haben. Über den einen und andern Einzelpunkt möchte ich freilich gern näher mit Ihnen mich unterhalten; aber ein Verhandeln auf schriftlichem Wege lassen leider meine Leibesumstände nicht zu. Damit mein Brief jedoch nicht gar zu arm aussehe, will ich wenigstens ein paar Punkte berühren.

1. Der erste betrifft den Begriff der lokalen Schulgemeinde. Wie ich Sie verstehe, nehmen Sie gleich mir an, daß jede Schulanstalt ihre eigene Schulgemeinde haben muß. Da dieser Punkt aber mit vielfachen Mißverständnissen umschwirrt ist, so wird es rätlich sein, ihn nach allen Seiten hin scharf zu bestimmen. So wollen z.B. die einen die Schulgemeinde abgrenzen nach der bürgerlichen Gemeinde, auch wo diese letztere mehrere Schulsysteme umfaßt; andere dagegen nach der kirchlichen Gemeinde. Man wünscht dann vielleicht zwar ein besonderes Kollegium für die Schulangelegenheiten, allein hinsichtlich der Abgrenzung ist der Begriff der Schulgemeinde doch noch unklar. Wider diese Irrtümer bedarf es also nicht nur einer schärferen Bestimmung, sondern auch der Motivierung dieser Bestimmung.

2. (Die Organisation der lokalen Schulgemeinde) Sie wollen dieselbe im Vergleich zu meinen Vorschlägen vereinfachen, d.i. bloß ein einziges (engeres, verwaltendes) Kollegium einrichten. Lassen Sie mich daran erinnern, daß ich ebenfalls das Prinzip der Einfachheit in Anspruch nehme. Ist nun unser beiderseitiges Denken korrekt und mit sich selbst einig, dann muß die Differenz zwischen unsern Vorschlägen unter einen andern Gesichtspunkt als den der Einfachheit fallen. Und so ist es. Es fragt sich nämlich, was für Geschäfte jeder von uns verrichtet haben will. Je nachdem die Funktionen sind, die man wünscht, je nachdem müssen auch die Organe sein, sagt die Mechanik. In unserm Falle handelt es sich darum, ob bloß Verwaltungsfunktionen, die laufend sind, verrichtet werden sollen, oder auch die Funktion der Lehrerwahl, die nur je und dann nötig wird. Für die erstere Funktion gilt ohne Zweifel die Regel: das betreffende Kollegium darf nicht mehr Mitglieder haben, als absolut nötig sind, also je einfacher, desto besser. Für die Wahlfunktion, wenigstens beim Hauptlehrerposten, muß jedoch das betreffende Kollegium größer sein, d.h. das verwaltende Kollegium muß für diesen Zweck ergänzt werden, so wird jeder sagen, der auf dem Gebiete des Selfgovernments Erfahrungen gemacht hat, d.h. kein Neuling ist. Nicht das ist dabei die Meinung, daß das größere Kollegium in jedem Falle mehr Bürgschaft leiste für das gute Gelingen der Wahl als das kleinere.

Sehen wir vielmehr von diesem Punkte ab. Der Hauptgrund liegt an einer andern Stelle. Es handelt sich darum, in der Schulgemeinde Interesse für die Schulangelegenheiten zu erwecken, namentlich für die Personenfrage, und dafür bietet gerade die Lehrerwahl die beste, die geeignetste Gelegenheit. Die Bedingung ist aber, daß möglichst viele Kräfte für die Wahl in Anspruch genommen werden; „möglichst" viel in den Grenzen der Rätlichkeit. Das Wählen bloß durch den Schulvorstand weckt das Interesse nicht genug, ja erstickt dasselbe, wenn es vorhanden war. Wir haben hier am Niederrhein darin böse Erfahrungen gemacht. Bis vor ca. 14 Jahren fand hier die Hauptlehrerwahl durch ein größeres Kollegium statt; diese Einrichtung hatte vortrefflich dazu mitgewirkt, das Interesse an der Schule rege zu machen. (Dies zeigte sich z.B. u.a. nicht bloß darin, daß der neue Lehrer feierlich eingeholt wurde, wobei dann ein allgemeines Kaffeetrinken stattfand und nützliche Reden vom Pfarrer und den anwesenden Lehrern vorkamen, sondern bei den wohlhabenderen Gemeinden geschah es auch wohl, daß das Lehrergehalt erhöht oder dem Lehrer ein Zimmer ausmöbliert wurde. Letzteres war z.B. auch bei mir in Barmen der Fall. Eine ähnliche Wirkung haben die Pfarrwahlen gehabt). Da kam unglücklicherweise ein fremd herangezogener bureaukratischer Regierungspräsident zu Düsseldorf auf den Einfall, die Supplementärkräfte bei den Lehrerwahlen wegzuschaffen und den Schulvorstand allein wählen zu lassen. Der Minister (v. Mühler) gab sein Plazet, und damit war unsere schöne Institution begraben. Seitdem sind erst 14 Jahre vergangen, und doch klagen die Lehrer überall, daß seitdem das Interesse der Schulgemeinden an der Schule bedeutend matter geworden sei [. . .]

3. In meiner „Freien Schulgemeinde" ist auch von einer Gesamt-Schulgemeinde und deren Vertretung die Rede. Sie halten eine solche Vertretung für überflüsssig. Bei mir hat der Gedanke keine prinzipielle Bedeutung [. . .]

4. Sie brauchen einmal den Ausdruck „das Schulwesen muß selbständig sein, unabhängig von Staat und Kirche." Das Wort „unabhängig" (ebenso „selbständig") ist in unserm Kriege gefährlich, höchst gefährlich. Man weckt dadurch Feinde auf, die man lieber schlafen lassen sollte. Ein Schulwesen, das vom Staate unabhängig sein soll, ist den dermaligen liberalen Politikern ein Greuel und den konservativen dazu, sofern es nicht als ein kirchliches gemeint wäre. Daß der Staat nicht auch die Kultursachen verwalten soll, klingt den Liberalen wie ein Rückfall in barbarische Zeiten. Seit dem „Kulturkampf" kommt bei den doktrinären Liberalen zu ihrer alten (Hegelschen) Idee, daß der Staat „das sittliche Universum" sei, noch eine neue Antipathie gegen das freie Schulwesen hinzu; sie sind nämlich vcn der Furcht gequält, daß alles, was der Staat auf dem Schulgebiet aus den Händen gäbe, auf katholischem Boden dem Klerus, dem Vatikan in die Hände fallen

würde. Wir müssen uns damit begnügen, auf dem gegebenen Boden der Staatsschule (Oberaufsicht des Staates) für das Schulwesen einen gesonderten Verwaltungsorganismus anzustreben, wie ja auch das Militärwesen scharf geschieden ist von den übrigen Zweigen der staatlichen Administration. Das Wort „gesondert" kann keinen Anstoß geben, da der Staat als Ober-Schulherr anerkannt bleibt und die betreffenden Schulverwaltungsorgane in seinem Namen fungieren sollen. Können wir das erreichen, nämlich von unten bis oben gesonderte Verwaltungsorgane (incl. der mitberatenden Repräsentativkollegien in jeder Instanz), so haben wir genug erreicht, mehr, als die gegenwärtige Generation hoffen darf, mehr, als sie zu erlangen verdient. Den Namen eines „freien", „selbständigen", „unabhängigen" Schulwesens mögen dann unsere Enkel oder Urenkel dazu erobern.

5. Daß Sie auch der „Jugendwüste" (vom 14. bis 20. Jahr) mit Nachdruck gedenken wollen, hat mich in besonderem Maße gefreut. Möchten durch Ihre neue Anregung recht viele Anpflanzungen zustande kommen! Vorbedingung aber ist: Schulgemeinde! Denn der Staat als solcher versteht sich aufs Kultivieren nicht. Was das korrelate Institut der „Kindergärten" betrifft, so wünsche ich, daß Sie zur Ehre der Familie kein Wort davon reden. Mögen sie entstehen, wo sie nötig sind, aber was darüber ist, das ist vom Übel. Sie haben ja die Hände übervoll zu tun, wenn Sie bloß vom Nötigen reden, denken Sie z.B. auch an die pädagogischen Fakultäten und pädagogischen Seminare auf den Universitäten; warum wollen Sie sich auch noch mit Überflüssigem belasten?

Ich mache noch darauf aufmerksam, daß im Jünglingsalter stark das Bedürfnis der Kameradschaft, der Genossenschaft hervortritt. (Vgl. die Studenten-Verbindungen). Hier darf also die Bildung und Erziehung nicht lediglich in der Form der Schule an das junge Volk herangebracht werden, sondern in der Form von Vereinen, in denen aber auch für Unterricht gesorgt ist. Das war auch Dr. Magers Ansicht.

6. Bitte, verlieren Sie auch die von mir geforderte „öffentliche Sittenaufsicht" nicht aus den Augen. Sie hat sich natürlich über die gesamte unmündige Jugend zu erstrecken. Hier vor allem muß sich zeigen, ob die öffentlichen Gemeinschaften (Staat und Kirche) ihre pädagogische Aufgabe begriffen haben. Alles Gerede über Erziehung zur Pietät und alles Geklage über Pietätlosigkeit ist nutzlos, solange eine öffentliche Sittenaufsicht (und Sittengericht als ehrenamtliches Kollegium) nicht besteht.

7. Da fällt mir in betreff der Schulverwaltungsorgane noch etwas ein, was ich oben vergessen hatte. Es ist die Kreis-Instanz, welche ich im Auge habe. Ihr Vereinfachungsgedanke ist hier wieder zu früh in Anwendung gekommen. Erst muß die Vorfrage besehen werden, ob in dieser Instanz bloß administrative oder auch legislatorische (beratende) Funktionen verrichtet werden sollen. Die eigentlichen administrativen Geschäfte besorgt der Kreis-Inspektor. Sofern es aber für zweckmäßig gehalten wird, wie dies denn meine Ansicht ist, ihm für gewisse Fälle einen Beirat zur Seite zu stellen, sind Ihre fünf Personen schon viel zu viel. Hier sind zwei Personen, ein Lehrer und ein Schulvorsteher oder statt dessen ein zweiter Lehrer, als Assessoren vollkommen ausreichend, ganz nach Analogie des kirchlichen Kreismoderamens (Superintendent, Assessor und Skriba) der hiesigen Kirchenordnung. Der erste Assessor würde jeweilig den Inspektor auch vertreten können.

Denkt man sich in der Kreisinstanz auch legislatorische Aufgaben, sei es auch nur in der Form der Gutachten, so muß für diesen Zweck ein größeres Kollegium bestellt werden. In den größeren Städten besteht dies auch bereits seit langem als sog. Schuldeputation oder Schulkommission, die sich gewöhnlich alle 3–4 Wochen versammelt und übergenug zu tun hat. Bei Städten wie Barmen, Elberfeld, Düsseldorf, Dortmund usw. besteht die Schuldeputation außer dem Bürgermeister und Schulinspektor in der Regel (nach der neueren Organisation) aus neun Mitgliedern. Hier hat dieses Kollegium freilich auch manche Verwaltungsgeschäfte zu besorgen, z.B. Prüfung resp. Bestätigung der Lehrerwahlen usw.; in Westfalen und in Elberfeld hat die Schuldeputation leider die Lehrerwahl gänzlich an sich gerissen. Auf dem Lande, wo die Verwaltungsgeschäfte lediglich vom Kreisinspektor (und seinen Beisitzern) besorgt werden können, würde es wohl ausreichen, wenn die Kreis-Schuldeputation sich jährlich bloß einmal versammelte. Anregung des Schulinteresses wäre hier ein Hauptzweck. Hier könnte daher dieses Kollegium auch die Form einer Kreis-Schulsynode annehmen, d.h. aus mehr Mitgliedern bestehen, ganz nach Analogie der kirchlichen Kreissynode, die sich jährlich einmal versammelt. Mitglieder würden dann sein (außer dem Inspektor und seinen zwei Beisitzern): aus jeder Gesamt-Schulgemeinde je ein Lehrer und ein Schulvorsteher, dazu als ständige Mitglieder der Landrat und der Superintendent, vielleicht auch noch ein paar Pfarrer.

Wie Sie sehen, ist Ihre Fünfzahl als Ausschuß zu groß und als repräsentatives Kollegium zu klein. „Eins für eins", sagt Aristoteles mit Recht [. . .]

9. Noch ein Letztes sei erwähnt, was wieder in die Taktik gehört [. . .] Wenn die Artillerie bei einer belagerten Festung eine Bresche schießen will, so zielen bekanntlich die Kanonen am zweiten Tage genau auf dieselbe Stelle, welche am ersten Tage beschossen worden ist und so fort. Das Warum sagt sich von selbst. Diese Weisheit scheint wohlfeil zu sein, und doch wird beim literarischen Brescheschießen häufig dagegen gefehlt [. . .]

Ein Beispiel hat die Zillersche Schule geliefert – in Rücksicht auf unsern Vorkämpfer Dr. Mager. Ziller und seine Schüler hätten zuallererst dafür sorgen müssen, daß Magers Arbeit im Gedenken blieb und damit ihrer eignen die Bahn bereitet war. Wäre das geschehen und in der richtigen Weise, so würden sie von vornherein bei allen alten Lesern der Magerschen Schriften eine offene Tür gefunden und damit innerhalb der pädagogischen Welt ein festes Terrain gewonnen haben. Es geschah aber nicht; die Anknüpfung an Mager wurde unterlassen. Und die Folge? Weil die Zillersche Anschauung zu sehr als etwas ganz Neues auftrat, so blieb sie auch für das Gros des pädagogischen Publikums lange Zeit etwas Fremdes; sie wurde nicht einmal beachtet. Und als sie nach langem, langem Warten sich endlich doch Beachtung errang, da gab es Mißverständnisse über Mißverständnisse und Konflikte über Konflikte, wie es annoch am Tage ist. Bei richtiger Taktik hätten wir Herbartianer schon vor 10–15 Jahren ebenso weit vorgerückt sein können, wie wir es heute sind. (Sie werden verstehen, daß ich damit dem lieben seligen Z[iller] keinen Vorwurf machen will. Er hat Verdienst genug, wenn er auch kein Stratege war; aber seine Schüler, deren Aufgabe die Propaganda war, hätten nun auch sich um die rechten Wege der Propagande bekümmern sollen).

Nun Gott befohlen!

Mit herzlichen Grüßen
Ihr
F. W. Dörpfeld

H. Rolle hat eine Reihe Dörpfeldscher Schulgemeindegedanken aufgegriffen. D.s abweichende und weiterführende Überlegungen gelten der Konkretisierung der Schulgemeinde und ihrer Organisation. Er kann sich dabei auf frühere Veröffentlichungen stützen, vor allem auf „Die freie Schulgemeinde" (Gütersloh 1863), wo auch ein organisatorisches Modell entwickelt worden war.

310

An Wilhelm und Anne Dörpfeld, Athen

Gerresheim, 18. Dezember 1884

Lieben Kinder.

Es ist bereits über ein Jahr dahingegangen, daß Ihr einen direkten schriftlichen Gruß von mir erhalten habt. Die Kinder in Helsingf[ors] sind in demselbigen Falle. Diese Schulden drücken mich sehr. Aber ich weiß mir nicht zu helfen. Die Alters- und andern Leibesgebrechen nehmen zu, und die verfügbare Arbeitskraft engt sich dadurch immer mehr ein.

Schon allein mit den Ansprüchen, die von außen an meine Zeit gemacht werden, weiß ich nicht mehr fertig zu werden. Ändern läßt sich daran nichts, oder ich müßte die Redaktion des Sch[u]lbl[attes] niederlegen und so meine öffentliche Stellung aufgeben. Das ist aber nicht wohl möglich, da das Sch[u]lbl[att] meine beste Nebeneinnahmequelle bildet.

Nun gibts aber auch noch Arbeit durch die herausgegebenen selbständigen Schriften – in dem glücklichen Falle, wenn eine neue Aufl[age] nötig wird. Ein bloßer Wiederabdruck konveniert einem in der Regel nicht: man hat mittlerweile etwas hinzugelernt und möchte dasselbe gern verwerten. So lagen zu Anfang d[ieses] J[ahres] vier Schriften vor, die eine neue Auflage und zum Teil eine Neubearbeitung forderten. Zwei derselben sind im Laufe des ersten Semesters fertiggeworden: die psych[ologische] Monographie und das Enchiridion (Jene ist jetzt viermal so umfangreich als die ursprüngliche Abhandlung). Die beiden andern, die „Grundlinien" und die method[ische] Begleitschrift zum Enchiridion , warten noch; Verleger und Leser drängen fort und fort, aber ich habe, trotzdem ein halbes Jahr verflossen ist, noch keine einzige Zeile daran schreiben können. Abgesehen von der Verbindlichkeit gegen den Verleger und die Leser, muß ich die vorhandenen selbst[ändigen] Schriften auch deshalb im Auge halten, weil ich hoffen darf, darin der treuen, kränklichen Anna eine kleine Einnahmequelle hinterlassen zu können.

Ihr seht also, wie die Sachen stehen. Gedacht habe ich an Euch genug und auch Eurer in meinem Gebet nicht vergessen; und wenn es nach meinen Wünschen gegangen wäre, so hättet Ihr manchen langen Brief bekommen. Aber aus dem Wünschen ist eben kein Vollbringen geworden. So bleibt mir nichts anderes übrig, als auf Eure Geduld und Nachsicht zu hoffen. Ich bitte herzlich darum. Müßte ich befürchten, daß Ihr ob meines langen Schweigens an meiner Liebe und Teilnahme zweifeltet, so würde ich's nicht zu tragen wissen. Was meine öffentliche Stellung mir in der Beziehung zur Familie geraubt hat, das ist ein Punkt, wo mein Gemüt ohnehin sehr, sehr wund gedrückt worden ist, so daß ich alle Mühe habe, der andrängenden Schwermut Herr zu werden. Es gehört das zum schmerzvollsten meines Lebensweges. Bitte darum nochmals: habt Geduld und Nachsicht mit dem alten, müden Invaliden!

Der nahe Christtag und Dein Geburtstag, lieber Wilhelm und die Mahnungen der Anna und Christine haben mich jetzt doch aus meiner Müdigkeit und aus dem Trubel der Geschäfte aufgerüttelt. Kann ich nicht viel schreiben, so will ich doch ein paar Zeilen und meinen herzlichen Gruß an Euch drei Lieben senden.

Gott sei mit Euch in dem neuen Jahre, wie Er es bisher nach Seiner Güte und Barmherzigkeit gewesen ist. Haltet seine Güte im Gedenken. Ihr habt ihm viel zu danken. Und das Danken „ist ein höchst nützliches Denken", wie ein alter Barmer Freund zu sagen pflegte.

„Wer Dank opfert", heißt es im Ps[alm], „der preiset Gott, und das ist der Weg, daß ich ihm zeige mein Heil". Mit der Undankbarkeit hat nach des Apostels Pauli Wort (Römer 1) die Finsternis und sittliche Depravation des Heidentums angefangen. Auf alt-hellenischem Boden ist das ein tiefsinniges Thema, in welchem der Schlüssel zu vielen Aufschlüssen liegt. Aber auch auf christlichem Boden hat das Kap[itel] von der Dankbarkeit eine größere Tragweite, als man gewöhnlich glaubt. Gott danken heißt, Gottes Wohltaten memorieren, auch darauf sich besinnen, daß seine Liebe und Barmherzigkeit uns immer einen Schritt, ja eine ganze Ewigkeit voraus ist.

Nun können Stunden und Tage kommen, wo es einem weniger wohl zumute ist, auch Euch, lieben Kinder. Es kann geschehen, daß alle irdischen Stützen zerbrochen vor den Füßen liegen, daß der Glaube dahin ist, die Hoffnung keinen Lichtstrahl mehr sieht – und was dann? Wenn Gottes Wohltaten gut, d.i. dankbar memoriert sind, wenn Seine unergründliche Barmherzigkeit noch fest im Gedenken ist, dann wird trotz allem und allem das Band der Liebe halten, wie schwach es auch sei, und an diesem letzten Bande werden auch Hoffnung und Glaube wieder lebendig werden und erstarken, und die schwere Anfechtung wird überwunden und das Kind wird wieder beim Vater sein.

Es folgt die 2. Strophe des 68. Psalms nach Matthias Jorissen „Erhebet er sich, unser Gott" mit dem Zusatz „Ref[ormiertes] Gesangbuch"

Gern möchte ich einmal einen Blick in Euer Daheim werfen, namentlich um die kleine Else zu beobachten, wie sie umherkriecht und vielleicht schon das Marschieren versucht und Mama und Papa und Opapa stammelt. Hoffentlich haben wir nach einiger Wartezeit auch wieder die Freude, Euch alle drei hier bei uns zu sehen.

Deinen Artikel contra B[oetticher] über Troja, lieber Wilhelm, habe ich mit Interesse gelesen. So viel ich urteilen kann, hast Du Euern Standpunkt gut verteidigt. Es soll mich wundern, ob B[oetticher] noch weiter phantasieren will. Wie steht es mit Deiner Arbeit über Metrologie? Kann ich auch darüber etwas zu lesen bekommen? Das würde mir lieb sein. Was über Tiryns publiziert worden ist, wird mir wohl nicht zugänglich zu machen sein, sonst würde ich auch diese Ergebnisse Deiner Arbeit gern kennenlernen.

Als ein kleines Angebinde zum Geburtstage schicke ich hierbei eine Photographie meines alten Lieblings, unseres unermüdlichen, tapferen Reichskanzlers. In jüngster Zeit hat er wieder in besonderer Weise die Blicke in aller Welt auf sich gelenkt, durch die hoffnungsvollen Unternehmungen in der Kolonialpolitik, wo namentlich England seine kluge Strategie so empfindlich hat fühlen müssen und andererseits durch die jämmerlich armselige Opposition der unverbesserlichen Fraktionen im Reichstage. Es unterliegt keinem Zweifel, daß auch dieser innere deutsche Krieg, wie schmerzhaft er in manchem Betracht für den Kanzler sein muß, so gewiß mit dem Siege der guten Sache endigen wird wie weiland der holstein[ische], der österreich[ische] und der französ[ische] Krieg. Vielleicht erinnerst Du Dich noch des Briefes, den ich Dir im J[ahre] 1866 nach Fild schrieb, als alle fortschrittlichen Philister wider Bismar[c]k tobten. Wie glänzend sind die Hoffnungen, die damals mein Flugblatt aussprach, in Erfüllung gegangen! Daß die jetzige parlamentarische Opposition sich mit ihrer Nörgelei diesmal ebenso lächerlich machen wird, wie sie es damals tat, ist ganz gewiß. Die Zentrumspartei ist freilich unverbesserlich, aber die Fortschrittspartei pfeift auf dem letzten Loche. Nichts konnte für sie gefährlicher sein, als daß sie mit dem erwachten Nationgefühl in Konflikt geriet. Ihre jetzigen Nörgeleien riechen dem deutschen Nationalgefühl wie Gestank; eine Lampe, die anfängt zu stinken, ist bekanntlich im Erlöschen.

Ein Krieg der verschiedenen Ansichten, wie er leider seit langer Zeit inmitten des deutschen Volks wütet, läßt sich allerdings nicht so schnell zum Austrag bringen wie weiland der österreich[ische] Krieg. Er will rite durchgekämpft sein, und das erfordert Zeit.

Das Schlimme in diesem Kampfe liegt nun darin, daß Bismar[c]k kein wehrfähiges Heer hat. Die Konservativen und die Nationalliberalen folgen ihm zwar willig, aber sie folgen ihm auch bloß, würden auch ohne ihn rat- und hülflos sein. Es liegt das daran, daß sie ihre eigenen Fehler noch nicht erkannt haben oder wo doch, daß sie nicht die Gewissenhaftigkeit haben, es offen zu bekennen. Wahrhaft und sieghaft wird nur die Partei, welche den Mut hat, sich fort und fort selbst zu reformieren, kurz, welche bußfertig ist. Mit dem Artikel hat 1517 die deutsche Reformation begonnen, und mit dem allein kann sie wachsen und siegen. (Vergleiche auch meinen Anhangsaufsatz in der „Leidensgeschichte". Der kann lehren, in dem Gewirre der Parteien sich zurechtzufinden.)

Ein besonderer Grund der Hoffnung liegt mir noch darin, daß das deutsche Volk endlich merken wird und muß, daß durch den jämmerlichen Wirrwarr seiner dermaligen Parteien der Papst sich dazu aufgeschwungen hat, die Rolle eines Protector Germaniae zu spielen. Ohne sein Plazet (durch das Zentrum) kommt ja in Deutschland kein großes und kein kleines Gesetz mehr zustande.

Ich hoffe, daß dem deutschen Volke endlich und endlich diese Schmach auf der Seele brennen wird. Dann wird die Scham es auch wohl antreiben, endlich einmal mit dem jammerhaften Parteigezänke aufzuräumen. Das möchte ich noch gern erleben.

Nun seid mir herzlich gegrüßt in Gottes Namen, lieben Kinder, für das neue Jahr.

In Liebe
Euer Vater
F. W. Dörpfeld

Hauptmann a.D. Boetticher hatte die „unglückselige Theorie" aufgestellt, Schliemanns Troja sei eine Feuernekropole gewesen (P. Goeßler, a.a.O. S. 78). W. Dörpfeld trat in publizistischen Abhandlungen, u.a. in der Kölnischen Zeitung, dem „immer lächerlicher sich gebärdenden Querulanten" entgegen. Die beiden Ausgräber hatten sich noch, u.a. von R. Virchow verteidigt, bis 1889 der öffentlichen Angriffe Boettichers zu erwehren.

Zu D.s Bismarck-Kommentar: Im April 1884 war das von dem Bremer Kaufmann Lüderitz in Südwestafrika erworbene Küstengebiet unter deutschen Schutz gestellt und im Juli die deutsche Hoheit über Togo und Kamerun ausgesprochen worden. Bismarck gab „den privaten Kolonialunternehmungen die Rückendeckung und den Schutz des Reiches" (K. E. Born, in: Gebhardt, Handbuch der dt. Geschichte, Bd. 3, Stuttgart [9]1970, S. 292; dort auch weitere Hinweise zur Innenpolitik Bismarcks sowie Literaturangaben. Vergleiche ferner: E. Eyck, Bismarck, 3. Bd. Erlenbach-Zürich 1944, S. 394 ff.)

311
An unbekannt

Gerresheim, 1884

[. . .] Wie hat mich Ihre Trauernachricht erschreckt und ergriffen! Und wie hat sie bei mir alte eigene Wunden wieder aufgewühlt! Und wie muß erst Ihnen selbst ums Herz sein, so schnell, so unvorbereitet am Sterbebette, am Grabe der Hausmutter stehen zu müssen und sich als einsamer Mann, als Witwer mit einer Schar verwaister Kinder allein zu finden! A[nna] hatte mir am ersten Abend die Trauerkunde noch verheimlicht, weil sie wohl wußte, daß mich's vor der Nacht zu hart ergreifen würde. Gestern morgen mußte ich's dann hören. Welch ein Stich ins Herz! Ich sah Sie vor mir, wie ich mich selbst vor dreizehn Jahren am Morgen nach dem Hinscheiden der lieben Mama inmitten meiner mich umklammernden, weinenden Kinder gefunden hatte. Ach, wie preßt sich da das Herz zusammen! Wie dunkel wird da der lichte Tag! Und wie fühlt man das Wort: „In der Welt habt ihr Angst!" Und doch ruft einen die Vaterpflicht und der Beruf zum Aufraffen und zum Weitersorgen und -schaffen in der Welt, während man am liebsten mit der heimgegangenen Lebensgefährtin in ein besseres Heim fliehen möchte.

Lieber Freund! Ich bin noch nicht in der Fassung, Ihnen ein wenig Trost zusprechen zu können. Ich muß erst selber wieder stiller werden. Aber ich wollte doch Ihnen wenigstens mit ein paar Worten sagen, wie wir mit Ihnen trauern. Gott der Herr wolle Ihnen die Tränen abwischen und Ihr verwundetes Herz stark machen. Er kann es allein.

Hoffentlich kann ich in einigen Tagen mehr schreiben. Vielleicht kommen Ihnen dann meine Worte noch mehr zugute als jetzt in der Unruhe. Geht es Ihnen so wie mir, so wird der tiefste Schmerz ohnehin erst nachkommen, wenn die Betäubung und das Stechende des ersten Wehes vorüber ist. Eins lassen Sie mich noch sagen: Weinen Sie sich aus, recht so! Sonst wird's zu schwer, und klammern Sie sich fest an den Herrn, der ein Vater der Barmherzigkeit und ein Gott alles Trostes ist [. . .]

[F. W. Dörpfeld]

312
An Agnes von Rohden, Helsinki

Gerresheim, Anfang 1885

[. . .] Es hat mich, liebe Agnes, sehr gefreut, daß es mit Deinem Befinden wieder besser geht und Du mit neuem Lebensmut in die Zukunft schaust. Der liebe Gott erhalte Deine

Gesundheit und stärke sie, dazu auch den frohen Mut. „Guter Mut ist ein tägliches Wohlleben," sagt der alte Sirach, und er hat recht. Versäume aber auch Deinerseits nicht, was Du zum Gesund- und Munterbleiben tun kannst.

Wie ich wünsche und hoffe, hat Dir die überstandene Trübsalszeit auch einen innerlichen Segen zurückgelassen. Namentlich den Segen, daß Dein Herz noch fester in Gottes Barmherzigkeit sich eingewurzelt, noch inniger an sein Herz sich anklammern gelernt hat. An Gelegenheiten, wo dieser Segen sich erproben kann, wird es ja wohl in Zukunft nicht fehlen; und es ist auch gut, daß sie nicht fehlen, da wir Menschenkinder so geartet sind, daß das rechte Rufen zu Gott aus des Herzens Tiefe erst dann herauskommt, wenn uns alle anderen Stützen aus den Händen geschlagen sind. Für solche Stunden, wo Trost und Hilfe not tut, will ich im voraus ein paar Stärkungsworte hierhersetzen, an denen auch meine bangende Seele manchmal sich aufgerichtet hat.

Der Herr hat alles wohl gemacht,
Er wirds nicht böse machen,
Dies, fromme Seele, wohl betracht
In allen deinen Sachen:
In Freud und Leid, in Gnüg und Not,
In Krankheit, Jammer, Kreuz und Tod,
In Kummer, Angst und Schmerzen;
Das glaub, o Herz, von Herzen.

(Aus Zahns biblischem Historienbuch)

Du bist nun, liebe Agnes, bereits ein rundes Jahr lang „Frau Pastorin", eine Nachfolgerin der würdigen Großmutter, die es schon zwei Menschenalter lang mit Ehren gewesen ist. Es ist mir eine große Freude gewesen, daß eins meiner Kinder in ein Pfarrhaus gerufen und geführt wurde; hätte nur die liebe sel. Mama es noch erleben dürfen! „Wer ein Bischofsamt begehret, der begehret ein köstlich Werk;" köstlich aber ist auch der Frauen Dienst an seiner Seite. Ich habe wohl sagen hören und gelesen, wie man meinte, eine Pfarrfrau müsse ein halber oder Viertels-Pastor sein, wenn sie ihren Posten recht ausfüllen wolle. Das ist ganz und gar nicht mein Sinn. Hat eine Frau Pastorin Beruf und Trieb, zu „weissagen", nun wohl, so will ich es ihr nicht wehren, aber zu ihrem regulären Dienst als Pfarrfrau gehört es nicht. Eine gute Königin ist nicht darum gut, weil sie in die Regierungsgeschäfte hineinpfuscht; dasselbe gilt mir auch von einer guten Pfarrfrau. Sagt man, das sei die beste Frau, von der wenig gesprochen wird, so sage ich, es gilt zweimal von der Pfarrerin. Ihre Tugenden bestehen lediglich in dem, worin auch die Tugenden jeder andern Hausfrau bestehen, daß sie nämlich ihrem Hauswesen wohl vorstehe, daß sie ihre Kinder sorgsam erziehe, daß sie ihren Mann als eine treue Gehülfin also versorge und pflege, damit er seine Arbeit mit gutem Mute tun kann und daß sie für seine eigentümlichen Berufspflichten, Berufssorgen und Berufsfreuden Sinn und Teilnahme habe. Alles übrige, was lieblich ist und wohllautet, ist eine gute Zugabe; aber jenes sind notwendige Stücke. Eine Frau Pastorin, die das zu werden und zu leisten wünscht, von Herzen wünscht, die ist gewiß eine gute Pfarrfrau. Halte Deine liebe Großmutter vor Augen, meine liebe Agnes und das Psalmgebet „Schlecht und recht, das behüte mich!" im Sinne, dann bist Du unzweifelhaft auf gutem Wege. Ich habe Dir diese kleine Pfarrhaus-Predigt beifügen wollen, weil ich mich eben so sehr gefreut habe, daß Du „Frau Pastorin" geworden bist. Ich zweifle nicht, daß Du sorgen wirst, meine Freude voll zu machen. Gott der Herr stärke Dich darin! [...]

[F. W. Dörpfeld]

Agnes D. hatte am 4.1.1884 D. theol. Dr. phil. Gustav von Rohden geheiratet, der 1882–1895 deutscher Pfarrer in Helsinki war.

313

An Wilhelm Rein, Eisenach

Gerresheim, 16. Januar 1885

Lieber Freund.

Hierbei kommt ein Manuskript, über das ich gern Ihr Urteil hören möchte. Es stammt von einem Hannoverschen Geistlichen, der eine neue Lese-Lehrmethode entdeckt zu haben glaubt. Den Aufsatz hat er für das Ev[angelische] Schulbl[att] eingeschickt. Seine Idee ist offenbar originell. Gleichwohl bin ich zweifelhaft, ob man wohl daran tut, dem Artikel zum Abdruck zu verhelfen. Einmal kann ich vor der Hand noch nicht die Überzeugung gewinnen, daß die neue Weise für Lehrer und Schüler eine Erleichterung bringe oder andere praktische Vorteile gewähre. Dazu kommt ein zweites Bedenken. Für uns Herbartianer liegt zur Zeit beim Leseunterricht das Hauptproblem darin, daß auch hier die Idee der Konzentration (Anschluß an den Konzentrationsstoff) zur Durchführung gelange. Die sogenannte Normalwörter-Methode hat uns ein schweres Hindernis in den Weg gewälzt; wo sie herrscht, da ist unser Begriff der Konzentration verneint. Wir müßten also von Rechts wegen an der sogenannten (Lautier-) Schreib-Lese-Methode festhalten resp. darauf zurückgreifen. Tritt nun eine dritte Methode auf den Plan, so wird dadurch unsere rückständige Aufgabe im Leseunterricht erschwert; denn falls die neue Weise überhaupt Beachtung fände, würde der Streit in der Schulmeisterwelt sich doch ganz und gar nur um die drei Methoden drehen, und bei diesem Gelärm würde sich unser Problem vollends nicht zu Gehör bringen lassen. Käme noch hinzu, daß diese dritte Methode zuerst im Ev[angelischen] Schulbl[att] oder in einem andern herbartischen Blatt erschiene, so würden manche meinen, das sei gerade die herbartische Methode, und wir würden dann mit neuem Mißverstehen und neuer Verwirrung zu kämpfen haben.

Ein anderes wäre es, wenn die dritte Methode wirklich praktische Vorteile böte und überdies den Anspruch erheben dürfte, psychologisch-rationeller zu sein. Da ich mich davon nicht überzeugen kann, so scheint es mir im Interesse unseres rückständigen Problems am geratensten zu sein, den Druck des fraglichen Aufsatzes abzulehnen, obgleich ich sonst gern dem Verfasser behilflich sein möchte, seine originelle Idee wenigstens zur Sprache bringen zu können.

Sie sehen jetzt, was ich gerne von Ihnen wissen möchte, nämlich

1. wie Sie (und Ihre Kollegen) über die vorgeschlagene Lese-Methode an und für sich denken,
2. ob Sie den Abdruck des Aufsatzes im Ev[angelischen] Schulbl[att] für rätlich halten.

Da der Verfasser auf eine Entscheidung drängt, so würde mir erwünscht sein, recht bald Ihre Meinung erfahren zu können.

Mit meinem leiblichen Befinden geht es nur leidlich. Die Kraft zu äußerer Arbeitsleistung hat merklich abgenommen. Ich sehe mich daher dazu gedrängt, die Redaktion des Schulblattes in andere Hände zu legen. Leider ist Horn amtlich überlastet und dazu durch Überarbeitung nervös sehr angegriffen. Er kann daher meine Last nicht übernehmen, wenigstens nicht ganz, vielleicht nicht einmal einen Teil. Da ist guter Rat teuer. Gleichwohl liegt für mich die Notwendigkeit vor, mich für eine Zeitlang, etwa bis zum Schlusse dieses Jahres, von der Redaktionsarbeit zurückzuziehen, um zu sehen, ob es bis dahin (bei mehr Ruhe) mit meinem Befinden besser geht oder ob sich bis dahin eine definitive Abhilfe bietet. Wie sehr es mir ans Herz geht, daß ein neuer Schritt in den Ruhestand hineingetan werden soll, brauche ich nicht zu sagen. Das „Entkleidetwerden" (im Sinne des Apostels) ist eine schwere Prozedur. Die ganze Schwere macht sich freilich erst dann fühlbar, wenn's losgeht.

Den letzten Satz mögen Sie sich merken, damit Sie in Zukunft nicht mehr einen Invaliden zum Kriegsdienst nötigen. Ich wollte hier noch einige Bemerkungen über die neueste Phase der Angriffe auf die Herbartianer beifügen (Rißmann, Bartels usw.), aber die Leibesschwachheit nötigt mich, abzubrechen. Eins will ich doch sagen: alles, was diese Herren wider uns loslassen, hat mir nicht so wehe getan als das eine, daß unser lieber Frick der Bartelsschen Broschüre die Ehre antut, sie in seinem Vortrage zu zitieren. Sobald sich Zeit findet, muß ich darüber mit Frick ein Wörtchen reden.

Mit besten Grüßen
Ihr F. W. Dörpfeld

Bei dem Manuskript des „hannoverschen Geistlichen" handelt es sich wohl um den im EvSchBl 29 (1885), S. 230–241, veröffentlichten, mit N. gezeichneten Aufsatz „Versuch einer neuen Lese-Methode". Auch Rein geht im anschließenden Gegenbrief darauf ein. Er kündigt außerdem im 2. Heft der Pädagogischen Studien 1885 an: A. Göpfert, Rechtfertigung einiger pädagogischer Gedanken Zillers. Zugleich eine Erwiderung auf die Schrift des Herrn Dr. Bartels: Die Anwendbarkeit der Herbart-Ziller-Stoyschen didaktischen Grundsätze für den Unterricht an Volks- und Bürgerschulen.

Eisenach, 18./23. Januar 1885

Verehrter Freund!

Ich fange einstweilen an zu schreiben, ohne zunächst Ihrem Wunsche, ein Urteil über beiliegendes Manuskript abzugeben, nachzukommen. Der Schluß Ihres Briefes regt mich an, Ihnen sogleich zu antworten. Ihr längeres Schweigen ließ mich schon nichts Gutes ahnen; nun hoffentlich kräftigt sich Ihre Gesundheit bald wieder, so daß wir uns noch lange Ihrer Tätigkeit freuen können! Dies mein herzlichster Wunsch. Sollten Sie aber doch nach Hilfe für die Redaktion Ihres Schulblattes sich umsehen müssen, so empfehle ich Ihnen Herrn Dr. Just, der vom 1. April ab Direktor der Bürgerschulen in Altenburg wird und, wie ich höre, hinreichend freie Zeit zur Verfügung hat, um schriftstellerisch tätig zu sein.

In bezug auf Frick-Bartels freue ich mich, gleicher Ansicht mit Ihnen zu sein. Als Frick hier war, sagte er mir, man müsse Bartels so beikommen, daß man ihn zum Herbartianer stempele. Ich konnte nichts dagegen sagen, weil ich damals die Schrift von Bartels noch nicht gelesen hatte; aber mein geringes Zutrauen in die Leistungen des Mannes, sein Verhalten in Karlsruhe etc. ließen mich nichts Gutes hoffen. Und so kam es ja auch. Haben Sie Stoys Brief an Bartels gelesen? Was sagen Sie dazu? Ist das nicht unerhört? Im 2. Heft der „Studien" wird eine ausführliche Kritik der Bartels-Schrift kommen, ebenso eine Antwort auf Stoy. Zunächst bitten wir ihn, eine ausführliche Begründung seiner Urteile zu veröffentlichen. Ich hätte nicht gedacht, daß ich Stoy jemals an der Seite von Bartels und Dittes sehen würde.

Wenn Frick, um noch einmal darauf zurückzukommen, das Manteuffelsche System bei Bartels versuchen wollte – nun wohl; er wird jetzt einsehen, wie verfehlt die Operation war. Wir selbst haben die gleiche Erfahrung bei Rißmann gemacht und sind geheilt. Und doch war man bei ihm viel mehr dazu aufgefordert als bei Bartels, der kaum die formalen Stufen gelten lassen will. Und vielleicht hätte sich Rißmann herbartischen Sachen bei tieferem Eindringen noch mehr genähert, wenn ihn nicht sein Gefühl zu Dittes hingezogen, dem Vorkämpfer des Lehrertums in materieller und sozialer Hinsicht. Nun da Dittes gegen Herbart aufgetreten und die herbartische Schule schroff geantwortet hat, zieht das beleidigte Gefühl, über die pädagogische Überzeugung triumphierend, um so stärker zu dem so schwer gekränkten Führer im Streit hinüber. So erkläre ich mir überhaupt die starke Anhänglichkeit großer Lehrerschichten an Dittes; ein Beweis, wie recht Sie in Ihrer Leidensgeschichte haben, wenn Sie sagen, daß die Lehrer noch weit davon entfernt sind, ihre pädagogische Überzeugung als maßgebend hinzustellen. Denn diese müßte die Lehrer von Dittes entfernen; oder glauben Sie, daß er für die Pädagogik, speziell für die Didaktik, Wertvolles geleistet hat? Ich bestreite dies rundweg, aber ich kann mich irren. Ich selbst habe niemals eine Anregung aus seinen Schriften nach der gen[annten] Seite hin empfangen, vielleicht andere. Dies wird gewiß später noch einmal erörtert werden müssen.

Ich lasse jetzt in den beiden oberen Seminarschulklassen Ihr Enchiridion gebrauchen und behalte mir vor, Ihnen später noch darüber zu schreiben.

23. Januar. Heute will ich nun meine Epistel schließen, nachdem wir beifolgendes Manuskript durchgesehen haben. Wir meinen, daß in den positiv Vorschlägen des Verfassers eine wesentliche Erleichterung nicht gefunden werden kann. Die Bilder bieten zwar eine Hilfe für das Behalten der Buchstaben (Bett = B; Fahne = F etc.), aber nicht für das Lesen. Die ganze Idee ist entschieden originell, aber für die Praxis, wenigstens in vorliegender Form, nicht zu verwerten. Die Kritik des Verfassers an den bestehenden Leselehrmethoden halten wir für wertvoll, weil zu weiterer Verfolgung Anlaß bietend. Im ganzen sind wir für Veröffentlichung des betreffenden Manuskriptes, allerdings mit einem ausdrücklichen Vorbehalt Ihrerseits in bezug auf die positiven Vorschläge des Verfassers.

Hinsichtlich der Normalwörter-Methode glauben wir im „1. Schuljahr" gezeigt zu haben, daß sie sich ganz der Konzentration einfügt, indem die betreffenden Normalwörter aus dem Gedankenkreis der Märchen und der Heimat und dem Wortschatz der Kinder herausgenommen werden. Natürlich können die bestehenden Fibeln uns wenig nützen, d.h. nur so viel, als ihre Normalwörter in den betreffenden Gedankenkreis, der durch die Märchen und durch die Heimat geschaffen worden ist, hineinpassen.

Die nächste General-Versammlung des Vereins soll in Halle stattfinden, wo ein zahlreicher Herbartverein sich gebildet hat.

Mit herzlichem Gruß
immer Ihr treu ergebener
W. Rein

314

An Peter Diehl, Frankfurt a.M.

Gerresheim, 17. Februar 1885

D. kündigt den Abdruck einer beim Verlag in Gütersloh liegengebliebenen Rezension Diehls an. Zum Streit über seine „Leidensgeschichte der Volksschule" bemerkt er, über die gegnerischen Stimmen habe er keineswegs sonderlich getrauert. Kummer mache ihm lediglich die Unkenntnis der Lehrer über ihre eigene Lage. Jeder gegnerischen Äußerung hätte man mit einer eigenen Broschüre zu Leibe rücken müssen. „Die einzigen, die Blick und Geschick gezeigt haben, waren meine niederrheinischen Landsleute, wie die Artikel contra Boodstein und Kübel" bewiesen hätten.

D. fürchtet, daß die Reform der Schulverfassung für ein Vierteljahrhundert Ruhe habe, denn sie liege „in der Hand Seiner Heiligkeit des Papstes. Sehen Sie zu, wie Sie mit dieser Rätselfrage fertigwerden."

315

An Adolph Hollenberg, Rheydt

Gerresheim, 22. Februar 1885

Lieber Freund.

Meine Leibesumstände machen eine längere Erholung dringend wünschenswert. Die Ausspannung muß beim Schulblatte gesucht werden, da dort für mich die eigentliche Arbeitslast liegt. An und für sich ist zwar die geschäftliche Arbeit des Schulblattes nicht so groß, daß sie einen amtslosen Mann bedrücken könnte, allein bei mir haben sich, wie Du weißt, so viele andere Ansprüche (Korrespondenzen usw.) daran gehängt, daß dadurch meine verfügbare Zeit vollständig absorbiert wird. Diese letzteren Ansprüche lassen sich auch erst abwerfen, wenn ich die Redaktion in andere Hände lege und dann ein für allemal rund erkläre: ich muß Ruhe haben.

Es handelt sich also darum, für die Redaktion andere geeignete Kräfte zu finden, wenigstens für eine Zeitlang, etwa für ein halbes oder 3/4 Jahr. Der nächste würde Herr Horn sein, wie er ja auch früher schon mit dem sel. Biermann eine Zeitlang mir ausgeholfen hat. Horns Kraft ist aber durch sein Amt schon stark in Anspruch genommen; überdies ist seine Gesundheit nicht mehr fest. Viel dürfte man ihm also jedenfalls nicht zumuten. Er erklärt sich jedoch bereit, einen Teil der Redaktionsarbeit zu übernehmen. Nach meiner Ansicht würde das die Abhandlungs-Abteilung sein müssen.

Wäre nun Freund Biermann noch unter uns, so würde geholfen sein. Hier hat der Tod eine große schmerzliche Lücke gerissen. Nun ist für mich guter Rat teuer. Unter den befreundeten älteren Kollegen im Bergischen läßt sich kein passender Ersatz finden, aus allerlei Gründen. Die meisten scheuen sich auch vor einem solchen Heraustreten in die Öffentlichkeit.

So bleibt mir dann, wenn ich auf heimatlichem Boden bleiben will, nichts anderes übrig, als mit meinem Anliegen an Deine Tür zu klopfen. Wie steht es nun? Hast Du Zeit und Lust, mit Herrn Horn eine Weile die Redaktion zu übernehmen? Auf Dein Konto würde also die II. und III. Abteilung des Blattes fallen. Die Arbeit ist nicht groß, da die Rezensionsabteilung (falls die Bücher von hier aus versendet werden) so gut wie gar keine Mühe macht und im übrigen das Geschäft so vortrefflich im Gange ist, daß der Redakteur wegen des benötigten Stoffes niemals in Verlegenheit kommen kann. Überdies sind auch mehrere neue, frische Hilfskräfte gewonnen, die wacker mit eintreten werden.

Daß Deine Mühe nach Gebühr honoriert werden würde, versteht sich von selbst. Darüber wollen wir leicht einig werden.

Nun überlege Dir gef. meinen Vorschlag. Hast Du Zeit und Lust, so laß mich's bald wissen, da mein Leib sehr nach der Ausspannung verlangt.

Im bejahenden Falle möchte ich wünschen, daß Du am nächsten Sonntag mit dem ersten Zuge hierher kämest. Horn trifft schon am Samstagabend hier ein. Wir könnten dann am Sonntag alles mündlich durchsprechen und dazu mit aller Ruhe.

In jedem Falle, bitte, sorge dafür, daß bis zum nächsten Samstagabend irgend eine Nachricht von Dir hier ist.

Mit herzlichen Grüßen
Dein
F. W. Dörpfeld

D. sieht sich aus gesundheitlichen Erwägungen veranlaßt, die Redaktionstätigkeit vom Frühjahr 1885 bis Ende 1886 auszusetzen. Dies geht auch aus redaktionellen Bemerkungen im EvSchBl 29 (1885), S. 208, wiederholt S. 400 sowie 30 (1886), S. 441 hervor. A. Hollenberg und D. Horn vertreten ihn.

316

An Adolph Hollenberg, Rheydt

Gerresheim, 30. April 1885

D. klagt über sein gesundheitliches Befinden. Der Arzt habe jede geistige Tätigkeit verboten.

Hollenberg und Horn haben inzwischen die Schriftleitung interimistisch übernommen. D. erteilt Ratschläge zur Redaktionsarbeit.

317

An Adolph Hollenberg, Rheydt

Gerresheim, 9. Mai 1885

Für das Schulblatt ist manche Arbeit liegengeblieben. Mit dem schwachen Kopfe wolle es sich kaum bessern.

318

An unbekannt

Gerresheim, etwa 1885

D. bedauert, ein Manuskript nicht rechtzeitig fertigstellen zu können und bittet den Adressaten um Geduld.

319

An Theodor Vogt, Wien

Gerresheim, etwa 1885

Ausgehend von den drei Büchern zur freien Schulgemeinde (1863), über die drei Grundgebrechen (1869) und zur Leidensgeschichte der Volksschule (1881), wiederholt D. seine Vorschläge zur Reform der Schulverfassung. Die korporativen Schulinteressenten sollen zu ihrem Recht kommen, das Schulwesen seiner Natur gemäß behandelt werden, die Schulaufsicht nicht bloß Zensur und Disziplin, sondern Schulpflege sein und die Lehrer schließlich von allem Unrecht befreit werden. Die Schule bedürfe vor allem des Schutzes gegenüber den politischen, religiösen und sozialen Parteiströmungen.

320
An unbekannt

Gerresheim, etwa 1884/1885

[. . .] Wie früher schon bemerkt, hat mich jenes Stück der Tagesordnung arg bekümmert, ja erschreckt. Die Fassung des Themas läßt gar keinen Zweifel übrig, daß der Referent in der Tat ein „Ketzergericht" zu halten gedenkt. Was mag ihn doch dazu veranlaßt haben? Das einzige, was ich mir denken kann, ist, daß es ihn gelüstet hat, den Herrn N. nachzuahmen, der vor ca. zwei Jahren einen solchen Artikel im Monatsblatte von Kolbe losließ. Hätte N., der auch Mitarbeiter am Ev[angelischen] Sch[u]lbl[att] ist, mir seinen Artikel angeboten, dann würde ich ihm schon mit wenigen Worten so viel ins Ohr gesagt haben, daß ihm die Lust zu seinem Ketzergericht vergangen wäre. Und nun soll jenes pommersche Schauspiel auch in Westfalen aufgeführt werden!

Möge der Mann doch erst lernen, was er und seine Kollegen von Herbart zu lernen haben, und wenn er dann noch Lust hat, über Herbarts religiöse Stellung zu reden, so möge er es tun, aber eher nicht.

Lies doch dem jungen Mann einmal vor, was Dr. Frick in dem gesandten Schriftchen über Herbart sagt. Der Direktor der angesehensten deutschen Schulanstalt weist alle Lehrer, die höheren wie die Volksschullehrer und Theologen, an, sich vor allem dem Pädagogen Herbart zu Füßen zu setzen, wenn sie die rechte Lehrkunst lernen wollen; und dagegen tritt nun ein junger westfälischer Volksschullehrer auf und rät seinen Amtsbrüdern, sie sollten erst mit ihm über Herbarts religiöse Anschauung Gericht halten! Sehe er doch vorher auch einmal an, was unser bergischer Landsmann Dr. Schoel in seiner jüngst erschienenen größern Schrift „Herbarts Religionsphilosophie" zur Sache sagt.

Gewiß war Herbart ein Kind seiner Zeit, aber ein edles, ein sehr edles. Und das nicht nur; wenn die Theologen, ich meine die christlichen, seine Schriften recht kennten, so würden sie einsehen, daß die christliche Theologie gerade ihm großen Dank schuldig ist [. . .]

[F. W. Dörpfeld]

Die Datierung erfolgt auf Grund des Erscheinungsjahres der Schrift von Schoel: Joh. Fr. Herbarts philosophische Lehre von der Religion, Dresden 1884.

Aus der Feder der Tochter Anna stammt der im Auftrag D.s geschriebene folgende Brief an Rein. D. fügt ein Nachwort an, das die Länge von Annas Schreiben erreicht.

321
An Wilhelm Rein, Eisenach

Gerresheim, 26. April 1886

Verehrter Herr Direktor!

Schon im vorigen Sommer brachte Herr Ufer von der Generalversammlung die unbestimmte Nachricht mit, daß Sie vielleicht an Stoys Stelle nach Jena würden berufen werden. Die Bestätigung dieser Nachricht durch die Zeitungen und durch Ihren Brief ist Papa eine große Freude gewesen; zunächst natürlich um Ihrer selbst willen, dann sieht er aber auch in Ihrer Berufung eine Anerkennung Zillers und seiner Arbeit, eine Erfüllung des guten Vertrauens, was Ziller hegte in bezug auf das Durchdringen und den Sieg der guten Sache. Er hätte nur gewünscht, daß Ihr Meister es noch erlebt hätte, seinen Schüler als Stoys Nachfolger zu sehen. Papa läßt Sie bitten, wenn Sie einmal wieder schreiben, so möchten Sie ihm doch mitteilen, was für Vorlesungen Sie zu halten hätten und ob Sie gleich als ordentliches Mitglied der Philosophischen Fakultät angestellt würden. Er läßt Ihnen recht von Herzen Gottes Segen zu dem neuen Beruf wünschen. Papas Befinden ist im ganzen viel besser, sein Kopf ist freier, nur geht es so langsam mit dem Wiederkommen der Kräfte. Eine elektrische Kur, die ihm sehr gut bekam, hat er im Winter nicht durchführen können, ein Fußleiden hielt ihn fast drei Monate ans Zimmer gefesselt; dies und mehrere kleinere Übel, die dann folgten, hielten die Fortsetzung der Kur wie auch der Genesung zurück. Seit den letzten Wochen, als es milder wurde, hat er wieder seine Spaziergänge aufnehmen und die Kur wieder beginnen können, und beides zeigt seine gute Wirkung. Seine beiden Hauptübel, das Asthma und das nervöse Kopfleiden, sind nur leider derart, daß dem einen

schädlich ist, was er des andern wegen tun müßte; so ist ihm für den Kopf die größte Wohltat der Aufenthalt in der frischen Luft, und doch muß er der Brust wegen jeden Wind fürchten. Sein Arzt hat uns gute Hoffnung gegeben, daß nach dieser Kur ein Aufenthalt im Schwarzwald ihm neue Frische und Kräftigung bringen wird. Am meisten angegriffen müssen wohl die Augennerven sein, denn er kann noch nicht wieder lesen, ein Versuch dazu bringt ihm gleich wieder Kopfschmerzen, auch geschrieben hat er noch nicht wieder, außer einem kurzen Vorwort zur neuen Auflage von „Denken und Gedächtnis". Ein Exemplar dieser neuen Auflage sendet er Ihnen anbei. Er bedauert es sehr, daß die „Grundlinien" so lange vergriffen sind, und der Verleger drängt sehr, er möchte sie aber nicht ohne Umarbeitung drucken lassen. Er hatte schon im Winter mit einem Barmer Kollegen die Sache durchgesprochen, was er zu ändern wünschte, und derselbe hat dann auch Papas Gedanken zu Papier gebracht. Diese Arbeit liegt nun da und wartet auf seine redigierende Überarbeitung. Dies soll seine erste Arbeit sein, und da es ihm so viel besser geht, hofft er, sich recht bald daran geben zu können.

Sie werden mit ihm empfinden können, wie ihm zu Mute ist, daß er die Hände in den Schoß legen muß zu einer Zeit, wo einerseits die herbartische Sache sich immer mehr Bahn zu brechen scheint, wo viele junge Kräfte sich regen, die gern lernen wollen, und wo es in dieser Beziehung so viel zu tun gäbe, und dann andrerseits im Blick auf die vielen Angriffe, die gemacht worden sind und gegen die er nun nicht eintreten kann in den Kampf.

Herr Foltz war vorige Woche hier, um Abschied zu nehmen; sein Fortgehen tut Papa recht leid; er läßt Ihnen sagen, daß Sie an ihm eine tüchtige, hilfreiche Kraft gewinnen würden für die gute Sache, um die er Sie wohl beneiden könnte. Er und Herr Ufer, der durch Direktor Just nach Altenburg berufen ist, waren gerade die beiden Kräfte, auf deren Hilfe sich Papa am meisten Rechnung gemacht hatte. Er hat so lang allein kämpfen und arbeiten müssen, und es ist ihm recht schmerzlich, um seinet- und um des hiesigen Lehrerstandes willen, daß nun beide fortgeholt werden, wiewohl er sich um ihrer persönlichen Karriere willen ja nur über ihre Beförderung freuen konnte.

Papa hat mir gesagt, ich möge ihm den Brief geben, er wolle einige Zeilen darunter schreiben; ich freue mich, daß er den Mut dazu hat, bisher hat er noch an niemand geschrieben. Er ließ Sie auch noch bitten, wenn Sie einmal wieder schrieben, uns doch auch mitzuteilen, wie es in Ihrem Hause geht; er nimmt so herzlichen Anteil an Ihrem und der Ihrigen Ergehen.

Mit ergebenstem Gruß
Ihre
Anna Dörpfeld

Lieber Freund.

Es drängt mich, auch etliche eigenhändige Worte beizufügen. Es sind die ersten Briefzeilen, die ich seit Jahresfrist geschrieben habe. Mein Kopf ist, Gott sei Dank, wieder ziemlich frei; nur tritt noch leicht eine Ermüdung ein. Das Übel scheint am längsten in den Augennerven sitzen bleiben zu wollen. Wenn ich 5 bis 8 Zeilen lese, so tritt sofort Kopfschmerz und Schwindel ein. Unterhaltung und Vorlesen, gleichviel welche Materie es ist, ermüden mich nicht, wenn keine Gemütsbewegung dabei ins Spiel kommt. Das letztere stellt sich aber immer ein, wenn ich mir etwas vorlesen lasse, was innerhalb meines alten Arbeits- und Interessenkreises liegt; denn dann ergreift mich immer eine arge Wehmut darüber, daß ich zum Schweigen und Nichtstun verurteilt bin. Von dem, was in jenem Kreise in der Literatur vorgeht, erfahre ich also seit Jahresfrist nur das, was die Freunde in der mündlichen Unterhaltung mir zutragen. Ach, es ist eine harte Schule, die meine Arbeitslust durchmachen muß.

Ein paar Worte muß ich über Ihren Artikel im vorjährigen Jahrbuch (bezüglich der methodischen Differenzen) noch beifügen. Das übrige werden Sie, wie ich denke, bei Herrn Foltz erfragen können.

Als Sie mir seiner Zeit den Entwurf Ihres Artikels zusandten, überfiel mich beim Lesen ein unsäglicher Schrecken. Ich sah, daß Sie mit meinem Lehrverfahren nur höchst unzulänglich vertraut waren und gerade das am wenigsten kannten, was Sie bezüglich unserer Differenzen kennen mußten. Ärger, Grimm und schmerzliche Trauer kämpften in meinem Innern. Ich dachte: wenn derjenige, der in der Zillerschen Schule dir am nächsten steht, sich so wenig bemüht hat, sich in deine Ansicht hineinzudenken, was ist dann bei den übrigen zu hoffen? Im ersten Augenblick wollte ich Ihnen das Manuskript ohne alle Bemerkung zurückschicken und nur sagen, daß Sie meine Schriften erst besser ansehen und bedenken möchten. Hinterher strafte ich mich über meinen Grimm. So schrieb ich denn etliche Bemerkungen in das Manuskript, die Sie auf die Lücken und Fehler, wo Sie näher nachsehen müßten, hinweisen sollten. Was ich brieflich schrieb, weiß ich nicht mehr, vermute aber, daß der Brief, weil die Trauer über den Grimm gesiegt hatte, zu zahm und schwächlich ausgefallen ist. Damals hatte mich der Nervenschmerz schon in den Klauen, ohne daß ich ihn kannte. Nur unter heftigen Kopfschmerzen konnte ich lesen, denken und schreiben. Wären Kopf und Gemüt in besserer Verfassung gewesen, so würde der Brief wohl deutlicher und schärfer ausgefallen sein. Überdies sagte ich mir zu Ihrer Entschuldigung, was, wie ich meine, mein Brief auch erwähnt hat, daß Sie durch meine älteren Schriften über den biblischen Geschichtsunterricht irregeführt worden wären. Denn da ich damals mit der Regulativpartei zu ringen hatte, wo schon ohnehin so viele Kontroverspunkte zu erörtern waren, so hielt ich manches von meiner Ansicht im Hintergrunde. Das haben Sie nicht bedacht, darum meine späteren Auslassungen nicht scharf genug angesehen resp. zu sehr im Lichte meiner früheren Äußerungen gelesen und verstanden.

Wie mir nun zu Mute war, als ich Ihren gedruckten Artikel im Jahrbuche fand, mit allen seinen Fehlern und Lücken, das mögen Sie sich selbst sagen. Die Darstellung meines Verfahrens war nicht viel anders als eine Karikatur, und diese Karikatur wurde nun in der Welt kolportiert, im Namen meines besten Freundes in der Zillerschen Schule. Und ich, ich mußte nun ein ganzes Jahr lang stille sitzen und schweigend alles über mich ergehen lassen.

Auch jetzt in der neuen Auflage von „Denken und Gedächtnis" habe ich mir noch nicht Luft schaffen können. Ich fing zwar an, für eine Anhangsnote die Lücken und Fehler Ihrer Darstellung zu Papier zu bringen, aber meine Schwäche nötigte mich, davon abzusehen. So habe ich bloß bemerken können, daß Ihre Darstellung unzulänglich sei und muß das übrige der Zukunft überlassen.

Nun lassen Sie mich schließen. Ich darf nicht mehr an diese leidige Affaire denken. Gott der HErr sei mit Ihnen in Ihrem neuen hoffnungsreichen Amte und mit dem armen Gefangenen in Gerresheim!

In alter Liebe
Ihr
F. W. Dörpfeld

Rein hatte als K. V. Stoys Nachfolger Anfang 1886 die Honorarprofessur für Pädagogik an der Universität Jena übernommen. Das entsprechende Schreiben Reins an D., auf das sich Anna Dörpfeld beruft, hat sich nicht erhalten.

Der „Artikel im vorjährigen Jahrbuch": Reins Kontroverse mit D. (siehe Reins Brief vom 23.10.1884). – Die neue Auflage von „Denken und Gedächtnis" war die dritte.

Reins Antwort:

Eisenach, 22. Juni 1886

Verehrter Freund!

Mein Dank für Ihre Zeilen, die mir große Freude machten, da sie ein Zeichen Ihrer wiederkehrenden Gesundheit waren, kommt sehr spät. Aber er ist darum nicht minder herzlich. Leider bin ich aber in etwas Ihr Leidensgenosse geworden. Seit April, ja schon im vorigen Winter hie und da, plagte mich Schwindel, Schwäche und Mattigkeit in Gliedern und Stimmung. Der Arzt riet mir strenge Ruhe und eine Art Schweninger-Kur an. Gott sei Dank, geht es mir jetzt etwas besser; aber an längeres Arbeiten kann ich noch nicht denken. Ich bin froh, daß ich meine Schule i.a. fortführen konnte. Die großen Ferien soll ich ganz der Pflege der Gesundheit widmen, damit ich im Herbst frisch und kräftig mein neues Amt in Jena antreten kann. Die Angelegenheit ist nun ganz zu meiner Zufriedenheit von den vier Regierungen geregelt worden. Ich erhalte Stoys Lehrstuhl, werde auch, sobald ich will, Mitglied der Prüfungskommission. Eine neue Seminarschule wird ganz nach meinen Wünschen eingerichtet. Ich gedenke zuerst zu lesen: Über die grundlegenden Ideen des erziehenden Unterrichts.

Herr Foltz hat mich mehrfach besucht. Er gefällt mir sehr gut; ich meine, daß wir eine vortreffliche Kraft an ihm gewonnen haben. Daß wir viel zusammen über Sie gesprochen und vereint uns gefreut, daß Ihre Gesundheit besser geworden, können Sie sich wohl denken. Hoffentlich ist Ihnen der Aufenthalt im Schwarzwald (bitte lassen Sie mir schreiben, wohin Sie gehen) so wohltätig, daß Sie ganz frisch und kräftig Ihre Arbeit, die uns allen so wirksame Hilfe leistet, wieder aufnehmen können.

Meiner Frau und den vier Kindern geht es gut. Die beiden ältesten, Käte und Hans, gehen in die Schule; die beiden Kleinen, Siegfried und Gustav Adolf, freuen sich noch ihrer Freiheit. Von Ihrem Sohn Wilhelm liest man ja oft Rühmenswertes; Sie können wohl stolz auf ihn sein. Sallwürk hat sich von mir losgesagt nach meinen „Bemerkungen" in den „Studien". Die 2. Auflage seiner Schrift macht die Sache noch schlimmer. Er weiß nicht recht, was er will, das Zorngefühl gegen Vogt scheint ihn ganz zu beherrschen. Warum die Herbartianer untereinander sich zerfleischen, wie die theologischen Richtungen es seit alters zu tun gewohnt sind, ist mir unerfindlich, zumal alle Kräfte gegen den seichten Radikalismus eines Dittes u.a. gemeinsam aufgeboten werden müßten. Die Schrift von Kolatschek soll letzteren moralisch vernichten; da brauchten sich die Herbartianer allerdings nicht mehr anzustrengen.

Und nun zum Schluß, verehrter Freund, nochmals meinen herzlichen Dank und den freundlichen Wunsch, daß es Ihnen bald ganz gut gehen möge! Ihrer Fräulein Tochter meine besondere Empfehlung.

In treuer Freundschaft
Ihr
W. Rein

Die Universität Jena wurde von den vier sächsischen Herzogtümern Sachsen-Altenburg, Sachsen-Coburg-Gotha, Sachsen-Meiningen-Hildburghausen und Sachsen-Weimar-Eisenach gemeinsam verwaltet; daher die „vier Regierungen". – Siegfried Rein, geb. 6.7.1883; Gustav Adolf Rein, geb. 16.8.1885. – Rein hatte in den Pädagogischen Studien 1885, 4. Heft, S. 1–15, über Sallwürk den Artikel „Bemerkungen zu der Schrift des Herrn Dr. E. von Sallwürk: Handel und Wandel der pädagogischen Schule Herbarts" geschrieben. – Mit der Schrift Sallwürks ist das letztgenannte Buch gemeint, erstmals 1885 erschienen. – Die Schrift von Kolatschek: wahrscheinlich Adolf Kolatschek, Das Wiener Pädagogium in den Jahren 1868–1881. Leipzig 1886. – Schweninger-Kur: nach Ernst Schweninger, der u.a. Bismarck durch eine erfolgreiche Kur behandelte.

322

An Martin Rade, Schönbach bei Löbau

Gerresheim, Sommer 1886

[. . .] Seit einigen Jahren besitzen wir hier am Rhein ein kirchliches Blatt, welches eine dem Ihrigen ähnliche Tendenz verfolgt. Es ist das „Ev. Gemeindeblatt". Dem Anscheine nach haben die Herausgeber nur solche Gebildete ins Auge gefaßt, welche mit dem Christentum noch so viel Fühlung haben, daß man ihnen ein kirchliches Blatt anbieten darf. Gegen diese Einschränkung des Wirkungskreises ist an und für sich nichts zu sagen; vielmehr wird man sich nur freuen können, wenn es gelingt, diese nicht ganz Entfremdeten festzuhalten und näher heranzuziehen. Auch muß man dem Inhalte des Blattes bezeugen, daß derselbe für diesen beschränkten Zweck durchweg passend ist. Freilich liegt die Gefahr nahe, es könnte der irrigen Ansicht Vorschub geleistet werden, als ob es ein zwiefaches Christentum gäbe: eins für den gemeinen Mann und ein anderes für die Gebildeten. Gewiß hatte weiland der Historiker Dahlmann recht, als er seinem Freunde Gervinus, der ihn für die sog. Lichtfreunde interessieren wollte, erklärte: er für sein Teil könne ein Christentum, das apart für die Gebildeten berechnet sei, nicht gebrauchen. Doch sehen wir von dieser Gefahr ab; sie läßt sich vielleicht auch vermeiden. Aber ich muß fragen: was soll denn für den viel zahlreicheren Teil der Gebildeten geschehen, welcher bereits gänzlich mit dem Christentum gebrochen hat? Mich dünkt, hier wäre die Missionsarbeit gerade am nötigsten und am dringlichsten. Überdies: wenn die starken gegnerischen Positionen erobert sind, so fallen die schwachen von selber.

Verstehe ich Ihr Programm recht, so haben Sie auch den schwersten Teil der Aufgabe mit ins Auge gefaßt. So muß es sein. Dazu gebe Gott seinen Segen!

Noch eins. Die Männer, welche die Mission unter den Gebildeten sich zur Aufgabe machen wollen, möchte ich gern einmal in einer Versammlung beieinander sehen und über diese Aufgabe verhandeln hören. Wer Krieg führen will, gleichviel ob mit physischen oder mit geistigen Waffen, muß 1. das feindliche Terrain genau kennen, 2. einen Feldzugsplan haben und 3. genügend gerüstet sein. Über diese Erfordernisse werden jene Männer sich zu besinnen und zu prüfen haben. Dabei dürfte wohl in erster Linie auch die Frage sich melden: wie es geschichtlich zugegangen, daß die christliche Kirche hinsichtlich des geistigen und sozialen Kerns der Nation nach einem vollen Jahrtausend wieder bei der Aufgabe des heiligen Bonifatius angekommen ist und ob auch die Theologie selber, auch die heutige, daran mit Schuld trägt. Über diese Frage möchte ich insonderheit gern verhandeln hören sowie über die daran sich anschließende, ob die dermalige Theologie sich für die neue Bonifatius-Aufgabe genügend gerüstet hält. Erginge auf diese letztere ein zuversichtliches Ja und glaubte man ohne weiteres Hand ans Werk legen zu könne, so würde ich diesen Feldzug in der Hauptsache von vornherein für verloren achten; denn nach meiner Ansicht hat die Theologie erst selbst mancherlei zu lernen resp. umzulernen. Ich denke dabei übrigens nicht an fremde, etwa an naturwissenschaftliche und dgl. Studien, sondern an solche, die dem eigensten theologischen Gebiete angehören. Ich denke ferner auch nicht an den eigentlichen Inhalt der Theologie, an Dogmatik usw.; ob da etwas zu bessern wäre oder nicht, bleibe einstweilen außer Betracht. Woran ich denke, ist lediglich die Methode, nämlich 1. die Methode der Forschung und wissenschaftlichen Darstellung (Architektur des theologischen Gedankensystems), 2. die Apologetik, und 3. die der religiösen Unterweisung im reiferen Alter (nach dem vierzehnten oder fünfzehnten Jahre, besonders in den höheren Schulen). Wie Sie merken werden, habe ich in diesen drei Richtungen etwas auf dem Herzen. Ich würde auch bereit sein, es gelegentlich zur Prüfung vorzulegen. Zuvor möchte ich aber die Gedanken anderer hören, damit ich mich schneller und besser verständlich machen kann.

So viel für diesmal [. . .]

[F. W. Dörpfeld]

Martin Rade, damals Pfarrer in Schönbach bei Löbau, hatte in einem an etwa 500 Anschriften versandten Rundschreiben am 20. Juli 1886 eine neue Zeitschrift angekündigt, die sich jeder kirchlichen Parteibindung entziehen wolle. Der Titel der Probenummer, die am 21. November 1886 erschien, lautete „Evangelisch-lutherisches Gemeindeblatt für gebildete Glieder der evangelischen Kirchen". Die Zeitschrift wurde aber schon bald in „Christliche Welt" umbenannt. Zu den Vorbildern Rades zählte das von Pfarrer S. Pieper in Moyland/Niederrhein herausgegebene „Rheinische Gemeindeblatt", das D. offensichtlich zu Anfang meint. D. hatte wohl zu den Empfängern des Schreibens von Rade gehört. Zu einer Mitarbeit vermochte er sich nicht zu entschließen.

Zu Rade und seiner Zeitschrift: Johannes Rathje, Die Welt des freien Protestantismus. Ein Beitrag zur deutsch-evangelischen Geistesgeschichte. Dargestellt am Leben und Werk von Martin Rade. Stuttgart 1952.

323

An Heinrich Witt, Hamburg

Gerresheim, etwa 1886

[. . .] Im Jahre 1866 schrieb ein rheinischer Schulmann eine Schrift über die soziale Frage. Weder die Fortschrittspartei noch die Konservativen bekümmerten sich um die Lage des unselbständigen Arbeiterstandes, sondern bemühten sich bloß, ihn als Stimmvieh für ihre Parteizwecke zu erwerben. Die einen mit liberalen Phrasen, die andern mit christlichen. Überdies ruinierte der Fortschritt mit seiner Gewerbefreiheit den Handwerkerstand. Von der Herbartschen Ethik her hatte ich mich schon längst um die Sozialistik bekümmert, auch um die Volkswirtschaftslehre; das übrige lag mir empirisch vor den Augen. Das gleichgültige laisser-aller beider Parteien bezüglich der Handwerker und Fabrikarbeiter beunruhigte mich. Für die Handwerker war ich bereits eingetreten, vom Schulstandpunkte aus durch meine Schrift über den „Mittelstand und die Mittelschule" (1853). Vor dem nebenangrenzenden Gebiete (Fabrikarbeiterstand usw.) scheute ich mich; dort lagen gefährliche Fußangeln. Da trat Lassalle auf und erschien auch im Wupperthale. Nun litt es mich nicht länger; ich sah deutlich, was kommen würde. Mein Gewissen wollte entlastet sein, und so kam die oben genannte Schrift zustande. Sie erschien pseudonym, denn ihre positiven Vorschläge waren den Liberalen ein Ärgernis und den Konservativen eine Torheit, und die Kritik, welche beide Parteien erfuhren, mußte sie vollends verstimmen. Dieser Verstimmung durfte ich das Schulamt nicht aussetzen; außer einigen vertrauten Freunden blieb auch den Kollegen der Name des Verfassers unbekannt.

So damals. Und jetzt nach 20 Jahren? Was ich damals nur verstohlen auf den Markt bringen konnte, heißt jetzt „praktisches Christentum" und nicht bloß Geistliche bis zum Hofprediger treten dafür ein, sondern selbst der Reichskanzler und der Kaiser. Hätten die Konservativen in den fünfziger Jahren, als sie am Ruder waren, ein Herz für die Lage der unselbständigen Arbeiter gehabt und hätte v. Manteuffel damals getan, was jetzt der Reichskanzler (notgedrungen) ausgeführt hat, so würde die Fortschrittspartei längst zu einem machtlosen Häuflein zusammengeschrumpft sein und noch manches andere einen andern Lauf genommen haben, während jetzt der Papst zu Hülfe gerufen werden muß, damit das deutsche Reich nicht zerbröckele.

Mein Schriftchen ist längst vergriffen; ich habe mich nicht mehr darum bekümmern können. Ob es etwas gewirkt hat, weiß ich nicht. Etliche Jahre nach seinem Erscheinen brachte ein Kollege ein Exemplar mit aus der Schweiz und zeigte es mir, weil er wußte, daß ich mich für die soziale Frage interessiere. Ein christlicher Fabrikant aus Württemberg hatte ihn darauf aufmerksam gemacht mit dem Bemerken, es sei das Beste, was er über diese Materie gelesen habe. Der Kollege wunderte sich nicht wenig, als ich ihm sagte, daß er mir mein eigenes Machwerk empfohlen habe [. . .]

[F.W. Dörpfeld]

Siehe Brief 274.

324

An Wilhelm Dörpfeld, Athen

Gerresheim, etwa September 1887

D. berichtet über die bevorstehende Heirat seiner Tochter Anna mit Joh. Sebulon Carnap in Ronsdorf. „Das ist aber der geordnete Lauf der Dinge: die Kinder sind nicht um der Eltern willen da, sondern umgekehrt."

325

An Agnes und Gustav von Rohden, Helsinki

Ronsdorf, 15. Dezember 1887

[. . .] Meine Tage verlaufen recht eintönig, ganz wie ich es wünsche. Verkehr habe und suche ich wenig. Die beiden Pastoren hier kommen wöchentlich einmal zusammen zu mir, nachmittags von 5–8 Uhr, wo wir dann die Ethik durchsprechen, um später zu dem revidierten Manuskript des II. Enchiridions überzugehen. Mir ist diese Besprechung sehr erwünscht, und sie scheinen ebenfalls Freude daran zu haben. Es ist sonderbar, daß es mir erst im hohen Alter vergönnt ist, wonach ich mich immer gesehnt hatte, meine pädagogischen, philosophischen und theologischen Gedanken mit etlichen vollgeschulten Leuten ruhig und eingehend durchsprechen zu können.

Zum Schluß sei ein Gedanke aus meiner Lebenserfahrung berührt – als Weihnachtsgruß.

Lange, lange Zeit hat mein inneres Leben an einer irrigen Vorstellung sich abgequält. Ich merkte wohl, es war irgendwo ein Haken da, der die innere Entwicklung aufhielt und mich nicht zum Frieden kommen lassen wollte; aber mein Grübeln und Spekulieren konnte ihn nicht finden. Der Irrtum war dieser: ich meinte, die Gottesfurcht oder der Glaube oder die Gottseligkeit oder wie man es nennen will, sei eine Leistung oder wenigstens mit irgend einer Leistung unsrerseits verbunden, also mit irgend einer Pflicht, die erfüllt sein wollte. Wohl wurde ich von verschiedenen Seiten her darauf aufmerksam, daß die Sache sich nicht so, sondern gerade umgekehrt verhalte. So z.B. durch das bekannte Wort Hamanns in seinen Scheblimini „Nicht in Diensten, Opfern und Gelübden, die Gott von den Menschen fordert, besteht das Geheimnis der christlichen Gottseligkeit, sondern vielmehr in Verheißungen, Erfüllungen und Aufopferungen, die Gott zum Besten der Menschen getan und geleistet, nicht im vornehmsten und größten Gebot, das er aufgelegt, sondern im höchsten Gute, das er geschenkt hat: nicht in Gesetzgebung und Sittenlehre, die bloß menschliche Gesinnungen und menschliche Handlungen betreffen, sondern Ausführung göttlicher Taten, Werke und Anstalten zum Heil der ganzen Welt"; so durch Luthers Vorrede zum Römerbriefe und durch manches andere. Allein trotzdem bemerklich, und das hatte auch seinen guten Grund, weil derselbe auch erst durch die Praxis völlig überwunden werden konnte. Gleichwohl vermag doch auch die rechte Theorie ihrerseits immer etwas mitzuhelfen. Es kommt viel darauf an, ob man für einen richtigen Gedanken den richtigen und für unser Bedürfnis treffenden Ausdruck findet. Einen solchen richtigen Ausdruck für jene Wahrheit fand ich einmal und gerade zur rechten Zeit bei Kohlbrügge. Er ließ dort (in einer Predigt über Josuas Abschiedsrede) diesen „Seligmacher" zum Volke sprechen: sie sollten sich ganz und gar, so wie sie waren und wie sie sich auch befinden möchten, an den Herrn halten, sollten sich durch keine Not und keine Sünde davon abhalten lassen, sondern sich gänzlich zu ihm bekennen, wie sie auch die Erfahrung gemacht, daß sie alles umsonst von ihm bekommen hätten. Das war das rechte Wort, das ich brauchte, und von da an war mir geholfen.

Das ist ein einfacher Gedanke. Und doch ist dies der praktisch bedeutsamste, den es in der ganzen Theologie gibt; es ist der Angelpunkt, um den sich die gesamte Entwicklung der Theologie dreht, der Punkt, wo je und je alle Verirrungen und Ketzereien und wiederum alle Reformationen und Erhebungen ihren Anfang gehabt haben (die Pharisäer und Paulus, Rom und Luther usw.).

So sei denn diese einfache und doch so große Wahrheit mein Weihnachtsgruß für Euch und Eure Kleinen pro 1888 und weiter [. . .]

[F. W. Dörpfeld]

J. G. Hamann, Golgotha und Scheblimini. Zitat in: Sämtl. Werke (Hrsg. Josef Nadler), 3. Bd. Wien 1951, S. 312. – Die beiden Pfarrer, mit denen D. seine Arbeiten durchsprach, waren Emil Roos von der reformierten und Wilhelm van Randenborgh von der lutherischen Gemeinde Ronsdorf.

326

An Adolph Hollenberg, Rheydt

Ronsdorf, 18. November 1888

D. bedauert einen Unfall Hollenbergs, der diesen vorerst an der Weiterführung der Redaktion hindert. Die Manuskripte sollen sofort an D. Horn weitergeschickt werden.

327

An Adolph Hollenberg, Rheydt

Ronsdorf, 22. November 1888

Hollenbergs Genesung macht Fortschritte. Wenn es sein Zustand erlaubt, erbittet D. die Rezension einer illustrierten Bibel „um auf diese Weise für Deinen Jüngsten ein hübsches Bibelwerk zu verdienen". Der Wunsch des Verlegers, Illustrationen aus dem Buch im EvSchBl abzudrucken, werde nicht erfüllt werden können.

328

An Wilhelm und Anne Dörpfeld, Athen

Ronsdorf, 15. Dezember 1888

Meine lieben Kinder.

Gottes Barmherzigkeit hat mich wieder so weit gestärkt, daß ich Euch erstmals einen eigenhändigen Weihnachtsgruß senden kann. Im vorigen Winter dachte ich nicht, daß es mir vergönnt sein würde, noch einmal hinnieden ein Christfest zu erleben. Aber der treue Schöpfer in guten Werken hat mir und den Meinigen nochmals gezeigt, daß Seine Hand niemals zu kurz ist, um eine verdorbene Sache, wie sehr sie auch verloren scheint, wieder zurechtrücken zu können. Was Er durch den Propheten Jesaias allen zuruft, die es gebrauchen können und hören wollen: „Weißt du nicht? Hast du nicht gehört? Der Herr, der ewige Gott, der die Enden der Erde geschaffen hat, wird nicht müde, noch matt, und seine Kraft ist unausforschlich; er gibt den Müden Kraft und Stärke genug den Unvermögenden", das hat er auch an mir von neuem wieder wahr gemacht.

Lobe den Herrn, meine Seele,
und vergiß nicht, was er dir Gutes getan hat.

Seit Mitte Sommers, wo ich anfing, wöchentlich etliche warme Bäder zu nehmen, ging es mit meinem Befinden von Tag zu Tag aufwärts, zwar sehr, sehr langsam und mit wiederholten Schwankungen, aber doch im ganzen stetig. Und jetzt, zu Anfang des Winters, fühle ich mich nach allen Seiten wohler als in den besten Tagen der letzten zwei Jahre. Dazu haben auch die Kräfte merklich zugenommen, so daß ich zwei Stunden spazieren gehen kann, ohne zu ermüden. Freilich hat der Zustand wenig Sicherheit, so daß mir immer zumute ist wie einem, der auf einer dünnen, schwankenden Eisdecke geht, die jeden Augenblick einbrechen könnte; auch melden sich immer mehr Altersgebrechen aller Art. Allein wenn es Gott gefällt, mich noch eine Weile in dieser Weise fortpilgern zu lassen, dann wird es mir nicht schwer, zufrieden zu sein, vollends dann, wenn ich auch die Freude erlebte, meine fernen Kinder mit den Enkelchen noch einmal hier bei mir zu sehen.

Mit dem Lesen geht es freilich auch nicht besser. Gott wird wissen, warum. Dafür kann ich aber täglich morgens und nachmittags wieder 1 – 2 Stunden mit aller Geistesfrische schreiben, und das ist mir auch lieber als das Lesen. So habe ich denn auch meine alte schriftstellerische Arbeit langsam wieder aufnehmen können, die schon vor 22 Jahren halb fertig war und seitdem gänzlich geruht hatte und von der ich glaubte, daß sie ein Torso bleiben würde. Es ist dies das projektierte „Handbuch zum II. Enchiridion der bibl[ischen] Geschichte". Der methodische Teil des Handbuches stand in Reinschrift auf dem Papier und vom sachlichen Teil (Glaubenslehre) der erste Abschnitt; fünf Abschnitte fehlen noch. Seitdem habe ich nun mancherlei hinzugelernt, so daß nur das alte Manuskript nicht mehr ganz genügt. Es gilt daher, dasselbe zu revidieren und zu ergänzen. Damit bin ich jetzt beschäftigt, nachdem die Revision des Enchiridions selbst bereits fertig ist. Bringe ich auch die Revision des methodischen Teils des Handbuches noch zustande, dann wird, wie ich hoffe, Gustav den sachlichen Teil (Glaubenslehre) vollenden könne, falls meine Kraft unterdessen versagte. Beim Enchiridion selbst und bei der Methodik kann niemand für mich eintreten; darum war dieser Teil der Arbeit zunächst die Hauptsache, indem alles darauf ankam, daß ich selber ihn ausführe. Was mich aufhält, ist nicht das Revidieren, sondern die notwendige Ergänzung. So muß ein ganzer neuer Abschnitt beigefügt werden, der die Verirrungen unserer landläufigen Theologie ans Licht zieht, nämlich Irrtümer auf ihrem eigenen Gebiete, in der Ethik und Dogmatik. Zu einer solchen bedenklichen Kritik gehört außer dem gesunden Kopfe auch ein freies Gemüt; aber das letztere fehlt mir eben. Doch ist dieses beschwerlichste Stück der Arbeit beinahe fertig, im Entwurf ca. 200 Quartseiten.

Was mich veranlaßt hat, die anderen dringlichen literar[ischen] Aufgaben liegen zu lassen und dafür das alte Projekt des II. Enchiridions wieder aufzunehmen, ist nicht das drängende Bitten der näheren Freunde, denn das hatte ich schon 22 Jahre lang ruhig ausgehalten, sondern etwas anderes, das mir in der Krankheit des vorigen Winters schwer auf die Seele fiel. Im II. Enchiridion und seinem Handbuch muß das, was ich für den Haupterwerb meines Lebens halte, meine religiöse Anschauung, ganz und voll in ihrer Eigenart zum Ausdruck kommen. Alle übrigen Schriften geben auch in ihrer Gesamtheit darüber nur höchst unvollständig Auskunft. Nun wollte ich dieses mein letztes Besitztum doch gern auch ganz und voll meinen Kindern hinterlassen und als Erbteil anbieten. Es ist also eigentlich nur um meiner Kinder willen, daß ich die alte Arbeit wieder aufgenommen habe. Euch soll das Buch, falls es fertig wird, gewidmet sein. Kann es auch andern dienen, so darf mir das lieb sein; aber darnach frage ich nicht mehr. Ich schreibe nur noch für meine Kinder. Das mag Euch, die Ihr in der Ferne lebt, dann ein nachträglicher Ersatz sein für die vielen Briefe, die ich Euch hätte schreiben sollen, aber leider habe schuldig bleiben müssen. Gott vergebe mir die Schuld und lenke nach Seiner Barmherzigkeit alles zum besten.

Zum Schluß empfangt dann als Weihnachtsgruß einen Gedanken aus dem II. Enchiridion.

In unserm vielfach verdorbenen und bedrückten Menschenleben stehen zwei soziale Ordnungen, deren Ursprung auf das Paradies zurückweist und die darum unversehrte Wertstücke aus Gottes Hand sind, jedenfalls wertvoller als sie für gewöhnlich geschätzt werden.

Das eine ist der Ehestand, das andere der sabbatliche Ruhetag.

Ich will von dem letzteren sprechen.

Er enthält die ganze Glaubenslehre in nuce, wenn man beides, die Glaubenslehre und das Symbol, richtig versteht. Man kann auch sagen: der Sabbattag ist ein kleiner Katechismus, „ein kurzer Begriff der ganzen heil[igen] Schrift, daraus ein Christ lernen kann, was ihm zu seiner Seligkeit nützlich und dienlich ist"; denn in diesem Symbol wird kurz und doch deutlich angegeben beides: 1. das Ziel und 2. der Weg des Christenlebens.

Was sagt es vom Ziel?
Vgl. Hebr. 4, 9.10.
Was sagt es vom Wege?
Vgl. 2. Mos. 31, 13; Hes. 20, 12.

Warum nur „die Ruhe, die dem Volke Gottes verheißen ist", das rechte Ziel heißen kann, und warum das Wort „Ich bin es, der euch heiligt" die rechte Weisung des Weges ist, kann ich hier nicht näher ausführen. Das wird das II. Enchiridion tun. Da wird sich zeigen, daß alle dogmatischen Irrtümer, die je und je aufgetaucht sind (sei es in Israel oder in der Papstkirche oder in der Reformationskirche), samt und sonders von diesen beiden Sätzen ausgesagt werden und daß alle heilsamen Wahrheiten, welche die alten Propheten, die Apostel und unser deutscher Reformator verkündigt haben, in jenen zwei Sätzen enthalten sind und noch andere dazu.

Jeder wöchentliche Feiertag fordert demnach den Christen auf, mit der allerältesten Beichtfrage: „Adam, Menschenkind aus Staub, wo bist du?" Besinne dich auf dein Ziel und auf den Weg, der dahin führt und frage dich, wo du jetzt stehst und ob du wirklich auf diesem rechten Wege zum rechten Ziele bist.

Das Sabbatsymbol mit seinen beiden Gedanken ist das eine große Urthema des gewaltigen Weltoratoriums, das wir Gottesoffenbarung oder heil[ige] Schrift oder Theosophie oder wie immer heißen, was aber eigentlich ein Oratorium von Werken, von Taten, nicht von Worten ist.

Alle übrigen hohen christlichen Feste sind nur Variationen über das Urthema. So sagt das Weihnachtsfest über das Ziel:

Gott wurde Mensch; nun „sollt ihr wieder werden wie Gott" (was der Verführer log) – nach Gottes Bild, göttlichen Geschlechts;
über den Weg:

Sieh, er liegt in seiner Krippen,
Ruft zu sich Mich und Dich,
Spricht mit süßen Lippen:
Lasset fahren, lieben Brüder,
Was euch quält, was euch fehlt;
Ich bring alles wieder.

So seid dann herzlich gegrüßt, lieben Kinder samt Euern Kinderchen, im Namen Gottes und Seines Heilandes, der die Ausführung auf Sich genommen hat,

von Euerm alten Vater
F. W. Dörpfeld

Das Handbuch zum 2. Enchiridion erschien nicht mehr zu Lebzeiten D.s. Aus dem Nachlaß veröffentlichte es sein Schwiegersohn G. v. Rohden Gütersloh 1901 (GesSchr XII), von dem D. damals schon einige Abschlußarbeiten erwartete. In der Einleitung zu diesem Band stellte G. v. Rohden D.s Auffassung vom Religionsunterricht dar.

329
An Heinrich Witt, Glückstadt

Ronsdorf, etwa 1888

[. . .] Vor 25 Jahren erschien eine Schrift über „Die freie Schule auf dem Boden der freien Kirche usw.". Von einer freien Kirche zu reden, galt damals bei den Theologen im Norden, Osten und Süden für arge Ketzerei. Ich habe mich darob tüchtig müssen schelten lassen. Und was sehen wir jetzt? Die Idee der freien Kirche ist ein Kernpunkt der Orthodoxie geworden, und alle Theologen, die konservativen vorauf, sind eifrig bemüht, eine größere Unabhängigkeit und mehr Freiheit für die Kirche zu erstreben. [. . .] Das freilich muß ihnen [den christlich-konservativen Kreisen] auch der Feind lassen, daß sie im Bereiche ihres Verständnisses und in altgewohnten Weisen recht tätig sind; davon zeugen die Diakonissenanstalten, die Rettungshäuser, die Heidenmission, die innere Mission usw. Aber es fehlt ihnen gänzlich der Sinn und Trieb zum Reformieren, d.i. zum Reformieren der eigenen Gedanken und Wege, vollends aus eigener Initiative. Spener und Zinzendorf waren die letzten, in denen diese lutherische Triebkraft noch lebendig war. Seitdem ist in der evangelischen Kirche die Ungeneigtheit und Unfähigkeit zum Reformieren, d.i. die Unbußfertigkeit, ebenso groß wie in Rom. Das zeigt sich in allen Richtungen: in der Politik, im Kirchenwesen, in der sozialen Frage, in der Schulverfassung, in der Pädagogik usw. Das ist es, was mich bekümmert. Dann woher soll dann überhaupt Besserung kommen, wenn die christlichen Kreise nicht den Anfang machen? Daß sie hinterher, nach langem heftigem Widerstreben, doch endlich zu vorgeschlagenen Reformen ja sagen, darin liegt doch wenig Trost. Denn einmal ist dieses Ja nur durch die Not abgerungen; überdies ist mittlerweile viel verdorben, und endlich kann nur das eine wirkliche, hoffnunggebende Besserung heißen, die aus dem Innern, aus eigenem Impulse und Entschluß kommt. Gott bessere es, namentlich auch auf dem Gebiete, wo die rechte Seite des Missionierens für alle Richtungen gelernt werden muß, auf dem der Pädagogik und speziell der verachteten Methodik [. . .]

[F. W. Dörpfeld]

D. verneint gegenüber dem Religionsdidaktiker Witt die Frage, ob der gegenwärtige konservative Protestantismus zur Reform fähig und bereit sei. Aus dieser für ihn bitteren Erkenntnis resultiert auch sein distanziertes Verhältnis zur politischen Rechten.

330

An unbekannt, Mark Brandenburg

Ronsdorf, Herbst 1889

Das an einen gemütskranken Kollegen in der Mark Brandenburg gerichtete Schreiben, über dessen Entstehung D. in Brief 332 berichtet, ist, weil es den Umfang einer Abhandlung annimmt, nicht in diese Sammlung aufgenommen.

Vollständig abgedruckt als „Trostbrief an einen Leidenden" Ca 638–664; in der 2. Aufl. wurde es unter dem veränderten Titel „Trost und Rat bei innerer Bedrängnis" (S. 442–465) leicht gekürzt.

331

An Moritz Müller, Pforzheim

Ronsdorf, September 1889

Mein lieber, alter Freund.

Über Ihre Produktivität habe ich mich in die Wette gefreut und gewundert. Das heiße ich fruchtbar und frisch sein im Alter, wie das Psalmwort lautet. Vollends Ihr jüngstes Werkchen; da atmet noch alles die Jugendfrische. Sie klagen über den geringen Absatz des Schriftchens. Ach, mein Lieber! Sie kennen doch das Sprichwort: das Neue „klingt", das Alte „rappelt". Wir Alten müssen uns daran gewöhnen, daß die Welt uns missen kann. Aber solange wir frisch genug sind, mitzusprechen, wollen wir uns die Freude an dieser Frische nicht vergällen lassen. Ich glaube, die besten Bücher haben meistens erst spät die rechten Leser gefunden und zu wirken angefangen. Da schrieb vor ca. 200 Jahren ein braver deutscher Mann seine „Pia desideria"; er wünschte eine Fortführung der Kirchenreformation. Der Verfasser war ein schlechter Stilist, aber er hatte gute Gedanken. Meines Erachtens war dieses kleine opus das nützlichste Buch, was seit der Reformationszeit bis heute auf theologischem Gebiete geschrieben worden ist. Gleichwohl ist dasselbe so gut wie gänzlich wirkungslos geblieben und wird mutmaßlich auch noch lange wirkungslos bleiben. Vielleicht kommt aber einmal einer, der jene Gedanken in modernem Deutsch zu sagen weiß, und dann wird Phil. Jak. Spener nicht mehr ein vergessener Mann sein. Wer weiß, was auch einmal mit denjenigen Ihrer Schriften, die sich nicht gut verkaufen wollten, geschehen wird? Wir können nur säen – auf Hoffnung. Das Gedeihen steht in besserer Hand als in der unsrigen. Darum laßt uns säen und nicht müde werden!

Gern möchte ich auch über den Inhalt Ihres jüngsten Schriftchens noch etwas bemerken, da so vieles darin ist, was mich hoch interessierte und mir aus dem Herzen geschrieben war. Aber ich muß es mir diesmal noch versagen, um dafür etwas zu berühren, was mir bei unsern beiderseitigen hohen Jahren noch dringlicher scheint. Es ist die herzliche und andringende Bitte, die ich auch früher schon vorgebracht habe: schreiben Sie Ihre Biographie!

Es mag lauten: „Aus den Erinnerungen eines deutschen Patrioten und Schulfreundes", oder: „Der Erwerb aus einem vergangenen und die Hoffnung auf ein zukünftiges Leben", wie Schubert seine Biographie betitelt hat oder ähnlich.

Hier meine Gründe.

1. Ihr Leben ist so reich und instruktiv für jung und alt, wie es nicht viele gibt. Reich in jedem Betracht und darum auch lehrreich in jedem Betracht. Es wäre ein großer Schade, wenn es unbeschrieben bliebe.

2. Ihre Biographie würde der beste Vorspann für Ihre Schriften sein. Muß Ihre Biographie fehlen, so stehe ich nicht dafür, daß Ihre Schriftchen auf lange Zeit nicht vergessen sein werden. Tritt aber Ihre Lebensbeschreibung auf, so wette ich alles dafür, daß sie auch viele junge und alte Leser wachrufen wird, die Ihre übrigen Schriften kennen lernen wollen. Also um Ihrer früheren Schriften willen müssen Sie auch die Biographie noch liefern und sollten Sie Tag und Nacht daran schreiben müssen.

3. Beispiel, Anschauung – so lautet unsere oberste pädagogische Regel. Das heißt auch: gute Lebensbeschreibungen sind überhaupt die nützlichsten, wirksamsten Bücher, die es gibt.

4. Sie sind ein Mann „aus dem Volke", aus dem sog. Arbeiter-Volke und sind auch unter dem Arbeitervolke geblieben, obwohl Sie auch ein stattlicher Gelehrter hätten heißen können und sind mit Ehren ein Geschäftsmann gewesen. Eine solche Persönlichkeit ist für unsere Volksschul-Stände, die ja 90 % der Nation ausmachen, noch in besonderem Maße ein Respektsperson und ein Musterbeispiel. Sie erinnern sich vielleicht noch, daß ich in der „Theorie des Lehrplans" gesagt habe: im Geschichtsunterricht der Volksschule seien die wichtigsten und besten Stoffe nicht die Lebensbilder der Staatsmänner, Kriegsmänner, Gelehrten usw., sondern die Biographien solcher Personen, welche zeigen, wie man im Arbeiterstande etwas Rechtes sein und werden kann. Das faßt und zieht! An solchen Lebensbildern ist unsere Literatur nicht reich. Aber es sind doch etliche da. Ich erinnere an Jung-Stilling, Franklin, Joachim Nettelbeck und Stephenson (den Eisenbahnmann). Werden Sie der fünfte in diesem schönen Bunde!

5. Biographien, wenn sie gut und mit Takt geschrieben sind, kann man jedem Alter, jedem Geschlecht, jedem Stande anbieten und werden dann auch von allen mit Nutzen und Interesse gelesen. Das ist eine neue, wichtige Seite dieses Literaturzweiges. Als bei unserm Abiturienten-Examen in der Literatur geprüft wurde, stellte der Schulrat Dr. Landfermann an meinen Freund Hollenberg die Frage, ob er ein deutsches Buch zu nennen wisse, das von jedem Alter, jedem Geschlecht und jedem Stande mit Nutzen und Vergnügen gelesen werden könne. Hollenberg riet nach einigem Besinnen auf Jung-Stillings Biographie. (Ich hatte in Gedanken dasselbe geraten.) Landfermann stimmte zu, empfahl dann noch für uns in einem anderen Sinne Hippels „Lebensläufe."

Das seien der Gründe einstweilen genug [. . .]

[F. W. Dörpfeld]

Die „Produktivität" Müllers drückt sich in 73 Titeln (selbständige Bücher und Broschüren) zwischen 1852 und 1889 aus. Das „jüngste Werkchen": Über die Idee der Wiedergeburt des Menschen, die Geschichte der Menschheit und ihre diesseitige wie jenseitige Zukunft. Mit besonderer Beziehung auf Lessings ‚Erziehung des Menschengeschlechts'. Leipzig 1889.

D. erwähnt: Philipp Jacob Spener, Pia desideria oder herzliches Verlangen nach gottgefälliger Besserung der wahren Evangelischen Kirchen, Frankfurt a.M. 1675. – Gotthilf Heinrich von Schubert, Der Erwerb aus einem vergangenen und die Hoffnung auf ein zukünftiges Leben, 3 Bde., Erlangen 1854–1856. – Johann Heinrich Jung genannt Stilling, Henrich Stillings Jugend 1777; Jünglingsjahre und Wanderschaft, beide 1778; Häusliches Leben 1789; Lehrjahre 1804; Alter 1817; in späteren Ausgaben meist zusammengefaßt: Johann Heinrich Jung-Stilling, Lebensgeschichte. – Benjamin Franklin, Sein Leben von ihm selbst beschrieben, Stuttgart 1876. – Joachim Nettelbeck, Eine Lebensbeschreibung, von ihm selbst aufgezeichnet. 3 Bde., Leipzig 1821–1823, auch spätere Ausgaben. – Georg Stephenson geschildert in seinem Leben und Wirken als Mensch und Erfinder, Berlin 1859. – Theodor Gottlieb von Hippel, Lebensläufe nach aufsteigender Linie, 4 Bde., Gotha 1778–1781.

Abiturienten-Examen = Abschlußprüfung auf dem Lehrerseminar Moers 1844.

332

An Wilhelm und Anne Dörpfeld, Athen

Ronsdorf, 16. Dezember 1889

Lieben Kinder.

Durch Gottes Gnade bin ich so glücklich, Euch und Euren Kinderchen wiederum einen herzlichen Weihnachtsgruß senden zu können, und Dir, lieber Wilhelm, besonders noch einen väterlichen Glück- und Segenswunsch zu Deinem Geburtstage.

So verleihe Euch Gott der Herr eine reiche Christbescherung aus der Fülle Seiner „unaussprechlichen Gabe" (2. Kor. 9, 15) in Christo Jesu. Gerechtigkeit, Friede und Freude, – daß Ihr in Widerwärtigkeit geduldig, im Glücke dankbar und aufs Zukünftige in guter Zuversicht zu unserem getreuen Gott und Vater sein möget, dieweil alle Kreaturen also in Seiner Hand sind, daß sie sich ohne seinen Willen nicht regen noch bewegen können, und wir wissen, daß, wo wir zu Ihm hintreten, so wie wir sind und Seine uns vom Himmel dargereichte Hand ergreifen, dann nichts uns von Seiner Liebe scheiden kann und alles Übel uns nur zum besten dienen muß. Das ist die Freudenbotschaft der Weihnachtsgeschichte. Selig, wer Ohren hat, diese Stimme des einzigen guten Hirten hören zu können, sei es auch nur in einem schwachen Anfang. Er ist gefunden, gebunden und geborgen.

Das vorige Jahr, zumal in seinem letzten Viertel, ist für Euch in Athen ein recht reiches gewesen. Mit lebhafter Teilnahme haben wir Eure Erlebnisse in den Kaisertagen verfolgt, nach den Zeitungsberichten und Euren direkten Mitteilungen. Auch alle Freunde in der hiesigen Gegend nehmen lebhaft Anteil an Eurer und meiner Freude. Wo einer mich traf, da wurde ich immer gefragt, ob ich auch das und das gelesen hätte, und man wünschte mir Glück. (Rektor Ahlmeyer in Neviges erzählte, seine Jungen hätten ebenfalls die Zeitungsberichte eifrig verfolgt und besprochen und hätten ihn gefragt, ob er auch wisse, daß der Mann, der den Kaiser umhergeführt habe, ein bergisches, ein Barmer Kind sei. So hatten sich dann auch diese bergischen Jungen schon ein wenig geehrt gefühlt). Wie ich denke, werden namentlich die Tage, wo Du die Kaiserin-Witwe begleiten und vertraulich sprechen konntest, Dir eine wertvolle und angenehme Erinnerung sein. So wünsche ich Dir dann zu allen Erlebnissen und Ehren, besonders auch zu den Orden herzlich Glück und Segen. Nimm alles dankbar aus Gottes Hand, so wird es auch wirklich ein Segen sein und bleiben.

Gar sehr haben mich auch Deine jüngsten Mitteilungen über Troja interessiert. Ich hatte kaum erwartet, daß alles so gut ablaufen würde. Irren ist menschlich. Ich bin jetzt gespannt, wie sich die Sache weiter entwickeln wird. Natürlich denke ich vornehmlich an den Bericht der beiden Experten. Was B[oetticher] tut oder nicht tut, ist gleichgültig.

Mit meinem leiblichen Befinden geht es im ganzen merkwürdig gut, nach einem mehrwöchentlichen starken Schwanken im Frühherbst. Freilich nahmen die Altersgebrechen zu. Jüngst habe ich auch, nach dreimonatiger Unterbrechung, meine Vorträge in dem Lehrerkreise (60 Mitglieder) wieder aufnehmen können. Meine Arbeit über „Die geheimen Fesseln der wissenschaftl[ichen] und prakt[ischen] Theologie" schreitet langsam vorwärts. Ich hatte gedacht und mich darauf gefreut, Dir zu Weihnachten ein Stück des Manuskripts abschriftlich zuschicken zu können. Meine kritische Natur kommt mir aber immer in die Quere. Über dem Weiterschreiben fällt mir fort und fort ein, daß ich vorn dies und das bessern möchte, und kann ich schwer dazu kommen, mich zum Abschreibenlassen zu entschließen. So bist Du einstweilen um dieses Weihnachtsgeschenk betrogen.

Vor kurzem war ich veranlaßt, einen besonderern Aufsatz (in Briefform) zu Papier zu bringen. Ein mir unbekannter gemüts- und leiblich kranker Kollege im Brandenburgischen klagte mir seine Not und bat um Rat und Trost. Sein Übel war Neurasthenie mit sog[enannten] Zwangsvorstellungen. Diese Zwangsvorstellungen bestanden darin, daß jeweils in seinem Herzen die greulichsten Verwünschungen wider alles, was im Himmel und auf Erden ist, aufstiegen und beim Alleinsein auch herausbrachen. Alle ärztlichen und geistlichen Ratschläge hatten bis jetzt nichts geholfen. Ein hoher Geistlicher, dem er sich anvertraut, hatte ihn damit getröstet, er sei „besessen", hatte aber doch später gemeint, das Übel sei vornehmlich leiblicher Art. Der Kranke wird jetzt wohl, was auch das beste ist, in eine Heilanstalt gehen.

Da er mich so flehentlich bat, schrieb ich ihm einen längeren Brief, der einesteils leibliche Ratschläge und sodann als Hauptsache eine kurzgefaßte Summa meiner religiösen Ansichten für Zweifelnde und Trostsuchende enthielt. Ich hatte schon längst daran gedacht, etwas derartiges für meine Kinder und für meine Freunde zu Papier zu bringen, war aber wegen der anderen Arbeit nicht dazu gekommen. Jetzt erschien mir die Bitte des Kranken wie ein Wink, daß ich nicht länger zaudern solle. So ist denn das Schriftstück fertig geworden und abgegangen, auch sehr willkommen geheißen worden.

Da dasselbe eigentlich für meine Kinder bestimmt war, so wollte ich den Brief wieder hierherschicken lassen, um ihn dann Dir als Weihnachtsgeschenk zu senden als einstweiliger Ersatz für das nicht fertig gewordene Stück des anderen Manuskripts. Der Kranke ist leider mit dem Abschreiben meines Briefes noch nicht zustande gekommen, und so muß ich Dich dann auch in diesem Punkte auf die Zukunft vertrösten. Hoffentlich kann ich aber das Zugedachte bald nachsenden.

Nun laßt mich schließen. Gott beschere Euch und Euren lieben Kinderchen ein gesegnetes, freudenreiches Christfest.

Das wünscht herzlich
Euer Vater
F. W. Dörpfeld.

Das „vorige Jahr" ist 1889, in dessen letztem Monat der Brief geschrieben ist. Kaiser Wilhelm II. hatte Griechenland im Oktober anläßlich der Hochzeit seiner Schwester Sophie mit dem Kronprinzen Konstantin besucht. Wilhelm Dörpfeld führte die Besucher durch die Ruinen des klassischen Athen und begleitete die Kaiserin-Mutter auf einem englischen Schiff nach Olympia (Goeßler, S. 90 f.).

Anfang Dezember 1889 fand in Gegenwart von Schliemann, Dörpfeld und anderen Wissenschaftlern in Hissarlik eine Konferenz mit dem Hauptmann a.D. Boetticher statt, die die Haltlosigkeit seiner Theorien und der Anschuldigungen gegen die Ausgräber von Troja ergab (ebd. S. 78 ff.).

„Die geheimen Fesseln der wissenschaftlichen und praktischen Theologie" erschien erst in Bd. XI der Gesammelten Schriften 1895. Zu dem am Schluß erwähnten Schreiben an einen kranken Kollegen in der Mark Brandenburg siehe Brief 330.

333
An Agnes und Gustav von Rohden, Helsinki

Ronsdorf, Dezember 1889

Wünsche für „reiche Christbescherung aus der Fülle Seiner unaussprechlichen Gabe an die Welt (2. Korinther 9,15)"

Die Krankheiten im Haus v. Rohden, von D. als „Wüstenwanderungen" gekennzeichnet, stehen nach seiner Auffassung unter Gottes „pädagogischen Liebesgedanken".

334
An unbekannt

Ronsdorf, 1889

[...] Hierbei das versprochene Verzeichnis der Magerschen Schriften. Ich habe sie alle besessen. Zu meinem Schrecken mußte ich jüngst entdecken, daß viele derselben verliehen worden und bis heute nicht wiedergekehrt sind. Auch weiß ich nicht, wo sie stecken. In meiner Bibliothek finden sich nur noch: die französische Literaturgeschichte, das französische und das deutsche Sprachbuch und die Enzyklopädie. Selbst von der Pädagogischen Revue fehlen drei Bände und sogar Magers Biographie von Langbein. Nach dem Zeugnis meiner Bibliothek muß es mit der Pünktlichkeit der Schulmeister übel aussehen [...]

[F. W. Dörpfeld]

Die im Besitz D.s befindlichen Schriften von Karl Mager sind: Geschichte der französischen Nationalliteratur, 3 Bde. Berlin 1837–1840; Französisches Sprachbuch, Stuttgart/Tübingen 1842, [7]1854 (nur Stuttgart); Deutsches Sprachbuch, Stuttgart 1842; Enzyklopädie = Alle die französische Literatur betreffenden Artikel des Werkes: Conversations-Lexicon oder allgemeine deutsche Realencyklopädie für die gebildeten Stände und des Werkes: Conversations-Lexicon der Gegenwart, 4 Bde. Leipzig 1838–1841. Mager gründete die Pädagogische Revue 1840 und gab sie bis 1848 allein, bis 1855 mit C.G. Scheibert und W. Langbein heraus. Letzterer leitete die Zeitschrift dann bis zur Einstellung nach Magers Tod 1858. W. Langbein veröffentlichte: Dr. Carl Magers Leben aus seinen Schriften, Briefen und aus authentischen Privatmitteilungen dargestellt, Stettin 1859. Über Mager zuletzt: R. Weßler, Karl Mager und seine Strukturtheorie des Bildungswesens, Weinheim/Berlin/Basel 1969 (= Marburger Pädagogische Studien, Neue Folge 5); Wilhelm Wittenbruch, Karl Wilhelm Mager (1810–1858), ein „vergessener Pädagoge" aus dem Bergischen Land. In: Romerike Berge 23 (1973); erweitert in: Bildung real (Paderborn) 1973.

Magers Einfluß auf den jungen Dörpfeld war nachhaltig; durch Mager fand D. Zugang zu Herbart. Vergleiche dazu D.s Herbart-Würdigung: 1876, ein Jubelgedenkjahr der deutschen Pädagogik. In: EvSchBl 19 (1875), S. 413–423 (GesSchr VI).

335
An unbekannt

Ronsdorf, 1889

[...] Die Ergänzungsarbeiten zum Handbuche für das II. Enchiridion (methodischer Teil), wovon Sie den Anfang gehört haben, rücken ziemlich gut vorwärts. Das Ergänzungsmanuskript umfaßt bereits ca. 350 Quartseiten. Der größte Teil desselben gilt einer besonderen Abhandlung:

„Beleuchtung zweier theologischer Irrtümer, welche der genetischen Methode im Wege stehen." Der ein Irrtum bezieht sich auf die Dogmatik, der andere auf die Ethik. Diese Abhandlung ist die „revolutionärste", welche ich in meinem langen Leben geschrieben habe. Es gibt wohl kein Stück der Theologie, welches nicht dadurch beunruhigt wird. Und doch bin ich ein konservativer Mann; aber eben, weil ich es bin, darum kann ich jenem falschen und trägen Konservatismus energisch zu Leibe gehen [. . .]

[F. W. Dörpfeld]

Das Handbuch zum zweiten Enchiridion (Lehr- und Fragebuch) ist zu Lebzeiten nicht erschienen, sondern erst 1901 (GesSchr XII) veröffentlicht worden. Das 2. Enchiridion selbst war bereits 1867 „als Manuskript gedruckt" worden, blieb aber gegenüber dem häufig gebrauchten 1. Enchiridion (erstmals 1865, 22. Auflage 1912) unbekannt.

336

An Gerhard Heine, Köthen

Ronsdorf, etwa 1889

[. . .] Ich würde an das gute Wort anknüpfen, was der sel. Hengstenberg auf seinem Sterbebette mir aus der Seele gesprochen hat, als er einem Freunde sagte: Bei der Apologie (und so auch beim Lehren) des Christentums kommt es weniger darauf an, zu beweisen, daß Christus wirklich gelebt habe usw., sondern daß er jetzt lebt, wirklich lebt. Du wirst wohl nicht sofort verstehen, was dieses Wort mit unserm Didaktik-Streite zu tun habe. Ich kann und will es aber hier auch nicht auseinandersetzen. Wirst Du es von selber finden, so wirst Du zu meiner didaktischen Anschauung vom Religionsunterricht bekehrt sein. Es handelt sich mir um etwas ganz anderes als um Schulmeisterfragen. Darüber viel zu disputieren, geht ganz gegen meine Natur. Dr. Luther, Tauler, Ötinger, Hamann und ähnliche Leute würden mich verstanden haben, Spener und Bengel vielleicht nicht. Der Kampf wird wohl noch lange fortgehen, auch wenn ich verstummt bin. Der Geist wird zeugen, daß Geist Wahrheit ist. Ein anderes Zeugnis der Entscheidung gibt es nicht [. . .]

[F. W. Dörpfeld]

Zu D.s religiöser Stellung im Zusammenhang siehe: Zur Ethik, Gütersloh 1895 (GesSchr XI).

337

An Lettau, Königsberg (?)

Ronsdorf, etwa 1889

[. . .] Deine apologetischen Beiträge habe ich noch nicht ansehen können. Ich zweifle aber nicht, daß dieselben sich im Schulblatte unterbringen lassen.

Die christliche Apologie tut allerdings not. Deinen Gedanken, die apologetischen Artikel vornehmlich auf den Erfahrungsboden zu stellen, finde ich für das Bedürfnis des größeren Publikums durchaus zutreffend. Es ist dies von jeher meine Ansicht gewesen. Anschauung! Anschauung!

Was Herr H. an Deinen früheren Artikeln vermißt hat, weiß ich nicht. Eins aber glaube ich erraten zu können. Es ist das nicht etwas, das Dir individuell angehörte, sondern ein Partei-Charakterzug, ein Zug, den die alte Orthodoxie seit Speners Zeit (d.h. seit dessen Verwerfung) an sich trägt und den alle hochkirchlichen, kirchlichen und politischen Konservativen, zumal im Osten, bis auf den heutigen Tag mit sich schleppen, der in der Regel auch mit der scholastischen Anschauung verschwistert ist. Rund gesagt, ist es ein unchristlicher Zug, der sich darin zeigt, daß man an den zu Belehrenden herantritt als an einen Gegner und mit dem Anspruch, daß man sich für berufen halte, an ihm Gericht zu üben, während die christliche Mission sich doch lediglich legitimieren kann durch Mitleid und Barmherzigkeit und wiederum nicht ostentativ, sondern in wirklicher Demut. Zum Beleg verweise ich nur auf das Beispiel und die Worte des Herrn Jesu. Wenn Du diese hingeworfene Bemerkung überlegst, so wirst Du, wie ich vertraue, finden, daß ich recht habe – ich meine in dem Grundsatze. Ob Du im vorliegenden Falle oder in andern Fällen dawider gefehlt hast, wirst Du selbst prüfen müssen.

Auch ich bin seit länger als 30 Jahren mit einer größeren apologetischen Schrift beschäftigt. Dieselbe hat jedoch nicht einen unmittelbar praktischen Zweck wie Deine Versuche, sondern trägt mehr einen wissenschaftlichen Charakter. Leider rückt die Arbeit nur langsam fort, weil mir immer Notarbeiten anderer Art über den Hals kommen. Was mich zu dieser Arbeit getrieben hat, das ist auch der Grund, warum ich im Schulblatte seit langem nichts mehr über religiöse Dinge geschrieben habe. Ich hatte gemerkt, es müßte erst etwas aus dem Wege geräumt werden, wenn meine Stimme bei den Gegnern wie auf befreundeter Seite richtig verstanden werden solle. Die Glaubenshindernisse liegen an ganz anderer Stelle, als die landläufige Theologie (die orthodoxe und die liberalistische) meint. Hier muß erst eine Aufräumungs- und Aufklärungsarbeit geschehen. Zu diesem Aufräumen bezüglich der positiven Theologie gehört auch der Nachweis, daß dieselbe von Spener gerade das wesentlichste nicht gelernt hat und eben dadurch zum Abfall der Gebildeten von der Kirche, der gleich nachher begann, wesentlich beigetragen hat. Weiter gehört dazu der Nachweis, daß die positive und die sog. moderne (liberale) Theologie beide an demselben Grundübel leiden, nämlich in der Spinoza-Schelling-Hegelschen Metaphysik stecken, wenn auch zum Teil unwissentlich. Wie soll da einer dem andern den Star stechen können, wenn beide daran leiden? Um diese tragische Komik voll zu machen, kommt da Ritschl her und rät den Theologen, sich gar nicht um Metaphysik zu bekümmern. Gewiß, der einfache Christ braucht sich nicht darum zu bekümmern; aber wenn die wissenschaftliche Theologie diese Losung ausgibt, so dankt sie als Wissenschaft ab und begeht obendrein eine Albernheit, wenn auch unwissentlich. Denn irgendeine Metaphysik hat jeder, der über religiöse oder naturkundliche Dinge wissenschaftlich denkt, selbst wenn er das Wort „Metaphysik" nie gehört hätte, und diese naturwüchsige Metaphysik ist dann entweder wahr oder falsch, ein Drittes gibt es nicht. (Vgl. die Schrift: „Die spekulative Theologie Schleiermachers, Rich. Rothes und Jul. Müllers" von Konsistorialrat Thilo und die ähnliche Schrift über mehrere neuere Theologen beider Richtungen von O. Flügel.) Meine projektierte Schrift läßt sich übrigens auf die Metaphysik nicht ein, sie operiert lediglich mit Wahrheiten, die auch in der heil. Schrift bereits ausgemacht sind und von denen Thilo und Flügel gar nicht sprechen, die aber beide nicht leugnen werden, wenn ich den Finger darauf lege.

Noch auf eins muß ich aufmerksam machen. Nach den vorstehenden Bemerkungen magst Du (oder einer Deinesgleichen, etwa Heine) denken, meine Anschauung sei auf dem Studierwege erworben. Allerdings habe ich studiert; allein ich möchte wissen, aus welchen Büchern ich sie hätte lernen können; ich kenne derartige Bücher nicht. Anregungen und Belehrungen habe ich da und dort empfangen; aber das Spezifische meiner Auffassung ist in schwerer Lebensnot und Gewissensnot geboren, durch den, der allein Licht aus der Finsternis hervorrufen kann. Wenn mich etwas anders zur Apologie triebe als Barmherzigkeit und Mitleid mit den irrenden Brüdern, so wäre ich noch weniger als ein tönendes Erz und eine klingende Schelle, nämlich ein hochmütiger Pharisäer, dessen Urteil Matthäi am 23. steht.

Mich hat sehnlichst verlangt, im Schulblatte wieder von meinem liebsten Wissen, von „der Seele Trost" reden zu können. Sobald meine Schrift zur Hälfte fertig wäre, wollte ich passende Stücke daraus im Schulblatt mitteilen. Soweit habe ich es leider bisher nicht bringen können. Wann und ob mein Wunsch und Verlangen in Erfüllung gehen wird, steht in Gottes Hand. Ich muß stille halten.

Wenn einmal mein Buch fertig wird (in seiner ersten Hälfte), dann wird Dir auch verständlich werden, warum ich zu Herbart halte, was Dir und Freund Heine so unsympathisch ist, obwohl die meisten Herbartianer meine biblisch-christliche Glaubensüberzeugung nicht teilen, woran Herbart aber sehr unschuldig ist. Über diese Differenz jetzt mit Dir oder mit Heine schriftlich zu verhandeln, ist völlig nutzlos, ungerechnet, daß ich dazu keine Zeit habe. Könnten wir mündlich darüber reden, so würden wir mutmaßlich schnell zurechtkommen. An einem Gymnasiallehrer und Theologen Eurer Ansicht, der mich einst um derselben Differenz willen besuchte, habe ich die Probe gehabt. Mehrere Stunden lang hielt ich ihn absichtlich an andern theologischen Fragen fest, die ihn zwar lebhaft interessierten, wobei mir aber nur zu deutlich merkbar war, daß es ihm unter den Füßen brannte, seine mir brieflich angesagte Herzensfrage zur Sprache zu bringen. Ich tat so, um ihn zuvor mit meiner biblischen Anschauungsweise vertrauter zu machen und an meine Dialektik und Sprachweise zu gewöhnen. Als wir dann zu seinem Anliegen übergingen, waren wir in einer Stunde fertig, und er wunderte sich höchlich, wie das so leicht hatte geschehen können und warum ihm meine erlösenden Zurechtstellungen nicht selbst eingefallen wären [. . .]

[F. W. Dörpfeld]

Eine Veröffentlichung der eingangs genannten apologetischen Beiträge läßt sich nicht nachweisen. Bei der erwähnten Schrift von O. Flügel handelt es sich wohl um: Die spekulative Theologie der Gegenwart, Köthen 1888.

G. v. Rohden, der D.s Brief in seiner Einleitung zu GesSchr XI, Gütersloh 1895, S. XII ff. abdruckt, schreibt dazu, wie in keinem andern Zeugnis ließe sich hier „in den innersten Herd seines literarischen Wirkens hineinblicken" (a.a.O., S. XII). Die gesamte Tendenz des nachgelassenen Werkes „Die geheimen Fesseln der wissenschaftlichen und praktischen Theologie. Ein Beitrag zur Apologetik" würde hier deutlich. Die letztere Arbeit, von der D. im letzten Abschnitt spricht, wurde zu Lebzeiten nicht mehr veröffentlicht.

338

An Otto Flügel, Dölau bei Halle/Saale

Ronsdorf, 16. März 1890

Lieber Herr Pastor.

[. . .] Beunruhigen Sie sich nicht über Trüpers Verstöße gegen die „reine Lehre". Unter den Schulblattlesern richten dieselben kein Unheil an. Eine nachträgliche Korrektur müßte sehr ausführlich sein, oder sie wird mehr schaden als nützen. Ich selber darf mich mit der Sorge um das Schulblatt nicht belasten. Was Herrn Trüper betrifft, so hat er nicht in eigenem Namen gefehlt, sondern unwissentlich, durch Willmann verleitet. Er ist in der Ethik nicht sattelfest und fühlt das auch. Daneben hat er pädagogische und andere Gedanken, die er an den Mann bringen will, und da macht er's dann, so gut es geht. Wenn hier einer Tadel verdient, so sind es zunächst die Jenenser Professoren, die ihre lernlustigen Studenten in der Ethik nicht lassen ausrüsten, und dann käme Herr Professor Willmann an die Reihe. Gehen Sie diesen Herren zuleibe, dann will ich wenigstens Bravo rufen, wenn ich nicht mehr kann.

Herr Trüper ist ein Mann, der das, was sich ihm zu lernen darbot, überall treulich gelernt hat, der Verstand besitzt und dazu esprit, und, was mehr ist als alles dies zusammen, eine lautere, selbstlose Gesinnung, und zwar nicht eine solche, die niemanden etwas zuleide tut, weil sie überhaupt nichts tut, sondern die handeln will und handelt. Das sind Leute, die man sich merken muß, die man nicht durch schrittlings nachgehende Kritik vor der Öffentlichkeit scheu machen darf, sondern ihnen durch zuvorkommende Ratschläge zu Hilfe kommen muß. „Den Geist dämpfet nicht," sagt der Apostel, und er weiß warum.

Mein Wunsch wäre, daß Sie sich des Herrn Trüper vorsorglich annehmen möchten, wie man sich jemandes annimmt, aus dem man gern etwas Rechtes machen möchte. Bitte herzlich, wenden Sie die Mühe daran, die Trüperschen Drucksachen, wo sie Ihnen zu Händen kommen, sorgfältig durchzusehen und ihm dann vertraulich Ihre Korrekturen und Ratschläge mitzuteilen.

Ich bin überzeugt, er wird Ihnen für diesen Liebesdienst von Herzen dankbar sein, und Sie werden dadurch unserer herbartischen Sache einen Missionar und Streiter großziehen, der Ihnen Freude machen wird. Hätte ich bei der Gründung des Schulblattes auch nur drei solcher Helfer gehabt wie Herr T. ist, mit all seinen Schwächen und Vorzügen, so würden diese drei in meinen Augen die sämtlichen bisherigen Helfer nicht nur aufgewogen, sondern weit übertroffen haben. In meinen angelegentlichsten Arbeiten habe ich zeitlebens sozusagen einsam dagestanden und mir mit eigner Hand Bahn brechen müssen. Dann hätte ich wenigstens Stützen, Helfer und Rückendecker gehabt. Schon mit einem einzigen solcher Helfer hätte ich gern vorlieb genommen.

Ich habe noch einen besonderen Grund, warum ich Herrn Trüper Ihrer Nachsicht und Ihrer beratenden Liebe empfehlen möchte. Seit langem liegt es mir wie ein schwerer Druck auf dem Herzen, daß Ihre und Thilos Schriften im Ev. Schulblatt nicht mit Nachdruck empfohlen worden sind. Ich selber konnte es nicht; meine Kraft war verbraucht. Früher wußte ich keinen Rezensenten; später hoffte ich auf die Herren Ufer und Foltz. Foltz hat zwar die Artikel gegen Dittes geschrieben auf meinen Antrieb. In meinen Augen sollte das nur der Anfang sein; der Fortgang ist ausgeblieben. Jetzt sind Foltz und Ufer mir aus den Händen gekommen. Allerdings fehlt ihnen auch etwas, das Trüper besitzt: die Unverdrossenheit und jener helle Blick, der aus der selbstlosen Gesinnung entspringt. Jetzt ist Herr Trüper der einzige, der mir den bezeichneten Druck vom Herzen schaffen kann. Er wird es auch tun, so gut er's vermag. Augenblicklich kann ich ihn jedoch noch nicht einspannen, weil er vor dem Examen steht. Sobald er wieder zu Atem gekommen ist, werde ich ihm die gewünschten Arbeiten bezeichnen, wozu auch die Korrekturen der Dr. Gelderblomschen Rezension gehören.

Nun stellen Sie sich angesichts dieser Sachlage vor, was für einen Effekt es machen würde, wenn ich den künftigen Anwalt Ihrer Schriften vorher im Schulblatt (um etlicher unbedachter Äußerungen willen) bloßstellen und abkanzeln lassen wollte.

Noch eins lassen Sie mich über diese kleinen Händel bemerken, die Hauptsache:

Mein Standpunkt in dieser Sache hat nichts mit persönlicher Sympathie oder dergleichen zu tun; er ist prinzipieller Natur. Am 300jährigen Reformationsjubiläum 1817 sagte der bekannte Theologe Menken in Bremen in seiner Predigt u.a.: „Wenn die Wahrheit und die Freiheit beide in Gefahr sind, so muß zuerst die Freiheit gerettet werden, denn die Wahrheit wird dann für sich selbst sorgen." Ich verstehe Menkens Rat, daß zuerst die Freiheit gerettet werden müsse, nicht bloß im sozialen Sinne, sondern auch in Anwendung auf das Privatleben, auf die freie Aktion der Einzelperson. Ist mir die Gesinnung einer Person verbürgt und weiß ich ihr Denken im ganzen auf gutem Wege, dann mache ich mir um etwaige Ketzereien und Schwächen nicht die geringste Sorge, weder im Blick auf die Person noch in Rücksicht auf andere; aber es ist mir ein Gegenstand großer Sorge, darüber zu wachen, daß ihre Tatkraft und ihr guter Mut nicht gelähmt werde. So verstehe ich auch des großen Apostels großes Wort „Den Geist dämpfet nicht," so auch Herbarts großen pädagogischen Gedanken, daß die Methodik zuoberst die Weckung des Interesses, der Selbsttätigkeit im Auge halten müsse.

Das Gegenteil des Paulus-Menken-Herbartschen Grundsatzes haben wir in seiner krassesten Form gesehen weiland an Luthers Epigonen, an jenen Wächtern der „reinen Lehre" in der Reformationskirche. Dieser Dämon geht in milderer Gestalt aber auch heute noch um, nicht bloß in den theologischen „Schulen", sondern auch in den philosophischen, politischen usw. und nicht am wenigsten bei denen, welche sich mit Emphase „liberal", „freisinnig" usw. nennen. Lassen Sie mich abbrechen. Es ist ein langes, trauriges Kapitel [. . .]

[F. W. Dörpfeld]

J. Trüper hatte im EvSchBl 33 (1889) veröffentlicht: Das 21. Jahrbuch des Vereins für wissenschaftliche Pädagogik und die diesjährigen Verhandlungen auf der Generalversammlung in Erfurt (S. 321 ff.), Zur Zeichenunterrichtsfrage (S. 335 ff.), im Jg. 34 (1890): Die Schule und das Leben (S. 3 ff., 50 ff.), Über das Verhältnis von der Schule und sozialem Leben (S. 318 ff.), Die Aufgaben der öffentlichen Erziehung angesichts der sozialen Schäden der Gegenwart (S. 420 ff.). Kurzbiographie: H. Trüper, Johannes Trüper. In: Thüringer Erzieher (Hrsg. G. Franz), Köln/Graz 1966, S. 300 ff. Trüpers bevorzugteste akademische Lehrer in Jena waren Rein und Eucken.

J. Trüper würdigt in seinem Lebenslauf (im Besitz von Hellmut Trüper) D.: „Durch Zufall lernte ich schon in Stade das Dörpfeldsche ‚Evangelische Schulblatt' kennen und durch dasselbe die charaktervollen, gesinnungstiefen Aufsätze seines Herausgebers [. . .] Diesem Manne mit der selbstlosen Gesinnung und der ungemeinen Klarheit des Denkens und Wollens, wie v. Sallwürck ihn kennzeichnet, verdanke ich für mein Denken, Fühlen und Wollen viel, von der Zeit an vielleicht das meiste." Das Wertvollste für Leben und Beruf habe er von dem akademisch nicht gebildeten, „manchen Universitätslehrer überragenden" Dörpfeld gelernt. Aus der brieflichen Verbindung wurde trotz des Altersunterschiedes eine immer tiefer werdende persönliche Freundschaft.

Zum Menken-Zitat über Wahrheit und Freiheit siehe Brief 362.

339

An Adolph Hollenberg, Rheydt

Ronsdorf, 19. April 1890

D. fragt nach Erlassen der Schulbehörden, die angeblich schon 1889 ergangen seien und eine Einführung in die Gesellschaftskunde für Seminaristen vorsehen. Bei der zu erwartenden Neuauflage des Repetitoriums für den Realunterricht sollen die gesellschaftskundlichen Kapitel in einem separaten Heft unter dem Titel „Repetitorium der Gesellschaftskunde zur Ergänzung des Geschichtsunterrichts" erscheinen.

340

An Theodor Vogt, Wien, z.Z. Jena

Ronsdorf, 24. Mai 1890

Geehrter und lieber Herr Professor.

Verzeihen Sie freundlichst, daß meine Antwort erst in Jena Ihnen zu Händen kommt. Ich war mit einem Manuskript beschäftigt, worauf der Schulblatt-Drucker wartete, welches wegen meiner Altersgebrechen nicht rechtzeitig hatte fertig werden wollen. Es ist eine

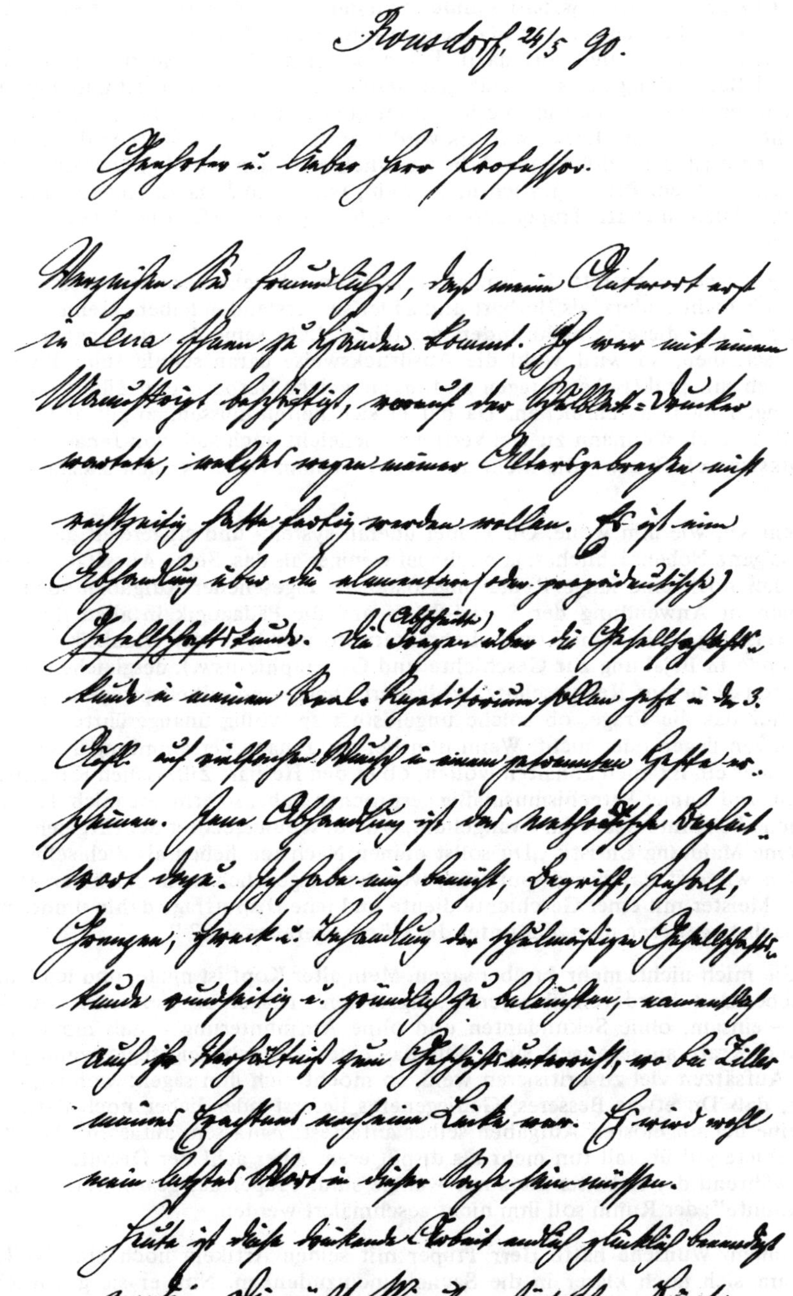

Ronsdorf, 24/5 90.

Geehrter u. lieber Herr Professor.

Verzeihen Sie freundlichst, daß meine Antwort erst in Jena Ihnen zu Händen kommt. Ich war mit einem Manuskript beschäftigt, worauf der Schulblatt-Drucker wartete, welches wegen meiner Altersgebrechen nicht rechtzeitig hatte fertig werden wollen. Es ist eine Abhandlung über die elementare (oder pädagogische) Gesellschaftskunde. Die (Abschnitte) Fragen über die Gesellschaftskunde in meinem Real-Repetitorium sollen jetzt in der 3. Aufl. auf vielseitigen Wunsch in einem besonderen Hefte erscheinen. Jene Abhandlung ist das vorbereitende Begleitwort dazu. Ich habe mich bemüht, Begriff, Inhalt, Grenzen, Zweck u. Behandlung der schulmäßigen Gesellschaftskunde vielseitig u. gründlich zu beleuchten, namentlich auch ihr Verhältniß zum Geschichtsunterricht, wo bei Ziller meines Erachtens eine Lücke war. Es wird wohl mein letztes Wort in dieser Sache sein müssen.

Heute ist diese drückende Arbeit endlich glücklich beendigt worden. Die nächste Minute gehört Ihrem Briefe.

Abb. 101: Brief 340 vom 24. Mai 1890.

Abhandlung über die elementare (oder propädeutische) Gesellschaftskunde. Die Fragen (Abschnitte) über die Gesellschaftskunde in meinem Real-Repetitorium sollen jetzt in der 3. Auflage auf vielfachen Wunsch in einem getrennten Hefte erscheinen. Jene Abhandlung ist das methodische Begleitwort dazu. Ich habe mich bemüht, Begriff, Inhalt, Grenzen, Zweck und Behandlung der schulmäßigen Gesellschaftskunde rundseitig und gründlich zu beleuchten, namentlich auch ihr Verhältnis zum Geschichtsunterricht, wo bei Ziller meines Erachtens noch eine Lücke war. Es wird wohl mein letztes Wort in dieser Sache sein müssen. Heute ist diese drückende Arbeit endlich glücklich beendigt worden. Die nächste Minute gehört Ihrem Briefe. Da ich nicht weiß, wo Sie in Jena zu finden sind, so werde ich meinen Brief an Herrn Trüper adressieren. Hoffentlich trifft er noch vor den Verhandlungen ein.

Über Ihre Frage in betreff der Sozial-Ethik kann ich sehr kurz sein. Ich verstehe die Sozial-Ethik nicht anders, als Herbart und Ziller sie verstanden haben. Meines Wissens will auch Herr Trüper dieselbe nicht anders verstehen. Läßt seine Abhandlung das hie und da anders erscheinen, so wird wohl die Ausdrucksweise daran schuld sein. Trüper hat es vornehmlich mit praktischen Fragen zu tun, an welche Herbarts und Zillers theoret[ische] Darstellungen nicht heranreichen. Da hat er sich helfen müssen, so gut er konnte. Vielleicht hat er auch Willmann zu viel vertraut, vielleicht auch sich von Jenaer Vorlesungen über Volkswirtschaft usw., die nicht aus herbartischem Geiste kamen, zu stark beeinflussen lassen.

Doch dem sei, wie ihm wolle. Ob Trüper überall system- und stilgerecht geredet hat, ist mir etwas ganz Nebensächliches, ja noch viel weniger als das. Seine Aufsätze haben dartun wollen, daß noch eine lange Reihe ungelöster, ja ungesehener Aufgaben vor uns liegen, namentlich in Anwendung der Sozial-Ethik auf die Pädagogik in allen ihren Zweigen (Schulverfassung, Schuleinrichtung, Lehrerkarriere usw.), in der Didaktik: z.B. (Gesellschaftskunde in Bejahung zur Geschichte und Geographie usw.), desgleichen auf anderen Kulturarbeitsgebieten: Rechtsschutz, Volkswirtschaft, Gesundheitspflege usw. Eigentlich ist also nur das die Frage, ob solche ungelöste resp. völlig unangerührte Aufgaben vor unsern Füßen liegen oder nicht. Wenn nun bei der Jenaer Versammlung ihrer etliche mit Herrn Trüper ein Examen abhalten wollen, ob er den Herbart-Zillerschen Katechismus gut eingelernt und immer katechismusmäßig gesprochen habe, so erinnert mich das unwillkürlich an jene bekannte Szene im Evangelium, wo ein schulgerechter Schriftgelehrter auf die unbequeme Mahnung Christi: „Du sollst deinen Nächsten lieben als dich selbst", anhub: Ei, wollen wir erst darüber disputieren, wer denn eigentlich mein Nächster ist? worauf dann der Meister mit einer Geschichte diente und jene Disputfrage dahin umdrehte: „Wer ist der Nächste gewesen dem, der unter die Mörder gefallen war?"

Lassen Sie mich nichts mehr darüber sagen. Mein alter Kopf ist müde; und ich habe meine lange Lebenszeit hierdurch über jene „ungelösten" Fragen so viel reden und kämpfen müssen – einsam, ohne Sekundanten und ohne Aufmunterung – daß mir von der Zeit Atem und Kraft ausgegangen sind. Nur das eine sei noch beigefügt: wenn jemand an Trüpers Aufsätzen viel zu kritisieren weiß, so möchte ich ihm sagen: wohlan, so zeige es dadurch, daß Du etwas Besseres, Gediegeneres lieferst oder lieber noch darin, daß Du irgend eine der ungelösten Aufgaben selber anfassest. Anfassen, anfassen! Auf dem ethischen Gebiete gilt überall tun mehr als disputieren. Aber ach! der Disputanten gibt's die Menge, während der Arbeiter stets nur wenige sind. Trüper hat gearbeitet, „er hat getan, was er konnte"; der Ruhm soll ihm nicht geschmälert werden.

Nach meinem Wunsche hätte Herr Trüper mit seinen Artikeln noch eine Weile warten sollen, um sich noch klarer in die Sache hineinzudenken. Nun er sie geschrieben hat, sollen sie mir recht sein, in dem Sinne, wie sie gemeint sind. Da Sie es gewesen sind, der ihn zum Schreiben gedrängt hat, so werden Sie, wie ich denke, ihm auch treulich zur Seite stehen und namentlich den Katechismus-Examinatoren begreiflich machen, daß bessermachen mehr gilt als kritisieren.

Lassen Sie mich auch das noch ein für allemal bemerken: Zwischen Ziller und mir waren und sind im großen und ganzen gar keine eigentlichen Differenzen, weder in der Ethik, noch in der Pädagogik. An den beiden methodischen Punkten, wo die Zillerschen Schüler mich als einen Ketzer betrachten – in der Anschauungsoperation bei historischen Stoffen (sogenannter darstellender Unterricht) und bei den sogenannten kulturhistorischen Stufen – da glaube ich, den wahren Ziller (nach seiner Theorie) zu vertreten gegenüber dem in der Praxis auf halbem Wege stehengebliebenen. Könnte ich meine Ansichten in diesen beiden Punkten nicht vor dem wahren Ziller, wenn er noch lebte, rechtfertigen, so würde ich mir sagen, daß ich besser zusehen oder bessere Gründe suchen müsse.

Daß ich in der Ethik wie in der Pädagogik Ergänzungen wünsche, namentlich im Blick auf die mancherlei gesellschaftlichen Verhältnisse und Bedürfnisse, hat mit Differenzen nichts zu tun. Wenn die Zillerschen Schüler treu zu ihrem Meister halten, so tadle ich das nicht nur nicht, sondern lobe es vielmehr, vorausgesetzt, daß sie die Treue nicht lediglich im Kopieren suchen; wohl aber bedauere ich, daß sie zu sehr bei den Zillerschen Aufgaben stehen bleiben und keine neuen sehen können oder wenigstens dieselben nicht anfassen. Wer von ihnen hat denn ernstlich mit angefaßt bei der Schulverfassungsfrage? Bei der Schulaufsichtsfrage? Bei der Schulgemeinde-Frage? Bei der Klassenzahlfrage? Bei der Simultanfrage? Bei der Frage von der Lehrerkarriere (der sozialen Frage des Lehrerstandes)? Bei der Frage von der Gesellschaftskunde? vom Realien-Hülfsbuch? usw. Doch nicht einmal die Zillerschen Probleme werden alle angefaßt. Wer hat denn einmal der Welt gesagt, was für ein lehrreiches Buch Zillers „Regierung der Kinder" ist? Die Lehre von der „Zucht", welche Ziller liegen lassen mußte, faßt vollends niemand an, nicht einmal im Jahrbuch.

Was mich aber am meisten bekümmert, ist, daß im Jahrbuch so wenig von der Ethik die Rede ist. Meines Erachtens liegt das Hauptverdienst Herbarts gerade auf diesem Gebiete. Auch in der Sozial-Ethik ist er der rechte Bahnbrecher, trotz Willmann. Aber wie sieht es bei uns Epigonen aus? Ich denke besonders an den Ausbau der Sozial-Ethik. Nahlowsky hat einen Anlauf genommen, blieb aber stecken. Mager hatte fleißig angefangen; er mußte aber schon in seinem 40. Jahre die Feder niederlegen. Das vortrefflichste Stück Arbeit hat Thilo vor fast 30 Jahren geliefert in: „Die theologisierende Rechts- und Staatslehre Stahls". Wer wird uns denn das correlate Seitenstück dazu liefern: „Die Kritik der positivistisch-eudämonistische Rechts- und Staatslehre", welche noch viel nötiger ist? Ein solches Werk würde mir mehr gelten als all mein Geschreibsel auf dem pädagogischen Gebiete, auch mehr als die an und für sich nützlichen dicken Ethiken von Hartenstein, Ziller, Steinthal.

In dieser Richtung wäre noch viel zu wünschen und zu klagen. Doch ich muß schließen.

Selbstverständlich ist dieser Brief nur vertraulich für Sie gemeint. Wollen Sie aber der Versammlung etwas daraus mitteilen, was nach Ihrer Ansicht nützlich ist, so haben Sie freie Hand.

Mit herzlichen Grüßen an Sie und die Gesinnungsgenossen

Ihr ergebener
F. W. Dörpfeld

P.S. Sobald die Gesellschaftskunde (nebst Begleitwort) gedruckt ist, werde ich Ihnen ein Exemplar zusenden.

Der Adressat, Vorsitzender des Vereins für wissenschaftliche Pädagogik, weilt zu einer Tagung in Jena, an der auch J. Trüper teilnimmt. Über die programmatische Abhandlung zur Gesellschaftskunde nimmt D. in Brief 339 Stellung. Zur Verteidigung Trüpers siehe auch Brief 338. Aus dem Inhalt des vorliegenden Schreibens ist zu schließen, daß Trüper von Anhängern Herbarts Vorwürfe hat einstecken müssen. Sie betreffen bestimmte Aus-

führungen seiner Aufsätze im EvSchBl 34 (1890), die sich mit sozialen Fragen befassen. – Die aufgeführte Literatur: T. Ziller, Regierung der Kinder. Für gebildete Eltern, Lehrer und Studierende, Leipzig 1857; Nahlowsky, Die ethischen Ideen als die waltenden Mächte im Einzel- wie im Staatsleben, Leipzig 1865; K. Mager, Moses und die Propheten. Drei Abhandlungen über die Frage, ob es wohlgetan ist, die Erziehung und den Unterricht der Jugend der politischen Gesellschaft – dem Staat – zu überlassen. In: Pädagogische Revue, Bd. 18 (1848) und andere Aufsätze Magers; C.A. Thilo, Die theologisierende Rechts- und Staatslehre. Leipzig 1861; ders., Die Stahlsche Rechts- und Staatslehre. In: Kritische Zeitschrift für die gesamte Rechtswissenschaft, Bd. 4 (1857).

341
An unbekannt

Ronsdorf, Frühjahr 1890

[. . .] Als mein Lebensweg mich vor 41 Jahren nach Barmen führte, wurde ich dort mit einigen Männern seltener Art bekannt und befreundet. Es waren Geschäftsleute. Sie gehörten mit zu dem Wahlkollegium, das mich berufen hatte. Ihr ernster Sinn, ihre Intelligenz und gesamte Haltung zogen mich an. Als Christen betonten sie, daß der echte Glaube sich an den Früchten zeigen müsse. Dabei hatten sie in ihrer Lebenspraxis noch einen besonderen Grundsatz, der sich auf die vorkommenden Widrigkeiten bezog. Derselbe lautete: Wenn einem etwas quer kommt, sei es im Geschäftsverkehr oder im Hause oder von seiten der Nachbarn oder wo es sonst sei, so darf die erste Frage nicht die sein: wie schaffe ich mir dieses Übel vom Halse? sondern: warum läßt mir mein himmlischer Vater dies widerfahren? Denn da kein Haar von unserm Haupte fällt ohne seinen Willen, so kann uns auch kein Verdruß oder Schaden zustoßen ohne sein Zulassen. Es handelt sich deshalb in solchem Falle zuerst darum, nicht Verstimmung und Ärger aufkommen zu lassen und sich zu besinnen, was uns Gott damit sagen will, mit andern Worten: mit sich selbst ins Gericht zu gehen, um herauszubringen, ob man vielleicht selber an dem Übel schuld sei oder, falls uns Unrecht geschehen ist, ob darin irgendeine Mahnung oder Prüfung liegen soll. Kurzum, immer gilt es, an unserm „alten Menschen" Zucht zu üben und so das Widerfahrnis moralisch zu verdauen. Ist das geschehen, dann kann man mit freiem Gewissen und gutem Mute auch das übrige tun, was Verstand und Recht in dieser Sache anraten. So die Selbsterziehungspraxis jener Barmer Freunde [. . .]

[F. W. Dörpfeld]

In einer Fußnote bei Ca 315 werden einige Bibelstellen genannt, die für jene Barmer Freunde maßgebend waren: Sprüche 16,7; 1. Mose 26, 12–31; 31, 24; Matthäus 5,5.

342
An unbekannt, USA

Ronsdorf, 18. August 1890

Geehrter Herr.

Auf Ihre Anfrage vom 21. v.M. in betreff des Herrn Trüper beehre ich mich, Nachstehendes ergebenst zu erwidern.

Über die meisten Fragepunkte glaube ich bestimmt Auskunft geben zu können. Wo meine unmittelbare Erfahrungskenntnis zu einem sicheren Urteile nicht zureicht, werde ich dies bemerklich machen.

Mit Herrn Tr[üper] stehe ich seit mehr als einem Jahrzehnt in Bekanntschaft und Verkehr. Die erste Bekanntschaft knüpfte sich an durch einen Aufsatz, den er für das von mir herausgegebene „Evangel[ische] Schulblatt" einsandte. Derselbe betraf den Zeichenunterricht mit besonderer Rücksicht auf seine Beziehung zum gesamten Sachunterricht. Die Arbeit war derart, daß ich nicht umhin konnte, auf den Verf[asser] aufmerksam zu werden. Sie zeigte, zumal im Vergleich mit dem jugendlichen Alter des Schreibers, eine so gute Kenntnis der Sache und der einschlägigen Literatur, so viel Überlegung und selbständiges Urteil, daß ich mir sagte, der Verfasser habe alle Anlage, dereinst einer der Vordermänner des Lehrerstandes zu werden. Seitdem haben wir in lebhaftem Briefwechsel gestanden; das Ev[angelische] Schulbl[att] hat wiederholt Beiträge aus seiner Feder gebracht, darunter auch Rezensionen, die ich ihm aufgetragen hatte. Auch kenne ich die Aufsätze, die er in Bremer und andern deutschen Journalen veröffentlicht hat. In den letzten vier Jahren habe ich auch Gelegenheit gehabt, Herrn Tr[üper] persönlich kennenzulernen. Er kam zweimal auf 10–14 Tage hierher, um sich mit mir über seine weiteren Studien zu beraten und pädagogische Materien durchzusprechen. Da er mein Gast war und ich freie Zeit hatte, so ist diese Durchsprechung auch in ausgiebigster Weise geschehen. Dazu die Grundlagen meines nachstehenden Zeugnisses.

ad 1 (Vorbereitung zum Lehrerberuf). Die Vorbildung zum Lehrerberuf hat Herr Tr[üper] erhalten, wahrscheinlich vom 17. bis 20. Jahr in einem königl[ichen] Seminar der Provinz Hannover. Über die Resultate werden die amtlichen Seminarzeugnisse der 1. und 2. Prüfung genaue Auskunft geben. Seine literarischen Arbeiten und die mit ihm geführten Gespräche haben mir gezeigt, daß er auch nach der Seminarzeit fleißig sich fortgebildet hat und zwar in seltenem Maße gründlich und vielseitig. Nach einer zehnjährigen Wirksamkeit an einer mehrklassigen Landschule in Bremen entschloß sich Herr Trüper, zur Vertiefung seiner beruflichen und allgemein-wissenschaftlichen Bildung noch die Universität zu besuchen. Er ging zunächst nach Jena, später auch für ein Semester nach Berlin, dann aber zum Abschluß wieder nach Jena. Er hörte Vorlesungen über Psychologie, Ethik, Pädagogik und Geschichte der Pädagogik, daneben über Theologie, Geschichte, deutsche Literatur und Volkswirtschaft resp. Soziologie, auch beteiligte er sich an dem von Prof. Dr. Rein geleiteten pädag[ogischen] Seminar. Bei seiner guten Begabung, seiner Altersreife und seinem gewohnten Fleiße habe ich allen Grund anzunehmen, daß diese akademischen Studien von dem besten Erfolge gekrönt gewesen sind. Die Zeugnisse der betreffenden Professoren werden dies auch wohl bestätigen. Ein spezieller Beweis für eine hervorragende pädagogische Befähigung liegt auch darin, daß ein Jenenser Professor der Psychiatrie ihn engagiert hat, ein neu zu errichtendes Institut für schwachsinnige Kinder höherer Stände, mit dem später ein Seminar für diese Art Unterricht verbunden werden soll, in Gang zu bringen.

Wie weit Herr Tr[üper] mit fremden Sprachen vertraut ist, weiß ich nicht genau. Jedenfalls versteht er Englisch und Französisch, vermutlich auch die Elemente des Lateinischen. Ob er imstande ist, das Englische geläufig zu sprechen, kann ich nicht sagen;

ad 2 (Erfahrung). Ich nehme an, daß hier die Erfahrung in der Lehr- und Erziehungspraxis gemeint sei:

Herr Trüper ist darin längst kein Neuling mehr. Wie bereits bemerkt, hat er vor der Universitätszeit ca. ein Jahrzehnt lang im Schuldienst gestanden. Dabei habe ich auf etwas Besonderes aufmerksam zu machen. In der deutschen Pädagogik lassen sich drei Hauptrichtungen unterscheiden, die zwar vieles gemein haben, aber in manchen Stücken auch wieder auseinandergehen. Die erste dieser Richtungen kann man die konservative heißen; sie experimentiert nicht gern und fragt darum vor allem nach dem, was sich in der Vergangenheit bewährt habe; die preuß[ischen] Lehrerseminare stehen, den schulregimentlichen Vorschriften nach, im wesentlichen auf diesem Standpunkt. Die zweite kann man die Diesterweg-Lüben-Dittes'sche Schule nennen; im Vergleich zu jener nennt sie sich gern die Reformpartei. Die dritte ist die herbartische Schule, die durch Ziller ihren bedeutendsten Vertreter gehabt hat; sie erkennt nur das als „bewährt" und das als wirklich „Reform" an, was sich aus Ethik und Psychologie wissenschaftlich begründen läßt. Herr

Trüper hat Gelegenheit gehabt, diese drei pädagogischen Richtungen allesamt genau kennenzulernen. Im heimatlichen Hannover wurde er nach preußisch konservativem Muster geschult; in Bremen stand er in einem Schulwesen, das, seitdem Lüben das dortige Seminar geleitet hatte, wesentlich nach dessen Grundsätzen eingerichtet war. In Jena ist er dann durch Prof. Rein theoretisch und praktisch in die Herbart-Zillersche Pädagogik eingeführt worden. Es liegt auf der Hand, daß einer, der eine solche dreifache Schulung durchgemacht hat, nicht bloß ein hohes Maß von Einsicht gewonnen haben kann, sondern auch eine Weite und Freiheit des pädagogischen Blickes, die sich auf anderem Wege schwer erreichen läßt. Bei Herrn Trüper ist dies in der Tat der Fall. Nach dem, wie ich Herrn Tr[üpers] Persönlichkeit kenne, würde ich auch von vornherein keinen Zweifel hegen, daß seine Lehr- und Erziehungsresultate durchaus gute gewesen seien.

ad 3 (Erfolge). Ich nehme an, daß hier nach den Erfolgen im Schulunterricht gefragt wird.

Aus eigener Beobachtung kann ich hierüber kein Urteil fällen. Von Bremer Freunden, die seine Wirksamkeit zu beobachten Gelegenheit hatten, habe ich nur günstige Zeugnisse gehört. Damit stimmt auch, daß ein Bremer Herr, dessen schwachsinnigen Sohn Herr Tr[üper] früher unterrichtet hatte, denselben jetzt in das neue Jenenser Institut geschickt hat.

ad 4 (Charakter). Derselbe ist in jedem Betracht so, wie man es bei einem Erzieher der Jugend wünschen muß: offen, geradsinnig, sittlich ernst, entschieden religiös (aber ohne Engherzigkeit), willenskräftig, weder menschengefällig noch menschenfürchtend, aber menschenfreundlich, friedliebend (Philipper 2, 20–21), selbstlos, aufopferungsfähig und besonnen. Mit einem Wort: Herr Tr[üper] ist ein in hohem Maße achtungswerter, edler, zuverlässiger und liebenswürdiger Mann. So urteilen meine Bremer und Jenaer Bekannten über ihn, und so habe ich auch selbst ihn kennengelernt.

ad 5 (persönliche Erziehung). Sein Auftreten wie sein Benehmen im geselligen Verkehr ist freundlich, bescheiden, „schlecht und recht"; seine Sprache dem Temperament nach ziemlich lebhaft, aber im Ausdruck wohl überlegt. Seine ganze Persönlichkeit ist, kurzweg gesagt, durchaus einnehmend; und dazu gewinnt man bald den Eindruck, daß der innere Mensch nicht nur mit dem äußeren in Harmonie steht, sondern noch mehr leiste, als dieser verspricht.

ad 6 (Geschicklichkeit). Ich setze voraus, daß die praktische Lehrgeschicklichkeit gemeint sei, da über seine Fakultäten und den einzelnen Wissenszweigen die amtlichen Zeugnisse genügend Auskunft geben werden.

Wie früher bereits bemerkt, habe ich nicht Gelegenheit gehabt, Herrn Tr[üpers] Lehrtätigkeit unmittelbar beobachten zu können. Im Blick aber auf die oben bezeichnete dreifache pädagogische Schulung, die er gemacht hat, ferner im Blick darauf, daß sein Charakter und seine ganze Persönlichkeit alle die Eigenschaften besitzt, die man bei einem Lehrer und Erzieher der Jugend wünschen muß, bin ich für meine Person jetzt überzeugt, daß das Unterrichten sowie das, was sonst zur erziehlichen Leitung gehört, nicht bloß gut, sondern wirklich ausgezeichnet ist. Die Aussagen meiner Freunde in Bremen und Jena, die ihn inmitten der Schularbeit beobachten konnten, stimmen mit dieser meiner persönlichen Ansicht durchaus überein.

ad 7 (Für welche Stelle er sich am besten eignet). Darauf möchte ich zunächst so antworten: Wenn Herr Tr[üper] eine ihm angebotene Stelle annimmt – welcher Art sie immer sein möchte – so bin ich überzeugt, daß er dieselbe auch mit Ehren ausfüllen wird; denn sofern sie über seine Kräfte ginge, würde er sie nicht übernehmen. Wie mich dünkt, hat diese beruhigende Bemerkung für Sie mehr Wert, als wenn ich genau in dem Sinne Ihrer Frage zu antworten suchte. Nur das sei noch beigefügt: innerhalb des Schulunterrichts für allgemeine Bildung dürfen Sie Herrn Trüper getrost jede Stelle übertragen, die in dem Rahmen seiner amtlichen Fakultätszeugnisse liegt.

Haben Sie bei Ihrer letzten Frage nicht bloß an die allgemeinen (mindern und höhern) Schulen gedacht, sondern auch an Lehrerseminare oder überhaupt an irgendwelche Veranstaltungen zur Heranbildung von Lehrkräften, dann fühle ich mich allerdings verpflichtet, noch etwas näher auf dieselbe einzugehen. Das wichtigste Stück in der Aufgabe dieser Anstalten ist offenbar die Einführung in die pädagogischen Hilfswissenschaften der Psychologie und Ethik und in die darauf gegründete theoretische und praktische Pädagogik incl. Geschichte der Pädagogik. Für diese Aufgabe genügt es aber nicht, daß einer die genannten Disziplinen in üblicher Weise eingelernt und die üblichen Examina bestanden habe. Hier ist noch mehr nötig. Ich sehe das leider nur zu deutlich an vielen unserer deutschen Volksschulseminare und an den meisten Dozenten der Pädagogik auf den Universitäten.

Vorab muß ein solcher Dozent etwas von dem besitzen, was man eine philosophische Ader nennt; denn sonst ist in der Psychologie und Ethik nicht vorwärtszukommen. Zum andern muß er die Pädagogik nicht bloß theoretisch kennen, sondern auch die Praxis gründlich verstehen, insbesondere die Praxis auf der elementaren Stufe, und zwar so verstehen, daß er alle Lehrübungen regelrecht vormachen kann. Zum dritten muß er den Lehrberuf nicht lediglich metiermäßig auffassen, sondern nach seiner ganzen Bedeutung, also namentlich auch nach seiner idealen Seite, und muß imstande sein, diese ideale Auffassung auch seinen Zuhörern einzupflanzen oder wenigstens ans Herz zu legen – ähnlich wie es einst Pestalozzi kraft der ihm innewohnenden warmen Liebe verstand. Zum vierten ist es wünschenswert, daß er ein Interesse habe für alles, was im Gebiete der Pädagogik liegt, also für die häusliche Erziehung und die Kindergärten so gut wie für die Schulerziehung und für die eigentliche Seite des Gemeinschaftslebens in Staat, Kirche usw.; und beim Schulwesen wiederum nicht bloß für das, was die Schularbeit angeht (Did[aktik]), sondern auch für die Theorie der Schuleinrichtung und die der Schulverfassung (Schulregiment). Selbstredend ist das nicht im Sinne der Vieltuerei, die nur eine Zersplitterung der Kraft sein würde, gemeint, sondern eine solche Ausdehnung des Interesses und ein solcher Weitblick, welche nachweislich dem engeren Arbeitskreis zugutekommen werden.

In meinem nicht kleinen Bekanntschaftskreise kenne ich einige junge Männer, welche in gleichem Maße wie Herr Trüper den inneren Zug und das Zeug haben, zu der vorhin skizzierten Vollgestalt eines rechten Lehrmeisters der Pädagogik aufzuwachsen. Schon bei seinen ersten Aufsätzen und brieflichen Äußerungen wurde ich darauf aufmerksam. Eine so selbsttätig-lebendige und denkende Auffassung meiner und anderer Schriften, wie ich sie bei ihm fand, war mir höchst selten begegnet, selbst nicht in dem Kreise derjenigen Kollegen, welche auch meine mündlichen Vorträge über Psychologie, Ethik und Pädagogik gehört hatten. Er hatte die gelesenen Gedanken nicht bloß klar erfaßt, sondern war ihnen auch bereits in ihren nicht ausgesprochenen Konsequenzen nachgegangen. Alle Tüchtigkeit in Wissenschaft und Kunst, auch die geniale, keimt als Selbsttüchtigkeit, wie schon Pestalozzi richtig geahnt und Herbart psychologisch nachgewiesen hat. Jene unverkennbare Selbsttätigkeit in Trüpers eigenen Studien war mir daher ein Zeichen, daß ich es mit einem zu tun hätte, welcher in der Erziehungslehre dereinst noch etwas mehr als ein ehrenwerter Spediteur werden würde. Seine weitere Entwicklung hat meine Vorahnung und Hoffnung vollauf bestätigt.

Suchen Sie nun vielleicht einen Mann, der angehende Lehrer in die Pädagogik und ihre Hilfswissenschaften einführen soll, sei es für den nächsten praktischen Bedarf oder mit wissenschaftlich höheren Zielen, so würde ich Ihnen für diese Stelle den Herrn Trüper angelegentlich empfehlen. Das wäre der Posten, für den er nach meiner Ansicht besonders geeignet ist; und unter seinen Altersgenossen weiß ich in meinem Gesichtskreis keinen, der besser dafür geeignet ist. Er selbst würde vielleicht in seiner Bescheidenheit anfänglich zaghaft sein, das gehört sich auch. Die volle Ausrüstung kann ja immer erst inmitten der praktischen Arbeit erworben werden.

Das ist's, was ich auf Ihre Fragen über Herrn Tr[üper] zu berichten habe. Es ist nach letztem Wissen und Gewissen geschrieben; und ich zweifle nicht, daß Sie bei näherer persönlicher Bekanntschaft finden würden, es sei der Wahrheit gemäß.

Fände Herr Tr[üper] durch Ihre Vermittlung drüben eine Stelle, die seinen Gaben und seinem Charakter angemessen ist, so würde ich ihm dieselbe von Herzen gönnen. Auch habe ich kein Recht, Ihrem Lande die Erwerbung tüchtiger Kräfte zu mißgönnen. Allein im Blick auf mein heimatliches Schulwesen würde ich ihn doch mit Wehmut von hier scheiden sehen. Ich denke, Sie werden dies verstehen und mir diesen Stoßseufzer verzeihen. Kräfte solcher Art kann auch mein liebes Deutschland nur zu gut gebrauchen.

Mit aller Hochachtung zeichnet
Ihr ergebener
F. W. Dörpfeld
Rektor a.D.

Trüpers erster Beitrag im EvSchBl 28 (1884) lautete: Über einige fundamentale Grundsätze im Zeichenunterricht unter besonderem Hinblick auf den Lehrstoff, vom Standpunkte des erziehenden Unterrichts.
Trüper hat die amerikanische Stellung, für die D.s Empfehlungsschreiben gilt, nicht angetreten. Von allgemeinem Interesse sind D.s Hinweise und Wertungen bestimmter Zustände und Entwicklungen im deutschen Erziehungswesen.

343
An Johannes Trüper, Jena

Ronsdorf, 8. September 1890

[. . .] Der ganze „Konservatismus" steht dem sozialen Wirrwarr ebenso bestürzt und ratlos gegenüber als sein Stiefbruder „Liberalismus". Nach der sozialdemokratischen Ruhestörung nimmt die wohlgeordnete sog. Gesellschaft sich aus wie eine Ameisenkolonie, in die ein Junge mit dem Stocke gestoßen hat: da rennen die Insassen bestürzt und verlegen durcheinander, nur dort noch ratloser als hier.

Auch das unnatürlich zersplitterte und unnatürlich erbitterte politische Parteiwesen ist ein sozialer Schaden unserer Zeit samt allem, woran das Staatswesen sonst noch leidet, z.B. der (zentralistische) Blutandrang nach dem Kopfe usw. Auch im Kirchenwesen sitzen viele soziale Schäden, desgleichen im Schulwesen, desgleichen in Wissenschaft, Kunst und Tagespresse, desgleichen in der Familie, desgleichen im wirtschaftlichen Leben.

Will man dieses pathologische Gesichtsfeld einschränken, so kann das von der Frage aus geschehen: ob der betreffende soziale Gesichtspunkt gefährlich ist oder nicht. Ein Übel kann recht schlimm sein, ohne darum eine Gefahr, d.i. eine Bedrohung vieler anderer Wohlfahrtsfaktoren oder gar der Existenz des betreffenden Wesens einzuschließen. Gefährlich unter den sozialen Schäden ist z.B. das dermalige politische Parteitreiben. Nicht in der Parteiung an sich liegt die Gefahr, sondern in der übermäßigen Zerteilung und in der gesteigerten Verbitterung und in dem gänzlichen Fehlen der Geneigtheit zu ernstlichen Verständigungsversuchen.

Gefährlich ist auf dem kirchlichen Gebiete die Abkehr der meisten Gebildeten von der Kirche. Die römische Kirche kann diesen Zustand ertragen, die evangelische auf die Dauer nicht. Gefährlich ist ferner die Zerspaltung und Friktion zwischen Kirche und Schule oder genauer gesagt: zwischen dem Predigerstande und dem Lehrerstande. Dieser Standeskrieg hat schon viele schlimme Folgen gehabt; geht's auf dem bisherigen Wege fort, so werden sie sich unausbleiblich noch mehren, zumal für die Kirche. Gefährlich ist auf dem wirtschaftlichen Gebiete jene Seite seiner Entwicklung, wodurch der mittlere Gewerbestand immer mehr aufgerieben wird, so daß eine kleine Zahl Hochbegüterter herauskommt, während die übrigen allesamt aus der Hand in den Mund leben oder noch tiefer hinuntersinken. Daß dies ein sozial ungesunder Zustand ist, liegt auf der Hand, ebenso, daß er Gefahren in seinem Schoße birgt. Läßt sich jener wirtschaftliche Entwicklungsprozeß nicht aufhalten oder einschränken, dann muß der Staat mit den Begüterten jedenfalls irgendwelche Ausgleiche zu finden suchen. Die bekannten neueren Sozialgesetze sind ein Anfang dieser Ausgleichungen, aber doch nur der nötigste Anfang. Das Problem geht uns hier nicht an, sondern nur die Tatsache des Übels und seine Gefahr.

Gefährlich ist endlich und zwar am meisten die Sozialdemokratie. Nicht darin liegt die Gefahr, daß der soziale vierte Stand jetzt ebenfalls seine soziale Gerechtsame zu erreichen strebt; das ist vielmehr nicht einmal unrecht, sintemal die drei höheren Stände dies vormals gleichfalls getan haben. Auch nicht darin, daß ein großer Teil der sozialdemokratischen Theorien irrig, utopisch und verderblich ist; Irrtümer gibt es auch anderweits genug. Da gilt's denn überall das Irrige aufzudecken. Die Gefahr entsteht lediglich dadurch, daß die treibenden Elemente der Sozialdemokratie keine Ethik anerkennen und darum bereit sind, ihre Ideen mit Gewalt durchzusetzen, sobald es gelingen kann. (Freilich haben auch die höheren Stände für ihre Zwecke häufig genug revolutionäre Mittel angewandt, vor und nach 1789).

Auch aus der Volksschule kommt seit langem die Klage und zwar mit Grund, daß die jetzige Gesellschaftsordnung dem Schularbeiterstande in mehrfacher Beziehung nicht gerecht werde. In der Tat, der Volksschullehrerstand leidet ebenso gut als der unselbständige Handarbeiterstand an einer sozialen Frage. Erstlich beklagt er, daß bei der hergebrachten Schulverfassung die Schule zu sehr in das Getriebe der politischen und anderen Parteien hineingerate. (Vgl. „Freie Schulgemeinde"). Zum andern: daß durch die bisherige Ordnung der Kreis- und Lokalinspektion seine Amtsehre geschmälert werde, indem man ihm versagt, was man bei andern Ständen gerecht findet. (Siehe meine 7 Thesen in der „Leidensgeschichte"). Zum dritten: daß die Lehrerkarriere nicht befriedigend oder eigentlich fast gar nicht geordnet sei, was namentlich auch die Lehrer an einklassigen Schulen schwer fühlen müssen. (Vgl. die Thesen der bergischen Lehrerkonferenz und verschiedene andere Stellen in meinen Schriften). Zum vierten: daß die Erfüllung der Wahrheit „der Arbeiter ist seines Lohnes wert" in vielen Gegenden für die Lehrer noch viel zu wünschen übrig lasse. (Vgl. die neueste Schrift über die Schuldotation von Dr. Jütting) [. . .]

[F. W. Dörpfeld]

Die Ethik und ihre Anwendung in der Politik ist bei D. ein oft vorkommendes Thema. Im vorliegenden Brief gewinnt es hinsichtlich der Beurteilung der Sozialdemokratie besondere Bedeutung. J. Trüper urteilt 1901 im Zusammenhang mit der Wiedergabe des Briefes, daß das Christentum, „um mit den materialistisch und darum utilitaristisch denkenden Sozialdemokraten zu reden, eine reine Privatsache und im sozialen und politischen Leben der Kampf aller Klassen gegen alle das einzig Mögliche und Richtige sei" (Trü 159). – Von W. Jütting erschien Berlin 1889: Von dem Kampfe um die Volksschule in Preußen und von der Stellung und Besoldung ihrer Lehrer.

344

An Wilhelm Rein, Jena

Ronsdorf, 3. November 1890

Lieber Freund.

Verschiedene Comenius-Verehrer, darunter auch der mir bekannte Archivrat Dr. Keller in Münster, haben den Plan gefaßt, eine internationale Comenius-Gesellschaft zu gründen. Der Zweck sagt sich von selbst. Vielleicht haben Sie auch bereits von diesem Unternehmen gehört.

Dr. Keller sendet mir jetzt den vertraulichen Aufrufs-Entwurf zu mit der Bitte, dem Vorstande des Vereins für wissenschaftliche Pädagogik davon Mitteilung zu machen. Da ich zur Zeit nicht viel schreiben darf, so erlaube ich mir, seine Bitte in Ihre Hände zu legen, zumal Sie mehrere Vorstandsmitglieder in der Nähe haben, mit denen Sie die Sache mündlich besprechen können.

Der Plan hat mich hocherfreut. Die Fassung des Aufrufs ist vortrefflich gelungen. Für meine Person habe ich den Beitritt bereits angemeldet.

Wie der Aufruf sofort erkennen läßt, bietet sich hier eine günstige Gelegenheit, das Interesse für Pädagogik auch in solchen Kreisen anzuregen, die für gewöhnlich sich wenig darum bekümmern. Die Jubiläen Pestalozzis und Diesterwegs haben bekanntlich vornehmlich nur die Schulleute beschäftigt. Bei Comenius kann das anders werden. Seine Wirksamkeit erstreckte sich über drei Gebiete: sie galt der Pädagogik, der Wissenschaft und der Religion. So werden also drei Klassen von Leuten zu einer gemeinsamen Feier und einem gemeinsamen Werke zusammengeführt, die sonst mehr schiedlich als friedlich zueinander stehen. Überdies ist Comenius rundum eine so achtungswürdige, sympathische und interessante Persönlichkeit, wie es in der ganzen christlichen Kulturgeschichte wenige gegeben hat, so daß bei diesem Ensemble von seltenen Eigenschaften jeder, auf welchem Standpunkte er auch stehen mag, in seinem Bilde etwas hoch Vorbildliches anerkennen muß und einer sehr kritisch angelegt sein müßte, der daran etwas Anstößiges finden will.

So können also alle Standpunkte und Parteien mitfeiern und mittun, welch ein seltener Fall!

Meines Erachtens sollte daher unser Vorstand diese günstige Gelegenheit mit Freuden ergreifen und die Vereinsgenossen zum eifrigen Werben für die Comenius-Gesellschaft anspornen. Der Gewinn für die Pädagogik wird nicht ausbleiben, und auch unser spezielles Herbartsches Interesse wird gut dabei fahren, wenn wir mit Geschick zu operieren wissen und unsern Beitrag zum Verständnis und zur Würdigung des großen Exulanten nicht schuldig bleiben.

So sei denn die Sache nunmehr auf Ihre Seele gelegt. Der Aufruf liegt hier bei. Vielleicht sendet auch Dr. Keller selbst an Sie und die übrigen Vorstandmitglieder einige Exemplare, da ich ihm die Adressen mitgeteilt habe.

Wer für große Zeitmomente kein Auge hat, der mag ruhig bei seinem Kleinkram sitzen bleiben. Mit ihm erst darüber zu disputieren, dazu wäre die Zeit zu schade, wenigstens mir.

Mit besten Grüßen an Sie und die übrigen Freunde

Ihr
F. W. Dörpfeld

345

An Ludwig Keller, Münster i.W.

Ronsdorf, November 1890

[...] Mit großem Interesse und lebhafter Freude habe ich den mir gütigst übersandten vertraulichen ‚Aufruf' gelesen. Ihr Plan läßt mich einen langgehegten sehnlichen Wunsch in Erfüllung gehen sehen. Comenius ist mir von jeher einer der achtungswürdigsten, sympathischsten und interessantesten Persönlichkeiten der christlichen Kulturgeschichte gewesen. Insbesondere hat mich in Ihrem Aufruf gefreut, daß nicht bloß die pädagogische Seite seines Wirkens ins Auge gefaßt werden soll, sondern auch die wissenschaftliche und religiöse. Mit Recht wird hervorgehoben, daß die pädagogische Seite erst dann ins rechte Licht treten kann, wenn die beiden andern Seiten vollaus mit berücksichtigt werden. Freilich gilt auch das Umgekehrte. Viele der wissenschaftlichen sowie der religiösen Bestrebungen unserer Zeit würden wesentlich gesunder sein, wenn sie überall von einem lebhaften Interesse für die pädagogische Aufgabe der Gesellschaft begleitet wären. Auch das lehrt uns das Beispiel unseres Helden. Er war ein ganzer Mann und weil er das war, darum ist er nach allen Seiten hin vorbildlich großgeworden, auch im Ertragen und Ausharren in der Trübsal.

[...] Noch von einer dritten Seite her werden wir daran gemahnt, uns über den Standpunkt (und die Arbeitsaufgaben) unseres Vereins reiflich zu besinnen. Ihr Entwurf sagt: Die Gesellschaft zählt zu ihrem Forschungsgebiete alle diejenigen Richtungen und Schulen, welche in ihren philosophisch-religiösen Grundgedanken auf dem Boden des Comenius stehen.

Wenn wir nun unsere Vereinsgenossen fragen, wie sie sich diese philosophisch-religiöse Grundanschauung des Comenius vorstellen, so werden mutmaßlich ihrer viele den Nagel auf den Kopf zu treffen meinen, wenn sie sagen: Comenius war nicht konfessionell, sondern interkonfessionell gesinnt. Das ist aber offenbar nur eine negative Bestimmung und läuft darauf hinaus: Comenius war ein Mann wie Lessings weiser Nathan, der alle Religionen und Konfessionen für Verirrungen und nur seine eigene, die sogenannte Humanitäts-Konfession, für allein berechtigt hielt. Nach Ansicht dieser Leute könnte unsere Comenius-Gesellschaft ebensogut Nathan-Gesellschaft heißen; sie gilt ihnen nur als Vorschule der Loge oder vielleicht auch als eine geschickt verbesserte neue Auflage der Loge und speziell auf dem pädagogischen Gebiete als Bahnbrecher des Simultanismus.

Nach meiner Auffassung ist die Comenius-Gesellschaft etwas wesentlich anderes und besseres als das. Was wir auch immer mit der Loge gemein haben mögen, namentlich in der Negation, so sind wir doch im Positiven sehr wesentlich von ihr geschieden. Gewiß können und wollen wir die Nathanianer nicht von unserem Verein ausschließen, aber wir müssen doch dafür sorgen, daß sie nicht das Steuerruder in die Hand bekommen. Wie wollen wir das aber vermeiden? Die Formel: philosophisch-religiöser Standpunkt des Comenius deckt uns nicht, sie reicht bei weitem nicht aus. Wollten wir versuchen, den Begriff philosophisch-religiös durch Umschreibung näher zu bestimmen, so würden wir recht in Verlegenheit geraten und würden in der Praxis aus den Verlegenheiten und Verwickelungen nicht herauskommen. Es gibt aber doch einen Weg, um einen klaren, festen und geschützten Standpunkt zu gewinnen, jedoch nur einen einzigen. Es ist der, daß wir uns an die konkrete Person des Comenius halten und damit an seine drei konkreten Charaktereigenschaften:

a) Lebendiges religiöses Interesse, (d.i. nicht bloß religiöse Gedanken, Doktrinen, sondern Interesse und zwar ein lebendiges),
b) entschieden wissenschaftliches Interesse,
c) entschieden pädagogisches Interesse.

Nach der Geometrie reichen drei Linien aus, um eine Fläche nach Form und Inhalt bestimmt abzugrenzen. Das gilt auch für unsere Vereinsposition.

Durch a (religiöses Interesse) steht die Tür unseres Vereins allen ernst Religiösgesinnten offen, selbst den schroffsten Konfessionalisten, ja auch den Päpstlingen, wenn sie mittun wollen. Sind nun die Leute von dieser festen Position recht zahlreich im Verein vertreten, wonach wir streben müssen, dann werden die Nathansleute uns nicht nur nicht schaden, sondern vielmehr nützen, ja unentbehrlich sein.

Indem nun b (wissenschaftliches Interesse) hinzutritt, so ist durch diese zweite Bestimmung verbürgt, daß neben der Festigkeit auch die Bewegungsfreiheit nicht fehlt.

Handelte es sich bloß darum, den Vereinsstandpunkt begrifflich (theoretisch) genau festzustellen, dann würden jene zwei Bestimmungen (religiöses und wissenschaftliches Interesse) ausreichen. Erwägt man aber, daß Theorie und Praxis zweierlei Dinge sind, dann ist auch leicht einzusehen, daß die dritte Charaktereigenschaft (pädagogisches Interesse) für das Vereinsleben ebenso gewiß von großer Bedeutung sein muß, als sie bei Comenius nicht etwas Zufälliges war.

Durch c (pädagogisches Interesse) wird nämlich darauf hingewirkt resp. verbürgt, daß die religiösen und wissenschaftlichen Bestrebungen erstlich vereint und zum andern praktisch gesund bleiben. Ein besseres Schutz- und Trutzmittel für diesen Zweck gibt es nicht.

Unsere Vereins-Losung/Konfession heißt darum: Die konkrete Persönlichkeit des Comenius und seine drei konkreten Charaktereigenschaften (Interessen).

Dadurch gewinnt unsere Gesellschaft für beide – für ihre Stellung und für ihre Arbeit – alles, was sie wünschen kann, nämlich:

für ihre Stellung: Klarheit und Festigkeit,
für ihr Handeln: vollste Bewegungsfreiheit,
und dazu: Verbürgung der Gesundheit.

Machen Sie in Gedanken die Probe. Denken Sie sich irgendwelche Angriffe, Verlegenheiten und Verwickelungen, sei es von konservativer (konfessioneller usw.) Seite oder von liberaler und besinnen Sie sich dann, ob der bezeichnete Vereinsstandpunkt nicht vollaus die Mittel bietet, um die Angriffe abzuwehren und aus den Verlegenheiten herauszukommen.

Nehmen wir ein paar Proben vor: Gesetzt, von streng konfessioneller Seite werde der Vorwurf erhoben, der Standpunkt der Comenius-Gesellschaft sei zu lax, zu weit, zu unklar, zu humanitätlich, zu logenartig usw., so daß ein positiver (konfessioneller) Christ sich nicht darin heimisch fühlen könne. Darauf ist zu erwidern: Auch für die entschiedensten Konfessionellen steht unsere Tür weit offen, sie seien dringend eingeladen; je mehr religiöses Interesse jemand mitbringe, desto willkommener sei er, wir machen hinsichtlich seiner religiösen Doktrin keinerlei Anforderungen, beschränken ihn nicht, üben an ihm auch keine Kritik. Was wir von ihm fordern, sei lediglich dies, daß er auch wissenschaftliches und pädagogisches Interesse habe. Besitze er die nicht und glaube er darum nicht beitreten zu könne, so habe nicht seine Konfession ihn ausgeschlossen, sondern der Mangel an wissenschaftlichem und pädagogischem Interesse. Der Tadler wird verstummen müssen.

Gesetzt ferner, auf liberaler Seite fände man es überflüssig, daß wir auch die schroffsten Konfessionellen aller Art aufnehmen und man behaupte, der Verein lähme damit sich selbst und verleide den echten Liberalen den Beitritt. Darauf ist zu erwidern: Einer mag in religiösen Dingen so freiheitlich denken, wie er will – unsere Tür steht offen, wir kritisieren seine Ansichten und beschränken ihn nicht. Was will er mehr? Dieselbe Toleranz haben wir aber auch gegen die Konfessionellen zu üben, wenn sie auf dem Boden unseres Programms mitarbeiten wollen, also auch wissenschaftliches und pädagogisches Interesse zeigen. Täten wir anders, so wären wir keine Comenius-Freunde. Allerdings fordern wir im Namen des Comenius auch in religiöser Beziehung etwas, nämlich religiöses Interesse, auch von den freier Denkenden, jedoch ohne nach ihren Ansichten zu fragen. Besitzen sie nun dieses Interesse, so mögen sie es auch dadurch beweisen, daß sie andersgeartete, z.B. streng konfessionelle Ansichten, falls ihnen ein lebendiges Interesse zum Grunde liegt, respektieren. Besitzt ein Liberaler kein religiöses Interesse, so ist er für einen wichtigen Teil unseres Programms unbrauchbar, gleichwohl weisen wir ihn nicht zurück, falls er wenigstens wissenschaftliches und pädagogisches Interesse besitzt. Nur müssen wir verlangen, daß er wenigstens soviel Toleranz habe, um in unserm Verein auch die streng Konfessionellen tragen zu können.

Ich denke, auch der liberalste Liberale wird anerkennen müssen, daß das im Sinne des Comenius geredet ist [. . .]

[F. W. Dörpfeld]

346

An Wilhelm Dörpfeld, Athen

Ronsdorf, 15. November 1890

Lieber Wilhelm.

Diesmal sind es ein paar sachliche Angelegenheiten, die mich veranlassen, Dir einige Zeilen zu senden. Es drückt mich oft schwer, daß ich nicht dazu kommen kann, die persönliche Gemeinschaft mit meinen fern wohnenden Kindern mehr zu pflegen. Aber es gehört das einmal zu meinem Geschick, das in Geduld getragen sein will.

Vorab will ich bemerken, daß es uns allen hier im ganzen in der gewohnten Weise geht. Namentlich habe ich selbst alle Ursache, mit meinem Befinden zufrieden und dafür dankbar zu sein. Die liebe Christine ist seit ihrem Brautstande recht aufgelebt. Das freut mich sehr. In den letzteren Tagen war sie leider etwas unwohl; sie hatte Kopfschmerzen, Zahn- und Ohrenschmerzen. Heute ist sie jedoch wieder auf den Beinen und am gewohnten Schaffen – im Hause und für ihre Aussteuer. Ihr bräutliches Glück gönne ich ihr von ganzem Herzen; ist mir doch auch eine Sorge damit abgenommen: ich weiß sie für Zukunft gut versorgt, falls anders Gottes Segen weiter sie begleitet. Für mein häusliches Behagen wird allerdings ihr Scheiden ein schwerer Verlust sein. Das ist aber der geordnete Lauf der Dinge: die Kinder sind nicht um der Eltern willen da, sondern umgekehrt. Wie mein Hausstand später geregelt werden soll, wird Dir wohl Christine oder Anna schon gemeldet haben. Der liebe Gott hat es bisher allerwegen so freundlich mit mir gemacht, daß ich mit gutem Vertrauen in die Zukunft sehen kann.

Für Dein freundliches Anerbieten danke ich herzlich. Es hat meinem Herzen wohlgetan. Ich würde auch von niemandem lieber eine finanzielle Beihilfe annehmen als von Dir. Einstweilen hoffe ich aber mit den eigenen Mitteln auszureichen. Sobald sich ein Manko zeigen sollte, werde ich mich melden. Anna und Carnap sind auch in jedem Betracht fürsorglich. Ich bin in der Tat ein reicher, glücklicher Vater. Wie viele Väter gibt es, die so viel Freude an ihren Kindern erleben dürfen wie ich? Gott erhalte mir diese Freude!

Zunächst wollte ich dir eine kleine Spätfrucht von meinem literarischen Acker übersenden, die Dich vielleicht auch sachlich ein wenig interessieren wird. Sie liegt schon seit mehreren Monaten für Dich bereit; ich konnte aber wegen überhäufter Ansprüche aus der Nähe und Ferne nicht zum Schreiben kommen. Es ist eine Abhandlung über die schulmäßige Behandlung der „elementaren Gesellschaftskunde", als notwendige Ergänzung des Geschichtsunterrichts. Was ich faute de mieux „Gesellschaftskunde" nenne, ist im Grunde dasselbe, was die Historiker und Philologen „Archäologie" heißen. Dieser herkömmliche Fremdname faßt die Sache nach der Seite der Vergangenheit und ist eigentlich nichtssagend; meine Bezeichnung deckt beide Seiten, Vergangenheit und Gegenwart und sucht die Materie selbst deutlich zum Ausdruck zu bringen, nach der Regel: a potiori fit denominatio. Selbstverständlich ist der Name etwas rein Nebensächliches.

Schon in der ministeriellen Schulkonferenz 1872 hatte ich nachzuweisen versucht, daß der übliche Geschichtsunterricht nach der sozialen Seite hin einer Ergänzung bedürfe. Meine Auseinandersetzung wurde zwar „andächtig" angehört, fand aber weder von rechts noch von links her Unterstützung. Die Falkschen „Allgemeinen Bestimmungen" haben in dieser Beziehung alles beim alten gelassen. Erst das Vordringen der Sozialdemokratie scheint an maßgebender Stelle (beim Minister und seinen Räten) die Augen geöffnet zu haben, namentlich, seitdem der Kaiser im vorigen Jahre bei verschiedenen Gelegenheiten öffentlich geäußert hatte, daß der Geschichtsunterricht (und der Religionsunterricht) manches zu wünschen übrig lasse. Wie nachträglich kund wird, hat der Kaiser diese Ansicht vorher auch in einem geheimen Erlaß an den Kultusminister (vom 1. Mai 1889) ausgesprochen. Die National-Zeitung meldet jüngst, daß dieser Erlaß in kurzem publiziert werden soll, (vermutlich vor dem Zusammentreten der Konferenz für das höhere Schulwesen). Jetzt ist die Frage von der Ergänzung des Geschichtsunterrichts in voller Bewegung; man nennt den Ergänzungsstoff gewöhnlich „Volkswirtschaftliches und Gesetzeskunde". (Warum ich diese Bezeichnung für eine falsche, irreführende Fährte halte, ist am Schlusse meiner Abhandlung dargelegt).

Schon im Herbst vorigen Jahres hat der Minister insgeheim mit etlichen Vertrauensmännern über den fraglichen Lehrstoff Rat gepflogen. Dem Vernehmen nach läßt er jetzt für die verschiedenen Schulen einen besonderen Leitfaden (in lesebuchartiger Form) ausarbeiten, und dann soll dem Geschichtsunterricht wöchentlich eine dritte Stunde zugegeben werden. Sobald jene projektierten Leitfäden fertig sind, wird ohne Zweifel die Verfügung zur Ausführung ergehen.

So habe ich denn die Genugtuung und Freude, daß mein Vorschlag, der 18 Jahre lang unbeachtet in den ministeriellen Akten ruhen mußte, jetzt seinem Wesen nach zur Ausführung kommen soll. Das hat ein einziger kaiserlicher Fingerwink zustandegebracht, n[ota] b[ene] mit Hülfe der Sozialdemokratie. Das damals von mir präsentierte Lehr-Hülfsmittel, ein bloßes Frageheft (Repetitorium), hat freilich beim Minister keine Gnade gefunden, wie die Form der projektierten Leitfäden zeigt. Wahrscheinlich werden die letzteren auch inhaltlich abweichen, nämlich anstatt bei den elementaren Tatsachen stehen zu bleiben, sich in das Technische der Volkswirtschaft einlassen, weil man weniger von dem allgemeinen Lehrbedürfnis ausgeht als vielmehr eine schleunige Bekämpfung der Sozialdemokratie erstreben will. Nun mag man einmal versuchen, was sich mit volkswirtschaftlichen Doktrinen erreichen läßt! Wenn der Minister meine Abhandlung (die ihm vom Verleger zugesandt worden ist) einer näheren Beachtung gewürdigt hätte, namentlich auch die mancherlei leiseren Andeutungen, die ich mit Absicht nicht lauter sagen wollte, so würde er meines Erachtens eingesehen haben, daß es für den Jugendunterricht auf diesem Gebiete wichtigere und nötigere Lehrpunkte gibt als die volkswirtschaftlichen technischen Doktrinen. Zu diesen wichtigeren Lehrpunkten gehört insbesondere das Kapitel von den sechs allgemeinen Bedürfnissen und den sechs Klassen der Arbeiten (Repetitorium, Kap. III) und das Kapitel von den fünf Hauptstücken einer Gesellschaft (Kap. IV). Diese Kenntnisse haben zugleich eine ethische Bedeutung; denn sie sind die notwendige Voraussetzung, wenn im Religionsunterricht die sozial-ethische Belehrung recht verstanden werden soll. In der Ethik liegen die Hauptwaffen wider die Sozialdemokratie; erst wo diese Waffen ihren Dienst getan haben, können die übrigen etwas nützen.

Ach, wenn es doch ein Mittel gäbe, um den Kaiser auf die rechte Spur zu bringen!

Die Urteile der pädag[ogischen] Zeitschriften über meine Abhandlung (und das Repetitorium) lauten, soweit sie mir bis jetzt bekannt geworden sind, im wesentlichen anerkennend und zustimmend.

Prof[essor] Dr. Fabri (der frühere Missionsinspektor), dem ich die beiden Schriftchen übersandt hatte, schickte vor etlichen Wochen eine Anzeige derselben an die Köln[ische] Zeitung; sein Artikel wurde aber von der Redaktion nicht aufgenommen. Der Köln[ischen] Zeit[ung] scheint der Name Dörpfeld nicht sympathisch zu sein.

So stehen die Sachen.

Findest Du Zeit, meine Abhandlung mit Muße zu lesen, so wird es mich freuen, gelegentlich auch Dein Urteil zu hören.

Nun eine zweite geschäftliche Angelegenheit.

In der Geschichte der Pädagogik treffen wir um die Zeit des 30jähr[igen] Krieges einen Mann, der an pädagog[ischer] Einsicht und einem auffallend hohen Maße über seine Zeitgenossen und Vorgänger hervorragte. Ich meine Amos Comenius, den letzten Bischof der böhmisch-mährischen Brüder. Angeregt durch Baco, den Regenerator der naturwissenschaftlichen Forschung, unternahm er eine Reform des Unterrichts- und Erziehungswesens im großen Stil, von der Mutterschule (Kinderstube) an bis hinauf zu den Universitäten. Sein theoretisches Hauptwerk, die Didactica magna, verbreitet sich über die sämtlichen Schulanstalten. Seine prakt[ischen] Lehrbücher (Schulbücher) gelten jedoch vornehmlich den Gymnasien. Er ragt an Weit- und Tiefblick so sehr hervor, daß man ihn mit Recht einen pädagog[ischen] „Seher" genannt hat. Nicht wenige von seinen vorgreifenden trefflichen Ideen sind selbst heute noch nicht vollständig zur Ausführung gekommen. Es liegt das hauptsächlich daran, daß seine Lebenszeit in Deutschlands unglücklichste Periode fiel und seine Werke wie so viele andere unter den Trümmern des 30jähr[igen] Krieges verschüttet und begraben wurden. An 200 Jahre lang war er ein fast verschollener Mann. Die Pädagogik mußte sich ohne ihn ihren Weg suchen. Wie viele Irrwege wären uns erspart gewesen, wenn man auf dem von ihm gelegten Grunde und nach seinen sicheren Ratschlägen hätte fortbauen können.

Seine Verdienste liegen aber keineswegs bloß auf dem pädagogischen Gebiete. Auch im Interesse der allgemein-wissenschaftlichen respektive philosophischen Forschung hat Comenius gearbeitet und zwar sein ganzes, langes Leben hindurch. Er hatte ein literarisches Werk unternommen, das er „Pansophie" nannte, worin die Ergebnisse aller theoretischen Wissenschaften zu einer einheitlichen rational-christlichen Weltanschauung zusammengefaßt werden sollten. Es ist leider nicht zu der beabsichtigten Vollendung gelangt, weil er zu sehr auch von anderen Dingen in Anspruch genommen war und überdies fast sein Leben lang ein umherirrender Exulant sein mußte. Noch auf einem dritten Gebiete hat der Mann ein bedeutsames Stück Arbeit stehen. Es hängt dies mit der Stellung und Geschichte seiner Glaubensgenossen, der mährischen Brüder, zusammen. Diese „Brüder" sind eine in kirchlicher Hinsicht sehr wichtige und interessante Gemeinschaft gewesen. Ihre Entstehung schreibt sich teils von den Waldensern, teils von den Hussiten her. Sie waren offenbar originaler als unsere protestantischen Kirchen und in der Praxis unzweifelhaft gereifter und edler. Schade, daß sie in Folge der Kriegsnöte und der Verfolgungen ihre Selbständigkeit einbüßen mußten. Comenius war ihr letzter Bischof. In der Zerstreuung schlossen sie sich teils an die reformierten Gemeinden der östlichen deutschen Gegenden an, teils an die Zinzendorfsche Brüderkirche. Abgesehen von dem, was Comenius für seine ihm befohlenen Glaubensgenossen getan hat, ist er auch zeitlebens mit allem Eifer für eine Vereinigung respektive Verständigung der getrennten christlichen Konfessionen tätig gewesen. Auch in diesem Betracht steht er nicht bloß unter seinen hadernden Zeitgenossen hoch da, sondern kann auch für unsere Zeit in diesem wichtigen und nötigen Werke ein hellleuchtendes Vorbild sein, sowohl im Wollen wie im rechten Tun. Und gerade auf die rechte Weise kommt hier fast alles an. Seine pädagogischen und seine wissenschaftlichen Arbeiten standen im Dienste dieser Friedens- und Unierungsidee und erhalten daher erst von hier aus ihr volles Licht.

Welch eine großartige geschichtliche Figur ist doch dieser gejagte, geplagte und trotzdem immer unermüdlich schaffende Mann gewesen.

Dazu kommt noch, daß Comenius eine durch und durch achtungswürdige und obendrein für jeden ausnehmend sympathische Persönlichkeit war, – ein echter Jünger Christi. Sein letztes kurzes Wort, das der 87jährige Greis im Druck ausgehen ließ gleichsam als sein literarisches Testament – überschrieben: Unum necessarium – spricht sich so bescheiden, demütig und friedevoll aus, daß es wie ein altapostolisches Abschiedswort klingt und man es nur mit tiefer Herzensbewegung lesen kann.

Er starb zu Amsterdam 1681, 91 Jahre alt. Der heutige Tag – 15. November – ist sein Todestag.

Mir ist der Mann immer eine Lieblingsgestalt gewesen. Wie Du Dich vielleicht erinnerst, hängt sein Bildnis in meiner Stube über dem Sofa an einem Ehrenplatze neben den Bildnissen Zahns und Kohlbrügges. Seit vielen Jahren trug ich mich mit dem Gedanken, im Evangelischen Schulblatt sein Lebens- und Charakterbild zu zeichnen; leider ließen die anderweitigen Ansprüche und die Leibesgebrechen es nicht zur Ausführung kommen.

Zu meiner großen Freude ist jetzt, wo sein 300jähriger Geburtstag heranrückt – 28. März 1592 – die gewisse Aussicht vorhanden, daß sein Andenken im deutschen Volke in würdiger Weise zu Ehren kommen wird. Eine Anzahl Comenius-Verehrer aus den gelehrten Kreisen und andern angesehenen Stellungen hat sich vereinigt, um zu dem genannten Zwecke eine Comenius-Gesellschaft (nach Art der Goethe-, der Shakespeare- usw. Gesellschaft) zu gründen. Aus dem anliegenden (vertraulichen) „Aufruf" wirst Du das Nähere ersehen.

(Lies denselben vorher durch, weil sich meine folgenden Bemerkungen darauf beziehen.)

Durch einen der Gründer, den Archivar Dr. Keller in Münster, der mir vom Bergischen Geschichtsverein her bekannt war, wurde ich jüngst eingeladen, dieser Gesellschaft ebenfalls beizutreten. Natürlich habe ich das mit Freuden getan.

Für die Pädagogik kann das Unternehmen von großer Bedeutung werden. Hier kommt ein Werk und eine Feier zustande, wo Schulleute mit Männern der Wissenschaft und Männern der Kirche in treuem Bunde vereinigt sind. Das ist noch nicht dagewesen.

Dr. Keller ersuchte mich auch, ihm aus meinem Bekanntschaftskreise noch einige Adressen anzugeben, an die er mit Vertrauen eine Einladung schicken dürfte. Ich habe ihm u.a. auch Deine Adresse genannt, weil ich bei diesem schönen Werke gern auch Deinen Namen beteiligt sehen möchte. Besondere Verpflichtungen legt Dir der Beitritt nicht auf, zumal keine zeitraubende. Es handelt sich zunächst nur um repräsentationsfähige Namen, die das Werk stützen helfen und dann versuchen, in ihrem Bereiche einige finanzkräftige Gönner zu gewinnen, wenn der Aufruf an die Öffentlichkeit treten kann. Ich denke, Du würdest den reichen Dr. Schliemann zu einem 100 Mrk.-Beitrag willig machen können, vielleicht auch ein paar Patronatscheine (á 10 Mrk.) unterbringen. Ob sich auch am Hofe etwas tun läßt, weiß ich nicht. Dergleichen Werbungen lassen sich gelegentlich mit Muße besorgen. Will's nicht gelingen, – nun, so hast Du doch Deine Schuldigkeit getan. Bei Dir handelt es sich vor der Hand nur um Deinen Namen. Ob Du auch die herausgegebenen Schriften zu besitzen wünschest und zu dem Zwecke einen Patronatschein lösen willst, steht in Deinem Belieben. (Hier haben Carnap und Kreitz sich schon für das Patronat willig erklärt.)

Dr. Keller wird Dir wohl in kurzem die Einladung zusenden. Bitte, bedenke Dich nicht lange, sondern erkläre Dich sofort zum Beitritt bereit – sei es auch nur um Deines Vaters und seines Berufes willen.

Die Sammlung der Mitglieder hat erst vor einigen Wochen begonnen. Ein Anfangs-Verzeichnis, das mir Dr. Keller bei der Einladung zuschickte, liegt hier bei. Ohne Zweifel wird es in kurzem recht ansehnlich werden.

In einigen Wochen werde ich Dir eine Biographie des Comenius schicken, woraus Du den lieben Mann näher kennenlernen kannst. Mein eigenes Exemplar ist zu beschmutzt, sonst würde ich dieses schon mitgesandt haben. Nun Gott befohlen!

Deine übersandten Literaturstücke habe ich mit großem Interesse gelesen. Der Nekropolen-Entdecker meinte es böse zu machen und hat doch Eurer Sache nur genützt. Das ist auch also gewandt, wie der selige Dir[ektor] Zahn sagen würde.

Mit herzlichen Grüßen an Dich, Anne und die lieben Kinderchen.

Euer Vater
F. W. Dörpfeld

Die „Kleine Spätfrucht" ist eine Abhandlung, die zunächst im EvSchBl 34 (1890), S. 217–255 und sodann als selbständige Broschüre erschien: „Die Gesellschaftskunde, eine notwendige Ergänzung des Geschichtsunterrichts" (auch: GesSchr IV).

a potiori fit denominatio = die Bezeichnung werde vom Wichtigeren abgeleitet.

In der Berliner Konferenz vom Juni 1872 hatte D. angeregt, „nicht bloß Geschichte und politische Geographie zu treiben, sondern [. . .] b) die allgemeinen Angelegenheiten der Güter des menschlichen Lebens, c) einzelnes aus dem volkswirtschaftlichen Gebiete, d) die Gesellschaft zu betrachten" (Protokolle der Konferenz, in: Zentralblatt für die gesamte Unterrichtsverwaltung in Preußen, Jg. 1872, S. 411). In den Lehrinhalten der allgemeinen Bestimmungen für Geschichte in der Volksschule, der Mittelschule und den Lehrerseminaren sind keine Hinweise auf die Gesellschaftskunde enthalten (ebd., S. 586 ff). Dazu auch: K. Goebel, Friedrich Wilhelm Dörpfeld und die Konferenz zur Vorbereitung der Allgemeinen Bestimmungen im Juni 1872. In: Pädagogische Rundschau 27 (1973), S. 278–296.

Wilhelm II. hatte in einem Erlaß an das preußische Staatsministerium vom 1.5.1889 die Bekämpfung der Sozialdemokratie mit Hilfe der Schule proklamiert. Die daraufhin erfolgenden Lehrplanänderungen betrafen vor allem die Fortführung des geschichtlichen Stoffes bis zur Gegenwart und eine Berücksichtigung der sozialen und wirtschaftlichen Verhältnisse, wobei die Sozialgesetzgebung der achtziger Jahre als besonderes Werk der Hohenzollern herauszustellen war. Die Konferenz für das höhere Schulwesen tagte vom 4. bis 17.12.1890 in Berlin (Verhandlungen über Fragen des höheren Unterrichts, Berlin 1891; darin der Erlaß Wilhelms II. im Wortlaut).

D.s Gesellschaftskunde war schon in den siebziger Jahren durch das „allgemeine Lehrbedürfnis" motiviert, nicht durch die spätere Forderung des Kaisers, die Sozialdemokraten mit Hilfe der Schule zu schlagen, wie aus diesem Brief hervorgeht.

Das Todesjahr von J.A. Comenius muß 1670 (anstatt 1681) heißen. D. hat in einem 1891 gehaltenen Vortrag „Die Comenius-Gesellschaft und ihre Bedeutung" dargestellt, von W. Vogelsang aus dem Nachlaß herausgegeben (EvSchBl 50, 1906, S. 17–27, auch abgedruckt in: Comenius-Blätter für Volkserziehung 14, 1906, S. 33–42).

Abschnitt 4 („Zunächst...") bis 8 („Ach, wenn es doch...") fehlen in der Handschrift und konnten durch den bei Trü 156 ff. vorgefundenen Text ergänzt werden. Das für das EvSchBl geplante Lebensbild von Comenius hat D. nur mündlich anläßlich des erwähnten Vortrags geben können (siehe EvSchBl 36, 1892, S. 200 f.; teilweise abgedruckt in: GesSchr VI, S. 212 f). Zu dem „Nekropolen-Entdecker" E. Boetticher siehe Brief 332.

347

An Adolph Hollenberg, Rheydt

Ronsdorf, 13. Dezember 1890

Lieber Freund.

Hierbei die Rezensionsschriften aus der Naturlehre, auch der geliehene Band der Kehrschen Blätter. Die mathematischen Schriften werde ich nach Deiner Weisung an Lamberti in Moers senden. Die naturgeschichtlichen Bücher sollen diesmal alle an die „junge Garde" im Wupperthal gehen, die sich für den künftigen Dienst am Schulblatt rüsten will.

Einige der mathematischen Schriften für höhere Schulen will ich versuchsweise an Diehl in Frankfurt schicken. Eigentlich müßte der junge Mann sich doch erst durch eine selbständige Arbeit (Abhandlung) bei den Schulblatt-Lesern einführen. Wenn er seine Erstlingsrezensionen einschickt, so wollest Du sie gefälligst darauf ansehen, ob man ihn weiter gebrauchen kann. Daß Du bei der neuen Auflage des physikalischen Schriftchens Dich auf die formalen Stufen nicht eingelassen hast, kann ich meinerseits nur billigen. Diese Arbeit mögen die Lehrer selbst übernehmen. Vielleicht wäre es aber gut, gelegentlich ein paar Lektionen nach den formalen Stufen für das Schulblatt zu bearbeiten. Überlege Dir gefälligst meinen Vorschlag.

In Folge des kaiserlichen Fingerwinks vom 1. Mai 1889 sind jetzt Regierungen, Schulinspektoren und Lehrer eifrig mit dem Entwerfen von Lehrplänen für den Geschichtsunterricht beschäftigt. Die Düsseldorfer Regierung, welche dem Minister ihre Pläne (für ein- bis sechsklassige Schulen) bis zum 19. Januar 1891 einsenden soll, hat ihrerseits zunächst die Arbeit auf 5 oder 6 Kreisinspektoren abgeladen. Diese haben nun einen Ausschuß ihrer Lehrer damit beauftragt, so z.B. in Elberfeld (sechsklassige Schulen), in Lennep (vierklassige Schulen).

Mit dieser von oben her veranlaßten Luftbewegung wird es auch wohl zusammenhängen, daß bei meiner Abhandlung über die Gesellschaftskunde bereits eine neue Auflage nötig geworden ist. Ein Exemplar der neuen Auflage liegt hier für Dich bei.

In meinem Hause war in den letzten 4 Wochen trübe Zeit. Christine war ernstlich krank. Die Besserung ist zwar da, geht aber sehr langsam vorwärts. Bei diesem Druck, der auf meinem Gemüte lag, machten sich auch meine eigenen Leibesbeschwerden stärker fühlbar. Möge Gottes Angesicht bald wieder freundlicher leuchten.

Mit herzlichen Grüßen an Dich und die Deinigen

Dein
F. W. Dörpfeld

Zum „Kaiserlichen Fingerwink vom 1. Mai 1889" vergleiche den vorhergehenden Brief. – Die 2. Auflage der „Gesellschaftskunde" trägt das Erscheinungsjahr 1891. – Am 2.5.1891 verfügte die Düsseldorfer Regierung, „die Schüler und Schülerinnen im Geschichtsunterricht insbesondere mit den Bestrebungen sowohl des hochseligen Kaisers Wilhelm I. als auch Sr. Majestät des jetzt regierenden Kaisers Wilhelm II. um das Wohl der arbeitenden Klassen bekannt zu machen."

348

An Wilhelm Dörpfeld, Athen

Ronsdorf, 19. Dezember 1890

Lieber Wilhelm.

Meinen vorigen Brief wollet Ihr mir freundlichst als Weihnachtsbrief anrechnen. Durch Christinens Krankheit bin ich überall beengt und in Rückstand gesetzt worden. Aber es drängt mich, wenigstens zu Deinem Geburtstage einen herzlichen Glückwunsch zu senden. Gott der HErr segne und behüte Dich und die Deinigen weiterhin, wie Er Euch bisher so gnädig geführt und gesegnet hat.

Was ich im früheren Briefe von Christinens Besserung meldete, war leider von kurzer Dauer. Wir haben noch mehrere recht trübe Wochen durchmachen müssen. Mein Gemüt war sehr gedrückt. Die jetzige Wendung zum Besseren schien erfreulicherweise standhalten zu wollen. Gott helfe gnädig weiter und gebe, daß sie mit Willy ein fröhliches Christfest feiern kann.

Das Buch über Comenius, was ich Dir zu schicken versprach, ist leider noch nicht angekommen. In der Unruhe über die Verschlimmerung in Christinens Zustand war die Bestellung vergessen worden. Hoffentlich wird der Spätling doch bald dort eintreffen können.

In einem Briefe von Dörr, den ich gestern erhielt, kam eine Bemerkung über Dich vor, die mich gefreut hat und Dich interessieren wird. Es hieß: „Wie mir jüngst der stud. phil. Vollmer sagte, wird der Name Deines Sohnes Wilhelm in den archäologischen Vorlesungen sehr viel als Autorität genannt, häufiger als irgendein anderer Archäologe." Möge Gottes Segen auch ferner auf Deiner Arbeit ruhen.

Mit dem Buche über Comenius wird Dir auch noch ein anderes Buch zugehen, auf das ich hier mit einigen Worten aufmerksam machen will. Es handelt von der Gesundheitspflege und heißt: „Meine Wasserkur, durch mehr als 30 Jahre erprobt, von Sebastian Kneipp, (kath.) Pfarrer in Wörishofen, Bayern." Schriften über Wasserkuren gibt es bekanntlich viele; diese aber ist sonderlicher Art. Das Buch erschien zuerst vor vier Jahren und hat jetzt (Ende 1890) bereits 20 Auflagen erlebt. Das sagt genug. In Bayern bestehen auch schon mehrere Badeanstalten nach diesem System. Das Sonderliche dieser Gesundheitspflege und Kurart besteht namentlich darin, daß alles auf den Hausgebrauch berechnet ist, also wenig Umstände und Kosten verursacht. Ich wurde vor ca. vier Wochen darauf aufmerksam und habe die einfacheren Ratschläge (wider Kälte der Extremitäten, Blutarmut usw.) bereits versucht und zwar mit gutem Erfolge. Nach meiner jetzigen Schätzung muß ich sagen: wenn ich das Buch vor 20 Jahren gekannt hätte, so würde ich mutmaßlich noch amtstüchtig sein. Dasselbe verdient ein ernstliches Studium, auch hinsichtlich der Leibespflege bei der Kindererziehung. Du klagtest bei Deinem letzten Besuch über häufige kalte Füße. Hier ist Rat. Beim Beginn seiner Ratschläge (z.B. mit nackten Füßen auf kaltem Fußboden usw. gehen) muß man natürlich zuerst piano und vorsichtig anfangen, z.B. zuerst auf Strümpfen eine Weile umhergehen und erst bei einiger Gewöhnung zu dem Schwierigeren schreiten; auch jedes Mal nach der Bekleidung erst wieder die Füße durch Bewegung warm machen. Sehr vortrefflich und wirksam sind namentlich auch die Manipulationen, welche Kneipp „Knieguß", „Schenkelguß" und „Oberguß" (Rückenguß) nennt.

Das sei genug zum einstweiligen Aufmerksammachen. Das Nähere wird Dir das Buch selbst sagen. Später werden wir wohl noch mehr darüber verhandeln.

Wenn man in bedenklichen Fällen erst ärztlichen Rat hören will, so kann man sich an einen der angegebenen bayer[ischen] Badeärzte wenden. Ich habe den Dr. Kleinschrod in Wörishofen konsultiert.

Nun Gott befohlen.

Mit herzlichen Grüßen an Euch alle

Euer Vater
F. W. Dörpfeld

„Meine Wasserkur", 1886 erstmals erschienen, ist das Hauptwerk von S. Kneipp.

349

An Otto Flügel, Dölau bei Halle/Saale

Ronsdorf, etwa 1890

[...] Mit Dr. Barth habe ich einige schöne Tage verlebt. Schade, daß er nicht noch etwas länger bleiben konnte. Seine sozial-reformatorischen Ideen haben wir gründlich durchgesprochen, soweit es in drei Tagen geschehen konnte. Ich stand seinen auf die Volkswohlfahrt sich beziehenden Zielen so sympathisch gegenüber, wie er es wohl selten finden wird. Allein die projektierten Wege und Mittel konnte ich nicht gutheißen. Es hat mir große Achtung abgenötigt, wie tragsam, geduldig und aufmerksam der sonst so lebhafte Mann meine kritischen Bemerkungen anhörte, die, wenn sie auch in möglichste Mildigkeit sich kleideten, doch seinen liebgewordenen Gedanken vielfach tief ins Fleisch schnitten.

Das Resultat müssen Sie sich gelegentlich von ihm selber erzählen lassen. So wird es auch am schicklichsten sein. Nur eins will ich bemerken. Nach den orientierenden Präliminarien am ersten Tage konnte dann die Besprechung im wesentlichen folgenden Gang nehmen. Ich konnte ihm zeigen, daß ich schon seit 40 Jahren in dem Sinne seiner Ideen praktisch tätig gewesen bin und zwar in einem Umfange und mit einem Zeitaufwande, wie es wohl wenige versuchen werden. Dabei wurde von Schritt zu Schritt dargelegt, warum so und nicht anders verfahren wurde und dies Verfahren mit den von ihm projektierten Wegen und Mitteln in Vergleich gestellt. Jetzt galt es also, zu entscheiden, ob seine oder meine methodischen Grundsätze die richtigen seien. Irre ich nicht, so hat er mir in allem wesentlichen zugestimmt.

Wann werde ich die Freude haben, auch mit Ihnen einmal ein paar Tage verhandeln zu können? Wir hätten ja ebenfalls soviel zu besprechen, daß uns die Zeit gewiß nicht lang werden würde [...]

[F. W. Dörpfeld]

E. Barth hatte eine Reihe überwiegend praxisbezogener Bücher und Aufsätze verfaßt, so über Kindergarten und handwerklichen Unterricht. 1880–1887 gab er die „Erziehungsschule" heraus, im Untertitel: Zeitschrift für Reform der Jugenderziehung in Schule und Haus. Leipzig 1886 erschien von ihm: Die Reform der Gesellschaft durch Neubelebung des Gemeinwesens in Staat, Schule und Kirche.

350

An Wilhelm Rein, Jena

Ronsdorf, 17. Januar 1891

Lieber Freund.

Wie Sie wissen werden, ist vor kurzem eine Schrift über den heimatkundlichen Unterricht von Muthesius erschienen. Der Verfasser sandte dieselbe zur Rezension ein und fragte an, ob ich eine Besprechung seiner Schrift durch Herrn Lehrer Schleichert in Jena aufnehmen würde. Natürlich begriff ich, daß letzterer Muthesius befreundet ist und in der Sache auf dessen Seite steht. Da mir daran gelegen ist, daß die Leser des Ev[angelischen] Schulbl[attes] mit den einschlägigen Kontroversen pro und contra vertraut werden und sich mit denselben beschäftigen, so sagte ich eventuelle Aufnahme zu, bemerkte jedoch dabei, daß auch noch eine zweite Stimme über das Buch gehört werden müsse. Herr Schleichert hat jetzt seinen Artikel geschickt; derselbe lautet so, wie ich vermutet hatte.

Haben Sie nun jemanden in Ihrer Nähe oder im weiteren Freundeskreise, der geeignet und geneigt ist, Ihre resp. Zillers Stellung zu den von Muthesius berührten Fragen zu vertreten? Wenn ja, dann bitte ich, denselben gef. dafür engagieren zu wollen. Im andern Falle würde ich unter den bergischen Kollegen die benötigte „zweite Stimme" suchen müssen. Freilich würde es dann zweifelhaft sein, ob dabei Ihre und Zillers Stellung genügend zu Worte käme.

Bitte, gef. mit einigen Zeilen melden zu wollen, ob Sie den gewünschten Rezensenten stellen können. Ob derselbe mit dem Niederschreiben warten will, bis der Schleichertsche Artikel im Ev[angelischen] Schulbl[att] gedruckt ist, gebe ich anheim. Jedenfalls könnte er sich aus dem Buche schon im voraus rüsten; das Buch ist ja auch die Hauptsache.

Im bejahenden Falle bitte ich ja auch melden zu wollen, ob ich das Rezensionsexemplar einschicken soll und an wen. Wäre die Zusendung überflüssig, so würde ich das Buch der Barmer Lehrerkonferenz überweisen für ihre Bibliothek.

Mit meinem leiblichen Befinden geht es trotz des grimmigen Winters ziemlich gut. Im besonderen glaube ich das der „Kneippschen Wasserkur" zu verdanken, die mir im vorigen Herbst glücklicherweise in die Hände kam. Ich kann Sie nur angelegentlich darauf aufmerksam machen.

Meine jüngste Tochter Christine ist leider seit mehreren Monaten bedenklich krank und kann noch immer nicht wieder auf die Beine kommen. Gott helfe ihr gnädig durch.

Mit herzlichen Grüßen
Ihr
F. W. Dörpfeld

P.S. Bekanntlich will der Schulgesetz-Entwurf des Ministers von Goßler die Lokal-Schulgemeinden vollends von der Erde wegrasieren. Da haben wir das Ende der sogenannten liberalen Kulturentwicklung: der Kern der Herbartschen Schulverfassungstheorie wird zu Grabe getragen. Hier im Bergischen sind die Schulfreunde aller politischen Parteien (Konservative, National-Liberale und Freisinnige) eifrig bemüht, Petitionen zum Schutze der Schulgemeinde zu beschaffen. Was werden die Herbartianer tun? Etwa weiter nichts, als sich zum Leichenbegängnis bereit zu halten?

D[er] O[bige]

Karl Muthesius, Über die Stellung der Heimatskunde im Lehrplan. Zugleich eine Kritik der Zillerschen Konzentrationsidee. Weimar 1890. Zur Rezension durch Schleichert vgl. D.s nächsten Brief. – Anläßlich der Beratungen des Goßlerschen Schulgesetzentwurfs (siehe ebenfalls im folgenden Brief) erschien im EvSchBl 35 (1891), S. 20–33, ein Abdruck der „Wünsche rheinischer Lehrer aus dem Jahre 1869 hinsichtlich der Schulverwaltung und der Schuleinrichtung". In der dazugehörigen Einleitung, ebd. S. 20–22, schreibt D. Horn: „Zu unserer großen Freude ist durch die Initiative unsers teuren Kaisers die Schulfrage wieder in Fluß gekommen".

351

An Wilhelm Rein, Jena

Ronsdorf, März 1891

Lieber Freund.

Der Artikel von Schleichert über das Muthesiussche Buch liegt jetzt in dem beifolgenden Heft des Evangelischen Schulblattes gedruckt vor. Bitte nun, gef. Herrn Maennel oder einen andern Ihrer Getreuen in meinem Namen zu ersuchen, die Frage von Ihrem Standpunkte aus zu besprechen. Ich selbst habe an Dr. Maennel nicht geschrieben, weil ich nicht wußte, ob der Schleichertsche Artikel schon bald Aufnahme finden könnte. Nun derselbe vorliegt, tut Eile not; darum wende ich mich auch an Sie, damit Sie sofort einen andern engagieren können, falls Herr Maennel nicht dazu geneigt oder verhindert sein sollte.

Das Rezensionsexemplar der Muthesiusschen Schrift gehört natürlich dem von Ihnen bestellten Rezensenten, falls derselbe darauf Anspruch macht. Ich habe dasselbe jetzt noch nicht beigelegt, weil einige Barmer Kollegen es gern durchsehen wollten, und ich dachte, daß Sie Ihrem Sekundanten einstweilen Ihr eigenes Exemplar leihen könnten. Später werde ich das Rezensionsexemplar auf Wunsch sofort schicken.

Hoffentlich gelingt es Ihnen, bald den rechten Mann zu finden. Einer Benachrichtigung bedarf es dann hierher nicht. Bitte nur, den betreffenden Aufsatz nicht direkt an Herrn Horn, sondern zunächst mir senden zu wollen.

Der superkluge Herr von Goßler ist, wie Sie wissen, dennoch nicht klug genug gewesen. Natürlich hat niemand anders ihn gestürzt als der bekannte Frühaufsteher, Herr Windthorst, zum Beschluß seiner tatenreichen Laufbahn und zwar, was die Zeitungen nicht melden, wegen des Schulgesetzes. Sonderbar, die Liberalen samt den protestantischen Konservativen würden dem Herrn von Goßler geholfen haben, die selbständige Schulgemeinde von der Erde zu vertilgen. Selbstredend ist Herr Windthorst nicht willens gewesen, der freien Schulgemeinde und der freien Pädagogik einen Dienst zu erweisen; aber wenn nicht alles trügt, dann hat er ihnen doch in der Tat unfreiwillig einen großen Dienst getan resp. tun müssen. Daß die Schulfreiheit auf deutschem Boden nur mit Hilfe der Römlinge Schutz finden kann, das ist freilich ein trauriges Geschick. Wann werden dem deutschen Liberalismus die Augen aufgehen?

Soeben schickt mir Herr Dr. Largiader in Basel den Separatabdruck eines Abdrucks aus seiner Feder über die Klassenzahlfrage (aus der Schweizerischen Lehrerzeitung), im wesentlichen ganz im Sinne meines Gutachtens. Ich mache Sie angelegentlich darauf aufmerksam. Der Artikel ist überschrieben: „Wider den Strom". Er führt den Kern der Frage ganz am richtigen Ende an, was mein Gutachten leider nicht konnte, weil ich an die vorgelegte Formulierung gebunden war. In dieser Formulierung staken zwei Fragen, die ich zusammen behandeln mußte. Herr L[argiader] hat nur die eine herausgegriffen und die andere vor der Hand liegen lassen. So ist's recht. Mich beschlich beim Lesen allerdings eine tiefe Wehmut: in Deutschland fand mein Gutachten in den dreizehn Jahren nirgendwo ein Echo, weder bei den Herbartschen Freunden noch bei den Gegnern; ein fremder Schweizer muß es sein, der zuerst die langersehnte Unterstützung bringt.

Mit herzlichen Grüßen auch an Herrn Trüper

Ihr
F.W. Dörpfeld

Das Tagesdatum des Briefes ist ausgelassen. – Die Muthesiusrezension (vgl. das vorhergehende Schreiben D.s) erschien im EvSchBl 35 (1891), S. 131–138 als Abhandlung unter dem Titel „Die Stellung der Heimatskunde im Lehrplan". – Kultusminister von Goßler war am 12.3.1891 entlassen worden, nachdem er angesichts seines gescheiterten Schulgesetzentwurfs den Rücktritt eingereicht hatte. Gegner des Gesetzentwurfs waren zuletzt nur noch Zentrum und polnische Abgeordnete gewesen. Um aber die Zustimmung des Zentrums und der Polen zu Handelsverträgen im Reichstag nicht zu gefährden, ließen Regierung und Mehrheitsparteien des preußischen Abgeordnetenhauses den Gesetzentwurf und den Minister, der ihn zu verantworten hatte, fallen. – Dr. Largiader, Wider den Strom. In: Schweizerische Lehrerzeitung 36 (1891), S. 90 f.

352

An Wilhelm Dörpfeld, Athen

Ronsdorf, 12. Mai 1891

Lieber Wilhelm.

Was wirst Du denken, daß ich Dich auf die angesagten Bücher so lange habe warten lassen? Die nächste Ursache der Verzögerung lag darin, daß die Comenius-Biographie im Buchhandel vergriffen und nirgends aufzutreiben war. Da mußte ich mich zuletzt entschließen, mein eigenes altes Exemplar, nachdem es ein etwas besseres Kleid erhalten hatte, Dir zu senden. Ist es gleich nicht neu, so wird es als ein Andenken Deines alten Vaters doch nicht unlieber sein. Die Comenius-Gesellschaft wird ohnehin sobald wie möglich eine ausführlichere Lebensbeschreibung zu liefern suchen.

Ein zweites Hindernis rührte daher, daß ich seit Christinens Krankheit alle meine Korrespondenzen und andere Verkehrsgeschäfte allein besorgen mußte und diese zeitraubenden Dinge sich in der letzten Zeit sehr gehäuft hatten. Dazu kam endlich, daß der Kultusminister von Goßler einen Volksschulgesetz-Entwurf zur Welt brachte, der zu meinem Schrecken die Schulgemeinde beseitigen und die Kommune zur Schulgemeinde machen wollte. Da ging die Unruhe für mich erst recht an. Überall sollte ich Rat geben, was da wieder zu tun sei. In Lehrerversammlungen, desgleichen in Versammlungen von Schulvorstehern und Schulfreunden zu Ronsdorf, Lennep und Remscheid mußte ich wiederholt Vorträge über die Bedeutung der Schulgemeinde halten, Petitionsberatungen beiwohnen usw. Schließlich wurde mir von Schulvorstehern und Stadträten der Kreise Lennep und Remscheid der Auftrag gegeben, eine ausführliche Denkschrift über die Schulgemeindefrage zu bearbeiten, die dann allen Abgeordneten gesandt und im Volke verbreitet werden soll. Damit bin ich nun noch immer beschäftigt; die Sache drängt; 200 Quartseiten sind geschrieben, aber die Arbeit ist doch erst zu zwei Drittel fertig. Obwohl die Materie mir geläufig ist, so macht das Alter doch bedenklich, und so geht das Schreiben langsam vorwärts. Hätte mir der liebe Gott nicht im Herbst die Kneippsche „Wasserkur" geschickt, wodurch mein alter Leib fast wieder jung geworden ist, so würde ich dazu völlig unfähig gewesen sein. Jetzt kann ich Vorträge halten und schreiben mit Lust und Leichtigkeit, besser wie vor 20 Jahren.

Da siehst Du, wodurch die Sendung der beiden Bücher sich so lange verzögern konnte. Jetzt kommen sie hierbei unter Streifband.

Die Kneippsche „Wasserkur" laß Dir nochmals dringend zu langsamer Anwendung empfohlen sein. Seit meinem 20. Jahr litt ich an kalten Füßen und Händen. Alle ärztlichen Ratschläge wurden versucht; nichts wollte helfen; das Übel wurde schlimmer und schlimmer mit den Jahren. Jetzt ist es so weit behoben, daß ich alle Hoffnung habe, auch den letzten kleinen Rest noch los zu werden. Mittel: Abhärtung der Füße (Beine) und Hände (Arme) nach Kneippscher Methode.

Wie es der l[ieben] Christine geht, wirst Du wohl von ihr und von Anna erfahren haben. Die Besserung schreitet anscheinend gut fort, doch bin ich nicht ganz ohne Sorge. Gott wolle sie in Gnade ansehen und nach Seiner großen Barmherzigkeit an ihr tun.

Die liebe Frau Past[orin] von Randenborgh ist jüngst in Frieden heimgegangen. Möchte mein Ende so friedlich sein können. Wir alle, besonders Anna, vermissen sie sehr.

Deine Sendungen und Mitteilungen haben mich sehr gefreut, namentlich die Rede des Prof[essors] v. Kuhn in Heidelberg. Möge Gottes Gnade weiter Dich geleiten. Ich freue mich schon auf das nächste Jahr, wo ich Euch noch einmal von Angesicht zu Angesicht sehen soll, so Gott will.

Wie es hier im übrigen geht, wird Dir wohl Anna gemeldet haben.

Laß mich darum schließen, damit Brief und Bücher endlich auf die Reise kommen.

Gott zum Gruß Dir, Anne und den lieben Kleinen von

Euerm Vater
F. W. Dörpfeld

Bei der „Denkschrift" handelt es sich um D.s letzte große Arbeit: Das Fundamentstück einer gerechten, gesunden, freien und friedlichen Schulverfassung. Es erschien in vier Lieferungen Hilchenbach 1892 und 1893. Erscheinungsjahr auf dem Titel des Gesamtbandes: 1892. In der Einleitung schildert er die Entstehung des Buches, die er im obigen Schreiben angedeutet hat. Mit dem Fundamentstück ist die Institution der Schulgemeinde gemeint.

353

An Adolph Hollenberg, Rheydt

Ronsdorf, 18. August 1891

D. schlägt Hollenberg Ergänzungen zu dessen Aufsatz „Geschichtliches über die Lehrerwahl" vor, der Ende des Jahres im EvSchBl, Jg. 35, S. 401–418 erscheinen soll. D.s Hinweise finden sich ausführlicher im 1. Teil seines „Fundamentstücks" (Hilchenbach 1892) unter dem Titel „Die heimatliche Schulgeschichte". Das Manuskript war zwar mit Hilfe von A. Lomberg im November 1891 zunächst abgeschlossen (Brief 357), wurde von D. jedoch noch grundlegend erweitert (Brief 359).

354

An Christine und Wilhelm von Rohden, Norden

Ronsdorf, 25. August 1891

Geliebte Kinder.

Es drängt mich im Gemüt, Euch auch einmal einen eigenhändigen Gruß zu senden, da Ihr bisher noch nicht eine einzige Zeile von mir erhalten habt. Gedacht habe ich häufig genug an Euch. Lange Zeit hatte ich um Dich, liebe Christine, viel geheime Sorge, da die Nachrichten von Dir kurz waren und ich Deinen Versicherungen, daß es mit der Gesundheit allmählich besser gehe, nicht recht traute. Dein langes Kränkeln im vorigen Winter und Frühjahr lag mir noch immer im Sinne. Ich glaubte, Du wolltest uns nur beruhigen oder Du seiest vielleicht selbst in Täuschung über den wahren Stand des Befindens. Deine jüngsten Mitteilungen haben mich endlich beruhigt. Gott sei Dank, daß Er Euch über diesen Berg hinübergebracht hat. Vergeßt auch Ihr den schuldigen Dank nicht (Psalm 50, 23)!

Wie Ihr durch Anna wißt, hatte ich eine Schrift über die Schulgemeinde unter der Feder, die mir die Schulvorsteher der Kreise Lennep und Remscheid übertragen hatten. Schon seit Ostern war ich damit beschäftigt. Die Arbeit drängte. Um sie zu beschleunigen, mußte ich alle Korrespondenz ruhen lassen. Jene Schrift ist auch jetzt noch nicht fertig, das andauernde Arbeiten war für meinen alten Kopf zu anstrengend. Seit drei Wochen bin ich wieder mit Schwindel und Kopfschmerzen heimgesucht. Es ist zwar nicht so schlimm wie vor fünf Jahren, aber doch so, daß alles Schreiben ruhen muß, da es mir sofort Kopfschmerz verursacht. Auch lesen kann ich nur sehr wenig. Was aus der angefangenen Schrift, von der einige hundert Seiten fertig waren, werden soll, weiß ich nicht. Gott der HErr wolle Rat schaffen! Ich bin auf Geduld verwiesen.

Wie Du, liebe Christine, denken kannst, werde ich jetzt nur allzusehr an Dich erinnert und an Deine frühere treue Pflege und Dein Vorlesen. Auguste sorgt übrigens recht treulich für mich. Das Vorlesen geht freilich nicht so gut wie bei Dir, aber es geht doch allmählich besser. Leider ist Anna von einem Zahngeschwür heimgesucht; sie muß froh sein, wenn sie ihre eigenen Angelegenheiten besorgen kann. Carnap ist zur Zeit zu einer Badekur auf Helgoland.

Mein übriges Befinden ist im ganzen recht gut, und so hoffe ich, daß auch der Kopf allmählich wieder leistungsfähiger wird.

Gustavs Hoffnung, an die Düsselthaler Anstalten berufen zu werden, hat sich zerschlagen. Es ist ein kinderloses Ehepaar gewählt worden. Jetzt konkurriert er bei der Stelle am Martinsstift zu Moers, wo früher Joh. Josephson war. Gott wird es machen nach Seinem guten Rat; wir müssen's ihm befehlen.

Nun muß ich schließen. Mein Kopf fängt an zu schmerzen. Jetzt habe ich doch glücklich ein paar Zeilen für Euch zu Papier gebracht, die Euch sagen, daß ich Eurer in Liebe und herzlicher Freude über Euer Wohlergehen gedenke.

Gott sei ferner in Gnaden mit Euch und uns allen.

Mit herzlichen Grüßen
Euer Vater
F. W. Dörpfeld

Zur Schrift über die Schulgemeinde vergleiche Brief 352. Carnap: D.s Schwiegersohn Johann Sebulon Carnap in Ronsdorf. Gustav von Rohden blieb bis 1895 Pfarrer in Helsinki.

355

An Peter Diehl, Frankfurt a.M.

Ronsdorf, 23. September 1891

Diehl möge nachforschen, ob unter den vakanten Rektorstellen in Hanau eine für Lehrer A. Lomberg im Wuppertal in Frage käme. Vielleicht könne Diehl bei einem Pfarrer, der auf die Besetzung der Rektorstellen Einfluß habe, erwirken, daß er (D.) zu einer gutachtlichen Äußerung aufgefordert würde.

356

An Wilhelm Hollenberg, Bonn

Ronsdorf, etwa Oktober 1891

Erinnerung an einen Erholungsaufenthalt bei Hollenberg in Bonn. Er (D.) sei beträchtlich wohler und kräftiger heimgekommen. Es sei etwas Besonderes um alte Jugendfreundschaft, wenn sie echter Art gewesen sei und sich gut eingelebt habe, so daß sie auch lange Trennung überdauern könnte.

357

An Adolph Hollenberg, Rheydt

Ronsdorf, 27. November 1891

D. hat Hollenbergs in Brief 353 erwähnten Aufsatz über die Lehrerwahl gelesen und gibt seiner Freude darüber Ausdruck. Seine eigene Ausarbeitung über die Schulgemeinde aus der Sicht der heimatlichen Schulgeschichte habe A. Lomberg „nach meiner Disposition und nach ausführlicher mündlicher Vorlegung und Durchsprechung zu Papier gebracht, als meine Feder versagte". D. bittet Hollenberg, dieses Kapitel einer prüfenden Durchsicht zu unterziehen.

Die Leserzahl des EvSchBl sei im letzten Jahr wieder zurückgegangen. D. führt dies u.a. auf die Konkurrenz der Deutschen Lehrerzeitung zurück, die Pastor Zillessen herausgibt (vgl. über Z. den Artikel im Päd. Lexikon, 4. Bd. Bielefeld/Leipzig 1931, Sp. 1502 ff., von O. Eberhard).

358

An Johannes Trüper, Jena

Ronsdorf, 1891

[. . .] Ich habe die Arbeit mit einer gewissen Freudigkeit geschrieben, die mir bei meinem Invalidenbewußtsein fast verwunderlich vorkam. Es war mir ungefähr zumute wie damals, als ich vor 25 Jahren „Die soziale Frage" konzipierte. Die vorliegende Abhandlung könnte in der Tat ein ergänzendes Seitenstück zu jenem Schriftchen heißen [. . .]

[F. W. Dörpfeld]

Zur 2. Aufl. von: Die Gesellschaftskunde, eine notwendige Ergänzung des Geschichtsunterrichts, Gütersloh 1891.

359

An Adolph Hollenberg, Rheydt

Ronsdorf, 29. Januar 1892

Lieber Freund.

Du wirst Dich gewundert haben, daß mein Manuskript nicht angekommen ist. Es hat mir außerordentlich leidgetan, daß ich Deinen Beirat entbehren mußte.

Bei Durchsicht der Lombergschen Vorarbeit merkte ich, daß viele Ergänzungen nötig waren und um deswillen auch manches ganz umgegossen werden mußte. Aus seinen 56 Quartseiten sind unter meiner Feder 112 geworden, ohne die Vorbemerkung von 10 Seiten; das kostete Zeit. So verspätete sich die Fertigstellung, und da der Drucker hart drängte und überhaupte Eile nötig war, so habe ich das Manuskript auf alle Gefahr sofort abschicken müssen.

Ich hoffe nun auf Deinen nachträglichen Beirat bei der Korrektur und bitte dringend darum.

Um meiner Augen willen habe ich ohnehin bei der Korrektur des Druckes Hilfe nötig. Bertelsmann wird mir drei Exemplare des Korrektur-Abzugs besorgen. Ein Exemplar wird Dir zugesandt werden, ein zweites an Herrn Neuburg. Der erste Bogen wird wohl in den nächsten Tagen bei Dir eintreffen.

Was ich von Dir wünsche, bezieht sich vornehmlich auf das Geschichtliche im Artikel. Diese Seite der Arbeit hat mich schwer gedrückt. Die Überschrift heißt: Die heimatliche Schulgeschichte. Hätte es sich nun um eine einfache Aneinanderreihung von geschäftlichen Daten gehandelt, so wäre das nicht schwierig gewesen. Aber das Ganze ist mehr eine geschichtliche Betrachtung und dazu mit dem besonderen Zweck, gewisse vorteilhafte Eigenschaften und Wirkungen der Schulgemeinde-Institution kenntlich zu machen, die teilweise ziemlich verhüllt sind und daher für gewöhnlich übersehen werden. Zu dem Ende mußte also eine Auswahl von Tatsachen herausgehoben werden und zwar von Tatsachen rühmlicher Art, während die Armseligkeiten der alten Schulgemeinde, an denen es ja auch nicht fehlt, im Hintergrund bleiben. So bekommt dann das Ganze den Charakter eines idealen Geschichtsdurchschnitts. Das ist nun an sich durchaus gerechtfertigt, unter der Voraussetzung, daß die mitgeteilten idealen Tatsachen wirklich wahr sind.

Das ist der Punkt, wo Du Deine Geschichtsbrille aufsetzen mußt. Ich glaube zwar, daß die angeführten Tatsachen sowohl an sich als auch in dem Lichte, in welchem sie hier auftreten, richtig sind. Allein ich möchte doch in meinem Gewissen beruhigt sein. Es fragt sich also, ob das, was ich gesagt habe, auch mit gutem Gewissen gesagt werden darf. Die verschwiegenen Armseligkeiten gehen uns nichts an, sofern das, was nach der idealen Seite behauptet ist, nicht zu stark, nicht übertreibend lautet.

In betreff der Reflexionen auf Grund der mitgeteilten Tatsachen fühle ich mich sicher. Der Zweifel bezieht sich nur auf das Tatsächliche und auf die Art und Weise, wie es dargestellt ist.

Bei der Durchsicht der Korrekturbogen wollest Du also darauf sehen, ob etwas vorkommt, was modifiziert, gemildert oder überhaupt vorsichtiger ausgedrückt werden sollte oder am Ende ganz gestrichen werden müßte. Wo Du derartiges findest, da schreibe sofort korrigierend hin, wie es nach Deiner Ansicht lauten sollte.

Da es sich jetzt nur um die Korrektur für das Schulblatt handelt, nicht für die selbständige Schrift, so brauchst Du vorab bloß auf die groben Verstöße zu achten. Kleinere Bedenken setze einstweilen beiseite, da dieser Druck eilt. Den korrigierten Bogen wollest Du schnell hierher schicken.

Ist der Schulblattdruck da, dann wollest Du denselben für den Buchdruck noch einmal genauer durchsehen. Ich werde Dir zu dem Zwecke ein Schulblattheftchen schicken. Du mußt Dich dann aber sofort an die Arbeit geben, falls Deine Leibesumstände nicht im Wege sind, da der Buchdruck alsobald vorgenommen werden soll. (Auf etwaige Druckfehler brauchst Du Dich nur dann einzulassen, wenn sie Dir gerade in die Augen fallen und es Dich nicht aufhält.)

Auf einen speziellen Punkt möchte ich noch aufmerksam machen. Es betrifft die Kühlwettersche Aufhebung des großen Wahlkollegiums. In Giebes Gesetzsammlung stehen zwei Verordnungen, eine vom Jahre 1866 für die linke Rheinseite, die andere vom Jahre 1870 für das Bergische.

Aus gewissen Gründen, die Dir im Text merkbar sein werden, habe ich mich nur an die letztere Verordnung gehalten und die erstere nicht erwähnt. Ich rede vom bergischen Standpunkt aus. Es fragt sich, ob das tunlich ist. Wollte ich die erstere mit erwähnen, so mußte im Text manches geändert werden. Das wollte ich nicht gern.

Den Verlag der ganzen Schrift habe ich dem Buchhändler Wiegand in Hilchenbach übertragen. Sie wird in 4 Lieferungen erscheinen, da der Schluß nicht ganz fertig ist und die Zeit drängt. Das Ganze umfaßt ca. 16–18 Bogen.

Erste Lieferung:	Kap. I (heimatliche Geschichte)	= ca. 4 Bogen
Zweite Lieferung:	Kap. II (Familienrecht) Kap. III (Zweckmäßigkeit) Kap. IV (Gewissensfreiheit)	= ca. 2 1/2 Bogen
Dritte Lieferung:	Kap. V (Selbstverwaltung)	= 6 Bogen

Vierte Lieferung: Kap. VI (Streit zwischen Staat und Kirche)
Kap. VII (Pädagogik, Schulamt und Lehrerstand) = ca. 3 1/2 Bogen
Kap. VIII (Schulinteresse)

Preis des Ganzen: 3 Mark.

Die 1. Lieferung soll zum Verschenken an die Schulinteressenten in hiesiger Gegend, dem Ev. Lehrerverein zum selbstkostenden Preis, zum Teil auch gratis abgegeben werden. Darüber muß erst mit dem Vorstande verhandelt werden.

In 14 Tagen oder 3 Wochen kann die 1. Lieferung da sein. Die 2. wird sofort nachfolgen, ebenso dann die 3.

Hoffentlich trifft Dich mein Plagebrief in leidlichem Wohlsein an.

Mit herzlichen Grüßen auch an die Deinigen

Dein
F.W. Dörpfeld

Die in Brief 257 besprochenen Fragen werden hier fortgesetzt. „Die heimatliche Schulgeschichte" erschien im EvSchBl 36 (1892), S. 45–104 und sodann als 1. Lieferung des „Fundamentstücks" bei L. Wiegand in Hilchenbach 1892 mit 63 Seiten. Exkurse, Fußnoten und Verweise bekunden D.s historische Kenntnisse, die er in den Dienst aktueller schulpolitischer Zielsetzungen stellt.

Die 2. Lieferung umfaßt die Kapitel 2. Das Familienrecht, 3. Die Zweckmäßigkeit, 4. Die Gewissensfreiheit mit den Seiten 64–157, die 3. Lieferung S. 158–243 (5. Das Selbstverwaltungsprinzip), die 4. Lieferung schließlich S. 244–350 (6. Der Streit zwischen Staat und Kirche auf dem Schulgebiete, 7. Pädagogik, Schulamt und Lehrerstand, 8. Das Interesse am Schulwesen) des Werkes, das 1893 als Gesamtband zusammengebunden erschien (mit der Jahresangabe 1892).

360
An unbekannt

Ronsdorf, etwa Ende Januar 1892

[...] Mit dem sel. Frick bin ich seit seinem Barmer Aufenthalt bekannt und befreundet gewesen. Als er 1863 (als Gymnasiallehrer) nach Barmen kam, suchte er mich auf, ein ihm befreundeter Pfarrer hatte ihn zu mir gewiesen. Derselbe hatte ihn auch auf meine kurz vorher erschienene Schrift „Die freie Schulgemeinde" aufmerksam gemacht, die er bereits gelesen hatte. Während seiner Barmer Zeit sind wir an den Nachmittagen häufig selbander spazieren gegangen, um frische Luft zu schöpfen und unsere Gedanken auszutauschen. Es ging dabei recht lebhaft her. Er hatte ein reges pädagogisches Interesse, und auch im übrigen stimmten unsere Interessen und Gedanken recht wohl zusammen. Doch waren infolge des verschiedenen Lebens- und Bildungsganges und bei der andersartigen Berufsstellung doch immerhin der Differenzen genug vorhanden, um die Unterredung in Atem zu erhalten. Leider dauerte seine Barmer Wirksamkeit nicht lange [...]

Will man Fricks Persönlichkeit, seinen pädagogischen Standpunkt und seine spätere Wirksamkeit unter seinen Standesgenossen namentlich in der Halleschen Periode danach charakterisieren, so zeigt sich deutlich, wohin man vornehmlich zu blicken hat. Hier sehen wir im voraus und im kleinen in einem typischen Bilde dargestellt: ein Vorbild seiner Standesgenossen, einmal hinsichtlich der eigentlichen Berufsaufgaben, sodann hinsichtlich des Verkehrs und Zusammenschlusses mit den Volksschullehrern und endlich des lebhaften Interesses für die Schulverfassungsfrage. In einen kurzen Ausdruck gebracht, kann man sagen: Frick war im großen Stil der Vertreter des pädagogischen Gewissens. Wieviel besser würde es um die Anliegen der höheren Schulen wie der Volksschulen stehen, wenn in jeder Provinz auch nur ein einziger Frick gewesen wäre.

Durch seinen Weggang von Barmen wurde unser direkter Verkehr für eine geraume Zeit unterbrochen. Erst nach seiner Berufung nach Halle und meiner Emeritierung knüpften sich die alten Fäden wieder an. Seitdem haben wir zuweilen Briefe gewechselt, sowie unsere Blätter und Schriften ausgetauscht. In einem seiner Briefe bemerkte er u.a., mein Opus über den „didaktischen Materialismus" leiste ihm bei den nun eintretenden jungen Lehrern sehr wertvolle Dienste; er pflege denjenigen, die nicht bereits anderwärts eine gute pädagogische Vorbereitung erhalten hätten, zuallererst jene Schrift zu empfehlen, als Purganz, um in den pädagogischen Eingeweiden aufzuräumen. Erst wenn diese Blutreinigungskur geschehen, seien die Köpfe für weitere Belehrung empfänglich. Der drastische Ausdruck machte mir viel Vergnügen [. . .]

Nun ist er uns entrissen! Nicht bloß das höhere Schulwesen hat viel an ihm verloren, sondern auch die Volksschule. Wer soll diese große Lücke ausfüllen? Mir ist sehr wehmütig ums Herz. Auch speziell unser Herbart-Verein hat reichlich Ursache, um den Entschlafenen zu trauern. Ein einziger selbstdenkender Mann, auch wenn er jeweilig irren sollte, ist meines Erachtens für unsere Sache mehr wert als ein Dutzend solcher, die nur ihren gut eingelernten philosophisch-pädagogischen Katechismus aufzusagen wissen [. . .]

[F. W. Dörpfeld]

Weiterführende Hinweise zu O. Frick bei A. Rach, Biographien zur deutschen Erziehungsgeschichte, Weinheim/Berlin 1968, S. 230.

361

An Wilhelm Rein, Jena

Ronsdorf, 19. Februar 1892

Lieber Freund.

Aus großem Gedränge (dessen Grund Ihnen das soeben ausgegebene Schulheftblatt sagen wird) kann ich nur ein paar eilige Zeilen senden.

Es freut mich, daß Sie in Jena auch an das preußische Schulgesetz denken. Freilich würde das, was in Berlin zustande kommt, auch auf die übrigen deutschen Staaten seine Folgewirkungen ausüben. Im Grunde sorgen Sie also auch für sich selbst.

Ihre „Richtlinien" habe ich in meinem Gedränge für jetzt nur flüchtig durchsehen können. Ein Urteil darf ich mir noch nicht erlauben. Im ganzen sind sie jedenfalls zutreffend. Ich werde Ihre Thesen mit Barmer Kollegen besprechen; dieselben werden Ihnen dann unsere Ansicht mitteilen.

Hierbei kommt eine Publikation der Barmer allgemeinen evangelischen Lehrerkonferenz aus der „Westdeutschen Zeitung". (Es ist dies meine alte Barmer Lokalkonferenz, die zur Zeit über 100 Mitglieder zählt). Diese Erklärung enthält unsere Ansicht über die Hauptpunkte des Schulgesetz-Entwurfs, so weit sie für das große Publikum verständlich gemacht werden konnte. Manche Wünsche haben wir noch in petto (z.B. in betreff der Pädagogik auf den Universitäten, der pädagogischen Seminare usw.). In dieser Erklärung finden Sie auch die Antwort auf Ihre Frage: „Was denn? " in betreff der Privatschulen resp. der Unterrichtsfreiheit.

Wenn Sie diese Erklärung mit etlichen Vorbemerkungen in extenso in eine dortige politische Zeitung bringen könnten, so würde das ohne Zweifel der guten Sache nützlich sein. Es müßte dabei auch auf meine demnächst erscheinende neue Schrift hingewiesen werden.

An Ihrer Stelle würde ich auch versuchen, die Barmer Publikation in der Berliner „Post" oder in der „National-Zeitung" unterzubringen, aber mit Ihrem Namen als Professor der Pädagogik. Finden Sie das nicht tunlich oder nicht opportun, so möchte ich bitten, die 1. Lieferung meines neuen Buches dort anzusagen, aber in der Form eines kleinen Aufsatzes, etwa mit der Überschrift „Ein beachtenswertes neues Votum in der Schulgesetzfrage". Besonders möchte dabei herausgestrichen werden, daß dieses Votum einen höheren Standpunkt als den der beiden streitenden Parteien gefunden hat, der die Gegensätze in der Hauptsache wirklich versöhnen kann.

Im übrigen lassen Sie mich auf den Schulblattartikel (1. Lieferung des Buches) verweisen, insbesondere auf die Vorbemerkung und die längere Anhangsbemerkung. Vielleicht könnten Sie aus der Anfangsbemerkung auch einiges (nach Belieben) für den Zeitungsartikel benutzen.

Aller Herzen sind jetzt mit der Schulverfassungsfrage beschäftigt. Die Zeit ist günstig, zumal auch die Comeniusfeier hinzukommt. Möchte der Herbart-Verein jetzt an der Sache und an meinem Buche seine Schuldigkeit tun.

Mit herzlichen Grüßen in Eile

Ihr
F. W. Dörpfeld

P.S. Besten Gruß an Herrn Trüper.

Das „soeben ausgegebene Schulblattheft" enthält den einleitenden Abschnitt von D.s letztem Buch „Das Fundamentstück einer gerechten, gesunden, freien und friedlichen Schulverfassung" unter der Überschrift „Die heimatliche Schulgeschichte" (EvSchBl 36, 1892, S. 41–104), zugleich als erste Lieferung des Buches erschienen. D. greift damit gleichzeitig in die Diskussion um das seit Jahrzehnten überfällige Schulgesetz ein, für das er die Schulgemeindeinstitution zu retten sucht.

Rein setzte sich in dem Artikel „Zur Schulgesetzgebung" in Rodenbergs Deutscher Rundschau 1892, Heft 7, mit der Situation der preußischen Schulgesetzgebung auseinander. Näheres zum damaligen Schulgesetzentwurf im nächsten Brief.

362

An Wilhelm und Anne Dörpfeld, Athen

Ronsdorf, 29. Februar 1892

Liebe Kinder.

Dein Telegramm, l[ieber] Wilhelm, hat eine große helle Freude in dem alten Großvaterherzen erweckt. Nun war doch ein Stammhalter da. Auguste mußte alsbald mit dem Telegramm nach der Villa Carnap eilen. Gern hätte ich Euch sofort einen telegraph[ischen] Glück- und Segenswunsch geschickt, wenn es nicht so kostspielig gewesen wäre. Stattdessen habe ich aber sogleich dem „treuen Schöpfer in guten Werken" einen herzlichen Dank gestammelt und Mutter und Kind Seiner Gnade und Obhut befohlen. In den Briefen, die ich in jenen Tagen zu schreiben hatte, fehlte auch niemals ein P.S., das den Freunden die neue Großvaterfreude mitteilte.

An Freude wird es bei Euch auch nicht fehlen. Laßt es auch an dem schuldigen Danke nicht fehlen (Ps[alm] 50, 23); Er, der den kleinen Stammhalter geschaffen hat, Er ist es auch allein, der etwas aus ihm machen kann. – Friedrich – möge er frühzeitig jenen Frieden finden, der höher ist, als alle Vernunft begreifen und sich vorstellen kann; dann ist er geborgen.

Hier in Preußen herrscht jetzt lauter Kriegslärm wegen des neuen Volksschulgesetzes. Dies könnte möglicherweise günstig sein oder werden für meine Arbeiten in dieser Frage, da nunmehr die Leute doch anfangen, sich um dieselbe zu bekümmern. Freilich liegt die Sache auch wieder ungünstig, weil die beiden herrschenden Parteiansichten sich eigentlich bloß um das Verhältnis zwischen Staat und Kirche auf dem Schulgebiet streiten und die Hauptsache darüber aus dem Auge verlieren. Wollten sie diese Hauptsache vorkehren und am rechten Ende anfassen, so würde ihre Haderfrage fast von selbst sich lösen. Jetzt schreit der eine: hier Staat! der andere: hier Kirche! und zwischen diesen Gegensätzen wird meine Ansicht totgedrückt, und der armen Schule mit ihren Lehrern ergeht es darob wie weiland den armen Bauern, wenn die Junker ihre Fehde ausfochten.

Die neue Schrift über die Schulverfassungsfrage hat mich (wegen der beschränkten Arbeitszeit und der vielen anderen Störungen) jetzt bereits ein ganzes Jahr in Atem gehalten. Ich fühle mich wie abgehetzt, und das Hetzen hat noch immer kein Ende. Es ist zum Verzweifeln, wider zwei Feinde gleichzeitig kämpfen zu müssen und dabei keine Rückendeckung zu haben. Alle politischen Blätter stehen entweder im Dienste des einen oder des anderen Gegners; auf meiner Seite steht kein einziges polit[isches] oder kirchl[iches] Blatt, nur eine kleine Zahl von Schulblättern. Im vorigen Jahre, zur Zeit des Goßlerschen Gesetzentwurfs, hatte ich wenigstens den Vorteil, mich vornehmlich an resp[ektive] wider den einen Gegner (die Liberalen) wenden zu können. Schon damals war meine Lage schlimm genug. Nach menschlichen Aussichten schien meine Position verloren, da auf kirchlicher Seite selbst hier am Niederrhein bei den meisten Pastoren für die Schulgemeinde-Idee wenig Sympathie war, geschweige für meine übrigen Vorschläge. Allem Anschein nach würde der von Goßl[er]sche Entwurf von der Mehrheit des Landtages angenommen worden sein. Ich wußte nichts anderes mehr als Davids Gebot 2. Sam[uelis] 15, 31. Und siehe da, was ich wünschte, wurde auch erfüllt: v. Goßler und sein Gesetzentwurf wurden aus dem Wege getan.

War dadurch die eine Sorge vom Herzen, so ging nun eine neue Sorge mit neuer Mühe an. Meine Schrift war auf dem v. Goßl[er]schen Entwurf berechnet gewesen, ein anderer war noch nicht da, und als er endlich zum Vorschein kam, da ging es mir wie anno 1870 dem Kronprinzen auf seinem Marsche nach Paris, wo er nach Sedan hin abschwenken mußte. Diese Schwenkung war für den Generalstab eine Kleinigkeit im Vergleich zu meinem Falle; denn indem ich mich jetzt vornehmlich wieder den anderen Gegner (die hochkirchlich Konservativen) zu wenden hatte, war meine getane Arbeit zum guten Teil unbrauchbar und mußte umgegossen werden. Mein armer Kopf wollte schier verzagen.

Dabei ging eine Schiebung in den Parteien vor, da der v. Zedlitzsche Gesetz-Entwurf den Kirchen außerordentliche Konzessionen machte und zwar nicht die Schulgemeinde, aber doch einen Schul-Vorstand statuierte: so interessierten sich die Pastoren im Osten wie im Westen auf einmal lebhaft – zwar noch nicht für die Schul-Gemeinde, aber doch für den sonst gering geachteten Schul-Vorstand, hier am Niederrhein auch schon mehr für die Schul-Gemeinde. Das könnte nun für mich günstig scheinen; allein was zur Zeit des Goßlerschen Entwurfs hätte günstig sein können, verwandelte sich jetzt in das gerade Gegenteil. Denn nachdem die Geistlichen jetzt die Schulgemeinde ganz oder halb befürworten, so hat das auf die Liberalen die Wirkung, daß sie um so grimmiger gegen diese Idee sind und darin nichts anderes als ein kirchliches Institut sehen. Nun werden ihnen meine übrigen Vorschläge vollends verdächtig und unsympathisch; und auf die Liberalen muß ich doch in dieser Beziehung rechnen, da von den Konservativen nichts zu hoffen ist. (Von dem Grimm der Liberalen wider die Schulgemeinde-Idee zeugte vor kurzem nach gewohnter Weise die Köln[ische] Zeitung. Sie brachte einen Auszug aus der Frankf[urter] Schulzeitung, worin es u.a. hieß: die Schulgemeinde sei ein „Phantasiegebilde", eine „Dörpfeldsche Erfindung" usw. Nun bestehen aber die Schulgemeinden am Niederrhein, in Ostfriesland usw. fast schon seit der Reformationszeit, was die gelehrten Historiker in Köln doch wohl wissen könnten. Da sie nun die Schulgemeinde für eine Dörpfeldsche

Erfindung halten, so müssen sie wohl glauben, daß der alte Dörpfeld ca. 300 Jahre zählte, also so etwas wie der ewige Jude sei. O, sie sind klug und weise! Vgl. über diesen Punkt die Vorbemerkung S. 44 u. 45.)

Da siehst Du unsere Aussichten. Es wäre darüber noch viel Interessantes zu berichten, aber ich muß abbrechen, damit meine Arbeit vollends fertig wird.

Wie Anna Dir mitgeteilt haben wird, kam in der Villa Carnap jüngst der Einfall zutage, daß Du vielleicht an etliche angesehene Personen in Berlin meine Schrift schicken könntest. Groß kann die Zahl derselben bestenfalls nicht sein. Ich selbst dachte dabei namentlich an Prof[essor] Virchow, der in Deinen Troja-Angelegenheiten mit Dir zusammengestanden hat. Im Hintergrunde tauchte auch die Kaiserin Friedrich auf, ob vielleicht durch ihre Hilfe dem Kaiser ein Ex[emplar] in die Hände gespielt werden könnte.

Vorab sei aber festgestellt: wenn Du nicht Freudigkeit und zwar volle Freudigkeit zu dem Schritte hast, dann muß die Sache ruhen bleiben. Das ist mein entschiedener Wunsch um Deinetwillen und um meinetwillen.

Für den Fall, daß Du ja an irgend eine dieser Personen schreiben willst, habe ich auf dem anliegenden Blatte einige Bemerkungen niedergeschrieben, wovon Du (nach Gutdünken) das eine oder andere benutzen magst. (Die an einer Stelle erwähnten Resolutionen der bergisch-niederrhein[ischen] Lehrervereine werde ich in einigen Tagen schicken.)

Bei Virchow könntest Du allenfalls vertraulich noch folgendes beifügen. Ich hätte gelegentlich geäußert: In der liberalen Partei sei Virchow der Mann, bei dem ich am ehesten Sympathie für eine in meinem Sinne nach dem Selbstverwaltungsprinzip (mit Interessenvertretung auf dem Fundament der neutralen Schulgemeinde) freiheitlich geordnete Schulverwaltung voraussetzen zu dürfen glaube. Freilich habe er (nach meiner Ansicht) bei der Empfehlung einer freiheitlichen Schulverfassung bisher immer einen schlimmen taktischen Fehler begangen, derselbe bestehe darin, daß er die Freiheit vornehmlich im Interesse der eigenen religiösen Ansicht befürworte. Damit schrecke er die, welche anderer relig[iöser] Ansicht sind, von dem Freiheitsprinzip ab. Nach meiner Meinung müsse gerade umgekehrt verfahren werden; man müsse die eigene relig[iöse] Ansicht ganz aus dem Spiele lassen und die Freiheit gerade im Interesse der abweichenden relig[iösen] Ansichten empfehlen. Ich halte für sehr zutreffend, was ein angesehener Bremer Theologe (Menken) beim Reformationsjubiläum 1817 gesagt habe: „Wenn Freiheit und Wahrheit beide in Gefahr stehen, dann muß zuerst die Freiheit gerettet werden, denn die Wahrheit wird dann für sich selbst sorgen." Das ist m.E. die richtige Taktik, jede Abweichung ein schwerer Fehler.

Außerdem magst Du noch beifügen: meine Pädagogik und Lebensanschauung stehe philosophisch auf herbartischem Standpunkt. In religiöser Beziehung halte ich praktisch treu zu meiner niederrhein[isch]-heimatlichen freien Reformationskirche, die freilich in meinen Augen noch sehr verbesserungsbedürftig sei. Diese Verbesserung erwarte ich jedoch vornehmlich von der freigemachten Pädagogik. Für die wissenschaftliche Theologie (d.i. die Forschung) lasse ich keinerlei Autoritätsprinzip gelten; sie müsse vielmehr nach denselben streng exakten Forschungsgrundsätzen verfahren wie alle anderen Wissenschaften.)

Wie Du aus meiner obigen einleitenden Bemerkung herausgefühlt haben wirst, bin ich hinsichtlich der Versuche, angesehene Freunde für meine Schrift zu werben, nicht ganz ruhig. Ein solches Betteln auf Schleichwegen widerstrebt meiner ganzen Natur. Es ist mir zumute, wie wenn man der Vorsehung zuvorkommen wolle. Freilich muß ich mir auch sagen, daß für die arme, rechtslose Pädagogik nichts anderes übrig bleibt als betteln. Bei Virchow habe ich außerdem bezüglich der vorhin erwähnten vertraulichen Mitteilungen die Besorgnis, daß er dieselben in anderem Sinne verstehen werde, als sie bei mir gemeint sind, und daß ich dadurch in Verlegenheit kommen könnte. Dazu kommt noch, daß ich vor ca. 13 Jahren in einem Aufsatze des Zillerschen „Jahrbuchs für die wissenschaftl[iche] Pädagogik" Herrn Prof[essor] Virchow wegen seines oben bezeichneten taktischen Fehlers ein „enfant terrible" der liberalen Partei genannt habe. Dieser Tadel war faktisch zutreffend; allein wenn jener Aufsatz Herrn V[irchow] zu Gesicht käme, dann möchte er doch wohl arg verschnupft werden.

Prüfe also den Vorschlag scharf nach Deinem Gefühl und Gewissen. Wenn Du auch nur ein leises Bedenken hast, dann laß die Finger davon. Du brauchst Dir dann auch nicht einmal die Mühe zu geben, uns Deine Gründe auseinanderzusetzen. Ich weiß sie ja ohnehin und werde Anna zufriedenstellen..

Im bejahenden Falle möchte ich noch Deiner Erwägung anheimgeben, ob Du auch eine Abhandlung über die „Gesellschaftskunde" (nebst Repetitorium) beilegen solltest, damit die Herren mich auch von einer anderen Seite kennen lernen. Die betreff[enden] Ex[emplare] würde ich Dir dann zusenden.

Mit nochmaligen herzlichen Grüßen an Euch, die beiden Mädchen und den kleinen Friedrich

Dein Vater
F. W. Dörpfeld

Der Stammhalter Fritz D., das zweite Enkelkind, wurde am 18.2.1892 in Athen geboren.

Der preußische Kultusminister Graf von Zedlitz-Trützschler hatte am 10.1.1892 einen Volksschulgesetzentwurf vorgelegt, dem wie allen vorhergegangenen Entwürfen, darunter dem des Vorgängers von Goßler, kein Erfolg beschieden war. Zentrum und Konservative gingen mit ihren Änderungswünschen über den Entwurf hinaus, um die konfessionelle Schule zu bewahren, die Liberalen lehnten ihn als reaktionär ab. Der Minister sah in seiner Vorlage vor allem einen weitgehenden Einfluß der Kirche auf den Religionsunterricht und die ihn erteilenden Lehrer vor und übertrug dem Ortsschulinspektor, also praktisch dem Pfarrer, den Vorsitz im Schulvorstand (v. Goßler hatte den Gemeindevorsteher vorgesehen). Die Zahl der einklassigen Schulen wäre dadurch, daß bei einer Schülerzahl der religiösen Minderheit von 60 eine neue Konfessionsschule gegründet werden mußte, sehr vermehrt worden. Dagegen wäre für Simultanschulen kaum noch Platz gewesen. Kinder, die nicht staatlich anerkannten Religionsgesellschaften angehörten, konnten polizeilich gezwungen werden, am Religionsunterricht anerkannter Gesellschaften teilzunehmen. Dem Gesetzentwurf des bereits am 23.3.1892 zurückgetretenen Ministers galt D.s Kritik im Fundamentstück, Anhang zum Abschnitt „Die heimatliche Schulgeschichte". Näheres siehe L. Clausnitzer, Geschichte des preußischen Unterrichtsgesetzes, Berlin ²1892 (vom liberalen Standpunkt); K. Richter, Der Kampf um den Schulgesetzentwurf des Grafen Zedlitz-Trützschler vom Jahre 1892, Diss. Halle 1934.

Zur Stellung Virchows in der Auseinandersetzung Schliemanns und Dörpfelds mit Boetticher siehe Brief 310.

In der von D. mitgeteilten Form ist das Wort Menkens am Reformationstag 1817 nicht nachzuweisen. Die „Predigt am Reformationsfest 1817 über Hebräer 10,23" ist abgedruckt in: Gottfried Menken, Neue Sammlung christlicher Homilien, Bremen 1858, S. 364 ff. Menken setzte sich darin mit der Rolle von Freiheit und Wahrheit in der Kirche auseinander: „Wer Wahrheit gibt und nicht auch Freiheit läßt, dem Winke der Wahrheit zu folgen, der gibt nur halb [. . .]. Darum soll Freiheit sein bei der Wahrheit [. . .]. In der Freiheit erscheint jedes Leben am wahrhaftigsten [. . .]. In der Kirche sollte Freiheit der Vernunft und des Gewissens walten, Freiheit der Forschung und Prüfung, Freiheit des Urteils und der Mitteilung [. . .]. Man lasse die Wahrheit frei, sie macht frei. Sie macht am Ende auch von zur Frechheit ausgearteter Freiheit frei und führt zur wahren bescheidenen Freiheit wieder zurück."

Dem Schreiben sind „Bemerkungen" beigefügt, in denen D. in Kapitelüberschriften und Stichworten den Inhalt seines letzten Werkes, des „Fundamentstücks", erklärt.

363

An Wilhelm Hollenberg, Bonn

Ronsdorf, Frühjahr 1892

Erinnert den alten Studienfreund an das verabredete Treffen in Köln oder Mülheim a.Rh., um das Manuskript des „Fundamentstücks", 2. Lieferung, gemeinsam durchzusprechen.

364

An Adolph Hollenberg, Rheydt

Ronsdorf, 17. August 1892

Lieber Freund.

Inmitten der mühseligen Arbeit am „Fundamentstück" war ich jüngst genötigt, auch einen Aufsatz über die Frage vom Real-Lesebuch zu schreiben.

Das Schriftchen „Zwei dringliche Reformen" wartete schon seit längerer Zeit auf eine neue Auflage. Der Verleger drängte und drängte. Es fehlte mir aber an Zeit, um das Buch durchzusehen und die durch die erhobenen Bedenken und Einwendungen nötig gewordenen Ergänzungen usw. beizufügen. Da entschloß ich mich endlich, die Schrift unverändert abdrucken zu lassen und eine „Vorläufige Verantwortung wider erhobene Bedenken" als Vorwort voraufzuschicken. Es sind 5 Druckbogen geworden.

Da die Arbeit sehr eilig geschehen mußte, so war mir etwas übel dabei zumute. Hätten wir näher zusammengewohnt, so würde ich gern den Aufsatz mit Dir durchgesprochen haben. Das Hin- und Herschicken hätte zu viel Zeit gekostet, auch wollte ich Dich nicht gern mit schriftlichen Bemerkungen quälen. So bekommst Du also erst den fertigen Aufsatz zu lesen. Er wird auch im nächsten Schulblatthefte erscheinen. Ich kann mir aber nicht versagen, Dir auch einen Erstling der Buchausgabe zu schicken. Er kommt hierbei.

Fällt Dir beim Lesen etwas ein, was mir nützen kann, so notiere es Dir gefälligst. Die Mitteilung mag bis zur gelegentlichen Besprechung verspart bleiben.

Wie Du finden wirst, ist der Ergänzungsaufsatz noch nicht vollständig. Sollte ich einmal an die Vervollständigung gehen können, so müßte auch ein Punkt zur Sprache kommen, der bis jetzt in dem Buche nur obenhin berührt worden ist. Er betrifft die Frage, wie die Physik im Real-Lesebuche vertreten sein soll.

Die Physik ist aber so wesentlich verschieden von der Naturbeschreibung und von den historischen Stoffen, daß sie im Real-Lesebuche nicht so behandelt werden kann wie die übrigen sachunterrichtlichen Stoffe. Denn wollte man von jedem vorzuführenden Experiment eine Beschreibung im Real-Lesebuche geben, so hieße das, aus dem Wiederholungsbuche ein Lehr-Buch machen. Und wollte das Lesebuch gar alle physikalischen Aufgaben beantworten, die doch den gewichtigsten Teil des physikalischen Lernens bilden, so hieße das, den Zweck der Aufgaben illusorisch machen, also eine Albernheit begehen.

Wie nun? Ich meine, bei der Physik fällt das Wiederholen (Einprägen) des Sachlichen dem mündlichen Unterricht und den schriftlichen Übungen zu. Gleichwohl hat auch das Lesebuch bei diesem Stoffe eine Aufgabe und zwar eine recht wichtige. Es ist die, die physikalische Sprechweise und Demonstrierweise den Schülern geläufig zu machen.

Das läßt sich meines Erachtens dadurch erreichen, daß man etliche Musterstücke (Repräsentanten) bietet, nämlich:

1. ein paar Muster-Lektionen (in kurzer Fassung), also Beschreibung des betreff. Apparates, des Experiments und der Reflexion zur Gewinnung des Gesetzes.

2. aus jedem physikalischen Abschnitte etwa zwei Lösungen von Aufgaben – als Beispiele für die Lösung der übrigen Aufgaben.

Wenn die Schüler diese Musterstücke, die natürlich vorher rite mündlich behandelt sein müssen, tüchtig einlesen, so üben sie sich dadurch in Sprach- und Demonstrierweise sicher ein, und das wird dem Lehrer wie den Schülern zu einer großen Erleichterung gereichen.

Bitte, überlege Dir meinen Vorschlag.

Es käme dann darauf an, eine gute Auswahl dieser zweierlei Musterstücke zu treffen und dieselben in der rechten Lesebuch-Form darzustellen.

Das wäre eine treffliche Arbeit für Dich.

Als seiner Zeit die Anzeige der Verlobung von Alwine und Artur hier ankam, stak ich gerade bis über die Ohren in den literarischen Arbeiten. Geborenwerden, Heiraten und Sterben und was sonst uns im Kreise der Bekannten zu interessieren pflegt, das konnte ich jetzt nur von weitem anhören und mit meiner Herzensteilnahme begleiten und mußte es dann laufen lassen. So habt Ihr bis heute nicht einmal einen Glückwunsch von mir erhalten. Es tat mir ordentlich weh, daß ich meine Gedanken davon ablenken mußte. Selten hat mich eine Verlobung so sympathisch berührt und so freudig gestimmt als diese. Eine ganze Reihe alter, lieber Erinnerungen drängten sich tumultuarisch ins Gedenken. Unser Ein- und Ausgehen in dem trauten, gastfreundlichen Schmitzschen Hause an der Burg, unser Verkehr mit Klug und seiner lieben seligen Julie, dann, wie Du durch diesen Verkehr Deine jetzige Hausmutter fandest, usw. Zu all diesem aus vergangenen Tagen kam nun die Nachricht, daß jetzt zwei Sprößlinge aus den von lange her befreundeten Familien Klug und Hollenberg sich verbinden wollten.

So empfangt dann nachträglich meinen herzlichsten Glück- und Segenswunsch zu dem bedeutsamen Familienereignis. Kommt er etwas spät, so kommt er doch nicht minder aus lebhaft teilnehmendem Herzen. Bitte, auch den beiden Verlobten in meinem Namen die herzlichsten Glückwünsche zu übermitteln mit Ps[alm] 40,17. Möge den Verlobten die gute Vorgeschichte ihrer Familien eine gute Vorbedeutung für ihre eigene Folgegeschichte sein. Das walte Gott!

In alter Liebe
Dein
F. W. Dörpfeld

Im EvSchBl 36 (1892), S. 353–406, veröffentlichte D. „Die Notwendigkeit eines Real-Lesebuches in allen Schulen und auf allen Stufen". Diese Abhandlung erschien zugleich als Vorwort bzw. erster Teil zur 3. Auflage von „Zwei dringliche Reformen im Real- und Sprachunterricht", Gütersloh 1892, S. I–LIII unter dem dort veränderten Titel „Vorläufige Verantwortung wider erhobene Bedenken" (später in: GesSchr V, Gütersloh 1896).

A. Hollenbergs Tochter Alwine heiratete Artur Klug, Sohn von Chr. Klug, im Oktober 1893. A. Klug war seit 1888 Lehrer in Neuß.

365
An unbekannt

Ronsdorf, Anfang 1893

[. . .] Seit fünf Monaten sitze ich in harter Gefangenschaft in der Krankenstube. Alte und neue Übel brechen mit einem Male vereint über mich herein. Die körperlichen Leiden, wie schlimm sie sein mochten, waren noch nicht das Schlimmste; je und dann wurde das Gemüt zeitweilig mit arger Dunkelheit und Finsternis überfallen. Da geht's hart her, wenn alte und neue Sünden über einen herfallen und die „enge Pforte" sich bis zum Nadelöhr verengt. Glücklicherweise kannte ich zwei erfahrene und bewährte Trostspender: Dr. Luther (besonders in seinen Tischreden über die Anfechtungen) und Dr. Kohlbrügge (in verschiedenen Predigten). Ich weiß nicht, was ohne ihre tröstlichen Fingerzeige und Zusprüche aus mir Armen geworden wäre. Wie mag es sein, daß solche Trostspender in der Predigt- und Erbauungsliteratur so selten sind? Hiobströster gibt es im Überfluß.

Seit vierzehn Tagen geht es im ganzen etwas besser. Ich sehne mich nach milderer Witterung, die mir das Ausgehen wieder gestattet. Der Herr wird's versehen, suche ich Jung-Stilling nachzusagen. Er hat ja noch nie zuschanden werden lassen, die auf seinen Namen gehofft haben. Er mache mich still in seinen Willen [. . .]

[F. W. Dörpfeld]

Seinem diakonischen Pfleger empfahl D. damals als Lektüre H. F. Kohlbrügges „Zwanzig Predigten, im Jahre 1846 gehalten" (Ca 620). Der Band wurde noch 1925 neu aufgelegt.

Die Erkrankung an Leberkrebs, die im gleichen Jahr zum Tode führen sollte, machte ihm schon viel zu schaffen.

366

An unbekannt

Ronsdorf, Januar 1893

Selbst schon schwer erkrankt, findet D. hier noch ermunternde Worte für einen Adressaten, der selbst der Teilnahme bedurfte.

367

An Luise Landfermann, Weinheim a.d.B.

Ronsdorf, Frühjahr 1893

[. . .] Ich erinnere mich keiner literarischen Weihnachtsgabe, die mir so viele Freude gemacht hätte als die Ihrige. Welch ein reiches Leben führen diese Erinnerungen vor, reich in jedem Betracht. Was für ein Lehrer und Schuldirektor war dieser Mann! Was für ein Schulrat! Was für ein Patriot! Welch ein Jünger Christi in Wesen, Werk, Selbstverleugnung und gottergebenem Dulden! Welch ein Hausvater! wie Sie, seine geliebte Hausmutter, noch besser wissen, als das Buch es schreiben wollte und konnte. Er war in allem ein groß angelegter und groß ausgewachsener Mann; und das Große war immer echt, lauter und gediegen, und diese Gediegenheit war innerlich immer noch vollwichtiger, als es sich äußerlich merkbar machte. Wie beschämend klein und armselig kommt sich unsereiner dagegen vor, selbst wenn man auch nur allein an die Hausvaterstellung denken will. Es gehört zu meinen liebsten und wertvollsten Erinnerungen, den teuern Mann persönlich gekannt und mit ihm in näherem Verkehr gestanden zu haben. Er ist mir mehr zum Segen geworden, als er selber es wissen konnte. Zu diesem Segen rechne ich auch, daß ich jetzt seine Lebensgeschichte lesen kann. Sie hat mich kräftig aufgerichtet, gestärkt und erbaut [. . .]

[F. W. Dörpfeld]

D. dankt der Witwe des Geheimrates Landfermann für die Übersendung der Lebenserinnerungen (Dietrich Wilhelm Landfermann, Erinnerungen aus seinem Leben, Leipzig 1890).

Die Beziehungen zu dem bedeutenden rheinischen Provinzialschulrat waren zeitlebens eng gewesen. Datierung nach Ca 334. Vgl. auch Briefe 380, 405.

368

An Christine von Rohden, Norden

Ronsdorf, etwa Frühjahr 1893

[. . .] Hier in meinem Waldesheim finde ich mich so behaglich wie möglich. Ein schöneres Ruheplätzchen für das Alter hätte ich mir nicht erdenken können. Hoffentlich kann ich Euch drei auch bald hier einmal beherbergen. Die Waldesstille wird auch Euch gefallen. Klein-Agnes (die dreijährige Enkelin aus unserm Hause) pflegt täglich morgens hierher zu kommen, um zu sagen: Großvater, wie geht es Dir und einige Blumen zu bringen, die sie unterwegs gepflückt hat [. . .]

[F. W. Dörpfeld]

Agnes, geboren in Ronsdorf am 21.2.1890, ältestes Kind von D.s Tochter Anna Carnap.

369

An Wilhelm Hollenberg, Bonn

Ronsdorf, Juli 1893

Dank für das Anerbieten, ihn bei der Arbeit am „Fundamentstück" zu unterstützen.

370

An Wilhelm Hollenberg, Bonn

Ronsdorf, 19. August 1893

Übersendung eines Manuskriptteils zur Durchsicht. Er (D.) sei erschöpft und wünsche eine Arbeitspause.

371

An Moritz Müller, Pforzheim

Ronsdorf, Herbst 1893

Mein lieber, gebeugter Freund!

Ihre Mitteilung über das Schicksal Ihrer Bibliothek hat mich allerdings interessiert, aber im schmerzlichen Sinne. Wie wehmütig die kahlen Wände Sie anstarren und in stummer Sprache zu Ihnen reden, kann ich nachfühlen, wenn ich mir vorstelle, wie es mir selber zumute sein würde, falls meine eigenen Bücher preisgegeben werden müßten. Ach, hätte ich eine Ahnung von Ihrem Vorhaben gehabt! Freilich sind mir in meinem dermaligen Krankenstuben-Gefängnis Kopf und Hände gar sehr gebunden. Auch hätte ich mit eigenen Mitteln nicht helfen können, und mein nervenschwacher Kopf ist zum Sorgen und Überlegen so ungeschickt wie möglich. Doch glaube ich, daß sich mit Hilfe meiner Freunde ein Weg hätte finden lassen, der Ihnen mehr eingebracht haben würde. Doch das ist jetzt zu spät. Ich kann auch nur eine Hand voll Erde auf das Grab der „lebendigen Toten" werfen. Aber lassen Sie uns auch an diesem Grabe nicht trauern wie die, welche keine Hoffnung haben!

Aus Ihren Andeutungen merke ich, daß es Geschäftssorgen sind, die Sie drücken. Ach, in alten Tagen, wenn die Leibeskräfte versagen und das Gemüt ohnehin unter den Altersgebrechen leidet, dann noch mit Sturm und Wellen des wirtschaftlichen Weltmeeres kämpfen zu müssen, schon der bloße Gedanke an ein solches Ringen beengt mir die Brust, vollends wenn es ein Freund ist, den man so kämpfen sieht!

[. . .] Ist denn nun alles aus? Ich möchte es nicht glauben. Es gibt immer noch eine Firma, die hoch über jeder Sündflut sitzt, die nie falliert, in jeder Verlegenheit Rat weiß und an Machtmitteln unerschöpflich ist. Alle, die sich mit dieser Firma eingelassen haben, bezeugen einstimmig, daß man auch auf ihren guten Willen sicher rechnen dürfe, daß sie alle Hilferufe, wofern sie auf moralischem Grunde ruhen und ein ehrliches Durchkommen in des Leibes Notdurft bezwecken, erhöre und zwar alle, alle, ohne Ausnahme, wenn auch nicht genau im Wortverstande des Rufenden und nur zu der Zeit, welche der Chef des Hauses in Seiner Weisheit für die richtige erkennt, aber immer über Bitten und Verstehen. Da lassen Sie mich nun fragen, denn Ihr armer teilnehmender Freund weiß in seiner Ratlosigkeit nichts anderes: trauen Sie dieser Firma, und haben Sie ihren Kredit in Anspruch genommen, in der Weise, wie ein hilfloses Kind in der Wiege, das noch nicht sprechen kann, in seinem Weh nach der Mutter schreit, und so lange schreit, bis die Mutter herbei ist? Lassen Sie mich einstweilen mit dieser Frage abbrechen. (Zeugen: Matth. 7, 7. 8; Luk. 18, 1–8; Jes. 49, 14. 15; Hosea 2, 4; Ps. 50; Ps. 34, 7; Ps. 40, 17. 18 usw. [. . .]

[F. W. Dörpfeld]

Moritz Müller hatte den Zusammenbruch seiner Firma melden müssen. Seine Bibliothek hat er wohl zur Deckung der Schulden eingesetzt. D.s Schreiben wendet sich an einen Adressaten, dessen liberal-christlicher Standpunkt ihm bekannt ist.

372

An Karl Sebastian Cornelius, Halle

ohne Ort und Datum

[. . .] Bei dieser Gelegenheit möchte ich mir auch noch einen Gedanken anderer Art, der freilich ebenfalls in einen Wunsch ausläuft, von Herzen reden. Was Sie damit anfangen wollen, steht bei Ihnen. Bitte, hören Sie mich wenigstens an.

Wenn in pädagogischen und andern nicht-gelehrten Blättern gelegentlich von gegnerischer Seite über die herbartische Psychologie gesprochen wird, dann pflegt in der Regel auch mit einem Stoßseufzer auf deren metaphysische Grundlage hingewiesen zu werden. Nicht selten klingt das dann so, als ob der Schreiber glaubte, alle übrigen Philosophen von den alten an bis auf Schopenhauer und den Unbewußtseins-Philosophen, welche sich mit der Psychologie befaßt haben, hätten sich lediglich auf dem Boden der Erfahrung gehalten und niemals einen Fuß auf metaphysisches Gebiet gesetzt; oder es klingt auch so, als ob man sagen wollte, die Naturforscher hätten den Vorzug, auf dem festen Boden der Erfahrung bleiben zu können und sich von der Metaphysik unbefleckt zu erhalten. Es sind aber keineswegs bloß Volksschullehrer, welche in dieser Weise sprechen, sondern auch akademisch gebildete Leute aller Art, die doch auch philosophische Vorlesungen gehört haben. In den pädagogischen Blättern und Schriften kommt es meistens aus dem Munde von Theologen.

Offenbar scheinen diese Leute nicht recht zu wissen, was die Metaphysik ist; denn wenn sie es wüßten, so würde ihnen doch auch bekannt sein, daß die wissenschaftliche Forschung auf dem physischen wie auf dem geistigen Gebiet in den verschiedensten Richtungen schließlich auf Fragen stößt, wo die Erfahrung vor der Hand nichts mehr zu sagen weiß, wo also die Forschenden entweder stille stehen oder aber die Metaphysik zu Hülfe rufen müssen.

Hier liegt für die Ausbreitung der herbartischen Psychologie und Pädagogik ein schlimmes Hindernis. Es ist das umso bedauerlicher, da in anderem Betracht heutzutage viele günstige Umstände zusammenwirken, um die Propagierung der herbartischen Pädagogik und

Philosophie zu erleichtern, namentlich im Volksschullehrerstande. Umso mehr sollten wir daher auch darauf sinnen, jenes Hindernis aus dem Wege zu räumen. Auf dem Volksschulgebiete läßt sich das, wie ich glaube, mit gutem Erfolge tun und zwar ohne große Mühe. Meines Erachtens bedürfte es nur zweier Abhandlungen natürlich in möglichst gemeinverständlicher Darstellung.

Die erste würde sich das Thema wählen:

> ‚Was ist die Metaphysik?' (oder: Womit hat es die Metaphysik zu tun? oder: Welches sind die Probleme der Metaphysik? oder ähnlich).

Die zweite:

> ‚Die Metaphysik in der Naturwissenschaft?' (oder: Kann die Naturwissenschaft ohne Metaphysik auskommen? oder: Wo muß die Naturforschung die Metaphysik zu Hülfe rufen? oder ähnlich).

Genauer denke ich mir den Inhalt dieser beiden Abhandlungen so:

Die erste Abhandlung würde zu zeigen haben, wie und wo das menschliche Denken unwillkürlich auf metaphysische Probleme stößt. Sie bewegt sich also auf dem Gebiete, welches Herbarts ‚Einleitung' in den §§ 17–33 (niedere und höhere Skepsis) und §§ 116–147 (gegebene und widersprechende Begriffe) behandelt. Es kommt nun darauf an, aus diesem reichen Stoffe vorab einige passende Beispiele (Skepsis und Begriffe) auszuwählen und dieselben ganz in der herbartischen Weise zu erörtern, aber in möglichst populärer Darstellung. Die übrigen Begriffe sind bloß kurz namhaft zu machen, um einerseits zu zeigen, daß sie gegeben sind und andererseits die darin liegenden Widersprüche einigermaßen kennbar zu machen.

So bekäme also der Leser durch die genauer erörterten Punkte einen Einblick in die eigentümliche Natur der metaphysischen Untersuchung und durch das ganze eine Art Übersicht über ihren Umfang.

Sodann wäre eine Exkursion in die Geschichte der Metaphysik anzuschließen. Ich denke mir die Ausführung so, daß aus den genauer beleuchteten Fragen eine herausgehoben würde, um zu zeigen, wie einige hervorragende Denker aus alter und neuerer Zeit sich daran abgemüht haben.

Auf Grund des Vorausgegangenen wäre dann schließlich festzustellen:

> a) der Begriff der Metaphysik (verschieden verkehrte Ansichten und Definitionen und daneben die richtige);
>
> b) ihre Bedeutung (d.i. welche Wissenschaften sich mit auf die Metaphysik stützen müssen).

Hierbei ist zugleich darauf hinzuweisen, daß jede dieser Wissenschaften einen großen Spielraum hat, wo sie der Metaphysik nicht bedarf, woraus aber auch folgt, daß sie dann gewisse Fundamentalfragen ruhen lassen muß.

⊂Die zweite Abhandlung würde nun eine dieser Wissenschaften herausgreifen: die Naturwissenschaft, speziell Physik und Chemie, um zu zeigen, wie die Naturforschung hier von der Metaphysik abhängig ist. Es handelt sich selbstredend nicht darum, die naturphilosophischen Probleme zu lösen, sondern nur aufzuweisen, daß sie da sind. Dieser Nachweis muß aber erschöpfend sein, d.h. es muß gezeigt werden, wie die Forschung hier in jeder Richtung (bei der Lehre von der Gravitation, der Wärme, dem Lichte usw.) schließlich auf Fragen stößt, wo die Empirie zu Ende ist und nun die Hypothesenbildung der Metaphysik in die Hände fällt.⊃

Die zweite Abhandlung würde nun eine dieser Wissenschaften, welche in ihren letzten Gründen auf metaphysisches Gebiet übertreten müssen, herausheben, nämlich die Naturwissenschaft (resp. einen Zweig derselben, etwa die Physik), um zu zeigen, wo und warum hier die Forschung schließlich der Metaphysik bedürftig ist. Das naturwissenschaftliche Feld muß um deswillen gewählt werden, weil dasselbe in weiten Kreisen in dem Rufe steht, daß hier die Theorie ausschließlich auf der Empirie ruhe. Selbstredend handelt es sich nicht darum, die naturphilosophischen Probleme zu lösen, sondern nachzuweisen, daß sie vorhanden sind. Einen solchen Nachweis denke ich mir im einzelnen Falle (z.B. in der Lehre von der Gravitation) so: erstlich wird gezeigt, wie die Forschung sich schließlich dazu gedrängt sieht, eine Hypothese zu bilden, die über die Empirie hinausgreift; sodann ist zu zeigen, daß in dieser Hypothese Begriffe vorkommen, welche in ihrer gegebenen Gestalt mit Widersprüchen behaftet sind und daher jener näheren Bearbeitung bedürfen, welche in der ersten Abhandlung besprochen worden ist.

Der Autor darf sich aber nicht darauf beschränken, diesen Nachweis an einem einzigen Punkte (etwa bei der Gravitationslehre) zu liefern, sondern muß die physikalische Forschung in allen Richtungen verfolgen, in der Lehre von der Schwere, der Wärme, dem Licht, Schall usw. und in jedem Falle mit aller Geduld die vorgenannten beiden Stücke klarstellen (so weit nicht durch früher Gesagtes die Darstellung sich abkürzt).

Daß die Untersuchung über alle Zweige der Physik sich erstrecke, halte ich gerade für eine Hauptaufgabe der Arbeit.

Um dann zu zeigen, daß auch auf andern Gebieten der Naturforschung die Empirie nicht ausreicht, würde auch aus der Chemie ein Beispiel heranzuziehen sein.

Das wäre der erste und Hauptteil der zweiten Abhandlung.

Jetzt würde, wie auch in der ersten Abhandlung zu geschehen, eine kleine Exkursion in die Geschichte der Physik gemacht werden müssen. Ich denke mir die Ausführung so, daß eine Gruppe der physikalischen Erscheinungen herausgehoben wird, um daran zu zeigen, was für (letzte) Erklärungsgründe hier im Laufe der Zeit zum Vorschein gekommen sind. Dabei würde auch bemerklich zu machen sein, inwiefern diese Hypothesen auf das metaphysische Gebiet übertreten und ob dies dem betreffenden Forscher zum Bewußtsein gekommen ist. An diese historische Exkursion sollten nach meinem Wunsche einige Strafexempel sich anschließen. Einmal denke ich an die physikalischen Lehrbücher, insofern dieselben nämlich in ihren (letzten) Hypothesen das metaphysische Gebiet betreten, ohne die Leser darauf aufmerksam zu machen, daß hier der Boden der Empirie verlassen sei und darum eine metaphysische Untersuchung notwendig werde. Zum andern denke ich an gewisse naturphilosophische Schriften, welche (durch Überfluß an Phantasie und Mangel an wissenschaftlicher Schulung) die Kritik herausfordern. Diese Strafexempel würden gewiß höchst nützliche Dienste tun.

Zum Schluß würde das Ergebnis der ganzen Untersuchung kurz festzustellen sein, nämlich

1) welche Hypothesen (Betriffe) jenseits der Empirie liegen resp. mit Widersprüchen behaftet sind;

2) welche metaphysischen Fragen bei jedem dieser Betriffe zur Sprache kommen müssen. Sodann würden noch ein paar Ratschläge für das Weiterstudium zu geben sein: lit[erarische] Mittel

a) für Metaphysik
b) für Naturphilosophie.

Damit wäre denn auch die zweite Abhandlung beendigt.

Hier scheint mir aber noch ein kleiner Anhang nützlich zu sein, weil ja beide Abhandlungen ihren letzten Zweck darin haben, die Methode der herbartischen Psychologie zu rechtfertigen, d.i. die Notwendigkeit der Hülfe der Metaphysik bei der psych[ologischen] Forschung zu erweisen, wo diese eine wirklich wissenschaftliche sein will.

Ich denke mir diesen Anfang so:

Es wird nochmals darauf hingewiesen, daß außer der Naturwissenschaft auch die Psychologie und die Religionswissenschaft bei der Metaphysik Hülfe suchen müssen und daß aus der Anwendung der Metaphysik auf diese Gebiete dort die sogenannte Naturphilosophie sich ergibt und hier die Geistesphilosophie und die Religionsphilosophie. Nun wird die Geistesphilosophie herausgehoben, um hier, wie es vorhin auf dem naturwissenschaftlichen Gebiete geschah, alle diejenigen Fragen (oder Begriffe, Hypothesen) bestimmt namhaft zu machen, welche über die Empirie hinausführen und darum der metaphysischen Untersuchung bedürftig sind.

Zum Schluß würden in Herbarts metaphysischen und philosophischen [Schriften] die Stellen (§§) zu nennen sein, wo man Fragen erörtert finden kann.

Wer wird uns diese beiden Abhandlungen liefern? Ich weiß für diese meine angelegentlichen Wünsche keine andere Adresse zu finden als die Ihrige. Die beiden Themen liegen ja auch ganz auf Ihrem eigenen Arbeitsfelde. Wenn Sie sich ihrer nicht erbarmen, dann weiß ich keinen andern mehr zu finden. Bitte darum so herzlich wie dringend: nehmen Sie gütigst die beiden Aufgaben in die Hand.

Die gestellte Anforderung, daß die Darstellung möglichst gemeinverständlich sein müsse, mag freilich einem Mann Ihres Berufes unbequem vorkommen. Diese Beschwernis dürfte übrigens nicht so groß sein, als Ihnen dieselbe im ersten Augenblick erscheint. Es ist ja nicht an Leser aus dem Bauern- und Handwerkerstande gedacht, sondern an solche Leute, welche eine höhere Schulbildung erhalten haben; nur soll keine besondere philosophische Schulung vorausgesetzt werden. Denken Sie sich als Leser etwa angehende Studenten; ist die Darstellung für diese passend, dann wird sie auch für alle übrigen Leser, die ich im Sinne habe, passend sein. Die Verständlichkeit hängt in diesem Falle auch weniger von dem sprachlichen Ausdruck ab als daran, daß keine spezifisch philosophischen Begriffe als bekannt vorausgesetzt werden, die in Wirklichkeit nicht gekannt sind. Darum muß der Autor es sich zur festen Regel machen, jeden neuen (philosophischen) Begriff klar zu definieren resp. zu umschreiben und dabei stets ein Veranschaulichungsbeispiel herbeizuziehen; (bei besonders bedeutsamen Begriffen wird es selbst am besten sein, vom Veranschaulichungsbeispiel auszugehen [darübergeschrieben: das Veranschaulichungsbeispiel vorauszuschicken. Anm.]. Diese Beispiele sind überhaupt so wichtig, daß man wohl sagen darf: wenn dieselben in genügendem Maße vorkommen, dann hat es mit dem Verständnis keine Not.

Sollten Sie sich zur Bearbeitung entschließen, so möchte ich vorschlagen, die Aufsätze zuerst in meinem Ev[angelischen] Schulblatt zu veröffentlichen und dann im Separatabdruck als selbständige Schrift in die Welt ausgehen zu lassen. Daß es mir eine große Freude sein würde, auch einmal etwas aus Ihrer Feder im Ev[angelischen] Sch[u]lbl[att] mitteilen zu können, brauche ich wohl nicht erst ausdrücklich zu sagen. Dieser Weg bietet aber auch zwei bestimmte Vorteile für die Verbreitung. Das Ev[angelische] Sch[u]lbl[att] hat Leser in allen Landschaften Deutschlands, wenn auch in einzelnen Gegenden nur sporadisch. So werden die Abhandlungen in allen diesen Gegenden wenigstens einigen Personen und Kreisen bekannt. Sodann kann der Separatabdruck, der nur geringe Kosten macht, zu einem sehr ermäßigten Preise verkauft werden, und das wird der Verbreitung ebenfalls förderlich sein.

Ein ansehnliches Honorar kann das Ev[angelische] Sch[u]l[blatt] freilich nicht anbieten, nur 15 ⊂Mark⊃ Thaler pro Bogen, weil der Preis des Blattes mit Rücksicht auf die finanziellen Verhältnisse der Volkssch[ullehrer] ein niedriger sein muß. Der Separatabdruck dürfte aber soviel Honorar hinzubringen, daß Sie im ganzen doch zu Ihrer gewohnten Taxe kommen werden.

Da haben Sie meine Wünsche. ⊂Nun sehen Sie gef. zu, was Sie damit anfangen.⊃ Müssen dieselben unerfüllt bleiben, so bedarf es dieserhalb keiner Antwort. Nur würde mir lieb sein, mit einer Zeile erfahren zu können, daß Sie mir ob der geschehenen Belästigung nicht zürnen wollen.

Mit aller Hochachtung und herzlichen Grüßen
zeichnet Ihr ergebener F. W. Dörpfeld

⊂Lassen Sie mich⊃, Es tut mir leid, Ihnen schon im voraus melden zu müssen, daß die nachstehenden Zeilen weniger Amüsement als Belästigung bringen. ⊂Es tut mir das leid.⊃ Sie wissen ja als erf[ahrener] M[ann], daß das ⊂nun einmal⊃ für gewöhnlich der Charakter des Weltlaufes überhaupt ist. ⊂Rechnen Sie mir daher nicht zu hart an.⊃ Lassen Sie mich daher hoffen, daß Sie der drohenden Belästigung mit philosophischer Gemütsruhe entgegensehen ⊂werden⊃ und dem zudringlichen Mann aus Gerresheim die übliche christliche Nachsicht nicht versagen werden.

Es sind zwei Wünsche, die ich mir gern vom Herzen reden möchte. Ich sage „Wünsche" [...]

S. 5–16 eines Briefkonzeptes mit Korrekturen. Aufschrift des Umschlages, in dem sich der Brief befand: „Aus einem Brief an Prof. Cornelius in Halle". Die Zeilen unter dem abschließenden Gruß mit Unterschrift sind vermutlich als Einleitung gedacht. – Aus Gerresheim, also zwischen 1879 und 1887 verfaßt.

373
An Wilhelm Dörr, Bonn

ohne Ort und Datum

[...] Das Jahr ist nahe zu Ende, und ich habe Dir noch nicht einmal Dank gesagt für die hübschen Rauchgefäße, die unlängst so unerwartet hier anlangten, und für die vorsorgliche Proviantierung durch den ehrsamen H.V. das ganze Jahr hindurch, der vorigen Jahre nicht zu gedenken. Wie tut es doch so wohl, sich von einer Freundesliebe begleitet zu fühlen und dieselbe tagtäglich schmecken zu können, eine Liebe, die trotz der eigenen Sorgen auch der fremden weit umher gedenkt! Laß mich heute meine alte Unart einmal beiseitesetzen und herzlich Dank sagen nebst Absendung eines Wechsels auf die große, solide Firma, die auch des Trunkes Wasser nicht vergessen will, der einem Durstigen in Liebe gereicht worden ist [...]

F. W. Dörpfeld

Rauchgefäße: Pfeifen, die Dörr D. geschenkt hat. H.V. ist der Tabaklieferant, der D. auf Rechnung Dörrs regelmäßig mit Tabak versorgt hat.

374
An Wilhelm Dörr, Bonn

ohne Ort und Datum

Eine briefliche Nachricht Dörrs hat D. einen „traurigen Abend" bereitet. Trost in der Gewißheit, daß Gott zu seiner Zeit alles wohlmachen wird.

375
An Wilhelm Dörr, Bonn

ohne Ort und Datum

Trostzuspruch angesichts einer „bösen Pein", die Dörr wieder ergriffen habe, und Hinweis auf die Bibelstelle „Wenn ihr die Züchtigung erduldet, so erbietet sich euch Gott als Kindern".

376

An Wilhelm Dörr, Bonn

ohne Ort und Datum

Anfrage nach dem Ergehen, da D. eine Krankheit hindert, zu kommen. Er (D.) habe Muße, darüber nachzusinnen, wie es „aus einer Enge in die andere geht, um das Herz für die volle Weite und rechte Freiheit droben zu bereiten".

377

An Wilhelm Dörr, Bonn

ohne Ort und Datum

Freude über die Nachricht, daß Dörr seine Krankheit überstanden habe. D. sieht bestätigt, daß Gott Gebete erhört und „dem Elenden herrlich" hilft.

378

An Wilhelm Dörr, Bonn

ohne Ort und Datum

D. zitiert Luthers Wort „Wie Fürst Erich meiner gedenkt, so gedenkt unser Herr Christus seiner an seinem letzten Ende". Dies gelte auch dem Freund und seiner Familie zu einer Stunde, in der eine Labe notwendig sei.

379

An Friedrich August Finger, Frankfurt a.M.

ohne Ort und Datum

[. . .] Meine Schriften treten äußerlich durchaus ohne Prätension, so doch inhaltlich mit dem bestimmten Anspruch auf, in der Schulverfassung wie in der Didaktik in vielfachem Betracht andere, bessere Wege zeigen zu können, als die traditionelle Theorie bisher gelehrt hat. Sie sind demnach im eigentlichsten Sinne herausfordernd: sie begehren, daß der Rezensent sie entweder auf das entschiedenste bekämpfe oder aber unumwunden bezeuge, daß hier etwas Neues, Originales zu finden sei. Dieses Urteil eines entschiedenen pro oder contra habe ich bisher nicht erzielen können; die Rezensenten schlüpfen immer zwischen dem Entweder – Oder hindurch, sei es aus unbewußter Oberflächlichkeit, die nicht sieht, was zu sehen ist, oder aus bewußter Absicht, die ihre Hintergedanken in petto hält. Daß bei Schriften, die einen solchen Anspruch erheben, dieses unentschiedene Durchschlüpfen der Kritiker das schlimmste ist, was ihnen begegnen kann, liegt auf der Hand.

Dieses üble Begegnis erklärt sich nur zu einem Teil daraus, daß das pädagogische Denken (in Schulverfassungs- wie in Schularbeitsfragen) zu wenig selbständig ist, zu sehr in gewohnten Bahnen einhergeht, was auch nicht eher anders werden kann, bis den Schulmännern, die zu selbständigem Denken Gabe und Neigung haben, neben der pädagogischen Erfahrung und Geschichte auch eine sichere pädagogische Psychologie zu Gebote steht. Zum andern Teile erklärt es sich daraus, daß unser gesamtes geistiges Leben (in Politik, Kirche, Pädagogik usw.) seit 50 und noch mehr Jahren von einem falschen und überspannten Gegensatze gedrückt ist. Man kann denselben im ganzen und großen durch die Ausdrücke „konservativ und liberal" (fortschrittlich) bezeichnen. Das Falsche dieses Gegensatzes liegt darin, daß „konservieren" und „reformieren" zwei Funktionen sind, die unzertrennt beisammen bleiben müssen: denn es läßt sich das gute Alte nicht konservieren, wenn nicht das verkehrte Alte rechtzeitig reformiert wird; und es lassen sich keine Reformen praktisch recht in Gang bringen, wenn nicht konservierte feste Formen die Stetigkeit verbürgen. Es verhält sich damit gerade wie mit den beiden Beinen; sie müssen beisammen bleiben; das eine muß immer feststehen, wenn das andere fortschreiten soll, denn wenn beide zugleich schreiten wollen, so gibts's einen Rückenfall; und wenn beide zugleich konservativ sein wollen, so hört aller Fortschritt auf. Daß nun in unserm Volksleben zwei Hauptparteien entstanden sind, zunächst auf dem politischen Gebiet, sodann auf dem kirchlichen und in weiterer Folge auch auf dem pädagogischen, von denen die eine das Konservieren und die andere das Reformieren als Losung gewählt hat, mag historisch erklärlich genug sein (aus dem Schlendrian der regierenden oder autoritativen Glieder), ist aber eben ein nationales Unglück. Einmal gehört jetzt eine große Kraftanstrengung dazu, wenn ein einzelner sich von dem Banne der Parteien frei erhalten will. Sodann ist jede Partei selbstsüchtig, eifersüchtig und darum parteiisch; eine geistige Leistung, die von der einen Seite her kommt, wird auf der Gegenseite selten oder nie nach Gebühr gewürdigt, wogegen eine Leistung eines Parteigenossen über Gebühr honoriert und ausposaunt wird. Und drittens: wenn einer, der sich von beiden Einseitigkeiten frei zu erhalten gesucht hat, mit einer Arbeit hervortritt, so benehmen sich beide Parteien gegen ihn kalt oder mißtrauisch, und da er anfänglich stets isoliert ist, so muß er zusehen, wie er sich mit eigner Kraft durchschlägt. Das letztere ist im wesentlichen mein Fall gewesen. Dazu kommt aber noch eine besondere Ungunst. Ich habe nämlich offensichtlich und mit Absicht doch nach der konservativen Seite hin Fühlung zu halten gesucht, einmal, weil meine positiv-christliche Lebensanschauung dort mehr Verwandtschaft fand und sodann, weil der ethisch-religiöse Indifferentismus, um nicht zu sagen Leichtsinn, auf der liberalistischen Seite mir widerwärtig war. Das vermehrte aber nur die Mißlichkeit meiner Lage; denn die liberalistische Partei betrachtete mich nun umsomehr als einen Fremden, selbst in der Schulverfassungsfrage, wo ich doch entschieden liberale Grundsätze vertrat; ein Wiener Schulblatt gab sogar einmal zu verstehen, daß die liberalen Grundsätze mir vielleicht gar nicht ernst wären und hinter denselben ein verkappter Jesuitismus lauere! Die konservative Partei (auf pädagogischem Gebiete die Regulativpartei samt der positiv gerichteten Geistlichkeit) zeigte aber ebensowenig Lust, meine Gedanken propagieren zu helfen. Zunächst war es meine Theorie der Schulverfassung, die dort Anstoß gab, namentlich bei der Geistlichkeit. Sodann wurden meine didaktischen Forderungen im Real-Unterricht als lästig empfunden. Zu meiner Forderung, daß das mündliche Lehrwort im biblischen Geschichtsunterricht durchaus frei gegeben werden müßte, wollte sich kein einziger preußischer Seminardirektor und Schulrat bekennen. Zehn Jahre lang habe ich mich mit ihnen herumschlagen müssen, und erst als in den „Allgemeinen Bestimmungen” meine Forderungen in dieser Beziehung Recht erhalten hatten, schwieg der Widerspruch. Natürlich ahnt die Geistlichkeit oder weiß es vielmehr, daß ich auch mit den Allgemeinen Bestimmungen noch nicht zufrieden bin, namentlich im Katechismusunterricht, wo jenes Reglement den hergebrachten Usus unbesehens oder nachgiebig beibehalten hat, und daß daher auch diese sinnlose Lernerei einmal vor die Schranken der Kritik gefordert werden wird.

Ganz besonders wurde es auf jener Seite befremdlich gefunden und übel vermerkt, daß das Evangelische Schulblatt den Regulativen auch beim Realunterricht entgegentrat und einen selbständigen Realunterricht verlangte. Obwohl auch hier die Allgemeinen Bestimmungen in meinem Sinne entschieden haben, so ist man im konservativen Lager doch noch nicht beruhigt, natürlich, weil man die beiden Grundsätze von der qualitativen Vollständigkeit und von dem quantitativen Maßhalten nicht miteinander zu vereinigen vermag und überhaupt keine Theorie des Lehrplans besitzt (gerade wie auf liberalistischer Seite).

Da sehen Sie, unter welchem Drucke meine literarische Arbeit sich hat abmühen müssen. Was es heißt, auf eigene Faust sich durchschlagen und dabei nach rechts und links sich wehren und mit dem Wellen- und Windstrom zugleich kämpfen zu müssen, das habe ich erfahren. Daß einem dabei zuweilen der Atem ausgehen und man vor der Zeit müde werden kann, wird Ihnen verständlich sein.

Und doch habe ich Ihnen die Widrigkeiten nicht alle genannt. Ein Hauptwiderpart ist noch nicht erwähnt: die preußische Schulbureaukratie. Ich denke dabei vornehmlich an die mittleren Instanzen der administrierenden Schulbeamtenschaft, an die Regierungs-Schulräte und die Kreis-Schulinspektoren, jedoch mit Hinzurechnung der Seminardirektoren, die, weil sie häufig auf Schulratsstellen aspirieren, mehr nach den regierenden als nach den „dienenden" Schularbeiten gravitieren. Die Zentral-Instanz (Ministerium), wenigstens die jetzige, nehme ich nicht ohne weiteres in Anspruch, da sie andererseits über das Detail des Schuldienstes nicht genügend unterrichtet sein kann. Zur Charakteristik jener mittleren Instanzen gehört, daß die betreffenden Personen in der Regel sog. „studierte" Leute sind, meistens Theologen, aber aus irgend einem Grunde es vorgezogen haben, in der Volksschulbranche ihre Karriere zu machen. Es gibt darunter allerdings manche ehrenwerte Männer; das Gros aber besteht durchweg aus solchen „Studierten", die im Grunde wenig gelernt haben, aber doch gern regieren wollen, und, weil sie das unter ihresgleichen nicht beanspruchen dürfen, die subalternen Volksschullehrer zu regieren sich anbieten.

Woran es aber den Schulmännern fehlt, das ist der Blick fürs Leben und seine organischen Zusammenhänge und damit auch für die Bedürfnisse und Aufgaben einer gesunden Schulgesetzgebung [. . .]

[F. W. Dörpfeld]

Der hieran anschließende Text, wie er bei Trü 219–227 abgedruckt ist, entspricht im Wortlaut Brief 138 (bei Trü 188–195), so daß hier auf den abermaligen Abdruck verzichtet wird.

380
An Jakob Hülsmann, Duisburg

ohne Ort und Datum

[. . .] Daß Sie in Ihrem letzten Brief das Schreiben von Herrn L[andfermann] beigelegt hatten, war mir sehr angenehm; noch mehr hat es mich gefreut, daß Sie es getrost taten. Den Raben kitzelte solch Lob und Schmeicheln, und dieweil er den Schnabel auftat, entfiel ihm der Käse, heißt es in der bekannten Lutherschen Fabel. Glücklicherweise ist mir's so schlimm nicht ergangen, wenngleich mein „alter Adam" für Lobeskitzel empfänglich genug ist. Ich habe den Schnabel fein zugehalten. Herr L[andfermann] ist ein sehr einsichtiger Mann, doch scheint er nicht zu wissen, daß wir Schulmänner zu wenig an Lobeswein gewöhnt sind, als daß so starke Gabe uns gesund sein könnte. Doch ich darf darüber nichts mehr sagen, damit ich nicht hinterdrein noch Schaden nehmen. Für etwaigen Tadel gelte ein für allemal zwischen uns das Wort Davids, Psalm 141, 5. Tadeln Sie also auch immer getrost; die Ehre gilt mir etwas [. . .]

[F. W. Dörpfeld]

Provinzialschulrat Landfermann lobte mehrfach D.s Tätigkeit (Ca 160). – Psalm 141, 5: Der Gerechte schlage mich freundlich und strafe mich; das wird mir so wohltun wie Balsam auf meinem Haupt. Denn ich bete stets, daß sie mir nicht Schaden tun.

381
An unbekannt

ohne Ort und Datum

Liebe trauernde Hausmutter. Liebe trauernde Kinder.

Soeben geht mir die Schmerzensnachricht von dem Heimgange meines geliebten Freundes zu. Ach, wie hat der plötzliche Schlag mein Herz getroffen! Er kam so gar unvorbereitet, da ich von einem Kranksein nichts gehört hatte. Und wie wird Ihnen, seinen Nächstgeliebten, erst zumute sein!

Ich kann nicht anders, ich muß Ihnen sofort schon ein paar Zeilen senden und meinem trauernden Herzen etwas Luft machen.

Wieviel habe ich in dem Heimgegangenen, in dieser lieben treuen, lauteren, selbstlosen Nathanaelsseele verloren! Wie hat er mir ein Vierteljahrhundert hindurch und darüber so treu zur Seite gestanden, mit Aufmunterung und Trost und Rat und Warnung, je nachdem ich's bedurfte und vor allem mit seinem Gebet. Er verstand mich wie wenige. Von keinem meiner zahlreichen Freunde sind mir so viele Briefe zugegangen, als von ihm. Und sie waren mir immer wert und teuer, und es war mir stets ein froher Tag, wenn wieder ein Brief von ihm ankam. Wie treu hat er mit seinem Pfunde gewuchert im Amte, in seiner Umgebung, im Freundeskreise, im Evang. Lehrerverein und noch weiterhin! Was für etwas Großes und Seltenes ist es doch um die Treue, die Lauterkeit und Selbstlosigkeit, wie auch der Apostel Paulus einmal in einem Stoßseufzer von seinem Timotheus sagt: „Ich habe keinen, der so meines Sinnes ist, sie suchen alle das Ihre, nicht das Christi Jesu ist." Ach, wenn in unserm Lehrerstande, ich will nicht sagen Mann für Mann, sondern wenn auch nur der Kern unseres Standes so gesinnt gewesen wäre und so unermüdlich rührig und tapfer wie mein lieber Nathanael J.H. es war: wie gesegnet und geachtet würden dann die Volksschule und ihre Lehrer dastehen. Wieviel er gewirkt hat in der treuen Anwendung seiner Gaben, nah und fern, das weiß freilich die Welt nicht, da er still und unscheinbar hindurchging und in ihr nur das Augenfällige Geltung hat; aber der, welcher ins Verborgene siehet, der weiß es und „wird es ihm vergelten öffentlich".

Wie gern hätte ich meinem lieben Nathanael, der mir auf meinem Lebenswege so viele treue Liebe bewiesen, vor seinem Scheiden noch einmal die Hand gedrückt, um ihm für seine lautere Jonathans-Freundschaft und für alle seine Sorge um mich noch einmal aus tiefstem Grunde zu danken und ihm zu sagen, wie innig ich ihn geliebt und wie hoch ich ihn geschätzt und geachtet habe. Ach, nun ist mir das nicht vergönnt gewesen. So will ich mich denn darauf freuen, es ihm dereinst sagen zu können, wenn wir uns durch Gottes Gnade wiedersehen in der himmlischen Bleibstatt, wo kein Sterben und Scheiden mehr sein wird [. . .]

[F. W. Dörpfeld]

Vielleicht an die Witwe von Johannes Hagemann in Duisburg.

382

An Georg Klingenburg, Ikten

ohne Ort und Datum

[. . .] Unser Volk hat einmal in Sachen der Erziehung fast gar keine Einsicht, nicht mal eine Meinung. Diese Lutherworte können aber da gute Dienste tun. Auf einem Boden, in den solche Worte gesäet sind, kann ein Lehrer ganz andere Ernten erwarten, als wir seither gehalten haben [. . .]

[F. W. Dörpfeld]

Anspielung auf den von D. 1851 herausgegebenen „Katechismus für Väter und Mütter" mit Worten Luthers.

383

An Georg Klingenburg, Ikten

ohne Ort und Datum

Sorge um rechtzeitige Druckvorbereitung eines Aufsatzes und Gemütsbeunruhigung, weil „öffentliche, obrigkeitliche Zustände scharf kritisiert werden müssen", haben eine Arbeit erschwert. D. hätte gern Klingenburg für einige Tage als Hilfe herbeigewünscht.

Vermutlich um 1880/1881, als D. seine Aufsatzreihe gegen die Puttkamer-Rede schrieb.

384

An Moritz Müller, Pforzheim

ohne Ort und Datum

[. . .] eine Anzahl Ex[emplare] zu ermäßigtem Preise angeboten war, der aber über dieses Anerbieten nicht schlüssig werden konnte. Zu Pfingsten wird die neue Auflage da sein, und dann werden Sie auch Ihre zwei bestellten Ex[emplare] bekommen. Da dieselben als Geschenke von Ihrer Hand an die Ortsschulen bestimmt sind, so darf ich sie Ihnen nicht gratis anbieten; ich werde Ihnen aber von den zu meiner Disposition stehenden ein halbes Dutzend zusenden, die Sie nach Gutdünken verwenden können, falls Ihnen diese Kolportage noch Freude macht.

5. In einem früheren Briefe berührten Sie Ihre Stellung zur herbartischen Philosophie und legten eine Rezension Ulricis über Volksmanns Lehrbuch der Psychologie bei. Da ich diese Beilage zurücksenden muß, so will ich bei dieser Gelegenheit ein paar Bemerkungen über Herbart beifügen. Dieselben sind aber nicht als Disput gemeint, sondern wie oben die Bemerkungen über die Simultanschule lediglich zu Ihrer Orientierung über meinen Standpunkt. Eine solche Orientierung ist meines Erachtens bei einem Disput ebenso nötig wie das voraufgehende Stimmen der Instrumente bei einem Konzert.

Vorab ein Wort über Herbart als Pädagogen.

Herbarts pädag[ogische] Gedanken sind, wie das bei ihrem allgemeinen Charakter nicht anders sein kann, keine fertige Münze, sondern Goldbarren, die erst einer mehrfachen Bearbeitung bedürfen, bevor sie in der Praxis, die in den verschiedenen Schularten und andern Erziehungsstellen mancherlei Modifikationen fordert, verwendbar ist. Bei dieser Bearbeitung ist es aber vielfach geschehen, daß man H[erbart]s Gedanken und Ausdrücke zu steif kopiert oder mit andern Worten: zu wenig eine Vermittlung und Verständigung mit der landläufigen päd[agogischen] Theorie angestrebt hat. Dies ist namentlich bei dem fleißigsten und verdientesten Bearbeiter der herbart[ischen] Pädagogik, bei Ziller, der Fall gewesen; doch würde es auch hier immer noch nicht zu einem Hindernis der Vorbereitung geworden sein, wenn nicht Zillers Schüler sich wieder allzu steif an seine Ausdrücke und Formen angeklammert hätten. War das auf der einen Seite auch löbliche Treue und Pietät, so doch auf der andern Seite auch Steifigkeit und Schwerfälligkeit. Das hat nun zur Folge gehabt, daß sich zwischen die landläufige und die herbartische Ansicht allerhand Mißverständnisse eingedrängt haben, die der gegenseitigen Verständigung im Wege stehen. Die Hauptschuld fällt hier freilich auf die Denkfaulheit der couranten Praxis, die sich nicht die Mühe geben mag, selbst genau zuzusehen, sondern gedankenlos nachspricht, wenn irgendeiner aus Mißverständnis dies und das an Herbart oder Ziller kritisiert. Aber, wie gesagt, die Herbartianer sind auch zu wenig auf ein Entgegenkommen, auf Vermittlung bedacht gewesen.

Ich an meinem Teile habe mich dagegen mit Fleiß bemüht, in meinen literar[ischen] Arbeiten stets die courante pädag[ogische] Sprache zu reden, also auch neue, herbartische oder Zillersche Gedanken in gemeinverständliche Ausdrücke zu kleiden, ja mir jeweilig noch größere Freiheit erlaubt. Die guten Folgen dieser Taktik brauche ich nicht zu nennen.

An die Wegräumung der Mißverständnisse und dergleichen, die sich Ziller, Rein usw. sozusagen selber geschaffen hatten, hatte ich dagegen bisher noch nicht die Hand gelegt. (Diese Mißverständnisse drehen sich besonders um die verschiedenen Durcharbeitungsoperationen beim einzelnen Pensum.) Mich belustigte eigentlich die Gedankenlosigkeit der landläufigen Praxis, die nicht sehen konnte, daß sie das, was Ziller (unter schwerfälligen Namen) forderte, bereits in mehreren Fächern im wesentlichen selber schon längst übte, auch nicht wußte oder nicht bedachte, daß jene Forderungen im Grunde nicht einmal etwas spezifisch Herbartisches sind, sondern sich schon bei älteren, ja sehr alten Didaktikern finden, nur nicht so deutlich ausgeprägt und dazu unter andern Namen und daß sie eben von der landläufigen Praxis nicht genau und nicht in allen Fächern ausgeführt worden sind.

Zum andern schwieg ich auch deshalb, um die Gedankenlosigkeit noch recht sich auskramen zu lassen.

Jüngst habe ich nun auch diese Mißverständnisse unter die Feder genommen und ihnen [. . .]

[F. W. Dörpfeld]

S. 13–16 eines unvollständig erhaltenen Briefes. Im Umschlag mit der Aufschrift von der Hand G. von Rohdens: „Aus einem Brief an Moritz Müller über Herbarts Philosophie, Herbartianer und Philosophie – K[onze]pt (Begriff der Phil[os]ophie). Anhang oder Wissenschaftsteil." Vielleicht für GesSchr VI vorgesehen, wo sich S. 146 ff als Anhang ein Briefauszug „Noch einiges über herbartische Philosophie" befindet. Es ist denkbar, jedoch nicht nachzuweisen, daß der vorliegende Schriftsatz mit dem dort abgedruckten Brief an einen Schulfreund zusammenhängt.

385
An Ernst von Sallwürk

ohne Ort und Datum

[. . .] Im übrigen ist, wie Sie wissen, mein ceterum censeo: Der herbartischen Philosophie geht es, wie es auch dem Christentum gegangen ist und noch geht; sie hat eifrige „Bekenner", strenge Dogmatiker, rüstige Apologeten, aber nicht viele „Nachfolger" und noch wenigere „Evangelisten". Evangelisieren heißt, die Wahrheit als eine frohe Botschaft verkündigen, wozu dann auch gehört, daß einer es verstehe, die notierte Melodie in einer andern Tonart zu singen oder, wie ein alter Meister dieses Faches sagt, „seine Stimme zu wandeln" und auch den Mut habe, es zu wagen, auf die Gefahr hin, von den orthodoxen Bekennern für einen Ketzer ausgescholten zu werden. Auch einer Philosophie schaden Konfessionalismus und Schulgerechtigkeit mehr als ihre Gegner [. . .]

[F. W. Dörpfeld]

E. v. Sallwürk hat sich mehrfach mit „Herbart und seinen Jüngern" (1880) und der „pädagogischen Schule Herbarts" (1885) auseinandergesetzt und „Das Ende der Zillerschen Schule" (1904) proklamiert. Über ihn zusammenfassend: A. Rach, Biographien zur deutschen Erziehungsgeschichte, Weinheim/Berlin 1968, S. 232 f.

386
An Ernst von Sallwürk

ohne Ort und Datum

[. . .] R[ein] schrieb mir unlängst, Sie gingen mit dem Gedanken um, aus dem Verein zu scheiden. Ich mahne aufs dringlichste: desertieren Sie nicht! Wohin wollen Sie denn flüchten? Wo gibt's denn sonst irgendeine Stelle, wo Herbarts Fahne emporgehalten wird? Wollten Sie etwa einen zweiten herbartischen Verein gründen? Versprengte, Unzufriedene und dgl. würden sich ja wohl in ziemlicher Zahl herzufinden; aber in meinen Augen wäre ein zweiter Verein ein zwiefaches Unglück. Da wäre es besser, daß beide Vereine sich begraben ließen, bis ein neues Geschlecht aufkommt, welcher ohne Zanken an Herbarts reich besetztem Tische sich nähren kann. Oder wollen Sie in die pädagogische „Wüste" hinauslaufen, um Einsiedler zu werden, oder auf den pädagogischen Markt? Das erste würde Ihnen bald leid werden, und zu dem letzteren könnte ich nicht gratulieren. Ich empfehle Ihnen meine Praxis: Aushalten, im eigenen Sinne stille und fleißig fortarbeiten, andere in ihrem Sinne und ihrer Weise tragen und sich an ihrem rüstigen Schaffen erfreuen, auch wenn es nicht dem eigenen Ideale entspricht. So dient man der Sache, den andern und namentlich auch sich selber am besten. Offenbar befindet sich Herbarts Pädagogik auf deutschem Boden im Avancieren, sogar sehr stark. Darum ist hoch zu wünschen, daß besonnene Männer mit an der Spitze bleiben [. . .]

[F. W. Dörpfeld]

E. v. Sallwürk beabsichtigte, dem Verein für wissenschaftliche Pädagogik den Rücken zu kehren. D. warnt den „kritischen Herbartianer" (A. Rach), ein Einzelgänger zu werden oder einen neuen Verein zu gründen.

387
An Heinrich Witt, Glückstadt

ohne Ort und Datum

[. . .] Was da draußen geschieht, sei es auf dem pädagogischen Gebiet oder dem kirchlichen oder dem politischen, beunruhigt und drückt mich nicht sehr, selbst dann nicht, wenn es mir arg contre coeur geht oder gar in der Form literarischer Kritik an die eigene Haut kommt. Ich habe wider solchen Druck ein altes, bewährtes Mittel, den Rat des Philosophen Spinoza, der sonst nicht mein Vertrauensmann ist: Non ridere, non lugere, neque detestari, sed intelligere.[1)] Natürlich benutze ich als Christ zum intelligere auch die Mittel (Heilige Schrift usw.), welche Spinoza nicht kannte. In der Tat ist es eigentlich nur eine einzige Erfahrung von draußen her, die mich beunruhigt, ja stark bedrückt und bekümmert, nämlich deshalb, weil sie mir eben ganz und gar unverständlich ist. Das intelligere will mir schlechterdings hier nicht gelingen. Was ich meine, ist etwas in dem Verhalten der christlichen Brüder, namentlich in der Kollegenschaft, jedoch weniger in der heimischen am Niederrhein. Den Jüngern Christi ist doch befohlen, ihrem Herrn neue Jünger zu werben. Wie tun sie das nun in der Regel, wenn sie sich wirklich darum bemühen? Einfach so, daß sie ihre gelernte christliche Lektion hersagen, wie sie dieselbe eingelernt haben, sei es in der Form des Katechismus oder in der Redeweise der Heiligen Schrift. Wenn das nun nicht verfängt, so tröstet man sich damit, die Welt sei eben dem Unglauben verfallen, namentlich die Schulmeisterwelt. Zu denken, daß man möglicherweise selber an dem mangelhaften Erfolge schuld sein könne und daß die Kritik zunächst am Hause Gottes beginnen müsse, wie der Apostel sagt, das fällt ihnen nicht von weitem ein. Sie haben ja „die Salbung und wissen alles", wie könnte da bei ihnen etwas fehlen? !

Mittlerweile ist die römische Kirche stärker und stärker geworden, in Deutschland so stark, wie sie niemals gewesen seit den Tagen der Reformation. Ein Missionieren von seiten der evangelischen Kirche in die katholische hinein liegt schon längst nicht mehr im Bereiche der Möglichkeit. Das steht als Tatsache klar vor Augen; indessen man tröstet sich: Rom sei eben dem Unglauben usw. verfallen. Mittlerweile hat ferner innerhalb der evangelischen Kirche die weitaus größte Mehrzahl der Gebildeten und Gelehrten dem Christentum den Rücken gekehrt, sei es in Gleichgültigkeit oder in offener Gegnerschaft. Diese Tatsache steht ebenfalls klar vor Augen – schon seit einem vollen Jahrhundert. Indessen, man weiß sich wieder zu trösten: das ist der Unglaube des Bildungshochmuts. So glaubt man sich denn auch hier absolviert. Mittlerweile fällt nun auch die Masse des „einfältigen Volkes" ab; die sozialistische Demokratie, welche Gott und Moral über Bord wirft, wächst von Tag zu Tage mit Tausenden. Das steht ebenfalls vor Augen. Aber auch da hat man einen Trost in Bereitschaft: das ist der Antichrist oder sonst irgend ein Ungetüm, das sich als Sündenbock gebrauchen läßt, um sich selber die Absolution zusprechen zu können. So bleibt denn die ehrwürdige christliche Brüderschaft vom Orden der Selbstgenügsamkeit nach wie vor dabei stehen: missionieren heiße nicht anderes, als die eingelernte Lektion „einfältig" hersagen. Daß es einen Apostel gegeben hat, den die Liebe Christi also drang, daß er die Frage von der rechten Methode des Missionierens für eine große Frage hielt, der da sagte: „Ach, daß ich meine Stimme wandeln könnte" und: „Ich bin geworden den Juden ein Jude und den Griechen ein Grieche, auf daß ich ihrer etliche gewinne" und noch vieles andere, was zur Methodenfrage gehört und daß gerade dieser Apostel es gewesen ist, der mehr gearbeitet hat als die andern alle, das bekümmert die selbstgenügliche Brüderschaft nicht, gerade wie auch jener dreifache Abfall sie nicht bekümmert, der doch ihre eigenen Versäumnisse zu Tage bringt.

Aber nicht genug, daß sie die handgreiflich zutageliegende eigene Impotenz nicht sehen, daß sie nicht merken, wie das christliche Salz anfängt, „dumm" zu werden. Wenn andere da sind, welche die Liebe Christi dringt, nach Mitteln und Wegen sich umzusehen, wie jenem dreifachen Abfall gewehrt werden kann, wenn sie zu dem Ende endlich die Heilige Schrift studieren und die Kirchengeschichte und daneben weiter die Psychologie und die philosophische Ethik und die Pädagogik in allen ihren Verzweigungen und die Schulverfassungsfrage usw. und nun das Gefundene in praktischer Gestalt durch Wort und Schrift zum gemeinen Gebrauche darbieten: wie denken dann jene selbstgenüglichen Brüder über solche Bemühungen? Bestenfalls sehen sie darin allerhand Liebhabereien; bei minder günstiger Beurteilung muß die Beschäftigung mit der Philosophie schon halber Abfall bleiben und das Bemühen um die rechte, fruchtbare Lehrmethode eitel „Methodenreiterei"; werden ihnen aber praktische Vorschläge dargeboten, welche stark aus dem gewohnten Gleise gehen, zumal in der Schulverfassungsfrage, dann muß der arme Proponent sich wohl gar als Sozialdemokrat und Vorarbeiter des Antichristentums verschreien lassen, wie ich denn einen kenne, der alles das erlebt hat. Daß ein Mann solchen Beschäftigungen und Bemühungen sich hingebe zuerst und zuoberst in der Absicht, dem Reiche Gottes Bahn machen zu helfen, der Gedanke fällt ihnen gar nicht ein. Freilich, wenn er sich herbeiließe, ausdrücklich zu sagen, daß das Missionieren sein oberster Zweck sei und zugleich klarzustellen, wie jedes seiner verschiedenen Tätigkeitsgebiete mit diesem obersten Zwecke zusammenhänge, so möchten sie es vielleicht einsehen. Allein wie soll er das anfangen? Ein Stratege, der seinen Feldzugsplan vorher publizieren wollte, der täte ja besser, gar keinen zu machen und lieber aufs Gratewohl wider den Feind zu ziehen. So ist also jenen Kurzsichtigen nicht zu helfen.

So steht's. Die eigene Impotenz zum Missionieren erkennen die Selbstgenüglichen nicht; und wo jemand auftritt, der gern sich und andern aus dieser Impotenz heraushelfen möchte, da muß er sich verkennen und verdächtigen lassen und seinen einsamen Weg allein fortsetzen.

Da sehen Sie, was mich beunruhigt und bekümmert. Ich sagte eben: es drücke mich deshalb, weil es mir nicht verständlich sei. Das will heißen: ich verstehe diese Selbstgenüglichen und Selbstsicheren nicht, weil sie sich Christen nennen, evangelische Christen. Das erste und oberste Kennzeichen eines evangelischen Christen ist doch das, was die erste These des ersten Lutheraners hervorhebt wider Rom und die Welt: stete, unaufhörliche Buße, d.h. doch stetiges, unaufhörliches Reformieren der eigenen Persönlichkeit rundum, also auch stetiges, unaufhörliches Neu- und Umlernen in der ganzen Runde. Wie nun jemand ein evangelischer Christ sein kann und dennoch glaubt, der Buße, des Reformierens und Neulernens nicht zu bedürfen, das ist mir eben unverständlich. Ich verstehe es nur dann, wenn man annehmen darf, das Salz sei am „dumm"-werden. Das eine ist aber so bedrückend wie das andere.

Unlängst traf ich mit einem mir bereits bekannten rheinischen Pfarrer zusammen. Er brachte das Gespräch auf das Verhältnis der evangelischen zur römisch-katholischen Kirche. Es war ein verständiger Mann, und er hatte über diese Frage bereits reiflich nachgedacht. Ohne besondere Beisteuer meinerseits entwickelte er klar und erschöpfend, daß die katholische Kirche für uns völlig unzugänglich und unangreifbar sei und daher ein Missionieren von unserer Seite dort hinein unmöglich sei. Von meinem Standpunkte vermißte ich in der Beweisführung noch manches; das tut aber hier nichts zur Sache, denn der Mann war ohnehin überzeugt. Ich bemerkte: für die neuere Kriegskunst und ihre Angriffsmittel gelte keine Festung, wie stark sie sei, für absolut uneinnehmbar. Wenn es nun auf dem geistigen Gebiete für die evangelische Mission eine anscheinend völlig unangreifbare Stelle gäbe, und zwar inmitten der Christenheit selbst, dann müsse man doch schließen, daß die evangelische Kirche die ihr anvertraute Wahrheit nicht völlig ausgenutzt habe, mit andern Worten: daß auf unserer Seite eine gewisse Impotenz vorhanden sei und zwar durch eigene Schuld. Der Pfarrer stutzte ob dieser Wendung der Diskussion. Wie geläufig ihm der Vordersatz war, so hatte er doch das darin liegende Zeugnis wider die eigene Kirche nie an sich kommen lassen. Natürlich, es ist ja die Kirche der Reformation, wie kann dieselbe dann der stetigen, unaufhörlichen Reform bedürfen? Ich wollte dem Mann Zeit lassen, mit dem neuen Gedanken in Ruhe sich zu beschäftigen und lenkte darum das Gespräch auf andere Dinge [. . .]

[1])Nicht verlachen, nicht beklagen, auch nicht verwünschen, sondern verstehen.

[F. W. Dörpfeld]

Zur „ersten These des ersten Lutheraners" siehe Brief 398. „Das Salz sei am ‚dumm'-werden": Bezugnahme auf Matthäus, 5,13: Ihr seid das Salz der Erde. Wo nun das Salz dumm wird, womit soll man salzen (= womit soll man die Erde salzen?).

388

An unbekannt

ohne Ort und Datum

[. . .] Bei mir erwachte das Interesse für Schulverfassungsfragen schon sehr früh. Das Sensorium, zu horchen und zu denken, erwachte in meinem Kopfe bei den verschiedenen Gebieten, Didaktik und Sozialistik, Religion und Philosophie, sozusagen fast gleichzeitig, aus einer Wurzel, wie ich denn schon als 13jähriger Junge mit gespitzten Ohren in der großväterlichen Stube den dort geführten philosophischen Disputationen zuhörte. So war mir z.B. schon vor der Seminarzeit vollständig klar, was man leider heute noch Tausenden von Lehrern, Seminardirektoren und Schuloberen erst demonstrieren muß, daß jede mehrklassige Schule einen Dirigenten haben muß, und zwar nicht bloß dies klar, daß das um der Schule willen nötig ist, sondern auch das andere, daß in dem Fehlen dieses Amtes eine schwere Erniedrigung für den Lehrerstand steckt. Ich würde mich auch vor mir selber schämen, wenn ich das mit 17 Jahren noch nicht hätte begreifen können, auch ohne daß mich jemand darauf aufmerksam gemacht hätte. Ebenso ist bei mir schon frühzeitig die Antipathie gegen große Schulkasernen erwacht [...]

[F. W. Dörpfeld]

D. spielt u.a. auf seine 1878 veröffentlichte Abhandlung über „die vier- oder achtklassige Schule" an.

389

An unbekannt (wahrscheinlich J. Trüper)

ohne Ort und Datum

[...] Die Hoffnungen der Lehrer (in Preußen) auf eine Schulverfassungsreform, soweit es sich um die Emanzipation ihres Standes handelt, können schlafen, vielleicht für ein Vierteljahrhundert, denn sie ruhen seit 1868/69 in den Händen des Papstes, und gerade die sog. liberalen deutschen Schulmänner haben nach Kräften dazu mitgewirkt, diese traurige Lage der Dinge herbeizuführen.

Die Zentrumsfraktion im preußischen Landtage ist nicht, wie Sie annehmen, durch den sog. Kulturkampf (resp. durch das Ministerium Falk) entstanden, d.h. zu ihrer jetzigen Ausdehnung und Macht gelangt. Bismarck selbst hat das jüngst im Reichstage gesagt. Den eigentlichen Grund hat er jedoch nicht angegeben; ob er ihn nicht kannte oder aber ihn nicht sagen wollte, weiß ich nicht. Der eigentliche Grund liegt nämlich nicht in den politischen Veränderungen von 1866, denn mit solchen hochpolitischen Gedanken und vagen Befürchtungen hätten die ultramontanen Agitatoren den gemeinen Mann nicht aufregen können, wie denn die Zentrumsfraktion aus Anno 1866 auch noch wenig zahlreich war. Der riesige Zuwachs kam erst 1869/70. Wodurch? Infolge der neuen Schulgesetze in Baden und Österreich fühlten sich die politischen und pädagogischen Simultanisten im übrigen Deutschland ermutigt, nunmehr auch hier die Simultanschul-Fahne offen zu entfalten und hoch flattern zu lassen. Damit war denn den ultramontanen Agitatoren das willkommenste Gesetzmittel, das sich denken läßt, in die Hände gegeben, da das obligatorische Simultanisieren eine Maßregel ist, die in das allernatürlichste Recht des Familienvaters eingreift und sonach sein tiefstes Gefühl verletzt. Die Aufregung des katholischen Volkes machte sich denn auch in den Wahlen Luft, die Zentrumspartei erschien in voller Zahl auf dem Plan.

Zur Zeit des Kulturkampfes mußte sie freilich in der Gesetzgebung unterliegen, weil nicht bloß die Nationalliberalen, sondern auch die Fortschrittspartei und der größere Teil der Konservativen für die Vorlagen Falks stimmten. Hätte damals Falk den Lehrerstand emanzipieren wollen, so würde er das leicht haben ausführen können auf dem Verwaltungswege; denn die Einführung des Hauptlehreramtes und die Abschaffung der technischen Lokalinspektion kostete kein Geld, und das Geld für die selbständigen Kreisinspektoren würde ihm angesichts der französischen Milliarden ohne Zweifel bewilligt worden sein. Für die Hebung und Freimachung des Lehrerstandes fehlten aber ihm und seinen politischen Parteifreunden der Blick, auch das Herz, stattdessen wurden Zeit und Kraft in der Simultanisierungs-Liebhaberei vergeudet.

Wie stehen die Dinge jetzt? Gesetzt, es käme einmal ein Minister, der die Schulreform im Sinne der Lehrerwünsche in die Hand nehmen wollte, so würden das Zentrum und die Konservativen vereint ihn totstimmen, sie haben die Majorität. – Was nun? Daß die Zentrumspartei sich vermindern werde, daran ist auf lange Zeit nicht zu denken; und die konservative Partei wird eher stärker als schwächer werden, da dies vernunftlose Gebaren der „Freisinnigen" in den nationalen Fragen teils den Konservativen zugutekommen muß. Kurz, für die nächsten 25 Jahre sind die Standeswünsche der Lehrer in Preußen begraben. Und wer hat ihnen das Grab gegraben? Die liberalen Schulmeister und Politiker, welche durch ihren Simultan-Fanatismus im Jahre 1869/70 die große Zentrumspartei ins Leben gerufen haben. Diese Tölpelei hat das Schicksal der Lehrerwünsche in die Hände des Papstes gespielt. Leider sind diese Tölpel selbst heute noch nicht klug! Wenn die Lehrer in den übrigen deutschen Staaten glauben, die Lage der Dinge in Preußen brauche sie nicht zu bekümmern, so sind sie stark im Irrtum. Die Bremer Landschulen bekommen vielleicht jetzt schon den Vorgeschmack davon [. . .]

[F. W. Dörpfeld]

Aus dem vorhergehenden Text, vor allem dessen letztem Satz, läßt sich schließen, daß der Brief an J. Trüper gerichtet ist.

390

An unbekannt

ohne Ort und Datum

[. . .] Es freut mich, Ihnen mitteilen zu können, daß der hiesige Schulvorstand auf meinen Vorschlag, Ihnen zu seiner Zeit die dritte Klasse unserer Schule zu übertragen, bereitwillig eingegangen ist. Über die äußeren Verhältnisse der Stelle kann Ihnen ohne Zweifel Herr N. alle nötige Auskunft geben. Möge denn Ihr dereinstiges Leben und Wirken unter uns für alle Teile recht gesegnet und erfreulich sein.

Gestatten Sie mir nun auch mit ein paar Worten meine Gedanken darüber zu sagen, unter welchen Hauptbedingungen nach meiner Anschauung das Wirken und Leben eines Lehrers, sei er Haupt- oder Hilfslehrer, sich freuden- und segensreich gestalten kann. Sie reduzieren sich in meinem Urteil auf drei Stücke.

1. Einem angehenden Lehrer, der irgendeine sogenannte Durchgangsstelle übernimmt, begegnet es leicht, daß nicht nur die äußere Stellung, sondern auch seine Arbeit ihm unter diesen Gesichtspunkt gerät, will sagen: daß er mit seinen Arbeiten nicht eng genug verwächst oder aber sie mehr in dem Sinne tut, eine gute Zukunft sich zu erwerben, als aus innerer Berufsfreudigkeit. Das ist nicht gut. Den Kindern geht in allen Fällen der Segen verloren, auf den sie doch ein Recht haben; auch der Lehrer tut sich Abbruch, selbst wenn er den zunächst erstrebten Vorteil erlangen sollte. Treue Arbeit und uneigennützige Sorge für andere, ohne an die Zukunft zu denken, ist der beste und sicherste Weg, für die Zukunft zu sorgen. Es ist schwer zu glauben und noch schwerer zu tun. Ich erinnere mich noch wohl, daß ich zu seiner Zeit darüber gestutzt habe, als mir mein Prinzipal einmal etwas Ähnliches sagte; ich habe es zwar nicht von mir gestoßen, aber ich glaube doch, daß eine geraume Zeit ins Land gegangen ist, bis ich mit dieser Wahrheit innerlich zum Frieden kam und sie mir selber vorhalten lernte. Durch Gottes Güte bin ich gut bei ihr gefahren. Möchte Ihnen diese Erfahrung auch zuteil werden.

2. Das zweite Stück hat einige Ähnlichkeit mit dem vorigen, ist aber doch nicht das gleiche. Wer in ein neues Lebensverhältnis tritt, sei es in ein Haus, in eine Schule oder Schulgemeinde, mit dem bestimmten Vorsatz, andern nur Liebes zu erweisen und kein Leid, wird gewiß auch viel Liebes erfahren.

Ich enthalte mich des Kommentars. Es gibt auch Texte, über die man nicht predigen darf.

3. Endlich fordere ich von einem Lehrer, der dafür gehalten sein will, daß er wisse, was das Lehramt ist und soll, daß er stets und andauernd auf seine Fortbildung bedacht sei. Wohl weiß ich, daß manche abgehende Seminaristen vermöge ihrer Familienverhältnisse dahin gewiesen sind, sich durch Privatstunden einigen Nebenerwerb zu suchen. Es gibt aber auch immer solche, die ohne Not ihre freie Zeit dem Gelderwerb opfern, auch solche, die sie in Nichtstun oder nichtsnutziger Leserei verschwenden. Jene sind zu bekla-

gen, diese aber zu tadeln; es steht mit ihnen nicht bloß übel: sie sind ein Übel. Unser Stand würde in der Entwicklung aller Seiten seiner Stellung viel weiter fortgeschritten sein, wenn er diese Faulenzer nicht wie ein Bleigewicht mitzuschleppen hätte. Es ist gut, daß ich in öffentlichen Schulangelegenheiten nichts zu sagen habe, sonst würde niemand eine selbständige Stelle erhalten, der sich nicht darüber ausweisen könnte, daß er seine Gehilfenzeit nach dem Seminar auch zu seiner Fortbildung nutzbar verbracht hätte [. . .]

[F. W. Dörpfeld]

391
An unbekannt

ohne Ort und Datum

[. . .] Aus meinem jüngsten Aufsatze wird Ihnen wohl noch mehr als aus früheren bemerklich geworden sein, daß meine Theorie des Lehrplans (wie auch die der Lehroperationen) nicht aus Zillers Schriften gelernt, sondern auf meinem eigenen Acker gewachsen war, durch Anregungen von Zahn, Mager, Herbart, Comenius, Pestalozzi, Graser usw. Natürlich habe ich davon nie geredet, schon deshalb nicht, weil ich von meinen Zillerschen Freunden nicht separiert sein will. Was für Unheil die Zerspaltungen anrichten, haben wir in der Reformationszeit gesehen. Im Handeln gilt Einmütigkeit, wenn man auch beim Verhandeln seine Selbständigkeit wahrt [. . .]

[F. W. Dörpfeld]

392
An unbekannt

ohne Ort und Datum

[. . .] In der Weise, wie es früher geschah und wie Sie es sich wahrscheinlich gedacht haben, kann ich die Vorträge in Hagen nicht halten. Meine Kraft versagt. Und wenn ich einmal wieder beginne, dann würde ich auch durch ein vorlängst gegebenes Versprechen an die Solinger Kollegen gebunden sein.

Das einzige, was ich für möglich halte, ist dies, daß ich, falls sich ein psychologischer Klub gebildet hat, für den Anfang etliche Male hinkäme, um das Selbststudium in Gang und auf den rechten Weg zu bringen und dann später je und dann wiederkäme, um über mittlerweile gefundene Beschwernisse hinwegzuhelfen. Dazu bin ich bereit, nach Pfingsten.

Findet sich ein solcher Klub zusammen, der die Mühe der selbsttätigen Vorbereitung nicht scheut und treu aushält, dann erwarte ich von diesem Durchsprechen auf Grund des Selbststudiums, die rechte Anleitung im Anfange vorausgesetzt, in der Tat mehr Frucht als von regelmäßigen Vorträgen [. . .]

[F. W. Dörpfeld]

393
An unbekannt

ohne Ort und Datum

[. . .] Herbarts ethische Arbeiten habe ich immer hochgeschätzt, allein sie haben meine biblischen Anschauungen nicht gestört, sondern nur befestigt [. . .]

[F. W. Dörpfeld]

394
An unbekannt

ohne Ort und Datum

[. . .] Betreffend: Beiträge aus der herbartischen Schule.

Ich stimme Ihnen vollständig bei, wenn Sie bemerken, daß solche Arbeiten, wie sie unser „Jahrbuch" liefert, als vom Ganzen der herbartischen Anschauungsweise losgelöst und sich zu weit ins Detail einlassend, für Draußenstehende wenig Anziehendes haben und oft schlimm mißverstanden werden. Nach meiner Meinung sollten an die Stelle des Jahrbuches zwei Bücher treten – eins, welches zum Missionieren bestimmt ist, und ein anderes, welches sich in der Ausprägung der herbartischen Gedanken für die Praxis versucht und darum innerhalb des Vereins bleiben muß.

Die Aufsätze, welche das Evangelische Schulblatt wünscht, müssen vorwiegend den Charakter jenes erstbezeichneten Buches an sich tragen. Näher denke ich darüber so.

Es sind hier wieder zwei Arten von Arbeiten möglich: einmal solche, die aus dem Gebiete der pädagogischen Hilfswissenschaft ihren Stoff entnehmen, und sodann solche, die dem der Pädagogik angehören.

Jene würden sich die Aufgabe zu stellen haben, in die psychologische und ethische Anschauung Herbarts einzuführen, und zwar recht unterrichtsmäßig. Da dies aber in der Form eines Lehrkursus nicht tunlich ist, so müßten in der Psychologie einzelne Lehrstücke herausgegriffen werden, solche, die sich für eine monographische Betrachtung eignen. Mein Artikel im Schulblatt hat etliche Lehrstücke dieser Art namhaft gemacht, beispielweise. Dort sind genannt: die Entstehung der Wahrnehmungen, die Lehre von der Apperzeption, von der Aufmerksamkeit, die Entstehung der psychologischen und der logischen Begriffe. Diese Beispiele gehören alle in das Gebiet des erkennenden Geistes. Ob es tunlich ist, auch aus den Gebieten des Gefühlslebens und der Willensregungen einzelne Lehrpunkte monographisch zu behandeln, (n[ota] b[ene] für die Leser des Evangelischen Schulblattes) weiß ich nicht recht, da ich mich darin noch nicht versucht habe. Aus jenem ersteren Gebiete habe ich einmal im Schulblatt eine Monographie geliefert, über Denken und Gedächtnis. Wer sich noch nicht in solchen Arbeiten versucht hat, wird vermutlich einige Mühe damit haben, zumal, wenn er sich vorgesetzt hat, die ihm geläufige Schulsprache so viel als tunlich mit der Gemeinsprache zu vertauschen.

Mitteilungen aus der Ethik müssen, wie mich dünkt, wesentlich anders gegriffen werden als solche aus der Psychologie. Ein einleitender Artikel müßte einen Gang durch die Geschichte dieser Wissenschaft machen, mit einigen wenigen Stationen, etwa: Griechen, Scholastik, Spinoza, Wolf, Kant, Schleiermacher, Hegel, um zu zeigen, wie und mit welchem Erfolge sich die Denker abgemüht haben, die Grundgesetze der Sittlichkeit zu finden. Das wäre also eine populäre Darstellung und Kritik der wichtigsten Moralsysteme. Ein zweiter Artikel würde sich sodann die Aufgabe setzen, in möglichster Schlichtheit die fünf ethischen Ideen Herbarts zu entwickeln und zu rechtfertigen, vielleicht auch mit einem vergleichenden Blicke darauf, wie sich die biblischen Sittenvorschriften im Lichte der herbartischen Ideen ausnehmen. (Ob es einer rätlich finden mag, die Reihenfolge dieser beiden Artikel umzukehren, lasse ich dahingestellt.) Wäre soweit Grund gelegt, so würden die folgenden Artikel eine freie breite Bahn vor sich haben und etwa zeigen können, wie sich die herbartische Lehre auf die Pädagogik, auf die Geschichtsbetrachtung, auf das soziale und staatliche Leben, auf die Kunst usw. anwendet, und welche Vorteile die Ideenlehre dabei bietet. Nahlowsky hat dazu eine gute Vorarbeit geliefert und sein Schriftchen „Die ethischen Ideen als die waltenden Mächte im Einzel- wie im Staatsleben".

Was endlich das pädagogische Gebiet betrifft, so werden hier spezielle Fragen nur so weit behandelt werden können, als das Verständnis und Bedürfnis der gewöhnlichen Schulen ihnen entgegenkommt. Eine Arbeit dieser Art würde ich aber einem, der nicht längere Zeit in der Volksschule tätig gewesen ist, nicht zumuten dürfen. Es lassen sich übrigens auch genug allgemeine Themata von recht brauchbarer Art finden. Z.B.: Welche nutzbaren Winke sich ergeben aus der herbartischen Dreiteilung der Erziehung (Reg[ierung], Unterricht, Zucht) für das theoretische Zurechtfinden auf diesem komplizierten Gebiete und für das praktische Ausführen. (Dr. Rein hat vor einigen Jahren eine Abhandlung über diese Trilogie im Evangelischen Schulblatt mitgeteilt und später im Separatabdrucke veröffentlicht, dieselbe hatte aber vorwiegend die Darstellung und Beurteilung der herbartischen Ansicht im Auge, nicht die daraus zu ziehenden praktischen Folgerungen.) Ferner: Warum tut unserer Zeit das Studium der Schriften Herbarts not – in der Philosophie, in der Sozial-, Kultur- und Kirchenpolitik, in der Theologie (Kultur-Philosophie) und in der Pädagogik? Oder dasselbe Thema in anderer Fassung: Welche Nachteile (Lücken, Irrtümer, Schiefheiten) hat das theoretische und sittliche Denken unseres deutschen Volkes dadurch erfahren, daß die Herbartsche Philosophie (infolge der Monopolisierung des Hegelschen Systems und der darauf folgenden Verachtung der philosophischen Studien) so wenig zur Beachtung und Wirksamkeit gelangen konnte?

Ohne Zweifel würden Aufsätze dieser Art oder ähnlicher Art ungemein nützlich sein; allein sie sind auch, wie sofort in die Augen springt, ungemein schwierig, denn sie setzten nicht bloß sehr umfassende Studien voraus, sondern ihre Behauptungen müssen auch, wenn sie einschlagen sollen, durch wohl ausgewählte Beispiele (Zitate usw.) belegt und illustriert sein. Vielleicht können Sie aber als theologischer Fachmann aus der letzten Gesamtfrage die partielle herausschneiden: „Was hätte die wissenschaftliche und praktische Theologie von Herbart lernen können und sollen?"

Nach den vorstehenden Andeutungen werden Sie, wie mich dünkt, ohne besonderes Kopfzerbrechen ein paar passende Themata aufzuspüren vermögen.

Zwei Wünsche respektive Ratschläge lassen Sie mich noch beifügen:

1. Machen Sie sich die Arbeit nicht zu schwer, d.h. stellen Sie nicht selbst zu hohe (gelehrte) Anforderungen an dieselbe. Das Beste ist nur zu häufig der Feind des Guten. Einem wirklichen Bedürfnisse gegenüber ist jeder Dienst, auch der, welcher noch etwas zu wünschen übrig läßt, ein gutes Werk.

2. So viel immer möglich, lassen Sie ja Herbart selbst sprechen (durch Zitate aus seinen Schriften). In unserem Falle wird man durch zahlreiche Zitate aus seinen Schriften den Lesern wie dem Andenken des Meisters den letzten Dienst tun [. . .]

[F. W. Dörpfeld]

395
An unbekannt

ohne Ort und Datum

[. . .] Soll ich noch sagen, wie ich mich innerlich in meine neue Lage finde, so sagt das ein kurzes Sprüchlein, das mir einst die sel. Frau Direktor Zahn aufschrieb für meine Anna, deren Patin sie war. Das Sprüchlein bezieht sich darauf, daß der Name „Anna" vorwärts oder rückwärts gelesen immer gleich lautet:

Anna heißet „gnadenvoll",
Ihr kann's nicht verkehrt ergehn;
Wenns ihr auch verkehrt ergeht,
Heißt es dennoch „gnadenvoll".

Den Spruch habe ich auch auf mich gedeutet und mir zugeeignet, wenn auch mein Name anders lautet. Gottes Gnade gilt für alle gleich. Und was sie gilt, das heißt: Seine Kinder mögen in ihrem Werk und Geschick Bankerott machen, vielleicht siebenmal und noch mehr; aber Gottes Gnade falliert nie. Nie! Darauf verlasse ich mich [. . .]

[F. W. Dörpfeld]

Den Brief schrieb D. nach einem „bedeutsamen Wendepunkt seines Lebens" (Ca 72), der nicht näher erläutert wird.

396

An unbekannt

ohne Ort und Datum

[. . .] Größer als diese Wirkung in die Außenwelt nach rechts und links ist selbstverständlich der Einfluß auf den einzelnen selbst anzuschlagen. Die Liebe zum Worte der Wahrheit wächst sichtlich, dazu die Erkenntnis in demselben und der gerade Wandel nach demselben. Von dem letzteren will ich nicht reden, aber die gerade Haltung in Bekenntnis und Urteil darf man doch wohl hervorheben, desgleichen das gegenseitige Tragen und Sichzurechtfinden bei ursprünglich mannigfach verschiedenen Anschauungen. In der Wupperthaler Konferenz sind z.B. ein paar strenge Ravensberger Lutheraner, ein paar reine Reformierte, einige Unionsleute und ich dazu als einer, der sich von den Hadereien zwischen den historischen Kirchenparteien wenig anfechten läßt, weil ich durch meine Lieblingslehrmeister Bengel, Ötinger, von Meyer und Stier gelehrt bin, die fundamentalen Urlebensgesetze und Lebenskräfte anderswo als auf diesen Schlachtfeldern zu suchen. Nichtsdestoweniger haben wir uns so miteinander eingelebt, daß wir nur mit Schmerzen irgendein Glied würden scheiden sehen.

Was die Wirksamkeit von einem bestimmten, festen, gesicherten Punkte aus bedeutet gegenüber dem zerstreuten Wirken ins und aufs große Ganze hinein, habe ich hierzulande vor Augen, nämlich an den Bibelkonferenzen.

Wir bilden keinen Gesamtverein, streben es auch nicht an; vielmehr, wenn eine Versammlung zu groß wird, so nehmen wir darauf Bedacht, daß sich ein Teil abzweige und eine besondere Konferenz bilde. Klein und rein und fest, das ist unsere Losung.

Daß und wie der einzelne im allgemeinen für sein persönliches und amtliches Leben mächtig gefördert wird, ist bald begriffen von dem, der vom Worte Gottes und von christlicher Gemeinschaft einen Begriff hat.

Es sind aber auch besondere Stücke namhaft zu machen. Unsere evangelische Kirche nennt sich der römischen gegenüber mit vollem Rechte „die Bibelkirche"; aber es fehlt doch viel daran, daß unser Volk ein Bibelvolk sei und unsere deutsche Volksbildung nach allem Vermögen in biblischem Boden wurzele. Für beides sind bestimmte Voraussetzungen und Vorbedingungen nötig, die zur Zeit noch fehlen oder nicht gekannt oder nicht anerkannt sind. Durch die beste, geistreichste Predigt samt Bibelstunden, Konfirmanden- und Schulunterricht und Hausandacht kann wohl ein im besten Sinne christlich gesinntes Volk herangebildet werden, aber noch kein eigentliches Bibelvolk, sowenig als ein wahrhaft christlich gesinnter, gebildeter Laie ein Theologe ist. Dazu ist erforderlich, daß der einzelne seine Bibel noch mit viel mehr Eifer und Fleiß gebrauche, betrachte, durchforsche, als es gemeinhin der Fall ist und der Fall sein kann. Es gehört eben ein rechter ernstlicher Entschluß und Fleiß und Ausdauer und Zeit und Anleitung und Anregung dazu. Woher soll das alles dem einzelnen kommen? In dem gewöhnlichen Lauf der Dinge kommt es nicht, wie männiglich unter Gelehrten und Ungelehrten weiß. Ein paar Ausnahmen da und dort können nicht in Betracht kommen. Sie sind so selten wie Diamanten; mit Diamanten kann man keine Kirche bauen, von allen vorhandenen nicht einmal eine einzige.

Soll man nun in dieser Weltzeit darauf verzichten, wenigstens den Ansatz zu einer wahren Bibelkirche und den Kern zu einem wirklichen Bibelvolke zu bekommen? Man wird es wohl müssen, wenn es nicht gelingt, jene notwendigen Stücke zu beschaffen. Ich an meinem Teil gebe die Hoffnung noch nicht auf, namentlich für den Lehrerstand, weil ich in unsern kleinen Bibelkonferenzen sehe, wie mit geringen Mitteln schon so Erfreuliches erreicht werden kann. Der Entschluß, sich ernstlich mit dem Studium der deutschen Bibel zu befassen, wird dadurch erleichtert, daß es eben mehrere tun. Der Fleiß wird zunächst nur für die vierzehntägigen, regelmäßigen Zusammenkünfte in Anspruch genommen; die Ausdauer wird durch das Gefühl, daß man wirklich weiter komme und durch die gegenseitige Anregung erhalten. Die Zeit für solche zwei- oder vierwöchentliche Konferenzen kann glücklicherweise der Lehrerstand auch finden, und was die Anleitung anbelangt, so kommt ihnen einerseits der Seminarunterricht zugut, und dann hat auch jeder irgendein literarisches Hülfsmittel, das er vorher zu Rate zieht. So sind diese kleinen Konferenzen – ich betone stets das „kleine" – kleine geistliche Herde, wo einzelne mehr oder weniger brennende Kohlen zusammengebracht werden, die durch das Nahekommen sich noch mehr entzünden und zu einer wärmenden und leuchtenden Flamme auflodern, wenn der Geist des Herrn hineinbläst. Also werden in der Tiefe und Stille durch Wort und Geist die Quadern zur Bibelkirche geschaffen!

Die andere Frucht der Bibelkonferenzen, nämlich ihren Einfluß auf eine gesunde, in biblischem Boden wurzelnde deutsche Lehrerbildung und damit auf eine gesunde Volksbildung, werde ich ein anderes Mal darzulegen suchen.

Solche Lehrergemeinschaften müssen aber in originaler Weise aus dem Stande selbst herauswachsen, dazu klein und verborgen bleiben, daß sie die nötige Stille und Wärme behalten [. . .]

[F. W. Dörpfeld]

397
An unbekannt

ohne Ort und Datum

[. . .] Seit ca. fünf Jahren sind hier eine Reihe von sog. „Bibelkonferenzen" entstanden. Kleinere Zirkel von Lehrern, um sich im praktischen Unterrichten zu üben oder um einige Wissenszweige, z.B. Deutsche Grammatik, Literatur oder Physik usw. gemeinsam zu studieren, hat es hierzulande immer etliche gegeben. Aber die Einsicht, daß auch die Wissenschaft vom Himmelreich ein Gegenstand sei, der des Studierens und gemeinsamen Konferierens wert sei, ist erst in jüngerer Zeit zu den Leuten gekommen. Vor etwa fünf Jahren fing ich mit zwei Freunden (in Lennep und Ronsdorf) eine solche Konferenz an. Wir versammelten uns alle vierzehn Tage und nahmen dann den Epheserbrief vor. Den ganzen Nachmittag widmeten wir dieser Besprechung. Nach Verlauf von vier Jahren und bei regelmäßigen Zusammenkünften sind wir mit diesem Briefe fertig geworden. Dann gingen wir zum ersten Briefe Petri über.

Anfangs wollten sich keine neuen Teilnehmer finden; die einen sagten: Wir haben Konferenzen genug, die andern: Wir haben kein Bedürfnis hierfür usw. Fast ein Jahr lang hielten wir drei treulich aus. Später änderte sich die Stimmung. Aus den drei Personen sind nun im Bergischen Lande fünf Haufen von je zehn bis fünfzehn Gliedern geworden: einer in Lennep, einer in Barmen, zwei im Landkreise Elberfeld und einer an der Niederwupper. Auch im Kreise Hagen ist jetzt eine kleine Bibelkonferenz, desgleichen im Kreise Duisburg. An einigen Orten versammelt man sich alle vierzehn Tage, meistens jedoch alle vier Wochen. Ich verspreche mir nach den bis jetzt gemachten Erfahrungen von diesen Bibelkonferenzen sehr viel; auch andere scheinen den Segen zu spüren, das beweist die rege Teilnahme der meisten Mitglieder. Im Kreise Elberfeld ist eine Gemeinschaft, in der mehrere Glieder einen Weg von 3 1/2 Stunden hin und zurück zu Fuß zu machen haben und doch selten fehlen.

Den Zweck und die Bedeutung dieser Bestrebungen begründe und bezeichne ich für mich so:

1. Die heilige Schrift ist für das Glaubensleben des Christen das erste Lebensmittel, das Brot zur Stärkung, das Öl zur Erleuchtung. Jeder wahrhaftige Christ weiß das, und wer sich auf die Zeichen der Zeit versteht, weiß auch, daß es den Jungfrauen nötig ist, für Ölvorrat zu sorgen.

2. Dem Elementarschulstande hat es bisher an einem Schwerpunkte, an einem Zentrum in der Bildung seiner Glieder gefehlt. Man nennt uns „Halbgebildete" und nicht ganz mit Unrecht. Das brauchte nicht so zu sein; auch innerhalb der deutschen Muttersprache, innerhalb des Wissenskreises, der den Elementarlehrern offensteht, ist eine ganze Bildung möglich. Eines der ersten Erfordernisse dazu ist aber, daß ein Gebiet vorhanden sei, in dem der Lehrer gründlich Bescheid wisse und tüchtig geschult sei. Für die Mehrzahl und der Regel nach halte ich die deutsche Bibel für das beste Hauptbildungsmittel, für den klassischen Boden der Lehrerbildung, räume aber gern ein, daß einzelne nach Gabe und Neigung ein anderes Feld sich aussuchen mögen.

3. In unserer Schularbeit ist der Religionsunterricht die Hauptsache. Ich finde aber weitaus, daß selbst sonst tüchtige Lehrer diesem Hauptfache nicht so gewachsen sind, wie es sein sollte. Über Krückenhumpelei kommen viele nicht hinaus. Auch in diesem Fache müssen von rechtswegen die Lehrer zu einem selbständigen Ganzen kommen, so gut wie im Rechnen, Schreiben und Lesen. Dazu reicht aber der Seminarunterricht und etwa ein Handbuch zur biblischen Geschichte nicht aus. Es muß dahin kommen, daß wenigstens ein namhafter Kern im Lehrerstande so weit gefördert sei, um sich für seinen Gebrauch selbst ein Handbuch schreiben zu können. So weit sind wir aber noch lange nicht, werden auch nicht eher dahin kommen, bis auch die Lehrerkonferenzen dieses Ziel ins Auge fassen, d.h. bis gesonderte Gemeinschaften zum Streben nach diesem Ziele sich bilden. Der einzelne wird zu leicht und zu bald müde; auch brauchen die meisten der Anleitung. Alles das bieten die kleinen Bibelkonferenzen: sie halten den einzelnen warm und lehren ihn, wie er lernen soll.

4. Seit der Reformation der Kirche vor dreihundert Jahren und seit der Reformation der Schule vor fünfzig bis sechzig Jahren hat kein Unterrichtsgebiet so wenig Änderung zum Bessern hin erfahren als das des Religionsunterrichts. Im wesentlichen stehen wir noch bei der Praxis der Reformationszeit, wenn ich die Aufnahme der biblischen Geschichte in den Lehrplan der christlichen Unterweisung abrechne. Dies war allerdings ein höchst bedeutender Fortschritt: aber die Geschichte steht noch viel zu unvermittelt neben Katechismus, Lied und Gebet: es ist noch kein Ganzes zu Tage gefördert. Vielleicht könnte man auch allen Ernstes fragen, ob die derzeitigen Katechismen sich in ein rechtes Ganzes einfügen lassen. Der Grund dieses Zurückbleibens des Religionsunterrichts liegt darin, daß die Geistlichen zu wenig Schulmänner und die Schulmänner zu wenig theologisch d.h. biblisch gebildet sind. Wenn die Schulleute einmal auf dem Gebiet der Theorie und Geschichte des Reiches Gottes besser zu Hause sein werden, so werden sie auch die Mängel des bisherigen christlichen Kinderunterrichts einsehen und verbessern lernen [. . .]

[F. W. Dörpfeld]

398
An unbekannt

ohne Ort und Datum

[. . .] Daß Sie sich für die in Aussicht gestellten Aufsätze aus dem Gebiete der Ethik interessieren, freut mich. Hoffentlich nimmt das Interesse nach dem Erscheinen des Erstlings nicht ab, sondern noch zu. Daß meine Darstellungen sich als christliche legitimieren können müssen, brauche ich wohl nicht erst zu sagen; daß sie aber nicht philosophisch aussehen werden, darf ich nicht versprechen. Im Gegenteil: sie sollen christlich sein und zugleich philosophisch und sollen philosophisch sein und zugleich christlich. Nach Ihrer Bemerkung mag Ihnen das wie ein Rätsel klingen. Ich bin übrigens der guten Zuversicht, daß meine Aufsätze allmählich das Rätsel lösen werden. Auf dem Gebiete der Ethik liegt vieles im unklaren und in Verwirrung. Weniger im eigentlichen Inhalt als in den sog. Vorfragen, was dann aber auch vielfach auf den Inhalt dunkle Schatten wirft. An dem Wirrwarr und den Unklarheiten sind übrigens die Philosophen viel weniger schuld als – nicht das Christentum, aber die Theologen, nämlich dadurch, daß sie an den ungelösten Fragen sich vorbeizudrücken pflegen. Schon im Erstlingsaufsatze wird etwas davon zur Sprache kommen. Das Schlimme liegt darin, daß nun dem Christentum zur Last gelegt wird, was die Theologen verschuldet haben. Das „Gesetz" des Alten Testaments war gewiß nicht schuld daran, daß der Heiland im Namen dieses Gesetzes verurteilt und gekreuzigt wurde; und das Christentum war nicht schuld daran, daß Bruder Martin in Wittenberg die Mühe und Gefahr des Reformierens auf sich nehmen mußte. Und wo entbrannte zuerst der reformatorische Kampf? Nicht auf dem Gebiete der Dogmatik, sondern auf dem der Ethik. (Vgl. die erste These des ersten Lutheraners.)

Genug davon. Die alte Geschichte wird sich immer von neuem wiederholen, wenn die Christen nicht beizeiten die Augen auftun [. . .]

[F. W. Dörpfeld]

Die erste These des ersten Lutheraners: „Da unser Herr und Meister Jesus Christus spricht: Tut Buße (Matth. 4,5), hat er gewollt, daß alles Leben der Gläubigen Buße sein soll" (erste der 95 Thesen Martin Luthers gegen den Ablaß vom 31. Oktober 1517).

399
An unbekannt

ohne Ort und Datum

[. . .] oder zu diesem Verfahren in einen Gegensatz zu treten. Was er auch beabsichtigt hat, so läßt sich doch a priori schon voraussetzen, daß dasselbe nur neben der Betrachtung der Einzelgeschichten resp. darüberhinaus liegen, nicht aber einen Gegensatz oder eine Beschränkung bilden soll.

Ich müßte nun fragen, was Sie unter „Überblicksmethode" verstehen. Da Sie nun keine nähere Erklärung gegeben haben, so muß ich mich aufs Raten legen.

Da sind z.B. Stimmen aufgetreten (im [Evangelischen] Schulblatt z.B. der Lehrer Klingenburg u.a.), welche fordern, daß das Kirchenlied, die Lektüre didaktischer biblischer Abschnitte und der Katechismus nicht abgesondert von der biblischen Geschichte ihren Lehrgang nehmen, sondern an diese sich anschließen sollen und zwar in der Art, daß jedes dieser andern Lehrstücke bei der biblischen Einzelgeschichte vorkomme, zu der es seinem Inhalte nach paßt. Man nennt das faute de mieux „Konzentration" des religiösen Lehrstoffes um das Zentrum der biblischen Geschichte. Dieses Verfahren, so weit es ohne Gezwungenheit sich durchführen läßt, billige ich; so bin ich von Zahn gelehrt. Ohne Zweifel werden Sie dies unter Ihren Begriff „Überblicksmethode" nicht mitbegreifen, denn der Name würde nicht zur Sache passen.

Da ist ein anderer namens Schumacher im Schulblatte aufgetreten und hat vorgeschlagen, die „Konzentration" so zu vollziehen, daß die je drei Wochengeschichten unter einem dogmatischen oder ethischen Gesichtspunkt gefaßt und nach diesem Gesichtspunkt beleuchtet werden und dann auch nach demselben Gesichtspunkt das Wochenlied, der Wochenspruch, das didaktische Lesestück und der Katechismus ausgewählt werden sollen. Schumacher hat nach dieser seiner „neuen" Ansicht von „Konzentration", die ohne

Zweifel auch durch die ins Regulativ übergegangene Forderung eines Wochenliedes und Wochenspruches mit veranlaßt worden ist, auch eine „biblische Geschichte" bearbeitet und herausgegeben. Ich brauche wohl nicht zu sagen, daß mir diese Manier nicht gefallen kann. Ohne Zweifel haben Sie dieselbe aber auch nicht bei Ihrer „Überblicksmethode" gemeint, da der Name „Preßmethode" besser treffen würde als der Ihrige.

Eine dritte Weise, die Einzelgeschichte zu konzentrieren oder richtiger: zusammenzufassen, ist im Schulblatt nur durch einzelne Äußerungen kundgeworden. Sie will diejenigen Einzelgeschichten, welche hauptsächlich von einer Person handeln, als zusammengehörige Stücke einer Biographie behandeln. Diese Absicht scheint mir nicht nur berechtigt, sondern sogar selbstverständlich zu sein, oder genauer zu sagen: die Sache vollzieht sich gleichsam von selbst, falls der Lehrer ihr nicht absichtlich in den Weg tritt. Meine Billigung dieses Nebengesichtspunktes habe ich im I. Ench[iridion] ausdrücklich dadurch aussprechen wollen, daß im Inhaltsverzeichnis mehrmals der Ausdruck „Lebensbeschreibung" gebraucht ist. Es würde sich freilich noch fragen, wie die Erzählung und die Repetition diesem Gesichtspunkte dienen und wie derselbe andererseits zu erbaulichen Zwecken verwendet werden kann; ich habe dies aber bisher nicht gern im Ev[angelischen] Schulblatt zur Sprache bringen mögen, weil soviele Lehrer Neigung haben, sich auf solche Nebenfragen zu werfen und dann stets Gefahr laufen, die Hauptfrage, nämlich: wie muß die Einzelgeschichte erzählt werden, daß sie verständlich, anschaulich und erbaulich sei, wieder zu vergessen oder zu vernachlässigen. Ich weiß nicht, wie weit Sie bereit sind, dem Hervortreten des biographischen Moments einige Bedeutung beizumessen; ohne Zweifel aber haben Sie unter Ihrer „Übersichtsmethode" nicht die Berücksichtigung dieses Moments gemeint und, wie mich dünkt, schon darum nicht meinen können, weil bei rechter Behandlung der Einzelgeschichten gleichsam von selbst genugsam hervortreten wird, falls der Erzähler nur einen Blick dafür hat.

Eine bloße Nebenrücksicht läßt sich nicht auch im Scherz mit dem Namen „Methode" belegen.

Bleibt mein II. Enchiridion einstweilen außer Betracht, weiß ich in der mir bekannten Praxis kaum noch etwas zu finden, was Ihnen als „Übersichtsmethode" im Wege stehen könnte. Zwar sagt die „Rheinische Anweisung zur Einführung der Regulative", nachdem sie den biblischen Geschichtsunterricht auf das bestimmteste und unzweideutigste auf die Einzelgeschichten verwiesen hat: der Lehrer solle sich auch bestreben, den Kindern tunlichst einen Blick für den Zusammenhang, für das Ganze der biblischen Geschichte zu vermitteln. Da die „Anweisung" aber nicht näher auf diese Forderung eingeht, überdies die Fassung derselben und speziell das Wörtchen „auch" unzweifelhaft andeutet, daß hier nur von einer Nebensache die Rede ist, so werden ohne Zweifel die Lehrer dies so verstehen, daß sie neben der Repetition der Einzelgeschichten auch jeweilig an eine zusammenhängende Wiederholung behufs einer Übersicht über den Geschichtsverlauf denken sollten. Hier käme allerdings das Wort „Übersicht" vor. Da das, was zu diesem Zwecke geschehen soll, nur etwa vierteljährlich ein Stündchen zur Wiederholung in Anspruch nimmt, so kann dadurch der Schwerpunkt der Einzelgeschichten in keiner Weise verrückt werden und noch weniger auf die Behandlung der Einzelgeschichten [. . .]

[F. W. Dörpfeld]

Zu Inhalt und Methode des Religionsunterrichts äußerten sich in den ersten Jahrgängen des EvSchBl u.a.: J. Hülsmann, Der Religionsunterricht nach den Regulativen, 2 (1858), S. 134–140; F.W.D., Bemerkungen und Wünsche in Betreff der Regulative vom 1., 2. und 3. Okt. 1854, besonders hinsichtlich des Religionsunterrichts, 4 (1860), S. 80–101; G. Schumacher, Der einheitliche Religionsunterricht der Volksschule, 5 (1861), S. 65–73, 102–115, 173–180.

Der Brief, Bruchstück eines umfangreicheren Schreibens (S. 5–8), trägt oben links die Blindprägung ‚Reduction des Ev. Schulblattes'.

400
An unbekannt

ohne Ort und Datum

[. . .] da und dort einer zu ahnen beginnt, daß die Theologie (auch die in den Schulen traktierte) noch voller Scholastik (das heißt Überbleibsel der mittelalterlichen scholastischen Philosophie) steckt und daß dieser scholastische Sauerteig nur dadurch ausgefegt werden kann, wenn man in biblischer Forschung und Unterweisung streng nach genetischer Methode verfährt (die auch die exakte naturwissenschaftliche Methode als ein Moment in sich trägt): so darf ich gern zufrieden sein, denn das beste läßt sich überall nicht dozieren, sondern man muß nur mit dem Finger dahin zeigen, wo es für den Selbstsuchenden gefunden werden kann.

Mit dieser Expektoration muß ich mich einstweilen begnügen. Nur das lassen Sie mich noch sagen: die genetische Bearbeitung der Heilslehre darf nicht das logische Gerüst der Dogmatik vermehren, sondern muß schließlich bei einer Vereinfachung derselben anlangen, bei einer Vereinfachung, von der die hergebrachte Theologie nicht einmal eine Ahnung hat, wo nämlich die Wissenschaft wieder Anschauung wird.

Ohne Zweifel werden Sie aus meinen Bemerkungen soviel herausraten, daß mein II. Ench[iridion] mit einer „Übersichtsmethode" so wenig zu schaffen hat wie mit einem der landläufigen dicken Katechismen. Das beste und das meiste, was das II. Ench[iridion] bietet, muß bei der Behandlung der Einzelgeschichten als Lichtstoff (als Licht, nicht als Brenn- oder Lichtmaterial) zur Verwendung kommen können, sonst ist das Rechte noch nicht getroffen.

Allerdings muß ich nun auch wünschen, daß, wenn Sie in Ihrem Vorworte gegen eine „Übersichtsmethode" oder andererseits gegen dicke Katechismen zu Felde ziehen, von vornherein durch irgendeine Bemerkung unmißverständlich gesagt werde, daß die Idee meines II. Enchiridions mit diesen Ihren beiden Gegnern, soweit sie die rechte Behandlung der Einzelgeschichten hindern oder den Segen derselben verkümmern, platterdings nichts zu schaffen habe.

Soeben erhalte ich von Löhmann in Flensburg einen Bericht über die letzte Allg[emeine] holst[einische] Lehrerversammlung. Auch kündigt er einen Artikel an, der mit Ihnen über die Behandlung der biblischen Geschichte eine Lanze brechen will. Was er Spezielles im Sinne hat, weiß ich nicht.

Mit herzlichem Gruß
Ihr F. W. Dörpfeld

NB: Es würde mir lieb sein, wenn Sie bei Ihrer nächsten Sendung diesen Brief mir wieder beilegen wollten.

S. 13 und 14 eines Brieffragments, vermutlich mit dem vorhergehenden Brief zusammenhängend, denn in beiden Fragmenten spielt die „Übersichts-" bzw. „Überblicksmethode" eine Rolle.

401
An unbekannt

ohne Ort und Datum

[. . .] Meine liebste Arbeit bleibt doch immer die Schule und in der Schule die Stunden, wo ich den Kindern Gottes Tugenden verkündigen und seine Liebe und Gerechtigkeit preisen kann. Wir haben doch einen seligen Beruf, wenigstens ich lerne immer mehr erkennen und Gott danken und übe mich darin, daß er mich da hineingeführt hat, um meiner selbst willen. Eben weil er so höchst verantwortlich ist, weil er bei dem vielen Unangenehmen eine so gute Schule ist für alles, was vor Gott ehrenvoll und liebenswürdig ist, kurz, weil er uns keine Ruhe läßt, bis wir die wahre Ruhe gesucht und gefunden haben: darum lobe ich meinen Stand [. . .]

[F. W. Dörpfeld]

402

An unbekannt

ohne Ort und Datum

[. . .] Von den Ansprüchen an meine kollegialische Dienstfertigkeit, die fort und fort aus fast allen deutschen Landschaften an mich ergehen, machen Sie sich jedenfalls keine volle Vorstellung. Der eine wünsche für diesen oder jenen Zweck ein passendes Lehrmittel kennenzulernen; ein zweiter bittet, ihm für seinen Sohn eine gute Präparandenanstalt zu nennen resp. demselben zur Aufnahme (mit Benefizien) behülflich zu sein; ein dritter wünscht durch meine Vermittlung in hiesiger Gegend eine Lehrerstelle zu erhalten; ein vierter erkundigt sich nach den Dotationsverhältnissen usw. der niederrheinischen Schulen; ein fünfter, der sein Mittelschul- oder Rektor- oder Oberlehrer- oder Doktorexamen machen will, erkundigt sich nach literarischen Hülfsmitteln für die betreffende schriftliche Arbeit oder erbittet sich die bezüglichen Bücher aus meiner Bibliothek (unter dieser fünften Kategorie befinden sich sogar katholische Theologen); ein sechster, der eine höhere Lehrerprüfung machen will, versteht das ihm aufgegebene Thema nicht und ersucht mich um Aufschluß (das begegnete mir u.a. bei einem evangelischen und einem katholischen Theologen, die ihre Rektorprüfung machen wollten); ein siebenter, Schulinspektor, Bürgermeister usw., wünscht, daß ich ihm für eine vakante Lehrerstelle geeignete Kandidaten empfehlen möchte; ein achter bittet um Rat, wie die durch Gemeinderatsbeschluß drohende Simultanschule abgewehrt werden könne; ein neunter, ein Kollege, der durch eigene Schuld oder Malheur seine Stelle verloren hat, wünscht, durch meine Vermittlung eine andere Stelle zu erhalten (dieser Fall kam im Laufe der letzten vier Wochen dreimal vor); ein zehnter, ein Europamüder oder „Abgebrannter", fleht, ihm zur Übersiedlung nach Amerika zu verhelfen usw. Daraus mögen Sie sich annähernd ein Bild machen von der Bescherung an Gefälligkeitskorrespondenzen, die einem Schulblattredakteur zuteil werden kann, wenn die Leute merken, daß er an übermäßiger Gutmütigkeit leidet [. . .]

[F. W. Dörpfeld]

Ein Einblick in die Tätigkeit D.s, die sich in solchen Fällen meist in Briefen äußert. In der vorliegenden Briefsammlung kommen solche Wünsche mehrfach vor.

403

An unbekannt

ohne Ort und Datum

[. . .] Sie wünschen einige Mitteilungen über meinen Lebensgang. So natürlich ich diesen Wunsch ihrerseits finde, so wünsche ich meinerseits doch, daß Sie mir das Ja wie das Nein erspart hätten. Wären Sie mein Nachbar, so würde ich im Plauderstündchen Ihnen gern alles erzählen, was erzählbar ist. Aber dergleichen eigenhändig in die weite Welt hinaus schreiben sollen, das kommt einem vor, wie wenn man sich für einen berühmten Mann halten sollte. Die Last einer solchen Meinung von sich selbst darf man einem engbrüstigen alten Schulmeister nicht auflegen, Wenn es nach dem deutschen Sprichwort nicht ratsam ist, den Teufel an die Wand zu malen, so ist es, glaub' ich, noch weniger ratsam, sein eigenes Porträt für das Schaufenster zu malen.

Dazu bietet mein Lebensgang so wenig Außerordentliches, er ist so ordinär menschlich und gemein schulmeisterlich verlaufen, daß seine äußere Figur nicht das geringste Interesse erwecken kann, geschweige, daß sie etwas Nützliches sollte lehren können. Wohl würde sich aus meinen Erfahrungen manches zu Nutz und Frommen jüngerer Kollegen berichten lassen, namentlich, wenn ich auch die begangenen zahlreichen Torheiten treulich mit auskramen wollte. Da Sie mir das aber wahrscheinlich nicht zumuten wollen, so läge die Sache ungefähr so, wie einstmals beim alten Dinter. Bekanntlich besaß derselbe kein sonderlich ästhetisches Gesicht, dazu unschuldigerweise noch tüchtige Altersrunzeln und rote Haare. Als daher einst seine Freunde in ihn drangen, sich malen zu lassen, da erwiderte er: „Der Maler, der das tun will, müßte sich entweder an der Wahrheit oder an der Ästhetik versündigen; beides soll mit meinem Willen nicht geschehen." Das Bildchen, was von ihm existiert, hat einer gelegentlich beim Vorübergehen auf der Straße ohne sein Wissen genommen [. . .]

[F. W. Dörpfeld]

404

An unbekannt

ohne Ort und Datum

[. . .] Sie werden bemerkt haben in meiner Schrift, daß ich dem Votum Landfermanns ein großes Gewicht beilege. Wo haben wir sonst in der Literatur ein solches Votum zu Gunsten unserer Sache, von einem so hoch gestellten Beamten und schon vor mehr als dreißig Jahren und so unverhohlen und in einer amtlichen Schrift an einen Minister. Und dazu von einer Persönlichkeit, die wegen der seltenen Gediegenheit des Charakters überall, rechts und links, in großer Achtung stand und steht.

L[andfermann] ist ein alter Burschenschafter, der, ähnlich wie Fritz Reuter und viele andere, zu Anfang der zwanziger Jahre fünf Jahre lang auf der Festung gesessen (oder wie er zu sagen pflegte „fünf Jahre auf Avancement gedient") hat. Ein so edler wie starker Wein ging aus diesem schweren Gärungs- und Läuterungsprozesse hervor. Niemals ist mir ein Mann begegnet, der so ganz und voll einen Ritter ohne Furcht und Tadel darstellt, wie L[andfermann], bei aller Festigkeit doch mild und leutselig, im Notfalle freilich auch derb-grob wie Eichenrinde. Die Volksschullehrer mögen nicht häufig einen rücksichtsvolleren Schulrat gehabt haben; manche der höheren Lehrer fanden ihn weniger bequem. An seiner Person ist alles großartig zugeschnitten: wie die äußere Gestalt, so auch die Intelligenz und die Gesinnung. Die Gestalt erinnerte in den kräftigen Mannesjahren an die Eichen seiner westfälischen Heimat. Sein Wissen, er war klassischer und germanistischer Philologe, war wahrhaft kolossal, namentlich in den Sprachen, in Literatur und Geschichte. Eine besondere Zugabe zu seinem Fachwissen verdankte er der „Festungstid", wo mehrere Jahre lang Bibel und Gesangbuch die einzige Lektüre gebildet hatten, nebst dem Aristophanes, den er in den Stiefeln mit ins Gefängnis geschmuggelt hatte. Den Aristophanes wußte er in seinen alten Tagen noch auswendig; und bei den Seminar- und Lehrerprüfungen erstaunten die Prüflinge samt den theologischen Lehrern oft nicht wenig über die Bibelfestigkeit und Kirchenliederkunde dieses philologischen Kommissarius. Freilich war ihnen meistens unbekannt, daß er nach seinem philologischen Triennium noch zehn „Semester lang" vornehmlich deutsche Theologie studiert hatte und dazu mit dem Herzen und praktisch, was auf den hohen Schulen nicht immer geschieht.

In einer größeren Lehrerkonferenz, wo auch der alte Harnisch zugegen war, verfocht ich (bei einer Verhandlung über das Kirchenlied in der Volksschule) wider die Mehrzahl der anwesenden Kollegen und Pastoren die Ansicht, daß nur eine sehr, sehr mäßige Zahl ganzer Lieder (und daneben einzelne Strophen) obligatorisch gelernt werden dürften, von den Schwachbegabten überhaupt nur Einzelstrophen, auch deshalb, damit das freiwillige Lernen desto mehr Raum erhalte.

L[andfermann], vom Vorsitzenden (Zahn) um sein Urteil befragt, trat entschieden auf meine Seite; bei dieser Gelegenheit entfiel ihm die Bemerkung, daß er in jüngeren Jahren an 1000 Kirchenlieder auswendig gewußt habe, 800 würde er auch jetzt noch wohl „leisten" können. Da haben Sie einen ziffernmäßigen Maßstab zur Abschätzung des Wissensumfanges und des Fleißes dieses Mannes.

Nach seiner Festungszeit avancierte Landfermann in seiner Karriere sehr rasch, wie auch die meisten andern seiner Leidensgenossen, wenn sie sich brauchbar zeigten. (Das war einer der idealen Züge Friedrich Wilhelms IV., der schon als Kronprinz sich den echten Burschenschaftern nützlich zu machen wußte.) L[andfermann] wurde schon früh Gymnasialdirektor in Duisburg und nach etlichen Jahren Provinzialschulrat in Koblenz, wo ihm alle evangelischen höheren Schulen der Rheinprovinz unterstellt waren, samt den evangelischen Seminaren und überdies in den ersten fünfzehn Jahren noch die evangelischen Volksschulen des Regierungsbezirks Koblenz.

Von der Ritterlichkeit dieses trefflichen Schulbeamten, auch zum Schutze seiner Untergebenen, wäre manches zu erzählen, wenn es mündlich geschehen könnte. Ein redendes Beispiel ist aber gerade das zitierte Votum, indem das betr. Gutachten L[andfermanns] zum Schutze Zahns eintrat und zwar, als Zahn bereits den Zorn des Ministers gefühlt hatte. Es war viel, daß sich nun der Minister durch L[andfermann] sagen lassen mußte, er habe Z[ahn] unrecht getan [. . .]

[F. W. Dörpfeld]

Vgl. F. L. Zahn, Ein Wort über Leitung des Volksschulwesens, in: Schul-Chronik 1845; D. W. Landfermann, Ein Gutachten usw., in: ebd. 1848. Beide Aufsätze wiederabgedruckt in: F. L. Zahn, Gesammelte Schriften, Hrsg. D. Horn, Gütersloh 1905. Zu diesem Vorgang zuletzt: K. Goebel, Franz Ludwig Zahn, in: Rheinische Lebensbilder 7, Köln 1976.

405
An unbekannt

ohne Ort und Datum

[. . .] Was mich zu Pestalozzi hinzieht, ist zunächst nicht ein Individuelles, was ihm allein zukommt, sondern ein Allgemeines, was sich mitunter noch anderswo findet. Es ist das Originale, das Naturwüchsige in seiner Denkungsweise, Sinnesart und in seiner ganzen Persönlichkeit. Man verstehe, nicht das Absonderliche, Sonderbare, Originelle, sondern das Originale.

Es muß aber noch ein Zweites hinzukommen. Eine solche Persönlichkeit muß von einer ethischen Lebensaufgabe getragen sein, einen sittlichen Charakter haben; Kopf und Herz, Denken und Streben müssen zusammengehen.

Wo beide Stücke zutreffen, da findet sich in der Regel auch noch ein Drittes, ein (scheinbares) Mißverhältnis zwischen Wollen und Können, zwischen Kraft und den vorgesteckten Zielen, ein Mißverhältnis, das um so größer ist, je stärker das Sehnen ist, und je höher demnach das Ziel steht, also ein gewaltiges Ringen mit Hindernissen, sei es im Denken oder im praktischen Streben, mit inneren oder mit äußeren, kurz, das, was die Christensprache „Kreuz" und die Volkssprache „Querstriche" nennt, und der Kampf mit allen diesen Widerständen.

Die Persönlichkeiten, in deren Leben dieser Dreiklang ertönt, diese und nur diese sind für mich die eigentlichen Lichter in der Geschichte der Menschheit auf dem Wege zur Humanität, die großen Ziffern in den hohen Stellen der Tausende und Zehntausende, die keuchenden Lokomotiven des langen menschlichen Reifezuges nach dem Lande der Gesundheit, Freiheit und Mannbarkeit.

So die äußere Signatur dieser Persönlichkeiten.

Wo hat man aber die Wurzel, die Quelle dieser drei Eigenschaften, zu suchen? Sie muß innen liegen, nicht außen, und tiefer als jene Eigenschaften.

Als diese Quelle und somit als das eigentliche Charakteristikum solcher Licht- und Kraftmenschen ist mir immer dies erschienen, daß sie sich an dem Vorhandenen, Gegebenen, Gefundenen nicht genügen lassen konnten, daß sie nach etwas Besserem, Höherem, Vollendeterem begehrten, kurz, in der „Sehnsucht".

Die Sehnsucht sieht auf das, was fehlt und strebt, es zu ersetzen; und aus diesem Sehnen erwächst und erstarkt auch die Kraft zum Streben. Das größere Sehnen, nicht die größere intellektuelle Begabung, ist die Wurzel des Genialen. Die Kraft des Genies sitzt zunächst im Herzen, nicht im Kopfe, erst hinterher, erst durch die Triebkraft, die aus dem Herzen kommt, geschieht es, daß der geniale Geist auch intellektuell über andere hervorragt. In diesem Sinne erklärt sich mir auch die Erscheinung, welche Goethe richtig bezeichnet – der Unterschied zwischen Talent und Genie – aber nicht erklärt:

> Was die Epoche besitzt, verkünden hundert Talente,
> Aber der Genius bringt ahnend hervor, was ihr fehlt.

Ein „Mann der Sehnsucht" und ein „Mann von Genie" sind mir daher gleichbedeutende Ausdrücke, nur dadurch unterschieden, daß dort die Wurzel und hier die Frucht genannt wird. Die Urgestalten dieser Lichtmenschen und ihr reinster Typus sind die altbiblischen „Schauer" oder „Seher". Vielleicht möchte auch der alte Name „Prophet" bezeichnender sein als der neumodische „Genie".

Mit diesem Wurzelmerkmal der Sehnsucht nach dem Besseren, Gesunderen, Originalen und dem Arbeitsmerkmal des „Ringens" nach diesen Zielen hängt auch ein Merkmal in den Leistungen zusammen, das auf den ersten Blick mit dem Namen „Lichtmensch" nicht zu stimmen scheint, ich meine die Dunkelheit, Unbestimmtheit, Unklarheit, welche ihre Gedanken und Darstellungen häufig an sich tragen, ein Merkmal, das namentlich dann stark in die Augen fällt, wenn man ihre Produktionen mit denen des Talents vergleicht. Daher das bekanntlich so verschiedene Geschick beider Menschenarten: die Talente werden schnell kund, kommen bald zu Ehren, machen Karriere und gelten dem großen Haufen ihrer Zeitgenossen gewöhnlich für Genies, die wahren Genies dagegen kommen in der Regel erst bei den nachfolgenden Geschlechtern zu Ehren, müssen unter ihren Zeitgenossen wunderliche Köpfe heißen und leider obendrein nicht selten darben und Verfolgung leiden. Sieht man übrigens schärfer zu, so reimt sich ihre Dunkelheit mit ihrer Lichtnatur ganz gut; sie ist in der Regel geradezu untrennbar, gereicht ihnen auch nicht weniger zur Unehre als dem Krieger seine Wunden und Narben. Vorab muß beachtet werden, daß ihre Produktionen darum noch nicht an sich dunkel sind, weil sie andern, zumal ihren Zeitgenossen, so erscheinen. Zum andern fehlt es ihnen manchmal an Zeit, um für die Klarheit der Darstellung die nötige Sorge zu verwenden; sie haben eben mit der Urproduktion genug zu tun.

Aber das alles ist nicht der Hauptgrund ihrer Dunkelheiten, sondern dies, daß sie beim Schreiben Ringende waren, noch nicht Sieger über alle Finsternisse und daß sie vermöge ihres stärkeren Verlangens nach Erkenntnis, nach Licht, mit dem Maß von Einsicht, was sie besaßen und womit andere sich gern begnügt haben würden, sich eben nicht begnügen, sondern noch tiefer schauen wollten. Das seichte Wässerlein kann so klar sein, daß man bis auf den Grund zu sehen vermag; das tiefere Wasser wird niemals diesen Grad von Klarheit zeigen können. Gerade durch die Schwächen, die Dunkelheiten, bieten die Schriften jener Männer einen zwiefachen Vorteil: einmal lassen sie erkennen und fühlen, wie sie gerungen haben, denn man sieht sie gleichsam noch im Ringen begriffen; und zum andern zeigen die dunklen Stellen an, wo besondere Tiefen sind, wo noch eine Arbeit übrig und lohnend ist, wo also der Nachkommende am Ringen teilnehmen kann. Eben darum bleiben diese Schriften so wirksam, so fruchtbar. Man kann sich an ihnen nicht satt lesen und kehrt immer wieder gern zu ihnen zurück. Mir wenigstens geht es so. So ist mir z.B. Herbart sympathischer in allen seinen Schriften als seine Jünger in den ihrigen, obwohl diese manches klarergestellt haben, als er es zu tun vermochte. So sind mir manche der früheren Schriften Kants lieber als seine späteren, die seinen Ruhm begründet haben. Als Lieblinge unter den Lichtmännern stehen (bei mir) (für meinen Bedarf) obenan außer den genannten beiden Philosophen, zu denen ich auch gern Plato stellen würde, wenn ich der griechischen Sprache mächtig wäre, Luther und der theosophierende Ötinger, Hamann und Herder, Bach und Händel, Comenius und Pestalozzi und insbesondere Israels religiöse Klassiker, die Propheten und Apostel. Unter den Poeten, den sog. weltlichen, habe ich keinen in dieser ersten Reihe außer Shakespeare; unter den geistlichen sind es Paul Gerhardt und unser niederrheinischer Landsmann Tersteegen.

Noch eins muß ich erwähnen. Oben ist bemerkt, daß der Forschungsdrang allein es nicht sei, der einen Menschen zum „Licht der Welt" mache, sondern ebensosehr der sittliche Charakter dazu gehört. Ich meinte den Drang der Liebe insbesondere zu den Armen, Zurückgesetzten, Verlassenen, Leidenden. Was ist Licht ohne Liebe? Ein tönendes Erz und eine klingende Schelle. Was dieser Faktor im Menschen aus einem Menschen zu machen vermag, können wir ganz besonders an Pestalozzi sehen. Er war ein „Genie der Liebe", und das ist es vor allem, was ihn für die Pädagogik auch zu einem Genie der Forschung gemacht hat. Wenn von ihm die Rede ist, so entbehre ich immer etwas, wenn nicht auch dieser Kernpunkt seiner Persönlichkeit so ernst und nachdrücklich wie möglich mit hervorgehoben wird.

Wir haben uns zwar gewöhnt, bei Verhandlungen über politische, wirtschaftliche, künstlerische und pädagogische Dinge den sittlichen Faktor, der bei diesen Dingen mit in Betracht kommen muß, so zu behandeln, als ob er sich von selbst verstände. Diese Gewohnheit ist keine gute, zumal auf dem pädagogischen Gebiete. Es ist ja ein vortreffliches Ding um Einsicht und Geschicklichkeit. Aber mit der Einsicht und Geschicklichkeit allein, und wären sie engelischer Art, lassen sich keine Menschen erziehen. Zum Erziehen ist, wie beim Wachsen aller Organismen, auch Wärme nötig. Im Geisterreich heißt die Wärme „Liebe". Wie oft habe ich Unlust und Dumpfheit in Schulklassen angetroffen, wo der Lehrer in Einsicht und Geschick ein Meister war; aber nie habe ich Regsamkeit und Freudigkeit vermißt, wo die Schulluft durch des Lehrers Liebe zu den Kindern durchwärmt war. Möchten wir ja recht bald an den Universitäten rechte und vollständige pädagogische Seminarien bekommen, welche Einsicht und Geschick in die Schularbeit bringen können; allein ich wünsche kein Seminar zu sehen, wo den Seminaristen nicht auch aufs ernstlichste bezeugt wird, daß nur die Liebe des pädagogischen Gesetzes Erfüllung ist [. . .]

[F. W. Dörpfeld]

G. von Rohden beschließt mit dieser Briefstelle GesSchr VI, „Lehrerideale", Gütersloh 1897. Es seien die D. „teuer gewordenen Idealgestalten und Heldenpersönlichkeiten", über die er sich hier in besonders charakteristischer Weise ausspräche (ebd. S. 218).

406

An unbekannt

ohne Ort und Datum

[. . .] Aufsätze wie der Deinige erinnern mich an zwei Reflexionen, die mich bei Luthers reformatorischer Erstlingsschrift (95 Thesen) oft beschäftigt haben. Ich will sie hersetzen. Vielleicht können sie Dir nützlich sein. Der erste Gedanke ist dieser: Luther ist sich ohne Zweifel bewußt gewesen, daß es ein wichtiger, höchst bedeutsamer Schritt war, den er wagte. Noch gewisser ist aber, daß er nicht den tausendsten Teil der Nachwirkungen, der Nöte, der Kämpfe, der Gewissensbedrängnisse usw. ahnte, die daraus folgten. Wenn er das alles hätte voraussehen können, ob er dann wohl den Mut gefunden hätte, jenen ersten Wageschritt zu tun? Der zweite Gedanke: Als er die Thesen entwarf und prüfte, wird ihm vielerlei Druck auf der Seele gelegen haben. Für das Drückendste aber halte ich dies, daß er keinen einzigen zuverlässigen Gesinnungsgenossen zur Seite hatte, mit dem er seinen Thesenentwurf durchsprechen konnte.

Jenen ersten Gedanken findet man bekanntlich oft in den Schriften über die Reformationsgeschichte ausgesprochen; den zweiten habe ich dagegen niemals gefunden. Warum wohl nicht? [. . .]

[F. W. Dörpfeld]

Dem Briefausschnitt geht bei Ca 464 eine Erörterung voraus, die sich mit dem häufig gegen den Strom schwimmenden D., seinen dabei aufkommenden Zweifeln und dem Irrewerden an sich selbst befaßt.

407

An unbekannt

ohne Ort und Datum

[. . .] Unser rheinfränkischer Winkel ist dem Namen nach wohl in ganz Deutschland bekannt, und doch dürfte keine der vielen in Deutschland vorhandenen eigentümlichen Volksindividualitäten so unbekannt sein als gerade diese. Überall sagt man nach der geographischen oder politischen Schablone flinkweg „die Rheinländer", und doch ist z.B. der Bergische und Jülichsche, ebenso der Clevische und Märker nach Natur und geschichtlichem Wuchs von dem leichtzüngigen und leichtfüßigen Mittelrheinländer und dem oberrheinischen Alemannen viel mehr verschieden als von dem Schwaben und Friesen. Bei einem gewissen Maß von Lebendigkeit und Energie des Naturells, was namentlich bei dem Bergischen sich findet, ist er doch ebensosehr und vielleicht noch mehr zur Stetigkeit, besonders aber zum Ernst geneigt. Ein echter Bergischer sieht z.B. einen Kölner mindestens für einen halben Gecken an [. . .]

[F. W. Dörpfeld]

408

An unbekannt

ohne Ort und Datum

[. . .] Unser lieber Prof. H[ülsmann] steht für seine Person auf dem Standpunkte der kritischen Schriftforschung, und doch hat er gerade unserer rheinischen Kirche die entschiedensten Geistlichen vorgebildet. Der Herr sieht das Herz an, das ist die entscheidende Sache [. . .]

[F. W. Dörpfeld]

J. Hülsmanns theologische Auffassungen sind seinen Beiträgen im EvSchBl und in W. Hollenberg, Prof. J. Hülsmann, Aus seinem Leben und seinen Aufzeichnungen, Heidelberg 1875, zu entnehmen.

409
An unbekannt

ohne Ort und Datum

In einem umfangreichen, an einen „Schulfreund" gerichteten Schreiben äußert sich D. zu Herbarts Philosophie und Pädagogik. Der in GesSchr VI, S. 146–156 abgedruckte Brief kommt einer Abhandlung gleich, so daß hier auf einen Wiederabdruck verzichtet wird.

410
An unbekannt

ohne Ort und Datum

[. . .] Ihre poetischen Produktionen, so viel ich davon habe lesen können, haben mich in mehrfacher Beziehung interessiert. Wären Sie mein Nachbar gewesen, so daß wir unsere Gedanken hätten mündlich und vertraulich austauschen können, so würde ich Sie beizeiten beschworen haben, mit Ihrer poetischen Gabe ja recht haushälterisch-sparsam umzugehen. Erinnern Sie sich daran, daß der fruchtbare Goethe oft mehrere Jahre lang gar nichts produziert hat? Er harrete der Stunde. Unter allen schönen Künsten ist es gerade die Poesie, welche am wenigsten es verträgt, gleichsam professionell oder auf Bestellung (oder wie man sagen soll) zu schaffen. Wir haben zwar professionelle Maler, Musiker usw., aber professionelle Dichter gibt es nicht und kann es nicht geben. Und wenn je einer es versuchen wollte oder durch des Lebens Not auf diesen Weg gedrängt wäre, so würde er bald sein Talent, falls er ein solches besäße, ruiniert haben. Selbst beim Drama und beim Roman, die schon mehr vertragen können, rächt sich ein forciertes Produzieren schon bald; wie viel mehr auf dem ungleich zarteren Gebiete der lyrischen Poesie.

Hier gilt absolut Schillers Wort:

> Wie in den Lüften der Sturmwind saust,
> Man weiß nicht, von wannen er kommt und braust,
> Wie der Quell aus verborgenen Tiefen,
> So des Sängers Lied aus dem Innern schallt.

Wer dawider sündigt, der begeht an seinem Talente, falls er wirklich ein solches besitzt, einen Selbstmord.

Lassen Sie mich noch einen zweiten Gesichtspunkt berühren. Heine hat weiland gesagt: „Ein politisch Lied – ein garstig Lied."

Das sollte zu Ehren und zum Schutze der Poesie geredet sein. Mit Recht. Die deutsche Nation hat das auch begriffen und die Dichter desgleichen. Herweghs, Hoffmanns (v. Fallersleben) u.a. politische Gedichte von weiland liest in Deutschland kein Mensch mehr, höchstens unbärtige Jünglinge, und die Dichter produzieren derartiges nicht mehr. Hinterher hat man aber auch begriffen, daß der Heinesche Spruch noch in einem allgemeineren Sinne gilt, d.h. daß alle Tendenz-Poesie „garstig" ist = unpoetisch, abgeschmackt.

Ein anderes sind echte patriotische Dichtungen (Lieder usw.). Die stammen aus dem Herzen, nicht aus dem Kopfe, nicht aus einer Doktrin; und sie sind daran kenntlich, daß sie vom ganzen Volke verstanden und dankbar begrüßt werden, nicht bloß von einer Partei, weil die Herzen einer Nation gleich fühlen, während die Köpfe gespalten sind.

Noch einen dritten Gesichtspunkt muß ich berühren.

In Deutschland hat man nachgerade auch verstehen gelernt, daß Heines Spruch nicht bloß zum Schutze der Poesie wahr ist, sondern auch zum Schutze der Politik (und aller andern sozialen Aufgaben). Auch der Politik bringt die politische Poesie wenig Heil; wohl aber kann sie ihr viel Schaden tun – in unreifen Köpfen. Die eigentliche Arbeit, welche auf dem polit[ischen] Felde geschehen muß, kann nur von der strengen Wissenschaft und von der zähen, aufopfernden Praxis erwartet werden. Da können die Dichter ja den Arbeitern zuweilen ein aufmunterndes Wort zusprechen; allein wenn die dichterischen Produktionen für politische Arbeit angesehen sein wollten, so heißt das nichts anderes, als wenn man eine zu erobernde Festung mit Seifenblasen beschießen wollte. Das Verhältnis zwischen der Poesie und den verschiedenen sozialen und privaten Lebensaufgaben läßt sich auch noch an einem andern Gleichnisse klarmachen. Zu allen Nahrungsmitteln gehört Salz, wenn sie schmackhaft und gesund sein sollen. Wie aber, wenn man pures Salz als Nahrungsmittel auftischen wollte? Dem Salz gleicht die Poesie: sie ist auf jedem Lebensgebiete ein höchst schätzbares Gewürz. Wenn sie aber etwas anderes sein will als Gewürz, dann setzt sie sich der Gefahr aus, in Verachtung zu fallen.

Was vorstehend von dem Verhältnis der Poesie zur Politik und den nächst verwandten Gebieten gesagt ist, das gilt auch von ihrem Verhältnis zum Schulgebiete nach seinen drei Seiten Schularbeit, Schuleinrichtung und Schulverfassung. Auch hier ist der Fortschritt in erster Linie abhängig von der wissenschaftlichen Forschung in allen drei Richtungen und sodann von der Überleitung der gewonnenen Wahrheiten in die Praxis. Von beiden Aufgaben kann die Poesie nichts übernehmen. Allerdings kann sie auf dem Schulgebiete ein gutes Werk tun: nämlich durch poetische Erfassung und Beleuchtung des Schullebens (Lehrerlebens und Schülerlebens). Wie das Schulzimmer durch lieblichen Blumenflor geschmückt wird und der Schulhof durch umgebende Bosquets, so sollte die Poesie das Schulleben durch tiefere Erfassung erheben und zieren. Aber hier gerade ist bisher von den Poeten am allerwenigsten geleistet worden. Seit 30 Jahren habe ich mich mit Fleiß darnach umgesehen, aber in Nord und Süd des Gesuchten wenig gefunden. Reimerei und sprachlicher Klingklang ist noch lange nicht Poesie. Das erste, wodurch die Poesie sich legitimieren muß, ist die eigentümliche, künstlerische Auffassung des Objekts, wie Lessing einfürallemal festgestellt hat; die sprachliche Darstellung ist erst das zweite.

Kein Arbeitsfeld hat vor der Welt ein prosaischeres Aussehen als das Schul- und Lehrerleben, ein Beweis, wie viel hier noch für die Poesie zu tun ist.

Wie Sie aus dem Vorstehenden ersehen, bin ich in der Tat der Ansicht, daß Ihre poetische Gabe auf eine falsche Fährte geraten ist, als sie sich durch Ihre Begeisterung und Ihren Eifer auf das päd[agogische] Kriegsfeld rufen ließ. Die Poesie ist weiblichen Geschlechts: Darum gehört sie, wie das Weib, nicht in den Kriegslärm oder nur ausnahmsweise; ihr Daheim ist die Stille und das Feld der Friedenswerke [. . .]

[F. W. Dörpfeld]

Den Anlaß dieser grundsätzlichen Betrachtung haben offenbar tendenziös-polemische Gedichte des Adressaten gegeben. Die Abschrift von D.s Hand trägt die Überschrift: „Brief an B. in U.". D. selbst hat in seinem Gedicht „Der deutsche Dreiklang", mit einer Melodie von J.D. Eickhoff abgedruckt im EvSchBl 10 (1866), S. 285–288 (auch: GesSchr X), ein Beispiel für „patriotische Dichtung" gegeben.

411

An unbekannt

ohne Ort und Datum

[. . .] Mit Betrübnis hörten wir durch Ihre Karte die Nachricht von dem Unglück, das über Ihre Stadt und speziell über Ihr Stadtviertel gekommen war. Ihre und Ihrer Frau Sorge und Beängstigung, die Unruhe des Ausräumens und das Durcheinander hinterher usw.

habe ich mir lebhaft vorgestellt, obwohl mir selbst, Gott Dank, nie dergleichen begegnet ist. Hinterher werden Sie sich auch an dem tröstlichen Anblick aufgerichtet haben, daß Sie die Ihrigen noch gesund und wohl beieinander hatten und daß der äußere Schade in engen Grenzen geblieben war [. . .]

Ich glaube, man tut auch wohl, Auge und Gedanken immer wieder auf diese tröstliche Stelle, auf Gottes gnädige Bewahrung zu richten. Man kommt so, im Festhalten der tröstlichen Seite und der Dankbarkeit, am leichtesten und schnellsten hinweg über die Beunruhigungen, Mühen und Verdrießlichkeiten, die solche Katastrophen zur Folge haben. Überdies wird einem dann noch die andere „friedsame Frucht" zuteil, daß man kraft der erfahrenen gnädigen Gottesbewahrung sich um so vertrauensvoller Seiner weiteren Führung überläßt und anstatt unruhiger nur um so ruhiger in die Zukunft blickt. Das möchte ich insonderheit auch gern Ihrer lieben Frau ins Gemüt sagen. Gebe Gott, daß sie voll und kräftig erfahre, was ich ihr wünsche [. . .]

[F. W. Dörpfeld]

412
An unbekannt

ohne Ort und Datum

[. . .] Sein Standpunkt ist im allgemeinen der liberale, auch in religiösen Dingen, doch hat er sich von den Parteien sehr unabhängig erhalten und sich mit Fleiß ein selbständiges Urteil bewahrt [. . .]

Er ist ein sehr eigenartiger und in jeder Beziehung interessanter Mann, dazu von edler Denkungsart. Schade nur, daß ihm das spezifisch Christliche nicht in einer Form nahegekommen ist, daß es ihn stärker anziehen konnte. Er hat sich vom einfachen armen Handwerksgesellen zu einem vermögenden Fabrikanten emporgearbeitet, hat auf autodidaktischem Wege fast in allen Richtungen studiert, Naturwissenschaften, fremde Sprachen, Geschichte, deutsche Literatur usw., dazu sich um Politik, Volkswirtschaftslehre, Sozialismus, Schulwesen usw. bekümmert, an allerlei gemeinnützigen Bestrebungen sich beteiligt, Zeitungsartikel und Flugblätter geschrieben, mit allerlei Gelehrten korrespondiert usw. [. . .]

Nun komme ich an den Punkt, um deswillen das Vorstehende eigentlich geschrieben ist. Es wurde mir zumute, als müßte ich Dir diesen unsern „Mitgenossen an der Trübsal" ansagen. Ich weiß wohl, daß Du nicht imstande bist, in seiner ökonomischen Kalamität tätige Hilfe oder auch nur direkten Rat zu beschaffen. Das muß von höherer Hand kommen. Darauf ist eben mein Blick gerichtet.

Er ist zwar ein durchaus gottesfürchtiger Mann. Allein da er Gottes Herz nicht aus dem Angesichte und dem Herzen Jesu Christi kennt, so muß ich befürchten, daß er in seinem Gottvertrauen doch nicht den starken Halt hat, den man ihm in solcher rundseitigen Bedrängnis wünschen muß. Da möchte ich ihm gern mit einigen Worten zu Hilfe kommen, sofern Worte hier etwas leisten können. Was dieserhalb ihm zu sagen wäre, weiß ich nun wohl. Allein was die ökonomische Bedrängnis betrifft, da, meine ich, könntest Du aus selbsterlebter Erfahrung ein Zeugnis beibringen und bezüglich der Leibesbedrängnis dazu, was meine bloßen Worte weit, weit aufwiegt. Ich dachte nun, Du möchtest einen Brief an mich richten, gleichsam als Antwort auf die Mitteilungen meinerseits über die leibliche und ökonomische Bedrängnis eines meiner Freunde, worin Du schlichtweg Deine eigenen Doppel-Erfahrungen deutlich erzählst und dabei darlegst, wie Du inmitten der eigenen

Trübsal die Lage angesehen und angefaßt hast und wie Dir hinterher zumute ist, um dann daran noch einige Worte zu knüpfen, wie Du sie gern einem Mitpilger und Leidensgefährten zum Trost ins Herz sagen möchtest. Ich würde dann Deinen Brief dem meinigen beifügen.

Wie für einen Mann auf seinem religiösen Standpunkte über die religiösen Dinge geredet werden muß, weißt Du, was aber nicht hindert, ihn deutlich merken zu lassen, daß und warum uns ein tieferer, trostvollerer Blick in Gottes Herz und seine Friedensgedanken erschlossen ist [. . .]

[F. W. Dörpfeld]

Aus Vorbemerkungen zu diesem Brief bei Ca 329 ist zu schließen, daß es sich um Moritz Müller in Pforzheim handelt, dessen wirtschaftliche Schwierigkeiten D. beklagt; der Name wird allerdings nicht genannt. Dazu Brief 331.

413
An unbekannt

ohne Ort und Datum

D. gibt dem erkrankten Briefempfänger zu verstehen, daß dem Gebet um Gesundung der Glaube vorausgeht und weist darauf hin, daß in der Schrift über dreihundertmal „Fürchtet euch nicht" stünde. Deshalb möge er sich nicht bangemachen lassen.

414
An unbekannt

ohne Ort und Datum

[. . .] Seitdem wir seinerzeit ein paar Tage hindurch Stadt und Land Ihrer Heimat miteinander durchwanderten, haben wir beide allerlei erfahren müssen. Sie freilich noch mehr als ich. Der liebe Vater wurde von Ihrer Seite genommen und Sie mußten selbst noch in besonderer Weise durch Trübsalshitze hindurch. Es freut mich, daß Sie wirklich hindurch gekommen sind, daß auch Ihnen aus der Finsternis das Licht in hellerem Glanze durchgebrochen ist. Das sind Gottes Werke und Wege, seitdem Er zuerst aus der Finsternis das Licht hervorbrechen ließ. Es gehört zu den bekannten und doch so wunderbaren Wegen Gottes, daß wir durch viel Trübsal müssen in Sein Reich eingehen, daß er gerade an bittere Erlebnisse so süße Verheißungen angehangen hat. Daß wir doch uns solche Wege immer, immer wohlgefallen ließen! Welcher Seligkeit würden wir dann teilhaftig werden! Nicht umsonst reden auch Johannes Tauler, Thomas von Kempen und die Mystiker des Mittelalters so viel von dem „armen Leben Jesu". An dies „arme Leben Jesu" für uns und in uns hat Gott der Herr vor Grundlegung der Welt die Freiheit und Herrlichkeit Seiner Kinder gebunden. In aller und durch alle Widerwärtigkeit sollen wir lernen, von der Welt frei zu werden; sollen uns üben zu denken, daß wir es nicht mit Menschen und Elementen, sondern nur mit Einem Gott, unserm Vater, und mit Einem Herrn, Jesu Christi, zu tun haben, um sagen zu können wie Joseph zu seinen Brüdern: Ihr habt mich nicht hierher gesandt, sondern Gott hat mich hierher gesandt; und mit David, als Simei ihm fluchte: Laß ihn, der Herr hat ihm geheißen, fluche David. Was für freie Männer waren das! Dazu wolle der Herr durch Seinen Geist uns immer mehr machen, Sie und mich, und alle, die es begehren. Einen größeren Wunsch kenne ich nicht: Freiheit von der Welt und Ruhe in Gott [. . .]

[F. W. Dörpfeld]

An denselben Empfänger wie Brief 381.

415

An unbekannt

ohne Ort und Datum

[. . .] Wie es tut, wenn ein Zweiglein vom Stamm abgerissen wird, wie einem zumute ist an dem Sarge und Grabe geliebter Angehörigen, wo das verwundete Herz in tiefem Schmerze zittert und sich krümmt, ich kenne das reichlich.

Aber durch Gottes Gnade kenne ich auch noch etwas anderes. Lassen Sie mich auch dies noch sagen, den Trost, womit ich selber getröstet bin.

Wir wollen uns ausweinen, ohne uns darin einen Zwang anzutun. Es gehört diese Erleichterung mit zu dem Troste, den uns Gott der Herr in solchem Schmerze zugedacht hat.

Aber lassen Sie uns auch die Augen und das Herz erheben zu dem, der Vater ist über alles, was Kinder heißt im Himmel und auf Erden. Es ist kein Faktum, dem wir mit unserm Leben und Geschicke preisgegeben sind; sondern es ist ein mitfühlendes Herz, es ist das Herz der ewigen Liebe, der Liebe, von welcher alle menschliche Liebe nur ein schwaches Abbild ist, es ist das Herz unseres Gottes, das uns wie die Freude so auch das Leid zumißt aus Liebe, nur aus Liebe und nach der Liebe Maß. Wenn nun ein irdischer Vater oder eine irdische Mutter nicht anhören kann ihres Kindes Weinen und Schreien in seinem Schmerze, sondern muß sich seiner erbarmen und hinzulaufen und es in seine Arme schließen, wie sollte der himmlische Vater, der Vater der Barmherzigkeit und Gott alles Trostes, mit weniger Liebe und Erbarmen auf seine kleinen und großen Kinder hienieden hinblicken? Ja, er schläget und züchtigt wohl, aber nicht von Herzen, er verwundet, aber um sich unserer zu erbarmen. Darum läßt er uns zurufen:

„Was ist tue, das weißt du jetzt nicht, du wirst es aber hernach erfahren"

und:

„Kann auch ein Weib ihres Kindleins vergessen, daß sie sich nicht erbarme über den Sohn ihres Leibes, so will ich dein doch nicht vergessen"

und:

„Ich weiß, was für Gedanken ich über euch habe. Gedanken des Friedens und nicht des Leides, daß ich euch gebe das Ende, des ihr wartet."

Aus solchem Blick in Gottes großes Herz heraus schrieb auch einst Dr. Luther seinen schönen Trostbrief an den ihm befreundeten Herrn v. Staremberg, als dessen Gattin gestorben war. Er lehrt den Trauernden mit Hiob dem lieben Gott zu singen, der gegeben und genommen habe und fährt dann fort:

„Sein war solche treue Gemahlin, ehe er sie gab, sein war sie noch, da er sie gegeben hatte; sie ist auch noch sein, nachdem er sie genommen hat, wie wir alle sein sind. Ob es wohl wehe tut, daß er das Seine von uns nimmt, soll doch das Herz sich höher trösten seines allerbesten Willens, mehr denn aller seiner Gaben; denn wie gar unermeßlich Gott besser ist als alle seine Gaben, so ist auch sein Wille für besser zu halten als das allerbeste und edelste Weib: wiewohl man das nicht so fühlen kann wie dies. Der Glaube fühlt es aber. Darum gab Gott Ew. Gnaden, des fröhlich zu sein und anzunehmen diesen reichen Wechsel; daß Sie nun haben für ein zartes liebes Weib einen zarten lieben Gotteswillen und dazu Gott selber [. . .]

[F. W. Dörpfeld]

Das Lutherzitat ist dem Sendbrief an Staremberg vom 1.9.1524 entnommen (D. Martin Luthers Werke, Weimarer Ausgabe, Bd. 18, Weimar 1908 bzw. unveränderter Nachdruck 1964, S. 5–7).

416
An unbekannt

Gerresheim, ohne Datum

[. . .] Ihrem Plan, auf einige Semester zur Universität zu gehen, will ich nicht widerraten, unter der Bedingung, daß Sie der Volksschule treu bleiben. Im andern Fall müßte ich entschieden abraten, aus vielen Gründen, sowohl im Blick auf die Volksschule wie auf Ihre Person. Den Gewinn an neuem Wissen, den Sie dort erhoffen, dürfen Sie sich nicht gar groß vorstellen. Das Selbststudium muß doch stets das Beste tun. Allein in anderem Betracht werden Sie immerhin mancherlei profitieren. Noch eine Bedingung möchte ich aber stellen, nämlich daß Sie vor jener Reise auf etwa vierzehn Tage sich hier niederließen. Ich denke, die Verhandlungen in den vierzehn Tagen würden ein guter propädeutischer Vorkursus für Ihre Reise in das Land der Gelehrten sein [. . .]

[F.W. Dörpfeld]

417
An unbekannt

ohne Ort und Datum

[. . .] Wenn Sie die Kälte nicht scheuen, so möchte ich Sie einladen, die Weihnachtsferien bei mir zu verbringen. Es würde mich freuen, Sie zu sehen und alles mit Behagen besprechen zu können.

In betreff Ihres Unternehmens möchte ich nochmals raten, nicht mit Theoremen aufzutreten, also weder mit der Idee der freien Schulgemeinde oder mit der Formel „Sozial-Pädagogik" noch mit irgendeinem Herbart-Zillerschen Stichwort, sondern ganz und gar praktisch, schlecht und recht; also einfach sagen: ich wünsche eine Privatschule (für Kinder von 6–10 Jahren zunächst), die von einem Familienverbande getragen und garantiert wird, eine Schule, deren Ziel nicht ist, möglichst viel und möglichst schnell lernen, sondern gründlich lernen und Erweckung des Interesses am Lernen und Erzeugung der Kraft zum Weiterlernen. Hat die Schule dem Anfange nach Bestand gewonnen, so ist es die Aufgabe des Leiters, durch praktische Arbeit diese Versprechungen wahrzumachen, und wenn auf diesem Wege das Vertrauen erworben ist, dann zu versuchen, was durch weitere Arbeit zur Verwirklichung der theoretischen Ideale (sei es nach der Seite der Schulgemeinde, sei es nach der Seite der Schulanstalt) geschehen kann. Kurz, die Ideale lassen sich nicht durch Reden verwirklichen, sondern durch Arbeiten, dem sich allmählich auch das Reden zugesellen mag [. . .]

[F. W. Dörpfeld]

418
An unbekannt

ohne Ort und Datum

[. . .] Soeben geht mir die erschütternde Nachricht zu, daß Du in Gefahr ständest, oder ihr vielleicht schon verfallen bist, den größten Teil Deines Vermögens zu verlieren.

Ach, wie ist mir so weh, so unsäglich traurig zumute! Es ist mir, wie wenn die Erde unter den Füßen am wanken wäre. Ich kann meine Gedanken gar nicht recht zusammenbringen.

Du hast je und je ein teilnehmendes Herz gehabt für alle Bedrückten und Bekümmerten; Du bist ihnen mit Deiner Liebe, mit Deinem Rate, mit Deinem Vermögen zu Hilfe gekommen, nach Kräften, nein, über Vermögen; und nun soll dieses Vermögen, das so vielen aus Not und Bedrängnis geholfen und so viele gute Zwecke unterstützt hat, großenteils verloren sein? Ach, du bist ein verborgener Gott, du Gott Israels, unser Heiland.

Es will mir so gar nicht in den Sinn, daß die traurige Nachricht wirklich wahr sei. Ist es denn so? Ist keine menschliche Aussicht mehr auf eine bessere Wendung? Am liebsten möchte ich anstatt dieses Briefes selber zu Euch reisen, um etwas Sicheres zu hören, um Euch wenigstens meine herzliche Teilnahme zu bezeugen. Wenn ich wüßte, daß mein Besuch Euch nur ein klein wenig wünschenswert und tröstlich sein könnte, so würde ich auf einen Tag hinüberkommen; denn solange ich Dein Angesicht nicht gesehen habe, geht mein Arbeiten doch nicht vonstatten.

Gern möchte ich Euch auch ein herzliches Trostwort zusprechen. Allein meine Gedanken sind zu verwirrt, um sich aussprechen zu können. Meine Seufzer für Euch haften immer an dem einen Wort, „Ich weiß, was für Gedanken ich über euch habe, Gedanken des Friedens und nicht des Leides, daß ich euch gebe das Ende, des ihr wartet" und an dem tröstlichen Beispiele Hiobs, der alles und alles verloren hatte und es doch zwiefältig wieder erhielt.

Kann ich nun selbst nichts anbieten, so nehmt mit dem beiliegenden Trostworte aus fremden Munde vorlieb. Es ist eine Betrachtung über das Psalmwort. „Er hilft seinen Elenden herrlich" von einem alten Prediger der Gerechtigkeit. Als ich in meinem Trübsalsjahr 1866 als ein Elender dahinschlich, sammelte ich allerlei Gebete und Betrachtungen, die mich in den trüben Stunden und auf den einsamen Wegen emporheben konnten. Und sie haben mir in der Tat treffliche Dienste getan; zumal das hier beiliegende Schriftstück ist mir damals ein mächtiger Trost gewesen. Gott der Herr segne es auch an Euren Herzen. Ihm lege ich Euch aufs Herz:

> **Dem Gott, der Lasten auf uns legt,**
> **Doch uns mit unsern Lasten trägt**
> **Und uns mit Huld begegnet –**

und der nicht beschämt, die auf Seine Güte hoffen [. . .]

[F. W. Dörpfeld]

419

An unbekannt

ohne Ort und Datum

[. . .] Trachten Sie ja nicht, aus dem Buben etwas Tüchtiges zu machen; lassen Sie etwas Tüchtiges aus ihm werden, ich meine: keine Verfrühung, keine Strapazierung der Natur! [. . .]

[F. W. Dörpfeld]

A. Carnap erläutert die hier angesprochene Erziehungsmethode mit einem Beispiel von D.s eigenen Kindern, die gegenüber damals verbreiteten Methoden mit wenig Strenge auskommen und manche Freiheiten genießen: „Überhaupt hatte die Art unserer Erziehung etwas Ungemachtes, Natürliches. Ich war schon ziemlich herangewachsen, als ich noch immer die Meinung hatte, wir seien viel weniger ‚erzogen' als andere Kinder, deren Erziehung mir sehr imponierte, weil ihr Tun und Lassen streng geregelt war und von Willen und Erlaubnis der Eltern abhing" (Ca 215).

420
An unbekannt

ohne Ort und Datum

[. . .] Darin liegt eine merkwürdige Zucht. Oft kommen einem die besten Gedanken während des Schreibens. Man muß fleißig die Feder gebrauchen, sei es um Fragen der verschiedensten Art ins klare zu bringen, sich schriftlich vorzubereiten, aufgenommene Gedanken weiter auszuarbeiten etc. (Gedruckt braucht es nicht zu werden; der Gewinn für den Betreffenden liegt in der Arbeit selbst.) Gebraucht man die Feder nicht, so läßt man ein sehr wichtiges Bildungsmittel unbenutzt; dazu heißt es auch hier: Raste ich, so roste ich [. . .]

[F. W. Dörpfeld]

D. hatte eingangs davon berichtet, daß sein Schwiegervater, Pfarrer Keller in Wermelskirchen, unklare Fragen schriftlich zu klären suchte. „Ganze Stöße von Heften hat er vollgeschrieben, meist nicht wieder gelesen, nur um für sich mit der Sache ins reine zu kommen" (Ca 231).

421
An unbekannt

ohne Ort und Datum

[. . .] Ihre Notiz, daß Sie sich seit längerer Zeit viel mit Pestalozzi beschäftigt haben, hat mich interessiert. Die Beschäftigung mit einer Persönlichkeit, die ein Charakter gewesen ist, ein guter, und ein Genie dazu, sei es auch ein unvollkommen ausgebildetes, wird stets in vielfacher Beziehung anregend wirken. Ich glaube aber, daß eine Lektüre ohne begleitende verarbeitende Federtätigkeit nur halbe Frucht liefert. Ich denke mir eine Arbeit mit dem einfachen Titel „Aus Pestalozzi-Studien", der Form nach „Lesefrüchte mit Glossen" dem Inhalt nach:

a) bekanntere Gedanken P[estalozzi]s in neuer Beleuchtung.
b) weniger bekannte Lebensfakten — begleitet von Glossen und
c) weniger bekannte Gedanken — anspornenden Fragen [. . .]

[F. W. Dörpfeld]

422
An unbekannt

ohne Ort und Datum

[. . .] Ihre Darlegungen werden ohne Zweifel anregend wirken, und das ist einstweilen die Hauptsache. Die Anregungen würden freilich noch tiefer gehen, wenn die Gedanken die volle Aufklärung und Ausreifung erhalten hätten. Am meisten macht sich das Bedürfnis größerer Klärung fühlbar auf dem ethischen Gebiet. Was sonst nicht abgeklärt ist, rührt von jenem Mangel her, wenigstens zumeist. Bei voller Ausreifung würde auch der Stil einfacher und durchsichtiger werden; auch würde die praktische Wichtigkeit des Grundgedankens noch deutlicher heraustreten. Doch das kann ja nachgeholt werden.

Nun, arbeiten Sie rüstig weiter, mein Lieber. „Den Geist dämpfet nicht" [. . .]

[F. W. Dörpfeld]

Vielleicht an J. Trüper gerichtet. Der Empfänger ist nach Ca 401 Verfasser einer Arbeit, die gegen die „reine Lehre des Herbartianismus" verstoßen habe (ebda. S. 399).

423
An unbekannt

ohne Ort und Datum

[. . .] Habe ich schon früher darauf aufmerksam gemacht, daß in Ihren Aufsätzen häufig die Sätze zu lang und zu kompliziert sind? Wenn nicht, dann lassen Sie mich den Rat geben, Ihren Stil unnachsichtlich in möglichst kurze Sätze zwingen zu wollen. Zwingen! zwingen! denn ein leiser Druck wirkt bei einem festgewurzelten Übel nicht. Ich weiß das zu gut aus eigener leidiger Erfahrung. Mein Stil war durch die Lektüre vieler philosophischer Schriften (Kant usw.) ursprünglich ebenfalls in die Bahn langatmiger, komplizierter Sätze hineingeraten. Es hat viele Mühe gekostet, um das Übel einigermaßen loszuwerden. Ganz bin ich auch jetzt noch nicht mit mir zufrieden.

Lessing und Goethe müssen Ihre Muster sein. Vielleicht ist es sogar nützlich, eine Zeitlang sich in der Nachahmung Victor Hugos zu üben, damit nach und nach die rechte Mittelstraße herauskomme. Bei uns schwerfälligen Deutschen hat es keine Gefahr, daß wir in dem zerhackten Stil Victor Hugos stecken bleiben [. . .]

[F. W. Dörpfeld]

424
An unbekannt

ohne Ort und Datum

[. . .] Ich habe meinen Sohn Wilhelm vom 12. Jahr an seinen Weg gehen lassen, aber doch ihn im Auge behalten. Es ist nicht gut, einem Knaben zu nahe auf der Ferse zu sein, man darf ihn nur nicht aus dem Auge verlieren.

Ich habe meinem Sohn damals zwei Stücke mit auf den Weg gegeben:

1. Wenn Du Dein Zeugnis heim bringst, so sehe ich auf einen Punkt: ob das Betragen gut ist. (Das andere ist nach Maßgabe Deiner Kräfte zu beurteilen).

2. Sodann achte auf Deinen Umgang; achte darauf, daß er Dich aufwärts, in irgend einer Art aufwärts, vorwärts bringt, nicht abwärts zieht [. . .]

[F. W. Dörpfeld]

Antwort auf eine Anfrage des Adressaten, der D.s Rat zur Ausbildung seines Sohnes wünschte.

425
An unbekannt

ohne Ort und Datum

[. . .] Sie sprechen davon, daß ein Druck Ihres Gemütes zuweilen daher stamme, daß Sie merken, Sie kommen den vorgesteckten Zielen nicht in der erwünschten Weise näher. Nun, Ideale schauen und dann fühlen, daß dieselben noch nicht erreicht sind, das Manko fühlen, erachte ich für kein Unglück, sondern für ein großes Glück. Auf diese Gesinnung setzt der Herr Jesus sein erstes „Selig sind". Arm sein, sich arm fühlen ist nicht reich sein; aber man hat keinen Grund, darüber zu klagen. Das ist gerade eine Gottesgabe, für die man nicht genugsam danken kann.

Ich meine, damit fängt erst das höhere Dasein an, dadurch gerade unterscheidet sich der Mensch vom Tiere, daß er fühlt und weiß, er muß besser werden, vollkommen sein; damit hört die Tretmühle auf. Menschen, die dies Gefühl nicht kennen, haben allerdings des Druckes, aber auch der Freude und des Glückes weniger. Ich tausche nicht mit ihnen.

Nur Geduld und Glaube! [. . .]

[F. W. Dörpfeld]

426
An unbekannt

ohne Ort und Datum

[. . .] Wohl ist ein ‚festes Haus', auch schon in jungen Jahren, eine große Gottesgabe, wonach man zu ringen hat, aber dies Festsein hat doch mehr auf Willen und Gesinnung Bezug als auf Erkenntnis. Das immer tiefere Eindringen und klarere Erkennen ergänzt und bereichert nicht nur, sondern müßte auch korrigierend auf den bisherigen Besitz an Erkenntnis einwirken können. Wo aber der letztere schon fest, ja starr geworden ist, da wird von dem Neuen nur das akzeptiert, was sich jenem System oder Gedankenkreis anpaßt. Es ist Gefahr da, daß dasjenige, was von anderen Grundbedingungen ausgeht, einfach abgestoßen wird, ohne hinreichend auf seine Wahrheit und Wichtigkeit hin geprüft worden zu sein. Es ist ja wohl jedem von uns eigen, daß wir Wahrheiten, die in unsern Gedankenkreis nicht passen, ein Vorurteil entgegenbringen. Bei Ihnen schien mir hier eine Gefahr zu liegen, die mir im Blick auf Ihr immenses Wachstum leidtat. Ich mochte aber nicht gern mit Ihnen darüber reden, einmal, weil mein Urteil doch möglicherweise ein irriges sein konnte, aber auch noch aus einem tieferen Grunde. Ich habe es im eigenen Leben erfahren, daß Gott der HErr, wenn wir mit Aufrichtigkeit Seinen Weg gehen, ihm dienen wollen, unsere Erziehung auch nach jener Seite hin selbst in die Hand nimmt, und er erzieht gründlicher und besser, wie Menschen es können. Wohl läßt Er uns zuweilen einen Weg gehen, der nicht der beste und richtige ist, aber zur rechten Zeit bringt Er uns dahin, daß wir das Irrige einsehen. Solches Einsehen und das mit ihm kommende Sehnen und Ausstrecken nach etwas, was uns unbewußt, nun aber bewußt bisher fehlte, ist Ihm, wie jedem menschlichen Erzieher, ein überaus wichtiges Moment, von welchem an ein ferneres, entschiedeneres Wachstum sich erhoffen läßt. In Ihrem Fortziehen, so sehr ich es einesteils bedauerte, glaubte ich doch die leitende Hand Gottes zu sehen, der Besseres mit Ihnen vorhatte als das, was Sie gelernt haben würden, wenn Ihnen wie so vielen andern ein Beruf in der Heimat wäre zuteil geworden. Wie Sie jetzt merken, ist es mir nicht ums Tadeln zu tun, wie Sie vielleicht vorhin gedacht haben, sondern ums Mutmachen. Daß der l[iebe] Gott Sie, gerade Sie, dem wohl hier mancher Weg offen gestanden hätte, wenn Er es zugelassen, so allein, so in die Wüste geführt und in dieser Einsamkeit solch schwierige Arbeit gegeben, Sie solche Erfahrungen machen läßt, die Ihrem Gemüt so tief schmerzlich sein müssen, alles dies kann Ihnen auch einerseits die freudige Gewißheit geben: Mein Vater im Himmel hat Vertrauen zu mir, er legt mir so schwere Aufgaben vor, er will mich etwas besonderes lehren, was ich unter andern Umständen so nicht hätte lernen können.

Daß Sie Ihre Erfahrungen in diesem Sinn auffassen, sehe ich schon aus Ihrem l[ieben] Brief. Sie haben Ihren Herrn und Meister in seinen inneren Kämpfen und Leiden noch besser verstehen gelernt, und der dadurch bedingte innere Anschluß an Ihn wird Sie mehr fördern, Ihr inneres Leben mehr kräftigen, als die anregendste und beste menschliche Gemeinschaft es vermöchte. Das ‚von Gott gelehret sein' bringt mehr Originales, Wirkliches, Wesenhaftes hervor, als der weiseste menschliche Lehrer zu erwecken vermag.

Kennen Sie Th[omas] Wizenmann (gest. 1786), der vor hundert Jahren zwei Jahre in Barmen bei Siebels war? Er war ein tüchtiger Theologe und Philosoph, von dem seine Freunde Hamann, Jacobi und andere hofften, er würde die Philosophie auf neue, bessere Bahnen bringen. Nach längerem Kranksein wurde er aber schon mit 28 Jahren heimgerufen. Eines seiner Gedichte, welches von den Führungen Gottes mit seinen Kindern handelt, ist mir immer besonders wert gewesen, weil es von eigenster innerer Erfahrung zeugt [. . .]

[F. W. Dörpfeld]

Brieffragment. Zu Th. Wizenmann: Alexander von der Goltz, Thomas Wizenmann, 2 Bde., Gotha 1859.

Die Briefempfänger

A. Adler (siehe Anne Dörpfeld geb. Adler)

K.A. Auberlen: 45.

W. Berchter: 179.

O. Boodstein: 293.

K.S. Cornelius: 372.

P. Diehl: 41, 70, 73, 78, 79, 85, 88–90, 94, 105–107, 110, 122, 128, 172, 173, 182, 186, 190, 191, 193, 195–198, 200, 203, 204, 206, 207, 211, 213, 221, 233, 240, 244, 257, 260, 269, 273, 299, 314, 355.

F.A.W. Diesterweg: 82.

Agnes Dörpfeld (siehe A.v. Rohden geb. Dörpfeld)

Albert Dörpfeld: 119, 121, 123.

Anna Dörpfeld: 152–157, 159, 160, 171, 212, 230, 291.

Anna Wilhelmina Dörpfeld geb. Jung: 1.

Anne Dörpfeld geb. Adler: 290, 298, 310, 328, 332.

Christine Dörpfeld geb. Keller: 14, 15, 17–26, 28–33, 48, 59–66, 69, 72, 97–102, 113–115, 118, 125–127, 129–136.

Christine Dörpfeld (siehe Ch.v. Rohden geb. Dörpfeld)

H. Dörpfeld: 116, 152–157, 159, 160, 251, 281, 308.

J. Dörpfeld (siehe H. Dörpfeld)

J.W. Dörpfeld: 1.

W. Dörpfeld: 81, 91, 111, 112, 152–157, 159, 160, 166, 167, 170, 201, 205, 222, 223, 232, 250, 262, 263, 274, 290, 298, 310, 324, 328, 332, 346, 348, 352, 362.

W. Dörr: 145, 146, 151, 226, 234, 373–378.

A. Falk: 148, 161.

F.A. Finger: 216, 379.

O. Flügel: 338, 349.

an Haack: 146.

J. Hagemann: 11–13, 104.

G. Heine: 301, 336.

E. Höfler: 93.

D. Hogeweg: 146.

A. Hollenberg: 4, 8–10, 27, 34, 35, 52, 57, 108, 143, 164, 169, 174, 183, 189, 192, 194, 199, 202, 208, 214, 238, 239, 241, 243, 245, 249, 264, 270, 283, 289, 315–317, 326, 327, 339, 347, 353, 357, 359, 364.

Wilhelm Hollenberg: 2, 3, 356, 363, 369, 370.

Wilhelmine Hollenberg: 27.

D. Horn: 42, 144, 150, 162, 227.

J. Hülsmann: 380.

A. Israel: 248.

A. Keller geb. Beckers: 139.

Ch. Keller (siehe Christine Dörpfeld geb. Keller)

J.W. Keller: 16, 139.

L. Keller: 345.

G. Kellermann: 141, 146.

J. Kellermann: 141.

G. Klingenburg: 146, 217, 218, 229, 382, 383.

Ch. Klug: 43, 165.

F.H. Kühler: 146.

L. Landfermann: 367.

F.A. Lange: 74, 76.

Lettau: 120, 337.

L.E. Mathis: 84, 86, 96, 109.

H.v. Mühler: 95.

M. Müller: 331, 371, 384.

M. Rade: 322.

W. Rein: 148, 163, 181, 184, 185, 209, 219, 220, 224, 225, 228, 237, 242, 246, 247, 256, 259, 261, 266–268, 271, 272, 276, 282, 284, 286, 287, 294–296, 303–307, 313, 321, 344, 350, 351, 361.

W.H. Riehl (?): 137.

A.v. Rohden, geb. Dörpfeld: 117, 152–157, 159, 160, 210, 312, 325, 333.

Ch.v. Rohden geb. Dörpfeld: 118, 152–157, 159, 160, 354, 368.

G.v. Rohden: 325, 333.

W.v. Rohden: 354.

J. Rohs: 5, 6.

H. Rolle: 297, 302, 309.

E.v. Sallwürk: 385, 386.

M. Schlichting: 124.

H. Schröer: 252, 258, 265, 275, 278, 279, 288, 292.

J.H. Schüren: 38.

H. Steins: 146.

W. Stern: 39.

Th.v. Thrämer: 36.

J. Trüper: 285, 343, 358.

G.v. Vincke (?): 138.

Th. Vogt: 319, 340.

F.W. Winkel: 58.

H. Witt: 323, 329, 387.

Wupperfeld, Schulvorstand: 7.

F.L. Zahn: 87.

Zirkularkorrespondenz: 40, 53–55, 67, 68, 75.

Todesanzeige: 140.

unbekannt: 37, 44, 46, 47, 49–51, 56, 71, 77, 80, 83, 92, 103, 142, 147, 158, 168, 175–178, 180, 187, 188, 215, 231, 235, 236, 253–256, 277, 280, 300, 311, 318, 320, 330, 334, 335, 341, 342, 360, 365, 366, 381, 388–426.

Verzeichnis der an Dörpfeld gerichteten Briefe Wilhelm Reins

9.4.1874 (163)	15. 7.1881 (267)	17. 1.1883 (286)
10.9.1875 (181)	28. 7.1881 (268)	14. 8.1883 (294)
20.2.1876 (181)	2. 9.1881 (271)	21.10.1882 (295)
2.8.1879 (226)	5.10.1881 (272)	13.12.1883 (296)
21.8.1879 (226)	7.12.1881 (276)	8. 6.1884 (304)
25.1.1879 (238)	21. 5.1882 (276)	1. 8.1884 (305)
21.5.1880 (242)	6. 8.1882 (276)	2. 8.1884 (305)
21.9.1880 (247)	6. 9.1882 (282)	8. 9.1884 (306)
31.1.1881 (256)	17.12.1882 (284)	23.10.1884 (307)
10.3.1881 (259)	20.12.1882 (284)	18. 1.1885 (313)
21.3.1881 (261)	22.12.1882 (284)	22. 6.1886 (321)

Reins Briefe sind bei den Erläuterungen derjenigen Briefe Dörpfelds abgedruckt, die in Klammern aufgeführt sind. Absendeort des zweiten, dritten und vierten Briefes ist Weimar, der übrigen Schreiben Eisenach.

Verzeichnis der Handschriftenbesitzer

Private Eigentümer

1. Dr. Klaus Goebel, Wuppertal-Ronsdorf
2. Agnes Kaufmann, Bergneustadt
3. Prof. Dr. Gustav Adolf Rein, Hamburg-Nienstedten
4. Dr. Hellmut Trüper, Altenbeuren/Inn

Öffentliche Eigentümer

5. Archiv der Evangelischen Kirche der Union, Bereich Bundesrepublik und Berlin West, Berlin-Charlottenburg
6. Zentrales Staatsarchiv Merseburg (Bezirk Halle a.S.)

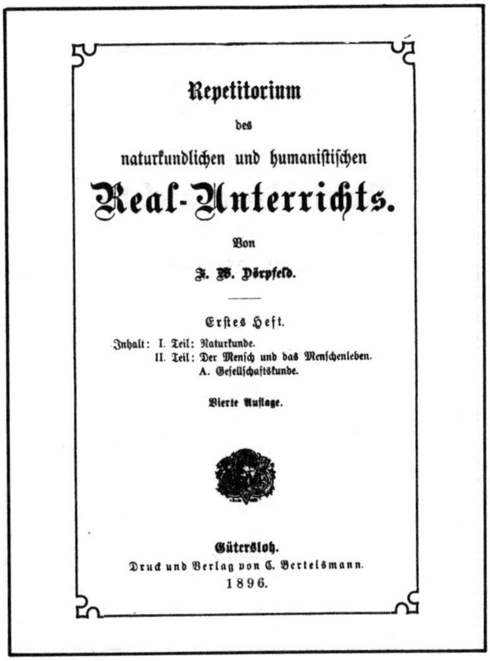

Repetitorium
des
naturkundlichen und humanistischen
Real-Unterrichts.
Von
F. W. Dörpfeld.

Erstes Heft.
Inhalt: I. Teil: Naturkunde.
II. Teil: Der Mensch und das Menschenleben.
A. Gesellschaftskunde.
Vierte Auflage.

Gütersloh.
Druck und Verlag von C. Bertelsmann.
1896.

Abb. 102

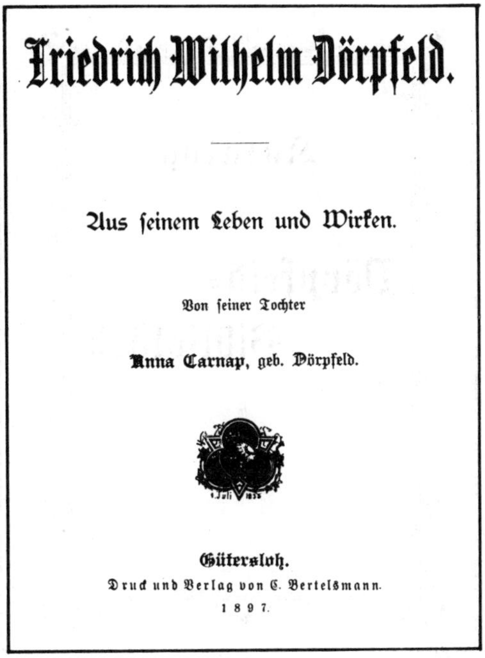

Friedrich Wilhelm Dörpfeld.

Aus seinem Leben und Wirken.

Von seiner Tochter
Anna Carnap, geb. Dörpfeld.

Gütersloh.
Druck und Verlag von C. Bertelsmann.
1897.

Abb. 103

Gesammelte Schriften
von
F. W. Dörpfeld.

Zweiter Band.
Zur allgemeinen Didaktik.
Erster Teil.
Grundlinien einer Theorie des Lehrplans.

Gütersloh.
Druck und Verlag von C. Bertelsmann.
1898.

Abb. 104

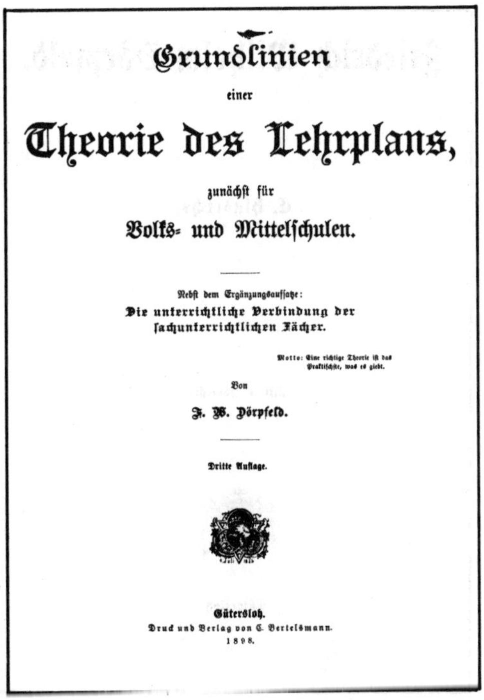

Grundlinien
einer
Theorie des Lehrplans,
zunächst für
Volks- und Mittelschulen.

Nebst dem Ergänzungsaufsatze:
Die unterrichtliche Verbindung der
sachunterrichtlichen Fächer.

Motto: Eine richtige Theorie ist das
Praktischste, was es giebt.

Von
F. W. Dörpfeld.

Dritte Auflage.

Gütersloh.
Druck und Verlag von C. Bertelsmann.
1898.

Abb. 105

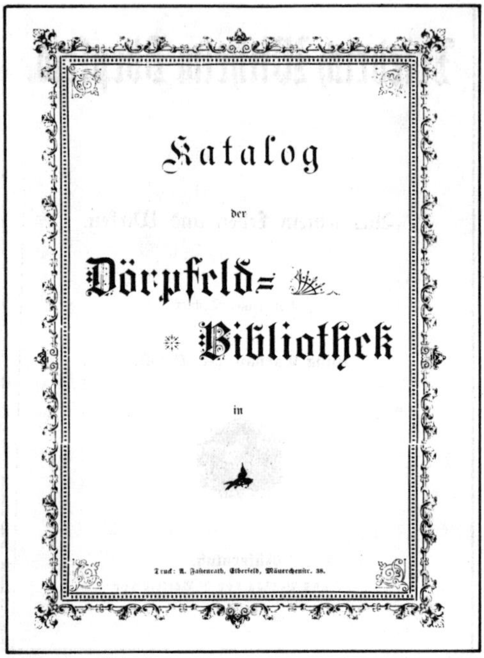

Katalog

der

Dörpfeld-Bibliothek

in

Druck: A. Fastenrath, Elberfeld, Mäuerchenstr. 38.

Abb. 106

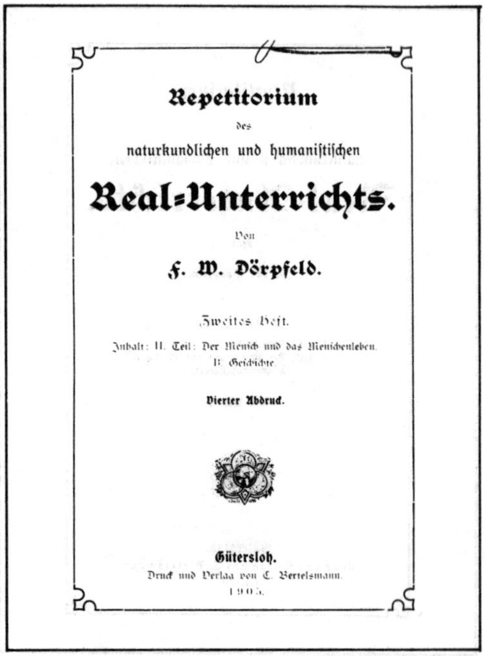

Repetitorium

des

naturkundlichen und humanistischen

Real-Unterrichts.

Von

F. W. Dörpfeld.

Zweites Heft.

Inhalt: II. Teil: Der Mensch und das Menschenleben.
B. Geschichte.

Vierter Abdruck.

Gütersloh.
Druck und Verlag von C. Bertelsmann.
1905.

Abb. 107

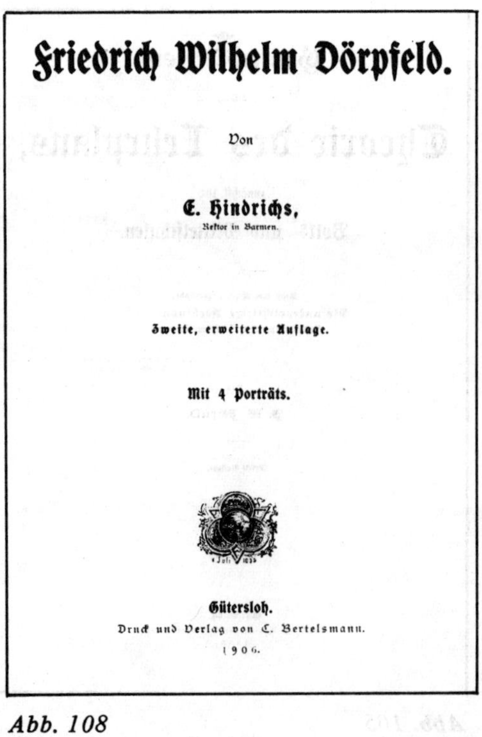

Friedrich Wilhelm Dörpfeld.

Von

C. Hindrichs,
Rektor in Barmen.

Zweite, erweiterte Auflage.

Mit 4 Porträts.

Gütersloh.
Druck und Verlag von C. Bertelsmann.
1906.

Abb. 108

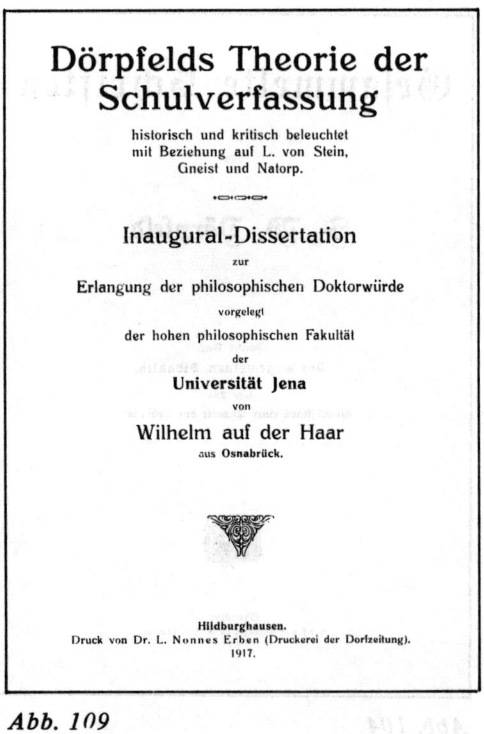

Dörpfelds Theorie der Schulverfassung

historisch und kritisch beleuchtet
mit Beziehung auf L. von Stein,
Gneist und Natorp.

Inaugural-Dissertation

zur

Erlangung der philosophischen Doktorwürde

vorgelegt

der hohen philosophischen Fakultät

der

Universität Jena

von

Wilhelm auf der Haar

aus Osnabrück.

Hildburghausen.
Druck von Dr. L. Nonnes Erben (Druckerei der Dorfzeitung).
1917.

Abb. 109

Beiträge
zur
Kinderforschung und Heilerziehung.

Beihefte zur »Zeitschrift für Kinderforschung«.

Im Verein mit

Dr. G. Anton
Geh. Med.-Rat u. Prof. an der Univ. Halle

Dr. E. Martinak
o. ö. Prof. d. Philosophie u. Pädag. a. d. Univ. Graz

Chr. Ufer
Rekt. d. Süd-Mädchen-Mittelsch. i. Elberfeld

Dr. Karl Wilker
Dir. d. Städt. Erziehungshaus. Berlin-Lichtenberg

herausgegeben von

J. Trüper
Direktor des Erziehungsheimes und Jugendsanatoriums Sophienhöhe zu Jena.

Heft 140.

Die Lehre vom Lernen.

Friedr. Wilh. Dörpfelds Theorie des Neulernens und Einprägens,
gemessen an den Forschungsergebnissen der neueren Psychologie.

Ein Beitrag
zu den experimentellen Untersuchungen über den Lernprozeß.

Von

Dr. phil. Heribert Kley.

Langensalza
Hermann Beyer & Söhne
(Beyer & Mann)
Herzogl. Sächs. Hofbuchhändler
1917

Abb. 110

War Dörpfeld ein großer Pädagoge?

Zum 8. März 1924,
dem 100 jährigen Geburtstage F. W. Dörpfelds

von

W. Vogelsang
Rektor in Barmen

Sonderabdruck aus der „Deutschen Lehrer-Zeitung"

Preis 1 Mark

Verlag der Dörpfeld-Stiftung

Abb. 111

Friedrich Wilhelm Dörpfeld,

der geistige Vater
unserer evangelischen Schulgemeinden,
in seinem Leben und Wirken.

Von

E. Hindrichs,
Rektor i. R.

1 9 2 6

Schriftenverlag des Verbandes Evangel. Schulgemeinden und Schulvereine. E. V., Barmen, Siegesstraße 48.

Abb. 112

FRIEDRICH WILHELM DÖRPFELD

IN SEINEN PÄDAGOGISCHEN THEORIEN

Von

DR. DR. FRIEDRICH AVEMARIE
Direktor der Julius-Stursberg-Schule
zu Neukirchen, Kr. Mörs

1 9 3 3

Buchhandlung des Erziehungsvereins Neukirchen, Kr. Mörs

Abb. 113

Hitler und Dörpfeld

Von Rektor i. R. W. Vogelsang, Wuppertal-Barmen

Sonderdruck aus „Rhein-Ruhr", nationalsozialistische Erzieherzeitung (Nummer 6, März 1934)

Abb. 114

Katechismus für Väter und Mütter

Dr. Martin Luthers Unterweisung über der Eltern Würde, Pflicht und Arbeit

von

Friedrich Wilhelm Dörpfeld

Buchhandlung des Erziehungsvereins Neukirchen Kreis Moers

Abb. 115

SAMMLUNG PÄDAGOGISCHER SCHRIFTEN

SCHÖNINGHS QUELLEN ZUR GESCHICHTE DER PÄDAGOGIK

FRIEDRICH WILHELM DÖRPFELD

Ausgewählte pädagogische Schriften

BESORGT VON ALBERT REBLE

Friedrich Wilhelm Dörpfeld war einer der bewegenden Geister des Lehrerstandes und der pädagogischen Forschung in der zweiten Hälfte des 19. Jahrhunderts. Als anerkannter Lehrer und vielgelesener Schriftsteller vertiefte er die Geltung pädagogischer und didaktischer Grundwahrheiten sowie die Ehrfurcht vor der Schul- und Erziehungswirklichkeit. Für ihn ist ein „Verband von Familien zur gemeinsamen Erziehung der Jugend auf Grund des Elternrechts" die entscheidende Gruppe innerhalb der Schulgemeinde.

FERDINAND SCHÖNINGH PADERBORN

Abb. 116

Politische Bildung – Friedrich Wilhelm Dörpfeld, ein Partner unseres Gesprächs?

Dörpfeld-Symposion in Wuppertal am 16. und 17. Mai 1974

Karl Hermann Beeck (Hrsg.)
Kurt Gerhard Fischer
Kurt-Ingo Flessau
Hans-Jochen Gamm
Klaus Goebel
Albert Reble
Werner Reininghaus
Volkmar Wittmütz

Aloys Henn Verlag KG, Ratingen – Kastellaun

Abb. 117

Abb. 118: Das Dörpfeld-Denkmal in den Barmer Anlagen bis zum 2. Weltkrieg.

Abb. 119: Das Dörpfeld-Denkmal in den Barmer Anlagen. Federzeichnung aus dem Jahre 1903.

Abb. 120: Enthüllung der Gedenkplatte am Geburtshaus in Wermelskirchen-Sellscheid anläßlich der Wiederkehr des 100. Geburtstags 1924. Fünfter von rechts: Wilhelm Dörpfeld.

Abb. 121: Die Gedenktafel am Geburtshaus heute.

Abb. 122: Gedenktafel am ehemaligen Heidter Schulhaus Wuppertal-Ronsdorf, Dörpfeldstraße 28, aus dem Jahre 1930.

Abb. 123: Feierstunde anläßlich der Enthüllung einer Gedenktafel für Wilhelm Dörpfeld am ehemaligen Wupperfelder Schulhaus, Wuppertal-Barmen, am 17. August 1936. Erste Reihe von rechts: Oberbürgermeister Julius Friedrich (zweiter), Prof. Dr. h.c. Wilhelm Dörpfeld (dritter), Rektor Wilhelm Vogelsang, Vorsitzender der Friedrich-Wilhelm-Dörnfeld-Stiftung (vierter), Agnes Kaufmann geb. Carnap (sechste). Stehend ganz rechts: Reinhard Kaufmann. Auch Olympiateilnehmer waren anwesend.

Daten zum Leben Dörpfelds

Die nachfolgende Übersicht ist eine erweiterte Fassung der Wandgraphik, die der Herausgeber für die Dörpfeld-Ausstellung der Stadtbibliothek Wuppertal im März 1974 entwarf. Sie ist ebenfalls in der Biobibliographie Friedrich Wilhelm Dörpfeld, Wuppertal 1975, S. 110–118, veröffentlicht. Zu Dörpfelds Abstammung und Vorfahren: K. Goebel, Stammtafel Dörpfeld, in: Deutsches Geschlechterbuch, Bd. 168, Limburg 1974, S. 157–176.

27. Juni 1823	*Heirat der Eltern Johann Wilhelm Dörpfeld, Hammerschmied und Anna Wilhelmine Jung, Bäuerin, in Sellscheid, Gemeinde Wermelskirchen, Kreis Lennep/Rheinprovinz.*
8. März 1824	*Friedrich Wilhelm Dörpfeld in Sellscheid geboren.*
1830 bis 1834	*Besuch der einklassigen Elementarschule Pohlhausen.*
1834 bis 1840	*Besuch der einklassigen Elementarschule Burg a.d.W., ab 1838 als „Monitor" (Helfer), zuletzt als Gehilfe des Lehrers R. vom Werth.* *Häufige Teilnahme an einem theologisch-philosophischen Diskussions- und Lesekreis des Großvaters Dörpfeld.*
20. September 1837	*Konfirmation in der evangelisch-reformierten Gemeinde Wermelskirchen durch Pastor Johann Wilhelm Keller, den späteren Schwiegervater. Denkspruch Psalm 25,3 und 4.*
Januar bis Juni 1839	*Selbständige Lehrtätigkeit in der Unterstufe der Schule in Burg.*
24. März 1839	*Tod des Großvaters Johann Wilhelm Dörpfeld (geb. Februar 1766).*
ab Juni 1839	*Fortsetzung der selbständigen Unterrichtstätigkeit „unter Aufsicht und Anleitung des Hauptlehrers" mit Bezug des für einen Gehilfen „ausgeworfenen Gehalts".*
1840	*Eintritt in die private Präparandenanstalt des Moerser Seminardirektors Zahn auf Fild bei Moers. Maßgebender Einfluß des Lehrers Steins.*
1841	*Austritt aus der Präparande und Übernahme einer Hilfslehrerstelle in der Elementarschule Burg an der Wupper.* *Erstmals Teilnahme an der von Daniel Schürmann gegründeten freien Lehrerkonferenz im Bergischen Land (Weiterbildung auf freiwilliger Grundlage). Zur gleichen Zeit: zweimal wöchentlich Diskussion philosophischer Probleme anhand eines Lehrbuches der Kantschen Philosophie mit seinem Kollegen Rohs.*

Abb. 124: Kranzniederlegung am Grab zur Wiederkehr des 150. Geburtstages am 8. März 1974. Von rechts: Klaus Goebel, Hans Ludwig Slupina, Heinrich Lücke, Oberbürgermeister Gottfried Gurland, Fritz Gotzhein, Albert Böhme, Heiner Voigt sowie Mitglieder des Frauenkreises der evangelischen Gemeinde Heckinghausen.

September 1842	*Ende der Gehilfenzeit.*
30. September 1842	*Eintritt in das evangelische Lehrerseminar Moers. Direktor Franz Ludwig Zahn gewinnt große Bedeutung für seine didaktisch-methodischen Anschauungen und für den Religionsunterricht.*
seit Oktober 1843	*Monatelang erkrankt zu Hause. Während dieser Zeit häufig Teilnahme an einer freien Konferenz junger Remscheider Lehrer, wo D. mehrere Kurzreferate über Psychologie nach Beneke hielt.*
1844	*Abschlußprüfung am Seminar.*
	Beginn der Lehrertätigkeit an der Präparande in Fild auf Grund einer Aufforderung Zahns zusammen mit seinem Freund Wilhelm Hollenberg.
	Auf einer Heimreise von Moers nach Sellscheid in Gräfrath Begegnung mit dem damals in der Schweiz tätigen, aus Gräfrath stammenden Pädagogen Karl Mager.
	Intensive Lektüre der Schriften Magers.
1844 bis 1848	*Während der Filder Zeit regelmäßiges Fortbildungskränzchen mit Kollegen an Sonntagabenden.*
1847	*Sechswöchige Militärzeit in Wesel.*
3. Mai 1847	*Tod der Großmutter Anna Gertrud Jung geb. Platte (geb. 23.10.1770).*
Juni 1847	*Erster Aufsatz: „Etwas über Seminarbildung von einem ehemaligen Seminaristen" in der von Zahn herausgegebenen Schulchronik, 2. Jg., S. 201–216.*
Mai 1848	*Wahl zum Lehrer der einklassigen Elementarschule der Hofschaft Heidt, Stadt Ronsdorf mit 170 Kindern als Nachfolger seines Freundes Rohs, der dem Wahlkollegium Dörpfeld empfohlen hatte.*
	Dörpfeld gründet einen Leseverein in der Schulgemeinde Heidt.
3. November 1848	*Der Schulvorstand Wupperfeld setzt Dörpfeld an die Spitze eines Dreiervorschlages für die Bezirksregierung, nachdem die Hauptlehrerstelle durch den Tod von G. Kriegeskotte vakant geworden war.*
28. November 1848	*Regierung entscheidet sich für Dörpfeld.*
19. Dezember 1848	*Ausstellung der Berufungsurkunde mit den Unterrichtsbedingungen für die vierklassige Schule. Dörpfeld hat für die übrigen Klassen „drei geprüfte Hülfslehrer anzunehmen und zu freier Kost und Wohnung ins Schulhaus aufzunehmen".*

27. Dezember 1848	*Mitbegründer des Evangelischen Lehrervereins für Rheinland und Westphalen.* *Dörpfeld hatte sich wegen des bevorstehenden Umzugs nach Barmen für die konstituierende Vereinssitzung in Duisburg entschuldigen müssen.*
4. Januar 1849	*Feierliche Abholung und Begrüßung in Wupperfeld durch Schulvorstand, Eltern und Kinder.* *Einführungsansprache. Zugleich Übernahme des Organistenamtes an der Alten lutherischen Kirche Wupperfeld.* *Neben der an den Vor- und Nachmittagen zu haltenden Tagesschule an vier Abenden Vorbereitungsunterricht für die höhere Schule oder als Unterricht gegen zusätzliches Entgelt (mit Englisch- und Französisch-Unterricht).*
Mai 1849	*Mitglied des Treubundes Barmen und der Barmer Bürgerwehr, die ein Übergreifen der in Elberfeld ausgebrochenen revolutionären Unruhen verhinderten.*
31. Oktober 1849	*Begründung des Wupperfelder Jünglingsvereins und erster Vorsitzender (bis 1854). Mit Pastor Jaspis Gründung einer Bibelkonferenz.*
18. April 1850	*Ergänzungswahl in das Bundeskomitee des Rheinisch-Westphälischen Jünglingsvereins.*
10.–15. Sept. 1850	*Stuttgart. Beim 3. Deutschen evangelischen Kirchentag.*
Februar 1851	*Verlobung mit Christine Keller, Tochter seines Konfirmators, Pfarrer Johann Wilhelm Keller, in Wermelskirchen.*
Frühjahr 1851 (Januar bis Juni)	*Briefwechsel mit seiner Braut (14 „Brautbriefe" an Christine sind erhalten).*
12. Juni 1851	*Heirat. Standesamtliche und kirchliche Trauung in Wermelskirchen, letztere durch den Schwiegervater in der Kirche von Wermelskirchen.*
September 1851	*Katechismus für Väter und Mütter (Auswahl biblischer Worte und Texte Martin Luthers), Barmen.*
16.–19. September 1851	*Elberfeld. Beim 4. Deutschen evangelischen Kirchentag.*
4. März 1852	*Geburt des 1. Kindes Anna († 7.1.1924).*
12.–18. September 1852	*Bremen. Beim 5. Deutschen evangelischen Kirchentag.*
1853	*Der Mittelstand und die Mittelschule oder: wodurch kann unser Mittelstand und namentlich der Handwerkerstand wieder gehoben werden? Welches ist der nächste Hebel und wo ist derselbe anzusetzen? Barmen.* *Drucklegung von dem Barmer Bürgermeister Windhorn veranlaßt.*

26. Dezember 1853	*Geburt des 2. Kindes Friedrich Wilhelm († 25.4.1940).*
11. Juli 1854	*Rücktritt vom Amt des Präses des Wupperfelder Jünglingsvereins.* *Mitbegründer und Vizepräses (bis 1879) der Wupperthaler Bibelgesellschaft, einer Abspaltung der Bergischen Bibelgesellschaft (die die Verbreitung von Bibeln mit Apokryphen abgelehnt hatte).*
22.–26. September 1854	*Frankfurt. Beim 7. Deutschen evangelischen Kirchentag.*
4. Mai 1856	*Geburt des 3. Kindes Maria († 28.10.1857).* *Gründung der ersten Bibelkonferenz, die mit Freunden alle 14 Tage in Ronsdorf abgehalten wird.*
1857	*Osnabrück. Besuch bei J.H. Schüren.*
23. Februar 1857	*Vortrag Rheinisch-Westphälischer Jünglingsbund. „Über den bedeutenden Einfluß der Jünglingsvereine auf unsere kirchlichen und sozialen Zustände".*
1. Juli 1857	*Erste Nummer des Evangelischen Schulblattes (EvSchBl). Mit A. Kötter Redaktion.*
28. Oktober 1857	*Tod der Tochter Maria.*
April 1858	*Über Karl Hindrichs („Ein Lebensbild aus dem bergischen Lehrerstand.) im EvSchBl.*
3. Mai 1858	*Geburt des 4. Kindes Agnes († 29.4.1907).*
18. September 1858	*Elberfeld. 10. Generalversammlung Rheinisch-Westphälischer Jünglingsbund. Aus dem Bundeskomitee ausgeschieden.*
19. September 1858	*Ebd. Vortrag auf der Festversammlung „Die Stellung der Jünglinge zu ihren Vorgesetzten, besonders zu den Eltern, Meistern usw."*
September 1859	*Osnabrück. Erneuter Besuch bei Schüren.*
Dezember 1859	*Beginn der Aufsatzserie „Beiträge zur Theorie des Schulwesens" im EvSchBl (als Buch 1863).*
Januar 1861	*Alleiniger Redakteur des EvSchBl nach dem Ausscheiden A. Kötters.*
September/Oktober 1861	*Erholungsaufenthalt bei W. Dörr in Velbert.*
14. Juli 1862	*Geburt des 5. Kindes Christine († 15.3.1946).*
23. Februar 1863	*Tod des Vaters Johann Wilhelm Dörpfeld in Sellscheid (geb. 18.1.1796) – Brief 72 –*

	Die freie Schulgemeinde und ihre Anstalten auf dem Boden der freien Kirche im freien Staate – Beiträge zur Theorie des Schulwesens. Gütersloh.
	Briefwechsel mit Friedrich Albert Lange, Duisburg.
Dezember 1864	*Diesterweg nennt Dörpfelds „freie Schulgemeinde" im Pädagogischen Jahrbuch für 1865 „das gründlichste, vollständigste Werk über die Schulorganisationsfrage, welches bis jetzt erschienen ist."*
Frühjahr 1865	*Briefwechsel mit Adolph Diesterweg, Berlin.*
	Enchiridion der biblischen Geschichte. Gütersloh. (22. Aufl. 1912).
29. Dezember 1865	*Geburt des 6. Kindes Johannes (Hans, † 4.12.1923).*
Januar 1866	*Darstellung der 17jährigen Geschichte des Vereins evangelischer Lehrer und Schulfreunde im EvSchBl.*
	Anonym: Adolph Clarenbach, Barmen (= Heft 498 der Wupperthaler Traktat-Gesellschaft).
Mai 1866	*Anonym: Sieben Gebete in Kriegesnoth für alle, die Herz und Hände erheben daheim und im Felde. Barmen. 1. und 2. Auflage: 9500 Exemplare.*
Frühsommer 1866	*Zur pädagogischen Psychologie.* *I. Denken und Gedächtnis. Gütersloh. Gleichzeitig Abdruck im EvSchBl.*
	Flugblatt „Deutschlands Rückgrat", 1.–5. Aufl., 22000 Exemplare.
Juni 1866	*Ausscheiden aus dem Vorstand des Vereins evangelischer Lehrer und Schulfreunde.* *Ernennung zum Ehrenmitglied.*
Juni/Juli 1866	*Erholungsaufenthalt bei W. Hollenberg in Saarbrücken.*
Sommer 1866	*Gedicht „Der deutsche Dreiklang" im EvSchBl unter dem Pseudonym „Dr. Rh." (vielleicht: Rhenanus).*
1867	*Die soziale Frage. Eine Lebensaufgabe für alle Stände, zugleich ein Mahnwort an die politischen Parteien. Pseudonym: Dr. German. Die Schrift erschien vorher in der konservativen Westlichen Provinzialzeitung.*
15. April 1868	*Eppinghofen bei Mülheim/Ruhr, Jahreskonferenz des Vereins evangelischer Lehrer und Schulfreunde. Vortrag „Einige Bemerkungen über den ersten Leseunterricht und seine Lehrmittel".*
September 1868	*Zandvoort, Erholungsaufenthalt, vermittelt durch Pastor Frommel, finanziert „von unbekannter Hand".*

1869	*Die drei Grundgebrechen der hergebrachten Schulverfassung nebst bestimmten Vorschlägen zu ihrer Reform. Mit einem Vorwort von Tuiskon Ziller. Elberfeld.*
Januar 1869	*Über Erzählen und Einprägen der biblischen Geschichte. Aufsatz im EvSchBl. Als selbständige Schrift unter verändertem Titel: Ein christlich-pädagogischer Protest wider den Memoriermaterialismus im Religionsunterricht. Gütersloh.*
	Wünsche rheinischer Lehrer. Eine Denkschrift, verfaßt im Auftrage des Petitionsausschusses der rheinischen Lehrer.
30. März 1869	*Barmen. Jahresversammlung des Vereins evangelischer Lehrer und Schulfreunde. Vorträge: „Die Vertretung des Lehrerstandes in der Presse" und „Die drei Grundgebrechen der Schulverfassung".*
12. Oktober 1869	*Vortrag über das Verhältnis der Schule zu Staat und Kirche auf einer deutsch-holländischen Pastoralkonferenz in Wesel.*
1870	*Repetitorium des Realunterrichts. Gütersloh.*
28. Mai 1871	*Am 2. Pfingsttag stirbt Dörpfelds Frau Christine (geb. Wermelskirchen 22.1.1825) Sie wird auf dem lutherischen Friedhof Heckinghauser Straße beigesetzt.*
	Aufteilung der Redaktion des EvSchBl zwischen Dörpfeld und Dietrich Horn.
1872	*Thesen und Bemerkungen über den naturkundlichen Unterricht in den Volks- und Bürgerschulen. Aufsatzserie EvSchBl.*
22. Mai 1872	*Eppinghofen bei Mülheim. Vortrag auf der Generalversammlung des Vereins evangelischer Lehrer und Schulfreunde „Einleitung in die biblische Geschichte".*
8.–22. Juni 1872	*Berlin. Teilnahme an der Konferenz zur Neuordnung der preußischen Volksschule unter Vorsitz des Kultusministers Falk vom 11. bis 20. Juni. Besuche bei Frommel, Stiehl und Windhorn.*
22. Juni 1872	*Weimar. Rundgang.*
22.–23. Juni 1872	*Eisenach. Wartburg. Besuch bei Rein.*
23. Juni 1872	*Oberlahnstein.*
24. Juni – 3. Juli 1872	*Erholungsaufenthalt in Boppard.*
3. Juli 1872	*Koblenz. Besuch bei Landfermann.*
August 1872	*Erholungsurlaub in Lorch/Rheingau.*
September 1872	*Bericht über die Schulkonferenz im EvSchBl.*

1873	*Grundlinien einer Theorie des Lehrplans, zunächst der Volks- und Mittelschulen. Gütersloh.*
	Repetitorium des naturkundlichen und humanistischen Realunterrichts. Gütersloh.
3. Mai 1873	*Feier im Ev. Vereinshaus Barmen zum 25jährigen Dienstjubiläum.*
21. Juni 1873	*Vohwinkel. Bergische Lehrerkonferenz. Vorträge „Regelungen der Lehrerkarriere" und „Organisation der mehrklassigen Schule".*
27. September 1873	*Tod der Mutter Anna Wilhelmine Dörpfeld geb. Jung in Remscheid (geb. 1.12.1800).*
18. Januar 1874	*Auszeichnung mit dem Roten Adlerorden 4. Klasse „anläßlich des 25jährigen Amtsjubiläums" am Tag des Ordensfestes in Preußen.*
Februar 1874	*Vorübergehende Niederlegung der Redaktionstätigkeit wegen anhaltenden Asthmas.*
27. Mai 1874	*Eppinghofen bei Mülheim/Ruhr. Festrede zum 25jährigen Bestehen des Vereins evangelischer Lehrer und Schulfreunde.*
Dezember 1874	*Wiederaufnahme der Redaktion.*
Herbst 1875	*Berlin. Besprechung mit Karl Schneider im Kultusministerium.*
Dezember 1875	*Würdigung des 100. Geburtstages von J.F. Herbart (4.5.1876) im EvSchBl.*
1876	*Vortrag in Barmen. „Sonntagsschule oder Kindergottesdienst?" Anschließend mehrfache Veröffentlichung.*
7.Oktober 1876	*Lüttringhausen. Vorträge auf der Generalkonferenz der bergischen Lehrer. „Die historische Entwicklung des Erziehungsideals seit der Reformationszeit" und „Einige Hauptgrundsätze des Zeichenunterrichts".*
4. April 1877	*Frankfurt. Vortrag vor der hessischen Konferenz des Deutschen Evangelischen Lehrervereins. „Ein pädagogisches Glaubensbekenntnis hinsichtlich des Unterrichts".*
4. August 1877	*Vohwinkel. Vortrag auf der allgemeinen bergischen Lehrerkonferenz. „Vier- oder achtklassige Volksschule?"*
13. Oktober 1877	*Barmen. Vortrag auf der allgemeinen bergischen Lehrerkonferenz. „Die Bedingungen der primitiven Aufmerksamkeit".*
2. April 1878	*Frankfurt. Vortrag vor dem Evangelischen Verein für Innere Mission und dem Bürgerverein.*

	Zwei pädagogische Gutachten etc., hrsg. von Stadträten in Wermelskirchen und vom Vorstand der bergischen Lehrerkonferenz, über die vier- oder achtklassige Schule bzw. über die konfessionelle oder paritätische Schule. Gütersloh.
12. April 1878	*Elberfeld. Vortrag vor der Generalversammlung des Rheinischen Provinziallehrervereins „Wie hat die Erziehung auf die Entwicklung des Tätigkeitstriebes hinzuwirken?"*
5. Oktober 1878	*Vohwinkel. Bericht vor der Generalkonferenz der bergischen Lehrer über das Echo des Gutachtens zur vier- oder achtklassigen Schule.*
März 1879	*Der didaktische Materialismus. Aufsatz im EvSchBl, der anschließend als selbständige Schrift erscheint.*
Mitte November 1879	*Abschiedsfeier in der Wupperfelder Schule und Eintritt in den Ruhestand.*
Ende November 1879	*Umzug nach Gerresheim.*
Mai 1880	*Erster Beitrag einer Aufsatzserie im EvSchBl über die Rede des Kultusministers v. Puttkamer im Abgeordnetenhaus (11. Februar).*
7. August 1880	*Remscheid. Vortrag vor der Generalkonferenz der bergischen Lehrer. „Die Behandlung der nicht-historischen Lese- und Lernstücke".*
1881	*Ein Beitrag zur Leidensgeschichte der Volksschule, Barmen. Buchausgabe der gegen v. Puttkamer gerichteten Aufsatzserie.*
Mai 1881	*Mitunterzeichnung eines Aufrufes zur Gründung einer Zahn-Stiftung.*
1882	*Zwei dringliche Reformen im Realunterricht und im Sprachunterricht. Gütersloh. Als selbständige Schrift 1883.*
	Danktelegramm vom 4. Deutschen Lehrertag Kassel (in Anerkennung des „Beitrags zur Leidensgeschichte").
12. Februar 1883	*Heirat des Sohnes Wilhelm und Anne Adler (30.4.1860–7.9.1915) in Berlin. Trauung durch Hofprediger Emil Frommel im Dom.*
	Neuer Beitrag zur Leidensgeschichte. Barmen. Enthält Stellungnahmen zur „Leidensgeschichte der Volksschule".
4. Januar 1884	*Tochter Agnes heiratet Pfarrer Dr. phil. Dr. theol. Gustav von Rohden (22.4.1855–9.5.1942).*
30. Januar 1885	*Tod der Schwiegermutter Agnes Keller geb. Beckers in Düsseldorf (geb. 1.1.1801).*
Juni 1885	*Vorübergehende Niederlegung der Redaktionstätigkeit aus gesundheitlichen Gründen. Königsborn/Westfalen. Kur.*

8. November 1885	*Tod des Schwiegervaters Johann Wilhelm Keller in Düsseldorf (geb. 4.2.1794).*
22. April 1886	*Ehrenpräses des neugegründeten Vereins für herbartische Pädagogik, Sitz Elberfeld-Barmen.*
Sommer 1886	*Königsfeld/Schwarzwald. Erholungsaufenthalt.*
Dezember 1886	*Wiederaufnahme der Redaktionstätigkeit.*
1886	*In Tiel/Niederlande erscheint eine holländische Bearbeitung von „Denken und Gedächtnis" durch H. de Raaf.*
7. Oktober 1887	*Heirat seiner Tochter Anna mit dem Ronsdorfer Bandfabrikanten Johann Sebulon Carnap (9.12.1826–12.9.1898).*
Oktober 1887	*Umzug nach Ronsdorf.*
1890	*Die Gesellschaftskunde, eine notwendige Ergänzung des Geschichtsunterrichts. Gütersloh.*
	Begleitwort zur 3. Aufl. des Repetitoriums der Gesellschaftskunde. Gütersloh.
November 1890	*Barmen. Rede anläßlich des 100. Geburtstages von A. Diesterweg.*
29. Dezember 1890	*Teilnehmer der 12. Hauptversammlung des Vereins für herbartische Pädagogik in Rheinland und Westfalen in Barmen.*
25. April 1891	*Heirat der Tochter Christine mit Wilhelm von Rohden (2.6.1860–21.7.1901), einem Bruder Gustav von Rohdens.*
18. Mai 1891	*Geburt des Enkels Rudolf Carnap (Philosoph und Mathematiker, † 15.9.1970).*
September 1891	*Bonn. Erholungsaufenthalt bei Gymnasialdirektor i.R. Dr. Wilhelm Hollenberg.*
1892	*Das Fundamentstück einer gerechten, gesunden, freien und friedlichen Schulverfassung, im Auftrage von Schulvorstehern, Stadtverordneten und Schulfreunden der Kreise Lennep und Remscheid bearbeitet. Hilchenbach. Vier Lieferungen 1892/93.*
7. u. 8. Juni 1892	*Barmen. Auf der Jahreskonferenz des Vereins evangelischer Lehrer und Schulfreunde. Nachruf für Hauptlehrer Rohs (Velbert).*
12. März 1893	*Elberfeld. Teilnehmer der gemeinsamen Versammlung des Vereins evangelischer Lehrer und Schulfreunde und des Vereins für herbartische Pädagogik.*
27. Oktober 1893	*Tod in Ronsdorf.*
29. Oktober 1893	*Überführung nach Barmen und Beisetzung neben seiner Frau auf dem lutherischen Friedhof an der Heckinghauser Straße.*

Kurzbiographien

Die Angaben sind allgemein zugänglichen Nachschlagewerken entnommen oder beruhen auf eigenen Ermittlungen des Herausgebers. Wertvolle Hinweise enthalten die Sammelwerke von Otto Wilhelm Beyer, Deutsche Schulwelt des neunzehnten Jahrhunderts in Wort und Bild, Leipzig/Wien 1903, und Alfred Rach, Biographien zur deutschen Erziehungsgeschichte, Weinheim/Berlin 1968. Angaben über jedermann bekannte Persönlichkeiten wie Luther, Pestalozzi, Schleiermacher usw. sind nicht aufgenommen.

Achenbach, Heinrich von (1829–99). Jurist. 1862 a.o. Prof. Bonn. 1858–1866 Oberbergamt Bonn. 1866–71 im Handelsministerium, 1871–72 Reichskanzleramt, 1872–73 Unterstaatssekretär Kultusministerium und Direktor der Unterrichts- und Medizinalabt., 1873 Unterstaatssekretär Handelsministerium, 1873–78 Minister ebd., 1878–79 Oberpräsident Danzig, 1879–99 Brandenburg.

Adler, Friedrich (1827–1908). Lehrer am Polytechnikum, später Prof. an dem in die Technische Universität Berlin umgewandelten Institut und Wirklicher Geheimer Oberbaurat. Verheiratet mit Pauline geb. Koehler (1832–66).

Altenstein, von Stein zum, Karl Sigismund Franz (1770–1840). Jurist. Vortrag. Rat im Fränkischen Ministerialdepartement des Generaldirektoriums Berlin 1801. 1808–10 Finanzminister. 1817–40 erster Minister der geistlichen, Unterrichts- und Medizinalangelegenheiten.

Auberlen, Karl August (1824–1864). Theologe. 1851–64 Prof. Basel, Vertreter der „jungen Tübinger Schule".

Bartels, Friedrich (geb. 1837). 1855–56 Haus- und Dorfschullehrer Dingen (Land Wursten), 1856–57 Seminar Alfeld, 1857–65 Lehrer Göttingen. 1865–68 ebd. Stud. Philologie, Dr. phil., Rektor der städt. Schulen Delitzsch, später Leiter des Privatseminars und der Präparandenanstalt ebd., 1873 Direktor sämtlicher Bürgerschulen Gera. Autor pädagogischer Schriften, Redakteur der Rheinischen Blätter für Erziehung und Unterricht.

Barth, Ernst (geb. 1831). Stud. Leipzig 1853–57. Dr. phil., Lehrer Stoysches Erziehungsinstitut Jena, Bürgerschule Leipzig, Oberlehrer Zillersche Übungsschule ebd. Gründete ebd. 1863 private Realschule, später den Allg. Deutschen Privatschullehrerverein. Schriften zur prakt. Schularbeit.

Baur, Gustav Adolf Ludwig (1816–89), Theologe, Prof. Gießen 1849, Hauptpastor St. Jacobi, Hamburg 1861–70, dann Prof. Leipzig, u.a. Autor „Grundzüge der Erziehungslehre."

Bayer, Hermann Adolph (1834–94). Theologe. Pfarrer Anholt i.W. 1860–63, Wesel 1863–64. Seminardirektor Moers 1864–67. Reg.- und Schulrat

Wiesbaden 1867–83. Oberkonsistorialrat und Hofprediger Berlin 1883–90. Vortrag. Rat Kultusministerium 1890–93.

Beneke, Friedrich Eduard (1798–1854). Philosoph. Prof. Göttingen und Berlin. Gegner des spekulativen Idealismus und Hegels. Beeinflußte den jungen Dörpfeld. Autor bedeutender Schriften zur Psychologie.

Berchter, Wilhelm. Lehrer an der evangelischen Elementarschule Odenkirchen.

Bertelsmann, Heinrich (1827–1887). Verleger EvSchBl und zahlreicher Schriften Dörpfelds. Sohn und Nachfolger des Verlagsgründers Carl Bertelsmann (1791–1850).

Bethmann Hollweg, Moritz August von (1795–1877). Jurist. 1818 Dr. jur. Göttingen. 1820–29 Prof. Univ. Berlin 1829–48 Bonn, 1829–48. Kurator ebd. 1842–49. Seit 1845 Mitglied Staatsrat. 1858–62 Kultusminister. Führer der gemäßigten Liberalen („Preußisches Wochenblatt"), maßgebend in der Leitung der evangelischen Kirchentage.

Bliedner, Arno (geb. 1848), Dr. phil. 1872–75 Lehrer Stoysches Seminar Jena, anschließend 1. Seminarlehrer Eisenach. Schriften zur Pädagogik und deutschen Sprache.

Boodstein, Otto (geb. 1837). Stud. Berlin, Breslau 1855–58. Prüfung höh. Lehramt, Promotion Dr. phil., Lehrer, Rektor, Kreisschulinspektor im Nebenamt, Seminardirektor Hilchenbach 1874–81. Städt. Schulinspektor Elberfeld seit 1881, zugleich (bis 1903) nebenamtlicher Kreisschulinspektor, seit 1888 auch Beigeordneter. Förderer der Hilfs- und Mittelschulen.

Bräm, Andreas (1797–1882). 1835–73 Pfarrer in Neukirchen, Kreis Moers. Gründer des Erziehungsvereins ebd.

Brandt, Martin Gottlieb Wilhelm (gest. 1894). 1846–88 Direktor Höhere Töchterschule Saarbrücken. Mitarbeiter EvSchBl, gründete 1870/72 Herberge zur Heimat Saarbrücken.

Bredt, Wilhelm August (1817–95). Jurist. 1847/48 kommiss. Landrat von Elberfeld, 1848 Abg. Preuß. Nationalversammlung, Bürgermeister Barmen 1854–1879, seit 1857 Oberbürgermeister. 1879–95 Mitgl. Herrenhaus.

Busch, Wilhelm (gest. 1882). Lehrer. Vorsteher und Waisenhausvater lutherisches Rettungshaus, Elberfeld.

Carnap, Anna geb. Dörpfeld (1852–1924). Führte lange Jahre den väterlichen Haushalt in Barmen und Gerresheim nach dem frühen Tod der Mutter. Ältestes Kind D.s, Lehrerin, heiratete 1887 den Ronsdorfer Bandfabrikanten Joh. Sebulon Carnap (1826–98). Schrieb eine Biographie ihres Vaters (^{1}1897, ^{2}1903).

Clarenbach, Adolph (um 1495–1529). Lehrer in Münster i.W., Wesel, Büderich, Osnabrück; Anhänger Luthers. Wegen Verkündigung des Evangeliums im reformatorischen Sinn 1528 verhaftet und am 28. September 1529 auf Betreiben des geistlichen Gerichtes des Kölner Erzbischofs ohne Todesurteil verbrannt. Errichtung einer Gedenkstätte 1829 in der Nähe des Buscherhofes zwischen Lennep und Lüttringhausen, wo Clarenbach geboren wurde.

Collenbusch, Samuel (1724-1803). Stud. Medizin Duisburg, Straßburg. Arzt Duisburg und Barmen. Theologischer Schriftsteller und Briefautor; stand Ötinger nahe und gilt als „bedeutendste Erscheinung des niederrheinischen Pietismus neben Tersteegen" (Hermann Flasdieck).

Cornelius, Karl Sebastian (1819–1896). Philos.-Prof. Halle, Anhänger Herbarts.

Cremer, Wilhelm (1803–74). Fast 50 Jahre Lehrer Unna i. Westf. 1848 in Duisburg Mitbegründer des Evangelischen Lehrervereins für Rheinland und Westphalen. Mitarbeiter EvSchBl. Literatur: Klaus Goebel, Wilhelm Cremer in Unna und die Gründung des Evangelischen Lehrervereins für Rheinland und Westfalen 1848. In: Jahrbuch des Vereins für Westfälische Kirchengeschichte 64 (1971).

Curtmann, Wilhelm Jakob Georg (1802–71). Pädagoge. Gymnasialdirektor Worms 1830, Realschuldirektor Offenbach 1834, Direktor evang. Lehrerseminar Friedberg/Hessen 1841. Schrieb u.a. „Die Reform der Volksschule", 1851.

Diehl, Peter (1831–1905). Aus Medenbach/Hessen. Lehrerseminar Usingen/Taunus. Lehrer Dortelweil, Odessa, Bornheim, Frankfurt a.M., langjähriger Korrespondenzpartner (seit 1857), Mitarbeiter EvSchBl.

Diesterweg, Friedrich Adolph Wilhelm (1790–1866). Pädagoge. Seminardirektor Moers 1820–32, Berlin 1832–47. Zwangspensioniert. In den letzten Lebensjahren Mitglied des Abgeordnetenhauses. Hrsg. der „Rheinischen Blätter für Erziehung und Unterricht", anerkannter liberaler Lehrerführer und fruchtbarer pädag. Schriftsteller. Vgl.: Hugo Gotthard Bloth, Adolph Diesterweg. Heidelberg 1966. 268 Briefe ebd. Sämtliche Werke Berlin (Ost) 1956 ff. Sein Sohn Moritz war Verleger und Buchhändler in Frankfurt a.M.

Dinter, Gustav Friedrich (1760–1831). Theologe. 1797–1807 Seminardirektor Dresden, 1807–16 Pfarrer in Görnitz bei Borna, seit 1816 Konsistorial- und Schulrat in Königsberg, 1822 auch Prof. für Pastoraltheologie ebd., Pestalozzianhänger. Seine „Schullehrerbibel", 9 Bde. 1824 ff. stark rationalistisch.

Dittes, Friedrich (1829–96). Seminardirektor, Landesschulinsp. und Vortragender Rat in Gotha 1865, Direktor städt. Pädagogium Wien 1868, seit 1873 Mitglied des österr. Reichsrates. Auseinandersetzungen um konfess. Relig.-Unt. mit den Herbartianern. Hrsg. des „Pädagogiums" seit 1878. Rezensent mehrerer Schriften Dörpfelds.

Dörpfeld, Albert (1835–92). Jüngster Bruder D.s, Maschinenbauer. Heiratete 1862 Lisette Achterath (1839–93) und zog nach Remscheid.

Dörpfeld, Anna Wilhelmine geb. Jung (1800–73). Dörpfelds Mutter. Bäuerin.

Dörpfeld, Christine geb. Keller (22.1.1825–28.6.71), erstes Kind des Pfarrers Keller, aufgewachsen im Wiedenhof, dem Wermelskirchener Pfarrhaus. 1850–51 Haustochter im Pfarrhaus Burg a.d. Wupper. Verlobung mit D. am 8.2., Vermählung am 12.6.1851. D. charakterisierte Christine nach dem allzufrühen Tod in dem für die Kinder bestimmten Aufsatz „Unserer lieben Mama Bild, wie wir es in ihrem Leben vor Augen gehabt haben".

Dörpfeld, Hans (1865–1923). Jüngstes Kind Dörpfelds, beim Tode der Mutter fünfeinhalb Jahre alt. Erziehung in auswärtigen Internaten. Später Regierungsbaumeister.

Dörpfeld, Johann Wilhelm (1766–1839). Dörpfelds Großvater. Weber und Landwirt, Gründer eines philosophisch-theologischen Lesekreises. Von großem Einfluß auf den jungen Dörpfeld.

Dörpfeld, Johann Wilhelm (1796–1863). Dörpfelds Vater, Hammerschmied.

Dörpfeld Wilhelm (1853–1940). Dörpfelds zweites Kind. Schüler in Zahns Erziehungsanstalt Fild und auf dem Gymnasium Barmen (später nach ihm benannt). Abitur 1872. Architekturstudium am Polytechnikum Berlin. 1877–81 zunächst Bauführer, dann archäologischer Leiter der deutschen Ausgrabungen in Olympia, anschließend Schliemanns Mitarbeiter und Nachfolger in Troja. 1887–1912 1. Sekretär (Direktor) des Deutschen Archäologischen Instituts Athen. Ausgrabungen an mehreren Plätzen in Griechenland. 1892 Ernennung zum Professor. Siebenfacher Ehrendoktor (zuerst Würzburg 1882). Heiratete Berlin 1883 Anne Adler.

Dörr, Wilhelm (1829–99). Freund Dörpfelds. Apotheker in Elberfeld, Velbert und Bonn. Seine Tochter Elisabeth heiratete Johannes Trüper (siehe diesen).

Dürselen, Gerhard (1808–87). Pastor der evangelisch-reformierten Gemeinde Ronsdorf 1834–84. Gründete ebd. 1842 einen Jünglingsverein, 1848 den rheinisch-westfälischen Jünglingsbund (Vorsitzender bis 1873), 1855 in Paris mit Henry Dunant und anderen den CVJM-Weltbund.

Fabri, Friedrich (1824-91). Theologe. 1854–84 1. Inspektor (Direktor) der Rheinischen Missionsgesellschaft Barmen, nachdem Auberlen (siehe diesen) abgelehnt und Fabri empfohlen hatte. „Mit dem antikonfessionellen Theosophen" kam „ein theologischer Außenseiter in die Leitung der größten deutschen Missionsgesellschaft und in den Kreis der konfessionell oder pietistisch geprägten Missionsdirektoren". Zuletzt Theol.-Prof. Bonn. Schriften zur sozialen Frage, theologischen und kolonialpolitischen Problemen (gegen Sklaverei und Kolonialimperialismus). Literatur: Wolfgang R. Schmidt, Mission, Kirche und Reich Gottes bei Friedrich Fabri. Wuppertal-Barmen 1965. Zitat ebd. S. 16.

Falk, Adalbert (1827–1900). Jurist. Vortrag. Rat Justizministerium 1868–1872. Kultusminister 1872–79, MdR (nat.-lib.), Präsident Oberlandesgericht Hamm i.W. 1882–1900. Während des Kulturkampfes im Ministeramt, das er aufgeben mußte, als Bismarck den Kulturkampf abbrach.

Finger, Friedrich August (1808–89). Dr. phil. Oberlehrer in Frankfurt a.M. Sein Werk „Anweisung zum Unterricht in der Heimatkunde", Berlin 1844 ff., wurde für den Heimatkundeunterricht bahnbrechend.

Flattich, Johann Friedrich (1713–97). Schwäbischer Pfarrer in Asperg. Dörpfeld schrieb über ihn im EvSchBl 3 (1859) „Ein pädagogisches Original".

Fliedner, Theodor (1800–64). Theologe. Pfarrer Kaiserswerth 1822–64. Gründet Rheinisch-Westfälische Gefängnisgesellschaft, Heim für entlassene weibliche Strafgefangene, Diakonissenmutterhaus und Seminar für Elementarschul- und Kleinkinderschullehrerinnen, alle Kaiserswerth, Pastoralgehülfenanstalt (Diakonenanstalt) Duisburg und regte weitere Mutterhausgründungen an. Verkörperte sozialen Pietismus.

Flügel, Otto (1842–1921). Theologe. Pastor in Wansleben, Prov. Sachsen. Führte nach Kehrbachs Tod dessen Herbartausgabe weiter. Hrsg. der „Zeitschrift für exakte Philosophie im Sinne des neueren philosophischen Realismus" (1883–96) sowie der „Zeitschrift für Philosophie und Pädagogik" (seit 1894).

Franke, Heinrich Friedrich Christian (gest. 1888). Lehrer. Vorsteher des lutherischen Waisenhauses Wupperfeld seit 1856. Seine Kinder waren Spielkameraden von Dörpfelds Kindern; so war Luise Franke (geb. 1863) mit der um ein Jahr älteren Christine Dörpfeld befreundet.

Frick, Otto (1832–92). Stud. Berlin 1851–52. Halle 1852–55. Gymnasiallehrer, Direktor Gymnasium Burg b. Magdeburg 1864–68, Potsdam 1868–74, Rinteln 1874–78. Seit 1880 Direktor Franckesche Stiftungen Halle, Wiederbegründer des Seminarium praeceptorum ebd. Praktische und theoretische Schriften zur Arbeit in der höheren Schule. Hrsg. „Lehrproben und Lehrgänge aus der Praxis der Gymnasien und Realschulen".

Frommel, Emil (1828–96). Theologe. Gemeindepfarrer Karlsruhe 1854–64, Wupperfeld 1864–70, Garnisonspfarrer Berlin 1870–89, Militäroberpfarrer und Kirchenrat 1889–96; seit 1872 auch Hofprediger Förderer der Kunst, Schriftsteller („Das Heinerle von Lindelbronn").

Gneist, Rudolf von (1816–95). Jurist. Seit 1844 Prof. in Berlin. Mitglied Haus d. Abg. 1858–93, Reichstag 1867–84, nat.-lib. Unter den zahlreichen juristischen Abhandlungen besonders: „Die konfessionelle Schule", Berlin 1869; „Die staatsrechtlichen Fragen des preußischen Volksschulgesetzes", ebd. 1892.

Glöckner, Gottfried (1861–1932). Theologe, Pädagoge. Während des Studiums Mitglied von Zillers pädagogischem Seminar, 1882–83 Klassenlehrer an dessen Übungsschule. 1884–86 Volksschulrektor, anschließend erneut Studium (1888 Dissertation „Über den Gottesbegriff bei Leibniz", 1889 Habilitationsschrift „Das Ideal der Bildung und Erziehung bei Erasmus von Rotterdam"). 1890–94 Privatdozent Pädagogik Leipzig, 1894–1910 Pfarrer deutsche Gemeinde Helsinki, 1910–28 Pfarrer und Superintendent Barleben bei Magdeburg. Arbeiten über Herbart und Pestalozzi. Vgl. Walter Asmus, Artikel „Glöckner", in: Neue deutsche Biographie 6 (1964).

Goßler, Gustav von (1838–1902). Jurist. Landrat Darkehmen 1865–74, Unterstaatssekretär Kultusministerium 1879–81, Kultusminister 1881–91, Oberpräsident in Danzig 1891–1902.

Gräfe, Heinrich (1802–68). Theologe. Direktor Bürgerschule Jena 1825, Prof. Univ. Jena 1840, Rektor der Bürgerschule, später Realschule Kassel 1842. Festungshaft. Dienstentlassung 1851, 1852 in die Schweiz. 1855 Direktor Gewerbeschule Bremen. Schrieb „Die deutsche Volksschule", 2 Bde., 1847; Hrsg. Archiv für praktisches Schulwesen 1828–35 u.a.

Gruner, Karl Justus (1777–1820). 1806 Direktor Kriegs- und Domänenkammer Posen, 1809 Polizeipräs. Berlin. 1812–13 wegen Teilnahme an der Widerstandsbewegung verhaftet. 1813–15 Generalgouverneur Herzogtum Berg. Als Gegner des Wiener Kongresses und der Fürstenreaktion nach Zürich (preuß. Gesandter) abgeschoben.

Grünweller, August (gest. 1935). Pädagoge. Lehrer, Rektor. Seit 1905 Schriftleiter der vom Verein zur Erhaltung der Evangelischen Volksschule hrsg. Deutschen Lehrerzeitung. Mitarbeiter Zillessens. 1913 Generalsekretär für christlich-nationale Jugend- und Volkserziehung beim Evangelischen Schulkongreß, nach dem 1. Weltkrieg Direktor des Verbandes deutscher evangelischer Schulgemeinden. Literatur: Peter Adams, Zum Gedächtnis August Grünwellers. In: Der evangelische Schulfreund 22 (1935), S. 50 ff.

Hackländer, Auguste. Aus Wermelskirchen. Hausgehilfin bei Dörpfelds 1862–70.

Hagemann, Johann. Lehrer an der Pastoralgehülfenanstalt Duisburg (später Diakonenanstalt Mülheim/Ruhr-Selbeck). Mitgründer des Evangelischen Lehrervereins für Rheinland und Westfalen Duisburg 1848.

Harkort, Friedrich (1793–1880). Industrieller und Politiker. Lehrling in Barmen-Wichlinghausen. Pionier des Dampfmaschinenbaues, Befürworter der Eisenbahn in den 20er Jahren. Mitglied preuß. Nationalversammlung 1848, Abgeordnetenhaus bis 1876 (Fraktion v. Vincke, später linkes Zentrum und Fortschrittspartei). MdR 1867–73. Vorkämpfer der Volksschule.

Heine, Gerhard (geb. 1825). Theologe. 1846–53 Hauslehrer, 1853–71 Seminarlehrer Köthen, seit 1871 Seminardirektor ebd., Anhänger der Regulativpädagogik. Autor pädagogischer Schriften, besonders zur Religionspädagogik.

Hengstenberg, Ernst Wilhelm (1802–69). Theologe. Hrsg. Evangelische Kirchenzeitung 1827–69. Prof. Berlin. Gegner von Rationalismus und Liberalismus. Votum gegen übertriebenes Lesenlernen 1855.

Herbart, Johann Friedrich (1776–1841). Philosoph und Pädagoge. 1802 habil. Göttingen, Prof. als Nachfolger auf dem Lehrstuhl Kants 1809 Königsberg, Gründung eines pädagogischen Seminars. Seit 1833 in Göttingen. Seine Anhänger schufen ein Lehrsystem, das Herbartianismus oder herbartische Schule genannt wird. Dörpfeld gehört zu den führenden Spät-Herbartianern, die Herbarts Lehre selbständig weiterentwickeln.

Höfler, Emanuel (1835–1921). 1855–57 Lehrerseminar Moers, 1857–58 Lehrer in Ruhrort, 1858–62 an der Vorschule des Gymnasiums in Barmen. Leitete 1862–68 die Volksschule Am Diek, 1868–99 die Volksschule Jägerstraße (Normannenstraße) in Barmen. Im Vorstand des Barmer Vereins für Ferienkolonien 1880–1908. Mit Dörpfeld befreundet.

Hogeweg, D. Hauptlehrer in Mülheim a.d. Ruhr. Vorsitzender des Vereins evangelischer Lehrer und Schulfreunde in Rheinland-Westfalen 1874–1904.

Hollenberg, Adolph (1826–1907). 1843–45 Schulgehilfe Burg a.d. Wupper, 1845–47 Lehrerseminar Moers, 1847–49 Lehrer Vorschule Gymnasium Duisburg, 1849–54 Lehrer Ronsdorf-Heidt als Nachfolger D.s,

1854–77 Holthausen bei Mülheim a.d. Ruhr, 1877–87 Seminaroberlehrer Rheydt. Unterstützung D.s als Mithrsg. EvSchBl, Mitarbeit an Aufsätzen und Buchprojekten D.s und im Evangelischen Lehrerverein. Heiratete 1851 Wilhelmine Peters (1831–56), 1858 Alwine Finkensieper (geb. 1835). Bruder von Johann und Wilhelm H.

Hollenberg, Johann (1844–92). Stud. Halle und Bonn. Gymnasiallehrer in Saarbrücken, Bochum, Berlin, Iserlohn, Moers, Bielefeld. Gymnasialprofessor ebd. Bruder von Adolph und Wilhelm.

Hollenberg, Wilhelm (1824–99). Auf Zahns Präparandenanstalt Fild 1840–41, Gehilfe in Mettmann 1841–42, Seminar Moers 1842–44, Lehrer an der Präparandenanstalt Fild 1844–46, Schüler des Duisburger Gymnasiums 1846–47 (Abitur). Stud. Bonn und Berlin; Dr. phil. Berlin 1850; philolog. Staatsexamen Halle 1850; Probekandidat, Hauslehrer, Adjunkt und Oberlehrer in Berlin 1850–65, Gymnasialdirektor in Saarbrücken 1865–83 und Kreuznach 1883–90. Heiratete 1858 Anna Dieck, geb. 1834. Bruder von Adolph und Johann.

Hollenberg, Wilhelm (1855–81). Drittes Kind Adolph Hollenbergs aus 1. Ehe.

Honke, Julius, Lehrer an der Präparandenanstalt Orsoy, später Rektor in Elberfeld.

Horn, Dietrich (1838–1906). 1853 Gehilfe des Lehrers Kühler in Repelen, 1856–58 Lehrerseminar Moers. 1859–61 Gehilfe bei D. in Wupperfeld. 1861–63 Lehrer in Pohlhausen bei Wermelskirchen. 1863–68 Lehrer in (Witten-) Bommern, 1868–70 Nachfolger Höflers als Hauptlehrer der Schule Dieker Straße, Barmen. 1870–72 als Rektor Leiter des Wittener Volksschulwesens. 1872–1905 Rektor der privaten, von einer evangelischen Stiftung getragenen Präparandenanstalt Orsoy. Zahlreiche Aufsätze, mehrere Bücher zur Methodik und Schulverfassung. Dörpfelds „begabtester Freund und Schüler" (Fritz Horn, in: Dietrich Horn, Krefeld 1907, S. 16).

Horn, Georg (gest. 1873). Sohn von Dietrich Horn.

Hülsmann, Jakob (1807–73). Studium Theol. Bonn. 1831–63 Gymnasiallehrer in Duisburg. Mitglied des Politischen Klubs, Anhänger eines „königstreuen Liberalismus". Mitbegründer des EvSchBl und dessen Mitarbeiter. Beschäftigte sich besonders mit der Didaktik des Religionsunterrichtes an Höh. Schulen und setzte sich für eine Besserstellung der Elementarschulen ein. Biographie Wilhelm Hollenbergs: Jakob Hülsmann. Aus seinem Leben und seinen Aufzeichnungen. Heidelberg 1875.

Israel, Gustav Adolf (1848–1919). Oberschulrat und Seminardirektor Schneeberg/Erzgeb.

Jütting, Wübbe Ulrich (1825–90). Mit 16 Jahren Schulgehilfe. Volksschul- und Gymnasiallehrerprüfung. 1864 Dr. phil. Göttingen. 1866 Bürgerschuldirektor Einbeck, 1873 Seminarlehrer Eisleben, 1876–83 Seminardirektor Erfurt. Schriften zur Schreiblesemethode, zum Sprachunterricht, zu den Realien und zur Lehrerbesoldung. Mithrsg. EvSchBl.

Kehr, Karl (1830–85). Lehrerseminar Gotha 1846–49. Lehrer in Gotha, Ruhla. Direktor Bürger- und Gewerbeschule Waltershausen 1859, Seminardirektor Gotha 1872, Halberstadt 1873, Erfurt 1883. Schulrat. Hrsg. der Pädagogischen Blätter für Lehrerbildung und Lehrerbildungsanstalten. Autor von: Praxis der Volksschule 1868, Geschichte der Methodik des deutschen Volksschulunterrichts 1877–82.

Keller, Johann Wilhelm (1794–1885). 1817–24 Pfarrer Kelzenberg, anschließend Wermelskirchen bis zur Emeritierung 1856, zeitweilig Superintendent der Synode Lennep. Heiratete 1818 Sibylla Agnes Beckers (1801–85). 12 Kinder, darunter Christine, D.s spätere Frau. Das Ehepaar verlebte den Ruhestand in Düsseldorf.

Keller, Ludwig (1849–1915). Historiker. 1874–95 Staatsarchiv Münster, seit 1881 als Leiter; 1895–1915 Geh. Staatsarchiv Berlin. Gründer und Vorsitzender der Comeniusgesellschaft.

Kellermann, Gustav, Lehrer in Düsseldorf, Freund D.s, langjähriger Schriftführer und zeitweiliger Vorsitzender (1865–66, 1872–74) des Vereins evang. Lehrer und Schulfreunde für Rheinland und Westfalen. Verheiratet mit Julie geb. NN.

Kellner, Lorenz (1811–92). Rektor in Erfurt, Lehrer am Seminar Heiligenstadt, Reg.-Schulrat Marienwerder, Geh. Regierungs- und Schulrat Trier, Hrsg. Schulfreund. Teilnehmer der Schulkonferenz Berlin Juni 1872. Schrieb mehrere Bücher für Lehrer sowie „Lebensblätter, Erinnerungen aus der Schulwelt", 1891. Literatur: Karl August Wiederhold, Lorenz Kellner (1811–1892). In: Päd. Rundschau 29 (1975), S. 646 ff.

Kirschstein, Karl Wilhelm Ferdinand (1820–93) Divisionsprediger Stargard und Bromberg 1847–54. Pfarrer der evangelisch-lutherischen Gemeinde Barmen-Wupperfeld 1854–93. Superintendent des Kirchenkreises Elberfeld (einschl. Barmen) 1871–79, 1885–90, Präses der rheinischen Provinzialsynode 1890–93. Dörpfelds Ortsschulinspektor.

Kleist-Retzow, Hans Hugo von (1814–92). 1851–58 Oberpräsident der Rheinprovinz, später Führer der Konservativen im Abgeordnetenhaus.

Klietsch, Eduard (gest. 1889). Lehrer in Düsselthal, 1844–85 Hausvater Unterbarmer Waisenhaus.

Klingenburg, Georg (geb. 1818). Lehrer Ikten bei Mülheim a.d. Ruhr, wo er in einer lebendigen Schulgemeinde wirkte. Mitbegründer des Evangelischen Lehrervereins.

Klug, Christian (geb. 1848) Lehrer. Waisenhausvater in Elberfeld. Heiratete 24.9.1848 Burg a.d. Wupper Juliane Schmitz.

Kohlbrügge, Hermann Friedrich (1803–75). Theologe. Erster Pfarrer der durch Abspaltung von der reformierten Gemeinde gebildeten niederländisch-reformierten Gemeinde Elberfeld 1847–75. Dörpfeld und Kohlbrügge besuchten sich gegenseitig. Dörpfeld besaß zahlreiche der im Druck erschienenen Predigten, die er häufig las.

Kötter, Adolph (gest. 1865). Hauptlehrer in Ruhrort. Mitbegründer und Vorsitzender des Evangelischen Lehrervereins 1848–65. Mit Dörpfeld Hrsg. des EvSchBl.s 1857–61.

Kreitz, Otto (1857–1903). Schwiegersohn von Joh. Sebulon Carnap in Ronsdorf, dessen Tochter Magdalena er 1883 heiratete.

Krummacher, Karl (1831–99). Theologe. Reformierter Pastor in Elberfeld 1863–99, Vorsitzender des Westdeutschen Jünglingsbundes.

Kühler, Felix Heinrich. Lehrer in Ruhrort, heiratete Emilie Rüping.

Landfermann, Dietrich Wilhelm (1800–82). Als Burschenschafter Festungshaft 1824–29. Gymnasiallehrer Soest 1832–35, Gymnasialdirektor Duisburg (heute Landfermanngymnasium) seit 1835. Später Provinzialschulrat in Koblenz. 1848 Mitglied der verfassungsgebenden Preußischen Nationalversammlung Berlin. Mithrsg. EvSchBl.

Lange, Friedrich Albert (1828–75). Geb. in Solingen. Philosoph. 1855 Habilitation in Bonn mit Antrittsvorlesung „Über den Zusammenhang der Erziehungssysteme mit den herrschenden Weltanschauungen verschiedener Zeitalter". Bald vorläufiger Verzicht auf eine akademische Laufbahn. Bis 1866 in Duisburg Redakteur und Sekretär der Handelskammer. Ebd. 1866 Hauptwerk „Die Geschichte des Materialismus und Kritik seiner Bedeutung in der Gegenwart" ([10]1921). Teilnehmer der internationalen Arbeiterassoziationskongresse Genf 1869, Lausanne 1867, Brüssel 1868, Basel 1869. Prof. Zürich 1870 und Marburg 1872.

Lettau, Friedrich Albert. Seminarlehrer Königsberg/Ostpr. Verf. religionspädagogischer Schriften.

Lettau, Friedrich Reinhold (geb. 1844). 1867–70 Realgymnasium Riesenburg/Ostpr. Seit 1874 Seminarlehrer Preußisch Friedland.

Da beim Auftreten des Namens Lettau der Vorname entweder fehlt oder verkürzt erscheint, ist nicht zu ermitteln, um welchen Namensträger es sich jeweils handelt.

Liebetrut, Karl Friedrich (1799–1887). Theologe. Seit 1827 Oberlehrer höhere Bürgerschule Potsdam, 1831 Pfarrer Wittbrietzen (Kreis Treuenbrietzen). Schriften zur Theologie und Volkserziehung.

Lomberg, August. Lehrer, später Rektor in Elberfeld. Mitarbeiter D.s in dessen letzten Lebensjahren.

Lüben, August (1804–74). Seminar Neuzelle 1820–22. Lehrer in Weißenfels, Alsleben, Aschersleben. Bürgerschulrektor Merseburg 1850, Seminardirektor Bremen 1858. Zahlreiche Schriften, vor allem zum naturgeschichtlichen Unterricht. Hrsg. Pädagogischer Jahresbericht 1861–67. Der praktische Schulmann (begründet von Körner).

Lucius, Dr. Gymn.-Prof. in Frankfurt a.M., Vorsitzender der hessischen Konferenz des dt. ev. Schulvereins.

Mager, Karl Wilhelm (1810–58). Geb. in Gräfrath. Stud. Mathematik, Sprachen, Naturwissenschaften in Bonn, Paris, Berlin. Zunächst Hauslehrer und Privatgelehrter. Prof. dt. Sprache in Aarau 1841–44, Direktor Real- und erste Bürgerschule Eisenach 1848–52. Hrsg. Päd. Revue. Bücher und Aufsätze zur französ. Literaturgeschichte, Naturwissenschaften, Mathematik, Didaktik der Sprachen, Theorie der Realschule, Schulverfassung und Gesellschaftsstruktur, letztere von nachhaltigem Einfluß auf Dörpfeld. Vgl. Robert

Weßler, Karl Mager und seine Strukturtheorie des Bildungswesens, Weinheim/Berlin/Basel 1969 (= Marburger Pädagogische Studien); Wilhelm Wittenbruch, Karl Wilhelm Mager, ein Anwalt der „Bürgerbildung". In: Bildung real (Paderborn) Jg. 1973, S. 213 ff.

Mallinckrodt, Hermann von (1821–74). Abgeordneter Zentrum. Teilnehmer der Berliner Schulkonferenz Juni 1872.

Mann, Friedrich (geb. 1834). 1853–55 Hauslehrer, 1855–79 Lehrer in seiner Vaterstadt Langensalza. Nach dem Tode seines Schwiegervaters Hermann Beyer seit 1879 Inhaber des Verlages Beyer & Mann, Langensalza, der sich zu einem pädagogischen Fachverlag entwickelte. Autor pädagogischer Schriften, seit 1874 Hrsg. der „Deutschen Blätter für erziehenden Unterricht", „mit dem ausgesprochenen Zwecke, die pädagogischen Ideen Herbarts und seiner Schüler in die Praxis der Volksschulen einzuführen" (O.W. Beyer).

Meyer, Jürgen Bona (1829–1897). Stud. Philosophie, Naturwissenschaften, Medizin Bonn, Berlin. Frühe Arbeiten: „Staat und Kirche im Streit über die Schule in Hamburg" (1861), „Religionsbekenntnis und Schule" (1863). Philosophie-Prof. Bonn 1868–1897. Gegner des kirchlichen Ultramontanismus. Förderer von Volksbildung, Fortbildungsschulen und Simultanschulen. Gründer und Vorsitzender des „Liberalen Schulvereins Rheinlands und Westfalens" 1881. Zahlreiche schulpolitische Streitschriften, darunter „Die Simultanschulfrage" (1880), „Die Behandlung der Schule auf den letzten Generalsynoden Rheinlands und Westfalens" (1881), „Der Kampf um die Schule; historische und pädagogische Erörterungen über die Frage: Staatsschule oder Kirchenschule? Religionsunterricht und Staatsschule? " (1882), „Religionsbekenntnis und Schule" (1882), „Die angebliche sittliche Verwilderung der Jugend und die behauptete Mitschuld der Schule an derselben" (1884). Vgl. Allg. Deutsche Bibliographie 55, Leipzig 1910, S. 560 ff.

Miquel, Johannes von (1828–1901). Nationalliberaler Politiker. 1850–52 Mitglied Bund der Kommunisten, Rechtsanwalt, 1859 Mitgründer des Nationalvereins, 1867–82 Mitglied Abgeordnetenhaus, seit 1882 Mitglied Herrenhaus, 1867–77 und 1887–90 MdR, 1879–90 Oberbürgermeister Frankfurt a.M., 1890–1901 preußischer Finanzminister.

Mühler, Heinrich von (1813–74). Jurist. Dr. jur. Berlin 1835. 1846–51 Vortrag. Rat Kultusministerium, 1851–62 Mitglied Evangelischer Oberkirchenrat, 1862–72 Kultusminister.

Müller, Moritz (geb. 1816). Goldwarenfabrikant Pforzheim. Vor 1893 Abgeordneter in Baden. Schrieb auf Anregung D.s 1893 „Lebenserfahrungen und Lebensziele".

Nicolovius, Georg Heinrich Ludwig (1767–1839). Jurist und Theologe. Seit 1805 in der preuß. Kultusverwaltung, seit 1817 Mitglied Staatsrat. 1817–39 Direktor der geistlichen Abteilung Kultusministerium, 1817–24 und 1830–39 der Unterrichtsabteilung. Literatur: Fritz Fischer, Ludwig Nicolovius. Stuttgart 1939.

Ninck, Georg Karl (1804–72). 1831–37 Pfarrer Staffel/Hessen-Nassau, 1837–41 Prof. Theologisches Seminar Herborn, 1841–60 Pfarrer und Dekan Bergerbersbach, 1860–69 Ems.

Otto, Friedrich (1806–76): 1824–26 Seminarist und 1826–40 Taubstummenlehrer Erfurt, 1840–76 Rektor Knabenbürgerschule Mühlhausen i. Thür. Schriften zur Methodik. 1865 Ehrendoktor Rostock. Mithrsg. EvSchBl.

Patow, Robert von (1804–90). Jurist. Liberaler Politiker. 1836 Regierungsrat im preuß. Staatsdienst, 1840 Mitglied Staatsrat, 1848 Handelsminister, 1848–49 Oberpräsident Brandenburg, 1858–62 Finanzminister, 1866 Ziviladministrator der von der preuß. Mainarmee besetzten Gebiete von Frankfurt, Oberhessen und Nassau, 1873–81 Oberpräsident Sachsen 1852–58 und 1866–69 Mitglied Abgeordnetenhaus, 1871–73 MdR.

Puttkamer, Robert von (1828–1900). Jurist. 1867–71 Vortrag. Rat Bundeskanzleramt, 1871–74 Regierungspräsident Gumbinnen, 1874–77 Bezirkspräsident Lothringen, 1877–79 Oberpräsident Schlesien, 1879–81 Kultusminister, 1881–88 Innenminister, 1888–1900 Oberpräsident Westpreußen.

Randenborgh, Gottfried Hermann van (1820–55). Theologe. Pfarrer Burg a.d. Wupper 1852–55. Sein Sohn Johann Wilhelm (1851–1926) Pfarrer Burg a.d. Wupper 1880–86, lutherisch Ronsdorf 1886–93.

Raumer, Karl Otto von (1805–59). Jurist. 1840–41 Vortrag. Rat Finanzministerium, 1841–43 Innenministerium, 1843–45 Regierungsvizepräsident Königsberg, 1845–48 Regierungspräsident Köln, 1848–50 Frankfurt a.O., 1850–58 Kultusminister.

Rein, Wilhelm (1847–1929). Stud. Theologie und Philosophie. 1871–72 Lehrer Oberrealschule Barmen-Wupperfeld (heute Carl-Duisberg-Gymnasium), 1872–76 Seminaroberlehrer Weimar, 1876–86 Seminardirektor Eisenach. Seit 1886 a.o.Prof., 1912 ord. Prof. Jena, emeritiert 1923 (Nachfolger: Peter Petersen). Schüler Zillers und Stoys, einflußreichster Spätherbartianer mit nachhaltiger Wirkung auf Lehrerbildung und Volkshochschulbewegung. Literatur: Artikel „Rein" in: Alfred Rach, Biographien zur deutschen Erziehungsgeschichte. Weinheim/Berlin 1968, S. 234 ff. Dort weiterführende Literatur.

Reuter, Heinrich Lebrecht (1772–1851). Evangelischer Pfarrer Burg an der Wupper 1808 bis zum Tod.

Riehl, Wilhelm Heinrich (1823–1897). Theologe, Kulturhistoriker, Journalist. 1854 Prof. Staatswirtschaftslehre, 1859 ord. Prof. Kulturgeschichte München, seit 1885 auch Direktor Bayerisches Nationalmuseum ebd. Mehrbändige „Naturgeschichte des deutschen Volkes als Grundlage einer deutschen Sozialpolitik" 1851–59, mit der er Mitbegründer der wissenschaftlichen Volkskunde und Soziologie in Deutschland wurde. Verfasser historischer Novellen, Liederkomponist.

Röck. Bis 1872 Gefängnisprediger Bruchsal. Redakteur Schulblatt Bayerischer evangelischer Lehrerverein. Rezensent von D.s „Leidensgeschichte".

Rohden, Agnes von geb. Dörpfeld (1858–1907). Viertes Kind Dörpfelds. Heiratete 1884 Gustav von Rohden, damals Pastor in Helsinki, Bruder Wilhelm von Rohdens.

Rohden, Christine von geb. Dörpfeld (1862–1946). Jüngste Tochter D.s, heiratete 1891 Wilhelm von Rohden (1860–1901), Bruder Gustav von Rohdens.

Rohden, Gustav von (1855–1942). Dr. phil., Dr. theol., 1877–82 Oberhelfer Rauhes Haus Hamburg-Horn; 1882–1919 Pfarrer Helsinki, Dortmund, Werden/Ruhr, Düsseldorf, Berlin, Spören. 1912–23 Leiter Frauenschule Innere Mission Spören. Hrsg. der Schriften seines Schwiegervaters, z.T. im Rahmen der gesammelten Schriften; Mithrsg. EvSchBl.

Rothe, Richard (1799–1867). Theologe. 1828–37 Seminardirektor Wittenberg, 1837–49 und 1854–67 Prof. Heidelberg, 1849–54 Prof. Bonn. Vertrat eine „eigentümliche Einheit von Christusliebe und Weltoffenheit" (E. Schott) als Vermittlungstheologie. Literatur: E. Schott, Artikel „Rothe" in: Die Religion in Geschichte und Gegenwart, Bd. 5, Tübingen ^{3}1961, Sp. 1197 ff.

Rottsieper, Ernst (1810–70). Eisenwarenexportkaufmann in Heidt zwischen Ronsdorf und Remscheid. Vorsteher der dortigen Schulgemeinde.

Ruhmer (gest. 1910). Lehrer und Hausvater in Neusalz/Niederschlesien. Gründer des Christlich-konservativen Lehrerbundes ebd.

Rumscheidt, Friedrich (gest. 1915 in Den Haag). Hilfslehrer bei D. in Wupperfeld, später Lehrer an der deutschen Schule in Den Haag.

Sallwürk, Ernst von (1839–1926). Oberschul- und Geheimer Hofrat in Karlsruhe, seit 1907 Leiter des badischen Oberschulratskollegiums. Kritischer Herbartianer. Literatur: Artikel „Sallwürk" in: Alfred Rach, Biographien zur deutschen Erziehungsgeschichte, Weinheim/Berlin 1968, S. 232 f.

Schenkel, Daniel (1813–85). Theologe. 1850 Prof. Basel, 1851 Heidelberg. Vorkämpfer eines liberalen Kirchenregiments, 1863 Mitgründer des Protestantenvereins. 1860–72 Hrsg. Allgemeine kirchliche Zeitschrift.

Scherr, Ignaz Thomas (1801–70). Lehrer. 1821–25 Taubstummen- und Blindenlehrer Gmund/Württemberg, 1825–32 Direktor Blindeninstitut Zürich, 1832–39 Seminardirektor Küßnacht und Leiter des Zürcher Volksschulwesens. Als Liberaler aus dem Amt verdrängt, leitete er später eine private Erziehungsanstalt. 1852–55 Präsident thurgauischer Erziehungsrat. Pädagogischer Schriftsteller, u.a. 1839–46 Handbuch der Pädagogik.

Schlichting, Markus. Lehrer in Kiel. 1867–70 Mitglied Haus der Abgeordneten (Wahlbezirk Norder-Dithmarschen). Liberaler.

Schmid, Karl Adolf (1804–87). Gymnasialdirektor Ulm und Stuttgart. „Ein höchst bedeutender Vertreter jener älteren Philologengeneration, die mit Philosophie und Theologie enge Fühlung hatte" (O.W. Beyer). Mit Palmer und Wildermuth Hrsg. der „Enzyklopädie des gesamten Erziehungs- und Unterrichtswesens", 11 Bde. 1859–78 sowie einer „Geschichte der Erziehung", 1883 ff.

Schmidt, Carl (1819–64). Theologe und Philosoph. Gymnasiallehrer in Köthen, 1863–64 Seminardirektor, Schulrat und Landesschulinspektor in Gotha. Autor von „Geschichte der Erziehung und des Unterrichts", 1860 sowie „Geschichte der Pädagogik" 4 Bde. 1860–62.

Schneider, Karl (1826–1909). Theologe und Pädagoge. 1863–67 Seminardirektor Bromberg, 1867–70 Bunzlau, 1870–73 Berlin. Als Nachfolger Stiehls Vortrag. Rat Kultusministerium 1872–99. Verfaßte im Auftrag des Kultusministers Falk die Allgemeinen Bestimmungen vom 15.10.1872, die die Regulative von 1854 ablösten. Literatur: K. Schneider. Ein halbes Jahrhundert im Dienste von Kirche und Staat (1900). Stuttgart/Berlin [2] 1901.

Schröer, Heinrich. Lehrer. 1884–90 Redakteur der vom Berliner Lehrerverein herausgegebenen Pädagogischen Zeitung. Verfasser mehrerer Schriften über das Turnen. 1890 aus dem Gemeindeschuldienst und aus der Redaktion ausgeschieden, um das Amt eines Turnwarts an einer höheren Schule zu übernehmen.

Schüren, Johann Heinrich (1801–74). 1817–20 Lehrerseminar Soest. 1821–22 Elementarlehrer Schüren bei Dortmund. 1821–33 Lehrer höhere Stadtschule Lippstadt, seit 1833 Osnabrück, zunächst (1833–35) Lehrer der Vorschule und Zweiter Inspektor, 1835–40 Lehrer der Hauptschule, 1840–50 Direktor, 1851–73 gleichzeitig des Konsistoriums und Ober-Schulinspektor. Der Erweckungsbewegung nahestehend, Förderer von Lehrervereinigungen und -fortbildung.

Stahl, Friedrich Julius (1802–61). Jurist. Christlich-konservativer Rechtsphilosoph, führendes Mitglied der konservativen Partei. Mitglied des Evangelischen Oberkirchenrats. Beeinflußte König Friedrich Wilhelm IV. besonders durch seine Begründung von Recht und Staat auf christlicher Offenbarung. U.a. Autor von: Philosophie des Rechts nach geschichtlicher Ansicht. 2 Bde. Heidelberg 1830–37.

Steins, Hermann Florenz 1818–1876. Seminar Moers, Lehrer Präparandenanstalt Moers-Fild. Vorsitzender Verein evangelischer Lehrer und Schulfreunde 1866–72. Seminardirektor Straßburg 1872–76.

Stiehl, Ferdinand (1812–78). Theologe. 1839–44 Seminardirektor Neuwied. Seit 1844 Kultusministerium, 1848–72 Referent und damit eigentlicher Leiter des preußischen Volksschulwesens. Verfaßte im Auftrag des Kultusministers von Raumer die Regulative von 1., 2. und 3.10.1854 für die Volksschule, Präparanden- und Lehrerbildung, die bis 1872 gültig blieben. Mitglied Abgeordnetenhaus 1848–50.

Stoy, Karl Volkmar (1815–85). 1843 Privatdozent Philosophie Jena, begründet ebd. Pädagogisches Seminar und Erziehungsanstalt (Stoysches Institut). 1867 Lehrstuhl Pädagogik Heidelberg, 1874 erneut Jena Prof. Pädagogik. Nachfolger: Wilhelm Rein.

Strack, Karl (1813–90). 1836–40 Vikar Brensbach, 1840–63 Diakon Oberrosbach, 1863–76 Pfarrer Großenbuseck, 1876–90 Langgöns. Verfaßte eine Geschichte des deutschen Volksschulwesens (1872) und äußerte sich 1874 mit Pfarrern des Dekanats Gießen zum hessischen Volksschulgesetz.

Stüve, Johann Carl Bertram (1798–1872). Bürgermeister Osnabrück, hannoverscher Minister. Förderer J.H. Schürens.

Süvern, Johann Wilhelm (1775–1829). Theologe und Pädagoge. 1800 Rektor Gymnasium Thorn, 1803 Gymnasium Elbing, 1807 Prof. Geschichte und Philosophie Königsberg. 1809 beruft ihn Humboldt unter Ernennung zum Staatsrat in die Sektion für Kultus und Unterricht des Innenministeriums.

Förderte Schleiermacher, Herbart und Zeller. Anhänger Pestalozzis. Sein 1819 als Schulgesetzentwurf vorgelegter Schulgesamtplan nicht verwirklicht. Mitdirektor der Unterrichtsabteilung Kultusministerium 1817–29. Von der konservativen Reaktion verdrängt.

Thiersch, Friedrich Wilhelm (1784–1850). 1826–60 Prof. Philosophie München. 1829 mit Schelling Verfasser eines Schulplans für die Gymnasien und Lateinschulen in Bayern. Gründete an der Universität München nach Göttinger Vorbild das philologische Seminar zur Heranbildung von Lehrern. „Praeceptor Bavariae".

Thrändorf, Ernst (1851–1926). Theologe und Religionsdidaktiker. 1874–77 Oberlehrer Zillersche Übungsschule für Studierende Leipzig. Seminaroberlehrer Grimma, Auerbach im Vogtland. Autor zahlreicher Werke zur Religionspädagogik. Literatur: Johannes Beyer, Ernst Thrändorf – der Vater der modernen Religionspädagogik, in: Die Deutsche Schule 30 (1926), S. 335 ff.

Treitschke, Heinrich von (1834–96). Historiker. 1863–66 Prof. Freiburg, 1866–67 Kiel, 1867–74 Heidelberg, 1874–96 Berlin. 1866–89 Redaktion Preuß. Jahrbücher. Nachfolger Rankes als Historiograph der preuß. Monarchie. Entscheidender Einfluß auf das politische Denken des deutschen Bürgertums. Hauptwerk „Deutsche Geschichte im 19. Jahrhundert", 5 Bde., 1879 ff.

Trüper, Johannes (1855–1921). Heilpädagoge. Mit 16 Jahren Schulgehilfe. Lehrerseminar. 1877–87 Lehrer Bremen. Studium Jena (Rein, Eucken), Berlin (Dilthey, Paulsen, A. Wagner). 1890 Jena Errichtung eines Heims für entwicklungsgestörte Kinder, aus dem sich die Trüperschen Erziehungsanstalten Jena-Sophienhöhe entwickelten (heute dort Lehrlingsheim VEB Carl Zeiss). Literatur: Hellmut Trüper, Johannes Trüper. In: Thüringer Erzieher, Hrsg. Günther Franz. Köln/Graz 1966.

Ufer, Christian (1856–1926). Lehrer. Volksschule, private Vorbereitung zum Seminar, 1872 Aushilfslehrer Rosbach an der Sieg, 1873–74 Friedenshöhe bei Schwelm i.W., 1874–77 Lehrerseminar Neuwied, 1877–82 Lehrer Wies bei Waldbröl, 1882–86 Elberfeld. Gründete hier 1882 pädagogische Arbeitsgemeinschaft („Herbartkränzchen"), 1886 Verein für herbartische Pädagogik in Rheinland und Westfalen. 1886–1903 Höhere Mädchenschule Altenburg/Thür., 1903–21 Rektor Mädchenmittelschule Elberfeld-Südstadt. Mit D. befreundet, Interpret herbartischer Pädagogik in mehreren Schriften, vor allem der „Vorschule der Pädagogik Herbarts", Dresden 10 1909 (erstmals ebd. 1883). Lebenserinnerungen „Im Wandel der Zeit 1856–1921", Altenburg/Thür. 1926.

Vincke, Georg von (1811–75). Sohn des westfälischen Oberpräsidenten Ludwig v.V. 1848–49 Abgeordneter der äußersten Rechten in der Paulskirche. Bis 1867 Mitglied Abgeordnetenhaus. Nationalliberal. Landrat Hagen.

Vogt, Theodor (gest. 1906). Prof. Pädagogik Wien. Vorsitzender des Vereins für wissenschaftliche Pädagogik und Hrsg. des Jahrbuchs des Vereins. Anhänger Herbarts.

Waitz, Theodor (1821–1864). Psychologe, Anthropologe 1848–64 Prof. Philosophie Marburg. Anhänger Herbarts. U.a. Autor pädagogischer Schriften.

Weber, Theodor (1822–80). Theologe. Hauslehrer, Lehrer Privatschule Blenz Berlin. Rektorexamen. 1853–70 reformierter Pfarrer Stendal, 1870–80 lutherischer Pfarrer Barmen-Wupperfeld (die reformierte Gemeinde Barmen-Gemarke hatte ihn gleichzeitig als Pastor gewählt). Bücher und Aufsätze zu pädagogischen und theologischen Themen. Redakteur. Mitarbeiter EvSchBl.

Wehrenpfennig, Wilhelm (1829–1900). Theologe. Halle 1853 Dr. phil. Mit H.v. Treitschke Hrsg. Preuß. Jahrbücher. 1877–79 Vortrag. Rat Handelsministerium, 1879–1900 Kultusministerium.

Wiget, Theodor (geb. 1850). 1870–71 und 1875–76 Stud. neuerer Sprachen Leipzig, dazwischen Lehrer französische Schweiz und England. 1876–77 Oberlehrer Zillersche Übungsschule Leipzig, 1877–79 Seminarlehrer Weimar, 1880–89 Seminardirektor Chur, 1890–91 Stud. Leipzig (Wundt), 1891–95 Seminardirektor Rorschach, anschließend Direktor Appenzellische Kantonschule Trogen. Autor pädagogischer Schriften, Hrsg. von Zeitschriften.

Wilberg, Johann Friedrich (1766–1846). Schüler Rochows. Lehrer der von der Reckeschen Schule Overdyck bei Bochum. Seit 1802 Elberfeld, wo er das Schulwesen reformierte. 1804 Leiter der Erziehungs- und Unterrichtsanstalt für Kinder höherer Stände ebd., 1829 Schulinspektor. „Meister am Rhein". Von besonderem persönlichen Einfluß auf Diesterweg.

Wilhelmi, Ludwig Wilhelm (1796–1882). Theologe. 1858–82 Landesbischof von Hessen-Nassau. Mit seinem Tod erlischt der 1827 durch den Herzog von Nassau eingeführte Bischofstitel.

Witt, Heinrich. Lehrer Glückstadt. Mitarbeiter EvSchBl. Verfaßte u.a.: Die biblischen Geschichten Alten und Neuen Testaments mit Bibelwort und freier Zwischenrede anschaulich dargestellt. 3 Bde. Kiel 1869. Wohl identisch mit H. Witt, Paris.

Zahn, Franz Ludwig (1798–1890). Theologe. Den erweckten Kreisen des Barons Kottwitz in Berlin nahestehend. 1825–27 Seminarlehrer Weißenfels. 1827–32 Direktor v. Fletchersches Lehrerseminar Dresden. 1832–57 Seminardirektor Moers als Nachfolger Diesterwegs. Gründete auf seinem Gut Moers-Fild eine Präparanden- und Erziehungsanstalt und zu deren Finanzierung die Rheinische Schulbuchhandlung, in der er erfolgreiche eigene Bücher zur Religionspädagogik herausgab, darunter die Biblischen Historien. 1844–51 Hrsg. Schul-Chronik, Mithrsg. EvSchBl. D., den Zahn 1844–48 zur Mitarbeit in der Präparandenanstalt gewann, wurde sein bedeutendster Schüler. Verheiratet mit Anna geb. Schlatter.

Seine Kinder: 1. Franz Johannes (1828–1905), Dr. phil., Gymnasialdirektor in Moers; 2. Anna (1829–1910), Pflegerin, unverheiratet; 3. Franz Volkmar (1830–91), Direktor der Erziehungsanstalt Moers-Fild; 4. Franz Michael (1833–1900), Missionsinspektor in Bremen; 5. Franz Detlev (1835–1906), Schloßprediger in Köslin; 6. Franz Theodor (Ritter von Zahn, 1838–1933), Theologieprofessor in Erlangen; 7. Maria (1839–191)), verheiratet mit Seminardirektor Johann Eberhard Wieacker (1834–1921); 8. Minna (1843–1931), Johanniterschwester, verheiratet mit Gymnasialoberlehrer Hermann Hävernick (1842–87). Früh verstorben sind die Kinder Theophil, Friedrich und Paul.

Zedlitz-Trützschler, Robert Graf von (1837–1914). Offizier, Gutsbesitzer. 1881–86 Regierungspräsident Oppeln, 1886–91 Oberpräsident Posen, 12.3.1891–23.3.1892 Kultusminister, 1898–1903 Oberpräsident Hessen-Kassel, 1903–09 Schlesien.

Zeglin, Johann Gottfried (1837–90). Vorsteher der Präparandenanstalt Schmiedeberg/Schlesien. Mithrsg. EvSchBl. Kritischer Herbartianer.

Ziller, Tuiskon (1817–82). Pädagoge und Philosoph. Eigentlicher Begründer der herbartischen Schule und führender Kopf der Herbartianer. 1853 Privatdozent Leipzig, 1862 Eröffnung eines pädagogischen Seminars mit Übungsschule an der Universität, 1864 a.o. Prof., 1866 Bewahranstalt für sittlich gefährdete Schulkinder in Verbindung mit dem pädagogischen Seminar. 1868 gründete er den Verein für wissenschaftliche Pädagogik „und schuf damit der pädagogischen Schule Herbarts in Deutschland den geistigen Mittelpunkt" (O.W. Beyer). Autor pädagogischer Schriften.

Zillessen, Friedrich Eberhard (1837–1915). 1867–88 Pfarrer Orsoy, wo er die von D. Horn geleitete Präparandenanstalt begründete. Anschließend bis zu seinem Tode in Berlin Hrsg. und Redakteur der Deutschen Lehrerzeitung/Evangelischen Volksschule. Führend beim Evangelischen Schulkongreß, den er mitbegründete, und in der evangelischen Lehrerbewegung. Wirkte für das Selbstverständnis der evangelischen Volksschule, u.a. in dem von ihm mitbegründeten „Verein zur Erhaltung der evangelischen Volksschule".

Personen- und Ortsregister

Berücksichtigt wurden auch Einleitung, Übersichten am Schluß und Kurzbiographien

A

Aachen: 138, 179

Aarau: 677

Aargau: 161

Achterath, Johann Wilhelm: 215, 216

Achterath, Lisette s. Dörpfeld, Lisette

Achenbach, Heinrich von. Kurzbiographie: 259, 443, 669

Achinger, C., Schwiegersohn Dietrich Horns: 258, 268

Ackermann, Direktor: 505, 529

Adam: 558

Adams, Peter, Lehrer, später Schulrat in Barmen: 674

Adelberger, Lehrer, Hainbrunn: 169

Adelberger, Lehrer, Rothenburg o.T.: 169

Adler, Friedrich. Kurzbiographie: 317, 324, 403–405, 430, 669

Adler, Pauline geb. Koehler: 430, 669

Ägypten: 485, 536

Ahlmeyer, Rektor: 561

Ahrens, Staatsrechtslehrer: 222

Alemannen: 636

Alexander: 26

Alexander-Regiment s. Berlin

Alfeld: 299, 669

Alkibiades: 476

Allihn, F.H.Th.: 366, 367

Alsleben: 677

altbergisch s. bergisch

Altenbeuren/Inn: 11, 650

Altenburg i. Thür.: 246, 546, 552, 682

Altenburg, Pädagoge: 367, 372, 550

Altenkirch, Friedrich: 265, 266

Altenstein, Karl Sigismund Franz von Stein zum. Kurzbiographie: 292, 669

Altgelt, Hermann, Regierungs- und Schulrat, Düsseldorf: 254

Amalekiter: 486

Amalie N.N.: 326

Amerika, amerikanisch s.a. USA: 92, 112, 113, 167, 218, 247, 436, 437, 535, 631

Amsterdam: 209, 584

Andreä, Kaiserslautern: 299, 399

Anhaltische Bahn: 263

Anholt i. Westf.: 669

Annaberg: 368

Antäus: 151

Appenzell: 683

Araber: 39

Aristophanes: 632

Aristoteles: 540

Armenien: 502

Arnd, Johann: 88

Arnsberg, Regierungsbezirk: 240, 289, 393

Aschersleben: 677

Asmus, Walter: 295, 673

Asmus, Autor: 374

Asperg: 672

Athen: 108, 324, 401, 405–407, 427, 430, 466, 506, 507, 540, 554, 556, 561, 562, 581, 586, 591, 598, 672

Atlantik: 213

Auberlen, Karl August. Kurzbiographie: 112, 113, 647, 669

Auerbach/Vogtland: 469, 506, 672, 682

Augsburg: 126, 478

Augusta, Kaiserin-Witwe: 561, 562

Auguste, Haushilfe in Ronsdorf: 593, 598

Augustinus: 76

Auma i. Thür.: 394

B

Baal: 288

Babel, Babylon: 167

Bach, Johann Sebastian: 635

Back: 244

Backhaus, Schulinspektor, Osnabrück: 426, 434, 435

Bacmeister, E., Verleger, Eisenach: 299, 332, 350, 381, 409

Baco: 583

Baden s.a. Nordbaden: 164, 166, 169, 178, 192, 222, 235, 241, 311, 378, 379, 487, 488, 620, 678

Bagelmann, Bremen: 83

Balke, Franz Heinrich Wilhelm, Pastor, Rheydt: 83

Ball, Hermann, Pastor, Elberfeld: 83

Ballauf, Konrektor, Varel: 337, 505, 529

Ballien, Lehrer, Brandenburg: 178–181, 203

Baltikum: 370

Bambach: 193

Bamberg: 193, 299, 350, 433

Banz, Kloster: 350

Barbach, Gotha: 299

Barleben bei Magdeburg: 673

Barmen s. Wuppertal

Bartels, Friedrich. Kurzbiographie: 301, 302, 350, 351, 407, 409, 417, 421, 432, 545, 546, 669

Barth, C.G.: 374

Barth, Ernst, Abb., Kurzbiographie: 381, 382, 409, 443, 463, 510, 589, 669

Basel: 112, 123, 168, 563, 590, 669, 677, 678, 680

Baumgärtner: 421

Baur, Gustav Adolf Ludwig. Kurzbiographie: 327, 328, 669

Bayer, Hermann Adolph. Abb., Kurzbiographie: 183, 187, 313, 443, 669

Bayern, Rheinbayern: 193, 235, 241, 296, 378, 399, 423, 485, 488, 587, 679, 682

Beck, Johann Tobias: 138

Becker, Ilmenau: 505

Becker, Pastor, Odessa: 203, 218, 219, 228

Beckers, Agnes Sibylla s. Keller, Agnes Sibylla geb. Beckers

Beckers, Seminarlehrer, Rheydt: 372, 418

Beeck, Karl-Hermann: 11, 198, 421

Beißenherz, Lehrer: 203

Belgien, belgisch: 167, 436, 437, 487, 488

Beneke, Friedrich Eduard. Kurzbiographie: 121, 511, 661, 670

Bengel, Johann Albrecht: 88, 112, 119, 564, 625

Bennigsen, Rudolf von: 426, 434

Berchter, Wilhelm. Kurzbiographie: 196, 295, 318, 647, 670

Berger, Johann Jakob: 185

Bergerbersbach: 678

Bergisches Land, Herzogtum Berg, bergisch, altbergisch: 21, 30, 32, 54, 116, 118, 119, 130–132, 137, 139–141, 143, 144, 164, 188, 193, 244, 254, 258, 260, 262–263, 283, 284, 290, 291, 301, 315, 317, 329, 330, 338, 345, 357, 358, 370, 371, 434, 485, 490, 504, 563, 584, 589, 595, 600, 626, 636, 659, 663, 666, 667, 674

Bergner, Leipzig: 505

Bergneustadt: 10, 650

Berleburg, Bad: 146

Berlin: 61, 84, 90, 108, 121, 168, 170, 175, 181, 188, 189, 193, 198, 201, 226, 235, 256–258, 266, 271, 273, 275, 279, 295, 312–314, 324, 365, 374, 377, 388, 394, 396, 397, 406, 421, 424, 425, 427, 431, 432, 435, 438, 441, 466, 467, 469, 476, 477, 482, 486, 488, 489, 502, 508, 510, 512, 526, 527, 561, 563, 573, 577, 585, 597, 598, 600, 601, 616, 664–667, 669–684

Alexander-Regiment: 280, 282

Archiv der Evangelischen Kirche der Union (Evangelischer Oberkirchenrat): 9, 11, 176, 182, 191, 202, 650

Berliner Volkszeitung: 138

Berliner Schulkonferenz s. Schulkonferenz

Charlottenburg: 259

Fränkisches Ministerialdepartement: 669

Joachimsthalsches Gymnasium: 259

Niederwallstraße: 277

Ostsektor: 11

Prinzenstraße: 277

Russischer Hof: 259

Schloß: 259

Spree: 259

Technische Universität, Bauakademie, Polytechnikum: 277, 284, 323, 672

Bern: 162

Bernus, Familie, Frankfurt: 427

Bertelsmann, Carl: 670

Bertelsmann, Heinrich. Kurzbiographie: 115, 184, 310, 357, 408, 670

Bertelsmann, Verlag: 191, 245–247, 347, 373, 374, 383, 392, 397, 409, 473, 594

Berthelt, August: 180

Best, Lehrer, Wermelskirchen: 216

Bethel: 80, 81

Bethmann Hollweg, Moritz August von. Kurzbiographie: 83, 126–129, 131-134, 136–138, 141 144, 670

Beyer, Hermann: 367, 408, 409, 420, 678

Beyer, Johannes: 682

Beyer, Otto Wilhelm: 669, 678, 680, 684

Beyer & Mann: 367, 678

Bielefeld: 473, 594, 675

Biermann, J.H.J., Barmen: 244

Biermann, Otto, Hauptlehrer, Barmen: 284, 314, 354, 357, 373, 479, 547

Bismarck, Otto von. Abb.: 196, 197, 233, 234, 385, 428, 429, 443, 542, 543, 552, 554, 620, 672

Blanke, Friedrich, Lehrer, Langerfeld: 231

Blenz, Berlin: 683

Bleyl & Kaemmerer, Verlag, Dresden: 351, 409

Bliedner, Arno. Kurzbiographie: 394, 398, 399, 433, 467, 479, 492, 500, 501, 506, 529, 670

Bloth, Hugo Gotthard: 11, 671

Bochum: 675, 683

Overdyck: 683

Bode: 479, 484, 485

Bodelschwingh, Friedrich von, Gründer von Bethel: 506

Boetticher, E.: 542, 543, 561, 562, 585, 601

Bohm, Schulvorsteher, Berlin: 258

Böhme, Albert, Rektor i.R.: 660

Böhme, Jakob: 170

Böhmen: 195, 470, 497

Böker, Albert, Remscheid: 155

Bökersche Hypothek: 215

Bombe, Autor: 380

Bommern s. Witten

Bonifatius: 247, 553

Bonn: 251, 258, 265, 283, 290, 303, 351, 358, 593, 602, 605, 610, 611, 668–670, 672, 675, 677, 678, 680

Bonnet: 374

Boodstein, Otto. Kurzbiographie: 479, 484–486, 491, 494–496, 498–501, 503, 505, 511, 515, 547, 647, 670

Boppard: 191, 263, 264, 665

Borbeck s. Essen

Bormann, Karl: 425

Born, Karl Erich: 543

Borna: 671

Bornau bei Osnabrück: 115

Bornheim: 282, 283, 671

Boetticher. E.: 542, 543, 561, 562, 585, 601

Bourbonen: 233

Boz s. Dickens, Charles

Brakenbusch, Lehrer, Wupperfeld: 265

Bräm, Andreas, Kurzbiographie: 48, 54, 114, 670

Brandenburg: 137, 148, 180–183, 190, 559, 562, 669, 679

Brandt, Elisabeth: 194

Brandt, Hermann Arnold Wilhelm, Pastor, Duisburg bzw. Essen: 32

Brandt, Martin Gottlieb Wilhelm. Kurzbiographie: 91, 194, 246, 463, 464, 479, 670

Brandt, Paul: 194

Brandt, Samuel: 194

Brandts: 179

Braunschweig: 258, 328, 338

Bredt, Wilhelm August. Abb., Kurzbiographie: 128, 129, 187, 287, 313, 342, 444, 670

Bremen: 83, 84, 180, 404, 469, 506, 543, 567, 572, 574, 600, 601, 621, 662, 673, 677, 682, 683

Brensbach: 681

Breslau: 670

Bromberg: 676, 681

Bruchsal: 679

Brühl: 271

Brüssel: 677

Büchmann, Georg: 34

Buchner, W.: 374

Büchsel, Karl, Generalsuperintendent: 273

Budapest: 217, 380

Büderich: 670

Bühring: 244

Bulwer, Edward, Lord Lytton of: 26

Bündner: 382

Bunzlau: 329, 681

Burbach (Saarland): 195

Burg a.d. Wupper s. Solingen

Burg b. Magdeburg: 246, 673

Burk, Konsistorialrat: 476, 485, 491

Busch, Wilhelm. Kurzbiographie: 110, 217, 670

Buschendorf, Pastor, Koben bei Gera: 459, 461, 466, 471

Buscherhof s. Remscheid

Büttner, Autor: 195

C

Calvin, Johannes: 146

Campe: 543

Carnap, Anna geb. Dörpfeld. Abb., Kurzbiographie: 9, 11, 41, 46, 61, 71, 84, 85, 99, 100, 107, 108, 115, 145, 151, 155, 194, 204, 209–212, 229, 232, 243, 248, 258–266, 278, 281, 282, 284, 308, 316, 319, 323, 325, 326, 341, 354, 355, 358, 373, 385, 386, 388, 401, 402, 442, 488, 489, 537, 541, 543, 549–552, 581, 591, 592, 598, 600, 605, 624, 643, 647, 662, 668, 670, 677

Carnap, Johann Sebulon, Abb.: 108, 554, 581, 584, 593, 598, 600, 668, 670

Carnap, Magdalena s. Kreitz, Magdalena geb. Carnap

Carnap, Rudolf: 668

Charlottenburg s. Berlin

Cheveley: 26

Chinesische Mauer: 156

Chun, Lehrer, Frankfurt a.M.: 321, 395

Chur: 366, 382, 506, 683

Clarenbach, Adolph. Kurzbiographie: 169, 170, 244, 439, 664, 670

Claudius, Matthias: 61, 88

Clausnitzer, Leopold: 601

Cleve s. Kleve

Clifford: 26

Coburg: 350, 433, 469, 492

Coburg-Gotha: 240, 552

Collenbusch, Samuel. Kurzbiographie: 275, 671

Cölln a.E.: 466

Colsmann, Dr. med., Barmen: 272

Comenius, Jan Amos. Abb.: 444, 465, 578–581, 583–585, 587, 591, 598, 622, 635, 676

Conrad, Eisenach: 506

Conze, Archäologe: 430

Cooper, James Fennimore: 26, 374

Cornelius, Karl Sebastian. Kurzbiographie: 606, 610, 647, 671

Correl, Lehrer, Kordelshütte bei Rothenburg o.T.: 169

Cotta, Ursula, Eisenach: 264

Cremer, Wilhelm. Kurzbiographie: 33, 118, 133, 671

Curtius, Robert: 317, 324

Curtmann, Wilhelm Jakob Georg. Kurzbiographie: 218, 671

Czerwenka, Bernhard, Pfarrer, Frankfurt a.M.: 321

D

Dahlmann, Friedrich Christoph: 552

Dams, Wilhelm, Rektor, Elberfeld: 185

Dänemark, dänisch: 436, 502

Daniel, Prophet: 52

Danzig: 669, 673

Darkehmen: 673

Darmstadt s. Hessen-Darmstadt

David, König: 63, 64, 111, 112, 365, 536, 599, 613, 640

Delitzsch: 669

Delius, Eisenach: 528, 529

Den Haag: 187, 209, 680

Deters: 373

Dhünn: 193, 229

Dickens, Charles (Pseudonym: Boz): 26

Dicker Straße s. Wuppertal

Dieck, Anna s. Hollenberg, Anna geb. Dieck

Diehl, Peter. Kurzbiographie: 9, 90, 92, 152, 153, 155, 169, 176, 181, 183, 184, 187, 198–201, 217, 219, 227, 282, 283, 299, 303, 309, 310, 315, 318–320, 326–328, 339, 356, 370, 373, 374, 394, 399, 417, 425, 427, 507, 547, 586, 593, 647, 671

Diek, Am s. Wuppertal

Dieringhausen: 432

Diestelkamp, Pastor, Berlin: 263

Diesterweg, Friedrich Adolph Wilhelm. Abb. Kurzbiographie: 11, 28, 110, 121, 122, 132, 136, 137, 140, 143, 144, 156, 163, 170, 174, 175, 180, 181, 256, 282, 302, 347, 371, 389, 390, 431, 434, 435, 444, 573, 578, 647, 664, 668, 671, 683

Diesterweg, Moritz: 326, 671

Dietlein, Rektor, Dortmund: 329–331

Dietz, Kirchenrat, Wiesbaden: 156

Dilthey, Wilhelm: 682

Dinchen s. Christine Dörpfeld geb. Keller

Dingen (Land Wursten): 669

Dinter, Gustav Friedrich. Kurzbiographie: 180, 335, 632, 671

Dittes, Friedrich. Kurzbiographie: 367, 375, 377, 378, 380, 394, 397, 398, 407, 469, 470, 510–515, 522, 523, 527–530, 532, 546, 552, 567, 573

Dölau: 566

Dönberg s. Wuppertal

Dörpfeld, Agnes s. Rohden, Agnes von geb. Dörpfeld

*Dörpfeld, Agnes (*1886): 601*

Dörpfeld, Albert, Kurzbiographie: 71, 214–216, 219, 647, 671

Dörpfeld, Anna Wilhelmine geb. Jung: 21, 81, 154, 171, 647, 659, 666, 671

Dörpfeld, Anne geb. Adler: 108, 401, 402, 405, 420, 430, 466, 488, 489, 506, 540, 541, 556, 561, 592, 598, 647, 667, 672

Dörpfeld, Christine geb. Keller. Kurzbiographie: 34, 38, 40–42, 45–47, 50, 54–59, 61–63, 65, 66, 68, 73, 77, 83–85, 99, 115, 147–149, 151, 152, 191, 192, 194–196, 208–213, 227, 229–232, 242, 243, 248, 249, 251, 254, 256–259, 263, 271, 272, 319, 323, 325, 345, 354, 386–388, 402, 480, 489, 543, 544, 647, 662, 665, 668, 671, 676

Dörpfeld, Christine s. Rohden, Christine von geb. Dörpfeld

Dörpfeld, Cläre geb. Schlameus: 10

Dörpfeld, Else: 506, 507, 542, 601

Dörpfeld, Fritz: 598, 601

Dörpfeld, Hans. Kurzbiographie: 108, 187, 204, 209–212, 214, 227, 243, 248, 258–266, 272, 278, 284, 323, 325, 341, 355, 356, 386–388, 402, 441, 480, 488, 489, 535, 537, 647, 664, 672

Dörpfeld, Johann Wilhelm sen. Kurzbiographie: 171, 388, 659, 672

Dörpfeld, Johann Wilhelm jun. Kurzbiographie: 21, 81, 154, 171, 388, 647, 659, 663, 672

Dörpfeld, Lisette geb. Achterath: 671

Dörpfeld, Maria: 663

Dörpfeld, Wilhelm. Abb., Kurzbiographie: 9, 85, 99, 100, 105, 108, 115, 151, 169, 185–187, 194, 195, 203, 204, 208–212, 231, 243, 248, 258–266, 271, 273, 277–279, 282, 284, 315–320, 323–325, 341, 343, 348, 349, 354, 358, 374, 384–386, 401, 402, 405, 408, 420, 427, 430, 466, 472, 488, 489, 506, 537, 540–543, 552, 554, 556, 561, 562, 581, 586, 587, 591, 592, 598, 645, 647, 658, 663, 667, 672

Dörr, Meta: 265

Dörr, Wilhelm. Kurzbiographie: 148, 209–211, 251, 252, 258, 265, 351, 358, 587, 610, 611, 647, 663, 672

Dortelweil: 90, 152, 155, 169, 176, 183, 184, 187, 198–200, 671

Dortmund: 34, 179, 331, 539, 680

Hörde: 324

Schüren: 681

Dove, Professor, Göttingen: 472

Dresden: 318, 351, 367, 381, 409, 414, 466, 506, 549, 671, 682, 683

Driehuysen, Zandvoort: 209

Duisburg: 32–34, 89, 157, 159, 161, 168, 198, 229, 244, 253, 271, 288, 300, 308, 329, 330, 504, 613, 614, 626, 633, 662, 664, 671, 672, 674, 675, 677

Handwerkerverein: 198

Landfermann-Gymnasium: 52, 159, 674, 677

Meiderich: 32

Ruhrort: 133, 212, 244, 251, 253, 674, 676, 677

Stadtarchiv: 11, 198

Dunant, Henry: 672

Duncker, Franz: 234

Dürselen, Gerhard. Abb., Kurzbiographie: 84, 85, 99, 672

Düsseldorf: 11, 49, 69, 73, 84, 115, 147, 148, 151, 152, 172, 187, 195, 196, 209, 212, 227, 248, 251, 254, 256, 284, 285, 290, 300, 301, 309, 314, 317, 322, 323, 325, 329, 330, 418, 440, 441, 539, 667, 668, 676, 680

Düsselthal, -er Anstalten, -er Seminar: 132, 593, 676

Gerresheim: 105, 354, 356, 358, 362, 368, 370, 372–375, 378, 382, 384, 386, 388, 391, 394, 396, 397, 399, 401, 402, 405, 406, 408, 409, 417, 422, 425, 427, 431, 434, 435, 438, 441, 456, 462, 469, 470, 480, 486, 488, 489, 491, 492, 501, 503, 506–510, 516, 526, 528, 530, 534, 535, 537, 540, 543, 544, 547–549, 551–554, 610, 642, 667, 670

Regierung, -sbezirk: 49, 111, 139, 240, 252, 254, 284, 285, 289, 290, 300, 312, 330, 490, 538, 586, 661

Düsselthal s. Düsseldorf

E

Eben Ezer: 80

Eberhard, Otto: 594

Eberhardt, Eisenach: 299, 432, 478, 502, 503, 505

Eckert, Georg: 159

Edel, Lehrer, Mülheim/Ruhr: 253

Eickhoff, F., Lehrer, Gütersloh: 133, 244

Eickhoff, J.D.: 638

Einbeck: 675

Eisenach: 178, 246, 254, 256, 263, 264, 268–270, 283, 289, 298, 299, 301, 302, 322, 324, 332, 347, 349, 350, 352, 362, 366, 367, 370, 372, 375, 376, 378, 381, 391, 394, 397, 399, 400, 406, 408, 409, 415, 419, 421, 422, 424, 425, 431–433, 456, 459–462, 466, 467, 469, 470, 477, 479, 480, 498, 500–503, 505, 506, 510, 526–529, 533, 534, 544, 546, 549, 552, 650, 665, 677, 679

Wartburg: 264, 347, 665

Eisleben: 675

Elbe: 312

Elberfeld s. Wuppertal

Elbing, Autor: 374

Elbing: 681

Ellissen, O.A.: 168

Elsaß s.a. Nordelsaß: 193, 233, 400, 527

Elsner, Samuel: 61

Elzipon: 171

Ems, Bad: 264, 678

Engels, Jacob Gerhard, Pastor, Nümbrecht: 169

England: 195, 196, 436, 437, 542, 683

Engstfeld, A.: 29

Ephesus: 626

Eppinghofen s. Mülheim/Ruhr

Erasmus von Rotterdam: 673

Erfurt: 263, 323, 421, 479, 505, 568, 675, 676, 679

Erich, Fürst: 611

Erkrath: 115

Erlangen: 561, 683

Erlenbach: 543

Ernst, Karl Christian Ludwig, Generalsuperintendent: 508

Essen: 370

Borbeck: 253

Kettwig: 284

Steele: 152

Werden: 680

Ethschmiadhin: 502

Eucken, Rudolph Christoph: 568, 682

Europa: 161, 631

Eyck, Erich: 543

F

Fabri, Friedrich. Kurzbiographie: 226, 426, 427, 583, 672

Falk, Adalbert. Abb., Kurzbiographie: 256, 257, 259–263, 266, 295, 359, 379, 445, 479, 487, 582, 620, 647, 665, 672, 681

Falk, Wilhelm Karl Theodor, Pastor, Wiehl: 159

Fasbender, Peter, Lehrer, Ronsdorf: 369

Fazy, J., Genf: 161

Feldner, Ludwig, Pastor, Elberfeld: 203

Fichte, Johann Gottlieb: 195, 292

Fild s. Moers

Finger, Friedrich August. Abb., Kurzbiographie: 242, 246, 312, 331, 445, 479, 611, 647, 672

Finkensieper, Alwine s. Hollenberg, Alwine geb. Finkensieper

Fischer, Fritz: 678

Fischer, Gerhard: 11

Fix, Seminardirektor, Soest: 400

Flasdieck, Hermann: 671

Flattich, Johann Friedrich. Kurzbiographie: 672

Fleischhacker, Leipzig: 432, 477, 498, 501–503, 505

Flensburg: 630

Fletchersches Lehrerseminar Dresden: 683

Fliedner, Theodor. Kurzbiographie: 218, 672

Flitner, Wilhelm: 2, 11, 55

Flügel, Otto. Kurzbiographie: 372, 466, 467, 481, 482, 486, 501, 505, 565, 566, 588, 647, 673

Foltz, Theodor, Lehrer: 185, 493, 494, 501, 502, 550, 552, 567

Franck, Sebastian: 365

Francke, August Hermann: 466

Franckesche Stiftungen s. Halle

Franke, Heinrich Friedrich Christian. Kurzbiographie: 110, 673

Franke, Luise (Lieschen): 326, 673

Franken, fränkisch: 123, 485

Frankfurt am Main: 9, 85, 92, 153, 160, 169, 174, 179, 184, 196–198, 200, 201, 218, 246, 283, 284, 299, 303, 309–313, 315, 318–320, 322, 326, 327, 331, 338, 356, 370, 373, 394, 395, 399, 417, 425–427, 465, 466, 471, 472, 479, 480, 507, 547, 561, 586, 593, 599, 611, 663, 666, 671, 672, 677, 678

Paulskirche: 682

Frankfurt an der Oder: 182, 257, 679

Franklin, Benjamin: 218, 560, 561

Frankreich, französisch: 192, 193, 196, 232, 233, 247, 259, 274, 436, 437, 487, 542, 563, 679

Franz, Günther, 256, 568, 682

Frätschkes, Kronstadt: 367

Frauenbreitungen: 500

Freiburg i.Br.: 294, 295, 682

Freund, Pastor: 492, 500

Freytag, Gustav: 534

Freytag, Oberlehrer: 278

Frick, Otto. Abb., Kurzbiographie: 445, 466, 472, 478, 492, 534, 545, 546, 549, 596, 597, 673

Friedberg/Hessen: 671

Friedjung, H.: 197

Friedrich, Julius: 658

Friedrich II., der Große, König: 247

Friedrich III., Kaiser, König (als Kronprinz: Friedrich Wilhelm): 599

Friedrich Wilhelm, der Große Kurfürst: 247

Friedrich Wilhelm I., König: 247

Friedrich Wilhelm III., König: 247

Friedrich Wilhelm IV., König: 633, 681

Friedrich Wilhelm, Kronprinz s. Friedrich III.

Friedrich, s. Viktoria (Kaiserin Friedrich)

Friedrichsroda: 299, 478

Friesland: 509, 636

Fröhlich, Gustav: 288, 289, 301–303, 323, 324, 350, 361, 381, 392, 394, 510, 511, 513, 514, 527

Frommel, Emil. Abb., Kurzbiographie: 209, 263, 273, 281, 445, 489, 508, 664, 665, 667, 673

Funcke, Otto, Pastor, Holpe bzw. Bremen: 169, 404

Fürer, Karl Eduard, Pastor, Cronenberg, bzw. Kassel, vorher Realschullehrer in Elberfeld: 185

G

Gäa: 51

Gabriel, Lesebuchherausgeber: 458

Gabriel, Erzengel: 496

Galiläer: 52

Garibaldi: 460, 487

Garschhagen, Wupperfeld: 66, 68

Garschhagen, Frau: 66

Gebhard, Bruno: 196, 543

Geibel, Verleger, Leipzig: 461

Geibel, Lehrer, Malstadt/Saar: 192

Geibel, Lehrerin, Wupperfeld: 86, 192

Gelderblom, Autor: 472, 567

Geldern: 323

Genf: 161, 677

Gera: 301, 407, 409, 421, 459, 669

Gerhardt, Paul: 61, 65, 67, 82, 115, 148, 343, 635

German, Pseudonym für F.W. Dörpfeld: 431

Gerresheim s. Düsseldorf

Gervinus, Georg Gottfried: 662

Giebe, Regierungsschulrat: 300, 594

Giese, Lehrer, Wichlinghausen: 210

Giesenkirchen: 69

Gießen: 246, 264, 328, 479, 669, 681

Glayre: 189

Glöckner, Gottfried: 466, 467, 472, 473, 478, 479, 481, 504, 673

Glogau: 395, 478, 529

Glückstadt: 558, 617, 683

Gmund/Württemberg: 680

Gneist, Rudolf von. Abb., Kurzbiographie: 222, 237, 446, 673

Goebel, Klaus: 2, 11, 33, 55, 260, 261, 324, 585, 633, 650, 659, 660, 671

Goebel, Max: 162, 168

Göbel, Familie, Otzenrath: 231

Göbell, Walter: 168

Goldenberg (aus Dhünn), Gymnasiallehrer, Saarbrücken: 193

Goltz, Alexander von der Goltzsch: 646

Goltzsch: 473

Göpfert, R.: 432, 467, 477, 479, 546

Görnitz bei Borna: 671

Goßler, Gustav von. Kurzbiographie: 582, 389–391, 399, 673

Goeßler, Peter: 208, 324, 349, 430, 543, 562

Gotha: 159, 299, 328, 441, 466, 473, 478, 529, 552, 561, 646, 671, 676, 680

Goethe, Johann Wolfgang von: 56, 61, 264, 291, 411, 584, 634, 637, 645

Götterswickerhamm: 313

Gotthelf, Jeremias: 374

Göttingen: 121, 292, 472, 669, 670, 674, 675, 682

Götze, Lehrer, Hamburg: 473

Gotzhein, Fritz, Rektor, Wuppertal: 660

Grabe: 373, 374

Grabs: 478, 485, 510

Grafe, Hermann Heinrich: 110

Graef: 375, 378, 380, 381

Gräfe, Heinrich. Kurzbiographie: 673

Gräfrath s. Solingen

Graser, Johann Baptist: 465, 622

Graz: 256, 568, 682

Gregor VII., Papst: 247

Gregor XIII., Papst: 55, 57

Gregorius, Lehrer, Essen: 253

Griechenland, griechisch: 276, 315, 402, 403, 405, 483, 486, 541, 562, 618, 623, 672

Grimm, Jakob: 122

Grimma: 682

Großenbuseck: 681

Großliebenthal/Südrußland: 219

Grote, Wupperfeld, Abb.: 83, 84, 99

Groth, Klaus: 123

Grube, Autor: 374

Gruner, Karl Justus. Kurzbiographie: 252, 254, 673

Grunerts, Lehrer, Mülheim/Ruhr: 87, 201

Grünweller, August. Abb., Kurzbiographie: 446, 674

Gumbinnen: 679

Gummersbach: 225

Gundert, E., Verleger, Stuttgart: 467

Günther: 372, 376, 399

Gurland, Gottfried: 660

Gütersloh: 115, 120, 133, 145, 146, 155, 157, 168, 191, 195, 219, 244, 245–247, 251, 261, 295, 301, 315, 349, 366, 471, 479, 486, 507, 526, 540, 547, 558, 566, 594, 603, 633, 635, 664–668

H

an Haack, Lehrer, Leichlingen: 251, 254, 647

Haake, Schulinspektor, Kreis Mettmann: 300, 342

Haasen, Anton, Kaufmann, Elberfeld, Abb.: 99, 184

Hackländer, Auguste. Kurzbiographie: 212, 674

Hagemann, Johann. Kurzbiographie: 32–34, 198, 300, 614, 648, 674

Hagen i. Westf.: 118, 152, 622, 626, 682

Hahn, Philipp Matthäus: 171

Hainbrum: 169

Halberstadt: 299, 676

Halfter, J.P., Lehrer, Wupperfeld: 212, 433, 460–462, 473, 475, 484, 514, 516, 517, 526, 527

Halle a.d. Saale: 11, 87, 263, 367, 466, 529, 534, 546, 566, 588, 596, 597, 601, 606, 610, 650, 673, 675, 683

Haltenberg: 193

Hamann, Johann Georg: 151, 160, 555, 564, 635, 646

Hamburg: 84, 273, 371, 386, 421, 441, 473, 479, 553, 669, 678

Horn: 388, 680

Nienstedten: 11, 650

Rauhes Haus: 388, 680

Hamm i. Westf.: 258, 672

Hammerschmidt, Lehrer, Wupperfeld: 264

Hanau: 593

Händel, Georg Friedrich: 635

Hannover, hannoversch: 123, 166, 233, 241, 258, 266, 348, 350, 371, 546, 573, 574, 681

Harkort, Friedrich. Kurzbiographie: 674

Harlem: 209, 210

Harnisch, Wilhelm: 633

Hartenstein, Gustav: 571

Hartmann, Autor: 367, 368

Hartmann, Barmen, im Bruch: 230

Hartung, Perleberg: 506

Hartog, Heinrich August Eduard, Pastor, Moers: 208

Hasper, Vereinsvorsitzender: 178, 179

Hassenkamp, Friedrich Wilhelm, Pastor, Schulinspektor, Elberfeld: 184

Haupt, Pastor: 203

Hausmann: 299

Hävernick, Hermann: 683

Hebel, Johann Peter: 123

Hebräer: 557, 601

Heerwart, Mitglied des Bundesrats: 299, 394

Heerwart, Marianne: 299, 394

Hegel, Georg Friedrich Wilhelm: 292, 406, 419, 538, 565, 623, 624, 670

Heidelberg: 32, 295, 591, 637, 671, 675, 680–682

Heidelberger Katechismus: 64, 172, 482

Heidt s. Wuppertal-Ronsdorf

Heilbrunn, Bad: 256

Heiligenstadt/Eichsfeld: 676

Heine, Gerhard. Abb., Kurzbiographie: 246, 300, 348, 350, 400, 412, 446, 463, 467, 470, 473, 474, 479, 508, 522, 564–566, 648, 674

Heine, Heinrich: 637, 638

Heinerle von Lindelbronn: 673

Heinrich IV., Kaiser, König: 247

Helgoland: 593

Helm, J.: 299, 425

Helsinki: 108, 540, 543, 544, 554, 593, 673, 679

Helvetius, Claude Arien: 482, 486

Hengstenberg, Ernst Wilhelm. Kurzbiographie: 166, 564, 674

Henke, Oskar: 289

Heraion: 317

Herbart, Johann Friedrich. Abb., Kurzbiographie: 222, 256, 292–296, 302, 305, 306, 328, 337, 338, 345, 362, 366, 367, 375–377, 401, 425, 446, 466, 467, 472, 473, 476, 479, 480, 483, 502, 517, 527, 534, 546, 549, 564, 566–568, 570, 571, 575, 607, 609, 615–617, 622–624, 635, 637, 642, 666, 671, 673, 674, 678, 682, 684

Herbartianer: 283, 294, 295, 298, 336–338, 341, 347, 351, 360, 361, 362, 365, 367, 372, 375–377, 380, 392, 401, 406, 410, 411, 416, 417, 425, 432, 433, 457, 459–462,465–467, 469, 472, 474–479, 482, 483, 486, 492, 497, 502, 504, 505, 510, 513–517, 520, 523, 525, 526, 529, 534, 540, 545, 546, 552, 554, 566, 567, 574, 578, 589, 590, 597, 598, 600, 606–608, 615–617, 622–624, 644, 671, 674, 678–680, 682, 684

Herborn: 678

Herder, Johann Gottfried: 264, 635

Hermannsburg: 123

Herolds, Lehrer: 85

Herrmann, F.: 479

Herwegh, Georg: 637

Hesekiel: 557

Hessen, hessisch: 156, 157, 178, 179, 201, 219, 228, 284, 304, 310–313, 322, 666, 677, 681

Hessen-Darmstadt s.a. Rheinhessen: 92, 169, 218, 311, 373, 374

Hessen-Kassel (Kurhessen): 92, 169, 184, 311, 373, 374, 684

Hessen-Nassau: 92, 157, 169, 179, 240, 241, 311, 357, 373, 374, 678, 679, 683

Heuser, Neuwied: 480

Heydt, von der, Bankhaus: 203

Heydt, Fritz von der, Lehrer: 118

Heyse, Johann Christian August: 122

Hilchenbach i. Westf.: 247, 290, 485, 592, 595, 596, 668, 670

Hildburghausen: 552

Hilverkus, J.C., Lehrer: 369, 370

Hindrichs, Karl, Lehrer: 86, 663

Hingenberg s. Solingen

Hiob: 136, 604, 641, 643

Hippel, Theodor Gottlieb von: 560, 561

Hirsch, Emanuel: 11

Hirschhorn/Neckar: 169

Hissarlik: 562

Hochdahl: 118, 213

Hoffmann, J.: 374

Hoffmann, S.: 479

Hoffmann, W.: 380

Hoffmann: 85, 423

Hoffmann von Fallersleben, Heinrich: 637

Höfler, Emanuel. Kurzbiographie: 152, 187, 191, 195, 209, 210, 212, 231, 259, 261–266, 309, 310, 320, 329, 354, 357, 648, 674, 675

Hofmann, Autor: 286, 288

Hogeweg, D. Kurzbiographie: 251, 648, 674

Hoheneiche: 506, 509, 537

Hohenzollern: 233, 585

Hölderlin, Friedrich: 492

Holland s. Niederlande

Hollenberg, Adolph. Kurzbiographie: 9, 10, 25, 29, 30, 31, 70, 71, 86, 87, 120, 144, 201, 246, 249, 271, 279, 284, 300, 301, 306, 308, 309, 314, 317, 318, 322, 329, 368–370, 372, 374, 384, 405, 408, 417, 418, 447, 462, 463, 479, 480, 488, 547, 548, 555, 556, 568, 586, 592–594, 602, 674

Hollenberg, Alwine geb. Finkensieper: 675

Hollenberg, Anna geb. Dieck: 192, 194, 675

Hollenberg, Anna: 196

Hollenberg, Johann. Kurzbiographie: 258, 259, 273, 675

Hollenberg, Paul: 196

Hollenberg, Wilhelm. Abb., Kurzbiographie: 25, 158, 191, 193, 222, 239, 259, 289, 329, 346, 375, 376, 408, 418, 475, 560, 593, 602, 605, 637, 648, 661, 664, 668, 675

Hollenberg, Wilhelm (gest. 1881): 405, 675

Hollenberg, Wilhelmine geb. Peters: 71, 86, 87, 648, 675

Holpe: 169

Holstein: 165, 233, 240, 437, 501, 509, 542, 630

Holtei, Karl von: 124

Holthausen s. Mülheim/Ruhr

Homer: 174

Honke, Julius. Kurzbiographie: 675

Horaz: 34

Horn, Dietrich. Abb., Kurzbiographie: 109, 144, 152, 211, 246, 251, 257, 261, 267, 268, 288, 289, 351, 377, 380, 397, 398, 400, 424, 425, 431, 432, 447, 473, 477–480, 492, 500, 502, 505, 525, 545, 547, 548, 555, 589, 590, 633, 648, 665, 675, 684

Horn, Ferdinand: 380

Horn, Fritz: 675

Horn, Georg: 257, 258, 267, 268, 675

Horn, W.O. von (Pseudonym für Wilhelm Oertel): 114

Hosea: 606

Huber, Victor Aimé: 429, 482

Hugo, Victor: 645

Hülsmann, Jakob. Abb., Kurzbiographie: 89, 120, 126, 143, 157–159, 244, 447, 463, 613, 629, 636, 637, 648, 675

Humboldt, Wilhelm von: 292, 681

Hunnius, Pfarrer, Maholm (Baltikum): 370

Hurter, von, Rechtsanwalt, Elberfeld: 203

Hussitten: 583

I

Ikten s. Mülheim/Ruhr

Ilion s. Troja

Ilm: 264

Ilmenau: 505

Iserlohn i. Westf.: 675

Israel: 173, 316, 411, 557, 635, 643

Israel, Gustav Adolf. Abb., Kurzbiographie: 268, 318, 381, 382, 384, 425, 432, 448, 648, 675

Italien, italienisch s.a. Sizilien, Süditalien: 195, 374, 437, 460, 469

J

Jacobi, Friedrich Heinrich: 646

Jacotot, Josef: 465

Jakobus, Apostel: 146

James, G.P.R.: 26

Japhet: 297

Jaenigen, Lehrer, Mülheim/Ruhr: 253

Jaspis, Albert Sigismund: 662

Jena: 121, 163, 295, 299, 303, 367, 394, 506, 549, 551, 552, 566, 568, 570, 571, 573, 574, 576, 578, 588, 589, 594, 597, 669, 670, 673, 679, 681, 682

Jeremia: 331

Jerusalem: 146

Jesaja: 326, 556, 606

Jesus Christus: 58, 63, 64, 66, 78, 82, 89, 114, 119, 126, 146, 148, 151, 155, 169, 172, 216, 217, 268, 271, 272, 276, 315, 316, 365, 668, 561, 564, 565, 570, 584, 611, 614, 617, 618, 628, 639, 640, 643, 645

Johannes, Apostel: 316

Jonathan: 614

Joos, Lehrer, Fild: 194

Jorde, Fritz, Rektor, Elberfeld: 185, 200

Jorissen, Matthias: 343, 542

Joseph, Sohn Jakobs: 86, 334, 413, 466, 485, 486, 536, 640

Josephson, Johannes: 593

Josephson, Karl Ludwig, Pastor, Wupperfeld: 264

Josua: 555

Juden: 172, 367, 388, 482, 600, 618

Jülich, Herzogtum; Jülicher Land: 68, 84, 137, 138, 140, 164, 230, 318, 373, 636

Jung, Anna Gertrud geb. Platte: 661

Jung, Anna Wilhelmine s. Dörpfeld, Anna Wilhelmine geb. Jung

Jung-Stilling, Johann Heinrich. Abb: 448, 560, 561, 604

Junker Jörg s. Luther

Just, Karl: 246, 372, 399, 416, 433, 506, 529, 546, 550

Jütting, Wübbe Ulrich. Kurzbiographie: 246, 400, 479, 504, 505, 577, 675

K

Kahnmeyer, Realienbuch-Autor: 511, 528

Kaiserslautern: 299, 399

Kaiserswerth s. Düsseldorf

Kamerun: 543

Kaemmerer s. Bleyl & Kaemmerer

Kamphausen, Ort im Jülichschen: 63, 68, 69, 78, 84, 147, 210, 229, 230–232

Kanaan: 43

Kant, Immanuel: 28, 171, 292, 623, 635, 645, 659, 674

Karl der Große: 247

Karl Theodor, Kurfürst von der Pfalz: 161

Karlowa, Steuereinnehmer, Elberfeld: 266

Karlsruhe: 89, 367, 407, 673, 680

Kassel: 157, 351, 491, 502, 504, 505, 667, 673

Kastellaun: 244, 256

Katernberg s. Wuppertal

Kaufmann, Agnes geb. Carnap: 10, 605, 650

Kayser, Chr.G.: 26

Keferstein: 394, 401

Kehr, Karl. Kurzbiographie: 270, 299, 347, 349, 366, 367, 375, 377, 380, 381, 397, 399, 401, 420, 421, 425, 431, 432, 456, 462, 473, 479, 483, 484, 491, 493, 494, 498, 501, 503–505, 511–513, 522, 523, 526, 586, 676

Kehrbach, Karl: 367, 673

Keil, Frau: 33

Keller, Agnes Sibylla geb. Beckers. Abb.: 62, 78, 81, 82, 98, 115, 152, 227, 243, 325, 544, 648, 667, 676

Keller, Albert: 441, 442

Keller, Christine s. Dörpfeld, Christine geb. Keller

Keller, Johann Wilhelm. Abb., Kurzbiographie: 40–42, 54, 58, 62, 78, 81, 82, 98, 115, 152, 172, 204, 227, 229, 243, 377, 440, 508, 644, 648, 659, 662, 668, 671, 676

Keller, Ludwig. Kurzbiographie: 448, 578, 579, 584, 585, 648, 676

Keller, Wilhelm, Dr. med., Elberfeld: 147, 148

Kellermann, Gustav. Abb., Kurzbiographie: 49, 73, 147, 248, 251, 253, 284, 448, 648, 676

Kellermann, Julie: 49, 73, 248, 648, 676

Kellner, Lorenz. Kurzbiographie: 122, 181–183, 190, 512, 676

Kelzenberg: 676

Kempen s. Thomas von Kempen

Kettwig s. Essen

Keuchen, Unterbarmen: 83

Kiel: 220, 226, 426, 434, 680, 682, 683

Kielmann: 33

Kierkegard, Sören: 11

Kimpel, Heinrich Theodor: 157

Kirschstein, Karl Wilhelm Ferdinand. Abb., Kurzbiographie: 110, 355, 404, 449, 676

Kissingen, Bad: 193, 195

Klein, Hanns: 11

Kleinmann, Autor: 270

Kleinschrod, Dr. med., Wörishofen: 587

Kleist-Retzow, Hans Hugo von. Kurzbiographie: 258, 262, 676

Kleve: 137, 138, 164, 636

Klietsch, Eduard. Kurzbiographie: 110, 676

Klingenburg, Georg. Kurzbiographie: 118, 251, 253, 271, 279, 284, 285, 331, 332, 354, 402, 405, 614, 615, 628, 648, 676

Klug, Alfred, Pastor, Barmen: 229

Klug, Alwine geb. Hollenberg: 603

Klug, Artur: 603

Klug, Christian. Abb., Kurzbiographie: 109, 110, 271, 603, 648, 676

Klug, Juliane geb. Schmitz: 271, 603, 676

Kneipp, Sebastian: 587, 589, 591

Koben bei Gera: 459

Koblenz: 143, 164, 168, 179, 244, 264, 312–314, 329, 490, 633, 665, 677

Kögel, Hofprediger, Berlin: 273

Kögler, Eisenach: 467

Kohlbrügge, Hermann Friedrich. Abb., Kurzbiographie: 326, 449, 555, 584, 604, 676

Kohlrausch, Friedrich: 416

Kolatschek, Adolf: 552

Kolbe, Autor: 470, 472, 473, 479, 481, 495, 504, 505, 549,

Köln: 85, 153, 179, 256, 258, 480, 532–534, 543, 568, 599, 602, 636, 670, 679, 682

Deutz: 319

Dom: 85, 86

Kölnische Zeitung: 157–159, 583, 599

Mülheim (am Rhein): 115, 602

Regierungsbezirk: 240, 490

Königsgrätz: 196, 197

Königsberg/Ostpreußen: 246, 292, 479, 564, 671, 674, 677, 679, 681

Königsborn s. Unna

Königsfeld/Schwarzwald: 668

Konstantin, Kronprinz: 562

Kordelshütte: 169

Korinth: 561

Körner, Friedrich, Lehrer: 371, 372, 677

Körner, Theodor: 302, 464, 466, 471

Köslin: 439, 683

Köthen/Anhalt: 246, 300, 349, 463, 479, 486, 508, 564, 566, 674, 680

Kötter, Adolph. Kurzbiographie: 89, 118, 133, 244, 663, 676

Kottwitz, Hans Ernst Baron von: 683

Krafft, Karl, Pastor, Elberfeld: 184, 200

Krause, Karl Christian Friedrich: 222, 335

Krefeld: 675

Kreitz, Magdalene geb. Carnap: 677

Kreitz, Otto. Kurzbiographie: 584, 677

Kreuznach, Bad: 266, 675

Kriegeskotte, G.: 661

Kronstadt/Siebenbürgen: 367

Krug: 171

Krummacher, Karl. Kurzbiographie: 183, 184, 677

Krummacher, Brandenburg: 183

Kübel, Dekan: 504, 547

Kühler, Emilie geb. Rüping: 677

Kühler, Felix, Heinrich. Kurzbiographie: 212, 251, 253, 648, 675, 677

Kühlwetter, Friedrich von, Regierungspräsident, Düsseldorf: 595

Kuhn, von, Prof., Heidelberg: 591

Kupisch, Karl: 119, 229

Küppers (aus Solingen), Gymnasiallehrer, Saarbrücken): 193

Kurhessen s. Hessen-Kassel

Küßnacht: 680

L

Lachmann, Philologe: 174

Lahn: 264

Lambeck, Lehrer, Wupperfeld: 212

Lamberti, Lehrer, Moers

Landfermann, Dietrich Wilhelm. Abb., Kurzbiographie: 89, 143, 244, 264, 449, 462, 472, 504, 515, 560, 604, 613, 632, 633, 665, 677

Landfermann, Luise geb. Winter: 604, 648

Landwehr, H.F.: 111

Lang, Wilhelm, Lehrer, Nümbrecht-Driesch: 169

Langbein, W.: 222, 239, 563

Lange, Friedrich Albert. Abb., Kurzbiographie: 11, 157, 159, 161, 168, 198, 449, 648, 664, 677

Lange, Autor: 520, 526, 529

Langenberg s. Velbert

Langensalza: 367, 377, 408, 409, 420, 678

Langgöns: 246, 479, 681

Largiader, Dr.: 590

Lassalle, Ferdinand von: 429, 554

Laubach: 326

Lausanne: 677

Lazarus: 482

Lehnert: 182

Leichlingen: 115, 251, 254

Leidenfrost, Weimar: 350, 505

Leimbach, Gymnasiallehrer: 495

Leimbach, Lehrer, Kurhessen: 169, 178, 179

Leipzig: 26, 145, 168, 239, 293, 314, 330, 350, 351, 367, 371, 380, 382, 394, 407–409, 415, 416, 421, 432, 433, 458, 461, 462, 468, 473, 476, 478, 491, 498, 501, 505, 552, 560, 561, 563, 572, 588, 594, 605, 669, 673, 678, 682–684

Leithäuser: 179

Lemgo: 83

Lennep s. Remscheid

Leo, Heinrich: 112

Lessing, Gotthold Ephraim: 560, 579, 638, 645

Lettau, Friedrich Albert bzw. Lettau, Friedrich Reinhold. Kurzbiographie: 11, 90, 215, 246, 450, 463, 466, 467, 470, 472, 474, 478, 479, 481, 486, 504, 505, 564, 648, 677

Leunis, Johannes: 180, 266

Ley, Wilhelm, Lehrer, Alsbach: 169

Liebetrut, Karl Friedrich. Kurzbiographie: 53, 677

Liese, Adolph: 347

Limburg a.d. Lahn: 659

Linder, Gustav Adolf: 482

Lingenberg, Hauptlehrer: 329

linksrheinisch: 253, 344, 595

Linnig, Provinzialschulrat, Koblenz: 324

Lippe, Fürstentum: 128

Lippstadt: 681

Löbau: 552, 553

Löhmann, Flensburg: 630

Lohmeier, Rektor, Schildesche: 244

Lomberg, August. Kurzbiographie: 592–594, 677

Lorch/Rheingau: 265, 266, 665

Lothringen: 193, 233, 400, 679

Lott: 501

Lotz, Eisenach: 479, 506

Louis s. Napoleon III.

Löwenstein, Frankfurt a.M.: 85, 179, 283

Lübeck: 240

Lüben, August. Kurzbiographie: 180, 282, 573, 574, 677

Lübker, Dr., Flensburg: 163

Lucius. Kurzbiographie: 283, 677

Lücke, Heinrich, Pastor: 660

Lüderitz: 543

Lukas, Evangelist: 606

Lüneburger Heide: 123

Luthardt, Herausgeber einer Kirchenzeitung: 491, 495

Luther, Hänschen: 212

Luther, Martin: 48, 53, 74, 88, 111, 139, 146, 147, 149, 168, 212, 241, 244, 247, 264, 284, 316, 347, 364, 385, 432, 433, 459, 461, 466, 468, 471, 473, 478, 480, 482, 483, 502, 505, 529, 555, 557, 564, 568, 604, 611, 613, 614, 619, 628, 635, 636, 641, 662, 669, 670

Lüttringhausen s. Remscheid

M

Mager, Karl. Abb., Kurzbiographie: 161, 168, 222, 238, 241, 307, 345, 348, 360–362, 389, 396, 450, 460, 465, 472, 482, 484, 518, 525, 539, 540, 563, 571, 622, 661, 677, 678

Magdeburg: 258, 508, 673

Magus im Süden s. Oetinger

Magyaren: 270, 380

Maholm: 370

Mährische Brüder: 583

Main: 180, 181

Mallet, Friedrich, Pastor, Bremen: 83

Mallinckrodt, Hermann von. Kurzbiographie: 258, 262, 678

Malstatt: 192, 195

Mann, Friedrich. Kurzbiographie: 366, 367, 376, 466, 678

Maennel, Dr.: 589, 590

Manteuffel, Otto Theodor Freiherr von, Ministerpräsident : 137, 546, 554

Marburg: 157, 563, 677, 678, 682

Marienwerder: 676

Mark, Grafschaft: 87, 131, 137, 138, 140, 152, 164, 169, 258, 358, 636

Marryat: 374

Mascher, H.A., Bürgermeister, Hörde: 324

Mathis, Ludwig Emil, Präsident Evangelischer Oberkirchenrat, Berlin: 175, 181–183, 189, 191, 201, 648

Matthäus, Evangelist: 52, 383, 565, 572, 606, 619

Meckel, Wilhelm: 203

Mecklenburg: 233

Medebach i. Westf.: 308

Medenbach/Hessen: 671

Meiderich s. Duisburg

Meiners, Lehrer: 186

Meisinger, Lehrer, Rothenburg o.T.: 169

Meister am Rhein s. Wilberg, Johann Friedrich

Melanchthon, Philipp: 88, 347

Melchert, Jürgen: 111

Menard: 527

Menken, Gottfried, Pastor, Bremen: 138, 567, 568, 600, 601

Merseburg: 677

- *Regierungsbezirk: 138*
- *Zentrales Staatsarchiv: 9, 11, 188, 257, 260, 267, 650*

Mertens, Autor: 374

Merz, Autor: 374

Mettmann: 29, 400, 501, 502, 535, 675

- *Lehrerseminar: 290*

Metz: 389

Meyer, Jürgen Bona: 302, 303, 367, 377, 472, 504, 505, 510, 678

Meyer, Duisburg: 504

Meyer, Autor: 625

Michael, Erzengel: 496

Minden: 164, 179, 258

Minden-Ravensberg: 49, 118, 127, 156, 169, 304, 625

Miquel, Johannes von. Kurzbiographie: 426, 427, 434, 450, 678

Mitteldeutschland: 123, 124, 366, 412

Mittelrhein: 169, 218, 219, 636

Moltke, Hellmuth von: 345, 465

Morres, Kronstadt: 367

Moers: 25, 28, 39, 61, 114, 140, 208, 230, 300, 586, 661, 675

Fild: 25–28, 101, 140, 183–186, 196, 203, 204, 208, 244, 246, 251, 479, 542, 659, 661, 670, 672, 675, 683

Lehrerseminar: 25, 95, 111, 131, 132, 140, 180, 183, 290, 561, 661, 669, 671, 674, 675, 681, 683

Martinsstift: 593

Präparandenanstalt: 131, 289, 659, 661, 675, 681, 683

Vinn: 186

Waisenberg: 186

Mosel: 192

Moses: 316, 557, 572

Moyland: 553

Mühlenfeld, Lehrer, Borbeck: 253

Mühler, Heinrich von. Kurzbiographie: 182, 187, 188, 190, 200, 238, 538, 648, 678

Mühlhausen i. Thür.: 372, 462, 479, 679

Mülhausen i. Els.: 527

Mülheim am Rhein s. Köln

Mülheim a.d. Ruhr: 28, 61, 87, 144, 192, 201, 251, 253, 271, 279, 284, 288, 300, 306, 308, 309, 372, 374, 402, 674, 676

Eppinghofen: 664–666

Holthausen: 86, 87, 120, 133, 249, 675

Ikten: 251, 331, 332, 354, 614, 615, 676

Selbeck, Diakonenanstalt: 674

Müllensiefen, Pastor, Berlin: 273

Müller, A.: 527

Müller, C.W.: 374

Müller, Georg: 2

Müller, Julius: 565

Müller, Moritz. Kurzbiographie: 11, 450, 559, 560, 605, 615, 616, 640, 648, 678

Müller, Diakon: 48

Müller, Autor: 180

München: 232, 350, 679, 682

Münster i.W.: 11, 111, 181, 578, 579, 584, 670, 676

Muthesius, Karl: 588–590

N

Nadler, Josef: 555

Nagel, „Reformprediger": 439

Nagel: 473, 483, 485, 492

Napoleon III.: 195, 196, 233

Naske, Autor: 380

Nassau s. Hessen-Nassau

Nahlowski, J.W.: 529, 571, 572, 623

Nathan: 579, 580

Nathanael: 614

Nathusius, Martin von: 504, 509

Nazarener: 52

Neanderthal: 139

Nettelbeck, Joachim: 560, 561

Neuburg, Lehrer, Barmen: 594

Neuenahr: 265

Neukirchen bei Moers, Erziehungsverein: 48, 54, 114, 670

Neusalz a.d. Oder: 177, 178, 180, 680

Neuß: 603

Neuwied: 132, 198, 244, 308, 371, 461, 681, 683

Neuzelle: 677

Neveling, Pastor: 428

Neviges s. Velbert

Nicolovius, Georg Heinrich Ludwig. Kurzbiographie: 292, 678

Niederbergisches Land s. Bergisches Land

Niederlande: 187, 209, 665, 668

Niederrhein: 85, 118, 130–132, 136, 152, 168, 169, 198, 209, 232, 241, 254, 270, 296, 318, 329, 330, 368, 406, 434, 465, 467, 471, 478, 480, 481, 487, 488, 490, 510, 513, 538, 547, 553, 599, 600, 617

Niederruhr: 140

Niederschlesien: 680

Niederwupper: 84, 139, 626

Niewöhner, Duisburg: 253

Ninck, Georg Karl. Kurzbiographie: 156, 179, 678

Nordbaden: 311

norddeutsch, Norddeutschland: 113, 123, 124, 140, 180, 318, 366

Nordelsaß: 311

Nordwestdeutschland: 473, 509

Norden i. Ostfriesland: 108, 592, 604

Norder-Dithmarschen: 680

Nordpol: 68

Nordsee: 213

Nostiz, Chr.: 308, 371, 372, 381

Nümbrecht: 169

Nürnberg: 350, 433

Nußbächer: 367

O

Oberbaden: 193

Oberbergisches Land: 138, 169, 225

Oberhausen: 118

Oberhessen: 679

Oberlahnstein: 264, 665

Oberrhein, -länder: 115, 153, 169, 490, 636

Oberrosbach: 681

Odenkirchen: 196, 231, 295, 670

Oder: 348

Odessa: 202, 203, 217, 227, 671

Offenbach: 671

Offerdinger, Lehrer, Fild: 185, 196, 204

Oheimb, von, Minister, Lippe: 128

Oldenburg: 296

Olympia: 315–318, 324, 341, 343, 348, 349, 354, 358, 368, 370, 374, 384, 404–406, 562, 672

Opladen: 63

Oppeln: 684

Orsoy: 246, 351, 441, 479, 525, 535, 675, 684

Oertzen, Dietrich von: 509

Osnabrück: 88, 89, 111, 115, 426, 434, 663, 670, 681

Ostdeutschland: 509

Ostermann: 502

Österreich: 195–197, 233, 235, 268, 269, 293, 295, 377, 378, 469, 483, 487, 488, 497, 542, 620, 671

Ostfriesland: 240, 599

Ostpreußen: 153, 215, 217, 437

Oetinger, Friedrich Christoph: 88, 171, 564, 625, 635, 671

Otto, Friedrich. Kurzbiographie: 122, 323, 502, 512, 678

Overdyck s. Bochum

P

Pack, Lehrer: 152

Paderborn: 563, 678

Palermo: 402

Palmer, Christian: 467, 469, 477, 680

Pappenheimer: 361

Paris: 217, 389, 599, 672, 677, 683

Parisius, Ludolf: 421

Pascal, Blaise: 26

Patow, Robert von. Kurzbiographie: 200, 201, 679

Paul, Jean: 26, 328

Paulsen, Friedrich: 46, 682

Paulus, Apostel: 146, 150, 365, 366, 436, 541, 545, 555, 567, 568, 615

Peloponnes: 358, 407

Perleberg: 506

Perthes, Gotha: 529

Pest s. Budapest

Pestalozzi, Johann Heinrich: 189, 282, 292, 302, 362, 451, 575, 578, 622, 633, 635, 644, 669, 671, 673, 682

Peters, Wilhelmine s. Hollenberg, Wilhelmine

Petersen, Seminarinspektor, Kaiserslautern: 195

Petersen, Hofprediger, Athen: 506

Petersen, Peter: 679

Petrus, Apostel: 26, 297, 626

Pfalz: 192, 218, 311

Pfeif[f]er: 169, 179

Pfeil, Heinrich, Verlag, Leipzig: 350

Pforzheim: 11, 559, 605, 614, 640, 678

Philipper: 366, 574

Pickel, A.: 332, 350, 351, 378, 399, 409

Pieper, Siegfried, Pastor: 553

Plato: 635

Pohl, Horst-Erich: 256, 415, 533

Pohlhausen s. Wermelskirchen

Polarkreis s.a. Nordpol: 281

Polen, polnisch: 124, 590

Pollack: 479

Polykrates: 232

Pommern, pommersch: 123, 137, 219, 263, 419, 421, 549

Posen: 124, 673, 684

Potsdam: 178, 673, 677

Potthoff, Willy: 32

Prag: 293, 506

Pretzel, Carl Louis Albert: 491

Preußen, preußisch: 54, 111, 130, 132, 134, 136, 140–143, 159–161, 164, 167, 178, 190, 191, 193, 195–197, 200–202, 223, 228, 232, 233, 235, 236, 240–243, 256, 257, 265, 292, 293, 295, 296, 298, 302, 304, 305, 315, 330, 334, 339, 344, 353, 359, 378, 379, 383, 391, 395, 399–401, 411, 412, 419, 423, 425, 431, 432, 434, 457, 463, 471, 479, 484, 487, 488, 491, 497, 527, 530, 531, 573, 574, 577, 585, 590, 597, 598, 599, 601, 612, 613, 620, 621, 666, 670, 674, 678, 681, 682

Puttkamer, Robert von. Kurzbiographie: 358, 370, 383–385, 388–397, 399, 407, 408, 411, 417, 430, 434, 457, 491, 497, 615, 667, 679

R

Raaf, H. de: 668

Rach, Alfred: 597, 616, 617, 669, 680

Rade, Martin. Kurzbiographie: 552, 553, 648

Randenborg, Amalie von: 327, 591

Randenborgh, Gottfried Hermann van. Kurzbiographie: 679

Randenborgh, Johann Wilhelm van. Kurzbiographie: 554, 555, 679

Ranitzsch: 299

Ranke, Johann Friedrich, Lehrer, Kaiserswerth: 244

Ranke, Leopold von: 682

Rathje, Johannes: 553

Ratinen: 256

Rauhe Alb: 123

Raumer, Karl Otto von. Kurzbiographie: 134, 141, 142, 144, 189, 238, 292, 679, 681

Rausch, Paul: 11

Ravensberg s. Minden-Ravensberg

Rebau: 374

Reble, Albert: 11

rechtsrheinisch: 252

Recke, Philipp von der: 683

Regensburg: 433

Reichardt, Georg: 468

Reiche, Konsistorialrat, Bückeburg, 380, 381

Reiffen, Lehrer, Wupperfeld: 196

Rein, Gustav Adolf: 11, 552, 650

Rein, Hans: 347, 349, 467, 480, 552

Rein, Katharina: 322, 324, 467, 552

Rein, Siegfried: 552

Rein, Wilhelm. Abb., Kurzbiographie: 9, 11, 246, 254, 256, 263, 264, 268–271, 298, 299, 301–303, 309, 322, 332, 338–341, 346, 348–352, 362, 366, 368, 370, 372, 375, 377, 378, 380–382, 384, 391, 394, 397, 399–401, 406, 408, 409, 412, 414, 415, 419, 421, 422, 425, 426, 431–433, 440, 451, 456, 460–462, 466–470, 474, 479–481, 484, 486, 489, 492, 501–503, 505, 506, 510, 526–531, 533–535, 544, 546, 549, 551, 552, 573, 574, 578, 588, 589, 597, 598, 616, 617, 624, 649, 650, 665, 679, 681, 682

Remscheid: 40, 69, 155, 214, 215, 319, 322, 424, 591, 592, 661, 666–668, 671, 680

Berliner Hof, Lennep: 61, 63

Buscherhof: 670

Lennep: 56, 69, 70, 118, 155, 215, 290, 317, 323, 441, 442, 586, 591, 592, 626, 659, 668, 670, 676

Lüttringhausen: 29, 69, 666, 670

Renan, Ernest: 233

Repelen/Niederrhein: 675

Reuter, Fritz: 632

Reuter, Heinrich Lebrecht. Kurzbiographie: 38, 679

Reuter, Lehrer, Viersen: 229

Reutlingen: 11

Rhein, -franken, -isch, -land, -provinz s.a. linksrheinisch, rechtsrheinisch, Mittel-, Nieder-, Oberrhein: 33, 54, 85, 89, 110, 115, 119, 127, 136–138, 141, 146, 153, 157, 162, 164–166, 168, 170, 174, 178–180, 183, 188, 197, 224, 225, 228, 229, 244, 257, 264, 282, 283, 287, 302, 303, 311–314, 324, 329, 330, 358, 366, 371, 372, 378, 400, 420, 434, 437, 465, 472, 479, 480, 486, 489–491, 502, 505, 526, 533, 552, 553, 589, 604, 629, 633, 636, 659, 662, 663, 665, 669, 671, 672, 674, 676, 678, 682, 683

Rheingau: 218

Rheinhessen: 311

Rheydt: 83, 147, 231, 246, 298, 299, 301, 308, 312–314, 317, 318, 322, 324, 329, 368, 370, 372, 374, 384, 405, 417, 418, 462, 4179, 480, 488, 547, 548, 555, 556, 568, 586, 592–594, 602, 675

Richter, Ferdinand: 258

Richter, K.: 601

Rickert, Abg.: 388, 434

Riehl, Wilhelm Heinrich. Abb., Kurzbiographie: 11, 89, 114, 123, 218, 232, 234, 235, 291, 451, 649, 679

Riesenburg/Ostpr.: 677

Rill, Josef: 375, 380, 381

Rinteln: 673

Rißmann, Robert: 545, 546

Ritschl, Albrecht: 565

Rittershausen s. Wuppertal

Robinson: 125, 413, 417

Rochow, Friedrich Eberhard von: 683

Röck, Pfarrer. Kurzbiographie: 476, 485, 486, 488, 491, 679

Rodbertus: 482

Roden, Günter von, Stadtarchivdirektor, Duisburg: 11, 198

Rodenberg, Julius: 598

Röderstein: 230

Rohden, Agnes von geb. Dörpfeld. Abb., Kurzbiographie: 99, 108, 151, 152, 194, 204, 209–214, 229–231, 243, 248, 258–266, 278, 284, 323, 325, 341, 355, 386, 401, 402, 442, 488, 537, 543, 544, 554, 563, 649, 663, 667, 679

Rohden, Christine von geb. Dörpfeld. Abb., Kurzbiographie: 108, 194, 209–212, 214, 229, 243, 248, 258–266, 278, 282, 284, 323, 325, 326, 341, 355, 386, 402, 442, 537, 541, 581, 586, 589, 591–593, 604, 649, 663, 668, 673, 679

Rohden, Gustav von. Kurzbiographie: 108, 251, 508, 544, 554, 557, 558, 563, 566, 593, 616, 635, 649, 667, 668, 679, 680

Rohden, Ludwig von, Missionsinspektor, Barmen: 204

Rohden, Wilhelm von. Kurzbiographie: 108, 587, 592, 649, 668, 679

Rohrbach: 476, 485

Rohs, Johann. Kurzbiographie: 26, 28, 649, 659, 661, 668

Rolle, Hermann, Pastor, Hoheneiche: 506, 508, 509, 537, 540, 649

Rom, römisch: 151, 247, 385, 486–488, 541, 555, 558, 570, 590, 619

Ronsdorf s. Wuppertal

Roos, Emil: 554, 555

Rorschach: 506, 683

Rosbach/Sieg: 682

Rosenstock-Huessy, Eugen: 2

Roßmäßler, E.A.: 145, 180

Rostock: 256, 679

Roth, C.L.: 126, 160

Rothe, Richard. Kurzbiographie: 347, 349, 408, 565, 680

Rothenburg o.T.: 169, 476

Rottach-Egern: 10

Rottsieper, Ernst. Kurzbiographie: 31, 32, 680

Rousseau: 368

Rückert, Friedrich: 282, 423

Ruhla: 676

Ruhmer. Kurzbiographie: 177, 178, 680

Ruhr, s. auch Niederruhr: 87, 192, 387

Ruhrort s. Duisburg

Rumscheidt, Caspar: 87

Rumscheidt, Friedrich. Kurzbiographie: 87, 152, 155, 187, 291, 680

Rüping, Emilie s. Kühler, Emilie geb. Rüping

Ruppersberg, A.: 195

Rußland, s.a. Südrußland: 195, 196, 228, 282, 427

S

Saalfeld: 506

Saar: 192, 302

Saarbrücken: 11, 91, 191–193, 195, 196, 198, 209, 239, 246, 302, 375, 408, 418, 431, 479, 664, 670, 675

St. Johann: 192, 195, 301

Saarlouis: 193

Sachsen, sächsisch: 92, 178, 196, 233, 241, 305, 318, 367, 374, 378, 380, 381, 433, 504, 552, 673, 679

Sachsen-Meiningen: 500

Sack, Konsistorialrat: 131

Salomo, König: 89, 222, 572

Sallwürk, Ernst von. Abb., Kurzbiographie: 367, 370, 372, 376, 377, 407, 409, 417, 421, 433, 452, 460, 467, 475, 476, 478, 482, 510, 513, 552, 568, 616, 617, 649, 680

Salzkammergut: 350

Salzmünde: 506

Samuel, Prophet: 363, 366, 486, 599

Sauer, Helene: 10

Saul, König: 112, 484, 486

Schäfer, C. Otto: 326

Scheibert, C.G.: 563

Scheller, E.: 332, 351, 467, 506

Schelling, Friedrich Wilhelm Joseph von: 292, 293, 406, 565, 682

Schenkel, Daniel. Kurzbiographie: 166, 680

Scherr, Ignaz Thomas. Kurzbiographie: 680

Scheurmann, Gustav: 314

Scheveningen: 209

Schieder, Theodor: 196

Schiers: 421

Schildesche: 244

Schiller, Friedrich von: 61, 264, 428, 433, 500, 637

Schischkin bei Odessa: 203, 219

Schleichert, Lehrer, Jena: 588, 589

Schleiermacher, Friedrich Ernst Daniel: 138, 316, 482, 565, 623, 669, 682

Schlesien, schlesisch s.a. Niederschlesien: 32, 124, 137, 177, 180, 190, 395, 400, 412, 474, 480, 485, 529, 679, 684

Schleswig: 217, 233, 437, 509

Schleusingen: 441, 442, 472, 480, 535

Schlichting, Markus. Kurzbiographie: 220, 226, 426, 434, 435, 649, 680

Schliemann, Heinrich: 427, 430, 543, 562, 584, 601, 672

Schlosser, Pastor, Frankfurt a.M.: 312, 320

Schmalkalden: 364

Schmid, Karl Adolf. Kurzbiographie: 159, 327, 328, 477, 680

Schmidt, Carl. Kurzbiographie: 180, 680

Schmidt, F.: 374

Schmidt, Wolfgang R.: 672

Schmidt, Rektor, Auma: 394

Schmiedeberg/Schlesien: 246, 479, 684

Schmieder, Oberlehrer: 472, 480

Schmitz, Familie, Burg a.d. Wupper: 603

Schmitz, Juliane s. Klug, Juliane geb. Schmitz

Schmitz, Trier: 181, 183

Schneeberg: 382, 675

Schneider, Karl. Kurzbiographie: 267, 312, 313, 324, 375, 527, 666, 681

Schochwitz: 505

Schoel, Autor: 501, 549

Schönbach: 552, 553

Schornstein, Richard: 504, 505

Schott, E.: 680

Schrader, Rektor: 371

Schröer, Heinrich. Kurzbiographie: 388, 391, 397, 406, 431, 435, 437, 438, 486, 489, 649, 681

Schubert, Gotthilf Heinrich von: 112, 374, 560, 561

Schulte, Lehrer, Essen: 253

Schulte, Wilhelm: 111

Schultze, Karl Leopold, Generalsuperintendent: 508

Schultze, Moritz: 178, 180

Schulz, Kurd: 84

Schulze, Georg, Pfarrer, später Seminardirektor: 313, 324

Schulze, Realienbuch-Autor: 511, 528

Schumacher, G., Hauptlehrer, Solingen: 246, 329, 330, 479, 502, 535, 628, 629

Schumann, Alfeld: 299

Schumann, Frankfurt a.d.O.: 257

Schumann, G.: 401, 479, 480, 484, 530

Schumann, Hannover: 350

Schüren, Johann Heinrich. Kurzbiographie: 88, 89, 111, 115, 649, 663, 681

Schüren s. Dortmund

Schürmann, Daniel. Abb.: 140, 369, 370, 452, 659

Schwabach: 425

Schwaben, schwäbisch: 123, 478, 636

Schwarzwald: 192, 550, 552, 668

Schweden: 436

Schweiz: 161, 162, 165, 168, 193, 198, 241, 382, 400, 421, 429, 483, 487, 554, 590, 661, 673, 683

Schwelm i. Westf.: 251

Friedenshöhe: 682

Schweninger, Ernst: 551, 552

Scott, Walter: 26

Sedan: 599

Seegemund, Abg.: 222

Seidel, Abgeordneter: 233, 234

Seifert, Leipzig: 505

Selbach, Wilhelm, Wupperfeld: 69, 71, 81, 83, 265, 273

Sellscheid s. Wermelskirchen

Seyffarth, Abgeordneter: 388

Shakespeare, William: 584, 635

Siebeck: 270

Siebel, Peter, Hauptlehrer, Ronsdorf bzw. Barmen: 308, 314

Siebenbürgen: 268, 269, 367, 378

Siebengebirge: 85

Siegen: 371

Simei: 36, 640

Sintenis, Verfasser von „Elzipon": 171

Sirach: 544

Sizilien: 406

Slupina, Hans-Ludwig, Pastor: 660

Sluyter, Dr. med., Barmen: 272

Sluyter, Friedrich: 272, 277, 281, 282

Soest: 400, 677

Lehrerseminar: 111, 132, 290, 681

Solingen: 193, 246, 317, 424, 479, 493, 501, 502, 535, 622, 659, 677

Burg an der Wupper: 21, 25, 28, 30, 34, 38, 41, 46, 55, 57, 59, 78, 271, 671, 674, 676, 679

Gräfrath: 661, 677

Ohligs: 284, 285

Sophie, Prinzessin von Hohenzollern: 562

Spanien: 469

Spener, Philipp Jakob: 88, 89, 291, 558, 559, 561, 564, 565

Spieß, Ph.: 374

Spinoza: 565, 617, 623

Spören: 680

Spree s. Berlin

Stade: 568

Staffel/Hessen-Nassau: 678

Stahl, Friedrich Julius. Kurzbiographie: 128, 292, 571, 681

Staremberg: 641

Stargard: 676

Staude, Richart: 416, 432, 433, 466, 529

Stefann, Pfarrer, Lemgo: 83

Steiermark: 268

Steinbrink, den Haag: 209

Steinhaus, J.F., Barmen: 244, 245, 286

Steinhäuser, Hauptlehrer, Geldern: 323, 324

Steinmeyer, Prof., Theologe: 85

Steins, Hermann Florenz. Kurzbiographie: 101, 118, 204, 208, 251, 253, 452, 649, 659, 681

Steinthal, Heymann: 482, 571

Steitz, Heinrich: 157

Stendal: 258, 683

Stephanus, Apostel: 169

Stephenson, Georg: 560, 561

Stern, Wilhelm, Seminardirektor, Karlsruhe: 89, 129, 649

Stettin: 563

Stiehl, Ferdinand. Abb., Kurzbiographie: 111, 133, 137, 141–144, 162, 182, 188, 202, 239, 257, 260, 261, 263, 265, 267, 292, 294, 295, 431, 451, 452, 485, 665, 681

Stier, Ewald Rudolph, Pastor: 625

St. Johann s. Saarbrücken

Stoecker, Adolph, Hofprediger, Abg.: 429, 482

Stockfleth, Heinrich Arnold: 507

Stoffel, Lehrer: 384

Stolzenberg, Schulrat: 182

Stolzenfels, Schloß: 264

Stoy, Heinz: 394

Stoy, Karl Volkmar. Kurzbiographie: 222, 256, 295, 302, 303, 361, 367, 372, 376, 392–394, 401, 412, 492, 506, 546, 549, 551, 552, 669, 670, 679, 681

Strack, Karl. Kurzbiographie: 157, 246, 463, 464, 466, 479, 681

Straßburg: 671, 681

Stricker, Hilfslehrer, Wupperfeld: 231

Strümpell, Ludwig von. Kurzbiographie: 375, 376, 378, 380

Stuhlmann, Hamburg: 479, 484

Stuttgart: 26, 84, 196, 208, 234, 298, 299, 374, 466, 485, 543, 553, 561, 563, 662, 678, 680, 681

Stüve, Johann Carl Bertram. Kurzbiographie: 111, 681

Süddeutschland, süddeutsch: 55, 139, 163, 241, 304, 357, 366, 400, 476, 504, 509

Sudhoff, K.: 374

Süditalien: 406

Südwestafrika: 543

Supprian, Lesebuchherausgeber: 458

Südrußland: 218, 229, 283

Süvern, Johann Wilhelm. Kurzbiographie: 292, 681

Sydow, Unterstaatssekretär: 430

T

Tauler, Johannes: 87, 564, 640

Tegner, Autor: 374

Tempelmann, Sellscheid: 193

Tersteegen, Gerhard: 53, 61, 68, 69, 88, 171, 275, 316, 635, 671

Teubner, Leipzig: 505

Thadden-Trieglaff, Adolph von: 419, 421

Thielen, Oberkonsistorialrat: 191

Thiersch, Friedrich Wilhelm. Kurzbiographie: 114, 682

Thilo, C.A.: 571, 572

Thilo, Wilhelm: 414

Thilo, Konsistorialrat: 565, 566

Thomas von Kempen: 87, 640

Thorn: 681

Thos, Lehrer, Wupperfeld: 265

Thrämer, Theodor von: 87, 89, 90, 649

Thrändorf, Ernst. Abb., Kurzbiographie: 372, 399, 416, 453, 469, 477, 478, 480, 485, 486, 500, 506, 527, 682

Thurgau: 680

Thüringen, thüringisch: 116, 123, 124, 347, 350, 372, 394, 409, 432, 478, 479, 533, 568, 679, 682

Thüsen, Gottfried von der: 185

Tiel/Niederlande: 668

Timotheus: 125, 244

Tiryns: 542

Togo: 543

Toel, F.A.: 84

Treitschke, Heinrich von. Abb., Kurzbiographie: 344, 367, 426, 453, 682, 683

Treu, Archäologe, Olympia: 342, 346, 358, 370

Treu, Ilse: 370

Treuenbrietzen: 53, 677

Treviranus, Georg Gottfried: 83

Trier: 138, 164, 181, 190, 192, 193, 676

Trogen: 683

Troja: 169, 430, 542, 543, 561, 562, 600, 672

Trüper, Elisabeth geb. Dörr. Abb.: 453, 672

Trüper, Hellmut: 11, 568, 650, 682

Trüper, Johannes. Abb., Kurzbiographie: 9, 11, 198, 243, 453, 461, 469, 566–568, 570–577, 590, 594, 598, 620, 621, 644, 672, 686

Tschampl: 124

Tübingen: 11, 26, 197, 408, 563, 669, 680

Türken: 172

Twesten, Oberkonsistorialrat: 191

U

Ufer, Christian. Abb., Kurzbiographie: 84, 432, 453, 460–462, 492–494, 501, 502, 549, 550, 567, 682

Ulm: 299, 478, 680

Ulrici, Rezensent: 615

Ulmen, Autor: 374

Ungarn: 217, 378

Unna: 33, 118, 133, 258, 671

Königsborn: 667

USA s.a. Amerika: 572

Usingen/Taunus: 671

V

Varel: 505

Vatikan: 487, 538

Velbert: 147–149, 663, 668, 672

Langenberg: 250, 370

Neviges: 185, 561

Venedig: 196

Viktoria, Kaiserin, Königin (Kaiserin Friedrich): 600

Viersen: 229

Vieter, Alwin: 505

Vilmar, August: 228, 229

Vincke, Georg von. Abb., Kurzbiographie: 11, 163, 200, 201, 235, 243, 425, 427, 454, 649, 674, 682

Vincke, Ludwig von: 682

Vinmann geb. Neuhaus, Frau: 229

Virchow, Rudolf von: 234, 543, 600, 601

Vogel, Prof., Wien: 163

Vogelsang, Wilhelm: 585, 658

Vogt, Theodor. Abb., Kurzbiographie: 433, 454, 492, 501, 502, 505, 527, 548, 552, 568, 649, 682

Vohwinkel s. Wuppertal

Voigt, Heiner, Konrektor: 660

Völker: 163

Volkmann, Autor: 615

Vollmer, Hauptlehrer, Barmen: 354, 357

Vollmer, stud. phil.: 587

Völter, Ludwig: 122

Voemel, Pastor: 156

Vorberg, Ronsdorf-Heidt: 31, 32

W

Waadtland: 161

Waeber, R., Seminarlehrer, Bunzlau: 329, 330

Wackernagel, Philipp, Realschuldirektor, Hymnologe, Elberfeld: 84, 122, 123, 482, 507, 512

Wagner, Adolf: 682

Wagner, H., Remscheid: 155

Wagner, Autor: 170

Waiblingen: 314

Waitz, Theodor. Kurzbiographie: 222, 327, 328, 682

Waldbröl: 225, 682

Waldeck, O.: 421, 432

Waldenser: 583

Wangemann, Schulinspektor: 378, 461, 466, 504

Wansleben i. Sachs.: 673

Weber, Theodor. Kurzbiographie: 227, 230, 231, 683

Weber, Dr. med., Duisburg: 300

Wehner, Seminarlehrer, Osnabrück: 111

Weichardt, Architekt: 394

Wehrenpfennig, Wilhelm. Kurzbiographie: 344, 683

Weimar: 212, 263, 264, 299, 350, 353, 366, 381, 394, 401, 415, 462, 466, 471, 477–480, 485, 494, 498, 501, 502, 505, 552, 641, 650, 679

Weiss, Georg, Prof., Jena, Schwiegersohn Wilhelm Reins: 256, 302

Weißenfels: 263, 677, 683

Weitbrecht, R.: 374

Welf: 314

Werden s. Essen

Wermelskirchen: 40, 41, 46, 58, 61–63, 68, 69, 71, 73, 77, 78, 81, 84, 87, 94, 155, 214, 216, 231, 314, 315, 317, 318, 345, 346, 361, 440, 497, 644, 659, 662, 665, 667, 671, 674, 676

Pohlhausen: 93, 109, 144, 659

Preyersmühle: 69

Sellscheid: 21, 25, 26, 40, 78, 93, 147, 154, 155, 186, 193, 214–216, 219, 656, 659, 661, 663

Stadtarchiv: 315

Wiedenhof: 42, 48, 62, 671

Werneburg, Eisenach: 505

Werth, Rüttger vom, Lehrer: 21, 271, 659

Wesel: 163, 179, 226, 280, 282, 661, 665, 669, 670

Weßler, Robert: 168, 563, 677, 678

Westdeutschland: 198, 509, 597, 677

Westende s. Wuppertal

Westerburg: 179

Westerhoff, Ruhrort: 253

Westfalen (auch: Westphalen): 33, 89, 111, 119, 127, 136, 137, 141, 146, 157, 162, 164, 165, 168, 170, 178, 179, 181, 183, 188, 197, 224, 244, 283, 314, 329, 330, 366, 378, 393, 397, 420, 440, 505, 539, 549, 589, 632, 662, 663, 665, 667, 668, 671, 672, 674, 676, 678, 682, 683

Wetter a.d. Ruhr: 192

Wetzel, Realschuldirektor, Barmen: 287

Wetzlar: 264, 485

Wichern: 454

Wichlinghausen s. Wuppertal

Wieacker, Johann Eberhard: 683

Wieacker, Maria geb. Zahn: 683

Wiedemann, Friedrich: 412

Wiedenhof s. Wermelskirchen

Wiederhold, Karl August: 676

Wiegand, L., Verleger und Buchhändler, Hilchenbach: 247, 595, 596

Wiehl: 169

Wieland, Christoph Martin: 264

Wiemann, D.B. & T.G.: 108, 245, 418, 420, 495, 499, 500

Wien: 163, 293, 486, 505, 548, 552, 568, 612, 669, 671, 674, 682

Wiesbaden: 169, 508, 670

Wies bei Waldbröl: 682

Wiese, Ludwig, Ministerialrat, Referent für die höheren Schulen im preußischen Kultusministerium: 238, 239

Wiesmann, Generalsuperintendent, Münster: 181–183

Wiget, Gustav: 506

Wiget, Theodor. Kurzbiographie: 352, 353, 366, 368, 381, 382, 506, 683

Wilberg, Johann Friedrich. Abb., Kurzbiographie: 369, 370, 454, 683

Wilhelm I., Kaiser, König: 197, 233, 247, 259, 385, 401, 554, 586

Wilhelm II., Kaiser, König: 561, 562, 582, 585, 586, 589, 600

Wilhelmi, Ludwig Wilhelm. Kurzbiographie: 156, 683

Wildermuth: 680

Willmann, Otto: 314, 506, 566, 570, 571

Willms, A.: 374

Winckler, Johann Joseph: 76

Windhorn, Hermann, Bürgermeister, Barmen, später Berlin: 263, 287, 662, 665

Windrath, Pastor, Schulinspektor: 342

Windhorst, Ludwig: 590

Wingolf: 277, 278, 282, 284

Winkel, Friedrich Wilhelm, Superintendent, Berleburg: 146, 649

Winkler, Heinrich August: 197

Winterthur: 168

Witt, Heinrich. Abb., Kurzbiographie: 455, 553, 558, 559, 617, 649, 683

Wittbrietzen: 677

Witten: 192, 251, 261, 267, 288, 289, 675

Wittenberg: 253, 330, 437, 680

Wittenbruch, Wilhelm: 256, 563, 678

Wizenmann, Thomas: 646

Wöckners, Lehrerswitwe: 34

Wohlrabe, Weimar bzw. Halle: 477, 479, 485, 529

Wolf, Christian von: 623

Wolff, W., Pfarrer, Ronsdorf bzw. Mülheim/ Ruhr: 28

Wörishofen: 587

Worms: 671

Wunderlich, Autor: 380

Wundt, Wilhelm: 683

Wupper: 192

Wupperfeld s. Wuppertal

Wuppertal, -thal: 51, 54, 55, 80, 139, 170, 171, 288, 338, 345, 554, 586, 593, 625, 663, 664

Barmen: 9, 32–34, 40, 51, 83, 84, 87–90, 108–110, 112, 113, 116–119, 124–126, 131, 146, 147, 149, 151, 157, 159, 161, 168–170, 175, 176, 181, 183–185, 187–189, 191, 192, 195, 196, 198–204, 208–217, 219, 220, 227, 229–233, 243–245, 248, 249, 251, 254, 256–258, 260, 262–268, 271, 273, 277–279, 282–284, 286, 289, 290, 292, 295, 297–306, 309, 310, 313–320, 323, 325–327, 329–332, 339, 341–343, 347, 349, 351, 352, 354–358, 360, 368, 373, 418, 420, 424, 432, 441, 458, 459, 461, 472, 479, 491, 495, 499, 500, 502, 503, 508, 538, 539, 541, 550, 561, 572, 589, 590, 596–598, 626, 646, 660, 662, 664–668, 670–672, 676

Barmer Bürgerblatt: 138

Barmer Gymnasium: 204, 208, 284, 289, 323, 672, 674

Barmer Zeitung: 330, 366

Bruch, Barmen: 230

Bergisch-Märkische Eisenbahnstrecke: 357, 358

Carl-Duisberg-Gymnasium s. Oberrealschule Barmen-Wupperfeld

Carnap, Barmen: 230

CVJM Wupperfeld-Immanuel s. Jünglingsverein Wupperfeld

Dieker Straße bzw. Am Diek, Schule: 152, 674, 675

Dönberg: 232

Elberfeld: 11, 84, 109, 110, 139, 147, 148, 168, 179, 183–185, 194, 198, 199, 203, 204, 228, 229, 233, 266, 271, 290, 301, 302, 314, 315, 323, 370, 408, 460, 479, 491, 492, 498, 502, 503, 539, 586, 602–605, 626, 662, 663, 665, 667, 668, 670, 672, 675–677, 682, 683

Elberfelder Theater: 278

Elberfelder Zeitung: 187, 188, 253, 330, 503

Erziehungs- und Unterrichtsanstalt für Kinder höherer Stände: 683

Evangelisch-altlutherische Gemeinde Elberfeld: 203

Evangelisch-lutherische Gemeinde Barmen-Wupperfeld: 96, 97, 227, 649, 661, 662, 673, 676, 683

Evangelisch-lutherische Gemeinde Ronsdorf s. Ronsdorf

Evangelisch-reformierte Gemeinde Barmen-Gemarke: 683

Evangelisch-reformierte Gemeinde Elberfeld s. Elberfeld

Evangelisch-reformierte Gemeinde Ronsdorf s. Ronsdorf

Gewerbeschule Barmen: 287

Heckinghauser Straße, evangelisch-lutherischer Friedhof: 660, 665, 668

Jägerstraße, Schule: 674

Jünglingsverein Ronsdorf: 672

Jünglingsverein Wupperfeld: 662, 663

Katernberg: 184, 185

Kleinkinderschule Wupperfeld: 48

Krankenhaus Elberfeld: 48

Langerfeld: 231

Mädchenmittelschule Elberfeld-Süd: 682

Niederländisch-reformierte Gemeinde Elberfeld s. Kohlbrügge

Normannenstraße s. Jägerstraße

Oberrealschule Barmen-Wupperfeld: 256, 679

Rheinische Eisenbahnstrecke: 357, 358

Rheinische Missionsgesellschaft, Barmen (heute: Vereinigte evangelische Mission): 425, 427, 672

Rittershausen: 259, 309

Ronsdorf: 11, 26, 28–31, 106, 108, 369, 554–556, 558, 559, 561, 563, 564, 566, 568, 572, 578, 579, 581, 586, 588, 589, 591–594, 596–598, 626, 650, 661, 663, 668, 670, 672, 677, 679, 680

Ronsdorf-Heidt: 28, 30–32, 71, 80, 95, 657, 661, 674, 675, 680

Traktatgesellschaft s. Wupperthaler Traktatgesellschaft

Unterbarmen: 10, 83

Verein für Ferienkolonien, Barmen: 674

Vohwinkel: 118, 139, 185, 232, 250, 251, 329, 330, 460, 501, 666, 667

Waisenhaus, evangelisches, Unterbarmen: 676

Waisenhaus, lutherisches, Elberfeld: 670

Waisenhaus, lutherisches, Wupperfeld: 110, 673

Waisenhaus, städtisches, Elberfeld: 110, 676

Werther Brücke: 97

Wichlinghausen: 674

Wupperfeld: 29, 32–34, 38, 40, 41, 46, 48, 55, 57, 59, 61, 63, 65, 68, 69, 71, 73, 77, 78, 86, 87, 96, 97, 101, 120, 144, 147, 209, 251, 309, 315, 326, 368, 404, 661, 662, 667, 680

Wupperfelder Kirche, Alte: 96, 97, 155

Wupperthaler Bibelgesellschaft: 231

Wupperthaler Traktatgesellschaft: 244

Wurst, Raimund Jakob: 122, 126, 484

Württemberg, württembergisch: 123, 132, 241, 378, 379, 476, 485, 554, 680

Würzburg: 11, 256, 672

Wüster, Barmen-Carnap: 230

Z

Zahn, Anna: 683

Zahn, Anna geb. Schlatter. Abb., Kurzbiographie: 61, 455, 624, 683

Zahn, Detlev. Kurzbiographie: 263, 428, 431, 439, 441, 473, 483

Zahn, Franz Johannes: 683

Zahn, Franz Ludwig. Abb., Kurzbiographie: 27, 28, 52, 54, 61, 84, 85, 113, 115, 132, 156, 157, 160, 183, 230, 244, 246, 289, 377, 383, 389, 419–421, 433, 455, 465, 479, 504, 515, 544, 584, 585, 622, 633, 649, 659, 660, 667, 672, 675, 683

Zahn, Franz Michael. Kurzbiographie: 180, 181, 506, 683

Zahn, Franz Theodor: 683

Zahn, Franz Volkmar. Kurzbiographie: 101, 185, 208, 683

Zahn, Friedrich: 683

Zahn, Johannes Carl Detloff: 1

Zahn, Maria s. Wieacker, Maria geb. Zahn

Zahn, Minna: 683

Zahn, Paul: 683

Zahn, Theophil: 683

Zahn, Mühlhausen: 372

Zandvoort: 209–214, 664

Zedlitz-Trützschler, Robert Graf von. Kurzbiographie: 599, 601, 684

Zeglin, Gottfried. Kurzbiographie: 246, 463, 466, 467, 470, 473, 474, 478, 479, 684

Zeiß, Carl, VEB, Jena: 682

Zeller, Carl August: 682

Ziller, Tuiskon. Abb., Kurzbiographie: 11, 222, 239, 256, 270, 271, 283, 293, 295, 303, 305, 306, 314, 327, 328, 334, 336–341, 345, 345, 348, 349, 360–362, 366, 367, 371, 372, 375–378, 381, 393, 401, 407, 409–411, 413–415, 417, 421–423, 426, 432, 433, 438, 455–467, 469, 470, 472, 474, 483, 492, 497, 500, 505, 511–513,

515, 517, 521–532, 534, 535, 540, 546, 659–551, 570–572, 574, 588, 589, 600, 615, 616, 622, 642, 664, 669, 673, 679, 683, 684

Zillessen, Friedrich Eberhard. Kurzbiographie: 441, 465, 594, 674, 684

Zillig, Peter: 515, 526, 529

Zinzendorf, Nikolaus Ludwig Graf von: 558, 583

Zoppenbrück: 131–133

Zriny: 302

Zürich: 162, 163, 168, 543, 674, 677, 680

Abbildungsverzeichnis mit Herkunftsnachweisen

Bei Büchern und Zeitschriften, die nur schwer erreichbar sind, werden die Aufbewahrungsorte mit aufgeführt.

Leben, Familie und Umwelt

Abb. 1: *Brief 1 vom 1. Januar 1836* 22

Abb. 2: *Brief 14 vom 4. Januar 1851* 35

Abb. 3: *Geburtshaus in Sellscheid. (Zeichnung Anna Dörpfeld, Wasserfarben, 4.9.1881). Sammlung Goebel* 93

Abb. 4: *Schule Pohlhausen. Foto Barbara Goebel 1975* 93

Abb. 5: *Evangelische Kirche Wermelskirchen. Zeichnung Anna Dörpfeld, Wasserfarben, um 1884. Sammlung Goebel* 94

Abb. 6: *Blumen vom Schulweg. Von Anna Dörpfeld 1884 „unter Schnee und Eis gepflückt". Sammlung Goebel* 94

Abb. 7: *Lehrerseminar in Moers. Zeichnung Anna Dörpfeld. Wasserfarben und Bleistift, um 1884. Sammlung Goebel* 95

Abb. 8: *Schule auf dem Heidt, heute Privathaus Dörpfeldstraße 28, Wuppertal-Ronsdorf. Foto Barbara Goebel 1976* 95

Abb. 9: *Inneres der Alten Wupperfelder Kirche mit der Orgel, die Dörpfeld spielte. Errichtet um 1780–85 wahrscheinlich durch den Schnitzlermeister Haarmann, zerstört 1943. Foto Wilhelm Fülle, Barmen. Sammlung Goebel* 96

Abb. 10: *Der junge Dörpfeld etwa 1848/49. Aus: Evangelisches Schulblatt 47 (1903). Stadtbibliothek Wuppertal-Elberfeld* 97

Abb. 11: *Alte Wupperfelder Kirche mit lutherischer Schule, vorn rechts. Foto Wilhelm Fülle, Barmen. Sammlung Goebel* 97

Abb. 12: *Blick von der Werther Brücke nach Wupperfeld um 1895. Privatfoto. Sammlung Goebel* 97

Abb. 13: *Christine Dörpfeld. Foto Emil Flasche, Barmen. Sammlung Goebel* 98

Abb. 14: *Dörpfeld etwa 1856. Aus: Gott mit uns. Festschrift Wupperfelder Jünglingsverein 1849–1899. Barmen 1899. Archiv Westbund, Wuppertal-Barmen, Bundeshöhe* 98

Abb. 15: *Sibylla Keller bei der Diamantenen Hochzeit. Foto Fr. Haarstick, Düsseldorf 1878. Sammlung Goebel* 98

Abb. 16: *Pastor Johann Wilhelm Keller bei der Diamantenen Hochzeit. Foto Fr. Haarstick, Düsseldorf 1878. Sammlung Goebel* 98

Abb. 17: *Dörpfeld mit seiner Familie 1858. Privatfoto. Sammlung Goebel* 99

Abb. 18: *Der Vorstand des Rheinisch-Westphälischen Jünglingsbundes 1858. Sitzend von links Klug (erster), Grote (dritter), Dürselen (vierter), Haasen (fünfter) und Dörpfeld (sechster). Archiv Westbund, Wuppertal-Barmen, Bundeshöhe* 99

Abb. 19: *Entlassungszeugnis für Anna Dörpfeld 1866. Abschrift von der Hand Dörpfelds. Sammlung Goebel* 100

Abb. 20: *Quartalszeugnis für Wilhelm Dörpfeld 1867. Späterer handschriftlicher Zusatz durch W. Dörpfeld „letztes Quartal 67". Sammlung Goebel* 101

Abb. 21: *Dörpfeld etwa 1865. Privatfoto. Sammlung Goebel* 102

Abb. 22: *Dörpfeld etwa 1876. Foto Ernst Lomberg, Langenberg. Sammlung Goebel* 103

Abb. 23: *Dörpfeld mit Schulkindern im Murmelbachtal. Tuschzeichnung Georg Röder. Aus: Wuppertaler Kirchenkalender 1928, Barmen 1928* 104

Abb. 24: *Wilhelm Dörpfeld in Berlin etwa 1873 Foto J. Lawitzky, Berlin, Behrensstr. 21. Sammlung Goebel* 105

Abb. 25: *Wilhelm Dörpfeld in Berlin etwa 1877 Foto J. Lawitzky, Berlin, Behrensstr. 21. Sammlung Goebel* 105

Abb. 26: *Die Gerresheimer Wohnung. Zeichnung Anna Dörpfeld, Wasserfarben, mit Moosumrandung um 1884. Sammlung Goebel* 105

Abb. 27: *Dörpfeld 1887. Stich und Druck A. u. Th. Weger, Leipzig, nach einem Foto von Laura Lasinsky, Düsseldorf. Sammlung Goebel* . 106

Abb. 28: *Dörpfeld 1887. Foto Laura Lasinsky, Düsseldorf, Hohe Str. 6. Sammlung Goebel* 106

Abb. 29: *Dörpfelds Wohn- und Sterbehaus in Ronsdorf, Waldstraße. Heute: Magdalene Kreitz, In der Krim. Privatfoto. Sammlung Goebel* . . 106

Abb. 30: *Dörpfeld mit seiner Tochter Anna 1887. Foto Laura Lasinsky, Düsseldorf, Hohe Str. 6. Sammlung Goebel* 107

Abb. 31: *Todesanzeige der Familie. Sammlung Goebel* 108

Abb. 32: *Brief 112 vom 28. Juli 1868* 205

Eine Auswahl von Veröffentlichungen zu Lebzeiten

Abb. 33: *Evangelisches Schulblatt, 1. Jahrgang 1857, Titelblatt. Bibliothek der Pädagogischen Hochschule Ruhr, Dortmund* 244

Abb. 34: *Sieben Gebete in Kriegsnoth. 1866. Sammlung Goebel* 244

Abb. 35: *Adolph Clarenbach. 1866. Sammlung Goebel* 244

Abb. 36: *Enchiridion II. 1867. Sammlung Goebel* 245

Abb. 37: *Repetitorium Realunterricht. 1873. Sammlung Goebel* 245

Abb. 38: *Ein Beitrag zur Leidensgeschichte der Volksschule. 1881* 245

Abb. 39: *Enchiridion I. 1884* 245

Abb. 40: *Evangelisches Schulblatt, 31. Jahrgang 1887, Titelblatt. Stadtbibliothek Wuppertal-Elberfeld* 246

Abb. 41: *Repetitorium der Gesellschaftskunde. 1890. Sammlung Goebel* . 246

Abb. 42: *Die Gesellschaftskunde. Begleitwort. 1890. Privatbesitz* 246

Abb. 43: *Repetitorium Realunterricht, II B. 1892. Sammlung Goebel* . . . 247

Abb. 44: *Das Fundamentstück. Erste Lieferung. 1892. Sammlung Goebel* . 247

Abb. 45: *Das Fundamentstück. Gesamtausgabe. 1892 (tatsächlich 1893)* . 247

Abb. 46: *Das Fundamentstück. Gesamtausgabe, Seite 343* 247

Abb. 47: *Heinrich von Achenbach. Porträt-Verlag Photographische Gesellschaft Berlin. Unveröffentlicht. Sammlung Goebel* 443

Abb. 48: *Ernst Barth. Aus: O.W. Beyer, Deutsche Schulwelt des 19. Jahrhunderts in Wort und Bild. Leipzig/Wien 1903* 443

Abb. 49: *Hermann Adolph Bayer. Foto J. Bosch, Wesel. Unveröffentlicht. Sammlung Goebel* 443

Abb. 50: *Otto Graf von Bismarck als Bundeskanzler. Aus: Kriegs-Album 1870+71, o.O. 1871. Originalfoto. Sammlung Goebel* 443

Abb. 51: *August Bredt. Foto Karl H. Georg, Honnef. Unveröffentlicht. Familienarchiv Bredt, Marburg (Frau Dr. Ada Rambeau-Bredt)* . . . 444

Abb. 52: *Jan Amos Comenius. Francke-Archiv Halle a.d. Saale* 444

Abb. 53: *Adolph Diesterweg. Stich. Aus: Wegweiser zur Bildung für deutsche Lehrer. Von Adolph Diesterweg. Frankfurt a.M. 1890* 444

Abb. 54: *Adolph Diesterweg. Wohl aus dem letzten Lebensjahr. Unveröffentlicht. Foto L. Haase & Comp., Berlin. Sammlung Goebel* . . . 444

Abb. 55: *Adalbert Falk. Foto C. Brasch, Berlin, Wilhelmstr. 58. Unveröffentlicht. Sammlung Goebel* 445

Abb. 56: *Friedrich August Finger. Aus: O.W. Beyer (wie Abb. 48)* 445

Abb. 57: *Otto Frick. Francke-Archiv Halle a.d. Saale* 445

Abb. 58: *Emil Frommel. Aus E. Kayser, Emil Frommel. Karlsruhe o.J.* . . 445

Abb. 59: *Rudolf von Gneist. Foto J.C. Schaarwächter, Berlin, Friedrichstr. 190. Unveröffentlicht. Sammlung Goebel* 446

Abb. 60: *August Grünweller. Aus: Der evangelische Schulfreund 22 (1935), Beilage. Stadtbibliothek Wuppertal* 446

Abb. 61: *Gerhard Heine. Foto R. Hummel, Köthen. Unveröffentlicht. Sammlung Goebel* 446

Abb. 62: *Johann Friedrich Herbart. Universitätsarchiv Göttingen* 446

Abb. 63: *Wilhelm Hollenberg. Staatliches Gymnasium an der Stadtmauer, Bad Kreuznach* 447

Abb. 64: *Dietrich Horn. Aus: Fritz Horn, Dietrich Horn. Krefeld o.J. (1907)* 447

Abb. 65: *Dietrich Horn. Aus: Evangelisches Schulblatt 50 (1906). Stadtbibliothek Wuppertal* 447

Abb. 66: Jakob Hülsmann. Aus: Walter Dietz, Chronik der Familie Wuppermann, Bildband II. Leverkusen o.J. (1965) 447

Abb. 67: Gustav Adolf Israel. Privatfoto etwa 1918. Sammlung Goebel . . 448

Abb. 68: Johann Heinrich Jung-Stilling. Nach dem Reliefmedaillon von Dannecker (zwischen 1803 und 1807) in Stahl gestochen von Carl Mayer. Aus: Johann Heinrich Jung-Stilling, Sämtliche Werke, Bd. 1. Stuttgart [3]1857 448

Abb. 69: Ludwig Keller. Aus: O.W. Beyer (wie Abb. 48) 448

Abb. 70: Gustav Kellermann. Foto A. Sturm, Düsseldorf, Hohe Str. 6. Unveröffentlicht. Sammlung Goebel 448

Abb. 71: Karl Wilhelm Kirschstein. Aus: Johannes Hübner, Geschichte der evangelisch-lutherischen Gemeinde Barmen-Wupperfeld 1777-1952. Wuppertal-Barmen 1953 449

Abb. 72: Hermann Friedrich Kohlbrügge. Archiv der niederländisch-reformierten Gemeinde Elberfeld 449

Abb. 73: Dietrich Wilhelm Landfermann. Privatfoto. Unveröffentlicht. Sammlung Goebel 449

Abb. 74: Friedrich Albert Lange. Aus: Erwin Mülhaupt, Rheinische Kirchengeschichte. Düsseldorf 1970 (nach dem Gemälde im Solinger Rathaus) 449

Abb. 75: Friedrich Albert Lettau. Foto C.E. Schlunck, Königsberg, Paradeplatz 4 a. Unveröffentlicht. Sammlung Goebel 450

Abb. 76: Karl Wilhelm Mager. Aus: Romerike Berge 23 (1973) 450

Abb. 77: Johannes von Miquel. Foto Hermann Günther, Berlin, Ziethenplatz 2. Unveröffentlicht. Sammlung Goebel 450

Abb. 78 Moritz Müller. Foto August Kühn, Kaiserslautern, Maxplatz. Unveröffentlicht. Sammlung Goebel 450

Abb. 79 Johann Heinrich Pestalozzi. Foto nach einem Bild. Aus dem Nachlaß Dörpfeld. Sammlung Goebel 451

Abb. 80: Wilhelm Heinrich Riehl. Foto Hanfstaengl, München. Unveröffentlicht. Sammlung Goebel 451

Abb. 81: Wilhelm Rein 1876. Foto Friedrich Hertel, Weimar, Schützenstraße. Unveröffentlicht. Familienarchiv Rein-Heerwart, Hamburg-Nienstedten (Prof. Dr. Gustav Adolf Rein) 451

Abb. 82: Wilhelm Rein 1913. Foto A. Bischoff, Jena. Postkarte. Familienarchiv Rein-Heerwart (wie Abb. 81) 451

Abb. 83: *Ernst von Sallwürk. Foto A. Schmidt, Pforzheim, Enzstraße. Unveröffentlicht. Sammlung Goebel* 452

Abb. 84: *Daniel Schürmann. Zeichnung Friedrich Moritz, 1837. Bildvorlage Stadtarchiv Remscheid* 452

Abb. 85: *Hermann Steins. Foto P. Schiffer, Krefeld. Unveröffentlicht. Sammlung Goebel* 452

Abb. 86: *Ferdinand Stiehl. Foto F. Jacobeit, Berlin, Leipziger Str. 87. Sammlung Goebel* 452

Abb. 87: *Ernst Thrändorf. Aus: O.W. Beyer (wie Abb. 48)* 453

Abb. 88: *Heinrich von Treitschke. Foto Portrait-Verlag Photographische Gesellschaft Berlin. Unveröffentlicht. Sammlung Goebel* 453

Abb. 89: *Johannes und Elisabeth Trüper geb. Dörr. Nachlaß Hellmut Trüper* 453

Abb. 90: *Christian Ufer. Aus: O.W. Beyer (wie Abb. 48)* 453

Abb. 91: *Georg von Vincke. Privatfoto. Aus dem Nachlaß Dörpfeld. Unveröffentlicht. Sammlung Goebel* 454

Abb. 92: *Theodor Vogt. Foto Krziwanek, Ischl, Franzensallee 10. Unveröffentlicht. Sammlung Goebel* 454

Abb. 93: *Johann Hinrich Wichern. Nach einer Lithographie von Otto Speckter, 1858, aus: Die großen Deutschen, Bd. 3., Berlin 1958* . 454

Abb. 94: *Johann Friedrich Wilberg. Gemälde von Heinrich Christoph Kolbe. Von-der-Heydt-Museum Wuppertal-Elberfeld* 454

Abb. 95: *Heinrich Witt. Foto G. Techel, Elmshorn. Unveröffentlicht. Sammlung Goebel* 455

Abb. 96: *Tuiskon Ziller. Foto Carl Riedel, Leipzig, Rosenthalgasse 5. Unveröffentlicht. Sammlung Goebel* 455

Abb. 97: *Franz Ludwig Zahn. Aus: Dietrich Horn (Hrsg.), Gesammelte Schriften von F.L. Zahn. Gütersloh 1905* 455

Abb. 98: *Anna Zahn geb. Schlatter. Aus: Johannes C.D. Zahn (Hrsg.), Zahn'scher Familienverband Moers e.V., Düsseldorf 1968* 455

Abb. 99: *Wilhelm Rein, Das Leben D. Martin Luthers. Leipzig 1883. Umschlagtitel* 468

Abb. 100: *Innentitel (wie Abb. 99)* 468

Abb. 101: *Brief 340 vom 24. Mai 1890* 569

DER AKTUELLE DÖRPFELD

Neuerscheinungen und Neuauflagen

Albert Reble (Hrsg.), Friedrich Wilhelm Dörpfeld: Die drei Grundgebrechen der althergebrachten Schulverfassungen. Bad Heilbrunn 1961 (= Klinkhardts pädagogische Quellentexte).

Albert Reble (Hrsg.), Friedrich Wilhelm Dörpfeld: Schriften zur Theorie des Lehrplans. Bad Heilbrunn 1962 (Klinkhardts pädagogische Quellentexte).

Albert Reble (Hrsg.), Friedrich Wilhelm Dörpfeld: Ausgewählte pädagogische Schriften. Paderborn 1963 (= Schöninghs Sammlung pädagogischer Schriften. Quellen zur Geschichte der Pädagogik).

Karl-Hermann Beeck, Friedrich Wilhelm Dörpfeld – Anpassung im Zwiespalt. Seine politisch-sozialen Auffassungen. Neuwied/Berlin 1975 (= Luchterhand-Arbeitsmittel für Studium und Unterricht).

Klaus Goebel, Friedrich Wilhelm Dörpfeld (1824–1893). In: Rheinische Lebensbilder, Bd. 6. Köln 1975.

Karl-Hermann Beeck (Hrsg.), Politische Bildung – Friedrich Wilhelm Dörpfeld, ein Partner unseres Gesprächs? Ratingen/Kastellaun 1975. Mit Beiträgen von Karl-Hermann Beeck, Kurt Gerhard Fischer, Hans Jochen Gamm, Kurt-Ingo Flessau, Klaus Goebel, Albert Reble, Werner Reininghaus, Volkmar Wittmütz.

Klaus Goebel, Biobibliographie Friedrich Wilhelm Dörpfeld. Wuppertal 1975 (= bibliothek W. Neue Schriften aus der Stadtbibliothek Wuppertal).